LEÇONS
DE PROCÉDURE CIVILE

Chaque volume doit porter la signature de MM. De LINAGE et
COLMET-DAAGE.

6347-79. — CORBEIL. Typ. et stér. CRÉTÉ.

LEÇONS
DE PROCÉDURE CIVILE

PAR

BOITARD

Professeur suppléant à la Faculté de droit de Paris

GUSTAVE DE LINAGE, DOCTEUR EN DROIT

REVUES, ANNOTÉES, COMPLÉTÉES

ET MISES EN HARMONIE AVEC LES LOIS RÉCENTES

PAR

G. F. COLMET-DAAGE

Doyen de la Faculté de droit, Avocat à la Cour d'appel

TREIZIÈME ÉDITION

COMPRENANT LE COMMENTAIRE COMPLET DU CODE DE PROCÉDURE

Avec l'indication de la jurisprudence des Cours d'appel et de la Cour de cassation

TOME PREMIER

PARIS

A. COTILLON ET Cie, LIBRAIRES DU CONSEIL D'ÉTAT

ÉDITEURS DE LA REVUE CRITIQUE DE LÉGISLATION ET DE JURISPRUDENCE

24, Rue Soufflot, 24

—

1879

©

AVERTISSEMENT

Plus de quarante ans se sont écoulés depuis le jour où Boitard, chargé de l'enseignement de la procédure civile et de la législation criminelle, sut attirer à son cours un nombreux auditoire. On admirait cette méthode si claire et si logique, et surtout cette parole élégante et facile, ces formes littéraires qui, sans exclure la science, lui donnaient un attrait inattendu.

Mais sa mémoire serait depuis longtemps oubliée, si ses leçons n'avaient été heureusement conservées et fidèlement reproduites à l'aide de la sténographie par les soins de M. de Linage. Quand il a publié ce cours, peu de temps après la mort de Boitard, ceux qui l'avaient entendu ont retrouvé leurs souvenirs dans les leçons publiées.

Elles ont obtenu non seulement auprès des étudiants, mais aussi parmi les magistrats et les jurisconsultes, une faveur que n'ont pas épuisée douze éditions successives.

Des changements importants ont été successivement apportés à ces leçons. Ainsi Boitard n'avait expliqué que la partie du Code de procédure comprise dans les programmes d'examens, et la publication de lois nouvelles avait changé un grand nombre d'articles du Code de procédure.

A partir de la cinquième édition, M. Colmet-Daage, professeur de procédure civile, aujourd'hui doyen de la Faculté de droit de Paris, a complété ces leçons ; il en a retranché tout ce qui n'était plus en harmonie avec les lois nouvelles ; il a indiqué quelle était, sur les principales questions, la jurisprudence des Cours d'appel et de la Cour de cassation.

La treizième édition offre un commentaire complet du Code de procédure ; elle donne la solution de plusieurs questions nouvelles, et indique un grand nombre d'arrêts rendus depuis la publication de la douzième édition.

On a conservé les signes qui permettent de distinguer le texte original de Boitard. Les additions faites par M. Colmet-Daage sont comprises entre deux astérisques ; et la rubrique des titres, dont la rédaction lui appartient exclusivement, est précédée des initiales (C. D.) Ce sont notamment les titres du faux incident, des rapports d'experts, des règlements de juges, de la récusation, de la saisie-exécution, de la contribution, de la saisie immobilière, des incidents dans la poursuite de saisie immobilière, de l'ordre, et les livres I et II de la deuxième partie du Code.

Enfin, comme dans les éditions précédentes, un résumé en forme de table, pouvant servir de sommaire et de récapitulation, renferme l'analyse substantielle de ces leçons, et offre aux étudiants le moyen de raviver en quelques heures leurs souvenirs à la veille de leurs examens.

LEÇONS

PROCÉDURE CIVILE

PREMIÈRE LEÇON

INTRODUCTION

1. L'enseignement théorique des lois de la procédure trouve assez fréquemment à lutter contre des préjugés dangereux, à l'examen desquels je crois devoir consacrer quelques instants, afin de les combattre, ou plutôt, je l'espère, de les prévenir.

A quelques-uns, en effet, la procédure civile apparaît hérissée de je ne sais quel renom d'aridité rebutante et d'une aspérité que nul effort ne peut vaincre.

Elle n'est, pour d'autres, qu'une affaire de mémoire et d'habitude, une collection de formules et de délais arbitraires, parée mal à propos du nom de science, et qui, n'offrant à l'esprit ni cette solidité de principes, ni cette étendue de théories, ni cette variété de questions qui font l'intérêt du droit civil, s'apprend assez sans étude, sans enseignement, sans discussion, par la seule pratique, à peu près comme un chemin, en le parcourant chaque jour.

Si le point de départ était vrai, l'une et l'autre conclusion seraient justes.

Si la procédure ne se rattachait pas, par des liens fréquents et intimes, à toutes les matières du droit ; si elle devait s'isoler de l'étude des lois civiles, ou plutôt si l'étude de ces lois pouvait rester complète en se séparant d'elle ; si, en un mot, la procédure n'était autre chose que l'art des formules, le calcul des délais, l'habitude d'instrumenter, y chercher des principes, des théories, des systèmes, la soumettre à une analyse logique, à un enseignement rationnel, serait, à la fois, je l'avoue, et la plus laborieuse et la plus stérile des tentatives.

Il fut un temps, en effet, où l'on n'y pouvait voir autre chose ; chaos informe des dispositions éparses dans des édits presque toujours impuissants ; modifiée dans chaque siècle par mille jurisprudences locales, au gré de l'ignorance et de la cupidité, elle se refusa longtemps à toute étude méthodique, à tout enseignement écrit ou oral ; sans espoir de la réformer, les jurisconsultes s'en occupaient peu ; elle s'apprenait chez les procureurs, en copiant des écritures, en feuilletant des dossiers.

Or croyez-vous que ces temps, où la procédure n'était qu'usage et pratique, où on ne la trouvait ni formulée dans les Codes, ni commentée ni discutée dans des cours ou dans des livres, où elle n'avait ni principes fixes ni marche uniforme, croyez-vous, dis-je, que ces temps aient été, pour les plaideurs du moins, l'âge d'or du Palais? Se recommandent-ils à nos souvenirs, à nos regrets, par la simplicité des formes, la modicité des frais, la rapidité de l'instruction des affaires, et, s'il faut tout dire enfin, par l'intégrité, la probité des mœurs judiciaires?

A Dieu ne plaise que, dans un si grave sujet, j'aille exhumer, contre notre ancienne pratique, des plaisanteries populaires jadis, et heureusement surannées aujourd'hui ; invoquer ce concert de satires et d'épigrammes, ce déluge de comédies, qui, depuis l'*Avocat Patelin* jusqu'aux *Plaideurs* de Racine, firent rimer tant de poètes et retentir tant de scènes ! Ce sont là des témoignages trop légers pour nous, quant à la forme, quoique puissants, quant au fond, par leur unanimité. Mais il faut entendre les mêmes plaintes répétées, avec un accent plus sérieux, par les jurisconsultes, par les publicistes, par les hommes d'État du temps ; il faut entendre un Loyseau, il faut entendre un l'Hospital poursuivre de leurs réclamations imposantes, énergiques, et cependant impuissantes, les criants abus, les scandales intolérables de la pratique de leur temps.

Voici comment s'expliquait Loyseau, qui vivait vers la fin du seizième siècle et le commencement du dix-septième : « Celui qui est aujourd'hui juge d'un village est demain greffier d'un autre ; après-demain procureur de seigneurie en un autre ; puis, sergent en un autre ; et, encore en un autre, il postule pour les parties. Et ainsi vivant ensemble, et s'entr'entendant, ils se renvoient la pelote, ou, pour mieux dire, la bourse de l'un à l'autre, comme larrons en foire. »

Quant à l'Hospital, la gravité de son nom donne plus de poids à son témoignage ; il s'exprime ainsi : « Cette sorte de gens, la plupart desquels n'avaient d'autre but que de faire multiplier, provigner et immortaliser les procès, ne trouvaient jamais mauvaise cause, excepté quand ils avaient une pauvre partie qui n'avait pas moyen de fournir aux frais, ou qu'ils avaient épuisé ses biens jusqu'aux moelles. »

Des témoignages plus graves et plus nombreux encore se trouvent dans l texte et dans le préambule de ces édits si fréquents, par lesquels on essaya, e presque toujours vainement, de porter un remède à tant d'intolérables abus. Je cite entre autres les édits ou ordonnances de 1363, 1367, 1391, 1457 et 1563. Enfin, la dernière et la plus célèbre de toutes, l'ordonnance de 1667, donnée par Louis XIV sur la procédure civile, témoigne encore hautement du nombre et de la gravité des abus : à peine y trouve-t-on quelques articles qui n'aient pour but de supprimer quelques délais frustratoires, quelques écritures inutiles, en un mot, quelques vexations autorisées par l'usage antérieur. Encore cette ordonnance laisse-t-elle, sur bien des points, beaucoup à désirer. Heureusement tout a, sous ce rapport, changé de face : une loi de procédure uniforme régit aujourd'hui la France ; et, sans anticiper ici sur le détail de ses défauts et de ses mérites, nous pouvons la dire au moins à l'abri de ce reproche, qu'une ordonnance adressait à la procédure ancienne, « d'être un dédale obscur et tortueux, dont l'entrée semblait interdite au plus grand nombre, et où les hommes les plus éclairés s'égaraient. »

Depuis ce moment, l'enseignement de la procédure a dû marcher de front avec celui de toutes les autres branches du droit ; depuis ce moment aussi, ces traditions routinières, qui tendent à faire de cette étude un fantôme effrayant de sécheresse et d'aridité, qui, la dépouillant de tout caractère scientifique, de toute idée de critique et de progrès, la relèguent dédaigneusement entre un formulaire et un calendrier, ces traditions ne sont plus que des anachronismes.

En effet, détacher de la procédure l'étude des lois civiles ne serait, le plus souvent, qu'une spéculation vaine et sans but. A quoi servirait la connaissance abstraite de toutes les contestations qui peuvent diviser les hommes, si l'on ne savait aussi les moyens d'y mettre un terme ? A quoi bon rechercher avec soin l'étendue et la mesure de nos droits, si nous ne savions aussi quelle sanction les protège et les défend, si nous ne connaissions quelles règles, quels principes président à ces luttes judiciaires, que, chaque jour, fait surgir le conflit des intérêts privés ? Or déterminer, selon la nature de chaque cause, les principes de compétence qui la régissent ; dire comment se forme une demande ; comment se présente une défense ; à quelles règles la loi soumet l'exposition et la discussion des preuves ; comment se rendent, se réforment, s'exécutent les jugements ; suivre dans tous ses détails cette guerre du palais, cette tactique d'attaques et de défenses, telle que la loi, la raison, la nécessité, nous l'ont faite ; nous pénétrer avec soin de l'esprit et du motif de chacune de ces règles nombreuses qui n'ont le plus souvent d'arbitraire que l'apparence ; nous préparer ainsi à décider, par le choix judicieux des analogies, les questions de détail, nécessairement échappées aux prévisions directes du législateur ; signaler enfin dans son ouvrage, si l'occasion s'en rencontre, quelques lacunes à remplir, quelques vices à redresser, quelques abus à prévenir ; non, ce n'est pas là, quoi qu'on dise, nous condamner à une tâche ingrate et rebutante ; c'est encore parler de droit.

PROLÉGOMÈNES

2. * Celui qui veut intenter une action se demande d'abord : Quel est le tribunal compétent ? en second lieu, le tribunal connu, dans quelles formes l'affaire doit-elle s'instruire devant lui ? enfin, quand le tribunal a prononcé, comment forcer l'adversaire condamné à exécuter le jugement ? La procédure doit résoudre ces trois questions ; elle a donc pour but de poser les règles de la compétence des tribunaux, de l'instruction des procès et de l'exécution forcée des jugements.

La première question, la question de compétence est complexe. Il faut d'abord rechercher à quel ordre appartient le tribunal compétent, quel degré il occupe dans la hiérarchie judiciaire : est-ce à un tribunal d'arrondissement, à un juge de paix, à une cour d'appel que l'affaire doit être portée ? Ce premier point résolu, quelle est celle des cours d'appel, celui des tribunaux d'arrondissement, qui doit juger l'affaire particulière dont il s'agit ?

Le premier point de la question de compétence exige la connaissance du système de notre organisation judiciaire ; le second, celle de la classification des différentes actions qui peuvent être intentées. *

Mais le Code de procédure n'a pas tracé les règles relatives, 1° à l'organisation judiciaire, à la hiérarchie des différents tribunaux devant lesquels peuvent être portées et débattues les demandes, et aux attributions des différents officiers ministériels ; 2° à la nature des actions et aux questions nombreuses de compétence qui peuvent s'y rattacher. Cependant le tribunal de cassation et nombre de tribunaux d'appel avaient, lors de la rédaction du Code, demandé que ces diverses matières fussent résumées ou expliquées dans un livre préliminaire, dans une sorte d'introduction toute naturelle au Code de procédure civile. On n'a pas eu égard à ce vœu. Pour ce qui touche l'organisation judiciaire et les attributions des officiers ministériels, le vide est facile à remplir, il nous suffira de réunir en un seul tableau des règles disséminées dans un assez grand nombre de lois. Mais, quant aux règles relatives à la division des actions, à la définition exacte qui convient à chacune d'elles, ce n'est pas seulement le Code qui est muet ; ce silence est le même dans toutes les lois antérieures. C'est donc seulement à la doctrine, et aussi aux antécédents, à l'histoire du droit, qu'il nous faudra recourir pour combler cette seconde lacune. Malheureusement, comme nous le verrons, les explications que nous fournit à cet égard la doctrine sont, à plus d'un titre, douteuses et controversées.

Le Code cependant fait allusion à une division, à une définition des actions au titre des *Ajournements* (art. 59 et suiv.). C'est à ce titre que je rattacherai les détails relatifs à cette matière.

3. Je m'occuperai dès aujourd'hui du premier point, c'est-à-dire des détails relatifs à l'organisation judiciaire de la France.

L'organisation judiciaire actuelle a sa base, son fondement, dans une loi célèbre, celle du 24 août 1790. Toutefois, pour bien comprendre cette loi, et surtout pour la bien juger, nous devons prendre notre point de départ de plus haut ; nous devons reconnaître les institutions judiciaires qu'elle a renversées et remplacées, et faire dans ce but une excursion rapide dans l'histoire judiciaire de l'ancienne France. Or ces anciennes institutions n'ont pas été créées d'ensemble et d'un seul jet, dans le but de satisfaire aux intérêts, aux besoins des justiciables. Le temps, les usurpations de pouvoir, la lutte des intérêts privés, ont construit lentement cet édifice irrégulier, cet échafaudage de juridictions diverses, que nous ne pouvons guère comprendre aujourd'hui sans suivre, au moins de loin et à grands pas, leur histoire, leur forme, leur marche, leur développement. Il faut donc nous reporter un instant, non pas sans doute au berceau de la monarchie, non pas à ces coutumes antiques depuis longtemps effacées jusqu'en leurs derniers vestiges, mais à ces institutions judiciaires que la loi de 1790 a immédiatement remplacées, et qui, par leur chute au moins, appartiennent à l'histoire contemporaine.

Parmi les institutions appartenant à l'ordre judiciaire que la révolution de 1789 a trouvées debout, nous rencontrons d'abord au degré inférieur de l'échelle, les justices dites seigneuriales (les justices, c'est-à-dire les tribunaux), divisées, non pas partout, mais assez fréquemment, en trois classes : basse : moyenne et haute justice ; puis, au-dessus, les justices royales, subdivisées elles-mêmes en plusieurs degrés. Ainsi elles comprenaient les prévôtés, les bailliages ou sénéchaussées (il n'y a de différent que le nom), les présidiaux, et enfin les parlements. Vous pouvez même y ajouter le grand conseil, appelé habituellement le Conseil des parties, et qui a subsisté jusqu'à l'institution de la Cour de cassation dont il paraît avoir fourni la première idée.

Reprenons plus en détail les branches de cette division.

4. ANCIENNE ORGANISATION JUDICIAIRE. — On sait généralement l'origine des justices seigneuriales, et comment, dans cette longue lutte des rois de la troisième race contre la féodalité, ces justices seigneuriales descendirent peu à peu de la position souveraine qu'elles avaient longtemps usurpée jusqu'au degré le plus bas de l'échelle judiciaire. C'est à Philippe-Auguste que l'histoire attribue l'honneur du premier pas ; il trouva dans le mal le principe et la racine du remède. Il établit le recours, en cas de déni de justice, de la cour du vassal à la cour du seigneur suzerain ; et, par là, il se trouva lui-même, en qualité de suzerain de tous les grands barons de son royaume, investi du droit d'intervenir là où ses barons avaient refusé de juger.

Saint Louis alla beaucoup plus loin ; l'usage des combats judiciaires ou des jugements de Dieu était incompatible avec toute idée de recours ou d'appel ; en appuyant de son autorité, et surtout de son exemple, l'abolition de ces pratiques barbares, saint Louis favorisa l'introduction des appels, et conféra ou prépara ainsi à la cour du roi une autorité bien plus directe, bien plus immédiate, un droit de révision bien plus actif sur les jugements des cours seigneuriales. C'était là un immense progrès vers l'unité : aussi ce progrès ne fut-il pas l'œuvre d'un jour, ou même d'un seul règne ; et la faiblesse des attaques, la violence des résistances, attestent assez combien l'abus des justices seigneuriales, alors qu'elles étaient souveraines, avait été porté loin, et quelle importance s'attachait dans l'esprit des seigneurs féodaux au maintien de ce vieux dicton : *Entre toi, vilain, et ton seigneur, il n'y a pas de juges, fors Dieu.*

Le frère même de saint Louis, le trop fameux comte d'Anjou, donna l'exemple de ces résistances ; il fit emprisonner un des vassaux pour avoir osé appeler de sa sentence à la cour du roi. Saint Louis fit élargir le vassal, ordonna l'instruction de son appel, et adressa à son frère ces sévères et belles paroles : *Dicens ei, quod unus rex esse debebat in Francia, et quod non crederet, quod quia frater ejus esset, parceret sibi in aliquo contra justitiam.* Mauvais latin, mais grande et belle pensée, surtout pour le siècle !

Plus tard, en 1310, un arrêt du parlement condamne un évêque de Laon pour avoir confisqué les biens de ses vassaux, qui appelaient de sa sentence à la cour du roi. Dans la même année, un abbé de Tulle fait couper la main droite à un vassal pour avoir appelé d'une sentence qui le condamnait à perdre la gauche ; nouvel arrêt du parlement, nouvelle condamnation.

C'est encore ainsi que Philippe le Bel, dans un manifeste publié en 1293 contre le roi d'Angleterre, met au nombre de ses griefs, d'avoir, en qualité de duc d'Aquitaine, fait pendre les notaires qui avaient reçu des déclarations d'appel à la couronne ; d'avoir confisqué les biens des appelants, exilé les uns, mutilé et massacré les autres.

Je n'ai pas besoin d'ajouter que ces violences même n'en assuraient que mieux le succès de la couronne, elles lui donnaient de puissants auxiliaires, la raison, l'humanité, l'affection des peuples : elles accoutumèrent ceux-ci à voir, dans l'intervention de ce pouvoir nouveau, un refuge, un remède contre l'oppression des tyrannies locales, et à saluer dans le changement de leurs maîtres l'aurore de leur délivrance.

5. Sous Philippe le Bel la réaction continua. Jusqu'à lui les séances de la cour du roi ou du parlement n'avaient ni siége fixe, ni époques périodiques et déterminées d'avance. Les barons ou vassaux immédiats de la couronne, dont se composait le conseil, suivaient le prince dans ses voyages, et se réunissaient par son ordre selon les circonstances et le besoin des affaires. Les jurisconsultes du temps, à cause de leur costume, appelés *gens de robe longue*, ne jugeaient pas ; assis aux pieds des pairs et des barons, ils donnaient seulement au besoin leurs éclaircissements ou leurs avis sur les ordonnances ou sur les anciens usages dont eux seuls possédaient la tradition. De là leur était venu le nom de *conseillers*. Mais cette composition du parlement royal n'était pas sans danger ; il était à craindre que ces barons, dont le roi composait son conseil, ne se montrassent pas toujours, dans cette lutte de deux pouvoirs rivaux, animés d'un dévoue-ment assez sûr contre ceux auxquels les rattachaient l'égalité de rang et la communauté d'intérêts. Pour écarter ce péril, Philippe le Bel déclara le parlement permanent, lui donna une assiette fixe par un édit de 1302. Il en écarta ainsi presque immédiatement les barons, les seigneurs à qui leurs obligations féodales et leurs habitudes guerrières ne permettaient guère cette résidence fixe, ou du moins assez fréquente. Les gens de robe longue y entrèrent à leur place, et acquirent si bien le droit de juger, qu'ils le conservèrent plus tard, lors même, comme on le voit assez fréquemment, que les seigneurs, dans certaines occasions solennelles, revenaient siéger dans le parlement.

6. Depuis ce moment, et à mesure que la réunion successive à la couronne de la plupart des grands fiefs, qui en avaient été primitivement démembrés, n'y laissa plus subsister que des seigneurs de second ordre, le conseil du roi, que nous appellerons désormais, avec l'histoire, le parlement, s'éleva au-dessus des cours ou parlements des seigneurs inférieurs, de toute la distance qui séparait déjà la souveraineté royale de l'autorité déchue des seigneurs. Si même plusieurs grands fiefs, en se réunissant à la couronne, conservèrent leurs anciens parlements, leurs anciennes cours souveraines, ce ne fut plus de l'autorité féodale que la réunion avait effacée, ce fut uniquement de la souveraineté du roi de France qu'émana, dès ce moment, la juridiction de ces nouveaux parlements.

En effet, en même temps que Philippe le Bel, dans cette ordonnance de 1302, art. 62, instituait pour chaque année deux assises, dans les termes de l'ordonnance, deux *tenues de parlement* à Paris, il y décrétait aussi deux *échiquiers* à Rouen, deux *grands jours* à Troyes, et une *tenue* de parlement à Toulouse. Il y a dans l'article quelques mots nouveaux pour nous ; un ancien jurisconsulte va nous les expliquer. « Ces échiquiers à Rouen, et grands jours à Troyes (dit Pasquier dans ses *Recherches sur la France*), estoient assises générales que l'on avoit autrefois tenues sous ces noms, en Normandie et en Champagne, pendant que les ducs de Normandie et comtes de Champagne s'en estoient fait accroire. Auxquelles ils avoient leurs pairs pour juger leurs causes, tout ainsi que nos roys en leurs parlements. » En se réunissant à la couronne, ces provinces gardèrent leurs parlements et leurs anciens noms. C'est en 1515, par une ordonnance de François Ier, que l'échiquier de Rouen prit le nom de *parlement de la Normandie*.

Enfin, lorsque ces parlements, qui, même sous Philippe le Bel, ne tenaient que des assises d'une durée plus ou moins longue, deux par an, aux fêtes de Pâques et de la Toussaint, et en général de deux mois chacune; lorsque, dis-je, ces parlements devinrent non seulement périodiques, mais même permanents, ce qui eut lieu vers la fin du quatorzième ou au commencement du quinzième siècle, lorsqu'ils prirent l'usage de demeurer assemblés toute l'année, l'administration de la justice se trouva exclusivement concentrée dans les mains des légistes. Je laisse parler le même auteur que tout à l'heure : « Cela fit que les seigneurs suivant les armes furent contraints de quitter la place et de la résigner aux gens de robe longue. »

Telle fut l'origine des parlements.

7. Au point où nous sommes arrivés, nous connaissons déjà la position respective de deux des branches de notre division judiciaire, les justices seigneuriales, et, bien au-dessus, les parlements. Je dis bien au-dessus, car, dans ce vaste intervalle qui déjà séparait les justices seigneuriales, descendues si bas, d'avec les parlements ou justices royales supérieures, dans cet intervalle s'étaient établis déjà des degrés qui, par la suite, tendirent à s'augmenter encore. Ainsi, au-dessus des justices seigneuriales, nous rencontrons plusieurs degrés de justices royales qui les séparent et les éloignent encore des parlements : ce sont les prévôtés, les bailliages ou sénéchaussées, enfin les présidiaux, dont il me reste à vous parler.

8. L'origine des bailliages ou sénéchaussées paraît remonter à Philippe-Auguste : il institua d'abord quatre bailliages, entre lesquels il partagea la juridiction dans son domaine privé; mais, plus tard, à mesure que l'autorité royale gagna du terrain, le nombre des baillis s'augmenta, et, soit sous ce nom, soit sous celui de sénéchaux, ils finirent par s'établir dans tout le royaume.

Saint Louis attribua aux bailliages la connaissance des cas appelés alors Cas royaux, par opposition à ceux qu'on réservait aux seigneurs et qui prirent le nom de Cas seigneuriaux. Mais cette distinction entre les cas de la compétence royale ou des bailliages et les cas de la compétence seigneuriale, cette distinction assez vague fut interprétée, comme de raison, par le plus fort, et toujours à son avantage, et devint un nouveau moyen de restreindre et presque d'annuler le pouvoir, l'autorité des justices seigneuriales. Aussi, lorsque les barons de Champagne, alarmés des empiétements, vinrent supplier Louis X de préciser nettement, et une fois pour toutes, ce qu'il fallait entendre par les cas royaux, le prince leur répondit par une définition dont la merveilleuse élasticité dut peu contribuer à les rassurer. Voici sa réponse : « C'est à savoir que la royale majesté est étendue ès cas qui, de droit ou ancienne coutume, peuvent et doivent appartenir à souverain prince, et à nul autre. » Avec cette définition, les cas royaux pouvaient embrasser la juridiction tout entière.

A l'égard des prévôtés, leurs attributions, dans le détail desquelles il est inutile d'entrer, étaient à peu près les mêmes, au moins en matière civile, que celles des bailliages ou sénéchaussées.

9. Mais les sentences des prévôts, comme celles des baillis, comme celles des sénéchaux, n'étaient jamais rendues qu'en premier ressort, qu'à charge d'appel ; [et de là une multitude de recours qui, pour la valeur la plus modique, venaient surcharger les parlements, les cours souveraines, de leur nombre toujours croissant. Le petit nombre des parlements, leur extrême éloignement des plaideurs, rendaient ces recours on ne peut plus difficiles et coûteux. Ce fut ce motif qui décida Henri II à rendre, en 1551, l'édit de création des *présidiaux*. On désigna sous ce nom un tribunal intermédiaire destiné à juger, sans appel possible aux parlements, les recours élevés devant lui contre les sentences rendues par les prévôts ou les baillis. La compétence des présidiaux en dernier ressort fut fixée, par l'édit de 1551, à 250 livres de capital ou dix livres de revenu. Le calcul est fait, vous le voyez, au taux du denier 25 (4 p. 100).

Plus tard, les mêmes motifs de faveur qui avaient déterminé la création des présidiaux déterminèrent aussi l'extension, la prolongation de leur juridiction, et on déclara qu'ils jugeraient en dernier ressort jusqu'à 2,000 livres de capital ou 80 livres de revenu. Cette mesure de juridiction fut fixée par une ordonnance de 1774.

10. Si maintenant nous rapprochons les différents détails d'organisation que nous venons de parcourir, si nous essayons de voir agir et marcher ensemble les diverses juridictions dont nous venons d'exposer la nature et l'origine, d'analyser la compétence, nous comprendrons peut-être la vivacité des plaintes élevées autrefois contre ce système. En effet, il en résultait d'abord qu'une cause même de la plus modique importance avait d'ordinaire à subir trois degrés de juridiction : 1° la justice seigneuriale ; 2° le bailliage ou la sénéchaussée ; 3° enfin le présidial ou, si l'affaire était importante, le parlement ; et, dans un assez grand nombre de cas, ce chiffre de trois degrés pouvait s'élever encore plus haut. C'est ce qui arrivait, par exemple, dans les lieux où les justices seigneuriales étaient divisées en trois degrés ; on n'appelait nulle part de la basse à la moyenne, mais on appelait soit de la basse, soit de la moyenne à la haute justice ; ce qui donnait déjà deux degrés.

Enfin, au-dessus de cette longue hiérarchie de pouvoirs judiciaires, planait, dans une sphère plus haute, et avec des attributions différentes, la section du conseil du roi, appelée dans l'usage le *grand conseil* ou le *conseil des parties*. On lui donnait ce nom afin de la distinguer d'une autre fraction du conseil du roi, qui, sous le nom de *conseil privé* ou de *conseil d'État*, avait gardé la connaissance exclusive des affaires administratives et politiques.

La section du conseil du roi qui portait le nom de *grand conseil*, et dont nous aurons bientôt à nous occuper avec quelques détails, ne constituait pas, en principe et à proprement parler, un nouveau degré de juridiction ; sa mission légale ne consistait guère que dans des actes de surveillance ; elle l'exerçait en cassant les arrêts des parlements comme rendus contrairement aux lois, aux édits, aux ordonnances, aux coutumes ; après cette cassation, elle devait, au moins en principe, renvoyer l'affaire devant un parlement, devant une cour différente.

Mais cette netteté d'attributions qui séparaient clairement le grand conseil de cours ou tribunaux de juridiction proprement dite, cette netteté d'attributions n'existait guère qu'en théorie. Nous verrons bientôt que l'intrigue et la faveur tendirent constamment à étendre et à dénaturer les attributions du grand conseil, à le convertir en réalité en un dernier degré de juridiction, devant lequel on attaquait, même à part tout motif de violation de la loi, et sous mille suppositions ou allégations d'erreur, les arrêts des parlements, à cette fin de les faire réformer. Nous donnerons quelques détails à cet égard, en traitant de l'institution de la Cour de cassation ; le rapprochement du conseil des parties avec la Cour de cassation présente, à plus d'un égard, assez d'intérêt. Le règlement de 1738, qui régissait le grand conseil, est encore presque entièrement en pleine vigueur pour notre Cour de cassation.

En parcourant cette distribution de la juridiction ancienne, en ajoutant à cette longue complication quelques inconvénients accessoires assez nombreux, résultant, par exemple, de l'inégalité des ressorts, souvent facultativement déterminés, de l'étendue démesurée du territoire de certaines cours, notamment du parlement de Paris, qui embrassait le ressort de neuf de nos cours d'appel actuelles ; en calculant combien de frais, combien de lenteurs devaient en résulter pour les plaideurs, on comprendra la vivacité des plaintes qu'un pareil système arrachait aux jurisconsultes. Loyseau disait dans son *Traité de l'abus des justices en France* : « Ce grand nombre de justices ôte le moyen au peuple d'avoir justice ; car qui est le pauvre paysan qui, plaidant de ses brebis et de ses vaches, n'aime mieux les abandonner à celui qui les retient injustement, qu'être contraint de passer par cinq ou six justices avant que d'avoir arrêt ? Et, s'il se résout de plaider jusqu'au bout, y a-t-il brebis ou vaches qui puissent tant vivre ? même que le maître mourra avant que son procès soit jugé en dernier ressort. »

Nous verrons bientôt (n° 14) que, pour trouver de pareilles plaintes, il n'est pas nécessaire de remonter au temps de Loyseau.

11. Toutefois ce qui précède ne nous donnerait qu'une idée incomplète de l'extrême complication de l'ancien système ; car je ne me suis occupé jusqu'ici que de la juridiction appelée autrefois *juridiction ordinaire* ; mais en dehors de ces nombreux tribunaux se présentait une série de tribunaux, plus longue encore, sous la dénomination générale de *tribunaux extraordinaires* ou *tribunaux d'attribution, d'exception*. Tels étaient d'abord, pour le commerce de terre, les *juges consuls* ; pour les affaires maritimes, les *amirautés* ; de plus, la *cour des aides*, la *chambre du domaine*, le *grenier à sel*, la *table de marbre*, les *maîtrises des eaux et forêts*, et une foule d'autres. Ces tribunaux, sous des noms différents, et dont quelques-uns indiquent assez exactement leur nature, connaissaient, entre toutes personnes, et notamment entre les particuliers et l'État, de certaines contestations relatives à des matières spéciales, et entre autres des contestations qui avaient trait aux biens, aux droits et aux actions de la couronne ou du domaine, et aussi de la plupart des impôts, soit directs, soit indirects.

Parmi ces tribunaux extraordinaires nous devons encore ranger les juridictions ecclésiastiques. Elles se subdivisaient autrefois en deux grandes classes, dont une seule subsiste encore : la première, purement spirituelle, c'est celle-là qui existe encore maintenant ; l'autre, ayant trait à certaines matières de

droit humain et positif : telles étaient, par exemple, d'abord les affaires personnelles des ecclésiastiques qui étaient dévolues aux officialités ou tribunaux
ecclésiastiques ; de plus, entre toutes personnes, certaines matières spéciales,
par exemple, les questions relatives à la célébration et à la validité des mariages, * aux testaments s'ils contenaient des legs pieux, à l'exécution des
obligations contractées sous la foi du serment. * Au reste, cette juridiction
temporelle du clergé avait été depuis longtemps resserrée dans des bornes
étroites à l'aide des *appels comme d'abus*, et elle avait perdu la plus grande
partie de son importance à l'époque de la révolution.

12. Trois points seuls me restent pour compléter ce tableau et préparer
l'intelligence des réformes dont l'histoire va nous occuper. Je veux parler
du privilége dit de *committimus*, de la vénalité des offices judiciaires et
des *épices*.

Le mot *committimus* désignait autrefois, dans le style de la chancellerie et
du Palais, le privilège accordé, soit à certaines corporations, soit même à des
particuliers, de soumettre leur cause à certains tribunaux de leur choix, et
d'y entraîner forcément les adversaires contre lesquels ils plaidaient. On avait
d'ailleurs senti d'assez bonne heure toute l'injustice, tous les inconvénients
d'un pareil privilège, et les fraudes assez nombreuses auxquelles il pouvait
donner lieu. Aussi les édits et les arrêts s'appliquèrent-ils à en resserrer l'application ; le mal fut diminué, mais non pas tari dans sa source, le privilège
dit de *committimus* existait encore, quoique fort réduit, en 1789.

13. En ce qui touche la vénalité des offices de judicature, elle paraît avoir
eu en France une origine assez ancienne ; toutefois ce ne fut, dit-on, que
vers l'époque de François Ier, que l'usage de vendre ces offices devint permanent et universel. Henri IV alla plus loin, on a regret d'ajouter que, sous son
règne, ces offices, jusque-là vénaux, mais d'une manière purement viagère,
furent rendus héréditaires, à condition du payement d'un droit annuel qui
fut appelé le *droit Paulet*, du nom de *Charles Paulet*, qui fut l'inventeur et le
premier fermier de ce droit.

Je ne m'arrêterai pas à relever tout ce qu'il y a d'inconvenance et de bizarrerie à faire dépendre le droit de juger les hommes, ou du hasard de la
naissance, ou du hasard de la possession d'une fortune, souvent mal acquise.
C'est, en rappelant ce que dit Platon, comme si, dans un vaisseau, on faisait
quelqu'un pilote ou matelot pour son argent.

Je ne discuterai pas non plus les étranges raisons données par Montesquieu
pour justifier cet usage de la vénalité des charges, au moins dans les États mo-
narchiques (Voyez *Esprit des lois*, livre V, chap. xix). J'espère qu'elles ne sé-
duiront personne. Que si cependant il me fallait à toute force essayer de justifier, au moins en partie, cet usage qu'il faut qualifier de monstrueux, ce qu'on
aurait de mieux à dire se trouverait dans un publiciste contemporain (Rey,
Inst. judic.). Voici ce qu'il en dit : « Cependant, comme dans un ensemble
d'institutions qui n'offrent aucune garantie légitime pour les citoyens, l'opposition à l'autorité arbitraire ne peut guère naître que du sein même des
vices de ces institutions, la vénalité des offices, qui s'étendait jusqu'au mi-

nistère public, c'est-à-dire aux agents les plus immédiats du gouvernement, avait fait naître une sorte d'indépendance dans le corps judiciaire ; car les magistrats ayant acheté leurs places, il devenait impossible de les en priver arbitrairement sans tarir aussitôt cette source de revenus (1). » Enfin on entendait par *épices* certains présents que les plaideurs étaient dans l'habitude de faire aux juges. Ces présents ou cadeaux qui, dans l'origine, consistaient en dragées ou épices, et étaient purement facultatifs, avaient été convertis en argent, déclarés obligatoires, et soumis à une taxe précise par un édit du 17 mai 1402 ; ils formaient une partie importante du traitement des juges.

14. Vous connaissez maintenant, au moins par leurs caractères les plus saillants, l'ensemble des institutions judiciaires que la révolution de 1789 est venue renverser et remplacer : toutefois, avant de quitter ce sujet, j'ai besoin de justifier, par une imposante autorité, la sévérité d'une critique qu'on pourrait être tenté de taxer d'exagération.

En 1788, lorsque l'ancienne lutte du ministère et des parlements vint à se ranimer, deux édits parurent à la fois sur l'administration de la justice : l'un supprimait les bailliages ou sénéchaussées, et ne laissait guère subsister des justices seigneuriales que le nom ; il établissait au-dessus des *présidiaux* des tribunaux appelés *grands bailliages*, destinés à juger en dernier ressort jusqu'à 20,000 livres, et à éviter le recours aux parlements. L'autre supprimait tous les tribunaux extraordinaires que nous avons appelés d'attribution ou d'exception.

Il est assez curieux de jeter les yeux sur les préambules de ces deux édits qui attaquaient le mal directement. « Nous avons reconnu, est-il dit, qu'en matière civile, des contestations peu importantes avaient eu quelquefois cinq ou six jugements à subir ; qu'il résultait de ces appels multipliés une prolongation inévitable dans les procès, des frais immenses, des déplacements ruineux, et enfin une affluence continue des plaideurs, du fond de leurs provinces, dans les villes où résident nos cours, pour y solliciter un jugement définitif. » Vous voyez que les mêmes vices, signalés par Loyseau, n'avaient pas été corrigés dans les dernières années du dix-huitième siècle.

Le second édit s'exprimait ainsi : « Il existe dans le royaume une multitude de tribunaux particuliers, qui sont autant d'exceptions à l'administration de la justice ordinaire. Les sujets du roi se méprennent souvent sur la juridiction à laquelle leurs diverses causes appartiennent, et ne savent à quel tribunal demander justice. Il en résulte des procès continuels de compétence. Pour simplifier l'administration de la justice, le roi veut que l'unité des tribunaux réponde désormais à l'unité des lois. Sa Majesté supprime donc aujourd'hui dans ses États les tribunaux d'exception, comme corps de judicature, et elle réunit les juridictions particulières aux justices ordinaires. »

Assurément rien n'était plus sage, plus nécessaire que ces mesures ; mais l'opinion les accueillit mal ; on y vit plutôt un châtiment politique infligé aux parlements, qu'une amélioration salutaire ; mille intérêts blessés se roidirent, mille passions se soulevèrent ; et les édits à peine rendus furent aussitôt révo-

(1) V. Picot, *Histoire des États généraux*, t. IV, p. 2 et s.

qués ; ce fut un projet resté sans suite. Il était réservé à des réformateurs plus
hardis d'accomplir le vœu de l'édit, et de faire que désormais l'unité des tribunaux répondît à l'unité des lois ; le temps de ces demi-mesures, de ces impuissants essais de réforme était passé, et l'édifice de la législation, comme
celui de la constitution nouvelle, devait s'élever au-dessus des ruines que l'on
venait de renverser.

15. Organisation actuelle. — J'ai essayé de vous faire connaître l'ensemble des institutions judiciaires qui régissaient la France avant 1789 ; pour
ces matières, qui maintenant n'ont plus pour nous qu'un intérêt historique,
un aperçu d'ensemble a dû nous suffire ; il n'en sera pas de même de celles
que nous allons traiter maintenant ; ce n'est plus du passé, c'est du présent
que nous allons parler, et nous ne saurions le faire avec une trop scrupuleuse
exactitude.

16. Je crois avoir déjà dit que l'organisation judiciaire actuelle a sa base
dans la fameuse loi du 24 août 1790. Dans cette loi et dans quelques autres
lois accessoires, l'Assemblée constituante a posé, en matière de judicature,
certains principes généraux absolument indépendants de la hiérarchie, du
nombre, de la compétence des tribunaux et du mode de l'élection des juges.
Ces principes généraux, nos révolutions les ont respectés ; et, sur ces bases
posées par la Constituante, se sont opérées, depuis, les variations successives
éprouvées, en assez grand nombre, par notre organisation judiciaire ; il est
donc important de vous faire, avant tout, bien connaître ces principes.

17. D'abord, dans la fameuse nuit du 4 août 1789, l'abolition de tous les privilèges et droits féodaux avait été décrétée ; de là suivit immédiatement, et
fut en effet proclamée, comme conséquence, la suppression des justices seigneuriales ; vous la trouvez prononcée dans le décret du 4 août 1789, art. 4.
Toutefois, comme l'Assemblée constituante ne pouvait pas pourvoir encore au
remplacement de ces justices, il fut enjoint aux officiers qui s'en trouvaient
pourvus de continuer provisoirement leurs fonctions.

De même, le clergé ne forma plus dans l'État un ordre distinct et séparé, et
se trouva rendu, par les lois de cette époque, à la pureté de son institution
primitive. Les juridictions ecclésiastiques temporelles furent également supprimées ; la juridiction ecclésiastique ne dut donc plus subsister, et ne subsiste plus en effet qu'en matière spirituelle. Cette suppression est prononcée
formellement par un décret du 11 septembre 1790, art. 13.

Une autre conséquence du décret du 4 août 1789, qui ne reconnaissait plus
de classes privilégiées dans l'État, consiste dans l'abolition du privilège de
committimus et de tous les droits d'évocation dont nous avons parlé précédemment. Cette suppression fut prononcée par le même art. 13.

La vénalité et, par suite, l'hérédité des charges sont également abolies ; la
loi du 24 août décide que désormais la justice sera rendue au nom du roi,
qu'elle le sera gratuitement, et que les juges seront salariés par l'État. En conséquence, l'usage et l'obligation des *épices* sont abolis par l'art. 2, titre II, de
la loi du 24 août 1790.

18. L'Assemblée constituante, à la même époque, avait eu à discuter une question fondamentale en matière d'organisation judiciaire, celle de savoir si la question de fait et celle de droit seraient, soit en matière civile, soit en matière criminelle, confiées aux mêmes juges ; en d'autres termes, si on admettrait les jugements par jurés, soit au civil, soit au criminel. A l'égard des procès criminels aucune discussion sérieuse ne s'éleva ; l'institution des jurés en matière criminelle fut admise, décrétée sans controverse. Au contraire, en matière civile, la question parut longtemps douteuse : elle fut solennellement débattue dans le sein de l'Assemblée constituante. Enfin elle décréta qu'il n'y aurait pas de jury en matière civile ; en d'autres termes, que les questions de fait et les questions de droit seraient décidées par les mêmes juges.

* Les lois des 7 juillet 1833 et 3 mai 1841 ont, depuis, admis le jury en matière civile pour la fixation des indemnités dues en cas d'expropriation pour cause d'utilité publique. *

19. L'Assemblée constituante posa également en principe qu'il y aurait deux degrés de juridiction ; qu'en général, et sauf les exceptions qu'elle déterminait dans la même loi, toute cause civile pourrait être soumise à deux épreuves successives, à un jugement de première instance et à un jugement d'appel. Ce principe simplifiait singulièrement l'administration de la justice, telle qu'elle résultait de l'ancienne organisation. Bien plus, ce principe même admettait des exceptions, en ce sens que, quoique en règle générale une cause dût parcourir deux degrés de juridiction, elle pouvait cependant, en nombre de cas, n'être soumise qu'à un seul degré où tout serait terminé ; mais que, réciproquement, jamais elle ne pouvait en parcourir plus de deux. C'est ce qui résultait du titre IV de la loi de 1790.

20. Outre les principes généraux posés par la loi de 1790, vous trouverez, notamment dans les titres II, III et IV, les plus importants de la loi, l'obligation imposée à tous les juges de motiver leurs jugements, et de les motiver soit en fait, soit en droit (tit. V, art. 15). Il paraît que fort anciennement tous les tribunaux de France étaient tenus de motiver, et motivaient en effet leurs jugements ou arrêts ; mais, depuis longtemps aussi, cet usage, si utile, si nécessaire, était tombé en désuétude ; l'Assemblée constituante le rétablit, et il a été depuis constamment consacré (Voy. n° 296).

21. De même, la publicité des audiences, des rapports, des jugements, est décrétée par l'art. 14 du titre II de ladite loi. Cette publicité existait antérieurement, au moins pour les matières civiles ; elle n'existait pas pour les matières criminelles dans lesquelles la procédure était secrète. L'art. 14 du titre II de la loi de 1790 décrète qu'en matière criminelle, aussi bien qu'en matière civile, tout rapport, toute plaidoirie, tout jugement, seront nécessairement publics.

22. Enfin les art. 10 et 12 du même titre II méritent encore d'être remarqués par leur relation avec d'anciens abus, qu'ils avaient pour objet d'effacer. Ces deux articles tendent à consacrer, dans le régime nouveau, une distinction trop souvent méconnue par les anciens parlements, la distinction fondamentale entre le pouvoir judiciaire et le pouvoir législatif, et proscrivent, notamment, l'ancien usage des arrêts de règlement que les parlements rendaient dans quelques matières et sur certaines questions importantes, arrêts qui n'avaient pas seulement pour but de décider, quant à présent, une question soulevée entre deux parties, mais aussi de statuer d'une manière générale et, pour l'avenir, d'une manière obligatoire pour tous les juges, pour tous les tribunaux du ressort, sur les questions pareilles qui pourraient s'élever désormais.

Enfin l'art. 13 du titre II de la même loi tend également à séparer pour jamais deux ordres de pouvoirs qui, dans l'ancien régime, s'étaient également trouvés assez souvent confondus ; je veux dire l'autorité judiciaire et l'autorité administrative. L'art. 13 s'exprime ainsi : « Les fonctions judiciaires sont distinctes et demeureront toujours séparées des fonctions administratives. Les juges ne pourront, à peine de forfaiture, troubler de quelque manière que ce soit les opérations des corps administratifs, ni citer devant eux les administrateurs pour raison de leurs fonctions. »

23. Pour terminer cette exposition des principes purement généraux posés par l'Assemblée constituante, il me reste à vous dire que l'ancienne division de la juridiction ordinaire et de a juridiction extraordinaire (Voy. n° 11) est maintenue implicitement, mais d'une manière très-formelle, par la loi du 24 août 1790 : seulement le cadre de la juridiction extraordinaire se trouve resserré dans des limites infiniment plus étroites.

24. Ainsi l'art. 4 du titre IV de la loi de 1790 investit les tribunaux de district ou tribunaux ordinaires d'une compétence générale, qui concentre dans leurs mains la juridiction ordinaire, mais en y ajoutant certaines exceptions spéciales qui forment la base, le principe de la juridiction extraordinaire. « Les juges de district (ce sont nos juges actuels d'arrondissement) connaîtront en première instance de toutes les affaires personnelles, réelles et mixtes en toutes matières, excepté seulement celles qui ont été déclarées ci-dessus être de la compétence des juges de paix, les affaires de commerce, dans les districts où il y aura des tribunaux de commerce établis, et le contentieux de la police municipale. » Nous pouvons donc appuyer sur ce texte cette division, renouvelée par l'Assemblée constituante, mais avec infiniment moins d'étendue, en juridiction ordinaire et en juridiction extraordinaire. Les justices de paix se trouvent organisées par le titre III de la loi ; les tribunaux de commerce par le titre XII de la même loi.

25. Cependant ces expressions générales de l'art. 4, *en toutes matières,* expressions qui semblent investir les tribunaux ordinaires, de la manière la plus absolue, du droit de juger toutes les contestations qui ne sont pas déclarées du ressort du juge de paix ou de celui des tribunaux de commerce, ces expressions générales reçurent, peu de jours après, des mains de la Constituante, une exception on ne peut plus notable, et dont le principe se trouve déjà dans l'art. 13 du titre II, relatif à la séparation du pouvoir judiciaire et du pouvoir administratif. En effet, un décret du 11 septembre 1790 déclara que toutes les actions civiles sur la perception des impôts indirects, et sur toutes les matières qui étaient autrefois de la compétence de la cour des monnaies, rentraient, comme les autres matières, dans la compétence des tribunaux de district. Mais il ajoute que les procès, soulevés entre les particuliers et l'administration, relativement à la perception des impôts directs et à l'acquittement des droits, relativement aux marchés passés avec les entrepreneurs des travaux publics et à quelques autres matières analogues, ne seraient pas portés devant les tribunaux de district, mais devant les directoires de district et de département, c'est-à-dire, en termes plus généraux, devant l'autorité administrative. Dès ce moment, les justices de paix et les tribunaux de commerce furent encore les seuls tribunaux extraordinaires appartenant à l'ordre judiciaire ; mais en dehors de l'ordre judiciaire se trouve posé le principe d'une juridiction distincte, spéciale, qui depuis a changé de main plus d'une fois, mais qui a toujours tendu à élargir ses attributions : c'est la juridiction administrative.

26. En résumé, outre les principes généraux que nous avons énumérés jusqu'ici, nous retrouvons donc, surtout dans la loi du 24 août 1790, l'ancienne division de juridiction ordinaire et de juridiction extraordinaire consacrée, mais avec beaucoup moins de complications qu'autrefois. Aujourd'hui les tribunaux de la justice ordinaire civile sont les tribunaux civils d'arrondissement, et en appel, les cours d'appel ; et la juridiction extraordinaire comprend les justices de paix, les tribunaux de commerce. Quant aux tribunaux administratifs, composés dans l'origine des directoires de district et de département, ils forment une juridiction spéciale, en dehors de l'ordre judiciaire, et consistent maintenant dans les conseils de préfecture, en première instance, et dans le conseil d'État, en appel.

DEUXIÈME LEÇON

⇛→ **27.** Entrons maintenant dans les détails d'application ; ces détails ont souvent varié ; mais il est nécessaire d'en connaître déjà la filière pour les comprendre tels qu'ils existent à présent.

DES TRIBUNAUX D'ARRONDISSEMENT. — La division de l'ordre judiciaire a été calquée dans l'origine sur la division admise pour l'ordre administratif. Je m'explique : l'Assemblée constituante, dans la loi du 22 décembre 1789, avait décrété la division du royaume en départements, et la division de chaque département en un nombre plus ou moins grand de districts. En exécution de cette loi générale, une loi du 26 février de l'année suivante réalisa cette division, et présenta le tableau de la répartition administrative du royaume en quatre-vingt-trois départements ; ce nombre s'est accru depuis de six nouveaux départements (1). Or cette division servit exactement de base à la divi-

(1) Le traité de Versailles du 21 février 1871 vient d'arracher à la France trois anciens départements.

sion judiciaire ; le royaume se divisait en départements ; les départements en districts, et chaque district reçut un tribunal appelé tribunal de district : ce sont maintenant les tribunaux d'arrondissement, depuis que la dénomination administrative a changé. Une loi du 23 août 1790 détermina, par un tableau détaillé, les villes qui, dans chaque district, devraient servir de siège au tribunal de district ; car ce n'est pas toujours ce que nous appellerions aujourd'hui le chef-lieu d'arrondissement ou de sous-préfecture qui reçoit le tribunal civil de l'arrondissement.

28. De même qu'en 1790 on avait calqué la répartition des tribunaux, la division judiciaire, sur la division administrative, de même, plus tard, dans les variations qu'eut à subir la division administrative, celle des tribunaux varia. En un mot, l'association entre les deux divisions marcha de front.

Ainsi lorsque, sous le Directoire, la constitution de l'an III supprima, dans son art. 174, les administrations de district et n'admit plus par département qu'une administration centrale, cette même constitution, dans son art. 219, effaça les tribunaux de district, et y substitua, dans les chefs-lieux de département, un tribunal unique, chargé de connaître de toutes les affaires élevées dans le département. Seulement, pour répondre aux besoins des justiciables, ce tribunal, remplaçant des tribunaux de district plus nombreux, dut être composé d'un nombre plus fort de juges. La constitution décida que le *minimum* des tribunaux de département serait de vingt juges ; elle y adjoignit un certain nombre de suppléants, et voulut que ces tribunaux se divisassent en sections.

Cette nouvelle organisation ne fut pas de longue durée, elle souleva de vives et justes réclamations. Sans doute, la réduction du nombre des tribunaux peut, en certains cas, présenter des avantages ; c'est quand elle réduit le nombre effectif des juges, et permet ainsi, soit quelques économies de peu d'importance en pareille matière, soit surtout, ce qui est bien autrement grave, des choix plus éclairés et meilleurs, puisqu'ils portent sur un petit nombre. Mais comme, au lieu des tribunaux de district composés de peu de juges, on avait créé des tribunaux de département composés de vingt juges au moins, le but n'était pas atteint. Ensuite, le résultat de cette organisation était d'éloigner les justiciables de leurs juges et de rendre la justice plus coûteuse. De plus, elle réduisait des villes de la plus haute importance, comme Toulon, Bayonne, le Havre, Chalon-sur-Saône, qui n'étaient pas chefs-lieux de département, à n'être plus que de simples chefs-lieux de justice de paix.

29. Telle était cette organisation lorsque, sous le Consulat, on en revint au système de l'Assemblée constituante. Ainsi la constitution du 22 frimaire an VIII, art. 1er, et la loi du 28 pluviôse de la même année, art. 1er, décrétèrent que les départements seraient désormais divisés en arrondissements de sous-préfecture, et ces arrondissements de sous-préfecture n'étaient, au nom près, que les anciens districts de l'Assemblée constituante. Partant de cette base, la loi du 27 ventôse de la même année, art. 6, décida qu'il serait établi, pour chaque arrondissement de sous-préfecture, un tribunal de première instance, le seul département de la Seine excepté, art. 40. C'était rétablir, avec quelque différence dans les mots, les tribunaux de district de l'Assemblée constituante.

Du reste, si la Constitution du Consulat rentrait dans le système de l'Assemblée constituante, en rétablissant, dans chaque district ou arrondissement, un tribunal de première instance, elle s'en éloigna notablement en d'autres points. d'organisation fort importants. Ainsi elle enleva aux justiciables le droit d'élire les juges, qui leur avait été attribué par la loi du 24 août 1791, et reconnu en suite par les constitutions successives. La Constitution du 22 frimaire an VIII attribua la nomination des juges au Premier Consul, au chef du gouvernement, sauf à les prendre dans une liste de candidats extrêmement étendue, et par conséquent à peu près insignifiante. Il n'y eut d'exception que pour les juges du tribunal de cassation et pour les juges de paix. Les juges de cassation durent être choisis par le sénat conservateur (art. 20). Les juges de paix durent être élus par les justiciables pour trois ans (art. 60).

Comme compensation du droit d'élire les juges, que la Constitution de l'an VIII et la loi de Ventôse qui la suivit enlevaient aux justiciables, ces lois accordèrent aux juges la garantie de l'inamovibilité. Mais cette garantie, que leur promettait la Constitution, ne leur fut jamais complétement accordée, ni sous le Consulat ni sous l'Empire. En effet, un sénatus-consulte du 12 octobre 1807 déclara que les *lettres d'institution à vie* ne seraient accordées aux juges qu'après s'être montrés dignes de la confiance du chef du gouvernement par cinq ans d'exercice, après que l'empereur aurait reconnu qu'ils méritaient l'inamovibilité.

30. Tel fut l'état des choses relativement aux tribunaux de district ou d'arrondissement jusqu'à la Restauration et à la Charte de 1814. Cette Charte, comme la Constitution de l'an VIII, et celle de l'an XII pour l'établissement de l'Empire, laissait au roi le droit de nommer les juges ; elle débarrassa même ce droit de la formalité, d'ailleurs insignifiante, de la candidature à laquelle la Constitution de l'an VIII l'avait soumis ; elle généralisa ce droit en l'étendant aux juges de la Cour de cassation et aussi aux juges de paix, mais elle assurait au moins le bénéfice, la garantie de l'inamovibilité, excepté en ce qui touche les juges de paix, qui, bien que nommés par le roi, étaient cependant amovibles, art. 58 et 61.

Ces nominations appartiennent aujourd'hui au président de la République.

31. Pour terminer ce qui concerne les tribunaux de première instance, nous avons maintenant, après cet exposé historique, à pénétrer d'un peu plus près dans le détail de leur organisation intérieure, des conditions nécessaires pour pouvoir en faire partie, et enfin à dire, quant à présent, quelques mots de leur compétence, qui nous occupera plus tard fort en détail.

D'abord, en ce qui concerne l'organisation intérieure des tribunaux d'arrondissement, nom qui leur convient maintenant, vous pourrez consulter la loi du 27 ventôse an VIII et celle du 20 avril 1810, le décret du 18 août 1810 et la loi du 11 avril 1838. Les deux premières sont de lois organiques en ce qui concerne les tribunaux d'arrondissement. Vous y joindrez, mais seulement pour le tribunal de la Seine, la loi du 31 juillet 1821 et l'ordonnance du 1er août suivant, la loi du 10 décembre 1830, art. 4, la loi du 9 et l'ordonnance du 13 juillet 1837, la loi du 23 avril 1841 et enfin le décret du 1er mars 1852. Le département de la Seine est le seul en France dans lequel il n'y a pas un tribunal par arrondissement ; la composition géographique de ce département a fait établir cette dérogation.

J'entre dans les détails d'organisation telle qu'elle est réglée par ces diverses lois.

Le nombre des juges dans les tribunaux d'arrondissement, le tribunal de Paris excepté, varie d'un *minimum* de trois à un *maximum* de douze. Ils peuvent être trois, quatre, sept, huit, neuf, dix et douze. Aux juges composant ainsi ces tribunaux, les lois que j'ai citées adjoignent des juges suppléants, dont le *minimum* est de trois et le *maximum* de six.

Les tribunaux inférieurs à sept juges, ceux de trois ou de quatre juges, n'ont qu'une chambre ; ceux de sept à dix juges ont deux chambres ; ceux de douze en ont trois. Dans tous les tribunaux composés de plus d'une chambre, l'une d'elles doit être spécialement affectée au service de la police correctionnelle ; l'autre garde la connaissance des affaires civiles. Cela est réglé par la loi de ventôse an VIII, art. 6, 9, 10 et 11, modifiés par le décret du 18 août 1810, art. 3 et 4.

En ce qui touche le département de la Seine, l'extrême population du département, l'existence d'un seul tribunal, la multiplicité des affaires, ont fait admettre une organisation particulière. D'après la loi du 27 ventôse an VIII, le nombre des juges était de vingt-quatre, plus douze suppléants ; ils se divisaient en six chambres, dont les cinq premières connaissaient des matières civiles et la sixième des affaires correctionnelles. Un roulement annuel fait passer les juges alternativement dans les différentes chambres. La loi du 20 avril 1810 porta à trente-six le nombre des juges titulaires du tribunal de la Seine ; celui des suppléants restait le même. Depuis, ce nombre a été augmenté de six juges et de deux suppléants par la loi et par l'ordonnance du 31 juillet 1821, et cette augmentation du nombre des juges a entraîné la division du tribunal en sept chambres, cinq pour les affaires civiles et deux pour les matières correctionnelles. De même la loi du 10 décembre 1830, en supprimant les juges auditeurs, a augmenté pour Paris le nombre des suppléants, porté à vingt.

* D'après la loi du 9 juillet 1837, le tribunal de la Seine se composait de quarante-neuf présidents, vice-présidents et juges titulaires. La loi du 23 avril 1841 a porté le nombre des juges à cinquante-trois, et décidé qu'il pourrait s'élever jusqu'à soixante-cinq. Ce tribunal comprenait, en effet, soixante-cinq juges, au moment où une loi du 30 juillet 1870 a créé deux places de vice-présidents et deux places de juges, ce qui donne un total de soixante-neuf juges titulaires. Enfin, d'après la loi du 21 juillet 1875, le tribunal de la Seine se compose de un président, onze vice-présidents et soixante-deux juges titulaires. Nous verrons bientôt qu'il existe, en outre, un certain nombre de juges suppléants. Ce tribunal se divise en onze chambres. Sept connaissent des affaires civiles ; quatre sont chargées des affaires de police correctionnelle.

La loi du 27 ventôse, applicable à tous les tribunaux, veut qu'aucun jugement ne puisse être rendu par un tribunal de première instance, à moins que trois juges n'y aient concouru. Tel est le *minimum* des juges qui peuvent participer à une sentence. Quant au *maximum*, la même loi veut qu'aucune chambre ne se compose de plus de six juges. C'est entre ces limites que doit flotter le nombre des juges présents à l'audience et participant à un jugement (Voy. loi du 27 ventôse an VIII, art. 16, et décret du 18 août 1810, art. 6. V. aussi n° 246).

Dans chaque tribunal se trouvent compris, d'ailleurs, dans le nombre des juges, le président, plus autant de vice-présidents que ce tribunal contient de chambre moins une. Vous voyez pourquoi cette limitation : c'est que cette chambre, qui se trouve sans vice-président, est présidée par le président, ou, à son défaut, par le juge le plus ancien. Il y a quelques exceptions à cet égard, et toujours pour le même motif, celui du nombre des affaires ; le tribunal de la Seine ainsi que ceux de Lyon et de Marseille ont un président et autant de vice-présidents qu'ils contiennent de chambres (Loi du 27 ventôse an VIII, art. 14; décret du 18 août 1810, art. 8, et loi du 9 juillet 1837).

Les président et vice-présidents d'un tribunal sont nommés par le président de la République.

*D'après la loi du 27 ventôse an VIII, les présidents et vice-présidents n'étaient nommés que pour trois ans et rééligibles. Mais aujourd'hui, par application du principe de l'inamovibilité des magistrats, ils sont nommés à vie. *

32. Les conditions nécessaires pour entrer dans un tribunal d'arrondissement sont de deux natures : les unes ont trait à l'âge, les autres à la capacité. Ainsi, la loi de 1790, tit. II, art. 9, voulait que nul ne pût être élu juge, lorsqu'il était éligible, s'il n'avait trente ans accomplis, plus cinq ans d'exercice de fonctions judiciaires ou d'exercice public près d'un tribunal, de la profession d'homme de loi, par exemple, de procureur ou d'avocat plaidant. Cette nécessité, l'âge de trente ans, a été répétée par la Constitution de l'an III, art. 209, et par celle de l'an VIII, art. 4; elle a été changée, en ce qui touche les tribunaux d'arrondissement, dont nous traitons maintenant, par la loi du 20 avril 1810, art. 64, qui a réduit cet âge à vingt-cinq ans pour les simples juges et à vingt-sept pour les présidents et les vice-présidents.*La loi du 22 ventôse an XII (art. 23), qui a rétabli les écoles de droit, exige de plus, quant à la capacité, la qualité de licencié en droit. La loi du 20 avril 1810, art. 64, a reproduit cette dernière condition et a, en outre, exigé un stage de deux ans comme avocat, depuis le serment prêté à la cour.

33. * Outre les juges titulaires, des juges suppléants sont attachés à chaque tribunal d'arrondissement. Leur nombre varie suivant l'importance des tribunaux (Voy. décret du 18 août 1810 et loi du 11 avril 1838). A Paris, près le tribunal civil de la Seine, il y en a eu d'abord douze (L. du 20 avril 1810, art. 35), puis vingt (L. du 10 décembre 1830, art. 4), seize (L. du 9 juillet 1837, art. 1), huit (L. du 23 avril 1841), douze (L. du 6 juillet 1862), enfin quinze qui est le nombre actuel (L. du 30 juillet 1870 et du 24 juillet 1875).

En général, les juges suppléants ne reçoivent pas de traitement (Voy. néanmoins la loi du 11 avril 1838, art. 8 et 9 et le décret du 2 juillet 1857). Les juges suppléants, à Paris, en recevaient un d'après la loi du 10 décembre 1830; mais il a été supprimé par la loi du 23 avril 1841, art. 3.

Ils peuvent assister aux audiences ; mais ils n'y ont que voix consultative, à moins qu'ils ne remplacent un juge titulaire. *

34. Enfin, quant à la compétence des tribunaux d'arrondissement, la base, le principe général de cette compétence se trouve établi dans l'art. 4 du titre IV de la loi de 1790 ; c'est encore la loi en vigueur à cet égard. Cet art. 4 porte : « Les juges de district connaîtront en première instance de toutes les affaires personnelles, réelles et mixtes, en toutes matières, excepté, etc. »

D'après la loi du 11 avril 1838, qui abroge l'art. 5 de la loi du 24 août 1790, «les tribunaux civils de première instance (ou d'arrondissement) connaîtront, en dernier ressort, des actions personnelles et mobilières jusqu'à la valeur de quinze cents francs de principal, et des actions immobilières jusqu'à soixante francs de revenu, déterminé soit en rentes, soit par prix de bail. »

Je ne puis trop vous recommander de bien retenir ces détails, cette fixation de compétence, dont nous aurons d'ailleurs occasion de parler plus d'une fois.

35. Tels sont les tribunaux appelés originairement *tribunaux de district*, depuis *tribunaux d'arrondissement*, et qu'on qualifie souvent, par un usage assez vicieux, de *tribunaux de première instance*. En effet, dans un grand nombre de cas, les *tribunaux d'arrondissement* sont juges, non seulement de première, mais aussi de dernière instance ; c'est ce qui arrive toutes les fois que la contestation qui leur est soumise ne s'élève pas, quant à la valeur de son objet, à plus de 1,500 francs de principal, ou, s'il s'agit d'un immeuble, à plus de 60 francs de revenu. C'est ce qui arrive également, quelle que soit la valeur de l'objet de la contestation, dans tous les cas où ces tribunaux sont saisis de l'appel des sentences des juges de paix ; ils sont donc souvent juges, soit d'appel seulement, soit de premier et dernier ressort à la fois, et, sous ce rapport, la dénomination vulgaire de *tribunal de première instance* manque d'exactitude.

36. Des cours d'appel. — A part les changements de forme, importants sans doute dans l'application, mais secondaires dans leur nature, nos tribunaux actuels d'arrondissement ne sont absolument, en réalité, que les tribunaux de district organisés par l'Assemblée constituante dans la loi de 1790. Il n'en est pas de même à l'égard des cours d'appel, vous en chercheriez vainement l'origine et même la trace dans les lois de l'Assemblée constituante et dans la plupart de celles des législatures qui l'ont suivie.

Ce n'est pas que l'Assemblée constituante n'eût admis le principe des deux degrés de juridiction ; ce principe avait été, au contraire, après une assez longue discussion, solennellement consacré par le titre IV, art. 1, de la loi de 1790. Mais l'Assemblée constituante avait écarté le système, qui depuis a complétement prévalu, consistant à organiser certains tribunaux supérieurs auxquels seraient dévolus les appels des jugements rendus par des tribunaux placés plus bas. Toute idée de distribution hiérarchique de la souveraineté judiciaire avait été repoussée dans le sein de l'Assemblée constituante.

Il est facile d'en saisir le motif. En constituant ce que nous appelons aujourd'hui des Cours d'appel, l'Assemblée constituante, encore préoccupée des abus, des tentatives fréquentes et souvent heureuses d'envahissements essayées par les anciens parlements, aurait craint de reconstituer des corps de judicature qui, forts de leur nombre, de leur autorité morale, de l'étendue de leur ressort, auraient pu renouveler ces tentatives, ces empiétements, ces abus de pouvoir que les parlements s'étaient assez souvent permis autrefois.

37. Aussi, pour concilier l'exclusion de tous tribunaux d'un ordre supérieur avec le système d'appel admis, imagina-t-on une organisation assez bizarre ; on décida que les tribunaux de district seraient juges d'appel les uns à l'égard des autres ; le principe fut posé par l'art. 1er du titre V.

Voici en peu de mots quelle était cette organisation, qui ne présente aujourd'hui qu'un intérêt historique. Un jugement ayant été rendu par un tribunal de district, l'appel, s'il y avait appel, devait être porté à un tribunal de même degré. Quel devait être ce tribunal ? D'abord les deux parties, l'appelant et l'intimé (l'intimé est celui qui a gagné en première instance et contre qui est formé l'appel), pouvaient, d'un commun accord, déterminer, entre tous les tribunaux du royaume, lequel devrait recevoir et connaître de leur appel. Si cet accord n'avait pas lieu, l'appel devait être porté à l'un des sept tribunaux de district les plus voisins de celui qui venait de juger. Sur ces sept tribunaux, l'appelant pouvait en récuser trois, l'intimé trois autres, et, si chacun d'eux avait épuisé son droit de récusation, le septième et dernier tribunal était juge de l'appel. Que si, au contraire, cette récusation ne s'épuisait pas, le premier des sept tribunaux sur lequel concourait le vœu de l'appelant et de l'intimé, était le juge de l'appel.

Ce système présentait dans ses détails une assez grande complication ; il offrait d'ailleurs un inconvénient assez sensible, celui de faire que tel tribunal, aujourd'hui juge de l'appel d'un autre tribunal, vît demain son propre jugement réformé par ce dernier. Il pouvait ainsi s'élever, entre divers tribunaux de district rapprochés, une rivalité de luttes d'amour-propre, préjudiciable à la bonne administration de la justice.

Cependant, malgré les vices que présentait incontestablement ce système, au moins dans ses détails d'application, il fut maintenu en l'an III ; c'est-à-dire que, lorsque la constitution du Directoire supprima les tribunaux de district et leur substitua un tribunal unique par département, elle statua également que les tribunaux de département seraient juges d'appel l'un à l'égard de l'autre ; seulement, au lieu du nombre de sept sur lesquels les parties pouvaient exercer leur récusation, le nombre fut réduit à trois, sur lesquels, par conséquent, deux récusations étaient possibles ; les ressorts s'agrandissant, il devenait impossible de faire flotter l'appel entre les sept départements les plus voisins.

38. En l'an VIII, lors de l'avénement du Consulat, tout ce système fut changé, et on établit une organisation qui n'est pas identique, mais qui est du moins fort analogue à celle qui nous régit aujourd'hui.

À cette époque, les craintes exagérées peut-être de l'Assemblée constituante contre l'ancienne omnipotence judiciaire avaient complétement disparu ; le

chef du gouvernement consulaire était loin de redouter, pour l'autorité exé-
cutive, que la Constitution concentrait dans ses mains, les empiétements
futurs des tribunaux qu'il avait institués. Aussi put-il sans danger organiser,
par la loi du 27 ventôse an VIII, de véritables tribunaux d'appel, et ce
système se compléta et s'agrandit encore lors de la loi du 20 avril 1810, qui
est, quant à présent, la véritable loi organique et fondamentale des cours
d'appel.

La loi du 27 ventôse décida que les appels des tribunaux d'arrondissement
seraient désormais portés à des tribunaux spécialement établis pour connaître
des appels en deuxième et dernier ressort. Cette loi institua ces tribunaux au
nombre de vingt-neuf, chacun comprenant dans son ressort un nombre plus
ou moins grand de départements. Le plus étendu de tous; c'était le ressort du
tribunal d'appel de Paris. Il embrassait sept départements, comme il les
embrasse encore. Après lui, c'était le ressort du tribunal d'appel de Rennes,
qui embrasse cinq départements. Leur nombre, dis-je, était primitivement
de vingt-neuf; mais, par l'effet des conquêtes et des réunions successives qui
avaient étendu le territoire, ce nombre se trouva porté à trente-sept. Les
traités de 1814 le firent descendre au-dessous même de son ancienne limite ;
il fut fixé au nombre de vingt-sept, c'était le nombre de la loi de Ventôse,
moins les tribunaux d'appel de Liège et de Bruxelles, qui, en 1815, étaient
détachés du territoire français *. L'annexion de la Savoie a porté le nombre
des cours d'appel à vingt-huit ; mais il est descendu à vingt-six depuis que
l'Alsace a été détachée de la France. La cour de Colmar a été supprimée ; la
partie de son ressort qui reste à la France a été rattachée à la cour de
Besançon (Loi du 17 avril 1871). La cour de Metz a été également supprimée
par la loi du 25 mars 1872 ; et la partie demeurée française de son ressort a
été réunie à la cour d'appel de Nancy *. La loi de Ventôse décida que les appels portés d'un tribunal de district à un autre de même degré, le seraient désormais à des tribunaux supérieurs, dont elle présente le tableau annexé à la loi.

39. Cette loi ne compléta pourtant pas l'organisation des cours d'appel,
telles qu'elle existent actuellement. En effet, la loi de Ventôse avait laissé la
juridiction civile et la juridiction criminelle absolument séparées l'une de
l'autre. En dehors de ces tribunaux d'appel qu'elle établissait pour un nombre variable de départements, elle avait laissé subsister dans chaque chef-
lieu de département un tribunal criminel chargé exclusivement de la connaissance de certaines affaires, dont son nom vous indique la nature. En 1810,
on voulut donner aux tribunaux d'appel plus d'éclat et d'importance, à l'administration de la justice criminelle plus de force et d'activité, en concen-
trant dans les mêmes mains l'une et l'autre justice, justice civile et justice
criminelle ; dès lors furent institués, sous le nom de Cours impériales, des
corps judiciaires qui, par leur importance, leur autorité, représentèrent en
effet en grande partie la puissance, mais non pas les abus, les usurpations
des anciens parlements. L'organisation de la loi du 20 avril 1810, complétée
par le décret du 6 juillet suivant, régit encore aujourd'hui les cours d'appel.

40. Cette loi de 1810 a rendu aux tribunaux d'appel l'ancien nom de Cours, et à leurs membres l'ancien nom de Conseillers. Elle a déterminé le nombre des conseillers de cours d'appel à un *minimum* de vingt, et à un *maximum* de quarante, toujours la cour de Paris exceptée, pour laquelle le *minimum* était de quarante et le *maximum* de soixante.

La loi, en déterminant ces limites, laissait au gouvernement le droit de faire varier, par de simples ordonnances et sans actes législatifs, le nombre des conseillers du *minimum* au *maximum*. Et, en effet, le décret du 6 juillet 1810 a complété à cet égard ce que cette organisation générale pouvait laisser d'imparfait. Ainsi il a divisé les cours d'appel, quant au nombre des conseillers, en plusieurs catégories selon l'importance et l'étendue de leur territoire. Il a fixé, par exemple, pour la cour d'Ajaccio, le nombre des conseillers à vingt; pour les cours d'appel d'un territoire plus étendu, il en a fixé le nombre soit à vingt-quatre, soit à trente ; pour la cour de Rennes seulement, il a porté le cadre des conseillers à quarante ; * mais un décret des 12-24 décembre 1860 a réduit le personnel de cette cour à un premier président, quatre présidents de chambre, vingt-cinq conseillers ; enfin, pour celle de Paris, le nombre des conseillers fut porté à cinquante ; postérieurement, une ordonnance du 31 juillet 1821, art. 1er, éleva ce nombre à cinquante-six, et le décret du 8 mars 1852 à cinquante-neuf, non compris les présidents. Enfin la loi du 23 mars 1863 porta le nombre des conseillers à la cour d'appel de Paris à soixante-douze, y compris les présidents. Une loi du 17 juillet 1873 supprime, par voie d'extinction, un président de chambre dans chaque cour d'appel à l'exception des cours de Paris et de Bastia. *

41. Le décret du 6 juillet 1810 divise les cours d'appel en chambres ou sections et répartit généralement le service entre les différentes chambres. Ainsi, les cours de vingt-quatre conseillers ont trois chambres : une pour les affaires civiles, une pour les appels de police correctionnelle, une enfin pour les mises en accusation. Vous verrez, dans le droit criminel, le sens précis de ces derniers mots. Les cours d'appel de trente conseillers ont quatre chambres, dont deux civiles, une troisième des appels de police correctionnelle, et une quatrième des mises en accusation. La cour de Paris a deux chambres civiles de plus (Décrets du 8 mars 1852 et du 28 mai 1863).

La loi du 27 ventôse an VIII, art. 27, a décidé qu'en matière civile, aucune chambre ne pourrait juger à moins de sept conseillers présents et ayant assisté à toutes les audiences (1). Au contraire, la chambre de mises en accusation et d'appels de police correctionnelle peuvent juger à cinq conseillers présents; (Décret du 6 juillet 1810, art. 2. Voy. aussi l'avis du conseil d'État du 10 janvier 1813, et l'ordonnance du 24 septembre 1828).

42. Quant aux détails de la compétence de ces cours, ils se rattachent à la limitation précise du degré, du premier ou dernier ressort (voy. nos 668 et suiv.). Dans certaines occasions fort rares, les cours d'appel prononcent en premier et en dernier ressort à la fois (Voy. art. 363, 364, 472, 473, 509, C. pr.). Quelques affaires doivent être portées aux audiences solennelles, où deux chambres sont réunies (Décret du 30 mars 1808, art. 22).

(1) * Cass., 21 mai 1856. V. Dalloz, 1856, I, 217.

43. La loi de 1810 a déterminé, pour les cours d'appel, les conditions d'âge et de capacité, comme d'autres lois l'avaient fait pour les tribunaux de première instance : la loi de 1810, art. 65, fixe à vingt-sept ans l'âge nécessaire pour être conseiller d'une cour d'appel, et à trente ans l'âge nécessaire pour en être président.

La division des présidents de cours d'appel est à peu près la même que celle des tribunaux de première instance ; les noms sont un peu différents. Nous avons vu dans les tribunaux d'arrondissement un président et plusieurs vice-présidents ; dans les cours d'appel, il existe un président général qui prend le nom de premier président, plus autant de présidents de chambre, appelés simplement présidents, qu'il y a de sections ou de chambres : la première est présidée habituellement par le premier président.

Les présidents et premiers présidents des cours d'appel sont nommés à vie par le président de la République (Voy. le sénatus-consulte du 28 floréal an XII, art. 135).

44. Les tribunaux extraordinaires dans l'ordre judiciaire sont les justices de paix et les tribunaux de commerce, sans compter les tribunaux de l'ordre administratif, comme les conseils de préfecture et le conseil d'État.

Nous avons vu (nos 23 à 26) que la distinction de la juridiction ordinaire et de la juridiction extraordinaire, reposait sur la loi de 1790, titre IV, art. 4. En effet, cette loi établit le principe de la compétence générale des tribunaux de district, auxquels elle attribue la connaissance de toutes les actions personnelles, réelles ou mixtes, à l'exception des affaires spécialement réservées aux justices de paix et au tribunaux de commerce. Ainsi nous pouvons dire qu'à part les affaires exceptionnellement déterminées par la loi, toutes les autres tombent dans la règle générale, c'est-à-dire dans la juridiction des tribunaux de district, aujourd'hui tribunaux d'arrondissement.

L'institution de la juridiction exceptionnelle des justices de paix et des tribunaux de commerce a son fondement, soit dans la nature de l'affaire qui donne lieu à la contestation, soit dans la modicité de l'intérêt qu'elle embrasse. A la première considération, la nature de l'affaire, se rattache l'institution des tribunaux de commerce ; à toutes deux, et la nature de l'affaire et la modicité de l'intérêt, se rattache l'institution des justices de paix.

Occupons nous d'abord des justices de paix.

45. DES JUSTICES DE PAIX. — Les justices de paix ont été instituées par la loi du 24 août 1790. Il doit y avoir un juge de paix par canton, art. 1er, titre III, sauf à Paris où il y en a vingt, un par arrondissement. Ce magistrat a trois ordres de fonctions bien distinctes : 1° un pouvoir de conciliation ; 2° des fonctions extrajudiciaires, telles qu'apposition et levée des scellés, assistance aux délibérations des conseils de famille, etc. ; 3° enfin des fonctions judiciaires.

46. Le juge de paix, qui, dans l'origine, était assisté de deux assesseurs, doit connaître de toutes les affaires personnelles et mobilières, sans appel, jusqu'à la valeur de 100 fr., et à charge d'appel jusqu'à la valeur de 200 fr. (Loi du 25 mai 1838, art). 1. Cette disposition est motivée, non sur la nature de l'affaire, mais sur la modicité de l'intérêt en litige. Il connaît encore, dans des limites déterminées par la loi du 25 mai 1838, art. 2 à 6, de certaines causes de nature urgente, ou dont la décision exige une descente préalable sur les lieux contentieux.

Telle est la compétence judiciaire civile du juge de paix. Il est, de plus, le juge ordinaire des contraventions de simple police (art. 139, I. C.); il est aussi officier de police auxiliaire du procureur de la République (art. 48. I. C.).

D'autres lois ont étendu sa compétence à raison de la nature de l'action. Ainsi, les contestations en matière de douanes, sur saisie de marchandises, refus d'acquitter les droits, sont encore de la compétence du juge de paix (Lois des 4 germinal an II, 14 fructidor an III et 9 floréal an VII). Les difficultés sur l'application des tarifs d'octroi et la quotité des droits lui sont également soumises (Loi du 2 vendémiaire an VIII).

47. Les juges de paix, institués par la loi de 1790, étaient nommés dans l'origine, comme les juges des tribunaux de district, par des assemblées électorales, alors appelées assemblées primaires, art. 4, titre III.

A part l'âge de trente ans (l'on avait même proposé quarante-cinq ans, ce qui ne fut pas admis), nulle condition d'éligibilité, ni grade ni stage, ne leur était imposée, titre III, art. 3. Cet âge, réduit à vingt-cinq ans par la loi du 16 septembre 1792, fut reporté à trente ans par la Constitution du 5 fructidor an III, art. 209, à laquelle il n'a pas été dérogé à cet égard, à la différence des autres juges, qui peuvent être nommés avant cet âge, excepté pourtant ceux de la Cour de cassation.

Sous l'empire de la loi de 1790, les juges de paix étaient élus par les assemblées électorales pour deux ans seulement, mais ils pouvaient être continués par réélection, titre III, art. 4 et 8. Sous la Constitution de l'an VIII, ils étaient nommés pour trois ans, art. 60. Enfin, en 1814, leur nomination fut attribuée au gouvernement seul; ils furent de plus déclarés amovibles, par l'art. 61 de la Charte, contrairement au principe de l'inamovibilité des juges.

48. La justice de paix se composait, comme nous l'avons vu, de trois juges, dont deux assesseurs, qui avaient voix délibérative, conformément au principe de la pluralité des juges qui sont toujours au moins trois, principe admis par l'Assemblée constituante. Mais, plus tard, ce système de la pluralité, qui offrait des avantages pour les affaires de quelque importance, parut présenter des inconvénients pour les tribunaux inférieurs.

En effet, l'expérience ne tarda pas à démontrer que, s'il était déjà difficile de trouver un bon juge de paix dans l'étendue, ordinairement resserrée, d'un canton, il devenait bien difficile d'en trouver trois.

D'un autre côté, on remarqua que le plus capable dominait les deux autres, et que, dès lors, on retombait dans les inconvénients de l'unité sans en avoir les avantages, c'est-à-dire une responsabilité morale fixée sur une seule tête, responsabilité qui excite le zèle du juge de paix et le rend plus scrupuleux dans l'accomplissement de ses devoirs. Cet inconvénient était réel; mais il devenait bien plus à redouter, lorsque celui des trois qui était incapable, mais le plus résolu, parvenait à s'emparer de l'esprit de ses deux collègues.

On pensa, d'ailleurs, que, si l'affaire avait quelque gravité, on aurait toujours la ressource de l'appel.

Ces raisons étaient plus que suffisantes pour faire fléchir, par exception, le, principe de la pluralité des juges ; et la loi du 29 ventôse an IX, répondant à ce besoin, supprima les assesseurs, et établit à leur place des suppléants chargés seulement de remplacer le juge de paix en cas d'empêchement légitime. Mais, à la différence des assesseurs, ils n'ont jamais voix, ni délibérative ni consultative, en concurrence avec le juge de paix : c'est là ce qui existe aujourd'hui.

⇛→ 49. DES TRIBUNAUX DE COMMERCE. — On fait remonter assez loin l'usage de confier à des juges spéciaux, choisis parmi les commerçants et par eux, la décision des affaires commerciales ; dès l'année 1349 nous voyons des actes législatifs établir des juges consulaires pour les foires de Champagne et de Brie. Ces juges étaient temporaires ; mais un tribunal particulier et permanent s'établit à Lyon sous le nom de *Conservation de Lyon*. François Ier, en 1535, en régla les prérogatives et en détermina la compétence ; plus tard, en 1563, un tribunal analogue fut érigé à Paris par un édit de Charles IX, édit dont les dispositions passèrent presque toutes dans l'ordonnance de 1673, qui vint généraliser cette institution et la répandre sur une grande partie de la France.

Les juges consulaires nommés par élection ne prenaient connaissance que des affaires commerciales terrestres ; quant aux affaires commerciales maritimes, elles appartenaient à des tribunaux dont les membres étaient choisis par les amirautés, qui étaient d'institution royale. La loi du 24 août 1790, titre XII, art. 2, et la loi du 11 septembre 1790, art. 8, supprimèrent la distinction des juges consulaires et des amirautés, transportèrent la connaissance des affaires maritimes aux tribunaux consulaires, appelés depuis tribunaux de commerce. Toutefois les amirautés subsistèrent encore quelque temps ; elles connaissaient de quelques affaires d'administration, telles que règlement de ports et quelques autres ; bientôt on y pourvut et on supprima tout à fait les amirautés.

Après ce rapide aperçu historique, occupons-nous de l'organisation et de la compétence de nos tribunaux de commerce ; les art. 615 et suivants du Code de commerce suffisent, pour avoir une idée de l'organisation de ces tribunaux.

En exécution de l'art. 615, un décret du 6 octobre 1809 a déterminé le nombre et le siége des tribunaux de commerce ; quelques décrets postérieurs sont venus ensuite ajouter de nouveaux tribunaux aux premiers. Il est inutile, à cet égard, d'entrer dans une énumération de détail ; mais nous devons nous demander quelle est l'étendue de chaque ressort. Cette étendue est en général la même que celle du tribunal civil dans l'arrondissement duquel le tribunal de commerce est situé ; mais, lorsqu'il y a plusieurs tribunaux de commerce dans un même arrondissement, l'ordonnance qui les établit assigne à chacun d'eux son ressort particulier, art. 616. Si un même arrondissement peut avoir plusieurs tribunaux de commerce, il est possible, à l'inverse, qu'un arrondissement en soit entièrement dépourvu ; c'est alors le tribunal civil qui en fait les fonctions, en se conformant du reste à toutes les règles de la législation commerciale, art. 640 et 641, C. de commerce.

Le nombre des juges varie de trois à neuf, y compris le président, selon les besoins du service. Quant aux suppléants, leur nombre est illimité, art. 617. La nomination directe des juges n'appartient point au président de la République, qui ne fait que les instituer; ils sont élus par les plus notables commerçants dont le préfet du département dresse la liste, liste qui doit être en outre approuvée par le ministre de l'intérieur, art. 618 et 619. * Un décret du 28 août 1848 avait modifié ce mode de nomination; mais le décret du 2 mars 1852, abrogeant celui de 1848, a remis en vigueur les art. 618, 619, 620, 621, 629 du Code de commerce, le décret du 6 octobre 1809, et la loi du 3 mars 1840.

Un décret du 17 octobre 1870. de la délégation de Tours, a abrogé à son tour le décret du 2 mars 1852 et établi un nouveau système; mais à la même époque, un décret du gouvernement de Paris du 16 novembre 1870 décidait que les membres du tribunal de commerce de la Seine, actuellement en fonctions, y demeureront jusqu'à ce qu'il soit autrement statué. Une loi des 21-28 décembre 1871 a modifié les art. 618, 619, 620 et 621 du C. de commerce (Voy. l'analyse de cette loi, n° 641, note 1).

Pour la durée de leurs fonctions, voy. les art. 622 et 623 du Code de commerce.

La nomination de ces magistrats est soumise à quelques conditions d'éligibilité, soit, pour les juges et les suppléants, trente ans d'âge et cinq ans d'exercice dans le commerce, et pour les présidents, quarante ans d'âge et la qualité d'ancien juge, art. 620. Leurs fonctions sont purement honorifiques; c'est une exception au principe d'après lequel les juges sont salariés par l'État.

La compétence des tribunaux de commerce est déterminée: 1° par la nature de l'affaire; 2° par la valeur de la contestation. La compétence, quant à la nature de l'affaire, est l'objet du titre II du livre IV du Code de commerce; les art. 631 à 638 déterminent les actions qui, par leur nature, doivent être soumises à la juridiction commerciale. La compétence, quant à la valeur de la contestation, est fixée par l'art. 639; cet article, conformément au principe qui règle la juridiction civile, décide que les tribunaux de commerce jugeront en dernier ressort jusqu'à 1,500 francs, et par conséquent en premier ressort seulement, au-dessus de 1,500 francs.

Si les parties veulent faire réformer la décision d'un tribunal de commerce, quand elle est en premier ressort, l'appel sera porté à la cour d'appel dans le ressort de laquelle est situé le tribunal dont est appel.

50. * *Prud'hommes.* Les conseils de prud'hommes, qu'on a appelés les juges de paix de l'industrie, ont pour mission de concilier, s'il se peut, et au besoin de juger en premier ressort les contestations qui s'élèvent entre les fabricants et les chefs d'ateliers ou entre les chefs d'ateliers et les ouvriers relativement à l'exercice de leur industrie.

Ils sont nommés par voie d'élection (Voy. L. du 1er juin 1853).

Il n'en existe que dans certaines villes. A Paris, les ordonnances royales des 9 décembre 1844 et 9 juin 1847 ont établi quatre conseils de prud'hommes.

Dans quelques villes maritimes, par exemple à Marseille, il existe aussi des prud'hommes pêcheurs, statuant sur les contestations entre patrons de pêche et pêcheurs. *

51. * DE L'ARBITRAGE. — Les parties peuvent, d'un commun accord, faire juger leurs différends par des particuliers qu'elles choisissent, et qu'on nomme arbitres, au lieu de s'en rapporter aux tribunaux institués par les lois.

L'arbitrage, appelé, par la loi du 24 août 1790, le moyen le plus naturel et le plus raisonnable de terminer les contestations, a été maintenu comme la première des juridictions et sans restriction, par les constitutions qui ont suivi cette loi (Constit. de 1791, tit. III, chap. v, art. 3 ; constit. de 1793, art. 86, 87 ; constit. de l'an III, art. 210, 211 ; const. de l'an VIII, art. 60) jusqu'au Code de procédure.

L'arbitrage est volontaire ; il faut la volonté des deux parties pour les soumettre à cette juridiction (Voy. pour les détails, t. II, nos 1177 et suiv.).

Le Code de commerce (art. 51 à 63) établissait un arbitrage forcé pour les contestations entre associés en matière commerciale ; mais ces articles ont été abrogés, et l'arbitrage forcé supprimé par la loi du 17 juillet 1856. *

52. DES TRIBUNAUX ADMINISTRATIFS. — Ce que nous avons dit jusqu'à présent embrasse soit la juridiction judiciaire ordinaire, soit la juridiction judiciaire extraordinaire, c'est-à-dire les institutions appartenant à l'ordre judicaire proprement dit : car les justices de paix et les tribunaux de commerce, bien que tenant à la juridiction extraordinaire, sont cependant des tribunaux judiciaires. Nous arrivons maintenant à une juridiction qui, s'il faut lui donner le nom de tribunal, n'est pas du moins un tribunal judiciaire à proprement dire ; je veux parler du contentieux administratif, qui forme une importante juridiction en dehors de l'ordre judiciaire.

Les tribunaux administratifs diffèrent, sur bien des points, des tribunaux de l'ordre judiciaire, c'est ainsi que, entre autres différences, ils ne voient jamais leurs décisions soumises à la Cour de cassation. Aussi sembleraient-ils ne pas devoir prendre place ici : toutefois, comme ils connaissent des contestations des particuliers avec l'administration, et même de certaines contestations de particuliers entre eux, nous devons en dire quelques mots.

Le principe de la séparation des pouvoirs judiciaire et administratif a sa base dans le titre II, art. 13, de la loi du 24 août 1790, et surtout dans la loi du 11 septembre de la même année, qui soumet à l'autorité administrative, aux directoires de district et de département, la juridiction de certaines matières intéressant les particuliers dans leurs rapports avec l'administration. C'est ainsi qu'ils connaissent exclusivement, d'après cette dernière loi, de certaines contestations relatives aux impôts directs et aux marchés des entrepreneurs de travaux publics avec l'administration, art. 1, 3, 4 et 5. Plus tard, ils connurent aussi des contestations entre simples particuliers, relativement aux dommages causés par des entrepreneurs de travaux publics dans le cours de leurs opérations (Loi du 28 pluviôse an VIII).

53. Les contestations administratives n'avaient d'abord eu qu'un seul degré de juridiction ; mais la loi du 28 pluviôse an VIII établit, pour le contentieux administratif, un tribunal de première instance (le conseil d'État servait de deuxième degré), qui est ordinairement le conseil de préfecture.

L'art. 4 de cette loi détermine en détail les attributions de ce conseil. Il est encore bon de consulter cette loi pour connaître la compétence des conseils de

préfecture. * Un décret du 12 janvier 1863 a décidé que les audiences des conseils de préfecture statuant sur les matières contentieuses seraient publiques. *

La Charte de 1814 avait gardé le silence sur l'institution du conseil d'État,
et lui avait enlevé d'ailleurs indirectement la plupart des attributions que lui
assurait la Constitution de l'an VIII, notamment par rapport à la préparation
officielle des lois : cependant il a continué d'exister comme tribunal administratif, et les ordonnances des 29 juin et 23 août 1815, relatives à son organisation intérieure, n'ont rien changé d'essentiel sous le rapport qui nous occupe.

Deux ordonnances, celle du 12 décembre 1821, et surtout celle du 1er juin
1828, ont apporté d'assez notables restrictions à la liberté, jusque-là illimitée,
d'élever le conflit et de paralyser ainsi l'action du pouvoir judiciaire. Je les
laisse de côté comme tenant plus à la procédure qu'à l'organisation judiciaire.

Une troisième ordonnance, conçue dans le même esprit, fut rendue le 2 février, et promulguée le 12 mars 1831 ; elle apporta de grandes améliorations
dans la manière de procéder devant le conseil d'État, et ordonna la publicité
des audiences.

* On peut consulter encore, sur cette matière : 1° la loi des 19-21 juillet 1845 ;
2° la constitution de 1848 et la loi des 3-8 mars 1849, qui organisait le conseil
d'État sous le gouvernement républicain ; 3° le décret organique du conseil
d'État du 25 janvier 1852, la loi du 24 mai 1872, qui nous régit actuellement.
Cette loi réorganise le conseil d'État et crée un tribunal des conflits. *

Nous ne nous arrêterons pas davantage sur cette matière importante, dont
les détails appartiennent au cours de droit administratif.

➤➤➤ **54.** Je ne dis rien de la Cour des comptes, parce que ses attributions
n'atteignent guère les particuliers. On doit la considérer comme une branche
spéciale du pouvoir purement administratif. Elle ne se rattache un peu aux
attributions judiciaires que par le droit qui lui appartient de frapper de certaines amendes les comptables des deniers publics.

➤➤➤ **55.** DE LA COUR DE CASSATION. — Si l'organisation judiciaire se bornait
aux détails que nous venons de vous faire connaître, le législateur, en posant
les principes des deux degrés de juridiction, en soumettant à l'épreuve d'un
double débat toute affaire de quelque importance, aurait assez fait pour la sécurité des justiciables, pour la garantie des intérêts privés ; car il est probable que
d'autres épreuves n'augmenteraient pas les chances contre les erreurs de troi-
sièmes ou de quatrièmes juges ; cependant il est encore allé plus loin, Il a voulu
couronner son œuvre : défendre l'unité des lois, conquête précieuse de nos
révolutions, contre la divergence inévitable des interprétations judiciaires,
contre l'influence puissante des traditions et des habitudes locales, était une
tâche dont l'intérêt public réclamait l'accomplissement. L'institution de la
Cour de cassation vint accomplir cette tâche et répondre à ce besoin.

56. La Cour de cassation prend son origine dans ce qu'on appelait autrefois le *grand conseil* ou le *conseil des parties*, qui formait une des sections de
la *cour* ou *conseil du roi.*

La cour ou conseil du roi avait donné naissance au Parlement, dont la juridiction était souveraine comme la royauté, source d'où elle émanait. Aussi les décisions du Parlement étaient-elles ordinairement en dernier ressort ; cependant, par l'ordonnance de 1302, déjà citée, Philippe le Bel ouvrit en certains cas aux parties une voie pour corriger, interpréter ou annuler les arrêts. Cette voie consistait dans le recours au conseil des parties.

Par une ordonnance de 1344, Philippe de Valois régla la marche à suivre pour ce recours. On adressait une requête au conseil du roi, qui rentrait ainsi, par exception, dans les attributions judiciaires dont il s'était dépouillé au profit du Parlement. Cette requête exposait les vices dont on accusait l'arrêt qu'on voulait faire réformer. S'il y avait lieu, c'est-à-dire si la requête était jugée grave et bien fondée, le roi se rendait en personne au Parlement ; la question y était de nouveau débattue avec plus de solennité, et le Parlement réformait sa propre décision. On sent que, pour motiver ce déplacement de la personne royale, le vice devait être grave ; il fallait une fraude dont se plaignissent les parties, ou une violation de lois, d'édits, d'ordonnances ou d'anciennes coutumes.

Les ordonnances fixaient les cas spéciaux d'erreur qui pouvaient autoriser ces requêtes. Mais, à côté du remède, vint bientôt se placer l'abus ; ce recours fut un moyen de paralyser, dans une foule de circonstances, l'autorité des arrêts. On alla même jusqu'à évoquer les affaires, et le conseil du roi finit par former, en réalité, un nouveau degré de juridiction. L'abus fut surtout sensible, selon Pasquier, pendant la démence de Charles VI. Les deux factions d'Orléans et de Bourgogne évoquaient tour à tour leurs affaires au conseil du roi, composé, suivant les temps, de Bourguignons ou d'Armagnacs.

Beaucoup d'ordonnances tentèrent successivement, mais en vain, d'arrêter cet abus ; elles furent toujours mal observées, dans cette lutte inégale d'une législation dépourvue de système et d'ensemble contre la résistance et la ténacité de tant d'intérêts rebelles. La fameuse ordonnance de Blois de 1579, et celle de 1667 de Louis XIV, vinrent enfin limiter le droit de recourir au conseil du roi, au cas de violation expresse des ordonnances ; les autres cas d'erreur qui pouvaient fonder un recours restèrent réservés aux Parlements par la voie de la requête civile. Dès lors il y eut deux voies d'attaque contre les arrêts des Parlements : la requête civile, portée, comme aujourd'hui, devant les mêmes juges dont on attaquait la décision ; et le recours au conseil du roi pour contravention à des ordonnances. Cette dernière voie offre assez d'analogie avec celle de notre pourvoi en cassation pour violation des lois.

La cassation pour contravention aux ordonnances fut considérée comme un acte de souveraineté législative, et le conseil du roi, source de la puissance législative, reçut ainsi mission de la défendre contre les fausses doctrines ou les empiétements des cours souveraines.

Tel était, en 1790, le conseil du roi. Quoique rappelé ainsi à une assez grande netteté de principes, il offrait toujours l'inconvénient de faire intervenir le pouvoir législatif dans le domaine judiciaire. En outre, sa composition variable, qui le mettait à la discrétion du roi, ne présentait point aux justiciables les garanties d'indépendance que, par l'inamovibilité, l'usage assurait aux Parlements.

57. L'Assemblée constituante vint remédier à cet état de choses qui n'était plus en harmonie avec les progrès de l'époque. Elle avait décrété la rédaction d'un corps de lois uniforme ; mais cette tentative eût été inutile, impuissante, si l'on n'eût pris soin de protéger cette précieuse uniformité par une institution spéciale, chargée de veiller chaque jour à la conservation du texte et de l'esprit des lois. Tel est le but de la Cour de cassation, qui, placée dans une sphère élevée, au plus haut degré de l'échelle des pouvoirs judiciaires, les domine par la seule autorité de la raison, du savoir et du talent, et les guide dans leur marche.

La Cour de cassation est un tribunal essentiellement unique, siégeant à Paris et institué pour toute la France. Elle est placée au-dessus des tribunaux ordinaires et extraordinaires appartenant à l'ordre judiciaire, car elle ne se rattache en rien à la juridiction administrative, entièrement indépendante d'elle.

La Cour de cassation ne forme pas un troisième degré de juridiction ; vous savez qu'en principe il n'y en a que deux ; aussi n'a-t-elle pas mission d'apprécier au fond le mérite des jugements ou arrêts attaqués devant elle, mais seulement s'il y a violation de la loi ou inobservation des formes prescrites à peine de nullité. (Pour les détails de ses attributions, voy. t. II, n°° 764 et suivants.) Si la décision attaquée est conforme à la loi, elle est maintenue, et le pourvoi est rejeté ; si elle est contraire, le pourvoi est admis, le jugement ou l'arrêt cassé, et l'affaire renvoyée devant des juges de même degré que ceux dont la décision a été annulée. Ainsi la décision d'une cour d'appel est renvoyée devant une autre cour d'appel, celle d'un tribunal d'arrondissement devant un autre tribunal d'arrondissement. Le jugement ou arrêt cassé est censé n'avoir jamais eu d'existence, et les parties sont remises au même état où elles étaient avant la décision.

Plus tard, nous examinerons ce qu'on doit faire au cas où les seconds juges, dans la même cause, entre les mêmes parties, et sur les mêmes moyens, décideraient comme les premiers (Voy. t. II, n° 779).

58. La Cour de cassation est composée de quarante-neuf conseillers, y compris le premier président et trois présidents de chambres. Elle se divise en trois sections ou chambres : la chambre des requêtes, la chambre civile et la chambre criminelle. Chacune de ces trois chambres a quinze conseillers et un président de chambre. Le premier président siège dans celle des chambres qu'il choisit, et il peut présider les autres lorsqu'il le juge convenable, par exemple, à raison d'une affaire importante. Dans chaque chambre il y a un roulement annuel de quatre conseillers, qui sont répartis au sort entre les deux autres chambres (Voy. aussi t. II, n° 773).

59. Il me reste à vous parler, pour compléter les notions préliminaires qui précèdent, de cette magistrature spéciale placée près des tribunaux pour en surveiller l'action, pour pourvoir à l'application des lois, et pour en requérir d'office, en certains cas, l'exécution ; je veux parler du ministère public. L'origine du ministère public est ancienne dans le droit français, et son histoire est pleine de grands souvenirs, depuis ce Pierre de Cugnières, qui, sous Philippe le Bel, introduisit les appels comme d'abus, et mit la première limite aux empiétements de la juridiction temporelle du clergé, jusqu'aux jours des Talon, des Molé, des La Chalotais, des d'Aguesseau. Dépouillée maintenant de cette influence politique que l'ancienne confusion des pouvoirs remit plus d'une fois dans ses mains, privée surtout de l'inamovibilité que l'ancienne monarchie lui contestait en principe, mais qu'elle respecta presque toujours en fait, cette magistrature a pourtant des fonctions encore assez vastes, des attributions assez belles pour nous occuper souvent dans le cours de ces leçons, mais je ne parle maintenant que de sa constitution intérieure, que de son organisation matérielle.

60. Les officiers du ministère public se trouvent près des tribunaux de première instance, près des cours d'appel et près de la Cour de cassation.

Ainsi, à chaque tribunal de première instance est attaché, d'abord, un procureur de la République, puis un nombre de substituts qui varie suivant l'importance du tribunal et le nombre de ses juges. Chaque tribunal d'une chambre a un procureur de la République et un substitut; de deux chambres, deux substituts; de trois chambres, quatre substituts.

Le tribunal de la Seine, par la loi du 20 avril 1810 art. 43, a reçu douze substituts du procureur de la République. Ce nombre a été augmenté de trois par l'ordonnance du 31 juillet 1821. Il a été élevé à seize par la loi du 9 juillet 1837, à vingt-deux par la loi du 23 avril 1841. Aujourd'hui ce tribunal a vingt-six substituts, d'après la loi du 21 juillet 1875.

61. Une organisation analogue, mais sur une échelle plus étendue, se rencontre dans chaque cour d'appel. A chaque cour est attaché d'abord un procureur général, et ensuite, sous lui, un nombre plus ou moins grand d'avocats généraux et de substituts du procureur général. Ainsi, outre le procureur général, chef supérieur du parquet, chaque cour d'appel a autant d'avocats généraux qu'elle a de chambres civiles, plus un avocat général pour la chambre des appels de police correctionnelle (Décret du 6 juillet 1810, art. 46). La cour de Paris a sept avocats généraux (Décret du 28 mars 1853).

Aux avocats généraux appartiennent le service des audiences, la mission d'y porter la parole. Aussi la loi de 1810, organique en cette matière, vient-elle ajouter, pour le service intérieur du parquet, un nombre plus ou moins grand de substituts du procureur général. Nous trouvons ici trois classes, tandis que dans les tribunaux d'arrondissement il y en a seulement deux, le procureur de la République et ses substituts. Les substituts du procureur général sont donc chargés, en principe, du service intérieur du parquet, et portent cependant la parole aux audiences toutes les fois que le besoin l'exige. Leur nombre était d'abord de trois; il est maintenant de onze à Paris, de trois à Rennes, et de deux dans les autres cours d'appel.

La surveillance du procureur général, chef supérieur du parquet dans tout le ressort, s'étend d'abord sur ses avocats généraux et ses substituts, et de plus sur le procureur de la République et les substituts du procureur de la République de chacun des tribunaux du ressort : car le procureur de la République n'est, à vraiment parler, que le substitut du procureur général près les tribunaux d'arrondissement.

A la Cour de cassation se trouvent un procureur général et six avocats généraux.

62. Auprès des juges de paix et des tribunaux de commerce nous ne trouvons pas de ministère public.

Cette proposition est vraie, au moins pour les juges de paix jugeant en matière civile seulement; car dans les cas particuliers où les juges de paix statuent en matière pénale, certains officiers de police remplissent devant eux les fonctions du ministère public. Ainsi on n'a pas attaché de ministère public aux tribunaux de justice de paix statuant en matière privée; le peu d'importance des causes, le désir d'en accélérer autant que possible la décision, ont paru devoir faire laisser de côté cette institution.

63. A l'égard des tribunaux de commerce, la question de savoir si l'on devait instituer auprès d'eux des officiers du ministère public a paru beaucoup plus douteuse; il est même vrai de dire que, quand cette question s'est élevée, un assez grand nombre de tribunaux d'appel ont demandé cette institution. En effet, les juges de commerce, étrangers pour la plupart à l'étude et aux habitudes théoriques du droit, n'ayant chacun qu'une spécialité commerciale, qui les laisse étrangers aux matières placées en dehors de cette spécialité, nommés d'ailleurs pour deux ans seulement, et, par conséquent, sortant de leurs fonctions à l'instant même où ils commencent à s'y accoutumer, ces juges paraissent avoir besoin de trouver devant eux un guide éclairé, qui puisse les diriger dans l'application, souvent délicate, souvent difficile, des lois commerciales. Mais, quand on fut à peu près convenu d'établir un ministère public près des tribunaux de commerce, on fut arrêté par des difficultés d'exécution. Dans quelle classe choisir ces officiers? dans la classe des commerçants? C'eût été chose inutile, chose impossible; car des officiers du ministère public pris, comme les juges, au nombre des commerçants, présentaient précisément les mêmes inconvénients que leur institution tendait à prévenir. Au contraire, les prendre parmi les gens de loi, ce qui semblait le plus naturel, le plus logique, a aussi effrayé le législateur. On a craint que ces procureurs de la République, pris parmi les gens de loi, ne parussent aux commerçants, dont se composent ces tribunaux, des surveillants, des régents incommodes; qu'on ne vît en eux des hommes plus préoccupés de l'application sévère du droit que des principes d'équité, de bonne foi, avec lesquels doivent, en général, se décider les affaires commerciales. On craignit enfin, en les instituant, de jeter entre eux et les tribunaux un germe de dissension, de mésintelligence. Il en résulta qu'aucun officier du ministère public ne fut établi près des tribunaux de commerce.

64. Quant aux fonctions du ministère public, dont nous aurons souvent à parler en détail, je me borne à les indiquer d'une manière générale.

D'abord, en matière criminelle, le ministère public est nécessairement partie principale; dans tout procès criminel, surtout dans les matières criminelles proprement dites, dans celles qui sont dévolues aux cours d'assises, le ministère public est nécessairement demandeur. C'est entre lui, partie poursuivante, et l'accusé, que se passe le principal débat: une partie civile peut bien y figurer aussi, mais accessoirement: la partie publique joue toujours le rôle principal et dominant.

En matière civile, au contraire, le ministère public n'est, en général, que partie jointe, sauf les cas particuliers dans lesquels la voie d'action, le rôle de partie principale lui est formellement attribué par la loi. Plusieurs de ces cas, assez peu nombreux d'ailleurs, vous sont déjà connus. Ainsi, vous avez vu, dans l'art. 184 (C. civ.), au titre du *Mariage*, le ministère public investi, par une disposition spéciale, du droit de provoquer d'office la nullité de certains mariages, et par conséquent de figurer, comme demandeur, comme partie principale, dans les procès relatifs à ces cas de nullité. De même * dans l'hypothèse particulière prévue par l'art. 200 (C. civ.), pour la preuve de la célébration d'un mariage, * dans l'art. 491 pour l'interdiction, en certains cas, dans l'art. 1057, en matière de substitution. Hors ces cas, en général, le ministère public ne figure, dans une instance civile, que comme partie jointe, pour y donner ses conclusions en faveur de l'un ou de l'autre des plaideurs. Et, dans ce dernier rôle, nous avons encore à distinguer deux cas, celui où le ministère public est absolument obligé de donner ses conclusions, soit à raison de la qualité des parties, soit à raison de la nature de l'instance, comme dans les causes énumérées dans l'art. 83 du C. de proc. (V. nos 208 et suiv.), et le cas où l'intervention du ministère public est purement facultative, où il lui est loisible de donner ou de ne point donner des conclusions.

➤ **65.** Enfin je dirai quelques mots de certains auxiliaires de l'administration de la justice ; je veux parler des officiers ministériels.

On appelle ainsi certains agents institués par la loi pour prêter aux magistrats et aux particuliers un ministère défini par les lois et qu'ils ne peuvent refuser quand ils en sont légalement requis. Cette définition comprend les greffiers, les avoués, les huissiers, les notaires, les commissaires-priseurs, etc. (1).

On entend par greffier un officier chargé de la garde du dépôt des archives et minutes d'un tribunal. Les fonctions du greffier sont de différentes natures. D'abord, il doit assister le juge dans toutes les opérations, dans tous les actes de son ministère (art. 1040 du Code de proc.). Secondement, il doit écrire, conserver, expédier les actes du tribunal ; troisièmement, enfin, transmettre au juge dans certains cas, expressément déterminés, des communications qui l'intéressent personnellement. Cette dernière attribution n'est que d'une application fort rare. Vous la trouvez dans les art. 385 et 507 du Cod. de proc. Le premier cas est relatif à la récusation, le second, au déni de justice.

Chaque justice de paix a son greffier, ainsi que chaque tribunal d'arrondissement ou de commerce, chaque cour d'appel, et enfin la Cour de cassation.

Les conditions nécessaires pour être nommé greffier sont, près les justices de paix et les tribunaux d'arrondissement, l'âge de vingt-cinq ans ; près les cours d'appel et la Cour de cassation, celui de vingt-sept ans.

Le greffier de la Cour de cassation doit être licencié en droit ; on exige des greffiers des cours d'appel la même condition, plus deux ans de stage comme avocat.

Les greffiers sont nommés directement par le président de la République ; chaque greffier choisit et présente à l'agrément du tribunal un nombre de commis greffiers qui varie selon le besoin des affaires et l'importance du tribunal. Ces commis greffiers, bien différents des expéditionnaires qui travaillent au greffe, sont investis, par le serment qu'ils prêtent devant le tribunal,

_____

(1) * Les greffiers et les notaires sont plutôt des officiers publics *.

d'un véritable caractère public; ils peuvent donc remplir toutes les fonctions que la loi attribue au greffier, figurer à sa place aux audiences, sauf les audiences solennelles et les assemblées générales (décret du 6 juillet 1810, art. 56), délivrer des expéditions, en un mot, faire tous les actes du ministère des greffiers. Ce sont, sous ce rapport, de véritables officiers publics.

➤➤ 66. Avant d'aller plus loin dans cette énumération des officiers ministériels, je dois faire une remarque. J'ai dit déjà qu'on désignait par ce nom certains agents judiciaires institués par le président de la République; ce principe est vrai; mais il reçoit dans l'application une modification, légale d'ailleurs, et qui n'est pas sans importance. Cette modification résulte d'une loi de finances du 28 avril 1816, art. 91. D'après cette loi, les avocats à la Cour de cassation, les notaires, les avoués, les greffiers, les huissiers, les commissaires-priseurs, etc., sont autorisés à présenter, à l'agrément du président de la République, des successeurs, pourvu qu'ils réunissent les qualités requises par les lois.

Cette loi consacre un usage qui lui était antérieur, et auquel elle imprime un caractère légal, savoir : le droit, pour les officiers ministériels, de traiter de leurs charges avec un successeur, et de lui vendre, de lui céder, sinon la charge même, que la loi ne déclare pas vénale, au moins ce qui, en fait, s'en rapproche infiniment, la présentation qu'ils en font au gouvernement; et cette présentation, quand elle porte sur un sujet capable, ne manque pas d'être agréée. De sorte que, sous ce rapport, bien qu'il soit vrai de dire que les officiers ministériels sont nommés par le président de la République, on peut cependant reconnaître dans les charges qui leur appartiennent un caractère de vénalité. Cet usage n'a aucun inconvénient, puisque le choix du gouvernement reste libre, et que la présentation peut être repoussée jusqu'à ce qu'un autre plus capable soit soumis à l'agrément du président de la République.

➤➤ 67. Après les greffiers, j'ai cité les avoués, qui sont aussi des officiers ministériels. Leur ministère est également forcé, soit pour les parties, qui ne peuvent plaider sans avoués, soit aussi pour les avoués, qui n'ont pas droit de refuser leur ministère aux parties.

La loi du 20 mars 1791 établit des avoués près de chaque tribunal de district. Elle leur attribue le droit exclusif de postuler et de conclure pour les parties, d'être, devant les tribunaux, les représentants légaux de chaque plaideur. Au droit de faire tous les actes pour l'instruction de la procédure les avoués joignent, dans certains cas, celui de plaider (V. n° 224).

On a assez souvent et assez vivement critiqué l'institution des avoués, intermédiaires que la loi exige entre les plaideurs et le tribunal. On n'a pas assez songé qu'abandonner aux parties elles-mêmes la direction des affaires, ce serait d'abord les exposer à des erreurs, à des surprises sans nombre de la part d'un adversaire plus aguerri ou mieux conseillé; de plus, rendre les communications judiciaires plus lentes, plus hasardeuses et surtout plus coûteuses; enfin, ce serait, en réalité, abandonner les plaideurs au patronage cupide d'intrigants sans mission, sans caractère. Aussi, l'Assemblée constituante, malgré son ardeur d'innovations et de perfectionnements, ne supprima-t-elle pas

ces officiers ; elle leur enleva seulement l'ancien nom de procureurs, que d
vieilles plaisanteries avaient disérédité, pour leur donner celui d'avoués.

Mais la constitution de 1793, constitution qui n'existe, en grande partie
que sur le papier, et dont les articles relatifs à l'ordre judiciaire furent presqu'
les seuls mis en activité, la constitution de 1793 supprima les avoués. Ell'
attribua à des arbitres publics, élus pour une année seulement, le droit d
juger seuls et sans intermédiaires, sans formalités et sans frais, enfin sans a
pel, toutes les contestations. On ne tarda pas à s'apercevoir que la pratiqu
répondait mal aux promesses de la théorie ; qu'avec cette marche, prétendu
rapide, plus d'un procès tendait à s'éterniser ; qu'avec cette marche, prétendu
économique, plus d'un plaideur allait se trouver ruiné. Aussi la loi du 27 ven
tôse an VIII en revient au principe posé par la Constitution ; elle établit de
avoués près chaque tribunal d'arrondissement, comme la loi de 1791 po
les tribunaux de district : il en fut de même pour les tribunaux d'appel.

Le droit de nommer les avoués appartient au gouvernement, sauf la faculté
de présentation établie par la loi du 28 avril 1816 (V. n° 66).

Les conditions d'aptitude exigées par les lois et règlements sont : l'âge
vingt-cinq ans ; un certificat de capacité et de moralité délivré par la chamb
des avoués du ressort ; cette condition est exigée par un arrêté du 13 frim
an IX ; un certificat de capacité obtenu dans une école de droit (L. du 22 v
tôse an XII, art. 26). Enfin, des instructions ministérielles joignent à ces con
ditions celle de cinq ans de cléricature. Cependant il paraît que, dans l'usage
et cela résulte même de quelques lettres de chancellerie, cette condition est
réduite à trois ans pour les candidats déjà pourvus du grade de licencié.

➤ **68.** Le nom d'huissier était autrefois spécial à certains agents char
gés de la garde des portes du tribunal et des détails de sa police intérieure.
L'étymologie de ce nom est sensible ; il vient du mot *huis*, qui signifiait porte
Cependant plus tard les attributions de ces agents s'étendirent, et le mot pris
dans son acception primitive devint inexact. Aussi en est-on venu à distinguer,
dans l'usage et dans les lois, par le nom spécial d'huissiers audienciers, ceux
qui remplissent maintenant les fonctions originaires des huissiers.

Les huissiers sont nommés par le président de la République, comme les
autres officiers ministériels.

Leurs fonctions (d'après un décret du 14 juin 1813 relatif à leur organisation) consistent à assigner les parties devant les tribunaux et les cours ; à si
gnifier et exécuter les jugements, les arrêts, les mandats et ordonnances de
justice : enfin, à faire, entre les particuliers, tous les actes extrajudiciaires que
ceux-ci peuvent juger utiles à la conservation de leurs droits. Les détails de la
procédure éclairciront bientôt ce que ces idées peuvent encore avoir de vague.

D'après le décret de 1813, chaque tribunal ou chaque cour dresse une liste
annuelle des huissiers que le tribunal ou la cour juge convenable d'attacher
au service des audiences ; on ne peut du reste prendre les huissiers audienciers que parmi les huissiers de l'arrondissement. Ainsi la qualification d'audiencier, dont nous ferons souvent usage, n'est pour l'huissier qu'un titre temporaire, puisque c'est dans le nombre des huissiers de l'arrondissement qu'on
choisit, chaque année, les huissiers audienciers, qui sont, d'ailleurs, toujours

rééligibles. A ces derniers appartient le service personnel des audiences ; et comme indemnité, comme compensation du temps et des soins que leur demande l'assistance aux audiences, le décret de 1813, art. 20, leur accorde le droit de signifier exclusivement, dans le cours des procès pendants au tribunal, tous les actes qu'on appelle actes d'avoué à avoué, c'est-à-dire la plupart des actes qui se signifient dans le cours d'une instance. Du reste, ces huissiers audienciers, munis de ce privilége, gardent, d'ailleurs, pour tous les autres actes de leur ministère ordinaire, la concurrence avec les autres huissiers de l'arrondissement.

De ce règlement, instituant un certain nombre d'huissiers pour chaque tribunal d'arrondissement, et renfermant rigoureusement leur compétence dans le ressort de ce tribunal, il suit évidemment que toutes les distinctions admises autrefois par les ordonnances ou les coutumes entre les huissiers, par exemple, que les priviléges accordés aux huissiers à cheval du Châtelet de Paris, aux huissiers supérieurs de certaines juridictions privilégiées, et qui consistaient à instrumenter dans tout le royaume, sont absolument abolis. Nul huissier ne peut plus légalement instrumenter hors de son arrondissement.

Les huissiers audienciers des cours d'appel, choisis parmi les huissiers ordinaires de l'arrondissement du tribunal de leur siége, ont également le droit exclusif de signifier les actes judiciaires d'avoué à avoué dans le cours des instances pendantes devant les cours d'appel. Mais, du reste, bien que pourvus du titre d'huissiers audienciers des cours d'appel, ils n'ont pas qualité pour instrumenter dans tout le ressort de la cour ; leur compétence est bornée au ressort du tribunal de l'arrondissement dans lequel siége la cour. Ainsi, les huissiers audienciers de la cour d'appel de Paris n'ont pas qualité pour instrumenter dans les sept départements qui forment le ressort de cette cour, mais seulement dans le département de la Seine.

De même pour les huissiers de la Cour de cassation, bien que la Cour de cassation ait juridiction sur les arrêts rendus par toutes les cours de la France, la compétence des huissiers choisis par elle se renferme dans les mêmes limites. Seulement ils ont, comme privilége, le droit de faire seuls, à l'exclusion de tous autres huissiers, toutes les significations, commandements, etc., relatifs aux procès pendants devant la Cour de cassation (1).

Les justices de paix, les tribunaux de commerce ont également leurs huissiers audienciers.

Je termine sur ces officiers en indiquant les conditions de capacité que la loi leur impose. L'âge est celui de vingt-cinq ans, il faut y joindre deux ans de stage dans une étude de notaire ou d'avoué, ou trois ans de travail dans un greffe de cour d'appel ou de tribunal d'arrondissement ; enfin des certificats de moralité et de capacité délivrés par la chambre des huissiers du ressort (Décret de 1813, art. 10).

➤➤ **69.** Dans l'énumération des officiers ministériels j'ai placé les notaires ; je ne les y ai fait figurer que pour ordre, parce que la définition que nous avons donnée s'applique également à eux ; du reste, leurs fonctions, n'ayant rien de judiciaire, ne se rattachent pas à la procédure ordinaire, nous

(1) Cass., 7 août 1849 (Dall., 1849, 1, 319).

n'avons pas à en traiter ici ; je vous renvoie à la loi du 25 ventôse an XI, loi organique à cet égard (V. la note p. 34).

⟫⟶ 70. Les commissaires-priseurs,' dont il nous reste à parler, diffèrent des officiers ministériels dont nous avons déjà parlé, en ce que leurs fonctions n'ont rien de judiciaire ; elles sont relatives à l'exécution des jugements.

Les commissaires-priseurs ont été institués à Paris au nombre de quatre-vingts, par la loi du 27 ventôse an IX ; cette loi leur attribua le droit exclusif de faire à Paris toutes les ventes publiques, les prisées et estimations d'effets mobiliers ; de plus, le droit de faire, dans tout le département de la Seine, les mêmes opérations, mais non pas par privilége : on ne leur laissa, à cet égard, que la concurrence avec les notaires, les huissiers et les greffiers de justice de paix. Cette institution ne fut établie que pour Paris.

Depuis cette époque, en exécution de la loi de finances du 28 avril 1816, art. 89, une ordonnance du 26 juin de la même année a décidé qu'il serait établi des commissaires-priseurs : 1° dans toutes les villes, chefs-lieux d'arrondissement ; 2° dans toutes les villes, même non chefs-lieux d'arrondissement, où se trouverait un tribunal d'arrondissement (car le tribunal n'est pas toujours placé au chef-lieu de la sous-préfecture) ; 3° enfin, dans toutes les villes qui, n'ayant ni sous-préfecture ni tribunal, n'étant ni chef-lieu administratif ni chef-lieu judiciaire, auraient cependant une population de 3,000 âmes et au-dessus.

Cette ordonnance fut calquée sur la loi de l'an IX, c'est-à-dire que ces officiers reçurent le privilége de faire les ventes et prisées mobilières dans les villes de leur établissement, et n'obtinrent que la concurrence avec les notaires, les greffiers de justice de paix et les huissiers, dans tout le ressort de l'arrondissement, ou dans le ressort du canton, s'ils ne sont pas établis dans le chef-lieu d'arrondissement.

Ces officiers sont nommés par le président de la République à l'âge de vingt-cinq ans. Leurs fonctions sont compatibles avec celles de notaire, d'huissier ou de greffier de justice de paix, excepté à Paris (V. Ord. du 26 juin 1816).

⟫⟶ 71. Dans cette énumération des officiers ministériels, je ne me suis pas occupé des avocats. C'est qu'en effet le ministère des avocats n'est pas forcé pour les parties : elles sont obligées de se pourvoir d'un avoué pour les représenter devant le tribunal, mais elles peuvent se pourvoir ou non d'un avocat ; et réciproquement, de même que le ministère de l'avocat n'est pas forcé pour la partie, il n'est pas non plus forcé pour lui, sauf le cas spécial d'une désignation d'office. Les avocats, d'ailleurs, ne sont pas nommés par le gouvernement ; ils n'ont pas d'office qu'ils puissent transmettre.

Ainsi, sous aucun rapport, les avocats ne peuvent rentrer dans la classe des officiers ministériels ; il faudrait seulement excepter les avocats à la Cour de cassation, dont les attributions se rapprochent beaucoup, à certains égards, de celles des avoués. Ainsi, il n'y a pas d'avoués près de la Cour de cassation, mais les parties qui plaident devant elle sont forcées d'employer l'intermédiaire d'un avocat auquel est confiée la direction de la procédure, la rédaction des écritures. Les fonctions d'avocat au conseil d'État et à la Cour de cassation, car elles sont réunies, sont donc de véritables charges, et sous ce rapport on peut qualifier ces avocats d'officiers ministériels. Le droit de présentation, établi par la loi de 1816, leur appartient également ; ils figurent même en première ligne au nombre des officiers à qui ce droit est attribué.

72. Mais, en laissant de côté cette classe particulière qui n'existe qu'à Paris, au nombre de soixante, il est vrai de dire que les avocats près les cours d'appel ne sont pas des officiers ministériels.

Le titre d'avocat appartient, d'après la loi du 22 ventôse an XII, à tout individu qui a reçu, dans une faculté de droit, le grade de licencié, et qui a prêté en cette qualité le serment voulu par la loi, serment qui dans l'usage se prête à la cour d'appel. Mais, pour exercer la profession d'avocat, il faut, en outre, être inscrit au tableau de l'ordre des avocats, après un stage de trois ans. L'avocat inscrit au tableau et même le stagiaire ont le droit de plaider pour les parties devant les cours et tribunaux, et de les diriger de leurs conseils.

La discipline intérieure de l'ordre des avocats fondée, avant la Révolution, sur des règlements privés, et notamment sur des usages qui n'avaient d'autre sanction que le consentement volontaire de l'ordre, a été, depuis cette époque, l'objet de divers décrets ou ordonnances. Je citerai le décret impérial du 14 décembre 1810 et l'ordonnance royale du 20 novembre 1822. Une ordonnance postérieure a fait droit, en grande partie, aux réclamations de l'ordre, c'est celle du 10 septembre 1830. Cette dernière ordonnance a modifié en deux points importants les mesures prises antérieurement.

Ainsi, elle a attribué à la réunion de tous les avocats inscrits au tableau de l'ordre, le droit d'élire le conseil de discipline et le bâtonnier de l'ordre, droit qui leur avait été enlevé par le décret de 1810, et non rendu par l'ordonnance de 1822.

* Aujourd'hui les membres du conseil ne peuvent être choisis que parmi les avocats ayant à Paris dix ans de tableau et cinq ans dans les autres villes chefs-lieux de cour d'appel.

Le bâtonnier, nommé par le conseil de discipline, aux termes du décret du 22 mars 1852, est aujourd'hui élu à la majorité absolue des suffrages par l'assemblée générale de l'ordre, composée de tous les avocats inscrits au tableau (Décret du 10 mars 1870). *

De plus, l'ordonnance de 1830 a accordé à tous les avocats inscrits sur le tableau d'une des cours d'appel, le droit de plaider, sans autorisation de la chancellerie, devant toutes les cours et tous les tribunaux de France ; jusque-là, cette autorisation était exigée, et pouvait être refusée. Une seule exception forcée à cette dernière faculté résulte de l'art. 295 du Code d'instruction criminelle, article de loi qu'une ordonnance ne pouvait pas modifier.

TROISIÈME LEÇON

73. Jusqu'à ce moment, nous avons, si je puis le dire, essayé de décomposer la machine, pour en examiner chaque rouage séparément ; il est temps de la considérer non plus démembrée, non plus inerte, mais organisée et dans son état de mouvement et d'action. Il est temps de nous demander quelle impulsion anime ces rouages, et sous quelle loi chacun d'eux, dans la sphère d'activité qui lui est propre, procède et marche à un but commun, la constatation et le maintien de tous les droits privés. Ici commencent vraiment la procédure et le Code.

* Le projet du Code de procédure, rédigé par une commission composée de MM. Treilhard, Try, Berthereau, Séguier, Pigeau et Fondeur secrétaire, fut, comme le Code civil, discuté en conseil d'État, communiqué au Tribunat et converti en loi par le vote du Corps législatif.

Ce Code fut promulgué en 1806 pour ne devenir obligatoire cependant qu'à dater du 1er janvier 1807 (art. 1041, Pr.).

Il est divisé en deux parties : la première, qui comprend cinq livres, traite de l'instruction des procès devant les différents tribunaux, et de l'exécution forcée des jugements. La seconde partie, intitulée *Procédures diverses*, comprend trois livres : le premier règle diverses procédures spéciales ; le deuxième s'occupe des procédures relatives à une succession ; le troisième, des arbitrages.

Le texte primitif du Code de procédure a été profondément modifié par les lois du 2 juin 1841, du 24 mai 1842, sur les ventes judiciaires d'immeubles ou de rentes, et par la loi du 21 mai 1858 sur la saisie immobilière et la procédure de l'ordre ; ces lois ont remplacé par de nouveaux articles un grand nombre d'articles du Code de procédure.

On peut encore citer, comme ayant modifié le Code de proc., l'art. 643 du Code de commerce relatif au délai d'opposition contre les jugements rendus par les tribunaux de commerce, et la loi du 22 juillet 1867 qui abolit, en principe, la contrainte par corps.

Quelques personnes rattachent les dispositions de la première partie du Code à la procédure contentieuse, c'est-à-dire qui suppose un litige, et quelques-unes des dispositions de la seconde partie à la procédure qu'on appelle gracieuse ou volontaire : tels seraient le bénéfice d'inventaire, les ventes de biens immeubles appartenant à des mineurs *.

⇒ **74.** La procédure devant les justices de paix forme l'objet du premier livre du Code ; elle ne sera pourtant pas l'objet de nos premières études, et on en comprendra facilement le motif. Cette procédure, comme la juridiction pour laquelle elle est tracée, est tout exceptionnelle (n° 44) ; or, il est plus naturel de descendre de la règle à l'exception que de remonter de l'exception à la règle. S'il n'y avait là qu'une affaire de logique et de méthode, cette considération ne me suffirait pas pour introduire dans l'ordre du Code une interversion qui sera la seule ; mais il s'agit de marcher plus clairement et plus vite. En effet, la plupart des articles du livre de la justice de paix n'ont de sens que par relation aux articles de la procédure ordinaire, à laquelle ils forment, en bien des points, des exceptions. On a, d'ailleurs, à se demander, à chaque pas, quand on étudie ce premier livre, si telle règle, posée pour la procédure ordinaire, pour les tribunaux d'arrondissement, est ou n'est pas applicable à la procédure extraordinaire, à celle qui s'instruit devant les juges de paix. Ces questions resteraient évidemment sans solution, si nous commencions par les justices de paix. Je commencerai donc l'explication des articles, à partir du livre II, qui porte la rubrique générale des Tribunaux inférieurs. Je rejetterai à une époque ultérieure la procédure des justices de paix, qui, alors seulement, pourra être facilement et bien comprise.

LIVRE II

DES TRIBUNAUX INFÉRIEURS.

➤ **75.** Ce livre II, qui commence à l'art. 48, embrasse dans son ensemble la procédure qui a lieu devant les tribunaux d'arrondissement et de commerce, en partant de la demande, et en la suivant jusqu'au jugement inclusivement. Cette procédure peut être envisagée sous plus d'un point de vue différent ; la division suivante est assez généralement admise.

1° Procédure simple ou ordinaire ; celle dont le cours ne se trouve entravé par aucun incident. La marche de cette procédure est tracée depuis le titre II jusqu'au titre VIII inclusivement.

2° Procédure incidente, lorsqu'aux formes ordinaires, communes à toute espèce d'instances, viennent s'ajouter, par accident, certaines procédures spéciales et imprévues ; par exemple, celles relatives aux exceptions qui font l'objet du titre IX ; celles relatives aux preuves, c'est ce que prévoient les titres X et suivants jusqu'au titre XV ; ou bien les demandes incidentes, qui font l'objet du titre XVI ; ou bien encore les reprises d'instances et constitutions de nouvel avoué, dont s'occupe le titre XVII ; enfin le désaveu, les règlements de juges, le renvoi à un autre tribunal ou la récusation d'un juge, titres XVIII, XIX, XXI.

3° Il est possible que cette instance simple, comme nous l'avons supposée d'abord, ou compliquée, ce que prévoit notre deuxième division, vienne à s'éteindre, sans être menée jusqu'au jugement. C'est ce qui arrive dans les cas de péremption ou de désistement, qui font l'objet des titres XXII et XXIII.

4° Outre ces règles, la loi a tracé des règles particulières pour certaines affaires qui lui ont paru commander une marche plus expéditive : de là le titre XXIV, relatif à la procédure sommaire.

5° Enfin, la procédure est spéciale quant à la juridiction ; c'est l'objet du titre XXV, relatif à l'instruction devant les tribunaux de commerce.

Ces deux dernières branches de notre division, pour la procédure sommaire et celle des tribunaux de commerce, constituent véritablement des procédures exceptionnelles. Là se trouvera donc la place naturelle du livre que nous ajournons en ce moment, celui des justices de paix ; j'en traiterai (nᵒˢ 603 et suiv.) immédiatement après avoir parlé des affaires sommaires.

TITRE PREMIER

DE LA CONCILIATION.

76. En tête de ces cinq divisions, nombre d'auteurs en ajoutent une autre ; ils désignent par le nom de *procédure préparatoire* les règles que vous trouvez exposées dans le premier titre du livre II, celles qui sont relatives à la conciliation. J'écarte cette dénomination comme peu exacte. La tentative de conciliation, exigée par les art. 48 et suivants, ne doit pas être appelée procédure préparatoire. Elle n'a pas pour but, en effet, de préparer la marche du procès ou de l'instance, mais, au contraire, d'empêcher, s'il est possible, ce procès de s'entamer. Disons quelques mots de l'histoire de cette tentative de conciliation.

77. L'idée d'un tribunal de paix destiné à arrêter les plaideurs sur les avenues du palais, pour leur répéter encore cette vieille maxime : *Mauvais accommodement vaut mieux que bon procès*, cette idée est encore une de celles dans lesquelles les résultats de l'expérience n'ont pas toujours été d'accord avec les brillantes promesses de la théorie. Cette institution, dont on trouve la trace dans la procédure canonique, ne date en France que des lois de 1790 : cependant elle n'y paraît pas indigène. En effet, voici ce qu'écrivait, au milieu du dernier siècle, un auteur dont il est rare sans doute d'avoir à citer le nom à propos des lois. Je n'ai pas besoin de vous dire qu'en lisant ici le fragment d'une lettre de Voltaire, j'ai à vous demander grâce pour l'extrême frivolité de la forme. « La meilleure loi, le plus excellent usage, le plus utile que j'aie jamais vu, c'est en Hollande. Quand deux hommes veulent plaider l'un contre l'autre, ils sont obligés d'aller d'abord au tribunal des *conciliateurs*, appelés *faiseurs de paix*. Si les parties arrivent avec un avocat et un procureur, on fait d'abord retirer ces derniers, comme on ôte le bois d'un feu qu'on veut éteindre. Les *faiseurs de paix* disent aux parties : Vous êtes de grands fous de vouloir manger votre argent à vous rendre mutuellement malheureux : nous allons vous accommoder sans qu'il vous en coûte rien. »

Quand vous suivrez dans ses détails l'institution des tribunaux de paix, tels que les avait créés l'Assemblée constituante, vous serez à peu près convaincus que les rédacteurs de la loi avaient sous les yeux, ou dans leur souvenir, le fragment que nous venons de lire ; et vous penserez sans doute que l'enthousiasme un peu irréfléchi de l'homme de lettres a exercé, sur l'esprit des législateurs, une influence dont on ne tarda pas à sentir les vices. Quoi qu'il en soit, l'Assemblée constituante, par la loi du 24 août 1790, réalisa, la première en France, l'institution d'un tribunal de conciliation ; elle en fit une des attributions des juges de paix, et certes, si ces attributions eussent répondu, en pratique, aux espérances qu'on en avait conçues, aucune des fonctions de ces juges n'eût été plus belle et plus heureuse. Mais l'Assemblée constituante, entraînée par ses illusions philanthropiques, organisa ce système de conciliation avec une étendue qui, dans le fait, la rendit souvent plus onéreuse qu'utile.

Ainsi la conciliation a pour but, comme le seul nom l'indique assez, d'essayer devant le juge une transaction qui déjà, le plus souvent, a été vainement tentée à l'amiable. Or, l'Assemblée constituante exigea cette tentative avant toute demande formée, soit en première instance, soit même en appel. Pour l'appel, on peut dire que c'était une exigence déplacée, et elle a été supprimée avec raison ; il y avait peu d'espoir que l'essai de conciliation ayant été une fois tenté vainement, le succès en fût plus heureux après que la publicité, la chaleur des plaidoiries de première instance, avaient encore envenimé l'esprit des parties.

L'Assemblée constituante, titre X de la loi de 1790, ne dispense pas de la tentative de conciliation ni les personnes incapables de transiger, ni les affaires non susceptibles de transaction. C'était évidemment assujettir les parties à des frais et à des lenteurs inutiles, en exigeant une tentative de conciliation là où la loi défendait toute conciliation, toute transaction; ce n'était plus, dans ce cas, qu'une formalité dérisoire.

Enfin, elle n'en dispensa pas non plus les causes qui présentaient des nécessités d'urgence, de célérité. Il en résultait qu'assez souvent on perdait, à essayer une conciliation inutile, un temps pendant lequel la cause même aurait pu être jugée.

78. Ces inconvénients d'application influèrent sans doute sur le vœu des tribunaux d'appel, qui, lors de la rédaction du Code de procédure, méconnaissant ce que l'institution même présentait de moral et d'utile, réclamèrent presque unanimement la suppression complète de la tentative de conciliation. Cependant les rédacteurs du Code de procédure n'ont pas admis ce vœu; ils ont maintenu l'essai préalable de conciliation. Mais, en le maintenant en principe, ils y ont admis des restrictions nombreuses; ils ne le conservèrent que dans les cas où la probabilité d'un accommodement amiable pouvait compenser les inconvénients des retards et des frais qu'entraîne nécessairement une pareille tentative.

« Art. 48. Aucune demande principale introductive d'instance, entre parties capables de transiger, et sur des objets qui peuvent être la matière d'une transaction, ne sera reçue dans les tribunaux de première instance, que le défendeur n'ait été préalablement appelé en conciliation devant le juge de paix, ou que les parties n'y aient volontairement comparu. »

79. * L'art. 48 contient la règle générale en matière de conciliation; il soumet à la nécessité d'une tentative de conciliation toute demande en justice, qui réunit les trois conditions suivantes :

1° Si elle est introductive d'instance ;

2° Si elle peut procurer une conciliation, c'est-à-dire une transaction : aussi faut-il que les parties soient capables de transiger et que l'objet de la demande soit susceptible de transaction ;

3° Qu'il s'agisse d'une demande devant un tribunal de première instance. *

80. Reprenons l'examen de chacune de ces conditions : 1° *introductive d'instance,* mais le texte de notre article porte *demande principale, introductive d'instance.* Or, existe-t-il une différence légale entre ces deux expressions, synonymes en apparence, et que pourtant le texte réunit et cumule, savoir : *demande principale, demande introductive d'instance?* Toute demande principale n'est-elle pas introductive, et réciproquement? Cependant, quoique, au premier coup d'œil, il semble en être ainsi, il faut d'abord remarquer que la loi de 1790 n'assujettissait au préliminaire de conciliation que les demandes principales ; c'est de propos délibéré qu'on a ajouté ces mots : *introductive d'instance;* il est donc impossible que le législateur n'y ait pas vu de différence. En effet, il y a des demandes qui, bien qu'étant principales, ne sont pas introductives d'instance, dans l'exactitude du mot, des demandes qui, par conséquent, eussent été soumises à la conciliation d'après la loi de 1790, et qui n'y seront plus soumises en vertu de l'addition faite par l'art. 48.

Exemple : J'ai acheté de *Primus* un immeuble que je possède maintenant comme propriétaire ; un tiers veut former contre moi une demande en revendication de cet immeuble. L'instance ne doit s'engager ainsi entre nous qu'après une tentative inutile de conciliation ; la demande de ce tiers est évidemment principale ; elle ne se rattache à aucune espèce d'instance déjà pendante entre nous ; elle est également introductive d'instance, et cela par le même motif. Le débat une fois engagé, que vais-je faire ? Je vais évidemment recourir contre *Primus*, mon vendeur, le sommer de prendre mon fait et cause, de venir me défendre dans l'action en revendication contre laquelle sa qualité de vendeur et la garantie dont il est tenu l'obligent à me protéger. Or, ce recours en garantie sera-t-il assujetti au préliminaire de conciliation ? Il eût pu et dû l'être, sans doute, sous la loi de 1790 ; car cette demande est bien évidemment, dans mes rapports avec *Primus*, une demande tout à fait principale, puisque jusque-là aucune contestation ne s'était élevée entre nous. Mais cette demande, qui est principale dans mes rapports avec *Primus*, mon vendeur, n'est pas introductive d'instance ; car elle ne tend pas à saisir un nouveau tribunal, à soulever un procès tout à fait distinct. Elle contraint *Primus* à venir se lier, comme sa qualité de vendeur l'y oblige, à une instance déjà engagée entre moi, défendeur, et le prétendu propriétaire qui m'attaque. La demande, toute principale qu'elle est, n'est pas introductive d'instance, elle est dispensée du préliminaire de conciliation.

Le motif, il est évident : c'est qu'il est d'abord assez peu probable qu'une fois une instance engagée, qui tend à me dépouiller de mon immeuble, j'abdique, par une transaction, le droit de me faire défendre par celui qui me doit garantie ; c'est, en second lieu, et surtout, que subordonner le recours en garantie de l'acheteur contre son vendeur *Primus* à la tentative de conciliation, ce serait entraver par des lenteurs très-fâcheuses la décision du premier procès pendant entre le demandeur originaire et moi défendeur. En un mot, on n'a pas voulu que le possesseur de l'immeuble attaqué en revendication, et voulant dans l'instance même recourir en garantie, pût suspendre indéfiniment le jugement de la cause originaire par les lenteurs que la nécessité d'une conciliation préalable ferait subir à son action en garantie.

Ce que nous disons de la garantie, nous le disons de même de l'intervention, c'est-à-dire du cas où, un procès étant engagé entre *Primus* et moi, un tiers vient se joindre à la cause, pour y figurer, soit dans l'intérêt de l'un de nous deux, soit dans un intérêt propre et contraire à nos prétentions réciproques. Ici encore la demande de l'intervenant est principale en ce qui touche le tiers, mais elle n'est pas introductive d'instance ; elle ne commence point un procès, e s'ajoute à un procès commencé ; la dispense de l'art. 48 s'applique sans difficul

Ainsi, vous voyez en quel sens il peut être vrai de dire qu'une demande principale n'est pas introductive d'instance, et que, par conséquent, l'addition d ces mots n'est pas un pléonasme dans le texte de l'art. 48. Ce qu'on pourrai dire, c'est que, comme toute demande introductive d'instance est nécessairement principale, il eût été plus rationnel d'effacer le mot *principale* et d'y substituer purement et simplement celui qu'on s'est borné à y ajouter.

81. Il résulte de ces mots, *principale, introductive d'instance,* que toute demande incidente, *quæ incidit in pendentem causam,* est dispensée du préliminaire de conciliation. J'en ai donné pour exemple les demandes incidentes par lesquelles un tiers vient figurer dans une instance déjà liée, volontairement, comme dans l'intervention, ou forcément, comme dans la garantie. Or, si les demandes incidentes, dans lesquelles un tiers vient figurer, ne sont pas soumises au préliminaire de conciliation, *a fortiori* les demandes incidentes formées par les parties elles-mêmes, dans le cours d'une contestation déjà pendante, doivent-elles en être dispensées. La raison en est frappante : si nous n'avons pas pu nous concilier dès l'abord sur la demande principale dont nous avons saisi les tribunaux, à plus forte raison est-il peu probable que nous puissions nous entendre sur les demandes incidentes que le cours du même débat peut amener. Ainsi, la raison et le texte de l'art. 48 vous indiquent assez que si, dans le cours d'une instance déjà pendante, le demandeur ou le défendeur viennent à modifier leurs conclusions primitives, en y joignant des demandes additionnelles on incidentes, ces demandes incidentes peuvent entrer tout de suite en ligne, dans ce combat judiciaire, sans être subordonnées à une tentative de conciliation dont il est impossible d'attendre quelque résultat.

Mais ceci, fort clair et fort simple en principe, doit être entendu, comme toute règle, avec précaution, avec sagesse dans l'application, En un mot, il ne faut pas que, sous la couleur d'une demande incidente dispensée comme telle du préliminaire de conciliation, les parties forment, dans le corps du débat, une demande qui réellement serait une demande principale.

Ainsi, après une tentative inutile de conciliation, je conclus contre vous au payement d'une somme de 20,000 francs, dont je me prétends créancier. Ensuite, dans le cours du débat, je m'avise de revendiquer contre vous une maison dont je me prétends propriétaire, ou de vouloir exercer sur un fonds qui vous appartient une servitude, dont je prétends ce fonds grevé envers le mien. Il est évident que cette demande n'a ni rapport, ni connexité avec celle sur laquelle nous combattons déjà, que ce n'est pas une demande incidente, qu'elle n'en a que la forme mensongère, et que, par conséquent, la tentative de conciliation doit avoir lieu.

Mais je forme contre vous une demande en payement d'une somme de 20,000 fr., après une vaine tentative de conciliation ; plus tard, j'y joins des conclusions additionnelles tendant à me faire adjuger les intérêts de cette somme auxquels j'avais omis de conclure dans mon exploit primitif. Il est évident ici que la demande additionnelle est purement incidente, et que, par conséquent, elle est dispensée du préliminaire de conciliation.

Prenons des exemples présentant plus d'importance. Je les prends toujours dans les demandes incidentes, formées par le demandeur ; nous verrons tout à l'heure d'autres cas pour les demandes incidentes formées par le défendeur. Un bailleur, un locateur agit contre son fermier ou son locataire en payement de ses fermages ou loyers : d'après le § 5 de l'art. 49, cette demande est dispensée du préliminaire de conciliation ; le fermier ne payant pas, et plaidant même qu'il ne doit pas, qu'il a payé ou qu'il y a prescription, le locateur conclut incidemment à la résiliation du bail, aux termes de l'art. 1184 du Code civil. Cette conclusion additionnelle, la résiliation du contrat de bail, doit-elle être considérée comme une demande incidente ? Non, sans doute. Elle a, je le reconnais, quelque connexité, quelque rapport avec la première ; mais il n'en est pas moins vrai que toute autre chose est demander le payement de ses fermages, toute autre chose, à défaut de ce payement, conclure à une résiliation qu'on ne demandait pas, qu'on ne désirait pas dans l'origine ; le fermier, qui n'a pas été, qui n'a pas dû être appelé en conciliation pour la question de fermages, parce que le § 5 de l'art. 4 en dispensait, doit y être appelé pour la question toute distincte, toute nouvelle, que va soulever devant les mêmes juges la demande en résiliation du bail.

De même, si c'est un rentier qui a demandé au débiteur de la rente le payement de ses arrérages, et qui, à défaut de ce payement, vient ensuite conclure au remboursement du capital, aux termes et dans le cas de l'art. 1912 du Code civ. La première demande, tendant au payement des arrérages, était dispensée de la conciliation par le même § 5 de l'art. 49 ; la demande nouvelle, en résiliation du contrat et en restitution du capital, n'a d'incident que la forme, mais, au fond, est principale, et, comme telle, elle est soumise au préliminaire de conciliation.

Voilà quelques exemples qui peuvent servir à bien déterminer le sens de la règle posée dans les premiers mots de l'art. 48, pour le cas où la demande, incidente en apparence et principale en réalité, est formée par le même demandeur contre le même défendeur.

82. Renversons maintenant l'hypothèse, et demandons-nous dans quels cas le défendeur, après une tentative de conciliation sur l'objet de la première instance, devra lui-même citer en conciliation pour les moyens qu'il oppose au demandeur. Ainsi un locateur assigne son locataire, aux termes de l'art. 1752 du Code civ., pour le faire condamner à garnir la maison de meubles suffisants pour répondre des loyers ; le locataire répond, pour se défendre, que le locateur lui-même n'a pas rempli ses obligations, et conclut, aux termes de l'art. 1719, à ce que celui-ci soit obligé d'entretenir la maison en état de servir à son habitation. Il est clair que cette demande reconventionnelle (1), formée par le défendeur, est connexe, est intimement liée à la demande principale formée d'après les termes de l'art. 1752 ; elle n'est, en réalité, qu'une réponse toute naturelle à la demande principale ; car les obligations sont réciproques, et votre locataire ne sera forcé de garnir la maison qu'autant que vous la livrerez vous-même en bon état d'habitation. Il est donc clair que cette demande n'est au fond qu'incidente, qu'elle n'est ni principale ni introductive d'instance, et, par conséquent, sera dispensée du préliminaire de conciliation.

Prenons un autre exemple ; un vendeur, aux termes de l'art. 1650 du Code civ., conclut contre son acheteur au payement du prix de la chose ; tentative de conciliation sans succès, et en conséquence procès. Mais, dans le cours de

_____
(1) * La demande *reconventionnelle* est celle qui est formée incidemment par le défendeur pour annihiler ou restreindre la demande principale (V. n°ˢ 527 et 708 ci-après).

l'instance, l'acheteur oppose, pour se dispenser de payer, l'art. 1653 qui l'en dispense en effet, quand il est troublé, ou qu'il a juste raison de craindre d'être troublé dans sa possession. Voici encore une demande reconventionnelle qui n'est en réalité que la défense à l'action principale, et que la loi dispense directement du préliminaire de conciliation.

Que si, au contraire, quand le bailleur vient demander au locataire de bien garnir la maison, ou quand le vendeur attaque l'acheteur en payement du prix de l'immeuble, ce locataire ou cet acheteur répondent au demandeur que lui-même est détenteur d'un immeuble qui leur appartient, que lui-même possède un immeuble grevé d'une servitude envers leurs propres immeubles, il est clair qu'une pareille demande n'a plus aucune liaison, aucune connexité avec la demande principale, qu'elle n'a d'incident que la forme, et qu'elle est subordonnée au préliminaire de conciliation.

Ainsi, il y a demande incidente de la part du défendeur et par conséquent dispense du préliminaire de conciliation, d'abord toutes les fois que sa demande est liée, et connexe, par son principe, par son origine, à la demande principale.

Dans le premier exemple que je viens de vous citer, le droit du locataire à ce que la maison soit réparée dérive du même contrat que le droit du locateur à ce que la maison soit garnie de meubles.

Dans le deuxième exemple, le droit de l'acheteur, troublé dans sa possession, dérive du même contrat que le droit du vendeur à se faire payer son prix. Il y a donc liaison, connexité de cause ; la défense du défendeur n'est qu'une défense légitime à l'attaque du demandeur, aucune tentative de conciliation n'est exigée.

Mais il ne faut pas même penser que cette connexité d'origine soit une condition nécessaire de la dispense de conciliation. En effet, toutes les fois que les conclusions additionnelles du défendeur, bien que dérivant d'une origine différente, ne seront cependant que la réponse à l'action principale, les termes de l'art. 48 s'appliqueront ; ce ne sera pas une demande introductive d'instance, mais une demande incidente, dispensée du préliminaire de conciliation. Je m'explique par un dernier exemple.

J'ai conclu contre vous, après une tentative inutile de conciliation, au payement de 20,000 francs dont je me prétends votre créancier ; dans la même instance, vous formez contre moi une autre demande de 15 ou 20,000 francs, alléguant que vous-même, ou l'un de vos auteurs, dans une occasion toute différente, m'aviez prêté cette somme. Ici entre les 20,000 francs que je demande par exemple, comme prix de vente, et les 20,000 francs que vous me demandez à votre tour, comme restitution d'un prêt, que vous ou votre père m'avez fait, il n'y a aucune connexité d'origine : mais cette demande de 20,000 francs, que vous dirigez contre moi demandeur, n'en est pas moins une réponse légitime et naturelle à la demande de 20,000 francs que j'ai moi-même élevée contre vous. Il n'y a pas connexité dans l'origine, mais il y a liaison intime dans les résultats ; car si je suis votre créancier de 20,000 francs, comme je le prétends, et que vous veniez à prouver vous-même que, dans une autre occasion, je vous ai emprunté pareille somme, la conséquence, c'est qu'il peut y avoir compensation et que vous soyez renvoyé de ma demande. Donc vos conclusions additionnelles ne sont que la réponse naturelle à mon action, elles ne forment pas la matière d'une action distincte, principale ; elles sont dispensées du préliminaire de conciliation (V. t. II, n° 708).

83. * La seconde condition, pour qu'une affaire soit soumise à la conciliation, c'est que la transaction puisse avoir lieu devant le juge de paix, qu'elle ne soit empêchée ni par l'incapacité des parties, ni par la nature de la demande.

Ainsi, il faut d'abord que les parties soient capables de transiger, c'est-à-dire de transiger par elles-mêmes : ainsi un maire, un tuteur, ne peuvent faire une transaction pour la commune ou le mineur qu'ils représentent qu'avec des formalités nombreuses (V. arrêté du 21 frimaire an XII, et art. 467 C. C.). Il serait donc inutile d'appeler le maire ou le tuteur en conciliation devant le juge de paix ; car ils ne peuvent se concilier, transiger avec l'adversaire. Les communes, les mineurs sont, en effet, des parties incapables de transiger.

Nous considérerons également comme incapables de transiger par les mêmes raisons, l'État, les établissements publics, les interdits, les curateurs aux successions vacantes. La loi d'ailleurs, dans l'art. 49, 1°, dispense toutes ces personnes de la conciliation *. Mais il était bien inutile de placer, dans l'exception à la règle de la conciliation, des personnes qui n'étaient pas soumises à la règle, puisqu'elles sont incapables de transiger. Ceci n'est pas une simple affaire de rédaction. L'énumération du § 1er de l'art. 49, étant incomplète, jette de l'incertitude sur la portée d'une règle qui, par elle-même, était claire.

84. Ainsi, par exemple, l'art. 48 dispensait du préliminaire de conciliation toute personne incapable de transiger : l'art. 49, § 1er, semble vouloir, dans une énumération, détailler les personnes frappées de cette incapacité, et par conséquent placées dans la dispense ; mais cet article ne parle ni de la femme mariée ni du prodigue auquel il a été donné un conseil judiciaire, d'après l'art. 513 du Code civ. ; ni, enfin, de l'héritier bénéficiaire. Exigerons-nous que les causes intéressant ces diverses espèces de personnes soient soumises au préliminaire de conciliation ? Oui, sans doute, si nous appliquons à la lettre ce § 1er, qui énumère les personnes auxquelles la dispense s'applique, et qui ne parle ni de femme mariée, ni de prodigue, ni d'héritier bénéficiaire. Cependant, si nous considérons que ce § 1er n'est qu'un exemple d'application d'un principe plus général, d'une règle posée dans les premiers mots de l'art. 48, nous serons plus portés à appliquer à ces personnes la dispense de conciliation. Reprenons-les en détail.

Doit-on soumettre au préliminaire de conciliation une demande intéressant, par exemple, une femme mariée, et placée, par conséquent, relativement aux transactions comme à tous autres contrats, sous la nécessité de l'autorisation maritale ? L'art. 49, § 1er, pourrait prêter à décider l'affirmative, puisqu'il ne comprend pas la femme mariée au nombre des personnes auxquelles la dispense s'applique. Mais remarquez que l'art. 48 pose le principe : la tentative de conciliation n'est nécessaire qu'entre parties capables de transiger. Or, d'après les art. 217 et suiv. et 1134 du Cod. civ., les femmes mariées sont rangées parmi les incapables de contracter : la transaction est un contrat : donc la femme mariée est, au moins par elle-même, incapable de transiger. La conséquence en est, qu'on n'est pas tenu de la citer en conciliation, et qu'elle-même n'est pas tenue d'y citer.

Ceci pourtant est subordonné à une distinction qui tient, comme la plupart des difficultés que présente ce titre, à des questions de droit civil. En effet, d'après l'art. 1549 du Cod. civ., la femme mariée, séparée de biens, soit par contrat de mariage, soit par jugement, a la libre disposition de sa fortune mobilière ; elle peut l'aliéner, dit l'art. 1449 ; donc elle est libre de contracter, et, par conséquent, de transiger, relativement à ce mobilier. Nous déciderons donc ici, par exception, que la femme mariée, séparée de biens, en ce qui touche les procès qui concerneront purement sa fortune mobilière, doit être citée en conciliation, et qu'elle-même est tenue d'y citer.

Même question pour le prodigue placé, d'après l'art. 513 du Cod. civ., sous la surveillance, sous l'assistance nécessaire d'un conseil judiciaire. Or, au nombre des incapacités dont l'art. 513 frappe le prodigue, vous remarquerez celle de transiger formellement énoncée dans le texte de cet article. Incapable de transiger, le prodigue est donc incapable de se concilier, au moins seul et sans assistance ; il paraît rentrer dès lors dans la disposition générale de l'art. 48, qui ne soumet à la nécessité de cet essai de conciliation que les parties absolument capables.

Quant à l'héritier bénéficiaire, la question peut paraître plus douteuse. En effet, l'héritier bénéficiaire, en tant que bénéficiaire, que simple administrateur des biens de la succession, n'a pas sans doute droit d'aliéner, par conséquent, de transiger relativement aux biens qui forment cette succession ; cependant, comme on peut toujours contracter, aliéner et transiger valablement, sauf à perdre à l'instant même sa qualité de bénéficiaire, pour devenir héritier pur et simple, on pourrait hésiter sur le point de savoir s'il ne doit pas être cité en conciliation. On décide assez généralement la négative, et, je crois, avec raison ; dès qu'il a déclaré prendre la qualité de bénéficiaire, on ne doit pas présumer aisément qu'il ait le projet de l'abdiquer par un acte d'héritier pur et simple, comme le serait une transaction.

85. Le mineur en tutelle est certainement incapable de transiger sans les formalités de l'art. 567 C. C. Mais, quant au mineur émancipé, déclaré capable de recevoir ses revenus, d'en donner décharge, d'en disposer et de faire sans son curateur tous les actes de pure administration, on pourrait se demander si, relativement à ces actes, il n'est pas dispensé du préliminaire de conciliation. En un mot, de ce qu'il peut, par exemple, passer seul un bail de neuf ans et au-dessous, faire tout autre acte de même nature, ne s'ensuit-il pas que, relativement à ces actes, il a capacité pour transiger, si quelque contestation vient à s'élever, et, par conséquent, pour se concilier, s'il y a lieu ? Je ne crois pas que nous devions accepter cette solution, bien qu'elle soit admise par quelques auteurs ; elle nous conduirait trop loin. De ce que le mineur émancipé a qualité pour faire seul les actes d'administration, il serait dangereux, je crois, qu'il eût qualité pour transiger sur les difficultés mêmes relatives à ces actes d'administration. Cela nous conduirait à dire que, comme le tuteur a qualité pour faire les actes d'administration au nom et dans l'intérêt du mineur non émancipé, il a aussi qualité pour transiger sur les difficultés auxquelles ces actes donnent lieu,

I.   4

ce qui serait tout à fait contraire aux termes généraux de l'art. 467,

En un mot, de ce que certains incapables ont reçu de la loi une capacité exceptionnelle pour quelques actes d'une nature simple et facile, il ne s'ensuit pas qu'ils aient qualité pour transiger sur les questions, souvent délicates, auxquelles peut donner lieu l'exécution de ces actes, attendu que bien souvent, ils sont incapables d'en mesurer la portée.

Je crois donc que, relativement au mineur émancipé, l'incapacité de transiger, et par conséquent de figurer en conciliation, est absolue, d'après les termes généraux de l'art. 49, § 1er, qui écarte les mineurs, et ne distingue nullement s'il y a ou non émancipation (1).

86. En second lieu, pour l'accomplissement de notre deuxième condition, la demande doit porter *sur des objets qui peuvent être la matière d'une transaction.* Le motif est le même que pour la capacité des parties. En effet, de même qu'il était dérisoire d'assujettir à la tentative de conciliation des parties incapables de transiger à raison de leur faiblesse ou de leur interdiction, de même il serait inutile d'y assujettir, quoique entre parties capables, une demande dont l'objet se refuse à toute espèce de transaction. Il est, en effet, certaines matières sur lesquelles, même entre majeurs non interdits, aucune transaction n'est possible.

Ainsi, d'abord l'art. 2045 du Cod. civ., au titre *des Transactions*, déclare que, pour transiger, il faut avoir la capacité de disposer des objets compris dans la transaction. D'autre part, l'art. 1003 du Code de proc., relatif au compromis, c'est-à-dire au contrat par lequel on soumet une affaire à des arbitres privés, déclare que toutes personnes peuvent compromettre, c'est-à-dire nommer des arbitres, sur des droits dont elles ont la libre disposition. Ces deux articles paraissent établir assimilation, identité entre les objets sur lesquels il est permis de transiger et ceux sur lesquels il est permis de compromettre. Or, comme l'art. 1004 du Code de proc. énumère les objets ou les causes sur lesquels il est défendu de compromettre, il est naturel d'en conclure que, sur ces mêmes objets ou ces mêmes causes, li est défendu de transiger ; en d'autres termes, que les objets sur lesquels la transaction n'est pas possible, et sur lesquels, par conséquent, l'essai de conciliation n'est pas nécessaire, sont ceux énumérés dans l'art. 1004. Or ces objets, les voici : « Art. 1004. On ne peut compromettre sur les dons et legs d'aliments, logements et vêtements ; sur les séparations d'entre mari et femme, divorces, questions d'état, ni sur aucune des contestations qui seraient sujettes à communication au ministère public. » Les derniers mots renvoient à l'art. 83 du Cod de proc. dans lequel nous trouverons bientôt énumérées les causes qui sont sujettes à communication. Telles seraient les matières qui, d'après l'art. 48, seraient dispensées du préliminaire de conciliation.

87. Enfin notre article met une troisième condition à la nécessité d'une tentative de conciliation. Il faut que la demande soit de la compétence des tribu

(1) * Il me paraît difficile d'admettre la solution de Boitard en ce qui concerne le mineur émancipé. De même que la femme mariée (V. le n° 84) doit citer et être citée en conciliation dans les procès qui concernent sa fortune mobilière, quand elle est séparée de biens, parce qu'elle peut contracter et par suite transiger sur son mobilier, de même 1 mineur émancipé doit citer et être cité en conciliation dans les procès relatifs aux actes de pure administration, à l'égard desquels il est déclaré capable (art. 481, C. civ.).

naux civils d'arrondissement. Tel est, dans l'art. 48, le sens de ces mots : *Aucune demande ne sera reçue dans les tribunaux de première instance.* D'où il suit que le préliminaire de conciliation n'est exigé ni devant les tribunaux de commerce, ce qui résulte, d'ailleurs, du § 4 de l'art. 49 ; ni pour les causes qui sont de nature à être décidées par les juges de paix, soit en premier ressort seulement, soit en premier et dernier ressort à la fois. Ainsi vous voulez former contre moi une demande qui rentre dans la compétence du juge de paix, par exemple, une demande personnelle et mobilière, inférieure à 200 fr.; vous n'avez pas besoin de m'appeler au préalable en conciliation. La raison en est fort simple. On a dû présumer que, devant les juges de paix, la double mission se trouvant réunie, la voix du conciliateur se ferait toujours entendre avec celle du juge (V. d'ailleurs n° 604 *in fine*).

De même, de ce que la loi n'exige le préliminaire de conciliation que pour les causes portées devant les tribunaux de première instance, vous pouvez conclure aussi qu'il n'a pas lieu pour les causes portées en appel, non-seulement devant les cours d'appel, mais même devant les tribunaux d'arrondissement appelés ordinairement tribunaux de première instance. Ainsi, dans l'hypothèse précédente, vous m'avez appelé devant le juge de paix pour me faire condamner au payement d'une somme de 180 fr.; c'est une de ces causes qui rentrent, à raison de leur valeur, dans la compétence du juge de paix, mais seulement en premier ressort. L'un de nous interjette appel, et cet appel est porté devant le tribunal d'arrondissement ; les débats ne seront pas précédés du préliminaire de conciliation, parce que ce n'est pas comme tribunal de première instance, mais comme tribunal d'appel, comme tribunal en dernier ressort, que le tribunal d'arrondissement doit être appelé à statuer entre nous. Et la raison, c'est qu'il est très peu probable, un premier jugement étant déjà subi, que nous soyons disposés à nous concilier.

➤➤→ **88.** L'art. 49 contient ou plutôt ne devrait contenir que les exceptions à la règle de l'art. 48. Mais, parmi les demandes que l'art. 49 dispense expressément de la conciliation, il en est plusieurs qu'il était inutile d'excepter d'une règle dans laquelle elles n'étaient pas comprises.

« Art. 49. Sont dispensées du préliminaire de la conciliation : 1° les demandes qui intéressent l'État et le domaine, les communes, les établissements publics, les mineurs, les interdits, les curateurs aux successions vacantes ; — 2° les demandes qui requièrent célérité ; — 3° les demandes en intervention ou en garantie ; — 4° les demandes en matière de commerce ; — 5° les demandes de mise en liberté, celles de mainlevée, de saisie ou opposition, en payement de loyers, fermages, arrérages de rentes ou pensions ; celles des avoués en payement de frais ; — 6° les demandes formées contre plus de deux parties, encore qu'elles aient le même intérêt ; — 7° les demandes en vérification d'écriture, en désaveu, en règlement de juges, en renvoi, en prise à partie ; les demandes contre un tiers saisi, et en général sur les saisies, sur les offres réelles, sur la remise des titres, sur leur communication, sur les séparations de biens, sur les tutelles et curatelles ; et enfin toutes les causes exceptées par les lois. »

L'inutilité du § 1er est manifeste ; puisqu'en règle générale, l'essai de conciliation n'est exigé par l'art. 48 qu'entre parties capables de transiger, il était bien inutile de dispenser de ce préliminaire, par une disposition formelle, le

parties énumérées dans le § 1er. Il était inutile de placer formellement dans
l'exception des personnes qui évidemment ne se trouvent point renfermées
dans la règle. Nous avons même vu sur l'art. 48 (n° 83) que cette énumération
du n° 1 de l'art. 49 présentait quelques inconvénients.

2° *Les demandes qui requièrent célérité...* 4°... 5°... — Certaines demandes
sont véritablement dispensées de la tentative de conciliation, à raison de la
célérité qu'elles exigent, et alors même qu'elles réunissent toutes les conditions de l'art. 48.

Pour simplifier l'explication de notre article, remarquez tout de suite que
le § 6 de l'art. 49 rendait à peu près inutile le § 4 du même article, qui dispense du préliminaire de conciliation les demandes en matière de commerce.
Les demandes commerciales, comme vous le verrez plus tard, sont toujours
présumées requérir célérité ; elles rentrent donc, par leur nature même, dans
la dispense comprise au § 2.

J'en dirai autant du § 5, dispensant de l'essai de conciliation un assez grand
nombre de demandes, qui toutes, par leur nature, requièrent célérité. La première dispense est on ne peut pas plus sensible ; les demandes de mise en
liberté réclamaient évidemment, aux termes du § 2, dispense absolue d'une
tentative qui ralentit nécessairement la décision ; de même les demandes en
mainlevée de saisie ou opposition, en payement de loyers, fermages ou arrérages de rentes ou pensions. Toutes ces causes rentraient dans le § 2, et, sans
blâmer les répétitions contenues dans les §§ 4 et 5, il est bon de remarquer au
moins qu'elle ne fait qu'expliquer plus nettement la portée du § 2.

On peut encore expliquer par le même motif, appuyé toutefois de quelques
autres, la dernière dispense indiquée dans ce cinquième paragraphe, la dispense de la tentative de conciliation pour les demandes des avoués en payement
de leurs frais. On peut, en effet, considérer ces demandes comme requérant
célérité, en ce sens qu'il serait contraire à l'intérêt public d'entraver par des
lenteurs les réclamations de ces officiers ministériels, dont le temps est destiné au service du public et de la justice. Il faut y joindre un autre motif : les
frais des avoués et les honoraires qu'ils peuvent réclamer sont taxés par un
décret spécial du 16 février 1807 ; dès lors, il est peu probable que l'avoué, dans
sa demande, ait élevé les frais au-dessus de ce qu'il a droit de réclamer ; il est
peu probable qu'il y ait lieu à transaction. Que si le contraire se rencontrait,
si la demande formée par l'avoué excédait les prévisions ou les permissions
du tarif, ce serait une raison de plus pour ne la point soumettre à ce préliminaire : la possibilité d'une conciliation pour ces cas permettrait à l'officier
ministériel d'étouffer la gravité de sa faute par une transaction amiable, et de
se soustraire à la surveillance, à la censure naturelle du tribunal près duqu
il exerce, et du ministère public. Ainsi, sous tous ces rapports, on comprend
très-bien que la loi veuille que la demande de l'avoué, en cas de défaut d
payement ou de payement tardif, soit portée, sans conciliation préalable, d
vant le tribunal qui doit en connaître.

Qui sera juge de la question de célérité ? (V. n° 190.)

89. 3° *Des demandes en intervention ou en garantie.* — Pour les demandes e
intervention, la dispense est évidemment inutile. Nous avons vu, en effe

que ces demandes ne sont pas introductives d'instance, et qu'à ce titre elles ne sont pas comprises dans la règle de l'art. 48.

Quant aux demandes en garantie, la rédaction est vicieuse. Il faut distinguer si la demande en garantie est ou non introductive d'instance. Ainsi je vous ai parlé (n° 80) du cas où je suis attaqué en revendication par un tiers qui se prétend propriétaire de l'immeuble que m'a vendu *Primus*; de là, recours en garantie, action récursoire, de ma part, contre *Primus*, pour le sommer de prendre mon fait et cause et de venir me protéger dans l'instance : cette demande n'est pas soumise, aux termes de l'art. 48, au préliminaire de conciliation. Mais supposez maintenant qu'au lieu de recourir contre mon vendeur *Primus*, je soutienne le procès contre le revendiquant, et que je le perde, c'est-à-dire que, sur l'action en revendication dirigée contre moi par *Tertius*, par exemple, *Tertius* soit déclaré vrai propriétaire de l'immeuble ; alors encore j'ai droit d'attaquer en garantie *Primus*, mon vendeur, non plus sans doute pour le sommer de prendre mon fait et cause dans une instance maintenant terminée, mais pour le sommer de m'indemniser, de réparer pécuniairement le préjudice qu'il m'a causé en me vendant un immeuble dont il n'était pas propriétaire. Nous verrons plus tard laquelle est la plus sage, la plus prudente de ces deux marches : ou d'agir en garantie dans le cours de l'instance principale, ou d'attendre qu'elle soit finie pour exercer son action récursoire ; il ne s'agit pas ici de les comparer, mais uniquement de nous demander si, dans le second comme dans le premier cas, je serai dispensé de la tentative de conciliation. Oui, j'en serais dispensé, si nous devions prendre à la lettre le § 3 de l'art. 49, qui ne soumet point à l'essai de conciliation les demandes en garantie; et cependant cette conclusion serait fausse, parce que le § 3 de l'art. 49 n'est que la mise en application, n'est que l'exemple du texte de l'art. 48; il doit s'interpréter et se restreindre par ce texte. En effet, si je suis dispensé du préliminaire de conciliation dans un recours en garantie, c'est uniquement parce que cette garantie n'est pas une demande introductive d'instance, et par conséquent lorsqu'elle n'est pas introductive d'instance. Que si je me suis laissé condamner dans l'action en revendication, sans exercer ma garantie, et que je l'exerce ensuite par une action distincte et principale, cette action rentre dans les termes de l'art. 48 : elle est entre mon vendeur et moi une demande principale, introductive d'instance : elle forme un nouveau procès, elle saisit un tribunal différent : il n'y a aucune raison, aucun motif pour la dispenser de l'essai de conciliation.

Ainsi la demande en garantie est dispensée du préliminaire de conciliation, quand elle est formée incidemment à une demande originaire ; mais, quand elle est formée après coup, comme demande principale et introductive d'instance, elle y est subordonnée comme toutes les demandes de cette nature.

90. 6° *Les demandes formées contre plus de deux parties, encore qu'elles aient le même intérêt.*

Exemple : mon projet est d'assigner, pour obtenir condamnation, trois débiteurs solidaires. Il y a solidarité entre plusieurs débiteurs, quand tous sont obligés ensemble à payer la totalité d'une dette d'ailleurs divisible, en telle sorte que le tout peut être demandé à chacun d'eux, et que le payement fait par un seul a pour effet de libérer tous les autres (art. 1200 du Cod. civ.). Supposez que *Primus, Secundus, Tertius*, m'aient promis solidairement une somme de 1,000 francs ; avant d'assigner l'un d'eux, ou de les assigner tous trois en payement de la dette commune, devrai-je faire précéder ma demande du préliminaire de conciliation? Non évidemment ; car cette demande est formée contre plus de deux parties ayant le même intérêt. Les termes du § 6 de notre art. 49 sont précis.

Quel est le motif de cette dispense? C'est que la loi, quel que soit son désir d'éviter le procès au moyen d'une transaction, craint toujours de jeter les parties dans des lenteurs, que ne compense pas une suffisante probabilité de conciliation. Or, quand la demande est formée contre plus de deux parties, les intérêts se croisent et se multiplient, les objections deviennent plus nombreuses, il est plus difficile de mettre d'accord quatre personnes, le demandeur et trois défendeurs, que d'en mettre deux, le demandeur et un seul défendeur. Ce n'est donc pas qu'il y ait, dans ce cas, incapacité ou impossibilité de transiger ; c'est parce que le nombre des défendeurs rend la conciliation plus difficile, plus improbable, que la loi prononce la dispense.

Ce que nous avons dit de trois débiteurs solidaires, nous le dirons également de trois défendeurs attaqués à un autre titre, et, par exemple, de trois débiteurs qui m'auront promis ensemble, mais non pas solidairement, la même somme. Supposez, par exemple, que trois personnes, dans un même acte, se reconnaissent obligées envers moi au payement d'une somme de 900 francs; la solidarité n'était pas stipulée, je ne puis pas, comme tout à l'heure, demander la totalité à un seul des défendeurs; je ne puis demander à chacun que 300 fr. Mais cela n'empêche pas qu'il n'y ait dans la cause plus de deux défendeurs liés entre eux par un même intérêt, car leur obligation dérive d'une même cause, d'un même titre, et dès lors les difficultés que la loi veut éviter se reproduiraient, difficultés auxquelles on a coupé court en dispensant, dans l'espèce, d'une tentative de conciliation.

Dites-en autant du cas où le débiteur d'une dette de 900 francs aurait laissé trois héritiers, entre lesquels la dette serait divisée, conformément à l'art. 1220 du Cod. civ. Il y aurait maintenant trois défendeurs ; les mêmes difficultés se présenteraient : on les évite par une dispense de l'essai de conciliation.

91. La dispense de conciliation est-elle applicable au cas où j'intente une action contre plus de deux débiteurs unis entr'eux par un lien de société? Ainsi, par exemple, *Primus, Secundus* et *Tertius* contractent entre eux une société; cette société, je le suppose, n'a rien de commercial, sans quoi on serait dispensé de la conciliation par le § 4 de notre article (V. aussi n° 106). Une société purement civile a donc été contractée entre *Primus, Secundus, Tertius*, que j'attaque tous les trois, comme obligés envers moi à raison des affaires de cette société; serai-je tenu, dans ce cas, de faire précéder ma demande d'un essai de conciliation? en serai-je, au contraire, dispensé par les termes de notre § 6 ? Au premier abord on pourrait en douter, on pourrait dire que, dans l'espèce, ma demande est dirigée, non pas contre trois défendeurs distincts, mais contre un seul défendeur, à savoir : la société, l'être moral qui résulte de la réunion des trois personnes que j'entends attaquer. Ce raisonnement serait inexact : cette prétendue existence morale, cette unité fictive n'est admise que dans les sociétés commerciales, elle est inconnue dans les sociétés civiles. Vous en trouverez notamment la preuve dans l'art. 1862 du Cod. civ. : vous y verrez que, dans les sociétés non commerciales, les associés ne sont pas tenus solidairement l'un pour l'autre, et ne sont pas tenus, même pour partie, en vertu des engagements l'un de l'autre ; chacun n'est tenu qu'en vertu de sa promesse personnelle individuelle, et pour sa part personnelle. Ainsi, ce que j'attaque dans l'espèce, ce qui est défendeur, ce n'est pas la société, l'être moral que la loi ne reçonnaît guère dans les sociétés civiles, ce sont trois personnes, trois débiteurs, trois défendeurs séparés : donc l'exception du § 6 doit s'appliquer sans difficulté.

* Le mari et la femme assignés conjointement seront-ils comptés, pour deux parties ou pour une seule, pour l'application de l'art. 49, 6°? S'ils sont mariés sous le régime de la communauté, et que la véritable partie en cause soit la communauté elle-même, le mari qui la représente devrait seul être assigné. Que si les deux époux ont été cités, il n'y a toujours qu'une partie en cause, la communauté ; le mari et la femme ne compteront que pour une personne. Mais si chacun d'eux est assigné, et doit l'être personnellement, par exemple, sous d'autres régimes que celui de la communauté, alors, eussent-ils le même intérêt, le mari et la femme compteront pour deux parties, et, s'il y a en cause un troisième défendeur, l'affaire sera dispensée du préliminaire de conciliation (1). *

92. Le § 7 dispense du préliminaire de conciliation les *demandes en vérification d'écritures.* On appelle ainsi une demande formée par une partie à l'effet d'établir, en justice, qu'une écriture privée produite par elle est véritablement émanée de celui auquel elle l'oppose, c'est-à-dire de son adversaire ou des auteurs de son adversaire. Or la demande en vérification d'écritures est presque toujours formée incidemment.

Par exemple, après une tentative inutile de conciliation, j'ai assigné Pierre en payement d'une somme d'argent ; à l'appui de ma demande, je produis une écriture privée portant le nom de Pierre, mais dont celui-ci dénie la signature ; je conclurai alors à vérifier l'écriture, et évidemment ma demande sera dispensée du préliminaire de conciliation ; car elle n'est pas introductive d'instance, elle est incidente, et rentre, sous ce rapport, dans les premiers mots de l'art. 48.

Cependant il peut arriver qu'une demande en vérification d'écritures soit formée principalement. C'est lorsque, ne concluant pas immédiatement à mon remboursement, voulant cependant arriver à me donner une preuve actuelle de la vérité d'une écriture qu'on pourrait contester plus tard, je conclus directement, principalement, à sa vérification. Le but ordinaire de pareilles conclusions, c'est d'obtenir immédiatement l'hypothèque judiciaire, aux termes de l'art. 2123 du Cod. civ., et ce but présente un caractère d'urgence qui peut faire rentrer cette demande dans le § 2 de l'article (V. n° 419).

(1) C. de Bourges, 7 juillet 1821 (Dall., *Rép.*, v° *Conciliation*, n° 213, note 4). — C. de Besançon, 13 février 1856 (Dall., 1856, n° 119). — Rouen, 30 mars 1871 (Devill. et Car., 1872, 2, 293). — *Contrà*, C. de cass., Rej., 20 mars 1877 (Dall., 1877, 1, 473).

Quoi qu'il en soit, notre § 7 ne distingue pas : et, que la demande en vérification d'écritures soit incidente, ce qui est le plus fréquent, qu'elle soit principale, ce qui n'est pas sans exemple, elle est dispensée, dans tous les cas, du préliminaire de conciliation.

93... *En désaveu*... Nous pourrions ici faire la même distinction. Le désaveu est une action dirigée par une partie contre un officier ministériel, par exemple, un avoué, à qui la partie reproche d'avoir occupé pour elle sans pouvoirs, ou d'avoir excédé, dans l'instance dont elle l'avait chargé, les pouvoirs dont elle l'avait investi. Vous verrez les principes du désaveu exposés sous les art. 352 et suivants. Or le désaveu peut être ou incident ou principal, et le Code même présente cette division (art. 354 et 355, C. pr.).

Il est incident, si c'est dans le cours même de l'instance engagée contre mon adversaire que je forme une action en désaveu contre mon avoué, qui a excédé son mandat. Alors évidemment cette action, n'étant pas introductive d'instance, venant se rattacher à l'action principale, dont elle forme une dépendance, est dispensée, par sa nature même, du préliminaire de conciliation.

Que si, au contraire, c'est après avoir succombé dans l'instance originaire que je viens désavouer l'officier ministériel qui a excédé son mandat et m'a fait perdre ainsi mon procès, le même motif ne s'applique plus ; mais une autre raison d'un ordre plus élevé vient encore dispenser le désaveu du préliminaire de conciliation : c'est que, d'après l'art. 359, toute demande en désaveu doit être communiquée au ministère public. Il importe, en effet, que sa surveillance vienne s'appliquer à un reproche aussi grave élevé contre un officier ministériel, et la loi ne veut pas que l'imputation dont l'avoué aura été l'objet, si elle est vraie, se trouve dérobée à la surveillance de la justice au moyen d'une conciliation.

94. *En règlement de juges*... La demande en règlement de juges est celle portée à une cour pour faire déterminer, en cas de conflit, lequel, entre deux juges de paix, deux tribunaux, deux cours d'appel, est compétent pour la connaissance d'une affaire. (V. art. 362 et suiv. C. pr.) En d'autres termes, la demande en règlement de juges a pour but de terminer certains conflits de juridiction.

Cette demande est incidente de sa nature, car elle suppose que deux juges de paix, deux tribunaux, deux cours d'appel, se trouvent concurremment saisis de la même affaire. C'est précisément pour décider auquel doit rester l'affaire qu'on se pourvoit en règlement de juges, devant une juridiction supérieure. Cette demande est donc nécessairement incidente, et, par conséquent, dispensée de la conciliation.

95. *En renvoi*... Cette demande en renvoi est encore nécessairement incidente ; c'est celle qui a lieu en cas de récusation qu'une partie fait d'un tribunal en masse, à cause des liens de parenté ou d'alliance qui unissent quelques membres de ce tribunal avec sa partie adverse (V. art. 368 et suiv., C. pr.)

Évidemment cette demande en renvoi ne peut avoir lieu que lorsque le tribun se trouve déjà saisi ; elle est donc toujours incidente. Encore ici, la dispens portée dans l'art. 49 n'est qu'une application du principe que les demande introductives d'instances sont seules soumises au préliminaire de conciliation.

En prise à partie. C'est ce qui a lieu lorsqu'une partie attaque le juge lui-même comme coupable de déni de justice, ou d'une faute grave, ou d'un dol dans l'exercice de ses fonctions (V. art. 505 et suiv., C. pr.). Ici la prise à partie, quoique constituant une demande principale entre la partie et le juge, devait néanmoins, par sa nature même, être dispensée de la conciliation. D'abord, il était difficile d'appeler un juge supérieur, par exemple, un membre d'un tribunal ou d'une cour d'appel, à comparaître, à raison de ses fonctions et en qualité de juge, devant un juge de paix, ne fût-ce qu'en conciliation.

En second lieu, les mêmes motifs que j'indiquais tout à l'heure pour le cas de désaveu se présentent avec bien plus de force, si réellement la prise à partie est bien fondée, si réellement le juge attaqué s'est rendu coupable de forfaiture : il importe que la justice en informe, qu'on n'étouffe pas un acte aussi punissable au moyen d'une conciliation.

D'ailleurs, la matière n'est pas susceptible de transaction, car elle est de celles qui, aux termes de l'art. 83, § 5, sont sujettes à communication au ministère public.

➤ **96**... *Les demandes contre un tiers saisi, et en général sur les saisies, sur les offres réelles, sur la remise des titres, sur leur communication, sur les séparations de biens, sur les tutelles et curatelles ; et enfin toutes les causes exceptées par les lois.*

Les demandes contre un tiers saisi. — Exemple : Je suis le créancier de *Primus*, et, n'obtenant pas mon payement, j'apprends que *Primus*, mon débiteur, est lui-même créancier de *Secundus* d'une somme égale à celle qu'il me doit ; que ferai-je ? Je formerai, dans les mains de *Secundus*, débiteur de mon débiteur, une opposition ou saisie-arrêt, à l'effet d'arrêter, dans ses mains, la somme qu'il doit à *Primus*, et de faire ensuite ordonner par la justice que *Secundus*, au lieu de payer dans les mains de *Primus*, payera dans les miennes. C'est là ce qu'on appelle opposition ou saisie-arrêt (V. art. 557 et suiv., C. pr.). Or, dans cette procédure, moi, créancier, je prendrai naturellement le nom de créancier saisissant ; *Primus*, mon débiteur, prendra le nom de saisi ; enfin *Secundus*, débiteur de mon débiteur, entre les mains duquel je forme l'opposition, reçoit le nom de *tiers saisi*. La loi déclare dispenser ici du préliminaire de conciliation la demande par moi formée contre le tiers saisi, c'est-à-dire, dans notre espèce, contre *Secundus*. Et, en effet, l'assignation en déclaration que je donnerai à *Secundus* aura plutôt pour effet de l'appeler à déposer sur la question de savoir s'il est débiteur de *Primus*, que d'engager de prime abord avec lui une contestation, un procès. En d'autres termes, ma demande contre *Secundus* tend plutôt, au moins dès le premier abord, à le faire figurer comme témoin que comme partie, à obtenir de lui une déclaration franche et complète sur la question de savoir s'il doit à *Primus*, et ce qu'il lui doit. Sans doute, s'il nie être débiteur de *Primus*, et que j'entreprenne de le prouver, il pourra y avoir lieu à procès entre nous ; mais la loi, à raison de cette première considération, et pour ne pas entraver des rapports assez compliqués déjà, dispense du préliminaire de conciliation l'instance qui pourra plus tard s'élever entre moi et *Secundus*.

97. *Et en général sur les saisies.* — Vous savez quel est le sens de ce mot, et les principales divisions dont il est susceptible ; saisie des meubles ou saisie-exécution ; saisie immobilière, etc. (V. ci-après n°s 812, 813 et 814). Ce sont, en général, des moyens de rigueur par lesquels un créancier, muni d'un titre exécutoire, tend à faire convertir en argent, au moyen d'une vente forcée, les biens de son débiteur, à l'effet d'arriver à son payement. Or cette considération que la saisie en elle-même est un acte d'exécution, et non pas une instance, la crainte d'encourager, d'ailleurs, un débiteur saisi à incidenter, en lui offrant dans la nécessité du préliminaire de conciliation l'espoir de lenteurs et de retards, a fait dispenser de ce préliminaire de conciliation les contestations auxquelles une saisie peut donner lieu. Vous pouvez faire rentrer cette dispense dans le § 2 de l'article 49 : quand, après la condamnation, on est venu à saisir, on peut considérer cet acte comme requérant célérité.

98. *Sur les offres réelles.* — On entend par offres réelles l'offre qu'un débiteur fait à son créancier de le payer (V. art. 812 et suiv. C. pr.) ; offres qui, lorsqu'elles sont repoussées par le créancier, parce qu'apparemment il les juge insuffisantes, donnent lieu de la part du débiteur qui voudra, par exemple, arrêter le cours des intérêts, donnent lieu à un dépôt ou consignation de la somme ou de la chose offerte. Ce dépôt ou cette consignation sera d'ordinaire suivie d'une demande en validité, c'est-à-dire d'une assignation donnée par le débiteur qui a fait les offres au créancier qui les a repoussées, à l'effet de faire déclarer que ces offres sont bonnes, valides, et qu'en conséquence, le débiteur est libéré.

Il est aisé de voir le motif de la dispense. Quand j'assigne le créancier en validité des offres réelles, c'est que ces offres lui ont été déjà faites, et qu'il les a refusées, sans quoi il n'y aurait pas lieu de recourir à la justice. Or ce premier refus, et l'accomplissement des formalités postérieures, laissent assez peu d'espoir d'un accommodement entre les parties.

99. *Sur la remise des titres, sur leur communication.* — Vous trouverez des exemples de ces deux cas, soit dans le Cod. civ., soit dans le Code de proc. ; dans le Cod. civ., art. 842, vous voyez qu'après le partage d'une succession, on doit remettre à chacun des cohéritiers les titres de propriété relatifs aux immeubles qui sont tombés dans son lot. Rien de plus simple que cette décision.

Mais il arrive souvent, dans un partage, qu'une propriété qui ne forme qu'un seul corps, un seul morceau dans les mains du défunt, se trouve fractionnée entre ses différents héritiers. Il est clair que les titres de propriété s'appliquaient à l'immeuble tout entier ne peuvent se diviser dans la même proportion : il est donc de toute nécessité de laisser ces titres dans la m d'un seul des héritiers, sauf à lui, bien entendu, à les communiquer, tou les fois qu'il en sera besoin, à ceux de ses cohéritiers qui ont partagé l'immeu ble avec lui. Aussi, la loi vous dit-elle que les titres d'une propriété divisé restent à celui qui en a la plus grande part, à la charge d'en aider ceux de cohéritiers qui y auraient intérêt quand il en sera temps (art. 842, C. civ.

Eh bien, supposons qu'une division de cette nature ayant eu lieu, la pl petite fraction de l'immeuble soit tombée dans mon lot, les titres de propri du domaine resteront dans les mains de *Primus* mon cohéritier ; plus tard un tiers m'attaque et me conteste, soit la propriété, soit quelques autres droits sur la fraction tombée dans mon lot ; il m'est nécessaire, pour le repousser, d'avoir dans les mains et de mettre sous les yeux du tribunal les titres qui servaient de défense à la propriété de mon auteur ; que si mon cohéritier refuse de les communiquer, je n'aurai pas besoin, pour le contraindre à cette communication, d'essayer au préalable d'une tentative de conciliation, parce qu'il y a ici urgence manifeste pour moi à repousser au plus vite la contestation soulevée sur mes droits.

Voyez aussi l'art. 839 du Code de procédure.

100. *Sur les séparations de biens.* — C'était ici chose inutile à dire. D'après l'article 1443 du Cod. civ., la séparation de biens ne peut avoir lieu volontairement ; d'où il suit qu'une contestation de cette nature est tout à fait du nombre de celles qui ne peuvent être la matière d'une transaction. Les termes de l'art. 48 suffisaient donc amplement, et sans aucun doute, pour dispenser du préliminaire de conciliation la demande en séparation de biens dirigée par une femme contre son mari.

Sur les tutelles et les curatelles. — * Il est possible que l'affaire relative à la tutelle ou à la curatelle soit soulevée entre le tuteur ou le curateur, et le mineur devenu majeur. Alors il n'y a plus de mineur en cause ; mais la loi dispense ces affaires de la tentative de conciliation. *

101. Après tous ces détails, l'article ajoute : *Et enfin toutes les causes exceptées par les lois.* Et le Code de proc. contient encore, sous quelques-uns de ses titres, des cas particuliers de dispenses du préliminaire de conciliation. Voyez les art. 320, 345, 566, 570 (ces deux derniers cas étaient déjà prévus par l'art. 49, c'est une répétition), 718 (il rentre dans l'art. 48), 839, 856, 871, 878, 883. Quelques-uns de ces articles ne vous présenteront rien de nouveau : une bonne partie des dispenses qui y sont contenues résultait déjà des textes que nous avons vus.

102. Qu'arrivera-t-il si la demande en justice est formée sans avoir été précédée de la citation en conciliation, dans les cas où l'art. 48 l'y soumet, et où l'art. 49 ne l'en dispense pas ?

D'après l'art. 48, aucune demande ne sera reçue si le demandeur n'a cité son adversaire en conciliation devant le juge de paix, ou si les parties n'y ont volontairement comparu ; de là cette conséquence naturelle, incontestable et incontestée, que le défendeur appelé devant un tribunal pour plaider sans avoir été au préalable cité devant le juge de paix pour tenter la conciliation, pourra, de prime abord, déclarer qu'il n'est pas tenu de défendre, de plaider ; le défendeur peut dire que le procès ne peut être entamé tant que le préliminaire de conciliation n'a pas été tenté. C'est là l'application directe de ces mots *aucune demande ne sera reçue.*

Mais on va plus loin ; on se demande si la sanction que l'art. 48 attache à l'omission de la citation en conciliation est d'ordre public, ou si elle est purement d'intérêt privé. Si elle est d'intérêt privé, le tribunal ne peut l'appliquer d'office ; c'est au défendeur à l'invoquer, si bon lui semble, et à l'invoquer dès le principe. Si elle est d'ordre public, ni le silence des parties, ni les longueurs de la procédure ne peuvent couvrir le vice originel de la demande, et, par conséquent, tout doit tomber au jour où ce vice sera opposé.

La jurisprudence a varié notablement sur cette question. Depuis 1790 jusqu'à la publication du Code de procédure, et même depuis, on a considéré la citation en conciliation comme prescrite dans un intérêt public, à cette fin d'étouffer les procès dans leur source ; d'où on concluait, premièrement, que, dans le silence même du défendeur, les tribunaux pouvaient et devaient appliquer d'office le texte de l'art. 48 et déclarer la demande non recevable jusqu'au préliminaire essayé ; secondement, que de même, dans le cas où les tribunaux de première instance ou d'appel n'auraient pas appliqué cet article, il y aurait lieu de casser toute la procédure, tous les jugements, comme ayant statué sur une demande dont la loi ne permettrait pas de s'occuper encore.

Depuis d'assez longues années, au contraire, la jurisprudence s'est fixée, et pour longtemps sans doute, dans un sens absolument opposé à celui-là. On a décidé qu'à défaut par le défendeur, d'avoir opposé, dès le début de l'instance, l'absence de citation en conciliation, cette nullité était couverte, et que le tribunal n'avait pas qualité pour l'appliquer d'office (1).

Il est impossible de trouver des solutions plus directement opposées. Quel est l'avis à suivre ?

En principe et pour interpréter la loi comme elle doit l'être, par la pensée, par le but du législateur, il me paraît impossible de se refuser à voir, dans la conciliation, une mesure d'ordre public, à laquelle les plaideurs ne peuvent volontairement déroger, et qui doit en conséquence être appliquée d'office, et en tout état de cause, par les tribunaux, protecteurs essentiels des intérêts de cette nature.

J'ajoute que la locution de l'art. 48, *aucune demande ne sera reçue*, se trouve littéralement reproduite et par des motifs identiques, par le désir de réduire le nombre des procès, dans deux autres articles du Code de proc., art. 449, au titre *de l'Appel*, et 494, au titre *de la Requête civile*, et jamais, que je sache, on n'a hésité à regarder la nullité résultant de l'inobservation de ces deux derniers articles comme absolue, radicale et comme devant être appliquée d'office et dans le silence même des parties.

Mais ces raisons, si graves qu'elles soient, ne changeront pas une jurisprudence qui paraît solidement établie. Cette jurisprudence tient, je crois, à ce que la tentative de conciliation, telle que nos lois l'ont établie, est loin d'avoir réalisé, dans la pratique, les avantages qu'on s'en promettait en l'instituant. Sans doute, forcer les parties à se tendre la main, à essayer une transaction amiable avant de leur ouvrir l'arène judiciaire, c'était là une idée heureuse, une pensée philanthropique ; c'était là l'espérance, ajoutez tout de suite, les illusions de la théorie ; mais, quand on voit ce qu'elle est souvent dans la pratique, cette institution perd singulièrement de son importance. La partie qui

(1) * Dans le sens de la nullité absolue, Cass., 3 fructidor an III, 13 thermidor an VIII et 9 messidor an XI. — C. de Grenoble, 8 janvier 1818. — C. de Toulouse, 8 juillet 1820. — Pour l'opinion contraire, V. notamment C. de Bourges, 17 novembre 1826. — Grenoble, 4 décembre 1830. — Cass., 16 février 1826, 15 février et 30 mai 1842 (Dall. Rép., v° *Conciliation*, n°° 46 à 60). — Cass., 15 juillet 1869 (Dall., 1872, 1, 69).

veut intenter une demande n'accomplit pas par elle-même le vœu de l'art. 48 ; elle va trouver un avoué, le charge de diriger cette demande, lui confie ses moyens et ses titres, et l'avoué se charge, entre autres choses, du préliminaire de conciliation, sauf à se faire remplacer lui-même par un clerc. Espérer qu'il donnera à ce clerc, chargé de comparaître devant le juge de paix, des instructions très détaillées, très favorables à la conciliation ; qu'il arrêtera le plaideur par des remontrances, des exhortations, ce serait à coup sûr présumer beaucoup trop de la probité humaine. Le clerc se présente muni d'une procuration et déclare que sa procuration lui interdit de se concilier ; dès lors l'instance peut s'entamer. Tel est, au moins à Paris, et sans doute aussi dans la plupart de nos villes, l'effet pratique de la tentative de conciliation ; dès lors il n'y a guère lieu de s'étonner si la jurisprudence n'y voit, ce qu'elle est en réalité, qu'une tentative de peu d'effet, et que, par conséquent, on se refuse à annuler, après coup, toute une procédure, suivie de nombreux jugements, parce qu'on a omis la citation en conciliation, sans que le défendeur se soit prévalu de cette omission (1).

⟫→ 103. Ici commence pour nous un ordre d'idées tout à fait distinct de ce qui précède ; nous n'avons plus à rechercher dans quelles causes il y a dispense ou nécessité du préliminaire de conciliation, mais à nous demander d'abord quelles sont les règles de compétence établies par la loi pour ce préliminaire. L'art. 50 a pour but de répondre à cette question.

« Art. 50. Le défendeur sera cité en conciliation : 1° en matière personnelle et réelle devant le juge de paix de son domicile ; s'il y a deux défendeurs, devant le juge de l'un d'eux, au choix du demandeur ; — 2° en matière de société autre que celle de commerce, tant qu'elle existe, devant le juge du lieu où elle est établie ; — 3° en matière de succession, sur les demandes entre héritiers, jusqu'au partage inclusivement : sur les demandes qui seraient intentées par les créanciers du défunt, avant le partage : sur les demandes relatives à l'exécution des dispositions à cause de mort, jusqu'au jugement définitif devant le juge de paix du lieu où la succession est ouverte. »

Le défendeur sera cité en conciliation. Remarquez que les règles de l'art. 50 ne sont applicables qu'au cas où il y a citation ; elles sont sans application aucune, au cas où les parties comparaîtraient devant le juge de paix sans citation et volontairement, comme elles en ont le droit d'après les derniers mots de l'art. 48.

En effet, toutes les fois qu'il y a comparution volontaire, les parties peuvent très bien s'entendre pour désigner d'un commun accord le juge de paix devant lequel elles se réuniront pour tenter la conciliation. L'art. 50, ses ter-

(1) * La jurisprudence, qui repousse la nullité absolue (le dernier arrêt est de la Cour de cass., 15 juillet 1869. V. la note p. 60), et à laquelle je me range volontiers, s'appuie sur des raisons plus graves. D'abord, en présence de nombreuses dispenses de conciliation, elle ne considère pas ce préliminaire comme d'ordre public. Il semble bien que la tentative de conciliation soit d'intérêt privé, puisque le défendeur peut, moyennant une faible amende de 10 francs (art. 56), ne pas comparaître. Dans tous les cas, la nullité peut être couverte conformément à l'art. 173 (V. cet article) ; et il ne serait pas raisonnable de renvoyer les parties à se concilier, après les défenses au fond, après des procédures peut-être longues et dispendieuses, et lorsque, par leur animosité, elles ont montré l'impossibilité d'une conciliation. *

·mes l'indiquent assez, ne s'applique qu'au cas d'appel forcé, de citation.,

Ainsi les règles de compétence que nous allons exposer sont celles aux-, quelles la volonté commune des parties est toujours libre de déroger, parce, qu'elles ne tiennent en rien à des principes d'ordre ou d'intérêt public. Les, parties pourront librement choisir, entre tous les juges de paix de la Républi-, que, celui devant lequel elles voudront venir exposer leurs prétentions et, tenter de se concilier (art. 48 *in fine*). D'ailleurs cette volonté commune des, parties, pour se présenter sans citation, sans ministère d'huissier, devant, le juge de paix de leur choix, est déjà d'un heureux présage en faveur de la, conciliation : ce juge de paix, investi de la confiance des deux parties, aura, sur elles bien plus d'influence que le juge étranger au moins à l'une d'elles,, devant lequel la citation sera donnée, si cet accord ne s'opère pas.

104. Mais ce cas sera plus rare, et le plus souvent ce sera en vertu d'une, citation que le défendeur sera appelé (V. le n° 113 ci-après); alors, la volonté, des parties ne concourant pas, il a bien fallu que la loi déterminât devant, quel juge de paix la conciliation devrait être tentée. Ce sera, dit le § 1er de l'art. 50, qu'il faut considérer ici comme un principe auquel les paragraphes suivants ne forment que des exceptions, ce sera, *en matière personnelle et réelle,* *devant le juge de paix de son domicile.*

Ces mots, *en matière personnelle et réelle,* si nous voulions en donner, quant, à présent, une explication complète et détaillée, nous demanderaient de, longs détails, superflus pour le moment, puisque la règle est la même dans l'art. 50, soit qu'il s'agisse d'une action réelle ou d'une action personnelle ;, c'est sur l'art. 59, où la variété de l'action introduira, en effet, une variété, de compétence, qu'il deviendra nécessaire de préciser le sens de ces mots, de manière qu'on ne s'y puisse pas méprendre (V. n°s 126 et suiv.). Quant à présent, je me bornerai à vous donner une idée générale du sens de cette distinction.,

En général, on dit qu'une action est *personnelle,* lorsqu'elle est intentée par, celui qui se prétend créancier contre celui qu'il dit être son débiteur.

Que si, au contraire, j'intente contre une personne une action, sans préten-, dre qu'il y ait entre elle et moi aucun rapport de créance, d'obligation, l'ac-, tion est réelle. En effet, dans un très grand nombre de cas, j'agis et j'ai droit, d'agir en justice contre une personne qui, je le reconnais, n'est pas obligée, envers moi.

Deux exemples éclairciront ma pensée. 1er EXEMPLE. J'intente une action contre *Primus* pour le faire condamner à me payer 20,000 francs que je, prétends lui avoir prêtés, ou 20,000 francs comme dommages-intérêts résul-, tant d'un tort qu'il m'a causé par son imprudence ou par son dol. Dans les deux cas j'allègue une créance, une obligation ; dans les deux cas l'action est, personnelle.

2e EXEMPLE. Au contraire, j'agis contre Paul pour le faire condamner à dé-, laisser un immeuble, dont je prétends être propriétaire ; que cette prétention soit vraie ou fausse, que j'arrive ou non à la justifier, toujours est-il que je, n'allègue entre Paul et moi aucun rapport de créance, d'obligation préexis-, tante ; l'action est réelle.

Remarquez, dès à présent, une différence importante entre le prescrit de la loi pour ce qui touche la citation en conciliation, et ce qu'elle décidera bientôt, dans l'art. 59, pour ce qui touche l'assignation en justice. Quand il s'agira non plus de se concilier, mais d'assigner pour arriver à plaider, vous verrez, dans l'art. 59, que le tribunal compétent en matière d'action personnelle, c'est le tribunal du domicile du défendeur, qu'au contraire, en matière d'action réelle, c'est le tribunal du lieu de la situation de l'immeuble litigieux, quand bien même le domicile du défendeur serait ailleurs. Cette distinction est inapplicable, quand il s'agit simplement de citer en conciliation ; alors, que la matière soit personnelle ou réelle, c'est toujours devant le juge de paix du domicile du défendeur que la conciliation doit être essayée.

La raison de cette différence est sensible ; quand il s'agit de plaider, on a dû présumer que le tribunal dans le ressort duquel est situé l'immeuble litigieux serait plus à portée qu'un autre de recueillir les renseignements, d'apprécier la puissance des preuves au moyen desquelles la cause doit être décidée. Au contraire, en matière de conciliation, le juge de paix n'a rien à décider, rien à juger ; il n'a pas besoin d'avoir une connaissance personnelle de la position et des abords de l'immeuble, une connaissance personnelle des faits d'une cause qu'on ne vient pas débattre devant lui. Ce qui est à désirer, c'est qu'il ait la confiance des parties ; et cette confiance et l'ascendant qui en est la suite appartiendront bien plutôt au juge de paix du domicile de l'une d'elles, c'est-à-dire du défendeur, qu'au juge étranger, et souvent fort éloigné, dans le canton duquel se trouve placé l'immeuble litigieux. De là la décision fort simple du § 1er de l'art. 50, qu'en matière réelle comme en matière personnelle, le défendeur, quand il est seul, doit être cité devant le juge de paix de son domicile.

* Dans le cas où la contestation s'élève sur l'exécution d'une convention pour laquelle les parties ont fait une élection de domicile (art. 111, C. C.), je serais porté à décider que c'est devant le juge de paix du domicile réel et non devant le juge de paix du domicile élu que la citation en conciliation doit être donnée. Le premier, en effet, est le juge légal des parties, et l'art. 50 ne déroge pas, comme l'art. 59, à cette compétence naturelle (1).*

105. La loi ajoute : *S'il y a deux défendeurs devant le juge de l'un d'eux, au choix du demandeur.* S'il y a deux défendeurs, bien entendu pourvu qu'il y ait liaison dans les deux causes, connexité d'intérêts entre les deux défendeurs.

Ainsi, je veux poursuivre en payement Pierre et Paul, qui m'ont emprunté conjointement une somme de 20,000 francs avec ou sans solidarité. Je veux poursuivre en payement *Primus* et *Secundus*, héritiers chacun pour moitié de Jacques qui m'a emprunté seul une somme de 20,000 francs ; alors, sans doute, il y a deux dettes ; mais ces deux dettes se rattachent à une cause identique, à un même titre ; les moyens d'attaque et de défense seront en général les mêmes, et je peux citer en conciliation, devant le même juge, les deux défendeurs.

Que si, au contraire, c'est successivement et à des titres distincts que chacun d'eux fût devenu débiteur ; si, par exemple, chacun d'eux m'avait vendu

(1) C. de Caen, 17 mars 1847. — C. d'Alger, 3 janvier 1849 (Dalloz, 1849, 2, 50). — *Contrà*, C. de cass., 9 décembre 1851 (Dalloz, 1852, 1, 29).

successivement sa portion dans un même immeuble, il n'y aurait aucun rapport entre les deux affaires, et je devrais citer chacun d'eux séparément devant le juge de paix de son domicile. Je ne pourrais les appeler ensemble devant le même juge de paix sans enlever à l'un d'eux le bénéfice de l'art. 50. Du reste, vous comprenez aisément pourquoi, quand il y a ainsi liaison, identité dans le principe des poursuites que j'entends diriger contre chacun d'eux, la loi me permet d'enlever à l'un d'eux ce bénéfice, en les appelant ensemble devant le même juge de paix qui est presque toujours étranger à l'un des deux. C'est qu'en effet, si je les appelais séparément, chacun devant le juge de paix de son domicile, la conciliation deviendrait beaucoup plus difficile; aucun d'eux, pris isolément, ne se soucierait de renoncer à une partie de ses droits, pensant que, peut-être, il va trouver dans la défense de l'autre des moyens de repousser absolument ma demande. Ainsi, pour arriver plus vite au but de la conciliation, la loi me permet de les appeler ensemble devant un même juge de paix.

Que s'ils étaient plus de deux, toute question de compétence disparaîtrait, puisqu'alors, aux termes du § 6 de l'art. 49, la loi me dispenserait du préliminaire de conciliation.

106. A côté de cette règle du domicile, qui est le fondement de l'art. 50, les deux derniers paragraphes placent deux exceptions.

§ 2. *En matière de société, autre que celle de commerce, tant qu'elle existe, devant le juge du lieu où elle était établie.* Toutes les matières commerciales sont dispensées du préliminaire de conciliation par le § 4 de l'art. 49 ; c'est donc seulement pour les affaires qui concernent des sociétés civiles que nous avons à nous occuper des règles de la compétence. Mais la question ainsi réduite par les termes de notre § 2 perd beaucoup de son importance. En général, les sociétés civiles, lorsqu'elles existent, établissent bien entre ceux qui les contractent certains rapports d'intérêt, mais elles n'ont guère de siége d'établissement.

Ainsi deux personnes s'associeront à part toute idée de spéculation commerciale, de manière à mettre en commun certains intérêts, certaines affaires ; en général, tout se passera entre elles sans rien de public, d'ostensible, sans qu'on puisse dire que cette société ait un lieu d'existence, un domicile distinct et séparé de ses associés. Alors, si les membres de cette société ont quelque chose à démêler avec des tiers, on rentrera dans le § 1er de l'art. 50 : ce sera une demande formée contre deux défendeurs et devant le tribunal du domicile de l'un d'eux.

Cependant si l'existence d'un siège d'établissement en matière de société civile est un fait rare, ce n'est pas un fait sans exemple. Supposons que deux personnes viennent à s'associer pour acheter une étendue de terrain plus ou moins considérable, y établir des constructions, y louer des maisons ainsi construites et partager périodiquement le bénéfice d'une telle location. Des contrats de société de ce genre ont été assez récemment passés, et en assez grand nombre, à Paris ou dans les environs. Il est possible, il sera même assez fréquent, que, pour faciliter les opérations de la société, ils établissent sur les lieux, au centre même de leurs constructions, un mandataire, ou que l'un des deux donne pouvoir à l'autre, ou que tous les deux se donnent réciproquement pouvoir de faire toutes les opérations, les négociations qui rentrent dans l'intérêt commun. Il sera assez fréquent, en un mot, dans une association de ce genre, qu'on établisse, sur le lieu même de la construction, des bureaux dans lesquels on passera d'habitude les actes qui intéressent les rapports de cette société avec le public.

A ce cas ou à d'autres cas analogues pourra s'appliquer la disposition du § 2 de notre art. 50. Mais, je le répète, les sociétés civiles présenteront rarement ce caractère en supposant, ce que nous devons toujours supposer, qu'elles ne soient contractées qu'entre deux personnes ; si vous supposez trois, quatre, cinq associés, vous sortez du cas du § 2, vous avez plus de deux défendeus,r et, par conséquent, dispense du préliminaire de conciliation (art. 49, § 6).

* La loi semble supposer que les sociétés de commerce ne peuvent avoir que des affaires commerciales. Mais une société de commerce, comme tout commerçant, peut plaider en matière civile, par exemple, sur la validité du bail des lieux qu'elle occupe, sur la revendication d'un immeuble, etc. La loi paraît, il est vrai, dispenser, en tous cas, les sociétés de commerce du préliminaire de conciliation. Mais je n'en aperçois pas le motif, dans les procès civils, lorsque l'acte de société donne à l'un des administrateurs le droit de transiger. *

107. § 3. (Ce troisième cas présente une exception bien plus fréquemment applicable.) *En matière de succession, sur les demandes entre héritiers jusqu'au partage inclusivement; sur les demandes qui seraient intentées par les créanciers du défunt avant le partage, sur les demandes relatives à l'exécution des dispositions à cause de mort, jusqu'au jugement définitif devant le juge de paix du lieu où la succession est ouverte.* Ainsi, encore bien que, dans ce paragraphe, il s'agisse d'actions personnelles dirigées, soit par un héritier contre l'autre, soit par un créancier du défunt contre un ou deux héritiers, soit enfin par un légataire à l'effet d'obtenir la délivrance de son legs, quoiqu'il s'agisse dans ces différentes hypothèses d'actions véritablement personnelles, ce n'est cependant pas devant le juge de paix du domicile de l'un des défendeurs que l'essai de conciliation doit être tenté ; c'est, dit la loi, devant le juge de paix du lieu, du canton, dans lequel la succession s'est ouverte.

Vous trouverez d'ailleurs une disposition pareille, soit dans l'art. 822 du Code civ., soit dans l'art. 59, § 5, du Code de proc. Nous aurons tout à l'heure à comparer ensemble ces divers textes. La raison se comprend aisément : tant que le partage entre les héritiers n'a pas eu lieu (et ici nous supposerons toujours deux héritiers et au plus trois ; supposons-en trois, dont l'un agit contre les deux autres), vous concevrez aisément que, tant que la succession reste indivise entre eux, les divers héritiers, entre lesquels doit s'opérer le partage, quittent assez fréquemment leur domicile pour venir dans le lieu même où la succession s'est ouverte. Joignez-y que dans ce lieu se trouveront toujours les pièces, les titres, les documents qui peuvent servir à s'éclairer sur les droits de la succession, qui leur apprendront s'ils doivent acquiescer aux demandes dirigées contre eux, ou au contraire y défendre. Il était donc naturel de décider que les demandes qu'un héritier forme contre ses cohéritiers, tant que dure l'indivision, que les demandes dirigées pendant la même période par des créanciers ou des légataires contre les représentants de la succession seraient, quant au préliminaire de conciliation, comme quant à la compétence définitive lorsqu'il s'agit de plaider, portées devant le tribunal de paix, et ensuite devant le tribunal d'arrondissement du lieu de l'ouverture de la succession. C'est, en effet, ce que décide, d'une part, pour la conciliation, notre § 3, et, comme vous le verrez bientôt, pour le procès, le § 6 de l'art. 59.

108. La loi vous dit qu'en matière de succession, sur les demandes entre héritiers, jusqu'au partage, la conciliation sera tentée devant le juge de paix *de l'ouverture.* Cela veut dire devant le juge de paix du domicile du défunt (art. 110 du Cod. civil).

Ces demandes peuvent être relatives soit à des mesures à prendre dans l'intérêt de l'administration de la chose indivise, soit à des comptes réclamés par un des héritiers contre l'autre, soit enfin au partage de la succession demandé par l'un et repoussé par l'autre.

Mais à ces exceptions du § 3 de l'art. 50, la plupart des auteurs font une addition fort importante, et au mérite de laquelle il faut nous attacher un instant. Pour bien comprendre cette question, reportons-nous d'abord à l'art. 822 du Cod. civ. « L'action en partage, dit cet article, et les contestations qui s'élèvent dans le cours des opérations, sont soumises au tribunal du lieu de l'ouverture de la succession. » Il s'agit ici, non pas de la tentative de conciliation, mais de l'action elle-même, du procès de la demande, lorsque la conciliation n'aura pas pu s'opérer. Et le § 2 ajoute : « C'est devant ce tribunal qu'il est procédé aux licitations, *et que doivent être portées les demandes relatives à la garantie des lots entre copartageants et celles en rescision du partage.* » C'est en vertu de ces derniers mots, qu'en général, les interprètes du Code de proc. croient devoir élargir la disposition de notre § 3, et dire que le juge de paix du lieu de l'ouverture de la succession sera compétent, non-seulement pour la tentative de conciliation sur les demandes entre héritiers jusqu'au partage (ce qui résulte des termes mêmes de notre article), mais même, après le partage opéré, pour la tentative de conciliation à introduire, soit sur les demandes *en garantie,* soit sur les demandes *en rescision.*

Quel est d'abord le sens légal de ces mots? La demande en garantie entre cohéritiers aura lieu lorsque l'un des copartageants, troublé par un tiers dans la possession paisible des objets compris dans son lot, exercera contre ses cohéritiers une demande en garantie, en indemnité, qui est la conséquence tacite du contrat de partage intervenu entre eux (art. 884 du Cod. civ.).

L'action en rescision peut se fonder, soit sur la violence, soit sur le dol, soit sur la lésion ; ce sont là les causes qui vicient le partage (art. 887 du Cod. civ.). L'action en rescision est celle par laquelle un cohéritier, par exemple, lésé, dans le partage, d'une somme supérieure au quart de ce qui devait lui revenir, conclut à l'anéantissement de ce partage vicieux et à une nouvelle répartition plus juste des objets de la succession.

L'art. 822, vous le voyez, veut que les actions en rescision et en garantie, quoique nécessairement postérieures au partage, soient portées devant le tribunal de l'ouverture, tribunal qui a dû connaître du partage. La raison de cette compétence se comprend aisément. Ce tribunal, qui a déjà pris part aux opérations du partage, a plus qualité qu'un autre pour apprécier les vices de ces opérations, et surtout pour mesurer les obligations de garantie qui résultent de ce partage ; s'ensuit-il que, malgré le silence du § 3 de notre art. 50, nous devions déclarer que la tentative de conciliation sur les demandes en rescision de partage ou en garantie entre cohéritiers sera portée devant le juge de paix de l'ouverture de la succession ? Remarquez d'abord que la question ne peut s'élever, en matière de garantie, que pour la garantie demandée par action principale ; quant à la garantie incidente, que j'ai définie, elle est dispensée de tout préliminaire de conciliation. Mais, pour l'action en rescision et l'action en garantie demandée par voie d'action principale, devant quel juge de paix doit-on tenter la conciliation ? C'est, dit-on, d'après l'art. 822, devant le juge de paix de l'ouverture.

Cette opinion me semble mal fondée. D'abord l'art. 822 du Cod. civ. est absolument étranger à la question qui nous occupe ; il n'a pas trait au point de savoir devant quel juge de paix la conciliation doit être tentée ; il a pour but de désigner devant quel tribunal le procès sera plaidé, si la conciliation n'a pu s'opérer, et ce sont là deux idées fort différentes. On comprend très-bien que, pour déterminer devant quel tribunal l'action en rescision ou en garantie doit être plaidée, l'art. 822 ait choisi le tribunal qui a déjà connu ou dû connaître du partage. En effet, ce tribunal aura plus de renseignements, plus de facilités pour décider les questions de garantie et surtout de rescision. Mais il n'en est pas de même quand il s'agit, non pas d'assigner pour plaider, mais de citer pour se concilier ; le juge de paix de l'ouverture de la succession est resté étranger aux opérations fondamentales du partage, il n'a donc pas plus de connaissances que le juge de paix du domicile pour aider à étouffer ou à prévenir les contestations qui s'élèvent sur la rescision ou la garantie.

Il paraît donc nécessaire de rentrer ici dans la règle, règle qui résulte à la fois et du texte et de l'esprit de la loi. *Du texte de la loi*, car l'action en rescision comme l'action en garantie de partage sont des actions personnelles ; or, d'après le § 1er de l'art. 50, en matière personnelle, c'est devant le juge de paix du domicile du défendeur ou de l'un des deux défendeurs que la conciliation doit être essayée. Le § 3 du même article n'y fait exception que pour les demandes qui pourraient s'élever jusqu'au partage, limitation qui exclut évidemment les demandes en garantie, ou en rescision, qui sont nécessairement postérieures au partage. *L'esprit de la loi*, en déterminant cette compétence, est d'investir, autant que possible, de l'essai de conciliation un juge de paix qui ne soit point étranger aux deux parties ; aussi désigne-t-elle le juge de paix du domicile du défendeur, juge de paix qui aura plus d'ascendant sur une partie qui lui est connue ; ce but ne sera pas atteint si vous portez la conciliation devant le juge de paix de l'ouverture de la succession auquel le domicile des cohéritiers et leurs personnes sont étrangers et inconnus. Le § 3 de l'art. 50 y fait, il est vrai, une exception ; mais cette exception n'a lieu que jusqu'au partage inclusivement, c'est-à-dire qu'elle cesse de s'appliquer à l'époque où, la liquidation étant achevée, les divers intérêts étant réglés, les cohéritiers ont fort probablement quitté le lieu de l'ouverture pour rentrer chacun dans son domicile.

En résumé, nous appliquerons à la lettre la première disposition du § 3, et nous déclarerons que l'essai de conciliation, sur les actions en rescision ou en garantie, actions qui sont nécessairement postérieures au partage opéré, doit être porté, soit devant le juge de paix du domicile du défendeur, s'il n'y a qu'un défendeur, soit, s'il y en a deux, devant le juge de paix du domicile de l'un d'eux.

109. Cet esprit restrictif de la loi respire d'ailleurs dans tous les termes du § 3 de l'art. 59. Ainsi s'agit-il de demandes qui doivent être intentées, non plus par un héritier contre l'autre, mais par un créancier du défunt contre les différents héritiers, l'essai de conciliation va être porté sans doute, par exception au § 1er, devant le juge de paix du lieu de l'ouverture ; mais combien durera cette compétence exceptionnelle ? Ce sera, vous dit encore la loi, jusqu'au partage inclusivement ; c'est-à-dire que l'exception cessera à l'époque où, après la liquidation terminée ou le partage opéré, les héritiers se seront éloignés du lieu de l'ouverture, où ils n'étaient qu'accidentellement et en passant.

De même, s'il s'agit des demandes formées par des légataires en délivrance et en payement de leurs legs, l'essai de conciliation, qui doit précéder ces demandes, doit encore être porté, non pas devant le juge de paix du domicile de l'un des héritiers, mais devant le juge de paix de l'ouverture, et cette compétence exceptionnelle ne durera, comme la loi prend encore soin de vous l'indiquer, que *jusqu'au jugement définitif*; expression obscure, au premier abord, mais qui va bientôt s'expliquer.

Quel est, en effet, ce jugement définitif après lequel devra cesser cette compétence toute spéciale du juge de paix de l'ouverture ? Devez-vous l'entendre dans le sens qu'il présente d'abord, savoir : dans le sens du jugement définitif qui terminera cette contestation entre le légataire demandeur en délivrance et les héritiers défendeurs ? Ces mots, pris dans ce sens, seraient bizarres ; on ne concevrait pas quelle serait la question de conciliation qui pourrait s'élever dans l'intervalle qui s'écoule depuis le procès entamé jusqu'au jugement définitif de ce même procès. Ce jugement, remarquez-le bien, c'est celui qui intervient entre les héritiers sur les opérations du partage, c'est le jugement d'homologation du partage dont il est question dans l'art. 982 du Code de proc.

* Il est vrai que le partage peut s'opérer à l'amiable, sans jugement, entre majeurs capables ; mais la loi a eu en vue le cas très-fréquent d'un partage judiciaire ; * c'est comme si elle répétait encore, dans cette troisième disposition, que la compétence dont elle investit le juge de paix s'arrêtera dans ce cas, comme dans les autres, à l'expiration du partage. Nouvelle et dernière preuve qu'une fois le partage opéré, le § 3 devient inapplicable, que nous retombons alors pleinement dans l'application du § 1er, qui veut, dans toute matière personnelle, comme en toute matière réelle, que la conciliation soit essayée devant le juge de paix du domicile de l'un des deux défendeurs. Je dis l'un des deux, car s'il n'y avait qu'un héritier, qu'un défendeur, toutes ces questions cesseraient, puisque, s'il n'y a qu'un héritier, il n'y a pas matière à partage, et que, par conséquent, on retombe, pour les demandes des créanciers et des légataires, dans l'application pure et simple du § 1er de l'art. 50.

QUATRIÈME LEÇON

DE LA CONCILIATION (SUITE).

➤ **110.** Il nous reste à nous occuper d'abord des formes de procédure assez simples du préliminaire de conciliation; puis du rôle des parties et du juge de paix mis en présence, et des résultats possibles de la tentative, soit qu'elle réussisse ou qu'elle échoue. Tel est le résumé des derniers articles de ce titre.

Comment les parties sont-elles appelées devant le juge de paix? Elles peuvent d'abord comparaître volontairement devant lui (art. 7 C. pr.). A défaut de comparution volontaire, elles seront citées par exploit d'huissier.

Les art. 51 et 52 renferment les règles d'après lesquelles la citation doit avoir lieu.

« Art. 51. Le délai de la citation sera de trois jours au moins. »

« Art. 52. La citation sera donnée par un huissier de la justice de paix du défendeur; elle énoncera sommairement l'objet de la conciliation. »

La loi est muette sur le détail des formes de la citation en conciliation. Il n'en faut pas conclure que ces formes soient arbitraires. Nous trouvons deux articles dans le Code de procédure, l'un l'art. 1er, et l'autre l'art. 61, qui détaillent les formes prescrites pour les citations et pour les ajournements. Ainsi, l'art. 1er indique quelles mentions doivent contenir les exploits de citation devant les juges de paix siégeant, non pas, il est vrai, comme conciliateurs, mais comme juges. Au contraire, l'art. 61 renferme le détail des énonciations que doit contenir la citation appelée d'ordinaire ajournement, devant les tribunaux de première instance. De ces deux articles, lequel devons-nous choisir comme servant de règle aux citations en conciliation? C'est évidemment l'art. 1er qui trace des formes beaucoup plus simples pour citer devant le juge de paix, siégeant comme véritable juge, que ne fait l'art. 61 pour citer devant les tribunaux; il vaut mieux, dans le silence de la loi, appliquer la citation en conciliation les formes générales tracées par l'art. 1er pour les citations devant les juges de paix. Ces formes sont, au reste, celles que la raison même indiquerait. Il suffira, pour vous en convaincre, de jeter les yeux sur cet article.

111. La seule question un peu importante qui puisse s'élever, en appliquant à la citation en conciliation les règles de l'art. 1er, est celle de savoir si l'omission, dans l'exploit de citation, de l'une ou de plusieurs des formalités de l'art. 1er entraînerait la nullité de la citation et l'obligation de la renouveler. Cette question peut présenter au premier aspect quelque doute, parce que l'art. 1er qui a tracé ces formes, ne prononce cependant pas de nullité pour le cas où l'huissier ne les aurait pas observées. Or, l'art. 1030 du Code de proc., article que nous aurons occasion de citer bien des fois sur des questions de ce genre, déclare expressément qu'aucune nullité ne peut être suppléée, qu'aucun exploit, qu'aucun acte de procédure ne peuvent être déclarés nuls, pour inob-servation des formes, que quand la loi a expressément attaché la nullité à l'o-mission de telle ou telle forme. Cependant nous verrons plus tard, en expli-quant l'art. 1er, que l'art. 1030 n'y doit pas être appliqué à la lettre, et que, dans les mentions assez nombreuses exigées par l'art. 1er, il est nécessaire de distin-guer celles qui sont essentielles, constitutives, substantielles dans la citation, d'avec celles qui sont accidentelles, arbitraires, et dont la nécessité ne dérive que de l'exigence de la loi.

Ainsi, il est bien visible que, malgré l'art. 1030, si un exploit de citation n'était pas daté, s'il ne contenait point la désignation de la personne qui cite ou de la personne qui est citée, il manquerait d'une forme constitutive, d'une forme sans laquelle on ne comprend pas de citation, et que, malgré le prescrit de l'art. 1030, il devrait être et serait indubitablement annulé.

Au reste, je vous renvoie à l'explication de l'art. 1er; toutes les solutions que nous donnerons sur cet article, pour les citations données devant les juges de paix siégeant comme juges, sont applicables aux citations qui doivent être données devant les juges de paix siégeant comme conciliateurs (V. n° 604).

112. Deux différences seulement entre ces deux cas de citations données l'une et l'autre pour comparaître devant les juges de paix résultent précisé-ment du texte de nos art. 51 et 52.

Ainsi, 1re DIFFÉRENCE, l'art. 51 décide que le délai de la citation sera de trois jours au moins, c'est-à-dire qu'entre le jour où la citation est remise au défen-deur, et le jour indiqué dans cette citation pour comparaître devant le juge de paix, il doit y avoir au *minimum* un intervalle de trois jours, bien entendu, de trois jours francs ; si la loi ne l'indique pas ici formellement, c'est parce que l'art. 1033 du Code de proc., sous la rubrique DISPOSITIONS GÉNÉRALES, déclare expressément cette franchise des délais de citation ; il est même à remarquer que, dans le texte du projet de Code de procédure, on avait inséré qu'en effet ce délai de trois jours serait franc ; ces mots furent supprimés sur l'observation du Tribunat, attendu que la disposition générale de l'art. 1033 rendait cette mention inutile.

Le délai, vous dis-je, est de trois jours pour la citation en conciliation. Il n'est, au contraire, que d'un jour pour la citation devant le juge de paix sié-geant comme juge (V. l'art. 5 du Code de proc.). La différence du délai s'expli-que aisément ; en général, la plupart des citations données devant les juges de paix siégeant comme juges portent sur des matières d'un intérêt assez modi-que et dont le jugement exige d'ailleurs une assez grande célérité : au con-traire, des matières plus importantes, ne requérant pas célérité, sont l'objet de la citation en conciliation. C'est par ce motif qu'on a voulu laisser au défen-deur, cité en conciliation, un délai plus long pour examiner l'affaire, pour peser ses moyens et se préparer à transiger s'il y a lieu.

2mo DIFFÉRENCE. L'art. 1er mentionne, au nombre des formalités exigées dans les citations, l'indication de l'objet et des moyens de la demande ; l'objet de la demande doit être également indiqué, d'après l'art. 52, dans les citations en conciliation ; mais cet article, à la différence de l'art. 1er, n'exige pas que la citation en conciliation fasse connaître, même en abrégé, les moyens de la demande. On en comprend encore assez facilement le motif ; quand vous me citez devant le juge de paix comme juge, vous m'appelez pour y plaider, pour me défendre ; il est donc nécessaire de me faire connaître à l'avance l'exposition sommaire de vos moyens d'attaque, pour que je puisse préparer ma défense. Au contraire, la citation en conciliation n'étant pas un appel à plaider, une provocation, un défi pour engager le combat judiciaire, n'étant qu'une invocation à s'accommoder, il a paru moins nécessaire d'obliger le demandeur à faire connaître ses moyens à l'avance.

Cependant, bien que cette différence résulte clairement du texte de l'art. 1er comparé avec celui de l'art. 56, il est peut-être à regretter qu'elle existe, et que l'art. 52 n'impose pas au demandeur citant en conciliation l'obligation de faire connaître, au moins d'une manière sommaire, les moyens de sa demande. Il est, en effet, important pour le défendeur de connaître ces moyens, d'en apprécier la gravité, afin de mieux juger d'avance s'il peut se concilier, transiger, remplir, en un mot, le but de la loi. Quoi qu'il en soit, la différence résulte expressément des deux textes.

Au délai de trois jours francs, fixé comme *minimum* par l'art. 51, vous devez encore ajouter le délai des distances, c'est-à-dire l'augmentation d'un jour à raison de cinq myriamètres, entre le domicile du défendeur, où la citation doit être remise, et le lieu où siége le juge de paix devant lequel vous l'appelez à comparaître (1). Ceci est l'application à un cas particulier d'une règle générale établie dans l'art. 1033 (V. n° 1217).

113. *La citation sera donnée*, dit l'art. 52, *par un huissier de la justice de paix du défendeur.* Autrefois les huissiers choisis par les juges de paix, pour le service de leurs audiences, avaient exclusivement le droit de faire tous les actes du ministère des justices de paix.

* Aujourd'hui « tous les huissiers du canton ont le droit de donner les cita-« tions devant la justice de paix » (art. 16, L. du 25 mai 1838). *

La citation doit être donnée par un huissier du canton où est le domicile du défendeur. Cette disposition se fonde sur des motifs évidents d'économie. On évitera ainsi les frais de transport de l'huissier. Ajoutez que la citation arrivera plus sûrement aux mains du défendeur, quand elle lui sera notifiée par l'huissier du canton dans lequel il habite ; cet huissier, presque toujours, le connaîtra personnellement.

« Art. 53. Les parties comparaîtront en personne ; en cas d'empêchement, par un fondé de pouvoir. »

Cet article renferme deux dérogations fort remarquables au droit antérieur sur la conciliation, tel qu'il résultait de la loi du 6 mars 1791, art. 16.

En premier lieu, cette loi permettait bien, comme le Code de procédure, de se faire représenter devant le bureau de paix par un fondé de pouvoir ; mais elle défendait, dans son art. 16, de prendre pour mandataires, pour représentants devant le bureau de paix, aucuns avoués, greffiers, huissiers, et ci-devant

---

(1) Cass., 21 février 1837 (Dall., *Rép.*, v° *Conciliation*, n° 278).

hommes de loi ou procureurs. Vous reconnaissez là les méfiances, les susceptibilités exagérées de cette époque. On ne tarda pas à s'apercevoir que cette
disposition entraînait de graves inconvénients : d'une part, elle exposait un
homme simple, placé en face d'un adversaire plus habile, à des erreurs, à des
surprises, contre lesquelles il restait sans protection, et dont son adversaire ne
manquait pas de profiter. D'autre part, il arrivait fort souvent que, dans l'impossibilité de se faire assister ou représenter par un homme de loi, on se faisait
tracer à l'avance, par un avoué, un plan de défense dont on ne s'écartait pas
précisément pour éviter les surprises; de là résultait un refus presque conti-
nuel de se concilier; tandis que l'homme de loi, s'il eût été présent, aurait pu
distinguer, dans les propositions de l'adversaire, celles qui étaient dangereuses de celles qui étaient utiles. Aussi on a fait disparaître cette exclusion
injurieuse et dangereuse pour les parties elles-mêmes.

Une autre disposition de la même loi, contenue dans le même art. 16, tout
en permettant aux parties de se faire représenter devant le bureau de paix,
exigeait que le mandataire ou représentant choisi par elle fût muni d'une
procuration expresse, portant pouvoir de transiger. C'était encore là un immense inconvénient; c'était forcer la partie, qui ne pouvait pas se présenter
personnellement devant le bureau de paix, à remettre dans les mains d'un
tiers, en qui sa confiance pouvait n'être pas complète, le droit de disposer
d'une manière absolue, d'une partie notable ou de la totalité même de sa fortune. Aussi, l'article du projet de Code, qui semblait rédigé dans ce sens, et
autorisait les parties à se faire représenter devant le bureau de paix par un
mandataire muni du pouvoir de transiger, a-t-il été corrigé sur l'observation
formelle du Tribunat, qui signala les dangers de cette exigence.

En résumé, la partie doit comparaître en personne : tel est le principe de
l'art. 53. Elle peut cependant, en cas d'empêchement, se faire représenter par
un mandataire ; et, à la différence de ce qui existait sous la loi de 1791, elle
est tout à fait libre dans le choix de ce mandataire ; elle peut choisir un
homme de loi, avocat, aussi bien que toute autre personne.

* Il s'élève cependant quelques doutes à l'égard des huissiers. L'art. 18 de la
loi du 25 mai 1838 leur défend, il est vrai, d'assister les parties comme conseil ni de les représenter *dans les causes portées devant la justice de paix;* mais
la tentative de conciliation n'est point une cause, un procès; or, une incapacité, étant de droit étroit, ne doit pas être étendue au delà des termes de la
loi; les huissiers peuvent donc recevoir le mandat de paraître en conciliation.

Secondement, la partie peut donner mandat de comparaître pour elle au
bureau de conciliation, sans donner à ce mandataire le pouvoir de transiger
pour elle. Elle peut même donner procuration valable pour la représenter en
conciliation, en déclarant, dans cette procuration, qu'elle interdit à son procureur toute espèce de transaction. En effet, je pourrais venir au bureau de
paix pour y déclarer formellement que je ne veux pas transiger, que je ne
veux pas me concilier; ce que je puis faire par moi et par ma bouche, je peux
le faire par un procureur (1).

(1) * Mais le pouvoir de *se concilier* emporte celui de transiger. C. de Douai, 13 mai
3186 (Dall., *Rép.*, v° *Conciliation*, n° 292). *

Mais la partie qui cite ou qui est citée au bureau de conciliation a-t-elle, d'une manière libre et absolue, le choix entre la comparution en personne, et la comparution par procureur? Faut-il, au contraire, pour qu'elle soit valablement représentée par son mandataire, qu'elle justifie de l'empêchement qui a mis obstacle à sa propre comparution? En pratique, on considère l'art. 53 comme constituant, pour la partie, une véritable alternative; et tous les jours on admet, dans les bureaux de paix, des mandataires autorisés ou non à transiger, sans exiger aucune espèce de justification d'empêchement mettant obstacle à la comparution personnelle. Des raisons de fait justifient sans doute cette pratique (V. n° 102, der. alin.). Cependant il est bon de remarquer, au moins pour l'honneur du principe, qu'elle n'est pas conforme au texte de l'art. 53, qui établit d'abord d'une manière positive et absolue l'obligation pour la partie d'une comparution personnellement : *les parties comparaîtront en personne.* C'est seulement en cas d'empêchement, c'est-à-dire nécessairement, d'un empêchement justifié, qu'elles sont admises à se faire représenter par un procureur.

La loi, dans un autre article où elle a entendu permettre indifféremment la comparution en personne ou la procuration par procureur, a pris un langage tout à fait différent et qui fait ressortir encore mieux le sens de l'art. 53. Ainsi, s'agit-il de se présenter devant le juge de paix, non pour tenter une conciliation, mais simplement pour y plaider, voici en quels termes s'exprime l'art. 9 : « Au jour fixé par la citation, ou convenu entre les parties, elles comparaîtront en personne ou par leurs fondés de pouvoir, sans qu'elles puissent faire signifier aucune défense. » Ici, évidemment, l'alternative est pleine, absolue : la loi n'exige pas la comparution en personne, subordonnant à un empêchement réel le droit de se faire représenter par un mandataire.

Il en est tout autrement dans l'art. 53 ; et on en sent aisément le motif. Vous pouvez sans doute, en cas d'empêchement, envoyer au bureau de paix un mandataire, qui, cependant, n'a pas reçu de vous le pouvoir de transiger ; mais on conçoit que le législateur n'ait pas voulu, hors ce cas d'empêchement, que vous pussiez vous soustraire, en refusant de comparaître en personne, aux remontrances, aux exhortations du juge conciliateur, que vous pussiez d'avance fermer l'oreille à toutes les offres de la partie adverse. Cependant, je le répète, des considérations de fait assez puissantes ont introduit un usage différent, contre lequel la lettre de l'article ne prévaudra certainement pas.

114. Vous voyez à quel point nous sommes arrivés : voilà les parties amenées, soit par un accord commun, soit en vertu d'une citation, en présence du juge de paix ; elles sont devant lui, soit en personne, soit par leurs fondés de pouvoirs. La procuration de ce fondé de pouvoir doit-elle être authentique? Dans l'usage, on se présente, tous les jours, au bureau de conciliation en vertu d'une procuration par acte sous seing privé, pourvu qu'elle soit enregistrée. Cet usage n'a rien de vicieux (art. 1985, C. civ.).

Voilà donc les parties en présence ; que vont-elles faire devant le juge de paix? quel va être le rôle, la mission, soit des parties, soit du juge? L'art. 54 répond en partie à cette question.

« Art. 54. Lors de la comparution, le demandeur pourra expliquer, même augmenter sa demande, et le défendeur former celles qu'il jugera convenables : le procès-verbal qui en sera dressé contiendra les conditions de l'arrangement, s'il y en a : dans le cas contraire, il fera sommairement mention que les parties n'ont pu s'accorder. — Les conventions des parties, insérées au procès-verbal, ont force d'obligation privée. »

D'abord, il est possible que le défendeur, présent devant le juge de paix en vertu de la citation qui lui a été donnée, dénie la compétence du juge devant lequel il est appelé. Je prétendrai, par exemple, que le juge de paix, devant lequel vous m'avez cité, n'est pas le juge de paix de mon domicile, et qu'en conséquence, c'est devant un autre juge de paix que la conciliation doit être tentée. Comment cette première difficulté pourra-t-elle se résoudre? Ne perdez pas de vue que le juge conciliateur n'exerce, à proprement parler, aucune fonction judiciaire dans l'affaire qui nous occupe : en ce sens, par conséquent, il n'a pas le droit d'examiner s'il est ou non compétent; il n'a pas le droit de décider si la citation, en vertu de laquelle le défendeur a été appelé devant lui et contre laquelle ce défendeur réclame maintenant, est ou n'est pas régulière; si enfin on est dans les cas ou hors les cas dans lesquels le préliminaire de conciliation est exigé. Si donc le défendeur, comparaissant devant lui, soulève une question de cette nature, c'est déclarer en d'autres termes que, quant à présent au moins, il n'entend pas se concilier. Que fera le juge? Il dressera un procès-verbal de non-conciliation; alors le demandeur assignera son adversaire devant le tribunal d'arrondissement, sauf à discuter, devant ce tribunal, si le juge conciliateur était on n'était pas compétent, si la citation a été ou n'a pas été bien donnée.

Ainsi, si, dans l'espèce, il est reconnu que le juge de paix n'était pas compétent, le tribunal annulera la citation en conciliation, et par conséquent déclarera non recevable, aux termes de l'art. 48, la demande judiciaire qui a suivi; car, d'après l'art. 48, aucune demande ne peut être reçue devant les tribunaux, que le défendeur n'ait été cité en conciliation devant le juge de paix de son domicile.

Que si, au contraire, le tribunal reconnaît que le défendeur a contesté à tort la compétence du juge de paix, il s'ensuit tout simplement qu'il a été bien cité, qu'il a refusé de se concilier, et qu'en conséquence, la demande judiciaire peut maintenant marcher sans entrave.

115. Il est possible, et ce sera le cas le plus fréquent, que le défendeur ne soulève, devant le juge de paix, aucune question préliminaire de cette nature; le demandeur alors, aux termes de l'art. 54, expose sa prétention et ses moyens, le défendeur y répond comme il l'entend, et le juge tâche de les déterminer à s'arranger.

Le demandeur, dit la loi, *pourra expliquer sa demande* : c'est-à-dire présenter les moyens qu'en général il n'aura pas indiqués dans l'article de citation, puisque la loi ne l'exige pas.

Même augmenter sa demande : c'est-à-dire qu'à la demande énoncée dans l'acte de citation, il pourra en ajouter de nouvelles en présence du juge de paix. Mais ceci doit s'entendre dans les bornes que la raison indique assez.

Ainsi, je vous ai cité devant le juge pour vous concilier, si faire se peut, sur une demande en payement de 20,000 francs, que j'entends former contre vous; une fois en présence du juge, j'ajoute que j'ai l'intention de demander non seulement les 20,000 francs que je prétends vous avoir prêtés, mais encore les intérêts échus de ces 20,000 francs, intérêts dont je n'ai pas parlé dans la citation en conciliation. Il est évident que cette nouvelle demande n'est que l'accessoire de la première, qu'elle se lie étroitement avec elle, et qu'en conséquence, bien que je l'aie omise dans l'acte de citation, je puis valablement la présenter devant le juge de paix.

Que si, au contraire, j'entendais appliquer l'art. 54 en ce sens que je puisse soulever la matière d'une instance nouvelle, n'ayant aucune connexité avec celle indiquée dans l'acte de citation, vous pourriez me répondre, avec grande raison, que je n'ai pas le droit de soumettre, en ce moment, à la tentative de conciliation une demande imprévue pour vous, et sur laquelle vous n'avez eu ni le temps ni l'occasion de vous préparer. Ainsi, après vous avoir cité en conciliation, à propos d'une demande en payement de 20,000 francs, je m'avise d'alléguer que j'ai sur un de vos héritages un droit de servitude à raison duquel je prétends vous poursuivre, il est clair qu'il n'y a aucune liaison entre ces deux demandes, et que ce serait fausser étrangement le sens de l'art. 54 que d'augmenter, en ce sens, la demande indiquée dans la citation.

De même, l'article ajoute que *le défendeur pourra former celles qu'il jugera convenables.* Pourvu, bien entendu, que ces demandes se rattachent à la prétention du demandeur lui-même, soit par la connexité de leur principe, par l'identité de leur origine, soit, au moins, parce qu'elles peuvent servir de défense à l'action principale (1). On peut appliquer ici les règles et les exemples donnés, en expliquant les premiers mots de l'art. 48 (nos 81-82).

Par exemple, le défendeur est cité en conciliation, aux termes de l'art. 1752 du Cod. civil. en matière de louage, pour garnir la maison de meubles suffisants ; il est clair qu'il peut répondre par l'art. 1720, demandant que la maison soit livrée en bon état : ou bien supposez que le défendeur soit assigné en payement d'une obligation ; il peut très-bien répondre en alléguant une créance, une cause de compensation.

Mais, s'il s'avisait de former une demande étrangère à celle pour laquelle il est cité, le demandeur lui dirait avec raison : Cette prétention est sans rapport avec la mienne, et vous ne pouvez pas, en la soulevant ainsi, d'une manière inattendue, me priver du bénéfice de trois jours d'intervalle qui doit séparer la citation de la comparution.

116. *Le procès-verbal qui en sera dressé contiendra les conditions de l'arrangement, s'il y en a ; dans le cas contraire, il fera sommairement mention que les parties n'ont pu s'accorder.*

Nous verrons tout à l'heure, dans le § 2 de l'art. 54, quelle est l'autorité du procès-verbal de conciliation dressé par le juge de paix, aux termes de ce § 1er ; attachons-nous dans ce moment à l'hypothèse contraire, à celle où, après l'explication des prétentions réciproques des deux parties, il n'intervient point entre elles de conciliation.

Le procès-verbal fera sommairement mention que les parties n'ont pu s'accorder. — Cette rédaction, rapprochée de celle de la loi de 1790, a soulevé une difficulté.

_____

(1) Cass., 17 août 1813 (Dall., *Rép.*, v° *Conciliation*, n° 337).

Voici en quels termes s'expliquait l'art. 3 du titre X de la loi du 24 août 1790. « Dans le cas où les deux parties comparaîtront devant le bureau de paix, il dressera un procès-verbal sommaire de leurs dires, aveux ou dénégations sur les points de fait ; ce procès-verbal sera signé des parties, ou, à leur requête, il sera fait mention de leur refus. » Ces termes diffèrent notablement de ceux de notre texte, qui, en prescrivant au juge de paix de se borner à la déclaration sommaire qu'il n'y a pas eu de conciliation, semble proscrire l'obligation que lui imposait la loi ancienne de dresser procès-verbal de leurs dires, de leurs aveux, de leurs dénégations, en un mot, de tout ce qui s'était passé entre eux et devant lui. Malgré cette différence de rédaction, quelques auteurs, et entre autres Toullier, prétendent que cet article de la loi de 1790 est encore en pleine vigueur, et que le Code ne fait que répéter, d'une manière plus courte et plus simple, l'obligation que ce texte imposait au juge de paix : qu'en supposant même qu'il y eût une différence entre les termes, l'art. 54, qui n'est qu'une loi de procédure, n'a pas pu déroger à l'art. 3, qui est un texte d'organisation judiciaire comme toute la loi dont il fait partie.

Ces raisons paraissent de la dernière faiblesse, quoique admises par d'assez nombreux auteurs. D'abord il est évident que cet art. 3, bien que placé, en effet, dans une loi qui assurément est relative à l'organisation judiciaire, est lui-même étranger à toute question d'organisation et de compétence : cet article n'est qu'un article de procédure, et, par conséquent, l'art. 54 a très bien pu et très-probablement voulu y déroger.

Au reste, tous les doutes s'effacent à cet égard quand on se reporte soit aux sources mêmes de la loi, soit à un décret publié à peu près en même temps que le Code de procédure, et qui explique de la manière la plus nette le changement de législation. En effet, en nous reportant à la discussion qui eut lieu dans le conseil d'État, sur ce titre du Code de proc., nous trouvons que le président du conseil, au moment de voter, résumait la discussion en ces termes : « Ces réflexions prouvent qu'on ne peut conserver la conciliation dans son organisation actuelle. Il est nécessaire : 1° de dispenser les parties de donner à leurs mandataires le pouvoir illimité de transiger (nous avons vu cette première dérogation consacrée par le silence de l'art. 53) ; 2° de ne pas faire dresser un procès-verbal détaillé des aveux. Il est possible que cette formalité devienne un moyen de circonvenir des hommes simples et sans connaissances. » Or, l'article du projet, sur lequel délibérait en ce moment le conseil d'État, était précisément conçu dans les mêmes termes que l'art. 3 du titre X de la loi de 1790. Il disait : « Pourront les parties se faire respectivement des interpellations, et du tout il sera fait mention ainsi que des dires, aveux, dénégations et conventions des parties, dans le procès-verbal. » En conséquence de l'observation qui précède, ces deux lignes sont effacées du projet, et on y substitue ce texte à coup sûr tout différent : Il fera sommairement mention que les parties n'ont pu s'accorder. Certes, quand on a comparé l'un à l'autre le texte de la loi de 1790, le texte du projet du Code, et enfin celui de l'art. 54 ; quand on voit, dans la discussion du conseil d'État, que ce n'est pas pour trouver une rédaction plus laconique, mais, au contraire, pour supprimer une formalité, un détail de procès-verbal qui pouvait être un moyen de circonvenir des hommes simples et sans connaissances, on est aisément convaincu qu'il est expressément défendu au juge de paix de relater, dans son procès-verbal, tous ces détails, cette conversation d'audience dans laquelle peuvent s'échapper légèrement des paroles dont un adversaire habile trouverait ensuite moyen de tirer parti.

Ajoutez que, peu de semaines après que le Code de procédure eut acquis force exécutoire, a été publié le tarif des frais et dépens par le décret du 16 février 1807 ; or, voici en quels termes s'explique l'art. 10 de ce décret, indiquant précisément dans quelle forme doit être rédigé le procès-verbal du juge de paix : « Art. 10. Pour l'expédition du procès-verbal qui constatera que les parties n'ont pu être conciliées, et qui ne doit contenir qu'une mention sommaire qu'elles n'ont pu s'accorder, etc. » La dérogation apportée par l'art. 54 au texte de l'art. 3 du titre X de la loi de 1790 est donc de la dernière évidence, et il est impossible d'élever à cet égard aucun doute (1).

117. Nous venons de supposer, avec le § 1er, qu'aucune conciliation n'avait pu intervenir, et nous avons vu quel était, dans ce cas, le devoir du juge de paix. Dans l'hypothèse contraire, celle d'une transaction, le juge de paix devra, nous a dit le même § 1er, dresser un procès-verbal contenant les conditions de l'arrangement. Ici évidemment il ne peut plus se borner à une mention sommaire ; toutes les conditions, toutes les clauses de la transaction qui interviennent entre les parties doivent être exactement relatées dans son procès-verbal.

Mais quel est l'effet, la force, l'autorité de ce procès-verbal ? Le § 2 répond à cette question en des termes malheureusement un peu obscurs : *Les conventions des parties, insérées au procès-verbal,* ONT FORCE D'OBLIGATION PRIVÉE.

Pour vous faire bien comprendre la question à laquelle ces derniers mots donnent lieu, il me faut devancer, par quelques explications, l'étude de matières qui ne vous sont encore que très-imparfaitement connues. Vous verrez, dans les art. 1317 et suivants du Cod. civ., qu'une distinction fondamentale est établie entre les diverses preuves littérales, les divers écrits qui peuvent être faits pour établir, soit une obligation, soit une libération, entre les actes authentiques d'une part, et les actes privés de l'autre. Les actes authentiques, définis par l'art. 1317, sont l'ouvrage d'officiers publics compétents pour les rédiger, et les dressant d'ailleurs, avec l'accomplissement de toutes les formalités voulues par la loi. Au contraire, les actes privés, dont s'occupent les art. 1322 et suivants, sont l'ouvrage des parties elles-mêmes rédigeant leurs conventions sans l'intermédiaire d'aucun officier public.

A cette diversité de rédaction, entre les actes publics et les actes privés, correspondent des différences fort notables dans les conséquences des uns et des autres.

Aux actes authentiques, œuvre de fonctionnaires publics investis de la confiance de la loi, est attaché le privilége de faire foi en faveur de celui qui les invoque, et de rejeter la preuve de leur fausseté sur la partie qui les dément et contre laquelle on prétend les employer.

Ainsi, 1° l'acte en forme authentique a d'abord cet avantage d'être présumé vrai tant que la preuve de sa fausseté n'est pas produite, et cette preuve même est assujettie à des formalités assez difficiles, assez rigoureuses.

(1) C. d'Orléans, 7 avril 1838 (Dal., *Rép.*, v° *Conciliation*, n° 363).

2° L'acte authentique, quand il est revêtu de certaines formules, a encore cet avantage d'emporter directement et par lui-même une force d'exécution qui n'appartient jamais aux actes sous seing privé. Ainsi, en vertu d'un acte authentique, par exemple, d'un acte notarié rédigé en forme exécutoire, on pourra pratiquer une saisie et la plupart des voies d'exécution, sans que le démenti donné à cet acte par celui contre qui on l'emploie puisse, en général, arrêter la marche de ces voies d'exécution.

3° Enfin, aux actes authentiques émanés de certains officiers publics, je veux parler des notaires, appartient le privilége de pouvoir conférer l'hypothèque conventionnelle (art. 2127 du Cod. civ.), lorsque cette convention est expressément stipulée dans l'acte.

Aucun de ces effets, aucun de ces avantages ne peut appartenir aux actes sous seing privé. Premièrement, on n'y peut établir une hypothèque, même par une convention formelle. Secondement, on n'y peut attacher la force exécutoire, parce que les voies de rigueur dont l'exécution se compose ne peuvent être employées qu'en vertu d'une formule qui ne peut être apposée dans l'acte que par le délégué du souverain. Troisièmement, enfin, l'acte sous seing privé diffère encore de l'acte authentique en ce que celui à qui on l'oppose peut se borner à en dénier la vérité, et c'est à celui qui l'invoque à prouver que l'acte est vrai, et non à son adversaire à prouver que l'acte est faux.

118. Ces différences culminantes, entre l'acte authentique et l'acte privé, étant ainsi indiquées, demandons-nous dans laquelle de ces deux classes devra rentrer le procès-verbal de conciliation dressé par le juge de paix, aux termes de l'art. 54.

A prendre à la lettre le § 2 de cet article, on serait tenté d'abord de faire rentrer, d'une manière absolue, le procès-verbal de conciliation dans la deuxième espèce d'actes, dans les actes sous seing privé. En effet, *les conventions des parties, porte ce § 2, insérées au procès-verbal, ont force d'obligation privée.* Cependant ce résultat paraît inadmissible, et vous devez en pressentir le motif. « L'acte authentique, dit l'art. 1317, est celui qui a été reçu par des officiers publics ayant le droit d'instrumenter dans le lieu où l'acte a été rédigé, et avec les solennités requises. » Or, le juge de paix n'est-il point investi d'un caractère public, n'est-il point complètement et exclusivement compétent pour rédiger, dans les formes indiquées par la loi, le procès-verbal de conciliation? Dès lors ce procès-verbal n'est-il pas nécessairement une acte authentique, aux termes de l'article 1317, et peut-on, sans renverser toutes les idées, l'assimiler aux actes sous seing privé, dont l'effet est défini par l'art. 1322 du Cod. civ.? On paraît s'accorder maintenant en faveur de cette dernière opinion, mais toutefois avec certaines distinctions propres à expliquer le sens des derniers mots du texte.

En effet, la loi n'assimile pas le procès-verbal de conciliation, d'une manière générale et absolue, aux actes authentiques ordinaires; elle dit, au contraire, que ce procès-verbal n'aura que *force d'obligation privée.* Quel est le motif de cette restriction? On se l'explique aisément, en parcourant encore la discussion qui a lieu sur ce point. On a voulu refuser aux procès-verbaux de conciliation l'effet qu'emportent d'ordinaire les jugements proprement dits et les actes notariés.

Ainsi l'art. 2127 du Cod. civ. établit comme un privilége spécial aux notaires, et qui n'appartient point à tout autre officier public, le droit de constater les conventions emportant hypothèque ; d'où il suit que les conventions intervenues devant le juge de paix, et rédigées par lui dans le procès-verbal de conciliation, ne peuvent, dans aucun cas, même en vertu d'un consentement formel, entraîner une hypothèque sur les biens de l'une des parties.

Secondement, les actes notariés et aussi les jugements revêtus de la formule exécutoire, c'est-à-dire de l'intitulé qui précède ordinairement les lois et la formule qui les suit, sont exécutoires (V. n° 800), et c'est encore un effet que le texte entend refuser au procès-verbal de conciliation.

L'acte rédigé par le juge de paix en vertu de l'art. 54 n'emportera donc pas hypothèque, parce que l'art. 2127 du Cod. civ. s'y oppose ; le même acte n'emportera pas contre le débiteur les rigueurs d'une exécution parée, parce que la loi ne lui donne que force d'obligation privée (ou, plus exactement, force d'obligation résultant d'une convention *constatée par un acte sous seing privé*), *et* non par force d'une convention *constatée par un acte* authentique et exécutoire.

Mais ne concluez pas que la loi refuse à ce procès-verbal la foi d'un acte authentique. Ainsi, l'effet d'emporter hypothèque, d'autoriser les rigueurs d'une exécution forcée tiennent à la forme de l'acte, cet effet n'appartient pas au procès-verbal du juge de paix. Mais, pour ce qui est de la foi due à l'acte, en d'autres termes, pour ce qui tient uniquement à l'authenticité, on ne peut la refuser au procès-verbal du juge de paix sans violer l'art. 1317 du Cod. civ.

Ainsi, le procès-verbal de conciliation dressé par le juge de paix, signé de lui et des parties, ou contenant au moins la déclaration que les parties ne savent ou ne peuvent signer, est un acte authentique, c'est-à-dire que la partie qui l'invoquera en sa faveur n'aura pas besoin de prouver la vérité des signatures, la vérité des conventions, et qu'au contraire, la partie qui le déniera devra prendre, pour le faire tomber, la voie de l'inscription de faux, la seule qu'on puisse employer pour détruire un acte authentique. Seulement, ce procès-verbal n'aura ni la force exécutoire, ni l'effet d'emporter l'hypothèque. C'est sous ce dernier rapport, et seulement sous ce rapport, qu'on peut l'assimiler aux actes sous seing privé.

119. « Art. 55. Si l'une des parties défère le serment à l'autre, le juge de paix le recevra, ou fera mention du refus de le payer. »

Le serment déféré en justice est de deux espèces : serment décisoire, c'est celui qu'une des parties défère à l'autre pour en faire dépendre la décision d'un procès ; serment supplétoire, c'est celui que le juge, dans le cours d'une contestation, défère d'office à l'une des parties pour suppléer à l'insuffisance des preuves (V. les art. 1357 et suivants du Cod. civ.).

Dans l'art. 55, on suppose que, devant le juge de paix, l'une des parties, le demandeur, par exemple, n'ayant pas de preuves du droit qu'il invoque contre le défendeur, lui défère le serment sur la réalité de ce droit. Ainsi, je vous ai cité en conciliation à propos d'une demande en payement d'une somme d'argent dont je me prétends créancier par suite d'un prêt dont je n'ai pas de preuves ; je vous défère le serment, ce qui se réduit à ceci : je consens à abandonner ma demande, à vous regarder comme libéré, si vous voulez jurer que vous ne me devez rien. C'est en ces termes que peut et doit se traduire toute délation de serment faite par une partie à son adversaire.

Que si, sur cette délation faite, non pas en justice, car nous n'y sommes pas, mais devant le juge conciliateur, le défendeur consent à jurer, s'il jure en effet qu'il ne doit pas, il est évident que ce serment renferme une conciliation, une transaction implicite, mais cependant bien claire. J'ai consenti à le regarder comme quitte, à renoncer à toute poursuite, s'il voulait jurer qu'il ne devait pas : il a prêté ce serment devant le juge de paix qui avait mission pour le recevoir ; que reste-t-il à faire à celui-ci ? A constater dans un acte qui, je le répète, aura foi d'acte authentique, que le serment déféré par l'un a été prêté par l'autre ; c'est-à-dire à constater qu'il y a eu une conciliation, élevant désormais un obstacle insurmontable à la prétention du demandeur, qui ne peut plus intenter une poursuite à laquelle il a renoncé sous une condition qui s'est immédiatement accomplie. Aucune difficulté, aucune question ne s'élèvera donc quand le serment déféré au bureau de conciliation aura été prêté par la partie à laquelle il est déféré.

Il n'en sera pas de même dans le cas contraire ; et c'est un point fort débattu entre les commentateurs du Cod. civ. et du Cod. de proc. que de savoir quel sera le résultat de l'hypothèse contraire, du cas où le défendeur, par exemple, auquel le demandeur a déféré le serment, aura refusé de le prêter. La question est précisément de savoir si l'art. 1361 du Cod. civ. est applicable à ce cas. Voici ses termes : « Celui auquel le serment est déféré, qui le refuse ou ne consent pas à le référer à son adversaire, ou l'adversaire à qui il a été référé et qui le refuse, doit succomber dans sa demande ou dans son exception. » Le refus de prêter serment que fait le défendeur devant le bureau de conciliation doit-il entraîner pour lui la perte de son procès ? Laisse-t-il, au contraire, les choses dans l'état où elles étaient avant la délation du serment ?

Il est bien certain, lors même que le défendeur a refusé le serment, que le juge de paix, siégeant au bureau de conciliation, ne peut prononcer contre lui aucune condamnation à raison de ce refus. En effet, le juge de paix ne remplit là que la fonction de conciliateur ; il n'est pas juge, il n'a mission pour condamner personne.

Mais la question est de savoir si, sur le refus du défendeur de prêter le serment déféré, le tribunal, devant lequel sera portée plus tard la prétention du demandeur, pourra et devra condamner le défendeur comme ayant refusé le serment. Pour accorder ce pouvoir, ou plutôt pour imposer cette obligation au tribunal, on se fonde sur l'art. 1361 du Cod. civ. Or, dit-on, si devant le bureau de paix, le demandeur a déféré le serment, et que le défendeur refuse de le prêter, le tribunal, devant lequel la demande sera bientôt portée, devra condamner le défendeur à payer la somme réclamée. Et, pour mieux établir que le texte de l'art. 1361 est applicable à cette espèce, on s'appuie des derniers mots de notre art. 55. Le juge de paix, dit-on, doit faire dans son procès-verbal mention expresse du refus fait par l'une des parties de prêter serment que l'autre lui déférait. Or, quel peut être le but de cette mention laquelle est obligé le juge de paix, sinon d'avertir le tribunal, saisi plus de la demande, du refus de prêter le serment et de le mettre à même de porter condamnation ?

Cet avis est soutenu par des auteurs graves. Cependant je ferai remarquer que cet art. 1361 est relatif au serment dont parle en général l'art. 1357 ; or, l'art. 1357, ses termes l'indiquent suffisamment, n'est relatif qu'au serment judiciaire, au serment déféré en justice, en présence d'un tribunal et dans le cours d'une instance. Est-ce donc là l'espèce dans laquelle raisonne l'art. 55 ? Le serment déféré dans un bureau de paix, et refusé par le partie adverse, n'est pas un serment judiciaire ; car, devant le bureau de paix, on n'est pas en instance. Loin que la tentative de conciliation soit, comme on l'a dit quelquefois, une procédure préparatoire, un premier pas dans l'instance, elle a, au contraire, pour but unique de prévenir l'instance, de l'empêcher de s'engager.

Et ne croyez pas que ce soit là une pure différence de mots. Quand nous sommes en instance devant le tribunal, devant nos juges, et que mon adversaire me défère le serment, me prend en quelque sorte pour arbitre souverain de la contestation qui nous divise, c'est à moi de voir, instruit que je suis de l'état de mon droit, s'il me convient de gagner mon procès au moyen du serment que je vais prêter. Ajoutez que c'est au tribunal à examiner, quand je refuse de prêter serment, si la partie adverse est capable de le déférer, si je suis capable de le prêter ; si la matière est du nombre de celles qui peuvent être décidées par un serment. Ces points une fois établis, le tribunal rendra, aux termes de l'art. 120 du Code de proc., un jugement qui m'enjoindra de prêter le serment et qui spécifiera les faits sur lesquels je dois le prêter : c'est alors seulement que commencera pour moi l'obligation de jurer, à peine de succomber dans ma demande ou dans ma défense.

Que si, au contraire, ce n'est pas en justice, mais devant le bureau de paix que le serment m'est déféré, le juge de paix n'a pas qualité pour examiner s'il y a lieu à la délation du serment, ni pour m'ordonner de le prêter. Or cette injonction est absolument nécessaire pour me placer dans l'alternative de jurer ou de succomber.

Ainsi, ce n'est pas seulement une différence de mots, fondée sur l'art. 1357, c'est une différence bien réelle de position juridique, qui sépare l'art. 1361 relatif au serment judiciaire, de l'offre tout à fait amiable, tout à fait extra-judiciaire de serment dont parle l'art. 55.

En résumé, je crois que la partie qui, devant le bureau de paix, refuse de prêter le serment que lui défère l'adversaire, ne doit pas pour cela succomber plus tard dans sa prétention (1), et que, si le juge de paix doit, d'après l'art. 55, faire mention de ce refus dans son procès-verbal, c'est parce que le tribunal pourra, en effet, s'attacher plus tard à ce refus, non pas pour prononcer directement la condamnation de son auteur, mais pour y voir contre lui une présomption plus ou moins forte, dans les cas où les juges sont autorisés à s'attacher à des présomptions ; ces cas sont indiqués dans l'art. 1353 du Cod. civ.

120. « Art. 56. Celle des parties qui ne comparaîtra pas sera condamnée à une amende de 10 fr., et toute audience lui sera refusée jusqu'à ce qu'elle ait justifié de la quittance. »

(1) C. de Cass., Rej., 17 juillet 1810. — C. de Pau, 11 mars 1825 (Dall., *Rép.*, v° *Conciliation*, n°⁵ 346 note 1, et 347 note 1), et C. de Douai, 5 janvier 1854 (Dall., 1854. n° 135).

C'est ici la sanction assez faible, il faut l'avouer, que la loi attache à l'obligation de comparaître au bureau de conciliation ; elle frappe d'une modique
amende celle des deux parties qui refuse d'y comparaître, soit en personne,
soit par procureur.

Remarquez bien sur ces mots, *sera condamnée à une amende de* 10 *francs*, que
le juge de paix n'a pas qualité pour prononcer cette amende ; que sa mission
se borne à constater sur son procès-verbal la non-comparution de l'une des
parties, sauf ensuite au tribunal qui sera saisi de la demande à appliquer
l'art. 56, et à frapper le défaillant de l'amende. En effet, dans tout ceci, le
juge de paix n'a que des fonctions de conciliateur. Ce sera donc le tribunal
qui infligera cette amende (1).

Et toute audience lui sera refusée jusqu'à ce qu'elle ait justifié de la quittance.
Ainsi, c'est le défendeur (c'est le cas le plus fréquent) qui aura manqué à
l'obligation de comparaître au bureau de paix où il avait été régulièrement
cité ; le tribunal, averti par l'original de l'ajournement produit par le demandeur, de la non-comparution du défendeur au bureau de paix, prononcera
contre ce dernier, sur les conclusions du ministère public, l'amende portée
par l'article, et, tant que cette amende ne sera pas acquittée, l'audience sera
refusée au défendeur ; c'est-à-dire que son avoué ne sera pas admis à poser
ses conclusions, et qu'il sera jugé par défaut (2). Vous comprendrez mieux la
portée de ces mots *jugé par défaut*, quand vous aurez vu le titre VIII, DES JU-
GEMENTS PAR DÉFAUT ET OPPOSITIONS.

121. La citation en conciliation produit des effets importants indiqués dans
l'art. 56.

« Art. 57. La citation en conciliation interrompra la prescription et fera courir les
intérêts ; le tout, pourvu que la demande soit formée dans le mois, à dater de la non-
comparution ou de la non-conciliation. »

La citation en conciliation interrompra la prescription et fera courir les intérêts.
La loi attache ces effets, non pas à la comparution simultanée des deux parties, non pas à la comparution même du demandeur, mais bien à la citation
en conciliation, suivie ou non de comparution. Quels sont le motif et la portée
de cette disposition ? Attachons-nous successivement et à la question de prescription et à la question d'intérêts.

Vous savez ce qu'on entend par prescription ; sa durée varie suivant les
cas, mais elle ne dépasse pas trente ans ; prenons ce délai comme exemple.
Le créancier contre lequel court cette prescription peut, jusqu'au dernier
jour du délai, interrompre la prescription et prévenir la déchéance dont la
loi allait le frapper, en formant contre son débiteur une demande judiciaire,
aux termes de l'art. 2244 du Cod. civ. Voilà le principe. Une demande attestant clairement que la volonté du créancier n'est pas d'abandonner son droit,
une demande judiciaire, formée même le dernier jour, interrompt la prescription. Mais si la loi n'avait admis qu'une demande judiciaire comme moyen

(1) Cass., 27 mai 1852 (Dall., 1852, 1, 279).
(2) C. de Cass., Rej., 25 novembre 1828 (Dall., *Rép.*, v° *Conciliation*, n° 315, note I).

d'interrompre une prescription près de s'accomplir, en combinant cette idée avec les règles qui nous occupent maintenant, le créancier n'aurait pas réellement les trente ans que la loi a voulu lui donner pour interrompre la prescription.

Je m'explique. Depuis trente ans, moins deux ou trois jours, une prescription courait contre mon auteur et contre moi ; deux ou trois jours me restent pour l'interrompre, à l'intant où je reconnais l'existence d'un droit que j'ignorais jusque-là. Si l'art. 2244 était le seul, si l'unique mode interruptif était une demande en justice, évidemment la prescription serait, en fait, accomplie contre moi ; car je ne puis interrompre la prescription que par une demande, et ma demande ne peut être reçué, d'après l'art. 48, si je ne l'ai pas fait précéder d'une citation en conciliation, qui exige notamment les trois jours francs entre la remise de l'exploit et le jour de la comparution. Il est donc d'une évidente justice d'attacher, non plus à la seule demande, à l'ajournement devant le tribunal, mais même à la citation en conciliation, préliminaire indispensable de cette demande, l'effet interruptif de la prescription. Tel est le motif de l'art. 57, qui, sous ce rapport, ne fait que répéter la décision de l'art. 2245 du Code civil.

Sous un autre rapport, l'art. 57 complète et étend les dispositions du Cod. civ. ; il est de principe général que les intérêts moratoires (de *mora*, retard), pour défaut de payement à l'échéance d'une somme d'argent qui est due, ne courent, au profit du créancier, qu'à partir du moment où il a manifesté, par une demande judiciaire, la volonté formelle d'arriver à son payement. Tel est le prescrit de l'art. 1154 du Cod. civ. Eh bien, de même, si cette règle était la seule, il s'ensuivrait que le créancier ne pourrait pas, à l'instant même où il a droit d'exiger son payement, faire courir, en cas de retard, les intérêts contre le débiteur ; car l'art. 1153 ne fait courir ces intérêts qu'à partir de la demande en justice, et cette demande doit être précédée d'une citation en conciliation qui va encore entraîner des retards. Sous ce rapport, l'art. 57 ajouté au Cod. civ., complète l'art. 1153, en déclarant que les intérêts moratoires courront même avant la demande, pourvu qu'il y ait eu citation en conciliation.

Toutefois, ces deux effets, soit quant à la prescription, soit quant aux intérêts, sont subordonnés par les derniers mots de notre article à une condition essentielle et dont le motif se comprend aisément. En principe, ce n'est toujours que la demande qui produit ce double effet d'interrompre la prescription, et de faire courir les intérêts ; une citation en conciliation n'est pas, à ces deux égards, assimilée absolument à une demande. En effet, elle ne produira ce double résultat qu'autant que, dans le mois suivant, le créancier aura formé une véritable demande judiciaire, prouvant par là que sa citation en conciliation n'était pas une fantaisie passagère, mais qu'il entend, au contraire, y donner une suite immédiate, sérieuse, et non pas tenir indéfiniment son débiteur dans l'inquiétude par des citations en conciliation auxquelles il s'en tiendrait. Ainsi, vous pourrez au dernier jour des trente ans, par exemple, interrompre la prescription en citant en conciliation ; mais si, dans le mois qui suivra la séance de non-conciliation ou la non-comparution, vous n'avez pas formé de demande, la citation, sous ce rapport, est considérée comme non avenue, les intérêts n'ont pas couru, et la prescription s'est absolument accomplie.

Mais n'allez pas étendre les derniers mots de notre article au delà de leur portée naturelle, et croire que la citation en conciliation, non suivie d'une demande en justice dans le délai d'un mois, ne peut plus produire aucun effet. Je m'explique par un exemple qui nous conduira, d'ailleurs, à une question assez débattue.

Je me prétends votre créancier d'une somme quelconque ; et, voulant former contre vous une demande, étant d'ailleurs bien loin du terme où la prescription s'accomplirait, je fais, d'après le vœu de la loi, précéder ma demande d'une citation en conciliation ; nous comparaissons devant le juge de paix, nulle conciliation n'en résulte, puis quatre, cinq, six, sept, huit mois après, et plus tard encore, je donne suite à ma citation en conciliation et je vous assigne en justice pour plaider. Pourrez-vous me dire qu'il faudra un nouvel essai de conciliation, parce qu'entre le premier essai et la demande j'ai laissé plus d'un mois s'écouler ? Non, tel n'est pas l'esprit de l'art. 57 ; à défaut de demande dans le mois, les intérêts n'ont pas couru, soit : la prescription n'a pas été interrompue, soit encore ; mais nulle part la loi n'exige que, pour que les tribunaux admettent ma demande, elle ait été précédée, dans le mois, d'une citation en conciliation. Il n'y a aucun doute à cet égard.

Mais la difficulté commence quand on se demande si je pourrai, même deux ans, trois ans, dix ans après ma citation en conciliation, intenter une demande sans recourir de nouveau à la tentative de conciliation. Je crois qu'il n'y a aucun délai fatal dans lequel la demande doive nécessairement suivre la citation en conciliation ; qu'après dix ans, comme après dix jours, je puis porter ma demande en justice, sans avoir besoin de renouveler une tentative de conciliation vainement essayée il y a de longues années. En effet, le texte de l'art. 48 n'établit, à cet égard, aucune péremption, aucune prescription « Aucune demande ne sera reçue dans les tribunaux de première instance que le défendeur n'ait été préalablement appelé en conciliation devant le juge de paix, ou que les parties n'y aient volontairement comparu. » Mais, pourvu que cette formalité ait été accomplie, peu importe la longueur du délai qui pourra séparer le jour de la citation ou le jour de la comparution d'avec le jour de la demande (1).

Où donc pourrait-on aller chercher une objection? Ce ne pourrait être, et ce n'est, en effet, que dans l'art. 397 du Code de proc. qui déclare que toute instance sera éteinte par discontinuation de poursuites pendant trois ans. C'est là ce qu'on appelle, en procédure, la péremption. Si, dans une instance engagée, trois ans se sont passés sans qu'aucun acte de procédure ait été signifié part ni d'autre, l'instance est périmée, est éteinte. Donc, dit-on, si dans les trois ans, depuis que la conciliation a été vainement essayée, la demande en justice ne s'en est pas suivie, cette citation en conciliation et les effets qu'elle devra produire sont absolument périmés ; donc, ces trois ans écoulés, la demande ne peut être reçue qu'après une nouvelle tentative de conciliation.

_____

(1) C. d'Agen, 7 mars 1808, et C. de cass., Rej., 18 octobre 1809 (Dall., *Rép.*, v° Péremption, n° 112, note 2).

La réponse est bien simple; c'est que l'art. 397 se refuse, par ses termes mêmes, à toute application à la matière qui nous occupe. Il déclare toute instance éteinte, après trois ans écoulés sans poursuites; or, je le répète encore, la tentative de conciliation n'est pas une instance, un procès; elle est, tout au contraire, un préliminaire qui a pour but d'empêcher le procès. En examinant plus tard les principes de la péremption et la manière dont elle peut s'appliquer, nous nous convaincrons aisément que ces principes sont absolument inapplicables à la matière de la conciliation.

* La comparution volontaire des parties devant le juge conciliateur produit-elle, en cas de non-conciliation, les effets que l'art. 57 attribue à la citation ? Je serais tenté d'attribuer à la comparution volontaire l'un et l'autre effet, d'interrompre la prescription et de faire courir les intérêts, sous les conditions prévues par l'art. 57. Il faut encourager la comparution volontaire, qui est favorable à la conciliation. On peut, d'ailleurs, considérer le défendeur qui accepte ce mode de comparaître comme faisant remise de la nécessité d'une citation. *

122. « Art. 58. En cas de non-comparution de l'une des parties, il en sera fait mention sur le registre du greffe de la justice de paix et sur l'original ou la copie de la citation, sans qu'il soit besoin de dresser procès-verbal. »

Cet article n'a qu'un motif d'économie. La non-comparution de l'une des parties ne devra pas faire l'objet d'un procès-verbal spécial; cependant, comme il est important qu'elle soit constatée, elle le sera : 1° par une simple mention sur le registre du greffe de la justice de paix; 2° par une indication ou attestation sur l'*original de la copie de la citation*. Par exemple, c'est le défendeur qui ne comparaît pas en conciliation; eh bien, sur l'original de la citation, original présenté par le demandeur, le greffier fera mention de la non-comparution du défendeur ; que si, au contraire, c'est le demandeur qui fait défaut, le défendeur qui s'est présenté donnera au greffier la copie de la citation qu'il a reçue, et on y mentionnera la déclaration qu'il s'est présenté seul.

Vous savez quelle est l'utilité de cette mention; c'est de donner lieu à l'application de l'amende, art. 56, de faire courir les intérêts et d'interrompre la prescription, conformément à l'art. 57.

CINQUIÈME LEÇON

TITRE II

DES AJOURNEMENTS.

➤➤➤ **123.** Une transition toute naturelle unit les matières du titre Iᵉʳ à celles que nous allons traiter sous le titre II. L'essai de conciliation prescrit par les articles du titre Iᵉʳ n'a pas été suivi d'un résultat favorable ; ou bien la demande était du nombre de celles pour lesquelles les art. 48 et 49 n'ont pas exigé ce préliminaire : il faut plaider, et le début nécessaire de l'instance, c'est d'appeler son adversaire devant le tribunal compétent pour connaître de la demande, c'est de l'y attaquer par un acte qui renferme certaines solennités destinées à garantir que cet adversaire recevra réellement les avis qui lui sont nécessaires pour comparaître. A cette idée se rattache le titre tout entier des Ajournements.

L'ajournement ou la citation, point de départ de l'instance, est un acte signifié par huissier, et dans lequel le demandeur appelle son adversaire devant un tribunal désigné, et à un délai, à un jour, qu'il doit également lui faire connaître.

Déterminer, dans un premier paragraphe, le tribunal compétent suivant la nature et l'objet de chaque action (art. 59 et 60, C. proc.), ensuite (§ 2), les formalités matérielles intrinsèques de l'acte d'ajournement (art. 61 à 67) ; indiquer (§ 3) dans quel lieu et à quelles personnes l'ajournement doit être remis (art. 68 à 71); enfin (§ 4), faire connaître les délais que cet ajournement doit accorder au défendeur (art. 72, 73 et 74) : telles seront les divisions de ce titre.

➔ **124** § 1er. *De la compétence* (art. 59 et 60). L'art. 59, qui statue sur la question de compétence, décide pour l'instance les mêmes questions que l'art. 50 a décidées pour la tentative de conciliation. Quel est, entre les divers tribunaux d'arrondissement ou tribunaux ordinaires, celui devant lequel nous devons appeler notre adversaire dans les diverses hypothèses que la variété des actions peut présenter ? La réponse à cette question est complexe et difficile; les règles de compétence, examinées sous ce point de vue, varient à l'infini selon la nature des actions dont on veut saisir un tribunal; et, je l'ai déjà dit le Code est resté muet sur cette détermination de la nature des actions judiciaires.

Ainsi, en jetant les yeux sur l'art. 59, vous voyez qu'en matière personnelle, le défendeur doit être cité devant un tribunal ; en matière réelle, devant un tribunal différent ; en matière mixte, tantôt devant tel, tantôt devant tel autre tribunal : et le Code ne nous donne aucune règle d'après laquelle nous puissions reconnaître ce que c'est qu'une matière réelle, qu'une matière personnelle, qu'une matière mixte. Ce silence du Code n'est cependant pas l'effet de l'oubli; plusieurs tribunaux, et même le tribunal de cassation, avaient réclamé, à cet égard, des définitions dont l'absence se fait sentir d'une manière si fâcheuse.

Il y a plus, c'est que, quand le projet du Code de procédure fut soumis aux observations du Tribunat, plusieurs membres de ce corps demandèrent qu'en tête du Code ou du titre qui nous occupe on plaçât quelques notions générales sur la définition des actions, leur exercice, leurs divisions ; on répondit que ces détails appartenaient à la doctrine, et l'observation n'eut pas de suite.

Il nous faut donc essayer, et ce n'est pas chose facile, de combler cette lacune.

125. * L'action est le droit de réclamer devant les juges compétents ce qui nous est dû ou ce qui nous appartient. Elle est la sanction des droits de créance ou de propriété reconnus par la loi.

Celui qui veut agir en justice ou exercer une action doit avoir : 1° un *droit* de créance, de propriété ou de démembrement de la propriété ; 2° la *capacité d'agir* : ainsi les mineurs, les interdits, les femmes mariées ne peuvent seuls et par eux-mêmes, exercer une action ni y défendre (art. 215, 450, 504, C. C.) (1) ; 3° un *intérêt ;* point d'intérêt, point d'action : ainsi un créancier ne pourrait valablement demander la nullité d'un payement fait par son débiteur, si cette nullité ne devait pas lui profiter ; enfin 4° il faut avoir *qualité* pour exercer le droit en question. Ainsi c'est, en général, le créancier ou le propriétaire qui seuls peuvent agir pour faire reconnaître leur droit de créance ou de propriété. Cependant la loi donne quelquefois à d'autres personnes qualité pour agir ; ainsi, d'après l'art. 1166 (C. civ.), les créanciers peuvent exercer les droits et actions de leur débiteur.

Les actions se divisent de plusieurs manières ; elles sont : 1° publiques ou civiles ; 2° personnelles, réelles ou mixtes ; 3° mobilières ou immobilières ; 4° pétitoires ou possessoires.

1° Les actions sont publiques ou civiles ; cette division se rattache au droit pénal. Les infractions aux lois pénales donnent naissance à une action publique pour l'application de la peine, et à une action civile pour la réparation du dommage causé. *

126 2°. La plus importante division des actions est la seconde.

C'est dans le système judiciaire des Romains, maintenant tout à fait effacé, c'est dans l'organisation de leur procédure, que ces dénominations ont été puisées par nos auteurs et par nos lois.

Qu'était-ce donc pour les Romains qu'une action personnelle, qu'une action réelle, qu'une action mixte? Ces dénominations tenaient à un ordre d'idées qui n'existe plus, mais qui cependant, sous le rapport des mots, a laissé des traces assez profondes dans notre droit. Les dénominations d'*actiones in personam* et d'*actiones in rem*, dont nous avons fait les actions personnelles et les actions réelles, tiennent à une division entre les fonctions du préteur et celles du juge romain. En droit romain, le demandeur qui voulait intenter une action se présentait avec son adversaire devant le magistrat, le préteur, dépositaire véritable de la puissance judiciaire, et là, sa prétention exposée, il obtenait du préteur une action, une formule, par laquelle celui-ci renvoyait les parties devant un *judex*, personne privée, à laquelle le préteur traçait, par cette formule, la nature et l'objet de sa mission. L'action, au moins considérée sous ce rapport matériel et sensible, était donc, en droit romain, la formule donnée par le préteur au *judex*, et dans laquelle le premier exposait au second sa mission et traçait l'étendue de ses pouvoirs.

Or, on distingue dans les formules trois parties séparées, qui s'y trouvent le plus ordinairement, du moins les seules qu'il nous importe de nommer, *demonstratio, intentio, condemnatio*. La seconde, l'*intentio*, la seule dont nous ayons besoin de nous occuper, était celle dans laquelle le préteur faisait connaître au *judex* la prétention, vraie ou fausse, bien ou mal fondée, du demandeur, dans laquelle on exposait l'objet du procès, sauf au juge à vérifier si le demandeur

(1) Cass., 20 janvier 1868 (Dall., 1863, 1, 128).

avait ou non raison d'élever cette prétention. Or, dans les *intentiones* des formules romaines, vous trouvez une division en deux catégories, où se rencontre précisément l'origine de nos actions personnelles et de nos actions réelles, quoique cette rencontre paraisse assez accidentelle. Vous remarquerez, en effet, que d'abord, dans l'*intentio*, le nom du demandeur figure toujours, mais que le nom du défendeur y figure quelquefois, et au contraire quelquefois ne s'y trouve pas. Cette différence n'est pas un pur accident.

Exemple : j'intente une action contre Paul pour obtenir de lui le payement d'une somme dont je me prétends créancier ; la partie de la formule dans laquelle je fais exposer ma prétention, c'est l'*intentio* et, si je me nomme Pierre, cette partie de la formule sera ainsi conçue : *Examinez si Paul doit à Pierre telle somme*.

Au contraire, je veux me faire restituer par Paul une maison qu'il détient et dont je me prétends propriétaire ; dans les *intentiones* de cette nature le nom du défendeur ne figurera jamais ; on dira : *Examinez si telle maison appartient à Pierre*; le nom seul du demandeur s'y trouvera.

Vous trouvez des exemples de ces deux espèces d'*intentiones* dans les Instituts de Gaïus, liv. IV, § 41 : *Si paret Numerium Negidium Aulo Agerio sestertium decem millia dare oportere* ; ou bien : *Quidquid paret Numerium Negidium Aulo Agerio dare facere oportere*. Ensuite : *Si paret hominem ex jure Quiritium Auli Agerii esse*. Voilà l'exposé matériel, mécanique, si je puis parler ainsi, des deux *intentiones* que nous devons prendre pour point de départ.

Or, toutes les fois que, dans l'*intentio*, se trouve indiqué le nom du défendeur, l'*intentio* est dite *in personam*; elle est rédigée spécialement et par relation exclusive à une personne désignée.

Au contraire, toutes les fois que l'*intentio*, comme dans le dernier exemple, *voyez si cet esclave, d'après le droit des Quirites, est à Aulus Agérius*, toutes les fois que l'*intentio* ne comprend pas le nom du défendeur, elle est dite *in rem*; ce qui, dans la langue judiciaire des Romains, paraît signifier simplement *generaliter*; *in personam*, c'est comme si vous disiez *personaliter*; *in rem*, c'est comme si vous disiez *generaliter*.

Certainement notre système de procédure, tout à fait étranger au système formulaire des Romains, ne peut plus baser sur des motifs pareils sa division des actions *personnelles* et *réelles*, nous n'avons plus de formules, nous n'avons plus d'*intentio*, et sous ce rapport les notions qui précèdent paraîtraient inapplicables au droit français. Mais si vous remarquez que, sous cet accident de la formule, sous cette rédaction, tantôt spéciale, tantôt générale, se cache une idée qui tient au fond des choses, et qui, par conséquent, peut et doit se trouver dans tout système de législation, indépendamment des accidents de la procédure, vous comprendrez que la division des actions en réelles et personnelles doit se trouver chez nous à peu près ce qu'elle était à Rome, non plus dans les mots, mais, ce qui est le plus important, au fond des choses.

En effet, n'allez pas croire que le nom du défendeur figure dans la première *intentio*, par hasard, par un caprice du préteur, et que, dans la seconde, un caprice inverse n'ait pas indiqué ce nom. C'est, au contraire, par une impérieuse nécessité, qui tient tout à fait au fond du droit, que l'*intentio*, dans le premier cas, comprend le nom de *Numerius Negidius*, qui se trouve omis dans le second. Ainsi, vous vous prétendez créancier, et vous venez le dire devant le préteur, vous ajoutez même que vous êtes créancier de telle somme et en vertu de tel contrat. Cette prétention, réduite à ces termes, est absolument vide de sens, car on n'est pas créancier en général, d'une manière absolue ; mais on est créancier de Paul, de Pierre, de Jacques ; on l'est toujours et nécessairement d'une personne déterminée ; donc, cette qualification, cette prétention du créancier n'a de sens et de réalité que quand on l'explique par une relation avec tel individu déterminé.

Au contraire, vous réclamez tel esclave, dont vous vous dites propriétaire ; ici, quand vous dites : Je soutiens que tel esclave est à moi, vous exprimez une idée nette, claire, précise, indépendante, dans sa clarté et dans sa vérité, de la désignation du défendeur contre lequel vous prétendez agir.

En un mot, dans le premier cas, quand vous venez dire : Je suis créancier de Paul, vous agissez en vertu d'une obligation dont vous alléguez l'existence, vous indiquez, vous prétendez une relation de personne à personne, de créancier à débiteur. Mais, quand vous agissez comme propriétaire, comme ayant sur tel objet un droit d'usufruit, de servitude, d'hypothèque, ou tel autre droit réel que vous voudrez supposer, vous n'indiquez plus une relation de personne à personne, mais une relation de personne à chose. Dans les deux cas, sans doute, il y aura un défendeur, tout procès en suppose un ; dans les deux cas, il faudra le faire connaître, sans quoi nul procès n'est possible. Mais, dans le premier cas, l'allégation n'a de sens qu'autant que vous indiquerez immédiatement, directement, le défendeur contre qui vous prétendez exercer le droit. Dans le deuxième cas, au contraire, votre prétention a un sens indépendamment de la désignation de telle ou telle personne déterminée.

Ainsi cette différence, fortuite en apparence, a sa racine dans le fond des choses, et, sous ce rapport, les actions que nous appelons réelles sont bien celles que les Romains appelaient *in rem* ; celles que nous appelons personnelles sont bien celles que les Romains qualifiaient d'*actiónes in personam* ; seulement elles ont tiré ces deux dénominations d'un accident de rédaction que notre procédure ne présente pas.

En résumant ces premières notions, qui serviront de point de départ à nos explications ultérieures, nous dirons : L'action est personnelle toutes les fois que le demandeur agit en vertu d'une obligation, toutes les fois que le demandeur allègue que la personne contre laquelle il plaide est liée à lui par un contrat, un quasi-contrat, un délit, un quasi-délit. Au contraire, toutes les fois que la prétention du demandeur ne suppose pas l'existence d'une obligation corrélative du défendeur, l'action n'est plus personnelle, elle est réelle, elle rentre dans la classe de celles dont l'*intentio* eût été et eût dû être rédigée, dans le droit romain, sans désignation du nom du défendeur.

Vous comprenez aisément que, dans une multitude de cas, on puisse agir, et agir avec succès, sans être créancier, par exemple, quand on réclame un immeuble dont on se dit propriétaire ; quand on réclame l'exercice d'un droit d'usufruit, de servitude ou d'hypothèque.

Ces définitions ne sont, au reste, que celles que les Romains eux-mêmes donnaient en les dégageant, comme nous l'avons fait, des accidents de procédure dont nous nous sommes occupés. *In personam actio est*, disait Gaïus, *quoties cum aliquo agimus, qui nobis vel ex contractu vel ex delicto obligatus est, id est, cum intendimus dare, facere, præstare oportere. In rem actio est, cum aut corporalem rem intendimus nostram esse, aut jus aliquod nobis competere, velut utendi, aut utendi-fruendi, eundi, agendi quamve ducendi, vel altius tollendi, vel prospiciendi* (liv. IV, §§ 2 et 3). Vous retrouverez également cette définition au § 1 du titre *de Actionibus* aux Institutes de Justinien.

De cette nature différente de chacune de ces deux grandes branches d'actions découlent des conséquences importantes. Puisque l'action personnelle a son fondement dans une créance du demandeur contre le défendeur, il s'ensuit que cette action s'attache à la personne de ce dernier, qui n'a nul moyen de s'y soustraire ; et que non seulement elle tient à la personne, mais que, la personne morte, elle passe à ses héritiers.

Ainsi, vous êtes mon débiteur d'un objet quelconque que vous m'avez promis : en vain allégueriez-vous que cet objet n'est plus dans vos mains ; en principe, et sauf le cas où la perte aurait eu lieu par cas purement fortuit, je conserve le droit de poursuivre mon débiteur, bien qu'il ne possède plus la chose qui fait l'objet de la dette.

Au contraire, dans l'action réelle, où le demandeur n'allègue contre le défendeur aucune espèce de créance, où l'action du demandeur ne se fonde que sur une relation de la personne à la chose, le défendeur n'est attaqué qu'accidentellement et comme possesseur de la chose, en telle sorte que, l'objet venant à changer de mains, ce n'est plus contre le défendeur originaire, mais contre le nouveau détenteur que l'action sera dirigée.

Quant aux actions mixtes, troisième branche de cette division, nous en parlerons sur le § 4 de l'art. 59 ; *mixtes*, c'est-à-dire à la fois personnelles et réelles (nos 133 et suiv.).

127 3°. Les actions se divisent encore en mobilières et immobilières. L'action est mobilière, *cum tendit ad quid mobile ;* immobilière, *cum tendit ad quid immobile.*

Il suit de là que, dans les actions personnelles, il y en a de mobilières comme il y en a d'immobilières ; que de même, dans les actions réelles, il y en a de mobilières comme il y en a d'immobilières.

En un mot, ces expressions d'actions personnelles, d'actions mobilières, ne sont nullement synonymes l'une de l'autre, pas plus que ne le sont les expressions correspondantes d'actions réelles et d'actions immobilières. Cependant cette confusion est fréquente. Vous trouverez nombre de personnes pour qui le mot *action personnelle* est tout à fait synonyme de celui *d'action mobilière*, pour qui le mot *action réelle* est l'équivalent exact de celui *d'action immobilière.* Ce sont là de fausses idées, fausses en logique, fausses en fait ; vous allez le sentir aisément. Je dis d'abord fausses en logique, car la division des actions en réelles et personnelles se base uniquement, comme nous l'avons indiqué, sur la cause, sur l'origine, sur l'élément générateur de l'action ou du droit réclamé. L'action est personnelle quand j'agis en vertu d'une créance ; réelle quand j'agis sans me dire créancier, en vertu d'un droit de propriété, d'hypothèque, de servitude, etc. Au contraire, la division des actions en mobilières et immobilières est tout à fait indépendante de la cause, de l'origine, de l'élément générateur de l'action ; elle tient uniquement à la nature de l'objet que l'action a pour but de nous faire obtenir.

4° Les actions se divisent encore en pétitoires et possessoires (V. n° 626).

128. Ces préliminaires une fois posés, rapprochons ces notions du texte de l'art 59.

« Art. 59. En matière personnelle, le défendeur sera assigné devant le tribunal de son domicile ; s'il n'a pas de domicile, devant le tribunal de sa résidence ; — s'il y a plusieurs défendeurs, devant le tribunal du domicile de l'un d'eux, au choix du demandeur ; — en matière réelle, devant le tribunal de la situation de l'objet litigieux ; — en matière mixte, devant le juge de la situation, ou devant le juge du domicile du défendeur ; — en matière de société, tant qu'elle existe, devant le juge du lieu où elle est établie ; — en matière de succession : 1° sur les demandes entre héritiers, jusqu'au partage inclusivement ; 2° sur les demandes qui seraient intentées par des créanciers du défunt, avant le partage ; 3° sur les demandes relatives à l'exécution des dispositions à cause de mort, jusqu'au partage définitif, devant le tribunal du lieu où la succession s'est ouverte ; — en matière de faillite, devant le juge du domicile du failli ; — en matière de garantie, devant le juge où la demande originaire sera pendante ; — enfin, en cas d'élection de domicile pour l'exécution d'un acte, devant le tribunal du domicile élu, ou devant le tribunal du domicile réel du défendeur, conformément à l'article 111 du Code civil. »

* Tout procès soulève à son début la question de savoir à quel tribunal l'affaire doit être portée ; et cette question de compétence est complexe. Premièrement, quel ordre de tribunaux doit être saisi ? Quelle est la compétence absolue ou *ratione materiæ ?* Secondement, parmi tous les tribunaux de même ordre, par exemple, parmi les tribunaux d'arrondissement, lequel doit juger l'affaire actuelle ? Quelle est la compétence relative, *ratione personæ ?* (V. pour les détails de cette importante distinction les n°ˢ 351 et suiv.).

L'art. 59 ne traite que de la deuxième sorte de compétence. Supposant en général une affaire qui doit être portée à un tribunal d'arrondissement, il examine lequel des tribunaux de cet ordre doit statuer sur telle affaire déterminée. En un mot, il ne s'occupe que de la compétence relative. *

La règle générale, en matière de compétence relative, est-celle ci :

Actor sequitur forum rei, le demandeur doit plaider au tribunal du défendeur. Quel est le motif de cette règle générale, que nous devrons appliquer, toutes les fois que des raisons impérieuses ne viendront pas nous en distraire ? C'est qu'il ne peut pas dépendre du demandeur, dont la prétention peut être mal fondée, de m'attirer d'un bout de la France à l'autre pour répondre à sa demande ; sauf ensuite à le faire condamner envers moi à des dommages-intérêts souvent illusoires. Celui qui vient attaquer a contre lui la présomption de la loi, tant qu'il n'a pas établi la légitimité de sa prétention. Ce n'est donc pas à lui d'appeler le défendeur à son tribunal : c'est à lui, tout au contraire, d'aller trouver ce défendeur : *Actor sequitur forum rei.*

Les différents paragraphes de l'art. 59 vont nous montrer tantôt l'application de cette règle, tantôt des exceptions que la loi y apporte.

§ 1ᵉʳ. *En matière personnelle* ; c'est-à-dire toutes les fois que le demandeur se présente comme créancier, qu'il allègue l'existence d'une obligation du dé-

fendeur envers lui, la règle s'applique, le tribunal compétent est celui du domicile du défendeur ; ainsi j'assignerai Paul au tribunal du lieu de son domicile,
en payement d'une somme de 2,000 fr. qu'il m'a empruntée ou promise.

La loi ajoute : S'*il n'a pas de domicile devant le tribunal de sa résidence.*

La distinction entre le domicile et la résidence est tellement élémentaire
que je puis m'abstenir de toute définition, de tout développement à cet égard.

S'*il n'a pas de domicile* ; soit que réellement il n'en ait pas du tout, soit seulement, ce qui revient à peu près au même, qu'il n'ait pas de domicile connu.
En droit et dans une extrême subtilité, il est assez difficile de concevoir qu'on
n'ait pas de domicile ; cependant, en fait, il arrive tous les jours qu'on n'a pas
de domicile connu, ce qui, dans la pratique, revient à un résultat tout pareil.

Ainsi les marchands forains, les comédiens, les bateleurs et une foule d'autres individus, n'ont pas de domicile connu. Traduisez donc ces mots : s'*il n'a
pas de domicile*, par ceux-ci, s'*il n'a pas de domicile connu* ; alors on l'assignera
devant le tribunal du lieu où on le trouve.

129 § 2. S'*il y a plusieurs défendeurs, devant le tribunal du domicile de l'un
d'eux, au choix du demandeur.* Il s'agit toujours ici d'action personnelle.

En règle générale, un défendeur doit être assigné devant le tribunal de son
domicile : cette marche lui épargne des déplacements coûteux, et dont il ne serait pas sûr d'être plus tard bien dédommagé : que si cependant vous avez affaire
à deux, trois, quatre débiteurs, ou défendeurs à la fois, voyez où vous mènerait
l'application de ce principe. Par exemple, vous avez prêté à trois personnes
une même somme, chacune d'elles se trouve obligée, soit solidairement lorsque la solidarité a été stipulée, soit partiellement, lorsque la solidarité n'a pas
été stipulée ; si vous assignez chacun de vos débiteurs devant le tribunal de son
domicile, vous aurez deux, trois, quatre procès au lieu d'un : partant, lenteur
et frais multipliés, et, ce qu'il faut y joindre aussi, la chance de décisions en
contradiction l'une avec l'autre, scandale judiciaire d'un effet fâcheux et qu'il
faut éviter autant que possible. C'est précisément pour vous épargner la multiplicité des procès, celle des frais et la chance de jugements opposés, que la loi
vous permet de déroger à la règle, tutélaire en elle-même, mais dangereuse
ici, posée par le § 1er, que la loi vous permet de distraire plusieurs de vos débiteurs du tribunal de leur domicile, à cette fin de les assigner tous ensemble
devant le tribunal du domicile de l'un d'eux. Alors, les moyens d'attaque et de
défense étant à peu près les mêmes, puisque nous supposons que la créance
est une et qu'elle dérive d'un même titre, les mêmes juges trancheront tout
par un seul jugement ; vous n'aurez ni trois avoués, ni trois avocats, ni trois
procès, ni enfin des décisions peut-être en désaccord l'une avec l'autre.

Mais il faut bien remarquer que l'exception ne s'applique que quand les motifs qui l'ont dictée se rencontrent ; que si, ayant ou prétendant avoir deux débiteurs séparés, par exemple en vertu d'emprunts distincts et successifs, vous
alliez les assigner conjointement devant le tribunal du domicile de l'un d'eux,
l'autre que vous détournez de ses juges naturels, vous opposerait, avec raison,
que vous n'êtes ni dans l'esprit ni dans le texte de la loi ; que les causes des
deux créances étant séparées et différentes, elles doivent faire la matière de
deux procès distincts que vous n'avez pas le droit de confondre en un seul.

130 § 3. *En matière réelle, devant le tribunal de la situation de l'objet litigieux.* Encore bien que ce mot de matière réelle, comme nous l'avons vu (n° 127), s'applique aussi bien en lui-même aux matières réelles mobilières qu'aux matières réelles immobilières, il est manifeste, d'après les derniers mots du texte, que vous devez en restreindre ici l'application au cas des matières réelles immobilières. En effet, les immeubles seuls ont une situation.

Pourquoi, dans ce cas spécial, n'a-t-on pas voulu que le principe : *Actor sequitur forum rei* fût applicable? Pourquoi a-t-on ordonné au demandeur de traduire le défendeur devant le tribunal de la situation? C'est parce que les actions réelles immobilières nécessiteront souvent des estimations, des expertises, des descentes de lieux, en un mot, des opérations variées qui seront faites plus vite, plus exactement et à moins de frais, par le tribunal même de la situation. Ce sont les raisons qu'on donnait au conseil d'État pour repousser l'attribution facultative, proposée par quelques membres, entre le tribunal de la situation et le tribunal du domicile.

* Si une action en revendication comprend plusieurs immeubles situés sur différents arrondissements, quoique faisant partie d'une seule exploitation, l'action sera portée au tribunal dans le ressort duquel se trouve le chef-lieu de l'exploitation, et, à défaut de chef-lieu, la partie de biens qui présente le plus grand revenu, d'après la matrice du rôle (Arg. des art. 2210 C. C. et 628 Pr.). *

Ainsi ces mots : *En matière réelle,* ne s'appliquent ici qu'aux immeubles. Les rédacteurs du Code, employant un langage inexact, quoique admis souvent dans la pratique, ont donné au mot *réel* le sens d'*immobilier*.

Le mot *réel* dans l'ancien droit était pris quelquefois comme synonyme d'immobilier. La saisie des immeubles était appelée dans les lois mêmes *saisie réelle* (Pothier, *Traité de procédure civile,* IVᵉ partie, ch. II, section V). * Mais Pothier, en exposant méthodiquement le système des actions, savait éviter cette confusion, et, après avoir distingué les actions, en droit français comme en droit romain, en réelles et personnelles, il subdivisait chacune de ces classes en mobilières et immobilières (*Introd. génér. aux coutumes,* §§ 110, 112 et 119).

131. Si notre § 3 ne parle que des actions réelles immobilières, quel sera donc le tribunal compétent s'il s'agit d'une action réelle mobilière? Ainsi je prétends revendiquer contre vous ma montre, mon cheval, un objet mobilier quelconque, que le hasard a fait tomber dans vos mains. Ici l'action est mobilière ; mais elle n'est plus personnelle, car je n'agis plus comme créancier, je n'allègue plus l'existence, je ne réclame plus l'exécution d'une obligation, jamais vous ne vous êtes engagé envers moi à me délivrer cette montre, ce cheval; il n'y a pas relation de personne à personne; mais je me prétends propriétaire de ce meuble, l'action est donc réelle. Où devrai-je porter mon action en revendication?

Le § 3 de l'art. 59 est inapplicable dans notre espèce ; en effet, les derniers mots du § 3 prouvent bien quelle a été la pensée du législateur, car les immeubles seuls ont une situation, une assiette fixe, de laquelle on peut faire dépendre une attribution de compétence. Ces derniers mots, appliqués aux meubles, seraient évidemment vides de sens. En effet, les meubles, pouvant être déplacés d'un moment à l'autre, n'ayant par eux-mêmes aucune situation, aucune assiette, dont la loi puisse faire dépendre un règlement de compétence, ont toujours pour situation légale le domicile de la personne sous la puissance de laquelle ils se trouvent présentement, et qui peut, à son gré, à son caprice, les éloigner ou les rapprocher.

Ainsi, comme c'est seulement pour les matières réelles immobilières qu'est fait le § 3, et que, par conséquent, pour les matières réelles mobilières, nous nous trouvons sans règle précise, nous retombons naturellement dans le principe général, auquel il faut nous tenir, quand les raisons d'exception nous manquent, et ce principe général est celui-ci : *Actor sequitur forum rei.*

132. Les questions d'état, par exemple une question de filiation, rentrent-elles au nombre des questions personnelles ou au nombre des matières réelles? et, par suite, quel est le tribunal compétent pour en connaître? La Cour de cassation, qui avait proposé, lors de la rédaction du Code, l'insertion d'un titre préliminaire destiné à déterminer la nature des actions, à les définir nettement et à établir les diverses règles de compétence, la Cour de cassation, dans l'art. 18 du projet qu'elle soumettait au législateur, qualifiait les questions d'état d'actions personnelles, et les attribuait, en conséquence, au tribunal du domicile du défendeur. Cette dernière décision était bonne ; mais le principe était faux, il tendait à bouleverser les notions fondamentales de la division entre les actions réelles et les actions personnelles.

En effet, si vous jetez les yeux sur le § 13 des Institutes, au titre *de Actionibus*, vous y verrez que les actions préjudicielles (c'est l'expression romaine), au nombre desquelles figurent les actions d'état, sont qualifiées de réelles. Il n'y a pas à hésiter là-dessus. En effet, puisque l'action personnelle suppose toujours une obligation prétendue du défendeur envers le demandeur, il est évident qu'une question d'état ne peut donner matière à une action personnelle ; que, quand je demande, purement et simplement, à faire reconnaître que je suis le père, le fils, l'époux d'une personne, ce n'est nullement là, quant à présent, une question d'obligation ou de créance que je soulève ; je maintiens que tel droit, que telle quantité, que tel état m'appartient ; je le maintiens vis-à-vis de tous. Il n'y a rien de personnel.

Cependant, quoique les actions d'état figurent dans les matières réelles, il faut bien le reconnaître, nous n'hésiterons pas à arriver, mais par un autre chemin, au même résultat que la Cour de cassation ; nous n'hésiterons pas à reconnaître que le tribunal compétent pour ces questions est le tribunal du domicile, et cela parce qu'évidemment l'art. 59 est muet; car la règle du § pour la compétence en matière réelle n'est point une règle générale ; ce paragraphe ne s'applique, comme le démontrent ses derniers mots, qu'aux actions réelles immobilières, qu'aux actions réelles qui ont pour but une chose qui a une situation, une assiette ; évidemment les questions d'état restent en dehors de cette règle. L'art. 59, pris à la lettre, examiné d'un bout à l'autre, ne détermine donc pas la compétence en matière de questions d'état; dès lors nous retombons dans la règle de raison, de nécessité : *Actor sequitur forum rei*, nous les porterons devant le tribunal du défendeur.

133. Il nous reste à aborder maintenant une matière beaucoup plus scabreuse, beaucoup plus sujette à controverse, savoir : l'explication du sens des mots *actions* ou *matières mixtes*.

§ 4. *En matière mixte, devant le juge de la situation ou devant le juge du domicile du défendeur.* L'assignation est donc donnée ici à l'un des deux tribunaux désignés par la loi, sous une alternative. C'est au demandeur, en matière mixte, à assigner, à son choix, ou devant le tribunal de la situation de l'immeuble, ou devant le tribunal du domicile du défendeur.

Mais que faut-il entendre par matière mixte ou par action mixte ? Et d'abord quelle est l'origine de ce mot ? Ici, comme pour les matières personnelles et réelles, il nous faut remonter, avec moins de certitude de succès, aux textes du droit romain auxquels cette expression a été empruntée un peu légèrement, comme nous le verrons bientôt. La source du débat auquel donne lieu le sens du nom d'action mixte se trouve dans le § 20 des Institutes, titre *de Actionibus*, auquel il faudra nécessairement vous reporter. Ce texte, dans sa première partie, vous donne trois cas d'actions mixtes : l'action *familiæ erciscundæ*, ce qui veut dire l'action en partage entre cohéritiers ; puis l'action *communi dividundo*, action analogue, qui est l'action en partage entre communistes qui ne sont pas cohéritiers, par exemple, entre deux ou trois personnes à qui on aura légué ensemble un même objet, ou qui l'auront acheté ensemble, en un mot, entre tous communistes à titre non héréditaire ; puis enfin l'action *finium regundorum*, que nous traduirons en français par l'action en bornage.

Le but de ces actions est le même, mais leur nature n'est pas identique, à beaucoup près, dans la jurisprudence française et dans la jurisprudence romaine.

134. Quand on a lu la première partie du § 20, quand on a vu les cas qu'il indique des actions mixtes, la première question est celle-ci : sont-ce là, au moins en droit romain, les seuls cas connus d'actions mixtes ? La seconde question est : d'où leur vient ce nom d'actions mixtes ; à quel caractère ces actions doivent-elles leur dénomination ? Il est évident que, de ces deux questions, la première dépend de la seconde ; que pour savoir, dans le silence du texte, si ce sont là les seules actions mixtes, ou s'il en existe d'autres, il nous faut rechercher d'abord d'où leur vient ce caractère, à quelle particularité de leur nature elles doivent cette dénomination ; ce caractère une fois connu, si nous le trouvons dans d'autres actions, nous pourrons les appeler mixtes, sinon nous nous renfermerons dans ces trois cas. Malheureusement cette seconde question est loin d'être résolue d'une manière unanime par les interprètes anciens ou modernes du droit romain ; je n'ai nulle envie de les suivre, et de vous conduire dans le labyrinthe des nombreuses controverses auxquelles ce texte a donné lieu ; je vais me borner à vous en exposer ce qui est applicable à la question de procédure française qui nous occupe.

Une première interprétation consiste à dire que ces actions sont qualifiées de *mixtes* ou de *doubles*, comme elles paraissent l'être dans d'autres textes, parce que chacune des parties y joue à la fois un rôle complexe, celui de demandeur et celui de défendeur (Loi 47, § 1, *de Oblig. et Act.*), mais cette interprétation est moderne, et par conséquent inconnue des rédacteurs du Code de proc. ; ce n'est certes pas en envisageant nos trois actions sous ce rapport, qu'ils ont pu être tentés de les qualifier de mixtes. Je laisse donc de côté cette interprétation.

Mais une autre interprétation, beaucoup plus ancienne, du sens d'actio mixte, paraît résulter des termes mêmes de notre § 20, qui vous dit : *Quæd actiones mixtam causam obtinere videntur tam in rem quam in personam* ; ce voudrait dire, selon la plupart des anciens commentateurs, que ces actio, sont appelées mixtes parce qu'elles réunissent en elles-mêmes le caract double, le caractère complexe, que nous venons de trouver à chacune. actions qui précèdent ; savoir, parce qu'elles sont à la fois réelles et person nelles. C'était là l'ancienne explication qu'on donnait, à tort ou à raison, de l'er pression d'action mixte ; et c'est évidemment cette interprétation, bonne ou ma vaise, qui a été présente à l'esprit des législateurs dans la rédaction de l'art. 59.

Nous pourrions donc partir de cette idée, que les matières mixtes, dans le sens de l'art. 53, sont celles qui présentent à la fois le double caractère de la *réalité* et de la *personnalité*. Mais ces expressions mêmes demandent à être ana lysées avec soin ; car elles présentent un double sens, elles offrent une option dans laquelle il faut nous déterminer.

Suivant les uns, les actions dont parle notre § 20 sont à la fois réelles et per sonnelles, en ce sens qu'étant réelles quant au ond, elles renferment cepen dant des accessoires qui sont personnels de leur nature. Je vais m'expliquer par quelques exemples.

Dans l'action en bornage ou en partage, nous diront ces interprètes, le fond, la nature prédominante, c'est une revendication ; il s'agit de déterminer, dans l'action en bornage, jusqu'où s'étend la limite de ma propriété ; il s'agit de déterminer, dans l'action en partage, quelle est la part, le lot que je puis re vendiquer, dont je puis me dire propriétaire dans tel immeuble jusqu'à pré sent commun. Mais à ces conclusions, qui paraissent réelles au fond, au moins suivant ces auteurs, se joignent presque toujours, dans l'usage, des conclusions secondaires et accessoires qui présentent un caractère de personnalité bien marqué.

Ainsi, dans l'action en partage, je ne conclurai pas seulement à ce que mon lot soit bien déterminé, je demanderai, par exemple, que mon cohéritier ou communiste soit tenu de me rendre compte des fruits qu'il aura perçus soit dans la durée de l'indivision, soit tenu de m'indemniser du préjudice qu'il a pu causer, pendant l'indivision, à la chose commune entre nous ; soit tenu en fin de me rembourser, pour sa part, les impenses, les améliorations que j'aura faites, à mes frais, sur la chose commune. Ces conclusions accessoires, qui se présentent presque toujours dans les actions de ce genre, sont évidemment personnelles. Dans l'action en partage d'une hérédité, j'agis contre mon cohé ritier, pour réclamer de lui une indemnité, parce qu'il a perçu seul tous les fruits, parce qu'il a causé un dégât ; je me présente comme créancier, je pré tends qu'il est débiteur ; sous ce rapport l'action est personnelle.

C'est en ce sens qu'un assez grand nombre d'auteurs considèrent les actions mixtes : c'est en ce sens qu'ils expliquent ce double caractère de réalité et de personnalité, dont l'existence se fonde, à tort ou à raison, sur ces mots : *tam in rem quam in personam*.

Si cette idée était admise, la solution de notre première question ne serait pas douteuse. S'il était vrai que le caractère personnel de mes conclusions ac cessoires pût modifier la nature de l'action, pût imprimer le caractère de mixte une action qui, de sa nature, était purement réelle, il est évident que les trois actions dénommées dans le § 20 ne seraient pas, à beaucoup près, les seules actions mixtes que nous dussions admettre. Aussi ces auteurs y joignent-ils, en s'appuyant sur l'autorité douteuse de quelques textes obscurs, l'action en pétition d'hérédité. L'action en pétition d'hérédité, par laquelle un héritier véri - table ou qui se prétend tel revendique la succession appréhendée à tort par l'héritier putatif, est évidemment, quant au principe, une action purement réelle : les conclusions ne sont pas celles d'un créancier contre un débiteur, les conclusions sont celles d'un propriétaire contre un détenteur : *Si paret eam hæreditatem Auli Agerii esse.* Mais si la pétition d'hérédité est, quant au fond, une action purement réelle, le demandeur, dit-on, en concluant acces-soirement à la restitution des fruits, à des indemnités, à des dommages-intérêts qui constituent des prestations personnelles, des obligations véritables, le demandeur imprime dès lors à l'action en pétition d'hérédité ce caractère mixte, double, complexe, qui doit faire ajouter cette action aux trois autres que mentionne le § 20.

Je dois dire que cette idée et sa conséquence me paraissent complètement fausses, et fondées sur une erreur manifeste. Faisons un pas de plus dans la route des conséquences, et vous allez reculer vous-mêmes devant le point où elles nous mèneraient.

Si, en effet, la personnalité des accessoires suffit pour dénaturer le caractère réel du principal, la conséquence en est qu'il n'y aura plus d'action réelle ; que la plus réelle de toutes les actions, la revendication d'un immeuble, de-viendra aussitôt une action mixte, et que le demandeur aura toujours le choix de traduire le défendeur devant le tribunal de la situation ou devant celui du domicile. En effet, lorsque je revendique un immeuble dont je me prétends propriétaire, je joins toujours à cette demande en revendication des conclu-sions tendant à ce que le défendeur me restitue les fruits, soit depuis le jour où il a possédé, dans le cas où il est détenteur de mauvaise foi, soit au moins, dans tous les cas, depuis le jour de ma demande. La conséquence serait donc que les actions en revendication, quoique réelles, quant au fond, se compli-quant toujours de conclusions accessoires personnelles, seraient des actions mixtes ; ce qui, par une conséquence ultérieure, nous mènerait à rayer le § 3 de l'art. 59, pour appliquer toujours le § 4. Telle n'est pas la pensée du légis-lateur, quand il abroge l'ancienne jurisprudence par le § 3 ; quand il retire, pour les matières réelles, le choix que l'ancien droit laissait au demandeur : quand il veut qu'en matière réelle l'action soit dévolue au tribunal de la situa-tion de l'objet litigieux, et non pas au tribunal du domicile du défendeur.

Ainsi il faut tout à fait repousser cette idée, que des accessoires personnels suffisent pour donner à une action réelle au fond le caractère de mixte qu'elle n'a pas par elle-même (1). Ce ne sont pas les conclusions accessoires, c'est la nature, le principe, l'élément primitif de l'action qui doit nous servir à déter-miner son caractère. Quand j'agis en revendication, j'agis comme un proprié-taire ; le reste n'est que secondaire, accessoire, l'action est purement réelle.

---

(1) Cette opinion peut cependant s'appuyer sur le dernier paragraphe du n° 122 de l'introduction à la coutume d'Orléans de Pothier.

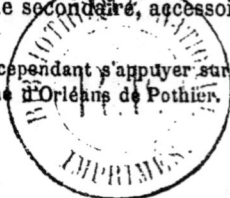

Il est donc impossible d'admettre que des conclusions de prestations personnelles secondaires soient ce qui, dans les trois exemples du § 20, donne à l'action le caractère de mixte.

Aussi nous faut-il passer maintenant à une autre explication de ces mots:
tam in rem quam in personam. Il arrive, en certains cas, et notamment en droit
romain, car c'est toujours là que nous sommes, dans les trois cas du § 20, que
le demandeur agit à la fois en deux qualités bien distinctes : qualité de propriétaire, qualité de créancier ; et que, par une corrélation nécessaire, le défendeur
est attaqué tout ensemble, et comme détenteur et comme débiteur.

Prenons pour exemple l'action en partage, surtout dans les idées romaines.

L'action en partage est intentée par le demandeur en sa qualité de propriétaire indivis de la chose dont il demande le partage ; réciproquement, il l'intente contre un individu qui n'est passible de cette action qu'en raison de sa
qualité accidentelle, passagère, de copropriétaire de la chose indivise. Sous ce
rapport, l'action en partage présente, au premier aspect, un caractère de réalité
qu'on n'y peut pas méconnaître. De même, dans l'action en bornage, c'est
comme propriétaire de tel champ que je demande le bornage ; et je le demande contre mon voisin, non pas parce que je le prétends mon débiteur,
mais parce qu'il est propriétaire de l'autre champ ; à tel point que, si l'autre
champ changeait de maître, ce serait contre le nouveau, et non pas contre
l'ancien maître, que j'intenterais l'action en bornage. Sous ce double rapport,
les actions en partage et en bornage indiquées dans le § 20 présentent un caractère saillant de réalité.

Mais si, à cette première idée, vous ajoutez qu'en droit romain, comme chez
nous, nul n'est tenu, par exemple, de rester dans l'indivision, que le législateur lui-même, dans un intérêt public, impose à tout communiste l'obligation
de subir le partage demandé par l'autre, vous reconnaîtrez entre le demandeur et le défendeur l'existence d'une obligation imposée par la loi. Cette
obligation vient jeter dans l'action un caractère de personnalité qui n'est plus
un accessoire, mais qui tient au principal.

C'est en ce sens que nombre d'interprètes ont entendu, je ne sais si c'est
avec raison, le caractère mixte que le § 20 attribue aux trois actions qu'il
indique. Mais que cette interprétation soit bonne ou mauvaise en droit romain,
il est à peu près hors de doute que c'est celle-là que les rédacteurs du Code
avaient en vue. Pothier, leur guide presque constant dans la rédaction du
Code, n'a pas hésité à appliquer, en ce sens, à notre ancien droit français le
caractère de mixte, le mélange de réalité et de personnalité que nous avons
cru découvrir dans ces actions. Voici ses termes :

« Il y a des actions proprement mixtes, dont la nature participe de celle des
actions réelles et de celle des actions personnelles. — On en compte trois :
l'action de bornage entre voisins ; l'action de partage d'une succession entre
des cohéritiers, et l'action de partage de quelque autre chose que ce soit. Elles
participent de la nature de l'action réelle ou de revendication, en ce que le
voisin réclame et revendique en quelque façon, par cette action, la partie li-
mitrophe de son héritage, qui doit être fixée et déterminée par le bornage ; le
cohéritier ou copropriétaire réclame la portion qui lui appartient dans la succession ou la chose commune qui doit être déterminée par le partage. Elles

participent de la nature des actions personnelles, en ce qu'elles naissent d'un engagement personnel; l'action de bornage naît de l'engagement respectif que le voisinage forme *quasi ex contractu* entre les voisins, qui oblige chacun d'eux à borner leurs héritages, lorsque l'un d'eux le requiert : les actions de partage naissent de l'engagement que la communauté ou indivision forme entre des cohéritiers ou copropriétaires, qui oblige chacun d'eux à partager la succession ou autre chose qui leur est commune, lorsque l'un d'eux le requiert. » (Pothier, *Introduction générale aux coutumes*, n° 121.)

Cette source d'engagements, que Pothier indique comme imprimant à ces trois actions un caractère personnel qui vient de les rendre mixtes, vous la retrouvez écrite en toutes lettres, dans le Cod. civ.; elle dérive, pour les actions de partage, de l'art. 815, et pour celles de bornage, des art. 646 et 1370. Voilà donc en quel sens nous pouvons entendre les trois actions mixtes énumérées dans le § 20, et nous pouvons les considérer comme telles dans le système du Code de procédure.

Cependant, une fois fixés sur cette interprétation, je dois ajouter que toute difficulté n'est pas levée. Nous sommes bien d'accord sur ce point que, dans le système du Code de proc., il faut entendre par actions mixtes celles qui réunissent ensemble le caractère complexe de réalité et de personnalité, tel que paraissait l'entendre le § 20 du titre *des Actions*, tel que l'a certainement entendu Pothier, dans le texte que je viens de citer. Mais ce qu'il faut nous demander maintenant, c'est si ces trois actions, qui sont mixtes dans le sens que nous venons d'indiquer, sont les seules auxquelles, dans notre pratique française, cette dénomination puisse s'appliquer; sont les seules (car voici l'intérêt pratique de la question) dans lesquelles le demandeur ait le choix d'assigner le défendeur, ou devant le tribunal du domicile de celui-ci, ou devant le tribunal de la situation de l'immeuble. La question n'est plus pour nous une question d'interprétation du droit romain, mais une question d'interprétation du droit français; une question d'application et de pratique.

Si nous ne reconnaissons pour actions mixtes, dans le sens que nous venons d'adopter, que les trois actions de bornage, de partage entre héritiers et de partage entre communistes qui ne sont pas cohéritiers, nous allons trouver tout de suite que le § 4 de l'art. 59 a, dans l'application, bien peu d'importance. En effet, sous quel rapport s'occupe-t-il des actions mixtes? C'est uniquement pour déterminer le tribunal compétent, c'est uniquement pour indiquer les cas dans lesquels l'alternative de la compétence appartient au demandeur. Eh bien, ce § 4 est absolument inapplicable à l'une des trois actions mixtes que nous venons d'indiquer, savoir, à l'action *familiæ erciscundæ*, à l'action de partage d'une succession indivise entre divers cohéritiers. Dans les actions en partage d'une succession, encore bien que ces actions soient mixtes, le tribunal compétent, c'est le tribunal du lieu de l'ouverture de la succession; le § 6 le déclare formellement, et ne fait qu'appliquer, sous ce rapport, l'art. 822 du Code civil.

Maintenant, quant à l'action *communi dividundo*, à l'action de partage entre communistes d'une autre nature que des cohéritiers, et par exemple, entre associés, j'avoue que le § 4 sera fréquemment applicable, mais cependant il ne le sera pas toujours. Le demandeur en partage, celui qui intente l'action que les

Romains eussent appelée *Communi dividundo*, n'aura pas toujours le choix entre les deux tribunaux que désigne le § 4 pour les matières mixtes. En effet, en combinant les art. 822 et 1872 du Cod. civ., vous voyez, d'une part, dans l'art. 822, que le tribunal compétent pour l'action du partage d'une hérédité, c'est le tribunal de l'ouverture de la succession ; dans l'art. 1872, vous voyez qu'en matière de société on doit appliquer les règles de partage tracées pour les successions par l'art. 822, c'est-à-dire que l'action en partage d'une société devra être portée, non pas, d'après le § 4, devant l'un des tribunaux qu'il indique, mais, d'après les art. 822 et 1872 combinés, devant le tribunnal dans le ressort duquel était établi le siége de la société qu'il s'agit de partager. Ainsi le § 4 et l'alternative qui en résulte restent applicables, il est vrai, à l'action *communi dividundo*, mais sous la restriction résultant de l'art. 1872, c'est-à-dire qu'il sera applicable aux sociétés civiles qui n'auront pas de siége fixe d'établissement : ce cas est assez fréquent, comme nous l'avons dit, dans les sociétés civiles, d'ailleurs peu nombreuses.

Voilà donc une première application du § 4 de l'art. 59, en supposant que nous ne devons compter comme actions mixtes que les trois actions qui nous sont déjà connues. Je crains qu'en adoptant cette idée, ce ne soit là la seule application possible de notre § 4 ; car quelle action mixte nous reste-t-il, si nous ne devons en reconnaître que trois ? Il nous reste l'action en bornage ; mais il n'est jamais venu, sans doute, à l'idée d'aucun plaideur, voulant intenter une action en bornage, de se prévaloir du caractère mixte de cette action pour aller l'intenter devant le tribunal du domicile du défendeur. On ne comprendrait pas, par exemple, qu'ayant à Bordeaux un immeuble situé près du vôtre, j'allasse introduire l'action en bornage entre nos deux immeubles, non pas devant le tribunal de Bordeaux, mais devant le tribunal de la Seine ou de Nancy, parce que vous y êtes domicilié. Ce serait abuser étrangement de l'art. 1370 du Cod. civ. qui donne aux servitudes légales je ne sais quel caractère imparfait de personnalité.

Quelle conséquence devons-nous tirer de tout ceci ? C'est que les trois actions mixtes indiquées dans le § 20 des Institutes ne sont pas les seules que doive reconnaître et que reconnaisse notre pratique française ; c'est que l'alternative de compétence consacrée par le § 4 doit avoir son application à d'autres actions qu'aux trois cas incomplets sans doute, au moins pour notre droit français, que nous avons énumérés d'après les Institutes.

135. A cet égard, vous sentez que l'autorité des antécédents est assez grande ; car, ne trouvant dans les procès-verbaux de la rédaction du Code aucune trace de discussion sur le sens du mot qui nous occupe, nous en conclurons naturellement, qu'en le reproduisant dans le Code, on a entendu l'appliquer dans le sens et dans les cas où depuis assez longtemps la pratique française était d'accord de l'appliquer. Or, Pothier, dans le § 122 de l'*Introduction générale aux coutumes*, ajoutait que, outre les trois actions indiquées plus haut, on reconnaissait encore, en droit français, d'autres actions personnelles et réelles susceptibles, par conséquent, de se porter, au choix du demandeur, devant l'un des deux tribunaux qu'indique maintenant notre § 4 ; il en donnait pour exemple une action en réméré ; et nous pouvons y joindre, d'après lui-même et d'après d'autres auteurs, une action en résolution de vente pour défaut de payement du prix, et une action en rescision pour vilité du prix.

L'action en réméré, d'abord (art. 1659 du Cod. civ.), a lieu, lorsque en vendant un immeuble, j'ai stipulé de l'acheteur le droit de le racheter dans un certain délai, de le reprendre, en restituant le prix que j'en ai touché ; c'est ce qu'on entend par clause de réméré ou faculté de rachat.

De même, l'action en résolution d'une vente pour défaut de payement du prix est l'action que le vendeur non payé exerce contre l'acheteur, à l'effet d'effacer la vente et de rentrer dans sa chose. Cette action a son principe, soit dans la règle générale de l'art. 1184, soit plus spécialement dans l'art. 1654 (C. civ.), relatif au cas de vente.

Enfin, l'action en rescision pour vilité du prix est fondée sur l'art. 1674 (C. civ.) ; elle s'accorde au vendeur d'un immeuble, lésé de plus des sept douzièmes dans le prix de cet immeuble, à l'effet de faire casser la vente et de rentrer dans sa chose, en rendant le prix qu'il a touché.

En quel sens entendait-on autrefois que ces trois actions étaient mixtes ? Prenons comme exemple la clause de réméré ; ce que nous dirons de celle-là sera évidemment applicable à toutes les autres. J'ai vendu un immeuble moyennant 40,000 fr. ; mais, ne le vendant que sous l'empire d'un pressant besoin d'argent, espérant d'ailleurs me trouver bientôt en mesure de pouvoir le racheter, j'ai stipulé de l'acheteur que j'aurais le droit dans les cinq années (c'est le *maximum* du délai), de reprendre mon immeuble, en lui restituant les 40,000 fr. L'effet de cette clause s'applique non seulement contre l'acquéreur lui-même, mais aussi contre ceux dans les mains de qui l'immeuble sera passé. Cela posé, supposez que, dans les cinq années, je veuille me prévaloir du bénéfice de la clause, que j'offre à l'acheteur le prix que j'ai touché de lui, concluant en conséquence à la restitution de mon immeuble. De quelle nature est cette action, et, par suite, devant quel tribunal doit-elle et peut-elle être portée ? Au premier aspect on dira, et peut-être avec raison, que cette action dérive d'une clause du contrat de vente intervenu, dans l'origine, entre l'acheteur et moi ; que mon action ne tend, en réalité, qu'à l'application de ce contrat, et que, par conséquent, c'est une action personnelle ; d'où il suit qu'elle doit être portée, aux termes du § 1er de l'art. 59, devant le tribunal du domicile de l'acheteur, défendeur à cette action ; de même pour l'action en résolution à défaut de payement du prix, parce que la clause de résolution était sous-entendue dans le contrat de vente ; de même de la rescision pour vilité du prix.

Cependant les anciens auteurs étaient à peu près unanimes pour reconnaître qu'à ce caractère de personnalité, dominant dans ces diverses actions, venait se mêler un caractère de réalité de nature à modifier les règles de la compétence. En effet, disaient-ils, l'action, dans ces trois espèces, n'aura pas seulement pour effet de faire condamner l'acheteur à la restitution de l'immeuble, elle aura aussi pour résultat de résoudre, de détruire, avec effet rétroactif, le contrat de vente, et de faire supposer, par conséquent, que la propriété de l'immeuble n'est jamais sortie des mains du demandeur. Cette action, personnelle à son point de départ, tendra cependant, par son résultat, à le faire considérer comme n'ayant jamais perdu la propriété de son immeuble ; et la preuve en est qu'une fois la résolution prononcée contre l'acheteur, le vendeur aura qualité pour suivre son immeuble dans les mains de tous les acquéreurs.

Sous ce rapport, en effet, et dans ses derniers résultats, cette action diffère essentiellement des actions purement personnelles, dont la conséquence ne peut jamais atteindre les tiers non obligés. Et de là vient qu'à tort ou à raison, abusant peut-être du résultat de cette action pour altérer, pour dénaturer un peu l'idée de son principe, nos anciens auteurs, par exemple Pothier, Furgole, Loyseau, décidaient unanimement que ces actions étaient mixtes, et qu'en conséquence le vendeur pouvait agir, non seulement devant le tribunal du domicile de l'acheteur, comme dans une action purement personnelle, mais même, si bon lui semblait, devant le tribunal de la situation de l'immeuble. Cette opinion avait trouvé anciennement quelques contradicteurs, qui présentaient une opinion plus logique peut-être, mais qu'on n'avait pas adoptée.

Ainsi, un ancien auteur (Albéric) disait, ce que nous serions tenté de dire aujourd'hui : De deux choses l'une : ou le vendeur intente son action en résolution, en rescision, en réméré, contre son acheteur direct ; alors l'action, ayant sa base dans un contrat, ayant son fondement dans l'obligation du défendeur, est une action personnelle, et purement personnelle ; ou bien, la résolution du contrat une fois prononcée contre l'acheteur direct, le vendeur en suit les conséquences contre les tiers acquéreurs, et à l'égard de ceux-ci l'action est une revendication, l'action est uniquement réelle. En un mot, disait-il, ces actions, mixtes si l'on veut à l'état de repos, sont ou purement personnelles, ou purement réelles, une fois qu'elles sont en exercice, en action ; d'où il concluait que le premier acheteur, poursuivi par le vendeur, ne pouvait être attaqué que devant le tribunal de son domicile. *Primus emptor*, disait ce auteur, *omnino conveniri debet coram judice sui domicilii.*

Mais cette opinion d'un très ancien interprète, dont le nom même est maintenant peu connu, n'avait pas prévalu, et la pratique, par des raisons d'utilité surtout, décidait constamment, d'accord avec la doctrine des auteurs, que ces actions étaient et personnelles et réelles à la fois ; que c'étaient des actions mixtes dans un sens particulier, et que le demandeur pouvait les porter, à son choix, ou devant le tribunal du domicile, ou devant celui de la situation.

Ainsi, sans me porter absolument garant de l'exactitude logique de cette dernière opinion, je crois maintenant qu'il faut reconnaître qu'elle était trop bien établie, trop universellement admise, pour qu'il soit raisonnable de supposer que le § 4 de l'art. 59 n'ait pas entendu la consacrer (1), d'autant plus que, si on admettait cette supposition, on ne trouverait plus, comme nous l'avons dit, à ce § 4 qu'une application tout à fait insignifiante.

136. Mais, ce point une fois admis, et la pratique actuelle, avec raison je crois, n'en fait guère de doute, il nous faut aller plus loin, et reconnaître, dans le droit moderne, bien des cas qui n'existaient pas dans le droit ancien, et où une action pourra, au choix du demandeur, être portée ou devant le tribunal du domicile ou devant celui de la situation.

_____

(1) * C. de Paris, 13 mai 1817. — Cass., 12 février 1832 (Dall., *Rép.*, v° *Action*, n° 118, note 3).

En effet, dans le Cod. civ. (art. 711, 1138, 1140), une importante modifi-cation a été apportée au principe anciennement admis sur la transmission de la propriété. Dans le droit romain, un contrat parfait n'avait pas pour effet direct et immédiat de transférer la propriété de la chose qui en faisait l'objet : dans la vente, par exemple, l'acheteur n'acquérait la chose vendue que quand la tradition lui en était faite, et même, en principe, quand il en avait payé le prix. De cette règle, admise par notre ancienne jurisprudence, il suivait que l'action de l'acheteur contre le vendeur, en délivrance de la chose vendue, était une action purement personnelle, et devait par conséquent, dans tous les cas, se porter devant le tribunal du domicile du vendeur. L'acheteur ne pou-vant pas, avant la tradition, se dire propriétaire de la chose, n'étant que créan-cier du vendeur, ne pouvait exiger que la délivrance, en vertu du contrat de vente, la demander par une action personnelle, l'action *empti* dont nous par-lent les textes du droit romain.

Il en est autrement sous le Cod. civ. ; les art. 711, 1138, 1140 et d'au-tres changent complètement cette idée du droit romain et de l'ancien droit français ; désormais les contrats n'ont plus seulement pour résultat d'imposer au débiteur une obligation ; ils entraînent aussi, toutes les fois qu'ils ont pour objet un corps certain qu'on a promis de donner, ils entraînent, au profit du créan-cier, translation immédiate de la propriété de ce corps certain. D'où il suit que maintenant l'acheteur d'un corps certain, par exemple d'un immeuble, car c'est là vraiment qu'est l'intérêt de la question, peut exercer contre son vendeur une double action, dérivant d'un double droit : 1° une action person-nelle (comme il eût pu et dû le faire autrefois), dérivant de ce que le vendeur s'est obligé envers lui à lui délivrer, à lui faire avoir la chose vendue ; 2° une action réelle, une action en revendication (et c'est là qu'est la différence du droit moderne et du droit ancien), dérivant de ce que, à l'instant même de la perfection du contrat, la propriété de l'immeuble promis, de la maison ven-due, a passé immédiatement sur la tête de l'acheteur.

Il faut donc reconnaître que, dans les principes actuels, tout créancier d'un corps certain peut agir en deux qualités distinctes, en vertu d'un double droit : d'abord comme créancier, et par action personnelle, c'est en matière de vente l'action en délivrance ; secondement, comme propriétaire, et par action réelle. Or il arrivera assez souvent qu'un acheteur, voulant agir contre son vendeur, aura intérêt à cumuler, dans un même exploit, sa double qualité de créancier et de propriétaire ; que si cet intérêt se présente, que s'il veut réunir et l'ac-tion personnelle et l'action réelle, qui lui appartiennent certainement l'une et l'autre, et qu'il peut à son choix intenter, l'action personnelle, aux termes du § 1er, devant le tribunal du domicile, et l'action réelle, aux termes du § 3, devant le tribunal de la situation, certes il lui sera permis de mêler ces deux actions dans un même exploit, et d'intenter, à son gré, sa demande contre son vendeur ou devant le tribunal du domicile de celui-ci, ou devant le tri-bunal de la situation.

Voilà quel est le principe ; voilà comment cette double qualité, conséquence naturelle des nouveaux principes du droit français, va donner encore nais-sance, je ne dis pas à une nouvelle action mixte, car ici il y a deux actions distinctes, non pas à une action mixte, mais va donner naissance à de nouveaux cas, dans lesquels l'action réelle et l'action personnelle vont se trouver marcher de front et permettre au demandeur l'alternative entre les deux tribunaux désignés par le § 4.

137. Les derniers paragraphes de l'art. 59 ne sont plus que des cas d'exception à la règle : *Actor sequitur forum rei.*

Pour expliquer cette dernière partie du texte, peu de chose nous reste à faire ; il nous suffira de voir, sur chaque paragraphe, d'abord quel est le motif de l'exception, et ensuite quelle en est exactement l'étendue ; tout ce qui n'y sera pas, ou par les termes, ou par les motifs, restera nécessairement dans la règle (1).

§ 5. *En matière de société, tant qu'elle existe, devant le juge du lieu où elle est établie.* Le motif de l'exception est frappant : c'est que dans ce lieu se trouveront les papiers, les titres, les documents, les registres de la société, et que là se trouveront plus facilement les moyens de vérification que les parties et le tribunal auront l'occasion et le désir d'employer.

Ce paragraphe s'applique non seulement aux sociétés commerciales (Voy. aussi n° 182), mais aussi aux sociétés civiles qui ont un siège d'établissement ; que si la société civile n'a pas de lieu fixe d'établissement, ce qui est assez fréquent dans la pratique, alors l'exception cesse, alors vous retombez dans la règle du § 2 ; il y a plusieurs défendeurs, on les assigne devant le tribunal du domicile de l'un d'eux.

Que si le créancier n'en attaquait qu'un seul à la fois, il suivrait le § 1er, l'actionnerait devant le tribunal de son propre domicile.

* Les voyageurs qui ont des réclamations à former contre une compagnie de chemin de fer doivent-ils, quel que soit le lieu de leur station de départ ou d'arrivée, actionner la compagnie au siège principal de son établissement, qui est à Paris pour toutes les compagnies? Par application de notre § 5, la jurisprudence a d'abord admis l'affirmative (2), mais cette décision, conforme au texte littéral de notre article, a paru trop rigoureuse. Aujourd'hui, la jurisprudence est fixée en ce sens que toute gare principale est considérée comme une succursale de la compagnie ; que le tribunal de l'arrondissement où cette gare est située est compétent pour statuer sur les actions personnelles et mobilières dirigées contre la compagnie à raison des faits qui ont eu lieu dans cet arrondissement (3).

Voilà pour les actions des tiers contre les associés.

Quant aux actions des associés entre eux, c'est également au tribunal du siège de la société qu'elles doivent être portées, tant qu'existe la société, au

(1) * Quelques auteurs, loin de considérer les solutions de l'art. 59 en matière de société et de succession comme des exceptions à la règle, *Actor sequitur forum rei*, la regardent, au contraire, comme des applications de cette règle. Ces auteurs considèrent alors la société ou la succession comme formant une personne juridique qui est assignée au tribunal de son domicile.

L'opinion de Boitard me paraît préférable. *

(2) Cass., 5 avril 1859 (Dall., 1859, 1, 147).

(3) V. notamment C. de cass., Rej., 16 janvier 1861 (Dall., 1861, 1, 126), et 7 mai 1861 (Dall., 1862, 1, 230). V. aussi Lyon, 29 juillet 1869 (Dall., 1870, 2, 72). — C. d'Aix, 21 août 1872 (Dall., 1872, 2, 182).

termes du § 5. Telles seraient les actions en reddition de comptes, en exécution des clauses du contrat de société et autres pareilles. Cependant, ces
mots : *tant qu'elle existe*, doivent être, je crois, un peu élargis, d'après la combinaison de deux textes déjà cités, les art. 822 et 1872 du Code civil. Il en
résulte, je crois, et tout à l'heure, sur le § 6, vous comprendrez mieux ce raisonnement, il en résulte que le tribunal du lieu d'établissement de la société
est compétent, non seulement pour les contestations entre associés, tant
qu'existe la société, mais qu'il l'est, même après sa dissolution, pour certaines
contestations, qui sont 1° la demande en partage de la masse sociale, formée
par un associé contre les autres ; 2° même après le partage consommé, l'action en garantie, formée par un associé contre les autres, alors qu'il se voit
troublé dans la jouissance de son lot ; 3° enfin, l'action en rescision de partage, formée par un associé contre les autres, alors qu'il démontre qu'il a été
notablement lésé dans la formation des lots sociaux (1). Ces propositions vont
se justifier tout à l'heure en examinant le § 6, auquel elles se rattachent plus
spécialement.

138. § 6. *En matière de succession, 1° sur les demandes entre héritiers jusqu'au
partage inclusivement devant le tribunal du lieu où la succession est ouverte.* Déjà,
sur l'art. 50, nous avons expliqué la nature de ces demandes ; la principale, la
plus saillante de toutes, c'est la demande même en partage, formée par un
héritier contre ses cohéritiers. L'art. 822 du Cod. civ. avait déjà dit que le
tribunal de l'ouverture, le tribunal du domicile du défunt serait le seul compétent pour connaître de l'action en partage ; mais il est singulier que les premiers
mots du § 6 de notre texte soient rédigés dans un sens beaucoup moins général
que l'article 822. En effet, ce dernier article attribue compétence au tribunal
de l'ouverture, non seulement pour la demande en partage, mais aussi pour
certaines actions nécessairement postérieures à la consommation du partage ;
ces actions sont celles que j'indiquais tout à l'heure comme pouvant s'élever
entre des associés ; c'est l'action en garantie, fondée sur l'art. 884 du Cod.
civ. ; c'est l'action en rescision de partage, fondée sur les art. 887 et 888
du même Code. Ces deux actions doivent également, d'après l'art. 822, se porter au tribunal de l'ouverture de la succession. Au contraire, le texte du § 6
n'attribue compétence à ce tribunal, pour les demandes entre héritiers, que
jusqu'au partage *inclusivement*, expression limitative, qui semblerait devoir
refuser compétence à ce tribunal pour les actions en garantie et en rescision,
qui sont nécessairement postérieures au partage ; et comme ces deux actions,
surtout celle en garantie, sont au fond des actions personnelles, il s'ensuivrait
que nous retomberions dans les §§ 1 et 2 ; c'est-à-dire qu'elles devraient être
portées devant le tribunal du domicile de l'un des héritiers.

Je ne crois pas que cet argument doive être appliqué ; il me paraît serrer de
trop près la lettre du Code. Je ne pense pas que l'intention du législateur, dans
notre § 6, ait été de déroger à la règle, fort raisonnable, établie en termes formels par l'art. 822. Je pense que, même après le partage consommé, la compé-

---

(1) Cass., 16 novembre 1815. — Douai, 18 juillet 1833. — Aix, 13 novembre 1837. —
Cass., 18 août 1840 (Dall., *Rép.*, v° *Compét. des trib. civ.*, n°ˢ 120 à 123).

tence du tribunal d'ouverture dure encore, et que les héritiers peuvent et doivent y porter l'action en garantie et l'action en rescision. Ou peut dire, à la rigueur et surtout pour la dernière qui tend à faire tomber le partage et à en provoquer un nouveau, qu'il n'y a pas partage définit'f, partage complet et achevé, quand il s'agit précisément de faire tomber comme vicieux celui qui s'est opéré, et de procéder à de nouveaux lots et à une nouvelle distribution; Quant à l'action en garantie, qui n'a pas pour objet, je l'avoue, de faire tomber et recommencer le partage, elle n'est cependant qu'une action dirigée en exécution du contrat même de partage ; et il est tout simple de décider, avec l'art. 822, que cette action, née du partage, sera portée devant le tribunal qui a déjà surveillé le partage, et qui peut, mieux que tout autre, mesurer et appliquer l'étendue des obligations qui en résultent.

J'ajouterai que je n'ai trouvé, dans les discussions du conseil d'État, dans les procès-verbaux, aucune lumière qui pût faire supposer que l'art. 59 eût été rédigé pour changer quelque chose à l'art. 822.

Voilà pour les demandes formées entre héritiers, qui sont principalement, je le répète, les demandes en partage, mais qui peuvent aussi avoir pour objet des comptes relatifs à l'administration de la succession pendant l'indivision. * Par exemple, un cohéritier qui a administré un immeuble de la succession actionne ses cohéritiers pour les faire contribuer aux impenses, ou est actionné par eux pour rendre compte des fruits. *

139. 2° *Sur les demandes qui seraient intentées par des créanciers du défunt, avant le partage..., devant le tribunal du lieu où la succession est ouverte.* Ceci est une dérogation au § 2 de l'art. 59 ; il s'agit de créanciers du défunt, et par conséquent d'actions personnelles ; donc elles devraient être portées, puisqu'il y a plusieurs défendeurs, devant le tribunal du domicile de l'un d'eux ; elles le seront, au contraire, d'après la loi, devant le tribunal de l'ouverture. Nous n'avons, pour en trouver les motifs, qu'à rappeler ce que je disais tout à l'heure pour l'action dirigée par des tiers contre les associés. Tant que le partage n'est pas fait, c'est au lieu du domicile du défunt que peuvent se trouver les titres qui serviront à attaquer et surtout à défendre les héritiers du défunt.

Remarquez bien qu'ici il s'agit d'actions personnelles ; de là il résulte que si, dans l'intervalle qui s'écoule depuis l'ouverture de la succession jusqu'au partage, une demande en revendication venait à être dirigée contre la succession, l'exception de notre paragraphe serait tout à fait inapplicable ; car il ne s'agirait plus de la demande d'un créancier de la succession ; nous retomberions, avec grande raison, dans le texte du § 3 ; * les héritiers, d'ailleurs, ne seraient pas actionnés, comme héritiers, mais comme détenteurs, * et l'action serait portée devant le tribunal de la situation de l'immeuble ainsi revendiqué.

De même, la loi n'attribue cette compétence exceptionnelle pour les demandes des créanciers du défunt que jusqu'au partage ; d'où il suit que, quand il n'y a pas matière à partage, quand le défunt n'a laissé qu'un héritier unique, le § 6 est sans aucune application ; c'est-à-dire que les actions des créanciers contre cet héritier devront être portées, non pas devant le tribunal de l'ouverture, mais immédiatement au tribunal du domicile de cet héritier. En un mot, s'il n'y a pas lieu à partage parce qu'il n'y a qu'un héritier, vous appliquez le premier et non pas le sixième paragraphe de l'art. 59.

140. *3° Sur les demandes relatives à l'exécution des dispositions à cause de mort, jusqu'au jugement définitif, devant le tribunal du lieu où la succession est ouverte.* Ici, mêmes remarques que sur le cas précédent.

Jusqu'au jugement définitif, c'est-à-dire jusqu'au jugement dont parle l'art. 982 du Code de proc., jusqu'au jugement d'homologation du partage. Je vous l'ai déjà dit sur l'art. 50, n'allez pas vous méprendre et appliquer ces mots *jugement définitif,* au jugement à intervenir entre le légataire et les héritiers, et qui serait absolument vide de sens ; le législateur, pour ne pas répéter sans cesse la même expression, n'a pas voulu mettre, comme dans les deux paragraphes précédents, *jusqu'au partage exclusivement,* ou *avant le partage ;* mais au fond l'idée est la même (Voy. n° 108 *in fine*).

Et de même que l'action des créanciers du défunt, lorsqu'il n'y a qu'un héritier, se porte au domicile de cet héritier, de même, pour l'action des légataires, vous n'appliquez le 3° que quand il y a matière à partage (1).

141. § 7. *En matière de faillite, devant le juge du domicile du failli.* La loi, par dérogation aux §§ 1 et 2, a voulu que les actions que les tiers auraient pu diriger contre le commerçant maintenant failli, et qu'ils doivent, après la faillite, exercer contre des syndics, fussent portées, non pas, selon le § 2, devant le tribunal du domicile de l'un des syndics, qui ne sont pas en réalité les véritables défendeurs à cette action, mais devant le tribunal qui eût été compétent pour connaître de ces actions dirigées contre le failli lui-même, s'il avait encore capacité pour y défendre (2).

Ce que je dis s'entend des actions dirigées par des tiers.

Ainsi, premièrement, vous n'appliquerez pas cette disposition aux actions que les syndics prétendraient exercer, dans l'intérêt de la faillite, contre les débiteurs du failli. Les syndics devront les poursuivre pour obtenir le payement de ces créances qui doivent constituer ou augmenter l'actif. Devant quel tribunal les syndics porteront-ils ces actions ? Évidemment ce ne sera pas devant le tribunal du domicile du failli, devant le tribunal de l'ouverture de la faillite : ce sera, conformément au § 1er, devant le tribunal du domicile des tiers défendeurs à ces actions, des tiers débiteurs. La faillite de leur créancier ne peut les priver du droit d'être traduits devant le tribunal de leur propre domicile.

De plus, ce paragraphe n'est encore qu'une dérogation au principe des §§ 1 et 2, à la règle : *Actor sequitur forum rei ;* d'où il suit que, si des tiers poursuivaient la faillite, non pas comme créanciers, c'est-à-dire par action personnelle, mais comme propriétaires, c'est-à-dire par action réelle ; s'ils venaient revendiquer, comme leur appartenant, un immeuble possédé par le failli, et depuis détenu par les syndics, leur action devrait être portée, non pas, selon le § 7, au tribunal du domicile du failli, mais, au contraire, selon le § 3, au tribunal de la situation de l'immeuble. Il est sensible, en effet, que la faillite du possesseur de la maison qui m'appartient ne peut influer nullement sur les règles

_____

(1) * Ainsi jugé, C. d'Orléans, 11 novembre 1845 (Dall., 1845, 2, 113).

(2) C. de cass., Rej., 27 avril 1874 (Dall., 1876, 1, 393).

de la compétence, ne peut nullement priver le propriétaire, qui réclame son immeuble, de l'avantage de plaider devant les juges de la situation, juges qui statueront mieux et à moins de frais. Le § 3 a voulu que la faillite ne changeât pas la compétence du tribunal pour l'exercice des actions personnelles; ce serait aller contre son esprit que de faire que la faillite changeât cette compétence pour l'exercice des actions réelles (1).

142. § 8. *En matière de garantie, devant le juge où la demande originaire est pendante.* Ici encore, dérogation à la règle : *Actor sequitur forum rei*; dérogation facile à justifier. Déjà j'ai donné au titre précédent l'exemple, l'explication d'un cas de demande en garantie. Ainsi j'ai acheté de Paul un immeuble qui est ensuite revendiqué contre moi par un tiers qui s'en dit le propriétaire; l'action de ce tiers est évidemment portée, selon le § 3, devant le tribunal de la situation de l'immeuble. En ma qualité d'acheteur, j'ai droit d'appeler en garantie Paul, mon vendeur, devant le même tribunal où la demande originaire est pendante. L'exception est évidente ; car mon action en garantie, dérivant du contrat de vente, est une action personnelle, elle devrait donc se porter devant le tribunal du domicile du vendeur; mais en me permettant de traduire mon vendeur devant le tribunal de la situation de l'immeuble, où la demande originaire est pendante, on y trouve cet avantage, de terminer deux procès en un seul; savoir : l'action en revendication, dirigée contre moi, acheteur, et secondement l'action en garantie, que j'exerce contre mon vendeur. Cette réunion de deux procès en un seul économise le temps, les frais, abrège les procédures, et évite surtout, ce que le législateur prend soin d'éviter, la possibilité de décisions judiciaires opposées sur une même question.

La demande en garantie peut être formée non seulement par un défendeur, mais même par un demandeur. Ainsi Paul m'a vendu une créance qu'il avait ou prétendait avoir contre Jacques. D'après l'art. 1693 du Cod. civ., Paul, vendeur de cette créance, est garant envers moi de sa réalité; si donc, quand j'agis contre Jacques, à l'effet de me payer, il me répond qu'il n'est pas débiteur de Paul, que Paul m'a cédé contre lui une créance mensongère, une créance qui n'a jamais existé, ou qui est maintenant éteinte, j'ai droit d'appeler mon vendeur Paul en garantie, et je l'appellerai, d'après notre paragraphe, devant le tribunal où la demande originaire est pendante, c'est-à-dire dans l'espèce, devant le tribunal du domicile de Jacques, et non devant celui du domicile de Paul.

Que si, au contraire, j'exerce ma garantie par action principale postérieure

---

(1) * D'après Boitard, la dérogation du § 7 de l'art. 59, à la règle : *Actor sequitur forum rei*, consiste uniquement en ce que les syndics seront actionnés, non à leur propre domicile, mais à celui du failli. Cette solution, exacte sans doute, n'est cependant pas assez large. Il faut encore comprendre dans notre paragraphe les actions qui naissent de la faillite même, comme les actions en vérification de créance, en reddition de compte contre les syndics, celles qui ont pour objet l'application de l'art. 446 du Code de commerce. En un mot, les actions qui ne seraient pas nées, s'il n'y eût pas eu de faillite, seront portées au tribunal du domicile du failli (art. 452, Code de com. ; V. C. de Douai 26 juin 1832. — Cass., 14 avril 1825 (Dall., *Rép.*, v° *Compét. des trib. civ.*, n° 131, note 9. — Cass., Rej., 24 juin 1872 (Dall., 1872, I, 123). — Cass., 24 janv. 1873 (Dall., 1873, I, 484).

ment à l'éviction éprouvée, ces motifs ne s'appliqueraient plus, et, après la demande originaire terminée, le § 1er reprendrait son empire.

143. § 9. *Enfin, en cas d'élection de domicile pour l'exécution d'un acte, devant le tribunal du domicile élu, ou devant le tribunal du domicile réel du défendeur conformément à l'art. 111 du Code civil.* — Ce dernier paragraphe ne fait que reproduire une règle qui doit déjà vous être connue. On vous a dit, sur cet art. 111, quels étaient le but, la portée d'une élection de domicile pour l'exécution d'un contrat. Vous remarquerez seulement qu'en principe, il y a ici une dérogation à la règle du § 1er, mais que cette dérogation n'est que l'application de la volonté du défendeur qui a consenti à renoncer au bénéfice de la compétence habituelle.

De plus, comme en général l'élection de domicile est censée faite uniquement dans l'intérêt du demandeur, il suit qu'il a le choix ou de se prévaloir de l'attribution de compétence qui en résulte et d'assigner le défendeur au tribunal du domicile élu, ou au contraire d'y renoncer et de rentrer par conséquent dans la règle du § 1er. Tel est, en effet, le principe des derniers mots de l'art. 59, qui laisse au demandeur le choix entre les tribunaux.

Que si cependant il résultait des termes de l'acte, des expressions dans lesquelles l'élection de domicile a été faite, qu'elle a eu lieu, soit dans l'intérêt unique du défendeur, qui n'a pas voulu être poursuivi devant les juges de son domicile, soit même dans l'intérêt commun des deux parties, il est clair que les derniers mots de l'art. 59 seraient sans application, et qu'alors le demandeur n'aurait plus l'alternative, mais devrait, au contraire, dans tous les cas, assigner le défendeur devant le tribunal du domicile élu.

144. Parmi les exceptions que la loi apporte au principe fondamental en matière de compétence : *Actor sequitur forum rei*, il en est qui sont posées par elle d'une manière absolue, d'autres qui ne le sont, au contraire, que d'une manière facultative. Ainsi il est des cas où le droit de citer le défendeur devant un tribunal qui n'est pas celui de son domicile est purement facultatif de la part du demandeur ; vous les trouvez dans les §§ 2, 4 et 9. Au contraire, dans les autres paragraphes, la loi déroge au principe d'une manière absolue dans l'intérêt du défendeur, autant et plus encore que dans l'intérêt du demandeur ; alors il ne dépend pas de celui-ci de choisir l'un des deux tribunaux.

145. C'est dans cette dernière classe d'exceptions que rentre celle dont il nous reste à parler et qui est consacrée par le texte de l'art. 60.

Cette exception importante diffère complètement dans sa cause et dans ses résultats de celles que nous venons de parcourir.

« Art. 60. Les demandes formées pour frais par les officiers ministériels seront portées au tribunal où les frais auront été faits. »

Vous voyez, par les termes mêmes de la loi, qu'il ne s'agit pas ici d'une simple dérogation facultative établie en faveur de l'officier ministériel ; qu'il ne dépend pas de lui de citer à son gré, le défendeur, le débiteur des frais qu'il réclame, soit devant le tribunal où les frais ont été faits, soit devant le tribunal du domicile du défendeur.

D'abord, par quel motif l'art. 60 a-t-il dérogé au principe général : *Actor sequitur forum rei?* Pourquoi, par exemple, un avoué qui dans le cours d'une instance aura occupé pour moi, et qui viendra me demander ensuite le remboursement de ses avances, le payement de ses honoraires, ne me conduira-t-il pas devant le tribunal de mon domicile, conformément au principe posé par le § 1er de l'art. 59? Une première raison se présente, elle est tout entière dans l'intérêt de l'officier ministériel demandeur. Cette raison, c'est qu'il importe de lui épargner des déplacements, des pertes de temps ; c'est qu'il importe de ne pas le distraire du service public dont il est chargé, en le contraignant d'aller porter ses demandes en remboursement de frais devant le tribunal des plaideurs pour lesquels il aura occupé. Cette raison est une de celles qui, nous l'avons déjà vu dans les derniers mots du § 5 de l'art. 49, ont fait dispenser de pareilles demandes du préliminaire de conciliation.

Mais cette raison, si elle était seule, ne suffirait pas pour nous expliquer l'exception ; car les termes ne sont pas facultatifs, mais impératifs. La loi ne se borne pas à permettre à l'avoué, par exemple, de citer le défendeur devant un tribunal autre que celui de son domicile, elle lui ordonne de porter sa demande devant le tribunal où les frais ont été faits. Quel peut donc être le motif de cette exigence? C'est qu'à cette première raison, tirée de l'int de l'officier ministériel, et par suite de l'intérêt même du service public faut en ajouter une autre, qui est dans l'intérêt même du client et qui tie à un ordre d'idées tout différent : c'est que chaque officier ministériel est naturellement placé sous la surveillance, et soumis à la censure du trib près duquel et dans le ressort duquel il exerce ses fonctions ; c'est que réclamation de ses frais sera mieux jugée ; c'est que ses frais seront m taxés, c'est que ses demandes mêmes seront plus sobres et plus réserv quand elles seront portées devant le tribunal dans la dépendance et sous l' pection duquel la loi l'a placé.

Au reste, une fois fixés sur le véritable motif de cet article, nous ve aussi que cette dérogation diffère, en un point essentiel, des autres dérogations conçues même en termes impératifs et contenues dans les derniers paragra phes de l'art. 59. En effet, dans toutes les exceptions apportées par l'art. 59 la règle : *Actor sequitur forum rei*, nous avons vu qu'au lieu du tribunal domicile du défendeur, la loi désignait, dans certains cas, comme compé pour telle ou telle action, un tribunal différent, mais de même ordre, même degré ; que l'action soit personnelle, réelle ou mixte, qu'il s'agisse d' action en garantie, en partage ou de toute autre, ce sera devant tel ou tel bunal que la demande sera portée ; mais ce sera toujours, remarquez bien, devant un tribunal d'arrondissement. Tel est l'esprit de tout l'art.

Il n'en sera pas de même dans le cas de l'art. 60, et le texte de cet art introduit une autre dérogation aux règles ordinaires de compétence. Suppo sez, par exemple, qu'un avoué d'appel, ayant occupé pour moi en cour d' pel, répète contre moi les frais et les honoraires qui lui sont dus : de quelle juridiction portera-t-il sa demande? Ce ne sera pas d'abord devant tribunal de mon domicile ; ce sera évidemment devant les juges de son do cile ; nous avons déjà constaté cette exception. Mais devant quels juges porte-ra-t-il sa demande ? Sera-ce devant le tribunal d'arrondissement, sauf ensuite à la porter en appel devant la cour d'appel près de laquelle il exerce ? Non ; le texte de l'art. 60 exige que la demande soit portée, et portée de prime abord, devant le tribunal où les frais ont été faits, c'est-à-dire devant la cour d'appel près de laquelle l'avoué a occupé pour moi.

Ainsi, voilà une seconde dérogation bien plus remarquable à une règle de procédure, à la règle des deux degrés de juridiction ; cette dérogation réduit l'examen de la cause à un seul degré, elle la porte, en premier et en dernier ressort à la fois, à une cour d'appel, de la sentence de laquelle il n'y a pas d'appel possible.

Supposez encore qu'un avoué près d'un tribunal d'arrondissement ait à ré-clamer, contre son client, une somme inférieure à 200 fr., une somme ren-trant par conséquent en première instance dans les attributions du juge de paix ; ce ne sera pourtant pas devant le juge de paix, ce sera devant le tribu-nal d'arrondissement où ces frais ont été faits, que la demande de l'avoué sera portée en premier et en dernier ressort à la fois.

De même, supposez qu'un huissier de justice de paix réclame, contre un client, des frais supérieurs à 200 fr., supérieurs au *maximum* ordinaire de la compétence des juges de paix (L. du 25 mai 1838, art. 1er). Ici encore le juge de paix sera compétent, au moins en premier ressort, parce que, ayant vu faire ces frais, qui se rattachent à sa juridiction, il a qualité naturelle pour les ta-xer, pour les apprécier (1).

146. Quels sont les frais à raison desquels la loi a introduit aux règles or-dinaires de compétence la double dérogation que je viens de signaler ? Le texte parle sans distinction de tous les officiers ministériels, et cette dénomination

(1) * Cette décision relative aux frais faits par l'huissier et devant la justice de paix me paraît fort contestable. En effet, c'est au tribunal d'arrondissement qu'appartient la surveillance des huissiers, il est donc raisonnable de lui attribuer la connaissance des demandes pour frais faits par les huissiers soit extrajudiciairement, soit devant le juge de paix. On reconnaît également que les demandes pour frais faits devant un tribunal de commerce doivent être portés devant le tribunal civil. Ces demandes n'ont rien de commercial ; et le tribunal de commerce n'a point à exercer la surveillance sur les huissiers de l'arrondissement. V. trib. civil de la Seine, 20 décembre 1842 (Dall., *Rép.*, v° *Compét. des trib. civ.*, n° 162, note 4).

Quant aux demandes en paiement de frais, faites par les agréés contre leurs clients, les tribunaux de commerce, dans le but de s'attribuer un droit de surveillance sur les agréés, soutiennent énergiquement que ces demandes sont de leur compétence. Ils n'in-voquent pas l'art. 60, car les agréés ne sont pas des officiers ministériels, mais ils pré-tendent qu'il existe entre le mandat donné à l'agréé et la cause dont ce mandat dérive, c'est-à-dire le procès commercial, une liaison si intime que le juge de l'action du man-dant doit aussi connaître de l'action du mandataire. Cette prétention arbitraire est repoussée par la majorité des auteurs et des cours d'appel. L'agréé doit être considéré comme un mandataire *ad litem* et les tribunaux civils sont seuls compétents pour con-naître de l'action qu'il dirige contre son client (Colmar, 12 août 1826 (Dall., 27, 2, 129). Bourges, 11 mai 1839 (Dall., v° *Agréé*, n° 67). Rouen, 20 juillet 1867 (Dall., 68, 2, 53). — *Contrà* Riom, 27 février 1878 (Dall., 1878, 2, 153).

embrassera, dans ce sens général, les avoués, les greffiers, les huissiers, les notaires, les commissaires-priseurs, etc.

Mais si les premiers mots de l'article sont généraux, si la dérogation qu'il consacre paraît ainsi commune à tout officier ministériel, les derniers mots, au contraire, paraissent restreindre cette dérogation aux frais faits en justice et non pas aux demandes des officiers ministériels pour frais d'actes extrajudiciaires. Par exemple, appliquerons-nous cet article et la compétence exceptionnelle qui en résulte à la demande en payement de frais formée par un notaire contre son client? Vous voyez d'où peut résulter le doute; c'est que la loi nous dit que ces demandes seront portées devant le tribunal où les frais ont été faits; ce qui paraît supposer qu'il s'agit de frais faits devant un tribunal; qu'il s'agit, en un mot, exclusivement d'actes judiciaires, et non d'actes extrajudiciaires. Même question pour les huissiers, dans le cas où il s'agirait de demandes de frais, non pas judiciaires, mais extrajudiciaires, comme d'une sommation ou autres actes pareils. Cependant, malgré la forme restrictive des derniers mots de l'art. 60, on décide généralement, et je crois avec raison que cet article s'applique à toute demande en payement de frais dirigée par l'officier ministériel contre le client pour qui il a occupé.

En effet, si les derniers mots semblent spéciaux, la première partie est, au contraire, générale. De plus, ces mots *au tribunal où les frais ont été faits,* peuvent, à la rigueur, désigner le tribunal dans le ressort duquel l'acte a passé, et, par conséquent, les frais de cet acte peuvent être demandés à ce tribunal.

Mais, en laissant ces raisons de texte, qui peuvent se balancer l'une l'autre, il est aisé de reconnaître que les mêmes motifs qui ont dicté l'art. 60, en matière de frais judiciaires, nous en rendront compte aussi pour les frais extrajudiciaires. C'est qu'il importe d'abord d'éviter un déplacement, d'éviter des pertes de temps à l'officier ministériel; il importe ensuite de soumettre ses prétentions au tribunal près lequel il exerce, au tribunal sous la surveillance et sous la censure duquel il est placé.

Confirmez, au reste, cette opinion en joignant à l'art. 60 l'art. 51 de la loi du 25 ventôse an XI, sur le notariat, qui dit que les honoraires de notaires, s'ils ne sont pas réglés à l'amiable entre eux et leurs clients, le seront par le tribunal civil de la résidence du notaire. Cette dérogation, vous le voyez, antérieure au Code de proc., cette dérogation au principe général rentre tout à fait dans le texte de l'art. 60, et achève, je crois, de justifier l'opinion et la pratique qui généralisent l'application de cet article (1).

SIXIÈME LEÇON

147. § 1. *Des formes de l'ajournement* (art. 61 à 67).

« Art. 61. L'exploit d'ajournement contiendra : 1° la date des jours, mois et an,

(1) Cass., 7 mai 1828 (Dall., *Rec.*, 26, p. 241). — Orléans, 13 mars 1832 (Dall., v° *Compét. des trib. civ.*, n° 159, note 1). — Poitiers, 27 janv. 1816 (Dall., 1846, 185). — Cass., 25 janvier 1859 (Dall., 1, 76).

noms, profession et domicile du demandeur, la constitution de l'avoué qui occupera par lui, et chez lequel l'élection de domicile sera de droit, à moins d'une élection contraire par le même exploit; — 2° les noms, demeure et immatricule de l'huissier, les noms et demeure du défendeur, et mention de la personne à laquelle copie de l'exploit sera laissée; — 3° l'objet de la demande, l'exposé sommaire des moyens; — 4° l'indication du tribunal qui doit connaître de la demande, et du délai pour comparaître : le tout à peine de nullité. »

Ici il n'est plus question de règles de compétence, mais des formes dans lesquelles doit être rédigé l'exploit d'ajournement. Quelque minutieux que puisse être le détail de ces formes, il est pourtant nécessaire de les suivre pas à pas et avec le plus grand soin : d'abord, parce que, en général, toutes ces formes sont irritantes, c'est-à-dire sont prescrites à peine de nullité de l'ajournement; vous vous en convaincrez en jetant les yeux sur les derniers mots de l'art. 61, sur l'art. 70 et plusieurs autres de ce même titre; ensuite, parce que la nullité de l'ajournement, prononcée pour défaut de formes, entraîne souvent dans le droit des conséquences importantes, et peut amener parfois la déchéance absolue du droit du demandeur dont l'exploit a été mal rédigé : nous en donnerons bientôt quelques exemples.

Remarquons que le législateur n'a guère fait ici que formuler des dispositions suffisamment indiquées par la raison, par la nature des choses. Ainsi, il est certaines idées, certaines formes qui résultent, dans le silence même de la loi, de la nature, du but seul de l'ajournement.

L'ajournement est un acte par lequel le demandeur appelle le défendeur devant un tribunal pour s'y voir (ou plutôt entendre) condamner à donner, à faire ou à ne pas faire. C'est dire assez qu'un tel acte doit d'abord désigner clairement la personne qui cite ou le demandeur, et la personne qui est citée ou le défendeur. Ajoutez que, pour permettre au défendeur de préparer sa défense, il faut indiquer non seulement l'objet de la demande, mais ajouter l'exposé, sommaire au moins, des moyens sur lesquels elle est appuyée.

Ces formalités même ne suffiraient pas; la raison dit aussi qu'il est de l'essence d'un ajournement d'indiquer le tribunal devant lequel on appelle le défendeur, et de lui faire connaître le jour où il doit y comparaître.

Enfin, l'ajournement est signifié par un officier ministériel ayant qualité à cet effet; il faut donc que cet officier se fasse connaître lui-même, en déclarant au défendeur la qualité en vertu de laquelle il assigne.

Voilà les idées générales, fondamentales que suppose en lui-même l'ajournement; voilà les idées formulées, systématisées, dans le détail de l'article : vous aurez à y joindre quelques idées accessoires, quelques formalités arbitraires que n'entraîne pas l'idée seule d'ajournement. J'entends parler de l'arbitraire de la raison, et non pas de l'arbitraire du caprice.

Tout ceci va s'expliquer dans l'examen du texte.

148. § 2. *L'exploit d'ajournement contiendra* : 1° *la date des jour, mois et an.* Cette date est absolument essentielle, et cela à plus d'un titre.

L'ajournement est le point de départ pour calculer les délais à l'expiration desquels le défendeur doit comparaître (art. 72). Sous ce point de vue, l'indica-tion de la date est d'une absolue nécessité. Ensuite, l'ajournement a pour effet d'interrompre la prescription ou de consommer l'interruption commencée conditionnellement par la citation en conciliation, d'après l'art. 57. Or, pour savoir si la prescription a été vraiment interrompue, c'est-à-dire si l'ajourne-ment a été signifié dans les délais nécessaires, il en faut connaître précisé-ment la date, celle du jour, du mois ou de l'an. Quant à l'heure même de la remise, elle est absolument inutile, la prescription et tous délais de procédure se comptant par jours, et non par heures.

De plus, l'ajournement fait courir les intérêts, nouvelle raison qui nécessite l'insertion de la date, afin de connaître au juste le jour où ces intérêts ont commencé à courir (art. 1153, C. C.).

Enfin, l'ajournement ne peut être donné un jour de fête légale; quatrième et dernière raison qui nécessite l'indication du jour (art. 63).

L'exploit d'ajournement contient donc la date des jour, mois et an. Et la loi, à défaut de la date, prononce la nullité de l'ajournement. *Le tout à peine de nullité*, dit l'article en terminant.

Mais si nous devons être sévères à l'égard d'un ajournement non daté, il est bon de remarquer aussi que la loi n'indique nettement, ni en quels termes, ni à quelle place la date doit être insérée; d'où il suit qu'à cet égard, le rédacteur de l'ajournement jouit d'une entière liberté; que peu importe comment et où la date de l'ajournement se trouve indiquée; pourvu qu'elle le soit nettement et de manière à ne laisser aucun doute possible sur le jour précis de sa remise, nous devrons valider l'ajournement nonobstant toute apparence contraire.

Ainsi, supposez qu'un ajournement soit donné en ces termes : le 10 *du pré-sent mois* : si nous nous en tenons là, nous dirons que l'ajournement n'est pas daté : il a indiqué le chiffre du jour, mais il n'a indiqué ni le jour ni l'année. Plus bas, dans le même acte, l'huissier a ajouté que cet ajournement était donné à l'effet de comparaître le 20 *du présent mois de février* 1874; il est clair que la combinaison de ces deux parties de l'exploit renferme une date qui n'a rien de douteux et que l'ajournement a été remis le 10 février 1874; qu'en con-séquence il est daté.

De même, l'huissier a indiqué le jour et le mois, le 10 *février*, il n'a indiqué l'année, ni dans la première partie, ni même dans la seconde; mais, en tête de cet exploit, l'huissier a fait mention expresse, conformément à l'art. 65, de l'inutilité de la tentative de conciliation essayée entre les parties; il a copié, en même temps, la mention de procès-verbal de non-conciliation, et dans cette mention se trouve la date du 25 *janvier* 1874, jour auquel la conciliation a été essayée; puis, dans le cours de l'exploit, l'huissier ajoute que, les voies de con-ciliation ayant été inutiles, comme il l'a fait connaître plus haut, en copiant le procès-verbal de non-conciliation dressé par le juge de paix le 25 janvier *de la présente année*, il a, en conséquence, donné assignation *le 10 février* pour com-paraître *le 20 du même mois*. Vous voyez que ces derniers mots de 10 *février* et de 20 *février*, qui indiquent le jour de la signification et le jour de la comparu-tion, se précisent par leur rapprochement avec la mention de non-comparu-tion ou le procès-verbal de non-conciliation relaté en tête du même exploit, et daté lui-même du 25 **janvier** 1874.

En un mot, nous devons admettre la vérité d'un exploit qui, au premier coup d'œil, ne paraîtra pas daté en termes exprès, toutes les fois qu'en rapprochant l'une de l'autre les diverses indications contenues dans le cours de cet exploit, nous arriverons à connaître la date, non pas, bien entendu, d'une manière douteuse, approximative, incertaine, mais d'une manière positive, précise, indubitable.

149. *Les noms, profession du demandeur.* Déjà je vous ai fait remarquer que cette indication était de l'essence même de l'ajournement ; il n'y a pas de citation possible, si l'on n'y voit clairement quelle est la personne qui cite. Pour désigner cette personne de manière à prévenir toute équivoque, le législateur indique : 1° les *noms* ; c'est-à-dire le nom et les prénoms ; le pluriel employé par la loi est à cet égard tout à fait impératif ; 2° la *profession*.

Ici se présentent quelques remarques importantes. Il arrive assez souvent que, au lieu de poursuivre ou d'intenter par moi-même les actions judiciaires qui m'intéressent, je charge un mandataire, un fondé de pouvoir, plus exercé que moi à ce genre d'affaires, plus libre que moi de son temps, je le charge de former pour mon compte telle demande judiciaire, de donner ajournement. Dans ce cas quelques doutes se sont élevés sur la rédaction de l'ajournement, en ce qui touche l'indication des noms, profession et demeure du demandeur. Ainsi, supposez que *Secundus* ait chargé *Primus* d'intenter ou de diriger pour lui, soit telle action judiciaire en particulier, soit en général toutes les demandes judiciaires qui pourraient l'intéresser ; supposez, en un mot, *Primus*, fondé de pouvoir de *Secundus* à l'effet de plaider pour lui. Dans ce cas, quel est le nom que l'exploit devra contenir ? Sera-ce le nom de *Primus*, mandataire, ou de *Secundus* mandant ? Il devra évidemment les contenir tous les deux.

Mais dans quel ordre ? C'est ici que se sont élevés, dans l'esprit de quelques praticiens formalistes, des doutes qu'il faut mentionner, mais qu'en réalité, on a peine à comprendre. Ainsi, supposez la citation ainsi conçue : *A la requête de Primus au nom et comme fondé de pouvoir de Secundus, propriétaire, domicilié à,* etc., vous trouverez quelques personnes qui prononceraient, dans ce cas, la nullité de l'ajournement, en se fondant sur l'ancienne maxime : *En France nul n'est admis à plaider par procureur, hormis le roi.* Nous allons revenir bientôt sur le sens de cette ancienne maxime. Pour que l'ajournement fût valable, il faudrait, suivant ces personnes, que le nom du mandant, du véritable intéressé, y jouât le premier rôle, y figurât en première ligne ; qu'en un mot, le style de l'exploit fût celui-ci : *A la requête de Secundus* (et puis l'indication de la profession et du domicile), *et aux poursuites de Primus son fondé de pouvoir.* Il est évident qu'une pareille distinction est tout à fait dérisoire. Que le nom de *Primus* soit le premier, ou qu'au contraire celui de *Secundus*, mandant, précède celui du mandataire, il est manifeste que le mandataire, en indiquant, dans l'exploit, les nom, prénoms, profession et domicile du mandant, a rempli le but de la loi, à quelque place de l'exploit que ce nom se trouve indiqué. Ce sont là des susceptibilités ridicules, fondées sur une application très vicieuse de la prétendue règle : *Nul en France ne plaide par procureur.*

Cela ne veut pas dire assurément, et personne ne l'a jamais soutenu, que *Secundus*, ayant un procès et ne pouvant y vaquer lui-même, ne puisse confier à *Primus* la direction de ce procès, le choix de l'avoué et le soin de faire tous les actes qui se rattachent au procès. Cela veut seulement dire que, malgré la direction du procès confiée à *Primus*, le nom de *Secundus* doit figurer personnellement dans l'exploit; les condamnations à prononcer doivent l'être contre *Secundus*, mandant, et non pas contre *Primus*, mandataire; enfin le mandataire *Primus* ne peut être admis à figurer dans l'instance qu'en justifiant de pouvoirs qu'il a reçus de *Secundus*. Voilà absolument et uniquement le sens de l'ancienne maxime :

Nul en France ne plaide par procureur, hormis le roi.

Maintenant, le sens de la règle ainsi expliqué, que veut dire l'exception : *hormis le roi?* Cela veut dire que, sous la royauté, dans les procès civils qui intéressaient la couronne, le nom du roi, soit en demandant, soit en défendant, ne figurait jamais personnellement, ni dans l'exploit d'ajournement, ni dans aucun des actes de la procédure, ni dans le jugement. Ainsi, un procès est-il intenter, soit par la couronne contre un particulier, soit par un particulier contre la couronne; l'assignation est donnée, dans le premier cas, non pas au nom du roi demandeur, mais au nom de l'intendant ou ministre de sa maison, procureur légal que les différentes lois sur la dotation des listes civiles ont expressément constitué. Ainsi le souverain plaidait, en France, par procureur en ce sens que, dans les procès qui l'intéressaient, son nom ne figurait pas, conformément aux premiers mots de notre art. 61. Les poursuites étaient dirigées activement et passivement par les délégués que la loi avait indiqués.

Ceci se fonde non seulement sur une maxime admise de tout temps dans le droit français, mais sur des textes beaucoup plus récents. Telle est une loi 8 novembre 1814 (art. 14), sur la dotation de la liste civile ; on y déclare que le ministre de la maison du roi dirigera les actions, et défendra aux procès qui intéresseront la couronne. Une loi plus récente, celle du 2 mars 1832, consacrait le même principe avec une distinction qui tenait à des idées nouvelles; elle déclara, dans l'art. 27, que les actions intéressant le domaine de la couronne seraient dirigées et défendues par l'administrateur de ce domaine, et les actions intéressant le domaine privé du souverain par l'administrateur du domaine privé. * L'art. 22 du sénatus-consulte du 12 décembre 1852 porte : « Les actions concernant la dotation de la couronne et le domaine privé sont dirigées par ou contre l'administrateur de ce domaine. Un décret du 10 novembre 1870 a attaché au ministère des finances tous les domaines productifs dépendant de l'ancien domaine de la couronne. *

Voici en quel sens il faut entendre que *nul ne plaide par procureur, hormis le roi.* Voilà un cas, à peu près unique, dans lequel l'exigence de l'art. 61 ne s'appliquerait pas ; dans lequel les noms, profession et domicile du véritable intéressé ne figuraient pas dans l'exploit d'ajournement. Je dis à peu près unique, car la force des choses entraîne encore une autre exception à cette exigence. Supposez par exemple, une demande dirigée par un fonctionnaire public, en cette qualité de fonctionnaire, c'est-à-dire dans l'intérêt du corps qu'il administre ; par exemple, un préfet agissant, au nom de l'État, en revendication d'un bien domanial détenu par un particulier ; un maire plaidant nom de sa commune, soit contre une commune voisine, soit contre un particulier. Ici, évidemment, l'assignation contiendra, non pas les noms, prénoms, profession et domicile du préfet, du maire, mais l'indication de leur qualité, parce qu'ici, le vrai demandeur, ce n'est pas Pierre ou Paul, temporairement investi de la qualité qui le fait agir, c'est le fonctionnaire ; et les noms et qualités à indiquer, ce sont les qualités de préfet, de maire, ou tout autre (1).

* *Domicile du demandeur.* Dans les grandes villes, il faudrait indiquer la rue et le numéro de la maison (2). *

150. La loi ajoute : *La constitution de l'avoué qui occupera pour lui.* C'est ici une de ces formalités secondaires, accidentelles, qui ne résultent pas, je l'avoue, de la nature, de l'idée même d'ajournement ; on peut très bien, *à priori*, concevoir un ajournement qui ne renferme aucune constitution d'avoué, de même qu'on peut très bien concevoir le procès dirigé, soutenu sans aucune intervention d'avoué. Mais nous avons précédemment exposé (n° 67) par quels motifs le législateur n'avait pas voulu remettre au soin des particuliers ou des mandataires purement officieux la direction de leurs procès ; nous avons vu que, pour assurer la facilité, la régularité des communications diverses nécessaires à l'instruction, le législateur avait placé, entre les parties et les juges, des intermédiaires forcés, chargés de conclure et de postuler pour les plaideurs ; c'est donc une formalité accidentelle et arbitraire, si l'on veut, mais absolument nécessaire dans la législation telle qu'elle est, que la constitution, dans l'ajournement, d'un avoué chargé de postuler pour le demandeur.

A l'omission de cette formalité est attachée, comme à l'omission de toutes les autres, la peine de nullité, d'après les derniers mots de l'article.

Cependant, peut-être cette nullité, résultant de l'omission dans l'exploit de la constitution d'avoué, ne doit-elle pas être appliquée, dans tous les cas, avec une extrême rigueur. Ainsi, il n'est pas douteux que l'exploit ne soit nul, si le demandeur n'a pas désigné son avoué, ou même s'il a désigné pour avoué un individu mort, ou démissionnaire, ou destitué depuis longtemps. Mais supposez que dans l'ajournement, donné peut-être à une grande distance de mon domicile, j'ai désigné un avoué qui est décédé depuis deux ou trois jours, qui a donné sa démission ou a été destitué récemment. Il est évident que ce sont là des cas fortuits, imprévus, dont il est bien difficile de me rendre responsable. En chargeant mon huissier de constituer tel avoué, je n'ai pu deviner le cas

(1) * Dans les sociétés en commandite par actions et dans les sociétés anonymes, le principe suivant lequel « *nul en France ne plaide par procureur* » comporte une importante dérogation. Aux termes de l'art. 17 de la Loi des 24-29 juillet 1867 « des actionnaires représentant le vingtième au moins du capital social peuvent, dans un intérêt commun, charger à leurs frais un ou plusieurs mandataires de soutenir, tant en demandant qu'en défendant, une action contre les gérants ou contre les membres du conseil de surveillance et de les représenter, en ce cas, en justice, sans préjudice de l'action que chaque actionnaire peut intenter individuellement en son nom personnel. » (Voy. aussi art. 39 de la même loi.) *

(2) * Cette décision est contestée. V. Dalloz, v° *Exploit*, n°⁵ 117 et suiv. — C. de Bourges, 17 novembre 1865 (Dalloz, 1866, 2, 92). *

fortuit qui allait faire évanouir toute possibilité de constitution; ou même, le fait est déjà arrivé, l'avoué était mort à l'instant où je l'ai désigné, mais il m'a été impossible de connaître cette mort, à raison du peu de distance qui la sé parait du jour de l'exploit. Dans ce cas, il est bien difficile de prononcer la nullité de l'ajournement (1).

Remarquez, en effet, qu'il ne s'agit pas là d'une simple question de frais, qu'il ne s'agit pas de savoir si la partie sera tenue de faire les déboursés d'un nouvel ajournement, mais qu'à la nullité de l'ajournement peut se rattacher la déchéance entière de la demande, si, par exemple, un tel ajournement a été donné dans les derniers jours du délai de la prescription.

Au reste, le plus sage, à tout événement, est de se mettre, autant que pos sible, à l'abri de ces chances fâcheuses, en désignant, subsidiairement, un autre avoué pour le cas où celui constitué ne pourrait l'être valablement; en désignant par exemple, dans l'exploit, tel avoué, et, à son défaut, le plus an cien des avoués du même tribunal. C'est là une précaution qui pare à toutes les chances fâcheuses d'un pareil fait.

151. En général toute partie doit constituer un avoué. Cependant il est certains cas, tout à fait exceptionnels, dans lesquels la loi n'exige pas, ou même ne permet pas les constitutions d'avoués: ce sont, en général, les affaires qui intéressent l'État. Ceci, du reste, demande quelques explications.

Je vous ai déjà dit qu'un décret du 3 brumaire an II, rendu en exécution de la partie judiciaire de la constitution de 1793, avait supprimé les avoués (n° 67). Cependant, malgré cette dispense d'intermédiaires légaux que les textes n'exi geaient plus, il arriva presque continuellement que les parties se faisaient représenter ou assister, en justice, de mandataires volontaires, appelés dans l'usage *défenseurs officieux ;* vous trouvez encore cette qualification dans l'art. 1597 du Code civil.

Sous l'empire de cette législation, un arrêté du Directoire, du 18 thermidor an IV, décida que l'État ne devait pas se faire représenter, devant les tribu naux, par des défenseurs officieux, puisque l'État a un représentant devant les tribunaux : c'est le ministère public.

En vertu de cet arrêté, dans les causes où l'État se trouvait partie, il avait pour défenseur légal l'officier du ministère public auquel le préfet transmet tait un mémoire contenant les moyens de défense de l'État. Telle était, par exemple, la procédure forcément suivie dans les cas prévus par le § 1er de l'art 69, dans les contestations dirigées par l'État ou contre lui à raison des domai nes et droits domaniaux.

Aucune difficulté ne s'éleva sur l'application de cet arrêté jusqu'au rétablis sement des avoués par la loi du 27 ventôse an VIII, lorsque le Consulat succéda au Directoire; alors les avoués reçurent le privilège exclusif de postuler et de conclure dans toute espèce d'affaire, et le texte du décret n'en excluait pas même les causes qui intéressaient l'État; il était muet à cet égard. De là on

---

(1) * Les tribunaux annulent, en effet, ou valident, suivant les circonstances. V. pour la nullité, Limoges, 6 février 1841. — Rennes, 21 octobre 1816. — Pour la validité; Gre noble, 6 décembre 1814. — Cass., 15 mai 1836 (Dall. *Rép.*, v° *Exploit*, n°° 635, 636).

fut amené à se demander si la marche de procédure indiquée par l'arrêté du
10 thermidor an IV, devait être encore applicable depuis la loi de ventôse an
VIII; en d'autres termes, si la nécessité d'employer des avoués devait ou non
s'appliquer aux affaires qui intéressaient l'État.

La jurisprudence se partagea dans l'origine sur cette question, plus tard in-
tervint le Code de procédure mis en exécution le 1er janvier 1807 ; et l'art. 1041
de ce Code vint redoubler les doutes sur la même question, en prononçant l'a-
brogation des lois, des réglements, des usages antérieurs, relatifs à la procédure
civile. Or, dit-on, l'arrêté de thermidor an IV, est évidemment un règlement
relatif à la procédure civile, règlement compris dans l'abrogation générale
prononcée par l'art. 1041 ; donc l'État, comme les particuliers, doit nécessairement se faire représenter en justice par un avoué.

Cependant, une doctrine contraire a prévalu, et elle se fonde sur un avis du
conseil d'État, postérieur de peu de mois à la publication du Code de procédure ; la question lui fut formellement soumise, et voici comment il la
décida.

« Le conseil d'État, — vu ledit article 1041 du Code de procédure civile, —
est d'avis que l'abrogation prononcée par cet article ne s'applique point aux
lois et règlements concernant la forme de procéder relativement à la régie
des domaines et de l'enregistrement. »

Le conseil d'État motivait son avis du 1er juin 1807 sur ce que l'abrogation
prononcée par l'art. 1041 ne s'appliquait qu'aux lois, règlements et usages généraux, aux lois, règlements et usages de droit commun, sur la procédure
civile; qu'à l'égard des points de procédure déterminés pour des cas et par
des règlements spéciaux, ces règlements restaient en pleine vigueur, malgré
l'art 1041 ; que dans les affaires qui intéressent le gouvernement, il a toujours été regardé comme nécessaire de s'écarter de la loi commune par des
lois spéciales, soit en simplifiant la procédure, soit en prescrivant des formes
différentes; qu'on ne trouvait dans le nouveau Code aucune disposition qui
pût suppléer ou remplacer ces règlements spéciaux ; qu'en conséquence, il y
avait pour l'État, non pas prohibition, mais tout au moins dispense de se faire
représenter par les avoués, officiers ministériels imposés seulement aux
parties.

En nous résumant sur ce point, nous dirons que, dans les causes qui intéressent l'État, le domaine, le préfet peut, à son gré et suivant l'urgence des
cas, constituer avoué ; qu'en un mot cette constitution, imposée nécessairement aux parties, est absolument facultative de la part de l'État ; mais que,
dans les cas mêmes où le préfet ne constitue pas avoué, et suit, pour l'instruction de l'affaire et la défense de l'État, les formes tracées par l'arrêté du 10 thermidor an IV, le particulier qui plaide contre l'État a toujours pour représentant nécessaire et légal son avoué.

Si, au contraire, il s'agit d'affaires relatives, non pas à la propriété des domaines de l'État, mais à des questions d'enregistrement, de revenus dominiaux
ou autres pareilles, alors on doit appliquer les règles spéciales tracées dans la
loi du 22 frimaire an VII, art. 55, d'après lesquelles les affaires de cette nature
se décident sans constitution d'avoué de la part de l'État, ni de son adversaire,
sans plaidoiries d'audience et sur de simples mémoires soumis à l'examen des

juges (1). Mais laissons de côté ces exceptions et rentrons dans la règle générale.

152. *La constitution de l'avoué qui occupera pour lui, et chez lequel l'élection de domicile sera de droit, à moins d'une élection contraire par le même exploit.* Ces derniers mots ne demandent pas de détails. Cette élection de domicile, ou légale, ou expresse, chez l'avoué constitué, ou, ce qui sera fort rare, chez un autre expressément désigné, donnera qualité à l'avoué, chez lequel le domicile est élu, pour recevoir, dans le cours de l'instance, toutes les sommations, toutes les communications que la loi ne prescrit pas impérativement de signifier à la partie en personne ou à son domicile.

* L'élection de domicile ne peut, d'ailleurs, suivant moi, suppléer à la constitution d'avoué (2). *

153. § 3. *Les noms, demeure et immatricule de l'huissier.* Il n'y a rien dans ce paragraphe qui ne ressorte des idées générales que nous avons reconnues tout à l'heure comme résultant de la nature même de l'ajournement. Il faut que l'officier par lequel l'exploit est remis fasse connaître au défendeur la qualité qui lui donne droit de remettre un acte de cette nature. C'est ce qu'il fera en déclarant qu'il est inscrit sous tel numéro, patenté tel jour, comme ayant le droit d'exercer dans le ressort de tel tribunal.

154. *Les noms et demeure du défendeur.* Le texte paraît indiquer encore ici les prénoms du défendeur. Exigence utile, mais un peu sévère dans certains cas, parce qu'il n'est pas toujours possible au demandeur de connaître, d'une manière précise, les prénoms du défendeur. Du reste, la loi n'exige pas la mention de la profession du défendeur : le demandeur connaît la sienne, il peut ignorer celle de son adversaire, ou même ignorer si son adversaire a une profession.

Et mention de la personne à laquelle copie de l'exploit sera laissée. Cette dernière mention est fort importante ; cependant les détails que j'ai à vous présenter sur la nécessité et sur la sanction de cette règle se placeront naturellement sous l'art. 69 (n° 170).

155. § 4. *L'objet de la demande, l'exposé sommaire des moyens.* Voilà encore une formalité qui résulte directement de la nature, du but même de l'exploit d'ajournement. Entendons-la cependant avec précaution, en lui appliquant ce que nous avons dit touchant la date. Si, par exemple, l'huissier avait omis d'indiquer dans le corps même de l'exploit, soit l'objet de la demande, soit le précis des moyens, mais que cette demande ou ces moyens se trouvassent indiqués déjà dans la mention de non-comparution, ou dans le procès-verbal de non-conciliation copié en tête du même exploit en vertu de l'art. 65, il est clair que le but de la loi serait rempli, le défendeur, en recevant cet exploit, a été suffisamment averti de l'objet de la demande et de l'exposé des moyens.

_____

(1) * Voy. aussi la loi du 23 août 1871, art. 13. *

(2) * La jurisprudence est partagée sur cette question. V. les nombreux arrêts en sens divers dans le *Rép.* de Dall., v° *Exploit*, n° 624 et suiv. V. aussi C. de Toulouse, 6 août 1848 (Dall., 1848, 2, 200). — Contre notre opinion, C. de Dijon, 16 janvier 1865 (Dall. 1865, 2, 72). Caen, 21 janvier 1867) (Dall., 68, 2, 109). *

Mais si la demande n'est pas suffisamment précisée, l'exploit peut être annulé (1).

156. § 5. *L'indication du tribunal qui doit connaître de la demande.* L'indication du tribunal devant lequel on porte la demande est encore absolument essentielle à l'existence même de l'ajournement. Cette nécessité est de telle nature que, bien que l'ancienne ordonnance de 1667, sur la procédure civile, eût oublié d'exiger dans les ajournements l'indication précise du tribunal, la jurisprudence n'avait pas hésité à suppléer à l'omission du législateur et prononçait, malgré le silence de la loi, la nullité des ajournements dans lesquels cette mention ne se trouvait pas.

157. *Et du délai pour comparaître.* La fixation précise du jour de la comparution résulte de l'idée, parlons mieux, du nom même d'*ajournement* qui n'est autre chose, au fond, que l'indication du jour auquel on doit comparaître. Cependant, relativement à ces derniers mots, il paraît s'être établi une jurisprudence assez facile, assez relâchée. Voici dans quel cas. Un exploit est remis conformément à toutes les formalités que nous venons de parcourir jusqu'ici ; il est remis, par exemple, le 1ᵉʳ février ; au lieu de déclarer qu'il est donné au défendeur pour comparaître le 10, ce qui est le délai ordinaire, le délai de huitaine franche, ou pour comparaître à la huitaine de la loi, ce qui est la même chose, et tout aussi clair, le demandeur, ou l'officier ministériel rédacteur s'est borné à dire que l'assignation est donnée pour comparaître dans les délais de la loi. Cette formule est-elle suffisante ? doit-elle, au contraire, entraîner la nullité de l'ajournement ? On a maintes fois déclaré valables des ajournements donnés à l'effet de comparaître dans le délai de la loi.

Il est difficile d'adopter une pareille opinion : la loi commande impérieusement au demandeur de faire connaître le délai de la comparution ; me renvoyer à la loi, me forcer à chercher dans le Code quels peuvent être ces délais, qui d'ailleurs ne sont pas toujours bien précis, bien déterminés, ce n'est pas m'indiquer le délai, le jour auquel je dois comparaître. Avec cette doctrine, on irait beaucoup plus loin. En effet, notre dernier paragraphe n'exige pas seulement l'indication du délai pour comparaître, il veut aussi qu'on indique le tribunal devant lequel la demande sera portée. Validerait-on par hasard un exploit ainsi conçu : *Pour comparaître, dans le délai de la loi, devant le tribunal compétent ?* Certainement non ; quand la loi veut qu'on m'indique le tribunal devant lequel il me faut comparaître, il est impossible d'admettre que ces expressions vagues, insignifiantes, *devant le tribunal compétent,* puissent me suffire ; si l'indication générale du tribunal ne suffit pas, l'indication vague, générale du délai ne doit pas suffire davantage. Peut-être opposerait-on cet adage trivial : que nul n'est censé ignorer la loi, et que la loi, dans l'art. 72, détermine elle-même quel est le délai ordinaire des ajournements. La réponse est bien facile ; cette règle, vraie ou fausse, est évidemment sans application ici ; la loi ne suppose pas que je sois tenu de la connaître, puisqu'elle commande précisément au demandeur de m'indiquer, à moi, défendeur, devant quel tribunal et à quel délai je

(1) V. C. de Dijon, 3 février 1870 (Dall., 1871, 2, 163). — Orléans, 3 juillet 1872. (Dall., 1873, 2, 12).

dois comparaître. Cependant, je vous le rappelle, la jurisprudence, à cet égard, s'est montrée assez facile, et elle a plusieurs fois validé de tels exploits (1).

➤ **158.** « Art. 62. Dans le cas de transport d'un huissier, il ne lui sera payé pour tous frais de déplacement qu'une journée au plus. »

Ceci est absolument étranger à la forme des exploits d'ajournement : ce n'est qu'une mesure d'économie, destinée à prévenir certains abus assez fréquents dans l'ancienne jurisprudence. Vous voulez, par exemple, faire assigner un adversaire domicilié soit dans la ville où vous habitez vous-même, soit dans une ville plus ou moins éloignée. Il est d'abord évident que vous ne pouvez employer, pour remettre cette assignation, qu'un huissier de l'arrondissement dans l'étendue duquel est domicilié votre adversaire ; ceci n'est pas une affaire d'économie, mais une affaire de compétence ; un huissier n'a pas qualité pour instrumenter hors de son arrondissement. Mais, dans l'étendue de cet arrondissement, avez-vous pleine liberté dans le choix de l'huissier que vous chargez d'assigner? Oui et non : oui, en ce sens que l'assignation remise à l'adversaire, à personne ou à domicile, par un huissier de l'arrondissement dans lequel cet exploit est remis, sera évidemment valable, puisque l'huissier est compétent ; mais, non, en ce sens que vous ne pourrez pas toujours vous faire rembourser par votre adversaire tous les frais de transport de l'huissier que vous avez ainsi choisi. Pour signifier, par exemple, un exploit d'ajournement au défendeur, vous allez choisir un huissier qui habite à huit ou dix lieues de son domicile ; pouvez-vous faire supporter à votre adversaire les frais de voyage de cet huissier, les frais d'aller et de retour que ce voyage a nécessités? Non, et tel est le but de l'art. 62. La loi n'alloue jamais à la partie, et à l'huissier lui-même, que les frais d'une journée de transport, frais déterminés par l'art. 66 du tarif.

➤ **159.** « Art. 63. Aucun exploit ne sera donné un jour de fête légale, si ce n'est en vertu de permission du président du tribunal. »

Les fêtes légales sont déterminées par des lois spéciales. Un arrêté du 29 germinal an X, détermine les fêtes religieuses spéciales. Il y a quatre fêtes religieuses spéciales, l'Ascension, l'Assomption, la Toussaint et Noël, qui, outre les dimanches, sont considérées comme fêtes légales, et dans lesquelles aucune signification, aucune exécution ne peut être faite. De plus, un avis du conseil d'État du 20 mars 1810 considère comme fête légale le premier jour de l'an.

La disposition de notre art. 63 intéresse la validité même de l'exploit, et, dans le silence de la loi, nous avons à nous demander quel serait le sort d'un exploit d'ajournement signifié un jour de fête légale, au mépris de l'art. 63. Le doute

(1) * J'adopterais volontiers l'opinion de la jurisprudence. Il n'y a pas d'ailleurs d'analogie entre l'indication du délai et celle du tribunal compétent. Le défendeur, qui reçoit la copie de l'exploit d'ajournement, ne peut savoir quel tribunal paraît compétent au demandeur, la question de compétence peut soulever de graves difficultés ; il peut même y avoir deux tribunaux compétents (art. 59, 2ᵉ et 4ᵉ alinéa). Mais il n'y a pas deux manières de compter le délai fixé par l'art. 72. L'opinion que j'adopte a complètement prévalu devant les tribunaux. V. les nombreux arrêts rapportés par Dalloz, *Rép.*, vᵒ *Exploit*, n. 540 et Cass., 6 décembre 1876 (Dall., 1877, 1, 55). V. les autorités dans le sens de Boitard (Dalloz. *loc. cit.*, n. 536, 537).

pourrait résulter d'un texte que j'ai déjà cité (V. n° 111), c'est celui de l'art. 1030, d'après lequel aucun acte de procédure, aucun exploit ne peut être annulé, si ce n'est dans le cas où la loi prononce expressément la nullité. Or, ici la loi, en prohibant la remise de l'exploit aux jours qu'elle indique, ne prononce pas la nullité d'une manière formelle. Cependant on décide généralement (1) qu'un ajournement remis, sans permission du président un jour de fête légale, au mépris de l'art. 63, peut et doit être annulé, nonobstant l'art. 1030. En effet cet article doit se restreindre aux omissions, dans le corps d'un exploit ou d'un acte, d'une formalité, d'une mention exigée par la loi sans prononcer la nullité. Ici la nullité tient à un motif d'ordre public, et non pas à un vice de rédaction : la loi ne présume pas qu'un exploit signifié un jour de fête légale ait pu parvenir sûrement à la personne à laquelle il s'adressait ; elle considère l'huissier comme sans pouvoir, comme sans qualité pour signifier l'exploit un tel jour. C'est par ces raisonnements qu'on écarte de ces cas l'application de l'art. 1030.

160. La loi garde le silence sur le moment et le lieu où l'assignation peut être remise. Cependant, dans l'ancienne jurisprudence, on annulait l'exploit signifié à la personne du défendeur en certains lieux, par exemple dans l'auditoire d'un tribunal, pendant la durée de ses séances, dans une Bourse, pendant la durée de la Bourse, dans un édifice consacré au culte, pendant la durée des cérémonies religieuses. Les mêmes prohibitions avaient été proposées dans le texte du projet du Code, elles ont été rejetées ; d'où il résulte clairement qu'un exploit peut être signifié à la personne du défendeur, en quelque lieu et à quelque moment que ce soit ; qu'il peut être signifié, par exemple, à l'auditoire d'un tribunal, pendant la durée même de ses séances, sauf, bien entendu, à prendre les mesures de répression et de discipline contre la partie ou l'huissier pour qui cette remise aurait été une occasion de trouble et de désordre.

La prohibition de l'ancienne jurisprudence n'a été reproduite par le Code que dans un cas unique, dans l'art. 781 relatif à la contrainte par corps ; on y déclare que le débiteur ne pourra être arrêté, dans les édifices consacrés au culte, pendant les exercices religieux, dans le lieu et pendant les séances des autorités constituées. On comprend aisément les motifs de l'exception. Un exploit ordinaire, un simple ajournement, peut se signifier sans le moindre désordre dans un édifice religieux ou dans le siège des séances d'une autorité publique ; mais il est difficile d'espérer qu'une arrestation puisse être exercée sans quelques tentatives de résistance, qui seraient une cause de désordre : de là la prohibition de l'art. 781.

➤ **161.** « Art. 64. En matière réelle ou mixte, les exploits énonceront la nature de l'héritage, la commune, et, autant que possible, la partie de la commune où il est situé, et deux au moins des tenants et des aboutissants ; s'il s'agit d'un domaine, corps de ferme ou métairie, il suffira d'en désigner le nom et la situation ; le tout à peine de nullité. »

_____

(1) Il y a au moins autant d'autorités en faveur de l'opinion contraire, qui paraît même avoir prévalu dans la jurisprudence. V. les nombreux arrêts, dans les deux sens (Dalloz, *Rép.*, v° *Exploit*, n. 358, 359). — J'inclinerais vers l'opinion opposée à celle de Boitard. Si la défense était d'ordre public, le président ne pourrait pas y déroger. *

Le but de cet article est de faire connaître précisément la nature et la situation de l'objet revendiqué; d'éviter, autant que possible, la confusion à laquelle pourraient donner lieu des désignations incomplètes.

* Pour désigner une maison, il me semble plus utile d'indiquer la rue et le
numéro que deux des tenants et aboutissants. Aussi le nouvel art. 675, Code
proc. (loi du 2 juin 1841), n'exige-t-il la désignation de la maison saisie, par les
tenants et aboutissants, que si on ne peut indiquer la rue et le numéro.

Je crois de même qu'ici on ne devrait pas annuler un exploit qui désignerait la maison par la rue et le numéro, indication plus précise que celle de
deux des tenants et aboutissants. *

⇛→ **162.** « Art. 65. Il sera donné, avec l'exploit, copie du procès-verbal de non-
conciliation, ou copie de la mention de non-comparution, à peine de nullité ; sera aussi
donnée copie des pièces ou de la partie des pièces sur lesquelles la demande est fondée;
à défaut de ces copies, celles que le demandeur sera tenu de donner dans le cours de
l'instance n'entreront point en taxe. »

Dans sa première partie, l'art. 65 veut qu'il soit donné copie, avec l'exploit,
de la mention de non-conciliation ou de non-comparution au bureau de paix.
Le but de cette disposition est facile à saisir. Nous avons vu qu'aucune demande
ne peut être reçue, si la conciliation n'a pas été tentée : il faut donc que le défendeur et le ministère public soient mis en mesure de vérifier si cette formalité préliminaire a été observée. De même, pour le cas de non-comparution,
nous avons vu, sur l'art. 56, que celle des parties qui ne comparaissait pas
encourait une amende, avant le payement de laquelle elle ne pouvait obtenir
aucune audience. De là obligation, à peine de nullité, de faire mention de la
non-conciliation ou de la non-comparution.

⇛→ **163.** La seconde partie du même article mérite plus d'attention, quant
à ses motifs, mais n'est pas du reste prescrite sous la même peine. Je dois
donner copie, avec mon exploit d'assignation, soit des pièces, soit de la partie
des pièces qui servent de base à ma demande. La raison en est fort simple.
Vainement ferai-je connaître les moyens ou l'exposé sommaire des moyens
sur lesquels je fonde ma demande, si je n'y joignais aussi les pièces qui appuient ces moyens, et qui, peut-être, détermineront mon adversaire à céder
ou à se défendre.

Du reste, je ne devrai pas faire copier d'un bout à l'autre les pièces sur lesquelles je m'appuie. Par exemple, je forme une demande en délivrance d'un
legs, en vertu d'un testament ; il est clair qu'il ne sera pas nécessaire de copier,
d'un bout à l'autre, le testament dans lequel je prétends avoir reçu ce legs; je
ne devrai copier que partie du testament. Mais quelle partie? Il ne suffira pas
sans doute, de relater, dans les copies de pièces que je fais signifier à l'héritier que j'attaque, les lignes du testament dans lesquelles tel ou tel legs m'est
laissé ; je devrai donner copie de toute la partie générale du testament. Ainsi,
agissant en vertu d'un testament par acte notarié, je devrai relater dans ma
copie le préambule du testament, le nom du notaire, des témoins, et la mention faite par le notaire de l'accomplissement de toutes les solennités aux-

quelles est subordonnée la validité du testament. C'est en ce sens que je dois signifier la copie de partie des pièces sur lesquelles la demande est fondée.

Du reste, si cette signification a été omise, il ne s'ensuit pas que l'exploit d'ajournement soit nul; seulement, dit la loi, *à défaut de ces copies, celles que le demandeur sera tenu de donner dans le cours de l'instance n'entreront point en taxe;* c'est-à-dire que les frais de ces copies tardives, que j'aurai signifiées dans le cours de l'instance, ne pourront être répétés par moi contre le défendeur, dans le cas même où il succomberait. On veut éviter que, par malice et après coup, je ne fasse signifier à mon adversaire des copies de pièces qui ne seraient pas indispensablement nécessaires au succès de ma demande, et que je ne lui fasse supporter ainsi les frais d'une double signification.

164. Quels sont d'ailleurs le motif et le mérite de cette seconde disposition de l'art. 65? Elle a été empruntée par le Code, mais avec moins d'étendue, comme nous le verrons bientôt, à l'ordonnance de 1667; elle y formait l'art. 6 du titre II. En présentant cet article à la commission chargée d'examiner le projet de cette ordonnance, commission composée de magistrats du parlement de Paris, l'un des rédacteurs de ce projet, M. Pussort, disait que cette obligation imposée au demandeur de donner dès l'origine copie des titres sur lesquels il se fondait, avait pour but, d'abord, de simplifier ou même de prévenir les procès; que, dans nombre de cas, le défendeur acquiescerait à la demande, en recevant ainsi, dès le principe, copie des titres du demandeur; que, convaincu par là du fondement du droit du demandeur, il ne s'exposerait pas à des frais par une résistance inutile. Secondement, il ajoutait que cette disposition avait encore pour but de rendre plus sérieuse, plus complète, la réponse du défendeur; qu'en effet, si vous vous bornez à faire connaître à votre adversaire l'objet de votre demande et l'exposé sommaire de vos moyens, ces indications ne lui suffiront pas pour discuter pleinement le mérite de cette demande; qu'il faut de plus le mettre à même de juger de la validité, de la puissance de ces moyens, d'en trouver et d'en démontrer, s'il y a lieu, le côté faible, en lui faisant connaître tous les titres, toutes les pièces sur lesquelles vous les appuyez. En un mot, M. Pussort présentait cette disposition de l'ordonnance, comme un corollaire naturel de l'obligation imposée au demandeur par l'ordonnance, et maintenue par le Code, de faire connaître l'objet de la demande et l'exposé sommaire de ses moyens.

Cependant, quelque graves, quelque sages que paraissent ces raisons, elles trouvèrent dans la commission d'assez nombreux adversaires et notamment le premier président du parlement de Paris, M. de Lamoignon. Il opposait que presque toujours ces copies de titres seraient illusoires et vaines dans la pratique, parce que le demandeur pourrait a son gré les faire trop courtes, c'est-à-dire ne donner que des extraits incomplets, dissimuler au défendeur le côté faible de ses titres ou de ses moyens; et qu'en sens inverse, le demandeur pourrait multiplier vainement les écritures et écraser son adversaire de frais, en l'accablant de copies inutiles. Il proposait donc de supprimer tout à fait cette exigence, de rayer cette disposition, et disait que la communication, entre les parties, des originaux des titres serait à la fois plus sûre, moins coûteuse, et remplirait absolument le même but que la signification des copies.

Toutes ces observations n'étaient, je crois, que spécieuses, et c'est avec raison que la disposition primitive a été maintenue et dans l'ordonnance et dans le Code. En effet, suppose-t-on que le demandeur, comme le craignait M. de Lamoignon, signifie des copies trop courtes ou incomplètes ? Le remède se trouve à la fois et dans l'ordonnance et dans le Code ; les suppléments de copies, les nouvelles copies qu'il sera tenu de signifier plus tard n'entreront pas en taxe. Telle est la dernière disposition de notre article : c'est-à-dire que, quand même le demandeur gagnerait, il ne pourrait pas répéter contre son adversaire les frais de ces copies tardives ou des suppléments de copies signifiés trop tard. Que si, au contraire, il se plaît à multiplier vainement ces significations, s'il communique à l'adversaire des copies plus longues que celles qui sont nécessaires, des titres ou des parties de titres étrangers à la demande, ils sont encore retranchés de la taxe comme écritures frustratoires.

Ajoutez encore que la communication des originaux que proposait M. de Lamoignon n'atteint que fort imparfaitement le but du législateur ; cette communication est nécessairement courte, passagère ; le demandeur ne peut laisser que pendant quelques instants, pendant quelques jours, les originaux de ses titres sous les yeux et dans les mains de son adversaire ; or, dans le cours d'un procès, il est important, il est nécessaire d'avoir constamment sous la main la copie des pièces sur lesquelles votre adversaire s'appuie. C'est donc, je crois, avec grande raison, sauf des abus qu'il est facile de réprimer dans la pratique, que le système primitif a prévalu, et que l'obligation de signifier, avec la demande, les titres ou parties des titres qui lui servent de base, a été maintenue.

J'ai dit, au reste, que le Code n'avait emprunté cette disposition de l'ordonnance qu'avec un peu moins d'étendue, au moins dans les termes. En effet, l'ordonnance ajoutait encore que les frais d'écritures et de réponses nécessitées, de la part du défendeur, par ces significations tardives seraient à la charge du demandeur sans répétition. Vous comprenez aisément le sens et la sagesse de ces derniers mots. Nous verrons, qu'immédiatement après l'ajournement, un des premiers actes du défendeur attaqué est de signifier au demandeur une requête dans laquelle il présente les moyens de sa défense, de même que, dans l'assignation, ont été exposés les moyens de la demande. Or il est clair que si, dans l'assignation, vous ne m'avez fait connaître qu'une partie de vos moyens, si, surtout, à l'appui de cette demande, vous ne m'avez signifié qu'une copie de partie de vos titres, la signification que vous me ferez plus tard des autres titres, des autres pièces que vous invoquerez contre moi, nécessitera de ma part de nouvelles écritures, de nouvelles défenses ; il ne serait pas juste de laisser à ma charge, quand même je succomberais, les frais d'une double écriture de défenses, puisque, dès l'origine, il ne tenait qu'à vous de m'épargner ces frais en me signifiant des pièces incomplètes.

Malgré le silence du Code, le pouvoir des juges dans le règlement des taxes pourrait et devrait aller encore jusqu'à laisser à la charge du demandeur, quand même il triompherait dans le procès, non seulement, comme le dit expressément le Code, les frais de ces significations tardives, mais aussi, et par une raison tout à fait identique, les frais des écritures nécessitées par ces significations faites trop tard dans le cours du procès.

Au reste, cet article doit s'entendre avec la réserve qu'il faut toujours mettre dans l'application des lois. Ainsi, bien que la loi déclare qu'en principe les significations de copies de pièces postérieures à la demande n'entreront point en taxe, ces significations faites même dans le cours de l'instance, pourront et devront entrer en taxe, lorsque les accidents imprévus que soulève à chaque pas l'instruction d'un procès auront fait surgir la nécessité de significations sur lesquelles, dans le principe, on n'avait pas dû compter ; lorsqu'une pièce, qui, au premier aspect, était inutile, étrangère à la demande, sera devenue nécessaire par suite d'un des mille autres incidents qui peuvent éclater dans le cours d'une instance. C'est ce qu'on avait prévu dans la discussion de l'ordonnance de 1667. Un des présidents du parlement faisait remarquer qu'en plaidant, le droit s'accroît ; c'est-à-dire, qu'en plaidant, l'aspect de la cause change fréquemment, grandit et s'élargit. Alors évidemment on ne devra pas appliquer aux significations devenues nécessaires la disposition finale de notre art. 65.

165. J'ajouterai qu'il faut joindre à cette disposition une prescription purement fiscale, mais qu'il est bon de connaître : c'est qu'il est défendu, et spécialement aux avoués, aux huissiers, etc., de faire usage en justice de pièces qui n'auraient pas été enregistrées (L. 22 frimaire an VII, art. 23). Vous savez que l'enregistrement est, en général, une formalité fiscale, quoique ayant quelquefois, dans le droit civil, un effet important (art. 1328, C. C.). Ainsi, les copies de pièces dont il est ici question ne pourront être faites par l'huissier ou par l'avoué que sur des actes enregistrés ; mais cette omission n'influe en aucune sorte sur la validité de l'ajournement, et ne donne lieu qu'à une amende.

➤ **166.** « Art. 66. L'huissier ne pourra instrumenter pour ses parents et alliés, et ceux de sa femme en ligne directe à l'infini, pour ses parents et alliés collatéraux, jusqu'au degré de cousin issu de germain inclusivement ; le tout à peine de nullité. »

Le motif de cette disposition est de la plus claire évidence ; l'huissier est à la fois et l'instrument et le certificateur de la remise de l'exploit ; quand il atteste avoir remis l'exploit d'ajournement dans les mains de telle personne, ou à son domicile, à tel lieu, à telle époque, il en est cru jusqu'à inscription de faux : car il est officier public, imprimant, en cette qualité, le caractère authentique aux actes de son ministère. Il est donc de toute raison que la loi repousse comme suspect le témoignage domestique que l'huissier rendrait ainsi aux siens, attestant avoir signifié à leur adversaire, et dans leur intérêt, un exploit ou tout autre acte de son ministère.

Ce motif indiqué, la peine de nullité, que la loi prononce, s'explique aussi fort aisément.

Si l'huissier ne peut instrumenter pour ses parents et alliés, ou même pour ceux de sa femme, jusqu'au degré assez éloigné que la loi vous indique, à plus forte raison ne peut-il instrumenter pour lui-même. Quoique la loi n'en dise absolument rien, on n'hésiterait pas à prononcer la nullité d'un exploit rédigé et signifié par un huissier contre celui qu'il attaquerait lui-même, en son propre et privé nom. Le cas s'est présenté quelquefois, et il n'y a eu aucune difficulté.

Du reste, si l'huissier est privé par la loi du droit d'instrumenter pour ses parents au degré que la loi désigne, il n'est nullement privé de celui d'instrumenter contre eux ; toutes les craintes de falsification, de collusion qui peuvent s'élever dans le cas prévu par le texte, sont tout à fait étrangères au cas où il instrumente contre un de ses parents.

⇛→ 167. La disposition de l'art. 67 est encore purement réglementaire, mais son omission n'entraîne pas la peine de nullité de l'exploit.

« Art. 67. Les huissiers seront tenus de mettre à la fin de l'original et de la copie de l'exploit le coût d'icelui, à peine de cinq francs d'amende payables à l'instant de l'enregistrement. »

Cette disposition a pour but, d'abord, d'établir d'une manière précise, dès le principe, quel est le montant du coût de l'exploit que le demandeur, s'il triomphe en définitive, pourra répéter contre le défendeur comdamné aux frais de l'instance, en vertu de l'art. 130 (C. p.). Elle a pour but aussi d'empêcher que l'huissier n'exige de la partie un droit supérieur à celui que lui alloue le tarif, et de le forcer lui-même, en déclarant le droit qu'il a touché, à se mettre immédiatement sous la surveillance et la censure du tribunal, s'il a perçu un droit trop considérable.

A cet article vous devez joindre l'art. 66 du tarif, qui frappe d'une autre peine l'huissier, soit pour avoir exigé des droits plus forts, soit pour avoir négligé de faire mention des droits perçus. Cet art. 66, dans ses deux derniers paragraphes, porte : « Les huissiers qui seront commis pour donner des ajournements, faire des significations de jugements et de tous autres actes ou procéder à des opérations, ne pourront prendre de plus forts droits que ceux énoncés au présent tarif, à peine de restitution et d'interdiction. — Les huissiers qui auront omis de mettre au bas de l'original et de chaque copie des actes de leur ministère la mention du coût d'icelui, pourront, indépendamment de l'amende portée par l'art. 67 du Code de procédure, être interdits de leurs fonctions sur la réquisition d'office des procureurs généraux impériaux, » * V. la loi de finance du 29 décembre 1873 qui modifie le mode de perception des droits de timbre sur les actes de procédure, et le décret du 30 décembre 1873 rendu en exécution de ladite loi de finances. *

⇛→ 168. *A peine de cinq francs d'amende*, PAYABLES A L'INSTANT DE L'ENREGISTREMENT. Ces derniers mots se rattachent à une disposition fiscale aussi, mais qui, par ses conséquences, est beaucoup plus importante que celle dont nous avons parlé sur l'art. 65.

Dans l'ancienne jurisprudence, et même sous l'empire de l'ordonnance de 1667, les huissiers ne procédaient pas seuls à la remise, à la pose des exploits qu'ils étaient chargés de signifier. Ainsi l'ordonnance de 1667, conformément à l'usage antérieur, voulait que les exploits d'ajournement ne pussent être valablement signifiés que par un huissier, assisté de deux recors ou témoins (*recors*, du mot latin *recordari*, se souvenir), destinés à attester plus tard, en cas de contestation, la sincérité des déclarations faites par l'huissier. En lui-même le motif de cette disposition était fort sage : cependant elle trouva aussi des adversaires assez vifs lorsqu'il fut proposé de la reproduire dans l'ordonnance

On objectait, et avec raison, que ces recors ou témoins, assistants obligés de l'huissier, étaient assez habituellement dans sa dépendance, et ne garantissaient, par conséquent, que d'une manière très faible et très douteuse la vérité des attestations énoncées dans l'ajournement; que, malgré la précaution des recors, on avait vu fréquemment des exploits d'ajournement soufflés, c'est-à-dire, non remis ou faussement déclarés remis à la partie ; que, de plus, l'assistance obligée des recors était une source de dépenses considérables ; qu'au lieu de payer simplement la vacation de l'huissier, il fallait payer, en outre, la vacation de deux recors, ce qui était tripler les frais ; que cet inconvénient devenait énorme, quand l'huissier avait un voyage à faire pour aller remettre l'exploit, puisqu'il fallait payer le déplacement, le transport et la journée de trois personnes. Cependant l'ordonnance de 1667 avait maintenu la nécessité des recors ; mais cette exigence peu raisonnable ne fut pas de longue durée, et, deux ans après, un édit de 1659 supprima l'usage des recors, autorisa les huissiers à signifier, seuls, sans témoins, les exploits d'ajournement, et substitua à la garantie des recors la formalité du contrôle.

Ce contrôle n'était guère autre chose que ce n'est actuellement notre enregistrement des exploits ; c'était l'insertion sommaire sur des registres publics de la substance de l'exploit signifié par l'huissier. Mais il est à remarquer que cette formalité du contrôle, substituée en 1669, à titre de garantie nouvelle, aux recors qu'on supprimait, n'a nullement rempli, et ne pouvait pas remplir le but qu'atteignait bien ou mal l'assistance des recors. En effet, le contrôle ou la mention sur un registre public de la remise d'un exploit n'atteste en aucune façon la vérité, la sincérité de cette remise ; elle atteste uniquement qu'un orginal d'exploit a été présenté par l'huissier dans les bureaux du contrôle ; elle n'atteste en aucune sorte ni la sincérité ni l'époque de la remise de la copie ; elle n'atteste pas même l'existence de cette copie. Supposez qu'un huissier a déclaré faussement avoir signifié un exploit d'ajournement ; il lui est très facile de présenter l'original de l'ajournement au contrôle, sans que réellement il ait jamais signifié ni même rédigé de copie.

Cependant à cette formalité du contrôle les lois nouvelles ont substitué, en changeant seulement le nom, la formalité d'un enregistrement. D'après la loi de 22 frimaire an VII, sur l'enregistrement, art. 20, les exploits, les ajournements et actes d'huissiers doivent être, dans les quatre jours de leur date, présentés à l'enregistrement, le tout à peine de nullité de l'exploit, quelle qu'eût été, d'ailleurs, la régularité de sa rédaction et de sa signification. Il est entendu, et la loi l'ajoute, que, si l'exploit n'a pas été présenté à l'enregistrement dans les quatre jours, et qu'en conséquence il soit déclaré nul, l'huissier sera responsable de la nullité envers la partie. Mais, je le répète, l'enregistrement ne garantit ni l'existence ni surtout la remise de la copie dont on présente l'original.

SEPTIÈME LEÇON

DES AJOURNEMENTS (SUITE).

169. § 3. *De la remise des exploits d'ajournement* (art. 68 à 71).

« Art. 68. Tous les exploits seront faits à personne ou à domicile ; mais, si l'huissier ne trouve au domicile ni la partie ni aucun de ses parents ou serviteurs, il remettra de suite la copie à un voisin, qui signera l'original ; si ce voisin ne peut ou ne veut signer, l'huissier remettra la copie au maire ou adjoint de la commune, lequel visera l'original sans frais. L'huissier fera mention du tout, tant sur l'original que sur la copie. »

Avant d'entrer dans les détails assez étendus que nécessite l'explication de ce texte, rendons-nous d'abord compte du motif sur lequel il est fondé. Les précautions assez nombreuses dont l'art. 68 entoure la remise des exploits ont pour but d'assurer que l'ajournement parviendra réellement au défendeur, et qu'en conséquence, on ne sera pas exposé, par suite de la négligence ou de la mauvaise foi de l'huissier, à juger et à condamner un défendeur qui n'a pas été averti, et qui n'a pu se mettre en mesure de se défendre. Faire parvenir à la connaissance du défendeur tous les détails énoncés dans l'art. 61 ; tel est, en général, l'objet des formalités exigées par l'art. 68.

Remarquons d'abord que jusqu'ici, nous avons considéré l'exploit d'ajournement comme étant l'ouvrage de l'huissier qui le signifie. Cette idée est vraie en principe ; mais, en fait, il ne faut pas se l'exagérer. * Quelquefois, en effet, la partie s'adresse directement à un avoué ; mais peu importe, et la loi est muette et a dû rester muette à cet égard, peu importe sous quelle direction et par quels conseils a été rédigé l'exploit d'ajournement. Qu'importe de quelle main il a été écrit ; qu'il l'ait été de la main de l'huissier ou de celle d'un de ses clercs, de la main de l'avoué ou de celle d'un clerc de l'avoué, ou enfin de la main même de la partie qui demande, la chose est absolument indifférente. Il n'est pas douteux qu'un ajournement ne soit valable, quoique écrit, d'un bout à l'autre, de la main du demandeur. J'entends parler du corps de l'exploit ; comme la signature de l'huissier est au bas de l'acte, comme l'accomplissement des formalités prescrites pour la remise de l'exploit, des garanties exigées pour s'assurer que cet exploit parviendra au défendeur, est attesté par la signature de l'huissier qui s'approprie ainsi l'acte tout entier, qui assume sur sa tête la responsabilité tout entière, il n'y a pas à examiner de quelle main le corps de l'acte est rédigé ; l'exploit d'ajournement est toujours réputé l'œuvre de l'huissier qui le signe.

170. A qui, en quel lieu et comment l'exploit d'ajournement doit-il être signifié ? La réponse est dans l'art. 68.

Tous exploits seront faits à personne ou à domicile. D'abord, l'exploit peut être remis à la personne du défendeur, et, quand on le peut, il est évident que c'est le mieux ; aucun moyen ne garantit plus sûrement la connaissance des poursuites dirigées contre une personne que la remise de l'exploit à elle-même. Ainsi, qu'on lui remette l'exploit hors de son domicile, ou même hors de l'arrondissement qu'elle habite, la chose n'importe nullement ; l'exploit remis à la personne, en quelque lieu que ce soit, lui est parfaitement bien signifié (1).

(1) L'huissier doit mentionner qu'il a laissé copie à la personne elle-même. Il n'existe à cet égard aucune formule sacramentelle, c'est aux juges qu'il appartient d'apprécier si les expressions employées par l'huissier sont assez précises et répondent au vœu de la loi (Voy. Cass., 8 décembre 1868, Dall., 1869, 1, 24). *

Mais, ce mode de remise, qui est certainement le meilleur et le plus sûr, qui remplit au suprême degré le but du législateur, ne peut que bien rarement s'accomplir dans la pratique; aussi, aucune législation ne pourrait-elle exiger impérieusement que l'exploit fût remis à la personne. A part les mille accidents tout à fait fortuits qui empêcheront l'huissier de joindre le défendeur, il serait trop facile à celui-ci de se soustraire à toute poursuite en se dérobant à l'approche de l'huissier qui veut lui signifier un acte. Aussi, peut-on valablement signifier un acte au domicile d'une personne, même si on ne l'y rencontre pas.

Tous exploits seront faits à personne ou à domicile ; *mais si l'huissier ne trouve au domicile ni la partie...* Ainsi, même à son domicile, le but de la loi, c'est de remettre, si on le peut, la copie de l'exploit à la personne assignée. Cependant, il est à remarquer que le texte n'exige pas, à peine de nullité, que l'huissier, qui remet la copie de l'exploit à un parent ou serviteur de la personne assignée, déclare qu'il n'a pas pu la trouver elle-même à domicile. Certainement, la loi nous indique assez, par la forme de sa rédaction, qu'elle désire avant tout que, même à domicile, l'exploit parvienne directement à la partie ; mais elle ne fait pas de l'absence constatée ou déclarée du défendeur une condition nécessaire de la remise de l'exploit à l'un de ses parents ou serviteurs. Nous verrons qu'une marche contraire est suivie, quand, à défaut de parents ou serviteurs, on remet la copie à un voisin (n° 171) ; alors il faut accomplir des formalités toutes spéciales.

Ainsi, si l'huissier ne trouve pas la partie, il pourra, sans déclarer même cette absence, remettre valablement l'exploit à un de ses parents ou serviteurs, en mentionnant à qui il l'a remis. En effet, vous avez vu, dans le § 2 de l'art. 61, que l'exploit d'ajournement doit contenir, et à peine de nullité, la mention de la personne à laquelle la copie est laissée ; exigence reproduite d'ailleurs par les derniers mots de l'art. 68, qui ont même, comme vous le verrez bientôt, un peu plus de portée que ceux du § 2 de l'art. 61.

Ni aucun de ses parents ou serviteurs. On peut donc remettre valablement l'exploit à une personne comprise dans l'une de ces deux catégories. Mais, d'abord, par *parents* nous devons entendre ici, non pas toutes les personnes que le lien du sang unirait au défendeur, mais les personnes qui, unies avec lui par ce lien, demeurent d'habitude dans son domicile ; qu'en un mot, l'exploit ne pourrait pas être remis valablement à un parent trouvé par hasard, par exemple dans le cours d'une visite, au domicile du défendeur (1).

* Il faut que ces parents aient l'âge de raison. On ne peut poser, à cet égard, une limite précise et invariable. Les tribunaux apprécieront (2).

La copie d'un ajournement destinée à l'un des époux peut être remise à l'autre au domicile commun, à moins qu'il ne s'agisse d'un exploit signifié par le

---

(1) * La jurisprudence tend à admettre l'opinion contraire. Cass., 14 mai 1838 (Dalloz, *Rép.*, v° *Exploit*, n° 260). *

(2) * La C. de Montpellier, 27 décembre 1827, a annulé un acte dont la copie avait été remise à un enfant de sept ans et quatre mois (Dalloz, *Rép.*, v° *Exploit*, n° 255). La cour de Nîmes, confirmant un jugement du tribunal d'Orange, a validé une remise faite à un enfant de neuf ans, et la Cour de cassation a rejeté le pourvoi contre cet arrêt, 6 décembre 1852 (Dalloz, 1852, 1, 319). *

mari à la femme ou réciproquement, par exemple en matière de séparation de corps ou de biens. *

Quant au mot *serviteurs*, le but de la loi indique assez qu'il faut l'entendre ici avec une certaine latitude : que toutes les personnes demeurant avec le défendeur, et unies à lui par ces liens de dépendance, qui peuvent faire raisonnablement présumer que l'exploit laissé à l'un sera fidèlement transmis à l'autre, que toutes ces personnes ont qualité, ont capacité pour recevoir l'exploit des mains de l'huissier. Ainsi, dans ce sens, non seulement un domestique, un valet proprement dit, mais une foule de personnes qui, dans l'usage, ne sont pas et ne peuvent pas se comprendre sous l'acception du nom de serviteurs, recevront valablement l'exploit, par exemple un commis, un secrétaire, un bibliothécaire, en un mot, toutes les personnes qui reçoivent un salaire du défendeur avec lequel elles habitent. De même, dans une maison habitée par plusieurs locataires, on laissera valablement, et on laisse tous les jours l'exploit d'ajournement au concierge de la maison, quoiqu'il ne soit certainement le serviteur d'aucun des locataires en particulier, puisque ce n'est ni par eux qu'il est commis ni par eux qu'il est payé.

Ajoutons que, pour que la remise de l'exploit à l'un des parents ou serviteurs puisse être faite valablement, il faut qu'il soit trouvé dans la maison. Ainsi, si l'huissier, ne trouvant pas la personne à son domicile, trouvait dans la rue, dans le voisinage, un de ses parents ou serviteurs demeurant avec lui, il ne pourrait pas lui signifier la copie de son exploit : le texte de la loi est formel : pour remettre valablement copie aux parents ou aux serviteurs, il faut les trouver au domicile. Et le motif en est bien sensible. C'est que si vous leur remettez l'exploit à quelque distance, on aura la chance que cet exploit soit oublié, égaré, perdu ; en un mot, l'espoir conçu par la loi, que le parent ou serviteur remettra immédiatement la copie à l'intéressé, cet espoir n'est fondé que quand on le trouve au domicile, ce qui diminue infiniment les chances de perte ou d'oubli. C'était, au reste, l'ancienne idée, et on disait par exemple, que l'exploit devait être remis, en l'absence de la partie, *domo alicui ex familia*, à quelqu'un de ses domestiques, mais trouvé dans la maison, *in domo*.

Au reste, remarquez que la loi, en obligeant l'huissier, par les derniers mots de l'article, à faire mention du tout sur l'original et sur la copie, c'est-à-dire à mentionner entre autres à quelle personne il a remis l'exploit, n'exige pas que le nom de cette personne soit expressément désigné. Ainsi, il devra faire *mention du tout*, c'est-à-dire qu'il devra déclarer s'être conformé à telle ou telle des règles indiquées dans le corps de l'art. 68 : mais l'obligation dont nous parlons sera fidèlement accomplie, s'il déclare, par exemple, avoir remis l'exploit au domicile du défendeur entre les mains de son clerc, de son secrétaire, de son domestique, de sa servante ; il aura rempli le vœu de la loi, si, en déclarant d'abord qu'il a remis l'exploit au domicile, il indique clairement la qualité de la personne dans les mains de laquelle il l'a remis. Mais l'existence de la déclaration du domicile est nécessaire pour la validité de cette remise. Aussi déclare-t-on tous les jours valables des exploits remis à la servante et au domicile du défendeur, et déclare-t-on nulle la remise faite à une servante, à un domestique sans plus ample désignation (1).

Ce sont là des détails minutieux; mais les conséquences sont trop graves pour les négliger impunément.

171. Au contraire, si l'huissier ne trouve au domicile ni la personne ni ses parents ou serviteurs, il doit faire mention de cette circonstance de l'impossibilité où il se trouve d'effectuer la remise telle qu'elle est exigée par les premiers mots de notre article. Cette impossibilité une fois constatée, quelle voie la loi lui trace-t-elle pour garantir, autant que possible, que l'exploit parviendra directement à l'assigné?

Dans l'ancienne jurisprudence, et même sous l'empire de l'ordonnance de 1667, on voulait que l'huissier affichât la copie de son exploit à la porte du domicile, et que de plus il requît la signature du plus proche voisin de l'assigné; sauf, en cas de refus, à mentionner dans son exploit ce refus de signature. Cette précaution ou ce système était fort illusoire, et les commentateurs nous attestent que, dans la pratique, il arrivait tous les jours que les huissiers, ne trouvant personne au domicile, ou même n'ayant pas pris la peine de s'y transporter, déclaraient dans l'original avoir affiché la copie et requis vainement la signature du voisin, quoique, dans le fait, ils n'eussent fait ni l'un ni l'autre.

La législation moderne a pris un système beaucoup plus rationnel, qui ne donne pas la certitude, mais au moins la probabilité que l'exploit parviendra au défendeur. Eu constatant l'impossibilité de remettre l'exploit, soit à lui-même, à personne ou à domicile, ou à l'un de ses parents ou serviteurs, on doit remettre la copie à l'un de ses voisins. Mais cette remise ne peut avoir lieu qu'autant que ce voisin consent à mettre sa signature sur l'original qui reste entre les mains de l'huissier. Dès lors, vous le voyez, on a toute la garantie désirable; on ne permet plus à l'huissier d'attester, véritablement ou mensongèrement, qu'il a requis et vainement requis la signature d'un voisin. Le droit de remettre la copie aux mains d'un voisin du défendeur est véritablement subordonné à la signature que ce voisin est requis de donner et consentirait à donner sur l'original. Par ce moyen on est bien sûr que le but de la loi a été atteint, que tel voisin désigné a en effet reçu la copie, et s'est par là même implicitement obligé, sous sa responsabilité personnelle, à faire parvenir dans les mains du défendeur la copie qu'il a reçue.

Le voisin refuse-t-il, et ce cas sera fréquent, par la répugnance qu'on éprouve, surtout dans les campagnes, à mettre sa signature au bas d'un acte judiciaire qu'on ne connaît pas, ce voisin refuse-t-il de signer, ou ne le peut-il pas, dans l'impossibilité où il est de signer? Alors un autre mode de remise est indiqué: l'huissier doit remettre la copie au maire ou à l'adjoint de la commune, qui vise l'original sans frais. On ne peut guère supposer que le maire ou l'adjoint se refuse à l'obligation de viser l'original, obligation que la loi lui impose impérieusement; que si pourtant cela arrivait, l'huissier devrait présenter l'original au procureur de la République de l'arrondissement, lui demander son visa, et lui laisser la copie (art. 1036, C. pr.). Ce visa une fois donné sur l'o-

(1) * La jurisprudence est fixée en ce sens. V. notamment, Poitiers, 30 juin 1825 et Cass., 15 novembre 1841 (Dalloz, *Rép.*, v° *Exploit*, n°ˢ 282 et 283). *

riginal, soit par le maire ou l'adjoint, soit par le procureur de la République, il y a tout lieu d'espérer que l'un ou l'autre prendra toutes les précautions possibles pour faire parvenir la copie à la connaissance du défendeur.

172. J'ai dit que l'exploit d'ajournement, de quelque main qu'il soit rédigé, doit être considéré, en droit, comme l'œuvre de l'huissier, qui se l'approprie en le signant. C'est dire assez que l'exploit d'ajournement ne peut être valablement signifié que par l'huissier, en personne, car, sa signature garantissant l'accomplissement de toutes les formalités prescrites, et entre autres la réalité de la remise faite à telle personne désignée dans l'exploit, il est clair que l'huissier ne peut à l'avance, et en blanc, signer ainsi un exploit, sauf à le remettre à un domestique, à un clerc, chargé de remplir le *parlant à*, c'est dire chargé d'insérer après coup le nom de la personne à laquelle il sera remis. Un huissier qui agirait ainsi, et le cas n'est pas sans exemple, commettrait une faute grave, et s'exposerait aux peines les plus sévères.

Pour la gravité de la faute, vous le sentez tous : l'huissier étant revêtu d'un caractère public, les faits de la remise ainsi certifiés par sa signature sont présumés vrais jusqu'à inscription de faux ; donc les conséquences d'une déclaration mensongère peuvent être de la dernière gravité contre le défendeur à l'égard duquel ils ont pleine foi.

Quelle sera la peine ? Est-ce par simple négligence (c'est le cas le plus fréquent), sans aucune idée de collusion ou de fraude, que l'huissier a chargé un tiers de signifier un exploit rédigé d'avance ? La peine est alors, d'après l'art. 9 du décret du 14 juin 1813, une amende et la suspension de l'huissier (1). Est-ce, au contraire, par collusion avec le demandeur ? Est-ce dans une intention frauduleuse que l'huissier s'est ainsi substitué un tiers sans qualité, qu'il a déclaré dans son exploit avoir remis personnellement un acte qu'il a fait porter ? Alors c'est un faux en écriture publique, puni des travaux forcés à perpétuité, comme tous les faux de cette nature (art. 146, C. pén.).

173. Tout exploit d'ajournement suppose *au moins* deux actes, deux feuilles, qui doivent être conformes entre elles : l'une, qui est l'original dressé par l'huissier au nom du demandeur et pour lui, et qui reste dans ses mains ; l'autre, qui est la copie, et qui est remise par l'huissier dans les mains du défendeur. Je dis *au moins*, parce que, s'il y avait plusieurs défendeurs, il faudrait autant de copies qu'il y aurait de défendeurs personnellement attaqués.

La nécessité de la copie est de toute évidence, et le motif qui porte à la laisser dans les mains du défendeur l'est également.

Quant à la nécessité d'un original, qui doit contenir les mêmes formalités, les mêmes mentions, vous allez vous en rendre compte aisément. C'est qu'il importe, si le défendeur assigné ne comparaît pas, qu'on puisse prouver à la justice qu'il a été régulièrement assigné : et le seul moyen d'établir l'existence et la validité de l'exploit d'ajournement, c'est de représenter l'original conforme à toutes les exigences de l'art. 61 dans lequel l'huissier, l'officier public, atteste toutes les solennités voulues, qu'il s'est conformé au prescrit de la loi.

(1) Nîmes, 13 avril 1877 (Dall., 1877, 2, 169).

* Lorsque l'affaire intéresse deux époux, doivent-ils recevoir chacun une copie de l'ajournement? S'ils ont des intérêts distincts, nul doute que chacun d'eux ne doive recevoir une copie séparée. Dans le cas où ils ont le même intérêt, il faudra distinguer. Ainsi s'agit-il d'une affaire intéressant la communauté? il suffit d'assigner le mari, qui en est le chef et le représentant. Quand la femme est la principale intéressée, il faut en outre remettre une copie au mari, à cause de l'autorisation qu'il doit donner à la femme (1). *

174. Quant à cet original et à cette copie, et à la conformité qui est nécessaire entre les deux, je dois citer à cet égard le principe général établi dans l'art. 1334 du Code civil, principe en partie applicable à cette espèce, mais en partie modifié aussi par la nature même des choses. Vous verrez, en effet, dans l'art. 1334, que les copies du titre, tant que l'original subsiste, ne dispensent pas de sa représentation, c'est-à-dire qu'en cas de non-conformité entre l'original et la copie d'un titre authentique, c'est toujours l'original qui fait foi, c'est toujours d'après lui qu'il faut décider. Cette idée, vraie en principe, vraie pour les actes authentiques ordinaires, par exemple pour les conventions reçues par des notaires, serait fausse, au contraire, si vous la transportiez à la matière des ajournements. Ici l'exactitude de l'original, qui contiendrait toutes les exigences de la loi, n'empêcherait pas que l'ajournement ne fût déclaré nul, si toutes les formalités, toutes les mentions ne se trouvaient également accomplies dans la copie.

Ainsi, supposez que l'une des mentions exigées par l'art. 61 ait été oubliée dans la copie, et qu'en conséquence le défendeur demande la nullité de l'ajournement, le demandeur pourra-t-il, s'appuyant sur l'art. 1334, représenter l'original dans lequel toutes les formalités sont suivies, et demander, en conséquence, que l'ajournement soit maintenu? Non, parce que, pour le défendeur, la copie est le seul titre qui soit dans ses mains, et que, pour obéir à la sommation qu'on lui fait de comparaître en justice, il faut qu'il y soit cité par un ajournement régulier, c'est-à-dire par une copie conforme de tous points à l'art. 61.

Sous ce rapport, les actes d'huissier, les ajournements, ne sont donc pas régis par le principe général de l'art. 1334, qui fait disparaître les inexactitudes, les irrégularités de la copie, devant la perfection de l'original. En effet, dans les actes authentiques ordinaires, les deux parties connaissent la minute ou l'original; le notaire l'a écrit sous la dictée et d'après l'accord des deux parties. Au contraire, dans les exploits d'ajournement, le défendeur est resté étranger à la rédaction de l'original comme à celle de la copie; et, pour savoir s'il est tenu de se présenter en justice, c'est-à-dire s'il y est appelé régulièrement, il ne peut et ne doit consulter qu'une seule pièce, la copie qui est dans ses mains.

Mais que déciderons-nous du cas inverse, du cas, un peu plus douteux, où la copie est parfaitement valable, et où c'est l'original qui est irrégulier? Ainsi, la même mention que nous supposions tout à l'heure oubliée, négligée dans la copie, supposons-la maintenant observée dans la copie et oubliée dans l'original : alors le principe de l'art. 1334 reparaît dans toute sa force, la nullité de

(1) V. les arrêts cités par Dalloz, *Rép.*, v° *Exploit*, n° 373 et suivants.

l'original entraîne celle de la copie, et le défendeur, instruit par un hasard quelconque de la nullité de l'original, peut répondre que ce vice de l'original, resté dans les mains de l'huissier, et produit par le demandeur, enlève toute foi, toute créance aux déclarations qu'il contient; qu'en un mot, l'original irrégulier n'est plus un acte authentique, et que, si l'original perd son authenticité, il ne peut plus faire foi de la remise de la copie, qu'il atteste vainement. Le défendeur pourra même s'appuyer du texte de l'art. 1334 pour exiger, avant toute discussion, qu'on lui représente l'original de l'exploit d'ajournement, afin d'y relever, s'il y a lieu, les nullités qui peuvent s'y trouver glissées.

175. L'art. 69 est encore relatif à la matière de la remise des exploits, mais sous un autre rapport, et pour des cas tout à fait spéciaux.

En principe, avons-nous dit avec le texte de l'art. 68, tout exploit sera fait à personne ou à domicile. L'application de cette règle est très facile dans les cas les plus fréquents, c'est-à-dire quand la poursuite est dirigée contre un simple particulier; mais, si elle est dirigée, soit contre l'État, soit même contre des êtres collectifs qu'on ne peut trouver ni saisir nulle part, alors il devient nécessaire de tracer sur la remise de l'exploit des règles spéciales qui font l'objet de l'art. 69.

« Art. 69. Seront assignés : 1° l'État, lorsqu'il s'agit de domaines et de droits domaniaux, en la personne ou au domicile du préfet du département où siège le tribunal devant lequel doit être portée la demande en première instance; — 2° le Trésor public en la personne ou au bureau de l'agent; — 3° les Administrations ou établissements publics, en leurs bureaux, dans le lieu où réside le siège de l'Administration; dans les autres lieux, en la personne et au bureau de leur préposé; — 4° le Roi, pour ses domaines, en la personne du procureur de l'arrondissement; — 5° les Communes, en la personne ou au domicile du maire; et à Paris, en la personne ou au domicile du préfet : — dans les cas ci-dessus, l'original sera visé de celui à qui copie de l'exploit sera laissée; en cas d'absence ou de refus, le visa sera donné soit par le juge de paix, soit par le procureur de la République près le tribunal de première instance, auquel, en ce cas, la copie sera laissée; — 6° les sociétés de commerce, tant qu'elles existent, en leur maison sociale; et, s'il n'y en a pas, en la personne ou au domicile de l'un des associés; — 7° Les unions et directions de créanciers, en la personne ou au domicile de l'un des syndics ou directeurs; — 8° ceux qui n'ont aucun domicile connu en France, au lieu de leur résidence actuelle : si le lieu n'est pas connu, l'exploit sera affiché à la principale porte de l'auditoire du tribunal où la demande est portée; une seconde copie sera donnée au procureur de la République, lequel visera l'original; — 9° ceux qui habitent le territoire français hors du continent, et ceux qui sont établis chez l'étranger, au domicile du procureur de la République près le tribunal où sera portée la demande, lequel visera l'original, et enverra la copie, pour les premiers, au ministre de la marine, et pour les seconds, à celui des affaires étrangères. »

Seront assignés : 1° *l'État lorsqu'il s'agit de domaines et de droits domaniaux, en la personne ou au domicile du préfet du département où siège le tribunal devant lequel doit être portée la demande en première instance.* Supposons d'abord qu'une revendication soit dirigée par un particulier contre l'État, à propos d'un bien domanial, c'est la première hypothèse présentée par l'art. 69; c'est-à-dire qu'un bien possédé par l'État, comme faisant partie de son domaine, soit réclamé par un particulier comme bien patrimonial, comme bien privé ; ou bien, qu'une succession, retenue par l'État à titre de déshérence, soit réclamée contre lui par un particulier qui se prétend héritier du défunt. Alors, à quelle personne, à quel domicile remettre l'assignation ? La nécessité d'une règle spéciale pour ces hypothèses et d'autres pareilles est bien facile à sentir, et, pour répondre à la question, il faut savoir que les lois administratives ont constitué aux intérêts publics des défendeurs qui varient selon la nature et l'objet des procès.

Ainsi, quand une demande est formée contre l'État à raison de domaines ou de droits domaniaux, le défendeur qui figure dans cette demande, aux termes de l'art. 69, ce n'est pas l'État, c'est le préfet du département dans lequel se trouve situé l'immeuble litigieux, et je puis donner pour exemple le cas d'un domaine possédé par l'État comme faisant partie de sa propriété, et revendiqué par un particulier, à titre de patrimoine. Au fond, le défendeur, c'est l'État, mais le mandataire, le représentant légal de l'État, pour les demandes de cette nature, c'est le préfet du département.

Au reste, le préfet n'est le représentant, le procureur légal de l'Etat, soit en demandant, soit en défendant, qu'autant qu'il s'agit d'un procès relatif à la propriété d'immeubles ou de biens prétendus domaniaux, par exemple dans le cas de revendication que je citais, ou bien dans le cas d'une succession détenue par l'État à titre de déshérence et revendiquée contre lui par un particulier qui se prétend héritier.

S'agit-il, au contraire, de procès relatifs aux revenus de ses domaines, à la perception des impôts directs ou indirects, à la quotité des droits de mutation, d'enregistrement ? Alors l'État a pour représentant, non plus le préfet, mais les administrations compétentes, selon la nature de chaque sorte d'action. En effet, la gestion des domaines de l'État est confiée à une administration spéciale appelée l'Administration *des domaines et de l'enregistrement ;* dont le nom même indique la double mission, et qui est séparée en deux grandes divisions, celle des domaines et celle de l'enregistrement.

L'administration générale des domaines et de l'enregistrement, encore bien qu'appelée à régir les biens domaniaux de l'État, n'a pas cependant qualité pour représenter l'État dans les procès relatifs à la propriété du domaine ; mais, s'il s'agit de procès relatifs aux revenus des biens domaniaux, à la quotité des droits d'enregistrement ou de mutation à percevoir par elle, de même à la restitution des droits qu'un particulier aurait payés et qu'il répéterait comme indûment payés, comme injustement perçus, alors c'est l'Administration de l'enregistrement qui, par l'intermédiaire de ses directeurs, représente l'État et plaide pour lui, en demandant comme en défendant. Et, si nous supposons l'Etat défendeur, ce qui est la supposition de l'article, l'assignation doit être donnée non au préfet, mais au directeur de l'Administration, et pour cela il existe une direction dans chaque département.

Quand l'assignation sera donnée au préfet, évidemment nous n'aurons pas à accomplir l'exigence du § 2 de l'art. 61 ; c'est-à-dire qu'il ne sera pas nécessaire de faire figurer dans l'exploit d'ajournement les nom, prénoms et domicile du défendeur ; le véritable défendeur, c'est l'État ; le mandataire à qui on s'adresse, c'est le préfet; il sera désigné dans l'exploit, non par ses noms propres, car ce n'est pas en son nom propre qu'on l'attaque, mais par son titre, par sa fonction, M. le préfet de tel département.

De même, quand la loi vous dit que l'assignation lui sera donnée à personne ou à domicile, n'entendez pas ce dernier mot dans son sens exact et rigoureux : le domicile, ici, ce n'est pas le domicile de l'individu, mais le domicile du fonctionnaire. L'assignation donnée à un préfet comme préfet, représentant l'État, est nécessairement donnée ou à sa personne, ou dans les bureaux de sa préfecture, ce qui est le plus fréquent. Or le domicile d'un préfet, comme individu, peut être très distinct, très séparé de la préfecture du département qu'il administre. Vous savez que l'acceptation de fonctions temporaires ou révocables n'entraîne pas translation de domicile de la part du fonctionnaire (art. 106, C. civ.).

Ajoutons, quant à la remise des exploits, que, dans les bureaux de la préfecture, se trouve toujours un employé chargé de recevoir les assignations, les significations, et de les soumettre au visa du préfet, conformément au prescrit de notre art. 69.

176. 2° Le Trésor public, en la personne ou au bureau de l'agent. Le Trésor public peut, en effet, dans des hypothèses fréquentes aussi, se trouver en litige avec des particuliers; par exemple, pour des débats relatifs à des transferts de rentes sur l'État, aux oppositions faites par des particuliers sur les traitements de fonctionnaires publics, leurs débiteurs. Si des procès de cette nature s'élèvent entre le Trésor et des particuliers, quel sera le représentant du Trésor? C'est, dit la loi, l'agent.

En effet, dans les bureaux du Trésor, à Paris, est instituée une agence judiciaire, une direction spéciale, composée d'agents à part, dont le chef est chargé de diriger, de suivre, tant activement que passivement, les actions relatives aux intérêts du Trésor en litige avec des particuliers; si donc vous avez une action à diriger contre le Trésor, c'est au bureau de cet agent, et par conséquent, à Paris, dans les bureaux du Trésor, que l'assignation doit être remise.

177. 3° Les Administrations ou établissements publics, etc. Enfin, en vertu du § 3, pour les procès qui intéressent les administrations publiques, c'est à Paris, au siège de leur établissement, et, dans les départements, aux mains de leur préposé, que l'assignation doit être remise.

Par exemple, pour l'Administration de l'enregistrement, dont j'ai parlé, et qui plaide dans un grand nombre de cas, qui a tous les jours des procès, l'assignation sera remise, à Paris, dans ses bureaux, et, dans les chefs-lieux de départements, dans les mains du directeur, établi dans chaque chef-lieu.

178. 4° Le roi, pour ses domaines, en la personne du procureur du roi de l'arrondissement. Cette disposition s'est trouvée longtemps d'accord avec le système suivi par les lois relatives à la liste civile; jusqu'en 1832, le souverain, plaidant par procureur, suivant l'ancienne maxime que nous avons citée (n° 149), avait pour représentant, pour procureur fondé, le ministre de sa maison, l'intendant de ses domaines; cependant ce n'était pas à cet intendant et aux individus par lui commis, mais bien au procureur du roi près le tribunal compétent, qne les assignations devaient être remises, conformément à l'art. 69.

Cet état de choses a changé depuis la loi du 7 mars 1832, relative à la formation de la liste civile. On a divisé alors le domaine du souverain en deux parties : domaine privé et individuel du roi, et domaine public ou dotation de la couronne. A la tête de chacune de ces deux branches du domaine du souverain était un intendant spécial, l'un, intendant du domaine privé, l'autre, intendant de la dotation de la couronne, et l'assignation devait être remise, conformément à l'art. 27 de cette loi, non plus, comme par le passé, au ministère public près le tribunal compétent, mais bien à l'un de ces intendants, ou à personne ou à domicile, selon qu'il s'agissait de procès relatifs à l'un ou à l'autre domaine. * L'Empereur avait de même la dotation de la couronne et un domaine privé. L'art. 22 du sénatus-consulte du 12 décembre 1852 dit que les actions concernant la dotation de la couronne et le domaine privé seront dirigées pour ou contre l'administrateur de ce domaine. Aujourd'hui le domaine de la couronne est supprimé et les biens qui le composaient ont fait retour au domaine de l'État (décret, 6 septembre 1870). Notre disposition est donc sans application. *

179. 5° *Les communes en la personne ou au domicile du maire.* La même nécessité qui a voulu que, dans le § 1er, la loi désignât à l'État un représentant, un procureur, se retrouve également en ce qui concerne les intérêts ou les procès des communes, corps moraux, associations incapables de se défendre et de plaider par elles-mêmes. En effet, indépendamment de l'impossibilité ou l'on serait de faire plaider tous ensemble, en leur propre et privé nom, les divers membres d'une même commune, autre chose est la commune, l'être moral constitué par la loi, autre chose est la réunion physique de tous les individus dont se compose, quant à présent, cette agrégation ou cette commune. Ainsi la seule personne qui ait mission, qui ait qualité pour représenter la commune en justice, soit en demandant, soit en défendant, la personne au nom de laquelle doivent être rédigés, et à laquelle doivent être remis les exploits d'ajournement dirigés contre la commune, c'est le maire.

A l'égard des autorisations administratives nécessaires à la commune, soit pour diriger, soit même pour soutenir les procès, vous en tronverez la nécessité consacrée par l'art. 1032 (C. pr.) ; il renvoie à cet égard aux lois administratives. En expliquant plus tard cet article, je donnerai une idée abrégée des autorisations qui sont nécessaires ; mais, quant à la pose, à la remise de l'exploit, aucune formalité, aucune autorisation n'est nécessaire.

Et à Paris, en la personne ou au domicile du préfet. La ville de Paris étant divisée en plusieurs arrondissements ou mairies, c'est au préfet, magistrat central, spécial, que doivent être adressées les assignations, puisque lui seul a qualité pour représenter à la fois toute la commune, toute la municipalité.

La loi prévoit ici le cas où une demande est dirigée contre une commune, soit par un particulier, soit par une commune voisine ayant des intérêts à débattre avec celle-là ; dans les deux cas, le maire est compétent pour recevoir

l'exploit d'ajournement, et si exclusivement compétent, qu'en général on prononce la nullité des exploits d'ajournement qui seraient signifiés à l'adjoint,
l'adjoint n'ayant qualité pour agir, qu'en cas d'absence ou d'impossibilité d'a-
gir de la part du maire (1).

Mais il peut arriver que des procès viennent à éclater, non pas de commune
à commune, ou de commune à particulier, mais dans le sein d'une même
commune, entre deux corporations, entre deux sections distinctes. Vous allez
aisément en comprendre la possibilité. Au gouvernement, à l'autorité législative appartient le droit de répartir la division du territoire de la République en
communes; et de même qu'il peut arriver qu'une commune, unique dans son
origine, soit divisée plus tard en deux communes différentes, de même. quelquefois on réunit en une même commune deux associations d'habitants, qui
formaient jusque-là deux communes séparées. Mille accidents, l'accroissement
forcé d'une commune, ou la dépopulation de telle autre, peuvent faire sentir
l'utilité de la division d'une commune, ou de la fusion de deux communes en
une seule. C'est un cas prévu par les lois. Or supposez que ces deux communes, ainsi réunies par un acte législatif, eussent, avant la fusion, des biens, des
droits séparés; que chacune d'elles, par exemple, eût des bois communaux ou
des terrains communaux, comme il s'en rencontre dans une fort grande partie de la France; les lois administratives veulent qu'en pareil cas la réunion en
une seule commune, de ces communes autrefois divisées, n'entraîne pas confusion des biens, des droits, qni appartenaient à chacune d'elles.

Ce point posé, vous comprenez aisément comment, dans le sein d'une même
commune, peuvent se trouver des sections entre lesquelles s'élèvent des conflits d'intérêts, entre lesquelles il y ait matière, non pas à des procès privés
d'habitants contre habitants, qui rentreraient dans la règle ordinaire, mais
à des procès d'une section contre l'autre. Évidemment le maire, magistrat de
toute la commune, représentant général de toute l'association, n'a plus qualité, n'a plus compétence pour représenter les diverses fractions qui la composent, dans les procès qui s'élèvent entre l'une et l'autre.

* Qui devra, dans cette hypothèse, représenter la section de commune plaidant contre la commune elle-même, ou chaque section d'une même commune plaidant l'une contre l'autre? Les art. 56 et 57 de la loi du 18 juillet
1837 résolvent cette difficulté.

« Art. 56. Lorsqu'une section est dans le cas d'intenter ou de soutenir une
» action judiciaire contre la commune elle-même, il est formé, pour cette
« section, une commission syndicale de trois ou cinq membres, que le préfet
« choisit parmi les électeurs principaux, et, à leur défaut, parmi les plus im-
« posés. »

« Art. 57. Lorsqu'une section est dans le cas d'intenter ou de soutenir une
« action judiciaire contre une autre section de la même commune, il sera
« formé, pour chacune des sections intéressées, une commission syndicale,
« conformément à l'article précédent. *

180. *Dans les cas ci-dessus* (c'est-à-dire dans les cas indiqués par les cinq

(1) * Voy. l'art. 5, L. du 21 mars 1831, et l'arrêt rendu par la Cour de cassation,
chambres réunies, le 8 mars 1834 (Dall., *Rép.*, v° *Exploit*, n° 432 et s.). *

premiers paragraphes de notre art. 59), *l'original sera visé de celui à qui copie de l'exploit sera laissée.* En général, quand l'huissier assigne un particulier défendeur, aux termes de l'art. 68, la loi n'exige pas, et l'huissier ne requiert pas sur l'original restant entre ses mains, l'apposition de la signature de celui qui reçoit la copie ; cette signature n'est requise par l'art. 68 que dans un cas tout particulier, celui où, ne trouvant ni la partie ni un de ses parents ou serviteurs, l'huissier laisse la copie à un voisin. En principe, l'huissier, étant officier public, imprimant aux déclarations contenues dans son procès-verbal foi et force d'acte authentique, n'a pas besoin, pour faire croire à la réalité de ce qu'il atteste, de rapporter à l'appui la signature de la partie contre laquelle il a instrumenté.

Mais ce motif devient inapplicable quand la demande est dirigée, quand l'exploit d'ajournement est formé contre un fonctionnaire public, agissant en cette qualité. Vous sentez, en effet, que, si la loi n'exigeait pas le visa, on pourrait voir s'élever entre l'huissier du demandeur et le défendeur un conflit, une opposition fâcheuse dont il serait difficile de sortir, l'huissier attestant, dans son original, avoir, d'après le vœu de la loi, remis la copie de l'exploit au fonctionnaire désigné dans l'art. 69 ; ce fonctionnaire soutenant, au contraire, qu'il n'a pas vu d'huissier, qu'il n'a pas reçu d'exploit, et les tribunaux se trouvant ainsi placés entre deux affirmations contradictoires, émanées, d'une part, d'un officier public ; de l'autre, d'un fonctionnaire aux allégations duquel on aime à ajouter foi. Pour éviter un conflit fâcheux, le texte exige, à peine de nullité (art. 70), que le visa du fonctionnaire public, auquel est adressé l'exploit, soit apposé sur l'original.

Que si, par un motif qu'on s'explique difficilement, le fonctionnaire refusait d'apposer son visa, les derniers mots du § 5 indiquent la marche à suivre. *En cas d'absence ou de refus, le visa sera donné, soit par le juge de paix, soit par le procureur de la République près le tribunal de première instance, auquel, en ce cas, la copie sera laissée.*

181. 6° *Les sociétés de commerce, tant qu'elles existent, en leur maison sociale, et, s'il n'y en a pas, en la personne ou au domicile de l'un des associés.* Il s'agit ici, non plus d'assignations données à une corporation publique, ayant besoin d'un représentant particulier et de règles à part, mais d'actions dirigées contre une société.

Remarquez d'abord que le texte ne s'applique qu'aux sociétés commerciales, et que, par conséquent, une règle différente doit être suivie dans les sociétés purement civiles. Déjà vous pouvez en pressentir le motif, c'est que c'est seulement dans les sociétés commerciales que la loi trouve et reconnaît ce caractère d'être moral, ce caractère d'unité fictive qui distingue la société, prise sous ce point de vue abstrait, d'avec chacun des associés qui la composent.

Ainsi, avez-vous une demande à diriger contre des individus réunis l'un à l'autre par une société purement civile, la règle du § 6 est absolument inapplicable, c'est-à-dire qu'au lieu de les assigner en commun, par un même exploit, à leur domicile social, ou au domicile de l'un d'eux, il vous faut absolument faire rédiger autant de copies que vous appelez d'adversaires en justice ; chacun d'eux étant tenu personnellement, en vertu de sa promesse, de son engagement spécial, doit être l'objet d'une poursuite distincte et tout à fait personnelle. Ainsi, vous devez faire assigner chacun des défendeurs, chacun des associés par un exploit distinct et à son domicile, conformément aux règles des art. 61 et 68 (1).

S'agit-il, au contraire, d'une société commerciale, alors vous avez pour adversaire, non pas chacun de ses membres, considéré isolément, obligé personnellement par la promesse qu'il vous a faite, mais bien la société, l'être moral, l'unité fictive, considérée abstraction faite des divers individus qui la composent ; donc un seul exploit vous suffit ; et cet exploit, vous le remettez, soit au domicile de la société, à la maison sociale, encore bien qu'aucun des associés n'y réside ; soit, s'il n'y a pas de siège, s'il n'y a pas de maison sociale, au domicile d'un seul des associés indifféremment.

182. Ceci toutefois demande quelques détails sur les diverses sociétés de commerce. Les sociétés commerciales se divisent en trois classes : *société en nom collectif*, *société en commandite*, enfin *société anonyme*.

La société en nom collectif, contractée entre deux personnes ou un plus grand nombre, fait le commerce sous une raison sociale, qui est le nom de l'unité fictive qui constitue la société. Cette raison sociale se compose nécessairement du nom d'un ou de plusieurs des associés qui se sont réunis ; c'est-à-dire qu'aucun nom étranger ne peut figurer dans la raison sociale, mais qu'il n'est pas nécessaire que tous les noms des associés y figurent. Ainsi, Pierre, Paul et Jacques étant associés en nom collectif, le nom de la société pourra être celui-ci : *Paul et compagnie*, *Pierre et compagnie*, ou celui-ci : *Paul, Pierre et compagnie*. Du reste, les tiers trouveront dans l'acte de société tous les noms des associés. Dans les sociétés en nom collectif, chacun des associés est solidairement responsable de tous les engagements pris par l'un quelconque des autres, au nom de la société, c'est-à-dire de tous les engagements au bas desquels a été apposée par l'un des associés la raison sociale, la signature de la société.

Secondement, nous avons la société en commandite ; elle se combine avec la société ou nom collectif. Ainsi, supposez qu'à cette société en nom collectif, formée entre Pierre, Paul et Jacques, des fonds aient été versés par Antoine et Jean, non pas à titre de prêteurs, mais à titre d'associés commanditaires ; Antoine et Jean, à la différence des trois autres, ne sont pas solidairement responsables des engagements de la société ; ils ne mettent en risque, ils ne mettent à découvert que le montant de leur commandite, que la somme qu'ils ont versée ou qu'ils ont promis de verser en société. Mais, d'autre part, Antoine et Jean doivent rigoureusement s'abstenir de tout acte de gestion, de tout acte d'immixtion dans cette société, * et leur nom ne peut figurer dans la raison sociale *.

Enfin, la société anonyme n'existe pas sous un nom social ; elle est désignée, non pas par une raison formée du nom ou des noms de quelques-uns

(1) * Il y a cependant des sociétés civiles qui ont un siège fixe d'établissement, des bureaux, des agents, des administrateurs, en un mot, les mêmes apparences qu'une société de commerce ; je crois que le n° 6 de notre article leur serait applicable.

des associés, elle est connue dans le commerce par l'objet de son entreprise : par exemple *la Société d'assurance générale contre l'incendie, la Société ou Compagnie du chemin de fer de Lyon, du Nord,* etc. Le capital des sociétés anonymes se divise en actions transmissibles dans la forme indiquée par les règlements. La différence essentielle, fondamentale, qui sépare la société anonyme des autres sociétés, c'est que, dans la société anonyme, aucun associé, aucun intéressé n'est tenu personnellement des engagements sociaux. Si la société tourne mal, nous y perdrons chacun notre versement, le montant de nos actions ; mais aucun de nous pourra être inquiété ni dans sa personne ni sur ses biens. En un mot, dans la société en nom collectif, les tiers ont pour sûreté l'obligation illimitée de tous les associés ; au contraire, dans la société anonyme, les tiers n'ont pour garantie que l'actif réel de la société, composé des versements ou du prix des actions déposées par les intéressés (V. d'ailleurs art. 19 et suiv. C. com.).

Cela posé, appliquerons-nous notre § 6 à ces trois sortes de sociétés : sociétés anonymes, sociétés en commandite, sociétés en nom collectif ? Quelques doutes peuvent s'élever, et quelques dissentiments se sont manifestés à cet égard.

D'abord, en ce qui concerne les sociétés anonymes, les derniers mots du paragraphe leur sont évidemment inapplicables : on ne conçoit pas de société anonyme, n'ayant pas de maison sociale. D'ailleurs, comme, dans la société anonyme, il n'y a pas à proprement parler d'associés, mais seulement des actionnaires ayant versé leurs fonds et ayant reçu en échange une action, aucun de ces actionnaires n'a qualité pour recevoir l'assignation à son domicile. Si donc un tiers intente une action contre une société anonyme, l'exploit d'ajournement sera déposé en la maison sociale, et la société sera défendue par des mandataires, par les gérants qui ne sont nullement tenus en leur nom, et ne figurent que comme mandataires de l'association.

Quant aux sociétés en commandite, il est clair que le paragraphe est applicable, mais ne l'est qu'en partie, c'est-à-dire que l'assignation sera donnée en la maison sociale, s'il y en a une ; s'il n'y en a pas, ce qui est possible, et ce que la loi suppose, l'ajournement sera remis au domicile de l'un des associés ; mais, bien entendu, de l'un des associés responsables et solidaires, de l'un des associés dont le nom figure ou pourrait figurer dans la raison sociale. A l'égard des simples commanditaires, des simples bailleurs de fonds auxquels tout acte de gestion, tout acte d'administration est absolument interdit, ils n'ont pas qualité pour recevoir l'exploit d'ajournement, et l'assignation remise au domicile de l'un d'eux serait absolument nulle.

Enfin s'agit-il de sociétés en nom collectif, le paragraphe doit évidemment s'appliquer ; on est ici tout à fait dans sa pensée.

Cependant quelques dissentiments se sont élevés à cet égard, non pas précisément sur le lieu de la remise de l'exploit, la loi le détermine d'une manière qui ne laisse aucune ambiguïté, mais sur la manière, sur les termes dans lesquels l'exploit d'ajournement devrait être rédigé.

Ainsi Pierre, Paul et Jacques sont associés en nom collectif, la raison sociale est celle-ci : *Pierre et compagnie.* Vous avez contracté avec cette société ; vous êtes porteur d'un engagement signé par l'un des associés ; non pas de son propre nom, mais de la raison sociale, ce qui est important pour que la société soit obligée. Pour assigner la société, qui désignerez-vous dans l'exploit ? Rédigerez-vous trois exploits ou trois copies, une contre Pierre, une contre Paul, une contre Jacques, attendu que Pierre, Paul et Jacques, se trouvant codébiteurs solidaires de l'engagement pris par un seul d'entre eux, vous avez droit de les assigner tous les trois devant le tribunal du domicile de l'un d'eux, ou même devant le tribunal de l'établissement de la société ? Ce n'est pas là, vous le voyez, ce que suppose la loi ; elle ne suppose pas qu'on assigne (ce que certainement on peut faire) chacun des associés isolément et personnellement, mais elle suppose qu'on s'attache au débiteur véritable, à l'être moral, à l'unité fictive qu'on appelle la société, et que, par conséquent, le défendeur désigné dans l'exploit, ce n'est pas Pierre, Paul ou Jacques, mais c'est la société *Pierre et compagnie*.

Mais si vous assignez, non pas la société, mais chacun des associés comme obligé personnellement, vous le pouvez, sans doute ; mais la raison dit assez que dans ce cas, puisque vous assignez chacun d'eux, c'est à sa personne ou à son domicile que l'exploit doit être remis. Or la loi ne le suppose pas, elle dit que vous pouvez soit assigner, en la maison sociale, soit, s'il n'y en a pas, au domicile de l'un des associés. Je le répète, s'il s'agissait ici d'une assignation personnelle à chacun des associés, je ne comprendrais pas comment Paul, comme individu, pourrait être assigné valablement par un exploit remis au domicile de Jacques. Si l'on veut valablement assigner au domicile de Jacques, c'est qu'on assigne, non pas Paul ou Pierre, mais l'unité morale dont chacun d'eux est le représentant, et pour laquelle chacun d'eux répond en totalité.

Au reste, les doutes qui se sont élevés à cet égard me paraissent se résoudre d'une manière encore plus complète, quand on compare la rédaction primitive du projet de Code de procédure avec celle que nous lisons dans notre § 7. Voici les termes du projet : « *Les associés et intéressés* dans une société de commerce seront assignés en leur maison sociale ; s'il n'y en a pas, en la personne ou au domicile de l'un d'eux. » Vous voyez ces termes *les associés et intéressés* : les associés, c'étaient les associés en nom collectif, *et intéressés*, c'étaient évidemment les commanditaires. Sous ce double rapport, la rédaction est critiquée, et changée. En effet, la section du Tribunat, dans ses observations, propose de substituer les mots *société de commerce* aux mots *associés et intéressés*. « Cette rédaction, dit le Tribunat, paraît plus claire ; elle a d'ailleurs l'avantage de faire disparaître le mot *intéressés*, qui ne doit pas rester dans l'article, attendu que les intéressés ne sont pas censés connus du public, et que la loi ne peut avoir en vue que les assignations à donner à une société, considérée comme *être moral et collectif*. » Cette proposition du Tribunat est adoptée, et la rédaction qu'il propose devient celle de l'article. Ainsi le Tribunat n'entend pas permettre qu'on puisse assigner chaque associé personnellement par un exploit remis ailleurs qu'à son domicile ; et la loi, dit-il, ne peut avoir en vue que les assignations à donner à une société, considérée comme être moral et collectif. » Il s'agit donc d'une société assignée sous sa raison sociale, et non pas sous le nom personnel de chacun des individus qui la composent.

183. 7° *Les unions et directions de créanciers, en la personne ou au domicile de l'un des syndics ou directeurs.* Ce paragraphe relatif à une idée analogue à celle du paragraphe précédent raisonne dans l'hypothèse d'une faillite. Un tiers, par exemple, a un procès à soulever contre la masse d'une faillite : quels sont, en définitive, les véritables intéressés ? Ce sont les divers créanciers de la faillite. Cependant, si vous deviez, parce que les créanciers de la masse sont les véritables intéressés, les mettre en cause par des exploits séparés, il en résulterait des frais énormes, des lenteurs interminables. Aussi la loi dit-elle que vous adresserez votre demande, non pas aux créanciers de la masse individuellement et pesonnellement, mais à l'un des syndics, à l'un des représentants légitimes de la masse après le contrat d'union.

*Une faillite se termine, en effet, ou par un arrangement entre les créanciers et le failli (cet arrangement se nomme concordat), ou par l'union des créanciers pour la liquidation de l'actif de la faillite (art. 528, C. com.).

Le texte pourrait faire croire que les syndics ne représentent la faillite qu'après le contrat d'union. Mais c'est aux syndics que doivent être remises les assignations dirigées contre la faillite, depuis le jugement déclaratif de faillite.

Quant aux mots *directions*, *directeurs*, ils ne sont plus employés aujourd'hui. *

184. Les §§ 8 et 9 sont relatifs à un ordre d'idées tout à fait différent, à des assignations à donner non plus à des êtres moraux, à des unités collectives, mais à des particuliers dont on ne connaît pas et dont on ne peut guère connaître ou atteindre le véritable domicile.

8° *Ceux qui n'ont aucun domicile, connu en France, au lieu de leur résidence actuelle : si le lieu n'est pas connu, l'exploit sera affiché à la principale porte de l'auditoire du tribunal où la demande est portée ; une seconde copie sera donnée au procureur de la République, lequel visera l'original.* Toutes les règles précédentes relatives à la remise de l'exploit, soit à la personne, soit au domicile du défendeur, deviennent illusoires, inapplicables à l'égard de ces individus qui n'ont pas de domicile, ou, ce qui revient au même, dont on ne peut pas connaître le domicile. J'ai déjà cité les marchands forains, les comédiens ambulants, les vagabonds, etc. Il a bien fallu que la loi traçât à l'égard de ces personnes des règles qui, sans garantir la remise, sans assurer que l'exploit puisse leur parvenir, prescrivent cependant l'emploi de toutes les mesures pouvant donner des probabilités de remise.

L'ancienne jurisprudence avait prévu ce cas, et l'ordonnance de 1667 voulait que les personnes, qui n'avaient ni domicile ni résidence connus, fussent assignées par *cri public* dans le marché le plus voisin du lieu de leur résidence. Pour donner à ce cri public, formalité assez insignifiante, une durée qui pût faire espérer que l'exploit leur parviendrait, on exigeait de plus deux copies de l'exploit d'ajournement rédigées par l'huissier, et que l'une fût affichée à un poteau du marché public, et l'autre remise au procureur du roi.

Le Code de procédure a consacré cet formalité, ou plutôt il y a suppléé d'une manière analogue, au moins quant à l'affiche et à la remise au procureur de la République de l'exploit d'ajournement; car il a laissé de côté le cri public.

Celui que vous assignez ne séjourne-t-il dans aucun lieu d'une manière assez

10

fixe, assez permanente, pour avoir un domicile certain, aux termes de l'art, 102 (C. C.)? vous l'assignerez alors au lieu de sa résidence passagère, accidentelle.

Sa résidence actuelle vous est-elle tout à fait inconnue? alors deux copies de l'exploit seront rédigées ; l'une sera affichée à la principale porte de l'auditoire du tribunal où la demande sera formée, l'autre sera remise au procureur de la République, lequel visera l'original (1).

Mais l'accomplissement de la double formalité qu'exige ce paragraphe ne présente, d'ailleurs, qu'une probabilité que l'exploit d'ajournement parviendra au défendeur.

Remarquez ces mots... *du tribunal où la demande sera portée.* La loi ne nous dit pas devant quel tribunal devra être portée la demande. Il reste à cet égard une question assez difficile, ou, pour mieux dire, tout à fait arbitraire.

S'agit-il d'une demande dirigée en matière réelle contre un individu qui n'a ni domicile ni résidence qu'on puisse connaître, il n'y a aucune espèce d'hésitation : le tribunal compétent pour connaître de l'action réelle, c'est le tribunal de la situation. C'est donc devant ce tribunal et dans les mains du procureur de la République qui en fait partie que devront être accomplies les formalités du § 8.

S'agit-il, au contraire, d'une action personnelle dirigée contre un vagabond, un de ces personnages ambulants que vous ne pouvez saisir nulle part? alors devant quel tribunal devez-vous porter la demande ? à la porte de quel tribunal devez-vous faire apposer l'affiche ; dans la main de quel procureur de la République remettez-vous la copie? Vous voyez la difficulté ; et on ne peut en donner aucune solution qui ne soit arbitraire, car d'après le § 1er de l'art. 59, le tribunal compétent, c'est celui du domicile du défendeur; s'il n'a pas de domicile, c'est celui de sa résidence ; or le défendeur ici n'a ni domicile ni résidence connus. On décidait à ce qu'il paraît, anciennement que, dans ce cas, la demande pouvait et devait être portée devant le tribunal dans le ressort duquel avait été contractée l'obligation d'où dérivait l'action intentée. Je crois volontiers que cette règle serait encore suivie, mais toutefois sans qu'il soit possible de s'appuyer sur aucun texte précis ; les règles de compétence nous manquent à cet égard.

185. 9° *Ceux qui habitent le territoire français hors du continent et ceux qui sont établis chez l'étranger, au domicile du procureur de la République près le tribunal où sera portée la demande, lequel visera l'original et enverra la copie, pour les premiers, au ministre de la marine, et pour les seconds, à celui des affaires étrangères.* Ce paragraphe mérite plus d'attention, et sera d'une application beaucoup plus fréquente que le § 8.

A l'égard de quels individus la loi prend-elle les précautions détaillées dans

(1) * C. de cass. Rej., 10 février 1875 (Dall, 1875, 1, 376). — La mention de l'affiche sur la copie remise au parquet n'est pas exigée à peine de nullité. C. de cass., Rej, 21 avril 1875 (Dall., 1876, , 39). — L'huissier doit rechercher le domicile ou la résidence du défendeur avant de remettre la copie au parquet (V. les autorités sur cette question. Dalloz, 1859, 2, 214). — S'il s'agit d'un acte d'appel, on décide généralement que c'est au procureur général près la Cour d'appel que la seconde copie doit être remise (V. Dalloz, 1861, 2, 19, note 2). *

le § 9 et empruntées, en grande partie, à l'ordonnance de 1667 ? Nous devons, je crois, y comprendre à la fois :

1° Les étrangers qui n'ont en France ni domicile ni résidence connus ; c'est le cas le plus fréquent ;

2° Les Français mêmes qui ont quitté leur domicile en France, et se trouvent établis, soit dans les colonies, soit à l'étranger.

Les termes généraux du paragraphe paraissent s'appliquer aux deux cas. Il y a, d'ailleurs, dans les antécédents, des raisons, des textes qui semblent décisifs pour lui donner cette application générale.

D'abord ce mode d'assignation à remettre dans les mains du ministère public a été épuisé dans l'ordonnance de 1667, titre II, art 7 ; or, l'ordonnance de 1667 prescrivait ce mode d'assignation pour les actions dirigées par un Français contre un étranger non domicilié ni résidant dans le royaume. Il y a donc lieu de croire, qu'en empruntant à l'ordonnance cette manière d'ajourner avec remise au ministère public, on a entendu l'appliquer aux personnes dont parlait l'ordonnance, c'est-à-dire aux étrangers domiciliés et résidant hors de la France. Cependant, vous le voyez, le § 9 est général, et ne parle pas spécialement d'étrangers ; il s'occupe de *ceux qui sont établis chez l'étranger*, expressions génériques qui semblent et doivent, je crois, embrasser aussi les Français.

En effet, en jetant les yeux sur les commentaires faits sur l'ordonnance de 1667, et notamment sur le plus distingué de tous, celui de *Rodier*, on y voit que, peu d'années après l'ordonnance, s'était élevée, devant le conseil d'État, la question de savoir comment on assignerait les Français établis dans les colonies ou en terre étrangère. La difficulté venait de ce que le mode d'assignation dans les mains du ministère public n'était autorisé que pour le cas où le défendeur était étranger. Le conseil d'État reconnut qu'il existait une lacune dans l'ordonnance ; il tâcha de la combler, au moins par une mesure particulière et pour le cas qui se présentait, et, par un arrêt de 1692, il autorisa un demandeur à assigner dans les mains du ministère public un Français établi et résidant aux colonies.

Il me paraît manifeste que le § 9 de notre acticle a été rédigé d'une manière générale, d'une part, en vue de l'art. 7 du titre II de l'ordonnance qui prescrivait d'assigner l'étranger par un exploit remis aux mains du procureur général ; et, d'autre part, en vue de cette difficulté que soulevait, sur un cas analogue, le silence de l'ordonnance, en vue de cette décision de 1692, relative à l'assignation à donner, non pas à un étranger, mais à un Français établi hors du continent.

L'ordonnance, en décidant que l'assignation serait remise aux mains du ministère public, c'est-à-dire autrefois des procureurs généraux (sous ce rapport on a un peu changé), avait aboli l'antique manière d'assigner les étrangers par cri ou par lecture d'ajournement, faite par l'huissier, sur la frontière la plus voisine. Ce mode d'assignation était tout à fait dérisoire ; c'est avec grande raison qu'on y substitua la remise entre les mains des procureurs généraux.

Toutefois il est à remarquer que cette marche de l'ordonnance était encore bien incomplète, et que, sous ce rapport, notre Code a grandement amélioré l'état des choses. En effet, les procureurs généraux, aux termes de l'ordonnance, recevaient l'exploit d'ajournement, mais n'avaient en aucune sorte à s'inquiéter des moyens de le faire parvenir à l'étranger qu'on assignait. Ainsi Rodier disait que le procureur général déposait l'exploit remis en ses mains dans un coffre particulier, et que c'était alors aux étrangers qui soupçonnaient avoir quelque procès à démêler en France à se faire donner par le parquet les exploits d'ajournement. Rien n'est plus dérisoire. Aussi les derniers mots du § 9 repoussent absolument cette idée du commentateur, et tracent impérative-ment au ministère public qui a reçu l'exploit d'ajournement la marche qu'il doit suivre pour le faire parvenir à l'assigné.

S'agit-il d'un individu, Français ou étranger, établi hors du continent, dans les colonies de la France? la copie de l'exploit devra être transmise, par le mi-nistère public, au ministère de la marine. S'agit-il d'un défendeur, Français ou étranger, établi en terre étrangère? la copie sera transmise au ministère des affaires étrangères.

« Le ministre de la marine enverra cette copie au gouvernement de la co-lonie, qui lui-même la transmettra au procureur général; le procureur gé-néral à son tour ou la fera parvenir à son adresse, ou l'enverra au procureur de la République du tribunal dans le ressort duquel demeure la personne dé-signée, afin que ce procureur de la République la lui fasse remettre. Le mi-nistre des affaires étrangères enverra la copie à l'agent diplomatique français du lieu où demeure la personne assignée; cet agent diplomatique fera par-venir la copie à son adresse. »

186. On suppose, dans le texte du § 9, qu'un particulier attaque, en son propre et privé nom, un étranger ou un Français habitant hors de la France; dans ce cas le procureur de la République près le tribunal où la demande est portée a qualité pour recevoir l'ajournement et pour en assurer la remise. Mais il serait possible que le ministère public, que le procureur de la Répu-blique se trouvât lui-même engagé dans l'instance que l'exploit d'ajournement dirige contre l'étranger : alors la même règle serait-elle applicable? En d'autres termes, le ministère public est-il l'intermédiaire compétent pour recevoir l'a-journement, même dans le cas où il se trouve lui-même partie dans la cause? Il peut se trouver partie de deux manières : soit partie jointe pour donner ses conclusions, dans les cas indiqués dans l'art. 83 du Code de procédure; soit même partie principale pour intenter directement l'action, par exemple, dans les cas prévus par les art. 184 et 200 du Code civil.

D'abord, si le ministère public est partie jointe, l'application de notre § n'éprouve aucun doute sérieux. Ainsi, par exemple, le tuteur intente au nom du mineur une action contre un étranger domicilié et résidant hors de France; la cause intéressant un mineur, le ministère public y sera nécessairement partie jointe, y donnera nécessairement ses conclusions; mais cette position ne fait aucun obstacle à ce qu'il reçoive valablement l'assignation.

La position change un peu et présente quelques bizarreries, quand le mi-nistère public est lui-même personnellement demandeur ; alors il en résultera que lui-même assignera le Français ou l'étranger défendeur, et l'assignera en sa propre personne ; que le procureur de la République demandeur fera ré-diger en son nom l'exploit d'ajournement, aux termes des art. 184 et 200 du Code civil, et que cet exploit d'ajournement, ainsi dirigé en son nom, sera remis par l'huissier en son parquet, et revêtu de son visa dans l'original. Cette difficulté était prévue autrefois ; ainsi Rodier se la posait sur l'art. 7 du titre II de l'ordonnance de 1667, et il en fut question, même dans les conférences sur l'ordonnance. On répondait avec raison que, dans les cas mêmes où le ministère public était partie principale, sa position était entourée d'une garantie d'impartialité qui rendait inutile toute exception à la règle ; qu'on devait supposer que le ministère public, lors même qu'il serait partie principale, ne se considérerait pas comme personnellement intéressé dans la cause qu'il soulevait ; qu'en conséquence, dans ce cas, comme dans tous les autres, l'art. 7 devait s'appliquer. La même solution doit être admise aujourd'hui.

➭ **187.** « Art 70. Ce qui est prescrit par les deux articles précédents sera observé, à peine de nullité. »

Je vous ai avertis à l'avance de la rigueur de cette disposition. Remarquez seulement que la peine de nullité doit s'appliquer, sans aucune difficulté, à tout ce qui, dans les articles précédents, est imposé comme obligatoire, soit à la partie elle-même, soit à l'huissier qu'elle emploie ; mais, pour ce qui est en dehors des obligations de la partie et du ministère de l'huissier, il est impossible de prononcer la peine de la nullité de l'exploit.

Ainsi, dans les derniers mots de l'art. 69, la loi veut que l'exploit signifié au procureur de la République soit par lui transmis à l'un des ministres désignés dans cet article : supposez que, par impossible, le procureur de la République ait négligé d'opérer cette transmission, ou que, du moins, cette transmission, opérée ou non, ne soit pas justifiée par un accusé de réception de l'un des deux ministres. Prononcerez-vous, dans ce cas, aux termes de l'art. 70, la nullité de l'exploit ? Direz-vous que le demandeur, qui a fait tout ce qui dépendait de lui, qui a veillé à l'accomplissement scrupuleux de toutes les formalités prescrites par les art. 61 et 69, qui a fait remettre l'exploit au parquet, aux termes des derniers mots de l'art. 69, doit subir la peine de la négligence ou du retard que le procureur de la République a pu mettre à l'exécution de la loi ? La négative est de toute évidence, et vous en sentirez aisément la conséquence, en vous rappelant qu'à la nullité de l'exploit peuvent être attachées les déchéances de la nature la plus grave : que, si, étant formé, par exemple, dans les derniers moments d'une prescription qui allait s'accomplir, nous le déclarons nul, nous nous exposerons à reconnaître l'accomplissement de la prescription.

Ainsi, pour appliquer l'art. 79 aux textes qui le précèdent, distinguez avec soin les actes que la partie peut imputer, à elle ou à son mandataire, d'avec les actes qui lui sont étrangers ; pour ces derniers, point de nullité ; pour ceux qu'elle peut s'imputer, c'est une nullité dont on doit souffrir ; pour ceux qui viennent du fait de l'huissier, c'est une nullité qui retombe sur la partie, sauf le recours prévu par l'art. 71.

➭ **188.** « Art. 71. Si un exploit est déclaré nul par le fait de l'huissier, il pourra être condamné aux frais de l'exploit et de la procédure annulée, sans préjudice des dommages-intérêts de la partie, suivant les circonstances. »

Rien de plus simple, de plus clair que la disposition de cet article, c'est l'application à un cas particulier du principe général posé dans l'art. 1382 (C. C.);

« Tout fait quelconque de l'homme qui cause à autrui un dommage oblige celui, par la faute duquel il est arrivé, à le réparer. » Aussi est-ce avec une grande raison que le Code de procédure a proscrit, par ce texte, l'ancienne maxime *à mal exploiter point de garant*, maxime dont le sens était de faire tomber sur la partie le préjudice résultant des nullités de l'exploit.

Au reste, ce texte ne s'applique, et la lettre même l'indique assez, qu'aux nullités résultant du fait de l'huissier, et par conséquent aucune responsabilité ne peut être encourue par lui, si la nullité provenait, par exemple, de l'insuffisance des renseignements que le demandeur lui a fournis, insuffisance qui l'aurait mis hors d'état de rédiger l'exploit conformément à l'art. 61.

Ceci est de la plus grande simplicité ; cependant l'application de cet article donne matière à quelques débats.

D'abord il semble résulter du texte que la responsabilité de l'huissier est purement facultative de la part des tribunaux qui l'appliquent, ou que, du moins, lors même qu'un exploit est déclaré nul par le fait, par la faute de l'huissier qui l'a rédigé, les tribunaux ont encore le pouvoir, prenant en considération je ne sais quelles circonstances, de laisser à la charge de la partie, soit les frais de l'exploit, soit aussi les dommages-intérêts. En effet, la loi ne dit pas que, quand l'exploit sera déclaré nul, l'huissier *sera condamné*, mais seulement qu'il *pourra être condamné* ; disposition singulière, et qui semble laisser un étrange arbitraire aux tribunaux.

Cependant, sur cette première partie de la question, uniquement relative aux frais de l'exploit et de la procédure annulée, on ne voit pas matière possible à un doute raisonnable. Malgré les expressions facultatives de la loi, on ne comprend pas comment un tribunal, tout en reconnaissant que la nullité d'un exploit provient du fait de l'huissier, pourrait cependant faire retomber sur la partie les frais, le coût de cet exploit. Aussi ces expressions facultatives de l'art. 71 doivent-elles évidemment se corriger en rapprochant ce texte de l'art. 1031 du Code de proc., qui porte : « Les procédures et les actes nuls ou frustratoires et les actes qui auront donné lieu à une condamnation d'amende seront à la charge des officiers ministériels qui les auront faits... » Ici la disposition devient impérative ; il est certain que tout exploit, tout acte de procédure déclaré nul par le fait de l'huissier doit rester absolument à sa charge (1).

La question devient plus délicate, quand il s'agit non plus des frais de l'exploit ou même de la procédure annulée, mais des dommages-intérêts réclamés par la partie à laquelle cette nullité peut porter un sérieux préjudice. Déjà je vous ai dit combien grand pouvait être, pour le demandeur, le tort résultant de la nullité de l'exploit d'ajournement. Par exemple, c'est au dernier jour d'une prescription près de s'accomplir contre moi que j'ai formé contre mon débiteur une demande judiciaire. L'huissier, par sa négligence, a glissé une nullité dans l'exploit ; il en résulte que la prescription n'a pas été interrompue, et que la nullité de l'exploit entraîne la déchéance de mon droit. De même ayant succombé en première instance, j'avais, pour interjeter appel, un délai de deux mois depuis la signification du jugement ; j'ai, en effet, dans ce délai

(1) Voy. Lyon, 5 août (Dall., 67, 2, 135).

chargé un huissier de signifier mon appel; l'acte d'appel est nul par le fait, par la négligence de l'huissier; de là encore contre moi une déchéance absolue, irréparable. Vous voyez que les résultats de la nullité d'un exploit peuvent aller, et vont très souvent pour la partie bien au delà du préjudice qui résulte des frais d'un exploit sans résultat. C'est dans ces cas que se présente avec un intérêt véritable la question de la responsabilité de l'huissier auteur de la nullité.

En principe, il n'est pas douteux que l'huissier ne soit responsable, qu'il ne doive indemniser le demandeur déchu par sa faute, du préjudice que cette faute lui a causé. Cela résulte non seulement des art. 71 et 1031 du Code de procédure, mais aussi du principe général de l'art. 1382 du Code civil.

Cependant, on a dit qu'il fallait distinguer entre les fautes de l'huissier celles qui sont graves de celles qui sont légères; que les premières seulement doivent être mises à sa charge; que le préjudice qui peut résulter des autres doit être supporté par la partie pour laquelle a instrumenté l'huissier: que, si l'on prétendait appliquer aux officiers ministériels toute la rigueur du principe de la responsabilité, un notaire, un avoué, un huissier, tous les officiers chargés de fonctions pareilles, seraient exposés, chaque jour, à chaque instant, à se voir ruinés de fond en comble, en réparation de la faute la plus légère.

Quelque spécieux que soient ces prétendus tempéraments d'équité, il paraît difficile de les faire prévaloir sur les principes généraux du droit. J'ai déjà parlé du texte positif, absolu, de l'art. 1382, j'y ajouterai un texte plus formel encore, celui de l'art. 1992 (C. C.). D'après cet article, le mandataire répond envers son mandant du préjudice qu'il lui a causé par sa faute, par sa négligence; or l'huissier, par exemple, est incontestablement le mandataire de la partie. L'art. 1292 ajoute que cette responsabilité du mandataire doit être appliquée plus sévèrement au mandataire qui reçoit un salaire qu'au mandataire qui rend un office d'ami, un service purement gratuit. Or ce caractère de mandataire salarié, et par conséquent tenu plus sévèrement, se rencontre incontestablement dans l'huissier et dans tout officier ministériel.

D'autres circonstances concourent encore à faire peser d'une manière absolue sur l'huissier la responsabilité des fautes qui émanent de lui. Il n'est pas seulement, remarquez-le bien, mandataire salarié, il est encore mandataire privilégié, en ce sens que le choix du mandant n'a pas été absolument libre; que la partie qui veut faire signifier un exploit d'ajournement est forcée de choisir son mandataire dans la classe privilégiée que la loi lui désigne. Remarquez, de plus, que l'officier ministériel, en sollicitant et en acceptant son office, en appelant sur lui-même la confiance publique, a fait profession et promesse de diligence et de capacité. En un mot, toutes les raisons semblent se réunir pour rendre stricte et rigoureuse ici l'application du principe général, qu'entre deux personnes, dont l'une n'a rien à s'imputer, et dont l'autre, au contraire, est coupable d'une faute ou d'une négligence, si légère que vous la supposiez, le préjudice doit retomber tout entier sur celle qui est en faute, et ne peut peser, pour aucune partie, sur celle qui n'a rien à se reprocher.

Cependant vous verrez assez fréquemment, dans des demandes de cette nature, des tribunaux ou des cours reconnaître qu'en fait telle nullité provient de la faute de l'huissier; que, par conséquent, telle déchéance essuyée par la parlie est imputable à l'huissier; et cependant, ce premier point une fois établi, on ne condamnera pas l'officier ministériel à la responsabilité tout entière.

J'en prends un exemple assez remarquable. Un individu ayant formé contre une commune une demande d'un intérêt de 100,000 francs environ, succomba dans sa demande et voulut interjeter appel; il chargea un huissier de notifier au maire de la commune l'exploit d'appel : cet exploit, conformément à l'art. 69, § 5, devait, à peine de nullité, être revêtu du visa du maire, sur l'original. Cependant l'huissier négligea de requérir ce visa; en conséquence, l'exploit fut déclaré nul, et, comme on n'était plus à temps de le renouveler, la déchéance du droit d'appel s'ensuivit; de là une demande en responsabilité de la partie appelante contre l'huissier qui avait mal exploité. Une cour d'appel reconnut, en fait, que la nullité provenait, et incontestablement, de la négligence et de l'oubli de l'huissier; mais, quoique la demande fût de 100,000 francs, elle n'adjugea à l'appelant que 2,000 francs de dommages-intérêts.

Il ne faut pourtant pas penser aveuglément que cette solution soit contraire aux principes que nous venons d'exposer. En effet, aux règles qui précèdent il faut ajouter une considération qui, sans les contredire, les modifiera très fréquemment dans l'application. D'abord dans l'exemple précédent, il est évident qu'on ne pouvait invoquer, en faveur de l'officier ministériel, aucune excuse tirée de la légèreté de sa faute; assurément, si un oubli était impardonnable, c'était certainement l'omission d'une règle aussi simple, aussi incontestable que celle de requérir le visa, aux termes d'un article qui l'exige formellement. Mais on objecta, avec raison, en faveur de l'officier ministériel, que rien ne démontrait que le préjudice résultant de la déchéance de l'appel fût égal à 100,000 fr., montant nominal de la demande. En effet, rien ne prouvait que la partie, quand même son appel eût été recevable, eût triomphé dans cet appel; rien n'attestait que sa demande fût fondée, et qu'en conséquence la déchéance qu'elle essuyait lui causât un préjudice réel de 100,000 francs. On conçoit donc, que, dans ce cas ou tout autre pareil, les tribunaux saisis de l'action en indemnité puissent apprécier quelles étaient les chances, les probabilités de succès du demandeur ou de l'appelant qui se trouve déchu de sa demande par le fait de l'huissier; et si on estime, par exemple, que ces probabilités étaient très faibles, que toutes les chances du procès semblaient être pour l'adversaire, il serait injuste de faire peser sur l'huissier une responsabilité qui excéderait de bien loin le véritable préjudice éprouvé.

Ainsi, dans cette question, il y a deux points bien distincts. Point de droit, l'huissier, comme tout officier ministériel, comme tout mandataire salarié et surtout privilégié, doit supporter la responsabilité de toutes les fautes graves ou légères qu'il est possible de lui imputer. Mais, point de fait : ce préjudice, cette indemnité peut ne pas être l'équivalent exact de la demande qui était formée, puisque, si cette demande était injuste, si elle était évidemment mal fondée, le préjudice causé se réduirait, en définitive, à zéro (1).

189. § 4. *Des délais de l'ajournement* (art. 72, 73 et 74).

1) C. de Poitiers, 18 juin, 1830. — Metz, 23 mai 1832 (Dall., *Rép.*, vº *Huissiers*, nº 109) — Colmar, 15 juin 1857 (Dall., 1858, 2, 173).

« Art. 72. Le délai ordinaire des ajournements, pour ceux qui sont domiciliés en France, sera de huitaine. — Dans les cas qui requerront célérité, le président pourra, par ordonnance rendue sur requête, permettre d'assigner à bref délai. »

Vous avez vu, au § 4 de l'art. 61, que l'exploit d'ajournement doit contenir l'indication du délai pour comparaître ; mais la loi ne pouvait laisser au caprice du demandeur la détermination arbitraire de ce délai ; aussi l'art. 72 fixe-t-il, au moins comme règle générale, un délai de huitaine, et bien entendu, de huitaine franche, entre le jour de la signification de l'exploit et le jour indiqué obligatoire pour la comparution. *Franche*, c'est-à-dire en ne comptant ni le jour de la citation ni celui de la comparution. Ainsi, en combinant notre article avec l'art. 1033, qui pose le principe de la franchise des délais, un exploit d'ajournement signifié le 1ᵉʳ ne peut, en principe, vous assigner à comparaître que pour le 10.

.Cependant, de ce que, en général, le délai d'assignation est de huitaine, ne concluez pas que l'indication d'un délai plus long ou d'un délai plus court entraîne la nullité de l'assignation. L'art. 61 attache bien la peine de nullité au défaut absolu d'indication de délai : l'art. 72 ajoute bien que le délai ordinaire est de huitaine ; mais l'art. 72 ne prescrit pas la peine de nullité pour indication d'un délai différent. Je vous rappelle d'ailleurs que, d'après l'article 1036, les nullités de formes ne doivent pas se suppléer. Ce n'est pas à dire, qu'on pourra impunément violer l'art. 72 et assigner au défendeur un délai autre que le délai légal. Ainsi, le demandeur, au lieu d'ajourner à huitaine, a-t-il ajourné à quinzaine, le défendeur pourra * profiter de cette prolongation de délai ou * rentrer dans le délai de la loi ; s'il a intérêt d'être jugé promptement, il pourra, aux termes de l'art. 75, constituer aussitôt son avoué et signifier ses défenses d'après l'art. 77 (1).

Au contraire, le délai indiqué est-il plus court, c'est alors que se présentera vraiment pour le défendeur l'intérêt de réclamer l'application de l'art. 72. Ainsi, au lieu d'assigner à huitaine, vous avez assigné, au mépris de l'art. 72, par exemple à trois jours, sans permission (avec permission on le pourrait) ; dans ce cas, l'exploit n'est pas nul, parce que nous ne devons pas suppléer les nullités. Mais d'abord, si, à l'expiration de ces trois jours, le défendeur n'a pas constitué d'avoué, le tribunal ne doit pas, aux termes de l'art. 149, donner défaut contre lui ; car, en se faisant représenter l'exploit d'ajournement, il y verra que les délais de l'art. 72 n'ont pas été observés, et qu'en conséquence il serait injuste de condamner par défaut le défendeur à qui l'ajournement n'a pas laissé le délai légal. Le tribunal doit appliquer ici l'art. 5 (C. pr., *in fine*) et ordonner la réassignation du défendeur aux frais du demandeur. Que si, par surprise, par négligence, on avait, dans ce cas, donné défaut contre le défendeur, il aurait le remède de l'opposition (V. nᵒˢ 312 et s.), les frais de cette opposition devraient, dans tous les cas, rester à la charge du demandeur qui en est la cause (2).

190. Quoique, en principe, le délai de huitaine soit fixé comme délai légal, vous voyez dans la seconde partie de l'article, que le demandeur peut,

(1) Cass., 13 prairial an XII. — Turin, 9 janvier 1809 (Dall., *Rép.*, vᵒ *Exploit*, nᵒ 571).
(2) *Contrà*, C. de Rennes, 22 septembre 1810 (Dall., *Rép.*, vᵒ *Exploit*, nᵒ 566, note 2).

dans certains cas, et avec permission du président, assigner à plus bref délai. Ces cas sont ceux qui requièrent célérité. L'appréciation du caractère de célérité n'est pas abandonnée par la loi à l'arbitraire, au caprice du demandeur. S'il croit trouver dans la cause ce caractère d'urgence qui peut motiver l'abréviation du délai, il présentera requête au président du tribunal, exposera ses motifs, les circonstances de célérité, et pourra obtenir, en conséquence, une ordonnance permettant d'assigner à bref délai. Cette ordonnance et la copie de la requête seront signifiées au défendeur, avec l'exploit d'ajournement, comme servant à justifier que c'est avec raison, et à bon droit, qu'on abrège contre lui le délai ordinaire de huitaine.

Au reste, cette précaution du § 2, qui, pour abréger les délais, exige impérieusement une permission du juge, cette précaution ne paraît pas la seule garantie assurée, en ce cas, aux intérêts du défendeur.

En effet, la permission du juge ainsi donnée sur requête, l'a été, remarquez-le bien, une seule des parties entendue ; le défendeur n'a pas été appelé devant le président pour y débattre les allégations du demandeur, pour y soutenir, contrairement à la prétention de celui-ci, que la cause ne requérait pas célérité. Aussi plusieurs auteurs accordent au défendeur la voie d'opposition contre cette ordonnance. Mais l'opposition suppose une décision par défaut. Celui-là seul fait défaut qui ne répond pas à une citation ; or le défendeur n'avait pas été, n'avait pas dû être cité devant le président qui a accordé l'abréviation du délai.

* Ce que pourra faire le défendeur cité à bref délai, c'est de soutenir et prouver que l'abréviation du délai a été accordée à tort par le président qui n'a entendu que le demandeur *. Et si le tribunal reconnaît que la demande, ne requérant pas célérité, n'était pas de nature à motiver une abréviation du délai, il n'annulera pas l'exploit d'ajournement ; mais le délai de huitaine, le délai légal ordinaire sera restitué au défendeur qui l'invoque.

* La célérité peut être aussi une cause de dispense de conciliation (art. 49, § V. n° 88). A qui appartient-il de reconnaître que l'affaire était d'une telle célérité que la conciliation ne devait pas être tentée ? Quelques auteurs ont pensé que le président du tribunal, ayant, d'après l'art. 72, mission de constater la célérité, pouvait non seulement abréger le délai d'ajournement, mais aussi dispenser du préliminaire de conciliation (1). Cette opinion doit être rejetée. L'art. 72 ne donne au président que le droit d'abréger le délai. C'est au tribunal tout entier qu'il appartient, au contraire, de décider si l'affaire doit être ou non dispensée du préliminaire de conciliation. Le demandeur, qui croira sa demande urgente, assignera son adversaire directement et sans tenter la conciliation. Si le tribunal, au début de l'instance et sur la réclamation du défendeur, reconnaît que l'affaire ne requérait pas célérité, il annulera l'ajournement comme n'ayant pas été précédé de la tentative de conciliation (art. 48) (2). *

(1) C. de Douai, 8 décembre 1836 (Dalloz, *Rép.*, v° *Conciliation*, n° 161, note 2).

(2) C. de Bruxelles, 18 avril 1831 (Dall., *Rép.*, v° *Conciliation*, n° 167). — C. de Paris, 26 juillet 1862 (Dalloz, 1863. 2, 112). V. aussi les autorités citées par Dalloz, *loc. cit.* note 1.

191. A ce délai de huitaine, prescrit comme délai ordinaire par l'art. 72, il est entendu qu'il faut ajouter le délai légal à raison des distances, indiqué, d'ailleurs, dans la disposition générale de l'art. 1033. Ce délai est d'un jour, par cinq myriamètres de distance entre le domicile du défendeur et le tribunal devant lequel la demande doit être portée. * Le président ne peut abréger le délai des distances (1). *

192. Cette idée, une fois admise, s'applique sans difficulté à toutes les assignations données sur le territoire français pour comparaître devant un tribunal de la République. Mais vous sentez que ce calcul des distances fût devenu fort difficile, et même à peu près impossible, dans les cas où l'on assigne à comparaître devant un tribunal français une personne qui n'a ni domicile ni résidence en France. Alors le calcul des distances, du domicile de l'étranger jusqu'au tribunal français, eût été fort arbitraire, puisque, à cet égard, nous n'avons aucune mesure officielle et légale ; de là la disposition de l'art. 73, qui, pour trancher nettement tous les débats de ce genre, pour éviter un calcul des distances extrêmement embarrassant, détermine, d'une manière générale, quel délai devra s'ajouter au délai de huitaine, pour les individus non domiciliés sur le territoire français. Cet article est ainsi conçu ;

« Art. 73 (modifié par la loi du 3 mai 1862). Si celui qui est assigné demeure hors de la France continentale, le délai sera : — 1° pour ceux qui demeurent en Corse, en Algérie, dans les Iles-Britanniques, en Italie, dans le royaume des Pays-Bas, et dans les États et confédérations limitrophes de la France, d'un mois ; — 2° pour ceux qui demeurent dans les autres États, soit de l'Europe, soit du littoral de la Méditerranée et de celui de la mer Noire, de deux mois ; — 3° pour ceux qui demeurent hors de l'Europe, en deçà des détroits de Malacca et de la Sonde et en deçà du cap Horn, de cinq mois ; — 4° pour ceux qui demeurent au delà des détroits de Malacca et de la Sonde et au delà du cap Horn, de huit mois ; — 5° les délais ci-dessus seront doublés pour les pays d'outre-mer, en cas de guerre maritime. »

* La loi du 3 mai 1862 a diminué les délais de distance de l'ancien art. 73, à raison de la plus grande facilité des communications. *

L'article suivant modifie, pour un cas particulier, les principes généraux que je viens de vous présenter.

« Art. 74. Lorsqu'une assignation à une partie domiciliée hors de France sera donnée à sa personne, en France, elle n'emportera que les délais ordinaires, sauf au tribunal à les prolonger, s'il y a lieu. »

En général, le délai des distance doit se compter, du domicile du défendeur au tribunal où la demande est portée. Ainsi, quand même l'assignation serait remise à la personne même du défendeur, mais loin de son domicile, ce serait toujours du domicile au tribunal que le délai devrait se calculer, et non du lieu où l'assignation a été remise à la personne, au tribunal.

(1) Cass., 16 juin 1845 (Dalloz, 1845, 1, 313). — Cass., 29 mai 1866 (Dall., 1866, 1, 212).

Ainsi, supposez qu'une personne, domiciliée à Lyon, se trouve accidentellement à Paris, et que vous vouliez diriger contre elle une demande pour laquelle le tribunal de la Seine se trouverait compétent, par exemple, une revendication d'un immeuble situé dans ce département; l'assignation est remise à la personne à Paris, et lui est donnée pour comparaître devant le tribunal de la Seine, d'où il semble résulter que le délai de huitaine devrait suffire, sans ajouter aucun délai de distance. Cette idée serait inexacte, et au délai de huitaine il faut, en général, ajouter le délai des distances calculées à raison de l'intervalle qui sépare le domicile du défendeur du tribunal compétent.

La raison en est fort simple : de ce que la personne se trouve accidentellement à Paris, où vous avez pu valablement lui notifier l'exploit d'ajournement, il ne s'ensuit pas que le délai de huitaine lui suffise pour se préparer; ses titres de propriété, ses moyens de défense, tout cela, en général, ne voyage pas avec elle, mais reste à son domicile; il lui faut laisser le temps d'y écrire, de les faire venir; et, en conséquence, bien qu'elle soit valablement à Paris, il faut cependant joindre au délai de huitaine le délai de distance de Lyon jusqu'à Paris (1).

Tel est le principe général que l'art. 74 modifie pour un cas particulier, dérogeant à cet égard à l'ancienne jurisprudence, qui avait appliqué le principe dans toute son étendue. Ce cas particulier, le voici :

Pour une revendication d'une maison sise à Paris, vous voulez traduire devant le tribunal de la Seine une personne domiciliée non point en France, mais par exemple en Angleterre, et qui se trouve accidentellement à Paris, vous pouvez valablement lui remettre la copie de l'assignation de Paris, soit à personne, soit même à sa résidence, car elle rentre dans le § 8 de l'art. 69, elle n'a pas en France de domicile connu. Devez-vous cependant lui laisser le délai de distance déterminé par l'art. 73, c'est-à-dire le délai accordé par cet article aux individus domiciliés en Angleterre? Non ; la loi dit, que, dans ce cas, vous devez, en principe, n'indiquer que le délai de huitaine : ici la prolongation du délai, résultant de l'éloignement du domicile, serait une trop longue entrave pour que la loi ait voulu, au moins en règle générale, en consacrer la nécessité. Mais ce n'est qu'une exception établie pour les assignations données en France aux personnes domiciliées à l'étranger. D'où il suit que la règle continue de s'appliquer, comme dans le premier exemple que j'ai présenté, à l'assignation donnée à personne en France à un individu qui s'y trouve domicilié, mais qui est accidentellement loin du lieu de son domicile.

Au reste, notre article, tout en dispensant, dans ce cas, de l'observation du délai des distances, accorde cependant au tribunal, par un motif manifeste d'équité, le droit de prolonger, s'il y a lieu, et comme bon lui semblera, le délai de comparution. C'est qu'en effet, l'individu ainsi assigné, bien que se trouvant à Paris, pourra vous dire que ses papiers, ses titres, ses moyens de défense, sont à l'étranger, et qu'un délai lui est nécessaire pour les faire ve-

(1) C. de Poitiers, 3 juillet 1821 (Dall., *Rép.*, v° *Exploit*, n° 553). — *Contrà*, C. de Paris, 7 mars 1846 (Dalloz, 1846, *Table*, v° *Exploit*, 4).

nir. Ce sera au tribunal à apprécier le mérite de cette allégation, à voir si elle est fondée sur de fortes probabilités, ou si elle ne paraît qu'une chicane destinée à entraver le jugement d'une instance urgente. La loi lui accorde plein pouvoir ; *sauf au tribunal à les pronger, s'il y a lieu.*

HUITIÈME LEÇON

TITRE III

CONSTITUTION D'AVOUÉS. — DÉFENSES

➤ 193. Nous avons déjà vu, dans l'art. 63, qu'une des formes essentielles à la validité de l'exploit d'ajournement, c'est la constitution d'avoué de la part du demandeur, c'est le choix de ce représentant judiciaire, de cet intermédiaire que la loi a forcément établi entre le plaideur et les juges. De même que le demandeur a dû, à peine de nullité, constituer avoué dans l'exploit d'ajournement, de même le défendeur devra, par un acte correspondant, constituer avoué et notifier la constitution de son avoué. C'est là le point de départ, l'élément primitif de toute instance judiciaire.

Cependant, nous avons vu quelques exceptions sous l'art. 61 (V. n° 151).

194. Cette constitution d'avoué se trouve donc écrite pour le demandeur dans l'acte d'ajournement ; cet acte indique, en outre, avons-nous dit, au défendeur un délai pour *comparaître*. Il est bon de vous fixer sur le sens de ce mot : comparaître devant le tribunal, dans le langage de la procédure, dans le sens d'un exploit d'ajournement, ce n'est pas venir en personne à l'audience indiquée, ce n'est pas même y présenter un avoué ou un avocat qui y viennent, l'un pour conclure, l'autre pour plaider ; comparaître dans la huitaine, d'après le sens que l'usage et la loi donnent à ce mot, veut dire constituer avoué, faire choix d'un avoué dans les délais de l'ajournement, et notifier cette constitution au demandeur. Vous allez vous en convaincre dans l'art. 75, et vous verrez cela plus clairement indiqué dans les art. 149 et suivants, au titre des jugements par défaut.

« Art. 75. Le défendeur sera tenu, dans les délais de l'ajournement, de constituer avoué ; ce qui se fera par acte d'avoué à avoué. Le défendeur ni le demandeur ne pourront révoquer leur avoué sans en constituer un autre. Les procédures faites et jugements obtenus contre l'avoué révoqué et non remplacé seront valables. »

Ainsi, de deux choses l'une : ou, dans le délai de huitaine indiqué pour comparaître, le défendeur a négligé de constituer avoué ; alors il est vrai de dire qu'il n'a pas comparu ; et par conséquent, à l'audience et sur l'appel de la cause, on peut requérir et obtenir contre lui le défaut faute de comparaître, appelé aussi, dans l'usage, défaut contre partie et défaut faute de constitution d'avoué (nous reviendrons sur ces termes en expliquant l'art. 149); ou, au contraire, dans les délais de l'ajournement, le défendeur a fait choix d'un avoué; alors cet avoué, avant l'expiration de la huitaine, doit se constituer, se légitimer vis-à-vis de l'avoué du demandeur ; ce qui se fait, dit la loi, *par acte d'avoué à avoué.*

Ces actes d'avoué à avoué, et notamment cette constitution de la part du défendeur, sont des actes dont la signification appartient spécialement, et à titre de privilège, aux huissiers audienciers.

Voici à peu près ce que contiendra cet acte de constitution : l'avoué choisi par le défendeur rédigera un acte et le signera, dans lequel il déclarera à l'avoué du demandeur qu'il a charge d'occuper et qu'il occupera dans telle affaire, pour tel défendeur ; l'acte est signifié par un huissier audiencier à l'avoué du demandeur en sa personne ou en son étude, peu importe. Cet acte n'est pas soumis, bien entendu, aux formalités générales de l'art. 61 ; l'indication des prénoms, du domicile, et tous ces détails indiqués dans l'art. 61 sont absolument inutiles, quand la signification se fait d'avoué à avoué, puisque les avoués se connaissent très-bien l'un et l'autre, et connaissent également les huissiers qui instrumentent près de leur tribunal.

Telles sont les formalités très-simples, par lesquelles le défendeur fait connaître à son adversaire le choix de son avoué.

195. La seconde partie de l'article a un but tout à fait différent. Il était à craindre, sans cette dernière disposition, que l'une des parties n'essayât d'entraver le cours de l'instance en révoquant brusquement l'avoué qu'elle avait d'abord choisi, cherchant ainsi, par cette révocation, par le défaut de représentant qu'elle entraîne, à arrêter la continuation des procédures dont elle se doutait l'issue. La fin de l'article a pour but de prévenir cet abus. Le défendeur, par exemple, ayant constitué son avoué, vient dans le cours de l'instance à lui retirer ses pouvoirs et à notifier cette révocation à l'avoué demandeur; le défendeur n'ayant plus maintenant ce représentant légal, cet intermédiaire nécessaire pour plaider, en conclurez-vous que les significations, que la procédure soient arrêtées? Non, l'avoué révoqué, mais non remplacé, reste, en un certain sens, le représentant légal du client qui l'a révoqué. Je dis, en un certain sens, car ce représentant ou mandataire n'est plus qu'un représentant passif, forcément condamné à la plus entière inaction.

Ainsi, l'avoué du défendeur, révoqué, mais non remplacé par lui, a encore qualité pour recevoir toutes les significations, tous les actes, tous les jugements que le demandeur obtiendra contre son adversaire. Mais, à l'inverse, l'avoué du défendeur, ainsi révoqué, n'a plus qualité pour faire aucun acte dans l'intérêt de son client ; et c'est en ce sens qu'il est vrai de dire que l'avoué révoqué reste représentant, mais représentant passif, pouvant recevoir toute espèce de signification, mais n'en pouvant plus faire aucune.

196. En principe, la constitution d'avoué de la part du défendeur doit avoir lieu dans les délais d'ajournement, c'est-à-dire que l'acte d'avoué à avoué, contenant cette constitution, doit être signifié à l'avoué du demandeur avant la jour indiqué dans l'exploit d'ajournement pour la comparution. Si cependant le demandeur avait obtenu du président, aux termes de l'art. 72, la permission d'assigner à bref délai, c'est-à-dire, en général et dans l'usage, à trois jours, la loi reconnaît que ce délai de trois jours, qui peut être plus bref encore, a pu ne pas suffire au défendeur attaqué à l'improviste pour faire choix de son avoué, et pour faire notifier cette constitution à l'avoué du demandeur. De là, la disposition toute spéciale, toute exceptionnelle de l'art. 76.

« Art. 76. Si la demande a été formée à bref délai, le défendeur pourra, au jour de l'échéance, faire présenter à l'audience un avoué auquel il sera donné acte de sa constitution ; ce jugement ne sera point levé : l'avoué sera tenu de réitérer, dans le jour, sa constitution par acte ; faute par lui de le faire, le jugement sera levé à ses frais. »

En général, la constitution d'avoué doit être notifiée avant l'audience par un acte d'avoué à avoué; mais, dans le cas d'assignation à bref délai, cette constitution peut être déclarée, à l'audience même, par l'avoué qui se constitue pour le défendeur; et cette déclaration empêche le tribunal de donner défaut contre le défendeur, qui dès ce moment est représenté. Seulement, vous sentez qu'il importe au demandeur d'avoir, dans son dossier, la preuve écrite de la constitution d'avoué par le défendeur; de pouvoir être prêt à prouver, en tout état de cause, que celui contre qui il agit est le représentant judiciaire du défendeur. Aussi, l'avoué qui s'est ainsi constitué à l'audience sur une assignation à bref délai, doit-il, dans le jour même de cette constitution, faire notifier à l'avoué adverse par un acte d'avoué à avoué, cette constitution déclarée à l'audience; s'il ne le fait pas, sa constitution, quoique non renouvelée, n'en reste pas moins valable, n'en donne pas moins pleine qualité à l'avoué ; mais l'adversaire intéressé à se procurer cette preuve fera lever, fera copier au greffe le jugement qui donne acte de la constitution ; le tout aux frais de l'avoué du défendeur.

➤ **197.** Voilà chaque partie munie de son représentant et ayant accompli les préliminaires indispensables pour se présenter devant la justice. Maintenant comment va marcher l'instance? Va-t-on de suite venir conclure et plaider à l'audience? Sommes-nous encore séparés des plaidoiries par quelques formalités nécessaires, indispensables ? A cet égard il est plusieurs distinctions à faire ; au point où nous sommes arrivés, va commencer véritablement l'instruction ; mais cette instruction est de diverses natures, selon l'exigence des cas et la variété des causes.

Ainsi, trois hypothèses peuvent se présenter.

D'abord l'affaire, soit à raison de la modicité de son intérêt, soit à raison de la simplicité des questions qu'elle paraît renfermer, peut se présenter, dès le premier aspect, dégagée de toute difficulté ; alors elle est au nombre de celles que la loi qualifie de sommaires, et que vous trouvez indiquées dans l'art. 404. S'il en est ainsi, il n'y a pas de préliminaires, il n'y a pas d'intervalle entre la constitution d'avoué et les plaidoiries : l'instruction, rapide, abrégée, sans

écritures, sans formalités, se fait complètement à l'audience sur simples plaidoiries orales (V. nᵒˢ 592 et suiv.).

198. A côté de ces causes si simples, auxquelles suffit une discussion d'audience, un exposé purement verbal, nous pouvons mettre, comme figurant
l'autre extrémité, des causes dans lesquelles la grande complication de l'affaire semble rendre absolument inutile l'épreuve d'une discussion orale, il est
possible que le tribunal, de prime abord, ou même après une tentative préalable de l'instruction ordinaire, reconnaisse la nécessité d'une instruction
faite complètement par écrit, la nécessité de recourir à des mémoires étendus, développés, que le tribunal pourra consulter et méditer à loisir.

Ainsi, supposez, par exemple, que des débats difficiles, sérieux, viennent
s'entamer sur une discussion d'une longue généalogie ; supposez de même
que, dans une affaire en reddition de comptes, se présente la nécessité
calculs, de discussions de chiffres dans lesquelles une plaidoirie, une discussion d'audience ne pourrait apporter aucune conviction dans l'esprit des juges : alors, au lieu d'une discussion verbale, nous aurons une de ces institutions, rare dans l'usage, mais dont la loi a tracé les formes dans le titre
du livre qui nous occupe ; c'est là ce qu'on appelle une instruction par écrit
dans laquelle les parties se signifient leurs moyens dans les mémoires qui
passent sous les yeux d'un juge rapporteur, et sur le vu desquels le tribunal
décide (V. nᵒˢ 229 et suiv.).

199. Enfin, entre ces deux termes extrêmes, d'une cause tout à fait simple
et d'une cause trop compliquée pour permettre, avec quelque succès, des discussions d'audience, nous trouvons un terme moyen bien plus fréquemment
applicable, et dans lequel la loi, à tort ou à raison, a réuni un double mode
d'instruction, savoir : quelques écritures préparatoires, puis des plaidoiries
d'audience. C'est là le genre d'instruction dont la loi s'occupe d'abord
qu'elle trace pour les affaires qu'elle nomme ordinaires. Ainsi, l'instruction ordinaire, celle qui forme le principe et la règle, consiste dans le débat des plaidoiries d'audience, mais préparé, limité à l'avance par certaines significations
d'écritures dont s'occupent les art. 77 et suivants.

« Art. 77. Dans la quinzaine du jour de la constitution, le défendeur fera signifier ses
défenses signées de son avoué ; elles contiendront offre de communiquer les pièces à
l'appui, ou à l'amiable d'avoué à avoué, ou par la voie du greffe. »

Ces écritures, dans lesquelles le défendeur entre le premier en lice, ne sont
cependant de sa part que la discussion des moyens de la demande, que la réponse présentée par le défendeur ou plutôt présentée, au nom du défendeur,
par son avoué, aux moyens de la demande, indiqués déjà, au moins d'une manière sommaire, par l'exploit d'ajournement, aux termes de l'art. 61. Ces défenses contiendront l'exposé des moyens de faits et des moyens de droit invoqués par le défendeur, qui y joindra ses conclusions, et enfin, comme le
veulent les derniers mots de l'article, l'offre de communiquer les pièces à
l'appui de ses défenses, soit à l'amiable, par les mains de son avoué, dans celle

de l'avoué adverse, soit au moins sans déplacement et par la voie du greffe (art. 188 et suiv. C. pr.).

Ces écritures, que l'art. 77 qualifie ici de défenses, sont appelées requêtes dans l'usage et dans le décret du tarif. Il est bon cependant, pour prévenir toute équivoque, de remarquer que, dans les lois et dans l'usage, le mot *requête* présente deux acceptions et s'applique à deux sortes d'écritures bien distinctes. Ainsi, ces écritures qui s'appellent ordinairement des requêtes, ne sont pas des requêtes dans le même sens que celles que nous avons vues désignées par ce nom dans l'art. 72. Vous avez vu que, pour obtenir permission d'assigner à bref délai, le demandeur devait présenter requête au président du tribunal. C'est un écrit, c'est une demande signée de l'avoué du demandeur, adressée au président ou au juge qui le remplace, et dans laquelle le demandeur sollicite ou requiert de ce juge l'abréviation du délai autorisée par l'art. 72. Là l'expression de requête s'appliquait fort exactement à un acte dressé directement par la partie à son juge.

Au contraire, les écritures de l'art. 77 ne sont pas adressées par le défendeur au juge : l'avoué du défendeur en dresse un original qui reste dans ses mains, dans son dossier, puis une copie qui est, par lui, non pas soumise ou présentée au tribunal, mais bien signifiée à l'avoué du demandeur par un huissier audiencier, comme tous les actes de l'instance. En un mot, ce ne sont pas des écritures mises sous les yeux du tribunal, et dans lesquelles on requiert, on demande de lui directement quelque permission, quelque exception ; ces écrits, en principe, restent dans les mains des parties, savoir : l'original ou la grosse dans les mains du défendeur, et, au contraire, la copie dans les mains du demandeur, à qui elle est signifiée.

D'où vient donc à ces actes le nom de requêtes, puisque ce sont des écritures de partie à partie, et non des écritures présentées par la partie au juge ? Ce nom vient de ce que, en général et dans l'usage, ces défenses sont intitulées comme si elles étaient destinées à passer directement sous les yeux du tribunal. Dans la plupart des tribunaux, non pas cependant dans tous, ces écritures commencent ainsi : *A M. le président et à MM. les juges composant telle chambre de tel tribunal.* Quelquefois ces écritures passent réellement sous les yeux du tribunal. Ainsi, si, aux termes de l'art. 93, le tribunal juge à propos de faire déposer sur le bureau les pièces du procès, il est certain qu'il pourra prendre communication des requêtes, comme de toutes les autres pièces.

200. Quant à la forme de ces écritures, elle est absolument libre ; ni le Code de procédure ni le tarif ne tracent rien à cet égard. J'indiquais tout à l'heure quelle en était la substance, quel en était le fond ; quant à la rédaction, elle est absolument facultative.

Seulement, pour éviter des abus de la part des avoués, des abus dont le passé donnait quelques raisons de se méfier, le décret du tarif, dans l'art. 72, a pris des précautions qui ne tiennent pas, du reste, à l'essence de ces écritures de défenses. Ainsi, il est d'abord entendu que, si ces écritures, signifiées d'avoué à avoué, contiennent des redites, des répétitions, des inutilités qui n'auraient évidemment d'autre but que d'augmenter les frais du procès, le juge chargé de la taxe pourra et devra en retrancher tout ce qui semblera absolument inu-

I.

tile. De plus, le décret du tarif est entré, sur ce point, dans des détails qui, minutieux au premier abord, sont cependant nécessaires à connaître.

Ainsi, il existait autrefois un abus assez fréquent en matière de défenses de requêtes, abus qui se trouve proscrit par l'art. 104 du Code de procédure et par l'art. 74 du tarif ; il consistait en ce que le procureur qui avait gagné son procès, et à la partie duquel on avait adjugé les dépens, intercalait souvent après coup, dans l'original de ces requêtes, d'énormes cahiers d'écritures qui n'avaient jamais été signifiées, et dont cependant on répétait les frais contre l'adversaire. C'est, pour prévenir le retour d'une telle prévarication, que l'art. 104, placé au titre des Instructions par écrit, mais applicable dans ses termes à toutes les requêtes d'écritures et de défenses, veut que les avoués déclarent, à la fin de chaque signification d'écritures de ce genre, le nombre des rôles dont ces écritures se composent ; et cette déclaration doit être placée, par eux, tant sur l'original que sur la copie, à peine, dit la loi, de rejet de la taxe. Cette précaution empêche à tout jamais la fraude que j'indiquais.

Comme l'avoué a un certain honoraire par chaque rôle des écritures, dont l'original est grossoyé (écrit en grosse écriture), * la loi a pris la précaution, plus minutieuse encore, de fixer, d'une manière précise, le minimum de lignes que doit contenir chaque page d'une requête de défenses ou d'écritures, et le minimum de syllabes que doit contenir chaque ligne ; vous le trouvez indiqué dans l'art. 72 du tarif ; ce minimum est de vingt-cinq lignes à la page, et de douze syllabes à la ligne. Quelque puérils que semblent ces détails, ils ne sont pas sans utilité, en vue des abus criants qui paraissent avoir été commis dans l'ancienne pratique. Ainsi vous entendrez encore raconter au Palais l'histoire d'un ancien procureur qui, dans une requête singulièrement remarquable par la brièveté de ses lignes, avait trouvé le moyen de faire une ligne avec ces trois petits mots : *Il y a*; le juge chargé de la taxe compléta la ligne, en ajoutant ; *dix écus d'amende pour le procureur.*

* Pour les copies de ces requêtes, elles sont écrites en caractères serrés. Mais, pour qu'elles soient lisibles et aussi, pour ne pas trop restreindre l'emploi du papier timbré sur lequel doivent être écrits tous les actes judiciaires, ces copies ne doivent pas contenir d'abréviations, et un décret du 30 juillet 1862 a fixé le maximum de lignes de chaque page et des syllabes de chaque ligne. Il est défendu de mettre plus de trente lignes à la page et de trente syllabes à la ligne.

201. Sous l'empire de l'ordonnance de 1667, le défendeur devait, comme maintenant il le doit encore, signifier, dans un délai donné, ses défenses aux moyens de la demande ; mais, aux termes de l'ordonnance, cette signification était obligatoire, et si, dans un délai qui variait selon les divers cas, le défendeur n'avait pas fait signifier ses défenses écrites contre les moyens de la demande, on rendait contre lui un jugement de défaut, appelé défaut faute de défenses. Aujourd'hui il est loisible au défendeur ou de signifier les écritures de défenses autorisées par cet article, ou de renoncer à ce droit qui est pour lui de pure faculté, en se réservant de faire présenter verbalement à l'audience ses moyens de défense. En un mot, la signification dont parle l'art. 77 est purement facultative ; le défendeur qui ne la fait pas n'encourt aucune déchéance, aucune condamnation par défaut. Vous en trouverez la preuve dans l'art. 78.

« Art. 78. Si le défendeur n'a point fourni ses défenses dant le délai de quinzaine, le demandeur poursuivra l'audience sur un simple acte d'avoué à avoué. »

Ainsi, le défendeur croit-il que des écritures ne feront qu'augmenter les frais sans utilité ; que sa défense sera suffisamment présentée, éclaircie par la bouche de son avocat ? Il laissera écouler, sans signification, le délai de quinzaine ; après quoi le demandeur pourra, s'il le juge convenable, poursuivre l'audience par un *simple acte*. Nous reviendrons sur le sens de ce mot (n° 104).

202. Mais supposons, ce qui arrive le plus fréquemment, que l'art. 77 ait été exécuté, c'est-à-dire que le défendeur ait signifié ses écritures, soit dans le délai de quinzaine, soit même après ce délai, tant que le demandeur n'a pas poursuivi l'audience ; alors l'art. 79 accorde au demandeur la faculté de répondre à son tour par écrit ; mais, au lieu de lui donner quinzaine, comme l'art. 77 le fait pour le défendeur, on a jugé que huitaine lui suffisait, par une raison fort simple : c'est qu'il a eu tout le temps de peser, de préparer ses moyens avant de former sa demande ; il n'est pas pris, comme le défendeur, à l'improviste.

« Art. 79. Dans la huitaine suivante, le demandeur fera signifier sa réponse aux défenses. »

Mais le demandeur n'est pas contraint de faire une réponse, et immédiatement après les défenses il peut poursuivre l'audience sur un simple acte d'avoué à avoué.

« Art. 80. Après l'expiration du délai accordé au demandeur pour faire signifier sa réponse, la partie la plus diligente pourra poursuivre l'audience sur un simple acte d'avoué à avoué ; pourra même le demandeur poursuivre l'audience après la signification des défenses et sans y répondre. »

203. A prendre toute cette marche de l'instruction dans sa plus grande simplicité, nous pouvons la résumer ainsi :

1° Assignation ou ajournement donné par le demandeur à comparaître ; c'est-à-dire, en style de procédure, à constituer avoué dans le délai de huitaine ;

2° Constitution d'avoué dans ce délai de la part du défendeur ;

3° Dans la quinzaine, à partir de cette constitution, signification écrite des moyens de défense ;

4° Dans la huitaine de cette signification, réponse également écrite de la part du demandeur.

Voilà la marche légale que nous trouverons suivie, si la loi a été appliquée à la lettre. Mais ce cas, remarquez-le bien, sera le plus rare, car ces délais de quinzaine et de huitaine n'emportent par eux-mêmes aucune déchéance, et il arrivera fort souvent que la requête du défendeur sera signifiée, non pas dans la quinzaine, non pas même dans le mois, mais fort longtemps après la constitution d'avoué. Pourquoi cela ? C'est que le défendeur reste libre de la signifier tant que le demandeur ne l'a pas mis en demeure de le faire, en le sommant, en lui donnant avenir pour plaider à l'audience. Le demandeur peut sans doute, aux termes de l'art. 79, provoquer l'audience immédiatement après la quinzaine expirée; mais, il ne le fait pas, et tant qu'il ne l'a pas fait, le défendeur est à temps de signifier sa requête.

De même, si, à l'expiration de la huitaine, pour la réplique du demandeur, il n'a rien fait signifier, le défendeur a le droit de le frapper de déchéance en poursuivant l'audience ; mais, tant qu'il ne l'a pas fait, le demandeur a droit de signifier sa réplique.

En un mot, l'application littérale de chacun de ces articles est abandonnée à la nécessité que voient les parties d'obtenir un prompt jugement.

204. Les art. 79 et 80 parlent, vous ai-je dit, d'un simple acte d'avoué à avoué, par lequel le défendeur ou le demandeur, selon les cas, somme son adversaire de venir à l'audience. Cet acte porte dans l'usage le nom d'avenir, souvent aussi de sommation d'audience. C'est un acte que l'un des avoués, à l'expiration des délais précédents, fait signifier à l'avoué adverse par un huissier audiencier, à l'effet de venir plaider. Cet avenir est à peu près pour l'avoué ce qu'est l'ajournement pour la partie ; de même que, par l'ajournement, je contrains mon adversaire à constituer avoué dans le délai que j'indique, de même, par l'avenir ou sommation d'audience, j'appelle son avoué à venir à l'audience pour conclure et faire plaider la cause au délai désigné dans l'avenir.

Seulement la loi, qui, dans l'art. 72, a déterminé expressément le délai des ajournements, n'a pas pris la même précaution dans les art. 79 et 80 pour fixer le délai de l'avenir. Dans l'usage, le minimum de ce délai est d'un jour franc.

⇥ 205. Arrêtons-nous un instant sur la partie critique de cette matière, sur la question vivement débattue de l'utilité, du mérite des écritures préalables, dont la loi commande ou permet la signification antérieurement aux plaidoiries.

Le but de ces significations, vous ai-je dit, et c'est là ce qu'invoquent en leur faveur les rares partisans qu'elles conservent, leur but est de préparer, de déterminer le terrain de la cause ; de faire connaître d'avance à chaque partie, à chaque défenseur, les moyens de son adversaire, et de rendre par là plus nette, plus facile, plus rapide, la discussion de ces moyens, qui doit avoir lieu à l'audience.

A cette raison on peut en opposer d'autres ; on répond, pour établir l'inutilité, l'inconvénient même de ces écritures, d'abord, qu'en principe, elles ne peuvent jamais atteindre ce but ; et qu'en fait, d'ailleurs, elles sont presque toujours rédigées de telle sorte qu'elles restent tout à fait au-dessous, tout à fait en arrière du vœu du législateur.

D'abord, en principe, il est vrai de dire qu'on peut difficilement espérer voir ces requêtes respectives atteindre jamais le but en vue duquel elles ont été introduites, c'est-à-dire faire connaître d'avance à chaque partie les arguments, les moyens que doit invoquer son adversaire, de manière à réduire, à simplifier la discussion verbale, la discussion d'audience. En effet, vous sentez bien que, dans quelques mains qu'on fasse reposer le soin de rédiger ces défenses, que ce soit la partie elle-même qui en surveille la rédaction, que ce soit son avoué, ou enfin son avocat, on se gardera toujours de présenter, dans ces défenses, les moyens décisifs, les moyens capitaux dont on entendra se prévaloir dans la plaidoirie et devant les juges. Ces défenses ne sont pas destinées à passer sous les yeux du tribunal, quoiqu'il puisse se les faire présenter, et que, dans certains cas, il le fasse : elles sont destinées à être signifiées à l'adversaire ; et ce serait une très fausse démarche, et très peu dans l'intérêt de chaque plaideur, que de mettre d'avance son adversaire et l'avocat qui le défend dans la confidence de tous les moyens que l'on prétend présenter contre lui ; que de les mettre à même de se préparer à minuter des objections qui, présentées de vive voix, brusquement et à l'audience, pourront surprendre et déconcerter. En un mot, on aimera mieux présenter à l'improviste, dans le cours de la plaidoirie, les moyens solides dont on espère le succès, que de les signifier longtemps à l'avance, et s'exposer par là à en compromettre l'effet.

En second lieu, et en fait, ces écritures n'atteindront pas le but de la loi. J'ai raisonné jusqu'ici dans l'hypothèse où la rédaction des défenses serait confiée à des mains capables de bien présenter les moyens de la cause ; mais, en pratique, ce n'est pas l'avocat chargé d'étudier et de discuter à fond la cause, ce n'est même pas, en général, l'avoué chargé de la procédure, qui rédige en détail les écritures du défendeur ou du demandeur ; ce soin est abandonné à un clerc, souvent fort inhabile, fort inexpérimenté, et qui n'a pas le temps d'étudier l'affaire avec tout le soin nécessaire pour en bien présenter les faits et les moyens.

Ainsi, en réalité, est-on assez généralement d'accord que ces écritures ne profitent guère qu'aux avoués ; qu'elles n'ont pour résultat que d'augmenter les frais du procès, puisqu'elles ne sont lues ni des juges, ni même, en général, des défenseurs des parties. Si l'avocat prend connaissance de la requête signifiée par l'adversaire de son client, c'est le plus souvent dans l'espoir d'y trouver quelque méprise, quelque aveu inconsidéré, dont il tirera partie dans sa plaidoirie.

Ainsi l'instruction par écrit, fort utile, ou plutôt tout à fait nécessaire, dans les affaires compliquées dont s'occupe le titre VI, parce qu'elle est le seul moyen possible de discussion, parce que les écritures passeront sous les yeux des juges, est considérée généralement comme une superfétation fort inutile, dans les cas où elle n'est employée que comme une insignifiante, et quelquefois une dangereuse préparation aux plaidoiries d'audiences (1).

206. Les deux derniers articles de ce titre sont purement de précaution et d'économie.

« Art. 81. Aucunes autres écritures ni significations n'entreront en taxe. »

(1) * Boitard a, je crois, exagéré les critiques qu'on peut adresser aux requêtes. Si les avoués en signifient d'inutiles ou de trop longues, c'est aux magistrats à les rejeter de la taxe. Il faut blâmer aussi l'avoué qui omettrait à dessein de signifier les moyens décisifs afin de tendre un piège à l'adversaire. Mais telle n'est pas la règle ordinaire. Une requête bien faite, préparée souvent par l'avoué lui-même, quelquefois même, dans les affaires importantes, par un jurisconsulte, aide l'avocat dans sa plaidoirie, et éclaire les magistrats, quand ils se font remettre les pièces pour délibérer. *

Ainsi une requête en défense de la part du défendeur, une réplique de la part du demandeur : voilà les seules écritures que paraisse permettre en principe l'art. 81. Mais il est possible que l'une des parties, défendeur ou demandeur, s'aperçoive, après coup, qu'elle a omis dans ces écritures, soit la discussion d'un moyen qu'elle doit présenter par écrit, soit surtout l'insertion d'une demande, d'une conclusion nouvelle qu'elle entend soumettre au tribunal; alors, sans doute, cet oubli ne portera pas préjudice à la partie, en ce sens qu'elle réstera libre de signifier après coup une écriture nouvelle, un supplément d'instruction, dans lequel elle présentera, soit ce moyen nouveau, soit ces conclusions nouvelles. Mais, premièrement, elle ne jouira pas, pour ce supplément d'instruction, des délais de quinzaine ou de huitaine que les articles précédents n'ont accordés que pour une fois ; secondement, en signifiant ces nouveaux moyens ou ces nouvelles conclusions, comme certainement elle est libre de le faire, elle ne pourra pas, en général, répéter contre son adversaire les frais de cette signification tardive, et elle les supportera, quand bien même elle gagnerait son procès.

Tel est le sens de l'art. 81, qui ne prohibe pas, vous le voyez, toute écriture ou toute signification postérieure aux écritures précédentes ; mais qui déclare seulement que les écritures postérieures n'entreront pas en taxe, ne pourront point être répétées par celui qui les a signifiées, quand même il triompherait. On a voulu proscrire aussi l'usage de ces *répliques, dupliques, tripliques*, fort usitées dans l'ancienne jurisprudence, et que l'ordonnance de 1667 avait prohibées, mais à peu près sans aucun succès.

Ajoutons que même, en certains cas, il arrivera, et, il faut le dire, assez fréquemment, que les écritures postérieures à celles que nous venons de supposer devront cependant entrer en taxe. En effet, nous raisonnons jusqu'ici avec le Code, et pour assez longtemps encore, dans l'hypothèse d'un procès qui marche dégagé de tout incident, de toute exception ; que si, au contraire, le procès vient à se compliquer de quelques-uns de ces incidents nombreux que le Code a rejetés aux titres IX et suivants, alors évidemment les écritures auxquelles donneront lieu ces incidents surgissant dans le cours du procès, seront, conformément à la règle générale, à la charge de celui qui succombe dans le procès. En un mot, l'art. 81 a voulu prohiber cette manière d'entasser écritures sur écritures sans autre but que de grossir les frais ; mais il n'a ni pu ni voulu prohiber les significations, les écritures postérieures, que feraient naître entre les parties des demandes incidentes et des débats imprévus dans l'origine.

« Art. 82. Dans tous les cas où l'audience peut être poursuivie sur un acte d'avoué, il n'en sera admis en taxe qu'un seul pour chaque partie. »

La même observation peut s'appliquer à l'art. 82.

Il paraît aussi, c'est du moins ce qu'on trouve dans les discussions du conseil d'État, qu'anciennement on était assez dans l'usage de se signifier, coup sur coup, des avenirs, des sommations d'audience, qui n'étaient suivis d'aucun effet : c'est-à-dire qu'on arrivait souvent à l'audience, et pour la première fois, après s'être respectivement signifié huit ou dix avenirs qui grossissaient le dossier et augmentaient les frais. C'est pour prévenir cet abus que la loi déclare qu'il ne sera passé en taxe qu'un seul avenir, et elle ajoute, assez mal à propos, *pour chaque partie.* Cet article a été ajouté dans le Code sur l'observation du Tribunat, qui avait demandé qu'on terminât ce titre par un article ainsi conçu : « Dans tous les cas où l'audience peut être poursuivie par acte d'avoué, il n'en sera admis en taxe qu'un seul ; » ces mots *pour chaque partie* se sont glissés après coup, et on ne voit pas pourquoi, dans la rédaction de l'article. Mais il est sûr que chaque partie n'a pas nécessairement, et dans tous les cas, le droit de signifier un avenir ; que si, par exemple, à l'expiration des délais précédents, l'avoué de l'une des parties, le plus diligent, a signifié à l'autre une sommation d'audience, cette sommation suffit seule, et la sommation ou avenir que viendrait, après coup, signifier l'autre avoué, serait un acte absolument frustratoire, qui resterait à sa charge, aux termes de l'art. 1031.

Cependant, cet article, vous ai-je dit, doit s'entendre avec les mêmes tempéraments que le précédent ; il arrivera qu'on passera en taxe, non pas un, mais plusieurs avenirs ; et cela, quand la cause se sera compliquée d'incidents, de débats secondaires, qui auront nécessité des plaidoiries spéciales, et par là même des sommations d'audience spéciales aussi.

En un mot, les art. 81 et 82 doivent être considérés bien plutôt comme des conseils, comme des exhortations adressées par le législateur au juge, que comme des règles fixes, impératives, dont le juge ne puisse jamais s'écarter ; ils attestent clairement que la pensée de la loi est de proscrire, en les rejetant de la taxe, toutes écritures frustratoires ; que si, au contraire, de nouvelles écritures, de nouveaux avenirs, paraissent avoir été nécessités par la marche de l'affaire, il faudra bien les passer en taxe, quoique le texte de ces deux articles paraisse d'abord indiquer le contraire.

TITRE IV

DE LA COMMUNICATION AU MINISTÈRE PUBLIC.

207. Les avoués ont été constitués, les écritures respectives signifiées, un avenir a été donné pour paraître à l'audience, y conclure et y plaider ; une fois arrivé à ce point, l'ordre naturel des idées exigerait, à ce qu'il semble, que la loi nous indiquât comment les parties ou leurs avoués se présentent à l'audience ; après quelles mesures, quelles précautions réglementaires la cause est appelée ; comment enfin elle est discutée, plaidée par les défenseurs. Au contraire, le titre IV laisse de côté ces détails et les abandonne implicitement, soit aux règlements spéciaux, soit même aux premiers articles du titre V, relatif à la manière dont se présentent à l'audience les défenses des parties.

Il semble qu'il serait plus naturel de parler d'abord de l'audience et des plaidoiries (tit. V), sauf à s'occuper ensuite des conclusions du ministère public, qui résume les plaidoiries et prépare le jugement. * Mais l'ordre des titres IV et V peut se justifier si l'on considère que, d'après l'art. 83 du règlement du 30 mars 1808, la communication devait être faite par l'avoué trois jours avant l'audience

(V. n° 221). Les rédacteurs du Code de procédure ont supposé qu'on suivrait cette marche qui, depuis, a été abandonnée. *

➤➤➤ **208.** Je vous ai parlé, dans les préliminaires, de l'organisation du ministère public et des rôles divers que remplissent devant les tribunaux les officiers dont se compose cette magistrature. Les officiers du ministère public remplissent, vous ai-je dit, en justice, soit le rôle de partie principale, c'est celui qui a toujours lieu en matière criminelle, et quelquefois en matière civile, soit le rôle de partie jointe, c'est de bien loin ce qui leur arrive le plus fréquemment en matière civile, et c'est de celui-là seulement que nous avons à nous occuper présentement.

Ainsi, à part les cas extraordinaires des art. 114, 199, 200 et quelques autres pareils dans le Code civil, le ministère public ne figure en matière civile que comme partie jointe ; il vient, après que les deux parties ont été entendues, ou leurs défenseurs, donner ses conclusions sur la cause plaidée devant lui. C'est uniquement comme partie jointe que le ministère public est envisagé dans ce titre ; quand il est partie principale, son rôle et sa mission sont régis par les règles générales qui s'appliquent aux demandeurs, sauf, bien entendu, la dispense déjà connue de la constitution d'avoué.

* Comme partie jointe, le ministère public donnera nécessairement ses conclusions dans les affaires énumérées dans l'art. 83 ; c'est ce qu'on appelle les affaires communicables. Dans les autres affaires, ses conclusions sont facultatives. *

209. « Art. 83. Seront communiquées au procureur de la République les causes suivantes : 1° celles qui concernent l'ordre public, l'État, le domaine, les communes, les établissements publics, les dons et legs au profit des pauvres ; — 2° celles qui concernent l'état des personnes et les tutelles ; — 3° les déclinatoires sur incompétence ; — 4° les règlements de juges, les récusations et renvois pour parenté ou alliance ; — 5° les prises à partie ; — 6° les causes des femmes non autorisées par leurs maris, ou même autorisées, lorsqu'il s'agit de leur dot, et qu'elles sont mariées sous le régime dotal ; les causes des mineurs, et généralement toutes celles où l'une des parties est défendue par un curateur ; — 7° les causes concernant ou intéressant les personnes présumées absentes. — Le procureur de la République pourra néanmoins prendre communication de toutes les autres causes dans lesquelles il croira son ministère nécessaire ; le tribunal pourra même l'ordonner d'office. »

§ 1er. — *Celles qui concernent l'ordre public.* Par exemple, les questions de séparation de corps ou autres pareilles. *L'État, le domaine :* nous en avons déjà parlé ; nous avons dit que, dans ces causes, l'État était représenté par le préfet, mais que le ministère public devait nécessairement donner ses conclusions à l'audience, soit en faveur de l'État, soit contre lui.

Les communes, les établissements publics, les dons et les legs au profit des pauvres.

§ 2. — *Celles qui concernent l'état des personnes et les tutelles.* Les motifs de cette intervention du ministère public dans ces divers cas se conçoivent trop facilement pour avoir besoin de plus de détails.

210. § 3. — *Les déclinatoires sur incompétence.* On entend par déclinatoire une exception, un moyen opposé par le défendeur, à l'effet d'éviter, de décliner la juridiction du tribunal devant lequel il prétend avoir été mal à propos appelé. Il est question de déclinatoires, appelés aussi renvois, dans la loi, sous les articles 168 à 172.

Nous avons déjà vu (n° 128) que l'incompétence d'un tribunal, et par conséquent, les déclinatoires qui tendent à la proposer, se divisent en incompétence *ratione materiæ*, et incompétence *ratione personæ*.

On dit qu'un tribunal est incompétent *ratione materiæ*, quand son incompétence se rattache à la constitution, à l'ordre général des juridictions. Ainsi, vous êtes cité en matière civile devant un tribunal de commerce,

Au contraire, une incompétence bien plus fréquemment proposée, celle qu'on appelle *ratione personæ*, consiste, non pas dans le renversement, dans le déplacement des juridictions, mais dans l'action d'appeler une partie devant un tribunal, qui juge bien ordinairement des affaires du même genre que l'affaire actuelle, mais qui, soit à raison du domicile de cette partie, soit à raison de la situation de l'objet, n'a pas compétence pour connaître du procès. Ainsi, vous m'assignez devant le tribunal civil de la Seine en revendication d'un immeuble situé dans le ressort du tribunal de Versailles.

Dans le premier cas, l'incompétence dite *ratione materiæ* se fonde uniquement et avant tout sur des motifs d'ordre public ; dans le second cas, l'incompétence *ratione personæ* se fonde principalement sur des motifs d'intérêt privé.

Voilà l'idée générale de la distinction tracée dans les art. 168 et 170 (*v.* pour les détails les n°⁵ 351 et suiv.).

211. *Les déclinatoires sur incompétence.* Ce texte s'applique d'abord sans difficulté, lorsque l'incompétence invoquée est *ratione materiæ*, lorsqu'elle se fonde sur la constitution même des juridictions, constitution qui ne pourrait être troublée sans porter une grave atteinte à l'ordre public. Non seulement le ministère public doit donner ses conclusions quand un déclinatoire de cette nature est proposé par le défendeur, mais ajoutez qu'il doit d'office, et dans le silence même des parties, proposer l'incompétence et la faire déclarer par le tribunal, car il ne dépend pas des particuliers de bouleverser l'ordre des tribunaux, en consentant tacitement à comparaître et à plaider devant les juges que la loi n'a pas institués pour telle ou telle affaire. L'incompétence *ratione materiæ* devrait même être déclarée d'office par le tribunal, dans le silence des parties et du procureur de la République. L'art. 170 (C. pr.) est d'ailleurs formel à cet égard.

Au contraire, quelques auteurs enseignent que notre § 3 ne doit pas s'appliquer aux déclinatoires fondés sur l'incompétence purement personnelle, attendu, disent-ils, que ce moyen se basant uniquement sur l'intérêt privé, le défendeur est libre d'y renoncer. Nous verrons plus tard, en effet, que si, dans l'exemple que je vous donnais tout à l'heure, assigné à Paris pour une revendication d'un immeuble situé à Versailles, je néglige, moi défendeur, d'opposer, dès l'origine du débat, l'incompétence du tribunal de la Seine, je suis censé avoir admis sa compétence, et que, dès lors, ce tribunal est valablement saisi. Telle est la conséquence de l'idée que l'incompétence *ratione personæ* est admise principalement dans l'intérêt privé des plaideurs. Mais, si j'ai réellement invoqué cette incompétence, proposé ce déclinatoire, le texte général de notre § 3 doit recevoir son application ; la loi veut que le ministère public soit appelé à conclure toutes les fois qu'un moyen d'incompétence est proposé, et elle ne distingue pas ici, comme elle l'a fait dans les art. 168 et 169, entre les deux cas, entre les deux natures d'incompétence que j'ai cherché à vous faire distinguer tout à l'heure.

Il y a plus, le projet du Code n'exigeait, en effet, les conclusions du ministère public que dans les déclinatoires *ratione materiæ*, et, sur l'observation formelle du Tribunat, le texte a été généralisé ; on en a retranché ces mots, *à raison de matière*, entendant évidemment que, même dans les déclinatoires fondés sur une incompétence personnelle, le ministère public doit, non pas proposer d'office l'incompétence, mais donner ses conclusions toutes les fois que le défendeur proposera cette incompétence, et invoquera l'application de la règle, qui, bien que principalement d'intérêt privé, n'en est pas moins après tout une règle d'ordre public, *nul ne peut être distrait de ses juges naturels*.

Ainsi, soit d'après les motifs et le texte de la loi, soit surtout d'après l'histoire de sa rédaction, il n'est pas douteux, à mes yeux, que les conclusions du ministère public ne soit exigées dans les deux cas.

212. § 4. — *Les règlements de juges, les récusations et renvois pour parenté ou alliance.* § 5. — *Les prises à partie.* J'ai défini ces mots en expliquant l'art. 47. Dans toutes les questions de ce genre, la dignité de la justice est en jeu, la loi veut s'assurer que la question sera soigneusement discutée, et exige, en conséquence, les conclusions du ministère public.

213. § 6. — *Les causes des femmes non autorisées par leurs maris, ou même autorisées, lorsqu'il s'agit de leur dot, et qu'elles sont mariées sous le régime dotal.*
La loi du 24 août 1790, titre VIII, art. 3, voulait que le ministère public fût appelé à donner ses conclusions dans toutes les causes où figurait une femme mariée, autorisée ou non autorisée. Il est évident que c'était aller trop loin. En général, une femme mariée peut, avec l'autorisation de son mari, faire tous les actes dont elle serait capable si elle n'était pas mariée, faire tous les actes dont est capable un majeur du sexe masculin dans la pleine jouissance de ses droits. Ainsi, il n'y avait aucune bonne raison d'exiger, en général, l'intervention du ministère public dans les cas où la femme, grâce à l'autorisation maritale, figurait en justice avec la plus entière capacité.

Il y a plus, c'est que, puisque la femme autorisée de son mari peut faire valablement tous les actes que pourrait faire un mâle, majeur, maître de ses droits, il y avait une autre raison pour ne pas exiger ici l'intervention du ministère public : c'est qu'il s'agissait, non pas d'une aliénation volontaire, mais d'un procès, d'un litige dans lequel l'intervention de la justice était déjà une garantie pour le maintien des droits de la femme. Aussi limite-t-on, en principe, la nécessité de communiquer au ministère public au cas où la femme ne plaide qu'au refus de l'autorisation maritale, et avec l'autorisation de la justice ; alors on a voulu suppléer par les conclusions du ministère public au défaut de l'assistance du protecteur légal, du protecteur ordinaire de la femme. C'est là le principe auquel la loi fait tout de suite une exception importante, elle indique un cas dans lequel, la femme mariée plaidant avec l'assistance de son mari, les conclusions du ministère public sont cependant absolument nécessaires. Ce cas est celui où il s'agit d'une femme mariée sous le régime dotal et plaidant à raison de sa dot.

Quel est le motif de cette exception, de cette règle particulière? Il s'explique facilement en remontant aux principes qui régissent le régime dotal. Un des caractères dominants de ce régime, exposé dans l'art. 1564. (C. C.), c'est que les immeubles dotaux sont inaliénables, c'est-à-dire que les immeubles que la femme s'est constitués en dot, sous le régime dotal, ne peuvent être aliénés, ni par le mari seul, ni par la femme seule, ni même par la femme autorisée du mari. En un mot, ces immeubles, par des motifs qui remontent à une haute antiquité, sont mis, tant que dure le mariage, si je puis dire, hors du commerce. La raison, vous la trouvez écrite dans le droit romain, qui considérait l'inaliénabilité des immeubles dotaux comme étant d'ordre public : *Reipublicæ interest mulieres dotes salvas habere*.

Ce principe une fois connu, l'article se justifie aisément. En effet, la femme mariée sous le régime dotal ne peut, même du consentement du mari, aliéner son immeuble dotal ; donc, il importe de les surveiller l'un et l'autre, quand on plaide sur une question relative à la propriété des immeubles dotaux. Il est important d'empêcher que, sous couleur de plaider, on n'arrive indirectement, secrètement, à aliéner l'immeuble dotal ; que, ne pouvant le vendre ou le céder ouvertement à cause de l'art. 1554, on fasse une aliénation déguisée en se défendant mal contre un prétendu propriétaire qui vient revendiquer cet immeuble. De là l'intervention du ministère public dans les causes de cette nature, intervention qui s'explique par un double motif : 1° empêcher les époux, empêcher le mari, qui intente ou soutient valablement les actions relatives à la dot (art. 1554 C. C.), l'empêcher de faire indirectement, en s'entendant avec son adversaire, ce qu'il ne pourrait faire directement, par une aliénation ouverte et avouée; 2° motif d'intérêt public, qui fait rentrer ce cas dans le § 1er de l'art. 83, quand on s'attache à cette idée : *Reipublicæ interest mulieres dotes salvas habere*.

214. Ce texte et ses motifs une fois connus, s'ensuivent des restrictions qu'il est facile d'établir.

Ainsi, la loi n'exige point ici les conclusions du ministère public dans toutes les causes où figure une femme autorisée, même mariée sous le régime dotal ; elle ne l'exige que lorsqu'il s'agit de la dot ; or, une femme mariée sous le régime dotal peut avoir et a presque toujours des biens qui ne sont pas dotaux, des biens que la loi désigne du nom de paraphernaux; ces biens-là sont aliénables; le texte ni ses motifs ne s'appliquent plus, et, en conséquence, quand la femme plaidera, avec l'autorisation de son mari, sur la propriété de ses biens paraphernaux, l'intervention du ministère public sera absolument inutile.

De même, une autre exception, qui résulte, non pas de la lettre, mais des motifs de la loi contre sa lettre, tient à ce que, même sous le régime dotal, il est permis de stipuler que les immeubles dotaux ou tel immeuble dotal ne seront pas inaliénables (art. 1557 C. C.); si cette stipulation a, en effet, été insérée dans le contrat de mariage, le texte du § 6 paraîtrait s'appliquer encore ; mais il est évident que ces motifs ne s'appliquent plus, puisqu'il n'y a plus aucune raison de craindre que les époux en fassent indirectement, et sous couleur d'un procès, une aliénation qu'il leur est loisible de faire ouvertement (1).

Enfin, la loi nous dit que les conclusions du ministère public sont nécessaires quand la femme est mariée sous le régime dotal et qu'il s'agit de sa dot; mais l'art. 1554 (C. C) ne prononce pas, d'une manière générale et absolue, l'inaliénabilité de la dot, il prononce l'inaliénabilité *des immeubles dotaux*, expression fort différente. Vous verrez dans le cours du Code civil et sur l'art. 1554 qu'il est, dans le droit français, peu de questions qui aient excité plus de débats que celle-ci : La dot mobilière est-elle inaliénable? ou, au contraire, l'art. 1554 doit-il être pris à la lettre, et l'inaliénabilité qu'il prononce doit-elle se restreindre aux immeubles ? Eh bien, selon que, sur cette question, on adoptera l'un ou l'autre avis, le texte de notre paragraphe recevra une application plus ou moins large.

Ainsi, décidera-t-on, d'après l'art. 1554, que les immeubles dotaux sont seuls inaliénables, on devra décider alors, par contre-coup, que, dans tous les cas où, une femme étant mariée sous le régime dotal, s'agite devant les tribunaux un procès relatif à sa dote purement mobilière, les conclusions du ministère public ne seront plus nécessaires.

Décidera-t-on, au contraire, et c'est l'avis que la jurisprudence a consacré, que l'inaliénabilité s'applique même à la dot purement mobilière, alors le § devra s'appliquer dans toute l'étendue de sa lettre; alors les conclusions du ministère public deviendront nécessaires, même dans les procès relatifs à la dot mobilière.

Ce n'est ici ni le lieu ni le temps d'entrer dans cette question, mais l'étendue qu'on doit donner aux termes de notre article dépend de sa solution.

215. La loi ajoute : *Les causes des mineurs.* La raison en est simple : le mineur, même avec l'assistance de son curateur, s'il est émancipé, et de même le tuteur du mineur qui n'est pas émancipé, n'ont pas, en général, qualité pour aliéner les biens : dès lors, il était important d'empêcher que, soit par dol, soit par négligence, on ne compromît, par une défense incomplète, les intérêts du mineur. La loi lui assure une protection de plus en exigeant que, dans toutes les causes qui intéressent les mineurs, le ministère public prenne communication de l'affaire et donne ses conclusions.

* Les causes des interdits jouiront de la même protection (art. 509 C. C.). Le ministère public devra aussi donner ses conclusions dans les affaires des personnes qui, sans être interdites, sont dans un établissement d'aliénés (art. 40, loi du 30 juin 1838). *

Et généralement toutes celles où l'une des parties est défendue par un curateur. Ceci s'applique sans difficulté, et par les motifs précédemment énoncés, à tous les curateurs proprement dits, c'est-à-dire non seulement au curateur du mineur émancipé, compris déjà dans les termes précédents, *les causes des mineurs,* mais aussi au curateur à une succession vacante, qui n'a pas qualité pour aliéner, à l'amiable, les biens de cette succession (art. 813 Code civ. et 1001 et 1002 Code pr.) ; de même, au curateur au ventre, dont il est question au Code civil,

___

(1) * C. de Grenoble, 12 février 1846 (Dalloz, 2, 237). *

(art. 393) ; de même, au curateur au bénéfice d'inventaire nommé dans le cas prévu par l'art. 996 (Code pr.) ; de même encore, au curateur donné à un condamné d'après l'art. 29 du Code pénal. Dans tous ces cas, le curateur, qui sert de représentant ou d'assistant, n'ayant pas qualité pour aliéner par lui-même, il importe de donner une garantie au véritable intéressé, à la succession, à l'incapable, en exigeant encore l'intervention du ministère public.

216. S'agit-il, au contraire, du conseil judiciaire donné à un prodigue, alors évidemment les derniers mots du paragraphe deviennent inapplicables, non seulement parce que la loi ne donne point au conseil judiciaire le nom spécial du curateur, mais parce que l'art. 513 C. civ. autorise le prodigue à plaider valablement avec l'assistance du conseil.

217. § 7. — *Les causes concernant ou intéressant les personnes présumées absentes.* Ainsi il peut très bien arriver, et cela résulte notamment des termes de l'art. 112 du Code civ., que le tribunal, sur la demande du procureur de la République ou des parties intéressées, jugeant qu'il est nécessaire de pourvoir d'une manière large et complète aux intérêts d'un présumé absent, lui constitue un curateur, un représentant chargé de veiller à tous ses intérêts, et entre autres de plaider, tant en demandant qu'en défendant, dans les causes qui l'intéressent (1). Sous ce rapport, l'ordonnance de 1667, qui avait abrogé cette nomination du curateur, est tout à fait inapplicable aujourd'hui. Supposons donc, que le tribunal ait nommé un curateur au présumé absent, et qu'en vertu des pouvoirs qui lui sont conférés, le curateur intente une demande ou y défende dans l'intérêt du présumé absent ; alors une garantie de plus viendra s'ajouter au choix d'un curateur par le tribunal, et, soit en vertu de ce paragraphe spécial, soit en vertu des derniers mots du paragraphe précédent, les conclusions du ministère public seront nécessaires dans la cause. Mais cette hypothèse ne rentre-t-elle pas sous l'application des derniers mots du § 6 de notre article : les causes *où une partie est défendue par un curateur* ? Voulez-vous même un exemple qui rende évidemment utile la décision spéciale de notre § 7, un exemple qui ne rentre pas dans les derniers mots du § 6 ? l'article 113 du Code civil va vous le fournir : il dit que le tribunal pourra commettre un notaire pour représenter l'absent dans les comptes, liquidations et partages dans lesquels il pourra se trouver intéressé ; que, si des procès s'élèvent dans le cours de ces comptes, liquidations ou partages, l'absent s'y trouvera naturellement représenté par le notaire, qui pourtant n'a pas reçu de la loi le nom spécial de curateur. Alors le ministère public devra encore prendre communication de l'affaire, figurer comme partie jointe dans la contestation que nous supposons, et donner ses conclusions, soit en faveur du présumé absent, soit, bien entendu, contre lui, si, au fond, il a tort.

218. Le texte ne parle ici que des présumés absents, et de là la question de savoir si les conclusions du ministère public sont également nécessaires après la déclaration d'absence.

_____

(1) * Quelques auteurs ont pensé que l'art. 114 (C. C.) accordait au ministère public le droit d'intenter des actions au nom des présumés absents ; cette opinion, aujourd'hui, est généralement rejetée. *

Vous savez que l'art. 134 du Code civil veut que, la déclaration d'absen une fois prononcée, les actions qu'on peut avoir à diriger contre l'absent soit intentées contre les envoyés en possession provisoire, et ces envoyés, qui ont reçu de cet article qualité pour plaider en défendant au nom de l'absent, ont certainement qualité pour le représenter dans la position inverse, pour le repré senter en demandant. Mais, soit que les envoyés en possession provisoire, après la déclaration d'absence, demandent ou défendent au nom de l'absent, les con clusions du ministère public seront-elles nécessaires dans la cause? il y aurai sans doute d'assez bonnes raisons pour les exiger. En effet, les envoyés en pos session, aux termes de l'art. 128 (C. C.), ne peuvent ni aliéner ni hypothéqué les biens de l'absent; dès lors on ne comprend guère comment ils pourront pla der seuls, et plaider valablement sur la propriété des immeubles dont l'art. 128 leur ôte formellement la disposition. Cependant nous ne pouvons pas appliquer ici les derniers mots du § 5 de notre article, d'abord parce que les envoyés en possession provisoire ne sont pas des curateurs; secondement, parce que l'in térêt personnel que leur position leur donne à la conservation des droits de l'absent rend bien plus difficile, bien moins probable, à leur égard, le soupçon de négligence et surtout de collusion. Et quant au § 7, il ne permet d'exiger les conclusions du ministère public que pendant la présomption d'absence.

Ainsi, les envoyés en possession provisoire, après la déclaration d'absence, plaideront valablement, tant en demandant qu'en défendant, sans intervention du ministère public.

Cependant, comme la négligence et la collusion, quoique peu probables, sont pourtant possibles de leur part, il eût été peut-être à désirer que la loi exigeât, pendant toute la durée de l'envoi provisoire, l'intervention du ministère public dans les causes qui intéressent les absents. Elle ne l'a pas fait; mais cette omis sion ne présentera pas un grand inconvénient dans la pratique. En effet, l'art. 83, après avoir énuméré les cas dans lesquels les conclusions du ministère public doivent absolument être données, ajoute : *Le procureur de la République pourra néanmoins prendre communication de toutes les autres causes dans lesquelles il croira son ministère nécessaire.* Et j'ai peine à me persuader qu'un procureur de la Répu blique puisse jamais manquer de donner ses conclusions dans toutes les causes portées devant son tribunal, par ou contre un envoyé en possession provisoire.

* L'article 83 n'est pas limitatif; plusieurs autres textes de nos lois exigent, dans certaines affaires, la communication au ministère public (V. les art. 69 C. civ., 249, 255, 498, 805 Pr., l'art. 764 Pr., rectifié par la loi du 21 mai 1858, etc.). *

219. Qu'arrivera-t-il si cette communication n'a pas eu lieu? en d'autres termes, quelle est la sanction des règles énoncées dans l'art. 83? Vous la trou vez indiquée dans l'art. 480, § 8, au titre de la requête civile. On entend par requête civile une voie de recours extraordinaire destinée à obtenir la réfor mation des jugements ou arrêts, dans les cas spécialement déterminés par les art. 480 et 481. Au nombre de ces cas se trouve celui où, la loi exigeant la communication au ministère public, et cette communication n'ayant pas eu lieu, le jugement a été rendu contre la partie en faveur de laquelle la commu nication était exigée. Sous ce rapport, et quant à ces derniers mots, le Code de procédure renferme une sanction moins complète que l'ordonnance de 1667 ; d'après l'art. 34 du titre XXV, toutes les fois que dans les causes des mineurs, de l'État, des hospices, des églises, la communication n'avait pas eu lieu, c'était là une ouverture de requête civile qui pouvait être également invoquée par l'une et l'autre partie, quelle que fût d'ailleurs la décision des juges. Le Code de procédure, et avec plus de raison, n'a fait du défaut de conclusions qu'une ouverture de nullité relative ; cette nullité ne peut être invoquée que par la partie dans l'intérêt de laquelle la loi exige communication au ministère public, et non par la partie adverse.

Il résulte des derniers mots de l'art. 83 que, dans toute espèce de causes, et quelle que soit la qualité des parties, le procureur de la République pourra, si bon lui semble, exiger communication des pièces et donner ses conclusions. Mais l'article 480, § 8, ne s'applique évidemment qu'aux hypothèses dans lesquelles la communication est forcée, nécessaire, et non pas aux jugements dans lesquels la communication est purement facultative.

220. « Art. 84. En cas d'absence ou d'empêchement des procureurs de la République et de leurs substituts, ils seront remplacés par l'un des juges ou leurs suppléants. »

Par l'un des juges ou suppléants. Il n'est pas nécessaire que le jugement mentionne la cause de l'empêchement (1).

Ajoutez même que, si l'on ne trouve pas dans le tribunal de juge ou de suppléant par lequel on puisse faire remplacer le ministère public absent ou empêché, on pourrait et on devrait appeler, pour exercer temporairement ces fonctions, un avocat ou un avoué attaché au tribunal, selon l'ordre du tableau. Ce remplacement est autorisé spécialement pour les avocats, par un décret du 14 décembre 1810, art. 35 (2).

* On admet que le ministère public est indivisible, en ce sens qu'il n'est pas nécessaire que ce soit le même membre du parquet qui assiste à toutes les audiences de la cause (3). *

221. La forme de la communication au ministère public a été tracée par un règlement du 30 mars 1808, relatif à l'ordre et à la distribution du service dans les cours d'appel et les tribunaux de première instance. L'art. 83 de ce décret dit que, dans tous les cas où la loi exige communication au ministère public, les avoués devront, trois jours au moins avant l'audience, dans les affaires contradictoires, déposer au parquet, dans les mains du procureur de la République, les dossiers et les pièces de l'affaire. Ce dépôt préalable au parquet et dans les mains du ministère public ne s'observe pas, au reste, à la

(1) C. de Cass., 28 novembre 1876 (Dall., 1877, 1, 62).
(2) C. de Paris, 4 août 1807. — Besançon, 1er juin 1809. — Nîmes, 16 juin 1830 (Dall., *Rép.*, v° *Ministère public*, n° 28). — C. cass., 6 juillet 1871 (S. 1871, 1, 64). — Rej., 21 décembre 1872 (S. 1872, 1, 417).
(3) Cass., Rej., 11 juin 1817, — 18 avril 1836, — 20 avril 1842 (Dall , *Rép.*, v° *Minist. public*, n° 48). — Cass., Rej., 23 décembre 1861 (Dall., 1862, 1, 131). — Cass., Rej., 23 juillet 1873 (Dall., 1874, 1, 71).

rigueur ; l'art. 83 ne le prescrit pas à peine de nullité, et le plus souvent a n'est qu'après l'audience, et après avoir entendu les avocats respectifs de ç que partie, que le ministère public prend communication des dossiers, donner ensuite ses conclusions.

222. Une disposition plus importante, relative à la communication, a trouve dans l'art. 77 du même décret. Le ministère public, vous ai-je dit, a donne ses conclusions qu'après que chaque partie a été successivement a tendue, par l'organe de son défenseur : de là la question de savoir si les par ties ou leurs défenseurs pourront, après le ministère public entendu, obtenir encore la parole, non pas sans doute pour rentrer dans le fond des débats mais au moins pour rectifier certaines erreurs de fait, qui ont pu échapper volontairement dans les conclusions du procureur de la République. Dans les anciens usages, on avait constamment décidé la négative ; la haute position du ministère public, la présomption naturelle d'impartialité qui s'attache à ses fonctions, avaient rendu complètement inutile, et par là même dangereuse, la faculté pour les parties de se faire entendre encore après le ministère public. Cependant, si large, si complète qu'on puisse supposer cette impartialité, elle n'exclut pas, il faut bien le dire, la possibilité d'une erreur de fait, si le mi nistère public, trompé par la lecture d'un dossier, par l'examen inattentif de certaines pièces, vient alléguer comme constant à l'audience un fait dont une des parties prétend au contraire établir la fausseté. Certainement de telles er reurs sont possibles, et d'autant plus dangereuses que le tribunal va se retirer pour délibérer sous l'impression récente des conclusions du ministère public : cette présomption d'impartialité qui s'attache à tous ses actes donnera par là même une influence plus fâcheuse aux erreurs involontaires qu'il aurait pu commettre. Aussi dans le règlement de 1808, on avait senti la nécessité de permettre aux parties de rectifier d'une certaine manière les erreurs possibles du ministère public dans ses conclusions ; et on leur a permis, non pas de re prendre la parole après le ministère public, mais de transmettre immédiate ment au tribunal des notes écrites tendant à rectifier les erreurs de fait dont elles croiraient avoir à se plaindre.

On ne peut guère se dissimuler que ce remède à un mal très réel né soit encore insuffisant ; on ne peut se dissimuler qu'il n'y ait quelque danger, qu'il n'y ait même de graves inconvénients dans ces notes secrètes, non com muniquées, qui au moment de la délibération, vont passer des mains d'une des parties dans les mains de ses juges, sans être soumises au contrôle et à la discussion de l'adversaire. Aussi cette disposition de l'art. 87 du règlement, qui, du reste, est encore maintenant en pleine vigueur, a-t-elle été l'objet de critiques assez vives.

Mais aujourd'hui la jurisprudence admet que le tribunal ou la cour d'appel peuvent rouvrir le débat, même après les conclusions du ministère public (1).

(1) C. de cass., Rej., 28 février 1877 (Dall., 1878, 1, 39).

NEUVIÈME LEÇON

TITRE V

DES AUDIENCES, DE LEUR PUBLICITÉ ET DE LEUR POLICE.

➥→ 2%3. Avant d'entrer dans l'examen de ce titre, il est bon de remplir ici une lacune que le Code y a laissée. Le Tribunat, appelé à proposer ses observations, avait demandé qu'en tête du titre V on insérât quelques détails sur l'ordre, la classification et l'appel des causes à l'audience. Cette demande fut repoussée par le conseil d'État, et peut-être avec raison. On fit remarquer que des détails de cette nature étaient plutôt réglementaires que législatifs, et ne devaient pas, par conséquent, trouver place dans le Code de procédure; on préféra en faire la matière d'un règlement spécial, et, en effet, ces détails trouvèrent plus tard leur place dans le règlement du 30 mars 1808. Vous trouvez dans les sections III et IV du titre II de ce règlement les règles principales relatives à la distribution, au classement, à l'appel des causes.

D'abord, d'après l'art. 55 de ce décret, l'un des avoués, l'avoué du demandeur en général, doit, la veille au plus tard du jour de l'audience, du jour indiqué dans l'assignation, faire porter, sur un registre général tenu à cet effet au greffe, l'indication de la cause, avec les noms des parties et de leurs avoués. Puis, d'après ce même décret de 1808, à une audience de chaque semaine, à la première audience tenue dans la chambre où siège le président, qui est ordinairement la première chambre du tribunal, un huissier appelait les causes récemment inscrites sur le rôle général, dans l'ordre de leur inscription. Mais cette manière de procéder a été modifiée par un décret du 10 novembre 1872. Le président du tribunal distribue les affaires entre les chambres, et c'est à chaque chambre que se fait le premier appel des causes.

Si le défendeur n'a pas encore constitué d'avoué sur cet appel, on donne défaut contre lui, aux termes des art. 149 du Code de procédure et 59 du décret.

Que si, au contraire, dans les délais de l'assignation, le défendeur a constitué avoué, alors il n'y a pas lieu à donner défaut, ni même à appeler la cause, puisque, avant cet appel, il faut signifier les écritures dont nous avons parlé sur les art. 75 et suivants. Aussi, lorsque les deux parties ont constitué leurs avoués, le plus diligent des avoués se pourvoit devant le président du tribunal, à fin de distribution de la cause; c'est-à-dire que le président désigne, selon ce qui lui paraît le plus convenable à l'utilité du service, à quelle chambre du tribunal l'affaire sera portée et plaidée (art. 61 du règlement). Cet article pourtant excepte certaines causes qui, d'après leur nature, ne doivent pas être distribuées, et restent à une chambre spécialement désignée.

Lorsque la distribution a été faite à telle ou telle chambre, la cause doit être portée sur un rôle particulier à la chambre à laquelle elle est attribuée, rôle qui porte d'ailleurs le numéro d'inscription de la cause sur le rôle général déjà tenu au greffe. Puis, par les soins du vice-président de la chambre à laquelle

I.

la cause est portée, il doit être fait des affiches d'un certain nombre de causes destinées à être plaidées prochainement (art. 67 du règlement).

C'est ainsi que, passant du rôle général au rôle particulier de telle ou telle chambre; passant ensuite, selon son ordre d'ancienneté, du rôle particulier sur les affiches exposées à l'audience et au greffe, la cause arrive à l'audience où elle doit être plaidée; l'avenir est donné, on vient à l'audience, les avoués déposent les conclusions sur le bureau du tribunal. L'affaire est alors en état d'être jugée (art. 343 C. Pr. civ.), et nous entrons dans l'art. 85, relatif aux plaidoiries.

Au reste, cette manière de procéder peut varier selon l'usage des différents tribunaux.

224. « Art. 85. Pourront les parties, assistées de leurs avoués, se défendre elles-mêmes ; le tribunal cependant aura la faculté de leur interdire ce droit, s'il reconnaît que la passion ou l'inexpérience les empêche de discuter leur cause avec la décence convenable ou la clarté nécessaire pour l'instruction des juges. »

Pourront les parties, assistées de leurs avoués, se défendre elles-mêmes; ainsi, en principe, l'assistance d'un avoué, représentant nécessaire, est absolument forcée; l'assistance, la désignation d'un avocat n'est, au contraire, en général, que purement facultative. La loi reconnaît, en principe, aux parties le droit de se défendre elles-mêmes, en supposant, bien entendu, la partie majeure et capable. Du reste, aucune distinction à cet égard; il n'est pas douteux qu'une femme majeure et non mariée, ou même mariée, mais autorisée, ne puisse être admise à plaider sa cause : on en a vu des exemples assez récents. * Celui dont l'interdiction est demandée pourrait aussi présenter sa défense lui-même; il n'est pas encore incapable. *

Mais si la partie ne se charge pas elle-même du soin de plaider sa cause, si le tribunal lui interdit cette faculté, alors, en général, le choix d'un avocat devient absolument nécessaire. En effet, le droit de plaider pour les parties est, comme le droit de postuler et de conclure pour elles, un privilège, un monopole exclusif attribué à certaines personnes. Le principe de ce privilège est écrit dans la loi du 22 ventôse an XII, sur l'organisation des Facultés de droit; la profession d'avocat est énumérée parmi celles qui nécessitent l'obtention des grades conférés dans ces Facultés. Aussi les liens de la parenté, même la plus étroite, ne pourraient point, suivant nous, autoriser, *en matière civile*, un particulier à plaider pour un autre, un père pour son fils, un mari pour sa femme, etc.; la qualité d'avocat est, en principe, absolument nécessaire; il n'y a qu'une exception, dans laquelle nous entrerons tout à l'heure. J'ai dit *en matière civile*, car en matière criminelle, l'art. 295 du Code d'instr. crim. établit une règle différente.

Le seul cas dans lequel, en matière civile, on puisse, sans être avocat, plaider une cause qui ne nous est pas personnelle, s'applique aux avoués, mais ce cas lui-même demande d'assez nombreuses distinctions.

D'abord, la loi du 22 ventôse an XII, en attribuant aux licenciés reçus avocats le droit de plaider, avait cependant dans son art. 32, reconnu le même droit aux avoués reçus licenciés. Ainsi, sous l'empire de cette loi, qui est, à cet égard, le point de départ, le droit de plaider appartenait : 1° et en règle, aux avocats ; 2° à tous les avoués pourvus du titre de licencié, mais seulement dans les causes où ils occuperaient comme avoués.

Puis un décret du 2 juillet 1812 vint modifier ce droit et introduire, à cet égard, quelques modifications qui subsistent en partie et sont détruites pour le reste. D'abord ce décret consacra formellement le droit de plaider, dans les causes où ils occuperaient, au profit des avoués reçus licenciés dans l'intervalle de la loi du 22 ventôse an XII à la publication du décret du 2 juillet 1812. La raison en est fort simple : comme la loi de l'an XII accordait la plaidoirie à l'avoué licencié, on ne voulut pas priver de ce droit, pour l'avenir, ceux qui, sur la foi de l'art. 32 de la loi de l'an XII, s'étaient fait pourvoir du grade de licencié. Quant aux autres, quant aux avoués qui n'étaient pas licenciés, ou qui ne l'auraient été que depuis le 2 juillet 1812, on restreignit pour eux le droit de plaider dans les causes où ils occuperaient, aux matières sommaires, c'est-à-dire aux matières désignées dans l'art. 404 du Code de procédure. Cette restriction fut du moins appliquée aux avoués des tribunaux siégeant dans les chefs-lieux de cours d'appel, de cours d'assises de département, c'est-à-dire aux avoués de tous les tribunaux d'arrondissement présentant quelque importance par le lieu de leur situation.

Enfin une ordonnance du 27 février 1822 vint encore apporter sur ce point des modifications qui, à cet égard, sont les dernières, mais qui ont soulevé de nombreuses et graves difficultés.

D'après cette ordonnance, le droit accordé aux avoués reçus licenciés dans l'intervalle de la loi de ventôse an XII au décret de juillet 1812, est formellement consacré : on ne pouvait le leur retirer sans violer le principe de la non-rétroactivité des lois.

A l'égard de ceux qui n'auraient été reçus licenciés que depuis 1812, ou même de ceux qui ne seraient pas licenciés, l'ordonnance de 1822 resserre dans des limites fort étroites le droit de plaider que leur reconnaissait en partie le décret de 1812. Ainsi, à partir de 1812, les avoués de cette classe n'ont plus le droit de plaider, dans les causes même où ils occupent comme avoués, d'abord que dans le cas d'insuffisance constatée du nombre des avocats inscrits au tableau, ou même stagiaires, et résidant près du tribunal où occupe l'avoué. Voilà un premier cas dans lequel les avoués, licenciés ou non, ont le droit de plaider. Cette insuffisance est constatée d'après les formes indiquées dans l'ordonnance. Ensuite, quant aux tribunaux près desquels se trouve un nombre suffisant d'avocats inscrits ou stagiaires, ces avoués n'ont plus le droit de plaider, même dans les matières sommaires, même dans les causes où ils instrumentent comme avoués ; l'ordonnance leur laisse cependant le droit de plaider les incidents de procédure et les demandes incidentes de nature à être jugées sommairement, ce qui n'est pas, comme nous le verrons plus tard, synonyme de matières sommaires (1).

Ainsi, le dernier état du droit est celui-ci : 1° Le droit de plaider appartient, sans distinction de tribunaux, sans distinction dans la nature des affaires, à

(1).* Les avoués ont souvent soutenu que l'ordonnance de 1822 n'avait pu modifier une loi, celle de ventôse, et ont revendiqué le droit de plaider les affaires sommaires. Mais leurs prétentions ont été repoussées. Voy. C. de cass., 11 décembre 1826, — 18 mars 1835, — 8 avril 1837, — 13 mai 1840 (Dalloz, Rép., v° Défense, n°° 188 et suiv.) *

tous les avoués qui ont obtenu un diplôme de licencié sur la foi de la loi du
22 ventôse an XII, et avant le décret du 2 juillet 1812 ;

2° Quant aux avoués qui n'ont été reçus licenciés que depuis le décret de
1812, ou qui ne le sont pas, le droit de plaider leur appartient : premièrement,
dans tous les tribunaux où le nombre des avocats est insuffisant aux besoins
du service ; secondement, même dans les autres tribunaux, mais seulement
quand il s'agit d'incidents de procédure et de demandes incidentes de nature
à être jugées sommairement. Et ce droit ne leur appartient à tous que dans
les causes où ils occupent comme avoués ;

225. « Art. 86. Les parties ne pourront charger de leur défense, soit verbale, soit
par écrit, même à titre de consultation, les juges en activité de service, procureurs généraux, avocats généraux, procureurs de la République, substituts des procureurs généraux de la République, et même dans les tribunaux autres que ceux près desquels ils
exercent leurs fonctions ; pourront néanmoins les juges, procureurs généraux, avocats
généraux, procureurs de la République et substituts des procureurs généraux de la
République, plaider dans tous les tribunaux leurs causes personnelles, celles de leurs
femmes, parents ou alliés en ligne directe, et de leurs pupilles. »

Au nombre des individus pourvus du grade de licencié se trouvent naturellement les conseillers des cours d'appel, les membres des tribunaux, les officiers du ministère public ; suit-il de là que les parties pourront confier leur
défense, soit verbale, soit écrite, sous forme de plaidoirie ou de consultation,
à l'un de ces magistrats ? Non ; notre article leur interdit formellement à tous
le droit de se charger de la défense écrite ou verbale des causes dans lesquelles ils ne figurent pas, soit personnellement comme parties, soit comme ayant
un intérêt d'affection justifié par une étroite parenté. Ainsi, c'est seulement
dans les cas et pour les personnes expressément déterminées par l'art. 86, que
les magistrats désignés dans cet article seront admis à plaider.

Les motifs de cette prohibition sont sensibles : on n'a pas cru qu'il convînt à
la dignité du magistrat de descendre fréquemment dans l'arène des combats
judiciaires, pour y défendre les causes qui ne lui seraient pas personnelles. En
effet, de telles habitudes s'accommodent mal avec cette idée de perpétuelle
impartialité qui doit s'attacher au caractère du magistrat.

Au reste, vous remarquerez que cet article ne prononce l'interdiction que
relativement aux juges *en activité de service* : ces mots sont importants. Vous
devez en conclure *à contrario*, que la prohibition reste inapplicable, et que le
droit de plaider pour toute personne et dans toute affaire continue d'appartenir aux juges qui ne sont pas en activité de service, c'est-à-dire aux juges suppléants. En effet, quoique faisant véritablement partie du tribunal auquel ils
sont attachés, ils ne montent cependant à ce tribunal et ne viennent prendre
part au jugement qu'accidentellement, en cas d'empêchement ou d'absence des
juges ordinaires (V. n° 33) ; dès lors il n'est pas douteux qu'ils ne puissent et ne
doivent être admis à plaider toute espèce de causes. C'est au surplus, ce qui
résulte expressément du décret du 14 décembre 1810 (art. 18) et de l'ordonnance
du 20 novembre 1822 (art. 42), qui déclarent la profession d'avocat incompatible avec toutes les fonctions du magistrat, excepté celles de juge suppléant.

➤ 226. « Art. 87. Les plaidoiries seront publiques, excepté dans le cas où la loi ordonne qu'elles seront secrètes. Pourra cependant le tribunal ordonner qu'elles se feront à huis clos, si la discussion publique devait entraîner ou scandale ou des inconvénients graves ; mais, dans ce cas, le tribunal sera tenu d'en délibérer et de rendre compte de sa délibération au procureur général près la cour d'appel, et, si la cause est pendante dans une cour d'appel, au ministère de la justice. »

Depuis longtemps, même dans l'ancienne jurisprudence, le principe de la publicité des audiences, exclu par d'assez mauvaises raisons dans les matières criminelles, était cependant admis dans les matières civiles. La loi du 24 août 1790 et toutes celles qui l'ont suivie, ont reconnu et consacré ce principe que nous trouvons reproduit par l'art. 87.

Quant aux motifs, ils sont évidents. Il est clair que, d'une part, la justice sera mieux rendue, les jugements mieux motivés, les plaidoiries mieux écoutées, quand les juges se trouveront eux-mêmes en face d'une autre justice, c'est à savoir, celle du public. En second lieu, c'est qu'à part les garanties que présente la publicité pour le mérite des jugements, pour la bonne administration de la justice, elle a aussi l'avantage de persuader de la bonté des jugements, quand ils ont été bien rendus, ceux qui ont été témoins des débats. En effet, une justice rendue secrètement pourrait, à la rigueur, être fort bien rendue, faire parfaitement droit aux parties ; mais on manquerait toujours un but important, celui de prévenir les mauvais procès, en inspirant aux justiciables la conviction de la sagesse et de l'impartialité de leurs juges.

Sous ce double rapport, on ne peut mieux justifier l'utilité de la publicité des audiences que ne l'a fait Bentham : « Le principal avantage de la justice *réelle* est de produire la justice *apparente* ; or, en supposant qu'une justice secrète soit bien administrée, il n'y aura que la *réelle*, dont l'utilité est bornée ; il n'y aura pas l'*apparente*, dont l'utilité est universelle. La racine sera dans la terre, et le fruit n'en sortira pas. »

Le texte de l'art. 87, tout en posant le principe de la publicité des audiences, reconnaît cependant quelques exceptions. Il y avait autrefois un cas de huis clos obligatoire ordonné par la loi dans les articles 241 et 242 du Code civil relatifs à certaines audiences préparatoires dans les affaires du divorce. Mais il ne paraît pas que le huis clos, impérieusement prescrit par ces deux articles, doive s'étendre aux procédures en séparation de corps, quelle que soit l'analogie des deux matières. D'une part, l'art. 87 est formel ; il exige la publicité dans les cas où la loi n'a pas ordonné le secret ; or, le secret n'a pas été étendu aux matières de séparation. D'ailleurs, l'art. 879 (C. pr.) soumet le procès en séparation à la procédure ordinaire, et en écarte, par conséquent, l'application des règles spéciales tracées pour le cas de divorce.

Mais, si les tribunaux trouvent en fait que la publicité de telle affaire de séparation ou de toute autre affaire présente des inconvénients, ils useront du pouvoir qui leur est laissé par la seconde partie de l'art. 87, et ordonneront le huis clos, sauf à en rendre compte au procureur général et au ministre de la justice.

Ajoûtez encore que, dans le cas même où les tribunaux, usant du pouvoir conféré par l'art. 87, croient devoir déroger au principe de la publicité, cette dérogation ne s'applique qu'aux plaidoiries ; il est impossible de l'étendre, en aucun cas, au jugement qui doit être nécessairement prononcé à l'audience, portes ouvertes, en face du public. On sent, en effet, que les inconvénients qui dans certains cas, peuvent porter le tribunal à interdire la présence du public aux débats des parties, aux plaidoiries, ne peuvent jamais se présenter quant au jugement, dont les considérations n'entrent jamais dans ce que le détail des plaidoiries pourrait parfois présenter de scandaleux. En effet, d'une part l'art. 87 ne permet le huis clos que relativement aux plaidoiries ; d'autre part la loi du 20 avril 1810 (art. 7) frappe de nullité tous les jugements qui n'auraient pas été prononcés publiquement à l'audience.

227. Les art. 88 à 95 sont relatifs à la tenue de l'audience et au pouvoir du président d'empêcher les désordres qui pourraient y éclater. Ces articles ne présentent pas de difficulté sérieuse, et vous les comprendrez en les lisant.

* Je dois seulement faire remarquer que l'art. 89 semble n'accorder au président le droit d'expulser ou de faire arrêter une personne qui trouble l'audience, qu'*après l'avertissement des huissiers*, tandis que l'art. 504 du Code d'Instr. crim. n'exige pas cette condition. C'est ce dernier article qu'il faut appliquer, comme modifiant au besoin l'art. 89 du Code de procédure.

Quant à l'art. 91, il doit être remplacé par les art. 222 à 224 du Code pénal, qui prononcent, pour les mêmes cas, des peines plus sévères. Voyez aussi les art. 505 et suiv. du Code d'Instr. crim. *

TITRE VI.

DES DÉLIBÉRÉS ET INSTRUCTIONS PAR ÉCRIT.

228. Les rédacteurs du Code de procédure ont réuni dans ce titre deux matières qu'il eût été peut-être plus logique de traiter séparément, les délibérés d'une part, et de l'autre les instructions par écrit.

Les délibérés supposent qu'une affaire instruite dans les formes du titre III (art. 75 à 82, Pr.), communiquée, s'il y a lieu, au ministère public (art. 83 et 84), a été ensuite plaidée devant le tribunal (art. 85 et 87), de sorte qu'il ne reste que le jugement à rendre. Mais le tribunal peut mettre l'affaire en délibéré, au lieu de prononcer son jugement, comme il le fait souvent, à l'audience, immédiatement après les plaidoiries et les conclusions du ministère public.

On reconnaît deux sortes de délibérés : le délibéré simple et le délibéré avec rapport. Dans le premier cas, le tribunal renvoie la prononciation de son jugement à une autre audience, à huitaine, à quinzaine par exemple, afin d'examiner l'affaire dans l'intervalle, de discuter la solution qu'elle doit recevoir, en un mot, de délibérer. Le tribunal se fait remettre les pièces à l'aide desquelles il pourra se livrer à un examen approfondi.

Dans le délibéré avec rapport, le tribunal fait plus encore : non seulement il se fait remettre les pièces de l'affaire, non seulement il renvoie le jugement du procès à une époque ultérieure, mais, en outre, il commet un de ses membres pour lui présenter sur l'affaire un rapport qui sera fait à l'audience (art. 111), au jour fixé par le tribunal.

Les art. 93 et 94 paraissent se référer exclusivement aux délibérés sur rapport ; ils ont été introduits dans le même titre que les instructions par écrit, parce que les délibérés peuvent donner lieu, comme l'instruction par écrit, à un rapport fait par un juge à l'audience, afin d'éclairer le tribunal sur l'affaire qui lui est soumise. Aussi les dispositions de ce titre relatives au juge rapporteur et à son rapport dans les instructions par écrit, sont-elles également applicables au rapporteur et au rapport sur délibéré.

Je ne m'étendrai pas davantage, quant à présent, sur les art. 93 et 94, qui se rattachent plus directement à la matière des jugements, et qui seront commentés avec l'art. 119.

⇛→ 229. DES INSTRUCTIONS PAR ÉCRIT. L'instruction par écrit ne suppose pas, comme le délibéré, que l'affaire est parvenue au moment de recevoir jugement. Loin de là : elle n'est pas encore instruite, et on décide qu'il y a lieu de la soumettre à une procédure d'instruction d'une nature toute spéciale.

Nous trouvons l'origine des instructions par écrit dans l'ancienne procédure des appointements. Quand l'affaire paraissait d'une discussion trop difficile pour être expliquée verbalement, qu'elle était hérissée de chiffres, qu'il fallait examiner des titres nombreux, les juges appointaient l'affaire (appointer, du mot latin *adpunctare*, réduire à un point).

Les principaux appointements étaient l'appointement en droit et l'appointement à mettre. Ces deux expressions demandent une explication. On appelait *appointement en droit et à mettre* des jugements d'avant faire droit (V. n° 240), qui ordonnaient aux parties de produire leurs titres et pièces et de donner leurs moyens par écrit. Je ne veux pas rechercher ici la différence entre ces deux procédures, différence aujourd'hui complètement dénuée d'intérêt. Je me bornerai à indiquer en peu de mots quand il y avait lieu à l'appointement en droit ou à l'appointement à mettre. Pour les définir, je ne saurais mieux faire que de transcrire deux phrases de Pothier : « L'appointement en droit ne doit avoir « lieu que lorsque la décision de la cause dépend non seulement de l'examen « des titres ou pièces, qui n'a pu se faire à l'audience, mais encore de quelques « questions de droit qui ont besoin d'être discutées par des avocats.

« Dans les procès qui ne sont que de faits dépendants d'un examen de titres « et pièces qui ne peut se faire à l'audience, il y a lieu à l'appointement à « mettre. » (Pothier, *Traité de procédure civile*, 1re part., chap. III, art. 6, § 1.)

Autrefois cette procédure était souvent ordonnée. Les procureurs demandaient volontiers une instruction qui les autorisait à signifier plus d'écritures que les affaires ordinaires ; les appointements en droit leur offraient surtout cet avantage ; et les magistrats eux-mêmes accordaient quelquefois trop facilement des appointements qui leur rapportaient plus d'épices que l'affaire instruite oralement. Mais cette procédure était funeste aux intérêts des justiciables. Aussi avait-elle été tellement décriée, que non seulement les rédacteurs du Code n'osèrent pas en rétablir le nom, mais même que l'orateur du conseil d'État, en exposant les motifs de ce titre devant le Corps législatif, disait : «... Le tribunal pourra ordonner une instruction par écrit ; mais calmez vos « inquiétudes sur l'abus ; cette mesure n'a rien de commun avec les anciens « appointements. » Ces mots : *rien de commun*, contiennent peut-être une précaution oratoire un peu exagérée ; mais enfin on a tâché de remédier aux abus de ces anciennes procédures. D'une part, les plaideurs n'ont rien à craindre des magistrats, qui ne reçoivent plus d'épices, et d'autre part, la loi a restreint dans de sages limites les significations d'écritures.

➡→ **230.** Nous examinerons successivement, à l'occasion des instructions par écrit : 1° quand il y a lieu de les ordonner (art. 95) ; 2° les règles relatives aux productions et communications de pièces (art. 96 à 105 et 109, Iʳᵉ partie) ; 3° les dispositions qui ont trait au rapport et au jugement (art. 110 à 113) ; 4° quelle est la responsabilité des avoués, greffier et juge rapporteur quant aux pièces produites, et comment ils sont déchargés de cette responsabilité (art. 106, 107, 108, 109 in fine, 114, 115).

§ 1. — Quand y a-t-il lieu à instruction par écrit ?

« Art. 95. Si une affaire ne paraît pas susceptible d'être jugée sur plaidoirie ou d'être libéré, le tribunal ordonnera qu'elle sera instruite par écrit, pour en être fait rapport par l'un des juges nommés par le jugement. »

« Aucune cause ne peut être mise en rapport qu'à l'audience et à la pluralité des voix. »

Si une cause ne paraît pas susceptible d'être jugée sur plaidoirie ou délibéré. On suppose une affaire trop compliquée de chiffres, une question de comptes, ou un procès qui consiste dans un rapprochement, une comparaison de titres, comme une affaire de généalogie. Le débat oral ne laisserait que des traces fugitives dans l'esprit des magistrats, qui s'éclaireront d'une manière plus sûre par l'examen des pièces et des écritures.

Le tribunal ordonnera qu'elle sera instruite par écrit. Le tribunal peut le décider ainsi, soit sur la demande des parties ou de l'une d'elles, soit même d'office.

A l'audience et à la pluralité des voix. Un jugement rendu en la chambre du conseil ne suffirait donc pas pour ordonner une instruction par écrit. Ce jugement peut même être précédé de plaidoiries, si l'une des parties demande l'instruction par écrit, tandis que l'autre en conteste l'utilité ou la légalité.

Ces deux exigences du Code, à savoir, que le jugement soit rendu à l'audience et à la pluralité des voix, sont reproduites de l'ordonnance de 1667, tit. XI, art. 2. Dans l'ordonnance, ils témoignaient de la défiance du législateur contre les juges, qui avaient un intérêt à appointer la cause, comme je l'ai montré précédemment. Aujourd'hui, il n'en est plus de même. Le tribunal aurait plutôt un intérêt à ne pas ordonner une instruction écrite, qui obligera les juges à faire une étude plus approfondie de l'affaire, sans être aidés par les explications et les plaidoiries des avocats.

On a douté, mais à tort, que ce jugement pût être rendu par défaut. Si l'affaire, par sa nature, exige ce genre d'instruction, qu'importe la non-comparution d'une des parties ? Son absence change-t-elle la nature du procès ? Si l'affaire ne peut s'instruire que par écrit, le défendeur ne peut arrêter l'instance en ne comparaissant pas.

Ce mode d'instruction ne peut s'appliquer qu'aux affaires ordinaires des tribunaux civils d'arrondissement. Quant aux affaires sommaires, je crois qu'elles ne peuvent donner lieu à une instruction par écrit. Déjà, dans l'ancienne jurisprudence, on n'admettait aucune espèce d'appointement pour les affaires sommaires (1). Aujourd'hui, l'art. 405 (C. pr.) trace pour les matières sommaires une marche rapide, qui ne saurait se concilier avec les formes lentes de l'instruction par écrit. Si une affaire sommaire offrait des complications de chiffres ou autres, le tribunal pourrait ordonner la remise des pièces sur son bureau et mettre l'affaire en délibéré, mais non ordonner l'instruction écrite.

L'instruction par écrit ne peut être ordonnée davantage dans les instances pendantes devant les tribunaux d'exception, c'est-à-dire devant les justices de paix et les tribunaux de commerce. En effet, les formes de ce mode d'instruction supposent nécessairement le ministère des avoués ; et la procédure des affaires commerciales, ainsi que les instances devant les justices de paix, ne comportent pas l'intervention de ces officiers ministériels. Cette solution, toutefois, est contestée en ce qui touche les instances commerciales, qui peuvent, dit-on, présenter les mêmes complications que les affaires civiles. Mais le tribunal de commerce, sans avoir besoin de recourir à l'instruction écrite, trouverait un remède dans le renvoi de l'affaire devant des arbitres rapporteurs. Ce moyen semble même spécialement indiqué par la loi pour ces sortes d'affaires (art. 429, Pr.).

Pour les affaires d'enregistrement, elles se poursuivent devant les tribunaux civils d'arrondissement sans plaidoiries et sur simples mémoires respectivement signifiés. Toutefois, elles ne sont pas soumises à toutes les formes des instructions par écrit, puisque le ministère des avoués n'est pas obligatoire (art. 65, L. du 22 frimaire au VII; art. 17, L. du 27 ventôse an IX. V. aussi *supra*, n° 151, *in fine*).

➳ **231.** § 2. — *De la procédure et de la communication des pièces* (art. 96 à 105 et 109, Ire partie). Déjà, dans l'ancienne pratique, avant l'ordonnance de 1667, on se plaignait de l'exagération des écritures et de la lenteur des affaires appointées. Les rédacteurs de l'ordonnance avaient eu l'intention de remédier à ces abus en restreignant dans des limites extrêmement étroites les délais accordés pour la production des pièces et la signification des écritures. Ils pensaient que, dans un délai très court, on ne pouvait signifier beaucoup d'écritures : aussi n'avaient-ils pas cru nécessaire de réduire le nombre des écritures elles-mêmes. Mais l'extrême restriction des délais nuisait quelquefois à la défense : on ne les observa pas; et, dès qu'il fut reconnu que les délais pour produire dans les appointements n'étaient pas prescrits à peine de nullité, on trouva toujours des prétextes pour en dépasser les limites. Dès lors le but de la loi fut manqué : les significations d'écritures se multiplièrent à l'infini, et les anciens abus se renouvelèrent.

Dans la nouvelle procédure de l'instruction par écrit, qui descend directement des appointements, les rédacteurs de notre Code ont mieux prévenu les abus, en accordant des délais plus longs que ceux de l'ordonnance, des délais qui peuvent être facilement observés, et surtout en limitant le nombre des écritures.

232. Je vais présenter le tableau succinct des écritures qui peuvent être

(1) V. Ordonnance de 1667, tit. XVII, art. 10, et le commentaire de Jousse sur cet article.

signifiées et des délais dans lesquels une partie doit produire ses pièces, et l'autre en prendre communication ; cet exposé rapide contiendra l'analyse des art. 96 à 103.

Nous nous occuperons successivement de deux hypothèses ; nous supposerons d'abord qu'il n'y a en cause qu'un demandeur et un défendeur ; ensuite nous compliquerons l'instance en y introduisant plusieurs défendeurs.

Première hypothèse. L'instruction écrite a été ordonnée dans une instance pendante entre un seul demandeur et un seul défendeur.

Le demandeur a d'abord quatre choses à faire : 1° Il faut signifier au défendeur le jugement qui ordonne l'instruction écrite. Toutefois le jugement pourrait aussi bien être signifié par le défendeur ;

2° Le demandeur fait signifier une requête contenant ses moyens et ses conclusions. Cet acte a une grande importance ; il remplace, dans l'instruction écrite, la plaidoirie des instructions orales ; il se termine par un état des pièces à l'appui de la prétention du demandeur ;

3° Le demandeur produit ces pièces au greffe, dans les vingt-quatre heures qui suivent la signification de la requête ;

4° Il fait signifier à son adversaire l'acte de produit, toujours dans les mêmes vingt-quatre heures.

Le défendeur à son tour doit : 1° Prendre communication des pièces produites par le demandeur et faire signifier, dans la quinzaine qui suit cette production, un acte d'avoué à avoué, en forme de requête, contenant ses réponses à la prétention du demandeur. Le défendeur sera également jugé sur ces écritures, qui devront être suivies, comme celles du demandeur, de l'état des pièces que le défendeur apporte à l'appui de sa production ;

2° Rétablir au greffe les pièces du demandeur qu'il avait prises en communication, et en même temps faire la production de ses propres pièces. L'apport de toutes ces pièces au greffe doit avoir lieu dans les vingt-quatre heures qui suivent la signification de la réponse du défendeur ;

3° Faire signifier au demandeur, dans les mêmes vingt-quatre heures, l'acte de sa production.

Si le défendeur n'a pas de pièces à produire, et qu'il n'y ait aucun incident particulier, toute l'instruction se termine par la signification de la réponse du défendeur, suivie de la restitution qu'il effectue au greffe des pièces du demandeur qu'il avait prises en communication. Il n'était pas possible au législateur de restreindre davantage les écritures, puisqu'elles se bornent à une requête de part et d'autre ; requêtes fort importantes, comme je le disais tout à l'heure, puisqu'elles doivent fournir les éléments de la décision à intervenir, et servir aux juges à former leur conviction.

Si le défendeur lui-même a produit les pièces à l'appui de sa réponse, le demandeur aura un délai de huitaine pour en prendre communication et y répondre. La loi lui permet de fournir cette réponse dans des écritures nouvelles ; il est juste qu'il puisse atténuer ou anéantir l'effet des pièces produites par le défendeur, pièces dont il ignorait peut-être l'existence ou la portée hors de la signification de ses premières écritures ; mais on n'ira pas plus loin ; le défendeur n'aura pas le droit de faire signifier une réponse aux secondes écritures du demandeur.

Cependant il n'est pas défendu à l'une ou l'autre partie de produire des pièces nouvelles qu'elle croit utiles et nécessaires au soutien de ses prétentions ; mais de peur que cette faculté ne devienne un moyen de revenir aux anciens abus ; de peur qu'une partie ne produise pas toutes ses pièces· au début de l'instruction, afin d'avoir un prétexte pour signifier plus tard de nouvelles écritures, la loi, tout en permettant à une partie de produire au greffe des pièces nouvelles et de signifier un acte produit contenant l'état desdites pièces, décide que cet acte de produit ne pourra être précédé, accompagné ni suivi d'écritures nouvelles, ou du moins que la partie ne pourra les faire et les signifier qu'à ses frais, sans avoir le droit plus tard de les faire admettre en taxe. Quant à l'autre partie, contre qui ces pièces nouvelles sont produites, elle aura le droit, dans la huitaine, d'en prendre communication et de signifier une réponse à cette nouvelle production. On permet à cette partie une nouvelle signification d'écritures, parce que ce n'est pas son fait qui la motive, et que par conséquent il n'y a pas à craindre de fraude de sa part. Toutefois ces écritures nouvelles ne peuvent pas dépasser six rôles.

Supposons maintenant que l'une des deux parties ait laissé passer le délai qui lui est accordé pour signifier ses moyens et produire ses pièces. Quelle sera la conséquence d'une pareille omission? Si c'est le demandeur qui ne produit pas dans le délai de quinzaine après la signification du jugement, le défendeur présentera toujours ses moyens et fera sa production ; et si, dans la huitaine suivante, le demandeur a encore omis de prendre communication des pièces du défendeur et d'y contredire, le tribunal jugera sur les seules écritures et sur la seule production du défendeur. Réciproquement, si, après les écritures et sur la production du demandeur, le défendeur garde le silence pendant le délai que la loi lui accorde pour répondre, le tribunal juge sur les pièces et les écritures du demandeur.

233. Passons maintenant à la seconde hypothèse. Compliquons l'instance, et supposons plusieurs défendeurs en cause. Ils peuvent avoir tous le même intérêt, ou chacun un intérêt distinct de celui des autres. S'ils ont tous le même intérêt, mais des avoués différents, on procédera encore de la même manière ; seulement c'est l'avoué le plus ancien qui recevra les communications.

Mais, s'ils ont à la fois des intérêts et des avoués différents, il sera accordé à chacun d'eux successivement un délai de quinzaine pour prendre communication des pièces du demandeur et y répondre. Ils pourront même obtenir un nouveau délai de huitaine pour prendre communication de toutes les pièces nouvelles produites par leurs codéfenseurs, lorsqu'elles leur sont opposables et pour y contredire.

Si le demandeur ne fait pas sa production dans le délai de la loi, le défendeur le plus diligent effectuera la sienne au greffe ; les autres défendeurs, et même le demandeur, pourront en prendre communication et y contredire. Mais, après l'expiration des délais successifs accordés à chacun pour faire sa production, le tribunal statuera sur les pièces produites. Et réciproquement, si le demandeur produit ses pièces et signifie ses moyens, et qu'aucun défendeur n'en prenne communication dans la première quinzaine, il sera procédé au jugement sur les pièces du demandeur seul.

234. Enfin, dans l'une ou l'autre hypothèse, quand toutes les productions ont été faites, ou que les délais pour les faire sont expirés, le greffier, sur la réquisition de la partie la plus diligente, remet les pièces au juge rapporteur. Jusqu'à cette remise, les parties peuvent encore faire leurs productions. Les délais de quinzaine, de huitaine, dont j'ai parlé jusqu'ici, ne sont donc pas exigés à peine de nullité. Cette tolérance, d'ailleurs, ne présente pas d'inconvénients ; la limitation du nombre des écritures ne permet pas aux avoués de profiter de la prolongation des délais, comme le faisaient les procureurs, pour signifier de nouvelles écritures.

235. « Art. 104. Les avoués déclareront, au bas des originaux et des copies de toutes leurs requêtes et écritures, le nombre des rôles, qui sera aussi énoncé dans l'acte de produit, à peine de rejet lors de la taxe. ».

Cet article, applicable d'ailleurs à toutes significations d'écritures par les avoués, même dans les affaires qui ne s'instruisent pas par écrit, a pour objet d'empêcher l'avoué de la partie qui a gagné le procès, d'intercaler après coup dans sa requête un certain nombre de rôles qu'il n'a pas signifiés (V. n° 206).

« Art. 105. Il ne sera passé en taxe que les écritures et significations énoncées au présent titre. »

Cet article n'exige aucune explication.

236. § 3. — *Du rapport et du jugement* (art. 110 à 113). Nous avons suivi la procédure jusqu'au moment où les pièces produites sont parvenues dans les mains du juge rapporteur, dont la tâche va maintenant commencer. La loi suppose d'abord que le juge, chargé de cette mission par le jugement, ne peut ou ne veut plus la remplir, et elle indique comment on procédera à son remplacement.

« Art. 110. Si le rapporteur décède, se démet ou ne peut faire le rapport, il en sera commis un autre sur requête, par ordonnance du président, signifiée à partie ou à son avoué trois jours au moins avant le rapport. »

Sur requête. Il s'agit ici, non plus d'une écriture signifiée, mais d'une véritable requête adressée et remise au président. C'est la partie la plus diligente qui présente cette requête et qui signifie l'ordonnance du président par laquelle un autre rapporteur est commis.

« Art. 111. Tous rapports, même sur délibérés, seront faits à l'audience ; le rapporteur résumera le fait et les moyens sans ouvrir son avis : les défendeurs n'auront, sous aucun prétexte, la parole après le rapport ; ils pourront seulement remettre sur-le-champ au président de simples notes énonciatives des faits sur lesquels ils prétendraient que le rapport a été incomplet ou inexact. »

Cet article indique en termes très précis quelle est la tâche du juge rapporteur, soit sur délibéré avec rapport, soit sur une instruction par écrit. *Les défenseurs n'auront, sous aucun prétexte, la parole après le rapport.* Cette disposition, que je crois fort raisonnable, a été l'objet de critiques très vives. Quelques voix s'étaient élevées, dans le sein du conseil d'État, pour demander que le rapport ne fût pas fait à l'audience, de peur de troubler, d'intimider les juges, et de livrer leur rapport aux réfutations, passionnées peut-être, des avocats ; et plusieurs auteurs ont cru devoir rattacher à cette idée de ménager le juge rapporteur, de ne pas le mettre en lutte avec les avocats, la défense faite à ces derniers de prendre la parole après le rapport. Quand il serait vrai que cette idée se fût produite dans le sein du conseil d'État, on aurait tort d'en conclure qu'elle a prévalu définitivement : interpréter l'article de cette manière, c'est se méprendre sur le sens de la loi. On a relevé, il est vrai, dans le discours du tribun Faure, les mots : *abus contraire à la décence*, qu'il applique à la faculté qu'auraient les défenseurs de prendre la parole après le rapport ; mais dans les affaires plaidées devant la Cour de cassation, devant les chambres d'appel, de police correctionnelle, le rapport d'un conseiller précède les plaidoiries, sans que personne ait jamais supposé que la dignité de la Cour pût s'en trouver amoindrie. Devant les tribunaux d'arrondissement eux-mêmes, dans les affaires de reddition de comptes (539, Pr.), dans les contestations sur les règlements provisoires en matière de distribution par voie de contribution ou d'ordre (668, 762, Pr.), le rapport du juge-commissaire est également suivi des plaidoiries des avocats, sans que les rédacteurs du Code aient trouvé là une inconvenance ou un abus. Ce n'est, en effet, qu'après un rapport sur délibéré ou sur une affaire instruite par écrit qu'il est défendu aux défenseurs de prendre la parole. Il me paraît facile de justifier cette interdiction spéciale par un motif plus simple que celui que je relevais à l'instant. S'il s'agit d'une affaire mise en délibéré avec rapport, on a craint que les avocats, qui avaient déjà plaidé, ne plaidassent de nouveau après le rapport. Comme aussi, dans les affaires instruites par écrit, ne pouvait-on pas craindre que les avocats, sous prétexte de rectification des faits, ne reprissent l'affaire *ab ovo?* On aurait eu alors un double emploi, une instruction par écrit et des plaidoiries que cette instruction doit exclure. Voilà ce que le législateur a voulu proscrire. La phrase complète du tribun Faure justifie entièrement cette interprétation : « Le Code « interdit la parole aux défenseurs après le rapport. Si un défenseur apercevait « quelques inexactitudes dans le récit des faits, il doit remettre sur-le-champ « au président du tribunal de simples notes énonciatives de ces faits. *Il ne sera* « *donc plus possible de recommencer à plaider, lorsqu'il ne s'agit que de juger ;* « *et cet abus, si contraire à la décence, ne reparaîtra plus.* »

〰→ **237.** « Art. 112. Si la cause est susceptible de communication, le procureur de la République sera entendu en ses conclusions à l'audience. »

Voyez l'explication du titre *de la Communication au ministère public* (V. n°s 207 et suiv.).

« Art. 113. Les jugements rendus sur les pièces de l'une des parties, faute par l'autre d'avoir produit, ne seront point susceptibles d'opposition. »

La voie de l'opposition, admise contre les jugements par défaut, n'est ouverte ici que contre le jugement qui ordonne l'instruction par écrit. Mais, dès que cette instruction a été admise, et que le jugement qui l'ordonne a connu des parties, elles encourent la forclusion par leur silence, leur inertie le défaut de production de leurs pièces ; et le jugement qui les condamne n'est pas considéré comme un jugement par défaut susceptible d'opposition. Mais une des parties ne pourrait-elle alléguer qu'elle ne connaît pas le jugement qui ordonne l'instruction par écrit ? Evidemment non. Ou ce jugement a été contradictoire, et elle a figuré dans l'instance qui l'a précédé, elle y a pris des conclusions, elle en a suivi la marche, elle doit connaître ce jugement qui, d'ailleurs, lui a été signifié ; ou le jugement qui a ordonné l'instruction par écrit était par défaut ; mais fût-il même par défaut contre partie (hypothèse qui permet quelquefois de supposer que le défaillant ignore l'existence du procès), ce jugement par défaut a été signifié au défaillant par un huissier commis par le tribunal (art. 156, Pr.) : les significations énumérées dans l'article 96 lui ont été également faites. Il est difficile qu'il ne connaisse pas l'instance (V. le titre des *Jugements par défaut*, nos 312 et suiv.).

➤ **238.** § 4. — *De la responsabilité des avoués, greffier et juge rapporteur quant aux pièces produites. Comment en sont-ils déchargés ?* (Art. 106, 107, 108, 109 *in fine*, 114, 115.) Chacune des parties produit dans l'instruction écrite les actes qui servent à prouver sa prétention. Ces actes ont pour elle la plus grande importance, puisqu'ils établissent, par exemple, la créance du demandeur ou la libération du défendeur. Cependant ils vont passer par plusieurs mains différentes, et la loi a dû, dans l'intérêt des parties, assurer la conservation des pièces qu'elles produisent, contre la négligence ou la fraude qui tendraient à les faire disparaître. Je me bornerai encore ici à présenter l'analyse des dispositions de la loi, sans transcrire le texte des articles 106, 107, 108, 109 *in fine*, 114 et 115, que vous devrez cependant consulter.

La pièce produite par une partie est remise par elle au greffier du tribunal. Le greffier doit tenir un registre sur lequel il fait mention des productions par ordre de dates : ce registre contient, sur une colonne, la mention de l'acte produit ; sur une autre, la date de la production ; sur une troisième, les noms des parties ; plus loin sur une autre, celui de leurs avoués : une colonne doit contenir le nom du rapporteur nommé pour l'affaire à l'occasion de laquelle la production est faite ; enfin, la loi exige que le registre contienne une colonne en blanc, dont je montrerai l'utilité dans un instant. Dès que le greffier a inscrit sur ce registre la mention de la production, il est chargé de l'acte produit vis-à-vis de la partie ; il devient responsable du défaut de représentation de cette pièce.

239. Mais l'acte n'est pas remis au greffier pour le garder entre ses mains. L'avoué de l'adversaire a droit d'en prendre communication sur récépissé, c'est-à-dire en emportant la pièce chez lui, pour l'examiner, sous la condition d'en donner un reçu au greffier. Toutefois, l'art. 106, qui n'indique qu'un mode de communication des pièces, doit être complété par l'art. 109 (C. pr.) qui en contient deux, évidemment applicables à toute espèce de procédures. Si la pièce est originale et paraît trop importante, s'il y a quelque soupçon de fraude possible, la communication se fera par la voie du greffe, c'est-à-dire que 'avoué, qui veut avoir communication d'une pièce, en prendra connaissance au greffe, sous les yeux du greffier et sans la déplacer. Dans la première hypothèse, quand la pièce produite est remise à l'avoué sur son récépissé, le greffier cesse d'en être responsable pendant qu'elle est entre les mains de l'avoué; ce dernier répond maintenant de la pièce vis-à-vis de la partie qui l'a produite.

Le récépissé que donne l'avoué est daté; il faut constater le jour auquel l'acte lui est remis, car il ne peut garder la pièce communiquée au delà d'un certain terme (vingt-quatre heures après la signification de sa réponse, art. 97). S'il ne rétablissait pas la pièce dans ce délai, un jugement rendu contre lui, sur le certificat du greffier et sur un simple acte d'avenir, le condamnerait personnellement et sans appel à remettre la pièce, à payer les frais de ce jugement sans pouvoir les répéter, et à des dommages-intérêts que la loi fixe à dix francs par jour de retard. Si ce jugement restait sans effet, un nouveau jugement, rendu contre l'avoué après la huitaine de la signification du premier, pourrait le condamner, toujours sans appel, à de nouveaux dommages-intérêts laissés à l'appréciation des juges, avec contrainte par corps, et même le frapper d'interdiction. Et, comme la loi craint que la partie qui veut se plaindre ne trouve pas facilement un autre avoué pour poursuivre un confrère, elle permet aux parties, contrairement aux formes ordinaires de la procédure devant les tribunaux d'arrondissement, de former elles-mêmes leurs demandes sans le ministère d'avoué, et de remettre au président, au juge rapporteur ou au procureur de la République, des mémoires sur lesquels le tribunal est autorisé à statuer sans autre procédure ni formalité.

Mais l'avoué rétablit ordinairement la pièce au greffe dans le délai fixé par la loi. Le greffier redevient responsable de la pièce, et, par suite, l'avoué est déchargé de sa responsabilité.

S'il y a plusieurs avoués de parties ayant des intérêts distincts, chacun d'eux prend à son tour et de la même manière communication de la pièce produite, et la responsabilité passe successivement du greffier à chaque détenteur de la pièce, pour revenir du détenteur de la pièce au greffier, chaque fois que la pièce est rétablie au greffe.

Quand toutes les pièces produites ont été communiquées à chacun des avoués, ou que les délais pour faire les productions et les communications sont expirés, le greffier remet les pièces au juge rapporteur, qui en devient responsable à son tour, et qui en décharge le greffier, par l'apposition de sa signature sur la colonne laissée en blanc au registre des productions.

Après le jugement, le juge rapporteur est déchargé de la responsabilité des pièces par la radiation de sa signature sur le registre des productions. Le greffier se retrouve encore une fois responsable desdites pièces.

Enfin, le greffier est définitivement déchargé de sa responsabilité par l'émargement sur le registre des productions, émargement qu'il doit exiger de l'avoué qui retire la pièce produite au nom de son client.

Si la partie restait cinq ans après le jugement sans réclamer ses pièces, soit du juge, soit de son avoué, elle pourrait être repoussée par la prescription (art. 2276, C. civ.).

La soustraction, la destruction, l'enlèvement des pièces pendant leur dépôt au greffe, constituent, suivant les qualités des personnes coupables, un crime ou un délit dont les peines sont déterminées par les art. 254, 255 et 409 du Code pénal. *

DIXIÈME LEÇON

TITRE VII

DES JUGEMENTS.

➤ **240.** Le titre VII, relatif aux jugements en général, et le titre VIII, relatif aux jugements par défaut et aux oppositions, figurent parmi les matières les plus importantes du Code de procédure.

Jusqu'ici nous avons vu les deux parties constituer leurs représentants, leurs avoués, qui se signifient l'un à l'autre les écritures préparatoires que la loi a indiquées et taxées, puis qui viennent à l'audience pour y poser leurs conclusions respectives ; enfin les parties viennent plaider elles-mêmes, ou font plaider leur cause, à moins que l'affaire ne s'instruise par écrit.

* A l'audience, le jour de l'appel de la cause, les avoués peuvent poser des conclusions sur le fond et alors l'affaire est en état de recevoir jugement (art. 343, Pr. civ.) ; ou bien l'avoué du défendeur pose des conclusions tendantes à exception (V. n°s 341 et suiv.) Les parties peuvent, pendant le débat, modifier leurs conclusions primitives par de nouvelles conclusions qu'on qualifie dans la pratique d'additionnelles ou rectificatives (V. n°s 525 et suiv.) Une partie peut aussi prendre des conclusions principales, et, pour le cas où elles ne seraient pas admises, poser des conclusions subsidiaires. *

Nous avons aussi parlé des conclusions du ministère public exigées dans certaines affaires. Arrivés à ce point, et en supposant toujours, comme nous l'avons fait jusqu'à présent, une affaire simple, dégagée d'entraves, un procès qui ne se complique d'aucun de ces incidents que la loi a rejetés plus bas et dont nous aurons à traiter plus tard, il ne reste plus qu'à juger les parties ; le seul office à remplir maintenant est celui du tribunal. C'est en effet à ce point, à ce moment où l'instruction est terminée, que nous place l'art. 440.

Mais, avant de l'aborder, il faut établir quelques notions générales.

Qu'entend-on par jugement ? Fixons-nous sur le sens de ce mot : le mot *jugement* dans son sens le plus général désigne toute décision émanée d'un tribunal ou d'un juge sur les contestations, sur les affaires qui lui sont soumises. Mais, sous cette définition générale, viennent se placer des divisions, des distinctions assez nombreuses. D'abord séparons les *jugements*, les *arrêts*, les *ordonnances*, expressions bien distinctes, et que, dans la pratique, il faut éviter de confondre.

On entend plus spécialement par *jugements* les décisions émanées des tribunaux inférieurs, je veux dire des juges de paix, des tribunaux d'arrondissement et des tribunaux de commerce.

On désigne, au contraire, par le nom spécial d'*arrêts*, les décisions émanées des cours d'appel et de la cour de Cassation.

* Les décisions des arbitres portent le nom de *sentences*. *

Par *ordonnance*, on entend une décision rendue, non pas sur le fond d'une affaire et par le tribunal tout entier, mais par le président d'un tribunal, ou par un juge spécialement déterminé, dans le but, en général, de prendre certaines mesures provisoires et d'urgence. Ainsi, c'est une ordonnance, et non pas un jugement, que l'acte, que la décision dont nous avons parlé sur l'art. 72 et par laquelle le président, ou le juge qui le remplace, permet d'assigner à bref délai, dans les cas qui requièrent célérité.

Les jugements proprement dits se distinguent, d'ailleurs, en espèces assez nombreuses, dont il importe de vous faire, dès ce moment, connaître les principales.

Nous aurons bientôt à distinguer, à chaque pas, les *jugements avant faire droit*, ainsi nommés par opposition aux *jugements définitifs*; et les jugements avant faire droit renferment eux-mêmes trois classes de jugements distincts, trois classes de jugements non définitifs, qu'il faut cependant éviter de confondre l'une avec l'autre.

Ainsi, sous ce nom de *jugements avant faire droit*, nous comprendrons : 1° les *jugements provisoires*; 2° les *jugements préparatoires*; 3° enfin les *jugements interlocutoires*.

On appelle *jugements provisoires* ceux par lesquels un tribunal décide, actuellement et par provision, certaines questions détachées de la cause principale, et qui présentent un caractère spécial d'urgence. Ainsi, dans une instance en séparation de corps, dirigée par une femme contre son mari, il arrive, presque tous les jours, qu'avant de vider le fond du procès, le tribunal accorde à la femme, pour subvenir à ses besoins et aux frais du procès, une pension alimentaire. Voilà, dans toute l'exactitude du terme, un jugement provisoire.

On entend par *jugements préparatoires* certains jugements par lesquels le tribunal ordonne certaines mesures propres à accélérer l'instruction et la décision de l'affaire ; mesures qui pourtant ne préjugent en rien le résultat de cette décision. Ainsi, quand le tribunal ordonne une remise de cause, une communication de titres entre les parties, voilà un jugement qui tend à mettre l'affaire en état, mais qui ne préjuge rien, en aucune sorte, sur la solution de l'affaire et la décision du tribunal.

Au contraire, on entend par *jugements interlocutoires*, certains jugements dans lesquels le tribunal, sans faire connaître sa décision, sans décider le fond du procès, préjuge néanmoins d'une manière hypothétique quelle sera cette décision.

Ceci présente plus de difficulté et aussi plus d'importance. Par exemple, une instance en séparation de corps est dirigée par un époux contre l'autre ; elle est fondée sur l'allégation de mauvais traitements, d'excès, de sévices, d'injures graves, allégués par le demandeur contre le défendeur ; de pareilles allégations soumettent nécessairement aux tribunaux deux questions bien distinctes et qui d'ordinaire formeront la matière de deux plaidoiries, de deux débats, de deux jugements séparés.

La première question est celle-ci : les faits de séparation allégués par l'époux demandeur sont-ils assez sérieux, assez graves pour que le tribunal autorise à les prouver? En d'autres termes, et pour employer les expressions techniques, les faits de séparation allégués par le demandeur sont-ils pertinents, sont-ils admissibles (n° 474)? Si le tribunal décide la négative, il rejette la demande,

I.

et le jugement est définitif; si, au contraire, le tribunal décide l'affirmative, s'il reconnaît dans les faits allégués un caractère assez grave pour autoriser la séparation, il n'ordonne pas encore la séparation ; car les faits, notez-le bien, sont allégués, mais ne sont pas encore prouvés; mais, attendu la gravité et la pertinence de ces faits, le tribunal autorise le demandeur à en établir la vérité. Ce jugement n'est pas définitif, car il ne termine pas la contestation ; ce juge-ment est un *avant faire droit*; mais ce n'est plus un *simple préparatoire*, c'est un *interlocutoire*, parce qu'il préjuge, au moins d'une manière hypothétique, la décision du procès. Le tribunal a jugé déjà une première question, savoir, que les faits allégués, en supposant que la preuve en fût donnée, étaient de nature assez grave pour motiver la séparation ; il a donc décidé, implicitement et à l'avance, que si l'époux demandeur réalisait la preuve qu'il avait offerte, la séparation lui serait accordée. Voilà en quel sens on dit que le jugement est interlocutoire, lorsque, sans décider la contestation, sans terminer les débats, il préjuge néanmoins d'une manière hypothétique la décision du tribunal sur le fond de la question. Ce ne sont là que des exemples qu'il serait facile de multiplier.

Une même affaire peut présenter, et présentera fréquemment, tantôt séparés, tantôt réunis, des jugements provisoires, des jugements préparatoires et des jugements interlocutoires.

Ainsi *Primus* dirige contre *Secundus* une demande en revendication d'un immeuble possédé par ce dernier, et dont il se prétend propriétaire : *Primus*, dans le cours de l'instance, allègue que *Secundus* commet sur cet immeuble, qu'il détient, des dégradations qui lui sont fort préjudiciables ; en conséquence, il obtient du juge une décision par laquelle cet immeuble est, quant à présent, mis en séquestre, remis entre les mains d'un tiers qui le gardera pendant l'in-stance ; voilà un jugement provisoire.

Dans la même instance, *Secundus* obtient du tribunal un jugement par lequel il est enjoint à *Primus* de remettre ses titres, de les communiquer ; voilà un jugement préparatoire.

Enfin *Secundus* allègue, comme moyen de défense, qu'il a prescrit par trente ans l'immeuble revendiqué par *Primus* ; et, en conséquence, il demande à prou-ver par témoins le fait de sa possession. *Primus* lui oppose que cette possession est vicieuse, ou bien qu'elle a été interrompue par une citation, aux termes de l'art. 2244 du Code civ., et le tribunal admet cependant *Secundus* à prouver par témoins le fait de sa possession. Voilà un interlocutoire ; car évidemment, en admettant *Secundus* à présenter la preuve testimoniale de sa possession, le tri-bunal reconnaît que cette possession n'est pas vicieuse ; sans quoi il serait bien inutile, il serait dérisoire de l'autoriser à en faire la preuve.

Ce ne sont pas là, à beaucoup près, les seuls détails dans lesquels il nous sera nécessaire d'entrer, quant à la distinction, souvent délicate et subtile, des jugements préparatoires et des jugements interlocutoires. Le siège de la ma-tière est dans les art. 451 et 452 ; en attendant, ces notions préliminaires suf-fisent amplement à l'explication du titre que nous commençons.

Aux *jugements avant faire droit*, expressions générales que je viens de décom-poser, on oppose, vous ai-je dit, les *jugements définitifs*, c'est-à-dire les juge-ments qui mettent un terme à la contestation, bien entendu dans la limite des pouvoirs et de la compétence du tribunal. En effet, qui dit *jugement définitif*, ne dit pas pour cela jugement inattaquable, jugement à l'abri de toute espèce de révision et de recours. Ainsi, un jugement rendu en première instance par un tribunal d'arrondissement, sur une demande supérieure à 1,500 francs, est un *jugement définitif*, mais un jugement en premier ressort. Il n'y a dans ces idées absolument rien d'incompatible. Le jugement *définitif* dessaisit le tribunal et termine la contestation devant lui.

* On divise encore les jugements en jugements rendus en premier et dernier ressort, suivant qu'ils sont susceptibles d'appel ou non (V. t. II, nᵒˢ 668 et suiv.). *

Une autre division des jugements, fréquente aussi, et que nous allons bientôt rencontrer devant nous, c'est la division en *jugements par défaut* et en *jugements contradictoires*.

Jugements contradictoires, dans lesquels chaque partie a eu son avoué, et a posé à l'audience ses conclusions par son avoué.

Jugements par défaut, soit que le défendeur n'ait pas constitué d'avoué, soit que l'avoué constitué ne se soit pas présenté pour conclure. Cette distinction en deux classes des jugements par *défaut* sera développée plus tard sur l'art. 149.

* Il y a *jugement d'expédient* lorsque les avoués des diverses parties remettent au tribunal un jugement tout rédigé et convenu entre les parties. Le ministère public doit examiner ce projet de jugement ; et le tribunal peut l'adopter. C'est un moyen de revêtir des formes du jugement les conventions des parties. *

Telles sont les principales espèces de jugements.

On donne quelquefois le nom de jugement à des actes émanés du tribunal et portés sur la feuille d'audience, mais qui ne statuent pas sur une contestation. Ainsi le jugement de remise d'une cause d'un jour à un autre, le jugement d'adjudication d'un immeuble quand aucune contestation n'a été soulevée, l'acte de la constitution d'un avoué à l'audience (art. 76), méritent plutôt le nom d'actes judiciaires que celui de jugements.

Examinons d'abord les règles de la formation des jugements.

➡→ **241.** Nous avons supposé une instruction simple, dégagée d'exceptions, d'incidents : cette instruction, composée d'écritures préalables et de plaidoiries d'audience : ajoutez-y même, suivant les cas, les conclusions du ministère public, cette instruction est maintenant terminée ; les juges se lèvent pour aller aux voix ; c'est là que nous prenons le texte de l'art. 116.

« Art. 116. Les jugements seront rendus à la pluralité des voix et prononcés sur-le-champ ; néanmoins, les juges pourront se retirer dans la salle du conseil pour y recueillir les avis ; ils pourront aussi continuer la cause à une des prochaines audiences pour prononcer le jugement. »

L'instruction arrivée à ce point, un assez grand nombre de partis se présentent, sur chacun desquels nous devons nous arrêter quelques instants.

Lorsque le tribunal a recueilli les votes dans la forme prescrite par l'art. 35 du règlement du 30 mars 1808, c'est-à-dire en commençant par le dernier juge reçu, il est possible d'abord que la cause paraisse assez simple ; que les opinions soient assez concordantes pour que le jugement puisse être immédiatement prononcé ; c'est la première et la plus simple de nos hypothèses. A l'instant même

où les plaidoiries sont achevées, le tribunal, séance tenante, dans la salle même d'audience, délibère, compte les voix, arrête le jugement et prononce. *Les ju-*
gements seront rendus à la pluralité des voix et prononcés sur-le-champ.

Maintenant il est possible que, la cause paraissant demander une discussion un peu plus longue, le tribunal veuille s'isoler de la présence et du tumulte de l'auditoire pour délibérer plus à l'aise ; qu'en conséquence, il se retire dans la salle du conseil et rentre quelque temps après à l'audience pour prononcer son jugement. Ces deux premiers cas reviennent à peu près au même.

En troisième lieu, le tribunal peut juger que la cause demande non seulement cette courte délibération de la chambre du conseil, mais un examen plus long, plus détaillé, qui consumerait en pure perte le temps affecté au service de l'audience. Dans ce cas, aux termes des derniers mots de l'art. 116, le tribunal continuera l'affaire à l'une des prochaines audiences, non point, bien entendu, pour rouvrir et recommencer les débats, mais pour avoir le temps d'arrêter et de préparer son jugement : c'est la troisième hypothèse : c'est ce qu'on appelle dans l'usage ordinaire un *délibéré.*

L'acte par lequel le tribunal, au lieu de statuer immédiatement, renvoie à une prochaine audience pour le prononcé du jugement, est un jugement préparatoire, rentrant dans la définition que nous avons précédemment donnée; jugement qui ne préjuge rien, qui tend seulement à conduire à la décision de la cause ; jugement qui, d'ailleurs, n'a pas besoin d'être levé, expédié, signifié entre les parties. Cet acte ou jugement s'appelle assez fréquemment un jugement de *simple délibéré*, par opposition à la quatrième hypothèse, à laquelle nous passons maintenant.

Cette quatrième hypothèse est celle des art. 93 et 94, un peu déplacés où ils sont insérés, mais que je dois maintenant vous faire connaître. Le tribunal peut juger, non seulement qu'il lui est impossible de prendre une décision immédiate, mais qu'il ne suffit pas même, pour l'édifier sur les différents points de la cause, de prendre un délai plus ou moins long ; il peut sentir le besoin de faire résumer devant lui, par un membre choisi dans son sein, les divers moyens plaidés à l'audience par l'une et par l'autre partie ; et alors il n'ordonnera pas seulement, comme dans les cas précédents, un *simple délibéré*, un simple renvoi de la cause, pour prononcer ensuite le jugement, il ordonnera ce qu'on appelle un *délibéré sur rapport* ; c'est-à-dire que l'un des membres du tribunal sera chargé, sur le vu des dossiers des parties, respectivement déposés par elles, de résumer l'affaire devant le tribunal et en audience publique, à l'effet de mieux préparer la décision définitive qu'il s'agit de rendre.

« Art. 93. Le tribunal pourra ordonner que les pièces seront mises sur le bureau pour en être délibéré au rapport d'un juge nommé par le jugement, avec indication du jour auquel le rapport sera fait. »

« Art. 94. Les parties et leurs défenseurs seront tenus d'exécuter le jugement qui ordonnera le délibéré sans qu'il soit besoin de le lever ni signifier, et sans sommation; si l'une des parties ne remet point ses pièces, la cause sera jugée sur les pièces de l'autre. »

Et, en effet, les parties ou leurs défenseurs ont dû être présents au jugement qui ordonnait le rapport et le dépôt des dossiers ; si une partie ne remet pas ses pièces, la cause sera jugée sur les pièces de l'autre.

Ainsi nous trouvons quatre cas tout à fait distincts :

1° Jugement immédiat rendu après la délibération dans la salle même de l'audience ; 2° jugement rendu après un court intervalle et une délibération dans la chambre du conseil ; 3° remise de l'affaire pour *simple délibéré* ; 4° enfin remise de l'affaire pour *délibéré avec rapport*.

242. Mais il faut se garder de confondre le jugement préparatoire qui ordonne, aux termes de l'art. 93, la remise des dossiers sur le bureau, pour en être fait rapport par un juge que le tribunal commet, et le jugement, préparatoire aussi, mais bien différent dans ses conséquences, qui ordonne, aux termes de l'art. 93, que l'affaire sera instruite par écrit dans les formes que nous avons vues en expliquant le titre précédent.

D'une part, en effet, ordonner un délibéré, soit sans rapport (c'est notre troisième cas), soit même avec rapport (c'est notre quatrième cas), n'est autre chose que chercher à résumer, ou par une délibération plus ou moins longue, ou par la bouche d'un juge rapporteur, les souvenirs toujours incomplets, toujours fugitifs, qu'ont pu laisser les plaidoiries d'audience. En un mot, quand le tribunal ordonne un simple délibéré, il examine, il pèse les prétentions diverses des parties ; quand il ordonne un délibéré sur rapport, il choisit et désigne un guide pris par lui-même dans son sein, et à l'aide duquel il cherche à se présenter, sous une forme plus abrégée, les moyens capitaux employés par les parties. Mais vous voyez que, dans ces deux cas de délibéré, soit sans rapport, c'est le cas de l'art. 116, soit avec rapport, c'est le cas de l'art. 93, l'office des deux parties est absolument terminé, les plaidoiries sont achevées, l'instruction est déclarée complète ; les parties ont usé de tous leurs droits, les défenseurs ont achevé leur ministère ; le seul office qui reste à remplir, c'est l'office du tribunal, qui, pour s'en faciliter l'accomplissement, désigne dans le second cas un rapporteur chargé de le guider dans sa route.

D'autre part, au contraire, ordonner une instruction par écrit, aux termes de l'art. 95, ce n'est pas clore et terminer la carrière des débats, des discussions ; ce n'est pas prononcer que l'office des parties, que le ministère des défenseurs sont achevés, et que l'office du tribunal leur succède ; il va commencer, tout au contraire, par déclarer que le ministère des défenseurs n'est pas suffisant, que les instructions faites jusqu'alors ne sont pas complètes, et qu'à cette forme insuffisante il faut en substituer une autre, celle de l'instruction écrite.

Cette différence caractéristique résulte fort clairement des art. 116 et 93 d'une part, et de l'autre des art. 95 et suivants. En voulez-vous voir la conséquence ? Voulez-vous voir combien il importe de ne pas confondre ensemble le jugement préparatoire de l'article 93 et le jugement préparatoire de l'art. 95 ? Une question fréquemment soulevée va vous faire sentir cette utilité.

243. Les parties peuvent-elles, après ces divers jugements, prendre des conclusions additionnelles ? Peuvent-elles modifier, changer leurs conclusions primitives, soit que le tribunal ait ordonné, aux termes de l'art. 93, un délibéré sur rapport, soit, au contraire, qu'il ait ordonné, aux termes de l'art. 95, une instruction par écrit ? Dans ce dernier cas, l'affirmative ne peut pas être douteuse. Il est certain que, lorsque le tribunal, reconnaissant l'insuffisance des plaidoiries, a ordonné l'instruction écrite, les parties restent libres d'augmenter, de diminuer, de modifier leurs conclusions primitives; et par une raison bien simple : c'est que l'instruction n'est pas achevée ; c'est que les parties sont encore en litige, en débat ; c'est qu'il n'est pas question de prononcer ou même de préparer le jugement, mais uniquement d'instruire l'affaire. Ainsi, de même que, dans l'instruction ordinaire, les parties restent libres, tant que l'instruction se prolonge, tant que durent les plaidoiries, de modifier leurs conclusions primitives, de même elles conservent ce droit pendant toute la durée de l'instruction par écrit, ordonnée aux termes de l'art. 95. La preuve qu'elles ont ce droit, si elle ne résultait pas suffisamment de la nature même de cette instruction par écrit, se trouverait en toutes lettres dans l'art. 102, qui leur reconnaît très expressément cette faculté.

Mais en est-il de même quand le tribunal a ordonné, non pas une instruction écrite, mais un délibéré, soit avec rapport, soit sans rapport? Quoique nombre d'auteurs répondent affirmativement, il ne faut pas, je crois, hésiter à décider qu'elles ne le peuvent plus, et par une raison fort simple. Une fois que le tribunal, s'étant levé pour aller aux voix, aux termes de l'art. 116, a décidé, soit à continuer la cause pour le prononcé du jugement, soit même à nommer un rapporteur pour lui résumer les moyens des parties, il est évident que l'instruction est achevée, que le rôle des parties, comme je l'ai dit, est absolument terminé ; c'est dans le dernier état où leurs conclusions ont été prises qu'elles doivent être maintenues et jugées (1).

Voilà la principale importance de la distinction entre le jugement par lequel le tribunal ordonne un délibéré, et le jugement par lequel il ordonne une instruction par écrit.

La cause de la confusion que j'ai signalée est l'insertion fort inopportune des art. 93 et 94 dans un titre auquel évidemment ils sont tout à fait étrangers. Ces articles se rattachent manifestement à la manière de l'art. 116, c'est-à-dire au résultat possible de la première délibération qu'aura prise le tribunal après l'instruction achevée.

⟫⟫→ **244.** Revenons au texte de l'art. 116. *Les jugements seront rendus à la pluralité des voix.* Comment se forment, comment s'arrêtent les jugements ou décisions du tribunal? La première condition essentielle à la validité d'un jugement, c'est qu'il ait été rendu avec le concours, avec la participation du nombre de juges exigé par les lois, suivant la nature et la position des tribunaux. Je vous ai déjà dit que ce nombre était de trois au *minimum*, et de six au *maximum* pour les tribunaux d'arrondissement, sauf le tribunal de la Seine (art. 6 du décret du 18 août 1810).

Mais, supposez que le tribunal, constitué d'abord à trois, se trouve, dans le cours des débats, réduit à deux, par décès ou autrement ; il est clair que ces deux juges, fussent-ils d'accord, seraient dans l'impossibilité de rendre la

_____

(1) * L'art. 33, tit. II, des lettres patentes du 18 juin 1769, défendait expressément ces conclusions nouvelles ; on peut aussi tirer argument en ce sens de l'art. 111 C. proc., et de l'art. 87 du décret du 30 mars 1808. — V. C. de Caen, 24 mars 1825 (Dalloz, Rép. v° *Instruction par écrit*, n° 32). — Cass., Rej., 2 juillet 1873 (Dalloz, 1874, 1, 49).

sentence, encore bien qu'ils eussent pu, votant avec le troisième, former une majorité qui aurait prévalu sur son avis. Quelle que soit, à cet égard, la répartition des voix, la première règle, c'est la nécessité du nombre égal des juges. Des lois spéciales ont prévu le cas où ce nombre viendrait à manquer, où un tribunal ou une section de tribunal se trouveraient empêchés de siéger au complet par absence, maladie ou empêchement quelconque de plusieurs ou de l'un de ses membres.

L'art. 49 du règlement du 30 mars 1808 décide qu'en cas d'empêchement de l'un des juges, on appellera, pour le remplacer, soit un juge disponible dans une autre section du même tribunal, soit, à défaut, un juge suppléant, en suivant, autant que faire se pourra, l'ordre des nominations ; soit enfin, à défaut de juge en titre ou de juge suppléant attaché au même tribunal (1), un avocat attaché au barreau, ou enfin un avoué, le tout suivant l'ordre du tableau. * Le jugement qui appelle un avocat doit constater l'empêchement des juges suppléants; le jugement qui appelle un avoué doit constater l'absence ou l'empêchement des avocats (2). * Les différentes dispositions de cet art. 49 sont toutes d'ordre public, elles tiennent à l'essence, à la constitution même des jugements. * Mais, dans les cours d'appel, il n'est pas nécessaire d'indiquer dans l'arrêt la cause de l'empêchement du magistrat remplacé, ni la mention que le magistrat remplaçant a été appelé dans l'ordre du tableau (art. 4, décret, 30 mars 1808, et art. 9, décret, 6 juillet 1810) (3).

Ainsi, supposez qu'à un jugement se trouve avoir participé, au delà du nombre légal voulu, et par conséquent sans nécessité, un juge du même tribunal, mais d'une autre section, ou bien un juge suppléant ; dans les deux cas, le jugement sera nul, à quelque majorité qu'il ait été rendu. Il sera vicié dans son essence, par l'illégalité de la composition du tribunal. En effet, un juge attaché à une section autre que celle qui était saisie de la cause, ou bien un juge suppléant, ne pouvant être appelés qu'en cas d'indispensable nécessité, c'est-à-dire pour compléter ce nombre de trois, qui est nécessaire à la validité du jugement, leur participation, hors ce cas, frappe de nullité le jugement, comme viciant la composition, la constitution même du tribunal (4).

* On pourrait même appeler deux juges d'une autre section (5), ou même deux juges suppléants, mais toujours pourvu que l'empêchement des juges de la section ou des juges titulaires fût constaté. Mais il faut que la magistrature prédomine; un jugement rendu par un juge et deux avocats ou deux avoués serait nul. *

Enfin l'ordre dans lequel on doit appeler ces juges, ces suppléants, ces hommes de loi, pour compléter une section insuffisante, cet ordre n'est pas abandonné au caprice, à l'arbitraire de ceux qui les appellent ; il ne faut pas qu'une partie puisse penser ou puisse dire que c'est en vue de lui faire per-

(1) Cass., 19 février 1845 (Dall., 1845, 4, 327) ; — 24 novembre 1846 (Dal., 1846, 4, 349) ; — 3 mai 1851 et 26 mai 1851 (Dall., 1851, 5, 332 et 1, 118).
(2) Cass., 8 février 1860 (Dall., 1360, 1, 86, et note 1).
(3) C. de cass., Rej., 29 mars 1876 (Dall., 1876, 1, 493).
(4) Cass., 13 août 1862 (Dall., 1862, 1, 339). — Cass., 29 avril 1868 (Dall., 1868, 1, 249). — Cass., 26 mai 1868 (Dall., 1868, 1, 255).
(5) Cass., 18 mai 1814, Journal du Palais, t. XII, p. 211, 3e édition.

dre son procès qu'on a appelé, pour la juger, tel individu, dont l'opinion é
connue d'avance. Aussi l'art. 49 veut-il que, dans cet appel complémen
on suive, autant que faire se pourra, c'est-à-dire sauf le cas d'absen
d'empêchement, l'ordre des nominations, si ce sont des juges qu'on
pelle, et l'ordre d'ancienneté du tableau (1), si ce sont des avocats ou des avo

Tous ces points tiennent à la constitution du tribunal, et de là dépen
validité des jugements.

245. Ajoutons, d'après l'art. 7 de la loi du 20 avril 1810, qu'un juge
ne peut être valablement rendu que par les juges ayant tous assisté à t
les audiences de la cause (2). Cette décision fort raisonnable doit-elle s
tendre en ce sens que tous les juges qui viennent prendre part à la form
de la sentence doivent avoir assisté à tous les débats de la cause, à parti
l'ajournement qui a saisi le tribunal jusqu'au jugement qui va le dess
Oui, sans doute, s'il s'agit d'une des causes dont nous nous sommes oc
jusqu'ici, d'un de ces procès dont l'instruction fort simple n'aura été en
par aucun incident ; mais c'est là peut-être le cas le plus rare, et dans
grand nombre d'hypothèses vous verriez fléchir, en théorie et en prati
l'application littérale de la décision de cet art. 7.

J'en prends un exemple : un procès en séparation de corps est porté de
le tribunal ; dans un procès de ce genre s'agitent au moins deux ques
distinctes.

D'abord, les faits allégués par le demandeur pour obtenir la sépara
sont-ils assez graves, assez sérieux, pour que le tribunal les prenne en co
dération ? sont-ils, pour employer les termes techniques, *pertinents* et *a*
sibles ? En cas d'affirmative, le tribunal rendra un jugement interlocu
dans lequel, reconnaissant la pertinence et la gravité des faits, il auto
l'époux demandeur à faire procéder à une enquête, à établir par témoins
vant un juge-commissaire la vérité de ces faits.

Ensuite, l'enquête une fois terminée en vertu de l'interlocutoire, on
viendra à l'audience pour débattre le résultat de l'enquête, pour examin
les faits reconnus pertinents et admissibles, sont véritables.

Ainsi, il y aura là, tout au moins, deux instructions successives, deux
bats, deux jugements. La première question posée aux juges est celle-ci
faits allégués par le demandeur, en les supposant véritables, sont-ils a
graves pour déterminer la séparation ? Le tribunal a répondu affirmative
à la question, et, en conséquence, a ordonné l'enquête ; vous savez pour
nous avons, avec la loi, qualifié ce jugement d'interlocutoire (n° 140). L'
quête une fois terminée, il ne s'agit plus de savoir si les faits allégués so

(1) Cass., 4 novembre 1843 (Dal., 1844, 4, 242) ; 7 et 8 novembre 1843 (Dall., 1
4, 279) ; — 19 février 1845 (Dall., 1845, 4,327) ; — 5 mai 1851 (Dall., 1851, 5, 332)
28 novembre 1854 (Dall., 1854, 1, 416) ; — 28 décembre 1857 (Dall., 1858, 1, 74)
Cass., 28 juin 1865 (Dall. 1866, 1, 87). — Cass., 14 mai 1872 (Dall., 1872, 1, 347
Cass. 31 mars 1875 (Dall., 1875, 1, 198).

(2) Cass., 8 août 1859 (Dall., 1859, 1, 345) ; — 25 février 1863 (Dall., 1863, 1, 72)
Cass., 17 août 1864 (Dall., 1865, 1, 88) ; — Cass., 23 janvier 1866 (Dall., 1866, 1, 214
— Cass., 6 février 1867 (Dall., 1867, 1, 125) ; — Cass., 26 juin 1867 (Dall., 1867, 1, 250
— Cass., 24 juin 1867 (Dall., 1867, 1. 373).

assez graves ; c'est une question maintenant jugée ; il s'agit de savoir si ces faits, dont la gravité et la pertinence ont été reconnues, sont véritables, sont prouvés par l'enquête.

Maintenant en quel sens doit s'appliquer à cette hypothèse l'art. 7 de la loi du 20 avril? Des juges qui n'auraient pas assisté aux plaidoiries à la suite desquelles l'interlocutoire a été rendu, auront-ils qualité pour prononcer définitivement sur la deuxième question, sur la question de séparation ? L'affirmative n'est pas douteuse ; car dans ce procès complexe il y avait véritablement deux procès et deux questions ; il a été jugé par un interlocutoire que les faits allégués étaient graves et pertinents ; la seconde question débattue, la question de leur vérité, est toute distincte, toute détachée de la première : après l'enquête terminée, les conclusions seront reprises, la cause sera recommencée, sera débattue dès son principe, au moins à l'effet de reconnaître si la vérité des faits résulte suffisamment de l'enquête.

Aussi arrive-t-il tous les jours, et sans aucune hésitation, que dans l'intervalle qui s'écoule entre deux débats, deux discussions de ce genre, une section se trouve modifiée, renouvelée, en partie, ou même en totalité, et que la validité du second jugement ne reste pas douteuse.

Il arrive, par exemple, à chaque instant, à Paris, à raison du nombre et de la durée des affaires, qu'après un interlocutoire ordonné et une enquête consommée dans les affaires de ce genre, surviennent les vacations; qu'en conséquence le roulement annuel du tribunal fait sortir de la section saisie de la cause une grande partie ou la totalité des juges qui la composaient ; ce qui n'empêche pas que les parties ne reviennent débattre la seconde question devant la même section composée de nouveaux juges, et que ces juges, bien qu'étrangers aux premiers débats, ne prononcent valablement le jugement définitif.

Ainsi l'art. 7 de la loi du 20 avril 1810 doit évidemment s'entendre en ce sens restrictif, c'est-à-dire que quand, dans le cours de la cause, un interlocutoire aura été rendu, à la suite duquel va s'élever une question distincte et nouvelle, il ne sera pas nécessaire, pour statuer sur le fond de la cause, d'avoir pris part aux débats préliminaires que l'interlocutoire avait terminés.

Mais il n'en serait pas de même, en général, de simples jugements préparatoires, et cela par une raison fort simple : c'est que les jugements préparatoires ne préjugent rien, ne terminent rien, ne coupent pas en deux parties les débats de l'instruction de la cause ; ce sont des jugements qui tendent à régulariser, à diriger, à accélérer la marche des affaires ; et par conséquent de nouveaux juges appelés après le préparatoire seraient, en général, sans qualité pour statuer sur le fond de la cause. En effet, le fond de la cause viendrait presque toujours leur soumettre des questions à l'examen et aux débats desquelles ils n'auraient pas assisté (1).

(1) * Je ne puis admettre cette solution. D'abord il me paraît certain que les jugements préparatoires de remise de la cause, de communication de pièces ou tous jugements préparatoires antérieurs à la pose des conclusions au fond, peuvent avoir été rendus par d'autres juges que ceux du fond. Même après la pose des conclusions, je crois qu'il faut considérer chaque incident qui donne lieu à un jugement préparatoire, comme une cause distincte, et, par conséquent, qu'il n'y a pas lieu de n'autoriser à statuer sur le fond que les juges qui auraient pris part à tous les jugements préparatoires.

246. *Les jugements seront rendus à la pluralité des voix.* Ces mots, sous un troisième rapport, doivent encore fixer votre attention. Les raisons qui font céder à l'opinion de la majorité celle de la minorité se fondent sur la nature même, sur l'impérieuse nécessité des choses. Aussi n'ai-je pas à les développer. Mais il est bon de remarquer que cette pluralité absolue des suffrages, exigée comme garantie, comme condition de toute décision judiciaire, pourrait n'être qu'une illusion, si, dans le sein du même tribunal, se rencontraient plusieurs membres unis par une parenté assez grande pour qu'on pût supposer l'opinion, le vote de l'un, influencé par le vote et l'opinion de l'autre. De là d'anciennes mesures de précaution, établies soit par les anciennes ordonnances, soit par des décrets et des lois postérieurs à l'organisation judiciaire qui nous régit.

C'était en vue de ce danger qu'une ordonnance de Louis XIV, au mois d'août 1669, avait décidé qu'on ne pourrait appeler à siéger dans un même corps judiciaire le père et le fils, le frère et le frère, l'oncle et le neveu. Tel était le principe ; il était absolu ; aucune dispense ne pouvait, ne devait être accordée. Il en fut de ce principe comme de tant d'autres ; l'intérêt, la puissance, le crédit des familles parlementaires prévalut bientôt sur la sagesse, sur l'autorité de cette décision ; la règle fut violée par une foule d'exceptions et de dispenses.

Aussi, comme remède à cette violation de la règle, à cette présence dans les mêmes corps judiciaires, à ce concours dans les mêmes jugements, de parents au degré prohibé, on introduisit le principe de la confusion des voix.

Cela veut dire que, toutes les fois que deux parents à l'un des degrés indiqués prenant part ensemble au vote d'un même jugement, décidaient dans le même sens, leurs deux voix ne pouvaient compter que pour une seule. C'est ainsi qu'on trouva moyen de pallier, par un remède souvent incommode dans l'application, comme nous le verrons bientôt, l'immense inconvénient résultant de la violation des ordonnances.

Vint avec la révolution une organisation judiciaire nouvelle. Dans les différentes lois rendues sur l'organisation des tribunaux, la même idée, le même inconvénient frappa l'attention du législateur. Ainsi un décret du 11 septembre 1790 reproduisit les anciennes prohibitions,* les étendit même jusqu'au degré de cousin issu de germain inclusivement, *et déclara qu'aucune dispense ne pourrait être obtenue.

La Constitution de l'an III, art. 207, renouvela ces prohibitions en les étendant seulement jusqu'aux cousins germains. Sous cette Constitution, comme sous la loi de 1790, aucune dispense ne devait être accordée. Je vous rappelle que, sous l'empire de ces deux lois, des juges étaient électifs.

Arriva le Consulat, et la loi du 27 ventôse an VIII démembra complètement l'ancien édifice judiciaire. Cette loi restant muette sur cette grande question des incompatibilités, et peu de temps après cette question se présentant en fait, on eut à décider le point de savoir si les anciens principes subsistaient ou s'ils étaient abrogés par le silence des lois nouvelles. Le conseil d'État, par une décision du 23 avril 1807, reconnut que, malgré le silence de la loi de l'an VIII, des anciennes incompatibilités entre juges aux degrés que nous avons indiqués, devaient être considérées comme maintenues. Sous ce rapport, il décida implicitement que le silence de la loi de l'an VIII avait laissé subsister les prohibitions contenues dans les lois de 1790 et de l'an III ; mais il ajouta que ces anciennes prohibitions, tout en les considérant comme maintenues, pourraient cependant être modifiées par des dispenses à la volonté du gouvernement, et qu'à côté de ces dispenses viendrait se placer, comme remède, l'ancienne règle de la confusion des voix des différents juges parents l'un de l'autre. Ainsi le conseil d'Etat sauta sur la législation intermédiaire, il aima mieux, laissant de côté deux lois récentes, faire revivre d'autorité tout le système de l'ancienne jurisprudence : système des prohibitions, telles que les ordonnances les établissaient ; système des dispenses, telles que de vicieux abus les avaient introduites ; enfin, système de la confusion des voix, remède imparfait, remède souvent plus dangereux que les inconvénients qu'on avait redoutés.

Tel fut l'état des choses jusqu'à la loi du 20 avril 1810 dont l'article 63 vint encore statuer, mais statuer incomplètement sur cette question ; cet article fait revivre formellement les anciennes prohibitions, jusqu'au degré d'oncle et de neveu : il ajoute que le gouvernement pourra, cependant, accorder des dispenses, c'est-à-dire autoriser des parents à ce degré à siéger dans un même tribunal, pourvu toutefois qu'il s'agisse d'un tribunal composé de huit juges au moins.

Mais, vous le voyez, cet art. 63 laisse encore de côté une question grave, celle de savoir si, dans le cas de dispenses accordées par le gouvernement, le principe de la confusion des voix doit être appliqué ; si, deux juges parents à ce degré venant à siéger ensemble, en vertu des dispenses, dans la même section d'un même tribunal, leurs suffrages, quand ils sont uniformes, doivent être comptés pour deux, ou ne le seront que pour un. A cet égard, le législateur est complètement muet ; et la jurisprudence, se guidant apparemment sur l'avis du conseil d'État de 1807, a décidé que l'ancien principe de la confusion des voix, remède appliqué constamment au système des dispenses de parenté, devait être considéré comme implicitement maintenu.

On peut donc considérer que tel est maintenant l'état des choses :

1° Prohibition d'appeler dans un même tribunal ou une même cour le père et le fils, le beau-père et le gendre, le frère et le frère, l'oncle et le neveu ;

2° Faculté du gouvernement, consacré par l'art. 63 de la loi du 20 avril 1810, d'accorder des dispenses pour les tribunaux composés au moins de huit juges;

3° Principe de la confusion des voix introduit dans la jurisprudence comme remède naturel, comme palliatif sous-entendu, aux inconvénients qui résultent dans la pratique du concours des parents à une même décision.

Cependant il faut remarquer que ce système de la confusion des voix est souvent fort embarrassant et très fâcheux pour les plaideurs.

Ainsi, supposez, par exemple, une section ayant jugé à cinq juges : j'ai obtenu trois voix contre deux, mon procès paraît gagné ; de ces trois voix il arrive que deux ont été données par des parents au degré prohibé, siégeant en vertu de dispenses ; il n'y a eu que deux voix contre deux, il y a partage ; la cause est à recommencer.

Supposez même, et le fait s'est présenté, que, plaidant devant un tribunal de trois juges, j'aie obtenu l'unanimité en ma faveur ; on découvre que de ces trois juges deux étaient parents au degré prohibé ; il me resterait encore la ressource de dire qu'ayant eu l'unanimité, cette parenté m'importe peu, puisque je reste toujours avoir deux voix ou la majorité; cependant il n'en est pas ainsi, et, dans une hypothèse pareille, le jugement a été cassé. La raison en est simple: c'est que, de quelque manière que ces trois voix vinssent à se combiner, soit en ma faveur, soit en faveur de mon adversaire, la composition du tribunal était incertaine, vacillante, et par conséquent irrégulière, viciée dans son principe. En effet, il est de règle que la composition d'un tribunal, dès l'origine de la cause, doit être fixe, certaine, indépendante de toute variation, de tout accident postérieur; il est de règle que le *minimum* légal de la composition d'un tribunal est de trois juges, et par conséquent de trois voix. Or, il pouvait se trouver, dans l'espèce, que, de ces trois juges, les deux parents votassent ensemble, et que le troisième votât contre moi; c'est-à-dire, qu'on ne trouvât que deux voix, que deux juges, qu'un tribunal constitué au-dessous du *miminum* légal.

Aussi, dans une hypothèse pareille, où une chambre de cour d'appel composée de cinq conseillers, *minimum* légal en matière correctionnelle, avait rendu un arrêt, la Cour de cassation prononça la nullité de l'arrêt, sans examiner comment s'étaient répartis les suffrages ; elle se fonda précisément sur ce que la possibilité du concours de voix des parents avait pu, dès l'origine, réduire à quatre voix, et par conséquent à quatre juges, une chambre qui ne pouvait siéger, discuter et décider qu'à cinq voix et à cinq juges (1).

Enfin, une autre hypothèse peut encore se présenter, se présenta dans l'ancienne jurisprudence, et est encore singulièrement embarrassante. Supposez un tribunal composé de cinq juges : *Primus, Secundus, Tertius, Quartus* et *Quintus*. *Primus* est beau-frère de *Secundus*, qui a épousé sa sœur, et *Secundus* est fils de *Tertius*. Dans ce cas, vous le voyez, entre *Primus*, dont *Secundus* a épousé la sœur, et *Tertius*, qui est le père de *Secundus*, il n'y a évidemment ni parenté ni alliance ; mais, entre *Primus* et *Secundus*, il y a alliance au degré prohibé ; entre *Secundus* et *Tertius*, il y a parenté au degré prohibé. De là, la question de savoir, si cette question arrêta plusieurs parlements dans l'ancienne jurisprudence, si les trois voix de *Primus, Secundus, Tertius* devront être comptées simplement pour deux, ou si même elles ne devront l'être que pour une seule. Vous voyez pourquoi ; il n'y a pas, sans doute, parenté ni alliance, il n'y a pas rapport prohibé entre *Primus* et *Tertius*, d'où il paraît suivre qu'en isolant *Secundus*, allié de l'un et parent de l'autre, on devrait trouver deux voix dans ces trois personnes ; mais on ajoute que la voix de *Primus* se confond avec celle de *Secundus*, son allié au degré prohibé ; que, d'autre part, la voix de *Secundus* se confond avec celle de *Tertius*, son parent au degré prohibé ; qu'en un mot *Secundus* va être le terme commun, le point de rencontre sur lequel vont s'unir et se confondre les deux voix de *Primus* et de *Tertius*, de manière à se réduire à une.

On ajoutera, avec moins de subtilité et avec plus de raison, que l'influence redoutée se représente ici, puisque la loi a droit de supposer que le vote de *Primus* et le vote de *Tertius* sont influencés, sont déterminés par l'opinion de *Secundus*, allié de l'un et parent de l'autre.

Nonobstant ces raisons, on avait décidé autrefois que, dans une telle hypothèse, les trois voix devraient compter, non pas pour une, mais pour deux.

(1) V. Dalloz, *Repert.* v° *Organisation judiciaire,* n°ˢ 247 et suiv.

Question pareille naissant aujourd'hui, les mêmes difficultés se représente-raient, et ce ne sont pas les seules dans lesquelles se montrent encore les inconvénients du principe de la confusion des voix, principe qui n'est, d'ailleurs, que la conséquence naturelle et nécessaire des dispenses autorisées.

247. Enfin, par cette pluralité exigée par l'art. 116, nous devons entendre évidemment la pluralité des suffrages des juges appelés à délibérer, c'est-à-dire au moins la moitié des voix, plus une.

Sur ce point se présentent encore quelques observations dignes d'attention. D'abord, si le tribunal ou la section, ce qui sera le plus fréquent, se trouve siéger en nombre impair, à trois ou à cinq, et que deux opinions seulement se manifestent, il ne peut pas y avoir de difficulté ; deux opinions, partageant un nombre impair de juges, vous donnent nécessairement, en faveur de l'une des deux, la majorité absolue de deux contre un, trois contre deux.

Mais la difficulté commencera: 1° si vous supposez le tribunal siégeant et votant en nombre pair ; 2° si même vous supposez le tribunal siégeant et votant en nombre impair, mais qu'il vienne à se manifester plus de deux opinions. Dans ces deux cas je ne dis pas qu'il arrivera toujours, je dis qu'il pourra très bien arriver qu'aucune des deux opinions, si le nombre est pair, des trois opinions, soit que le nombre soit pair ou impair, ne réunisse en sa faveur la pluralité absolue, la moitié plus un de tous les juges, ce qui, aux termes de l'art. 116, est la condition essentielle de la validité d'un jugement.

Ainsi, mettez le tribunal à quatre juges, supposez deux opinions ayant chacune deux voix ; alors non seulement il n'y a pas, mais il ne pourra pas y avoir de majorité ; l'art. 116 est inapplicable ; nous retomberons dans le cas d'un partage, cas prévu par l'art. 118.

Supposez le tribunal de trois juges ou de cinq, c'est-à-dire en nombre impair, c'est la composition la plus fréquente alors, au premier aspect on ne se fait guère à l'idée du défaut de majorité, il semble qu'un nombre impair de juges doive nécessairement donner dans le vote la majorité pour une opinion ; cependant il n'en est pas ainsi. Supposez, par exemple, que, dans ces trois juges, *minimum* légal du tribunal, nous avons, non pas deux voix pour une opinion, pour A, par exemple, et une voix pour B, ce serait une majorité ; mais une voix pour A, une voix pour B et une voix pour C, autant d'opinions, autant de décisions que de juges, il y a partage, et partage aussi insoluble que celui de deux pour A et de deux pour B, quand ils sont quatre. Alors encore nous retomberons dans l'application de l'art. 118, sauf à vous expliquer bientôt, par des exemples, comment, dans un procès, trois opinions peuvent être données ; au reste, c'est ce que suppose la loi dans l'art. 117.

De même, prenez cinq juges ; si vous avez trois voix pour A, deux voix pour B, vous avez sans doute une majorité, un jugement ; mais, si vous avez deux voix pour A, deux voix pour B, une voix pour C, vous n'avez plus de majorité, aucune opinion ne réunit pour elle la pluralité dont parle l'art. 116. Comment alors arrivera-t-on à un jugement? Dans cette hypothèse il n'y aura pas véritablement partage ; car si, entre cinq voix partagées ainsi, deux pour A, deux pour B, une pour C, il n'y a pas encore de pluralité, de majorité véritable, il est au moins certain qu'il est possible, sans appeler un nouveau juge, sans recommencer les débats, d'arriver à une majorité ; c'est le cas que suppose l'art. 117.

« Art. 117. S'il se forme plus de deux opinions, les juges plus faibles en nombre seront tenus de se réunir à l'une des deux opinions qui auront été émises par le plus grand nombre ; toutefois ils ne seront tenus de s'y réunir qu'après que les voix auront été recueillies une seconde fois. »

Ainsi, dans l'espèce proposée, A n'a pas de majorité, car il a deux voix pour lui, et trois voix contre lui ; B est dans la même position ; enfin C a encore moins une majorité. En un mot, A et B sont à l'égard de C dans une majorité relative, et C relativement à chacun d'eux est, par conséquent, en minorité relative. Dans ce cas, la loi force le juge qui a voté pour l'opinion représentée par C de céder à la majorité purement relative, c'est-à-dire de se décider pour l'opinion A ou pour l'opinion B.

Mais, dans un tribunal ou dans une section de trois juges s'attachant chacun à une opinion différente, toute opinion de cette nature est impossible ; il n'y a ni majorité ni minorité relatives, chacun a opté pour un avis, il n'y a aucune raison pour que l'un plus que l'autre soit forcé d'abandonner le sien ; dans ce cas, il y a partage absolu, irrémédiable ; l'art. 117 est sans application, on ne trouve de remède possible que dans l'art 118.

Ainsi l'art. 117 commencera à s'appliquer lorsque le tribunal sera composé de cinq juges.

Alors, en effet, s'il se manifeste plus de deux opinions, et que de trois opinions, par exemple, deux aient deux voix chacune, et que la troisième n'en ait qu'une, cette troisième opinion sera forcée de s'effacer, de s'annihiler pour opter entre l'une des deux autres.

Que si, au contraire, dans un tribunal de cinq juges, éclatent non pas trois opinions, mais quatre opinions, deux voix se prononçant pour A, une pour B, une pour C, une pour D, il est clair que nous retombons dans une impossibilité absolue, et que, dans les trois dernières voix, fractionnées chacune sur un avis distinct, il est impossible de dire laquelle doit se sacrifier ; qu'en un mot il y a partage.

Ainsi, pour appliquer l'art. 117, et ce n'est au reste que la conséquence du texte, pour obliger la minorité relative à se sacrifier, il faudra toujours qu'elle puisse avoir une opinion entre deux avis qui auront chacun contre elle l'avantage d'une majorité relative.

Toutefois, avant d'obliger l'opinion isolée à s'annihiler et à disparaître, la loi exige qu'on aille une seconde fois aux voix, qu'on réunisse une seconde fois les opinions, laissant encore à chacun la pleine liberté de persister dans son avis ou, au contraire, de l'abandonner. En un mot, on ne se prête à ce sacrifice, à cette mesure bizarre qui impose à un juge l'obligation d'abandonner son avis, que dans l'impossibilité d'arriver autrement à un résultat, à un jugement.

Ainsi je suppose une revendication intentée par *Secundus* contre *Primus* ; puis dans le cours de la cause, l'intervention d'un troisième plaideur, de *Tertius*, qui vient soutenir que l'immeuble débattu entre les deux premiers n'appartient ni à *Primus* ni à *Secundus*, mais à lui, *Tertius*. Si par un singulier hasard, qui sans doute sera rare, chacun des plaideurs a pour lui une voix, chacune des prétentions un suffrage, il est clair que, l'art. 117 à la main, il n'y a pas moyen de sortir d'affaire ; aucun des juges ne peut être tenu d'abandonner son opinion, et, par conséquent, il n'y a qu'à déclarer le partage.

Mais l'art. 117 pourrait s'appliquer dans la même espèce, si le tribunal se composait de cinq juges. Vous comprenez très bien comment deux juges peuvent croire à la propriété de *Primus*, deux à celle de *Secundus*, un, enfin, à celle de *Tertius*. Dans ce cas, décision bizarre sans doute, et qui ne peut s'expliquer que par ce rapprochement de majorité relative, le juge qui votait pour *Tertius* est forcé, aux termes de l'art. 117, de se prononcer entre l'une des deux majorités qui ont voté pour *Primus* ou pour *Secundus*.

J'ai dit tout à l'heure que, devant un tribunal de trois juges, quand plus de deux opinions se manifestaient, l'art. 117 était tout à fait inapplicable, puisqu'alors chaque opinion ayant pour elle un juge, une voix, aucune n'ayant, à l'égard des autres, l'avantage d'une majorité même purement relative, il était impossible de déterminer laquelle devait céder, laquelle devait, au contraire, rallier et entraîner les deux autres. Cependant cette décision, qui s'appuie sur la lettre de l'art. 117, et de plus sur la nécessité, ne me paraît devoir être entendue qu'avec certaines restrictions ; des exemples à cet égard vous feront comprendre ma pensée.

Ainsi d'abord, un procès s'élève dans lequel figurent deux intéressés seulement, un demandeur, un défendeur : *Primus*, demandeur, conclut contre *Secundus* au payement de dommages-intérêts à raison d'un préjudice quelconque ; dans les trois juges, l'un estime qu'il n'y a aucun tort, aucun préjudice causé par *Secundus* à *Primus* ; qu'en conséquence, il n'y a pas lieu à dommages-intérêts ; le second opine au contraire pour accorder à *Primus* cent francs, le troisième pour lui accorder deux cents francs de dommages-intérêts : deux plaideurs, trois juges, trois opinions différentes.

L'art. 117 pourra-t-il s'appliquer à cette hypothèse ? Non, au premier aspect ; car l'art. 117 suppose, d'abord, qu'il s'est formé plus de deux opinions, mais que de plus, parmi ces opinions, il en est qui ont, à l'égard de la troisième, l'avantage d'une majorité relative, ce qui suppose nécessairement un tribunal de cinq juges. Cependant regardons d'un peu plus près au sens et à la portée précise du vote de chacun des juges, et nous allons voir s'il n'est pas sage, s'il n'est pas nécessaire d'appliquer à cette espèce la décision de l'art. 117.

Un des juges a refusé absolument à *Primus* les dommages-intérêts par lui réclamés ; deux autres, au contraire, ont été d'avis d'allouer ces dommages-intérêts, seulement ils diffèrent entre eux sur la somme ; dès lors n'est-il pas clair que le partage, que l'impossibilité de juger n'est dans l'espèce qu'apparente ? que la question ainsi posée : alloue-t-on à *Primus* les deux cents francs d'indemnité qu'il demande, est une question complexe qui peut se diviser ainsi : 1° allouera-t-on à *Primus* des dommages-intérêts ? 2° en cas d'affirmative, quelle somme lui allouera-t-on ? Or, sur la première question, il y a majorité ; car le juge qui accorde cent francs, et le juge qui accorde deux cents francs, sont bien d'accord entre eux pour allouer à *Primus* des dommages-intérêts ; donc l'opinion qui les lui refuse absolument est en minorité ; cette opinion doit s'effacer et se réunir à l'une des deux opinions qui accorde à *Primus*, l'une cent francs, l'autre deux cents francs. En d'autres termes, encore bien que l'art. 117 soit en apparence inapplicable à un tribunal de trois juges, dans lequel on ne

conçoit guère que deux opinions puissent avoir sur la troisième l'avantage
d'une majorité relative, celle-ci cependant fléchira toutes les fois que la question soumise au vote du tribunal étant une question complexe de sa nature, la
divergence apparente des opinions cachera en réalité une majorité constante
sur l'un des points que renferme la question.

Un autre exemple vous rendra la même idée sensible. Il y a procès entre
Primus et *Secundus* devant un tribunal de trois juges, sur la question de savoir
si *Secundus* a droit de bâtir sur un terrain de manière à enlever le jour à l'é-
difice ou au champ de *Primus*; en un mot, c'est une question de servitude
conventionnelle, tendant à contester à *Secundus* le droit de bâtir sur son terrain : on vient aux voix ; le premier juge est d'avis que *Secundus* n'a nullement
le droit de bâtir ; le second, qu'il a le droit de bâtir mais jusqu'à telle hauteur ; le troisième, qu'il a le droit de bâtir à une hauteur indéterminée. Voilà
des opinions différentes, fondées sur l'interprétation que vient de faire le
tribunal d'un titre de servitude alléguée par une partie et combattue par
l'autre. Dirons-nous qu'ici il y a trois opinions ; que, chacune n'ayant qu'une
voix pour elle, l'art. 117 est inapplicable, et qu'il est nécessaire de déclarer le
partage ? Non ; car en faveur de *Secundus*, et sur une partie de la question, il
existe une majorité constante, une majorité certaine. En effet, le second juge
et le troisième sont d'accord sur ce fait, que *Secundus* a le droit de bâtir
sur son terrain ; cette majorité ne doit-elle pas désormais proscrire l'opinion
de la minorité, l'opinion soutenue par une seule voix, qui d'abord a refusé à
Secundus le droit de bâtir ; sauf alors, à cette voix isolée, et par conséquent
poussée dans cette première question, à se réunir à son choix à l'un des deux
autres avis pour décider l'autre question, savoir jusqu'à quelle hauteur *Secundus* a le droit de bâtir ?

Ainsi, toutes les fois, que dans la question posée, et sur laquelle, en apparence, se sont manifestés autant d'avis que le tribunal comptait de juges, toutes les fois, dis-je, que, dans la question posée, se rencontrera une partie du
litige sur laquelle une majorité se trouvera réunie, l'art. 117 deviendra applicable, et l'opinion de la minorité sera forcée d'opter entre les deux.

248. « Art. 118. En cas de partage on appellera, pour le vider, un juge ; à défaut
de juge, un suppléant ; à son défaut, un avocat attaché au barreau ; et à son défaut,
un avoué ; tous appelés selon l'ordre du tableau : l'affaire sera de nouveau plaidée. »

En cas de partage. Dans quels cas y a-t-il partage ? Pour qu'il y ait lieu d'appliquer la disposition de l'art. 118, il ne suffit pas qu'on manque de majorité
absolue ; il faut encore qu'on n'ait pas de moyen légal, de moyen possible d'y
arriver.

Ainsi, dans l'hypothèse de l'art. 117, lorsqu'au moyen de sacrifice de l'opinion la plus faible, on peut et on doit arriver à constituer une majorité, il est
clair qu'il n'y a pas partage, et que l'art. 118 reste absolument sans application. En un mot, le remède indiqué par l'art. 118 n'est qu'un remède extrême,
souvent fort coûteux aux parties et préjudiciable à leurs intérêts, puisqu'il
exige le renouvellement des plaidoiries, un remède qui ne doit, en conséquence, être employé qu'en désespoir de cause, et quand il n'y a pas moyen
d'en finir autrement. C'est ce qui a lieu : 1° dans un nombre pair, toutes les

fois que les voix sont partagées également ; 2°dans un nombre impair, toutes les fois que les conditions prévues par l'art. 117 sont inapplicables. En effet, c'est une erreur de penser, comme on le fait quelquefois, que le partage ne soit possible que dans un nombre pair de juges. Les exemples que nous venons de poser indiquent suffisamment que le partage est plus difficile, mais que cependant il est très possible, même dans un tribunal siégeant en nombre impair (1).

249. Lors donc qu'il n'y a pas moyen de trouver dans un tribunal la majorité absolue exigée par l'art. 116, quel est le remède à suivre, quel est le moyen à employer? Sur ce point, la législation et la jurisprudence ont souvent varié.

Dans l'ancien droit, en cas de partage, tantôt on renvoyait l'affaire à un autre tribunal ou à une autre section, tantôt les juges partagés entre eux appelaient soit un autre juge, soit un gradué auquel ils exposaient l'affaire, et dont ils prenaient l'avis à l'effet de se départager. Ces deux partis étaient vicieux : le premier, qui renvoyait l'affaire devant d'autres juges *ab integro*, avait pour effet de mettre au néant, de rendre complètement inutiles toutes les voies d'instruction employées antérieurement ; le second avait l'inconvénient plus grave de prendre pour départiteur un individu étranger aux débats, et qui ne connaissait la cause et les moyens de l'affaire que sur l'exposé plus ou moins fidèle que les juges lui en avaient fait.

Une loi du 14 prairial an VI vint statuer sur ce cas, et posa des principes qui ont été suivis, mais de loin et en partie, par le Code de procédure. Cette loi exige qu'en cas de partage dans un tribunal de département (telle était l'organisation de l'an III), on appelât, pour vider le partage, trois juges du même tribunal, et que l'affaire fût de nouveau plaidée devant la section ainsi augmentée de trois juges. En un mot, cette loi exigea, et avec grande sagesse, que les juges départiteurs prissent connaissance de l'affaire, non pas sur l'exposé nécessairement incomplet des juges partagés entre eux, mais bien sur des plaidoiries, sur des débats d'audience pareils à ceux qui avaient pu avoir lieu avant le partage. Cette loi, qui ordonnait l'appel de trois juges du même tribunal, n'était compatible qu'avec l'ordre de choses existant à cette époque (V. n° 28).

Lors donc que la loi du 27 ventôse an VIII vint rétablir, sous ce rapport, l'organisation judiciaire constituée en 1790 ; lorsqu'elle fit revivre les anciens tribunaux de district sous le nom de tribunaux d'arrondissement, l'adjonction de trois juges départiteurs, choisis dans le même tribunal, devint absolument impossible. En effet, la plupart des tribunaux d'arrondissement ne se composaient que de trois ou quatre juges en titre. Aussi un avis du conseil d'État, rendu le 17 germinal an IX, statua sur la question, dans des considérants assez longs, que je vous engage à parcourir ; on y reconnaît que la loi du 14 prairial an VI, sans avoir été formellement abrogée, était incompatible avec la nouvelle organisation judiciaire, et qu'en conséquence, en cas de partage, le tribunal ou la section partagée devrait appeler pour départiteur un juge, un suppléant ou un homme de loi pris parmi ceux qui auraient assisté à l'audience.

(1) * Le contraire a été décidé à tort, 1° par un avis du conseil d'État du 17 germinal an IX ; 2° par la C. d'Aix, 22 novembre 1825, et par la C. de Toulouse, 20 novembre 1835 (Dalloz, *Rép.*, v° *Jugement*, n°ˢ 108 et 109). *

I.

14

Le Code de procédure, dans l'art. 118, a emprunté une partie de ces idées, mais, il faut le dire à son éloge, il les a beaucoup améliorées.

En premier lieu, remarquez que l'avis du conseil d'État, prescrivant l'adjonction au tribunal partagé, d'un juge, d'un suppléant, d'un homme de loi, n'indiquait pas suivant quelles règles et d'après quel ordre cette adjonction, ce choix devrait s'opérer. De là le grave inconvénient de laisser soupçonner à la partie qui succombait en définitive, que tel suppléant, tel juge, tel homme de loi avait été appelé pour départiteur, parce que son opinion était connue d'avance, et que ce choix avait été déterminé par la portion du tribunal qui était de la même opinion. Le Code de procédure a écarté, et avec raison, toute collusion, toute partialité, tout soupçon de ce genre, en déterminant, par une disposition impérative, d'après quelles règles et selon quel ordre l'adjonction devra avoir lieu. On appellera un juge du même tribunal, suivant l'ordre des nominations. Telle est la conséquence des derniers mots : *selon l'ordre du tableau.*

Ceci se trouve confirmé par l'art. 49 du règlement du 30 mars 1808. En cas d'absence ou d'empêchement de la part des juges qu'on pourrait appeler, on appellera un suppléant, en constatant dans le jugement que le suppléant n'a été appelé que par absence ou empêchement des juges. A défaut de juge suppléant, on appellera un avocat ou un avoué, le tout suivant l'ordre du tableau; si cet ordre n'était pas suivi, le jugement devrait expressément indiquer par quels motifs, par quelle impossibilité on s'en est écarté (1).

En second lieu, sous un rapport beaucoup plus grave encore, l'art. 118 a amélioré la disposition de l'avis du conseil d'État. D'après cet avis, on devait prendre pour départiteur un juge ou un homme de loi parmi ceux qui avaient assisté aux débats à la suite desquels avait lieu le partage; c'est-à-dire que l'affaire n'était pas plaidée de nouveau, et que le départiteur donnait son opinion en conformité des souvenirs qu'avait pu laisser la discussion à laquelle il avait assisté par hasard. C'est évidemment là un mauvais système. Il n'y a guère lieu d'espérer une décision rendue en pleine connaissance de cause de la part d'un départiteur qui n'a assisté aux débats que par hasard, et qui n'y a pris que l'intérêt, toujours fort léger, d'un spectateur plus ou moins indifférent. Aussi l'art. 118 veut-il que le tribunal, une fois reconstitué par l'adjonction du départiteur, l'affaire soit de nouveau plaidée ; il fait revivre, sous ce rapport, la disposition de la loi du 14 prairial an VI, art. 2.

250. Le jugement, une fois arrêté dans le sein du tribunal, doit être, le plus tôt possible, immédiatement s'il se peut, prononcé à l'audience; car il importe d'observer que le jugement n'appartient aux parties et ne mérite vraiment ce nom de jugement qu'à partir de l'instant où il a été prononcé. En d'autres termes, ce qui constitue le jugement, ce qui met un terme au procès, ce n'est pas le jugement arrêté en la chambre du conseil par la majorité ou l'unanimité du tribunal, c'est le jugement lu, prononcé à l'audience par l'organe du président ou par le juge qui le remplace. C'est dans ce sens que, dans l'art. 116, les mots *jugements rendus, jugements prononcés,* sont considérés comme synonymes; qu'ainsi, dans les derniers mots de cet article, on vous

(1) Cass., 2 avril 1838 (Dalloz, *Rép.,* v° *Jugement,* n° 121, note 3).

dit que le tribunal pourra renvoyer à une prochaine audience *pour prononcer le jugement*, c'est-à-dire pour lire le jugement à l'audience.

De là, plusieurs conséquences qui ne sont pas, au reste, méconnues dans l'usage, mais qu'il est important de bien constater dans le silence de la loi. Si la prononciation à l'audience imprime seule à l'avis du tribunal le caractère définitif qui appartient à un jugement, il s'ensuit :

1° Que, jusqu'au prononcé du jugement, les juges ne sont pas liés, qu'ils restent libres de rétracter, soit tous, soit chacun d'eux, l'opinion à laquelle ils s'étaient arrêtés de prime abord ;

2° Que si, dans l'intervalle qui s'écoule entre la convention arrêtée entre les juges et le prononcé d'un jugement à l'audience, l'un des juges vient à décéder, cette mort peut détruire, au moins en certains cas, la sentence à laquelle il avait pris part.

Ainsi, supposez d'abord un tribunal de trois juges, entre lesquels la sentence a été arrêtée ; cette sentence n'a pas encore été prononcée, et partant n'est pas définitive ; que si, dans l'intervalle de l'instant où s'est fixée la majorité jusqu'à celui de la prononciation, l'un des trois juges vient à mourir, le tribunal n'est plus complet, il est au-dessous du *minimum* essentiellement nécessaire à la perfection du jugement, l'affaire doit être recommencée. Il n'en sera pas toujours ainsi ; le décès de l'un des juges n'enlèvera pas toujours au projet du jugement, la force qu'il avait acquise. Ainsi, que dans un tribunal de quatre ou cinq juges, un de ses membres vienne à mourir dans ce même intervalle, sa mort pourra, dans certains cas, laisser au jugement toute sa force : c'est lorsque, le tribunal restant au-dessus du *minimum* nécessaire, essentiel pour juger, la mort de ce juge n'a pas enlevé à la majorité une des voix qui lui étaient nécessaires pour exister.

Mais si, par exemple, dans un tribunal de cinq juges, la sentence ayant été convenue à trois voix contre deux, l'un des juges de la majorité venait à mourir dans l'intervalle, il est clair qu'il y aurait partage et impossibilité de juger ; à moins que le tribunal, par une nouvelle discussion, par une nouvelle collecte de voix, n'arrivât à recomposer, en faveur de la sentence, une majorité qui lui manque maintenant.

3° Enfin, la dernière conséquence de cette idée que le jugement ne commence vraiment d'exister qu'à l'instant où il se prononce, c'est que tous les juges qui ont pris part au jugement doivent nécessairement assister à l'audience à l'instant de sa prononciation. Le président qui le prononce n'est alors que l'organe, que la voix de la volonté commune, et la surveillance à laquelle chacun est intéressé exige que chacun d'eux soit là pour confirmer, par son silence au moins, que le jugement prononcé est bien le jugement de la majorité.

Aussi n'hésiterait-on pas à annuler un jugement arrêté par un tribunal de trois juges, si, à l'audience où on le prononce, deux juges seulement, par exemple, se trouvent présents.

Que si le tribunal excédant le *minimum*, étant composé, par exemple, de cinq juges, le jugement arrêté entre cinq se trouvait prononcé en présence de quatre, il n'y aurait pas nullité par une raison fort simple, qui est toujours la suite du même principe : c'est que ces quatre juges seraient seuls censés avoir pris part au jugement, et leur participation suffit à sa validité.

ONZIÈME LEÇON

DES JUGEMENTS (SUITE).

251. Que peut contenir le jugement ? Si le jugement est préparatoire ou interlocutoire, il statuera sur les moyens d'instruction qui préparent la décision du fond. Les art. 119, 120 et 121 sont relatifs à certains moyens d'instruction auxquels le législateur n'a pas cru devoir consacrer des titres spéciaux, comme il l'a fait pour la vérification des écritures, pour l'inscription de faux, etc. (Voy. titres XI et suiv.).

* Si le jugement statue sur le fond de l'affaire, il prononce sur le mérite du droit de créance ou du droit de propriété allégués par le demandeur. Si le tribunal condamne un débiteur, les art. 122 à 156 lui permettent d'adoucir l'exécution de la condamnation par les délais, ou d'en aggraver la rigueur par la contrainte par corps.

Le jugement peut encore contenir des condamnations accessoires relatives aux dommages-intérêts, aux fruits, aux dépens du procès (art. 128 à 133).

252. Les articles 119, 120, 121, relatifs à ces voies d'instruction dont je parlais tout à l'heure, traitent, le premier de la comparution personnelle, les deux autres de la délation et de la prestation du serment.

Parlons d'abord de la comparution personnelle : il n'en est question que dans le texte fort clair et fort simple de l'art. 119.

« Art. 119. Si le jugement ordonne la comparution des parties, il indiquera le jour de la comparution. »

Dans l'ancien droit, l'interrogatoire sur faits et articles, organisé à peu près comme il l'est aujourd'hui (art. 324 et suiv.), était le seul moyen que pussent employer les tribunaux ordinaires pour obtenir la vérité de la bouche même des parties intéressées ; il ne leur était pas permis d'ordonner la comparution personnelle des deux parties à l'audience pour les interroger publiquement, comme on le peut maintenant en vertu de l'art. 119. C'était là, on ne sait trop pourquoi, une procédure exclusivement réservée aux juridictions commerciales, une procédure interdite aux parlements et aux tribunaux civils. L'art. 119 a fait cesser avec raison cette singulière différence, et a autorisé les tribunaux à employer, à leur choix, ou la comparution personnelle, ou l'interrogatoire sur faits et articles.

Le but du tribunal, en ordonnant la comparution des parties, est d'écarter pour quelques instants les intermédiaires chargés de représenter les parties devant lui, d'écarter l'avoué, l'avocat, et de provoquer, d'obtenir les aveux de l'une des parties ou de toutes les deux.

Rien de plus simple, de plus logique que la comparution personnelle ordonnée en vertu de l'art. 119. Le jugement une fois rendu, les parties doivent, au jour indiqué, se présenter toutes deux devant le tribunal siégeant en audience publique ; là chacun des juges peut les interroger sur tous les faits de la cause, pour arriver à la vérité au moyen de leurs aveux ; l'interrogatoire est public, les deux parties sont en présence de tout le tribunal et en présence l'une de l'autre. Enfin les questions qui leur sont soumises ne leur sont pas notifiées, ne leur sont pas communiquées d'avance.

Nous reviendrons sur la comparution personnelle au titre de l'interrogatoire sur faits et articles, pour comparer ces deux modes d'instruction (V. n° 525).

➡ 253. Passons aux art. 120 et 121 relatifs au serment.

Dans la comparution personnelle le tribunal appelle les parties pour être, en quelque sorte, témoins dans leur propre cause ; au contraire, dans l'hypothèse de l'art. 120, la partie comparaît devant le tribunal, non pour être témoin, mais pour être, si je puis le dire, juge dans sa propre cause, c'est-à-dire pour y prêter un serment dont la prestation assurera pour elle le gain du procès dans le cours duquel il a été déféré.

On distingue, en droit, deux espèces de serments : le serment décisoire déféré par la partie ; et le serment supplétoire, ou déféré d'office par le juge.

Le serment décisoire est celui que l'une des parties défère volontairement à l'autre, à l'effet d'en faire dépendre la décision de la contestation. L'autorité, l'effet de ce serment se rattache aux principes de la transaction. Ainsi, un demandeur, reconnaissant qu'il manque de preuves pour obtenir la condamnation du défendeur, lui dit : Jurez que vous ne me devez pas, c'est-à-dire implicitement : Je consens à perdre mon procès, à renoncer à tout droit, à toute action contre vous, si vous voulez jurer que mon droit, mon action sont mal fondés. Évidemment, dans toutes les matières susceptibles de transaction, et entre toutes personnes capables de transiger, une pareille offre est valable et produit tous ses effets. Tel est le principe, la nature du serment décisoire.

Mais autant on comprend aisément la force et les effets de cette transaction conditionnelle de la partie qui défère le serment, autant on comprend mal, à ce qu'il me semble, la nature et la force de l'autre espèce de serment, de celui que nous avons appelé supplétoire, et que le juge défère d'office. Ici aucune des parties n'a consenti à transiger, à s'en rapporter à la bonne foi de l'autre, pour faire dépendre du serment de celle-ci le jugement de la contestation ; c'est le tribunal qui, aux termes de l'art. 1366 (C. C.), aura déféré le serment à une des parties, pour compléter des preuves qui lui paraissent être insuffisantes. Les articles suivants limitent, resserrent, il est vrai, dans des bornes assez étroites, la faculté pour le juge de déférer le serment supplétoire ; cependant il est vrai de dire que le juge peut déférer ce serment à l'une des parties qui n'a pas entièrement complété les preuves nécessaires au gain de sa cause. En d'autres termes, le juge fait dépendre du serment qu'il défère ainsi à l'une des parties, malgré l'autre, le jugement de la contestation ; le juge fait ainsi que l'une des parties devient le véritable juge, le véritable arbitre de la cause ; et c'est à coup sûr grandement présumer de la moralité humaine, surtout dans une législation qui se montre si sévère en matière de preuve testimoniale, dans une législation qui craint tant les parjures et les faux témoignages. Cependant, à tort ou à raison, la faculté de déférer le serment existe dans nos lois ; l'application, l'usage de cette faculté, se trouvent déterminés par les articles auxquels nous arrivons maintenant.

254. « Art. 120. Tout jugement qui ordonnera un serment énoncera les faits sur lesquels il sera reçu. »

A quel serment s'applique cet article ? Doit-il s'étendre aux deux espèces de serment ? Doit-il, au contraire, comme on le dit quelquefois, se borner au serment suppiétoire, rester inapplicable au serment décisoire ?

D'abord, pour le serment supplétoire, il n'y a pas de doute possible ; ce serment est déféré par le tribunal à l'une des parties ; il ne peut l'être que par un jugement, et par un jugement qui énonce, qui détaille essentiellement les faits sur lesquels la partie sera appelée à jurer.

Au contraire, le serment décisoire est déféré par l'une des parties à l'autre, et, quoique la jurisprudence contienne à cet égard quelque incertitude, il faut décider que ce serment, ainsi déféré dans les matières où il peut l'être, et par une partie capable, doit nécessairement être prêté ou référé par l'adversaire. En un mot, je ne puis reconnaître aux tribunaux, comme l'ont fait cependant quelques arrêts, le droit d'autoriser ou de refuser la délation de serment faite volontairement par l'une des parties à l'autre. Or, de ce que l'obligation de prêter le serment ne découle pas d'une sentence, mais uniquement de l'o... de la délation faite par l'adversaire à l'audience, ne s'ensuit-il pas que l'art. 120 est inapplicable au serment décisoire, qui n'est pas ordonné par jugement, mais déféré par l'adversaire ?

En d'autres termes, quand le serment est décisoire, faut-il qu'un jugement énonce les faits sur lesquels il sera reçu ? Ainsi deux adversaires sont en présence ; pour simplifier l'hypothèse, nous supposerons les parties elles-mêmes présentes à l'audience à côté de leurs avoués ; l'une d'elles, le demandeur, par exemple, défère le serment au défendeur. Si le défendeur, présent à cette audience, accepte la délation du serment ; s'il répond qu'il est décidé à le prêter immédiatement, il n'y aura pas lieu à un jugement : le tribunal donne acte de la délation, donne acte de l'offre de prêter serment, et, au besoin de la prestation, si elle s'opère immédiatement. Alors, sans doute, l'art. 120 est inapplicable, le serment ne sera pas ordonné par jugement, et surtout il n'y aura pas besoin d'une disposition énonçant précisément et en détail sur quels faits on doit jurer.

Mais supposons, au contraire, que le défendeur auquel est déféré le serment objecte que la matière n'est pas de la nature de celles qui peuvent être décidées par une transaction, et, par conséquent, par un serment décisoire, qui est une transaction ; ou bien que, tout en reconnaissant que la matière est susceptible de transaction, et, par conséquent, de serment, il oppose que le demandeur, son adversaire, n'est pas capable de déférer un serment. Alors, évidemment, toute question, soit sur la nature de la matière, soit sur la capacité de la partie qui a déféré le serment, sera soumise au tribunal et débattue devant lui ; c'est une question sur la solution de laquelle devra nécessairement

(1) C. de Caen, 15 février 1838 et 4 janvier 1840, *Journal du Palais*, t. I de 1843, p. 304 et 305. — *Contrà*, Cass., Rej., 23 avril 1829. — Bordeaux, 19 et 27 janvier 1830, *Journal du Palais*. — C. de Chambéry, 22 mars 1861 (Dall., 1861, 2, 164).

intervenir un jugement, conformément aux termes de l'art. 120 ; il faudra bien que le tribunal, reconnaissant, par exemple, que le demandeur avait qualité pour déférer le serment, enjoigne au défendeur de prêter ce serment, et détaille dans son dispositif les faits sur lesquels il doit être prêté. L'obligation de jurer, avec toutes ses conséquences, ne commencera pour le défendeur que quand le jugement aura été rendu, que quand l'autorité du tribunal sera venue sanctionner l'offre volontaire du demandeur.

Énoncera les faits sur lesquels il sera reçu. L'énonciation exigée par l'art. 120 est évidemment essentielle à la validité de la sentence ; l'omission de ces détails entraînerait la nullité du jugement ; car le détail de ces faits constitue le dispositif du jugement qui ordonne le serment. L'esprit ne conçoit pas ce que serait un pareil jugement, s'il n'énonçait pas précisément sur quels faits on sera appelé à jurer (1).

255. Par qui sera fait le serment ? La réponse est dans l'art. 121.

« Art. 121. Le serment sera fait par la partie en personne, et à l'audience. Dans le cas d'un empêchement légitime et dûment constaté, le serment pourra être prêté devant le juge que le tribunal aura commis, et qui se transportera chez la partie, assisté du greffier. — Si la partie à laquelle le serment est déféré est trop éloignée, le tribunal pourra ordonner qu'elle prêtera le serment devant le tribunal du lieu de sa résidence. — Dans tous les cas, le serment sera fait en présence de l'autre partie, ou elle dûment appelée, par acte d'avoué à avoué, et, s'il n'y a pas d'avoué constitué, par exploit contenant l'indication du jour de la prestation. »

Le serment sera fait par la partie en personne. Ceci doit abroger la jurisprudence vicieuse introduite, à ce qu'il paraît, dans quelques anciens parlements, qui autorisait le serment par procureur. Évidemment jurer par procureur, ce n'est pas jurer ; la nature du serment indique assez que c'est un acte essentiellement personnel à celui qui le prête.

A l'audience. Et bien entendu à l'audience publique.

Ainsi, en principe, et sauf les rares exceptions que nous aurons à indiquer, la partie qui doit jurer offrirait vainement de prêter serment à domicile en présence du président ou d'un juge commis par lui ; la présence du tribunal, la solennité, la terrible assistance du public, sont autant de garanties que la loi veut donner contre la possibilité d'un parjure.

Dans le cas d'un empêchement légitime et dûment constaté (tel est celui de maladie, c'est à peu près le seul qu'on puisse indiquer), *le serment pourra être prêté devant le juge que le tribunal aura commis et qui se transportera chez la partie.*

Remarquez, au reste, que, même dans ce cas, c'est-à-dire même dans le cas où la loi autorise le serment à domicile pour impossibilité absolue de se transporter à l'audience, elle exige, dans le § 3, que la partie adverse assiste à ce serment. On a pensé que sa présence serait encore une garantie, une probabilité de plus pour empêcher un parjure.

Cette présence sera sollicitée par un acte d'avoué à avoué, ou par un simple

---

(1) Jugé que si les parties sont présentes à l'audience où le serment est déféré et prêté, le tribunal n'est pas tenu de rendre un jugement spécial contenant l'énonciation des faits. C. de cass. Rej., 1er juin 1875 (Dall., 1878, I, 71).

exploit, *s'il n'y a pas d'avoué constitué.* Au premier abord on ne comprend pas comment le serment peut être déféré par l'une des parties à l'autre, ou même par le juge, sans qu'il y ait d'avoué constitué. D'abord, qui est-ce qui n'aura pas constitué d'avoué? Évidemment, ce sera le défendeur. En général, et sauf des exceptions très rares (n° 151, et art. 107, C. pr.), le demandeur aura toujours un avoué. Vous avez vu dans l'art. 61 que l'exploit d'ajournement introductif de l'instance devait, à peine de nullité, contenir constitution d'avoué. Le demandeur a donc ajourné et constitué avoué, aux termes de l'art. 61. Le défendeur n'a pas comparu, c'est-à-dire le défendeur n'a pas, dans les délais de l'ajournement, constitué d'avoué. Dans cette hypothèse l'art. 150 veut que le tribunal, avant de donner défaut et d'en adjuger le profit, avant de statuer au fond, vérifie les conclusions du demandeur; il est possible que le tribunal, en vérifiant ces conclusions, décide que sa sentence sera subordonnée à la nécessité d'un serment de la part du demandeur. Dans ce cas, si le défendeur non présent à cette délation du serment n'a pas d'avoué, ce n'est pas par un acte d'avoué qu'on peut l'appeler, c'est par un exploit notifié à domicile.

* La formule du serment est très simple; le président dit à la partie: *Vous jurez que...*, etc. La partie, levant la main droite, répond: *Je le jure.*

On a beaucoup discuté sur la question de savoir si l'on ne devait pas imposer aux Israélites une formule plus solennelle, qu'on appelle le serment *more judaico.*

Aujourd'hui, on reconnaît, avec raison, que l'Israélite a le droit, comme Français, de prêter le serment dans la même forme que les autres Français [1].

⋙→ **256.** Les art. 122 et suivants tiennent de beaucoup plus près au droit civil qu'à la procédure. Tous ces articles, jusqu'à l'art. 128, sont relatifs à certaines règles concernant l'exécution des jugements. Les art. 122 à 125 contiennent des adoucissements que les tribunaux peuvent apporter, dans certains cas, à la rigueur rapide des voies ordinaires d'exécution. Au contraire, d'après les art. 126 et 127, les tribunaux, dans des hypothèses données, ordonnent une voie plus rigoureuse d'exécution.

Commençons par l'explication des art. 122 à 125, dans lesquels la loi autorise certains adoucissements à la rigueur habituelle de l'exécution d'un jugement.

« Art. 122. Dans les cas où les tribunaux peuvent accorder des délais pour l'exécution de leurs jugements, ils le feront par le jugement même qui statuera sur la contestation et qui énoncera les motifs du délai. »

Par exemple, le droit du demandeur créancier est constaté; en conséquence, le défendeur, reconnu débiteur, est condamné à payer: cependant le tribunal, se trouvant dans un de ces cas auxquels l'article fait allusion sans les détailler, autorise le défendeur à ne pas s'acquitter immédiatement; le tribunal, en donnant gain de cause au demandeur créancier, l'empêche de poursuivre immédiatement le remboursement de sa créance.

C'est ici une exception évidente au principe général de l'art. 1134 du Code civil: les conventions font la loi des parties.

(1) Cass., 3 mars 1846 (Dall., 1846, 1, 103). — Besançon, 15 janvier 1847 (Dall., 1847, 5, 142).

Vous êtes mon débiteur d'une somme ou d'un objet quelconque ; vous devez me payer à une époque convenue entre nous ; les faits sont avoués : j'obtiens condamnation, et je ne puis cependant en poursuivre tout de suite l'exécution.

Dans quel cas et sous quelles conditions la loi autorise-t-elle cette singulière exception au droit commun ? Le principe de cette exception se trouve dans l'art. 1244 (C. C.), qui s'exprime ainsi : « Le débiteur ne peut point forcer le créancier à recevoir en partie le payement d'une dette, même divisible. — Les juges peuvent néanmoins, en considération de la position du débiteur, et en usant de ce pouvoir avec une grande réserve, accorder des délais modérés pour le payement et surseoir à l'exécution des poursuites, toutes choses demeurant en état. » Ainsi, la loi, en reconnaissant, en principe, dans les premiers mots de cet article, l'autorité de la convention telle qu'elle est consacrée par l'art. 1134, admet cependant la possibilité d'exceptions facultatives de la part des juges, en leur recommandant toutefois une grande réserve dans l'application de cette faculté.

Mais, à prendre ce texte dans toute son étendue, et surtout dans le sens naturel que présentent ses derniers mots, on serait conduit à lui donner une latitude d'application devant laquelle nous serions, je crois, forcés de reculer bientôt. En effet, le second paragraphe de l'art. 1244 ne distingue nullement, vous le voyez, en vertu de quel titre le créancier poursuit son débiteur. Ainsi, que le créancier agisse en vertu d'un acte privé ou d'un acte authentique, ou même d'un acte authentique et exécutoire à la fois, en vertu d'un acte notarié ou d'un jugement revêtu de la formule exécutoire (V. art. 146 et 545), il semble que les juges pourraient toujours, par des motifs d'humanité, exiger qu'il fût sursis aux poursuites. Il y a plus, c'est que ces derniers mots de l'art. 1244 : *Et surseoir à l'exécution des poursuites, toutes choses demeurant en état*, semblent accorder formellement aux tribunaux le droit d'arrêter, en considérant la position du débiteur, les voies de saisie, par exemple, pratiquées contre lui par son créancier, en vertu d'un acte exécutoire.

En général, on ne peut saisir les biens meubles ou immeubles de son débiteur qu'en vertu d'un acte exécutoire, qu'en vertu d'un acte revêtu par le notaire ou par le greffier de la formule que vous connaissez. *Mandons et ordonnons*, etc. Or l'art. 1244 dit « qu'il sera sursis à l'exécution des poursuites, toutes choses demeurant en état » ; il suppose donc des poursuites déjà commencées, une exécution déjà entamée ; il suppose donc un créancier muni d'un titre exécutoire.

Tel est le texte dont s'appuient nombre d'auteurs, et aussi assez bon nombre de solutions judiciaires, pour permettre aux tribunaux d'appliquer l'art. 122 même au profit d'un débiteur poursuivi, saisi dans ses biens, en vertu d'un titre revêtu de la formule exécutoire. Cependant cette solution ne va pas à beaucoup près sans difficulté, et je crois que l'art. 2212 du Code civil et notre art. 122 vont nous forcer de resserrer cette règle dans d'étroites limites.

D'abord l'art. 2212 (C. C.) suppose qu'un créancier muni d'un titre exécutoire a déjà pratiqué, ou est au moment de pratiquer une saisie immobilière sur un bien de son débiteur. Cet article est placé au titre de l'*Expropriation forcée*, expressions qui, maintenant, ont pour synonymes, dans le droit, *saisie immobilière*. Or, il décide que, si le débiteur, ainsi poursuivi, justifie, par bans authentiques, que le revenu net d'une année de ses immeubles suffit pour acquitter la dette ; et que si, de plus, il offre à son créancier délégation de ce revenu, les tribunaux auront la faculté de suspendre la poursuite, c'est-à-dire que, quand le créancier, ayant un titre exécutoire, saisit en vertu de ce titre un immeuble du débiteur, les tribunaux ne peuvent suspendre cette exécution que lorsque les conditions de l'art. 2212 se réunissent. Preuve évidente, qu'en général, les tribunaux ne doivent pas, sous de vains prétextes d'humanité, surseoir à des poursuites pratiquées en vertu d'un titre exécutoire, sans quoi l'art. 2212 serait absolument vide de sens. Si les tribunaux pouvaient, en vertu de l'art. 1244, et en s'attachant arbitrairement à la position malheureuse du débiteur, suspendre, quand bon leur semble, l'exécution d'un titre exécutoire, il serait bien singulier que l'art. 2212 leur traçât des conditions à l'exercice d'un pouvoir qui leur appartiendrait, d'après l'art. 1244, d'une manière absolue, illimitée.

Aussi reconnaissons que l'art. 1244 s'appliquera ordinairement au créancier qui agit, soit en vertu d'un titre privé, soit même en vertu d'un titre authentique, mais non revêtu de la formule exécutoire. Les art. 1244 et 2212 supposent une contestation, un jugement ; or, quand je suis muni d'un titre exécutoire, il n'y a ni contestation, ni débat, ni jugement ; pour exécuter, pour saisir les biens de mon débiteur, je n'ai pas besoin de recourir au tribunal ; je m'adresse directement aux agents chargés d'exécuter les jugements, et ce en vertu de l'ordre qui leur est intimé dans le titre dont je suis porteur.

Remarquez, d'ailleurs, qu'il serait inconcevable que les tribunaux eussent le droit d'empêcher, d'arrêter l'application de la formule : *Mandons et ordonnons*, dont le titre se trouve revêtu, formule, injonction qui ne procède pas d'eux, mais d'une autorité sur laquelle ils n'ont ni censure ni contrôle.

Ces inductions, on les tirait déjà facilement, sous l'empire du seul Code civil, de la combinaison de l'art. 1244 avec l'art. 2212. Il était rationnel de refuser l'application du délai de grâce autorisé par l'art. 1244 au débiteur poursuivi en vertu d'un titre exécutoire. Mais notre art. 122 vient encore fortifier les arguments précédents et contribuer à resserrer, dans les limites que j'indique, l'application de l'art. 1244. En effet, il dit : *Dans les cas où les tribunaux peuvent accorder des délais* POUR L'EXÉCUTION DE LEURS JUGEMENTS.

Ainsi, les tribunaux ont le pouvoir, sans doute, d'accorder des délais aux débiteurs, mais pour l'*exécution de leurs jugements* ; c'est-à-dire d'accorder des délais à une exécution ordonnée par eux et en vertu de leur sentence. Mais quant à l'exécution qui ne dérive pas d'eux, qui appartenait au créancier par la seule nature de son titre et sans aucune intervention judiciaire, on ne comprend pas, ni d'après le texte, ni d'après la nature des choses, comment les juges pourraient se mettre à la traverse et venir la suspendre et l'arrêter.

La loi ajoute : *Ils le feront par le jugement même qui statuera sur la contestation*. Ainsi j'ai obtenu contre mon débiteur, devant le tribunal de la Seine, condamnation à me payer une certaine somme ; cette condamnation m'a été accordée sans aucun délai d'exécution. Le débiteur pourra-t-il ensuite revenir

nir devant le tribunal, à l'effet d'obtenir de lui un délai de grâce, fondé sur sa position? Il est évident que non ; car le tribunal ne peut accorder de délai que par le jugement qui statue sur la contestation ; or ce jugement est rendu, le tribunal est dessaisi, sa mission est épuisée, il ne peut plus, il ne doit plus accorder aucun délai de grâce. Si le tribunal n'a pas ce pouvoir à l'égard des jugements qu'il a rendus hier, il y a deux jours, il y a huit jours, à l'inverse, comment donc aurait-il ce pouvoir pour suspendre les jugements qu'un autre tribunal aurait rendus? Comment donc aurait-il ce pouvoir pour suspendre la force exécutoire d'un acte notarié, émané d'une autorité qui n'a aucun rapport avec la sienne, et qui ne lui est nullement subordonnée?

Ainsi, en principe, sauf le cas prévu dans l'art. 2212 (C. C.), les tribunaux ne peuvent suspendre l'effet d'un titre exécutoire (1).

Quant aux derniers mots de l'art. 1244, qui disent qu'on surseoira à l'exécution des poursuites, et semblent supposer par là l'existence d'un titre exécutoire, vous les appliquerez d'abord aux poursuites qui se pratiquent sans qu'on ait besoin d'un titre exécutoire, par exemple à la saisie-arrêt pratiquée en vertu de l'art. 557 du Code de proc., et qui peut l'être, en effet, en vertu d'un titre purement privé, à la saisie-gagerie (nᵒˢ 1080 et suiv.).

* On peut même trouver l'application des derniers mots de l'art. 1244 à des cas où le créancier est porteur d'un titre exécutoire. Ainsi, une contestation peut s'élever sur la validité, sur l'interprétation de ce titre. Alors le tribunal, en statuant, peut accorder des délais de grâce et surseoir à l'exécution des poursuites. Ce n'est pas tout ; le créancier, même porteur d'un titre exécutoire, a quelquefois intérêt à obtenir contre son débiteur un jugement qui lui procurera une hypothèque judiciaire sur les immeubles de ce débiteur (2123, C. civ.). Dans ce cas encore, le tribunal, en prononçant cette condamnation peut en modifier l'exécution par la concession de délais. *

257. D'après l'art. 7 de la loi du 20 avril 1810, le défaut de motifs dans un jugement entraîne sa nullité. Si donc les derniers mots de l'art. 122 n'avaient pas été suivis, si l'on n'avait pas énoncé, dans le jugement, les motifs du délai, il y aura nullité, non pas sans doute, de la sentence de condamnation, mais bien du délai de grâce, que le tribunal aurait accordé au débiteur, sans en faire connaître les causes ; et, comme ce délai ne peut être accordé que par le jugement qui statue sur la contestation, le défaut des motifs entraînera la nullité de cette partie du dispositif ; ce délai ne pourrait plus être accordé par aucun acte postérieur.

258. Mais ce qu'il importe d'examiner avec un peu plus de soin, ce sont les premiers mots de l'article : *Dans les cas où les tribunaux peuvent accorder des délais.* Quels sont ces cas? Dans quelles circonstances peuvent-ils, ou non, surseoir à l'exécution ?

1º Une première limitation est celle qui résulte de ce que le créancier serait muni d'un titre exécutoire, sauf les exceptions que nous avons reconnues tout à l'heure ;

---

(1) * V. *contrà*, C. de Paris, 30 avril 1850 ; Colmar, 29 juillet 1850 (Dall., 1852, 2, p. 238), et à la note de cette page l'indication des autorités pour et contre. *

2° On doit y joindre les conditions de l'art. 1244 (C. C.), c'est-à-dire que le tribunaux ne peuvent accorder ces délais, cette faveur, même au débiteur poursuivi en vertu d'un acte privé ou sans acte écrit, que lorsqu'ils auront l'espoir légitime qu'au moyen de ce délai de grâce, le débiteur sera en position d'acquitter plus aisément, plus complètement sa dette, que les intérêts du créancier ne péricliteront pas par ce retard, et qu'une exécution immédiate ruinerait le débiteur, sans pour cela profiter beaucoup aux créanciers. En un mot, les tribunaux ne doivent jamais oublier, en usant de ce pouvoir, qu'ils font un acte exceptionnel, qu'ils dérogent à la convention, à la volonté primitive des parties, et qu'ils n'y doivent déroger qu'avec toute la circonspection que leur recommande l'art. 1244 du Code civil.

3° D'autres limitations bien fréquentes et bien nombreuses vont se présenter dans le détail de l'art. 124 (n°ˢ 260 et suiv.).

4° L'art. 1900 (C. C.), relatif au prêt de consommation, décide par un argument à contrario que, quand le terme de restitution a été expressément convenu entre les parties, les tribunaux ne peuvent pas accorder le délai ;

5° L'art. 1656 (C. C.), pour le payement du prix d'une vente, refuse, au moins sous certaines distinctions, au tribunal le droit d'accorder aucun délai à l'acheteur poursuivi.

* Enfin l'art. 1661 du même Code ne permet pas au juge de prolonger le délai fixé pour le réméré *

259. Les juges, usant du pouvoir qui leur est conféré, peuvent accorder au débiteur un délai, un terme que nous appellerons, d'après l'usage et d'après la loi même (art. 1292, C. C.), terme de grâce, par opposition au terme de droit.

Le terme de droit est celui qui a été accordé à l'instant même de la convention, par la volonté libre du créancier, au débiteur avec lequel il contractait ; les règles du terme de droit sont détaillées dans les art. 1185 et suivants (C. C.).

A l'égard du terme de grâce, il n'en est question, je crois, dans le Code civil, que dans l'art. 1292. Il n'en faut pas conclure que, sauf l'art. 2292 dont nous parlerons tout à l'heure, les règles soient les mêmes en ce qui concerne le terme de grâce et en ce qui concerne le terme de droit. Il n'y a pas du tout identité : le terme de droit, c'est la convention elle-même, c'est la loi des parties (art. 1134) ; le terme de grâce, c'est une violation fondée, si l'on veut, sur l'humanité, mais enfin c'est une violation de l'accord, de la convention des parties ; c'est assez dire que les règles doivent différer. Ainsi vous comprendrez aisément qu'on doit être déchu du terme de grâce encore plus facilement que du terme de droit, vous comprendrez aussi que certaines suspensions, certains effets accordés au terme de grâce sont inapplicables au terme de droit.

Prenons des exemples.

Vous me devez 30,000 francs payables dans six, sept, huit ans ; il est clair qu'en principe, et sauf la stipulation contraire entre nous, vous ne devez pas m'en servir les intérêts ; c'est la conséquence des art. 1153 et 1154 (C. C.). En principe, les intérêts ne sont dus qu'en vertu d'une convention formelle, que nous n'avons pas faite ; ou bien quand le débiteur est en retard de s'acquitter, et évidemment il ne peut être en demeure avant l'échéance du terme.

Au contraire, j'ai formé contre vous une demande en payement d'une somme de 50,000 francs, dont l'échéance était arrivée : cette seule demande a suffi, aux termes de l'art. 1153 du Code civil, pour faire courir contre vous les intérêts de cette somme, en supposant que j'aie conclu aux intérêts. Vous êtes condamné à me payer cette somme ; mais, par égard pour votre position et pour prévenir votre ruine, le tribunal, en vertu de l'art. 122, vous accorde un délai d'un an pour l'acquittement de cette somme ; les intérêts de 30,000 francs, que vous n'avez ainsi à me payer que dans un an, quoiqu'ils fussent échus depuis longtemps, les intérêts courront-ils dans l'intervalle du jugement à l'époque indiquée pour le payement ?

D'abord, je ne crois pas que jamais les juges, en accordant au débiteur un délai de grâce, puissent manquer d'énoncer formellement, dans leur décision, que, nonobstant ce délai, les intérêts courront au profit du créancier ; omettre une telle disposition, refuser au créancier le droit aux intérêts pendant le cours du délai de grâce, ce serait lui causer un préjudice manifeste, ce serait enrichir le débiteur à ses dépens ; ce n'est pas le but des art. 1244 (C. C.) et 122 (C. pr.).

Mais il y a plus ; je crois que, si, par hasard, le jugement qui accorde le délai avait omis, avait oublié de mentionner formellement que les intérêts courraient au profit du créancier, les intérêts n'en devraient pas moins courir aux termes de l'art. 1153 du Code civ., d'après lequel la demande judiciaire fait courir les intérêts. En vain le débiteur dirait-il qu'il a terme ; on lui répondrait que ce terme de grâce, de faveur, n'équivaut pas au terme de droit, qu'en dépit de ce terme il est débiteur, débiteur actuellement, débiteur en demeure et en retard : que si, par compassion, par une extrême faveur, on ne me permet pas de saisir actuellement ses biens, ou même sa personne, c'est dans l'espoir qu'il s'acquittera plus tard intégralement ; mais ce n'est pas pour lui faire une remise, une libéralité, qu'on prendrait, à vrai dire, dans la bourse de son créancier.

Ainsi, premièrement, le terme de grâce, à la différence du terme de droit, laisse toujours les intérêts courir, en vertu de la demande, au profit du créancier.

Secondement, le terme de grâce ne met aucun obstacle à ce que le créancier, en vertu du jugement, prenne sur les immeubles de son débiteur inscription hypothécaire (art. 2123 C. C.). En effet, l'art. 125 (C. pr.) déclare que, nonobstant le délai, les actes conservatoires sont valables, et l'inscription hypothécaire tendant à conserver, à protéger les droits du créancier, n'est pas un acte d'exécution, mais un acte conservatoire : elle assurera date et rang à la créance à compter du jour de l'inscription même, quelle que soit la durée du terme que le tribunal ait accordée au débiteur.

Troisièmement enfin, d'après l'art. 1292 (C. C.), le terme de grâce n'est pas un obstacle à la compensation : et, sous ce rapport encore, il diffère essentiellement du terme de droit.

Ainsi j'ai obtenu contre vous condamnation au payement de 30,000 francs ; mais on vous a accordé un délai d'une année ; dans le cours de cette année, par exemple, par l'effet d'une succession, je deviens à mon tour votre débiteur de pareille somme, actuellement payable et exigible ; j'hérite d'un de vos débiteurs. Immédiatement vous m'attaquez, vous m'actionnez ; je vous oppose en compensation, la somme que vous me devez vous-même, la somme pour montant de laquelle j'ai obtenu condamnation contre vous. En vain me dites vous que vous opposer cette somme en compensation, c'est vous la faire payer avant le terme : je vous répondrai que cela est bon pour le terme de droit, mais que cela est faux pour le terme de grâce ; qu'on ne vous a accordé un délai de grâce d'un an que parce qu'on présumait que vous ne pouviez pas actuellement acquitter les 30,000 francs ; mais, puisque vous êtes devenu mon créancier de pareil somme, vous avez un moyen bien simple de vous acquitter, c'est de me libérer moi-même, qui suis votre débiteur. C'est là le sens naturel de l'art. 1292, qui constitue une troisième différence entre le terme de droit et le terme de grâce.

260. « Art. 124. Le débiteur ne pourra obtenir un délai, ni jouir du délai qui lui aura été accordé, si ses biens sont vendus à la requête d'autres créanciers, s'il est en état de faillite, de contumace, ou s'il est constitué prisonnier, ni enfin lorsque, par son fait, il aura diminué les sûretés qu'il avait données par le contrat à son créancier. »

Si ces biens sont vendus... Ainsi vous sollicitez du tribunal un délai d'un an pour me payer ; mais je réponds qu'à l'heure même on procède contre vous une saisie immobilière, qu'à l'heure même un autre créancier muni d'un titre exécutoire et contre lequel, en conséquence, vous ne pouvez obtenir aucun répit, procède à la saisie et à la vente de l'un de vos biens ; or, d'après l'art. 2093 du Code civ., les biens d'un débiteur sont le gage commun de ses créanciers, donc celui de vos biens que Paul saisit à l'heure qu'il est, venant à se vendre, le prix devra s'en répartir entre Paul et moi, entre tous vos créanciers, soit au marc le franc, soit selon l'ordre de leurs hypothèques ou privilèges, s'ils en ont. Si donc le tribunal vous accordait un délai de grâce, je serais forcé de laisser les deniers provenant de vos biens se répartir entre d'autres créanciers qui n'ont pas plus de droit que moi. Je serais forcé de rester, au moyen de cette faveur intempestive, spectateur impassible de ma ruine, de laisser s'en aller votre actif, tandis que vous êtes mon débiteur.

Ainsi, quand il y a saisie pratiquée de la part d'un autre créancier, le tribunal ne peut pas accorder le délai. Bien plus, il y a déchéance, contre le débiteur, du délai de grâce qu'un jugement antérieur lui aurait déjà donné.

261. *S'il est en état de faillite.* La raison en est encore plus simple : la faillite a pour effet de rendre immédiatement exigibles les dettes, même à terme, contractées par le failli. C'est-à-dire que la faillite (art. 1188 du Code civ. et 444, C. com.) entraîne, contre le failli, déchéance du terme que le créancier, par la loi même du contrat, lui avait volontairement accordé ; à fortiori, doit-il y avoir contre lui déchéance du terme de grâce ; et cela par les mêmes raisons que dans l'hypothèse précédente : c'est qu'on va distribuer entre tous les créanciers, sans distinction, s'ils sont ou ne sont pas à terme, les deniers provenant de l'actif du failli.

La loi parle ici du cas de faillite, et elle est muette sur le cas de déconfiture. La déconfiture est à peu près pour les non-commerçants ce qu'est la faillite pour les commerçants. La déconfiture, que je n'entends pas cependant miler à la faillite, est l'état d'insolvabilité notoire d'un individu non-commerçant. L'art. 124, qui refuse tout délai de grâce, qui entraîne même déchéance de ce délai contre le débiteur failli, doit-il s'étendre au débiteur déconfit.

A cet égard, le silence de l'art. 124 est partagé par l'art. 1158 du Code civ. Dans l'art. 1158, en parlant du délai de droit, on en déclare déchu le failli ; mais on ne parle pas du déconfit : et, comme il est question ici d'une déchéance, d'une rigueur, on pourrait hésiter, au premier aspect, à étendre à la déconfiture ce que nos deux articles n'ont dit que pour la faillite. Cependant un autre article du Code civil nous fournit un argument, indirect il est vrai, mais puissant toutefois, pour motiver l'extinction. Dans l'art. 1913, il est question, non pas d'une dette ordinaire, non pas d'un débiteur ayant terme, il est question du débiteur d'une rente perpétuelle, c'est-à-dire d'un débiteur qui non seulement n'est pas tenu à un remboursement immédiat, mais qui, en principe, et par la loi du contrat, n'y doit être jamais tenu. Le débiteur d'une rente perpétuelle doit en servir les arrérages, il peut se libérer en payant volontairement le capital ; mais en principe, en général, il n'est jamais tenu de rembourser ce capital ; eh bien, l'art. 1913 déclare cependant que le créancier d'une rente perpétuelle pourra exiger son remboursement, en cas de faillite ou de déconfiture du débiteur de la rente. Dès lors la marche du raisonnement devient bien facile. Si le débiteur d'une rente qui, d'après la convention, ne devait jamais rembourser, est cependant tenu de le faire, en cas de déconfiture, à plus forte raison le débiteur qui devait rembourser après un certain temps, le débiteur qui n'avait qu'un terme même de droit, est-il tenu de rembourser quand il est en déconfiture ; et si, d'après cette combinaison des art. 1913 et 1188 du Code civ., la déconfiture entraîne, aussi bien que la faillite, déchéance du terme de droit, à plus forte raison doit-elle entraîner, sans aucun doute, déchéance du terme de grâce et impossibilité d'en obtenir un.

Je ne crois pas qu'en droit il soit possible d'hésiter sur la question ; je ne crois pas qu'on puisse balancer à étendre au cas de déconfiture la déchéance prononcée par l'art. 124 pour le seul cas de faillite. Cependant je vous ferai remarquer qu'au fond la question ne se présentera pas fort souvent, attendu qu'à la circonstance de déconfiture s'ajoutera presque toujours, en pratique, celle de vente, de poursuites, de saisies, déjà pratiquées par d'autres créanciers contre le débiteur déconfit ; et, en conséquence, lors même qu'on hésiterait sur l'assimilation de la déconfiture à la faillite, il y aurait toujours refus d'accorder un terme de grâce, ou déchéance du terme accordé, à raison des saisies déjà pratiquées par d'autres créanciers sur les biens du même débiteur.

262. *De contumace.* Quel est le sens, quel est le motif de cette nouvelle exception ? Le mot de contumace, dans le droit criminel, joue à peu près le même rôle que celui de défaillant joue dans le droit civil ; cependant il y a des nuances qu'il faut préciser. Il ne faut pas croire que la contumace et les conséquences que l'art. 124 attache à ce mot s'appliquent à tout individu qui, en matière pénale, ne comparaît pas devant la justice pour répondre de ses faits. Ainsi, s'agit-il d'une poursuite de simple police, ou même d'une poursuite devant les tribunaux correctionnels pouvant entraîner jusqu'à cinq et même jusqu'à dix ans d'emprisonnement, le défaut, le refus de comparaître de la part du prévenu, ne le constitue pas en état de contumace : le nom de contumax s'applique exclusivement à celui qui, après l'accomplissement de certaines solennités, n'a pas comparu devant un tribunal criminel proprement dit, pour répondre à une accusation de nature à entraîner contre lui l'application de peines afflictives et infamantes. C'est donc seulement lorsqu'il s'agit d'une accusation de cette gravité, lorsque, de plus, les formes de publicité tracées par l'art. 465 du Code d'instr. crim. ont été accomplies ; c'est alors seulement que la loi considère comme en état de lutte, de rébellion, l'accusé qui n'aura pas répondu à cet appel public, à cette provocation solennelle de la justice du pays ; c'est à celui-là seul que peut s'appliquer le nom de contumax, conformément aux art. 465 et 470 du Code d'instr. crim.

Le cas de contumax, ainsi défini, est un de ceux dans lesquels le délai de grâce ne peut être ni obtenu ni même continué, aux termes de l'art. 114. En effet, l'absence obstinée du débiteur, placé sous le poids d'une accusation grave, son état de contumace, le peu de probabilité qu'il vienne maintenant répondre à une accusation devant laquelle il semble reculer, ôtent au créancier une bonne partie de ses garanties, et font évanouir tous les motifs de faveur qui avaient autorisé le répit.

263. *Ou s'il est constitué prisonnier.* Ici il ne s'agit plus d'une idée de droit criminel ; il s'agit évidemment du cas où le débiteur est incarcéré, non pas comme prévenu d'un crime ou d'un délit, mais parce qu'il est soumis à la contrainte par corps, ce qui arrive fort rarement aujourd'hui.

264. *Ni enfin, lorsque, par son fait, il aura diminué les sûretés qu'il avait données par les contrats à son créancier.* Cette disposition est empruntée textuellement à l'art. 1188 du Code civil. Ainsi, un débiteur avait un terme de droit, et non pas de grâce (c'est l'hypothèse de l'art. 1188) ; il avait donné, par le contrat, certaines sûretés, et, par exemple, une hypothèque à son créancier ; plus tard il dégrade, il détruit, il incendie une maison hypothéquée ; il a diminué, par son fait, les sûretés qu'il avait données au créancier ; il est déchu du terme de droit. Or, si ce fait du débiteur entraîne contre lui, d'après l'art. 1188, déchéance du terme conventionnel, déchéance du délai stipulé entre les parties, à plus forte raison doit-il entraîner déchéance du délai de grâce, qui n'était fondé que sur la compassion et la faveur, à plus forte raison doit-il empêcher le débiteur d'obtenir aucun délai de grâce.

265. Quant aux effets de ce délai, nous les avons déjà indiqués. Il a pour conséquence de suspendre les actes d'exécution, la rigueur des poursuites qui seraient plus préjudiciables au débiteur qu'elles ne seraient utiles au créancier. Du reste, si le créancier doit s'abstenir de tout acte d'exécution, les actes conservatoires lui restent permis, d'après l'art. 125.

« Art. 125. Les actes conservatoires seront valables, nonobstant le délai accordé. »

Ainsi, le délai de grâce ne fera pas obstacle à ce que le créancier, en vertu de la condamnation, puisse prendre une inscription hypothécaire sur les biens de son débiteur, aux termes de l'art. 2123 du Code civ.; ce n'est pas là un acte d'exécution, c'est une mesure purement conservatoire, qui reste permise par l'art. 125. De même il pourra, aux termes de l'art. 920 du Code de proc., faire opposition à la levée des scellés; c'est là encore un acte conservatoire. Il pourra également, si une succession est échue à son débiteur, invoquer l'art. 882 du Code civ., et s'opposer à ce que le partage de cette succession soit fait en son absence, sans qu'il y soit appelé.

Au reste, les exemples des actes conservatoires qui restent permis par l'article 125 sont assez nombreux, il suffit d'avoir posé le principe.

266. Une seule disposition reste à expliquer, et ne demande pas de grands détails : c'est celle de l'art. 123.

« Art. 123. Le délai courra du jour du jugement, s'il est contradictoire, et de celu de la signification, s'il est par défaut. »

Ainsi, une condamnation a été obtenue par un créancier contre son débiteur; mais le tribunal, à raison de la position du débiteur, lui accorde un délai de trois mois, sans indiquer le point de départ de ce délai. Mais cette indication, la loi l'a faite pour le tribunal : les trois mois, si le jugement est contradictoire, courront de l'instant même de sa prononciation.

Cette disposition est assez remarquable; au premier aspect, on serait tenté de croire (et il faudrait bien le décider ainsi, si l'article n'existait pas), que le délai de trois mois accordé au débiteur ne doit commencer à courir que du moment où le jugement lui a été signifié, conformément à l'art. 147 que nous avons expliqué; la loi n'a pas voulu qu'il en fût ainsi. Elle a voulu que, quand le jugement est contradictoire, quand on peut raisonner préalablement que le débiteur en connaît, sinon le détail, au moins les dispositions fondamentales, le délai courût contre lui sans aucune signification. Cette disposition est dans l'intérêt même du débiteur, en ce sens que le créancier, sachant, d'après le texte même de l'article, que, pour faire courir le délai, il n'a besoin ni de signifier ni même de faire lever le jugement, s'épargnera de faire des frais qui lui seraient inutiles et qui retomberaient en définitive sur le débiteur.

Du reste, il arrivera souvent, malgré cette prévoyance de la loi, que ce jugement sera levé par le créancier, et il faudra bien que le débiteur paye les frais d'expédition; mais ce sera dans un but étranger à celui de l'article. Si, par exemple, le créancier, en vertu de ce jugement, veut prendre une inscription hypothécaire, alors il faudra bien lever le jugement et faire tomber sur le débiteur les frais de cette expédition.

Si, au contraire, le jugement est par défaut, le débiteur n'en a pas eu connaissance, il était impossible de faire courir le délai contre lui du jour même de la prononciation; la loi, dans ce cas, et seulement dans ce cas, exige une signification.

Cette seconde disposition est en elle-même très facile; elle donne cependant lieu à une observation de quelque importance. En effet, de ce que la loi veut que le délai de grâce accordé au débiteur dans un jugement par défaut ne coure que de la signification, il suit implicitement, mais évidemment, que ce

I. 15

délai peut être accordé d'office par le tribunal, et sans même que le défendeur y ait conclu.

Ainsi une personne, se prétendant créancier, assigne *Titius*, qu'elle dit être son débiteur ; *Titius* ne constitue pas d'avoué ; ou bien, il constitue un avoué, mais l'avoué ne vient pas conclure pour lui à l'audience ; en un mot, *Titius* fait défaut, c'est l'un des deux cas de défaut prévus par l'art. 149. Le tribunal jugeant, aux termes de l'art. 150, que les conclusions du demandeur sont justes et bien vérifiées, condamne *Titius* par défaut : pourra-t-il alors, quoique *Titius* n'ait pas comparu, et par conséquent n'ait pas conclu à obtenir un délai, pourra-t-il accorder ce délai ? Évidemment oui ; l'art. 123 le suppose clairement, en parlant d'un délai accordé par un jugement de défaut. Donc, à plus forte raison, si *Titius* a comparu et a défendu au fond, sans conclure cependant à ce qu'on lui donnât un délai de grâce, le tribunal pourra, tout en le condamnant au fond, tout en le reconnaissant débiteur, lui accorder d'office un délai ; c'est la conséquence de l'art. 123. En vain opposerait-on que, d'après l'art. 480, § 3, il est interdit aux tribunaux de statuer sur une chose non demandée. Il est clair qu'ici ce n'est pas précisément le cas du § 3 de l'art. 480. Quand le tribunal condamne *Titius* comme débiteur, et cependant lui accorde d'office un délai auquel il n'a pas conclu, c'est qu'en réalité il n'accorde pas à l'adversaire de *Titius* tout ce qu'il demandait : l'adversaire de *Titius* demandait condamnation pure et simple à un payement immédiat ; le tribunal lui accorde une partie de sa demande, reconnaît sa créance, mais subordonne le payement à un délai plus ou moins long. Ce n'est pas là statuer *ultra petita*, ce n'est pas violer le § 3 de l'art. 480.

Si le jugement qui accorde un délai est frappé d'appel, le délai est suspendu pendant l'instance d'appel (art. 457, Pr. civ.). L'art. 123 s'appliquera alors à l'arrêt sur l'appel, s'il accorde un délai.

➤ **267.** Les quatre derniers articles que nous avons expliqués ont trait, comme vous l'avez vu, à un adoucissement que les tribunaux peuvent apporter, dans certains cas, aux rigueurs ordinaires de l'exécution. Au contraire, dans les art. 126 et 127, nous allons voir les tribunaux, dans les cas du moins où ce droit leur appartient, armer l'exécution de leurs jugements d'une rigueur plus qu'ordinaire, savoir, de la contrainte par corps.

Mais, pour bien comprendre les dispositions des art. 126 et 127, il est nécessaire de prendre d'abord une idée générale du système des lois civiles relativement à cette voie d'exécution qualifiée de contrainte par corps.

On entend par contrainte par corps la faculté accordée au créancier de faire emprisonner son débiteur, pour mieux assurer par là l'acquittement de la dette. Du reste, au nombre des voies d'exécution que les lois autorisent, il en est peu sans doute sur lesquelles la législation ait plus de fois et plus notablement varié.

En effet, sans remonter à ces anciennes rigueurs du droit romain, lequel donnait, en certains cas, pour gage au créancier, soit la liberté, soit même, ce qu'il paraît, la vie de son débiteur, nous trouvons, dans nos anciennes ordonnances relatives à la contrainte par corps, des principes dont la sévérité est maintenant extrêmement adoucie.

Ainsi, l'ordonnance de Moulins (1566) autorisait tout créancier, sans distinction de la nature de la créance, à pratiquer contre son débiteur la voie de la contrainte par corps, pour l'exécution de la sentence, quatre mois seulement après la sentence obtenue. On ne distinguait pas l'origine ou la nature de la dette ; après le délai, après le répit de quatre mois accordé au débiteur pour s'acquitter, le créancier avait la faculté de le contraindre par corps.

L'ordonnance de 1677, titre XXXIV, s'écarta de cette rigueur ; elle abrogea formellement la disposition précédente de l'ordonnance de Moulins, et n'admit plus la contrainte par corps, au moins en matière civile, que comme une exception rare, permise seulement dans certains cas qu'elle déterminait.

Plus tard, on alla plus loin encore ; par un décret du 9 mars 1793, la contrainte par corps, en matière civile, fut entièrement abolie. Ce décret réservait seulement les droits de la nation à l'égard des comptables publics, et annonçait qu'à ce sujet des mesures spéciales seraient prises par la Convention.

Nous laisserons de côté les décrets particuliers relatifs à la contrainte par corps exercée sur les comptables, pour le reliquat de leurs comptes envers l'État, pour le remboursement de leur liquidation. Nous nous renfermerons dans la contrainte par corps en matière civile.

Cette contrainte, abolie par le décret du 9 mars 1793, fut plus tard rétablie par la loi * du 24 ventôse an V et organisée par la loi * du 15 germinal an VI, qui présentait, dans son ensemble, une sorte de petit Code sur la matière de la contrainte.

Le titre Ier de cette loi était relatif aux cas où la contrainte par corps pouvait être exercée en matière civile ; elle reproduisait, à peu de chose près, les principales dispositions de l'ordonnance de 1667 ; elle n'admettait, comme l'avait fait l'ordonnance, la voie de contrainte par corps que comme une voie d'exception, autorisée dans quelques cas spéciaux et par des motifs déterminés.

Le titre II était relatif à la contrainte par corps en matière commerciale : elle fut admise alors, comme elle l'avait été autrefois, d'une manière générale et à peu près absolue.

Enfin, le titre III statuait sur le mode d'exécution des condamnations qui prononçaient la contrainte par corps.

Arriva le Code civil qui, dans le titre XVI de son troisième livre, statua sur les matières qui avaient déjà servi d'objet au titre Ier de la loi de l'an VI. En d'autres termes, le Code civil, dans un titre spécial, énuméra les cas de contrainte et les personnes contraignables par corps, pour dettes civiles proprement dites.

Puis le Code de procédure, dans les art. 780 et suivants, statua sur l'exécution des jugements emportant contrainte par corps, c'est-à-dire sur ce qui faisait l'objet du titre III de la loi de l'an VI.

De cette loi de germinal an VI il ne resta donc guère en vigueur que le titre II, celui relatif à la contrainte par corps pour les obligations et condamnations commerciales. Le Code de commerce, en effet, est tout à fait muet sur cette matière. C'est seulement par la loi du 17 avril 1832 qu'a été définitivement réglé le principe de la contrainte par corps en matière commerciale, et qu'a été consommée l'abrogation définitive de la loi de germinal an VI.

* Un décret du 9 mars 1848, émané du gouvernement provisoire, suspendit l'exécution de la contrainte par corps jusqu'à ce que l'Assemblée nationale, qui devait se réunir au mois de mai de la même année, eût définitivement statué sur cette matière. Et, en effet, une loi du 13 décembre 1848 remit en vigueur la législation antérieure sur la contrainte par corps, en y apportant quelques modifications, et surtout quelques adoucissements.

La contrainte par corps a été de nouveau supprimée, même en matière criminelle et contre les étrangers, par la loi du 22 juillet 1867, actuellement en vigueur. Elle n'a été maintenue que par exception pour garantir : 1° le payement des amendes, restitutions, dommages-intérêts dûs à l'État en matière criminelle, de police correctionnelle ou de simple police ; 2° le payement des dommages-intérêts et des frais dus aux particuliers en vertu d'une condamnation résultant d'une action civile intentée, soit devant les tribunaux de répression en même temps que l'action publique, soit devant les tribunaux civils, mais après que l'existence du délit a été reconnue par la justice répressive (1).

268. Dans la discussion brillante de cette loi, on a fait remarquer, pour la suppression de la contrainte de corps, qu'il n'était pas moral de donner au créancier, pour un intérêt privé, la faculté de disposer de la liberté de son débiteur ; que c'était là un droit qui ne devait appartenir qu'à la puissance publique et pour un intérêt général ; que l'emprisonnement du père de famille laissait la femme et les enfants sans leur soutien naturel, et amenait la ruine de la maison ; que d'ailleurs, sur un grand nombre de contraintes par corps prononcées par jugements, on n'en exécutait qu'un très petit nombre.

Une très forte minorité objectait que la contrainte par corps produisait des effets inconnus, qu'il était impossible de préciser ; combien de débiteurs, en effet, payent par la seule crainte de l'exécution de la contrainte par corps ! On ajoutait que la contrainte par corps ne frappait définitivement que les débiteurs de mauvaise foi. En matière civile, le débiteur de bonne foi recouvrait sa liberté en faisant cession de biens (art. 1268, C. C.) ; et en matière commerciale, le débiteur, en faisant déclarer sa faillite, demeurait affranchi de la contrainte par corps, s'il était reconnu excusable par ses créanciers (art. 539 du C. Com.). Il fallait aussi se préoccuper de l'intérêt du créancier, victime de la mauvaise foi calculée du débiteur.

269. La suppression de la contrainte par corps abroge nos deux art. 126 et 127, qui étaient d'ailleurs les plus attaqués.

En effet, le Code civil, dans les art. 2059 et 2060, avait précisé expressément les cas de contrainte par corps, sans rien laisser à l'arbitraire des tribunaux. Au contraire, l'art. 126 accordait aux juges le pouvoir d'ordonner ou non la contrainte par corps pour dommages-intérêts en matière civile, au-dessus de la somme de 300 francs.

Nous reviendrons, aux art. 780 et suivants, sur la portée de la loi nouvelle.

(1) Une loi des 19-23 décembre 1871 rétablit la contrainte par corps pour le payement des frais dus à l'État, à la suite de condamnations en matière de crime, délit ou contravention.

DOUZIÈME LEÇON

DES JUGEMENTS (SUITE).

➤ 270. Dans les articles qui suivent il ne s'agit plus des règles relatives à l'exécution des jugements ; il s'agit de certaines condamnations accessoires que peuvent, en certains cas, contenir les jugements. Tels sont, dans l'article 128, les condamnations à des dommages et intérêts ; dans l'art. 129, à des restitutions de fruits ; dans les art. 130 et suivants, les condamnations aux dépens de l'instance.

Enfin les art. 134 à 137 s'occupent des demandes et de l'exécution provisoires.

➤ 271. « Art. 128. Tous jugements qui condamneront en des dommages et intérêts en contiendront la liquidation, ou ordonneront qu'ils seront donnés par état. »

J'ai déjà dit ce qu'il fallait entendre par dommages et intérêts (n° 268), et de quoi se composait l'évaluation d'une telle condamnation ; je vous ai renvoyés aux art. 1146 et suivants et à l'art. 1382 du Code civil.

Mais, quand une personne réclame contre une autre, à raison d'un fait nuisible, la réparation du préjudice éprouvé par elle, vous comprendrez aisément que quelquefois et souvent même, la question de préjudice, la question d'imprudence soit fort claire, et la question d'indemnité fort douteuse. En d'autres termes, il est possible que je démontre péremptoirement, clairement, sans frais et sans longs débats, que vous vous êtes rendu coupable à mon détriment d'une faute ou d'une imprudence qui m'a porté préjudice ; il est même possible que, sur la demande en dommages et intérêts que j'ai formée contre vous, vous vous empressiez de reconnaître que j'ai souffert un préjudice ; mais, d'accord sur ce point qu'il m'est dû par vous des dommages et intérêts, nous nous trouvons divisés sur la quotité. Ainsi, vous évaluez ce préjudice à 2,000 francs ; moi, je l'évalue à 10,000 francs ; il est possible que la question exige des comptes, des discussions qui pourront se prolonger longtemps entre nous.

C'est dans cette hypothèse que statue l'art. 128. Il suppose que le tribunal reconnaît comme constant le fait du tort causé, le fait du préjudice éprouvé ; alors la conséquence nécessaire, c'est ce que vous me devez des dommages et intérêts. Mais, pour établir cette conséquence, pour déclarer cette obligation, le tribunal devra-t-il attendre que le *quantum*, la quotité de ces dommages et intérêts soit fixée entre nous, ou à l'amiable, ce qui pourra n'arriver jamais, ou après débats, ce qui pourra être long ? Non ; le tribunal pourra vous condamner, provisoirement, à me payer des dommages et intérêts, sauf à déterminer la quotité plus tard, en suivant la procédure détaillée dans les art. 523 et 524 de notre Code.

Mais, me direz-vous, cette marche est peu logique, elle fait deux procès au lieu d'un ; elle entraîne un double jugement, une double signification. Cela peut être vrai ; aussi, souvent les tribunaux s'abstiendront-ils d'employer cette marche. Cependant elle est formellement consacrée, d'abord par l'art. 128, puis par l'art. 523 du Code de procédure.

Elle peut être utile, en effet ; il peut y avoir pour le créancier demandeur un immense intérêt à obtenir tout de suite la condamnation à des dommages et intérêts dont il est impossible d'évaluer quant à présent le montant. Cet intérêt n'est pas sans doute de se faire payer ces dommages et intérêts ; pour se les faire payer, il faudrait au préalable qu'ils fussent liquidés ; mais cet intérêt sera de prendre sur les biens de son débiteur, et pour la conservation de ses droits éventuels, une inscription hypothécaire, en vertu de l'art. 2123 du Code civ. Le créancier, qui se présentera muni de ce jugement contenant une condamnation à l'indemniser, fera lui-même dans l'inscription hypothécaire l'évaluation provisoire, éventuelle, des dommages et intérêts qui pourront lui être adjugés plus tard. Cette inscription aura l'avantage de fixer dès à présent le rang de son hypothèque et d'assurer que, quand ses dommages et intérêts seront définitivement réglés, il obtiendra un payement qui, sans cette précaution, pourrait être fort compromis.

Cette division en deux jugements, l'un relatif au préjudice, et qui ne peut s'exécuter, tant qu'il est seul, l'autre relatif à la liquidation, à la fixation du chiffre des dommages et intérêts, présente souvent l'inconvénient de multiplier les frais, et ne doit par conséquent être employée qu'avec une extrême réserve ; mais elle présente d'autre part, pour le créancier, l'immense avantage d'assurer, en certains cas, l'exercice utile, efficace, de ses droits ; et c'est dans des cas pareils que l'art. 128 recevra son application.

* Quelquefois même, en faisant statuer d'abord sur les dommages et intérêts, sans en rechercher le chiffre quant à présent, les parties éviteront des frais qui pourraient être faits en pure perte. Si, par exemple, la fixation de la quotité des dommages et intérêts nécessitait des enquêtes, des expertises, des voyages, il sera plus utile de faire reconnaître par un jugement qu'il est dû des dommages et intérêts, avant de faire les frais de ces opérations, frais inutiles aux deux parties si le principe des dommages et intérêts n'est pas admis (V. n° 785).*

   272. Parlons maintenant des restitutions de fruits.

« Art. 129. Les jugements qui condamneront à une restitution de fruits, ordonneront qu'elle sera faite en nature pour la dernière année, et pour les années précédentes, suivant les mercuriales du marché le plus voisin, eu égard aux saisons et aux prix communs de l'année; sinon à dire d'experts, à défaut de mercuriales. Si la restitution en nature pour la dernière année est impossible, elle se fera comme pour les années précédentes. »

D'abord, dans quel cas y a-t-il lieu de condamner à des restitutions de fruits? Plusieurs cas vous sont déjà connus, par exemple, celui de l'art. 127 du Code civil, relatif à la quotité des fruits que les envoyés en possession provisoire doivent restituer à l'absent, selon l'époque plus ou moins éloignée à laquelle il reparaît; secondement, celui de l'art. 549 du même Code, d'après lequel le possesseur d'un héritage doit rendre au propriétaire qui l'évince tous les fruits qu'il a perçus pendant une possession de mauvaise foi ; enfin celui de l'art. 828 du Code civil, si l'un des cohéritiers, des communistes, a joui seul de la chose commune et a contracté l'obligation de tenir compte des fruits touchés.

Toute condamnation portant obligation de restituer des fruits entraîne trois ou tout au moins deux opérations bien distinctes.

Première opération. Il faudra établir, soit à l'amiable, soit par un débat, quelles sont la nature et la quotité des fruits perçus par l'individu condamné à la restitution. C'est là l'objet d'une reddition de compte régie par les art. 526 et suiv. du Code de procédure.

Seconde opération. Une fois que, par cette reddition de compte, on aura constaté quelle est la nature, quelle est la quotité des fruits que vous avez perçus, il faudra, comme le plus souvent vous ne possédez plus ces fruits en nature, examiner, débattre quelle en était la valeur ; savoir à quel prix à peu près vous avez pu et vous avez dû les aliéner, et, en conséquence, de quel prix vous êtes comptable envers moi.

Enfin, la troisième opération se réduit à vous rendre le montant des dépenses que vous avez pu faire, soit pour labour, soit pour la perception des fruits. Mais cette troisième opération se confond en réalité avec la première.

L'art. 129 est absolument étranger à la première de ces deux opérations ; il est uniquement relatif à la deuxième. La première est réglée par les art. 526, 527 et suiv. du Code de proc. L'art. 119 suppose que la nature des fruits perçus pendant la possession est déterminée, que leur quotité est constante entre les parties, ou que, si elle ne l'est pas, elle sera établie par une reddition de comptes.

Ainsi, il est reconnu, par exemple, que sur le fonds possédé de mauvaise foi, et que j'ai revendiqué avec succès contre vous, vous avez perçu par an trois cents hectolitres de blé ; la question est de savoir quelle somme vous devez me restituer.

D'abord la loi veut que, pour la dernière année, vous me donniez, non pas l'équivalent en argent de trois cents hectolitres de blé, mais que vous me restituiez les fruits mêmes en nature qui doivent être encore dans vos mains.

Quelle est cette dernière année dont parle la loi ? Est ce l'année qui a précédé votre condamnation ? Non : c'est l'année qui a précédé ma demande, l'année qui a précédé le procès, ce procès eût-il, d'ailleurs, duré trois ou quatre années.

En principe, vous devez me rendre en nature les fruits de la dernière année, parce que vous êtes présumé les avoir encore dans vos granges à l'instant de la demande ; mais si cette restitution est impossible, si ces fruits étaient déjà vendus, aliénés, consommés, vous me les rendrez en argent, suivant l'évaluation établie par l'art. 129, c'est-à-dire au prix moyen de cette année.

A l'égard des fruits perçus durant l'instance, depuis le procès commencé la loi est muette ; mais sur ceux-là il ne peut y avoir de doute. Depuis le procès commencé, vous avez dû conserver, mettre en réserve les fruits par vous récoltés, ou ne les vendre, s'ils périclitaient, qu'avec autorisation de justice ; donc vous devez me les restituer en nature ; si vous ne le pouvez, vous me les rendrez en argent, non pas au prix moyen, mais au plus haut prix, auquel, durant le cours de cette année, il vous a été possible de les vendre.

Ainsi, voilà déjà deux catégories :

Premièrement, fruits perçus par le possesseur, depuis la demande formée, fruits qu'il a été tenu de conserver pour les rendre en nature, à peine de les rendre au plus haut prix pour lequel il a pu les vendre dans le cours de cette année. Cela avait lieu sous l'ordonnance de 1667, il n'y a pas de raison pour que cela n'ait pas encore lieu aujourd'hui.

Secondement, fruits perçus par le possesseur durant l'année qui a précédé le procès : alors il n'y avait pas pour lui d'obligation de les garder, car l'instance n'était pas entamée. Il y a seulement de la part de la loi présomption qu'il les avait encore ; de là obligation de les rendre s'ils n'étaient pas vendus, et, dans l'hypothèse contraire, obligation de restituer, non pas le plus haut prix, mais seulement le prix moyen.

Telle est la différence entre ces deux cas.

Enfin, le troisième cas est celui dont s'occupe l'ensemble de l'art. 129; il s'agit de toutes les années de fruits perçus par le possesseur antérieurement à l'année qui a précédé la demande. Il y a tout lieu de présumer qu'il les a consommés, vendus ; alors il est tenu de les rendre, non pas au plus haut prix, mais au prix moyen de chaque année.

Comment se forme ce prix moyen ? Pour le composer, on fera le relevé du prix moyen de chaque année pendant le temps qui donne matière à restitution, eu *égard*, dit la loi, *aux saisons et aux prix communs de l'année*.

Exemple : il s'agit de restituer le prix de trois cents hectolitres de blé. Pour chaque année de perception, on prendra le prix d'un hectolitre de blé constaté par les mercuriales du marché le plus voisin, on formera l'addition des quatre prix, suivant qu'ils ont varié, eu égard à chaque saison. Ainsi le prix officiel de l'hectolitre, pour telle année, était de 15 francs pour le premier trimestre, de 18 francs pour le deuxième, de 21 francs pour le troisième, et de 16 francs pour le quatrième, soit 70 francs pour prix de quatre hectolitres, dont un aura été acheté dans chaque saison ; la division par quatre de cette somme donnera le prix moyen, ce sera 17 fr., 50, qui, multiplié par 300, donnera 5,200 francs, restitution à opérer pour cette année-là.* On fera une opération analogue pour chaque année. Et, comme les cours sont variables, il peut y avoir, il y aura probablement un prix différent pour chaque année.*

Que s'il s'agit de ces menus fruits pour lesquels il n'y a pas de mercuriales, alors la fixation du prix est faite par experts.

* Il est évident que les fruits, qui ne se conservent pas, ne devraient être restitués qu'en argent. Le possesseur doit les vendre à mesure qu'ils deviennent murs, et ne pourra restituer que leur valeur.*

273. Nous allons maintenant nous occuper des dépens.

« Art. 130. Toute partie qui succombera sera condamnée aux dépens. »

Les dépens sont les frais qu'un plaideur a été contraint de faire pour arriver à la reconnaissance, à la constatation de son droit. Soit que le plaideur en ait fait l'avance aux officiers ministériels, soit qu'il ait simplement contracté envers eux l'obligation de les rembourser, dans les deux cas, le perdant doit rembourser au gagant les frais de justice, qui ont été le moyen nécessaire pour arriver à établir son droit. Aussi ai-je dit, et ne puis-je trop vous rappeler qu'il est faux de dire, comme on le fait trop souvent, que les dépens sont la peine infligée par la justice au plaideur téméraire. Non, il n'y a dans les dépens aucun caractère de châtiment, aucun caractère de pénalité : la restitution des dépens est uniquement le remboursement que doit faire le perdant des frais que le gagnant a été obligé d'avancer : c'est une dette comme une autre, et rien de plus. Nous verrons tout à l'heure, dans l'explication de cet article, si cette idée n'entraînerait pas des conséquences reconnues ou méconnues par le Code.

274. * Que comprend la condamnation aux dépens ? L'obligation pour le perdant de restituer à la partie gagnante : 1° les déboursés des actes de l'instance, comme papier timbré, droits d'enregistrement et de greffe de ces actes ; 2° les honoraires et vacations accordés aux officiers ministériels pour les actes de l'instance. Il faut y ajouter des frais postérieurs à l'instance, comme ceux de la levée et de la signification du jugement ; quelquefois même le tribunal condamne le perdant au payement des frais antérieurs à l'instance, comme ceux de la tentative de conciliation, de saisie-gagerie (n° 1080), d'offres réelles (n° 1073), etc.

Les frais des actes produits à l'appui de la demande ou de la défense sont, en général, à la charge de ceux qui les produisent.

Que faut-il décider à l'égard de l'enregistrement des conventions sous seing privé produites en justice ? Si l'acte contient la clause que le droit d'enregistrement sera à la charge de celui qui y donnera lieu, ce droit sera supporté par la partie qui succombe. A défaut de cette clause, je crois « qu'en règle « générale, les dépens d'un procès ne comprennent que le coût des actes de « procédure exigés ou autorisés par la loi ; qu'on ne saurait y ajouter, pour « mettre à la charge de la partie qui y est étrangère et à qui on les oppose, « l'enregistrement d'actes invoqués par la partie adverse, à moins qu'il ne soit « déclaré par les tribunaux qu'il y a eu fraude, faute ou mauvaise foi à dénier « l'existence ou la portée desdits actes, auquel cas la condamnation serait « fondée, non sur l'application de l'art. 130 C. pr., mais sur celle de l'art. « 1832 C. C. (1). »

La partie gagnante ne pourra, d'ailleurs, se faire restituer ce qu'on appelle les faux frais, tels que frais de voyage autres que celui dont parle l'art. 146 du tarif, consultations, honoraires de l'avocat, etc., qui seront plus ou moins élevés, suivant l'importance de l'affaire. Si, toutefois, l'action avait été intentée ou soutenue de mauvaise foi, avec intention de nuire, ces faux frais pourraient être l'objet d'une demande en dommages-intérêts fondés sur l'article 1382 C. C. (2).

(1) Cass., 3 mars 1863 (Dall., 1863, 1, 357). — C. d'Amiens, 30 avril 1864 (Dall., 1864, 5, 199). — C. de Metz, 26 juillet 1866 (Dall., 1866. 2, 229). — V. aussi c. de cass., Rej., 8 avril 1873 et la note sur cet arrêt (Dall., 1874, 1, 260). — Caen, 16 décembre 1872 (Dall., 1876, 2, 197).

(2) V. les arrêts cités dans la note précédente.

La nécessité de payer, et surtout d'avancer certains frais, pourrait empêcher une partie pauvre de soutenir son droit. La loi des 29 novembre-7 décembre 1850 et 22 janvier 1851, sur l'assistance judiciaire, est venue au secours
des indigents. Un bureau spécial, établi auprès de chaque tribunal (art. 2 et
suiv.), accorde l'assistance judiciaire à tout indigent dont la prétention semble
fondée. Il lui est alors désigné d'office un avocat, un avoué, un huissier (art.
13). Si l'indigent gagne son procès, son adversaire condamné aux dépens paye
tous les frais comme s'il n'y avait pas eu d'assistance judiciaire (art. 17). Si
c'est l'assisté qui succombe, il ne paye que certains déboursés (art. 14 et 15
de ladite loi) (1).

275. *Toute partie qui succombera sera condamnée aux dépens.* C'est le principe général (2), sauf pourtant des exceptions assez remarquables que nous
allons expliquer sur l'art. 131 ; sauf encore une exception sur laquelle les
textes sont muets, mais que cependant un usage immémorial, quoique peut-
être assez mal fondé, a depuis longtemps consacrée.

En effet, supposez une action dirigée, en matière civile, par le ministère public contre une partie privée, par le ministère public agissant, par exemple,
aux termes de l'art. 190 du Code civ., pour demander la nullité d'un mariage contraire à l'ordre public. Dans ce cas, certainement, si le ministère public triomphe, si la nullité du mariage est prononcée, l'art. 130 s'appliquera ;
alors l'époux ou les époux défendeurs seront condamnés, envers l'administration, au remboursement des frais, des dépens qui ont été avancés par elle.
Mais si le ministère public a succombé, si le mariage attaqué par lui a été déclaré valable, les époux obtiendront-ils de l'administration le remboursement
des impenses qu'une attaque jugée mal fondée les a obligés de faire ? Non ;
c'est une règle fort ancienne, et que la jurisprudence actuelle a conservée
sans difficulté, qu'on obtient jamais les dépens, pas plus en matière civile
qu'en matière criminelle, contre le ministère public succombant dans ses
poursuites (3).

On ne peut guère se dissimuler que cette exception aux principes généraux
ne soit difficile à bien motiver. Sans doute, si les dépens étaient une peine, si
la condamnation aux dépens était, comme on le dit souvent, le châtiment du
plaideur téméraire, on comprendrait que cette pénalité ne pût pas s'étendre,
ne pût jamais s'appliquer à l'action du ministère public ; mais comme en réalité cette condamnation n'est que l'indemnité des dépenses qu'une attaque
mal fondée vous a forcé de faire ; comme, si grande qu'on suppose l'imparția-
lité du ministère public, cette considération n'empêche pas qu'il ne puisse se
tromper et vous faire tort, on ne voit guère pourquoi l'administration des

(1) Plusieurs traités récents, signés entre la France et des puissances étrangères,
assurent aux Français dans ces pays étrangers, et en France aux nationaux de ces pays,
le bénéfice de l'assistance judiciaire : traités du 19 février 1870 avec l'Italie ; du 11 mars
1870 avec la Bavière ; du 22 mars 1870 avec le grand-duché de Luxembourg ; du 2
mars 1870 avec la Belgique.

(2) La partie gagnante ne peut être condamnée aux dépens. Cass., 24 janvier 1811
(Dall., 1877, I, 261).

(3) Cass., 3 juillet 1838 (Dall., *Rép.*, v° *Frais et dépens*, n° 53).

maines, qui, dans le cas où le ministère public succombe, supporte les frais faits par lui, ne devrait pas de plus rembourser à l'adversaire les frais qu'il a été contraint d'avancer. Quoi qu'il en soit, c'est un usage bien constant que cette exception fort ancienne, autorisée par la pratique, au principe reconnu dans l'ancien droit et consacré dans le nouveau : *Toute partie qui succombera sera condamnée aux dépens.* Il est également admis, par une jurisprudence aujourd'hui constante, que les frais d'une instance irrégulièrement introduite mais qui a été suivie par la faute du défendeur, peuvent être mis à la charge de ce dernier, quoique par suite de cette irrégularité la demande ait été repoussée : c'est une juste application de l'art. 1382 (1). *

276. *Toute partie qui succombera.* Mais il peut arriver que l'action ait été dirigée simultanément contre plusieurs parties liées ensemble par un intérêt commun, par exemple, contre deux ou trois cohéritiers attaqués comme débiteurs, contre plusieurs personnes qui se sont obligées soit conjointement, soit même solidairement à payer ensemble une même dette; alors, quand il y a plusieurs parties plaidant ensemble dans un intérêt commun, et venant à succomber, dans quelle proportion doit être supportée, par chacune d'elles, la condamnation aux dépens? La réponse se trouve dans les principes du droit civil et dans l'art. 1202 (C. C.) : « La solidarité ne se présume point. » Cette règle ne cesse de s'appliquer que dans le cas où la solidarité est formellement stipulée, ou formellement prononcée par la loi. Or, la loi n'a dit nulle part que la condamnation aux dépens, au moins dans les matières civiles, porterait solidairement sur chacun des cohéritiers ou des codébiteurs frappés d'une même condamnation. De là suit que la condamnation aux dépens ne pourra être prononcée contre chacune des parties condamnées, que pour sa part virile, que pour sa part personnelle dans la contestation (2).

Cette règle ne cessera même pas, remarquez-le bien, dans le cas où les coattaqués seraient codébiteurs solidaires.

Ainsi *Primus* et *Secundus* sont par moi traduits en justice, et condamnés solidairement à me payer 10,000 francs : cette solidarité, stipulée pour le principal, doit-elle s'étendre aux dépens auxquels ils sont condamnés en vertu de l'art. 130 ? Non; parce que la condamnation aux dépens n'est pas, à proprement parler, un corollaire, une dépendance, un accessoire qui doive nécessairement suivre le sort du principal. Il dépendait des deux parties, des deux codébiteurs solidaires de s'épargner cette condamnation, en payant volontairement la dette dont ils étaient tenus; donc, cette condamnation n'est autre chose que l'indemnité résultant du préjudice que leur refus m'a causé; c'est une dette nouvelle, distincte, et à laquelle, par conséquent, ne doit pas s'étendre la solidarité stipulée pour la dette primitive. Donc, entre codébiteurs même solidaires, l'obligation de payer les dépens ne sera pas solidaire. C'est, je le répète, la conséquence naturelle de l'art. 1202 du Code civil.

J'ai eu soin, au reste, de limiter toute cette discussion aux matières civiles proprement dites. Quant aux matières criminelles, vous trouverez une règle

(1) Cass., 22 mars 1869 (Dall., 1869, 1, 422).
(2) Cass., 20 juillet 1814 (Dall., *Rép.*, v° *Frais et dépens*, n° 93). — C. de Bordeaux, 13 août 1872 (Dall., 1873, 2, 209).

spéciale dans l'art. 55 du Code pénal : « Tous les individus condamnés p[?] un même crime ou pour un même délit, sont tenus solidairement des[...], des, des restitutions, des dommages et intérêts et des frais. » Mais c' une exception qui ne doit pas être étendue.

277. *Toute partie qui succombera* SERA CONDAMNÉE AUX DÉPENS. De ces ex[...] sions impératives, *sera condamnée*, faut-il conclure que cette condamna[...] doive être prononcée d'office par le tribunal, encore bien que la partie gnante n'y ait pas formellement conclu?

Quelques personnes le décident ainsi : d'abord, par argument des exp[...] sions impératives de notre art. 130 : *Toute partie qui succombera sera conda*[...] et de plus, toujours à raison de cette malheureuse idée qui fait de la co[...] damnation aux dépens une peine, tenant en quelque sorte à des causes d[...] dre public. Je m'attache uniquement au premier motif.

De ce que la loi nous dit que toute partie qui succombe sera conda[...] aux dépens, y a-t-il lieu de conclure que cette condamnation puisse ou d[...] être prononcée au profit d'une partie qui ne l'a pas requise ? Non ; l'art[...] § 3, défend expressément aux tribunaux d'adjuger à une personne[...] chose ou plus que ce qu'elle a demandé. Quand elle n'a conclu qu'à la[...] damnation au fond, et non à la condamnation aux dépens, dette di[...] séparée, qui devait faire l'objet de conclusions spéciales, le tribunal n'a à y statuer d'office (1).

Les doutes à cet égard paraissent tenir, au reste, à une application vi[?] de l'ordonnance de 1667 ; cette ordonnance, dans l'art. 1er du titre XXXI, o[...] nait absolument aux juges de condamner aux dépens la partie perdante[...] tolérait pas même les exceptions que nous allons signaler tout à l'heur[...] l'art. 131. En un mot, sous l'empire de l'ordonnance, la condamnation au[...] pens, au profit de la partie gagnante, était de telle nature qu'elle était[...] entendue de droit dans la condamnation du principal ; c'est ce qu'in[...] l'article cité, en disant que les dépens devaient être taxés, encore qu'ils n[...] sent pas été adjugés. De là on concluait autrefois, et la conséquence n[...] peut-être pas fort logique, que, si les dépens devaient être taxés, quo[...] non adjugés, ils devaient être adjugés, quoique non demandés. Mais le[...] de départ, bon ou mauvais, manque absolument sous le Code de procéd[...] qui ne permet pas de faire taxer des dépens non adjugés, et, à plus forte[...] son, d'adjuger les dépens qui n'ont pas été demandés.

278. Arrivons maintenant à des exceptions assez importan[...] principe général de l'art. 130.

« Art. 131. Pourront néanmoins les dépens être compensés, en tout ou en partie, en[...] tre conjoints, ascendants, descendants, frères et sœurs, ou alliés au même degré[...] juges pourront aussi compenser les dépens, en tout ou en partie, si les parties suc[...] combent respectivement sur quelques chefs. »

Cet article est une dérogation à l'art. 1er du titre XXX de l'ordonnance de 166[?] qui défendait formellement aux juges de compenser les dépens sous aucun pr[...] texte, et notamment sous celui de parenté, d'affinité ou autre pareil. Du reste[...]

(1) *Contrà*, Cass., 5 décembre 1838 (Dall., *Rép.*, v° *Frais et dépens*, n° 33)[...]

les commentateurs de cet article disent unanimement qu'on ne l'observait pas dans la pratique ; qu'en dépit de la prohibition, on compensait tous les jours les dépens, ou pour raison de parenté, ou pour d'autres raisons du même genre.

Quoi qu'il en soit, il est clair, d'après l'art. 131, que la doctrine de la compensation des dépens, admise par la jurisprudence, contrairement à l'ordonnance de 1667, a tout à fait triomphé sous notre Code.

Cet article, d'abord, est évidemment une exception au précédent, la lettre même l'indique : *Pourront* NÉANMOINS *les dépens être compensés.* Voici donc divers cas dans lesquels ne s'appliquera pas la règle, que la partie qui succombe doit être condamnée aux dépens. Comment ne s'appliquera-t-elle pas ? Parce qu'il y aura compensation. Quel est ici le sens du mot *compensation ?*

Le mot de compensation s'applique en général, dans le droit civil, dans son sens exact, au cas où deux personnes étant respectivement créancières et débitrices l'une de l'autre, les deux dettes se trouvent éteintes, soit en totalité si elles sont égales, soit, dans le cas contraire, jusqu'à concurrence de la plus faible (art. 1289 et suivants du Code civ.). Cette compensation de deux dettes se fonde sur cette idée du droit romain : *Melius est non solvere quam solutum repetere.* Il est assez inutile d'aller payer d'une main ce qu'un instant après j'aurais droit de reprendre de l'autre. Tel est le sens légal, le sens technique du mot *compensation ;* c'est en ce sens que la compensation figure dans le Code civil comme un moyen d'éteindre les obligations.

Est-ce dans ce sens exact, dans cette acception rigoureuse, que le même mot est employé dans l'art. 131 ? Examinons cette question dans l'une et l'autre hypothèse prévue par notre article.

Première hypothèse. — L'art. 131 autorise d'abord la compensation des dépens entre conjoints et entre certains parents. Dans ce cas, il n'y a vraiment de compensation que le nom ; il n'y a aucun rapport avec la compensation des art. 1289 et suiv. En effet, cette compensation est fondée, non plus, comme la précédente, sur ce que les deux parties ont eu raison et tort respectivement sur quelques chefs, elle se fonde sur la parenté, sur l'affinité des parties. Par exemple, un frère a plaidé contre son frère, et a, sur tous les points et sur tous ses chefs de conclusions, obtenu gain de cause ; la conséquence naturelle serait l'application de l'art. 130, la condamnation contre le perdant à rembourser tous les frais avancés par le gagnant. Cependant la loi, pour éviter de jeter dans les familles de nouvelles semences d'aigreur, de nouveaux germes d'inimitié, pour éviter de choquer trop évidemment l'amour-propre de celui qui succombe, en décernant à l'autre le triomphe complet de l'instance, autorise le tribunal à compenser les frais en tout et en partie ; c'est-à-dire à ordonner que la partie gagnante ne répétera pas ses frais, ou n'en répétera qu'une portion.

Ici, vous le voyez, il n'y a pas de véritable compensation. Qui dit compensation suppose deux personnes respectivement créancières, l'une de l'autre. Or, dans cette hypothèse, le gagnant est évidemment, et dans la rigueur du droit, créancier du perdant, créancier de tous les frais que la résistance de son adversaire l'a obligé d'avancer ; mais personne ne soutiendra que le perdant ait quelque chose à réclamer contre le gagnant, que le perdant puisse exiger du gagnant tout ou partie de ses dépens.

Ainsi, il n'y a pas ici les conditions essentielles d'une véritable compensation : il y a un créancier des dépens, c'est celui qui a gagné ; un débiteur des dépens, c'est celui qui a perdu ; et cependant la loi autorise à compenser, c'est-à-dire à renvoyer sans dépens, c'est-à-dire à refuser au créancier des dé le remboursement des frais qu'il a faits. Que des motifs d'intérêt des fam' le désir de concilier, justifient tant bien que mal cette prétendue compensation, je ne le discuterai pas ; mais ce qui est vrai, ce qui est sûr, c'est qu'il n'y a là de compensation que le mot.

* Quoi qu'il en soit, cette compensation pour cause de parenté doit être restreinte aux personnes dénommées dans l'art. 131. Entre tous autres parents la règle reprend son empire, et l'art. 130 doit être appliqué (1).

Notons, comme exception à la disposition de l'art. 131, que l'enfant qui attaque un partage fait par son ascendant, supporte seul les frais, s'il succombe (art. 1080 C. C.). *

Deuxième hypothèse.— Les juges pourront aussi compenser les dépens, en tout ou partie, si les parties succombent respectivement sur quelques chefs. Ainsi divers chefs de conclusions ont été posés par chaque partie, et chacune d'elles a gagné et succombé sur quelques-uns de ces chefs ; il est clair que l'art. 130 n'est plus pleinement applicable, et qu'ici on ne peut dire à la lettre, d'aucune des parties, qu'elle ait absolument succombé. Il est jugé que chaque partie avait raison sur quelques points, avait tort sur quelques autres ; de là cette conséquence que chaque partie devrait supporter les dépens relatifs aux chefs de conclusions sur lesquels elle succombe, et répéter, au contraire, les dépens relatifs aux chefs de conclusions pour lesquels elle obtient gain de cause. Mais cette distinction, exacte en théorie, serait d'une application fort difficile ; il serait souvent impossible, en pratique, de faire un partage exact de la portion de dépens relative à chacun des chefs de conclusions, de la portion de dépens que doit supporter chaque partie ; la loi autorise donc, dans ce cas, la compensation totale ou partielle de ces dépens. Parlons d'abord de la compensation totale, c'est le cas le plus simple.

Les juges, par exemple, attendu que chacune des parties aura respectivement triomphé et succombé sur certains chefs, les reverront sans dépens, ou ce qui est la même chose, dépens compensés ; c'est-à-dire que la créance que chacune d'elles pourrait avoir contre l'autre, à raison des dépens relatifs à certains chefs de conclusions, se trouvera compensée avec la dette ou les dettes dont elle-même est tenue envers l'autre à raison des dépens relatifs à d'autres chefs de conclusions. C'est ici le sens légal, le sens technique du mot compensation ; chacune des parties est à la fois créancière et débitrice de l'autre partie ; au lieu de se jeter dans le détail des compensations qui peuvent opérer, le tribunal peut compenser en masse et renvoyer les parties sans dépens. C'est donc là le sens que la compensation des art. 1289 et suiv. (C. C.), mais ce n'en sont pas les règles dans toute leur exactitude ; vous allez aisément vous en convaincre.

D'abord, d'après le Code civil (art. 1289 et suiv.), la compensation ne peut s'opérer qu'entre deux dettes également liquides, dont le montant est fixé,

_____

(1) C. d'Aix, 1er mars 1817. — Grenoble, 25 juillet 1827 (Dalloz, *Rép.*, v° *Frais et dépens*, n° 84).

déterminé. Au contraire, dans le cas de l'art. 131, il est clair que les créances respectives ne sont pas liquides ; que le montant que le *quantum* en est indéterminé ; et c'est précisément pour s'éviter l'embarras et peut-être l'impossibilité de les bien liquider, que le tribunal compense les dépens en masse, à forfait.

Voilà une première différence entre la compensation du Code civil et la compensation de l'art. 131, deuxième hypothèse.

Seconde différence. Dans l'art. 1289, la compensation des deux créances ne s'opère que jusqu'à concurrence de la plus faible des deux. Si je suis votre créancier de 1,000 francs, et votre débiteur de 700 francs, les deux dettes ne s'éteignent que jusqu'à concurrence de la plus faible ; c'est-à-dire que la plus faible s'éteint en totalité, et que la plus forte subsiste pour 300 francs. Ici, rien de pareil, la compensation s'opère en bloc, sans qu'on ait à distinguer si l'une des parties est ou n'est pas créancière d'une somme plus forte que l'autre. Je raisonne toujours dans le cas de la compensation tout autorisée par l'art. 131.

Enfin, troisième différence. Dans l'art. 1290, la compensation s'opère *de plein droit*, par la seule force de la loi. Au contraire, dans le cas de l'art. 131, la compensation est la conséquence, le résultat d'une décision formelle du tribunal, et doit être expressément prononcée.

Ainsi, même dans le cas de compensation de la deuxième hypothèse de l'art. 131, dans le cas qui présente de l'analogie avec la compensation proprement dite, nous devons reconnaître des différences importantes entre les deux compensations.

La compensation peut être autorisée en totalité : c'est, vous ai-je dit, le cas où le tribunal renvoie les parties sans dépens, ou dépens compensés ; chacune supporte sans répétition les frais qu'elle a faits.

Ou en partie. Cela ne veut pas dire que le tribunal liquidera les frais faits par chacune des parties, pour ordonner la compensation du Code civil. Non ; mais on reconnaît, par exemple, que, bien que les parties aient respectivement succombé sur certains chefs, et qu'en conséquence il soit impossible d'adjuger à l'une d'elles la totalité des dépens, cependant il en est une qui, au fond, peut être considérée comme la partie vraiment gagnante ; que l'une d'elles a obtenu gain de cause sur la plupart de ses chefs de conclusions, et que l'autre n'a triomphé que sur quelques points d'une importance tout à fait secondaire. Alors on ordonnera, non plus la compensation totale, ce qui serait inique, mais la compensation partielle ; par exemple, on décidera que l'une des parties supportera sans répétition les trois quarts des dépens faits par elle, et qu'elle aura la répétition de l'autre quart contre la partie adverse. En un mot, on autorisera, au profit de la partie qui a triomphé sur la plupart de ses chefs de conclusions, une répétition purement partielle, et, par conséquent, une compensation partielle aussi ; on compensera les trois quarts, les deux tiers, la moitié des frais faits par l'une des parties, avec la totalité des frais faits par l'autre ; et, par conséquent, le quart, le tiers, la moitié non compensée sera répétée par la première partie contre l'autre.

Tel est le deuxième cas de compensation de l'art. 131. Vous voyez en quoi il se rapproche, et en quoi il diffère de la compensation du Code civil (1).

_____

(1) * Dans cette compensation des dépens, le tribunal ne sait pas toujours d'une ma-

* Mais vous remarquerez qu'aux termes mêmes de notre article la compensation est toujours facultative de la part des tribunaux ; ainsi, bien que les
deux parties aient succombé respectivement le tribunal pourrait cepend~
ne condamner que l'une d'elles aux dépens (1).

Les frais du jugement et de sa signification sont, en général, une partie
portante des dépens. Mais on ne les débourse qu'après le jugement rendu ;
ront-ils compris dans la compensation des dépens ? Le tribunal fera toujou~
bien de s'expliquer sur ce point. Si cependant le jugement n'a rien dit, on
cide généralement que les frais de levée et de signification du jugement d~
vent être supportés par celui qui lève le jugement et le signifie. *

279. Les art. 132 et 133 contiennent d'autres exceptions au principe
l'art. 130.

« Art. 132. Les avoués et huissiers qui auront excédé les bornes de leur minis
les tuteurs, curateurs, héritiers bénéficiaires ou autres administrateurs qui auront
promis les intérêts de leur administration, pourront être condamnés aux dépen
leur nom et sans répétition, même aux dommages et intérêts, s'il y a lieu, sans
judice de l'interdiction contre les avoués et huissiers, et de la destitution contre
tuteurs et autres, suivant la gravité des circonstances. »

Les avoués, huissiers, tuteurs, etc., ont entre eux tous un point commun, au
moins dans la matière qui nous occupe ; ce sont des représensants, des ma
taires, les uns conventionnels, les autres légaux, les autres judiciaires ; c'
cette qualité qu'ils figurent devant les tribunaux, l'avoué pour son clie
tuteur pour son mineur, l'héritier bénéficiaire et le curateur pour la su
sion. S'ils ne figurent en justice que comme représentants, que comme man
dataires, la conséquence en est que ce n'est pas contre eux personnelle
que ce n'est pas contre les représentants, mais bien contre les représen
que doit être prononcée la condamnation aux dépens.

Tel est en effet le principe ; mais l'art. 132 indique à ce principe une ex
tion : il nous annonce que, dans certains cas, le représentant sera personn
ment condamné aux dépens de l'instance. Mais condamné envers qui ? sera
envers le client, envers le mineur, envers la succession représentée ?

C'est en ce sens qu'on paraît poser généralement l'espèce de l'article, et c'
je crois, une erreur. Il ne s'agit pas, dans ce texte, de déterminer les cas dan
lesquels les frais faits mal à propos par un avoué, par exemple, doivent res
à sa charge, sans répétition contre son client ; il s'agit d'un cas tout différen
et bien mieux en harmonie avec l'ensemble des idées qui nous occupe
maintenant, savoir : du cas où la condamnation aux dépens, au lieu d'être mis
à la charge du client, du mineur ou de la succession, est mise à la charge
l'avoué, au profit de l'adversaire du client, du mineur ou de la succession.

nière précise quelle part de dépens la compensation met à la charge de chaque part
Aussi souvent le tribunal procède-t-il autrement. Il ordonne qu'il sera fait une mas
des dépens, et que chaque partie en supportera une fraction déterminée, par exem
chacune la moitié, l'une trois quarts, et l'autre un quart, etc. » *

(1) Cass., 2 avril 1849 (Dall., 1849, 1, 104) ; Cass., 17 août 1853 (Dall., 1854, 1, 82)
Cass., 4 avril 1855 (Dall., 1855, 1, 105) ; Cass., 28 avril 1857 (Dall., 1857, 1, 231) ; Cass
9 janvier 1865 (Dall., 1865, 1, 160) ; Cass., 8 juillet 1869 (Dall., 1869, 1, 303).

C'est ce qui résulte clairement de ces mots de l'art. 132 : *Les avoués pourront être condamnés aux dépens en leur nom et sans répétition;* ce qui indique clairement qu'il ne s'agit pas là du cas prévu par l'art. 1031, du cas où l'avoué supporte à sa charge certains dépens, les frais de certains actes nuls ou frustratoires. Si notre article lui refuse clairement la répétition contre son client, c'est qu'apparemment il a payé ; s'il n'avait rien payé, aucune question de répétition ne s'élèverait. Et à qui a-t-il payé ou est-il tenu de payer? Évidemment à l'adversaire de celui pour lequel il a occupé.

Posons d'abord l'espèce à l'égard des avoués et des huissiers.

Un avoué, un huissier, dans le cours d'une procédure, s'est rendu personnellement coupable, contre l'adversaire de son client, de vexations injurieuses, de poursuites qui ne lui étaient pas commandées, de saisies pour lesquelles il n'avait pas mandat, et que son client n'avait ni le droit ni la volonté de pratiquer. Qui donc devra supporter les frais de ces poursuites vexatoires que le client n'avait pas ordonnées? Évidemment ce devra être, ce sera l'avoué, l'huissier, l'officier ministériel qui les avait pratiquées sans mandat. Nous sommes ici parfaitement dans la règle de l'article, dans l'hypothèse d'un officier ministériel qui aura excédé les bornes de son mandat ; qui aura fait contre la partie adverse une poursuite, une saisie qu'il n'avait pas mandat de faire, et que le client, d'ailleurs, n'avait pas le droit de pratiquer. Il serait trop inique de faire retomber sur le client les frais de poursuites qu'il n'a pas ordonnées, qu'il n'a dû ni pu prévoir; ces frais, ces dépens et les dommages et intérêts qui en seront la suite seront adjugés directement à l'adversaire contre l'avoué.

Ce que nous venons de dire des avoués, des huissiers, nous l'appliquerons également aux tuteurs, aux curateurs et autres représentants. Ces administrateurs auront, par exemple, dans le cours et dans les actes de leur administration, porté à des tiers un préjudice qui a donné matière à un procès; les frais de ce procès, dans lequel le mineur ou la succession succombe, seront-ils adjugés à la partie qui triomphe contre le mineur ou contre la succession? Non; le tuteur, le curateur qui auront compromis leur administration, pourront être condamnés en leur nom et sans répétition contre le représenté.

Telle est la véritable hypothèse de l'art. 132, tout à fait distincte de l'hypothèse de l'art. 131, que déjà nous connaissons, et auquel, d'ailleurs, je vous renvoie.

Sans préjudice de l'interdiction contre les avoués et huissiers. C'est, ici, non plus une condamnation dans un intérêt privé, prononcée sur les conclusions de l'adversaire, mais bien une peine que le tribunal appliquera d'office, ou sur les conclusions du ministère public.

Et de la destitution contre les tuteurs et autres. Ces mots s'appliquent aisément aux tuteurs, aux curateurs à succession vacante, mais ne s'appliquent évidemment pas à l'héritier bénéficiaire dont parle aussi notre article. L'héritier bénéficiaire s'exposera, selon la gravité des cas, aux dépens, aux dommages et intérêts, mais jamais à la destitution ; la chose est évidente; tout ce qui pourra arriver contre lui, à raison de certains cas au delà des bornes de sa qualité, ce sera d'être déclaré héritier pur et simple, mais jamais d'être déchu des droits de la succession.

I.

280. L'art. 133 présente beaucoup plus d'importance.

« Art. 133. Les avoués pourront demander la distraction des dépens à leur profit, en affirmant, lors de la prononciation du jugement, qu'ils ont fait la plus grande partie des avances. La distraction des dépens ne pourra être prononcée que par le jugement qui en portera la condamnation : dans ce cas, la taxe sera poursuivie et l'exécutoire délivré au nom de l'avoué, sans préjudice de l'action contre sa partie. »

Cet article, qui, au premier abord, est d'un intérêt minime et d'une procédure tout à fait secondaire, prend pourtant beaucoup plus d'importance, quand on le combine avec des principes du droit civil, dont il est une conséquence. Posons d'abord une espèce. *Primus*, demandeur, agit contre *Secundus*; il obtient gain de cause, et, en vertu de l'art. 130, condamnation aux dépens. *Primus*, demandeur, a dû avancer à son avoué les frais des actes, des procédures, que celui-ci a faits et dirigés.

Il est possible aussi, et ce cas est très fréquent, que l'avoué de *Primus*, par confiance dans sa solvabilité ou par tout autre motif, ait avancé lui-même les frais des procédures qui ont eu pour résultat la condamnation de *Secundus*. Ici, évidemment, il y a deux créances distinctes de frais ; saisissez bien ce premier point. D'abord, créance de *Primus* gagnant contre *Secundus* perdant, créance qui a sa base, son appui dans l'art. 130, qui vous est connu. Ensuite, créance de l'avoué de *Primus* gagnant contre *Primus*, pour le compte duquel il a fait les avances.

Ainsi, l'avoué de *Primus* est créancier de *Primus* pour les avances et frais qu'il a faits ; *Primus* est créancier de *Secundus* pour ces mêmes frais et avances dont lui-même est tenu envers son avoué. Les choses se passant ainsi et le tribunal se bornant à l'application de l'art. 130, à la condamnation de *Secundus* aux dépens envers *Primus*, quel sera le droit de l'avoué de ce dernier contre *Secundus* ? Ce droit sera celui de l'art. 1166 (C. civ.); les créanciers peuvent exercer les droits et actions de leurs débiteurs. Or, l'avoué de *Primus*, créancier de *Primus* pour les frais de procédure peut, du chef de *Primus* et en vertu de l'art. 1166, agir contre *Secundus* pour se faire rembourser les dépens.

Mais vous sentez qu'en prenant cette marche, l'avoué de *Primus* s'expose à d'assez grands périls. En effet, s'il ne se présente à *Secundus* que comme créancier, l'ayant cause de *Primus*, exerçant les droits de celui-ci, il est passible de toutes les exceptions, de toutes les défenses que *Secundus* ou que des tiers pourraient opposer à *Primus*.

Ainsi, dans l'intervalle de la condamnation à la poursuite exercée par l'avoué aux termes de l'art. 1166, d'autres créanciers de *Primus* ont fait saisie-arrêt dans les mains de *Secundus*; *Secundus*, débiteur des dépens, a reçu de la part de certains créanciers de *Primus* des oppositions qui l'empêchent de vider ses mains dans celles de *Primus*, en un mot, d'acquitter les dépens ; alors l'avoué, venant, aux termes de l'art. 1166, exercer les droits de *Primus*, ne pourra que partager, avec les autres créanciers de *Primus*, le montant de la condamnation aux dépens qu'il réclame du chef de celui-ci.

Ou bien encore, *Secundus*, débiteur des dépens, est lui-même créancier de *Primus*, à un titre distinct et différent : de là une cause de compensation, aux termes de l'art. 1289 du Code civil; et de même que *Secundus* pourrait opposer à son créancier *Primus* une cause de compensation, de même il pourra l'opposer à l'avoué de *Primus*, agissant du chef et au nom de celui-ci, aux termes de l'art. 1166.

Ainsi l'avoué, qui, de confiance, aura fait des frais contre *Secundus*, pour faire reconnaître les droits de *Primus*, n'est pas personnellement créancier de *Secundus*, mais seulement de *Primus* ; et s'il poursuit contre *Secundus*, du chef de *Primus*, la condamnation aux dépens obtenue par ce dernier, il est exposé, soit à des saisies-arrêts pratiquées par des tiers, soit à une compensatic opposée par *Secundus*.

C'est précisément pour le soustraire à ce double péril qu'est autorisée l distraction, et que s'appliquera la disposition de l'art. 133. Cet avoué pourra, dit la loi, obtenir du tribunal la distraction des dépens à son profit, et cela sous les conditions indiquées dans l'article. Sa position alors deviendra toute différente, et vous allez le comprendre.

Le tribunal, en prononçant contre *Secundus* la condamnation aux dépens au profit de *Primus*, distrait immédiatement cette condamnation au profit de l'avoué de *Primus* ; il ordonne que *Secundus*, débiteur des dépens envers *Primus*, payera ces dépens, non pas dans les mains de *Primus*, mais dans les mains de l'avoué, à qui *Primus* lui-même devrait les rembourser. En d'autres termes, le tribunal, par son jugement, opère un transport forcé, un transport judiciaire de la créance des dépens, qui ne réside sur la tête de *Primus* que pour un instant de raison, et va immédiatement se poser sur la tête de son avoué. Dès lors, l'avoué de *Primus* n'a plus besoin de l'art. 1166 ; ce n'est plus comme exerçant les droits de celui-ci qu'il va attaquer *Secundus*, c'est comme créancier personnel, en vertu du transport judiciaire qui en a été opéré ; dès lors il n'a plus à craindre ni les saisies pratiquées par d'autres créanciers de *Primus*, ni les compensations que pourrait opposer *Secundus*. En effet, la créance des dépens est censée n'avoir jamais appartenu à *Primus*, mais avoir toujours résidé sur la tête de son avoué.

Quel est le motif de la distraction ? C'est d'encourager l'avoué à occuper, à postuler pour une partie pauvre et qui ne peut lui avancer les frais nécessaires, lorsque la cause de cette partie paraît bonne. L'avoué, ainsi sûr d'obtenir à son profit la distraction des dépens, si la demande réussit, n'hésitera pas à occuper pour un client qui cependant ne peut pas le mettre d'avance à couvert.

Cette distraction, autorisée par l'art. 133, renferme, vous ai-je dit, une cession, un transport de la créance de *Primus* contre *Secundus* sur la tête de l'avoué de *Primus*. Mais cette cession, ce transport est d'une nature toute particulière ; ce n'est pas un transport conventionnel, comme celui dont il est question sous les art. 1689 et suiv. (C. civ.) : ce n'est pas un transport volontaire, car la créance de *Primus* lui est enlevée, bon gré, mal gré, pour être attribuée directement à son avoué ; donc la disposition de l'art. 1690, relative au transport volontaire, est inapplicable à celui-ci ; c'est-à-dire que l'avoué de *Primus* n'a pas besoin, pour être considéré comme créancier de *Secundus*, de signifier à celui-ci le transport que lui fait le tribunal. Cette notification est nécessaire dans un transport conventionnel ; elle est inutile dans le transport judiciaire qui nous occupe.

C'est un transport forcé, un transport judiciaire, et de là une seconde con-

séquence : c'est que, si le tribunal n'avait pas accordé la distraction par le jugement même qui statue sur la contestation, s'il avait épuisé son pouvoir en
adjugeant à *Primus* les dépens de l'instance, sans les distraire de suite au profit de l'avoué, il ne pourrait pas faire plus tard ce qu'il a droit de faire à l'instant même. Et pourquoi cela? C'est qu'une fois les dépens adjugés contre
Secundus à *Primus*, *Primus* en est créancier, et que, dès ce moment, il ne dépend plus du tribunal, par un acte postérieur, d'enlever forcément à *Primus*
une créance qui lui est reconnue et attribuée.

281. La disposition par laquelle le tribunal distrait les dépens au profit de
l'avoué de *Primus* fait corps avec le fond du jugement, qui est un, qui est
indivisible ; donc, si ce jugement est par défaut, et que *Secundus* y forme opposition, l'opposition, qui est suspensive de l'exécution du principal, le sera
également quant à l'exécution des dépens.

De même, si le jugement est en premier ressort, et que *Secundus* en interjette appel, comme l'appel est suspensif, l'avoué ne pourra pas, durant l'instance d'appel, obtenir le payement de ses dépens, obtenir l'exécution de la
distraction qui lui a été faite. C'est ce que confirme au besoin l'art. 137 d'a-
près lequel l'exécution provisoire ne peut jamais être obtenue pour les dépens.

Mais supposez que le jugement ait acquis force de chose jugée, qu'il ne soit
pas ou qu'il ne puisse plus être attaqué par la voie de l'appel ; il est clair que,
de même que *Primus* pourra, en vertu du jugement, faire exécuter la condamnation prononcée au fond, de même l'avoué pourra, en vertu de ce même
jugement qui le constitue créancier direct et personnel de *Secundus*, l'exécuter
pour ses dépens. Il n'y a là aucune difficulté ; mais, quand on fait un pas de
plus, la difficulté commence et devient assez sérieuse.

Supposez, par exemple, que l'art. 133 ait été appliqué en cause d'appel, ou
bien que la disposition de cet article soit contenue dans un jugement contre lequel l'appel ne soit pas ouvert, contre un jugement en dernier ressort,
alors évidemment l'avoué peut de suite obtenir le payement de ses frais. Il
l'obtient en effet, et *Secundus* l'a payé ; mais *Secundus*, qui n'avait pas contre
ce jugement la voie d'appel, essaye le pourvoi en cassation, il attaque ce jugement pour fausse interprétation, pour application vicieuse de la loi ; et le
pourvoi en cassation, qui est une voie extraordinaire de recours, ne suspend
pas l'exécution (V. t. II, n° 777). Ainsi, nonobstant son pourvoi, *Secundus* a
été tenu de payer, et il a payé en effet les dépens à l'avoué de *Primus*. *Secundus* triomphe dans son pourvoi ; le jugement est cassé, l'affaire est renvoyée
devant d'autres juges ; et ces juges reconnaissent, au contraire, que *Primus*
était sans droit ; ces juges décernent à *Secundus* le triomphe complet de l'instance ; dès lors voici quelles questions s'élèvent :

Primus succombant en définitive, son avoué devra-t-il restituer à *Secundus*
les dépens dont la distraction a été ordonnée à son profit par un jugement
maintenant anéanti, dépens qu'il a touchés en vertu d'une condamnation qui
est maintenant reconnue mal fondée ?

Au premier aspect, rien ne semble plus juste, puisque l'erreur des premiers
juges est reconnue, puisque *Primus*, s'il avait touché les dépens, serait tenu
de les rendre à *Secundus*, qui les aurait payés ; il semble que l'avoué de *Pri-*

mus doive également les restituer à *Secundus*, puisqu'il ne les a touchés que du chef et comme mis par le jugement aux lieu et place de son débiteur *Primus*. Cependant une solution contraire est proposée, et doit, je crois, être suivie comme plus conforme à la nature de la disposition qui nous occupe.

En effet, quand la distraction a été ordonnée au profit de l'avoué de *Primus*, quand le tribunal a voulu que *Secundus*, au lieu de verser ces dépens dans les mains de *Primus*, les versât dans les mains de l'avoué de celui-ci, il n'a fait que subroger, substituer l'avoué de *Primus* à son client. Or, si la distraction n'eût pas été ordonnée, que serait-il arrivé? *Secundus* eût versé les dépens dans les mains de *Primus*, son adversaire ; *Primus* eût, à son tour, payé à son avoué les avances, les dépenses faites par celui-ci à son profit. Prétendrait-on alors, après la cassation et la réformation de ce jugement, donner à *Secundus* un recours contre l'avoué de *Primus*? Évidemment non ; on donnerait à *Secundus* le droit de redemander à *Primus* les dépens qu'il a été forcé, et mal à propos forcé, de lui payer ; mais, quant à l'avoué qui aurait touché de son débiteur *Primus* des dépens qui lui étaient bien dus, aucune restitution ne lui serait imposée, ni à l'égard de *Primus*, ni à l'égard de *Secundus*. Or, la distraction des dépens n'a pas fait autre chose qu'abréger ce double payement ; et, pour mieux assurer les droits de l'avoué, elle a fait abstraction de la personne de *Primus* ; pour éviter de faire passer les fonds de *Secundus* à *Primus*, et de *Primus* à son avoué, elle a voulu que *Secundus* les versât directement dans les mains de l'avoué de *Primus*. Mais toujours est-il que, au fond, les deux opérations sont identiques ; que c'est comme substitué aux droits de *Primus*, que c'est au nom et pour le compte de son débiteur que l'avoué a touché les dépens : il a touché ce qui lui était dû ; donc *Secundus* ne peut avoir contre lui la *condictio indebiti*, l'action en répétition du payement d'une somme indue.

Contre qui donc *Secundus* devra-t-il, pourra-t-il exercer son recours? Ce sera uniquement contre *Primus*, car c'est *Primus* qu'il a libéré ; c'est pour le compte de *Primus* qu'il a payé l'impôt de ce dernier ; l'avoué est bien payé, il ne doit rien rendre. * Et si *Primus* est insolvable, c'est *Secundus* qui supportera son insolvabilité.

Lorsque l'avoué de première instance a fait devant le tribunal l'affirmation prescrite par l'art. 133, mais sans obtenir la distraction, parce que son client a succombé, l'avoué d'appel qui affirme, à son tour, avoir remboursé au premier le montant de ses frais, peut faire étendre la distraction prononcée à son profit, par suite de l'infirmation du jugement, même à ces frais auxquels la partie adverse est condamnée pour la première fois(1). Les choses se passeraient autrement si l'avoué de première instance n'avait jamais fait l'affirmation prescrite par l'art. 133 ; dans ce cas, l'affirmation de l'avoué d'appel ne pourrait pas suppléer à celle qui était exigée de l'avoué de première instance (2). *

282. Quant aux formes dans lesquelles la distraction doit être demandée et prononcée, elles ne présentent pas de grandes difficultés.

En général, la distraction est demandée par l'avoué du demandeur dans l'exploit d'ajournement ; on y conclut à telle condamnation que de raison, puis

(1) Voy. la jurisprudence dans Dalloz, *Juris. gén.*, v° *Frais*, n° 134.
(2) Montpellier, 11 mai 1869 (Dall., 1870, 2, 73).

aux dépens, dont la distraction sera faite au profit de M° un tel, avoué, qui la requiert. De même, pour le défendeur, la distraction sera demandée, en général, par la requête de défense, qui est le premier acte de procédure signifié par son avoué.

* Cette distraction des dépens doit être demandée, d'ailleurs, dans les conclusions posées par les avoués sur le bureau du tribunal. *

Quant à l'époque où elle doit être obtenue, c'est, avons-nous-dit, à l'instant même du jugement; il est clair que ce ne peut être avant ; j'ai montré que ce ne peut être après ; c'est dans le corps même du jugement, en reconnaissant et en déclarant que les dépens sont dus par *Secundus* à *Primus*, que le tribunal doit en faire immédiatement distraction au profit de l'avoué de *Primus*.

Du reste, la loi impose à l'avoué une condition, une obligation, celle d'affirmer à l'audience, et lors de la prononciation du jugement, qu'il a fait pour son client la plus grande partie des avances. Je vous ferai remarquer que cette affirmation n'est pas un serment, il y a eu quelques controverses à cet égard. L'avoué n'est pas tenu de jurer, mais d'affirmer qu'il a avancé la plus grande partie des frais.

* Si l'avoué s'était fait remettre d'avance par son client une somme destinée à couvrir les frais, il ne pourrait donc obtenir la distraction des dépens. *

283. L'article ajoute : *Sans préjudice de l'action contre sa partie.* Ces derniers mots ne sont que l'application à notre espèce de l'art. 1274 du Code civil. Vous verrez, dans cet article, que le créancier à qui son débiteur a délégué en payement une tierce personne, ne perd pas pour cela son action contre le déléguant. C'est précisément notre espèce : le créancier délégataire, c'est l'avoué ; le débiteur déléguant, ou plutôt le débiteur pour lequel la justice délègue, c'est *Primus*; le débiteur délégué, c'est *Secundus*. Eh bien, la délégation faite par le tribunal pour *Primus* contre *Secundus*, au profit de l'avoué, n'enlève pas à celui-ci le droit de poursuivre directement *Primus*, s'il espère ainsi arriver plus sûrement à son payement. * Mais si l'avoué, par sa négligence, avait laissé survenir l'insolvabilité de *Secundus*, il ne pourrait plus recourir contre *Primus* (1). *

L'avoué qui a obtenu la distraction des dépens a qualité pour faire opposition en son nom (2) ; mais s'il succombe dans son opposition, il doit être condamné personnellement aux dépens de cette opposition vis-à-vis de la partie adverse (arg. art. 138); seulement il aurait son recours contre son client, s'il avait agi en vertu d'un mandat de ce dernier (3).

284. Quant aux expressions qui nous restent à expliquer, elles sont de pure procédure, mais elles se réfèrent à une distinction dont l'explication se place tout naturellement ici.

Dans ce cas, la taxe sera poursuivie et l'exécutoire délivré au nom de l'avoué.

Qu'est-ce que cette taxe ? qu'est-ce que cet exécutoire ?

En matière de procédure et de frais, les mots de taxe et de taxe poursuivie peuvent s'appliquer à deux cas, à deux hypothèses séparées.

(1) C. d'Orléans, 16 mai 1849 (Dalloz, 1849, 2, 191).
(2) Orléans, 19 juin 1855 (Dall., 1856, 2, 120).
(3) Nancy, 29 janvier 1870 (Dall., 1870, 2, 129).

D'abord, on peut les entendre du cas où la partie qui triomphe et qui, aux termes de l'art. 130, s'est fait adjuger les dépens, poursuit contre l'autre partie le règlement, le tarif, la taxe de ces dépens.

La procédure à suivre pour la fixation de ces dépens, si elle est contestée par le perdant, est tracée dans les art. 543 et 544 de notre Code, et surtout dans le décret du 16 février 1807, art. 1 à 8. Vous y verrez que l'avoué de la partie gagnante dépose au greffe le mémoire des frais qui doivent être remboursés à cette partie ; que ce mémoire, que cette taxe est susceptible d'opposition de la part de l'autre partie ; que, si elle ne s'y oppose pas, ou si elle succombe dans son opposition, il est délivré, à la partie gagnante, exécutoire contre son adversaire, c'est-à-dire ordonnance en forme exécutoire, qui la mettra à même de poursuivre contre l'adversaire le remboursement des frais liquidés.

Voilà la procédure à suivre quand la taxe, quand le règlement des frais est poursuivi par la partie qui gagne contre celle qui perd.

Mais vous sentez que le mot de taxe peut se présenter, et que les contestations qui s'y rattachent peuvent s'élever dans une autre hypothèse. En effet, la partie qui gagne, comme celle qui perd, a constitué un avoué auquel sont dus des honoraires et des remboursements. Si le montant de ces honoraires n'est pas arrêté à l'amiable entre l'officier ministériel et son client, il y a lieu à en requérir le règlement ; et pour ce règlement aussi il peut y avoir lieu à débat. Les formes de ce débat, non plus entre les deux parties, mais entre l'avoué et son client, sont réglées par l'art. 9 du décret du 16 février 1807. L'affaire est directement portée à l'audience par l'officier ministériel, sans préliminaire de conciliation ; nous l'avons déjà vu dans le § 5 de l'art. 49 ; nous avons même vu dans l'art. 60, que le tribunal compétent pour connaître des dépens était le tribunal où les frais ont été faits.

Auquel de ces deux cas se rapportent les expressions de notre art. 133 ? C'est évidemment au premier. Il ne s'agit pas là de contestation entre l'avoué et son client, mais bien entre l'avoué qui a obtenu la distraction et la partie contre laquelle cette distraction a été obtenue. Et même, le débat sur le règlement de la taxe n'existe qu'entre les deux parties, car l'avoué n'a obtenu la distraction de la demande que comme étant mis, par cette distraction, aux lieu et place de son client. Ainsi, la procédure à employer pour poursuivre la taxe en vertu de l'art. 133 est celle qui est déterminée par les art. 1 à 8 du décret du 16 février 1807.

L'exécutoire dont il est question dans notre article, c'est la copie d'un extrait du jugement, de la partie relative aux frais, copie révêtue de la formule exécutoire et délivrée par le greffier, aux termes de l'art. 5 de ce décret. Ce décret, remarquez-le bien, n'est pas le tarif des frais, quoique ce tarif soit également du 16 février 1807 ; c'est un décret qui détermine les formes de cet exécutoire délivré par le greffier.

* L'art. 133 s'applique aux affaires ordinaires. En matière sommaire, le jugement contient la liquidation des dépens (V. t. II, n° 798). *

➤➤➤ **285.** Nous arrivons à un autre ordre d'idées, aux demandes provisoires.

« Art. 134. S'il a été formé une demande provisoire, et que la cause soit en état sur le provisoire et sur le fond, les juges seront tenus de prononcer sur le tout par un seul jugement. »

Nous avons déjà parlé des jugements provisoires, et ce que nous en avons dit s'applique tout naturellement aux demandes provisoires : une demande provisoire est celle qui est formée soit avant, soit avec, soit depuis la demande principale, afin de faire ordonner par le tribunal certaines mesures d'urgence, dont la décision ne pourrait être différée sans péril.

Ainsi la demande provisoire peut être formée avant la demande principale, à l'effet d'y faire statuer, par exemple, par voie de référé, à raison de son extrême urgence (art. 806 et suivants); ou bien pour y faire statuer, conformément aux art. 404 et 405, par la procédure plus rapide autorisée pour les matières sommaires, au nombre desquelles les demandes provisoires sont rangées.

Il est aussi possible que la demande provisoire n'ait pas été formée avant la demande principale, qu'elle l'ait été avec cette demande, et dans l'exploit même d'ajournement, mais qu'on obtienne du président la permission de plaider à un délai plus bref sur la demande provisoire, précisément à raison de son urgence.

Elle peut enfin être formée dans le cours de l'instance sur le principal; elle le sera alors comme demande incidente, selon les formes de l'art. 408.

Quant aux exemples de demandes provisoires, j'en ai déjà donné en parlant des jugements provisoires ; telle serait, dans une instance en séparation de corps, la demande d'une pension ou provision alimentaire, dirigée par la femme demanderesse contre le mari défendeur ; telle serait, dans une revendication immobilière, la demande faite par le demandeur, à l'effet d'obtenir que la possession de l'immeuble litigieux fût retirée, pendant l'instance, au défendeur qui le dégrade, et confiée, par exemple, aux mains d'un gardien, d'un séquestre judiciaire.

286. En général, quand les demandes provisoires auront été formées, soit avant la demande principale à laquelle elles se rattachent, soit même conjointement avec cette demande et par un même exploit d'ajournement, il sera fort rare que l'art. 134 puisse trouver son application ; la demande provisoire, étant sommaire de sa nature, aux termes de l'art. 404, s'instruit par là même sans écritures préalables, et se décide sur simples plaidoiries d'audience ; or, les juges seront presque toujours en état de prendre parti sur le provisoire, avant d'être en état de statuer sur le définitif, ils videront le provisoire avant d'absorber le définitif.

Que si, au contraire, c'est dans le cours de la demande principale, et à une époque déjà assez avancée de l'instruction relative à cette demande, que la demande provisoire est à son tour présentée, l'hypothèse de l'art. 134 se réalisera facilement ; il sera possible que le provisoire et le principal soient en état en même temps ; alors, nous dit l'article, *les juges seront tenus de prononcer sur le tout par un seul jugement.*

Quel est le motif de cette disposition? C'est un motif d'économie ; puisque les deux demandes, et la provisoire et la définitive, sont toutes deux complètement instruites, ce serait une mauvaise marche que de faire supporter aux parties les frais d'un double jugement et d'une double signification ; il vaut bien mieux renfermer le tout dans un jugement commun, et statuer à la fois, c'est l'exigence de la loi, sur le provisoire et le définitif.

287. Je ne vois sur cet article qu'une objection qui pourrait peut-être vous embarrasser. Si le provisoire et le principal se trouvent instruits en même temps, les juges doivent prononcer sur le tout par un seul jugement. Mais à quoi bon, pourriez-vous me dire, si le principal est en état, si le fond de la demande est complètement instruit, à quoi bon statuer sur le provisoire? Le nom même de demande provisoire n'indique-t-il pas clairement que, quand on décide sur le fond, sur le définitif, sur le principal, il n'y a pas lieu à s'occuper du provisoire? Prenons l'exemple que je donnais tout à l'heure, celui d'une demande provisoire à l'effet de faire mettre en séquestre, dans le cours d'une revendication, l'immeuble revendiqué contre le défendeur, détenteur de cet immeuble et accusé de le dégrader. Certainement, dans le cours de l'instance, tant que le principal n'est pas en état, il y a pour le demandeur un intérêt capital à enlever à son adversaire l'immeuble qu'il détériore et qu'il dégrade. Mais si le droit du demandeur est reconnu, si sa propriété est constatée, en un mot, si la demande principale est en état, à quoi bon statuer encore sur la demande en séquestre, demande provisoire de sa nature et qui, dès lors, n'a plus d'intérêt?

Cette objection n'est que spécieuse ; même dans ce cas, quelle que soit la solution qu'on adopte sur le principal, il est utile, il est nécessaire de statuer sur le provisoire par une disposition formelle du même jugement.

Premier motif : c'est qu'il faut bien statuer sur les frais de cette demande provisoire. En effet, il est possible que, tout en obtenant gain de cause sur la demande principale, tout en faisant reconnaître que l'immeuble revendiqué m'appartient, et en obtenant en conséquence les dépens faits pour le principal, il soit jugé cependant que c'est sans raison que j'ai formé une demande provisoire. Ainsi, j'étais propriétaire, et j'ai sans doute bien fait de revendiquer ; mais l'adversaire ne dégradait pas, et je lui ai imputé sans motif d'abuser de la possession : j'ai essayé sans motif de lui enlever cet immeuble, pour le faire mettre aux mains d'un séquestre ; il est donc nécessaire alors de décider que, tout en me donnant gain de cause au principal, j'ai eu tort et je succombe dans ma demande provisoire, dont les dépens doivent rester à ma charge, attendu que j'ai eu tort sur ce chef. Ou, si vous voulez, ce sera encore un cas d'application de l'art. 131, c'est-à-dire un cas de compensation partielle des dépens. Voulez-vous même un intérêt plus sérieux, plus grave que l'intérêt assez minime des dépens du provisoire, qui suffisait cependant pour expliquer l'art. 134? Cet intérêt, le voici, il se rattache aux développements que nous allons donner sur l'art. 135.

En général, l'appel d'un jugement est suspensif; l'appel interjeté arrête l'exécution d'un jugement dont est appel, c'est la règle ; nous allons la motiver et la développer sur l'article suivant. Mais cette règle souffre exception dans certaines hypothèses données, dans lesquelles l'exécution d'un jugement se poursuit, nonobstant l'appel interjeté. Une partie de ces hypothèses sont énumérées dans l'art. 135. Eh bien, le cas de séquestre y est précisément compris dans le § 4; il est fort important, pour moi demandeur, de faire statuer non seulement sur ma propriété, mais aussi sur le séquestre que j'avais réclamé dans le principe, en ce sens que, si l'adversaire interjette appel du jugement et suspend par là même l'exécution des conclusions principales sur lesquelles j'ai obtenu gain de cause, au moins ne suspendra-t-il point l'exécution de la mise en séquestre, jugement provisoire qui, aux termes du § 4 de l'art. 135, je ne dis pas devra, mais pourra, selon les cas, s'exécuter malgré l'appel. De même, et d'une manière encore plus sensible, sur les provisions alimentaires. Des provisions alimentaires ont été adjugées ; en supposant même que l'appel soit suspensif quant à la cause principale, il ne le sera pas pour la demande provisoire, aux termes du § 7 du même art. 135.

⟫⟶ 288. L'art. 135 a trait, non plus aux demandes provisoires, mais à l'exécution provisoire(c'est-à-diremalgré l'appel) des jugements même définitifs.

« Art. 135. L'exécution provisoire sans caution sera ordonnée, s'il y a titre authentique, promesse reconnue, ou condamnation précédente par un jugement dont il n'y ait point d'appel. — L'exécution provisoire pourra être ordonnée, avec ou sans caution, lorsqu'il s'agira : — 1° d'apposition et levée des scellés, ou confection d'inventaire ; — 2° de réparations urgentes ; — 3° d'expulsion des lieux, lorsqu'il n'y a pas de bail, ou que le bail est expiré ; — 4° de séquestres, commissaires et gardiens ; — 5° de réceptions de caution et certificateurs ; — 6° de nomination de tuteurs, curateurs et autres administrateurs, et de reddition de compte ; — 7° de pensions ou provisions alimentaires. »

Le principe qui doit nous servir de point de départ dans l'explication de ce texte, c'est celui que j'indiquais tout à l'heure : *L'appel est suspensif.* Ce principe, vous le trouvez formellement consacré dans l'art. 457 du Code de proc., au titre de l'Appel. « L'appel des jugements définitifs ou interlocutoires sera suspensif. »

Ainsi, en première instance, un jugement a été rendu à mon profit. Le jugement, encore bien que susceptible d'être attaqué par la voie d'appel, ne m'en autorise pas moins à une exécution directe et à peu près immédiate ; je dis à peu près, à cause des art. 449 et 450, qui fixent un délai de huitaine pendant lequel on ne peut ni appeler ni exécuter ; ce n'est là qu'un délai de huit jours tout à fait particulier. Mais si au lieu d'une simple possibilité, d'une simple éventualité d'appel, il y a un appel interjeté, cet appel, qui remet tout en question, qui transfère à des juges supérieurs le droit de confirmer ou de réformer la sentence, arrête le droit que j'avais de passer outre à l'exécution de cette sentence.

Voilà en quel sens on dit que l'appel est suspensif ; ce n'est pas l'appel possible, l'appel éventuel, c'est l'appel déjà interjeté.

Sous ce rapport, la voie de l'appel, voie ordinaire pour réformer les jugements, diffère essentiellement des voies extraordinaires, et notamment du pourvoi en cassation ; les voies extraordinaires, à la différence des voies ordinaires, ne suspendent pas l'exécution ; un arrêt attaqué devant la Cour de cassation ne s'en exécute pas moins, nonobstant le pourvoi pendant. Il en est autrement de l'appel, qui est suspensif.

A côté de cette règle, l'art. 457 place une exception : « l'appel des jugements définitifs ou interlocutoires sera suspensif, *si le jugement ne prononce pas l'exécution provisoire dans les cas où elle est autorisée.* » Ainsi, nonobstant le principe d'après lequel l'exécution est suspendue par l'appel, les juges peuvent, dans certains cas, prononcer l'exécution provisoire de leur jugement.

289. Au reste, sous le rapport de cette exception, l'art. 457, § 1er, ne doit pas être pris trop à la lettre, autrement il faudrait en conclure :

Premièrement, que l'appel est toujours suspensif, à moins que le juge ne prononce expressément l'exécution provisoire. Ce serait déjà une fausse conséquence : il y a des cas où, en vertu d'une disposition générale et impérative de la loi, l'appel n'est pas suspensif, où l'exécution provisoire a lieu, encore bien que le jugement n'en dise rien. (V. art. 89, 90, 263, 376, 312, 521, 848 ; de même pour les ordonnances de référé, art. 809 du Code de procédure.)

Secondement, la loi vous dit : « Dans les cas où elle est autorisée. » D'où vous devriez conclure encore que la loi se borne toujours à autoriser les juges à attacher à leurs jugements la force d'exécution provisoire. Ce serait encore inexact. La loi ne se borne pas toujours à donner aux juges cette autorisation, elle leur en intime quelquefois l'ordre de la manière la plus précise, la plus impérative, la plus inévitable.

Nous reconnaîtrons donc que l'exécution provisoire est impérative ou facultative : *impérative*, lorsque la loi ordonne aux juges de la prononcer ; *facultative*, lorsqu'elle leur laisse la faculté de l'accorder ou de la refuser.

290. Le § 1er de l'art. 135 contient les trois cas où l'exécution provisoire est prononcée impérativement.

L'exécution provisoire sans caution sera ordonnée, s'il y a titre authentique, promesse reconnue, ou condamnation précédente par jugement dont il n'y ait point d'appel. — Ainsi, dans les trois cas énumérés dans ce paragraphe, il ne dépend pas des juges de refuser à la partie qui obtient gain de cause, le bénéfice de l'exécution provisoire ; quoique l'appel puisse être interjeté, ils doivent ordonner cette exécution provisoire ; c'est ce qu'indiquent clairement les termes impératifs de ce texte ; c'est ce qui résulte encore mieux de sa comparaison avec le paragraphe suivant : *L'exécution provisoire pourra être ordonnée.* Il y a opposition manifeste entre la disposition impérative du § 1er et la disposition tout à fait facultative du deuxième.

Pourquoi la loi a-t-elle voulu, dans les trois cas posés par notre premier paragraphe, que l'appel ne suspendît pas l'exécution, que les juges insérassent expressément dans leur jugement l'ordre d'exécuter provisoirement ?

Ces trois cas peuvent être considérés comme la traduction, comme le développement de cette maxime : *Provision est due au titre* ; c'est-à-dire que, toutes les fois que le demandeur qui a obtenu gain de cause a produit, pour l'obtenir, un des titres énumérés dans ce premier paragraphe, cette production établit, en faveur de la bonté de sa cause, en faveur du mérite du jugement, une présomption assez forte pour diminuer beaucoup, aux yeux de la loi, les chances de réformation du jugement sur l'appel et, par conséquent, pour nécessiter l'exécution provisoire.

L'exécution provisoire sans caution sera ordonnée. C'est-à-dire, que la partie qui a obtenu gain de cause et qui voudra exécuter le jugement, bien qu'attaquée par la voie de l'appel, ne sera pas même tenue de donner à son adversaire caution de l'indemniser du préjudice de cette exécution, dans le cas où, en définitive, le jugement viendrait à être réformé. Tel est le sens du mot *caution* quand il s'agit de l'exécution provisoire, légale ou facultative d'un jugement.

Cette faveur sera accordée au demandeur, *s'il y a titre authentique, promesse reconnue, ou condamnation précédente.* Mais, me direz-vous, s'il y a titre au tique, promesse reconnue ou la troisième circonstance, comment a-t-il pu y avoir procès? Quels débats ont pu s'entamer sur la réalité d'un droit attesté par un titre authentique, ou par un titre privé dont l'adversaire a reconnu criture, ou même enfin par un jugement antérieur? Le débat peut se conce voir, et à bien des égards, même dans ces cas.

Ainsi, j'ai produit contre mon adversaire un titre authentique, non revêtu cependant de la formule exécutoire, sans quoi je n'aurais pas eu besoin m'adresser au tribunal * (V. cependant le n° 256 *in fine*). L'adversaire vous voulez, pour me placer dans le cas le plus favorable, n'a pas même es de contester la dette ; mais, s'appuyant sur l'art. 122, il a demandé des d pour s'acquitter ; le tribunal n'a pas cru devoir les lui accorder ; alors l'a cation de l'art. 135 est de la plus grande simplicité. La dette est attestée un titre authentique! le débiteur ne l'a pas contestée, le tribunal n'a pas cordé de délai. Quelles chances de réformation peut-il y avoir sur l'app peu près aucune, à ce qu'il semble ; dès lors, que l'exécution provisoire mar che, malgré l'appel, il n'y a rien de si raisonnable.

Mais il est possible que, malgré l'existence du titre authentique entre me mains, des contestations sérieuses se soient élevées entre moi et mon ad saire. Ainsi, il n'a pas contesté, nié l'authenticité de mon titre ; il en contraire reconnu la véracité ; mais il a prétendu avoir payé la dette at par ce titre ; il a prétendu avoir une cause de compensation ; il a prétendu je lui avais fait remise de la dette : voilà des moyens qui, suivant les cas, vent être graves, sérieux ; qui, sans ébranler en rien l'authenticité du peuvent cependant établir que réellement il n'y a plus de dette. Cepen les juges ne peuvent pas, ne doivent pas, quand ils rejettent ces moyens défense, hésiter à appliquer le texte de l'art. 135. Il y a titre authentique c'est déjà en faveur de mon droit une immense présomption de vérité moyens de défense invoqués par l'adversaire n'ont pas été admis ; l'exécution provisoire devra m'être accordée sans caution, à raison de cette authenticité.

Ce que je dis ici du cas de titre authentique, je le dis également, et par les mêmes raisons, de celui du titre privé, lorsque l'adversaire, ayant reconnu lui-même la vérité de l'écriture, conformément à l'art. 1322 du Code civil aurait ensuite opposé un payement, une remise, une compensation qu'il serait hors d'état de prouver.

Des doutes plus sérieux peuvent s'élever lorsque le débat s'engage, soit sur l'authenticité même du titre que je produis, soit sur son interprétation ; et là se manifestent, parmi les commentateurs du Code de procédure, des diverge ces qu'on aurait dû s'épargner, si l'on avait voulu s'attacher, ce qu'il faut tou jours faire, au texte très précis de la loi.

Ainsi, quand le débiteur, poursuivi en vertu d'un titre authentique, a con testé l'authenticité, quand il s'est inscrit en faux contre ce titre, et que cepen dant cette prétention a été repoussée et le titre reconnu vrai, dans ce cas, qu sent-ils, l'exécution provisoire n'est plus de rigueur, le § 1er de l'art. 135 devient inapplicable.

De même, ajoute-t-on, quand le débat porte non pas sur l'authenticité du titre, mais sur le sens, sur l'explication, sur l'interprétation de ce titre, alors encore il dépend des juges, suivant que les difficultés leur paraissent plus ou moins graves, plus ou moins sérieuses, d'accorder ou de refuser, au demandeur qui obtient gain de cause, le bénéfice de l'exécution provisoire.

Il est clair qu'une fois ces idées admises, il faut passer la plume sur le premier paragraphe de l'art. 135, qu'il faut rayer ces mots : *L'exécution sera ordonnée*, pour y substituer ceux-ci de notre propre autorité : *L'exécution* POURRA *être ordonnée ;* cc que nous ne serons pas tentés de faire.

Ainsi, que les motifs de défense allégués par le défendeur soient frivoles, ou que, au contraire, ils aient présenté une force, une gravité à laquelle cependant le tribunal ne s'est pas attaché, puisque, en définitive, il les a tous rejetés, il est vrai de dire, quand l'inscription de faux est repoussée, qu'il y a titre authentique, titre dont l'authenticité est reconnue, est consacrée par le jugement, et qui, dès lors, doit emporter l'exécution provisoire, sans qu'il y ait là, de la part du tribunal, aucune appréciation, aucun examen possible des circonstances.

Ceci, au reste, résulte surabondamment de la comparaison même des deux premières circonstances indiquées par l'art. 135 : *Titre authentique, promesse reconnue.* Pour quel cas donc exige-t-on la reconnaissance, l'aveu, l'acquiescement du débiteur ? C'est pour le cas de promesse, de promesse sous seing privé ; tel est évidemment le sens de ce mot, pris par opposition à ceux de titre authentique qui le précèdent immédiatement. Or, si la reconnaissance du débiteur est une condition de l'exécution provisoire, seulement quand il s'agit d'un acte sous seing privé, cette reconnaissance importe peu, quand il s'agit d'un titre authentique, d'un titre qui fait foi par lui-même ; et, en conséquence, si le débiteur, au lieu de reconnaître, a contesté l'authenticité par une inscription de faux, et que, malgré cette inscription, le titre ait été déclaré vrai, cette authenticité constatée par un jugement doit emporter comme conséquence nécessaire, l'exécution provisoire, nonobstant l'appel interjeté (1).

Le troisième cas indiqué par le § 1er présente encore quelques singularités, *ou condamnation précédente par jugement dont il n'y a pas d'appel.*

Ici encore, au premier abord, on conçoit bien moins que dans les deux premiers cas qu'il y ait contestation ; car, dans les deux premiers cas, vous voyez que l'authenticité ou la reconnaissance de l'acte privé n'exclut nullement la possibilité de contestations, même graves et sérieuses ; mais si le jugement est rendu à raison d'une condamnation précédente, non attaquée par la voie d'appel, on ne comprend pas ce que le nouveau jugement peut ajouter à l'ancien, ni comment, après la première condamnation, il pouvait encore y avoir lieu à contestation sur la même matière. Cependant l'hypothèse de l'article est encore assez facile à poser. Voici un exemple :

(1) * C. d'Orléans, 11 février 1835. — Bordeaux, 19 août 1835, 1er septembre 1840. — *Contrà*, C. de Metz, 11 mars 1824. — Bordeaux, 2 octobre 1832 (Dalloz, *Rép.*, v° Jugement, nos 615, 616, 617). *

Une condamnation a été prononcée contre vous au payement d'une somme d'argent ; cette condamnation n'a pas été par vous attaquée par la voie d'appel. De sa nature, elle n'était pas exécutoire par provision, vous pouviez arrêter l'exécution en appelant ; vous ne l'avez pas fait, on est encore ou l'on n'est plus dans le délai d'appel, peu importe ; toujours est-il qu'en vertu de cette condamnation j'ai procédé à une saisie sur vos biens meubles ou immeubles. Dans le cours de cette saisie, des difficultés s'élèvent entre nous, des débats viennent surgir, et à ces débats se rattache, par exemple, une question relative à l'interprétation de la condamnation précédente ; je prétends donner à cette condamnation, à ce jugement et à l'application que j'en fais, une étendue que vous vous refusez à y reconnaître ; voilà entre nous la matière d'un nouveau jugement, jugement qui se rattache à l'interprétation d'une condamnation précédente que vous n'avez pas attaquée par la voie d'appel. La loi reconnaît dans ce deuxième jugement corrélatif au premier, dans le silence que avez gardé quant à l'appel du premier, une présomption de vérité qui en pour le second la nécessité d'une exécution provisoire sans caution.

Voilà le sens des trois hypothèses du § 1er, hypothèses dans lesquelles cution provisoire n'a pas lieu en vertu de la seule nature du jugement comme dans les art. 89, 90, etc. (V. n. 289), mais en vertu d'une clause que les juges sont tenus d'ajouter dans leur jugement sans même pouvoir subordonner bénéfice de cette exécution à la nécessité de fournir une caution.

Mais, en appliquant à la lettre, comme je me suis étudié à le faire, les gences du § 1er, je reconnais que, dans certaines hypothèses, il pourra y a dureté, péril peut-être, à prononcer l'exécution provisoire. Je reconnais que difficultés soulevées par le défendeur contre l'application du titre prétendu déclaré authentique, ou contre les effets de la promesse reconnue, po être, dans certains cas, assez graves pour faire concevoir que le tribunal p se tromper, et que son jugement puisse être réformé ; mais la règle posée le texte est précise. C'est ici le danger des règles inflexibles, qui veulent brasser tous les cas. Peut-être eût-il mieux valu faire un peu la part des constances, laisser aux juges, pour ordonner ou pour refuser l'exécution visoire, malgré l'appel, une liberté d'appréciation que le § 1er de l'art. 135 refuse, et, il faut bien en convenir, que nous n'avons pas le droit de leur corder d'office.

291. Laissons maintenant ces cas où l'exécution provisoire doit être accordée par les tribunaux, et passons à l'examen de ceux où cette exécution accordée par eux que facultativement, c'est-à-dire où ils sont maîtres de prononcer ou de la refuser, où ils sont maîtres aussi d'exiger une caution ou d'en dispenser.

Les différents paragraphes qui nous restent à parcourir dans l'art. 135 trait à l'exécution provisoire facultative.

L'exécution provisoire POURRA *être ordonnée avec ou sans caution, lorsqu'il s'agira* 1° *d'apposition et levée de scellés ou confection d'inventaire.*

Vous savez qu'une demande à l'effet d'autoriser l'apposition des scellés, mesure conservatoire, à l'effet d'en faire ordonner la levée, par exemple, afin d'extraire des scellés un titre dont on a immédiatement besoin pour inter rompre contre un débiteur une prescription près de s'accomplir, et de même à l'effet de procéder à l'inventaire qui n'est que la conséquence de la levée des scellés, vous sentez qu'une pareille demande présente un caractère d'urgence, et aussi que la contestation qui la précède offre un caractère de simplicité qui se prête facilement à l'exécution provisoire, malgré l'appel.

Du reste, ce paragraphe, comme les deux suivants, sera presque toujours, et toujours peut-être, modifié dans la pratique par son rapprochement avec d'autres articles. Ainsi, dans les art. 921, 928 et 944 relatifs, le premier à l'opposition, le second à la levée des scellés, et le troisième à l'inventaire, vous verrez que les difficultés qui s'élèvent en pareilles matières sont portées en référé, devant le président du tribunal de première instance ; et, aux termes de l'art. 809, les ordonnances de référé sont, par leur seule nature, exécutoires par provision. Sous ce rapport, l'art. 809 a infiniment plus d'étendue que le § 1er de l'art. 135, c'est-à-dire qu'à cette exécution provisoire expresse et purement facultative du § 1er de l'art. 135, se substitue, au terme des quatre articles que je vous ai cités, une exécution provisoire, immédiate, de plein droit, sans aucune mention dans l'ordonnance, attendu que ces questions seront tranchées par des ordonnances de référé.

2° *Quand il s'agit de réparations urgentes.* Ces réparations se présenteront, par exemple, dans l'hypothèse de l'art. 724 du Code civ. ; si un locataire se refuse à laisser accomplir par le locateur, par le bailleur, des réparations nécessaires et urgentes dans la maison qu'il habite, alors il pourra y être contraint, soit par un jugement émané du tribunal de première instance, auquel cas le 2° de l'article 135 s'appliquera ; soit même, si ces réparations présentaient un caractère d'urgence excessive, par une ordonnance de référé, auquel cas ce serait l'article 809 qui s'appliquerait, c'est-à-dire l'exécution provisoire non plus facultative, non plus expresse, mais résultant de plein droit de la seule nature de la sentence. De même, à l'inverse, si c'était le bailleur qui refusât d'accomplir, au profit du locataire, des réparations non locatives et d'absolue nécessité, le locataire pourrait l'assigner soit en référé, soit devant le tribunal, selon l'urgence des cas, et obtenir soit un jugement qui serait dans le cas de l'art. 135, soit une ordonnance de référé qui serait dans le cas de l'art. 809.

3° *L'expulsion des lieux.* Ici encore on peut trouver, dans les motifs de la contestation, un caractère de simplicité, et, dans sa nature, un caractère d'urgence qui détermine le tribunal à ordonner l'exécution provisoire ; question de fait et de circonstances, car la loi ici a abandonné le tout à la prudence des juges.

Lorsqu'il n'y a pas de bail, ou que le bail est expiré. C'est-à-dire pas de bail écrit ; lorsqu'un locataire ou prétendu tel ne présente pas de bail écrit, n'arrive pas à établir qu'il y a eu en sa faveur un bail verbal d'une certaine durée, ou, dans d'autres termes, lorsque le temps fixé par le Code civil relativement à la durée des locations faites sans écrit, est expiré ; ou bien s'il présente un bail écrit, mais dont la durée soit révolue.

4° *Des séquestres, commissaires et gardiens.* Le premier cas de séquestre est celui que j'ai cité sur l'art. 134. Il est fait mention du séquestre dans les art. 1945 et suiv. du Code civil. Les motifs d'urgence qui se présentent dans ce cas expliquent facilement l'exécution provisoire que le tribunal peut ordonner.

Le mot *commissaires* n'est que la reproduction inattentive de l'ancien droit; ce mot paraît se rapporter aux commissaires des saisies réelles; l'usage de ces commissaires n'est pas conservé par le Code de procédure; aussi ce mot, dans notre article, paraît être sans application.

Quant aux *gardiens*, vous en trouverez des exemples dans les art. 596, 597 et 628 du Code proc.; ce sont les gardiens constitués pour veiller sur des meubles saisis (nos 857 et suiv.). Les questions relatives à la nomination et au choix des gardiens, lorsque ce choix est critiqué, sont évidemment des questions d'urgence pour lesquelles le tribunal ne refusera guère l'exécution provisoire.

5° *De réception de caution et certificateurs*. Ici encore ce n'est qu'une exécution provisoire facultative, si nous en croyons le texte de l'article 135; mais ce texte se trouve modifié, ou, pour mieux dire, il disparaît devant le texte de l'art. 521, relatif aux réceptions de caution. Vous y voyez que « les réceptions de caution seront jugées sommairement, sans requêtes ni écritures; le jugement sera exécuté nonobstant appel. » Ainsi, aux termes de l'art. 521, le jugement qui admet une caution de la part de celui qui était tenu de la fournir, en vertu d'une convention de la loi, ou d'une décision judiciaire, doit recevoir une exécution provisoire, non seulement impérative, mais qui résulte même de plein droit du jugement.

Et *certificateurs*; un certificateur, c'est la caution d'une caution. Ce surcroît de précautions a lieu quand un individu est obligé à donner une caution, et que cette caution doit en fournir une autre elle-même. Les certificateurs, en matière civile, sont d'un exemple extrêmement rare.

6° *De nomination de tuteurs, de curateurs et autres administrateurs, et de reddition de compte*. Le principe de ce paragraphe se trouve dans l'art. 440 du Code civ.; quand les excuses proposées par un tuteur ont été rejetées par le conseil de famille, et qu'il se pourvoit devant les tribunaux à l'effet de les faire admettre, il est cependant tenu d'administrer provisoirement pendant le litige. Eh bien, si la décision, si le choix du conseil de famille s'exécute, quoique le tuteur nommé se soit pourvu devant le tribunal pour faire infirmer cette décision, à plus forte raison, quand le tribunal a maintenu le choix du conseil de famille, quand il a rejeté les excuses proposées par le tuteur, sera-t-il porté (il n'y est pas contraint d'ailleurs) à ordonner l'exécution provisoire de sa sentence nonobstant l'appel interjeté.

De même pour les redditions de compte; ce qui s'entend soit du jugement qui ordonne de rendre le compte, soit du jugement qui intervient sur la reddition de compte opérée et débattue, art. 530 pour le premier cas, et pour le second, art. 540 du Code de procédure.

7° *Des pensions ou provisions alimentaires*. Par exemple, dans les cas des articles 205 et 206 du Code civil, pour les pensions alimentaires que les ascendants et descendants se doivent.

Quant aux *provisions*, ceci se rattache aux demandes d'aliments, par exemple dans une instance de séparation de corps. Vous concevez que la nature même de la demande, qui est urgente, décide très facilement un tribunal à ordonner l'exécution provisoire de son jugement.

L'art. 135 est limitatif; cet article, dans le projet du Code de procédure, contenait un dernier alinéa qui permettait aux juges d'accorder, en outre, l'exécution provisoire dans toutes les autres affaires, mais avec caution. Cette disposition n'a pas été admise; les juges ne peuvent donc proposer l'exécution provisoire hors des cas prévus par la loi.

292. Je ferai remarquer, avant de quitter l'art. 135, que sa disposition n'est applicable qu'aux tribunaux civils d'arrondissement, tandis qu'une grande partie des dispositions de ce titre ont un caractère de généralité, ont un caractère beaucoup plus étendu.

D'abord, pour les justices de paix, vous consulterez les dispositions spéciales des art. 11 et 12 de la loi du 23 mai 1838.

A l'égard des tribunaux de commerce et de leurs jugements, un droit spécial est également consacré par l'art. 439 (V. n° 664).

Enfin, quant aux cours d'appel, il est clair que l'art. 135 leur est également inapplicable ; leurs arrêts sont souverains, non pas en ce sens qu'ils soient absolument à l'abri de tout recours, mais en ce sens qu'on ne peut pas les attaquer par appel, que cette voie ordinaire de réformation n'est pas ouverte contre un arrêt contradictoire émané d'une cour d'appel. Il peut être attaqué par la voie de cassation, par la requête civile ou autres voies, mais ces voies ne sont pas suspensives, et par conséquent l'art. 135 est absolument inapplicable.

293. L'art. 136 se rattache au même ordre d'idées.

Nous avons vu que, dans les différentes hypothèses de l'art. 135, l'exécution provisoire ne résultait pas de la nature seule de la sentence ; qu'elle ne pouvait avoir lieu qu'en vertu d'une disposition expresse du jugement de condamnation. Ajoutez, d'ailleurs, que, malgré les termes impératifs du § 1er de l'art. 135, *l'exécution sera ordonnée*, les juges n'ont pas qualité pour ordonner d'office cette exécution. Vous savez, déjà nous l'avons dit sur l'art. 130, que l'emploi même de termes impératifs de la part de la loi, *sera condamné*, *sera ordonné*, n'autorise pas les tribunaux à statuer d'office et sans conclusions sur un point qui n'est que l'intérêt privé. Ainsi les tribunaux doivent ou peuvent, d'après l'art. 135, ordonner l'exécution provisoire ; mais il faut que cette exécution ait été formellement demandée par la partie intéressée (1).

Qu'arrivera-t-il de là, si le tribunal n'a pas ordonné cette exécution dans les divers cas de l'art. 135, soit parce que la partie a négligé d'y conclure formellement, soit parce que, la partie l'ayant demandé, le tribunal n'a pas cru devoir ou pouvoir faire droit à sa réclamation ? Le principe est bien connu : c'est que, le jugement une fois rendu, le tribunal est dessaisi ; nous avons exposé cette règle sur les art. 122 et 127 ; donc, encore bien que l'on se trouve dans l'un des cas où l'exécution provisoire devrait être ordonnée, elle ne peut pas avoir lieu si elle n'est pas portée dans le jugement, et, de plus, le tribunal ne peut l'ordonner par un acte postérieur, dessaisi qu'il est par le juge-

(1).* C. de Rennes, 9 juillet 1810. — Grenoble, 15 décembre 1820. (Dall., *Rép.*, v° *Jugement*, n° 598).

ment qui a épuisé toute sa mission, toute sa juridiction, quant à cette affaire. Tel est le prescrit de l'art. 136.

« Art. 136. Si les juges ont omis de prononcer l'exécution provisoire, ils ne pourront l'ordonner par un second jugement, sauf aux parties à la demander sur l'appel. »

Sauf aux parties à la demander sur l'appel. Ces derniers mots, pris à la lettre et tout seuls, pourraient vous autoriser jusqu'à dire l'exécution provisoire qui ne m'a pas été accordée, dans le cas où elle devait l'être, par le jugement qui m'a donné gain de cause, ne pourra plus être ordonnée que par l'arrêt définitif qui interviendra en ma faveur sur l'appel de l'adversaire. Mais tel n'est pas le sens de ces derniers mots de notre article ; ce serait chose absolument inutile, ou, pour mieux dire, dérisoire, que d'ordonner l'exécution provisoire de l'arrêt confirmatif ; cet arrêt n'est pas susceptible d'appel, donc il n'y a pas de question possible pour l'exécution provisoire. Aussi, pour bien comprendre le sens, l'application de ces derniers mots, il faut vous reporter à l'art. 457 qui dit : « Si l'exécution provisoire n'a pas été prononcée dans les cas où elle est autorisée, l'intimé pourra, sur un simple acte, la faire ordonner à l'audience, avant le jugement de l'appel. » C'est-à-dire, qu'une fois le jugement que j'ai obtenu, attaqué par mon adversaire, et par là même une fois son exécution suspendue, aux termes de l'art. 457, je pourrai venir immédiatement à l'audience de la cour d'appel dire que je suis dans l'un des cas de l'art. 135 ; que, par oubli ou ignorance, le tribunal a négligé, refusé d'appliquer à mon profit cet article. Je pourrai conclure, en conséquence, à ce que, pendant l'instance d'appel, la cour ordonne que je passerai outre à l'exécution du jugement obtenu.

294. « Art. 137. L'exécution provisoire ne pourra être ordonnée pour les dépens quand même ils seraient adjugés pour tenir lieu de dommages et intérêts. »

La première disposition est on ne peut plus simple ; là condamnation aux dépens ne présente ni ce caractère d'importance, ni le caractère d'extrême urgence qui motivent, dans l'art. 135, l'exécution provisoire ; donc, quelle que soit la nature de la cause, et encore que, quant au fond, elle entraîne l'exécution provisoire, je ne pourrai jamais poursuivre provisoirement l'exécution des dépens de première instance contre mon adversaire qui a interjeté appel de la condamnation prononcée contre lui.

Mais la loi ajoute : *Quand même ils seraient adjugés pour tenir lieu de dom et intérêts.* Que faut-il entendre par des dépens adjugés pour tenir lieu de dommages-intérêts? A qui ces dépens peuvent-ils être adjugés ? On ne conçoit guère que ce soit à la partie gagnante, il faut donc que ce soit à la partie perdante ; et, sous ce rapport, les derniers mots de l'art. 137 renfermeraient une exception à l'art. 130. Je m'explique.

J'ai intenté contre *Primus* une action, soit réelle, soit personnelle, peu importe ; j'ai obtenu gain de cause quant au fond ; et la conséquence de mon triomphe et de la défaite judiciaire de *Primus*, ce devrait être, d'après l'art. 130, la condamnation des dépens à mon profit. Que si, en outre, j'avais à réclamer accessoirement contre ce même *Primus* des dommages-intérêts, il est clair qu'on ne pourrait pas, en reconnaissant qu'ils me sont dus et pour m'en tenir lieu, m'adjuger les dépens qui doivent m'être accordés parce que j'ai triomphé au fond. Ces dommages-intérêts forment une dette à part, qui ne doit pas se confondre avec celle des dépens ; autrement ce serait éteindre une dette avec une autre dette du même débiteur, chose absurde (1).

Mais supposez l'espèce contraire ; supposez que, dans le cours de cette instance entamée par moi contre *Primus*, et dans laquelle j'ai raison au fond, je me sois rendu coupable envers mon adversaire *Primus* de vexations, d'injures, de calomnies ; de ce que j'ai droit au fond, il ne s'ensuit pas que je puisse vexer, injurier, calomnier mon adversaire ; en conséquence, tout en se défendant au fond, sur lequel il a tort, il a conclu à des dommages-intérêts, en raison des mauvais procédés dont je me suis rendu coupable dans l'instance ; et le tribunal, reconnaissant, d'une part, qu'il a tort au fond, mais, d'autre part, qu'il a le droit dans sa demande en dommages-intérêts, lui adjuge les dépens pour lui tenir lieu des dommages-intérêts qui lui sont dus.

Ici, tout devient fort simple et fort raisonnable : les dépens m'étaient dus par mon adversaire, aux termes de l'art. 130 ; mais je lui dois moi-même des dommages-intérêts ; eh bien, au lieu de le condamner aux dépens, on les lui adjuge pour lui tenir lieu de dommages-intérêts. C'est une nouvelle exception aux termes de l'art. 130 ; une exception dans laquelle la partie gagnante n'obtient pas les dépens, mais les paye elle-même à l'adversaire. Ainsi non seulement je ne répéterai pas mes dépens, mais même je rembourserai à mon adversaire, à titre de dommages-intérêts, ceux qu'il a faits ; de sorte qu'en définitive j'aurai à rembourser les dépens de mon adversaire et à payer ceux que j'ai faits moi-même.

Ainsi, que les dépens soient adjugés, en vertu de l'art. 130, à la partie gagnante, ou, au contraire, à la partie perdante contre le gagnant, pour lui servir de dommages-intérêts, dans aucun cas on ne voit, dans une condamnation pareille, le caractère d'urgence qui autorise, dans les hypothèses données, l'exécution provisoire d'une sentence de condamnation.

295. * Les art. 119 à 137 nous ont montré différentes dispositions ou condamnations accessoires des jugements. Ajoutons qu'un jugement peut encore contenir acte des offres ou des aveux faits par une partie ou par son avoué ; il peut condamner une partie à fournir caution, ou admettre une réception de caution (art. 517 et suiv. C. pr.) ; il peut annuler des procédures frustratoires (art. 1031), prononcer des injonctions, supprimer des écrits, les déclarer calomnieux, ordonner l'impression et l'affiche dudit jugement (art. 1036), etc. *

(1) * Cette décision est trop absolue. Ainsi j'actionne Paul pour le faire condamner à discontinuer ou à détruire certains travaux, à modifier une enseigne, etc. Je lui demande en même temps des dommages-intérêts pour les faits déjà accompli. Le tribunal peut, pour l'avenir, ordonner la discontinuation ou la destruction des travaux faits sans droit ; mais, attendu qu'il n'y a pas eu réellement préjudice causé, condamner le défendeur aux dépens pour tous dommages-intérêts. *

QUATRIÈME LEÇON

DES JUGEMENTS (SUITE).

⧯→ 296. Nous allons maintenant examiner les règles de la rédaction des jugements.

Les art. 138, 139, 140, les premiers que nous rencontrions, sont relatifs à des formalités d'une intelligence et d'un accomplissement assez faciles.

Le jugement appartient aux parties, vous ai-je dit, à l'instant même où il est prononcé à l'audience ; il est donc important de le prendre à ce moment, d'accomplir les formalités nécessaires pour en assurer dès lors la conservation, l'intégrité. La première de ces formalités, de ces garanties, consiste dans les obligations imposées d'abord au greffier, puis au président du tribunal, soit pendant la durée de l'audience, soit dans les vingt-quatre heures qui la suivent. D'une part, le greffier doit inscrire, à l'instant même de la prononciation, sur la feuille d'audience, les motifs et le dispositif du jugement (art. 37 et 38 du décret du 30 mars 1808) : c'est là ce qu'on appelle le plumitif de l'audience. D'autre part, à la fin de chaque audience, d'après les art. 138, 139, ou plus exactement dans les vingt-quatre heures qui la suivent, d'après l'art. 37 du décret, le président et le greffier doivent signer sur la feuille d'audience le dispositif ainsi inséré par le greffier.

« Art. 138. Le président et le greffier signeront la minute de chaque jugement aussitôt qu'il sera rendu ; il sera fait mention, en marge de la feuille d'audience, des juges et du procureur de la République qui y auront assisté ; cette mention sera également signée par le président et le greffier. »

Que si, dans les vingt-quatre heures, cette signature, de la part du président, n'avait pas eu lieu, les art. 36, 37 et 38 du règlement vous indiquent quelles sont les formalités à suivre ; la cour d'appel pourra autoriser l'un des juges qui auraient pris part au jugement à le signer ; si c'était le greffier qui se trouvât dans l'impossibilité de le signer, il suffirait que le président signât la minute, en déclarant cette impossibilité.

Du reste, tant que le jugement n'est pas signé, et, par conséquent, vérifié par le président du tribunal, il est expressément défendu au greffier d'en délivrer expédition. Vous sentez aisément à quel danger une expédition anticipée, délivrée sur une minute non encore vérifiée, pourrait exposer les parties ; aussi l'art. 139 est-il ainsi conçu :

« Art. 139. Les greffiers qui délivreront expédition d'un jugement avant qu'il ait été signé seront poursuivis comme faussaires. »

D'ailleurs l'expédition d'un jugement doit contenir la mention que l'original a été signé par le président, et une expédition anticipée ne pourrait contenir à cet égard qu'une allégation mensongère.

Enfin, l'art. 140 tend à assurer l'exécution des obligations précédentes, par la représentation aux officiers du ministère public des minutes des jugements.

« Art. 140. Les procureurs de la République et généraux se feront représenter tous les mois les minutes des jugements, et vérifieront s'il a été satisfait aux dispositions ci-dessus ; en cas de contravention, ils en dresseront procès-verbal, pour être procédé ainsi qu'il appartiendra. »

En joignant à ces trois articles les articles de détail que j'ai indiqués tout à l'heure, les art. 36 et suivants du règlement de 1808 (l'art. 73 du même règlement les déclare applicables aux tribunaux de première instance), et, en rapprochant l'une de l'autre ces diverses dispositions, vous verrez de quoi se compose, en dernière analyse, la minute ou l'original d'un jugement. Constatons d'abord bien ce point, afin de comprendre ce qui y manque encore et ce qu'on devra y ajouter.

Cet original destiné à rester entre les mains et sous la garde du greffier, cet original, qui ne doit pas être remis aux parties, qui ne peut servir à l'exécution du jugement, sauf des cas d'exception extrêmement rares, se compose : 1° du dispositif, c'est là la première, la plus essentielle de toutes les parties (je ne procède pas par ordre de distribution) ; 2° des motifs que le greffier a dû insérer en avant de ce dispositif ; 3° de l'indication par le greffier du nom des juges qui ont pris part à cette décision, du nom des juges qui ont assisté à la prononciation du jugement (1) ainsi que du nom du procureur de la République. L'obligation de relater les motifs du jugement est aujourd'hui impérieusement exigée (art. 141).

L'art. 15 du titre V de la loi du 24 août 1790 exigeait déjà que les jugements continssent, outre le dispositif, les motifs. L'art. 141 a répété cette disposition, et la loi du 20 avril 1810, art. 7, attache expressément la peine de nullité du jugement à l'omission, à l'absence des motifs dans la minute et dans l'expédition. Cependant cette disposition, facile à justifier, à concevoir en principe, donnera souvent lieu, dans l'application, à des questions délicates, et que nous ne pouvons qu'indiquer, parce qu'elles sont des questions de fait bien plus que des questions de droit.

La cour d'appel peut adopter les motifs des premiers juges, sans les reproduire textuellement (2).

Tout jugement à peine de nullité doit être motivé ; mais de ce que l'absence complète de motifs entraîne indubitablement la nullité du jugement, n'allez pas conclure que l'inexactitude, les erreurs, que présentent les motifs, doivent entraîner la même nullité. Ainsi un jugement peut être fort mal motivé, et cependant au fond bien rendu ; on peut par un mauvais raisonnement arriver cependant par hasard à une solution plus ou moins exacte. Dans ce cas, évidemment, la nullité prononcée par l'art. 7 de la loi du 20 avril 1810 ne devra pas s'appliquer. Tous les jours on interjette appel d'un jugement de première instance, et la cour d'appel, tout en rejetant expressément les motifs donnés par les juges, confirme cependant la sentence comme bien rendue au fond ; mais, à l'appui de cette confirmation, elle donne des motifs nouveaux et plus fondés. En un mot, on peut bien juger, quoique par de mauvais motifs ; et ce

(1) Jugé que cette mention est exigée à peine de nullité. C. d'Orléans, 16 juin 1858 (Dall.,-1858, 2, 187).

(2) C. de cass., Rej. 5 avril 1876 (Dall., 1878, 1, II).

que la loi punit, ce n'est pas le vice ou l'irrégularité, c'est l'absence entière des motifs (1).

Mais, d'une autre part, il arrivera plus d'une fois, et il est déjà arrivé, qu'un jugement motivé en apparence sera réformé en appel, ou cassé par la Cour de cassation comme ne contenant pas de véritables motifs.

Ainsi, supposez qu'un tribunal, saisi d'une question relative à la validité d'un contrat, décide ainsi : « Attendu que le contrat est valable, le tribunal en ordonne l'exécution, » il n'y a là que l'apparence d'un motif ; dire qu'on ordonne l'exécution d'un contrat parce qu'il est valable, c'est dire qu'on ordonne l'exécution parce qu'il doit être exécuté. De même, rejeter une demande, attendu qu'elle est mal fondée, c'est dire qu'on la rejette parce qu'elle doit être rejetée, ce n'est pas motiver son jugement, c'est faire un cercle vicieux, une pétition de principe (2).

* De même, lorsque des conclusions ont été prises pour la première fois en appel, l'arrêt confirmatif qui adopte simplement les motifs du jugement de première instance est nul, pour défaut de motifs, si les motifs adoptés ne répondent pas aux conclusions nouvelles (3). *

L'exemple le plus curieux à cet égard est celui d'un conseil de discipline de garde nationale, qui s'exprimait ainsi : « Le conseil de discipline rejette la raison d'incompétence, attendu que cette raison n'a pas le sens commun ; » le jugement fut annulé par la Cour de cassation.

* Toutefois les actes judiciaires, qu'on appelle jugements de remise de cause, jugements d'adjudication, les constatations de certains faits sur la feuille d'audience n'ont pas besoin d'être motivés. Il en est de même des jugements simplement préparatoires (V. n° 240) ; mais les jugements interlocutoires doivent être motivés (4).

De même encore il arrive quelquefois que les parties, dans leurs conclusions, font des réserves, mais ces réserves ne saisissent pas le juge ; de sorte que les parties ne sont pas fondées à se plaindre de ce qu'il n'a pas été prononcé sur leurs réserves ou de ce qu'il a été prononcé sans motifs suffisants, le tribunal doit se borner à donner acte des réserves, sans en apprécier le mérite ou l'utilité (5). *

Les motifs, le dispositif, les noms des juges et du procureur de la République, tels sont donc les premiers éléments, les éléments constitutifs de l'original ou de la minute, sur laquelle le greffier devra rédiger plus tard les diverses expéditions qui pourront lui en être demandées par les parties.

(1) Jugé très souvent que le défaut de motifs vicie le jugement. V. notamment Cass., 4 février 1856 (Dalloz, 1856, 1, 85). — Cass., 4 mars 1861 (Dall., 1861, 1, 125. — Cass., 7 avril 1869 (Dall., 1859, 1, 337). — Cass., 3 février 1869 (Dall., 1870, 1, 91).

(2) Cass., 13 novembre 1861 (Dall., 1861, 1, 488.) — Cass., 9 juillet 1862 (Dall., 1, 353).

(3) Cass., 3 mai 1869 (Dall., 1869, 1, 256). — Cass., 2 décembre 1872 (Dall., 1, 462).

(4) Cass., 23 novembre 1824 (Dalloz, *Rép.*, v° *Jugement*, n° 963, 6). — *Contrà*, Orléans, 3 mai 1856 (Dall., 1856, 2, 162).

(5) Cass., 8 février 1842 (Dall., 1843, 1, 105). — Cass., 31 mai 1843 (Dall., 1843, 1, 367). — Cass., 12 novembre 1855 (Dall., 1856, 1, 162). Voy. cependant Cass., 16 juin (Dall., 1869, 1, 182).

297. Mais l'expédition d'un jugement, spécialement la première expédition ou la grosse, n'est-elle que la copie littérale de la minute ou de l'original contenant seulement les mentions que nous venons d'indiquer? Non ; d'autres éléments doivent s'y ajouter à l'effet de constituer une grosse, une expédition, ou même un jugement proprement dit. J'indiquerai sur l'art. 146 quelle différence il y a entre la grosse et une expédition (V. n° 204).

Les art. 141 et suivants vont nous montrer quelles sont les mentions qui doivent se joindre à celles qui le précèdent.

« Art. 141. La rédaction des jugements contiendra les noms des juges, du procureur de la République, s'il a été entendu, ainsi que des avoués... »

Tout ceci résulte déjà de ce que nous avons vu jusqu'ici : la rédaction de l'expédition n'est que la copie de la minute, elle doit contenir les noms des juges, celui du ministère public ; secondement, la mention des conclusions du ministère public ; enfin les noms des avoués par l'intermédiaire desquels les parties ont conclu.

« Les noms, professions et demeures des parties, leurs conclusions, l'exposition sommaire des points de fait et de droit, les motifs et le dispositif des jugements. »

Dans cette seconde partie de l'art. 141, nous trouvons des mentions, des éléments qui, jusqu'ici du moins, n'ont pas pour nous figuré dans la minute. Ce sont les noms, demeures et professions des parties : les conclusions prises et déposées par elles ; l'exposition sommaire des points de fait et de droit (1). Tout cela n'était pas dans la minute, tout cela n'a pas été compris par le greffier sur la feuille d'audience rédigée en vertu de l'art. 138 ; tout cela doit s'annexer après coup à cette feuille d'audience, et doit se comprendre dans la rédaction générale qui va constituer l'expédition.

La question pour nous est donc de rechercher dans quelle forme et d'après quelles règles la minute ou l'original, rédigé dans le principe conformément à l'art. 138, doit s'augmenter, s'étendre dans l'expédition, en se grossissant de tous les éléments nouveaux exigés par l'art. 141, comme essentiels à l'idée de jugement.

Ces éléments nouveaux, la désignation des parties, la relation de leurs conclusions, l'exposé sommaire des points de fait et de droit, sont compris dans la pratique et dans le Code, sous le nom de *qualités.*

Il est important de nous attacher avec soin à l'examen de cette matière ; et, pour y porter l'ordre qu'elle demande, nous aurons à nous occuper successivement : 1° du droit positif, du droit établi à l'égard de la rédaction, de la composition des qualités ; 2° nous aurons à nous rendre compte en théorie du plus ou moins de sagesse de cette disposition, qui a été vivement critiquée, par nombre d'auteurs, et même, dans son origine, par la plupart des tribunaux d'appel.

(1) * Il suffit que les mentions exigées par l'art. 141, et notamment celle des conclusions des parties, résultent d'énonciations contenues dans le jugement, quelles que soient la place et la forme de ces énonciations ; ainsi les conclusions des parties peuvent-être suffisamment constatées par les énonciations combinées du point de fait et des motifs (Cass., 24 août 1869 [Dall., 1869, 1, 480]). *

« Art. 142. La rédaction sera faite sur les qualités signifiées entre les partie , conséquence, celle qui voudra lever un jugement contradictoire sera tenue de sign à l'avoué de son adversaire les qualités, contenant les noms, professions et dem des parties, les conclusions et les points de fait et de droit.

« Art. 143. L'original de cette signification restera pendant vingt-quatre heures en les mains des huissiers audienciers.

« Art. 144. L'avoué qui voudra s'opposer, soit aux qualités, soit à l'exposé des p de fait et de droit, le déclarera à l'huissier, qui sera tenu d'en faire mention.

« Art. 145. Sur un simple acte d'avoué à avoué, les parties seront réglées sur opposition par le juge qui aura présidé ; en cas d'empêchement, par le plus anc suivant l'ordre du tableau. »

Tous ces articles doivent être expliqués ensemble.

Le mot *qualités*, employé dans ces divers articles, n'y est pas toujours ployé dans le même sens. Ainsi, dans l'art. 142, le mot *qualités* joue le rôle bituel, présente l'acception générale qu'il a d'ordinaire dans la pratique comprend sous ce nom : 1° la désignation précise de chaque partie et la lité dans laquelle elle agit ou se défend ; 2° les conclusions prises et dépos par chacune d'elles ; 3° l'exposition sommaire des points de fait et de d Au contraire, dans l'art. 144, le mot *qualités* est pris dans un sens diffé dans un sens plus étroit et plus spécial ; il ne comprend plus que la dési tion des parties, et peut-être leurs conclusions ; mais la loi, dans cet arti ne comprend plus sous ce mot les points de fait et de droit ; au contraire, oppose l'un à l'autre.

Au reste, pour parler avec la loi et avec l'usage, nous désignerons sou nom de qualités tout ce que l'art. 142 embrasse sous cette dénomination.

298. A qui appartiendra la rédaction de ces qualités qui doivent être ins rées dans le jugement ?

Au premier aspect, et par un homme étranger au droit et à la procédure, on ne comprend guère le sens d'une telle question ; avec les idées vulgaires naturelles, on ne comprend guère qu'on puisse demander à qui appartiend la rédaction de telle ou telle partie du jugement. Le jugement est l'œuvre tribunal : il semble donc que ce soit le tribunal, ou tout au moins l'un des ju ges commis par lui, ou tout au moins enfin le greffier de ce tribunal, agissa sous sa surveillance, qui devrait compléter ce que la minute a présenté d complet ; qui devrait, en un mot, rédiger lui-même le jugement.

La lecture de nos textes vous montre assez qu'il n'en est pas ainsi, et que tribunal n'exerce sur la rédaction des qualités, qui sont pourtant une bran che importante du jugement, qu'une influence accidentelle, indirecte. Nou verrons plus tard si c'est à tort ou à raison.

A qui donc appartient l'œuvre de la rédaction des qualités ? Ce n'est ni au tribunal ni au greffier ; c'est aux parties ou, sous certains rapports, à l'un d'elles ; l'art. 142 est formel à cet égard : *Celle qui voudra lever un jugement sera tenue de signifier à l'avoué de son adversaire les qualités.*

En général, le droit de lever un jugement n'appartient pas indistinctement comme paraît le dire l'art. 142, à l'une des deux parties indifféremment, au plus diligent des avoués ; l'art. 7 du décret du 16 février 1807 a modifié sur ce point la disposition trop générale de l'art. 142. En principe, le droit de lever le jugement, et, par conséquent, de faire signifier les qualités nécessaires à sa rédaction, appartient non pas au plus diligent des deux avoués, mais à celui dont la partie a obtenu gain de cause ; telle est la disposition de l'art. 7. C'est, en effet, celui-là qui, en général, a le plus d'intérêt à faire lever le jugement pour le signifier et l'exécuter.

Cependant vous sentez que la partie même qui a perdu peut avoir un intérêt légitime à obtenir au plus tôt l'expédition du jugement qui la condamne, ne fût-ce que pour en examiner, pour en peser les divers chefs, et chercher les voies de recours qui peuvent lui être ouvertes contre le jugement. Aussi, si, dans les trois jours de la sommation qui lui est faite, l'avoué de la partie gagnante n'a pas signifié les qualités, ne s'est pas mis en mesure de faire expédier le jugement, l'art. 8 du même décret transporte alors ce droit à l'avoué de l'autre partie. C'est sous ce rapport que doit être modifiée la disposition de l'art. 142.

Nous pouvons donc dire que, en principe, les qualités du jugement, comprenant les divers points indiqués dans l'art. 142, seront rédigées par l'avoué dont la partie a obtenu gain de cause.

Cette rédaction des qualités sera signifiée, à la requête de l'avoué rédacteur, à l'avoué de la partie adverse, et par le ministère d'un huissier audiencier. L'original des qualités restera à la chambre et dans les mains des huissiers audienciers ; la copie de ces qualités sera notifiée par un huissier audiencier à l'avoué adverse, à l'avoué opposé à celui qui est le rédacteur des qualités. Cette signification d'avoué à avoué a pour objet de mettre l'avoué auquel on signifie les qualités en position de les examiner, de les discuter, de bien voir si ces qualités sont l'expression exacte des faits du jugement, sont le résumé véridique des débats ; ou si, au contraire, il s'y trouve quelques assertions inexactes, mensongères, auxquelles il ait intérêt de s'opposer au nom de son client.

De deux choses l'une : si l'avoué qui a reçu signification des qualités ne voit rien qui soit préjudiciable à son client, alors, après vingt-quatre heures écoulées depuis la signification qu'il en a reçue, les qualités sont inattaquables, l'avoué rédacteur peut les remettre au greffier, qui les comprendra dans son expédition, après les avoir annexées à la minute ; que si, au contraire, l'avoué auquel les qualités ont été signifiées croit avoir intérêt, droit de s'y opposer, il déclarera son opposition sur l'original (1) qui reste aux mains de l'huissier audiencier ; les deux avoués comparaîtront devant le président ou le juge qui le remplace pour savoir si les qualités seront maintenues ou réformées (2).

Tel est, en peu de mots, le système adopté par le Code pour la rédaction des qualités. Elles sont au fond l'œuvre de l'un des avoués, c'est-à-dire, en général, de l'avoué de la partie qui a obtenu gain de cause. On peut dire, il est vrai, que l'autre avoué y a participé, en ce sens qu'en négligeant de former, dans les vingt-quatre heures, opposition à ces qualités, il est censé en avoir reconnu l'exactitude et la justesse. Quant au tribunal même, il n'intervient

(1) * Il ne suffirait pas de mentionner l'opposition aux qualités sur la copie. Metz, 22 février 1870 (Dall., 1870, 2, 168). *

(2) L'ordonnance du président qui règle les qualités n'est pas susceptible d'opposition. — C. de Cass., Rej. 16 août 1876 (Dall., 1877, 1, 316).

pas directement dans cette rédaction; c'est seulement en cas d'opposition en cas de débat, entre les deux avoués, sur la rédaction des qualités que ce débat est réglé, non par le tribunal entier ou par la section qui a jugé, mais le président ou par un des juges qui ont pris part à la décision (1).

* Qu'arriverait-il, si l'avoué qui a rédigé les qualités faisait signifier le jugement sans avoir fait régler ces qualités et au mépris d'une opposition formée par l'avoué de la partie adverse? Le jugement, je crois, serait par là entaché d'un vice; et la nullité pourrait en être demandée, soit par la voie de l'appel, soit par celle du pourvoi en cassation (2). *

299. Ce système, vous ai-je dit, a été vivement critiqué; il a été combattu, repoussé, dès son origine, par un grand nombre de tribunaux d'appel aux observations desquels fut soumis le projet du Code. Examinons ce qu'il peut y avoir de juste dans ces critiques.

Ce système, qui consiste à remettre aux mains des avoués la rédaction des qualités, se présente d'abord sous une apparence assez peu logique; il est peu naturel que le jugement qui, dans son idée primitive, se présente comme l'œuvre du tribunal, puisse être, en tout ou en partie, l'œuvre des parties ou même de leurs avoués. Ce n'est pas tout; à côté et comme suite de ce premier vice logique, se présentent de graves inconvénients que reconnaît et que constate tous les jours la pratique.

Les qualités se composent, entre autres choses, de la désignation précise des parties; et ce n'est pas seulement la désignation de leurs noms, professions et domiciles, c'est aussi la désignation précise du titre, de la qualité en vertu de laquelle elles figuraient dans l'instance, c'est l'indication exacte du rôle en vertu duquel elles ont plaidé ou défendu, du rôle en vertu duquel elles ont gagné ou succombé. Or, il est sensible que la plus petite négligence, que la plus légère inattention de la part de l'une des parties, peut causer à l'autre, sous ce premier rapport, un préjudice peut-être irréparable.

Un individu a figuré en instance, par exemple, comme héritier bénéficiaire, et, dans les qualités du jugement qu'on veut lever et signifier contre lui, il a été présenté comme héritier pur et simple, inattention ou excès de zèle fort blâmable, sans doute, de la part de l'avoué rédacteur des qualités, mais inattention facile aussi de la part de l'avoué à qui on les signifie, et qui, dans les vingt-quatre heures de cette signification, a bien pu laisser passer inaperçue une qualification fort préjudiciable à son client.

---

(1) * Le magistrat qui réglerait les qualités sans avoir concouru au jugement, commettrait un excès de pouvoir. Cass., 14 février 1848 (Dall., 1848 *Tables*, vᵒ *Jugement*, nᵒ 7). — Cass., 22 août 1855 (Dall., 1855, 1, 354). — Cass., 29 décembre 1857 (Dall., 1858, 1, 21). — Cass., 27 juillet 1858 (Dall., 1858, 1, 389). — Cass., 25 janvier 1859 (Dall., 1859, 1, 69). — Cass., 16 août 1859 (Dall., 1859, 1, 344.) — Cass., 2 janvier 1866 (Dall., 1866, 1, 158). — Cass., 27 décembre 1869 (Dall., 1870, 1, 16). — Cass., 19 avril 1870 (Dall., 1870, 1, 360). — Cass., 2 juillet 1873 (Dall., 1873, 1, 411, 412). — Cass., 7 novembre 1876 (Dall., 1876, 1, 124). — Cass., 4 décembre 1876 (Dall., 1877, 1, 219).

(2) Cass., 12 avril 1877 (Dall., 1877 1. 11). Mais la mention du règlement des qualités n'est pas exigée à peine de nullité, C. de cass., Rej., 21 décembre 1875 (Dall., 1876, 1, 80), 20 juin 1877 (Dall., 1878, 1, 120) et 6 août 1877 (Dall., 1878, 1, 163).

Vous pouvez même supposer que, dans la désignation des noms, prénoms, professions et domiciles des parties, des erreurs, des inexactitudes aient été commises, qui vont compromettre des tiers à l'encontre desquels on prétendra ensuite exécuter le jugement.

Cet inconvénient est plus sensible encore, soit pour ce qui touche les conclusions, soit surtout pour l'exposition sommaire des points de fait et de droit, ce qui est plus grave.

D'abord, pour les conclusions, il est bizarre que la rédaction vicieuse des qualités, ouvrage des parties, puisse influer, en tout ou en partie, sur la validité d'un jugement qui a été bien rendu. Cependant vous verrez dans l'article 480, §§ 4 et 5, qu'il y a lieu à faire rétracter un jugement par la voie de la requête civile, s'il n'a pas statué exactement sur chacune des conclusions des parties, ou s'il a statué sur des points que les parties ne demandaient pas. Or, il est évident que, le jugement une fois rendu, le dispositif une fois arrêté, la validité de la sentence devrait rester à l'abri des vices, des erreurs, des inexactitudes qui peuvent provenir du fait des parties ; si cependant, dans cette signification des qualités, on omet quelques conclusions, ou si, à l'inverse, on y ajoute des chefs de conclusions qui n'ont pas été présentés, il n'y aura plus harmonie entre les qualités et le dispositif ; on retombe, après coup, par l'effet d'une erreur ou d'une fraude, dans la disposition de l'art. 480, §§ 4 et 5. En un mot, il peut arriver déjà, sous ce rapport, qu'un jugement parfaitement valable dans le principe, qu'un jugement qui avait statué sur toutes les demandes de chaque partie, et uniquement sur ces demandes, se trouve altéré, vicié, par l'inexactitude des significations de qualités, par la négligence de l'avoué qui n'y a pas formé opposition, et sans qu'il y ait pourtant aucun fait à imputer aux juges.

Ce système paraît plus étrange encore, quand on passe à l'exposition des points de fait et de droit, dernier élément des qualités, aux termes de l'art. 142.

Vous savez que la voie de cassation est ouverte contre les jugements en dernier ressort ou les arrêts, en raison de violation ou de mauvaise application de la loi. Ce point une fois établi, il est clair que, selon que, dans une instance, tel ou tel fait sera prouvé, sera allégué, ou ne le sera pas, la décision du point de droit devra varier ; la plus légère variation dans les points de fait qui s'agitent entre les parties introduit d'immenses différences, de grandes variations dans l'application de la loi : *Modica enim facti differentia magnam inducit juris diversitatem*. Or supposez que, le dispositif du jugement une fois arrêté, on altère par imprudence ou par dol, dans les qualités, l'exposé précis des faits invoqués par chaque partie ; selon que tel fait aura été ou n'aura pas été relaté dans les qualités, le dispositif du jugement se trouvera vrai, ou, au contraire, se trouvera faux. L'application de la loi, qui a pu être juste, bonne, de la part du tribunal, paraîtra cependant avoir été vicieuse et fausse, une fois qu'on établira sa relation avec les points de fait mal établis dans les qualités.

C'est donc comme contraire aux principes de la logique, qui semble vouloir que le jugement soit avant tout l'ouvrage des juges, et surtout comme pouvant causer à l'une des parties un préjudice irréparable, comme pouvant ouvrir, après coup, contre un jugement, des voies de recours et de réformation dont il n'était pas passible par lui-même, c'est sous ces divers rapports qu'on a attaqué et qu'on attaque tous les jours, avec raison selon moi, le système des qualités.

Au reste, la loi, en confiant aux avoués le soin d'établir, dans les qualités, les points de droit et de fait, pèche encore sous un autre rapport. Le dispositif du jugement n'est, au fond, que la réponse des juges aux questions que leur soumettait en quelque sorte chacune des parties. Or, il est au moins bizarre qu'on ne s'occupe de rédiger les questions, de distinguer nettement quels étaient les points de fait et les points de droit litigieux, que quand le jugement est rendu, qu'après que les questions ont reçu leur réponse.

Si cette théorie est vicieuse, on peut être sûr que la pratique le sera encore plus ; aussi, quand vous jetterez les yeux sur une expédition, sur une grosse de jugement, vous y verrez, d'une part, cette rubrique : POINT DE FAIT, et, à la suite de ce titre, une exposition plus ou moins exacte de l'historique du procès ; mais quand vous arriverez à cet autre titre : POINT DE DROIT, il vous sera impossible de découvrir, dans les propositions qu'on insère sous ce titre, aucune question qui ressemble à un point ou à une question de droit.

Ainsi, après avoir exposé, à ce titre de point de fait, les prétentions générales des parties, la date des actes de procédure, des requêtes signifiées, des avenirs donnés, etc., on continuera le jugement en ces termes : — POINT DE DROIT. — La cause, en cet état, présentait les questions suivantes : « Le tribunal devait-il adjuger à un tel ses conclusions ? Devait-il, au contraire, les déclarer non recevables ? Que devait-il statuer sur les dépens ? » Il est clair que des questions de ce genre ne sont pas plus des questions de droit que des questions de fait ; que ce sont des questions complexes, ne répondant pas au but du législateur, qui a entendu, dans ces deux articles, qu'on désignât nettement sur quels points de fait et sur quels points de droit les parties étaient ou d'accord ou en litige.

Au reste, si telle est la pratique, plus vicieuse encore que la théorie ; il est fort difficile de la blâmer à cet égard ; il est impossible d'exiger que les avoués apportent un grand soin, une attention sérieuse à exposer, à diviser, dans le corps d'un jugement, les points de fait et de droit dont il se compose, lorsque cette rédaction n'est faite par eux qu'après que le jugement est rendu, après que le tribunal a déjà fait la réponse, et enlevé, par conséquent, tout intérêt à cette question (1).

300. Toutefois cette forme singulière adoptée pour la rédaction des jugements s'applique, aux termes de l'art. 142, au cas où l'une des parties veut obtenir expédition d'un *jugement contradictoire ;* de là cette conséquence, qu'il est bon de mentionner, que ce système de rédaction de qualités est inapplicable au cas de jugement par défaut.

(1) * Pour justifier le système de la loi, on a fait remarquer qu'il n'entrait guère dans la mission des juges d'établir quels étaient les noms des parties et les qualités dans lesquelles elles procédaient ; et que, en effet, si le greffier était chargé de la rédaction du jugement tout entier, il s'adresserait nécessairement à l'avoué de celui qui lève le jugement ; que cet avoué remettrait au greffier les qualités toutes faites, et qu'elles seraient ainsi, indirectement, l'œuvre d'un seul des avoués sans le contrôle de l'autre. Le système de la loi a du moins l'avantage de permettre à l'avoué adverse de s'opposer à une rédaction inexacte des qualités. *

Les jugements par défaut se divisent en deux grandes classes : jugements par défaut faute de constitution d'avoué ; jugements par défaut faute de conclusions de l'avoué constitué. Nous verrons les détails et les conséquences de cette division dans les art. 149 et suiv.

Or, pour le jugement par défaut obtenu contre une partie qui n'a pas constitué d'avoué, il est évident que la rédaction des qualités indiquée dans les art. 142 et suivants est absolument inapplicable. En effet, le système des articles 142 à 145 consiste dans la signification des qualités par l'un des avoués, en général par l'avoué qui a obtenu gain de cause, à l'avoué dont la partie a succombé ; cette signification est impossible quand l'une des parties a succombé faute par elle d'avoir constitué avoué. Dans ce cas, les qualités se rédigeront sur un original qui aura été remis directement au greffier par l'avoué qui a obtenu gain de cause, sans qu'il y ait de signification à faire, sans qu'il y ait d'opposition possible de la part de la partie adverse ; sauf, bien entendu, l'opposition de cette partie, non plus aux qualités, mais au jugement par défaut. Nous verrons plus tard les effets de cette opposition.

La question pourrait être plus douteuse quand, les deux parties ayant constitué avoué, et l'avoué du défendeur, par exemple, ne s'étant pas présenté à l'audience pour poser ses conclusions, il a été pris défaut contre lui, aux termes de l'art. 149. Dans ce cas, lorsque l'avoué du demandeur voudra faire lever, expédier le jugement, le fera-t-il expédier sur qualités signifiées à son confrère, ou, au contraire, sur qualités déposées directement au greffe ? L'article 142 indique clairement que, même en ce cas, quoique la signification des qualités fût possible, puisque chaque partie a son avoué, cependant elle n'a pas lieu ; car cette signification n'est exigée que dans le cas où l'on veut lever un jugement contradictoire. C'est, d'ailleurs, ce qui résulte encore clairement de l'art. 88 du tarif, qui défend de signifier à l'avoué adverse des qualités en cas de jugement obtenu par défaut.

La raison en est fort simple : le jugement par défaut, quand même la partie condamnée a un avoué, n'a rien de définitif ; ce jugement peut être attaqué, rétracté par la voie de l'opposition ; il est donc fort inutile d'appeler la partie défaillante à critiquer, à combattre les qualités du jugement, puisqu'elle peut venir devant le tribunal tout entier, et non pas devant un seul juge, demander la rétractation de la sentence.

Ainsi, dans tous les cas de jugement par défaut, l'expédition sera délivrée par le greffier sur les qualités qui lui seront remises, sans signification ni discussion préalables, par l'avoué qui se présente pour lever le jugement.

En ce qui concerne les jugements des tribunaux de commerce, V. n° 658.

301. Ces divers éléments une fois réunis, tant ceux qui tiennent à l'œuvre du juge que ceux qui tiennent à l'œuvre des parties, comme les qualités, le jugement, au moins, en lui-même et dans l'idée générale qu'il présente, le jugement est complet. Ces divers éléments sont résumés par l'art. 141, qui vous indique en détail ce que doit contenir l'expédition de tout jugement. Mais cet article est muet sur une question importante et fort débattue, celle de savoir quelle est la sanction des diverses exigences de l'art. 141 ; en d'autres termes, si l'omission, dans l'expédition d'un jugement, de l'une ou de

plusieurs des mentions exigées par cet article, entraînera la nullité du jugement.

Cette question était tranchée par la législation antérieure. La loi du 24 à
1790, titre V. art. 15, exigeait que chaque jugement contînt à peu près to
les mentions indiquées dans l'art. 141 ; ce dernier article ne fait guère
reproduire les dispositions de la loi de 1790. De plus, un décret du 4 ger
an II avait déclaré que toutes les formalités, que toutes les règles de proc
dure exigées par les lois antérieures seraient prescrites à peine de nullité. D
la combinaison de ces deux textes résultait formellement que l'omission, d
un jugement, de l'une des mentions prescrites par la loi de 1790, entraîn
la nullité du jugement.

L'art. 141 reproduit bien à peu près les exigences de la loi de 1790, mais
répéter la nullité prononcée par le décret de l'an II. D'autre part, l'art
abroge formellement toutes lois, tous règlements, tous usages antérieurs
tifs à la procédure ; il paraît donc impossible d'argumenter, sous le Code a
tuel, de la nullité prononcée par le décret de l'an II. Enfin, l'art. 1030 décl
qu'aucun exploit, aucun acte de procédure ne peut être déclaré nul, si la nul
lité n'en est pas formellement prononcée par la loi.

De la combinaison de ces divers textes, plusieurs auteurs concluent que l
mentions exigées par l'art. 141 peuvent être impunément omises, que les ju
ne peuvent et ne doivent attacher aucune nullité à l'inapplication de l'une d
ces formalités. Ils joignent à l'autorité des textes qui précèdent, et notamm
de l'art. 1030, un argument à contrario, tiré d'un texte que vous connais
déjà, l'art. 7 de la loi du 20 avril 1810 : ce texte prononce la nullité des juge
ments qui ne contiennent pas de motifs ; or, dit-on à contrario, puisque la
de 1810 n'a attaché la peine de nullité, par une disposition formelle, qu'
défaut d'insertion des motifs, l'une des formalités, l'une des mentions exigé
par l'art. 141, les autres formalités, les autres mentions peuvent être impun
ment omises, au moins en ce sens, que leur omission n'entraîne pas la nulli
du jugement.

Cependant la jurisprudence n'a pas partagé cette doctrine, et je le crois
avec raison ; elle refuse, en général, d'appliquer l'art. 1030 aux dispositio
de l'art. 141 ; elle rejette surtout, et avec sagesse, l'argument à contrario ti
de l'art. 7 de la loi de 1810.

En effet, de ce que, en 1810, le législateur, par une disposition générale, a
répété, contre les jugements non motivés, la nullité portée par les lois anté
rieures, on n'en peut pas conclure logiquement que l'art. 141, rédigé trois an
plus tôt, ait été prescrit sans qu'on entendît attacher à l'omission de ses règle
la peine de nullité.

D'autre part, l'art. 1030 défend, il est vrai, au juge de déclarer les nullité
que la loi n'a pas prononcées. Mais l'art. 1030 s'occupe des exploits et autr
actes de procédure, expression qui, dans leur acception nette et précise, ne
conviennent pas au jugement ; un jugement n'est pas un exploit ; un jugeme
n'est même pas, à proprement parler, un acte de procédure, et, à cet égard
la Cour de cassation a écarté bien des fois l'application de l'art. 1030 à
l'art. 141.

Mais vous voyez que, ces points une fois fixés, et la jurisprudence à peu près constante sur ces idées générales, la question n'est pas encore résolue. De ce que la nullité pourra être prononcée, il ne suit pas nécessairement qu'elle devra l'être, sans qu'il y ait à distinguer entre les diverses mentions prescrites par l'art. 141. En un mot, quelles devront être les mentions dont l'omission est de nature à altérer la substance du jugement, à entraîner la nullité? C'est ici que les difficultés commencent, que les divergences se manifestent.

D'après l'art. 141, la rédaction des jugements contiendra les noms des juges; or voilà une mention, sur la nécessité de laquelle il ne peut y avoir d'hésitation et de doute; il est de l'essence d'un jugement, que lui-même se légitime en annonçant clairement par quelle autorité il a été rendu : en manifestant, à la seule vue de son expédition qu'il est l'ouvrage de juges ayant qualité et étant en nombre suffisant pour statuer. Aussi ne fait-on pas de doute qu'un jugement dans lequel ne se trouveraient pas les noms des juges qui l'auraient rendu ne dût être réformé, par la voie de l'appel, s'il était en premier ressort, ou cassé par la voie de cassation, s'il était en dernier ressort (1).

Cette rédaction doit, de plus, mentionner le nom du procureur de la République, indiquer aussi s'il a été entendu; car remarquez bien que ces deux mentions séparées, et que l'indication du procureur de la République est exigée absolument, soit qu'il ait été, soit qu'il n'ait pas été entendu. Mais cette mention, 1° de la présence du ministère public dans tous les cas ; 2° de ses conclusions, s'il les a vraiment données, cette mention est-elle exigée à peine de nullité du jugement? La question n'est pas douteuse, si l'on se trouve dans l'un des cas énumérés dans l'art. 83, dans l'un des cas où le ministère public doit prendre communication et donner ses conclusions à peine de requête civile, aux termes de l'art. 480. Mais si la cause ne rentre pas au nombre de celles que détaille l'art. 83, on ne voit pas trop comment l'omission de la mention exigée par l'art. 141 entraînerait la nullité du jugement. A quoi bon, en effet, réformer un jugement, à quoi bon casser un arrêt dans lequel on ne voit pas si le ministère public était présent et a été entendu, puisque ni sa présence ni ses conclusions n'étaient, à raison de la nature de la cause, essentielles à la validité du jugement (2) ?

Ensuite elle contiendra les noms des avoués; ici la question devient plus délicate; l'omission du nom des avoués qui ont occupé pour les parties doit-elle entraîner nullité, doit-elle exposer à la cassation le jugement ou l'arrêt où se trouve cette omission? La question peut être débattue; j'inclinerais cependant volontiers pour l'affirmative. Les avoués sont les intermédiaires légaux, les représentants nécessaires sans lesquels aucune partie ne peut être admise à conclure et à plaider. L'indication de ces avoués semble donc être de l'essence du jugement; le jugement, pour attester la régularité de la procédure, doit constater nettement la présence des avoués, sans lesquels on ne pouvait figurer dans l'instance.

De même pour les noms, professions et demeures des parties, non pas qu'on

(1) Cass., 11 juin 1811, 24 novembre 1834 (Dall., *Rép.*, v° *Jugement*, n° 226).

(2) Cass., 12 juin 1828 (Dalloz, *Rép.*, v° *Jugement*, n° 281). — *Contrà*, C. de Nîmes, 1er août 1827, *loc. cit.*

puisse sans doute porter la rigueur en cette matière au même point où elle est portée dans l'art. 61 ; non pas qu'on doive ou qu'on puisse annuler un jugement, comme ne contenant pas, par exemple, les prénoms des parties contre lesquelles il a été rendu ; mais, d'autre part, ni vous ni moi ne pourrons certainement concevoir un jugement qui ne désignerait pas, au moins d'une manière claire et raisonnable, les parties entre lesquelles il est intervenu. Nous devrons donc ici nous garder à la fois, et d'une extrême minutie et d'une facilité qui empêcherait l'exécution du jugement, s'il pouvait y avoir doute sur l'identité des parties (1).

Quant à leurs conclusions, elles paraissent être également de l'essence du jugement. Nous avons dit, en citant d'avance les §§ 4 et 5 de l'art. 480, que le défaut de rapport exact du dispositif avec les conclusions exposait le jugement à être rétracté par la voie de requête civile ; d'où il suit que l'indication précise, exacte, des conclusions de chaque partie tient essentiellement à la nature, à la substance même du jugement (2).

Quant à l'exposition sommaire des points de fait et de droit, ceci sans doute est important ; mais l'omission de cette exposition, ou bien les inexactitudes qui pourraient s'y trouver glissées, n'entraîneraient pas nécessairement et par elles-mêmes la réformation du jugement. La raison est simple : c'est que, si le jugement est motivé avec quelque soin, avec quelques détails, les motifs suppléeront le plus souvent, ou au moins à peu près, à ce qui pourra se trouver d'inexact ou d'incomplet dans l'exposition des points de fait ou de droit (3).

Enfin, quant aux motifs ou au dispositif, il n'y a pas de question ; l'omission des motifs, d'après le texte formel de la loi de 1810, entraîne nullité (V. n°206) ; s'il n'y a pas de dispositif, il n'y a pas de jugement.

Voilà quelques idées générales sur les conséquences possibles de l'omission dans un jugement de l'une ou de plusieurs des formalités exigées par l'art. 141. Mais la solution de questions pareilles devra souvent varier, selon que le vœu de la loi aura été plus ou moins pleinement accompli : et si l'omission complète de certaines mentions substantielles peut entraîner la nullité du jugement, la mention inexacte, incomplète, pourra souvent ne pas vicier le jugement au même degré.

Du reste, ce qu'il importe de retenir, et ce qui est, je crois, véritablement fondamental en cette matière, c'est qu'il est impossible d'admettre que les mentions de l'art. 144 puissent toutes être impunément omises ; c'est qu'il est impossible d'admettre que l'art. 1030, avec sa prohibition de suppléer les nullités, soit directement, soit pleinement applicable à cette matière.

302. Les détails qui précèdent nous ont donné à peu près ce qui constitue un jugement au complet ; cependant l'art. 146 va exiger dans les expéditions une formalité de plus, mais cette formalité se rattache à des motifs

(1) Cass., 15 mai 1839 (Dall., *Rép.*, v° *Jugement*, n° 285, 5°).
(2) Cass., 28 novembre 1836, — 27 mai 1840, — 8 mars 1842 (Dall., v° *Jugement*, n°s 294 et 296, 1° et 2°). — V. aussi *loc. cit.*, n°s 198 et 299.
(3) V. les arrêts en sens divers (Dall., *Rép.*, v° *Jugement*, n°s 198, 299). Voy. aussi en sens divers : Cass., 19 février 1861, Dall., 1861, 1, 442) ; Cass., 6 mars 1866 (Dall., 1866, 1, 270) ; Cass., 3 mars 1868 (Dall., 1868, 1, 155).

tout à fait distincts de ceux que nous avons parcourus jusqu'à présent.

Jusqu'ici les différentes mentions que la loi a exigées découlent naturellement, comme vous l'avez pu voir, de l'idée que chacun peut se former d'un jugement : indication des juges qui l'ont rendu ; indication des parties qui plaident ; mention de leurs conclusions ; motifs ; dispositifs : telles sont les idées générales, sans lesquelles personne ne pourrait comprendre un jugement régulier.

Mais ce n'est pas tout d'avoir obtenu justice ; ce n'est pas assez d'avoir fait constater mes droits et porter une condamnation contre mon adversaire ; sans doute un jugement ainsi conçu, ainsi rédigé, me suffira, si l'adversaire, reconnaissant enfin la justice de mes prétentions, s'exécute de bonne grâce et m'épargne l'embarras de toutes poursuites ultérieures ; mais ce cas n'est pas le plus fréquent. Très souvent, soit par mauvaise volonté, soit peut-être par impossibilité actuelle de s'acquitter, le débiteur condamné ne satisfera pas volontairement et de lui-même aux dispositions du jugement qui le condamne ; alors il deviendra nécessaire de pratiquer, pour l'y contraindre, une sorte de violence légale, soit sur ses biens, en vertu de l'art. 2092 (C. C), soit même sur sa personne, dans les cas exceptionnels où la contrainte par corps est autorisée par nos lois.

Mais, pour que cette violence légale puisse être pratiquée sur ses biens, et surtout sur sa personne, deux conditions sont nécessaires : il faut 1° que l'exercice en soit confié aux agents, aux préposés de la force publique, ayant qualité pour exécuter ; 2° que ces agents, ces préposés aient reçu du chef du pouvoir exécutif, ou du moins de ceux qu'il a délégués à cet effet, l'ordre d'exécuter. De cette idée dérive l'art. 146.

« Art. 146. Les expéditions des jugements seront intitulées et terminées au nom du peuple français, conformément au décret du 6 septembre 1870. »

Vous devez rapprocher de ce texte l'art. 545 du Code de procédure, qu contient la même disposition avec un peu plus de détails.

Vous avez vu dans l'art. 1er du Code civil : « Les lois sont exécutoires dans tout le territoire français, en vertu de la promulgation qui en est faite par le roi. » *Promulgation*, c'est-à-dire ordre intimé, par le chef du pouvoir exécutif, aux agents préposés par ce pouvoir d'exécuter la loi et de prêter main-forte à son exécution. La même idée se reproduit littéralement, en matière de jugements, je pourrais même dire en matière de conventions, si ces conventions ont été constatées par des officiers publics, ayant qualité à cet effet, par exemple, par des notaires. Leurs actes ne tirent également leur nature exécutoire que de l'apposition de la formule exécutoire.

Ainsi, c'est en vertu de l'intitulé du jugement rendu au nom du peuple, c'est en vertu de la formule qui le termine, que le jugement aura cette force exécutoire qui peut seule assurer à la partie qui l'a obtenu le résultat définitif des poursuites intentées par elle.

Ici s'arrêtent les différentes formalités qui tiennent à la rédaction, à l'expédition du jugement ; formalités intrinsèques, substantielles au jugement en lui-même, ce sont celles de l'art. 141 ; formalités extrinsèques, nécessaires non plus pour constituer le jugement, mais pour en assurer l'exécution, ce sont celles de l'art. 146.

I.

18

303. L'expédition du jugement délivrée par le greffier dans la forme exécutoire par l'art. 146, porte le nom de grosse : la grosse d'un acte authentique, c'est l'expédition délivrée en forme exécutoire, par les officiers ayant qualité à cet égard. Ici, évidemment, ce sont les greffiers.

Vous aurez à joindre à cet article les art. 844, 853 et 854, pour une distinction importante et que je me borne à vous résumer ici.

En général, l'officier public rédacteur ou dépositaire de la minute n'en doit délivrer qu'une grosse à chacune des parties intéressées, et en matière de jugement, par exemple, l'une des parties ayant obtenu gain de cause pleinement et complètement, la grosse, l'expédition exécutoire sera délivrée par le greffier à cette partie ; que si cette partie venait ensuite, sous prétexte qu'elle a perdu sa grosse, en demander une seconde au greffier, il devrait lui refuser cette délivrance. En principe, une seule grosse doit être délivrée à la partie, sauf à elle, si elle a des motifs légitimes, à en demander une seconde, à obtenir permission du président, conformément aux art. 844 et 854.

Au contraire, les simples expéditions, les expéditions conformes à l'art. 141, mais non pas à l'art. 146, les copies authentiques, mais non pas exécutoires, peuvent et doivent être délivrées par les greffiers à toute personne qui les réclame, sans qu'elle ait besoin de justifier de son intérêt.

Sous le premier rapport, c'est-à-dire quant à la prohibition de délivrer à la même partie deux grosses d'un acte authentique, ou de délivrer une grosse aux parties non intéressées, la règle est commune aux actes notariés et aux jugements.

Au contraire, quant à la disposition de l'art. 853, elle doit se limiter aux jugements et rester inapplicable aux actes notariés ; c'est-à-dire que le greffier, d'après cet article, doit délivrer à toute partie requérante, moyennant salaire de sa copie, bien entendu, les expéditions des jugements qui lui sont demandées. En effet, toute personne peut avoir un intérêt plus ou moins direct à connaître le dispositif et les motifs d'un jugement, quand même elle n'y aurait été partie ni par elle ni par les siens ; les jugements sont, d'ailleurs, essentiellement publics, chacun a droit d'en prendre connaissance après coup, aussi bien qu'à l'audience. Au contraire les conventions reçues et constatées par des notaires n'ont par elles-mêmes rien de public ; les tiers n'y sont pas appelés ; l'intention des parties a dû être, et a été, le plus souvent, que ces conventions ne fussent pas, au moins immédiatement, connues du public. Aussi un notaire ne pourrait-il pas, comme un greffier, donner communication, et, à plus forte raison, expédition de ces actes à toutes personnes requérantes (Voy. nos 1100 et suiv.).

⟫⟶ 304. Jusqu'ici nous avons indiqué tout ce qui est relatif : 1° à la formation des jugements ; 2° à leur prononciation publique à l'audience ; 3° à leur rédaction ; il nous reste à expliquer les règles de la signification des jugements.

« Art. 147. S'il y a avoué en cause, le jugement ne pourra être exécuté qu'après avoir été signifié à avoué, à peine de nullité ; les jugements provisoires et définitifs qui prononceront des condamnations, seront en outre signifiés à la partie, à personne ou domicile, et il sera fait mention de la signification. »

L'art. 146 nous fournit une transition toute naturelle pour passer de la rédaction des jugements à leur signification. L'art. 146 est relatif sans doute à
la rédaction plutôt qu'à la signification des jugements, mais il a de commun
avec les art. 147 et 148 de tendre à l'exécution, de la préparer.

La signification des jugements a, en général, deux buts tout à fait distincts :
1° de servir de préambule entièrement nécessaire à l'exécution de ces jugements ; 2° de servir de point de départ aux divers délais que la loi accorde
pour obtenir la réformation ou la rétractation des jugements. Ce sont là deux
idées bien distinctes, et qui, quoique dérivant toutes deux d'un principe commun, n'ont cependant pas la même étendue, la même portée d'application.
Je m'explique.

La signification d'un jugement, la délivrance de la copie à la partie intéressée, a deux objets : 1° préparer l'exécution ; 2° faire courir les délais d'appel ou d'autres voies de recours. Ces deux idées dérivent d'un principe commun, c'est à savoir qu'en général, nul n'est réputé bien connaître les dispositions
du jugement qui le condamne, par cela seul que ce jugement a été prononcé
à l'audience à laquelle il était ou pouvait être présent. En effet, quoique le
jugement ait été prononcé à l'audience, quoique la partie ait pu s'y trouver
présente, quoiqu'elle s'y soit trouvée même par ses mandataires légaux, cependant cette prononciation, cette lecture rapide n'a dû lui donner du jugement qu'une idée incomplète, inexacte et surtout très fugitive. Il est permis
d'alléguer ignorance d'un jugement dont on n'aura pas acquis connaissance
personnelle, connaissance positive et durable, par la signification. Sous ce
rapport, la nécessité de la signification, soit pour permettre d'exécuter, soit
pour faire courir les délais d'appel, dérive d'un principe commun. Mais les
règles ne sont pas les mêmes, soit qu'il s'agisse de l'une ou de l'autre hypothèse. Par exemple, les art. 147 et 148 n'ont absolument trait, comme il est
important de le remarquer, qu'à la signification, ayant pour but de préparer
l'exécution. Quant à la signification ayant pour but de faire courir les délais
de l'appel, il n'en est pas question dans l'art. 147 ; l'examen de notre texte
vous en convaincra suffisamment (nos 676 et suiv.).

Partons donc de cette idée, ou, si vous voulez, de cette ancienne maxime
vulgaire : *Paria sunt non esse et non significari.* Un jugement n'est pas considéré comme existant, tant qu'il n'est pas signifié : maxime dont la généralité
doit se restreindre aux deux points de vue que nous venons d'indiquer.

305. Le jugement doit être signifié, c'est-à-dire l'expédition. Mais à qui ?
L'art. 147 pose, à cet égard, une distinction qu'il faut bien préciser :

1° En général, tout jugement doit être signifié par la partie qui l'a obtenu
à l'avoué de la partie contre laquelle il est obtenu ;

2° Certains jugements, mais non plus tous, doivent être signifiés par la partie
qui les a obtenus à la partie contre laquelle ils sont obtenus.

La signification à l'avoué est donc de règle générale ; la signification à la partie est, au contraire, exigée seulement dans des cas spéciaux, dans des cas particuliers. Cette première distinction, sur laquelle il est important de se fixer,
résulte clairement de l'art. 147. *S'il y a avoué en cause* (nous reviendrons sur
ces mots), *le jugement ne pourra être exécuté qu'après avoir été signifié à l'avoué.*

Ainsi, pour exécuter un jugement, de quelque nature qu'il soit, à la charge de quelque personne que tombe son exécution, signifiez-le d'abord à l'avoué de la partie. Telle est la règle générale, qui n'est pourtant pas sans quelques légères exceptions qu'il est aisé de justifier.

Ainsi, dans l'art. 93, nous avons vu que le tribunal, au lieu de statuer immédiatement, peut déclarer qu'il en sera délibéré, et que les pièces, que les dossiers seront déposés sur le bureau : c'est là un acte judiciaire ; ou tout au plus un jugement préparatoire. Ce jugement devra-t-il être expédié, signifié par l'un des avoués à l'avoué de l'autre partie, au terme des premiers mots de l'art. 147 ? Non ; l'art. 94 le défend absolument ; il déclare que les deux avoués remettront leurs dossiers sans qu'on ait à lever ni à signifier le jugement préparatoire. En effet, il est rendu à l'audience en présence des parties, ou du moins des avoués ; la disposition est d'une telle simplicité, d'une exécution si facile, si immédiate, qu'il est fort inutile d'occasionner des frais et des lenteurs par une expédition et une signification absolument déplacées.

De même, le tribunal ordonne la remise d'une cause à telle ou telle époque : voilà un jugement préparatoire d'une telle simplicité que les défenseurs, que les avoués sont suffisamment avertis, et que tous devront se présenter à l'audience au jour indiqué, sans qu'il y ait ni à signifier un tel jugement, ni à en donner avis, art. 83 du tarif. Si, dans ce cas, un des avoués signifiait et levait le jugement, les frais d'expédition et de signification resteraient à sa charge sans répétition contre la partie (1).

Ainsi, tous les jugements, soit définitifs, soit provisoires, soit interlocutoires, soit même simplement préparatoires, doivent être signifiés par l'un des avoués à l'autre avoué : voilà la règle. Je dis même les jugements simplement préparatoires, sauf les cas où la loi en dispose autrement, sauf les cas dont je parlais tout à l'heure, sauf ces jugements préparatoires d'une extrème simplicité dispensés de signification par les art. 94 C. pr. et 83 du tarif.

* Quant aux jugements interlocutoires, ils sont toujours signifiés à avoué et je crois qu'alors même que le jugement interlocutoire ordonne quelque chose à faire par la partie comme une prestation de serment, c'est à l'avoué seul que la signification du jugement devra être faite. C'est chez l'avoué que la partie élit domicile pendant le procès et pour les actes de l'instance ; et l'avoué avertira la partie du serment qui lui est déféré. *

306. Au contraire, la signification à la partie n'est exigée par la loi, comme préliminaire de l'exécution, dans des cas beaucoup plus rares ; la seconde partie de l'article en fait foi, elle dit : *Les jugements provisoires et définitifs* QUI PRONONCERONT DES CONDAMNATIONS *seront en outre signifiés à la partie.*

Ici la raison de cette signification est fort simple : un jugement définitif, par exemple, vous condamne à payer les 10,000 francs réclamés par votre adversaire. Suffira-t-il, pour permettre l'exécution forcée d'un tel jugement, de le signifier à votre avoué ? Évidemment non ; car il est pour vous de la plus haute importance d'être immédiatement averti ; il est pour vous capital de pouvoir

---

(1) Jugé que le jugement qui déclare un partage d'opinions ne doit être ni levé ni gsinfié. Pau, 30 mai 1877 (Dall., 1878, 2, 40).

vous mettre en mesure, faire les démarches nécessaires pour vous procurer le montant de cette somme, à l'effet d'éviter la saisie de vos biens.

Ainsi, les jugements qui prononcent des condamnations, soit définitives, comme dans notre exemple, soit provisoires, comme si dans le cours d'une instance, l'une des parties était condamnée à payer à l'autre une provision alimentaire, les jugements dont l'exécution gît à la charge de la partie, les jugements, contre lesquels il lui importe de se mettre immédiatement en mesure, doivent être signifiés non seulement à son avoué, mais même à sa personne.

Je dis non seulement à son avoué, car il résulte des termes de l'article, que la signification, quand elle doit être faite à la personne même, n'en doit pas moins pour cela être faite, et même faite au préalable, à l'avoué de la personne. La preuve se tire d'abord de ces mots *seront, en outre, signifiés à la partie*; et la preuve qu'elle doit être préalable se tire des derniers mots de l'article : *Et il sera fait mention de la signification à l'avoué;* d'où il résulte que la signification de ces jugements, quand elle est faite à la partie, doit, de plus, contenir la mention formelle qu'elle a été d'abord faite à l'avoué.

Pourquoi cette double signification? pourquoi, lorsque la loi exige qu'on signifie à la personne, veut-elle qu'on ait commencé par signifier à l'avoué? C'est que l'avoué, plus au fait du droit, de la procédure, sera en état de donner à la partie les avis qui lui seront nécessaires pour se pourvoir contre le jugement, s'il est mal rendu, pour l'exécuter, au contraire, s'il le juge bien fondé.

307. * S'il y a plusieurs parties en cause, chacune d'elles doit recevoir une copie de la signification. Mais la personne qui figure dans un procès en plusieurs qualités, par exemple, en son nom personnel et comme tuteur d'un mineur, ne doit recevoir qu'une seule copie (1). Cette copie lui suffit, en effet, pour connaître le jugement sous toutes ses faces. *

Quant aux époux, s'ils ont des intérêts distincts, ils doivent recevoir chacun une copie séparée.

308. Voici les règles générales posées par l'art. 148; reste à bien fixer quelle est la sanction de ces règles, quelle est la conséquence de leur omission.

A cet égard, la réponse doit varier selon qu'il s'agit de l'une des trois divisions que renferme notre article : 1° signification à l'avoué; 2° dans les cas déterminés, signification à la partie ; 3° enfin, mention, dans la signification à la partie, de la signification faite antérieurement à son avoué.

D'abord, si l'on a négligé de signifier à l'avoué, le résultat de cette omission n'est pas douteux. Il y a, dit l'art. 147, peine de nullité, non pas du jugement, mais nullité des actes d'exécution auxquels vous voudriez procéder, même après signification faite à la partie condamnée, mais sans signification faite à son avoué. L'article nous le dit : *S'il y a avoué en cause, le jugement ne pourra être exécuté.*

Ainsi, vous avez obtenu contre moi un jugement portant condamnation au

_____

(1) Cass., 20 mai 1823. — Grenoble, 16 juillet 1826. — *Contrà*, Poitiers, 18 janvier 1842 (Dall., *Rép.*, v° *Exploit*, n°° 381, 382).

payement d'une somme de 10,000 francs : jugement définitif, qui, d'après l'article 147, doit être signifié : 1° à mon avoué ; 2° à ma personne ou à mon domicile ; mais vous n'avez pas signifié à mon avoué ; dans ce cas, tous les actes d'exécution, et, par exemple, les saisies auxquelles vous procéderiez en vertu de ce jugement, devront être annulés, aux termes de l'art. 147.

* Quant à la signification à la partie, elle est aussi nécessaire ; on ne comprend pas que l'exécution pût être poursuivie contre une partie qui n'aurait pas reçu la signification à terme ou à domicile. Ainsi, si la signification avoué avait été suivie d'actes d'exécution, sans que la signification à la partie eût été faite, ces actes d'exécution seraient nuls. *

Enfin, d'après les derniers mots de l'article, la signification à la partie doit contenir la mention de la signification faite à son avoué. Mais la loi n'attache pas la peine de nullité, elle ne prononce pas la nullité des actes d'exécution, si, ayant notifié à mon avoué, vous avez négligé de m'avertir que vous lui avez notifié.

* Cette formalité de la mention de signification à l'avoué n'est donc pas substantielle comme la signification à la partie. Seulement la partie pourra arrêter les actes d'exécution jusqu'à ce que le poursuivant lui prouve que la signification à l'avoué avait précédé la signification à la partie, qui n'en contenait pas la mention. *

La signification sert non seulement pour l'exécution, mais pour faire courir le délai d'appel. Pour atteindre ce but, la signification à la partie suffit-elle sans signification à avoué ? (V. t. II, n° 676.)

309. D'après les premiers mots de l'art. 147, la signification à avoué doit avoir lieu, *s'il y a avoué en cause*. En effet, il est de toute évidence que, si la partie qui succombe a été condamnée par défaut faute d'avoué, la condition de l'art. 147 est absolument inapplicable. Mais alors l'art. 156 y suppléera par des précautions tout à fait spéciales, que nous aurons à examiner en leur lieu.

Ainsi trois hypothèses peuvent se présenter.

Première hypothèse : constitution d'avoué de la part des deux parties : l'une d'elles ayant succombé : appliquez à la lettre l'art. 147.

Seconde hypothèse : l'une des parties a omis de constituer avoué, et a été condamnée par défaut, aux termes de l'art. 139 ; alors la signification à avoué est impossible, l'art. 147 ne peut pas l'exiger ; mais l'art. 156 établit un système de précautions tout à fait spéciales.

Enfin, troisième hypothèse : les deux parties ont constitué avoué ; le jugement même, si vous voulez, a été rendu entre parties ayant encore l'avoué constitué par chacune d'elles ; mais, dans l'intervalle écoulé entre le jugement et la signification, l'avoué de la partie qui a succombé est mort ou a cessé d'exercer ses fonctions. Dès lors, l'art. 147 devient encore inapplicable ; la précaution que la loi avait prise d'exiger la signification préalable à l'avoué pour mettre la partie à même d'obtenir de lui des conseils, cette précaution devient illusoire ; mais l'art. 148 y pourvoit. Sans doute alors il faudra bien se borner à signifier à la partie, soit à personne, soit à domicile, mais il ne faut pas que la partie, recevant cette signification et ignorant le décès de son avoué, se berce de l'espoir imaginaire de recevoir de lui des avis désormais impossibles ; il faut donc, en notifiant le jugement à cette partie, lui donner avis du décès de son avoué, afin qu'elle s'adresse à un autre, pour savoir si elle doit exécuter le jugement, ou chercher, au contraire, à en obtenir la réformation. Tel est le but de l'art. 148.

« Art. 148. Si l'avoué est décédé ou a cessé de postuler, la signification à partie suffira, mais il y sera fait mention du décès ou de la cessation des fonctions de l'avoué. »

310. Nous avons vu que les jugements provisoires ou définitifs, renfermant contre la partie des condamnations personnelles, devaient, par une raison fort simple, être notifiés, non seulement à son avoué, mais à elle-même, A PERSONNE OU A DOMICILE ; ce sont les termes de la loi. Sur ce dernier mot s'élève une difficulté assez sérieuse et que la pratique présentera fréquemment.

Une action est intentée sur l'exécution d'une convention dans laquelle le défendeur avait fait élection de domicile, aux termes de l'art. 111 du Code civil. Vous savez que, d'après cet article, quand une convention contient, de la part des parties ou de l'une d'elles, élection de domicile dans un autre lieu que celui du domicile réel, toutes les significations, demandes et poursuites relatives à cet acte doivent être faites au domicile élu, et non plus au domicile réel.

Ainsi, un individu domicilié à Bordeaux a passé avec moi un contrat, une vente, par exemple, et il a fait, pour l'exécution de ce contrat de vente, élection de domicile à Paris ; c'est évidemment, d'après l'art. 111, devant le tribunal de la Seine que j'aurai pu l'assigner en payement du prix, en exécution de ce contrat, c'est évidemment à la personne et au domicile indiqué dans l'acte de vente que j'aurai dû signifier l'acte d'ajournement par lequel j'aurai introduit l'instance. Mais l'instance est terminée, j'ai obtenu contre l'acheteur une condamnation au payement, qu'il n'exécute pas volontairement ; et, comme il s'agit ici d'un de ces jugements définitifs portant condamnation, dont parle l'art. 147, il ne me suffit pas de signifier ce jugement à l'avoué de mon acheteur, je dois, de plus, le lui signifier soit à personne, soit au moins à domicile. Mais à quel domicile ? Est-ce à son domicile réel, c'est-à-dire à Bordeaux ? est-ce, au contraire, au domicile élu, au domicile conventionnel, c'est-à-dire à Paris ? Il est clair que le dernier mode est pour moi beaucoup plus facile, beaucoup plus expéditif.

En général, on décide sur cette question que la signification à personne ou à domicile dont parle l'art. 147 doit s'entendre du domicile réel, et non pas du domicile élu. On décide, en d'autres termes, que la convention d'élection de domicile dont les effets sont réglés par l'art. 111 du Code civil perd sa force, ses effets, lorsque en vertu du contrat dans lequel elle a eu lieu, un jugement, une condamnation a été obtenue.

En effet, dit-on, l'art. 111 vous permet bien de faire au domicile convenu toutes les demandes, poursuites et significations relatives à cet acte, à ce contrat ; mais, dans l'espèce, ce n'est plus en vertu du contrat que vous agissez, c'est en vertu du jugement, c'est en vertu de la condamnation ; l'exécution que vous poursuivez, et que vous devez, d'après l'art. 147, faire précéder d'une signification à domicile, ce n'est plus l'exécution du contrat de vente, c'est l'exécution de la sentence que vous avez obtenue contre l'acheteur.

En d'autres termes, ce jugement a opéré dans vos rapports contre l'acheteur, dans les obligations qu'il avait contractées envers vous, une sorte de changement, d'intervention, de novation, qui enlève toute force et tout effet à l'élection de domicile faite d'après l'art. 111.

Cet avis, professé par quelques auteurs, a été appliqué dans plusieurs arrêts; cependant il me paraît difficile de méconnaître là une limitation arbitraire des termes de l'article 111, une violation du principe général de l'art. 1134 du Code civil, portant : « Les conventions légalement formées tiennent lieu de loi à ceux qui les ont faites. — Elles ne peuvent être révoquées que de leur consentement mutuel, ou pour les causes que la loi autorise. — Elles doivent être exécutées de bonne foi. » D'après l'art. 111, quand il y a élection de domicile, toutes les demandes, toutes les poursuites, toutes les significations relatives à l'acte dans lequel on a élu domicile, peuvent être faites au domicile convenu. Or, je demande si la signification du jugement tendant à obtenir de mon acheteur le payement du prix auquel il s'est obligé dans le contrat de vente n'est pas une poursuite, une signification relative à l'acte dans le corps duquel l'élection de domicile a été faite.

Quant à cette prétendue novation opérée, dit-on, par le jugement entre mon acheteur et moi, je réponds que rien dans le droit français ne justifie, ne consacre chez nous cette idée de novation judiciaire, qui est une idée romaine.

Enfin, en contraignant l'acheteur à faire élection de domicile à Paris, j'ai entendu m'épargner complètement l'embarras d'aller le chercher à Bordeaux jusqu'à ce que l'exécution de la convention fût parfaite, jusqu'à ce que le prix m'eût été payé, j'ai entendu substituer Paris à Bordeaux, le domicile convenu au domicile réel et véritable. M'obliger, au contraire, à faire porter au loin la signification du jugement, c'est violer, en vertu de ne je sais quelle fiction d'une novation imaginaire, la convention des parties, qui a formé leur loi, aux termes de l'art. 1134 du Code civil (1).

311. * La signification du jugement est, pour la partie condamnée, une garantie qu'elle ne sera pas contrainte à exécuter le jugement sans être prévenue. Cette garantie pourrait-elle être supprimée dans des cas d'urgence ou de péril en la demande ? L'art. 811 du Code de proc. autorise le président statuant en référé à ordonner l'exécution de son ordonnance sur la minute, et, en conséquence, même sans signification. *

L'art. 12 de la loi du 26 mai 1838 donne le même pouvoir aux juges de paix pour l'exécution de leurs sentences. Mais faut-il généraliser ces dispositions, et permettre également aux tribunaux civils d'arrondissement et aux cours d'appel d'ordonner l'exécution de leurs jugements et arrêts, sur minute et sans signification ? La jurisprudence admet l'affirmative, en se fondant notamment sur les motifs que le pouvoir accordé aux juges des référés ne peut manquer aux juges supérieurs (2). Mais le juge de paix a le pouvoir de statuer d'après l'équité, sans que sa décision soit soumise à la censure de la Cour de cassation

---

(1) V. les arrêts pour et contre, Dall., *Rép.*, v° *Domicile élu*, n°s 88 et suiv. — Contre notre opinion, voy. Cass., 24 ianvier 1865 (Dall., 1865, 1, 73).

(2) C. de cass., Rej., 2 décembre 1861 (Dall., 1861, 1, 463) et la note 4, *loc. cit.*

(art. 15, L., 25 avril 1838); personne ne revendiquerait le même privilège pour les tribunaux civils d'arrondissement et les cours d'appel.

La loi a autorisé l'exécution sur minute des ordonnances de référé et des sentences du juge de paix, qui, d'ailleurs, se lèvent et s'expédient toujours sans rédaction de qualités. Mais accorder le même pouvoir aux tribunaux civils et aux cours d'appel, ce serait non seulement supprimer la signification du jugement, mais la rédaction des qualités et le droit d'y former opposition (art. 142 à 145, C. de pr.); il me semble impossible, en l'absence d'un texte formel, de priver la partie condamnée de ces garanties protectrices (1).

QUATORZIÈME LEÇON

TITRE VIII

DES JUGEMENTS PAR DÉFAUT ET OPPOSITIONS.

☞→ **312.** Nous avons supposé, dans les explications qui précèdent, les deux parties en présence l'une de l'autre, les deux parties comparaissant et plaidant. Mais, au contraire, il est possible que, sur l'appel de la cause, l'une des parties se présente seule par le ministère de son avoué, et que l'autre partie fasse défaut, c'est-à-dire n'ait pas constitué d'avoué, ou que l'avoué qu'elle a constitué ne vienne pas conclure. De là le nom de *jugement par défaut* au jugement qui constate cette non-comparution ou cette absence de conclusions de l'une des parties; de là aussi le système des règles spéciales que cette hypothèse a paru nécessiter.

Le défaut peut avoir lieu soit de la part du demandeur, soit de la part du défendeur, et ce dernier cas est le plus fréquent; c'est aussi à ce cas que se rapportent la plupart des règles dont nous aurons à nous occuper.

Le défaut du défendeur prend ordinairement, dans le droit, le nom simple de *défaut*; celui du demandeur, au contraire, est appelé assez fréquemment, dans la pratique, *congé* ou *défaut-congé* : le jugement qui le constate porte assez souvent ce nom, emprunté aux anciennes ordonnances et aux anciens usages.

Les art. 149 et 150 paraissent uniquement relatifs à la première espèce de défaut, au défaut du défendeur. L'art. 154, au contraire, statue spécialement sur le défaut du demandeur. Nous verrons bientôt quel motif a fait tracer pour les deux cas des règles tout à fait distinctes.

Les jugements par défaut peuvent être attaqués par une voie particulière de recours qu'on nomme *opposition*. Par cette voie, le défaillant pourra faire rétracter le jugement par lequel il a été condamné, sans avoir été entendu (nos 326 et suiv.). *

« Art. 149. Si le défendeur ne constitue pas avoué, ou si l'avoué constitué ne se présente pas au jour indiqué par l'audience, il sera donné défaut. »

(1) V. les autorités en sens divers, dans Dall., *Rép.*, v° *Jugement*, nos 367 et suiv.

Le défaut du défendeur est de deux genres bien distincts, auxquels fait allusion l'art. 149 ; il est possible d'abord que, sur l'assignation qui lui donnée, le défendeur n'ait pas constitué d'avoué dans les délais de cette assignation ; il est possible, en second lieu, qu'il ait constitué un avoué, mais qu'au jour indiqué pour l'audience l'avoué constitué par lui ne se présente pas pour conclure et pour défendre. De là la distinction du *défaut faute de constituer d'avoué*, appelé aussi *défaut faute de comparaître*, ou enfin *défaut contre partie* : ces trois expressions sont synonymes ; et du *défaut faute de comparution de l'avoué* appelé aussi *défaut contre avoué* ou *défaut faute de conclure* ; ces trois dernières expressions sont également synonymes.

Il est très important de bien séparer, dans le droit et dans la pratique, le *défaut contre partie* ou *défaut faute de comparaître*, d'avec le *défaut contre avoué* ou *défaut faute de conclure* ; l'opposition est admise d'une manière plus large dans le premier cas que dans le second (nᵒˢ 327 et suiv.).

Pour bien comprendre ce qui se passe dans l'un et l'autre de ces cas, reportons-nous un instant aux art. 61 et suivant du titre des ajournements. L'assignation contient essentiellement l'indication du délai pour comparaître ; et comparaître, dans le langage de la procédure, ce n'est pas précisément venir à l'audience, c'est constituer avoué, c'est choisir le mandataire légal, sans l'intervention duquel on ne peut figurer en justice. Si donc, dans les délais de l'ajournement, le défendeur n'a pas constitué d'avoué, selon les règles tracées par l'art. 57, alors l'avoué du demandeur, se présentant à l'audience, à l'expiration du délai de cet ajournement, requerra défaut contre l'adversaire, aux termes de la première partie de l'art. 149 (Voy. aussi le règlement du 20 mars 1808, art. 59).

Il requerra ce défaut *au jour indiqué pour l'audience*. C'est ici le jour indiqué par l'ajournement. Voilà la première hypothèse.

Que si, au contraire, dans la huitaine, ou dans le délai tel quel de l'ajournement, le vœu de l'art. 75 a été rempli, l'avoué du défendeur a été constitué, alors vous savez qu'au jour convenu aucun des avoués ne se présente. Pourquoi cela ? C'est qu'avant de venir à l'audience, il faut se signifier les requêtes de défense, les écritures respectives indiquées dans les art. 76 et suiv. Que si, ensuite la cause étant distribuée, l'ordre utile de la cause, arrivant, l'avenir étant donné, l'avoué du défendeur ne se présente pas sur l'avenir pour conclure à l'audience, c'est le deuxième cas de l'art. 149, c'est le défaut contre avoué, faute de conclure, et non plus le défaut contre partie.

Dans ces deux cas *il sera donné défaut*, dit l'article ; c'est-à-dire qu'il sera rendu par le tribunal un jugement qui, jusqu'ici, se borne à constater un fait évident, savoir : dans le premier cas, le défaut de constitution : dans le second, l'absence de l'avoué constitué.

Au reste, remarquez, sur le second cas, que ces mots : *Ou si l'avoué constitué ne se présente pas*, doivent être appliqués avec quelque soin. Ainsi, un avoué a été constitué, et, par conséquent, il ne peut y avoir lieu au défaut contre partie ; au jour indiqué dans l'avenir, l'avoué du demandeur se présente, il pose ses conclusions à l'audience ; l'avoué du défendeur est peut-être dans l'auditoire, à la barre du tribunal, personnellement, physiquement, il n'est pas absent ; si cependant il ne se lève pas pour poser des conclusions, s'il ne répond pas au défi qui lui est porté par l'adversaire, il est vrai de dire en droit qu'il ne se présente pas et que défaut doit être donné.

Il est même possible que l'avoué du défendeur se lève, pose certains chefs de conclusions, et que cependant, en définitive, le jugement se trouve par défaut contre avoué. Ainsi, à l'appel de la cause, et le demandeur ayant posé ses conclusions, l'avoué du défendeur se lève et propose dans ses propres conclusions une exception d'incompétence, ou toute autre exception indiquée dans le titre IX ; en un mot, il pose des conclusions sur une question préjudicielle, et n'en pose pas sur le fond de la cause. S'il succombe sur ce premier chef, si cette exception est rejetée, et qu'ensuite il néglige ou refuse de conclure au fond, le jugement qui sera rendu sur le fond, sur lequel il n'a pas conclu, sera encore, aux termes de l'art. 149, un jugement par défaut.

Que si, au contraire, les deux avoués ont pris respectivement à l'audience leurs conclusions sur le fond de la cause, que si, ces conclusions une fois posées, il y a eu remise à huitaine, à quinzaine, à un jour quelconque, pour entendre les plaidoiries, alors le jugement est nécessairement contradictoire ; alors, qu'au jour indiqué dans la remise, les avoués se présentent ou ne se présentent pas, que les avocats viennent ou ne viennent pas plaider, dès que les conclusions ont été posées, la cause est en état aux termes de l'art. 343 ; dès ce moment, le jugement à intervenir ne peut plus être un jugement par défaut (1).

313. Jusqu'ici, et en nous bornant aux termes de l'art. 149, je vous ai dit que le jugement qui constatait le défaut de constitution d'avoué, ou le défaut de conclusion de la part de l'avoué constitué, se bornait à constater un fait bien patent. Mais vous sentez que, si ce jugement se bornait là, le demandeur qui l'a requis n'y trouverait aucun avantage ; que lui importe, en définitive, que le tribunal ait déclaré, dans son jugement, la non-présence de son adversaire ? Aussi, à cette première partie du jugement, qui est purement énonciative d'un fait, vient s'ajouter une deuxième partie infiniment plus grave et plus importante, celle qui consiste à adjuger au demandeur, qui le requiert, le profit du défaut, c'est-à-dire ses conclusions. C'est à cette seconde partie que se réfère l'art. 150.

« Art. 150. Le défaut sera prononcé à l'audience, sur l'appel de la cause ; et les conclusions de la partie qui le requiert seront adjugées, si elles se trouvent justes et bien vérifiées : pourront néanmoins les juges faire mettre les pièces sur le bureau, pour prononcer le jugement à l'audience suivante. »

Ainsi, le défendeur faisant défaut, dans l'un des cas de l'art. 149, la mission du tribunal est double : il doit premièrement, et dans tous les cas, constater le fait du défaut ; secondement, vérifier la justesse des conclusions du demandeur, et, en supposant que ses conclusions paraissent bien fondées, les lui adjuger, condamner, en un mot, le défendeur : c'est ce qu'on appelle adjuger le profit du défaut.

Vous voyez que ce sont là deux opérations essentiellement distinctes ; elles sont même de leur nature si distinctes, que, sous l'empire des anciennes ordonnances, elles s'opéraient par deux actes tout à fait séparés l'un de l'autre.

(1) Voy. Cass., 10 février 1868 (Dall., 1, 391).

Autrefois le fait du défaut était constaté, non pas à l'audience, mais au greffe et par un certificat du greffier; puis, ce certificat une fois délivré, on se sentait à l'audience pour se faire adjuger le profit du défaut. Les règles de cette ancienne procédure entraînaient des lenteurs et des frais que le Code voulu proscrire, et c'est à cette distinction que font allusion les premiers mots de l'art. 150, qui vous dit : *Le défaut sera prononcé à l'audience.* Le défaut sera constaté, non plus par un certificat du greffier, ensuite duquel on viendrait à l'audience, mais par le tribunal même, et dans le jugement qui doit en adjuger le profit.

Ainsi, les deux opérations sont métaphysiquement très distinctes l'une de l'autre, mais en fait elles se confondront dans un même acte et dans un même jugement; elles se confondront, soit que le tribunal, ayant constaté le défaut, adjuge au demandeur des conclusions qui lui paraissent bien fondées; soit au contraire, que le tribunal, ayant constaté le défaut, donne cependant gain de cause au défendeur qui ne comparaît pas, lorsque la prétention du demandeur lui paraît évidemment mal fondée. Telle est la conséquence forcée de l'art. 150, qui, en recommandant aux tribunaux de vérifier les conclusions du demandeur, avant de les lui adjuger, suppose nécessairement que, si ses conclusions ne sont pas bien fondées, le tribunal doit d'office, et quoique le défendeur ne comparaisse pas, lui donner gain de cause, le renvoyer de la demande.

* *Pourront néanmoins les juges..... pour prononcer à l'audience suivante.* Le tribunal pourra ordonner cette remise quand même l'assignation aurait été donnée à jour fixe (1). *

Du reste, vous sentez que cette obligation, imposée aux tribunaux, de vérifier les conclusions du demandeur avant de lui en adjuger le profit, sera en pratique difficile à exécuter, et, par là même, un peu négligée. Le demandeur ne trouvant pas de contradicteur devant lui, ses conclusions, au premier aspect, paraîtront presque toujours justes et bien vérifiées.

Il ne paraît même pas que le tribunal ait le pouvoir d'ordonner une enquête pour établir la justesse de ses conclusions. La loi ne lui accorde, à ce qu'il semble, pour tout moyen de vérification, que le droit de faire déposer sur le bureau le dossier du demandeur, afin de le parcourir, en d'autres termes, le droit d'ordonner un simple délibéré, un délibéré sans rapport, pour juger le fond à l'audience suivante. En effet, si le tribunal, pour s'assurer de la vérité des conclusions du demandeur, s'avisait d'ordonner une enquête, il ferait retomber par là même, sur la tête du défendeur condamné, les frais d'une enquête à laquelle celui-ci n'eût pas conclu, s'il avait réellement comparu (2).

(1) Cass., Rej., 4 mars 1873 (Dall., 1873, 1, 105).

(2) * Je crois, au contraire, que l'obligation pour le tribunal de vérifier les conclusions du demandeur entraîne le droit d'ordonner une enquête s'il la croit nécessaire pour former sa conviction. L'art. 257 suppose que le jugement qui ordonne l'enquête peut être par défaut. Boitard l'applique (n° 487) aux jugements de séparation de corps ou autres semblables. Mais l'art. 257 me paraît contenir une règle générale. Si le défendeur supporte les frais d'une enquête à laquelle il n'aurait peut-être pas conclu, qu'il aurait même pu déclarer inutile en reconnaissant les faits, pourquoi n'a-t-il pas comparu ? Un défaut n'est pas un acquiescement.

J'ai déjà donné une décision semblable en matière d'instruction par écrit (n° 280).

. Telle est la règle générale : il faut bien reconnaître que dans la pratique on .vérifie rarement les conclusions du demandeur surtout dans les tribunaux d'arrondissement. Il en est autrement dans les cours d'appel : lorsque, sur l'appel dirigé contre lui, l'intimé fait défaut, alors l'intimé défaillant ayant en sa faveur une présomption très puissante, celle du premier jugement qui lui a donné gain de cause, il est d'usage, notamment à la cour de Paris, de n'adjuger à l'appelant ses conclusions, de ne réformer la sentence dont est appel, qu'après une vérification sérieuse de la justesse de l'appel. On demande même, en général, les conclusions du ministère public, attendu, je le répète, que l'immense présomption, qui résulte, pour l'intimé, de ce qu'il a gagné une première fois, peut faire penser que son défaut, que sa non-comparution ne résulte que de l'extrême confiance qu'il a dans la bonté de sa cause, qui lui permet de l'abandonner à l'examen et à la surveillance de la cour (V. n° 528).

Du reste, encore bien qu'en général il ne paraisse ni dans l'esprit de la loi ni dans les convenances de la pratique, de vérifier fort en détail les conclusions du demandeur, lorsque le défendeur est défaillant, cependant il est des cas où cette vérification serait absolument nécessaire. Supposez, par exemple, que, dans une demande de séparation de corps ou de biens, l'époux défendeur fasse défaut ; le tribunal devra-t-il sur le simple examen des titres du dossier du demandeur, donner défaut contre le défendeur et adjuger le profit ? il est visible que non : si, en général, on opère ainsi, c'est qu'on présume, assez volontiers, que le défaut du défendeur est une reconnaissance tacite de la faiblesse de sa cause, présomption qui sera presque toujours bien fondée. Mais dans une instance en séparation de corps ou de biens, et je ne les cite que comme exemple, l'aveu du défendeur ne suffit pas pour le condamner ; son consentement ne peut pas permettre de prononcer la séparation, puisqu'elle ne peut avoir lieu par consentement mutuel. Donc, dans les demandes de ce genre, il est absolument nécessaire, si le défendeur fait défaut, de procéder à une vérification exacte, minutieuse de la justesse des conclusions du demandeur ; l'absence du défendeur ne peut être un motif de le condamner légèrement que dans les causes où son consentement, où son aveu suffirait pour le condamner s'il était là.

314. Les art. 149 et 150 ne s'occupent que du défaut du défendeur : il en est de même des art. 151, 152 et 153. Les deux premiers n'ont guère en vue qu'une mesure d'économie, le troisième se rapporte à un motif beaucoup plus grave.

« Art. 151. Lorsque plusieurs parties auront été citées pour le même objet à différents délais, il ne sera pris défaut contre aucune d'elles qu'après l'échéance du plus long délai. »

« Art. 152. Toutes les parties appelées et défaillantes seront comprises dans le même défaut : et, s'il en est pris contre chacune d'elles séparément, les frais desdits défauts n'entreront point en taxe, et resteront à la charge de l'avoué, sans qu'il puisse les répéter contre la partie. »

Primus et *Secundus* ont été assignés, par un même demandeur et pour un même intérêt, devant le même tribunal ; il s'agit d'une matière personnelle ; on a dû en conséquence assigner, au choix du demandeur, devant le tribunal du domicile de l'un deux. *Primus* est domicilié au lieu même où siège le tribunal ; alors, et à son égard le délai de huitaine a suffi, aux termes de l'art. 72, au contraire, *Secundus* est domicilié à une distance plus ou moins grande ; en conséquence, on a dû, aux termes de l'art. 1033, ajouter au délai de huitaine un jour par cinq myriamètres (V. l'art. 1033) ; donc le délai de l'ajournement signifié à *Primus*, expirera avant le délai de l'ajournement signifié à *Secundus*. Supposez maintenant que, dans son délai de huitaine, *Primus* ait négligé de constituer avoué ; pourra-t-on, à l'expiration de cette huitaine, s'armer contre *Primus* de la rigueur de l'art. 149, requérir contre lui défaut et le profit du défaut ? Vous sentez que, s'il en était ainsi, le délai de l'assignation donnée à *Secundus* venant à échoir ensuite, et *Secundus* faisant aussi défaut, il faudrait requérir contre lui, comme on l'a fait contre *Primus*, un nouveau jugement de défaut ; et que si, au lieu de deux parties, il y en a trois, quatre, cinq, six ou un plus grand nombre, il y aurait autant de jugements que de parties, et par là même une augmentation de frais qu'il était beaucoup plus sage de s'épargner. Aussi, si les parties ont été assignées à des délais différents, on devra, pour requérir défaut contre chacune d'elles, attendre l'expiration du plus long de tous les délais.

Dans tous les cas, on ne pourra pas requérir contre chacune des parties un jugement spécial de défaut ; elles devront toutes être comprises dans un jugement commun ; mesure dont le but manifeste est d'éviter les frais, de simplifier les procédures.

Que si, au mépris de ces deux articles, l'avoué du demandeur avait successivement et séparément requis un jugement de défaut contre chacun des défaillants, l'art. 152 vous dit quelle serait la sanction : ce luxe de procédure imaginé par l'avoué, resterait à sa charge et sans répétition contre son client ; il ne pourrait répéter, ni contre l'adversaire ni contre son client demandeur, les frais de plus d'un jugement, car il pouvait se borner à n'en requérir qu'un seul.

315. « Art. 153. Si de deux ou de plusieurs parties assignées, l'une fait défaut et l'autre comparaît, le profit du défaut sera joint, et le jugement de jonction sera signifié à la partie défaillante par un huissier commis : la signification contiendra assignation au jour auquel la cause sera appelée ; il sera statué par un seul jugement, qui ne sera pas susceptible d'opposition. »

Il s'agit dans cet article, comme dans les deux précédents, de plusieurs parties assignées pour un même objet, soit à des délais égaux, soit à des délais inégaux. Supposez donc qu'à l'expiration des délais communs ou du plus long délai, deux défendeurs ayant été assignés, l'un comparaît, c'est-à-dire a constitué avoué ; l'autre fait défaut, c'est-à-dire ne comparaît pas, n'a pas constitué avoué. Alors que devra faire l'avoué du demandeur ?

Et d'abord, s'il n'y avait pas un texte précis sur la question, quelle serait la marche naturelle, la conséquence des principes généraux, en les appliquant à la matière ? L'un comparaît, l'autre fait défaut : or, le défaut de l'un, la comparution de l'autre, sont, pour chacun d'eux, des faits essentiellement personnels, qui ne peuvent ni profiter ni nuire à l'autre. L'un comparaît, donc il sera jugé contradictoirement ; l'autre fait défaut, donc il sera jugé par défaut. L'un est jugé contradictoirement ; donc il ne peut former opposition au jugement

ment; l'autre est jugé par défaut, donc il a la voie de l'opposition telle qu'elle est réglée par les art. 157, 158 et suivants.

Telle serait la marche naturelle, si l'art. 153 ne venait se jeter à la traverse et en empêcher l'application. Pourquoi donc cet article s'écarte-t-il de cette marche si simple, si logique, au premier aspect, et qui paraît avoir été suivie autrefois ?

C'est que cette marche, conforme aux principes, entraînerait premièrement plus de frais, secondement, ce qui est plus grave, l'inconvénient fréquent de décisions opposées. Ainsi la partie qui comparaît est jugée contradictoirement, et, par conséquent, ne peut plus, au moins devant le même tribunal, revenir contre la sentence ; la partie qui ne comparaît pas a été jugée par défaut, et, par conséquent, la voie de l'opposition lui reste ouverte. Supposons, d'ailleurs, que les deux défendeurs, l'un contradictoirement, l'autre par défaut, aient été condamnés envers le demandeur : admettons maintenant que le défendeur, d'abord défaillant, emploie contre la sentence la voie de l'opposition, et que, venant débattre une cause sur laquelle il n'avait pas défendu, il présente des moyens que son codéfendeur avait négligés, et dont l'absence l'avait fait condamner. Le tribunal, mieux instruit par ces moyens, va rétracter sa première sentence à l'égard du défendeur défaillant, c'est-à-dire va lui donner gain de cause; mais, comme l'autre sentence à l'égard du défendeur comparant a été contradictoire, et par conséquent irrévocable, nous aurons, entre les mêmes parties, dans une cause identique, émanée d'un même tribunal, deux décisions directement opposées. C'est pour prévenir ce scandale judiciaire, si propre à infirmer la confiance qu'il est nécessaire d'imprimer aux décisions des tribunaux, qu'intervient l'art. 154.

Un autre inconvénient fort dangereux résulterait de cette même marche : le tribunal a condamné le défendeur présent par une sentence nécessairement contradictoire, c'est-à-dire inattaquable devant le même tribunal ; le défaillant paraissant ensuite devant le même tribunal par la voie de l'opposition, et présentant avec plus de bonheur ou d'adresse les moyens qui ont succombé d'abord, n'est-il pas à craindre que le tribunal n'hésite cependant à reconnaître la bonté de ces moyens, engagé qu'il sera pour les avoir rejetés une première fois? N'est-il pas à craindre que, lié par le jugement précédent qu'il a rendu, il n'hésite à proclamer dans un second jugement, au profit d'un second défendeur, qu'il s'est trompé dans sa première sentence? Pour éviter tous ces inconvénients, l'art. 153 a pris une décision différente.

Au reste, l'inconvénient que je signale ici avait été déjà senti et prévu dans l'ancien droit; et le règlement du 28 juillet 1738, rédigé par d'Aguesseau, sur la procédure à suivre dans les affaires pendantes au conseil du roi, avait adopté, dans cette hypothèse, une marche qui semble avoir fourni l'idée de notre article. Ce règlement voulait qu'en pareil cas, lorsque, de plusieurs défendeurs assignés pour un même objet, l'un serait présent, l'autre défaillant, il fût statué sur l'intérêt de tous deux par un jugement qui, rendu après la plaidoirie du défendeur présent, serait par là même réputé contradictoire à l'égard de l'un et de l'autre. En un mot, le règlement de 1738 refusait, dans ce cas, la voie de l'opposition au défendeur qui avait fait défaut; d'une part, parce qu'on voulait éviter le scandale possible de décisions opposées ; d'autre part, parce

que, l'intérêt étant commun, on considérait la défense présentée par le co-
parant comme ayant pu, jusqu'à un certain point, profiter et servir au déf

Vous sentez que ceci n'était pas à l'abri de toute critique ; que, quelq
convénient qui puisse se présenter dans l'opposition, dans la contrarié 'd
décisions judiciaires, c'était une marche fâcheuse pour *Secundus* que de lé
réputer défendu par *Primus*, lui, *Secundus*, qui n'avait pas comparu, qui peut-
être, d'ailleurs, avait ignoré même l'existence de la poursuite. Cependant
là l'idée qui paraît avoir servi de germe à l'art. 153, mais avec un correctif qui
fait disparaître une bonne partie de son ancienne rigueur.

Si de deux ou plusieurs parties assignées, dit l'article, *l'une fait défaut et l'autre comparaît, le profit du défaut sera joint*. C'est-à-dire que le tribunal, tout en
constatant le fait du défaut de l'un des défendeurs, tout en accomplissant
cet égard le vœu de l'art. 149, ne remplira cependant pas la seconde parti
sa mission ordinaire en pareil cas ; en un mot, n'adjugera pas contre le d
deur défaillant le profit de son défaut. Au lieu de l'adjuger, il le réservera il
le joindra, comme dit l'article ; c'est-à-dire il surseoira à statuer contre le d
faillant sur le profit du défaut, jusqu'à ce que la cause ait été plaidée contradictoirement au moins par le défendeur présent (1).

Jusqu'ici rien de différent entre cette marche et celle du règlement de

Mais la loi ajoute que ce jugement de jonction, ce jugement qui rése
pour y statuer plus tard, le profit du défaut, sera signifié à la partie défaillante
par un huissier expressément commis à cet effet par le tribunal, avec nouvelle
assignation au jour indiqué, à l'effet de l'avertir derechef des poursuites dirigées contre elle, poursuites à l'égard desquelles son absence, si elle dure
pourra avoir les résultats les plus graves.

Quel est le but de cette assignation ? C'est que le défendeur n'ayant pas
comparu sur l'assignation primitive, on a lieu de craindre qu'il n'ait pas été
dûment averti ; que le parent, le domestique, le voisin auquel l'exploit a pu
être remis, ne le lui ait pas fait fidèlement parvenir ; si vous voulez même
craint que l'huissier, qui déclare avoir notifié cette première assignation
n'ait prévariqué, n'ait menti. En un mot, on craint un abus signalé fréquemment dans l'ancienne pratique sous le nom de soufflement de l'exploit. Pour
éviter un deuxième soufflement, pour éviter que l'exploit ne soit une deuxième
fois escamoté à la partie poursuivie, on exige qu'il soit remis par un huissier
que le tribunal commet expressément à cet effet. Vous trouvez la même précaution répétée dans l'article 156, à l'égard des jugements par défaut contre
la partie qui n'a pas d'avoué.

Cette précaution une fois prise, il devient fort difficile d'attribuer à l'ignorance de la partie son double défaut de comparution ; on ne peut guère se
l'expliquer alors que par une négligence excessive, qui ne doit pas retomber
sur son adversaire, ou bien par la volonté de cette partie d'autoriser le tribunal
à juger, soit sur le vu des pièces qui lui sont soumises, soit même sur la défense que va présenter le codéfendeur. Aussi, sur la seconde assignation, si le
défendeur ne comparaît pas, il sera statué par un seul et même jugement,
lequel sera réputé contradictoire, et, par conséquent, ne sera pas susceptible
d'opposition ; d'une part, parce qu'on a épuisé, pour appeler le défaillant, tou-

(1) Cass., 19 juillet 1876 (Dall., 1877, 1, 100).

tes les précautions qu'il paraissait possible d'employer ; d'autre part, parce que l'intérêt du défaillant a été soutenu, présenté par son codéfendeur, ce qui offre encore une garantie de plus pour la bonté du jugement.

C'est par ce moyen que l'art. 153 a essayé d'éviter le résultat fâcheux que je signalais tout à l'heure, la contrariété possible entre deux sentences successives rendues dans la même affaire. Vous voyez comment toute possibilité d'opposition, de contrariété, disparaît ; c'est que la sentence, bien qu'adjugée en réalité par défaut contre le défendeur deux fois assigné et deux fois défaillant, n'en sera pas moins, à son égard, réputée contradictoire. *Il sera statué par un seul jugement, qui ne sera pas susceptible d'opposition.*

Et la seconde partie de cet article ne distingue nullement entre le défendeur qui d'abord était présent et qui ensuite a fait défaut, et le défendeur primitivement défaillant. Ainsi, supposez qu'au jour indiqué par le jugement de jonction le défendeur, d'abord défaillant, ait constitué avoué, et que son avoué se présente à l'audience ; mais qu'à l'inverse, le défendeur qui d'abord s'était présenté à l'audience, le défendeur qui avait constitué sur la première assignation, fasse défaut à la seconde audience. *Primus* et *Secundus* étaient assignés ensemble pour un même objet à la requête de *Tertius*; *Primus* a comparu, *Secundus* a fait défaut : jugement de jonction ; on a joint le profit du défaut ; signification à *Secundus*, par un huissier commis, avec assignation pour comparaître à la nouvelle audience ; à la nouvelle audience, *Secundus* comparaît par un avoué qu'il a constitué, mais *Primus* fait à son tour défaut. Alors le jugement qui interviendra contradictoirement à l'égard de *Secundus* sera-t-il par défaut à l'égard de *Primus* ? sera-t-il, par conséquent, de sa part susceptible d'opposition ?

Nombre d'arrêts l'ont ainsi jugé, et plusieurs auteurs l'enseignent encore dans ce sens.

Cependant une pareille doctrine semble à la fois répugner au motif et au texte de notre article. Au motif, qui est d'éviter, autant que faire se pourra, la possibilité de décisions opposées. Or, nous retomberons dans ce danger, si nous déclarons que le jugement rendu à la seconde audience est contradictoire, et par conséquent inattaquable, à l'égard de *Secundus*, et est, au contraire, par défaut, et par conséquent rétractable, à l'égard de *Primus*. Au motif encore, en ce que, puisque *Primus* avait constitué avoué sur la première assignation, il devient impossible de supposer qu'il ait ignoré la poursuite, et de lui ménager, par conséquent, les voies de faveur, les voies de rétractation qu'on ménageait d'abord à *Secundus* non comparant et peut-être non averti. Elle est contraire au texte de notre article ; car la généralité de ses derniers mots embrasse évidemment tous les cas. Le jugement de jonction a été, dans l'espèce, signifié à *Secundus* ; il n'a pas dû, il n'a pas pu l'être à *Primus*, qui en était nécessairement averti, et alors, dit la loi, *il sera statué par un jugement qui ne sera pas susceptible d'opposition*, sans qu'on ait à distinguer quels sont, au jour de ce second jugement, les comparants et les défaillants (1).

(1) V. C. de Riom, 28 juin 1822 (Dall., *Rép.*, v° *Jugement par défaut*, n° 102). V. toutes les autorités pour et contre (Dall., 1847, II, 124, note 1). — V. aussi Paris, 21 août 1847 (Dall., 1847, *Tables*, v° *Jugement par défaut*, n° 3). — Cass., 7 juin 1848 (Dall., 1848, I, 112). — Caen, 8 mai 1848 (Dall., 1851, *Tables*, v° *Jugement par défaut*, n° 7).

I.   19

⇛→ 316. Occupons-nous maintenant du défaut du demandeur.

Nous avons distingué dans l'art. 119 deux sortes de défauts possibles à l'égard du défendeur ; la même distinction ne paraît guère applicable à l'égard du demandeur. On conçoit très bien que la position du défendeur défaillant doive varier selon qu'il a ou qu'il n'a pas constitué d'avoué ; nous verrons que la voie d'opposition sera plus large dans le second cas que dans le premier. A l'égard du demandeur qui, aux termes de l'art. 61, § 1er, a dû, à peine de nullité, constituer avoué dans l'exploit d'ajournement, on ne comprend pas la possibilité d'un défaut faute de comparaître, faute de constitution d'avoué : aussi l'art. 154, relatif au défaut du demandeur, ne s'occupe-t-il que du cas où l'avoué constitué par le demandeur ne se présenterait pas pour conclure à l'audience.

« Art. 154. Le défendeur qui aura constitué avoué pourra, sans avoir fourni de défenses, suivre l'audience par un seul acte, et prendre défaut contre le demandeur qui ne comparaîtrait pas. »

Pourra suivre l'audience par un seul acte. C'est-à-dire par un acte d'avoué à avoué, en d'autres termes, par un avenir, ce qui suppose évidemment que le demandeur a un avoué auquel il est possible de notifier cet avenir.

Sans avoir fourni de défenses. C'est-à-dire sans avoir signifié, dans la quinzaine de sa constitution, cette requête de défenses dont parle l'art. 77. Nous avons dit que ces requêtes étaient purement facultatives : que les parties étaient libres de n'en point signifier ; c'est une différence assez notable entre le droit actuel et le droit ancien, dans lequel on distinguait, outre les deux défauts que spécifie l'art. 149, le défaut faute de défenses, dans lequel, si le défendeur n'avait pas, dans le délai voulu, signifié sa requête de défenses, on pouvait encore prendre défaut contre lui et s'en faire adjuger le profit. Maintenant, au contraire, nous l'avons déjà dit, et l'art. 154 le confirme, le défendeur qui veut faire arriver plus promptement le jugement de la cause peut, sans signifier de défenses, suivre l'audience par un simple acte ; et, soit qu'il y ait ou qu'il n'y ait pas de défenses, si, au jour indiqué par l'avenir, l'avoué du demandeur ne vient pas poser ses conclusions, le défendeur prendra défaut contre lui (art. 154).

317. Mais quel sera d'abord l'office des juges dans ce jugement de défaut à l'égard du demandeur ? Quelle sera, de plus, la conséquence de ce jugement ? Nous avons vu, dans l'art. 150, que les conclusions du demandeur devaient lui être adjugées, si elles se trouvaient justes et bien vérifiées ; eh bien, si, à l'inverse, c'est le défendeur qui requiert défaut contre le demandeur, la même règle s'appliquera-t-elle ? le tribunal devra-t-il, au préalable, vérifier la bonté des défenses, et ne renvoyer le défendeur *absous* qu'en connaissance de cause, suivant l'expression de l'ordonnance de 1667, tit. XIV, art. 4 ?

Une telle marche serait assez peu conforme au texte et à la raison : au texte, parce que nous ne trouvons pas répétée, dans l'art. 154, la disposition de l'art. 150 ; parce que, de plus, l'art. 434, au titre de la procédure devant les tribunaux de commerce, rassemblant dans un même article l'hypothèse du défaut du demandeur et du défaut du défendeur, fait expressément la distinction, et déclare que, pour condamner le défendeur défaillant, il faut vérifier la prétention du demandeur ; mais que, au contraire, pour renvoyer le défendeur de la demande, en cas de défaut du demandeur, il n'y a rien à vérifier. La raison en est fort simple ; l'art. 1315 (C. C.) met à la charge du demandeur l'obligation de prouver le fondement de sa demande, donc le demandeur ne se présentant pas, le tribunal ne peut intervenir pour lui et chercher des moyens à l'appui d'une demande qu'il ne vient pas soutenir. La conséquence naturelle du défaut du demandeur, c'est le renvoi, c'est le congé accordé au défendeur, immédiatement et sans examen. On est, au reste, assez d'accord sur ce point (1).

Mais quelle sera au juste la conséquence du défaut ainsi accordé au défendeur, lorsque le demandeur ne vient pas conclure? Ce jugement consistera-t-il à déclarer la prétention du demandeur mal fondée? à renvoyer le défendeur *absous* comme on le renverrait, si le demandeur avait comparu, si les droits respectifs avaient été débattus, si la prétention du demandeur avait été reconnue injuste? ou bien, au contraire, n'est-ce qu'un simple congé, un simple renvoi de l'assignation, de l'ajournement, congé, renvoi qui ne préjuge rien sur le mérite de la cause, qui laisse les parties au même état où elles étaient avant cet ajournement, et donne par conséquent au demandeur pleine liberté de renouveler le procès, et quand et comme bon lui semblera?

Cette dernière idée, qui consiste à ne voir dans le jugement par défaut contre le demandeur que le *relaxe*, pour me servir de l'ancienne expression, le *relaxe* de l'assignation, laissant subsister du reste tous les droits du demandeur, sauf à lui à les faire valoir par un nouvel exploit, cette dernière opinion était uniformément admise dans l'ancienne pratique, avant l'ordonnance de 1667. Elle est, il faut bien le dire, assez raisonnable, assez fondée. En effet, puisque, en cas de défaut du demandeur, nous ne reconnaissons pas au tribunal le droit d'intervenir pour lui, le droit de vérifier le mérite de sa demande, comment donc accorderions-nous à un jugement rendu sans aucune connaissance de cause l'effet d'un jugement définitif, d'un jugement sur le fond, sauf à l'attaquer dans la huitaine par la voie de l'opposition?

Depuis l'ordonnance de 1667, à raison d'un texte un peu équivoque, les opinions ont varié à cet égard ; elles sont encore fort divergentes sous le Code de procédure. Les uns considèrent ce jugement comme un jugement au fond, au profit du défendeur, jugement qui peut être attaqué par la voie de l'opposition dans la huitaine (art. 157). Les autres, au contraire, n'y voient que ce qu'on y voyait uniquement autrefois, le *relaxe* de l'assignation permettant au défendeur de s'en aller, puisque le demandeur ne vient pas soutenir sa demande, mais laissant tout à fait intacts, quant au fond, les droits allégués à tort ou à raison.

J'avoue que, ni dans l'ordonnance de 1667, ni dans le texte de l'art. 154, je ne trouve rien d'assez précis, d'assez positif pour me faire supposer une dérogation aux anciens principes ; pour me porter à voir dans le jugement par défaut dans lequel on ne parle pas du profit du défaut, comme dans l'art. 150, autre chose que le renvoi, que le congé de la demande, autre chose qu'une décision qui tient pour non avenu un exploit d'ajournement, sur lequel on n'est pas venu plaider, et qui laisse les droits intacts et tout entiers, s'il y en a.

Ceux qui considèrent le jugement de défaut-congé comme statuant sur le fond de l'affaire admettent nécessairement le demandeur défaillant à attaquer

(1) Cass., 18 juillet 1831, 17 avril 1837 (Dall., *Rép.*, v° *Jugement par défaut*, n° 17).

ce jugement soit par la voie de l'opposition, soit par la voie de l'appel. Mais, dans notre opinion, où le défaut-congé ne produit qu'un anéantissement de la procédure, où le fond du procès n'est pas jugé, où il n'y a que la constatation d'un désistement tacite du demandeur défaillant, on devrait logiquement décider que, puisqu'il n'y a vraiment rien de jugé, il n'y a lieu de se pourvoir ni par opposition ni par appel (1).

Toutefois cette conséquence rigoureuse aurait quelquefois de graves inconvénients. Ainsi je crois que les voies ordinaires de recours, l'opposition et l'appel, doivent être ouvertes au demandeur d'abord lorsque les juges ont, quoique à tort, statué sur le fond ; et, de plus, lorsque l'action ne pourrait être recommencée, comme éteinte par la prescription, en admettant que l'exploit d'ajournement, qui a été suivi du défaut-congé, doit être considéré comme non avenu, et, par suite, n'a pas interrompu la prescription.

318. Quels sont les effets et les résultats du jugement par défaut, lorsqu'il s'agit du défaut du défendeur, qui est le plus fréquent, et dont s'occupe presque exclusivement la loi ?

Le point de départ, en cette matière, c'est que nul ne doit être condamné définitivement sans avoir été entendu, ou sans avoir du moins été bien clairement mis à même de se défendre.

Et d'abord, de ce point découlent les précautions relatives à l'exécution des jugements par défaut, dont il est parlé dans l'art. 155.

Ensuite, à ce point aussi se rattache la péremption spéciale établie, pour certains jugements par défaut, par la deuxième partie de l'art. 156.

Enfin, et surtout à cette idée que nul ne doit être condamné définitivement quand peut-être il n'a pas pu se défendre, se rattachent naturellement les articles 157 à 162, relatifs aux voies de rétractation ouvertes contre les deux espèces de jugements par défaut que nous avons signalées sous l'art. 149.

319. Parlons d'abord de l'art. 155.

« Art. 155. Les jugements par défaut ne seront pas exécutés avant l'échéance de la huitaine de la signification à avoué, s'il y a eu constitution d'avoué, et de la signification à personne ou à domicile, s'il n'y a pas eu constitution d'avoué, à moins qu'en cas d'urgence l'exécution n'en ait été ordonnée avant l'expiration de ce délai, dans les cas prévus par l'art. 135. — Pourront aussi les juges, dans les cas seulement où il y aurait péril en la demeure, ordonner l'exécution nonobstant l'opposition, avec ou sans caution, ce qui ne pourra se faire que par le même jugement. »

De la nature même du jugement par défaut qui n'élève, contre celui qui en est frappé, qu'une présomption extrêmement légère, il résulte qu'un pareil jugement ne pourra être mis à exécution contre la partie condamnée qu'après qu'elle aura semblé, au moins par son silence plus ou moins prolongé, acquiescer, quant à présent, à la sentence rendue contre elle en son absence. De là l'art. 155, qui introduit, pour l'exécution de cette clause de jugements, une règle tout à fait étrangère aux jugements contradictoires.

(1) Dans une autre opinion on décide que le jugement qui donne acte au défendeur du défaut du demandeur a le choix entre cette opposition et la réitération de la demande, mais que le demandeur a le choix entre cette opposition et la réitération de la demande même après l'expiration des délais de l'opposition. Bastia, 14 août 1866 (Dall., 1868, 2, 10).

En effet, vous avez vu, dans l'art. 147, que les jugements qui contiennent des condamnations ne peuvent être exécutés contre la partie qu'après lui avoir été signifiés à personne ou à domicile, et nous avons indiqué le motif de cette règle ; mais, en principe, vingt-quatre heures suffisent entre la signification du titre en vertu duquel on saisit, et l'acte par lequel on viendra réaliser la saisie annoncée, art. 583. Il en est autrement à l'égard des jugements par défaut ; et l'art. 155 défend de les exécuter, non seulement quand ils ne sont pas signifiés, mais tant que la huitaine, huitaine franche, ne s'est pas écoulée depuis la signification. Ce délai a évidemment pour but de mettre la partie défaillante en état de critiquer le jugement qu'on viendrait exécuter contre elle.

Les jugements par défaut ne seront pas exécutés avant l'échéance de la huitaine de la signification à avoué, s'il y a eu constitution d'avoué, et de la signification à personne ou à domicile, s'il n'y a pas eu de constitution d'avoué. — Les motifs de cette distinction sont fort clairs. Le défendeur avait-il constitué avoué ; s'agit-il d'un défaut faute de conclure ? Alors la huitaine courra à partir de la signification faite à l'avoué constitué, sauf, bien entendu, à signifier à la personne en vertu de l'art. 147, mais sans que cette signification à la personne doive précéder de huitaine les actes d'exécution. Que si, au contraire, la partie n'avait pas constitué d'avoué, la signification ne peut être faite qu'à la partie, à personne ou à domicile ; et de cette signification seulement courra la huitaine pendant laquelle on ne peut exécuter.

Il résulte de cette première disposition que l'opposition est suspensive dans un sens plus large que ne l'est l'appel. Ainsi nous avons dit que la simple possibilité de l'appel n'était pas par elle-même suspensive de l'exécution ; que l'exécution était suspendue par un appel interjeté, et non pas par un appel possible. Au contraire, en matière d'opposition, la huitaine à partir de la signification est essentiellement suspensive, sans qu'on ait à examiner s'il y a eu ou s'il n'y a pas eu d'opposition formée pendant cette huitaine ; et, de cette disposition, combinée avec celle de l'art. 157, il résulte que, même dans l'un des deux cas de défaut, le cas le moins favorable, la durée de l'opposition est tout entière suspensive. Je m'explique. Vous verrez que, quand le jugement a été rendu par défaut contre avoué, la partie condamnée a huitaine pour former opposition, huitaine depuis la signification faite à son avoué, aux termes de l'art. 157. Eh bien ! pendant cette même huitaine le jugement ne peut pas être exécuté ; c'est-à-dire, en définitive, que le jugement rendu par défaut contre avoué ne peut être exécuté que quand il n'est plus susceptible d'opposition, que quand s'est écoulée complètement la huitaine pendant laquelle l'art. 157 admettait l'opposition.

Du reste, ce que l'article défend, c'est d'exécuter le jugement ; ce qui ne veut pas dire que ce jugement par défaut n'ait conféré aucune espèce de droit, d'avantage actuel, au demandeur qui l'a obtenu. Ainsi, en vertu de ce jugement par défaut, et même avant la huitaine depuis la signification, il n'est pas douteux que le demandeur ne puisse procéder aux actes conservatoires que nous avons indiqués sous l'art. 125 ; qu'il ne puisse requérir, par exemple, une apposition de scellés sur les biens d'une succession échue à son débiteur ou prendre une inscription hypothécaire, aux termes de l'art. 2123 du Code civil, sur les biens du défendeur condamné.

320. Cependant, à ce principe dont il est si facile de bien sentir les motifs, la dernière partie de l'art. 155 ajoute une double exception.

D'abord, elle permet aux tribunaux d'autoriser, en certains cas, l'exécution immédiate, pendant le délai de huitaine indiqué dans la première partie.

De plus, elle leur permet encore, dans d'autres cas, d'ordonner l'exécution, non seulement malgré la possibilité d'une opposition qui reste encore ouverte, mais même malgré le fait d'une opposition existante, d'une opposition déjà notifiée.

Tel est le sens, premièrement, de la seconde partie du § 1er de l'art. 155; secondement, du § 2 du même article. Il est bien important de ne pas confondre ces deux dispositions.

Ainsi la loi ajoute : *A moins que, en cas d'urgence, l'exécution n'en ait été donnée avant l'expiration de ce délai, dans les cas prévus par l'art.* 135. C'est là la première disposition : un jugement par défaut a été rendu ; en principe, l'exécution n'en est pas possible avant l'expiration de la huitaine de l'une des deux significations prescrites par cet article. Mais le tribunal a pu, par le jugement de défaut qui a condamné le défaillant, permettre pour cause d'urgence, dans l'un des cas indiqués par l'art. 135, l'exécution avant l'échéance de cette huitaine.

Vous remarquez qu'ici disparaît et s'efface complètement la distinction fondamentale établie, relativement à l'appel par l'art. 135, entre l'exécution provisoire impérative et l'exécution provisoire facultative (n° 290). Ici, et quant à l'opposition, l'exécution provisoire, avant l'expiration de la huitaine depuis la signification, peut être permise par les juges dans tous les cas de l'art. 135, sous la condition d'urgence, mais sans aucune autre condition ; c'est-à-dire que, quand même le jugement de défaut aurait été rendu en faveur d'un demandeur, sur le vu d'un titre authentique, d'une promesse reconnue, ou d'une condamnation précédente non attaquée par la voie d'appel, le tribunal pourrait encore, attendu qu'il n'y a pas d'urgence, appliquer la première partie de l'art. 155, et ne point ordonner l'exécution provisoire.

321. A l'inverse, et c'est l'hypothèse du § 2, dans le cours de cette huitaine qui est par sa seule nature suspensive de l'exécution, supposez qu'une opposition intervienne ; alors, quand même le tribunal aurait ordonné l'exécution dans la huitaine, d'après les expressions qui précèdent, cette exécution n'en serait pas moins suspendue par le fait d'une opposition, car l'exécution dont parlent les derniers mots du premier paragraphe, c'est l'exécution de la huitaine, au mépris d'une opposition possible, mais non pas au mépris d'une opposition formée. Il y a, dans l'opposition déclarée, qui remet tout en question, une force suspensive, bien autrement puissante que dans la simple éventualité d'une opposition attendue.

Ainsi, l'opposition déclarée sera, soit dans la huitaine, soit après la huitaine, suspensive de l'exécution, à moins que le tribunal, par une disposition formelle et tout à fait distincte de celle du premier paragraphe de l'art. 155, n'ordonne que l'exécution du jugement par défaut pourra avoir lieu non seulement dans la huitaine, mais même malgré l'opposition du défendeur.

Au reste, si le tribunal, pour ordonner l'exécution provisoire nonobstant l'opposition, n'est pas renfermé dans les limites de l'art. 135, que ne rappelle pas le second paragraphe de l'art. 155, réciproquement il ne peut jamais autoriser cette exécution que dans le cas où il reconnaîtrait qu'il y a péril en la demeure (1).

Ainsi, le tribunal jouit, à quelques égards, en condamnant par défaut, d'un pouvoir plus large, quant à l'exécution provisoire, qu'il n'en jouit dans l'hypothèse de l'art. 185, dans le cas où il condamne contradictoirement. Mais l'exercice de ce pouvoir est subordonné à l'existence d'une condition, savoir, du péril que le plus léger retard ferait courir aux droits du créancier.

Tout ceci se concilie et se comprend aisément. Au premier aspect, vous pouvez être surpris sans doute que le tribunal qui, dans l'art. 135, ne peut ordonner que dans les cas spéciaux l'exécution provisoire d'un jugement contradictoire, puisse ordonner, même hors de ces cas, l'exécution provisoire d'un jugement par défaut. En effet, la présomption de vérité du premier jugement, dans lequel le défendeur a présenté ses moyens, est infiniment plus forte que la présomption de vérité du second, dans lequel le défendeur a été condamné sans être entendu ; pourquoi donc, dans ce second cas, ordonner l'exécution provisoire, nonobstant l'opposition, même hors des hypothèses prévues par l'art. 135 ? Pourquoi ? Parce que le tribunal peut très bien soupçonner et reconnaître, d'après les circonstances de l'affaire, que le défaut du défendeur est de sa part un acte de calcul, à l'effet d'entraver les poursuites, de gagner du temps, et de trouver, au moyen de ces retards combinés, la possibilité de dérober aux poursuites du demandeur les biens qui lui servaient de gage. De là le motif de la seconde partie de l'art. 155 ; de là l'explication de ce fait bizarre au premier coup d'œil, qui permet aux tribunaux d'imprimer, en certains cas, plus de force à l'exécution d'un jugement dont la bonté est infiniment moins sûre et la rétractation infiniment plus facile.

Ainsi en résumé :

Première précaution prise à raison de la nature des jugements par défaut : suspension de l'exécution de ces jugements pendant la première huitaine, quand même il n'y aurait pas d'opposition encore formée.

Seconde précaution : suspension, à quelque époque que ce soit, de l'exécution, quand il y a opposition formée.

Mais il est permis aux juges de déroger à la première règle, en cas d'urgence et dans l'hypothèse de l'art. 135, et de déroger même à la seconde, s'il y a péril en la demeure, sans avoir même à s'attacher aux divers cas de l'art. 135.

322. « Art. 156. Tous jugements par défaut contre une partie qui n'a pas constitué d'avoué seront signifiés par un huissier commis, soit par le tribunal, soit par le juge du domicile du défaillant, que le tribunal aura désigné : ils seront exécutés dans les six mois de leur obtention, sinon seront réputés non avenus. »

À la différence de l'art. 135, qui est commun au défaut contre partie et au défaut contre avoué, l'art. 156, dans ses deux dispositions, bien distinctes l'une de l'autre, est exclusivement applicable au défaut contre partie, au défaut faute de comparaître ou de constituer avoué, expressions synonymes,

_____

(1) Jugé que le péril en la demeure peut résulter des circonstances, sans être textuellement constaté par le jugement. Cass., Rej., 3 avril 1872 (Dall., 1873, 1, 25).

comme vous le savez. *Tous jugements par défaut contre une partie* qui n'a PAS CONSTITUÉ D'AVOUÉ.

Quelle précaution la loi prend-elle quant à la signification de ces jugements? Elle veut qu'elle ait lieu par le ministère d'un huissier commis, spécialement désigné par le tribunal ou par le juge qu'elle indique.

Quel est le motif de cette précaution? Je l'ai déjà dit : c'est que, le défendeur n'ayant pas constitué d'avoué sur l'assignation originaire, on a lieu de craindre que cette assignation ne lui soit pas parvenue, qu'il ne soit encore dans l'ignorance la plus entière des poursuites dirigées et du jugement obtenu contre lui. Pour éviter une nouvelle perte, un nouveau soufflement de la signification du jugement, c'est à un huissier spécialement désigné par le tribunal, investi à ce titre d'une confiance plus marquée, qu'on impose le devoir de signifier au défaillant, à personne ou à domicile, le jugement obtenu contre lui.

De ce que cette signification doit être faite par un huissier commis, il en suit que, si elle avait lieu, sans cette commission, par un huissier choisi par le demandeur qui a obtenu le jugement, cette signification serait nulle, ainsi que les actes d'exécution qui en seraient la suite. Qu'on n'oppose pas ici le texte de l'art. 1030 qui défend de suppléer les nullités. Je reconnais que l'art. 156 ne déclare pas littéralement la nullité de la signification faite par un huissier non commis; mais l'art. 1030 ne s'applique qu'aux vices de formes, qu'aux vices de rédaction des exploits ou actes de procédure. Il ne s'applique jamais au défaut de qualité, au défaut de compétence des officiers qui ont rédigé ou signifié tel ou tel acte. Or, ici la signification est nulle, parce que nul n'a qualité, n'a compétence pour la faire si ce n'est un huissier spécialement désigné par le tribunal (1).

L'huissier doit être commis, soit par le tribunal même qui a adjugé le défaut et le profit, dans le jugement même de défaut, soit par un autre tribunal désigné par celui-là. Ainsi, vous avez obtenu défaut devant le tribunal de la Seine, contre un défendeur domicilié à Bordeaux : c'est à Bordeaux, à personne ou à domicile, que la signification de ce jugement doit être faite au défaillant. Le tribunal de la Seine se trouvera presque toujours dans l'impossibilité de désigner, d'une manière certaine, quel est, parmi les huissiers du tribunal de Bordeaux, celui qu'il est convenable de commettre pour signifier le jugement. Dans ce cas, le tribunal de la Seine pourra dire que le jugement sera signifié par un huissier qui devra être commis par le tribunal de Bordeaux ; en conséquence, requête sera présentée au président de ce tribunal à l'effet de faire commettre un huissier.

Ce n'est pas là une règle absolue ; le tribunal de la Seine pourrait prendre sur lui de le désigner ; il pourrait dire, par exemple, que la signification sera faite par le premier huissier audiencier du tribunal de Bordeaux, et le désigner par sa qualité, au lieu de le désigner par son nom, qu'on ne connaît pas ; cela aura l'avantage d'éviter aux parties les frais de la requête au président du tribunal de Bordeaux. La loi laisse à cet égard toute latitude.

Vous pourrez comparer l'art. 156 avec l'art. 1035.

(1) V. C. de Toulouse, 2 août 1810 (Dall., *Rép.*, v° *Jugement par défaut*, n° 234). Cass., 2 décembre 1845 (Dall., 1846, 1, 24).

➤ **323.** *Ils seront exécutés dans les six mois de leur obtention, sinon seront réputés non avenus.* Il s'agit toujours uniquement des jugements par défaut contre partie, faute de comparaître. Pour bien comprendre cette disposition, et l'étendue d'application qu'on doit lui donner, fixons-nous d'abord sur quelques principes.

En général, l'ajournement, l'assignation donnée par un créancier à son débiteur, par exemple, interrompt la prescription qui courait au profit de ce dernier : et lorsqu'un jugement contradictoire est obtenu par le créancier contre le débiteur, le créancier qui veut agir en vertu de ce jugement a nécessairement trente ans pour agir ; car, tout le temps de la prescription qui avait couru dans le passé étant mis au néant, c'est en quelque sorte une action ou une durée d'action toute nouvelle. C'est en ce sens que l'on dit que l'action naissant d'un jugement contradictoire dure trente ans à partir de ce jugement.

De même, si vous avez obtenu contre votre débiteur ou prétendu tel, une condamnation, non plus contradictoire, mais par défaut contre avoué, par défaut faute de conclure, alors vous avez encore, pour l'exécution de cette condamnation, trente ans pour poursuivre, pour agir ; vous pourriez, votre jugement dans la main, les délais d'opposition écoulés, rester fort tranquille et ne pas vous presser d'en poursuivre le payement, vous n'auriez à redouter que la prescription trentenaire ; ces deux points sont constants.

Supposez enfin que le jugement de condamnation ne soit ni contradictoire ni par défaut contre avoué, mais, ce que suppose notre article, par défaut contre partie, faute d'avoir constitué avoué ; alors donnera-t-on à ce jugement cette durée trentenaire qui vous permettra de retarder fort longtemps les poursuites d'exécution, sans avoir à craindre aucune prescription, aucune péremption avant trente ans ?

Telle était l'ancienne jurisprudence : on ne distinguait pas, à cet égard, entre la durée de l'action naissant, soit d'un jugement contradictoire, soit d'un jugement par défaut, quelle que fût la nature du défaut.

La disposition de l'art. 156 est toute différente ; elle oblige la partie qui a obtenu un jugement par défaut contre partie de l'exécuter dans les six mois, à l'expiration desquels le jugement non exécuté est périmé, est réputé *non avenu* ; c'est l'expression de la loi.

Quel est le motif de cette disposition spéciale ? Pourquoi cette péremption particulière au jugement par défaut contre partie, et étrangère au jugement contradictoire, et même au jugement par défaut contre avoué ?

C'est, disent en général les auteurs, que donner cette longue vie, cette durée de trente ans, à un jugement par défaut contre une personne qui peut-être n'a pas reçu d'ajournement, qui peut-être a ignoré les poursuites et la condamnation, c'est ouvrir la porte à des pièges, à des fraudes, dont le défaillant serait victime en définitive. Vous ferez condamner le défendeur à son insu, en lui faisant souffler l'exploit d'ajournement : et, pour exécuter contre lui, pour lui donner connaissance de la condamnation qui le frappe, vous attendriez dix, quinze ans, vingt-cinq ans peut-être ; vous attendriez soit l'expiration de tous les délais légaux d'opposition, soit au moins la perte des titres, des pièces, au moyen desquels il pouvait réclamer et se défendre.

Telles sont les raisons que vous trouverez développées à peu près dans tous les auteurs qui ont écrit sur cette matière. Je dois cependant avouer qu'il m'est impossible de bien comprendre la force de ces motifs, qu'il m'est impossible de bien comprendre, dans l'état actuel du droit, la réalité du péril auquel les derniers mots de l'art. 156 ont essayé d'apporter un remède.

En effet, on voit, dans les art. 158 et 159, que l'opposition aux jugements par défaut contre partie, précisément ceux dont nous nous occupons, est recevable tant que ces jugements ne sont pas exécutés. Disposition nouvelle dans le droit, et qui a remédié, à cet égard, aux abus que permettait l'ancienne législation. Or, si le défaillant, celui qui n'a pas constitué d'avoué, est en état de former opposition tant que le jugement par défaut n'a pas été exécuté contre lui, quel est donc le péril auquel l'art. 156 a voulu remédier?

Ainsi, vous avez obtenu contre moi un jugement par défaut faute de constitution d'avoué ; pour mettre les choses au pire, je supposerai que la copie de l'ajournement m'a été soufflée ; je supposerai même que la signification faite par un huissier commis, aux termes des premiers mots de l'art. 156, ne m'est pas parvenue davantage ; en un mot, je suis dans la plus complète ignorance et des poursuites que vous avez dirigées, et du jugement que vous avez obtenu mon insu contre moi. Faisons abstraction pour un instant des derniers mots de l'article 156, et supposons que vous avez, maintenant comme autrefois, le droit de poursuivre pendant trente ans l'exécution de ce jugement ; où sera donc le danger ? Au premier acte d'exécution que vous ferez contre moi ou contre mes héritiers, en vertu de ce jugement obtenu clandestinement, les art. 158 et 159 viendront tout de suite à notre aide ; puisque c'est le premier acte d'exécution, l'opposition est encore recevable, et dès lors l'opposition formée va tout arrêter, tout remettre en question. Non seulement, en effet, l'opposition est recevable jusqu'au premier acte d'exécution, mais elle l'est, comme nous le verrons, jusqu'à une époque fort avancée de l'exécution que vous dirigez contre moi. En un mot, si dans le droit actuel, l'opposition au jugement par défaut contre partie était, comme autrefois, renfermée dans un délai fatal, dans un terme préfixé à compter de la signification, je comprendrais parfaitement l'utilité des derniers mots de l'art 156. Si l'on disait, par exemple : l'opposition devra être formée dans le délai d'un mois, de deux mois, depuis la signification, je comprendrais que, pour ne pas m'exposer à souffrir l'exécution d'un jugement inconnu, on obligeât celui qui l'a obtenu à exécuter dans un fort bref délai ; mais, comme d'après les art. 158 et 159, il n'y a pas de délai, de terme fixe à l'expiration duquel l'opposition soit non recevable, toutes les fois que vous voudrez, après un long intervalle, exécuter contre moi un jugement de cette nature, les deux articles cités viendront servir de remède et faire tomber le jugement.

Ainsi, je ne partage pas à beaucoup près l'enthousiasme que paraît avoir inspiré à certains auteurs l'innovation, comme ils l'appellent, des derniers mots de l'art. 158. Non seulement elle n'est pas avantageuse, nécessaire au défaillant qui trouve une voie plus simple dans la voie de l'opposition ; mais, d'autre part, elle lui est préjudiciable.

En effet, si celui qui a obtenu le jugement avait trente ans pour agir, pour exécuter, sauf bien entendu l'opposition à venir, il n'aurait aucune raison de se presser, de se diligenter pour une exécution à laquelle la loi n'eût pas mis de terme fatal ; il pourrait, sans aucun danger pour lui, laisser quelque repos, quelque répit, au défaillant. Au contraire, renfermé, par l'art. 155, dans un bref délai de six mois, à peine de voir son jugement déclaré non avenu, il s'ensuit qu'à tout hasard, et pour éviter cette péremption, il se hâtera de saisir, de contraindre, d'exécuter dans les six mois, de faire des poursuites et des frais que peut-être on lui eût épargnés en le dispensant de ce délai.

Je vois donc pour le défaillant point ou peu d'utilité dans la péremption spéciale des derniers mots de l'art. 156. J'y vois, à l'inverse, pour celui qui a obtenu le jugement, un stimulant, une nécessité, qui ne fera que multiplier les frais, qu'aggraver la rigueur des poursuites.

C'est apparemment pour ces motifs que, dans la refonte du Code français sur la procédure, faite à Genève, cette disposition a disparu, parce qu'elle est plus nuisible, a-t-on dit, qu'avantageuse au défaillant. Ces derniers mots résument toutes les considérations que j'ai présentées.

324. Quoi qu'il en soit, le texte est précis, et qu'à tort ou raison on ait dérogé aux principes de l'ancienne législation, il est important de nous faire une juste idée de la disposition spéciale des derniers mots de l'art. 156.

Ces derniers mots renferment une sorte de péremption, de prescription spéciale. On appelle péremption, l'extinction, l'anéantissement d'une instance, par la discontinuation des poursuites ; il y a donc quelque rapport entre la disposition de l'art. 156 *in fine*, et la péremption d'instance dont il est question dans les art. 397 et suivants. Cependant, on trouve entre les deux cas des différences réelles qu'il est important de signaler.

En premier lieu, la péremption spéciale de l'art. 156 s'accomplit par six mois. Au contraire, la péremption générale, ordinaire, de l'art. 397 s'accomplit par trois ans, délai qui est même quelquefois prolongé.

De plus, la péremption de l'art. 156 ne porte que sur le jugement, elle laisse subsister la procédure antérieure et par exemple l'assignation, l'ajournement, avec tous ses effets, et notamment avec l'effet d'interrompre la prescription antérieurement commencée. Au contraire, dans l'art. 397, dans la péremption ordinaire, il y a péremption de l'instance, de la procédure tout entière, y compris l'acte qui l'a commencée, y compris l'ajournement. Ainsi, quand une instance est périmée, aux termes de l'art. 397, par trois ans écoulés sans poursuites, elle est censée n'avoir jamais eù lieu : l'ajournement avec toutes ses conséquences est considéré comme non avenu, et l'interruption de prescription qu'il avait produite est censée n'avoir pas eu lieu.

Enfin, dans l'art. 399, la péremption n'a pas lieu de plein droit, c'est-à-dire que, même après les trois ans, l'instance subsiste, tant que la péremption n'a pas été demandée. Et la péremption est couverte par tous les actes valablement signifiés par l'une des parties, tant que l'autre ne l'a pas demandée (n° 584). Au contraire, la péremption du jugement par défaut, dans l'hypothèse de l'art. 156, a lieu de plein droit, et sans demande, à l'expiration des six mois écoulés sans que le demandeur ait fait d'actes d'exécution ; le jugement alors est comme non avenu, sans même que l'autre partie ait besoin de demander formellement cette péremption. Ainsi, supposez que le demandeur ait négligé, dans les six mois, de faire aucun acte d'exécution, et qu'après ces six mois il s'avise de pratiquer une saisie ; cette exécution tardive devra être annulée sur la réclamation du défaillant, qui sera toujours à temps, même après cet acte, cette saisie pratiquée, de demander et de faire prononcer la péremption du jugement.

Voilà trois différences dont les deux dernières surtout sont fort notables, fort importantes, entre la péremption d'instance de l'art. 397, et la péremption spéciale de l'art. 156 (1).

Au reste, quand je dis que c'est de plein droit que s'opère cette dernière péremption, je signale une différence réelle sans doute, entre les derniers mots de l'art. 156 et l'art. 399 ; cependant il ne faut pas vous exagérer les conséquences de cette différence. De ce que, dans l'art. 156, la péremption s'opère de plein droit, c'est-à-dire de ce qu'elle ne peut pas être couverte par des poursuites, par des actes d'exécution postérieurs aux six mois expirés, n'allez pas conclure que les tribunaux doivent appliquer d'office cette péremption des six mois ; n'allez pas conclure que si le défaillant, contre lequel on exécute après les six mois, néglige ou refuse de venir invoquer une péremption qu'il a acquise, les tribunaux doivent l'invoquer et l'appliquer de leur chef. Ce sont là deux idées bien distinctes. La péremption du jugement par le défaut d'exécution dans les six mois est une véritable prescription, prescription établie dans un intérêt privé, et à laquelle le défaillant, pour qui elle est introduite est toujours maître de renoncer ; il faut appliquer ici l'art. 2220 du Code civil : La prescription n'est point un des moyens que les tribunaux puissent ou doivent appliquer d'office ; c'est au défaillant, en faveur de qui elle est établie mise, à voir s'il veut l'invoquer.

Ils seront exécutés. Qu'entend-on ici par *exécutés*? en d'autres termes, pour préserver de cette péremption un jugement par défaut contre partie, est-il nécessaire que dans les six mois ce jugement ait été pleinement, complètement exécuté ? Suffit-il, au contraire, qu'il y ait un acte, un commencement quelconque d'exécution ? Je me borne à poser ici cette question, elle ne peut être bien comprise et bien décidée qu'après l'explication de l'art. 159 (V. n° 329).

⇒ **325.** Les art. 157 et suivants, qui nous restent à expliquer dans ce titre, sont relatifs à la voie *d'opposition* ; c'est de ce nom qu'on appelle la réclamation élevée par le défaillant à l'effet de faire rétracter le jugement rendu contre lui. L'opposition est la plus grave, la plus nécessaire des précautions que réclamait, en faveur du défaillant, la nature même du jugement par défaut.

* L'opposition est une voie de rétractation (V. t. II, n° 665), c'est-à-dire par laquelle le défaillant s'adresse au tribunal même qui a rendu le jugement.

(1) * On peut ajouter une quatrième différence : les étrangers comme les Français ont le droit d'invoquer la péremption d'instance. Au contraire, d'après une doctrine à peu près unanime, les étrangers qui n'ont, en France, ni domicile ou résidence, ni propriété ne peuvent pas invoquer la péremption spéciale de l'art. 156. Cela tient à ce qu'il n'est pas possible d'exécuter contre eux les jugements par défaut intervenus à leur charge. Mais il suffirait qu'un étranger eût une résidence en France, pour qu'il eût le droit de se prévaloir de l'art. 156 : car on peut exécuter le jugement contre lui, par exemple si l'on ne trouve aucun bien, au moyen d'un procès-verbal de carence. Voy. Douai, 5 mai 1868 (Dall., 1868, 2, 124). *

(2) Il n'est pas nécessaire que l'opposition soit portée à la chambre même qui

Du reste, les règles de l'opposition varieront nécessairement selon qu'il s'a-
gira d'un jugement par défaut contre avoué, ou d'un jugement par défaut
contre partie. Le motif de cette distinction est sensible.

Quand le jugement est rendu par défaut contre avoué, il est certain que le
défendeur a connu l'ajournement, puisque, sur cet ajournement, il a constitué un avoué pour le défendre. Dès lors les précautions à prendre, les garanties à donner, pour ouvrir la voie de l'opposition, seront assez simples et
d'assez peu d'étendue ; un assez court délai lui suffira, puisqu'il est évident
qu'il est averti : si son avoué n'est pas venu conclure, c'est apparemment parce
que les pièces, les titres, les moyens de défense enfin lui manquaient. Mais
toujours est-il qu'il est averti, et qu'avec quelques délais de plus, il doit se
trouver en mesure de plaider.

Vous sentez, au contraire, qu'un système de garanties bien plus complètes
devra être organisé en faveur du défendeur qui n'a pas même constitué d'a-
voué, et de qui on peut soupçonner qu'il n'est averti ni des poursuites dirigées ni du jugement obtenu contre lui.

A la première hypothèse, celle du jugement par défaut contre avoué, se
rapportent les art. 157, 160 et 161 ; le premier détermine les délais, les deux
autres tracent les formes dans lesquelles l'opposition doit être formée ; à la
deuxième hypothèse, celle du défaut contre partie, se rattachent, quant aux
délais, les art. 158, 159, et, quant aux formes, l'art. 162.

326. « Art. 157. Si le jugement est rendu contre une partie ayant un avoué, l'opposition ne sera recevable que pendant huitaine, à compter du jour de la signification
à l'avoué. »

La partie est avertie ; l'avoué constitué par elle et qui a notifié sa constitution l'est également. Ainsi, la signification à cet avoué du jugement par
défaut faute de conclure suffira pour mettre l'avoué et le client en demeure
d'y former opposition ; que si huitaine s'écoule sans que l'opposition ait été
formée, il y a une déchéance du droit de la former ; si on veut la former
dans cette huitaine, les formes devront être celles des art. 160 et 161 ; nous
les verrons en leur lieu.

Je crois que cette huitaine à compter de la signification n'est pas franche (1) ; que c'est en dedans de la huitaine, au dernier jour au plus tard de
cette huitaine que l'opposition doit être déclarée dans les formes de l'art. 160.
Il est bien entendu que le jour de la signification ne compte pas ; si par exemple, le jugement de défaut est signifié à l'avoué le 1er, c'est le 9 au plus tard,
dans le cours du huitième jour, et non compris celui de la signification, que
la requête d'opposition devra être signifiée (2). * Si le dernier jour du délai
est un jour férié, le délai sera prorogé au lendemain (art. 1033 C. pr.).

* Si l'avoué renonçait au mandat qui résulte de sa constitution pour le dé-

rendu le jugement par défaut. C. de cass., Rej., 27 avril 1874 (Dall., 1876, 1, 393). —
Toutefois une cour jugeant en audience solennelle ne peut statuer sur l'opposition à un
arrêt par défaut rendu par une seule chambre. Cass., 15 janvier 1872 (Dall., 1872, 1, 52).

(1) V. les autorités en sens divers (Dall., *Rép.*, v° *Jugement par défaut*, n°s 250, 251).
(2) C. de Turin, 27 avril 1812 (Dall., *Rép.*, v° *Jug. par défaut*, n° 252).

fendeur, et, en conséquence, laissait condamner le défendeur par défaut, ce jugement par défaut serait néanmoins un défaut contre avoué ; car, à l'égard de l'adversaire, l'avoué représente la partie qui l'a constitué jusqu'à la stitution d'un nouvel avoué (art. 54), sauf l'application du deuxième alin de l'art. 2007 (C. civ.). Ainsi l'opposition contre un pareil jugement de être faite dans la huitaine (1).

Si l'avoué du défendeur défaillant a cessé ses fonctions depuis le jugement, mais avant la signification, le jugement n'est signifié qu'à la partie avec mention spéciale dont parle l'art. 148 ; et le délai de huitaine de l'opposition ne court que de la signification à la partie.

Si l'avoué du défaillant cesse ses fonctions dans la huitaine du délai d'opposition, ce délai cesse de courir. Le jugement devra être signifié à la partie avec l'avertissement dont parle l'art. 140 ; et il paraît équitable de donner au défaillant une nouvelle huitaine à partir de cette signification.

327. « Art. 158. S'il est rendu contre une partie qui n'a pas d'avoué, l'opposition sera recevable jusqu'à l'exécution du jugement. »

Ici le système de la loi devait changer ; les règles anciennement admises et qui, dans les deux cas de défaut, ne donnaient que huitaine pour former position, ne devaient pas être adoptées par le Code. Si, en effet, dans le cas de défaut contre partie, on a lieu de craindre que le défendeur n'ait pas reçu l'ajournement, on peut craindre aussi que la signification même faite par huissier commis ne lui parvienne pas ; il y avait donc dureté, injustice, à renfermer l'opposition dans un délai de huitaine, à partir d'une signification qu'à toute rigueur il avait pu ne pas connaître. Aussi, la règle actuelle est infiniment plus favorable au défaillant ; elle prolonge pour lui le droit de s'opposer *jusqu'à l'exécution du jugement*, ou plutôt jusqu'à la connaissance de l'exécution du jugement.

Sur ce mot *exécution* se présente la question que nous posions sur l'art. 156. S'agit-il d'une exécution complète ? ne s'agit-il, au contraire, que d'une exécution commencée ? En d'autres termes, l'opposition cessera-t-elle d'être recevable par cela seul qu'un acte quelconque d'exécution aura été fait contre le défaillant ? au contraire, l'opposition sera-t-elle recevable tant que l'exécution ne sera pas complètement achevée ?

L'art. 159 vient lever les doutes à cet égard, au moins pour un assez grand nombre de cas.

« Art. 159. Le jugement est réputé exécuté, lorsque les meubles saisis ont été vendus ou que le condamné a été emprisonné ou recommandé, ou que la saisie d'un ou de plusieurs de ses immeubles lui a été notifiée, ou que les frais ont été payés, ou enfin lorsqu'il y a quelque acte duquel il résulte nécessairement que l'exécution du jugement a été connue de la partie défaillante : l'opposition formée dans les délais ci-dessus et dans les formes ci-dessus prescrites suspend l'exécution, si elle n'a pas été ordonnée nonobstant opposition. * »

De la lecture de la première partie de cet article vous pouvez d'abord tirer une conséquence certaine, c'est que, pour rendre l'opposition non recevable,

(1) V. les autorités en sens divers (Dall., *Rép.*, v° *Jug. par défaut*, n°ˢ 225, 227, 229).

il n'est pas nécessaire que l'exécution du jugement par défaut soit complètement achevée. Un jugement qui porte, par exemple, condamnation au payement
d'une somme d'argent, n'est vraiment exécuté que quand la somme est entrée
des mains du débiteur dans celles du créancier. Eh bien, cette exécution réelle,
définitive, n'est certainement pas celle exigée par l'art. 159. Mais, d'autre part,
il ressort aussi de cet article qu'un simple début, qu'un acte quelconque d'exécution ne suffit pas pour entraîner contre le défaillant déchéance du droit d'opposition.

En résumé, l'exécution dont parle l'art. 158, ce n'est, d'après l'art. 159, ni
une exécution entièrement terminée, ni une exécution simplement commencée ; l'une serait trop, l'autre serait trop peu ; c'est donc à un certain point,
à un certain terme, entre l'exécution commencée et l'exécution terminée, que
l'art. 159, au moins dans les cas qu'il a fixés, a placé le dernier délai, l'époque fatale après laquelle il n'y a plus pour le défaillant d'opposition possible.
Cette époque sera facile à marquer pour tous les cas que l'art. 159 a embras-
sés ; au contraire, des difficultés sérieuses pourront s'élever pour les cas qu'il
a omis. Parlons d'abord de ce qui est le plus simple : nous examinerons plus
tard les points sur lesquels le texte est muet.

*Le jugement est réputé exécuté, lorsque les meubles saisis ont été vendus, ou que
le condamné a été emprisonné ou recommandé, ou que la saisie d'un ou de plusieurs
de ses immeubles lui a été notifiée ou que les frais ont été payés.*

Ces différents exemples démontrent nettement que, pour mettre fin à la faculté d'opposition, l'art. 159 n'exige point une exécution consommée. La vente
même des meubles du débiteur n'est point encore l'exécution entière du jugement qui l'a condamné à payer ; cette exécution ne sera pleine et complète
que quand le créancier sera payé. Il est encore plus évident que la notification
faite à un débiteur de la saisie d'un de ses immeubles est encore moins l'exécution complète et définitive du jugement, puisque cet immeuble saisi n'est
pas encore vendu.

D'autre part, un début, un commencement d'exécution ne suffit pas ; car
une saisie de meubles est un commencement d'exécution, et cependant la loi
exige non seulement la saisie, mais aussi la vente des meubles qui ont été
saisis.

Quel est le motif de ce terme moyen que le législateur adopte ?

La faculté d'opposition, dans l'hypothèse qui nous occupe, se fonde, ne l'ou-
bliez pas, sur la crainte que le défaillant n'ait pas été averti des poursuites, ou
même qu'il n'ait pas reçu la signification du jugement par défaut.

Cela posé, en vertu de ce jugement qui lui a été signifié, mais qui peut-
être ne lui est pas parvenu, un commandement lui a été fait ; puis, après ce
commandement, la saisie de tout ou partie de ses meubles a été pratiquée,
aux termes de l'art. 583 du Code de Procédure. Voilà sans doute une exécution
commencée ; il est évident, incontestable qu'une saisie de meubles, pratiquée
par huissier au domicile du débiteur, est un acte d'exécution au premier chef.
Cependant cet acte d'exécution entraîne-t-il nécessairement, contre le défaillant, déchéance du droit d'opposition ? Non ; parce que la loi, craignant toujours de le frapper sans ressource avant qu'il ait pu se défendre, présume que,
de même qu'il a ignoré l'ajournement et le jugement, de même, il a pu, à

toute rigueur, ignorer la saisie pratiquée à son domicile; l'absence, l'éloignement, mille autres causes que vous pourrez supposer peuvent le laisser dans l'ignorance d'une saisie qui n'a pas par elle-même un grand caractère de publicité. Mais supposez qu'après cette saisie, l'exécution ait suivi son cours; que les affiches, que les placards exigés par la loi aient été apposés aux temps et aux lieux déterminés ; supposez qu'après ces formes de publicité remplies par l'exécutant, les meubles saisis, selon l'art. 583, aient été vendus aux enchères publiques, aux termes de l'art. 617 : alors l'ensemble et la succession de tant de notifications, de tant de formes de publicité, concourant l'une avec l'autre, ne laissent plus lieu de supposer que le défaillant n'est pas averti; l'exécution arrivée à ce point, attestée par les criées d'une vente publique, élève un obstacle insurmontable à la faculté d'opposition.

Emprisonné ou recommandé. La recommandation était l'acte par lequel un créancier formait opposition à ce que son débiteur, déjà incarcéré à la requête d'un autre créancier, obtînt son élargissement en consignant ce qui était dû au premier.

* Mais ces mots *emprisonné* ou *recommandé* n'ont plus de portée depuis la suppression de la contrainte par corps (V. nos 268 et suiv.). *

Ou que la saisie d'un ou de plusieurs de ses immeubles lui a été notifiée. C'est toujours la même idée, mais avec la modification de détail qui résulte de la nature même de la saisie immobilière. Procède-t-on par saisie de meubles à l'exécution d'un jugement par défaut, la loi, pour fermer au défaillant la voie de l'opposition, veut que cette saisie ait été consommée par une vente. Au contraire, procède-t-on par saisie d'immeubles, alors, pour refuser au défaillant le droit de former opposition, il ne sera plus nécessaire que la saisie ait été prolongée jusqu'à la vente ; il suffira que cette saisie, pratiquée aux termes de l'art. 673, ait été dénoncée au débiteur conformément à l'art. 677. En effet, entre la saisie immobilière et la dénonciation de cette saisie, ont été accomplies certaines formalités qui remplacent la publicité qui, en matière de saisies de meubles, se trouve résulter de la vente (V. art. 673 et suiv.); de là que lorsque la saisie immobilière a été dénoncée au défaillant saisi, aux termes de l'art. 677, que ce mode d'exécution est arrivé à une période à un éclat de publicité que le législateur a jugé suffisant pour fermer désormais la voie de l'opposition.

- *Ou que les frais ont été payés.* Lorsque le défaillant a acquitté de son plein gré les dépens du jugement par défaut, ce payement renferme évidemment un acquiescement qui le rend désormais non recevable à attaquer un tel jugement (1).

328. * Dans les hypothèses qui précèdent, l'art. 159 suppose une exécution poursuivie contre le défaillant, et indique dans quel cas cette exécution sera présumée connue de lui. Mais il se présentera une difficulté très sérieuse lorsque le jugement ordonnera quelque chose à faire par un tiers, et que l'exécution se poursuivra, non pas contre le défaillant lui-même, mais contre le tiers.

_____

(1) * La Cour de cassation décide même que la partie, en payant les frais, ne peut valablement se réserver le droit d'opposition, 31 août 1852 (Dall., 1852, 1, 220) ; et 24 janvier 1854 (Dall., 1854, 1, 197). — De même, Orléans, 11 août 1853 (Dall., 1854, 2, 236).

Alors, comment cette exécution sera-t-elle connue du défaillant? Et jusqu'à quel moment pourra-t-il former opposition?

Un exemple va vous faire sentir la difficulté qui s'est présentée souvent dans la pratique.

Un père a formé opposition au mariage de son fils; sur cette opposition, demande en mainlevée de la part du fils contre le père. Le père ne comparaît pas, ne constitue pas d'avoué; le fils prend défaut, et, pour le profit, obtient mainlevée; puis il signifie ce jugement, par un huissier commis, à la personne ou au domicile de son père. Ajoutez, si vous voulez, que le tribunal, aux termes de l'art. 131, a compensé les dépens, attendu la qualité des parties. Vous voyez qu'alors les modes d'exécution indiqués dans la première partie de l'art. 159 sont tous inapplicables. En effet, le jugement qui accorde mainlevée de l'opposition, le jugement qui permet le mariage ne prononce pas contre le père défaillant aucune condamnation pécuniaire, pas même celle des frais. Ce n'est pas au père que l'exécution est demandée; dès lors se présente, dans toute sa difficulté, la question de savoir jusqu'à quand l'opposition du père sera recevable. Jusqu'à l'exécution, nous dit l'art. 158. Oui : mais l'art. 159 vient définir ce mot d'exécution et le définir, à ce qu'il semble, d'une manière tout à fait inapplicable à l'hypothèse qui nous embarrasse. Je crois qu'un rapprochement attentif des art. 158 et 159 doit décider cette question, si délicate au premier coup d'œil.

L'art. 159 n'est pas précisément l'explication littérale, absolue de l'art. 158; l'art. 159 ne supprime pas la disposition de l'art. 158. En effet, le législateur n'a pas dit : L'opposition sera recevable jusqu'à ce qu'il y ait eu vente de meubles saisis, notification d'une saisie d'immeubles. Non, il y a deux dispositions distinctes, qui doivent toutes les deux s'expliquer et s'appliquer séparément. La loi commence par nous dire : L'opposition est recevable jusqu'à l'exécution; puis, dans un autre article, comme ce mot d'exécution pouvait donner lieu à la question de savoir si une exécution achevée serait nécessaire, ou si une exécution commencée suffirait, l'art. 159 vient trancher la difficulté et lever ces doutes, pour nous avertir dans quels cas et à quel moment une exécution commencée suffit.

En un mot, la conséquence littérale, nécessaire de l'art. 158, s'il était seul, serait celle-ci : toutes les fois qu'un jugement par défaut contre partie est exécuté complètement, entièrement exécuté, il n'y a plus d'opposition possible. Voilà l'art. 158. Et puis l'art. 159 vient nous dire : cependant, dans les cas qui vont suivre, quoiqu'il n'y ait pas encore exécution consommée, je trouve dans les actes d'exécution partielle, que je vais vous signaler, des caractères d'une assez saillante, d'une assez solennelle publicité pour fermer désormais la voie de l'opposition.

Ainsi, toutes les fois qu'un jugement par défaut contre partie aura été complètement exécuté, la voie de l'opposition est irrévocablement fermée, aux termes de l'art. 158; au contraire, pour nous contenter d'une exécution commencée, il faudra nous trouver dans l'un des cas de l'art. 159. Or, dans l'espèce que j'ai posée, il n'y a de fin de non-recevoir possible contre l'opposition du père, qu'une exécution complète, commencée. En effet, quelle est l'exécution complète d'un jugement qui accorde mainlevée, qui permet le

I.   20

mariage? C'est la célébration du mariage ; ce mariage une fois célébré, l'art. 158 est accompli, et accompli à la lettre ; il y a eu exécution du juge- ment, exécution parfaite, entière, définitive ; donc l'opposition n'est plus re- cevable. Vainement dira-t-on qu'aucune des circonstances de l'art. 159 n'a été accomplie; qu'il n'y a eu ni vente de meubles, ni notification de saisie immobilière, ni rien de pareil; une telle objection serait dérisoire; car, en- core une fois, l'art. 159 ne comprend pas exclusivement les cas d'application de l'art. 158 (1).

La même question se présente dans le cas d'une radiation hypothécaire or- donnée par défaut contre partie ; dans le cas de saisie-arrêt suivie d'une demande en validité et du versement, par le tiers saisi, dans les mains du saisissant.

Telle est la doctrine à laquelle il faut s'attacher pour lever toutes les diffi- cultés du même genre qui viendront surgir hors des cas d'exécution de l'art. 159. Toutes les fois que nous ne serons pas dans l'un des cas prévus expressément par l'art. 159, une exécution commencée, si avancée que nous la supposions, ne suffira pas pour enlever au défaillant la voie de l'opposition, mais alors, aussi, une exécution complète suffira. C'est là le seul moyen de se tirer d'affaire; et ce moyen n'a, ce me semble, absolument rien qui répugne à nos deux textes.

329. Maintenant supposez qu'une saisie-exécution, qu'une saisie mobilière ait été pratiquée en vertu d'un jugement par défaut, et qu'aux termes de l'art. 596 le défaillant ait présenté un gardien, ou qu'aux termes de l'art. 598, le défaillant saisi ait été constitué gardien des meubles saisis sur lui-même.

Voilà un exemple d'exécution, non pas complète, mais d'exécution com- mencée, un cas qui, cependant, ne rentre pas dans les diverses hypothèses que nous avons parcourues jusqu'ici, d'après les premiers mots de l'art. 159. Eh bien, cet acte d'exécution, accompagné des circonstances que je viens de supposer, entraîne-t-il contre le défaillant déchéance du droit d'opposition?

Attachez-vous bien à saisir la raison de douter. Dans notre hypothèse la saisie a été pratiquée, le débiteur défaillant a présenté un gardien ou a été constitué, par un procès-verbal qu'il a signé, gardien des meubles saisis; on ne rentre pas dans le texte littéral de la loi qui veut que l'opposition soit rece- vable jusqu'à ce que les meubles saisis aient été vendus. Or, dans l'espèce, ils ne se sont pas vendus.

On serait donc tenté de conclure que l'opposition est encore recevable; car, d'une part, il n'y a pas d'exécution consommée comme le voulait l'art. 158; d'autre part, il n'y a pas un de ces commencements d'exécution détaillés dans l'art. 159, après lesquels le jugement est réputé exécuté. Donc, pourriez-vous dire, le fait de la saisie, quoique parfaitement connu du débiteur défaillant, n'est pas une fin de non-recevoir contre l'opposition au jugement qu'on a ainsi commencé d'exécuter.

(1) * Boitard décide ici que c'est la célébration du mariage, c'est-à-dire l'exécution par le tiers qui fermera la voie de l'opposition. Cette solution est fort difficile à conci- lier avec l'opinion qu'il admet sur les art. 548, 549, 550, savoir, que le tiers peut accom- plir l'exécution que le jugement met à sa charge, tant que la voie d'opposition est ouverte au défaillant (V. t. II, n° 807, et la note sur ce numéro). *

Telle est la conséquence naturelle de l'art. 158 et de la première partie de l'art. 159 ; mais cette conséquence doit être repoussée, et l'opposition doit être déclarée non recevable dans les cas que nous avons signalés, quand on lit, en s'en pénétrant bien, les expressions qui suivent dans l'art. 159. *Ou enfin* (ajoute l'article) *lorsqu'il y a quelque acte duquel il résulte nécessairement que l'exécution du jugement avait été connue de la partie défaillante.* La règle est donc celle-ci : Toutes les fois que, d'un acte quelconque, résulte la preuve certaine que le défaillant a connu l'exécution, et que, de plus, il n'a pas immédiatement déclaré son opposition, dans tous ces cas l'opposition devient non recevable.

Mais quelle est l'exécution qui doit être connue du défaillant à l'effet d rendre désormais toute opposition de sa part non recevable? Faut-il que ce soit une exécution complète dans le sens de l'art. 158? Faut-il, au moins, que c e soit une exécution poursuivie par l'un des modes. et arrivée à l'une des périodes détaillées par la première partie de l'art. 159?

En d'autres termes, à quel instant l'opposition à un jugement par défaut contre partie devra-t-elle être formée au plus tard sous peine de n'être plus recevable ?

Il y a là trois réponses à faire ; il y a là trois hypothèses distinctes, à chacune desquelles est attachée une fin de non-recevoir contre l'opposition.

Première hypothèse, c'est celle de l'art. 158 : quand l'exécution est achevée, de quelque nature que soit le jugement, par quelque mode que cette exécution ait été poursuivie et consommée, sans qu'on ait d'ailleurs à rechercher si le défaillant l'a connue ou ne l'a pas connue, l'opposition n'est pas recevable.

Seconde hypothèse : le jugement n'est pas encore complètement exécuté ; mais il y a eu saisie et vente des meubles du défaillant ; ou bien il a payé les frais du jugement, ou bien la saisie immobilière pratiquée sur l'un de ses biens-fonds lui a été dénoncée, aux termes de l'art. 677. Dans quelques-uns de ces cas, il est possible sans doute que le défaillant ignore encore les poursuites ; que ses meubles aient été vendus, et que cependant il l'ignore ; que la saisie de l'un de ses immeubles ait été dénoncée à son domicile, et que pourtant cette dénonciation ne lui soit pas parvenue. Peu importe : par cela seul qu'on en est arrivé à ce point avancé de l'exécution, cette exécution est réputée connue du défaillant. L'opposition est désormais non recevable. |

Enfin, troisième hypothèse : les meubles ont été simplement saisis, mais n'ont pas été vendus ; ou bien il y a eu saisie immobilière pratiquée, mais cette saisie n'a pas encore été dénoncée au défaillant ; alors, en principe, l'opposition est encore recevable, car il n'y a pas présomption légale qu'il ait connu des actes d'exécution non définis dans la première partie de l'art. 159. Mais s'il résultait de quelque circonstance, que cette exécution commencée a réellement été connue de lui, alors encore l'opposition serait non recevable. C'est ce qui arrive dans les cas que je vous ai indiqués (1).

Ainsi, si l'on a saisi ses meubles et qu'il ait consenti à être constitué gardien des meubles saisis, aux termes de l'art. 598, qu'il ait signé lui-même le procès-verbal dans lequel il était constitué gardien ; alors il y a bien saisie de

---

(1) Cass., 27 juin 1837 (Dall., *Rép.*, v° *Jugement par défaut*, n° 120).

meubles, mais cette saisie n'est pas suivie de vente. Cependant, par la signature apposée par le défaillant sur le procès-verbal de saisie qui le constitue gardien, il est évident qu'il a reconnu qu'une saisie était pratiquée, pratiquée en
vertu d'un jugement par défaut, et qu'en reconnaissant ce fait sans réclamer,
sans protester, il s'est rendu non recevable à former opposition (1).

* La question de savoir si un acte, autre que ceux énumérés dans le commencement de l'art. 159, a fait ou non connaître l'exécution du jugement à la
partie défaillante, cette question doit être abandonnée, en cas de contestation,
à l'appréciation des tribunaux (2). *

230. *Ou enfin lorsqu'il y a quelque acte duquel il résulte nécessairement que*
L'EXÉCUTION *du jugement a été connue de la partie défaillante.* Ce que la partie défaillante doit avoir connu, pour être désormais non recevable à s'opposer, ce
n'est pas, comme on le dit trop souvent, la simple existence de la sentence
par défaut, c'est son exécution. Ainsi, il serait prouvé, par la signature, par
l'aveu même du défaillant, que le jugement par défaut lui a été connu, signifié, cette connaissance prouvée aussi clairement que vous pouvez le supposer,
ne suffirait pas pour le faire déclarer non recevable à s'opposer : il peut s'opposer tant qu'il n'a pas connu, non seulement l'existence, mais l'exécution
même de ce jugement.

Pourquoi cela? C'est que, quand même il connaît l'existence du jugement
rendu contre lui par défaut, il peut supposer que l'adversaire ne s'en prévaudra pas, ne poursuivra pas en vertu d'une sentence que la première opposition fera tomber. Le défaillant peut n'y voir qu'une menace insignifiante,
qui peut très bien n'être pas suivie d'exécution, et, en conséquence, ne pas encore s'opposer tant qu'on n'a rien fait de plus.

Que si, au contraire, il a connu non seulement l'existence de ce jugement,
mais l'exécution faite en vertu de ce jugement, et qu'il n'ait pas immédiatement protesté dans les formes que nous verrons plus tard, alors il est déchu
du droit d'opposition ; mais il ne l'est qu'à ce moment.

231. Une dernière question nous reste sur cet article fort important. Cette
question est celle que j'ai annoncée en terminant l'art. 156 (Voy. n° 325). D'a-
près les derniers mots de l'art. 156, les jugements dont nous parlons doivent
être exécutés dans les six mois, à peine d'être réputés non-avenus. Nous avons
expliqué le sens et le but de cette disposition, en laissant de côté le sens du
mot *exécutés*, dans cet article, en retardant l'examen de la question de savoir
de quelle exécution la loi entend parler, quel degré d'exécution le poursuivant
doit avoir pratiqué, pour se préserver de la péremption portée par l'art. 156.
Or, pour éviter cette péremption, pour empêcher qu'à l'expiration des six mois
le jugement ne soit réputé non-avenu, faut-il que, dans le cours de ces six
mois, il y ait eu exécution complète, définitive, du jugement par défaut? Ou
bien suffira-t-il que l'exécution rentre dans l'un des cas prévus par l'art. 159?
Ou bien enfin, suffira-t-il d'un commencement d'exécution quelconque, sans
qu'on ait à examiner s'il rentre ou ne rentre pas dans les diverses prévisions

(1) Il en est de même s'il a indiqué un gardien. C. de Limoges, 27 mars 1816. — Cass.,
8 mars 1836 (Dall., *loc. cit.*, n° 127).
(2) Rej., 11 juin 1860 (Dall., 1861, 1, 124).

de l'art. 159 ? suffira-t-il, par exemple, d'un procès-verbal de saisie dont le défaillant n'a pas eu ou ne paraît pas avoir eu connaissance ?

Il y a là trois opinions possibles sur l'interprétation de ce mot *exécutés*, dans le second cas de l'art. 156.

La première doit être écartée, et la négative paraît indubitable : il est certain que, pour préserver le jugement par défaut de la péremption de six mois établie par l'art. 156, il n'est pas nécessaire que dans le cours de ces six mois l'exécution ait été consommée, achevée définitivement. Cette solution a d'ailleurs été formellement reconnue dans la discussion du conseil d'État.

La question réelle, la seule douteuse, se réduit donc à savoir si cette exécution, si ce commencement d'exécution est ou n'est pas régi par l'art. 159.

Ainsi, dans le cours des six mois, la partie qui avait obtenu le jugement a pratiqué, en vertu de la sentence, une saisie mobilière sur les biens du défaillant, du reste, il n'y a pas vente, on n'est donc pas dans la première hypothèse de l'art. 159 : il n'est pas prouvé non plus que cette saisie pratiquée ait été connue du défaillant, on n'est donc pas dans la seconde partie de l'art. 156. Faudra-t-il en conclure que le jugement tombe en péremption, aux termes de l'art. 156, faute d'avoir été exécuté suivant la définition que donne l'art. 159 ?

Je ne crois pas que cette décision rigoureuse doive être admise, quoique soutenue par quelques auteurs ; je ne vois pas de motifs pour établir entre l'art. 156 et l'art. 159 une liaison, une corrélation que la loi n'y a pas mise.

L'art. 159 nous indique quels sont les faits d'exécution que la loi exige et reconnaît, à l'effet de faire déclarer l'opposition désormais non recevable ; mais c'est là une disposition tout à fait spéciale, comme l'hypothèse en vue de laquelle elle a été faite. Au contraire, dans l'art. 156, on exige l'exécution dans les six mois, sans nous donner de ce mot *exécution* aucune définition qui nécessite un écart à la règle ordinaire. Or, dans le sens naturel, légal du mot, il est clair qu'un procès-verbal de saisie est un acte d'exécution, sans qu'il soit besoin que la vente s'en soit suivie, ou que le saisi ait reconnu ce procès-verbal. Un procès-verbal de saisie est un acte d'exécution ; donc si un tel procès-verbal a été rédigé dans les six mois du jugement, le vœu de l'art. 156 est satisfait, et la péremption est évitée. Non seulement il n'y a pas, dans l'espèce, de raison pour donner à ce mot d'exécution, dans l'art. 156, l'acception rigoureuse que lui imprime l'art. 159, mais même, dans l'hypothèse de chacun de ces articles, il y a des raisons de différence qui empêchent d'argumenter de l'un à l'autre.

Quel est le but de l'art. 159 ? D'empêcher qu'une condamnation qui a pu être ignorée du défaillant ne devienne définitive, inattaquable à son égard ; c'est dans ce but que la loi multiplie les précautions ; qu'elle entoure l'exécution dont elle parle, des solennités nécessaires pour que l'opposition devienne non recevable.

Au contraire, dans l'art. 156, il ne s'agit pas d'empêcher que la condamnation ne devienne définitive, il s'agit de punir la négligence de celui qui, ayant obtenu une condamnation par défaut, n'en tire aucun parti dans les six mois qui la suivent ; or, cette négligence ne peut être imputée à celui qui, dans le délai, a fait un acte d'exécution, a fait pratiquer une saisie et dresser procès-verbal.

Ajoutons, d'ailleurs, que, si vous appliquiez à l'art. 156 la définition de l'art. 159, vous iriez tout à fait contre le but de la loi. L'art. 159 est évidemment conçu dans l'intérêt du défaillant, afin d'éviter, autant que possible, les surprises dont il pourrait être victime, si son opposition était rejetée avant qu'il eût connu la sentence et l'exécution. C'est, dis-je, dans l'intérêt du défaillant, pour l'entourer de toutes les protections, de toutes les garanties possibles, que la règle spéciale de l'art. 159 a été tracée ; appliquez cette règle à l'art. 156, et vous arriverez à un résultat contraire. Dites, par exemple, au demandeur qui a obtenu le jugement, que, pour préserver ce jugement de la péremption, il ne suffit pas d'avoir saisi dans les six mois, qu'il lui faut de plus avoir vendu les meubles par lui saisis ; le seul résultat possible, c'est d'aggraver la rigueur des poursuites, c'est de multiplier les frais aux dépens du défaillant ; c'est, en un mot, de faire tourner contre lui la spécialité d'une disposition que l'art. 159 n'avait écrite que pour lui.

Ainsi, c'est à la troisième proposition que nous devons nous attacher. Nous devons reconnaître que, par cela seul que, dans les six mois, celui qui a obtenu le jugement a pratiqué un acte quelconque d'exécution, alors il est à l'abri d'une péremption établie seulement comme peine de sa négligence ; mais que, pour que cette exécution pratiquée rende l'opposition non recevable, alors seulement alors, il doit remplir les conditions de l'art. 159 ; ce qui est tout différent. En un mot, il n'y a aucune raison, ni de texte ni de motifs, pour expliquer par le texte de l'art. 159 le mot *exécutés* employé par l'art. 156.

Prenons un autre exemple. J'ai obtenu un jugement par défaut contre partie conformément à l'art. 156 ; je me mets en mesure de l'exécuter dans les six mois, en chargeant l'huissier d'aller saisir ; l'huissier se présente chez le défaillant, n'y trouve pas de meubles ou pas de meubles saisissables. Le défaillant, d'ailleurs, n'a pas d'immeubles. Comment faire alors pour exécuter ? L'huissier constatera que la matière saisissable manque, *caret*; * il dresse en conséquence un procès-verbal de carence. Direz-vous que, dans ce cas, comme l'art. 159 n'a pas prévu cette hypothèse, il n'y a pas exécution, et qu'en conséquence, au bout de six mois, mon jugement sera périmé ? Mais ce serait d'une souveraine injustice ; je n'ai pu ni saisir ni vendre, s'il n'y avait rien à saisir, rien à vendre ; mais j'ai fait raisonnablement tout ce que j'ai pu faire en vertu d'un jugement ; donc j'ai accompli le but de l'art. 156, je me suis mis à l'abri de toute imputation de négligence, et par conséquent de toute péremption (1).

Mais s'ensuit-il qu'en vertu de ce procès-verbal de carence, le défaillant sera désormais non recevable à s'opposer ? Non ; parce que, d'abord, le jugement n'est pas pleinement, définitivement exécuté ; je ne suis pas payé ; c'est le sens de l'art. 158. Ensuite, parce qu'il n'y a pas eu l'éclat d'une vente, il n'y a pas eu la publicité voulue par les premiers mots de l'art. 159 ; et d'ailleurs il n'est pas prouvé, en fait, qne cette tentative de saisie, que ce procès-verbal de carence aient été connus du défaillant. Nous ne sommes ni dans l'art. 158 ni dans l'art. 159 ; donc l'opposition reste recevable (2). * Mais ce procès-ver-

(1) Cass., 21 mai 1834 (Dall., *Rép.*, v° *Jug. par défaut*, n° 406). Cass., 30 mars 1868 Dall., 1868, 1, 425). — C. de Paris, 28 juin 1870 (Dall., 1871, 2, 3).

(2) C. de Limoges, 3 mai 1814 (Dall., *Rép.*, v° *Jug. par défaut*, n° 151). — *Contrà* Limoges 20 juillet 1821. *Loc. cit.*, n° 150.

bal arrêterait l'opposition s'il était fait en présence du débiteur ou signé par lui (1), parce qu'alors il a reconnu l'exécution ou du moins les démarches constatant la volonté d'exécuter.

Il faut, je crois, appliquer la même distinction dans une autre question très controversée. Un créancier a obtenu un jugement par défaut contre deux débiteurs solidaires. Il en poursuit l'exécution dans les six mois contre un seul. Il aura, je crois, empêché la prescription du jugement contre tous (art. 156 C. P. et 1206 C. C.). Mais, en supposant les poursuites d'exécution contre un seul parvenues à l'une des phases prévues par l'art. 159, le défaillant, qu aura été poursuivi, aura seul perdu le droit d'opposition, que l'autre débiteur solidaire non poursuivi pourra encore exercer (2). *

⇒ **332.** Nous venons de voir dans quels délais l'opposition doit être formée, lorsqu'il s'agit d'un jugement par défaut, ou contre avoué, ou contre partie : les art. 160 et 162 vous indiquent dans quelle forme cette opposition doit être présentée ; les art. 160 et 161 se rattachent à l'art. 157, c'est-à-dire à l'opposition au jugement par défaut contre avoué ; l'art. 162 se rattache aux art. 158 et 159, c'est-à-dire à l'opposition au jugement par défaut contre partie

333. « Art. 160. Lorsque le jugement aura été rendu contre une partie ayant un avoué, l'opposition ne sera recevable qu'autant qu'elle aura été formée par requête d'avoué à avoué. »

Cette opposition doit être formée dans la huitaine de la signification à avoué, d'après l'art. 157.

Elle a lieu sous la forme d'une requête que l'avoué du défaillant fait signifier à l'avoué de l'autre partie ; c'est un acte d'avoué à avoué signifié par huissier audiencier. Quant à ce qu'elle doit contenir, l'art. 161 l'indique.

« Art. 161. La requête contiendra les moyens d'opposition, à moins que les moyens de défense n'aient été signifiés avec le jugement, auquel cas il suffira de déclarer qu'on les emploie comme moyens d'opposition : l'opposition qui ne sera pas signifiée dans cette forme n'arrêtera pas l'exécution ; elle sera rejetée sur un simple acte, et sans qu'il soit besoin d'aucune autre instruction. »

Ainsi, supposez que l'ajournement a été signifié, aux termes de l'art. 61, que le défendeur a constitué avoué aux termes de l'art. 75, et, dans la quinzaine de cette constitution, a signifié des défenses écrites conformément à l'art. 77 ; alors les moyens du défendeur se trouvant déjà développés dans cette requête de défense, il serait inutile et frustratoire de les reproduire dans la requête d'opposition ; il suffira donc de déclarer, dans cette requête, qu'on s'en réfère, quant aux moyens du défaillant, à la requête antérieurement notifiée.

Remarquez (ce qui, d'ailleurs, résulte clairement de cet article) que le fait qu'une requête de défense a été signifiée en vertu de l'art. 77, n'empêche pas

(1) Cass, 12 janvier 1813 (Dall., *loc. cit.*). — Toulouse, 16 février 1850 (Dall., 1851, 239). — C. de cass., Rej., 12 mars 1861 (Dall., 1861, 1, 155). — C. de cass , Rej., 19 février 1873 (Dall., 1873, 1, 368). — C. de cass., Rej. 7 décembre 1875 (Dall., 1876, 1, 272).

(2) C. de cass., Rej., 3 décembre 1861 (Dall., 1862, 1, 41). — V. en note de cet arrêt toutes les autorités en sens divers.

que le défendeur qui l'a signifiée ne puisse être ensuite condamné par défaut. En effet, ce qui constitue le jugement contradictoire, ce ne sont pas les signi-fications de défenses écrites, encore bien qu'elles contiennent les conclusions des parties : le jugement n'est contradictoire qu'autant que ces conclusions ont été déposées à l'audience sur le bureau du tribunal par les avoués respectifs. C'est ce que suppose, avec la dernière évidence, l'art. 161.

⋙→ **334.** *L'opposition qui ne sera pas signifiée dans cette forme* n'arrêtera pas l'exécution. Là également vous trouvez écrit un principe que j'ai déjà posé, c'est que l'opposition est de sa nature suspensive de toute exécution. Cela résulte, pour l'opposition dans les cas de défaut contre partie, des derniers mots de l'art. 159, qui sont formels... *suspend l'exécution.* Cela résulte, dans le cas de défaut contre avoué, des derniers mots de l'art. 161. Puisque l'oppo-sition qui n'est pas signifiée par requête, avec présentation des moyens, n'arrête pas l'exécution, il s'ensuit évidemment que, quand ces conditions sont rem-plies, l'opposition formée suspend toute exécution. Le tout, sous la modifica-tion, sous l'exception que nous avons déjà signalée dans le deuxième para-graphe de l'art. 155 ; à moins que le tribunal n'ait déclaré par avance que le jugement serait exécutoire nonobstant toute opposition.

Les derniers mots de l'art. 161, en les rapprochant les uns des autres, pré-sentent encore, au premier aspect, une apparence de contradiction qu'il est aisé de faire disparaître. *L'opposition qui ne sera pas signifiée dans cette forme n'arrêtera pas l'exécution, elle sera rejetée sur un simple acte, et sans qu'il soit be-soin d'aucune instruction. Elle sera rejetée ;* or, dit-on, pour la rejeter, il faut un jugement, un examen, fort simple sans doute, mais enfin un examen, une intervention du tribunal ; dès lors, comment accorder cette disposition avec celle qui la précède ? L'opposition irrégulière n'arrête pas l'exécution, donc elle est nulle de plein droit, et cependant il faut la faire rejeter, il faut ap-peler les juges, au moyen d'un avenir, à statuer sur les vices, sur les irrégu-larités de cette opposition.

En règle, l'opposition est suspensive ; voilà le point de départ. Cette oppo-sition est-elle irrégulière, s'écarte-t-elle, dans ses formes, de l'art. 161 ; alors celui à qui elle est notifiée peut, sans avoir égard à cette opposition, continuer son exécution. Cependant vous sentez qu'une opposition que je trouve irré-gulière, peut paraître fort régulière à celui qui me la signifie ; qu'entre nous l'irrégularité prétendue de cette opposition peut être un point contesté ; cette contestation, comme toute autre, se porte et se vide à l'audience. Mais toujours est-il que, si en définitive l'opposition est rejetée comme irrégulière, les pour-suites d'exécution auxquelles j'aurai procédé, au mépris de cette opposition, seront déclarées valables ; c'est en ce sens qu'elle est nulle de plein droit.

C'est donc à la partie à laquelle une opposition qui paraît irrégulière est ainsi notifiée, à voir si elle entend prendre sur elle la chance d'une exécution provisoire. En effet, si l'opposition que je trouve irrégulière en la forme est déclarée recevable par le tribunal, mes actes d'exécution seront nuls ; si, au contraire, l'opposition est déclarée irrégulière, mes actes seront valables. C'est en ce sens que l'opposition non conforme à l'art. 161 n'arrête pas l'exécution.

Mais cette décision ne doit s'appliquer qu'à une opposition irrégulière en la forme, mais non à une opposition qui, quoique régulière en la forme, ne serait pas bien fondée, et devrait, en conséquence, être rejetée.

Celui qui fait des poursuites doit donc toujours s'arrêter en présence d'une opposition régulière. Et quand même plus tard, le défaillant serait débouté de son opposition par le jugement définitif, les poursuites faites après l'opposition seraient toujours annulées, si l'opposition était régulière en la forme. La validité des poursuites ne dépend donc pas de la décision ultérieure sur le mérite de l'opposition. Cette opposition, fondée ou non, pourvu qu'elle soit régulière en la forme, arrête l'exécution.

335. « Art. 162. Lorsque le jugement aura été rendu contre une partie n'ayant pas d'avoué, l'opposition pourra être formée, soit par acte extrajudiciaire, soit par déclaration sur les commandements, procès-verbaux de saisie ou d'emprisonnement, ou tout autre acte d'exécution, à la charge par l'opposant de la réitérer avec constitution d'avoué par requête, dans la huitaine ; passé lequel temps elle ne sera plus recevable, et l'exécution sera continuée, sans qu'il soit besoin de la faire ordonner. — Si l'avoué de la partie qui a obtenu le jugement est décédé, ou ne peut postuler, elle fera notifier une nouvelle constitution d'avoué au défaillant, lequel sera tenu, dans les délais ci-dessus, à compter de la signification, de réitérer son opposition par requête, avec constitution d'avoué. — Dans aucun cas, les moyens d'opposition fournis postérieurement à la requête n'entreront en taxe. »

Dans cet article, il s'agit d'une autre hypothèse, celle de l'opposition au jugement par défaut contre partie.

Il est d'abord évident que la forme tracée pour le cas précédent est inapplicable à celui-ci. Dans le cas précédent, le défendeur avait un avoué : donc on a pu facilement lui prescrire de former son opposition par une requête entre avoués ; ici, au contraire, c'est un défaut contre partie, le défendeur n'a pas d'avoué, donc une forme différente doit être prise pour notifier son opposition.

Remarquez, d'ailleurs, que cette opposition est recevable, aux termes de l'art. 158, jusqu'à l'exécution. C'est-à-dire que, immédiatement après l'exécution, de quelque nature qu'elle soit, l'opposition cesse d'être recevable, si le défaillant n'a pas protesté à l'instant même où l'exécution se consommait, s'achevait devant lui. Il n'a plus le délai de huitaine, comme dans le cas de l'art. 157, il n'a pas de délai. C'est à l'instant même où l'exécution lui est connue ou est réputée lui être connue, qu'il doit former opposition ; donc on ne devait, on ne pouvait pas l'astreindre à former son opposition par une requête d'avoué ; car il arrivera fort souvent qu'il n'aura pas un avoué sous la main, à l'instant même où on exécute, à l'instant même où il veut et où il doit s'opposer. Aussi la loi permet-elle à l'opposition dans cette hypothèse de revêtir une forme et plus simple et plus rapide.

L'opposition pourra être formée soit par un acte extrajudiciaire ; c'est-à-dire par un exploit notifié à la requête du défaillant à la personne, au domicile, ou à l'avoué du poursuivant ; ou bien, ce qui est plus simple encore, par une déclaration du défaillant sur les actes d'exécution qui sont signifiés contre lui ; par exemple, sur le commandement que l'huissier vient de lui notifier, il sommera l'huissier de déclarer qu'il s'oppose. Voilà une forme d'opposition on ne peut plus simple et qui peut se pratiquer à l'instant.

Mais l'opposition ainsi formée brusquement par l'une des déclarations indiquées par notre article doit être réitérée, régularisée dans la huitaine par un acte, par une requête contenant constitution d'avoué. *A la charge par l'opposant de la réitérer avec constitution d'avoué, par requête, dans la huitaine.*

Vous voyez que cette forme, une fois qu'on en a bien compris le motif, est en elle-même on ne peut plus simple. Déclarer l'opposition à l'instant même où l'on se présente devant moi, pour exécuter contre moi, et puis, cette opposition déclarée dans une forme quelconque, la réitérer dans la huitaine avec constitution d'avoué ; constitution nécessaire de ma part pour que l'instance puisse désormais marcher.

Que si, dans la huitaine, cette réitération n'a pas eu lieu, l'opposition est comme non-avenue; le jugement a acquis toute sa force, parce qu'aucune opposition n'est plus désormais recevable de ma part.

336. Le second paragraphe de l'art. 162 prévoit un incident qu'il était en effet nécessaire de régler. *Si l'avoué de la partie qui a obtenu le jugement est décédé, ou ne peut plus postuler, elle fera notifier une nouvelle constitution d'avoué au défaillant.*

Il est possible que, depuis le jugement obtenu, l'avoué de mon adversaire soit mort, démissionnaire, interdit, etc. ; alors, évidemment, la réitération par requête d'avoué à avoué me devient impossible. Que faire pour me mettre à même d'exécuter cette condition ? La partie qui a obtenu le jugement fera alors notifier une nouvelle constitution d'avoué au défaillant, et c'est à cet avoué nouvellement constitué que je devrai signifier la requête de réitération exigée par l'art. 162.

337. *Dans aucun cas, les moyens d'opposition fournis postérieurement à la requête n'entreront en taxe.* C'est-à-dire que, si ma requête d'opposition qui doit contenir les moyens me paraît insuffisante, je puis, dans ce cas comme dans tout autre, en signifier une nouvelle avant de plaider; mais alors les frais resteront à ma charge.

Voilà tout ce qui concerne soit les délais, soit la forme d'opposition aux deux espèces de jugements par défaut.

338. « Art. 163. Il sera tenu au greffe un registre sur lequel l'avoué de l'opposant fera mention sommaire de l'opposition, en énonçant les noms des parties et de leurs avoués, les dates du jugement et de l'opposition : il ne sera dû de droit d'enregistrement que dans le cas où il sera délivré expédition. »

« Art. 164. Aucun jugement par défaut ne sera exécuté à l'égard d'un tiers, que sur un certificat du greffier, constatant qu'il n'y a aucune opposition portée sur le registre. »

Ces art. 163 et 164 sont relatifs à une matière toute distincte, savoir, au cas où l'on voudrait faire exécuter par un tiers un jugement par défaut obtenu contre son adversaire ; alors le tiers auquel vous demandez l'exécution du jugement, par exemple, le conservateur auquel vous demandez la radiation d'une inscription hypothécaire, radiation ordonnée par défaut, ce tiers ne peut pas savoir s'il y a ou s'il n'y a pas opposition du défaillant; si, en conséquence, l'exécution est ou n'est pas suspendue : de là un système de précautions établies par les art. 163 et 164, et reproduites avec plus de détails par les art. 548.

et 549. C'est à ces deux derniers articles et à leur commentaire qu'il faut se reporter pour bien comprendre l'explication des art. 163 et 164 (V. n°⁸ 804 et 805.)

↬→ **339.** « Art. 165. L'opposition ne pourra jamais être reçue contre un jugement qui aurait débouté d'une première opposition. »

Cet article est la reproduction d'une maxime fort connue en procédure : *Opposition sur opposition ne vaut.*

Ainsi, assigné à comparaître, j'ai négligé de constituer avoué : en conséquence, est intervenu contre moi un jugement par défaut faute de comparaître ; dans les délais de l'art. 159, j'ai formé opposition et réitéré cette opposition par requête dans la huitaine de l'art. 172 ; mon opposition est donc valable. Mais l'avoué, que j'ai constitué dans cette huitaine pour venir plaider sur mon opposition, ne vient pas conclure, ne se présente pas à l'audience au jour indiqué par l'avenir ; alors deuxième jugement contre moi, jugement par défaut, non plus faute de comparaître, puisque j'ai nécessairement un avoué, mais faute de conclure et de plaider. Pourrai-je alors, condamné par défaut contre avoué, après l'avoir été déjà par défaut contre partie, pourrai-je encore dans les délais de l'art. 157 et dans les formes de l'art. 160, introduire une seconde opposition à l'effet de faire rétracter le second jugement par défaut ? Non ; la loi ne permet pas à un défenseur de se jouer ainsi de ses créanciers et de la justice, en formant successivement des oppositions sur lesquelles il ne comparaîtrait pas.

Toutefois, il ne faut pas forcer l'application de cet article, et en conclure que, dans le cours d'une même instance, une partie ne peut pas subir plusieurs condamnations par défaut également susceptibles d'opposition. Ainsi, j'ai fait défaut sur l'assignation : ensuite j'ai fait opposition au jugement de défaut en constituant un avoué dans le cours de la nouvelle instance, des conclusions nouvelles ont été signifiées et posées par l'adversaire, et sur ces nouvelles conclusions, qui changent la face du débat primitif, mon avoué a fait défaut. De ce que, dans cette circonstance, je me trouve condamné une seconde fois par défaut, il ne suit pas que mon opposition ne soit pas recevable ; car les conclusions nouvelles, sur lesquelles mon avoué vient de faire défaut, sont tout à fait distinctes des conclusions primitives pour lesquelles j'avais formé opposition. Dans ce cas, mon opposition sera recevable, parce qu'elle n'est pas formée contre un jugement qui me déboute d'une première opposition, mais contre un jugement nouveau distinct, du premier (1).

L'art. 165 n'interdit donc l'opposition que contre le jugement qui a débouté d'une première opposition. D'où il suit que, si j'ai formé opposition contre un jugement par défaut qui m'a condamné, et que mon adversaire, qui avait obtenu le premier jugement, fasse défaut à son tour, il pourra former opposition contre le nouveau jugement qui a admis mon opposition et m'a déchargé des condamnations prononcées contre moi par le premier jugement.*

(1) Cass., 3 août 1840 (Dall., *Rép.*, v° *Jug. par défaut*, n° 200). — Toulouse, 28 février 1844 (Dall., 1845, *Tables*, v° *Jug. par défaut*, n° 5).

QUINZIÈME LEÇON

➤ 340. Depuis le titre II de ce livre, qui traite des ajournements, jusqu'au titre VII, relatif aux jugements contradictoires, nous avons parcouru tous les textes, et exposé toutes les règles qui ont trait à une instance dégagée de toute entrave, de tout incident ; puis dans le titre VIII, nous avons vu quels incidents, quelles procédures spéciales pouvaient résulter du défaut de l'une des parties, et notamment du défendeur. Dans ces huit titres se trouve ainsi développée la première des divisions que nous avons indiquées dans le début de ce livre, celle que les auteurs appellent procédure simple, dégagée de toute espèce d'incidents.

Au titre IX, auquel nous arrivons maintenant, commence une série d'idées qui nous reporte en arrière. Ainsi, dans ce titre et dans les suivants, jusqu'au titre XXII, commence le développement des règles spéciales que peuvent nécessiter certains accidents de l'instance. Dans le titre IX se trouvent présentées des règles relatives aux exceptions ; dans les titres X, XI et suivants, certaines règles relatives à la manière d'exposer et de présenter les preuves ; dans le titre XVI, les règles relatives aux demandes incidentes et aux interventions ; dans le titre XVII, les reprises d'instance nécessitées par la mort de l'une des parties ou de son avoué ; enfin dans les titres XVIII et suivants, le désaveu, les règlements de juges, etc.

Tous ces titres, parfaitement distincts les uns des autres, quant aux matières qui en font l'objet, ont cependant entre eux cela de commun, que les faits, que les matières qu'ils ont pour but de régler, d'ordonner, interviennent dans le cours d'une instance, et viennent en entraver et en compliquer la marche.

Nous commençons avec la loi par le titre des exceptions sur lequel il n'est pas permis de passer légèrement.

TITRE IX

DES EXCEPTIONS.

➤ 341. Le nom d'*exception* a été emprunté par la procédure française au système de la procédure romaine ; mais il a été transporté dans notre droit avec une différence d'acception dont il est bon de nous bien pénétrer.

* La formule d'action chez les Romains contenait l'ordre donné par le préteur au juge, de condamner le défendeur sous cette condition, si le demandeur prouvait sa prétention, son *intentio ; si paret rem esse Titii : si paret Seium Titio* 100 *dare oportere.**

On entendait en droit romain, par exceptions, certaines modifications introduites par le préteur dans la formule, * ou plutôt une deuxième condition posée * en faveur du défendeur, et à laquelle la condamnation était subordonnée ; l'exception avait pour effet de tempérer, par des considérations d'équité, ce que la rigueur du droit civil pouvait avoir, en certains cas, de trop dur et de trop inflexible.

Ainsi, vous voyez dans le livre II, titre I, § 30, aux Institutes, le cas d'un possesseur de bonne foi qui, ayant construit sur le fonds d'autrui, est attaqué par une revendication de la part du propriétaire du sol ; il doit incontestablement succomber dans la question de propriété. Cependant le préteur, après avoir donné au *judex* l'ordre de forcer à la restitution du fonds, et de condamner le défendeur si la propriété est établie, ajoute dans la formule cette seconde condition, et s'il n'y a pas de dol : *Nisi quid dolo malo factum sit* ; il ajoute une exception de dol, et tempère, par une considération d'équité, ce que présenterait de trop rigoureux, dans l'espèce, l'application inflexible des principes du droit civil.

Cette idée se trouve développée dans le titre XIII, livre IV des Institutes. Vous voyez, par cette définition très sommaire et très insuffisante d'ailleurs des exceptions romaines, que ce ne peut être dans ce sens et avec cette acception que le mot d'exception se trouve employé chez nous. L'exception, à Rome, est une conséquence naturelle de la division des pouvoirs entre le préteur et le *judex* ; elle se rattache intimement au système de la procédure formulaire, système étranger chez nous dans son principe et aussi dans ses conséquences.

Ainsi le mot seul a passé, l'idée n'a pas passé et n'a pas dû passer dans notre procédure. J'insiste sur ce point ; car non seulement nos Codes ont reproduit sur la foi des textes romains, le mot d'exception, ce qui serait au fond peu important ; mais d'anciens usages, que le Code n'a pas consacrés, que la pratique et que même quelques auteurs hésitent encore à abandonner, ont transporté chez nous les qualifications, les épithètes, les divisions que la procédure romaine appliquait à ses exceptions.

Ainsi vous verrez, au titre XIII du livre IX des Institutes, que les Romains divisaient leurs exceptions, en *exceptions dilatoires* et *exceptions péremptoires* ; si chez nous le mot d'exception n'a aucun rapport, aucune analogie avec le mot d'exception en droit romain, il est clair que les exceptions dilatoires et les exceptions péremptoires des Romains ne peuvent pas, ne doivent pas se retrouver chez nous ; ou que, si par hasard nous y retrouvons ces mots employés dans les textes ou dans la pratique, il n'y aura de ressemblance que dans les mots, il ne devra, il ne pourra y en avoir aucune au fond des idées.

343. Qu'est-ce donc, en droit français, qu'une exception ?

Si vous lisez les art. 1360 et 1361 du Code civil, vous serez tentés de croire que tout moyen opposé par le défendeur à l'attaque de son adversaire est une exception ; en d'autres termes, que l'exception est le contraire d'une demande, que l'exception renferme, contient, tout ce que l'on oppose à l'attaque. En effet, vous voyez dans ces deux articles qu'en traitant du serment, on décide que la partie à laquelle le serment est déféré, et qui refuse de le prêter, ou de le référer, doit succomber dans sa demande, si c'est le demandeur, ou dans son exception, si c'est le défendeur. Le mot d'exception dans ces deux articles est pris comme synonyme exact de défense ; toutefois ce n'est là qu'un sens abusif, qu'un sens détourné de ce mot, et, si toute exception rentre dans la qualification générale de défense, en ce sens qu'elle est un moyen opposé par le défendeur, cependant, réciproquement, toute défe n'est pas une exception ; en d'autres termes, l'exception, bien différente des défenses proprement dites, ne tend point à nier, à combattre la prétention du demandenr, mais seulement à en retarder l'examen, à en critiquer la forme sans en examiner, sans en discuter le fond. C'est là l'idée que vous allez trou ver dans différents moyens de défense que le Code de Procédure a qualifié du nom d'exceptions, ou du moins qu'il a rangés sous ce nom.

Quant aux anciennes qualifications d'exceptions *péremptoires* ou *dilatoi* nous repousserons la première, et nous n'admettrons la seconde que dans autre sens qu'en droit romain.

* En effet, les Romains nommaient exceptions *péremptoires* ou perpétué celles qui, à quelque moment que l'action fût intentée, la rendraient inell cace, par exemple, l'exception de dol. Ils appelaient *dilatoires* ou tempor les exceptions qui ne pouvaient être opposées que si l'action était inten avant un certain temps, comme l'exception résultant d'un pacte *de non pet* pendant cinq ans. *

Dans notre ancien droit, empruntant assez légèrement à la procédure maine le nom d'exception, trouvant d'ailleurs dans les textes la division d exceptions en dilatoires et péremptoires, on avait voulu à toute force avoi aussi, en droit français, des exceptions dilatoires et des exceptions pérem toires ; mais la ressemblance, l'analogie n'était que dans le nom et dans lettre, elle n'était nullement dans les idées. On avait même subdivisé exceptions *péremptoires*, en péremptoires dans la forme et péremptoires fond.

On entendait, en droit français, par exceptions péremptoires en la fo les moyens de défense qui, sans toucher au fond de la demande, tend seulement à faire tomber un acte de procédure, un acte de poursuite comm vicieux dans la forme ; ces exceptions ayant pour effet d'anéantir, de péri l'acte de procédure vicieux, on leur avait transporté la qualification d'exce tion péremptoire, admise par les Romains dans une hypothèse qui n'a aucun rapport avec celle-là.

Quant aux exceptions péremptoires du fond, il est beaucoup plus diffici de comprendre quelle était, à cet égard, l'idée précise des anciens comm tateurs et des anciens praticiens ; il est à croire qu'eux-mêmes comprénaie fort mal ce qu'ils voulaient dire par ce mot.

Ainsi, en exposant la division des exceptions péremptoires en la form des exceptions péremptoires du fond, Pothier a grand soin d'avertir que dernières expressions ne doivent pourtant pas se confondre avec les moyens droit, avec les moyens qui ont pour but de contester, de nier, de détruire prétention du demandeur. Il qualifie d'exceptions péremptoires du fond, l ception de prescription, l'exception de transaction, ou tous les autres moy de défense, qui, sans entrer dans le mérite de la demande, tendent à prou que le demandeur n'a pas droit de la former. Puis il ajoute que ces exceptio s'appellent péremptoires du fond parce qu'elles détruisent la demande.

J'avoue que ces différentes allégations de Pothier sont très difficiles à cilier ; on ne comprend guère comment ces exceptions, qu'il appelle pére toires du fond, et qu'il a grand soin de distinguer des moyens de défense proprement dits, peuvent avoir pour effet de détruire la demande, sans cependant entrer dans l'examen du mérite de cette demande.

Ainsi, on comprend très bien que les exceptions qu'il appelle péremptoires dans la forme, expressions que le Code a bien fait de ne pas reproduire, on comprend très bien que les exceptions péremptoires dans la forme n'entrent pas dans l'examen du mérite de la demande ; par exemple, quand je provoque la nullité de l'exploit d'ajournement, attendu que l'une des formalités de l'art. 61 y a été omise, on comprend que cette discussion est tout à fait indépendante du point de savoir si, au fond, vous avez raison ou tort de m'attaquer.

Mais quand j'invoque ces prétendues exceptions qu'il appelle péremptoires du fond, quand j'allègue la prescription, une transaction, ou tout autre moyen de même nature, un de ces moyens qui détruisent la demande, comme l'avoue Pothier lui-même, on ne comprend guère comment il peut dire, en même temps, que ces moyens n'entrent pas dans le mérite de la demande. En un mot, on ne voit plus quelle distinction sera possible entre les exceptions péremptoires du fond et les défenses proprement dites, que Pothier veut en séparer.

Ainsi, par exemple, une action personnelle, la demande en remboursement d'un prêt est dirigée contre moi, une omission se rencontre dans l'exploit d'ajournement ; j'invoque cette nullité aux termes de l'art. 173 : je propose ce qu'on eût appelé autrefois une exception péremptoire dans la forme ; il est clair que c'est là une simple exception qui laisse tout à fait intacts le mérite, la réalité du droit de demandeur. Que si, au contraire, à cette demande j'oppose que la dette est prescrite, si j'oppose l'un des moyens énumérés dans l'art. 1234 du Code civ., il est clair que ce n'est plus là une réponse de pure procédure, mais que c'est bien là entrer dans le mérite, dans la réalité de la demande. Dire que la dette que vous prétendez contractée par moi envers vous a été prescrite, c'est soutenir qu'elle n'existe plus, c'est entrer par là même dans le mérite de la demande ; car dès que votre créance est prescrite, dire qu'elle est éteinte, c'est soutenir qu'elle n'existe pas.

En résultat, on ne rencontre aucune différence réelle entre ce que les anciens appelaient exceptions péremptoires du fond, et ce qu'ils appelaient défenses proprement dites, défenses au fond. Dans notre droit, tous les moyens qui consistent à soutenir, dans une action personnelle, que la dette n'a jamais existé, ou bien qu'elle a été éteinte par un payement, par une prescription, par une compensation, par une transaction, tous ces moyens tiennent également au droit civil, tous ces moyens sont des défenses au fond, absolument étrangères, dans leurs principes et dans leurs résultats, à la matière qui nous occupe.

Si j'ai cru devoir vous parler de cette locution que le Code ne reproduit pas, d'exceptions péremptoires, subdivisées en exceptions péremptoires dans la forme, et exceptions péremptoires quant au fond, c'est pour vous bien avertir que la première de ces locutions, exceptions péremptoires dans la forme, est maintenant vide de sens, puisqu'elle ne répondrait à rien de réel, et que la deuxième, exceptions péremptoires dans le fond, n'a jamais été exacte, et est maintenant plus fausse que jamais, car il est impossible de distinguer, dans le droit actuel, les exceptions péremptoires du fond d'avec les défenses proprement dites ; et de toutes les règles établies dans ce titre pour proposer, débattre les exceptions, il n'en est aucune applicable à ce qu'on qualifiait autrefois d'exceptions péremptoires du fond.

Nous laisserons donc de côté le nom d'exceptions péremptoires. Quant aux exceptions dilatoires, nous retrouverons cette dénomination dans le § 4 de notre titre, mais dans un autre sens que celui du droit romain (nos 369 et suivants).

* Nous reconnaîtrons également des exceptions déclinatoires, qualifiées de renvois dans le § 2 de notre titre. Mais le mot *déclinatoire*, qui indique l'idée de nier, de repousser la juridiction du tribunal saisi, ce mot se trouve plusieurs fois employé dans notre Code (art. 83, 425, 425 *f*).

Enfin les exceptions des § 1, 3, 5 de notre titre ne rentreront sous aucune dénomination générale. *

343. § 1. DE LA CAUTION A FOURNIR PAR LES ÉTRANGERS. — Les art. 166 et 1 ne font guère que reproduire et organiser un principe que déjà vous avez vu posé dans l'art. 16 du Code civil. D'après l'art. 15 de ce Code, le Français peut être poursuivi devant les tribunaux français par un étranger. « Un Français pourra être traduit devant un tribunal de France pour des obligations par lui contractées en pays étranger, même avec un étranger. » Ce n'est là que l'application de la règle générale : *Actor sequitur forum rei* ; à proprement parler, ce n'est pas un bénéfice, ce n'est pas une faveur faite à l'étranger que de lui permettre d'actionner devant les tribunaux français le Français son débiteur ; ce n'est que l'application stricte et naturelle d'un droit incontestable. Mais l'exercice de ce droit est subordonné, aux termes de l'art. 16, je ne dirai pas à une faveur introduite au profit du Français, mais au moins à une précaution, à une garantie qui peut être exigée de l'étranger demandeur. Les motifs de cette garantie, de cette précaution, se saisissent aisément.

Ainsi, un étranger dirige contre un Français, devant un tribunal français, une demande téméraire et mal fondée ; le Français obtiendra gain de cause ; mais les frais qu'il aura faits, les avances qu'il aura déboursées à l'avoué constitué par lui, ou les engagements qu'il aura pris envers cet avoué, sera-t-il sûr de les recouvrer, de les récupérer contre le demandeur téméraire ? En un mot, l'application de l'art. 130, d'après lequel la partie qui succombe doit être condamnée aux dépens, doit rembourser à l'adversaire des frais avancés par lui, cette application sera-t-elle sûre, sera-t-elle facile au profit du Français qui triomphe contre l'étranger qui succombe ? La négative est évidente ; rien de plus facile pour l'étranger que de disparaître, soit depuis le jugement, soit même avant, soit même dans les derniers moments de l'instance ; rien de plus facile que de rompre les liens si faibles, si passagers qui l'ont attaché pour un instant au pays ; et la condamnation aux dépens obtenue contre lui dans un tribunal français pourra être inexécutable dans le pays de cet étranger ; il faudra le poursuivre, entamer un nouveau procès devant les tribunaux de son pays, procès fort chanceux, et, dans tous les cas, fort coûteux. Pour éviter tout cela, l'art. 16 exige que l'étranger demandeur soit tenu de donner caution de rembourser les frais et dommages-intérêts résultant du procès ; jusqu'à cette caution fournie, il sera déclaré non recevable dans sa demande.

Ce droit accordé au défendeur, que je suppose Français, quant à présent, ce droit d'exiger une caution de la part du demandeur étranger est tout à fait distinct du mérite de la demande. Astreindre le demandeur à me donner caution, ce n'est pas nier, ce n'est pas contester qu'au fond sa demande soit fondée ; c'est surseoir, c'est différer à connaître cette demande, à débattre ces moyens, tant que cette condition préalable n'a pas été remplie. En un mot, ce droit tient bien plus, dans son application, à la procédure qu'au droit civil, en ce qu'il ne touche pas au fond à la justice du droit de l'étranger.

L'art. 166 ne fait guère qu'organiser et que reproduire les principes de l'art. 16 ; cependant, pour bien appliquer la disposition, il est nécessaire de combiner ensemble les deux articles ; car chacun d'eux isolé serait insuffisant.

« Art. 166. Tous étrangers, demandeurs, principaux ou intervenants, seront tenus, si le défendeur le requiert, avant toute exception, de fournir caution de payer les frais et dommages-intérêts auxquels ils pourraient être condamnés. »

Tous étrangers. Aucune distinction ne doit être faite à raison de la qualité du demandeur, quelque élevé qu'on le suppose. Ainsi, dans l'ancienne jurisprudence, où cette faculté de demander la caution existait, fondée sur l'usage, sans aucun texte précis, plusieurs arrêts y soumirent même des souverains étrangers, plaidant comme demandeurs contre des sujets français ; loin que leur qualité pût être considérée comme un motif de sécurité suffisante, comme une dispense de donner caution, elle parut n'être qu'une raison de plus de l'exiger, puisque cette qualité de souverain pouvait être une entrave de plus à l'exécution du jugement français à l'étranger.

Demandeurs principaux ou intervenants. Demandeurs, c'est-à-dire que, si c'est, au contraire, le Français qui attaque, il sera impossible d'exiger la caution de l'étranger défendeur, encore bien qu'au fond sa défense puisse être de mauvaise foi et occasionner des frais qui ne seraient pas remboursés. On ne pourra pas exiger de lui la caution ; sans quoi, s'il était hors d'état de la fournir, il serait nécessairement condamné, et condamné sans qu'on voulût l'entendre. L'étranger qui attaque est donc seul soumis par la loi à la nécessité de cette caution. Du reste, peu importe que sa demande soit introductive d'instance ou non ; peu importe qu'il figure comme demandeur principal ou intervenant.

Supposez tout de suite que l'étranger primitivement défendeur, assigné par un Français aux termes de l'art. 14 du Code civ., vienne à former, dans la même instance, contre le Français demandeur une demande reconventionnelle ; sera-t-il tenu, pour être admis à plaider sur ces conclusions nouvelles, de donner caution pour le payement des frais que ce débat nouveau pourra susciter? Non ; et cela résulte, d'abord, du texte de nos deux articles, qui n'exigent la caution que de l'étranger demandeur ; secondement des principes que nous avons posés relativement aux conclusions reconventionnelles, qui ne sont, par elles-mêmes et dans leur nature, que la défense à l'action principale. Ainsi, que l'étranger assigné en payement par un Français se prétende lui-

I.

même créancier et veuille de cette créance faire résulter une cause de compensation, il n'est pas pour cela réellement demandeur, il n'est pas tenu de
donner caution.

344. *Seront tenus si le défendeur le requiert.* Cette caution n'est exigée que
dans un intérêt privé, dans un but étranger à toute idée d'intérêt public;
donc le Français défendeur peut renoncer au droit d'exiger caution si la solvabilité de l'étranger, si la confiance qu'il a dans son adversaire, lui paraissent
garantir suffisamment ses droits. Non seulement il peut renoncer, mais il est
présumé renoncer à exercer ce droit, s'il n'invoque pas, avant toute défense,
l'exception, le droit résultant de l'art. 16 du Code civ. et de notre art. 166.

* Mais il n'est présumé y renoncer que pour l'instance actuelle, l'instance
pendante devant le tribunal civil d'arrondissement. Il pourrait encore, en appel, demander la caution pour la première fois devant la Cour d'appel, afin
de garantir le payement des frais de l'instance d'appel, qui peuvent être plus
considérables que ceux de première instance (1).

Avant toute exception. Ces derniers mots, relatifs à l'époque précise de l'instance où la caution doit être demandée, présentent, dans leur combinaison avec
les art. 169 et 173, une difficulté à laquelle nous arriverons plus tard (n° 368).

La forme dans laquelle cette caution doit être requise est tracée par l'art. 75
du tarif; c'est une requête d'avoué à avoué, qui ne peut contenir que deux rôles.

345. Le demandeur est étranger, et nous avons jusqu'ici supposé un défendeur français. Qu'arriverait-il, si les deux parties étaient étrangères, si un
étranger assignait un autre étranger devant les tribunaux français? Le défendeur jouirait-il alors du bénéfice des art. 16 et 166 ? pourrait-il exiger la caution?

Non sans doute, si l'on ne veut voir dans le droit d'exiger cette caution
qu'une faveur, un privilège national; mais ni l'art. 16 ni l'art. 166 ne paraissent conçus dans cette idée; ils ne paraissent nullement avoir pour but d'accorder un privilège au défendeur, mais de prendre une précaution, une garantie que semble nécessiter la position spéciale du demandeur. Je crois donc
qu'à raison de la généralité des deux textes, c'est uniquement à la qualité de
demandeur qu'il faut s'attacher, et que la caution peut être exigée aussi bien
par un défendeur étranger que par un défendeur français, car le péril est le
même pour tous les deux.

Je sais bien qu'on peut objecter, et c'est ce qu'ont fait quelques auteurs, que,
d'après les art. 14 et 16 du Code civ., le droit d'actionner un étranger devant
les tribunaux français n'appartient qu'à un Français; la question, au premier
aspect, ne paraît donc pas pouvoir se présenter. Comment, dit-on, peut-il arriver que deux étrangers se trouvent ensemble plaider l'un contre l'autre devant un tribunal français? L'étranger défendeur, au lieu de requérir la caution, n'a-t-il pas un moyen beaucoup plus simple, celui d'écarter, de décliner
la juridiction d'un tribunal incompétent pour prononcer (2)? Mais, d'abord
cette objection est inapplicable aux revendications immobilières; si un étran-

---

(1) Voir les autorités pour et contre : Dall., *Rép.*, v° *Exceptions*, n° 79.
(2) * Voy. Fœlix, *Traité de droit international privé*, n° 151, et la note de M. Deman-
geat sur ce numéro. *

ger revendique, devant un tribunal français, un immeuble situé en France et possédé par un autre étranger, il n'y aura pas moyen pour ce dernier de décliner la juridiction ; l'art. 3 (C. C.) et le § 3 de l'art. 59 (C. Pr.) accordent exclusivement la compétence au tribunal français de la situation. Dans ce cas, l'intérêt à demander la caution est manifeste ; c'est la seule garantie que puisse trouver l'étranger défendeur. Mais dans le cas même où l'étranger défendeur est assigné devant un tribunal français, en matière purement personnelle, on ne voit pas pourquoi il ne pourrait pas requérir la caution, en reconnaissant la compétence, et renoncer, pour être jugé plus vite et sans déplacement, à la faveur qui lui est accordée, au droit d'opposer le déclinatoire, et cependant requérir une sûreté qui lui est tout aussi nécessaire qu'elle le serait au Français.

En un mot, je ne vois pas dans les art. 16 et 166 une faveur faite au Français, mais une garantie, une précaution prise contre l'étranger (1).

316. Toutefois plusieurs exceptions doivent être faites au droit de demander la caution. La première, écrite dans le Code civ., art. 16, et dans le Code de proc., art. 423, est relative aux matières commerciales ; * cette exception est introduite dans l'intérêt du commerce français. Le législateur a pensé qu'en facilitant aux commerçants étrangers les moyens de poursuivre leurs débiteurs commerçants français, il engagerait les étrangers à traiter avec les Français.

Une autre exception résulte de l'art. 13 du Code civil en faveur de l'étranger demandeur mais admis par la loi à fixer son domicile en France, et à jouir par conséquent de tous les droits civils tant qu'il continue d'y résider. *

Enfin, une troisième exception dérive des traités intervenus à cet égard entre la France et la nation à laquelle appartient l'étranger demandeur : des traités de cette nature existent entre la France, d'une part, et la Suisse et la Sardaigne, d'autre part.

* Ces traités dispensent de la caution les sujets italiens ou suisses plaidant en France, et déclarent les jugements rendus en France exécutoire en Suisse et en Sardaigne, et réciproquement (V. n° 801).

Un traité semblable pour l'exécution réciproque des jugements existe entre la France et le grand-duché de Bade (n° 801) ; mais il est muet sur la dispense de caution. Les sujets badois y seront donc soumis en France (2).

Des récents traités dispensent de la caution *judicatum solvi* des étrangers de plusieurs pays dans le cas où, en vertu de ces mêmes traités, ils obtiennent chez nous le bénéfice de l'assistance judiciaire (Voy. plus haut, n° 275).

317. De quel danger la caution est-elle garantie ? L'art. 166 répond à la

(1) * Je crois, au contraire, que les art. 16 (C. C.) et 166 (C. Pr.) ont pour objet de rétablir une sorte d'équilibre, une égalité de position judiciaire, par le moyen d'une caution, entre le Français, qui offre des garanties de domicile, d'établissement au lieu où l'instruction s'engage, et l'étranger qui ne présente pas les mêmes garanties. Mais entre deux étrangers la position est la même : il n'y a pas d'équilibre à rétablir. — C. d'Orléans, 26 juin 1828 ; Cass., 15 avril 1812. — *Contrà*, Paris, 28 mars 1833 et 23 juillet 1834 (Dall, *Rép.*, v° *Exceptions*, n° 29) .*

(2) C. de Colmar, 10 avril 1859 (Dall., 1859, 2, 186).

question, mais d'une manière en partie inexacte : *De fournir caution de payer les frais et dommages-intérêts auxquels ils pourraient être condamnés.* Les frais, nous savons déjà le sens de ce mot : ce sont les dépens auxquels l'étranger demandeur pourra être condamné en vertu de l'art. 130. Mais, quant aux dommages-intérêts pour sûreté desquels la caution peut être exigée aussi, cette expression trop générale de l'art. 166 doit se restreindre par celle de l'art. 16 du Code civil ; ce n'est pas pour tous les dommages-intérêts auxquels le jugement pourrait condamner l'étranger, c'est seulement pour les dommages-intérêts qui pourront résulter du procès que la caution peut être demandée (1).

Exemple : L'étranger demandeur avait, antérieurement à sa demande, causé au Français un préjudice, à raison duquel celui-ci se porte demandeur par voie de reconvention. Ainsi, à la demande formée contre moi par un étranger, je réponds en concluant contre lui au payement des dommages-intérêts pour un préjudice qu'il m'a causé antérieurement au procès commencé ; en appliquant la lettre de l'art. 166, on pourrait croire que la caution à fournir par l'étranger doit s'obliger au remboursement de ces dommages-intérêts provenant d'un préjudice antérieur à l'instance. Cette idée serait fausse ; c'est uniquement pour les dommages-intérêts résultant du préjudice que me cause le fait du procès même, ou pour les dommages-intérêts à raison des injures, des vexations que le demandeur se serait permises pendant le procès, que la caution peut être demandée.

348. « Art. 167. Le jugement qui ordonnera la caution fixera la somme jusqu'à concurrence de laquelle elle sera fournie ; le demandeur qui consignera cette somme, ou qui justifiera que ses immeubles situés en France sont suffisants pour en répondre, sera dispensé de fournir caution. »

Cette somme ne peut être déterminée que d'une manière approximative ; le tribunal estimera aussi exactement que possible à quelle somme la nature du procès, la probabilité de débats plus ou moins longs, pourront faire monter, soit les frais, soit les dommages-intérêts.

Du reste, si cette estimation se trouvait insuffisante ; si par le fait, il arrivait que, dans le cours de l'instance, les frais déjà évalués fussent couverts ou dépassés, il paraîtrait fort difficile d'autoriser un sursis aux débats, et d'ajourner la suite de l'instance jusqu'à ce qu'une caution nouvelle eût été fournie par l'étranger. La loi ne paraît pas entendre que la caution puisse être déterminée, une fois les débats entamés, et ce serait peut-être de la part du tribunal, excéder ses pouvoirs, que d'attendre, pour continuer l'instance, qu'une nouvelle caution ait été présentée à raison de l'insuffisance de la première (2).

Quant à la forme, elle est réglée par les art. 517 et suivants de notre Code Les qualités à exiger dans cette caution sont déterminées dans les articles 2018, 2019, 2020 du Code civil.

Le demandeur qui consignera cette somme, ou qui justifiera que ses immeubles sont suffisants pour en répondre, sera dispensé de fournir caution.

Il est clair que, si une somme est déposée, toute sûreté est acquise au Français : que, de même, si l'étranger possède des immeubles d'une assez grande

(1) C. de Paris, 27 juillet 1875 (Dall., 1877, 2, 117).
(2) *Contrà*, C. de Metz, 13 mars 1821 (Dall., *Rép.*, v° *Exceptions*, n° 90).

valeur, on ne doit pas présumer qu'il abandonnera ses immeubles ou qu'il les vendra pour se dispenser du payement des frais.

349. § 2. DES RENVOIS. — Ce mot de *renvoi*, par lequel la loi qualifie les diverses exceptions dont il est question dans ce paragraphe, n'est pas parfaitement exact ; elle appelle ici *renvoi* ce qu'elle a nommé ailleurs *déclinatoire*, ce qu'on appelle plus généralement *déclinatoire*. Vous trouvez cette dernière expression employée dans l'art. 83, § 3, que nous avons déjà vu ; vous la retrouverez encore dans les art. 423 et 424 ; la même idée se trouve désignée, dans l'art. 173, sous le nom d'*exception d'incompétence*. Le mot de *déclinatoire*, les mots d'*exception d'incompétence* sont plus exacts et plus précis que celui de *renvoi*.

En effet, le mot de *renvoi* se trouve employé dans un sens tout à fait différent, et beaucoup plus exact, dans les art. 368 et suivants de notre Code. On entend par renvoi proprement dit, en procédure, la transmission qui s'opère d'une cause déjà entamée d'un tribunal à un autre, lorsque le tribunal, qui a été saisi de la cause, compte parmi ses membres un certain nombre de juges parents ou alliés de l'une des parties ; alors cette proximité des liens devient une cause de suspicion légitime, qui nécessite le dessaisissement de ce tribunal et le renvoi de l'affaire à un tribunal différent. C'est là le renvoi proprement dit, renvoi tout à fait différent, dans sa cause, dans sa forme, dans ses résultats, de ce que la rubrique de notre § 2 qualifie improprement du même nom.

En effet, la différence de cause est sensible ; dans le cas de l'art. 368 il s'agit d'un motif de soupçon légitime sur l'impartialité entière du tribunal saisi ; dans le § 2 il s'agit en général d'incompétence, ce qui est étranger à tout soupçon sur l'impartialité des juges.

Quant à la forme, l'exception dont parle notre § 2 se propose par requête d'avoué à avoué ; elle doit l'être préalablement à toutes autres exceptions et défenses, *in limine litis*, sur le seuil même du procès. Au contraire, le renvoi, aux termes des art. 368 et suiv., se propose, non pas par requête d'avoué à avoué, mais par déclaration faite au greffe ; il doit être soulevé, non pas antérieurement à toutes autres exceptions et défenses, il peut l'être tant que la plaidoirie n'est pas commencée, tant que les conclusions au fond n'ont pas été prises à l'audience, et, par conséquent, après même que les requêtes de défenses ont été signifiées par écrit des deux côtés.

Voilà donc déjà trois différences : la première tenant à la cause ; la seconde, à la forme ; et la troisième, à l'époque dans laquelle chacun de ces moyens doit être proposé.

Enfin, une autre différence non moins grande tient aux effets. Dans le cas de notre § 2, quand on propose et qu'on fait admettre ce que nous appellerons le déclinatoire pour incompétence, le tribunal d'abord saisi, mais décliné et évité comme incompétent, ne renvoie pas l'affaire à tel autre tribunal ; il déclare son incompétence, laissant aux parties le soin de se pourvoir comme elles l'entendront devant qui de droit ; l'instance et l'assignation sont comme non-avenues, sauf l'effet résultant de l'art. 2246 du Code civ., l'interruption de la prescription. Mais, il faut, pour saisir le nouveau tribunal devant lequel l'action sera portée, une assignation nouvelle ; c'est en ce sens que la précédente n'a pas d'effet. Au contraire, dans le cas de renvoi à un autre tribunal pour parenté ou alliance, l'affaire se transporte directement et tout entamée du tribunal suspect au tribunal désigné; il n'y a pas nécessité de renouveler, non seulement l'assignation, mais même les écritures déjà signifiées entre les parties.

350. « Art. 168. La partie qui aura été appelée devant un tribunal autre que celui qui doit connaître de la contestation, pourra demander son renvoi devant les juges compétents. »

Point de difficulté sur le texte de cet article, sauf l'application à ses derniers mots des observations qui précèdent. A proprement parler, je ne demande pas au tribunal incompétent de me renvoyer devant les juges compétents, ce n'est pas à lui de saisir ces juges, ce n'est pas à lui de les désigner; la seule chose qu'il puisse et qu'il doive faire, c'est de déclarer purement et simplement son incompétence personnelle.

« Art. 169. Elle sera tenue de former cette demande préalablement à toutes autres exceptions et défenses. »

« Art. 170. Si néanmoins le tribunal était incompétent à raison de la matière, le renvoi pourra être demandé, en tout état de cause; et, si le renvoi n'était pas demandé, le tribunal sera tenu de renvoyer d'office devant qui de droit. »

Ainsi, une partie m'a assigné devant un tribunal incompétent; j'ai droit d'opposer l'exception déclinatoire, l'exception d'incompétence : voilà le principe. Mais dois-je la proposer dès le début de l'instance? Ce droit d'opposer le déclinatoire est-il couvert, est-il perdu pour moi, dès que j'ai discuté, soit le fond de l'affaire, soit même toute autre exception? Enfin, si je néglige plus ou moins longtemps d'opposer l'incompétence, le tribunal peut-il et doit-il l'appliquer et la prononcer d'office?

Voilà plusieurs questions importantes, auxquelles on ne peut répondre que par certaines distinctions; le germe de ces distinctions est posé, mais un peu obscurément dans les art. 167 et 170. Pour savoir à quel instant du procès le défendeur doit, à peine de déchéance, proposer le déclinatoire, il faut d'abord se demander de quelle espèce, de quelle nature est l'incompétence qui sert de base à cette exception. Déjà, sur le § 3 de l'art. 83, nous avons indiqué l'existence et le sens de cette distinction (V. nos 210 et 211).

En général, toute question de compétence présente deux aspects distincts, différents. Ainsi le demandeur qui veut assigner son adversaire a deux questions à se poser et à résoudre pour être sûr d'assigner devant les juges compétents.

D'abord, quelle est la juridiction, quelle est l'autorité qui est compétente pour connaître de telle ou telle nature, de telle ou telle qualité d'affaire? Voilà la première et la plus générale des questions de compétence. Telle affaire rentre-t-elle, par sa nature, dans la compétence administrative ou dans la compétence judiciaire? et, dans ce dernier cas, dans quelle nature, dans quelle catégorie de compétence judiciaire? est-ce dans celle des tribunaux civils ou des tribunaux de commerce? est-ce une affaire du nombre de celles qu'on porte de prime abord aux juges de paix, ou bien devant les tribunaux d'arrondissement? ou enfin une de ces affaires, très rares et toutes spéciales, qu'on porte directement devant les cours d'appel?

Que si, en se posant cette question et en cherchant à la résoudre, le demandeur s'est trompé, il y a incompétence à la raison de la matière ; il aura saisi de la connaissance de l'affaire une juridiction dans les attributions de laquelle la nature, la qualité de l'affaire ne rentrait pas.

Que si, au contraire, cette première question a été bien décidée, a été résolue exactement, s'il est certain que l'affaire, par sa nature, rentre dans la compétence des tribunaux civils d'arrondissement ou des tribunaux de commerce, toute difficulté n'est pas encore levée. A quel tribunal civil d'arrondissement, à quel tribunal de commerce, en un mot, à quels juges, au nombre de tous ceux qui appartiennent à telle classe de juridiction, dois-je déférer telle ou telle affaire ?

La première de ces questions est une question résolue par les lois d'organisation judiciaire. Cette première question, cette question générale de compétence, ce n'est pas le Code qui la résout, c'est dans les lois d'organisation judiciaire qu'il faut en chercher la solution.

La seconde question, au contraire, est décidée très nettement par le Code de procédure ; c'est dans l'art. 59 que vous devez en chercher la solution. En un mot l'art. 59 détermine les lois de la compétence *ratione personæ*, mais il est étranger aux lois de la compétence *ratione materiæ*, il est étranger à la division, à la répartition des différents pouvoirs généraux.

Cette distinction est importante, notamment dans l'application de nos articles 169 et 170.

Ainsi, sur la première question, avez-vous, par exemple, saisi un tribunal de commerce d'une question qui rentrait dans la juridiction civile, ou bien un tribunal civil d'une question qui rentrait dans la compétence administrative ; alors vous êtes dans le cas de l'art. 170, il y a incompétence *ratione materiæ,* incompétence qui tient à la nature, à la qualité même de l'affaire en litige. Quel en est le résultat ? C'est que cette incompétence pourra être proposée par le défendeur, non seulement dès le début de l'instance, mais dans tout le cours du procès. Pourquoi cela ? Parce qu'elle ne tient pas à un pur intérêt privé, mais qu'elle se rattache directement à l'ordre public ; parce qu'il n'est pas permis aux particuliers, par un consentement formel ou tacite, de renverser l'ordre des juridictions et de porter certaines natures de causes devant les juges que la loi n'a pas institués pour en connaître.

Ainsi l'incompétence *ratione materiæ* peut être proposée, 1° par le défendeur, en tout état de cause, l'art. 170 est formel ; 2° elle peut être invoquée, non seulement par le défendeur, mais même par le demandeur qui a mal à propos saisi ce tribunal. En effet, la volonté formelle du demandeur n'a pu, pas plus que la volonté tacite et le silence du défendeur, donner à ce tribunal une compétence que la loi lui refusait. Que l'assignation, donnée mal à propos par le demandeur devant un tribunal incompétent *ratione materiæ,* fasse tomber à sa charge les frais faits devant ce tribunal, on le comprend ; mais toujours est-il que, tout en donnant assignation et en plaidant devant ce tribunal il ne lui a pas donné une qualité, une compétence que la loi lui refusait, et que, par conséquent, le demandeur qui a assigné, comme le défendeur qui a déjà conclu, peut également invoquer et faire prononcer l'incompétence.

Allons plus loin : que si ni l'une ni l'autre des parties ne relève l'incompétence, elle doit être prononcée sur la réquisition du ministère public, ou même d'office par le tribunal : le tribunal, une fois qu'il reconnaît son incompétence, une fois qu'il ressort des débats que la nature de l'affaire n'est pas dans le cercle de ses attributions, doit se dessaisir et renvoyer les parties, c'est ce qui décide l'art. 170, les renvoyer *devant qui de droit*. Ici encore une petite inexactitude ; le tribunal ne renverra pas, mais il déclarera qu'il est incompétent, sauf aux parties à voir quel est le juge compétent.

351. Au reste, entendez sainement ces mots, *à raison de la matière* ; attachez-vous bien à la définition que je vous ai présentée ; un exemple peu difficile, mais sur lequel on se trompe souvent, en fera sentir l'importance. J'assigne devant le tribunal de la Seine le possesseur d'un immeuble que je prétends m'appartenir, lequel immeuble est situé à Versailles ; il est évident que le tribunal de la Seine est incompétent ; mais de quelle nature est cette incompétence ? est-ce une incompétence *ratione personæ ?* est-ce une incompétence *ratione materiæ ?* Il arrive quelquefois qu'on décide en ce dernier sens, se persuadant fort mal à propos que l'incompétence personnelle est celle qui résulte de la violation des règles du domicile, de la violation du § 1er de l'art. 59.

Ainsi, tout le monde sait et répond que si, en matière personnelle, vous assignez un défendeur devant un tribunal autre que celui de son domicile, l'incompétence est purement *ratione personæ*. Mais, si l'incompétence tient à la situation de l'immeuble litigieux, et non point au domicile du défendeur, on a peine, au premier aspect, à appliquer là l'idée d'incompétence *ratione personæ* ; et cependant il n'y a pas là à hésiter ; ce n'est pas un point controversé, ni en droit ni en pratique. L'incompétence qui résulte d'une violation des règles de l'art. 59, l'incompétence qui résulte de ce que vous avez assigné un défendeur, en matière personnelle, hors du tribunal de son domicile, ou bien en matière réelle, hors du tribunal de la situation de l'objet litigieux, n'est pas et ne peut pas être une incompétence à raison de la matière ; elle est purement à raison de la personne, elle est purement d'intérêt privé, et elle est parfaitement étrangère à la nature, à l'organisation des différentes juridictions. Vous allez tout de suite en sentir le motif.

Quand vous assignez devant un tribunal de commerce, à raison d'une affaire purement civile, vous sentez bien que l'incompétence est à raison de la matière ; vous portez devant les juges de commerce une affaire pour laquelle la loi ne les répute pas capables, pour laquelle elle ne les a pas institués ; une affaire de telle nature, qu'ils n'en peuvent connaître, ni entre vous ni entre d'autres parties quelles qu'elles soient.

Au contraire, quand vous assignez devant le tribunal de la Seine en revendication d'un immeuble situé à Versailles, vous violez sans doute les règles de la compétence ; mais vous ne bouleversez pas, vous ne dénaturez pas les règles de la juridiction ; vous portez devant le tribunal de la Seine une demande immobilière, c'est-à-dire une affaire pareille à celles dont il connaît tous les jours entre d'autres parties, ou à propos d'autres immeubles, une affaire de la nature de celles pour la décision desquelles il a été spécialement institué. Vous violez sans doute les lois de la compétence, mais des lois d'un intérêt privé. La loi présume que la revendication sera jugée mieux, plus vite et à moins de frais par le tribunal du lieu ; c'est donc dans un intérêt privé qu'elle donne compétence à ce tribunal.

Le défendeur doit alors proposer son exception préalablement à toutes autres exceptions et défenses ; c'est-à-dire que, si le défendeur vient, par exemple, plaider au fond, et soutenir que vous n'êtes pas propriétaire, il renonce tacitement à un bénéfice qui était purement d'intérêt privé et se rend par là même non recevable à l'invoquer ; il attribue au tribunal compétence pour connaître de l'affaire ; et, cette attribution une fois faite, le déclinatoire ne peut plus être proposé.

352. Ainsi, entre l'incompétence *ratione materiæ* et l'incompétence *ratione personæ*, la différence en principe est posée, les différences de résultat sont plus nombreuses (1).

1° Pour l'incompétence *ratione materiæ*, nous avons dit que le défendeur pouvait l'opposer en tout état de cause ; dans l'autre, au contraire, il doit la présenter avant toutes défenses et exceptions ; nous reviendrons plus tard sur le détail de ce dernier mot.

2° L'incompétence *ratione materiæ* peut être, avons-nous dit, présentée par le demandeur lui-même ; au contraire, l'incompétence *ratione personæ* ne peut jamais l'être que par le défendeur ; car le demandeur qui assigne devant un tribunal incompétent, couvre par là même cette incompétence lorsqu'elle peut être couverte.

3° Nous avons dit que l'incompétence *ratione materiæ* devait être, dans le silence même des parties, prononcée d'office par le tribunal : que si, au contraire, il s'agit d'incompétence *ratione personæ*, le tribunal valablement saisi par l'accord formel ou tacite des deux parties n'est pas tenu de se dessaisir, n'est pas tenu de se déclarer incompétent ; car il n'y a en jeu aucun intérêt public.

Mais de ce que le tribunal saisi, nonobstant l'incompétence *ratione personæ*, n'est pas tenu, n'est pas forcé, comme dans l'autre cas, de se déclarer incompétent, n'en concluez pas qu'il ne puisse pas, si bon lui semble, déclarer son incompétence, qu'il n'ait pas le droit de dire aux parties : Vous, demandeur, vous m'avez saisi, et par conséquent vous ne pouvez plus décliner ma compétence ; vous, défendeur, vous avez renoncé expressément ou tacitement au droit d'opposer l'incompétence, et, par conséquent, vous ne pouvez le faire davantage ; mais le droit me reste de me déclarer incompétent, de refuser la connaissance d'une affaire entre des parties, qui ne sont pas mes justiciables, ou pour des immeubles qui ne sont pas situés dans mon ressort. Le tribunal a ce droit, aucun article ne le lui refuse, aucun article ne l'oblige à connaître d'une affaire qui sort des limites de l'art. 59. L'art. 7, il est vrai, a statué différemment, mais seulement à l'égard des juges de paix ; l'art. 7, que nous verrons plus tard, oblige le juge de paix, lorsqu'il n'est incompétent que *ratione personæ*, à connaître de l'affaire lorsque les deux parties l'en saisissent volontairement ; mais c'est là une décision spéciale, qui ne doit pas tirer à conséquence.

353. Nous avons posé les limites entre l'incompétence *ratione materiæ* et l'in-

_____

(1) * Quelques auteurs qualifient l'incompétence *ratione materiæ* d'incompétence absolue, et donnent le nom d'incompétence relative à l'incompétence *ratione personæ*. *

compétence *ratione personæ*. Nous avons donné comme exemple de la prem
le cas d'une affaire civile portée devant un tribunal de commerce; ici l'in
version, le bouleversement des juridictions est manifeste, l'incompétence
térielle n'est contestée par personne. Il n'en est pas de même du cas inv
du cas où une affaire commerciale aurait été portée devant un tribunal
dans les lieux où il existe un tribunal de commerce institué pour ces so
d'affaires. Tout le monde reconnaît que l'incompétence du tribunal civil
matière commerciale peut être proposée par le défendeur; mais il en
qui prétendent que, si le défendeur a négligé de la proposer, et de la pro
ser dès le début de l'instance, cette incompétence est couverte. En d'a
termes, il en est qui prétendent que l'incompétence des tribunaux civils
connaître des affaires commerciales, dans les lieux où il existe un trib
de commerce, est une incompétence purement personnelle, et non point
incompétence matérielle, soumise à l'art. 170.

En faveur de cette opinion, qui a, du reste, pour elle des arrêts (1), on dit
les tribunaux civils ont reçu de la loi l'intégralité, la plénitude de la juridic
que les tribunaux de commerce n'ont reçu, dans l'intérêt des parties, qu'
dérivation, qu'une émanation retranchée de cette juridiction fondamentale
régulière des tribunaux civils. En deux mots, les tribunaux civils sont la rè
les tribunaux de commerce sont l'exception; aux premiers appartien
plénitude du pouvoir de juger, aux seconds simplement une sorte de droit
concurrence établi en faveur des parties. On n'a distrait, dit-on, au profit
tribunaux de commerce, qu'une partie de la juridiction des tribunaux civils
qui restent les juges réguliers, sauf une incompétence purement personn

Il y a plusieurs réponses bien simples :
D'abord, en admettant que les tribunaux civils aient possédé, à l'origine
en principe, la plénitude du droit de juger, ce qui n'est pas exact, nous
verrons bientôt, toujours est-il que si, de cette plénitude. de cette intégra
de juridiction, on a distrait une portion, si légère que soit cette portion, el
n'y est plus, il y a incompétence absolue de la part des tribunaux civils.

En second lieu, à quelle époque remonte donc, pour nous du moins, l'ori
gine, la distinction, la répartition des pouvoirs entre les tribunaux civils e
tribunaux de commerce? A la loi d'organisation que nous avons citée tan
fois, à la loi du 24 août 1790. Or cette loi, dans l'art. 4 du titre IV, décid
les tribunaux de district (ce sont les tribunaux d'arrondissement actuels) con
naîtront, entre toutes parties, de toutes espèces d'affaires personnelles, réell
ou mixtes, excepté seulement de celles qui ont été attribuées plus haut au
tribunaux de commerce et aux juges de paix. Comment peut-on dire, en pré
sence d'un pareil texte, qu'il existe quelque chose d'analogue à un droit
concurrence, pour les matières commerciales, entre les tribunaux civils et le
tribunaux de commerce? Quand on dit qu'ils connaîtront de toutes affaire
excepté de celles qu'on a attribuées aux tribunaux de commerce, ne fait
pas un partage net, positif, une répartition précise entre la compétence de

---

(1) C. de Trèves, 3 août 1808 (Dall., *Rép.*, v° *Exceptions*, n° 115). — Cass., 11 janvie
1847 (Dall., 1847, *Tables*, v° *Exceptions*, n° 1). — Cass., 20 novembre 1848 (Dall., 184
1, 233 et la note 1).

uns et celle des autres ? N'établit-on pas pour les tribunaux civils une incompétence en matière commerciale, incompétence tout aussi pleine, tout aussi
forte, tout aussi directe que le serait l'incompétence d'un tribunal de commerce en matière civile ?

J'ajoute que, dans l'ancienne jurisprudence, où certes, on n'avait pas de
texte aussi précis, aussi positif sur la répartition des attributions de chacun de
ces tribunaux, on décidait sans hésiter (vous verrez à cet égard, entre autres,
le *Traité de la procédure* de Pothier, partie I, chap. II, sect. IV, § 2), on décidait sans hésiter que l'incompétence des tribunaux civils en matière commerciale était une incompétence *ratione materiæ*, qui, par conséquent, pouvait être
proposée par les parties en tout état de cause, et devait, dans le silence des
parties, être appliquée d'office par le tribunal.

354. Il y aurait encore à examiner, sur l'art. 169, si l'exception d'incompétence doit être prononcée avant celle de la caution. C'est une question que
nous avons déjà renvoyée et que nous renvoyons de nouveau à nos explications sur l'art. 173 (n° 368).

→ 355. L'art. 171 s'occupe d'un autre genre d'exceptions de renvoi qui,
bien qu'analogue par ses résultats aux deux exceptions d'incompétence, en
diffère cependant par sa nature, et peut-être aussi par les règles auxquelles
elle est soumise, je veux parler des cas de litispendance et de connexité.

« Art. 171. S'il a été formé précédemment, en un autre tribunal, une demande pour
le même objet, ou si la contestation est connexe à une cause déjà pendante en un autre
tribunal, le renvoi pourra être demandé et ordonné. »

Il y a dans cet article deux hypothèses donnant l'une et l'autre matière à
une demande de renvoi, en prenant ce mot dans le sens générique que lui a
donné ce paragraphe ; savoir : 1° cas de litispendance ; 2° connexité.

356. 1° Il y a litispendance lorsque la demande introduite devant un tribunal est déjà pendante devant un autre, lorsqu'un autre tribunal est déjà
saisi de la même demande formée pour la même cause et entre les mêmes
parties ; en un mot, lorsqu'il y a réunion des conditions voulues par l'art. 1351
du Code civil. Alors, il y a un intérêt manifeste à ce que le tribunal saisi
en second lieu d'une demande déjà pendante devant d'autres juges, se dessaisisse, à l'effet d'éviter que, les deux instances marchant de front entre les
mêmes parties et sur la même cause, devant deux tribunaux différents, on arrive en résultat à deux décisions opposées, dont l'exécution simultanée serait
absolument impossible. En un mot, l'exception de litispendance a son motif
dans une idée qui nous est déjà connue, savoir, le besoin de prévenir la contrariété de deux décisions judiciaires, surtout dans la même cause et entre les
mêmes parties. Et ici il n'y aurait pas seulement, comme dans le cas de l'art.
153, par exemple, inconvénient moral dans l'opposition des deux sentences,
mais inconvénient physique, matériel, puisque ces deux sentences étant rendues non seulement dans une affaire pareille, mais entre les deux mêmes
parties, on ne saurait laquelle des deux exécuter ; de là l'exception de litis-

pendance, ou le droit accordé au défendeur assigné pour la deuxième fois d
vant un autre tribunal, de requérir le renvoi devant les juges déjà saisis.

Vous voyez donc que le motif de l'exception de litispendance est diff
du motif de l'exception d'incompétence. J'allègue, pour obtenir le renvoi,
pas que le tribunal saisi est incompétent, mais bien qu'un autre tribunal,
déjà saisi de la même affaire, et qu'il y a inutilité et péril à faire juger
même affaire par deux tribunaux différents.

Mais s'il est facile de saisir en théorie comment l'exception de litispendance
diffère de celle d'incompétence, on ne comprend pas aussi aisément,
moins au premier coup d'œil, comment, dans la pratique, elles peu
s'isoler l'une de l'autre. En effet, si un tribunal est déjà saisi de l'aff
pourriez-vous dire, c'est que ce tribunal était compétent pour en connaître
le premier tribunal est compétent pour connaître du procès, c'est qu'app
ment le second ne l'est pas. En général, il n'y a pas concours de compéten
pour la même affaire entre deux tribunaux différents. Il semble donc qu
l'exception de litispendance se confondra en fait avec celle d'incompétence,
et qu'en demandant au tribunal de se dessaisir parce qu'il y a litispendance
j'aurais en même temps à lui demander de se dessaisir parce qu'il est incom
pétent. Mais cela ne sera pas toujours vrai, et bien des cas se présenteront
l'exception d'incompétence étant inapplicable, celle de litispendance sera
ritablement utile.

D'abord il y a des cas dans lesquels deux tribunaux se trouvent égale
ment compétents pour connaître d'une même affaire, par exemple quand
l'action est mixte. Aux termes du § 5 de l'art. 59, elle doit être portée, soit
devant le juge de la situation, soit devant le juge du domicile. On peut
supposer que le tribunal de la situation ayant été saisi par un premier ajour
nement, une seconde demande, à raison de la même affaire, soit ensuite portée
au tribunal du domicile. Alors le défendeur a grand intérêt à invoquer, non
pas l'exception d'incompétence, car l'art. 59 pourrait la repousser, mais au
moins l'exception de litispendance, pour n'avoir pas à subir à la fois la chance
de deux procès sur une même demande.

* Ainsi encore, je veux agir par action personnelle contre deux défendeurs
Primus et *Secundus*, domiciliés dans deux arrondissements différents. J'ai le
choix entre les deux tribunaux (art. 59, 2° alin.), je les assigne tous les deux au
tribunal du domicile de *Primus*, et tous deux aussi au tribunal du domicile de
Secundus. Ici l'exception d'incompétence serait vainement employée pour des
saisir l'un des deux tribunaux. C'est par l'exception de litispendance qu'on
pourra obtenir ce résultat (V. aussi le titre *des Réglements de juges*, art. 363).

D'autres hypothèses pourraient encore s'offrir; je n'en présenterai plus
qu'une seule.

La demande a été portée devant un tribunal compétent; par exemple, en
matière personnelle, aux termes de l'art. 59, devant le tribunal du domicile du
défendeur. Voilà ce tribunal saisi : plus tard la même demande est portée, soit

(1) * Pour savoir quel est le tribunal qui a été saisi le premier, il faut consulter les dates
des assignations devant chacun des tribunaux, et non celles des citations en conciliation.
— Douai, 22 février 1869 (Dall., 1869, 2, 107). C'est, en effet, par l'exploit d'ajournement
et non par citation en conciliation qu'une demande est introduite en justice.*

par le demandeur, soit par son héritier non instruit, si vous voulez, du premier procès pendant, la même demande est portée devant un autre tribunal, incompétent, par conséquent, *ratione personæ*. Le défendeur, assigné devant ce tribunal incompétent a, par ignorance ou par oubli, négligé d'opposer l'exception d'incompétence. La voilà couverte, aux termes de l'article 169 ; mais de ce que l'exception d'incompétence n'est plus recevable parce qu'elle est couverte, si elle n'est pas proposée avant toute défense, il ne s'ensuit nullement que l'exception de litispendance ne soit pas recevable, car nous verrons bientôt que l'art. 169 ne s'y applique pas ; qu'elle ne se couvre pas par les défenses proposées même au fond.

* Si la compétence des deux tribunaux saisis n'est pas contestée, le tribunal saisi le second, devant lequel l'exception de litispendance est proposée, devra se dessaisir. Mais, si la compétence est en même temps contestée, le tribunal saisi en second lieu, et qui se croit seul compétent, peut rejeter l'exception de litispendance et garder la connaissance de l'affaire (1). *

357. 2° *Ou si la contestation est connexe à une cause déjà pendante en un autre tribunal.* La connexité se distingue aisément de la litispendance : dans la litispendance, il y a identité dans l'objet de la demande ; identité dans la cause de cette demande ; enfin, identité dans les deux parties plaidantes. Au contraire, dans la connexité, les deux demandes sont différentes ; mais elles sont l'une avec l'autre dans un rapport si intime, dans une liaison si étroite, qu'il est utile, qu'il est nécessaire, de les débattre toutes deux devant les mêmes juges, parce que deux sentences différentes venant à être rendues, l'exécution des deux pourrait se contrarier. Un exemple va éclaircir cette idée.

Primus, domicilié à Paris, a acheté de *Secundus*, domicilié à Orléans, un immeuble situé à Rouen ; *Secundus* provoque la rescision de cette vente, alléguant, par exemple, qu'elle a été consentie par dol, par violence, ou qu'il a été lésé de plus des sept douzièmes. Cette demande en rescision provoquée par *Secundus* vendeur, contre *Primus* acheteur, est une action mixte (n° 135) qui peut être portée ou à Paris (tribunal du domicile) ou à Rouen (tribunal de la situation). En effet, *Secundus* a porté devant l'un ou l'autre tribunal sa demande en rescision de la vente : cette demande une fois introduite, *Primus* acheteur, qui soutient la vente valable, peut agir contre *Secundus*, à l'effet d'obtenir de celui-ci la remise des titres de propriété que tout vendeur est tenu de livrer à son acheteur ; et, comme cette action en délivrance ou en remise des titres est essentiellement personnelle, *Primus* agit contre *Secundus* devant le tribunal d'Orléans, domicile de *Secundus*.

Voilà donc deux actions : l'une en rescision de la vente, portée par *Secundus* devant le tribunal de la Seine, ou devant celui de Rouen ; l'autre en exécution de cette vente, en remise des titres, dirigée par *Primus* devant le tribunal d'Orléans. Certainement il n'y a pas identité, il n'y a pas, à proprement parler, litispendance, et quand *Secundus* est assigné par *Primus* en remise des titres devant le tribunal d'Orléans, il ne peut pas alléguer, pour demander le renvoi, que la même cause, que la même demande se trouve déjà soumise au

(1) C. de cass., 8 août 1864 (Dall., 1864, 1, 464).

tribunal de la Seine. Mais s'il n'y a pas identité entre les demandes, il y a moins entre elles une connexité tout à fait sensible ; et vous sentez que, si deux tribunaux procédaient séparément sur chacune de ces demandes, pourrait arriver à une contrariété flagrante de jugements : il pourrait ar que le tribunal de la Seine, saisi de la demande en rescision, rescindât effet la vente ; que, d'autre part, le tribunal d'Orléans, croyant à la validité la vente, ordonnât à *Secundus* de délivrer les titres à *Primus*. Il y aurait do contrariété dans les deux jugements , il y aurait incompatibilité entre l'ex tion simultanée de chacun d'eux; alors le renvoi sera demandé au trib d'Orléans à raison de la connexité ; c'est la deuxième hypothèse de l'art.

Le tribunal saisi le second devra se dessaisir et renvoyer, sans qu'on d'ailleurs à examiner quelle est celle des deux demandes qui est la princi Ainsi, si, au lieu de supposer que la demande de *Primus* a été formée la conde, nous supposions, au contraire, que *Primus* a assigné *Secundus* en mise des titres à Orléans, et qu'ensuite *Secundus* a assigné *Primus* à Paris rescision de la vente, *Primus* opposerait de même, devant le tribunal de Seine, l'exception de connexité, et *Secundus* serait forcé d'opposer la resci comme un moyen de défense à la demande en remise des titres. En un que l'une des demandes paraisse la principale, tandis que l'autre paraît n que l'accessoire, peu importe ; c'est, dans tous les cas, le tribunal s premier qui gardera la connaissance simultanée de l'une et de l'autre mande, et le tribunal saisi le second qui sera tenu de se dessaisir.

* Il faut, d'ailleurs, que les deux instances soient pendantes devant deux tri bunaux de la même juridiction. Si l'une des causes était en première in stance, et l'autre en appel, il n'y aurait plus lieu à litispendance (1).

358. Il faut, au reste, bien distinguer cette voie ouverte par l'art. 171 pou prévenir l'inconvénient que nous avons signalé, il faut la distinguer d'une autre voie, d'une autre procédure ouverte aux parties dans le même but; je veux parler du règlement de juges (Voy. les art. 363 et suivants).

En effet, dans les espèces que j'ai posées, le défendeur, assigné devant un deuxième tribunal, peut lui demander le renvoi au premier tribunal saisi. Il peut aussi se pourvoir en règlement de juges, pour obtenir d'un tribunal su périeur commun des deux tribunaux saisis, l'indication de celui des deux qui devra juger.

Ainsi, si la même demande a été portée à deux tribunaux, ou si deux de mandes connexes ont été portées, l'une au tribunal de la Seine ou au tribunal de Rouen, l'autre au tribunal d'Orléans, ces tribunaux étant situés dans le ressort de cours d'appel différentes, c'est à la Cour de cassation que le règle ment de juges devrait être déféré. Si vous supposiez, au contraire, le même concours existant entre le tribunal de la Seine et celui de Versailles, dépen dants d'une même cour d'appel, qui est la cour de Paris, c'est à la cour de Paris que devrait être portée la question du règlement de juges (Voy. n°s 851 et suivants).

359. Dans les art. 169 et 170 nous avons vu à quel instant de la cause pou-

(1) C. de cass., Rej., 4 août 1875 (Dall., 1876, 1, 264).

vait être proposé le déclinatoire pour incompétence ; la réponse à la question posée à cet égard varie selon qu'il s'agit de l'incompétence *ratione personœ*, ou de celle *ratione materiœ* ; la première doit être présentée dès le début de l'instance ; la seconde peut l'être en tout état de cause, et doit être même au besoin appliquée d'office par le tribunal. Au contraire, la loi garde un silence complet relativement aux exceptions de litispendance et de connexité ; elle ne dit pas à quel instant le défendeur doit, à peine de déchéance, présenter ces exceptions ; de là quelques auteurs ont conclu que l'exception de litispendance, comme celle de connexité, rentrait dans la règle générale de l'art. 169, et devait être proposée avant toute exception ou défense, sous peine d'être couverte au détriment de la partie.

Je ne crois pas qu'on puisse suivre cette opinion, et assimiler l'exception de litispendance ou de connexité à l'exception d'incompétence *ratione personœ*, sur laquelle seulement l'art. 169 a statué. Quand il s'agit de l'incompétence *ratione personœ*, fondée sur un pur motif d'utilité privée, sur la présomption qu'il sera plus commode pour le défendeur, par exemple, d'être jugé par le tribunal de son domicile, je conçois que cette présomption s'évanouisse devant son silence ; je conçois que cette incompétence soit aisément couverte dès qu'il renonce expressément ou tacitement à s'en prévaloir. Mais les mêmes motifs sont inapplicables à l'exception de litispendance ; il s'agit pour les parties d'un intérêt bien plus grave, d'un intérêt qui touche, à quelques égards, à l'ordre public, du désir d'éviter la contrariété entre deux jugements.

D'ailleurs il peut arriver que, les demandes ayant été formées devant deux tribunaux différents, non pas par les mêmes parties, mais par l'une d'abord, et ensuite par son héritier, soit contre l'autre partie, soit contre l'héritier, il arrivera, dis-je, que l'existence de la première instance pourra être quelque temps inconnue de la partie assignée devant un nouveau tribunal, et que la connexité des deux affaires pourra ne se révéler que dans le cours de la discussion.

Un autre motif vient, d'ailleurs, à l'appui de cette même idée : quand le défendeur, dans le cas de l'art. 169, a négligé d'opposer l'incompétence, on comprend qu'il ne puisse pas, en l'invoquant plus tard, rendre illusoires les poursuites dirigées par le demandeur, qui a intérêt d'obtenir au plus tôt jugement. Au contraire, quand il s'agit de l'exception de litispendance proposée après coup dans le cours du débat par le défendeur, on ne voit guère quel intérêt, quel motif légitime le demandeur pourrait avoir de persister à faire débattre la même affaire devant deux tribunaux différents ; car le résultat de cette poursuite simultanée des deux instances peut très bien lui être aussi désavantageux qu'à son adversaire ; si ce résultat amenait deux jugements différents, il serait nécessaire alors d'introduire un pourvoi en cassation (Voy. art. 504), de se jeter dans des involutions de procédure, dans des complications de frais que l'intérêt bien entendu des deux parties commande d'éviter.

Je crois donc que, la loi étant muette sur cette question, il ne faut pas aller chercher dans l'art. 169 une règle absolument étrangère au cas de litispendance ; que, la loi ne prononçant pas de déchéance contre le défendeur qui n'invoque pas l'exception dès l'origine, il a droit de l'invoquer dans toute la durée de l'instance, à l'effet de faire dessaisir le tribunal qui, saisi le second, est par là même investi mal à propos de l'affaire (1).

Une objection pourrait se tirer de l'art. 424, relatif à la procédure des bunaux de commerce, nous verrons plus tard quel est le sens exac deuxième paragraphe de cet article, et s'il faut le considérer comme une ception particulière à la procédure commerciale et inapplicable à la procéd des tribunaux civils.

360. L'art. 171 suppose que les deux demandes, soit identiques, soi nexes, sont pendantes devant deux tribunaux différents ; il pourrait que les mêmes circonstances de litispendance ou de connexité se rencon sent devant un même tribunal dont deux chambres différentes auraien successivement saisies. La marche à suivre dans ce cas est infiniment simple ; elle est tracée par l'art. 53 du règlement du 30 mars 1808. Les av des parties devront se présenter devant le président du tribunal, qui sta sans frais sur la jonction des affaires identiques ou connexes.

361. « Art. 172. Toute demande en renvoi sera jugée sommairement qu'elle puisse être réservée ni jointe au principal. »

Cet article est applicable à toutes les dispositions de cette section, car avons vu que, sous ce nom générique de renvoi, la loi embrassait, tou semble, et les exceptions d'incompétence, et celles de litispendance ou de nexité.

Toute demande en renvoi sera JUGÉE SOMMAIREMENT, expression un peu va que nous retrouvons fréquemment employée dans le Code. Nous avons annoncé la distinction de la procédure en procédure ordinaire et proc sommaire ; procédure ordinaire, celle dont nous traitons maintenant ; p dure sommaire, celle qui est tracée dans les art. 405 et suivants, pour la d'affaires énumérées dans l'art. 404. Le trait le plus saillant, le plus dis entre ces deux procédures, le premier qui se présente, c'est que, dans les faires ou matières dites sommaires, les plaidoiries ne sont pas précédées requêtes de défense et de réponse dont nous avons parlé dans les art. 77 et sui vants. Ce n'est pas là la seule différence ; mais c'est la première, c'est la plu facile à vous faire sentir quant à présent. Or, quand la loi nous dit qu'un in cident, qu'un débat, et, par exemple, qu'une exception d'incompétence ou d litispendance sera jugée sommairement, veut-elle dire qu'elle sera jugée sans requêtes, sans écritures préalables, c'est-à-dire sur un simple acte et sur plai doiries, aux termes de l'art. 405 ? Veut-elle dire que toute demande en renvo est, de sa nature, une matière sommaire ? * En général, les affaires som maires ne sont pas, en effet, précédées de significations d'écritures ; mais que quefois la loi les autorise même dans ces sortes d'affaires (V. n° 599). C'est ains que, dans la matière qui nous occupe, l'art. 75 du tarif autorise une requête qu ne peut excéder six rôles. Les demandes en renvoi seront donc instruites et jugées sommairement, sauf la faculté de signifier cette requête. Les avoués, lor de l'appel de la cause, poseront à l'audience des conclusions sur le renvoi e

---

(1) *Contrà*, C. de Besançon, 15 janvier 1838 (Dall., v° *Exceptions*, n° 188). Cass. 19 juillet 1859 (Dall., 1859, I, 396).

le tribunal statuera. Les frais seront taxés comme en matière sommaire * (1).

362. *Sans qu'elle puisse être réservée ni jointe au principal.* C'est-à-dire que, lorsqu'une exception d'incompétence, par exemple, est proposée, le tribunal ne peut pas remettre à y statuer par le même jugement qui statuera sur le fond de l'affaire. Le motif en est manifeste ; il serait dérisoire de la part du tribunal de passer à l'examen du fond, en un mot, d'exercer sa compétence, alors que cette compétence est déniée, est contestée, et que, peut-être, en définitive, le tribunal reconnaîtra qu'elle ne lui appartient pas. Ainsi la loi défend formellement de réserver ou de joindre l'exception au principal, c'est-à-dire de surseoir à statuer sur la demande en renvoi, jusqu'à ce que le principal ait été instruit et plaidé.

Il y a plus : lors même que le tribunal ayant fait droit, au préalable, par un premier jugement, à l'exception d'incompétence, aurait rejeté cette exception, il ne devrait pas, il ne pourrait pas enjoindre aux parties de plaider au fond immédiatement et sur-le-champ (2).

Ainsi, déclarer, par exemple, que l'exception d'incompétence proposée par requête, défendue à l'audience, est mal fondée, rejeter en conséquence cette exception, et ordonner aux parties de plaider aussitôt sur le fond, ce ne serait pas violer l'art. 172, réserver la demande en renvoi et la joindre au fond, mais ce serait violer les art. 147 et 450 du Code de proc. En effet, l'art. 147 veut qu'aucun jugement ne puisse être exécuté sans avoir été au préalable signifié à avoué ; or, ce serait exécuter le jugement qui déclare la compétence, et rejette la demande en renvoi, que de contraindre, en vertu de ce jugement, les parties à conclure et à plaider au fond. Il y a plus : tout jugement qui statue sur une question de compétence est sujet à l'appel, aux termes de l'art. 454, encore bien que le fond fût de nature à être jugé en dernier ressort par le tribunal saisi ; par cela seul qu'une exception d'incompétence est soulevée, il y a matière à l'appel, au moins pour la compétence ; or les jugements sujets à l'appel ne doivent point être exécutés dans la huitaine de la date de leur prononciation, aux termes de l'art. 450.

Ainsi un délai de huitaine au moins devra s'écouler entre le jugement qui rejetterait la demande en renvoi, l'exception d'incompétence, et l'audience à laquelle les parties viendront conclure et plaider sur le fond. C'est la conséquence 1° de l'art. 147 ; 2° des art. 450 et 454 combinés, que nous verrons au titre de l'appel (3).

Sans qu'elle puisse être réservée ni jointe au principal. Je vous ai expliqué le sens et les motifs de la règle, je dois cependant vous indiquer une exception

---

(1) Cass., 22 juin 1866, 1, 317.

(2) C. de Toulouse, 2 mai 1810 et 27 mai 1828. — Cass., 7 mai 1828 (Dall., *Rép.*, v° *Exceptions*, n° 230). — *Contrà*, Cass., 27 mars 1822, *loc. cit.*, n° 231. — Toulouse, 19 avril 1844 (Dall., 1845, *Tables*, v° *Exceptions*, n° 3). — Cass., 19 avril 1852 (Dall., 1852, 1, 245).

(3) C. de Nancy, 4 février et 25 mars 1859 (Dall., *Rép.*, v° *Exceptions*, n° 230). — Caen, 6 juillet 1844 (Dall., 1852, *Tables*, v° *Exceptions*, n° 5). — Poitiers, 27 février 1855 (Dall., 1855, 2, 296). — *Contrà*, C. de Cass., Rej. 4 janvier 1841 (Dall., v° *Exceptions* n° 231). — Cass., 24 août 1852 (Dall., 1853, 1, 97).

I.

assez notable que des principes spéciaux y ont fait apporter ; vous la trouverez dans l'art. 425, qui est spécial à la procédure commerciale, et s'explique par les motifs particuliers de célérité qui régissent cette procédure (V. n° 653).

363, § 3. DES NULLITÉS. — « Art. 173. Toute nullité d'exploit ou d'acte de procédure est couverte, si elle n'est proposée avant toute défense ou exception autre que les exceptions d'incompétence. »

Les exceptions fondées sur la nullité d'un exploit ou d'un acte de procédure sont celles que, dans l'usage et dans l'ordonnance, on qualifiait autrefois fin de non-procéder, celles aussi que plusieurs auteurs, entre autres Pothier, appelaient exceptions péremptoires dans la forme, les opposant aux exceptions qu'ils appelaient, et qu'on appelle encore parfois, mais à grand tort, péremptoires du fond (V. n° 343).

Pour connaître les cas dans lesquels les exceptions de nullité sont admises, il faut se rapporter aux art. 1029 et 1030 qui contiennent la théorie générale des nullités de formes.

Premièrement, l'art. 1029 vous avertit qu'aucune des nullités prononcées par le Code n'est comminatoire, c'est-à-dire que les juges ne peuvent jamais se dispenser d'appliquer les nullités prononcées par la loi, lorsque la partie les invoque.

Secondement, et à l'inverse, l'art. 1030 vous avertit que les juges ne peuvent jamais suppléer les nullités, qu'ils ne peuvent les appliquer que quand la loi les applique formellement.

Nous expliquerons plus tard ces articles en détail.

D'autre part, toutes les règles qui précèdent relativement aux nullités, et, par exemple, relativement à l'époque où elles doivent être proposées, ne s'appliquent, remarquez-le bien, qu'aux nullités de procédure, de l'exploit d'ajournement, ou bien des actes signifiés dans la durée et pour l'instruction de l'instance. A l'égard des nullités, même de pure forme, qui résultent du droit civil, les règles de l'art. 173 sont absolument inapplicables. Ce ne sont plus à des nullités de simple procédure ; ce sont des nullités qui, bien que se rattachant à des formes, tiennent au fond du droit qui en dépend.

Par exemple, une demande est dirigée contre vous en exécution d'une donation souscrite par acte notarié, conformément à l'art. 931 du Code civil ; mais, dans cet acte de donation, se trouve une contravention à une formalité prescrite à peine de nullité, soit dans les actes notariés en général, soit dans les donations en particulier ; que si vous négligez d'opposer au début de l'instance la nullité, n'allez pas croire que cette nullité soit couverte ; n'allez pas croire qu'il y ait contre vous déchéance du droit de l'invoquer. Cette nullité dans sa source est de pure forme ; mais ce n'est pas une nullité d'exploit, une nullité d'instruction ; elle se rattache, dans ses résultats, au fond du droit, et vous pouvez l'invoquer valablement, non seulement jusqu'au dernier moment de l'instruction de première instance, mais vous pourriez même, quand vous l'auriez omise dans les débats de première instance, l'invoquer valablement en cause d'appel. Il est permis d'invoquer en appel des moyens oubliés, négligés en première instance ; et l'art. 173, purement relatif aux formes de la procédure, est tout à fait étranger, tout à fait inapplicable aux formes du droit civil.

364. Revenons aux nullités de procédure ; on comprend aisément sur quels motifs elles reposent, au moins dans un assez grand nombre de cas. Ainsi, un exploit d'ajournement vous a été notifié : cet exploit n'indique pas l'objet de la demande, ou bien il en désigne l'objet, mais il omet de présenter les moyens ; cependant sur cet exploit vous constituez avoué ; mais, une fois cette constitution faite, vous signifiez une requête tendant à faire prononcer la nullité de l'exploit. On comprend très bien cette demande en nullité ; car il vous est utile, il vous est nécessaire de connaître précisément pour quelle demande vous êtes appelé, et sur quels moyens s'appuie cette demande. Lors donc que la demande en nullité d'un exploit d'ajournement se fonde sur l'omission de l'une des indications qu'il est essentiel au défendeur de recevoir pour bien organiser sa défense, on comprend que, tout en avouant, tout en reconnaissant que l'exploit lui a été remis, il provoque néanmoins la nullité de cet exploit.

Mais supposez que le vice de l'exploit d'ajournement soit d'une autre nature, que, par exemple, cet ajournement n'indique pas exactement vos prénoms ou votre domicile ; alors pourriez-vous, tout en comparaissant, tout en constituant avoué sur cet exploit d'ajournement, en demander la nullité, aux termes de l'art. 61 ?

Ainsi, sous l'ordonnance de 1667, on décidait en général que les nullités de cette nature, dans l'exploit d'ajournement, étaient couvertes par la comparution volontaire du défendeur. En effet, disait-on, les indications du nom, de la profession, du domicile du défendeur, ont pour unique but de garantir la remise fidèle et exacte de l'exploit d'ajournement ; que, s'il se présente lui-même, cet exploit à la main, pour en demander la nullité, il n'y est pas recevable, car cette demande est sans but ; les formalités tendaient à assurer la remise, il reconnaît que cette remise a eu lieu, comment lui permettrait-on d'invoquer la nullité ?

Il est sensible qu'un tel raisonnement ne peut plus être fait ; qu'en présence de l'art. 61, qui attache expressément la nullité à l'omission de chacune des formalités qu'il impose, la constitution d'avoué, la comparution du défendeur, l'aveu que l'ajournement lui a été exactement remis, ne peuvent et ne doivent pas couvrir les nullités résultant du défaut d'indications. Quoique au premier abord cette rigueur paraisse inadmissible, cependant elle se justifie fort aisément : supposez, en effet, qu'on admette en principe que les vices de l'exploit d'ajournement, ceux au moins que nous indiquons sont couverts par la comparution volontaire du défendeur ; que le défendeur mal désigné, mal indiqué dans cet exploit, ne peut pas faire prononcer la nullité de l'acte, quand il reconnaît que cet acte lui est parvenu ; qu'arrivera-t-il ? Que, sur un exploit d'ajournement vicieux, le défendeur ne se présentera pas ; qu'on obtiendra contre lui condamnation par défaut, et que, longtemps après cette condamnation, quand on aura fait des poursuites, des frais pour l'exécuter, il viendra dire qu'il n'a pas été averti et fera prononcer, par la nullité de l'ajournement, la nullité de toutes les poursuites postérieures. Les frais seront ainsi doublés et les délais fort augmentés. Il est donc beaucoup plus sage, plus utile même pour le demandeur, d'autoriser, comme on le fait, le défendeur à venir se présenter pour demander la nullité de l'exploit d'ajournement, quand bien même en fait, cet exploit lui a été remis nonobstant l'insuffisance des indications.

365. Cette nullité a un effet fort important, lorsque l'exploit d'ajournement n'aura été notifié qu'au dernier terme de la prescription : l'un des premiers effets de la remise de l'exploit, c'est d'interrompre la prescription ; mais si cet exploit est déclaré nul par vice de forme, ses effets tombent avec lui, et la prescription se trouve accomplie (art. 2247 C. civ.).

366. Du reste, si la comparution du défendeur, sa constitution d'avoué, la mise en cause par lui provoquée, ne couvrent pas les nullités de l'exploit d'ajournement, ces nullités sont couvertes, s'il ne les propose pas dès le début de l'instance, s'il s'avise, par exemple, de plaider au fond, de poser des conclusions sur la demande avant d'avoir fait statuer sur l'exception de nullité. C'est ce que décide l'art. 173, qui veut que l'exception de nullité soit proposée, non seulement avant toute défense du fond, mais même avant toute exception autre que celle d'incompétence. Nous reviendrons sur ces derniers mots (n° 368).

Les nullités d'exploits doivent donc être proposées *in limine litis*, dès le début de l'instance. Mais l'art. 173 ne parle pas seulement des nullités de l'exploit d'ajournement, de l'acte introductif d'instance, il s'applique aussi aux nullités d'actes de procédure, aux vices de forme qui peuvent se rencontrer dans les actes signifiés dans le cours de l'instance. Relativement à cette seconde classe d'actes, à ce deuxième cas de nullité, les derniers mots de l'art. 173 sont inapplicables. Ainsi, quand un acte de procédure, signifié pendant la durée de l'instance, est entaché de quelque nullité, il serait absurde de dire qu'on doit proposer cette nullité au début de l'instance, puisque l'acte n'est survenu qu'après le fond entamé. Il faut donc restreindre absolument les derniers mots de l'art. 173 aux nullités de l'exploit de l'ajournement.

Mais si les derniers mots de cet article sont littéralement inapplicables aux actes signifiés dans le cours de la procédure, le principe qui a dicté ces derniers mots doit nous guider dans l'application de la même idée relativement à d'autres actes. Ainsi une enquête a été ordonnée, c'est-à-dire une audition de témoins afin d'établir la vérité d'un fait, et dans cette enquête, dont nous verrons bientôt les formes, se sont glissés quelques vices qui donnent droit à celui contre qui l'enquête a été faite d'en faire prononcer la nullité ; les témoins, par exemple, n'ont pas prêté serment (art. 262). Dans quel temps faudra-t-il invoquer cette nullité ? Ce ne sera pas au début de l'instance, puisqu'on a déjà plaidé depuis longtemps sur l'admissibilité de l'enquête, mais ce sera avant de discuter, à l'audience, le mérite de cette enquête.

Ainsi, supposons qu'une enquête ait été provoquée par le demandeur contre le défendeur à l'effet d'établir l'existence d'une obligation ; dans cette enquête, le greffier a commis une nullité ; le défendeur pourrait s'en prévaloir pour faire tomber l'enquête, il ne le fait pas ; il se présente à l'audience pour discuter le mérite des dépositions entendues ; il soutient, par exemple, que tel témoin est peu digne de foi, et il en déduit les motifs. Dès ce moment, son exception de nullité est couverte ; en discutant le fond, le mérite intrinsèque de la déposition, il a tacitement, mais très clairement, renoncé au droit d'en attaquer la forme. De même que les nullités de l'exploit d'ajournement sont couvertes dès qu'on passe à l'examen du fond de la cause, de même les nullités d'une enquête ne peuvent pas être proposées, dès qu'on a entamé, discuté le fond de cette enquête, et le fond, dans ce cas comme dans tout autre, c'est ce qu'il serait inutile d'examiner si la nullité était proposée et prononcée.

Ainsi nous devons entendre avec une certaine réserve, et sous les modifications que la raison commande, les derniers mots de l'art. 173 indiquant la limite après laquelle les exceptions de nullité ne peuvent plus être proposées.

367. Dans quel ordre les trois exceptions de caution, d'incompétence et de nullité, doivent-elles être proposées ? Si on s'en tient à l'art. 173, l'exception fondée sur la nullité de l'exploit d'ajournement doit être proposée avant toute autre exception, hors l'exception d'incompétence. Or l'art. 169 ordonne de proposer en premier ordre l'exception d'incompétence *préalablement à toutes autres exceptions.* Cet article semble s'accorder avec l'art. 173 ; la difficulté naît, si on rapproche de ces textes celui de l'art. 166, qui veut que la caution soit requise de l'étranger, non seulement avec toute défense au fond, mais avant toute exception.

Sur le vu de ces trois articles, dont la lettre, il faut bien le reconnaître, présente une sorte d'antinomie, plusieurs auteurs ont pensé que l'ordre, dans le concours de ces trois exceptions, devait être celui-ci : proposer premièrement l'exception d'incompétence aux termes de l'art. 169 ; secondement, l'exception fondée sur la nullité de l'exploit d'ajournement, aux termes de l'art. 173 : car l'exception de l'art. 169 doit passer avant toutes autres exceptions, et celle de l'art. 173 ne peut être primée que par celle de l'art. 169. Ce sont les termes de l'article. On rejette donc ainsi en troisième ligne l'exception de l'art. 166, le droit de demander caution à un étranger.

Je ne crois pas que cette opinion puisse être admise. La première raison est celle-ci : le texte originaire de l'art. 166 n'indiquait pas l'époque à laquelle le défendeur serait tenu de requérir la caution ; on disait simplement : « Tous étrangers demandeurs seront tenus de fournir caution si le défendeur le requiert. » Le tribunal proposa d'ajouter : « Si le défendeur le requiert, AVANT TOUTE EXCEPTION AUTRE QUE CELLE D'INCOMPÉTENCE OU CELLE DE NULLITÉ D'EXPLOIT ; » le tribunal proposa de rejeter formellement au troisième rang l'exception de l'art. 166 ; et le conseil d'État, sur le vu de cette proposition, n'en adopta que ces mots : *Avant toute exception.* Il en retrancha toute la suite. Il indiqua par là même que son intention n'était pas de la rejeter au troisième rang, mais bien de la mettre au premier.

Cette idée concourt, d'ailleurs, fort bien avec l'ordre d'énumération des exceptions. Ainsi, on est bien d'accord que les exceptions déclinatoires du § 2 doivent précéder celles du § 3. On reconnaît que celles du § 3 priment les exceptions dilatoires du § 4 ; d'où la conséquence que les rédacteurs de ce titre ont entendu que les diverses exceptions, lorsqu'elles seraient en concours, fussent proposées dans l'ordre de leur classification.

Mais une considération tranche la question : Quel est le but de l'exception de caution dont il est question dans l'art. 166 ? D'assurer au défendeur la plus complète garantie, l'indemnité la plus entière contre les chances que lui ferait courir la qualité du demandeur étranger ; de lui assurer que les frais que va nécessiter l'instance lui seront fidèlement et complètement remboursés. Cette considération une fois admise, essayer d'appliquer l'opinion des auteurs qui, nonobstant les raisons déjà indiquées, veulent rejeter cette exception au troisième rang ; essayez d'obliger le défendeur, assigné par un étranger, à opposer et à discuter d'abord l'incompétence, à opposer et à discuter ensuite, quand il a succombé sur l'incompétence, les nullités de l'exploit d'ajournement. Les questions de nullité, et surtout les questions d'incompétence, peuvent entraîner de longs débats, et, par suite des frais considérables ; la question d'incompétence, par exemple, peut se rattacher à la question d'une fixation du domicile, question dont la solution peut exiger des enquêtes et des frais de procédure considérables. Dès lors, il est visible que le but de la loi est manqué, que son économie tout entière est rompue ; que rejeter au troisième rang l'exception de l'art. 166, c'est obliger le défendeur à soutenir des procédures, à avancer, à débourser des frais dont, selon toute probabilité, il ne sera jamais remboursé par l'étranger demandeur.

En résumé, en rapprochant les textes des art. 166 et 169, il y a évidemment anomalie dans les deux textes : chacun d'eux veut que l'exception qu'il indique soit proposée avant toute autre. Il faut donc laisser de côté ce combat de textes pour en venir à des raisons plus sérieuses. Or, vous avez d'abord l'ordre d'énumération qui a été suivi quant aux §§ 2, 3 et 4 de ce titre ; considération qui, sans être de première force, induit cependant à penser qu'il en a été de même pour le premier paragraphe. Vous avez encore le refus formel par le conseil d'État d'insérer dans le texte de l'art. 166 la proposition du tribunal, de rejeter au troisième rang l'exception de caution. Vous avez, en troisième lieu, cette raison beaucoup plus solide et plus réelle, à mon avis, que c'est manquer le but de la loi, exposer le défenseur à faire contre l'étranger des frais qui ne lui seront pas remboursés que l'obliger à discuter les questions de compétence et de nullité, sans avoir au préalable obtenu la caution qu'il était en droit d'obtenir (1).

SEIZIÈME LEÇON

DES EXCEPTIONS (SUITE).

368, § 4. DES EXCEPTIONS DILATOIRES. — Ce nom de *dilatoire* semble porter se lui-même sa définition ; l'exception dilatoire, dans le sens naturel, le sens littéral du mot, désigne une exception qui tend à obtenir un délai, à ajourner, à différer, pendant un temps plus ou moins long, l'examen de la demande contre laquelle est invoquée l'exception.

Cependant, au premier aspect, ce sens du mot d'exception dilatoire pourrait jeter quelque embarras dans vos esprits, en le rapprochant soit de l'exception dont il est question au § 1er, soit des exceptions déclinatoires et de celle de nullité. En effet, soit que le défendeur assigné par un étranger demande caution, soit que, assigné devant un tribunal incompétent, il oppose l'incompétence, soit

(1) C. de Metz, 26 avril 1820 (Dall., vº *Exceptions*, nº 77).

qu'enfin il invoque les nullités de l'exploit d'ajournement, dans tous les cas, la conséquence de l'exception invoquée, c'est d'obtenir un délai, c'est de faire surseoir, pendant un temps plus ou moins long, à l'examen de la demande. Ainsi, quand je demande caution à l'étranger demandeur, je requiers qu'il soit sursis à l'examen du fond de la prétention tant que la caution n'aura pas été fournie ; quand j'oppose la nullité de l'ajournement, je tends à me procurer un délai, je tends à ne répondre au mérite de la demande qu'après que le tribunal aura été saisi par un ajournement régulier. Sous ce rapport, on pourrait dire que toutes les exceptions sont dilatoires, et que cette expression ne s'applique pas plus exactement à celles dont il va être question sous le § 4, qu'à celles des §§ 1, 2 et 3. Cependant, quand nous aurons examiné les diverses classes d'exceptions rangées sous le § 4, celles auxquelles la loi applique directement la qualification de dilatoires, nous verrons qu'une différence les sépare, sous ce rapport, des trois catégories dont nous sommes occupé. Nous verrons que, encore bien que toute exception ait pour conséquence de faire obtenir un délai, la loi a pu cependant, sans inexactitude, qualifier expressément de dilatoires celles dont nous allons traiter. C'est qu'en effet, dans ces deux-là, l'exception de l'art. 174 et celle de l'art. 175, que la loi qualifie formellement de dilatoires, c'est directement, c'est formellement que le défendeur conclut à l'obtention d'un délai. Au contraire, dans les trois premiers paragraphes, le délai, le sursis est bien un résultat de l'exception, il n'en est qu'une conséquence indirecte et secondaire ; je ne demande pas précisément un délai dans le cas des §§ 1, 2 et 3 ; je demande une caution, une sûreté ; j'oppose l'incompétence, j'invoque la nullité ; le résultat sera sans doute, si la caution n'est pas fournie, si l'incompétence est reconnue, si la nullité est déclarée, d'entraîner un sursis ; mais ce sursis ne m'arrive qu'indirectement, par voie de conséquence d'une exception dans laquelle je n'y avais pas conclu directement.

Nous regarderons donc avec la loi, comme exception dilatoire, non pas toute exception qui a pour résultat d'ajourner l'examen de la demande, car, sous ce rapport, le nom de dilatoire s'appliquerait à toute espèce d'exceptions, mais l'exception dans laquelle le défendeur conclut formellement à ce que l'examen de la demande soit retardé pendant un intervalle plus ou moins long.

369. La loi, dans ce paragraphe, ne nous présente que deux exceptions dilatoires, celle de l'art. 174 et celle de l'art. 175, car tout le reste du § 4 est consacré au développement de l'exception indiquée dans l'art. 175. Nous aurons à examiner sur les art. 186 et 187 si ces deux exceptions dilatoires sont les seules que le droit nous présente (V. nos 407 et suiv.).

« Art. 174. L'héritier, la veuve, la femme divorcée ou séparée de biens, assignée comme commune, auront trois mois, du jour de l'ouverture de la succession ou de la dissolution de la communauté, pour faire inventaire, et quarante jours pour délibérer ; si l'inventaire a été fait avant les trois mois, le délai de quarante jours commencera du jour qu'il aura été parachevé. — S'ils justifient que l'inventaire n'a pu être fait dans les trois mois, il leur sera accordé un délai convenable pour le faire, et quarante jours pour délibérer ; ce qui sera réglé sommairement. — L'héritier conserve néanmoins, après l'expiration des délais ci-dessus accordés, la faculté de faire encore inventaire et de se porter héritier bénéficiaire, s'il n'a pas fait d'ailleurs acte d'héritier ; ou s'il n'existe pas contre lui de jugement passé en force de chose jugée qui le condamne en qualité d'héritier pur et simple. »

Sauf ces mots : *Ce qui sera réglé sommairement* (V. n° 599), le texte entier de l'art. 174 n'est que la répétition des art. 795 à 800 (C. civ.), tirés de la section du bénéfice d'inventaire. Il est même à remarquer que le Code de procédure, s'occupant des délais de trois mois et de quarante jours accordés à l'héritier pour délibérer, mais devant s'en occuper en apparence sous des rapports exclusivement relatifs à la procédure, a précisément négligé ce qui tient à la procédure même ; il ne fait guère que reproduire, dans l'art. 174, des notions et des principes qui sont purement de droit civil. Quant à l'application de ces notions à la matière de la procédure, que le Code aurait dû présenter, à ce qu'il semble, nettement et avec soin, il est absolument muet à cet égard, et ce n'est guère que par une conséquence de l'art. 174 et par sa combinaison avec le Code civil, que nous allons chercher et établir quel est le rapport de ces principes avec les matières de pure procédure, et spécialement avec la matière des exceptions dilatoires. Pour le bien saisir, attachons-nous d'abord à poser brièvement les règles du droit civil, en ce qui concerne l'ouverture d'une hérédité et ses résultats.

370. Vous connaissez tous le principe de l'art. 724 du Code ; à l'instant même de la mort, l'héritier légitime se trouve saisi des biens, droits et actions du défunt, sous l'obligation d'acquitter les charges de la succession.

L'acceptation dont parle le droit civil n'a pas chez nous, comme l'adition de l'hérédité en droit romain, l'effet de faire acquérir au successible la qualité d'héritier et la propriété des biens de la succession. En droit français, cette qualité est fixée sur la tête du successible dès l'instant même de la mort, et par la seule puissance de la loi ; et la propriété de l'hérédité passe, directement et sans aucun intervalle, de la tête du défunt sur la tête de l'héritier. Ainsi l'acceptation, dont le Code civil a déterminé les règles, n'a pas pour effet de rendre héritier l'acceptant qui l'était déjà, ni de lui faire acquérir sur les biens de la succession un droit de propriété qu'il avait déjà à son insu ; elle a pour effet de confirmer, de consolider ce titre et cette propriété, et de le dépouiller dans l'avenir de la faculté de renoncer.

Ce sont là des principes élémentaires dans le droit français.

Si donc, à l'instant même de la mort, par la seule puissance de la loi, le successible est héritier, s'il est saisi de tout l'actif, sous la charge et à la condition d'acquitter tout le passif, la conséquence en est qu'à partir de cet instant, les créanciers de l'hérédité ou ceux qui se prétendent propriétaires de biens possédés par le défunt, peuvent, avant même que l'héritier ait accepté, diriger valablement contre lui les actions qui leur compétaient contre le défunt.

Mais de ce que la demande signifiée à l'héritier avant qu'il ait pris qualité est elle-même une demande valable à cause de l'art. 724, s'ensuit-il que l'héritier soit tenu immédiatement de venir plaider sur cette demande ? de ce qu'on a pu l'assigner dès le lendemain de la mort, sans s'inquiéter s'il avait ou n'avait pas accepté, s'ensuit-il qu'on puisse le contraindre à plaider sur la matière de cette assignation ? La réponse est dans la section du Code civil intitulée : DU BÉNÉFICE D'INVENTAIRE ET DE SES EFFETS. La loi accorde à l'héritier un délai de trois mois pour faire inventaire, et de quarante jours pour délibérer : ce délai a pour but de le mettre en position d'opter entre les trois partis qui lui sont ouverts par la loi : 1° acceptation pure et simple ; 2° acceptation bénéficiaire ; 3° enfin renonciation absolue à la succession, renonciation dont la conséquence, indiquée dans l'art. 785 (C. civ.), est de le dépouiller rétroactivement de cette qualité d'héritier qui lui appartenait jusque-là ; « L'héritier qui renonce est censé n'avoir jamais été héritier. »

Ces principes une fois posés, vous saisirez aisément leur application à la procédure, application que l'art. 174 n'a pas faite expressément, elle se trouve écrite d'ailleurs dans le Code civil, art. 797, qui vous dit : « Pendant la durée des délais pour faire inventaire et pour délibérer, l'héritier ne peut être contraint à prendre qualité, et il ne peut être obtenu contre lui de condamnation : s'il renonce lorsque les délais sont expirés ou avant, les frais par lui faits légitimement jusqu'à cette époque sont à la charge de la succession.

Ainsi, les demandes seront sans doute valablement formées contre le successible, quoiqu'il n'ait pas encore accepté, et par cela seul qu'il n'a pas renoncé ; mais ces demandes ne peuvent conduire à aucune condamnation actuelle contre lui, parce qu'il n'est pas encore tenu de prendre qualité. Donc, pour éviter cette condamnation, pour se réserver cette plénitude, cette intégrité d'option que la loi consacre à son profit, l'héritier pourra opposer à la demande qu'il est encore dans les délais pour faire inventaire et délibérer ; et cette défense, proposée par une requête dont parle l'art. 75 du tarif, constitue précisément l'exception dilatoire à laquelle fait allusion l'art. 174. Ici, le nom de dilatoire ajouté à l'exception est tout à fait exact, technique ; l'exception est dilatoire, non pas, comme les précédentes, parce qu'elle a pour conséquence indirecte, éloignée, de faire obtenir un délai ; mais elle est dilatoire dans toute l'exactitude du mot, parce qu'on y requiert expressément le délai que la loi accorde à l'héritier.

Ainsi, voilà deux principes qui, en apparence en opposition l'un avec l'autre, se concilient pourtant fort aisément. Même avant l'expiration des délais pour faire inventaire et délibérer, même avant d'avoir pris qualité, le successible, l'héritier, car il l'est tant qu'il n'a pas renoncé, l'héritier a titre et qualité pour recevoir les assignations données par des tiers contre la succession. Ces assignations, ces demandes auront d'abord pour effet d'interrompre la prescription au profit des demandeurs, art. 2245 du Code civ. ; elles auront même, je crois, aussi pour effet, quoique ce point soit un peu plus contestable, de faire courir au profit des demandeurs les intérêts contre la succession, en vertu de l'art. 1154 (C. civ.) ; mais le successible a tout au moins la faculté d'exiger qu'il soit sursis à l'examen de ces demandes jusqu'à l'expiration des trois mois et des quarante jours que la loi lui accorde pour prendre connaissance de la succession, et délibérer. Et cela, d'abord, pour ne point obliger à soutenir les embarras d'un procès d'hérédité celui qui n'est point encore définitivement héritier, et que peut-être une renonciation postérieure fera réputer plus tard n'avoir jamais été héritier ; ensuite, parce qu'étant encore dans les délais d'inventaire et de délibération, il ne connaît pas bien les titres, les moyens, tous les éléments de défense, qui peuvent être opposés au demandeur en faveur de la succession.

Nous aurons à voir plus tard, dans les art. 186 et 187, à quel instant précis doit être opposée cette exception dilatoire.

371. Cette première idée une fois posée, voyons quels seront les résultats de l'exception dilatoire invoquée par l'héritier. Ce n'est pas d'annuler l'ajournement valablement donné dans le principe. Sous ce rapport, une différence sensible sépare, dans ses résultats, l'exception dilatoire dont parle l'art. 174 des exceptions de nullité de l'art. 173. Dans l'art. 173, l'exploit d'ajournement tombe, il est réputé non avenu et n'a produit aucun effet ; au contraire, dans l'art. 174, l'exception dilatoire opposée et admise n'empêche pas que l'exploit d'ajournement n'ait été et ne reste valable ; on n'aura donc plus besoin plus tard d'un nouvel ajournement pour procéder sur cette demande, l'ajournement primitif subsiste et produit tous ses effets.

Seulement, pour sentir les résultats de l'exception dilatoire, il faut nous placer tour à tour dans des hypothèses diverses, dans lesquelles le successible peut se trouver placé. Il est possible qu'à l'expiration de ces trois mois et quarante jours, ou même avant ce terme, le successible se soit décidé à une acception pure et simple ; alors aucune espèce de difficulté ; que cette acceptation ait eu lieu à l'expiration du terme ou dans le cours de trois mois et quarante jours, il est clair que, dès qu'elle a eu lieu, l'exception dilatoire ne peut plus être opposée, il est clair que de ce moment l'instance peut commencer à marcher en vertu de l'ajournement primitif.

Il en serait de même, soit après le délai, soit dans le cours du délai, le successible avait pris, non pas la qualité d'héritier pur et simple, mais la qualité d'héritier bénéficiaire. Ces deux qualités diffèrent sans doute, mais nullement quant à la matière qui nous occupe. L'héritier bénéficiaire, aussi bien que l'héritier pur et simple, a titre et qualité pour représenter la succession dans les procès dirigés contre elle ; aussi eût-il pris, quatre ou cinq jours après la mort de son auteur, la qualité d'héritier bénéficiaire, dès ce moment il ne peut plus renoncer, dès ce moment il a pris qualité, et, par conséquent, il est tenu de défendre aux actions héréditaires, sans pouvoir en ajourner l'examen par l'exception dilatoire de l'art. 174. Seulement il y aura toujours cette différence avec l'acceptation pure et simple que, comme l'acceptation bénéficiaire, aux termes de l'art. 802 (C. civ.), a laissé parfaitement distincts les biens et la personne de l'héritier d'une part, et, d'autre part, le patrimoine et la personne du défunt, les condamnations auxquelles ces actions pourront donner lieu ne pourront s'exécuter, soit quant au principal, soit quant aux frais de l'instance, ni sur la personne ni sur les biens personnels de l'héritier bénéficiaire.

Que si enfin il a renoncé, dès ce moment, il ne peut être question d'exception dilatoire. L'exception dilatoire est invoquée par celui qui, étant valablement assigné, ayant qualité pour être poursuivi, peut cependant se dispenser de répondre, de plaider quant à présent. Or le successible qui a renoncé, non seulement n'est plus héritier, mais est réputé ne l'avoir jamais été. Donc, à partir de ce moment, aucune assignation ne peut plus être valablement donnée contre lui : on ne peut plus, même en vertu des ajournements antérieurs, procéder valablement, quant à la succession, avec quelqu'un qui ne la représente pas.

L'exception dilatoire ne peut donc être invoquée, ni par l'héritier pur et simple, ni par l'héritier bénéficiaire, ni enfin, par celui qui a renoncé ; elle n'a de sens et de forme que dans la bouche du successible, de l'habile à succéder qui n'a pas encore pris qualité, qui a conservé pleinement et purement l'intégralité de son option.

372. Cependant, de ce que la renonciation, aux termes de l'art. 785 du Code civil, fait réputer que le renonçant n'a jamais été héritier, on pourrait être tenté de conclure que les demandes, que les assignations, qui lui ont été signifiées en qualité d'héritier, avant sa renonciation, doivent être comme non avenues, parce qu'elles ont été signifiées à un individu sans qualité ; et que, par exemple, elles n'ont pas interrompu, au profit de ceux qui les formaient, la prescription qui courait en faveur de la succession. La lettre de l'art. 785 pourrait à toute rigueur justifier logiquement cette conséquence ; je ne crois pas pourtant qu'elle doive être admise, ce serait, à mon avis, abuser de la fiction de l'art. 785, et l'étendre au delà de son but, d'une manière tout à fait contraire à l'équité de la raison.

En effet, les créanciers de la succession n'ont pu connaître comme représentant de cette succession que l'héritier saisi aux termes de l'art. 724. C. civ. ; il est assez dur pour eux de voir la reconnaissance de leur droit ajournée fort longtemps par l'exception dilatoire, sans aller dire encore que la validité de cette demande sera subordonnée à la volonté, à l'arbitraire de l'héritier, qui pourra ou la valider en acceptant, ou l'infirmer en renonçant. Si l'on admettait ce dernier résultat, les tiers créanciers de la succession n'auraient plus aucun moyen d'interrompre pendant les délais une prescription près de s'accomplir contre eux, au profit de cette succession ; il faut reconnaître qu'en dépit de la fiction de l'art. 785, il est toujours vrai de dire qu'avant la renonciation, le successible avait qualité, et avait seul qualité pour recevoir les demandes dirigées contre la succession. De ce qu'après sa renonciation, il n'a plus qualité pour recevoir des demandes, on n'en peut ni on n'en doit conclure que les demandes qui lui ont été notifiées dans le passé, avant qu'il eût renoncé, quand il était héritier, puissent perdre ainsi leur force et leur effet, par la renonciation postérieure qu'il a faite.

373. Une quatrième hypothèse nous reste à examiner, c'est celle où, dans les délais de trois mois et quarante jours, le successible n'aurait pas pris qualité d'héritier pur et simple ou bénéficiaire, ni même qualité de renonçant. Quelle sera alors la conséquence de ce silence du successible, relativement à la matière qui nous occupe ?

Vous savez d'abord que, d'après l'art. 798 du Code civil, l'héritier qui, à l'expiration des délais, n'aura pas encore pris qualité, peut cependant obtenir du tribunal, et en connaissance de cause, une prolongation de délai, et cela soit en justifiant que la connaissance du décès ne lui est parvenu que fort tard, soit en justifiant que l'importance de la succession, que l'éloignement des biens héréditaires l'ont empêché d'accomplir assez vite les formalités nécessaires pour l'éclairer sur le parti qu'il devait prendre. Ce n'est là qu'une affaire de forme, dont le § 2 de notre article s'occupe également. Pour poser notre question toute pure, il faut donc supposer que l'héritier n'a pas pris qualité, soit dans les délais légaux du § 1er de l'art. 174, soit même dans les délais judiciaires, dans les délais de grâce qui auront pu lui être accordés d'après art. 798 et 174, § 2. Quel sera, après l'expiration de tous ces délais, le rés du silence de l'héritier, relativement aux actions qui ont pu être, ou qui po ront être dirigées contre lui ? Le résultat n'est pas douteux : le silence de l'hé ritier, même après l'expiration de tous ces délais successifs, n'est pas d'e traîner contre lui déchéance de son option ; il garde encore la liberté de porter, soit héritier bénéficiaire, soit héritier pur et simple, comme aus liberté de renoncer ; le § 3 de notre article et l'art. 800 du Code civil sont b formels, sont bien exprès sur ce point.

Mais alors quelle est donc la sanction de la loi ? Si l'héritier peut impuné ment se jouer des délais, et, même après leur expiration, conserver la liberté d'option qu'il avait dans ces délais, à quoi sert de les avoir fixés d'une manière minutieuse et précise ?

La conséquence sera qu'après l'expiration des délais dont nous avons parlé, l'exception dilatoire ne pourra plus être opposée par lui, qu'il sera forcé les créanciers l'exigent et poursuivent sur leur ajournement, de défendre répondre aux demandes dirigées contre lui en qualité d'héritier. Mais ni l faut qu'il pourra faire sur les demandes ainsi dirigées, ni la défense qu pourra y opposer, n'entraîneront nécessairement ni déchéance du droit renoncer, ni déchéance du droit d'accepter bénéficiairement. Il pourra même après ces délais, même après que les créanciers auront donné suite à leu ajournement, renoncer encore ; ainsi le disposent les deux articles cités. effet, il n'est déchu des divers droits que la loi lui accorde, qu'autant qu a été rendu contre lui un jugement passé en force de chose jugée qui le con damne en qualité d'héritier pur et simple.

Quelle sera donc, en définitive, la sanction de la loi qui règle ces délais Elle sera dans l'art. 799 du Code civil ; elle consiste en ce que l'héritier qui, même après les délais, même après qu'il a perdu le droit d'opposer l'excep tion dilatoire, peut encore cependant renoncer utilement, ne renoncera pour tant pas impunément ; c'est-à-dire qu'il devra supporter, seul et sans recours contre la succession, les frais des poursuites faites par les créanciers, dan l'intervalle écoulé depuis l'expiration des délais jusqu'à la renonciation. Ains les délais une fois expirés, l'héritier conserve encore le droit de renonce mais alors commence pour les créanciers de l'hérédité le droit de donner effe à leurs poursuites, sans avoir à craindre l'exception dilatoire ; et si, dans l cours de ces poursuites, l'héritier vient à renoncer, les frais qui auront été faits resteront à sa charge.

Du reste, vous connaissez tous une question célèbre, élevée sur le dernier paragraphe de l'art. 184, et sur l'art. 800 du Code civ., je me borne à l'indi quer, car elle tient au droit civil, elle se rapporte à ces mots : *Ou s'il n'existe pas contre lui de jugement passé en force de chose jugée qui le condamne en qua lité d'héritier pur et simple.* La question est de savoir si un jugement de cette na ture condamnant l'héritier en qualité d'héritier pur et simple, soit avant, soi depuis l'expiration des délais, peut être invoqué personnellement contre lui non seulement par le créancier au profit duquel ce jugement a été rendu, ce qui ne peut faire aucun doute, mais aussi par tous les créanciers, par tous le tiers, étrangers même à ce jugement, et qui ont intérêt de s'en prévaloir, pour faire déclarer l'héritier déchu de son option. Pour restreindre l'effet du jugement au créancier qui l'a obtenu, on invoque la disposition générale de l'art. 1351 du Code civil ; pour l'étendre à tous les créanciers, aux tiers, on s'appuie sur le texte de l'art. 800, et aussi sur le texte du § 3 de notre article, qui ne fait aucune distinction. Cette question est une des plus graves, des plus difficiles peut-être que présente le droit civil ; elle se rapporte plus à la matière du droit civil qu'à celle de la procédure. (* V. sur cette question la remarquable dissertation de M. Valette, insérée dans le t. IX de la *Revue étrangère et française de législation*, 1842, p. 257. *)

374. Passons à ce qui concerne la femme mariée en communauté, et à laquelle les premiers mots de l'art. 174 appliquent le bénéfice de l'exception dilatoire, que nous n'avons examinée jusqu'ici qu'à l'égard de l'héritier ; comme les principes sont à peu près les mêmes en ce qui touche la femme commune en biens et en ce qui touche l'héritier, peu de mots suffiront pour compléter l'explication de l'article. Pour comprendre sa disposition, il faudra vous reporter aux art. 1453 et suivants, et 1492 et suivants du Code civil ; vous y verrez que la plupart des règles posées au titre des Successions, relativement à l'option du successible, se représentent, sauf quelques modifications, relativement à la femme commune en biens qui, après la dissolution de la communauté, est appelée à délibérer sur la question de savoir si elle accepte ou si elle refuse la communauté. Seulement l'option, au lieu d'être triple pour la femme, comme elle l'est pour l'héritier, ne se présente pour elle que sous deux faces : accepter la communauté, ou bien y renoncer ; la distinction qui disparaît ici, c'est celle entre l'acceptation pure et simple, et l'acceptation bénéficiaire. Vous sentirez plus tard pourquoi cette troisième option n'existe pas , vous verrez sur l'art. 1483, que la femme, même acceptant la communauté, est de droit, et par le seul fait de cet article, dans une position fort analogue à celle de l'héritier simplement bénéficiaire ; en d'autres termes, que la femme, acceptant même sans restriction aucune, n'est cependant tenue de sa part des dettes de la communauté que jusqu'à concurrence du profit qu'elle en a retiré. Ainsi à la mort du mari, par exemple, l'option est double pour la veuve qui était mariée en communauté : ou bien accepter la succession telle que l'a laissée son mari, en prendre la moitié bonne ou mauvaise, sauf à payer, quand elle la prend, sa moitié dans les dettes communes, au moins jusqu'à concurrence de son émolument ; ou bien, au contraire, se décharger par une renonciation de toute contribution aux dettes de la communauté.

Cette double option accordée à la femme est soumise pour elle à l'observation des mêmes délais que notre article accorde à l'héritier. La femme commune en biens, lorsque la communauté est dissoute, ou par la mort du mari, ou par une séparation de corps ou de biens, a également trois mois pour faire inventaire, et quarante jours pour délibérer ; que si, dans ces trois mois et quarante jours, une demande est dirigée, par exemple, contre une veuve commune en biens par un créancier de la communauté, cette demande est formée valablement, mais la veuve peut opposer l'exception dilatoire, c'est-à-dire faire ajourner l'examen de la demande jusqu'à l'expiration du délai qui

lui est donné pour prendre qualité. A cet égard je dois me borner à vous renvoyer aux articles que j'ai cités, 1453 à 1466, pour ce qui concerne l'acception ; et 1492 et suivants pour ce qui concerne la renonciation.

375. Je dois ajouter une observation importante. En ce qui concerne l'héritier, nous avons dit que, comme il était représentant, saisi, investi du droit
de l'héritier, tant qu'il n'avait pas formellement renoncé, aucun doute
pouvait s'élever sur la validité des demandes formées contre lui, relativem
à la succession, soit pendant le cours, soit après l'expiration des délais
l'art. 174. A l'égard de la femme, quelques doutes pourraient s'élever, p
que la position n'est pas toujours identique.

Ainsi, supposez la communauté dissoute par la mort du mari; alors
principes précédents sont applicables sans difficulté. En effet, la femme
trouvant naturellement en possession de fait des biens qui composaient
communauté, est présumée acceptante, tant qu'elle n'a pas formellement
noncé ; donc elle a qualité, par la présomption seule de la loi, pour recev
au moins quant à sa part, les demandes dirigées contre la communauté; c
ce qui résulte de l'article 1459.

Supposez, au contraire, la communauté dissoute, par exemple, par une
paration de corps ou de biens, alors les effets qui composaient la commu
restent naturellement dans les mains du mari, tant que la femme n'ayant
accepté sa part de communauté n'est pas venue demander et réclamer le p
tage. Aussi voyez-vous, dans l'art. 1463, que, dans le cas de dissolution
femme est présumée renonçante tant qu'elle n'a pas accepté.

La différence est sensible entre les deux hypothèses.

Dans le cas de l'art. 1450, la présomption de la loi, c'est l'acceptation de la
femme ; donc, tant qu'elle ne renonce pas, elle est regardée comme acceptante, il est tout simple que les créanciers s'adressent à elle, et dirigent leurs
demandes contre elle conformément à l'art. 175.

Dans l'autre cas, au contraire, celui de l'art. 1463, la femme étant présumée
renoncer, tant qu'elle ne déclare pas expressément qu'elle accepte, il semblerait naturel que jusqu'à cette déclaration les demandes des créanciers dussent
être dirigées contre le mari seul, auquel la communauté est présumée devoir
rester. Telle serait la conséquence naturelle des textes du Code civil; conséquence qui paraît se concilier assez mal avec la disposition générale de l'article 174. En effet, l'art. 174 ne distingue pas; et, par oubli peut-être, faisant
abstraction de la différence établie dans le Code civil, on déclare que l'exception dilatoire peut être invoquée dans les trois mois et quarante jours par la
veuve, la femme divorcée ou séparée de biens ; c'est-à-dire que, dans tous les
cas, et de quelque manière que la communauté soit dissoute, la femme a qualité, même dans les trois mois et quarante jours, pour recevoir, au moins
quant à sa part, les demandes, les assignations des créanciers de la communauté.

Que si, cependant, ces trois mois et quarante jours s'étaient écoulés complètement sans que la femme séparée de biens eût encore manifesté son option,
alors nous ne serions plus dans la lettre de l'art. 174, et, dès lors, il paraîtrait
fort difficile de déclarer valable la demande formée par un créancier de la
communauté contre une femme séparée de biens, qui n'aurait pas accepté

dans les trois mois et quarante jours. En effet, l'art. 1463 déclare que, ce délai une fois expiré, la femme qui n'a pas pris qualité est par là même présumée renonçante ; si elle est présumée renonçante, on ne comprend plus d'où dériverait pour elle le droit de recevoir valablement les assignations données contre la communauté.

376. Remarquez enfin que l'art. 174 lève un doute assez peu sérieux au fond, mais que cependant on avait présenté comme faisant quelque difficulté, d'après certains textes du Code civil, et surtout d'après le Code de procédure. L'art. 874 (C. de pr.) déclare que la femme séparée de biens fera sa renonciation au greffe du tribunal ; de là on pourrait conclure, en isolant de cet article tous les autres, que la séparation de biens entraîne nécessairement renonciation de la femme à la communauté. C'est la conséquence que quelques personnes en avaient tirée, conséquence évidemment inconciliable avec l'art. 174 ; puisque, d'après cet article, la femme qui a demandé et obtenu la séparation de biens peut, quand on l'assigne comme commune, opposer les trois mois et quarante jours qu'elle a pour délibérer, c'est qu'évidemment elle a le droit d'accepter la communauté, sans quoi ce délai serait tout à fait vide de sens. En vain opposerait-on que, si la séparation de biens a été demandée par la femme, c'est que sans doute la communauté tournait à mal, c'est que la communauté était ruineuse ; la femme peut avoir demandé et obtenu la séparation de biens, à raison du désordre des affaires de son mari, et pourtant trouver intérêt à accepter une communauté qui, diminuée, ruinée en partie, peut cependant lui offrir encore quelques avantages.

377. La seconde des exceptions dilatoires est l'exception de garantie. Qu'est-ce, en général, que la garantie ? On peut la définir l'obligation soit légale, soit conventionnelle, d'indemniser quelqu'un de certains préjudices, ou de le protéger contre certaines attaques.

Vous en trouverez, dans le Code civil, des exemples assez nombreux : tel est celui de l'art. 884, au titre des Successions. Vous y voyez que les cohéritiers sont respectivement garants l'un envers l'autre de l'éviction des biens héréditaires essuyée après le partage. Tel est le cas des art. 1625 et suiv., au titre de la Vente ; le vendeur est tenu d'indemniser son acheteur de l'éviction essuyée par celui-ci, ou même de le protéger contre les attaques et poursuites judiciaires qui ont pour objet de l'évincer. De même dans l'art. 1845 vous voyez l'associé garant envers la société de l'éviction des objets qu'il a promis d'y apporter. Dans l'art. 1727, le bailleur est garant envers son locataire du trouble apporté à la jouissance de celui-ci. Enfin, dans les art. 1693 et 3028, vous trouvez des exemples de garantie d'une autre nature. Dans l'art. 2028 vous voyez que, quand la caution a payé pour le débiteur qu'elle avait cautionné, elle a recours contre lui ; en d'autres termes, le débiteur est garant envers la caution du préjudice que le cautionnement peut faire essuyer à celle-ci. Dans l'art. 1693 le vendeur d'une créance est tenu d'en garantir l'existence. Quant aux art. 1641 et suiv., vous y trouvez l'exemple d'une autre espèce de garantie : le vendeur y est déclaré garant envers son acheteur, non pas de l'éviction qu'il pourrait éprouver, mais des vices que renfermerait la chose vendue, c'est là la garantie qu'on appelle quelquefois garantie de fait, tout à fait étrangère à la matière de la procédure dans laquelle nous n'avons à traiter que de la garantie de droit.

378. Notre définition une fois posée et expliquée par quelques exemples, une question naturelle se présente: Quel est le lien qui unit la garantie, matière de pur droit civil, avec des règles de procédure dont nous nous occupons maintenant; à quel propos la procédure intervient-elle dans les actions de garantie, et, par exemple, dans le recours, dans l'action qne prétendait exercer un acheteur contre son vendeur, à propos de la chose vendue ?

A cet égard, il y a une distinction à faire. Un acheteur a été dépouillé, évincé par un tiers de l'immeuble qu'il avait acheté ; de là une action en garantie dont les principes sont réglés par les art. 1626 et suiv. (C. civ.). Cette action est soumise aux règles ordinaires des actions qui s'introduisent, s'instruisent et se jugent comme nous l'avons vu précédemment ; c'est là la garantie demandée par action principale, garantie qui ne donne pas lieu à une procédure spéciale, et qui est surtout étrangère à la matière des exceptions. Mais prenons le même exemple en le modifiant un peu, quant à l'hypothèse de l'action en garantie, et vous allez voir tout de suite la liaison de cette matière de droit civil avec notre Code.

Paul m'a vendu un immeuble, et sa qualité de vendeur l'oblige par elle-même à la garantie, art. 1626 (C. civ.). La garantie, avons-nous dit, c'est l'obligation légale (ici il n'y aura pas besoin de la convention), c'est l'obligation légale, dans l'espèce, de m'indemniser de certains préjudices, ou de me protéger contre certaines atteintes. M'indemniser de certains préjudices ; c'est me rembourser la valeur de l'immeuble, dont j'aurais été évincé par un tiers; si vous m'avez vendu, même de bonne foi, un immeuble qui n'était pas à vous, et que le véritable propriétaire m'ait enlevé cet immeuble, cette victoire judiciaire qu'on appelle une éviction, et qui m'a dépouillé de l'immeuble, autorise de ma part un recours contre vous.

Mais si je suis cette marche, si, pour invoquer la garantie, j'attends que l'éviction ait été réalisée, je m'expose: 1° à beaucoup plus de lenteur; 2° à deux procès, procès contre le tiers qui m'évince, puis autre et nouveau procès en garantie contre mon vendeur; enfin, 3° il serait possible, et ceci est beaucoup plus sérieux, qu'un jugement ayant déclaré, entre moi et le tiers revendiquant, que l'immeuble était à ce dernier, m'ait en conséquence condamné à le restituer, et qu'ensuite, quand je viens exercer contre mon vendeur mon action en garantie, celui-ci m'opposât que le jugement auquel il est étranger n'a pas de force à mon égard; que l'immeuble qu'il m'a vendu était bien à lui; que si cet immeuble m'a été enlevé, c'est apparemment que je me suis mal défendu, que je n'ai pas opposé les moyens à l'aide desquels je pouvais le conserver, ou bien que les juges ont commis une erreur, dont il n'est pas tenu de répondre. Vous voyez qu'en procédant ainsi, je m'expose à courir la chance d'une contrariété, d'une opposition de jugements, qui, dans l'espèce, retomberait sur ma tête, comme le décide formellement l'art. 1650 du Code civil.

Le danger que je viens de signaler est grave; aussi ai-je un moyen bien plus simple, une voie beaucoup plus sûre de faire valoir ma garantie, et de me mettre à l'abri de tout péril. Paul m'a vendu un immeuble; quelque temps après, Pierre le revendique; au lieu d'attendre, pour attaquer Paul, que la revendication de Pierre ait été jugée, et jugée à son profit, je vais agir immédiatement contre Paul, mon vendeur, à l'effet de le contraindre à venir dans l'instance entamée par Pierre contre moi pour y prendre ma défense; j'éviterai par là et les lenteurs, et les frais, et la contrariété des jugements auxquels l'autre marche m'exposerait. En effet, il est sensible que Paul, étant appelé par moi dans l'instance en revendication que Pierre m'a intentée, à propos du bien que Paul m'a vendu, le même jugement qui déclarera que Pierre est propriétaire, et qui m'évincera, condamnera par là même Paul, mon vendeur à m'indemniser de tous les préjudices que l'éviction m'a causés; Paul, forcé par moi de venir me défendre, de prendre mon fait et cause, comme nous le verrons dans l'art. 182, Paul, donné par moi pour adversaire à Pierre qui revendique, ne pourra pas m'opposer que ma défense a été incomplète, puisque cette défense, c'est lui qui aura dû la présenter.

Voilà l'exemple le plus simple de ce qu'on entend par la demande en garantie incidente. Cette demande en garantie, vous l'avez déjà vu, le Code de procédure s'en occupe; vous avez vu le paragraphe avant-dernier de l'art. 59 établir pour ce cas une compétence spéciale que nous trouverons répétée dans l'art. 181. En effet, quoique l'action en garantie de l'acheteur contre son vendeur soit une action personnelle, et qui devrait en cette qualité se porter au tribunal du domicile du vendeur, cependant, quand cette garantie est formée incidemment, elle est portée devant le tribunal même saisi de l'action principale. Ainsi, dans l'espèce, Pierre, qui est le tiers revendiquant, m'a assigné devant le tribunal de la situation de l'immeuble revendiqué, car l'action était réelle, et, quoique mon action en garantie contre Paul soit de sa nature personnelle, j'ai droit cependant d'appeler Paul devant le tribunal saisi de l'action principale, devant le tribunal de la situation de l'immeuble. Telle est la conséquence de l'art. 181, qui ne fait que répéter un principe qui vous est déjà connu.

Voilà donc déjà une intervention spéciale de la procédure dans la matière des demandes en garantie.

379. Maintenant quel est le rapport, quel est le lien de la matière des garanties avec la matière des exceptions, et spécialement des exceptions dilatoires au milieu desquelles nous la trouvons placée? Il est très facile à saisir, en s'attachant toujours à notre espèce : Pierre a revendiqué contre moi l'immeuble que j'ai acheté de Paul, et j'ai droit d'appeler Paul, de le mettre en cause et de le forcer à me défendre; mais pour cela il me faut du temps, il me faut obtenir du tribunal un sursis plus ou moins long à l'examen de la revendication que Pierre a dirigée contre moi; demander ce sursis, dont le délai devra varier selon que Paul, vendeur et garant, sera plus près ou plus éloigné de moi, c'est opposer une exception dilatoire, c'est demander, c'est exiger que le tribunal ne s'occupe pas de la revendication de Pierre, avant que j'aie appelé, ou que du moins j'aie obtenu le temps d'appeler mon vendeur en garantie. C'est sous ce rapport que ce titre s'occupe de l'exception de garantie présentée comme exception dilatoire.

Ainsi, dans l'espèce, nous appelons exception dilatoire de garantie celle que moi, défendeur originaire, j'oppose au demandeur originaire, qui est Pierre, à l'effet d'avoir le temps de mettre en cause Paul, qui est mon garant.

I.

Maintenant il est possible que Paul lui-même, appelé par moi en garantie, en sa qualité de vendeur, ait acheté ce même immeuble de Jacques, qui, par la même raison, lui doit garantie. Le même intérêt que j'ai à appeler Paul en garantie dans la revendication de Pierre, le même intérêt que j'ai à me faire défendre par Paul, Paul l'a aussi à se faire défendre par Jacques son vendeur; et, si cet intérêt légitime nécessite en ma faveur un délai contre la demande de Pierre, le même intérêt de la part de Paul nécessitera un sous-délai contre la même demande de Pierre; c'est-à-dire que Paul, assigné par moi en garantie contre Pierre, aura droit d'opposer qu'il a lui-même un garant, qu'il entend appeler ce garant, et que, pour l'appeler, il lui faut un délai plus ou moins long suivant la distance des domiciles.

➤ **380.** Les articles 175 à 180 indiquent dans quels délais et dans quelles formes le garant doit être appelé, et l'exception dilatoire de garantie doit être opposée. L'art. 181 détermine la compétence déjà fixée par le paragraphe pénultième de l'art. 59, mais il y ajoute quelques détails; les art. 182, 183 et 184, beaucoup plus importants, présentent quelques notions qui demandent d'assez longs développements sur les conséquences, sur les résultats de l'action en garantie dirigée incidemment.

« Art. 175. Celui qui prétendra avoir droit d'appeler en garantie sera tenu de le faire dans la huitaine du jour de la demande originaire, outre un jour par trois myriamètres. S'il y a plusieurs garants intéressés en la même garantie, il n'y aura qu'un seul délai, pour tous, qui sera réglé selon la distance du lieu de la demeure du garant le plus éloigné. »

Prenons pour cet article et les suivants une hypothèse posée une fois pour toutes, et qui nous servira pour les expliquer tous.

Primus, possesseur d'un immeuble qu'il a acheté de *Secundus*, est assigné par *Tertius* en revendication de cet immeuble. Ainsi il s'agit d'une action principale en revendication; le demandeur c'est *Tertius*, le défendeur c'est *Primus*. Jusqu'ici rien de spécial à la garantie. Mais *Primus*, ayant acheté cet immeuble de *Secundus*, a intérêt à mettre immédiatement en cause son vendeur et son garant. L'article détermine dans quels délais doit avoir lieu cette mise en cause, cet appel en garantie; c'est-à-dire que *Primus* doit former sa demande incidente en garantie dans la huitaine du jour de la demande originaire, plus un jour par cinq myriamètres; ces derniers mots seulement demandent quelques explications.

L'assignation primitive, celle de *Tertius* à *Primus*, a été donnée au délai ordinaire de huitaine. Je suppose que, dans l'espèce, l'immeuble étant situé à Paris, où *Primus* est domicilié, la revendication a été portée devant le tribunal de la Seine; comme alors il n'y avait pas lieu à augmenter le délai ordinaire de celui de distance, l'assignation a été remise à *Primus* le 1er du mois, par exemple, pour comparaître le 10. Dans la huitaine de l'assignation, c'est-à-dire le 9, au plus tard, *Primus* doit signifier sa demande en garantie à *Secundus*, son vendeur et son garant, également domicilié à Paris. Telle est la règle des délais; elle est fort simple, quand *Primus* et *Secundus* sont domiciliés au même lieu.

Supposez, au contraire, que *Secundus*, garant, soit domicilié à Orléans; alors au délai de huitaine accordé à *Primus* pour assigner son garant, vient s'ajouter un délai de distance ; ce délai est d'un jour par *trois* myriamètres *, d'après notre article. Mais la loi du 3 mai 1862, modifiant l'art. 1033 (C. pr.) a réduit à un jour par cinq myriamètres l'augmentation des délais à raison des distances. Il faut donc introduire ici, dans cette application de l'art. 1033, le changement de la loi du 3 mai 1862, et n'accorder qu'un jour par cinq myriamètres (V. l'explication de l'art. 1033, n° 1218)*.

Maintenant supposez que *Primus*, défendeur originaire, au lieu d'avoir acheté de *Secundus* seulement, ait acheté de *Secundus* et de *Quartus*, qui lui ont vendu conjointement, *Primus* a deux garants ; et si, *Secundus* étant domicilié à Orléans, *Quartus* est domicilié à Blois ou à Tours, le délai de distance ne sera pas double, il se calculera selon la distance du domicile du garant le plus éloigné. Ainsi on donnera à *Primus*, pour assigner en garantie *Secundu* d'Orléans, et *Quartus* de Tours, le délai de huitaine depuis la demande originaire, plus un jour par cinq myriamètres de distance entre Paris et Tours, qui est le lieu le plus éloigné.

381. On vous parle ici de plusieurs garants intéressés dans la même garantie ; j'en ai donné un exemple ; ne confondez pas ce cas avec l'hypothèse de l'art. 176, où il s'agira, non pas de plusieurs garants marchant de front, mais d'un garant, puis d'un sous-garant, et ensuite d'un arrière-garant agissant successivement l'un contre l'autre ; il faut alors autant de délais que de personnes. Ainsi, *Tertius* a assigné *Primus* en revendication d'un immeuble situé à Paris ; dans la huitaine, plus le délai de distance, *Primus* assigne *Secundus* d'Orléans, son vendeur ; *Secundus* d'Orléans avait acheté lui-même cet immeuble de *Quartus* de Compiègne, *Secundus* d'Orléans aura alors, pour assigner son propre garant, un nouveau délai de huitaine, à partir de la demande en garantie qui lui est notifiée par *Primus*, un nouveau délai de huitaine, plus le délai de distance entre Orléans et Compiègne.

Ainsi l'art. 176 dit :

« Art. 176. Si le garant prétend avoir droit d'en appeler un autre en sous-garantie, il sera tenu de le faire dans le délai ci-dessus, à compter du jour de la demande en garantie formée contre lui ; ce qui sera successivement observé à l'égard du sous-garant ultérieur. »

Si *Secundus*, garant de *Primus*, veut appeler lui-même en garantie son propre vendeur *Quartus*, il sera tenu de le faire dans le délai ci-dessus, c'est-à-dire dans la huitaine de l'assignation en garantie qu'il a lui-même reçue, plus le délai à raison des distances.

Ce qui sera successivement observé à l'égard du sous-garant ultérieur ; c'est-à-dire à l'égard de *Quartus*, voulant lui-même mettre en cause son propre garant *Quintus*. En effet, quelque préjudiciable que puisse être pour le demandeur originaire l'observation de ces délais successifs, pour amener l'une après l'autre tant de demandes en garantie, cet intérêt a dû céder à l'intérêt bien autrement important du défendeur originaire et des garants, intérêt que nous avons motivé et légitimé précédemment.

382. « Art. 177. Si néanmoins le défendeur originaire est assigné dans les délais pour faire inventaire et delibérer, le délai pour appeler le garant ne commencera que du jour où ceux pour faire inventaire et délibérer seront expirés. »

Cet article ajoute encore un nouveau délai à tous ceux-ci, pour le cas où la demande originaire serait donnée contre un héritier défendeur d'un bien héréditaire, dans le délai de trois mois et quarante jours, en d'autres termes, pour le cas où l'exception dilatoire de l'art. 174 et l'exception dilatoire de l'art. 175 se trouveraient réunies.

Par exemple, *Primus* est assigné, comme nous l'avons supposé, en revendication par *Tertius*; la revendication a pour objet un immeuble acheté non par *Primus*, mais par Paul, dont *Primus* est l'héritier ; mais, l'héritier n'ayant pas pris et n'ayant pas encore dû prendre qualité, parce qu'il est dans les délais de l'art. 174, un mois, par exemple, après la mort de Paul, qui avait acheté cet immeuble de *Secundus*, *Primus* son successible est assigné en revendication. Comme *Primus* ne peut être forcé de prendre qualité à l'égard des demandes héréditaires, tant que n'est pas expiré le délai de l'art. 174, il est clair que les délais de l'art. 175 pour assigner en garantie ne commenceront à courir que de l'expiration de ceux de l'art. 174 ; que *Primus* devra se borner à opposer à *Tertius* qu'il est encore dans les trois mois et quarante jours ; sauf à l'expiration de ces trois mois et quarante jours, et quand il aura pris qualité, à opposer alors qu'il a besoin d'un nouveau délai, du délai de l'art. 175, pour mettre en cause son garant *Secundus*.

383. « Art. 178. Il n'y aura pas d'autre délai pour appeler garant, en quelque matière que ce soit, sous prétexte de minorité ou autre cause privilégiée ; sauf à poursuivre les garants, mais sans que le jugement de la demande principale en soit retardé. »

Les délais qui précèdent, suffisent en effet, et entièrement, pour mettre les garants et sous-garants en face du demandeur originaire, s'il y a lieu. Ainsi le défendeur originaire est-il mineur, il devra toujours, à peine de déchéance de l'exception de garantie, la former dans les délais qui précèdent. De même, si le garant appelé en garantie, d'après l'art. 175, est mineur, il sera toujours renfermé dans le délai de huitaine pour appeler lui-même son sous-garant.

Ces expressions : *Ou autre cause privilégiée*, copiées dans l'ordonnance de 1667, s'appliquaient au cas où une église, une communauté, un hospice, étaient assignés, soit en revendication comme défendeurs originaires, soit en garantie. Comme les corporations de ce genre jouissaient en certains cas, dans l'ancienne jurisprudence, d'une prolongation de délai, par exemple pour la requête civile, on avait senti le besoin de leur refuser, par une disposition formelle, toute prolongation de délais pour la demande en garantie. Mais dans le Code de procédure, où les églises, les communautés, les corporations n'ont pas, pour l'appel ou pour la requête civile, de délais spéciaux, plus longs, plus favorables que les délais ordinaires, ces mots peuvent être considérés comme une copie à peu près inutile des expressions correspondantes de l'ordonnance de 1667.

384. *Sauf à poursuivre les garants, mais sans que le jugement de la demande principale en soit retardé.* Il est bien entendu que, de ce que je n'ai pas, dans les délais légaux, appelé mon vendeur en garantie, il ne s'ensuit nullement que j'ai perdu le droit à la garantie ; seulement j'ai perdu le droit de contraindre le demandeur originaire à suspendre les poursuites jusqu'à la mise en cause des garants. Du reste, les délais précédents étant expirés, sans que j'aie mis le garant en cause, je conserve encore le droit de le poursuivre par une action principale, comme je le conserverai même après le jugement définitif de l'action originaire. Je puis même appeler encore garant en cause, former encore ma demande en garantie incidente, pourvu que je n'exige, pour y arriver, aucun nouveau délai de la part du demandeur originaire (1).

385. Vous remarquerez que, dans ce qui précède, nons n'avons pas encore parlé de l'exception même de garantie ; jusqu'ici nous voyons bien le défendeur originaire, attaqué en revendication, se retourner contre son garant pour l'appeler dans la cause ; nous voyons bien le garant inquiété, troublé par cette assignation, se retourner contre le sous-garant, pour lui demander à son tour la protection que lui doit celui-ci ; mais jusqu'ici il n'y a pas encore ce que nous appelons une exception dilatoire ; le défendeur originaire n'a pas encore opposé au demandeur le délai de huitaine qui lui est donné pour appeler garant. Dans quelle forme, d'après quelles règles le défendeur originaire doit-il notifier au demandeur qu'il entend appeler un garant, et se prévaloir en conséquence des délais qui lui sont accordés à cet effet ? En d'autres termes, dans quelle forme, à quelle époque doit être proposée, par le défendeur originaire, l'exception dilatoire de garantie ? L'art. 179 répond à cette question.

« Art. 179. Si les délais des assignations en garantie ne sont échus en même temps que celui de la demande originaire, il ne sera pris aucun défaut contre le défendeur originaire, lorsque, avant l'expiration du délai, il aura déclaré, par acte d'avoué à avoué, qu'il a formé sa demande en garantie ; sauf si le défendeur, après l'échéance du délai pour appeler le garant, ne justifie pas de la demande en garantie, à faire droit sur la demande originaire, même à le condamner à des dommages et intérêts, si la demande en garantie par lui alléguée se trouve n'avoir pas été formée. »

Le défendeur originaire, *Primus*, entend appeler en garantie *Secundus*, vendeur et garant ; mais, s'il se bornait à l'observation des articles précédents, *Tertius*, demandeur originaire, ne pourrait pas soupçonner qu'une demande en garantie a été formée par *Primus*, et que, en conséquence, il est nécessaire de surseoir à l'instance. Aussi, pour obliger *Tertius* à surseoir à sa poursuite, il faut que *Primus*, dans les délais de l'assignation primitive, notifie à *Tertius* par acte d'avoué à avoué, qu'il a formé sa demande en garantie.

Ainsi *Primus*, assigné en revendication, dans l'hypothèse déjà posée, et voulant appeler en garantie son vendeur *Secundus*, d'Orléans, devra, dans la huitaine de la demande originaire, dans les délais de l'assignation primitive, c'est-à-dire avant le dixième jour, constituer avoué, et notifier par un acte de cet avoué à l'avoué de *Tertius*, demandeur, qu'il a formé une demande en garantie contre *Secundus*, et qu'en conséquence, un délai devient nécessaire pour que *Secundus* puisse arriver en cause ; qu'en conséquence le délai des défenses écrites, dont parle l'art. 77, commencera à courir non pas immédiatement,.

(1) C. de Limoges, 4 février 1824 (Dall., *Rép.*, v° *Exceptions*, n° 410).

mais seulement à partir du moment où le garant aura réellement pu être et aura été mis en cause. Or, vous voyez que ce délai peut être assez long ; car *Primus*, assigné le 1er du mois, va notifier à *Tertius*, avant le 10, dans les délais de l'assignation originaire, qu'il a assigné en garantie son vendeur *Secundus* ; il a pu ne l'assigner que le dernier jour, savoir, le 9, si *Secundus*, garant, est domicilié à Paris ; et, dans ce cas, il a dû lui accorder à lui-même, pour comparaître sur cette assignation en garantie, le délai ordinaire des ajournements, c'est-à-dire huitaine franche. Ainsi *Primus*, assigné en revendication pour le 10, et assignant le 9 en garantie, n'a pu donner cette assignation que pour le 18.

Que si *Secundus*, au lieu d'être domicilié à Paris, est domicilié à Orléans, le délai va s'allonger encore ; car *Primus*, au lieu de l'assigner le 9, a eu de plus le délai de distance, c'est-à-dire un jour par cinq myriamètres pour faire parvenir de Paris à Orléans les pièces nécessaires à rédiger l'exploit. Ainsi, en supposant que la distance de Paris à Orléans soit de quatorze myriamètres, *Secundus*, garant, n'aura été assigné que le 12, et on aura dû lui donner, à partir du 12, d'abord la huitaine générale, ce qui mène au 21, plus les trois jours de délai nécessaires pour quitter Orléans et venir plaider à Paris, c'est-à-dire que la cause, au lieu de s'entamer le 10 au plus tôt, comme elle aurait dû s'entamer au terme de l'assignation originaire, ne pourra s'entamer que le 23 ou 24 au plus tôt, et c'est là ce que *Primus*, défendeur originaire, devra notifier à *Tertius* avant le 10.

Vous sentez même que, sur ce point, ces expressions *lorsqu'il aura déclaré qu'il a formé sa demande en garantie* ne peuvent pas se prendre tout à fait à la lettre : c'est-à-dire que *Primus*, défendeur originaire, ne devra pas nécessairement notifier à *Tertius*, le 9 au plus tard, qu'il a déjà actuellement assigné *Secundus* en garantie. En effet, puisque *Primus* a le droit, quand *Secundus* est domicilié à Orléans, de ne remettre sa demande en garantie qu'après la huitaine, plus le délai de distance, il a le droit de ne la remettre que le 12 ; *Tertius* devra donc, dans ce cas, notifier à *Primus*, le 9 au plus tard, non pas qu'il a déjà assigné *Secundus* en garantie, mais qu'il se dispose à l'assigner, et qu'il l'assignera le 12 au plus tard, pour comparaître le 24. C'est en ce sens, et avec cette restriction, résultant de la nécessité d'observer le délai de distance, que doit s'entendre et s'appliquer la déclaration d'avoué à avoué que doit faire *Primus* pour obtenir un sursis de poursuites.

386. L'exception dilatoire jusqu'ici est opposée à *Tertius*, demandeur, par *Primus*, défendeur, par un simple acte d'avoué à avoué. Cette déclaration d'avoué à avoué est-elle toujours nécessaire ? est-il indispensable, dans tous les cas, que *Primus* notifie à *Tertius* son appel en garantie ? Cette déclaration est nécessaire, vous dit la loi, *si les délais des assignations en garantie ne sont échus en même temps que celui de la demande originaire*. Il est évident, en effet, que si *Primus*, le jour même où il est assigné, c'est-à-dire le 1er, assigne immédiatement son garant *Secundus*, domicilié aussi à Paris, il pourrait l'assigner pour le jour où lui-même l'a été, c'est-à-dire pour le 10. Il serait donc possible, à toute rigueur, que le délai de l'assignation en garantie échût le même jour que le délai de l'assignation primitive, c'est-à-dire le 10.

Mais ce cas ne se présentera guère ; cependant on peut supposer que l'assignation primitive, celle de *Tertius* contre *Primus*, a été donnée à celui-ci à un
délai plus long que la huitaine. En effet, le minimum du délai d'ajournement,
c'est la huitaine ; *Tertius* assignant *Primus* le 1er a dû lui laisser jusqu'au 10
au moins pour comparaître ; mais *Tertius* a pu aussi l'assigner à quinzaine,
ou même à un délai plus long, et alors il sera possible que les délais de l'assignation en garantie venant à échoir en même temps ou plus tôt que les délais
de l'assignation primitive, la déclaration dont nous venons de parler soit
inutile ; alors il n'y aura pas lieu de demander un délai, d'opposer une exception dilatoire, la cause marchera entre les trois parties.

* Il pourrait même arriver que le délai de l'assignation en garantie échût
avant celui de la demande originaire, lorsque le délai de la demande originaire est augmenté de délais de distance auxquels la demande en garantie
n'est pas soumise. Ainsi *Tertius* assigne *Primus* de Lyon en revendication d'un
immeuble situé à Paris. Le tribunal de la Seine est compétent. Le délai de
l'ajournement est de huitaine, plus les délais pour la distance entre Lyon et
Paris. Et si *Primus* assigne en garantie au même tribunal *Secundus* domicilié
à Paris, l'assignation en garantie sera donnée à huitaine sans délai de distance.
Elle pourra donc échoir en même temps et même plus tôt que la demande
originaire. *

387. Mais ces cas sont rares, et presque toujours l'exception de garantie nécessitera, de la part de *Primus*, l'obtention d'un délai plus ou moins long, qui
sera demandé conformément à la marche que nous venons de tracer. Dans
cette hypothèse, et les déclarations qui précèdent ayant été faites, *Tertius* ayant
été averti, avant le 10, que *Primus* a formé ou va former sa demande en garantie, la loi vous dit qu'à l'expiration du délai originaire, il ne sera pris aucun
défaut contre le défendeur. Ce serait, de la part de *Tertius*, une demande frustratoire et mal fondée, que de requérir défaut contre *Primus*, qui ne vient pas
plaider au jour indiqué, lorsque *Primus* l'a, par avance, averti qu'il entendait
se ménager les délais précédents pour appeler en garantie.

Il ne sera pris AUCUN DÉFAUT. Ces deux derniers mots présentent quelque obscurité. Quelle est, en effet, la nature du défaut qui pourrait, dans notre espèce,
être pris par *Tertius* contre *Primus* ? Nous ne connaissons que deux classes de
défaut : défaut contre partie faute de constitution d'avoué, défaut contre avoué
faute de venir plaider et conclure. Le défaut contre partie faute de constitution
d'avoué, il ne peut pas en être ici question ; il est bien évident que le défendeur
a un avoué, puisque nous supposons qu'il a déjà déclaré, par acte d'avoué à
avoué, qu'il entendait se prévaloir des délais pour appeler garant. Le seul défaut que *Tertius* pourrait requérir contre *Primus*, ce serait donc le défaut faute
de conclure après l'expiration des délais accordés pour signifier les écritures
de défense. Dès lors on ne sait plus trop ce que veulent dire ces mots *aucun
défaut*, qui semblent supposer qu'il y aurait plusieurs sortes de défaut possibles dans cette hypothèse. Ceci s'explique en remarquant que ces mots ont
été littéralement copiés dans l'ordonnance à laquelle on a emprunté la plupart
des délais et des règles qui nous occupent ici. Or, on distinguait plusieurs espèces de défaut, non seulement le défaut contre partie, ou faute de constituer

avoué ; le défaut contre procureur, ou faute de venir plaider ; mais aussi le défaut faute de présentation, au greffe, du procureur qu'on avait constitué ; et de plus le défaut faute de défenses, c'est-à-dire faute de signification de la requête d'écritures, de celle dont parle maintenant l'art. 77. Alors, en effet, on pourrait dire, avec un sens très réel, qu'il ne serait pris *aucun défaut*, c'est-à-dire ni défaut faute de présentation, ni défaut faute de requêtes d'écritures, ni défaut faute de conclure. Ces mots aujourd'hui n'ont plus de sens, et ne signifient pas autre chose, sinon qu'il ne pourra être pris défaut faute de conclure par *Tertius* contre *Primus*.

388. Nous arrivons maintenant à la seconde partie de l'article ; pour la comprendre, suivons l'hypothèse à laquelle nous nous sommes toujours attachés jusqu'ici. Nous avons dit que l'exception de garantie se notifiait dans les délais de l'ajournement primitif, par une simple déclaration ; il suffit à *Primus* de notifier qu'il a appelé garant, ou même, avons-nous dit, qu'il se dispose à appeler garant. Du reste, la loi n'exige de *Primus* aucune espèce de preuve, aucune justification actuelle et immédiate de la réalité de cet appel.

Sous ce rapport le Code est infiniment plus raisonnable que ne l'était le texte de l'ordonnance, qui exigeait que, dans les délais de l'ajournement, *Primus*, au lieu de se borner à déclarer à *Tertius* qu'il avait appelé garant, justifiât de cet appel, en signifiant à *Tertius* une copie de l'exploit de garantie par lui remis à *Primus*. C'était évidemment commander l'impossible. En effet, si vous donnez à *Primus* jusqu'au 12 pour assigner en garantie *Secundus*, d'Orléans, il est dérisoire de l'obliger à prouver, dès le 9, qu'il a appelé garant en cause ; il est dérisoire d'exiger qu'il signifie le 9, au plus tard, à *Tertius* une copie d'un exploit d'ajournement qui n'est pas et ne doit pas encore être notifié au garant *Secundus*. Aussi le Code a-t-il fait disparaître une exigence dont l'ancienne pratique avait dû nécessairement s'écarter ; il s'est borné à demander à *Primus* une déclaration dénuée, quant à présent, de toute espèce de preuve, parce qu'aucune preuve n'est en effet possible.

Mais si, quant à présent, c'est-à-dire dans les délais de l'assignation primitive, on n'oblige pas *Primus* à justifier qu'il a appelé garant, ce n'est pas à dire qu'il n'y sera jamais obligé ; ce n'est pas à dire qu'il pourra impunément, par l'allégation mensongère d'un appel de garant qui n'a pas eu lieu, se procurer des délais auxquels il n'a pas réellement droit ; seulement la justification de l'appel, c'est-à-dire la représentation au demandeur *Tertius*, d'une copie de l'exploit de garantie notifiée au garant *Secundus*, ne pourra être exigée qu'après l'expiration des délais pour appeler garant.

Ainsi *Tertius*, dans notre espèce, est forcé de s'arrêter, et il ne peut requérir défaut, par cela seul que, dans les délais de l'assignation originaire, on lui a déclaré, à tort ou à raison, vraiment ou faussement, qu'on avait appelé ou qu'on allait appeler garant. Mais laissez expirer les délais accordés pour appeler garant, alors *Tertius* va avoir le droit d'exiger de *Primus* la preuve que cet appel a eu lieu, la preuve qu'on n'a pas suspendu, par des allégations mensongères, l'examen de sa demande.

Ainsi l'assignation en garantie a dû, dans notre espèce, être donnée le 12 au plus tard à *Secundus*, d'Orléans. Pour quel jour a-t-elle dû lui être notifiée ?

Nous avons dit pour le 24, c'est-à-dire pour le jour où sera expiré le délai de huitaine, qui mènerait au 24, plus le délai de trois jours, qui forme le délai de retour d'Orléans à Paris.

A quel moment, à quel jour *Tertius*, demandeur originaire, pourra-t-il exiger la justification dont parle la seconde partie de notre article ; sera-ce à l'expiration du 12, jour auquel *Secundus* a dû être assigné ; sera-ce seulement après le 24 ?

Ce ne sera ni à l'un ni à l'autre : le premier de ces deux termes serait trop court, le second serait trop long. Le premier serait trop court ; de ce que *Primus*, défenseur originaire, a dû, le 12 au plus tard, faire remettre à *Secundus* l'assignation de garantie, il ne s'ensuit pas que le même jour, cet exploit d'assignation ait pu revenir dans les mains de *Primus*, et le mettre à même de faire la justification dont nous parlons. D'un autre côté, cet exploit qui, signifié le 12 à Orléans, n'a pu se trouver le 12 à Paris, cet exploit n'aura pas besoin d'attendre jusqu'au 24 pour revenir à Paris, et pour mettre *Primus* à même de faire la justification demandée. C'est-à-dire que, dans l'espèce, *Tertius* aura droit d'exiger la justification dont parle la seconde partie de notre article, après l'échéance du délai de l'assignation en garantie, c'est-à-dire après le 12, augmenté du délai de distance nécessaire pour que l'exploit, notifié le 12 au plus tard à Orléans, ait pu revenir à Paris dans les mains de *Primus*, c'est-à-dire le 15. Et après l'expiration de ce délai, *Tertius* pourra invoquer les derniers mots de l'art. 179, et sommer *Primus*, par un acte d'avoué à avoué, de lui représenter l'exploit d'assignation ; faute de quoi il va poursuivre immédiatement l'audience.

Ainsi, *Tertius* n'est pas forcé, pour donner suite à sa demande originaire, d'attendre l'expiration des délais, quelquefois fort étendus, que *Primus* peut avoir allégués dans la déclaration dont parle la première partie de notre article ; une fois le délai de distance écoulé, le délai d'envoi et de retour dont parle l'art. 1033 dans ses derniers mots, la justification peut être exigée par *Tertius* ; et, cette justification n'étant plus faite, la loi vous dit : *Sauf, si le défendeur, après l'échéance du délai pour appeler le garant* (nous avons augmenté ce délai d'après l'art. 1033), *ne justifie pas de la demande en garantie* (et le moyen d'en justifier, c'est de présenter l'exploit d'assignation), *à faire droit sur la demande originaire, même à le condamner à des dommages et intérêts si la demande en garantie par lui alléguée se trouve n'avoir pas été formée.*

En effet, si, en définitive, non seulement *Primus* n'a pas justifié le 15 de la demande en garantie, mais si on acquiert la conviction qu'il n'en a jamais formé, et que, par conséquent, cette déclaration d'avoué a été mensongère et tout à fait frustratoire, il pourra être, il devra être condamné à l'indemnité du préjudice que ces délais immérités peuvent causer au demandeur originaire.

389. « Art. 180. Si le demandeur originaire soutient qu'il n'y a lieu au délai pour appeler garant, l'incident sera jugé sommairement. »

Dans ce qui précède, vous avez pu remarquer une différence assez notable entre la manière de proposer l'exception de garantie, et la manière de proposer toutes les exceptions dont nous avons déjà parlé. En effet, dans tous les cas qui précèdent, y compris celui de l'art. 174, nous avons vu l'exception, quelle qu'elle fût, proposée * quelquefois directement par des conclusions posées sur le bureau du tribunal, par l'avoué du défendeur, au moment de l'appel de la cause (V. n° 312) ; * mais le plus souvent proposée et discutée d'abord par une requête plus ou moins étendue, requête dans laquelle le défendeur allègue et tâche de justifier le fait sur lequel on appuie son exception. Cette requête, en cas de contestation, est répondue dans la même forme, par le demandeur à qui elle a été signifiée. Ici, les rôles sont renversés, ce n'est plus le défendeur qui, comme dans les cas précédents, présente son exception par une requête motivée ; le défendeur se borne à la déclarer sans discussion ni motifs ; puis, si le demandeur entend la contester, comme le suppose l'art. 180, s'il entend refuser le bénéfice de ces délais au défendeur, il signifie immédiatement la requête dans laquelle il contestera l'exception (art. 75, § 6, du tarif). * Et c'est lui qui saisit le tribunal de l'incident. *

Mais comment le demandeur peut-il avoir le droit de contester l'exception de garantie alléguée par le défendeur? Cela peut se présenter bien aisément; il est possible que la déclaration même du défendeur, qui prétend avoir droit d'appeler un garant, porte avec elle-même la preuve ou la présomption de sa fausseté ; il est possible que, par exemple, le défendeur possède comme donataire l'immeuble revendiqué ; vous savez que le donateur n'est pas garant envers le donataire, comme le vendeur l'est envers l'acheteur, la différence des positions explique assez la différence des résultats. Or, *Primus*, assigné par *Tertius*, en revendication de l'immeuble, allègue qu'il lui faut un délai pour appeler en garantie son donateur *Secundus* ; le demandeur peut alors très bien signifier une requête dans laquelle il soutient qu'il n'y a pas lieu à garantie.

De même, *Primus* assigné, non pas en revendication, mais par une action personnelle, en payement d'une somme de dix mille francs, demande un délai pour appeler en garantie *Secundus*, qui, dit-il, lui doit pareille somme ; il est clair qu'il n'y a pas là matière à garantie, qu'il n'y a pas, qu'il ne peut pas y avoir matière à joindre deux instances qui n'ont rien de commun entre elles; donc *Tertius*, encore dans cette espèce, ou dans cent autres pareilles, pourra déclarer dans sa requête qu'il s'oppose à tout délai réclamé pour l'exercice d'une prétendue garantie qui n'a rien de réel et de solide.

⟫⟶ **390.** L'art. 181 contient une règle de compétence relative à l'action de garantie ; elle est assez simple, vous la connaissez déjà (V. n° 142).

« Art. 181. Ceux qui seront assignés en garantie seront tenus de procéder devant le tribunal où la demande originaire sera pendante, encore qu'ils dénient être garants; mais s'il paraît par écrit, ou par l'évidence du fait, que la demande originaire n'a été formée que pour les traduire hors de leur tribunal, ils y seront renvoyés. »

C'est plutôt à la limitation, à la restriction à faire à cet article, qu'à son texte et à ses motifs que nous devons nous rattacher.

Le texte est clair, la demande incidente de garantie suit la compétence de l'action principale à laquelle elle se rattache. Ainsi, exception notable; mais déjà connue, au § 1er de l'art. 59, *Primus*, exerçant contre *Secundus*, son vendeur, une action en garantie, exerce une action personnelle, action qui serait à ce titre de la compétence des juges du domicile de *Secundus*, de la compétence du tribunal d'Orléans. Mais, pour éviter une contrariété possible de jugements, contrariété prévue par l'art. 1640 du Code civ., et qui retomberait finalement sur *Primus*, la loi fait exception aux règles de la compétence, et permet à *Primus* de traduire *Secundus*, son garant, devant le tribunal de la Seine, et cela quand bien même *Secundus* dénierait être garant.

Ainsi, la chose va toute seule quand *Secundus*, assigné en garantie, reconnaît sa qualité de garant ; mais, quand bien même il la contesterait, quand bien même il y aurait débat sur cette qualité, et sur le sens des titres dont *Primus* prétend le faire dériver, le tribunal de la Seine, saisi de l'action principale, de la revendication de *Tertius*, aura par là même compétence pour connaître de la garantie alléguée par *Primus* contre *Secundus*.

La dérogation au § 1er de l'art. 59 est sensible. Cependant, de cela même qu'il y a dérogation, il faut la renfermer dans de justes bornes.

Il y a dérogation au principe de l'art. 59, c'est-à-dire dérogation aux règles de la compétence établie *ratione personæ* ; mais n'allez pas, appliquant à la lettre et aveuglément l'art. 181, décider que, même en cas d'incompétence *ratione materiæ*, le tribunal saisi de la demande principale sera par là même compétent pour l'exception en garantie : un exemple va vous en faire sentir l'intérêt.

Tertius assigne *Primus*, devant un tribunal de commerce, en payement d'une lettre de change endossée et transmise par *Primus*, et qui n'a pas été soldée à l'échéance ; à défaut de payement, le protêt a été fait à la requête du porteur *Tertius* pour se ménager son recours contre *Primus*, l'un des endosseurs, l'un des signataires de la lettre. Vous verrez plus tard qu'en cas de défaut de protêt dans les délais fixés par la loi, et par suite en cas de nullité du protêt, le porteur de la lettre est déchu de son recours, contre les endosseurs notamment. Dans l'espèce, *Primus*, endosseur, assigné devant le tribunal de commerce par le porteur de la lettre *Tertius*, oppose, non pas qu'il n'y a pas eu de protêt, mais que le protêt est vicié par le défaut d'une des formalités prescrites par le Code de commerce. De qui provient cette faute ? Évidemment de l'huissier, chargé de se présenter et de faire le protêt faute de payement. Si c'est par la faute de l'huissier, comme nous le supposons naturellement, que le protêt est nul, il est évident que *Tertius*, porteur de la lettre, a droit d'agir en garantie contre l'huissier auteur de la nullité du protêt, et cause de la déchéance opposée par *Primus* à *Tertius*. Mais s'ensuit-il que *Tertius*, porteur de la lettre, voyant que *Primus* lui oppose une nullité de protêt, pourra appeler en garantie, devant le tribunal saisi de la demande principale, l'huissier qui évidemment est responsable envers lui ? Certainement, si le tribunal de commerce reconnaît la nullité du protêt et la déchéance de *Tertius*, *Tertius* aura le droit de recourir en garantie contre son huissier, par une action principale, qu'il portera devant le tribunal civil. Mais ici pourra-t-il exercer la garantie par action incidente, c'est-à-dire appeler l'huissier devant le tribunal de commerce, pour soutenir la validité du protêt, ou, si la nullité est reconnue, pour être condamné à l'indemniser ? Non ; parce que, à l'égard de l'action récursoire de *Tertius*, porteur de la lettre, contre l'huissier, auteur et garant de la nullité, le tribunal de commerce est incompétent, d'une incompétence radicale, absolue, à laquelle l'art. 181 ne peut pas faire exception. L'action récursoire de *Tertius* contre l'huissier n'a pas sa cause dans un fait de commerce, dans une obligation commerciale ; c'est une action toute civile fondée sur l'art. 1382 (C. civ.), et pour laquelle le tribunal civil est exclusivement compétent (1).

C'est en ce sens, et on pourrait en donner quelques autres exemples, c'est en ce sens que nous devons dire que l'art. 181 fait bien, en faveur du défendeur, et aux dépens du garant, exception aux règles de la compétence ordinaire, permet bien d'appeler le garant devant un tribunal incompétent *ratione personæ*, mais non pas d'appeler le garant devant un tribunal incompétent *ratione materiæ*, non pas de saisir un tribunal d'une action à laquelle la nature de ses attributions se refuse formellement.

391. A part cette exception, qui nécessitera un renvoi, même d'office, de la part du tribunal, la loi vous en indique une autre.

Secundus, assigné en garantie, dans notre premier exemple, est forcé sans doute de venir procéder et de contester la garantie devant le tribunal saisi de la demande originaire ; mais, s'il apparaît par écrit ou par l'évidence du fait, que la demande originaire est une demande imaginée frauduleusement pour éluder la compétence, il peut se faire renvoyer. Ces mots sont un peu obscurs ; voici comment Rodier les explique :

Primus, de Paris, a cédé à *Secundus*, d'Orléans, une créance sur *Tertius*, de Bourges ; *Primus*, qui est le cédant, est garant envers *Secundus* qui est le cessionnaire, de la créance cédée, art. 1693 (C. civ.). Supposons que le cessionnaire *Secundus*, alléguant qu'à Bourges il n'a pas trouvé *Tertius*, vienne agir en garantie, en indemnité contre *Primus*, devant le tribunal de la Seine, celui du domicile de *Primus*, il y est, certes, bien fondé. Vous m'avez cédé, vous *Primus*, de Paris, une créance sur *Tertius*, de Bourges, que je n'y trouve pas ou qui déclare ne pas vous devoir ; j'agis contre vous en indemnité aux termes de l'art. 1693 ; vous êtes garant envers moi, et de l'existence du cédé, et à plus forte raison de l'existence de la créance. Alors *Primus*, assigné à Paris par *Secundus*, assigne en garantie *Tertius*, de Bourges, en lui disant : Vous êtes mon débiteur ; j'ai eu droit de céder et j'ai cédé ma créance à *Secundus* ; vous ne payez pas, vous me devez cependant garantie contre les poursuites dont je me suis trouvé être l'objet par le refus que vous faites d'acquitter votre engagement envers moi. Une pareille marche a tout l'air d'une fraude, d'un concert arrêté entre *Primus* et *Secundus*, à l'effet de distraire *Tertius* de ses juges naturels du tribunal de Bourges, son domicile, à l'effet de le contraindre à venir plaider à Paris. Que si *Tertius* parvenait à présenter une lettre, un écrit dans lequel fût indiqué ce concert ; ou bien même à part tout écrit, si l'évidence du fait indique assez que c'est par un concert entre *Primus* et *Secundus*, qu'on arrache ainsi *Tertius* à ses juges naturels, il devra être renvoyé non pas d'office, puisqu'il ne s'agit que d'une incompétence *ratione personæ*, mais renvoyé, s'il le demande, à la différence de l'incompétence *ratione materiæ* (art. 168 et 170).

392. Les art. 182 et 183 présentent beaucoup plus d'importance.

(1) C. de Paris, 5 mai 1837. — Poitiers, 9 février 1838. — Rouen, 23 janvier 1840. — Amiens, 7 avril 1840. — Nancy, 20 décembre 1841. — *Contrà*, Paris, 20 août 1841 (Dall., *Rép.*, v° *Compét. commer.*, n°* 336, 337, 338).

Le point de départ des questions que soulèvent ces articles et les suivants est dans la distinction que le Code a établie, d'après le texte de l'ordonnance, entre deux cas de garantie, *garantie formelle, garantie simple*. Ces deux mots se trouvent, quoique indirectement, définis par le texte de notre article.

Qu'entend-on d'abord par garantie formelle? L'art. 182 vous dit : *En garantie formelle, pour les matières* RÉELLES OU HYPOTHÉCAIRES, etc. La garantie formelle est donc celle à laquelle donne lieu, de la part du défendeur originaire, l'exercice d'une action réelle ou hypothécaire intentée contre lui.

Matières réelles ou hypothécaires. Il y a là un pléonasme évident; le premier mot suffisait et embrassait tout ce qu'on a voulu dire. La garantie formelle est donc celle qui se trouve exercée par le défendeur originaire à une action réelle, déjà nous en avons posé l'exemple. J'ai supposé jusqu'ici *Primus* attaqué en revendication par *Tertius*, attaqué par une action réelle ; et, pour se préserver, ou pour s'indemniser du préjudice qu'il craint de cette revendication, il appelle en garantie *Secundus*, son vendeur. J'ai toujours supposé que l'action de *Tertius* était une revendication : que *Tertius* se prétendait propriétaire de l'immeuble possédé à titre d'acheteur par *Primus* ; mais il en serait de même, si, au lieu de se dire propriétaire de l'immeuble, *Tertius* venait réclamer sur cet immeuble, soit l'exercice d'un droit de servitude, soit un droit d'usufruit, soit un droit hypothécaire. C'est toujours par une action réelle que *Primus* se trouve inquiété, troublé dans la possession de l'immeuble acheté de *Secundus* ; *Secundus* lui doit garantie contre toutes ces garanties de trouble, contre tous ces genres d'éviction; et cette garantie, d'après l'article, est une garantie formelle.

Qu'est-ce que la garantie simple? Nous la définirons *à contrario* ; nous n'avons pas d'autre moyen, car le texte de l'art. 183, qui parle de la garantie simple, se contente de l'opposer à la précédente, sans nous dire exactement ce qu'elle est ; et comme, d'ailleurs, aucune analogie ne se présente entre ces noms de garantie formelle ou simple, et les idées qu'on y attache, nous sommes dans l'impossibilité de procéder par une définition *à priori*. La garantie simple sera donc la garantie exercée par un défendeur qui se trouve inquiété, non point par une action réelle, mais, au contraire, par une action personnelle.

En voici un cas : *Secundus* a emprunté à *Tertius* 10,000 fr., et *Tertius*, ne se fiant pas à la solvabilité personnelle de *Secundus*, a exigé le cautionnement de *Primus* ; *Primus* est intervenu dans le contrat comme caution de l'emprunteur *Secundus*. Que si *Tertius*, prêteur et créancier, vient demander à la caution *Primus* le payement de la somme, cette caution est sans doute tenue, obligée envers lui ; mais elle a droit d'appeler en garantie, de mettre en cause le véritable intéressé, le véritable débiteur, celui qui, en définitive, est seul chargé d'acquitter la dette, savoir *Secundus*. Il vaut bien mieux pour *Primus* appeler *Secundus* dans l'instance, le faire condamner personnellement, tâcher de faire que *Secundus* paye directement *Tertius* ; tout cela vaut bien mieux pour *Primus*, que de payer lui-même *Tertius*, sauf à exercer ensuite contre *Secundus* un recours qui pourrait être illusoire.

Telle est la garantie simple, elle est exercée par *Primus* contre *Secundus*, débiteur principal, dont il s'est porté caution, à raison du préjudice qu'il éprouve, lui défendeur originaire, par suite d'une action toute personnelle, d'une action bien distincte de celle dont parle l'art. 182.

393. A cet égard, il y a dans les mots et dans les habitudes, ou, si vou
voulez, dans la pauvreté de la langue, une source de confusion qu'il faut
ter. La difficulté, au reste, n'a rien de bien sérieux.

On sait que, dans l'espèce que j'ai posée, le mot garant a tour à tour deux sens

Ainsi, *Primus*, qui est la caution attaquée par *Tertius* en payement du ca-
tionnement, pourra agir en garantie contre le débiteur *Secundus*; *Secundus*,
débiteur principal, est le garant; et *Primus*, la caution, défendeur originaire
Primus est le garanti. Voilà en quel sens doivent s'appliquer, dans notre e-
pèce et sous le point de vue de l'exception, les mots de garanti à *Primus*
de garant à *Secundus*.

Au contraire, au point de vue du droit civil, ces mêmes mots se tro
intervertis. En effet, si vous examinez la nature du contrat, de l'opératio
intervient entre *Primus* et *Secundus* d'une part, et *Tertius* d'autre part, u
appliquerez les deux mots tout différemment : à l'égard de *Tertius*, prêteu
l'emprunteur *Secundus* est le garanti, la caution *Primus* est le garant; *Prim*
en se portant caution de *Secundus*, vient répondre, vient garantir à *Te*
que la dette contractée par *Secundus* sera fidèlement acquittée. Ainsi,
les rapports de l'emprunteur et de sa caution avec le prêteur, avec le créa
cier, il est vrai de dire que la caution est le garant du débiteur, que *Prim*
est le garant, que *Secundus* est le garanti.

Il n'y a, dans tout ceci, qu'une difficulté de mots. Mais, quand nous exami
nons l'affaire dans ses résultats, et sous le point de vue de la procédure, quan
nous l'examinons comme pouvant donner matière à une exception de g-
rantie, tout absolument change de face.

Il est clair que si *Tertius*, le créancier, attaque, pour obtenir son rembour
sement, le débiteur *Secundus*, *Secundus* n'a pas le droit d'appeler en ca
Primus; *Primus* est bien garant envers *Tertius* que le payement sera fait, ma
c'est là un droit qui ne peut être invoqué que par *Tertius*.

Que si, au contraire, c'est à *Primus*, la caution, comme présentant plus d
chances de solvabilité, que *Tertius* vient s'attaquer, alors *Primus* va dire à *Se*
cundus : Si je paye, vous êtes tenu de me rembourser ce que j'aurai payé pou
vous et en votre acquit; il est donc tout simple que j'aie le droit de vous assi
gner dès maintenant, de vous faire condamner à me rembourser, à me paye
maintenant. Sous ce rapport, *Primus* est le garanti, *Secundus* le garant.

394. Ces principes une fois posés, quel en est le résultat, la conséquence
En quoi nous importe-t-il de distinguer, d'après la loi, le cas de garantie
simple, du cas de garantie formelle? La différence est fort grande.

Dans le cas de garantie simple, le défendeur originaire, *Primus*, est assigné
par une action personnelle, il est assigné par *Tertius*, parce qu'il doit personnellement à *Tertius*, parce qu'il s'est volontairement engagé à l'égard de *Ter*
tius, dans des liens qu'il ne tient pas à lui de rompre ou de relâcher. De là seu
que, encore bien qu'on permette à *Primus* par des motifs d'équité, de mettre
Secundus en cause, encore bien qu'on accorde à *Primus* un délai pour oppose
l'exception de garantie, cependant *Primus* ne peut pas se faire mettre hors
de cause; *Tertius* a compté sur sa solvabilité; il n'a prêté que sur la foi de son
cautionnement, il l'a pris pour débiteur, et *Primus* ne peut pas sortir de ses

liens. Ainsi *Primus* pourra bien, dans son intérêt personnel, et pour assurer son recours, exiger l'intervention de *Secundus* dans le débat; mais cette intervention de *Secundus* ne portera aucune espèce d'atteinte au droit que *Tertius* prétend exercer contre *Primus*.

Placez-vous, au contraire, dans l'hypothèse d'une garantie formelle, telle que nous l'avons posée : *Primus*, défendeur originaire, et *Secundus* garant : *Primus* est attaqué par *Tertius*, qui se dit propriétaire de l'immeuble possédé par *Primus*; *Primus* se retourne aussitôt vers son vendeur *Secundus*, et vient lui dire : Intervenez dans l'instance, non pas seulement pour y figurer à mes côtés, non pas seulement pour me tenir compte, après coup, du préjudice que j'aurai éprouvé, mais pour y prendre ma place, car j'entends en sortir et j'ai droit d'en sortir; en me vendant tel immeuble, vous m'en avez garanti la paisible possession. J'entends donc me prévaloir de ce droit, et m'épargner jusqu'à l'embarras, jusqu'au souci de plaider pour cet immeuble ; je suis assigné en revendication, prenez ma place, défendez-moi, plaidez pour moi ; je me fais mettre hors de cause. *Tertius*, demandeur, pourra-t-il s'opposer à ce que *Primus* tienne un pareil langage, à ce que *Primus* se substitue, dans le procès, son vendeur *Secundus* ? Non; il ne le pourra pas, du moins, en général, parce que, dans ce cas, *Primus* ne lui doit rien, ne lui a rien promis, parce que, si la vente n'avait pas eu lieu de *Secundus* à *Primus*, ce serait contre *Secundus*, et non pas contre *Primus*, que serait dirigée la revendication de *Tertius*; or, cette vente, qui a fait passer l'immeuble de *Secundus* à *Primus*, est un fait étranger à *Tertius*, fait que celui-ci n'a pas droit d'invoquer.

De là cette différence fort importante dans les deux résultats des deux garanties. Dans la garantie simple, le garant *Secundus* ne peut qu'intervenir, mais *Primus* ne peut se faire mettre hors de cause, car il est lui-même obligé envers *Tertius*.

Dans l'autre cas, au contraire, si *Primus* use de son droit, s'il se substitue dans l'instance, où il est défendeur, la personne de *Secundus*, il est désormais étranger à cette instance ; ce n'est plus entre lui et *Tertius*, c'est entre *Secundus* et *Tertius* que le débat va s'agiter. Nous verrons, au reste, dans quels cas et sous quelles distinctions *Primus* peut avoir un véritable intérêt à se prévaloir d'un tel droit.

395. Prenons d'abord le cas de garantie simple, et l'art. 183 qui ne fait guère que reproduire, en termes fort clairs, l'idée que je vous ai présentée.

« Art. 183. En garantie simple, le garant pourra seulement intervenir sans prendre le fait et cause du garanti. »

Ainsi la caution attaquée par le créancier a apposé l'exception dilatoire de garantie, et, dans les délais légaux, elle a mis en cause et elle a contraint à intervenir le débiteur principal qui lui doit protection et garantie ; ce débiteur intervient sans doute ; mais cette intervention forcée n'oblige pas le créancier à se dessaisir de la caution tenue directement envers lui. Aussi, si le créancier établit la réalité de son droit, s'il prouve qu'il y a dette et dette dont le défendeur originaire s'est porté caution, la garantie ou l'intervention n'empêchera pas que le défendeur originaire ne soit condamné.

Quel avantage aura-t-il donc trouvé à appeler en cause, à faire intervenir le débiteur principal?

Cet avantage consistera en ce que le même jugement qui condamnera le défendeur originaire, en qualité de caution, envers le demandeur, condamnera en même temps le défendeur secondaire ou le garant envers le défendeur originaire. En un mot, le tribunal condamnera à la foi le défendeur originaire, la caution, à payer le créancier, et, ce payement une fois fait, le débiteur principal à rembourser la caution. Ce cas est extrêmement simple; c'est donc sur celui de l'art. 182, sur celui de la garantie formelle, que nous avons à insister davantage.

396. « Art. 182. En garantie formelle, pour les matières réelles ou hypothécaires, le garant pourra toujours prendre le fait et cause du garanti, qui sera mis hors de cause, s'il le requiert avant le premier jugement. — Cependant le garanti, quoique mis hors de cause, pourra y assister pour la conservation de ses droits, et le demandeur originaire pourra demander qu'il y reste pour la conservation des siens.

L'art. 182 se compose d'un assez grand nombre de distinctions, de circonstances, que nous ne pouvons saisir qu'en les examinant successivement. Nous avons à rechercher quel va être, dans l'hypothèse d'une garantie formelle, le rôle soit du garant, soit du garanti, dans les divers cas tracés et prévus dans cet article.

En garantie formelle (c'est-à-dire lorsque l'action du demandeur originaire est une action réelle ou hypothécaire), *le garant pourra toujours prendre le fait et cause de garanti*. Voilà le premier caractère, le premier point spécial de la garantie formelle : le garant peut toujours, en pareille matière, prendre le fait et cause du garanti. Déjà j'en ai dit la raison : c'est que le demandeur originaire n'agit pas contre un débiteur, il revendique une chose qui lui appartient, il la revendique dans les mains où il la trouve ; et le contrat qui l'avait fait passer dans les mains du garanti est une chose qui lui est indifférente, et dont il ne peut se prévaloir.

Mais si, dans la garantie formelle, à la différence de la garantie simple, le garant peut toujours prendre le fait et cause du garanti, il ne s'ensuit pas que cela arrive dans tous les cas et nécessairement, que cela doive toujours se faire, que cela se fasse toujours. Aussi la loi vous présente-t-elle d'abord cette prise de fait et cause, cette substitution du garant au garanti comme une chose tout à fait facultative de la part du garant. Le garant peut prendre le fait et cause ; d'où nous devons conclure, au moins au premier aspect, qu'il peut aussi ne pas le prendre ; nous verrons plus tard s'il y a quelque distinction à cet égard.

397. Ainsi attachons-nous d'abord à cette première hypothèse, la plus simple de toutes, celle qui résulte *à contrario*, des premières expressions de l'article, savoir, celle où le garant, par exemple le vendeur, appelé en garantie, n'a pas pris cependant le fait et cause du garanti. Il résulte des termes de l'art. 182 qu'en général il n'y est pas forcé, qu'il peut venir sur l'action en garantie, sans cependant se substituer au garanti.

EXEMPLE : *Primus*, acheteur d'un immeuble, actionné par *Tertius* en revendication de cet immeuble, appelle en garantie, dans les formes et les délais

précédents, son vendeur *Secundus*, qui est forcé de comparaître sur l'assigna
tion en garantie ; mais supposons d'abord qu'en comparaissant, il ne déclare
pas prendre le fait et cause de *Primus* ; si *Primus* n'exige pas que *Secundus*
prenne son fait et cause, s'il ne pose point à cet égard de conclusions précises
et formelles, quelle sera, dans la cause, la position des trois parties ?

D'abord la position de *Tertius*, demandeur originaire, est fort nette : il a intenté une demande en revendication contre *Primus*, qui possède, en qualité
d'acheteur, l'immeuble dont lui *Tertius* se prétend propriétaire ; l'appel de *Secundus* en garantie aurait pu avoir pour effet de substituer *Secundus* à *Primus*,
de changer la personne du défendeur ; cet effet ne s'est pas opéré, et *Tertius*
n'a pas qualité pour requérir cette substitution, pour requérir cette prise de fait
et cause. Ainsi le débat sur la question de revendication s'agitera uniquement
entre les parties originaires, entre *Tertius*, demandeur, et *Primus*, défendeur
primitif. Quel sera dans cette instance le rôle de *Secundus* appelé en garantie,
et qui n'a pas déclaré prendre le fait et cause de *Primus* ? Il sera un simple intervenant, un intervenant passif, lié à l'affaire par sa présence, mais n'y prenant point une part directe, n'y jouant pas un rôle actif ; c'est-à-dire que, si,
en définitive, la prétention de *Tertius* est reconnue bien fondée, s'il est reconnu
qu'il est propriétaire de l'immeuble revendiqué, ce sera contre *Primus*, défendeur originaire, que la sentence sera prononcée ; cette sentence, au moins
dans cette partie, restera étrangère à *Secundus* qui n'a pas pris le fait et cause,
et qui n'a pas joué le rôle principal dans l'instance. Mais le même jugement
qui condamnera *Primus*, défendeur originaire, envers *Tertius* revendiquant,
condamnera *Secundus*, garant, aux dommages et intérêts qui peuvent être dus
à *Primus*, aux termes du droit civil.

Tel sera le résultat de la première hypothèse, intervention forcée, rôle passif de *Secundus*, qui, appelé par *Primus* en garantie, n'a pas pris le fait et cause
de *Primus*, et n'a pas, d'ailleurs, été sommé par celui-ci de le faire.

398. Deuxième hypothèse : *Secundus* est appelé en garantie par *Primus* ; mais,
ne se souciant pas de se renfermer dans cette intervention passive où nous l'avons
supposé jusqu'ici, il a déclaré formellement, librement, qu'il venait dans l'instance pour y prendre le fait et cause de *Primus*, pour y jouer un rôle principal, un rôle actif ; pour y tenir tête à *Tertius*, demandeur originaire, et contester la prétendue propriété de celui-ci. En un mot, *Secundus*, appelé en garantie
et intervenant dans l'instance, déclare qu'il y vient prendre le fait et cause du
défendeur originaire. A-t-il ce droit ? l'a-t-il dans tous les cas ? l'a-t-il sans le
consentement, soit du demandeur, soit du défendeur ? Oui ; cela n'est pas
douteux. L'article vous déclare que *le garant pourra toujours prendre le fait et
cause du garanti* ; c'est-à-dire que non seulement malgré *Tertius*, demandeur
primitif, mais aussi malgré *Primus*, défendeur originaire, le garant *Secundus*
peut venir jouer le rôle principal, le rôle actif de défendeur, peut venir s'imposer pour contradicteur et pour adversaire à la prétention de *Tertius*.

Pourquoi cela ? C'est qu'en définitive, c'est lui *Secundus*, c'est lui garant qui
est le principal, le véritable intéressé ; c'est sur lui que doivent retomber, en
définitive, les effets de la condamnation qui pourra être prononcée au principal au profit de *Tertius*. Si *Tertius*, demandeur, est reconnu propriétaire, si

I.   24

Primus, défendeur, est évincé de l'immeuble, le même jugement adjugera au défendeur *Primus* des dommages et intérêts contre le garant *Secundus* ; dès lors le garant *Secundus* doit pouvoir, dans tous les cas, et par sa seule volonté, prendre le fait et cause du défendeur originaire *Primus*.

399. *Le garant pourra toujours prendre le fait et cause du garanti, qui sera mis hors de cause,* s'il le requiert avant le premier jugement. Ces derniers mots nous conduisent encore à une sous-distinction assez importante dans notre hypothèse. Ainsi, *Secundus* a déclaré prendre le fait et cause de *Primus*, c'est-à-dire s'est posé lui-même pour adversaire de *Tertius*. S'ensuit-il que *Primus*, défendeur originaire, disparaisse immédiatement de l'instance ? De ce que le garant *Secundus* a déclaré, comme il en avait le droit, prendre le fait et cause du garanti *Primus*, suit-il que le garant *Primus* ne figure plus dans l'instance, qu'on n'ait plus rien à lui signifier, qu'il n'ait plus rien à lui signifier, en un mot, qu'il doive désormais s'abstenir de prendre part au débat d'un procès dans lequel *Secundus* est venu prendre son rôle et sa place ?

Non ; il est clair que la prise de fait et cause par le garant n'entraîne pas nécessairement, et par elle-même, l'exclusion du garanti. *Primus* peut sans doute profiter de cette déclaration de *Secundus*, pour se faire sans doute considérer comme étranger à une procédure qui roulera seulement entre *Secundus* et *Tertius*. Il le peut, mais il n'y est pas forcé ; et il est des cas où il aura un intérêt manifeste et légitime à ne pas le faire. Il ne peut arriver que, encore bien que le garant *Secundus* vienne offrir à *Primus* de prendre son fait et cause, *Primus* n'ait pas une entière confiance dans l'intelligence, dans l'activité, dans l'habileté de *Secundus*. *Primus* peut avoir à craindre que ce *Secundus*, qui vient prendre sa place, ne la remplisse mal, ne compromette, par négligence ou même par infidélité, la justice et la bonté de sa cause, qu'il ne se défende pas avec tous les moyens possibles contre la prétention de *Tertius*.

Ainsi, *Secundus* venant dans l'instance prendre le fait et cause de *Primus*, *Primus* n'a pas sans doute le droit de l'en empêcher ; mais ne concluez pas de là que *Primus* doive sortir de cause. Et, en deux mots, la déclaration de *Secundus* qu'il prend le fait et cause du garanti *Primus* peut placer celui-ci dans deux hypothèses bien distinctes.

Il peut ou rester dans la cause, ou bien, aux termes des derniers mots de notre paragraphe, requérir sa mise hors de cause pure et simple ; s'abstenir de toute participation dans les débats qui vont continuer ; sauf, en définitive, à agir en dommages et intérêts contre *Secundus*, s'il succombe.

Mais, pour que *Primus* soit ainsi placé hors de cause, il faut, vous dit la loi, qu'il ait requis sa mise hors de cause *avant le premier jugement.* S'il avait négligé de la requérir à temps, *Secundus*, ayant pris le fait et cause de *Primus*, resterait sans doute chargé de plaider et de défendre contre la demande de *Tertius* ; mais *Tertius* aurait alors deux adversaires, savoir : *Secundus*, le garant, qui est venu prendre le fait et cause, et puis *Primus*, le défendeur originaire, qui, faute d'avoir requis à temps sa mise hors de cause, reste placé dans l'instance conjointement avec *Secundus* et à côté de lui ; et j'ai dit tout à l'heure quels motifs il pouvait avoir pour ne pas requérir sa mise hors de cause.

Il doit la requérir, dit le texte, *avant le premier jugement.* Ces dernières

expressions, un peu équivoques, ont été substituées à des expressions différentes de l'ordonnance : on y disait que, dans le cas où le garant aurait déclaré
prendre le fait et cause du garanti, celui-ci, pour se faire mettre hors de cause,
devrait le requérir avant la *contestation en cause*, avant la *litis contestatio*. Vous
connaissez cette expression latine. Mais ce nom de contestation en cause, traduit de la *litis contestatio* des Romains, est, chez nous, une expression équivoque et indéterminée ; on ne sait pas ce que c'est dans la procédure française
que la contestation en cause. Ainsi, pour éviter les débats, les incertitudes,
auxquels le sens de ce mot pouvait donner matière, la loi a déclaré que la
mise hors de cause du garanti devrait être demandée par lui avant qu'aucun
jugement, même d'avant faire droit, fût intervenu dans l'affaire.

Ainsi si, le garant ayant été mis en cause, ayant déclaré prendre le fait et
cause du garanti, des défenses ont été proposées, une preuve a été demandée
et ordonnée par un jugement, de ce moment la mise hors de cause du garanti
ne peut plus être prononcée ; dès que, dans l'affaire, est intervenu un jugement, soit interlocutoire, soit simplement préparatoire, le garanti reste forcément en cause conjointement avec le garant.

Nous verrons plus tard, sur l'art. 185, quels peuvent être pour le garanti les
inconvénients de cette position. Cette position, qui le laisse en cause à côté
du garant qui est venu le défendre, a son bon et son mauvais côté, ses avantages et ses dangers.

400. Ainsi, en résumé :

1er cas : Le garant a été appelé en cause ; mais il s'est borné à y intervenir
passivement, sans déclarer prendre le fait et cause du garanti ; alors le procès
continue de se débattre entre le demandeur originaire *Tertius*, et le défendeur
originaire *Primus* ; seulement, si *Primus* est condamné, il obtiendra tout de
suite, et du même tribunal, des dommages et intérêts contre *Secundus*. Voilà
l'avantage de la mise en cause de *Secundus*.

2e et 3e cas : *Secundus* a déclaré formellement prendre le fait et cause de
Primus, il en a toujours le droit, car il est principalement intéressé. Mais ce
deuxième cas va se subdiviser lui-même en deux autres, selon que le garanti
Primus aura requis à temps sa mise hors de cause pure et simple, sa sortie
entière et immédiate de l'instance ; ou que, au contraire, il aura négligé ou
n'aura pas cru devoir faire cette réquisition, auquel cas il restera en cause, à
côté de *Secundus* plaidant et défendant, avec lui et comme lui, à la prétention
de *Tertius*.

401. Passons maintenant au second paragraphe, qui nous conduit encore à
quelques sous-distinctions sur les derniers cas qui viennent de nous occuper.
*Cependant le garanti, quoique mis hors de cause, pourra y assister pour la con-
servation de ses droits.* Ces derniers mots présentent encore quelque équivoque,
qu'un examen attentif dissipera : tout peut se rattacher à la dernière hypothèse que nous avons examinée, celle où, le garant ayant déclaré prendre le
fait et cause du garanti, celui-ci, s'emparant de cette déclaration, a requis sa
mise hors de cause. Mais, tout en requérant sa mise hors de cause, et en le

requérant à l'époque où elle ne peut lui être refusée, c'est-à-dire avant le premier jugement, deux incidents peuvent venir compliquer un peu sa position et les résultats de cette demande. Il pourra, vous dit la loi, *quoique mis hors de cause, y assister pour la conservation de ses droits*. Expressions singulières et contradictoires au premier abord : Voilà donc *Secundus*, intervenu dans l'affaire, et ayant déclaré qu'il venait y prendre le rôle principal, qu'il venait répondre directement, personnellement, à la prétention du demandeur *Tertius*; *Primus* demande aussitôt sa mise hors de cause ; mais il ajoute que, quoique mis hors de cause, il entend y assister *pour la conservation de ses droits*. Au premier coup d'œil ces expressions sont obscures, et même en opposition l'une avec l'autre : on ne comprend guère ce que c'est qu'une partie qui, toutefois, prétend rester hors de cause et assister à la cause, y assister, bien entendu, non pas comme un auditeur indifférent assiste aux débats d'un procès, mais y assister avec qualité, avec un représentant légal, c'est-à-dire rester à la barre par le ministère d'un avoué. Quel va donc être l'état, la position de *Primus*, défendeur originaire, qui a fait prononcer sa mise hors de cause, et qui cependant déclare vouloir encore assister à la cause ? Quel intérêt a-t-il à cette assistance et comment ferons-nous pour faire disparaître l'apparente contradiction de deux prétentions de ce genre ?

Primus a demandé sa mise hors de cause, elle a été prononcée : donc aucun des actes de l'instance ne doit plus être signifié, ni par *Tertius*, demandeur, ni par *Secundus*, garant, qui est maintenant le véritable et l'unique défendeur à la cause. *Primus* est en apparence, et quant aux débats actifs du procès, aux significations respectives qu'ils entraînent, désormais étranger à l'affaire; cependant il y assiste, c'est-à-dire qu'il a là pour représentant un avoué chargé de surveiller ses droits, quoique ne prenant pas de part directe, de part active à l'instance. Son intérêt, le voici :

Si *Primus* s'était fait mettre hors de cause d'une manière pure et simple, d'une manière absolue ; s'il avait cessé de prendre à la cause la participation légère, indirecte, qui résulte de son assistance; s'il avait cessé même d'avoir un avoué dans la cause, voici quels en seraient les résultats. S'apercevrait-il plus tard que son garant *Secundus*, par négligence ou par collusion, défend mal ses intérêts, et ne remplit pas bien le rôle de défendeur qu'il a pris; alors il serait devenu, par sa mise hors de cause pure et simple, absolument étranger aux débats ; il n'y pourrait rentrer que dans les formes et de la manière dont un étranger peut entrer dans une affaire où il n'est pas partie (art. 339), c'est-à-dire par une requête d'intervention qu'il faudrait, au préalable, faire déclarer admissible.

Au contraire, *Primus* assistant à la cause, *Primus* qui, bien que n'y plaidant pas, bien que se reposant quant à présent sur son garant *Secundus* de tout le soin de sa défense, y a pourtant gardé un représentant, un avoué, pourra, dès que ses droits lui paraîtront compromis, rentrer immédiatement dans la cause par une simple déclaration aux parties de l'instance, et sans avoir besoin de faire admettre au préalable une intervention.

Un autre intérêt bien plus sensible se présente : si *Primus* s'est fait mettre hors de cause purement et simplement, s'il a cessé même d'assister aux débats par le ministère d'un avoué, alors le jugement définitif, venant à être rendu au

profit du demandeur *Tertius*, contre *Secundus*, défendeur et garant, ce jugement ne pourra pas contenir de condamnation contre *Secundus* aux dommages
et intérêts envers *Primus*, son acheteur. En effet, *Primus*, s'étant fait mettre
absolument hors de cause, le tribunal, tout en reconnaissant la propriété de
Tertius et le fait qui donne lieu à l'action récursoire de *Primus*, ne peut plus
condamner le garant *Secundus* à des dommages et intérêts envers le garanti
Primus, puisque *Primus* n'est plus dans l'instance, et que, dès lors, il est impossible qu'on lui adjuge aucune conclusion, aucune condamnation.

Que si, au contraire, *Primus*, tout en se faisant mettre hors de cause, tout
en se rendant étranger aux débats qui se poursuivent entre *Tertius* et *Secundus*, a cependant déclaré entendre assister à la cause pour la conservation de
ses droits, alors au dernier moment de l'instance, immédiatement avant la
condamnation de *Secundus*, il pourra y entrer sans requête et sans débat par
des conclusions tendant à ce que, dans l'hypothèse où le droit de *Tertius* serait
reconnu, où la revendication serait couronnée de succès, et où, par conséquent, lui *Primus* se trouverait évincé, le même jugement lui adjuge, contre
son garant *Secundus*, les dommages et intérêts auxquels il peut avoir droit,
aux termes de l'art. 1630 du Code civil.

Ainsi, dans le cas même, où *Primus* a requis sa mise hors de cause, il peut
sans se trouver en contradiction avec lui-même, conserver un représentant
dans ces débats où il cesse, quant à présent, de paraître et de plaider ; il le
peut, soit pour se ménager d'y rentrer à tout instant pour la conservation de
ses droits, soit pour s'épargner les lenteurs, les frais d'une nouvelle action
qu'il lui faudrait plus tard intenter contre *Secundus* pour obtenir des dommages et intérêts.

Telle est la quatrième hypothèse, celle du garanti mis hors de cause, non
pas purement et simplement, mais avec réserve formelle de sa part d'assister
aux débats pour la conservation de ses droits.

402. *Et le demandeur originaire pourra demander qu'il y reste pour la conservation des siens.* Cette hypothèse présente quelques-unes des circonstances que
nous avons précédemment exposées ; c'est-à-dire que le garant *Secundus* est
venu volontairement prendre le fait et cause du garanti *Primus*; que *Primus*
a requis et requis à temps, sa mise hors de cause ; mais *Tertius*, demandeur
originaire, s'oppose à cette prétention, et requiert que le défendeur *Primus*
soit tenu de rester en cause, conjointement avec *Secundus*, son garant, et
cela, dit la loi, *pour la conservation de ses droits*.

L'intérêt de *Tertius* est manifeste; il est sûr que, pour *Tertius*, demandeur originaire, il est fort à désirer que *Primus* ne requière pas ou n'obtienne pas sa
mise hors de cause ; cet intérêt résulte clairement du § 3 de l'art. 185 ; nous y
verrons qu'en cas d'insolvabilité du garant condamné, le demandeur a recours,
pour les dépens de l'instance, contre le garanti qui n'a pas été mis hors de
cause. Ainsi, quoique, en général, le garanti n'ait pas à supporter les dépens,
quoique la condamnation et l'exécution de cette condamnation ne frappent
que sur le garant, cependant, en cas d'insolvabilité du garant, le garanti est
tenu des dépens, *à moins*, dit la loi, *qu'il n'ait été mis hors de cause*. Donc le
demandeur a grand intérêt, pour le recouvrement de ses dépens, à ce que le

garanti ne requière pas, n'obtienne pas une mise hors de cause dont le ré-sultat sera de le décharger pleinement et absolument.

Mais si l'intérêt du demandeur *Tertius* à s'opposer à la mise hors de cause, à invoquer les derniers mots de l'article, est évident, son droit ne l'est pas aussi bien. En effet, si nous disions que le demandeur originaire, ayant inté-rêt, pour la conservation de ses dépens, à faire rester le défendeur originaire en cause, peut par là même exiger, dans tous les cas, qu'il y reste, la faculté de se faire mettre hors de cause deviendrait illusoire, puisque, toutes les fois que le garanti demanderait à être mis hors de cause, le demandeur originaire viendrait s'y opposer, à l'effet de garantir ses dépens. Mais l'éventualité de la condamnation aux dépens n'est pas un droit ; aussi ne suffit-il pas de cet in-térêt pour autoriser le demandeur originaire, d'après les derniers mots de l'art. 182, à contraindre le défendeur garanti à rester en cause, il faut, comme la loi vous le dit, qu'il ait quelques droits à conserver directement, person-nellement, contre celui-ci.

Ainsi, supposez que *Primus*, défendeur originaire, garanti par *Secundus*, re-quière sa mise hors de cause, et que *Tertius* lui réponde que lui, *Primus*, dé-fendeur originaire, est un possesseur de mauvaise foi ; qu'en cette qualité il est comptable : 1° de tous les fruits qu'il a perçus ; 2° de toutes les dégrada-tions qu'il a fait subir à l'immeuble possédé. Ces fruits perçus et ces dégrada-tions faites de mauvaise foi par *Primus*, sont des faits à lui personnels, dont le règlement ne peut être obtenu que de lui. Vainement *Tertius* prétendait-il exiger du garant *Secundus*, qui a vendu de bonne foi, la restitution des fruits perçus et la réparation des dommages causés de mauvaise foi par *Primus*. Voilà, dans ce cas, pour le demandeur un motif raisonnable, légitime, de de-mander que *Primus* reste en cause, pour la conservation de ses droits à lui, *Tertius*. Que s'il élève cette prétention, *Primus* ne pourra point obtenir sa mise hors de cause ; et si, en définitive, *Tertius* étant reconnu propriétaire, *Primus* était reconnu possesseur de mauvaise foi, et par là même condamné aux fruits et aux réparations, il serait évident que *Tertius* a eu raison de s'opposer à la mise hors de cause, et que, par conséquent, les dépens doivent être recouvrés contre *Primus*, en cas surtout d'insolvabilité de *Secundus*.

Ainsi, ce n'est pas dans tous les cas, ce n'est pas directement, en vue d'ob-tenir ses dépens, que le demandeur originaire peut contraindre le défendeur primitif à rester en cause ; c'est seulement lorsque ce maintien forcé du dé-fendeur primitif, dans la cause où il a appelé son garant, importe à la conser-vation des droits du demandeur, pour assurer les restitutions qu'il peut avoir droit d'exiger personnellement et directement du défendeur originaire.

403. « Art. 184. Si les demandes originaires et en garantie sont en état d'être jugées en même temps, il y sera fait droit conjointement ; sinon, le demandeur originaire pourra faire juger sa demande séparément ; le même jugement prononcera sur la dis-jonction, si les deux instances ont été jointes ; sauf, après le jugement du principal, à faire droit sur la garantie, s'il y échet. »

Jusqu'ici nous avons supposé que *Secundus*, appelé en garantie, ne contestait pas sa qualité de garant, qu'il ne niait pas le titre et les résultats du titre en vertu duquel il était cité en garantie ; dans ce cas il n'y a aucun obstacle à ce que le même jugement qui statue sur la demande originaire en applique les conséquences à *Secundus*.

Il est possible, au contraire, que *Secundus*, appelé en garantie par *Primus*, prétende n'être pas garant, prétende, par exemple, qu'il n'est pas vendeur, mais donateur, et qu'en conséquence il n'a rien à garantir; ou bien que, tout en étant vendeur, il a inséré dans le contrat de vente des clauses spéciales dont le résultat est de le décharger de toute espèce de garantie : ces clauses sont permises, au moins sous certaines distinctions, par les art. 1627 et suiv. du Code civil. En un mot, le prétendu garant soutient qu'il n'est pas garant. Dans ce cas, avons-nous dit, il sera tenu, même pour cette contestation relative à la question de savoir s'il est garant, de procéder devant le tribunal saisi de la demande originaire; c'est une exception notable aux principes de la procédure.

Mais il peut arriver que la demande originaire, la prétention de *Tertius*, soit assez claire pour ne pas exiger de longs débats; qu'au contraire la question secondaire qui s'élève entre *Primus* et son prétendu garant *Secundus*, soit une question difficile, compliquée, exigeant les formalités et les lenteurs d'une assez longue instruction ; dans ce cas, devra-t-on surseoir au jugement du principal, devra-t-on ajourner l'examen, la décision sur la prétention de *Tertius*, jusqu'à ce qu'on ait vidé la question de savoir si *Secundus* est ou n'est pas garant? L'équité s'oppose à ce que le défendeur originaire, par une demande en garantie fort contestable, et donnée peut-être par l'effet d'une collusion, ajourne indéfiniment l'examen et la reconnaissance des droits allégués par *Tertius*.

C'est à ce cas que s'appliquera, en général, l'art. 184; on y suppose la garantie alléguée par *Primus*, et contestée par *Secundus* ; et si, malgré cette contestation, la demande originaire et la demande en garantie ont pu marcher de front, et sont en état d'être jugées en même temps, il y sera fait droit par un même jugement.

Si, au contraire, la demande en garantie entraîne trop de lenteurs, *Tertius* pourra faire juger séparément et par préalable la demande originaire; le jugement qui donnera, par exemple, gain de cause à *Tertius*, sur la demande originaire, déclarera que le tribunal surseoit à statuer sur la demande en garantie, prononcera, en un mot, la disjonction des deux instances. S'il est intervenu un jugement préparatoire qui a joint l'instance en garantie à l'instance originaire, plus tard, quand il apparaîtra que l'instance en garantie est trop longue, trop compliquée, on reviendra sur ce préparatoire, on disjoindra les instances en statuant sur la demande originaire, sauf, bien entendu, à statuer ensuite sur la demande en garantie, après le jugement du principal. Mais cette disjonction de la demande en garantie, prononcée par le tribunal, ne le dessaisit pas du droit d'en connaître, comme on pourrait le penser au premier aspect. En effet, le tribunal n'était compétent pour connaître de la demande en garantie que parce qu'elle était formée incidemment, accessoirement à l'action originaire qui avait été portée devant lui ; on pourrait être tenté d'en conclure que, quand le tribunal, reconnaissant l'impossibilité de trancher à la fois les deux actions, statue sur le principal et disjoint la garantie, il doit renvoyer la garantie devant les juges naturels de cette action. Mais non, il a été régulièrement saisi dans le principe, il ne peut pas s'en trouver dessaisi plus tard par les difficultés que le garant oppose de bonne ou de mauvaise foi ; il prononcera donc la disjonction, mais en restant saisi, en gardant le droit et l'obligation de statuer sur l'instance en garantie, qui a été dans son principe valablement portée devant lui (1).

404. L'art. 185 est exclusivement relatif à la garantie formelle.

« Art. 185. Les jugements rendus contre les garants formels seront exécutoires c
les garantis. — Il suffira de signaler le jugement aux garantis, soient qu'ils aient été
hors de cause, ou qu'ils y aient assisté, sans qu'il soit besoin d'autre demande ni pr
dure. A l'égard des dépens, dommages et intérêts, la liquidation et l'exécution ne p
ront en être faites que contre les garants. — Néanmoins, en cas d'insolvabilité du
le garanti sera passible des dépens, à moins qu'il n'ait été mis hors de cause ; il le
aussi des dommages et intérêts, si le tribunal juge qu'il y a lieu. »

On suppose ici que, conformément aux prévisions de l'art. 182, le garant
formel a déclaré prendre le fait et cause du garanti ; il est alors le véritable
le principal, et souvent l'unique défendeur ; c'est donc contre lui, en nom
directement, qu'est rendu le jugement de condamnation au profit du demandeur primitif ; et si, dans notre espèce, *Secundus* ayant pris le fait et cause de
Primus, *Primus* s'était fait mettre absolument hors de cause, *Tertius* a établi
la réalité de son droit, a établi qu'il était propriétaire de l'immeuble reven
diqué, c'est *Secundus*, le garant, le défendeur actuel, qui est condamné à la
restitution de cet immeuble.

Mais si lui seul y est condamné et peut y être condamné, puisque lui seul est
en cause, il est impossible qu'il exécute ; car on ne peut raisonnablement venir
lui demander le délaissement d'un immeuble qui n'est pas dans sa possession ;
il l'a vendu, il l'a livré à *Primus* ; il est venu en cause pour défendre *Primus*
et a succombé ; il a été condamné parce qu'il était en cause ; mais il ne peut
pas exécuter. Aussi la loi vous dit-elle que comme *Secundus* a été comdamné
ici comme ayant pris le fait et cause de *Primus*, le jugement rendu contre *Secundus* en nom s'exécutera directement contre son garant *Primus* ; *Primus*,
en se retirant de la cause où *Secundus* est venu le représenter, l'a par là même
accepté pour représentant et mandataire, et s'est soumis personnellement à
toutes les conséquences que pourrait entraîner la condamnation de *Secundus*.

*Il suffira de signifier le jugement aux garants, soit qu'ils aient été mis hors de
cause ou qu'ils y aient assisté.* Qu'il y ait en mise hors de cause pure et simple,
ou mise hors de cause avec assistance, ce qui est jugé au profit de *Tertius*
contre *Secundus* garant, est jugé par là même contre *Primus*, garanti. En
signifiant le jugement dans les formes ordinaires, on arrivera à l'exécuter
contre lui, *sans qu'il soit besoin d'autre demande ni procédure.*

Voilà pour le principal, pour la restitution, pour le délaissement de l'immeuble revendiqué par *Tertius*.

*A l'égard des dépens, dommages et intérêts, la liquidation et l'exécution ne
pourront en être faites que contre les garants.*

Le fond pourra sans doute être opposé à *Primus*, quoique mis hors de cause,

(1) Cass., 29 août 1851 (Dall., *Rép.*, v° *Exceptions*, n° 450).

mais on ne peut lui demander ni les dépens d'une affaire où il n'a pas plaidé, et où il n'a pu être tenu de plaider, ni les dommages et intérêts prononcés à raison des faits qui lui sont étrangers, à raison des faits de son garant *Secundus*.

Cependant la loi ajoute une exception qui vous est déjà connue pour le cas d'insolvabilité du garanti; si *Secundus*, garant condamné, et condamné aux dépens, est insolvable, ces dépens pourront être recouvrés subsidiairement contre *Primus*, pourvu toutefois que *Primus* n'ait pas été mis hors de cause ; car, s'il est sorti de cause, il se trouve absolument étranger aux débats, et on ne peut invoquer contre lui le jugement que pour le fond. Mais vous savez qu'il a pu rester en cause, soit par sa volonté, auquel cas il est tenu subsidiairement des dépens, soit même contre sa volonté, s'il y a eu à cet égard des conclusions formelles de *Tertius*, c'est le cas prévu par les derniers mots de l'art. 182.

Au reste, quand le § 3 vous dit que le défendeur *Primus* garanti n'est tenu des dépens, quand il est resté en cause, que subsidiairement, et en cas d'insolvabilité de *Secundus*, il faut bien entendre que dans cette hypothèse, il s'agit d'un jugement rendu contre *Secundus*; que, dans cette hypothèse, *Secundus* est venu prendre le fait et cause de *Primus*, et a été en conséquence personnellement condamné. On comprend bien que, quand *Secundus* a été nominativement condamné, on n'ait pas en général d'action contre *Primus*. Que si, au contraire, les choses s'étaient passées comme nous les avons exposées dans notre première hypothèse sur l'art. 182, si *Secundus* garant n'avait pas déclaré prendre le fait et cause de *Primus*, si, en conséquence, *Primus* était resté défendeur, et avait été personnellement et nominativement condamné, le § 3 ne s'appliquerait pas. C'est-à-dire que *Primus* serait tenu des dépens personnellement, directement, à part tout examen de la solvabilité de *Secundus*. Il serait tenu des dépens aux termes de l'art. 130, parce qu'il serait un défendeur, et un défendeur qui a succombé ; il serait tenu des frais envers *Tertius* revendiquant, sauf son recours, son indemnité par la voie de garantie contre *Secundus* son garant (1).

Il le sera aussi des dommages et intérêts, si le tribunal juge qu'il y a lieu. Par exemple dans le cas où, conformément aux derniers mots de l'art. 182, *Tertius*, alléguant que *Primus*, étant possesseur de mauvaise foi, s'est opposé à ce qu'il sortît de cause, et a conclu contre lui à la restitution des fruits et à des dommages et intérêts pour dégradations.

Ici se termine l'exposition des règles particulières à la garantie.

405. Les art. 186, 187 contiennent, relativement aux exceptions dilatoires, des règles dont l'application n'est pas sans quelque difficulté, et surtout sans quelque importance.

« Art. 186. Les exceptions dilatoires seront proposées conjointement et avant toutes défenses au fond. »

« Art. 187. L'héritier, la veuve et la femme divorcée ou séparée, pourront ne proposer leurs exceptions dilatoires qu'après l'échéance des délais pour faire inventaire et délibérer. »

(1) C. de Cass., 30 mars 1864 (Dall., 1865, 1, 115).

Dans les trois premiers paragraphes de ce titre nous nous sommes appliqués à déterminer exactement l'ordre, le moment où devait être proposée chacune des exceptions ; nous avons vu que l'omission, le renversement de cet ordre exposait à la déchéance le défendeur qui avait commis cette faute. Jusqu'ici nous ne nous sommes pas occupés de l'ordre, du moment dans lequel devaient être proposées les exceptions dilatoires considérées, soit l'une à l'égard de l'autre, soit toutes ensemble à l'égard des autres exceptions. Sous ce dernier rapport, il n'y a pas de difficulté ; il est certain qu'on peut et qu'on doit p poser les exceptions des trois premiers paragraphes, c'est-à-dire les excepti de la caution des étrangers, d'incompétence *ratione personæ* et de nullité, av les exceptions dilatoires ; dans le cas contraire, elles seront non recevab Mais dans quel ordre peuvent se proposer les exceptions dilatoires l'une à l'é gard de l'autre, ou toutes ensemble à l'égard des défenses au fond? C'est ce qu'ont pour but d'établir les art. 186 et 187, dont le texte, à cet égard, est plu tôt une source d'embarras que d'éclaircissement.

La règle de l'art. 186 paraît fort simple au premier aspect. *Les exceptions* *latoires seront proposées conjointement*, c'est-à-dire toutes ensemble, toutes le même acte, afin d'éviter que le défendeur, qui a plusieurs exceptions toires, ne cherche à gagner du temps en vous les opposant tour à tour l'une après l'autre, en n'invoquant la seconde quand il a été débouté de la première.

Et avant toutes défenses du fond. Ceci en théorie se comprend aussi : l'ex ception dilatoire a pour but d'obtenir un délai avant de passer à l'examen du fond : il est donc tout simple que, si vous avez débattu le mérite du fond, vous soyez considéré comme ayant renoncé à votre exception dilatoire, et volontaire ment abdiqué la faculté que vous aviez d'obtenir un sursis à l'examen du procès.

406. Mais que devient la première règle de l'art. 186, quand on la compare à l'art. 187 ? *Les exceptions dilatoires doivent être proposées conjointement*; c'est à-dire que celui qui en a deux, et qui oppose isolément l'une des deux, se rend par là non recevable à proposer la seconde ; voilà le sens naturel, la consé quence précise de l'art. 186. Mais arrive l'art. 187 qui ajoute : *L'héritier la* *veuve et la femme divorcée ou séparée pourront ne proposer leurs exceptions dila* *toires qu'après l'échéance des délais pour faire inventaire et délibérer*. Ainsi on peut et on doit opposer l'exception dilatoire de l'art. 174, celle des trois mois et qua rante jours, avant celle de l'art. 175, celle de garantie. L'héritier, par exem ple, assigné comme possédant, du chef du défunt, un immeuble qui est reven diqué par un tiers, peut d'abord exposer l'exception dilatoire de l'art. 174, et en l'opposant, il ne couvre pas l'exception de garantie, il ne se rend pas non recevable à opposer plus tard l'exception dilatoire de l'art. 175.

De l'art. 187 résulte d'abord et littéralement une exception , tout au moins au principe général de l'art. 186. Dans ce dernier article, obligation de propo ser conjointement, et par un même acte, les exceptions dilatoires ; dans l'au tre, dispense quant à l'exception de l'art. 174, c'est-à-dire la faculté de l'op poser seule, de l'opposer la première sans faire pour cela péricliter les autres. Au premier aspect, ce n'est là qu'une exception, qu'une modification au prin cipe qui nous commande de les présenter conjointement ; mais, en y regar dant de plus près, il semble bien que cette exception détruise la règle.

En effet, quelles sont donc les exceptions dilatoires dont on nous a parlé dans ce paragraphe ? quelles sont les seules dont s'occupe le Code de procédure ? Il y en a deux : l'exception dilatoire de l'art. 174, et l'exception de garantie des art. 175 et suivants. En règle, l'art. 186 commande de les proposer conjointement ; par exception, l'art. 187 permet d'opposer isolément la première. Que reste-t-il ? Une seule. Que devient donc alors l'obligation de proposer conjointement des exceptions dilatoires qui sont au nombre de deux, et dont l'une peut, d'après l'art. 187, se proposer avant l'autre ? Première difficulté sur l'art. 186. Secondement, l'art. 187 renouvelle encore précisément la même difficulté ; car il vous dit que l'héritier peut ne proposer ces exceptions qu'après l'échéance des délais, c'est-à-dire qu'il peut opposer d'abord l'exception de l'art. 174, et qu'après les délais de cette exception écoulés, commence seulement pour lui le droit de proposer ses exceptions dilatoires. Mais lesquelles ? Il n'y en a qu'une ; celle de l'art. 175, savoir, l'exception de garantie. On ne voit donc ni ce que veut l'art. 186, avec ces exceptions qu'il faut proposer conjointement, ni ce que veut dire l'art. 187, avec les exceptions dilatoires qu'on pourra ne proposer qu'après celle de l'art. 174. Celle de l'art. 174 une fois proposée, il n'en reste ici qu'une seule, celle de l'art. 175 ; dès lors, le pluriel de l'art. 186, le *conjointement* de l'art. 186, se trouvent absolument vides de sens. Comment donc trouverons-nous les exceptions dilatoires de l'art. 187, déduction faite de celle de l'art. 147 ? Comment trouverons-nous les exceptions à proposer conjointement d'après l'art. 186 ?

Il faut remarquer que ces deux articles ont été puisés littéralement dans l'ordonnance de 1667, art. 1 et 2 du titre IX ; or on admettait autrefois, dans la doctrine et surtout dans la pratique, comme exceptions dilatoires, non seulement l'exception opposée par l'héritier ou par le garanti, mais un assez grand nombre d'autres moyens de défense que nous pouvons citer maintenant, pour voir s'il est possible d'y appliquer nos deux articles. Je ne sais si cet examen nous conduira à un résultat satisfaisant, mais il pourra au moins nous expliquer pourquoi les art. 186 et 187 ont, sur la foi des anciens errements, reproduit des idées peut-être inapplicables aujourd'hui.

On citait autrefois comme exemples d'exceptions dilatoires les cas où le défendeur, actionné, par exemple, par une action personnelle, opposait que la créance dont on lui demandait le payement était à terme et que le terme n'en était pas échu ; ou bien le cas où le défendeur opposait au demandeur que ce demandeur était incapable, et ne s'était pas muni, avant d'agir, des autorisations nécessaires pour couvrir son incapacité. C'étaient là, disait-on, des exceptions, car elles ne touchaient point au fond du droit : dire que la créance dont vous me demandez le payement est une créance à terme, et dont le terme n'est pas échu, ce n'est pas nier au fond votre qualité de créancier ; dire que vous êtes incapable et que vous n'êtes pas muni de l'autorisation, de l'assistance nécessaire pour agir, c'est une pure exception, car ce n'est pas nier le fond de votre droit. Je me borne, au reste, à répéter les anciennes idées. Ce sont là, disait-on, des exceptions, et ces exceptions sont dilatoires, car elles tendent, de la part du défendeur, à obtenir un délai ; c'est-à-dire, elles tendent à ce qu'il soit sursis à l'examen de l'affaire, dans la première hypothèse, jusqu'à ce que le terme soit arrivé ; dans la seconde, jusqu'à ce que les autorisations nécessaires pour étayer votre incapacité aient été obtenues de vous.

Je crois que ce sont là des idées fort inexactes, que de tels moyens d
fense ne constituent ni des exceptions, ni surtout des exceptions dilato
que de tels moyens de défense ne sont pas de ceux auxquels il est po
d'appliquer la déchéance prononcée par l'art. 186. Car tel est, remar
bien, tout l'intérêt de la question. La question de savoir si tel moyen o
par le défendeur est un moyen du fond ou une exception dilatoire se
à celle-ci : tel moyen est-il couvert, est-il perdu pour le défendeur, quan
l'a pas opposé dès le début de l'instance? Par cela seul qu'il aura opposé
ception de garantie, par exemple, avant l'un des moyens que je viens d'
quer, est-il désormais non recevable à alléguer ces moyens? Y est-il no
cevable, aux termes de l'art. 186, d'après lequel il faut, à peine de déch
opposer conjointement les exceptions dilatoires?

Il semble que l'examen le plus léger nous donne immédiatement la rép
Je prends pour exemple le premier cas.

Vous me demandez le payement d'une dette; à ce payement demandé
vous j'oppose d'abord que je ne dois pas, je nie absolument l'existen
créance; et notez que je puis la nier à tort, mais de bonne foi; je puis
débiteur sans le savoir, débiteur comme héritier d'une personne don
étiez le créancier. Eh bien, la première réponse d'un individu assigné co
débiteur et qui ignore la créance, c'est celle-ci : Je ne dois pas, c'est d
tester la réalité de la créance réclamée contre lui. Le défendeur aura
au premier moment, soutenu qu'il ne devait pas; c'est-à-dire qu'il aur
fendu au fond. Et puis, reconnaissant ensuite par l'examen du procès, p
production des titres qui lui étaient d'abord inconnus, reconnaissant l'e
du droit qu'il avait nié et contesté, il ajoute: Eh bien! soit; je dois, je
connais, mais le terme de la créance n'est pas arrivé; je dois, mais vous
pas recevable à me faire payer actuellement. Viendra-t-on dire, en ve
l'art. 186, que ce deuxième moyen est couvert, est perdu pour lui, qui
commencé par défendre au fond, c'est-à-dire par nier l'existence de la cré
il n'est plus recevable à opposer l'inexigibilité? Ce serait la plus souv
injustice ; et cependant c'est à ce résultat que l'on arriverait si l'on
classer un pareil moyen au nombre des exceptions dilatoires, par opposi
aux moyens du fond. Non: dans le cas où j'ai commencé par nier la créa
et où j'oppose ensuite qu'elle est à terme, non seulement je ne puis être
avoir renoncé au second moyen, en opposant le premier, mais j'ai suivi
seule marche logique, la seule marche raisonnable.

Comment déciderait-on, en effet, que l'art. 186 entraîne déchéance co
celui qui, ayant nié d'abord l'existence de la créance, viendrait prétendre
suite que, si elle existe, elle est à terme? Quelle marche aurait-il donc
suivre? Apparemment renverser l'ordre de ces deux défenses; commencer p
opposer ce que les anciens auteurs et quelques auteurs modernes veulent
peler exception dilatoire, commencer par opposer que la créance était à ter
pourquoi faire? Pour soutenir ensuite qu'elle n'existait pas? Cette marche
rait absurde; on ne comprendrait pas comment, après avoir dit qu'elle était
terme, il viendrait soutenir que la somme n'est pas due. Dire que je dois
terme, c'est dire implicitement, mais très clairement, que je dois; et, loin
je doive perdre le moyen tiré de l'inexigibilité, en commençant par souten

que la dette n'existe pas, c'est le contraire qui sera vrai; c'est qu'au contraire, en commençant par soutenir que la dette n'est pas exigible, je perdrais le droit de prétendre et d'opposer ensuite qu'elle n'existe pas.

Au reste, pour repousser l'application à cette hypethèse du nom d'exception dilatoire, nous n'en sommes pas réduits à montrer les résultats inadmissibles d'une telle qualification; en réalité, il n'y a aucun rapport entre l'idée d'exception, d'exception dilatoire, et le moyen dont nous parlons. Dire que je ne dois pas, dire qu'il y a dette contractée, mais sous une condition qui n'est pas arrivée; dire qu'il y a dette contractée, mais payable à un terme qui n'est pas échu, c'est là défendre au fond, c'est là emprunter des moyens, non pas à la procédure, mais au fond du droit, à la constitution même de la créance.

Pourquoi donc a-t-on si longtemps appliqué et applique-t-on encore à un tel moyen le nom d'exception dilatoire? C'est par une suite de cette habitude fâcheuse, dont j'ai parlé, d'appliquer à la législation française des noms qu'on va puiser mal à propos dans la loi romaine.

Vous verrez en effet, dans le § 10 du titre des exceptions aux *Institutes*, que, dans certains cas, quand le défendeur opposait qu'il avait terme pour le payement, ce moyen opposé par lui constituait dans la loi romaine une exception, et une exception dilatoire. Ainsi, en droit romain, une personne a stipulé de vous une somme de vingt mille sesterces; plus tard, et par une convention postérieure, intervenue sans aucune solennité, par un pacte, il promet de ne vous demander le payement que dans cinq ans, par exemple. Ce simple pacte n'a pas pu, dans la rigueur du droit strict, du droit civil des Romains, détruire le droit qu'il avait, en vertu de la stipulation primitive, de vous demander les vingt mille sesterces; il les demande, il intente son action ; en droit il est fondé, nonobstant la convention intervenue postérieurement. Cependant le préteur ajoutera dans la formule une exception, l'exception *pacti conventi*, et si le défendeur prouve l'existence de cette exception, il sera absous par le juge. De là le nom d'exception, et, de cette circonstance particulière à la procédure romaine, que cette exception ne peut être opposée que pendant un certain délai, le nom d'exception dilatoire.

Mais chez nous, où le droit strict et l'équité ne sont pas opposés, où les exceptions dilatoires n'ont rien de commun avec celles des Romains, il serait dérisoire d'appliquer, au cas où le défendeur oppose qu'un terme lui a été donné, le nom d'exception dilatoire et la déchéance qui en résulterait d'après l'art. 186.

Au reste, une pareille doctrine est assez réfutée par ses conséquences; il est absurde de déclarer déchu du droit d'invoquer le terme celui qui a commencé par faire ce qu'il devait faire, par invoquer la non-existence de la dette.

407. Que si le défendeur oppose que le demandeur n'a pas capacité, n'a pas qualité pour agir; si, par exemple, le demandeur étant un mineur émancipé ou un prodigue, on entend lui opposer qu'il n'a pas le droit d'agir sans l'assistance du curateur ou du conseil judiciaire, je ne vois pas encore comment un tel moyen de défense pourrait constituer une exception dilatoire. En d'autres termes, car c'est là l'intérêt de la question, comment le défendeur, qui a d'abord soutenu ne pas devoir, serait-il par là non recevable à alléguer ensuite que le demandeur n'est pas muni d'autorisation ou d'assistance suffisante? ce sont là encore des moyens tirés du fond du droit, du défaut de qualité de l'adversaire, et non pas de formes ou de délais de procédure auxquels font allusion les art. 185 et 187.

Ainsi jusqu'ici la difficulté reste entière; nous en sommes toujours à nous demander quelles sont les exceptions dilatoires qu'on est tenu d'opposer conjointement; quelles sont les exceptions dilatoires qui restent à invoquer après celles de l'art. 174. Le Code de procédure ne nous en offre qu'une, celle de l'art. 175 ; dès lors les art. 186 et 187 paraissent inapplicables.

408. Cependant on cite encore aujourd'hui comme exemples d'exceptions dilatoires d'autres moyens de défense empruntés au Code civil, et dont quelques-uns du moins y sont qualifiés d'exceptions ; ce sont ceux qu'on fait résulter des art. 2021, 2026 et 2170 de ce Code.

Dans l'art. 2021 il s'agit d'une caution poursuivie par le créancier; cette caution a le droit d'opposer au créancier le bénéfice de discussion ; c'est-à-dire de le renvoyer à examiner, à discuter les biens du débiteur principal ; en telle sorte que le créancier n'a le droit de saisir, de faire vendre les biens de la caution que lorsque l'insolvabilité du débiteur principal a été préalablement constatée.

Ce bénéfice de discussion constitue vraiment une exception. Mais est-ce là une exception dilatoire? Est-ce une de ces exceptions auxquelles nous devons appliquer l'art. 186 ? Tel est toujours pour nous l'unique intérêt de la question.

Au premier aspect l'affirmative ne paraît pas douteuse ; et c'est elle en effet qu'adoptent la plupart des commentateurs. Oui, disent-ils, le bénéfice de discussion est une exception dilatoire à laquelle doit s'appliquer la déchéance de l'art. 186. Cela résulte premièrement, de ce que la caution qui demande la discussion préalable du débiteur principal réclame évidemment en sa faveur le bénéfice d'un délai; elle ne se refuse point à payer, elle ne nie point encore sa qualité de caution ; elle demande seulement qu'il soit sursis aux poursuites, jusqu'à ce que l'insolvabilité du débiteur principal ait été constatée par le créancier. L'exception se réduit donc à demander un sursis, à solliciter un délai ; l'exception est donc dilatoire, et l'art. 186 s'y applique. Ajoutez que d'après l'art 2021, cette exception doit être opposée par la caution sur les premières poursuites dirigées contre elle ; exigence qui cadre encore très bien avec le caractère d'exception, avec l'idée et le système général de l'art. 186.

Malgré ces raisons, il me semble difficile de faire rentrer dans la disposition de l'art. 186 l'exception de discussion de l'art. 2021, en d'autres termes, de déclarer déchue du bénéfice de discussion la caution qui n'a pas, sur la demande formée par le créancier, opposé immédiatement ce bénéfice, la caution qui, attaquée par le créancier, aura commencé par défendre au fond, par nier sa qualité de caution, ou par mettre en cause le débiteur principal, comme tenu de garantie simple, aux termes de l'art. 175. En voici la raison :

Supposez un individu attaqué en qualité de caution ; quelle est la première défense, la première idée qui se présente? C'est de soutenir qu'il ne l'est pas, et cette défense, je le répète, peut être faite de fort bonne foi ; il peut très bien ignorer l'existence d'un cautionnement consenti par son auteur; et, à taqué par le créancier qui allègue ce cautionnement, il peut très bien en nier d'abord l'existence. Le procès une fois entamé, le créancier établit sa qualité, démontre l'existence du cautionnement, et obtient, en conséquence, condamnation contre la caution ; la caution pourra-t-elle. alors, après cette condamnation, et pour en ajourner les effets, invoquer l'art. 2021, opposer le bénéfice de discussion au créancier qui vient pratiquer des poursuites ? Non, si nous appliquons l'art. 186 à l'art. 2021 du Code civ. ; non, si nous décidons que l'exception de discussion, étant une exception dilatoire, doit, à peine de déchéance, être opposée avant toutes défenses au fond. La caution a défendu et a perdu quant au fond ; donc, dira-t-on, elle doit être déchue du bénéfice de discussion.

Mais quand on se demande quel serait le motif qui pourrait légitimer une pareille rigueur, on est très embarrassé de le découvrir. Remarquez, en effet, que la déchéance de l'art. 186 n'est pas précisément une pénalité ; si on déclare que le défendeur qui a plaidé au fond s'est rendu non recevable à opposer les exceptions dilatoires, c'est parce que, en plaidant au fond, il a renoncé implicitement, mais très clairement, au bénéfice de ces exceptions en se chargeant de se défendre lui-même, il a renoncé au droit de demander un délai pour appeler et mettre garant en cause ; on le conçoit très bien. Mais comment donc l'individu que vous attaquez comme caution, et qui conteste ce cautionnement, pourrait-il vous opposer le bénéfice de discussion ? Vous renvoyer à la discussion, ce serait avouer qu'il est caution, ce serait avouer précisément ce qu'il veut contester ; comment donc soutenir que, quand il conteste sa qualité de caution, il abdique le droit d'opposer plus tard le bénéfice de discussion ? Il n'y a dans l'art. 186 qu'une déchéance résultant de la renonciation tacite du défendeur à l'exception ; mais l'individu qui, attaqué comme caution, soutient n'être pas caution, ne renonce ni expressément ni tacitement au droit d'opposer plus tard la discussion du débiteur, quand sa qualité de caution, contestée d'abord, sera prouvée.

On peut opposer, il est vrai, les termes mêmes de l'art. 2022 qui oblige la caution à invoquer le bénéfice de discussion sur les premières poursuites dirigées contre elle. Mais reste à savoir ce qu'il faut entendre par ces premières poursuites qui entraînent contre la caution déchéance du bénéfice de discussion. A mes yeux, il ne s'agit pas là d'une action judiciaire, il ne s'agit pas d'un procès intenté par le créancier pour faire condamner la caution ; mais bien des poursuites, des voies d'exécution que le créancier vient de pratiquer en vertu d'un titre exécutoire, non pas à l'effet de faire constater un cautionnement incontestable, mais à l'effet de le faire exécuter, à l'effet de le faire payer. Ainsi le créancier, muni d'un jugement, ou d'un autre titre exécutoire, veut faire saisir les biens de la caution ; il est clair que, si la caution n'oppose pas, dès le début de cette poursuite, dès le principe de cette saisie, le bénéfice de discussion, elle est censée y avoir renoncé, elle l'a dès lors perdu. Mais vous sentez qu'il n'y a pas de rapport entre le bénéfice de discussion dont parle l'art. 2021, et les exceptions dilatoires dont parle l'art. 186. Les exceptions dilatoires tendent à retarder, à différer une action judiciaire, un procès, qui a pour but d'obtenir une condamnation ; le bénéfice de discussion ne tend point à différer, à ajourner un jugement et une condamnation, mais à

ajourner les voies de saisie, les actes d'exécution qu'un créancier vient pratiquer en vertu d'une condamnation antérieure ou d'un titre exécutoire.

* En un mot, le bénéfice de discussion, dans cette dernière hypothèse,
peut constituer une exception, puisqu'il n'y a pas d'action intentée. Et quand
il est opposé à une action, il constitue bien une exception, mais non une
exception dilatoire soumise à l'application de l'art. 186. *

409. Tout ce que j'ai dit sur l'art. 2021, je ne puis que le répéter sur la
art. 2170 et suivants. Là encore il s'agit d'un bénéfice ou d'une exception de
discussion invoquée dans un cas analogue ; il s'agit du détenteur d'un bien
hypothéqué, détenteur qui n'est pas personnellement obligé à la dette hypothécaire ; s'il est actionné par le créancier, il peut, au moins en général
renvoyer le créancier à la discussion préalable des biens du débiteur, du véritable obligé. Il y a grande analogie entre ce cas et celui de l'art. 2021.

Ainsi, vous avez acheté un immeuble ; un tiers se présente comme ayant sur
cet immeuble un droit d'hypothèque, en vertu duquel il prétend le faire saisir
et vendre ; vous commencez par nier l'existence de l'hypothèque, vous alléguez l'irrégularité de l'inscription hypothécaire ou tel autre moyen de défense
opposable en pareil cas ; l'hypothèque étant reconnue, étant déclarée par le
gement, serez-vous encore recevable à invoquer l'art. 2170, à opposer au
créancier le bénéfice de discussion ? Non, si nous appliquons l'art. 186, si
nous faisons de l'art. 2170 une exception dilatoire dans le sens du § 4. Oui,
au contraire, si nous reconnaissons qu'en commençant par nier l'hypothèque,
par contester le droit du demandeur, je n'ai abdiqué expressément ni tacitement le droit de me prévaloir ensuite du bénéfice de discussion. C'est à cette
opinion que je m'attacherai.

410. Quant à l'art. 2026 relatif au bénéfice de division qui peut être opposé
par l'une de plusieurs cautions attaquée seule pour le tout, il est visible que
ce moyen n'a en lui-même rien de dilatoire. Trois personnes ont cautionné
ensemble un même débiteur; à la lettre, chacune d'elles est tenue envers le
créancier de la totalité de la dette, cependant la loi permet à l'une des cautions attaquée pour le tout par le créancier, d'exiger que ce créancier divise
son action et ses poursuites entre toutes les cautions qui se trouvent solva-
bles à cette époque. En réalité, c'est là bien plus une défense du fond qu'une
exception, et surtout une exception dilatoire, à laquelle les art. 186 et 187
soient applicables.

411. De cet examen il résulte qu'on est fort embarrassé, qu'on est, je crois,
sans moyen d'expliquer d'une manière satisfaisante la disposition de nos deux
articles ; que nous ne trouvons plus, en les combinant l'un avec l'autre, quelles
seront ces exceptions dilatoires qui, l'art. 174 une fois mis de côté, devront
être opposées conjointement, aux termes de l'art. 186.

Un seul cas peut-être se présenterait, ce serait celui de l'art. 1225 du Code
civil. Cet article, sans employer le nom d'exception ni celui de dilatoire,
nous présente cependant une hypothèse dans laquelle le défendeur invoque
véritablement un délai, sans contester le moins du monde le fond du droit du
créancier ; c'est le cas où l'un de plusieurs débiteurs d'une chose indivisible

attaqué pour la totalité de la créance, demande à la justice un délai pour mettre en cause ses codébiteurs, lorsque la dette n'est pas de nature à n'être acquittée que par lui seul. Ici l'un des débiteurs de la dette indivisible, attaqué seul pour la totalité, ne conteste pas, quant à présent, la prétention du créancier, mais il demande à n'être pas seul attaqué ; il demande qu'on lui accorde un délai pour mettre en cause, pour appeler près de lui ses codébiteurs ou ses cohéritiers, à cet effet que la condamnation soit commune à tous, et que son recours soit assuré. C'est là vraiment une exception dilatoire, quoique la loi n'ait pas formellement employé ce mot, une exception dilatoire à laquelle s'applique parfaitement l'art. 186. Il paraît clair que, si le débiteur ou le cohéritier assigné seul avait commencé par défendre au fond, il aurait par là même tacitement renoncé au droit que lui donnait la loi de requérir un délai avant d'entrer dans l'examen de la cause. Mais ce n'est là qu'un cas tout à fait spécial et d'une application assez rare ; c'est un cas qui, d'ailleurs, ne se trouvera que rarement en concours avec l'explication de garantie, et qui, par conséquent, ne présentera qu'une application très peu fréquente, très extraordinaire de l'art. 186.

Quoi qu'il en soit, j'aime mieux dire que le mot *conjointement* dans l'art. 186, que le pluriel dans l'art. 87 ont été copiés dans l'ordonnance avec un peu de légèreté ; j'aime mieux le reconnaître que de faire entrer dans la disposition, et sous le coup de ces deux articles, des moyens de défense qu'on ne peut raisonnablement qualifier d'exceptions dilatoires, et auxquels on ne pourrait, sans injustice, appliquer la déchéance prononcée par ces deux textes.

412. § 5. DE LA COMMUNICATION DES PIÈCES. — Nous avons vu dans l'art. 65 que le demandeur devait, avec l'ajournement, remettre au défendeur copie des pièces ou de la partie des pièces sur lesquelles la demande est fondée. Cette copie, aux termes de l'art. 72 du tarif, doit être certifiée, par l'avoué du demandeur, conforme à l'original. Mais vous sentez que ce certificat de l'avoué établit tout au plus la conformité de la copie avec l'original d'où elle a été tirée ; que ce certificat ne prouve en aucune manière la véracité, la sincérité de l'original même sur lequel la copie a été faite ; donc le défendeur à qui vous avez notifié ces copies de pièces peut avoir un grave intérêt à en examiner l'original, soit afin de s'assurer de la sincérité de cet original, soit, quand on ne lui a notifié, aux termes de l'art. 65, que la copie d'une partie, afin d'en étudier l'ensemble et de voir si, dans le reste du titre, ne se trouvent pas quelques clauses contraires à celles que vous invoquez. C'est ici un des cas auxquels peuvent s'appliquer les dispositions de notre § 5.

En général, toutes les fois que des copies de pièces ont été, dans le cours d'un procès, signifiées par l'une des parties à l'autre, ou même toutes les fois que l'une des parties, sans signifier copie d'une pièce à son adversaire, a fait usage dans ses requêtes ou dans ses plaidoiries d'un titre qu'elle a allégué ; c'est pour l'adversaire un droit naturel, une prétention légitime, de demander que ce titre, invoqué contre lui, soit mis sous ses yeux, afin qu'il soit à portée de le vérifier et de le discuter. De là, matière à une exception consistant à demander un délai pour obtenir communication des pièces signifiées, produites ou invoquées contre lui.

Les règles d'après lesquelles cette communication doit être demandée, accordée et opérée sont d'une extrême simplicité. Quelques mots suffiront à cet égard.

« Art. 188. Les parties pourront respectivement demander, par un simple acte, communication des pièces employées contre elles, dans les trois jours où lesdites pièces auront été signifiées ou employées. »

Dans les trois jours. Il ne s'agit donc pas là d'une de ces exceptions qui doivent être opposées *in limine litis.* En effet, de nouvelles pièces pourront être signifiées dans toute la durée du procès. Je puis, aux derniers moments de l'instance, alors qu'une pièce m'est signifiée, avoir intérêt à en requérir la communication. Je dois, du reste, la requérir dans les trois jours de l'emploi de la pièce. Mais ce délai, on est bien d'accord à cet égard, n'a rien d'absolument fatal ; la loi ne prononce pas de déchéance (1). Elle a fixé un délai de trois jours, c'est-à-dire qu'après ce délai le tribunal pourrait refuser à la partie qui demande tardivement communication de la pièce, le délai qu'elle requiert pour obtenir et prendre cette communication. Il serait très possible qu'il résultât des circonstances que vous ne demandez tardivement cette communication que pour gagner du temps, et sans y avoir aucun intérêt sérieux. C'est ce qu'il est naturel et raisonnable de présumer, lorsqu'à l'instant même où cette pièce était invoquée contre vous, vous avez négligé de demander à la vérifier.

Mais il est possible que cette négligence du premier moment soit justifiée par les circonstances ; que l'intérêt de cette communication n'apparaisse pour vous que plus de trois jours après que la pièce a été invoquée contre vous ; aussi est-il abandonné à la prudence du tribunal, après les trois jours expirés, d'accorder ou de refuser la communication demandée par l'une des parties ; dans les trois jours, au contraire, cette communication est de droit.

413. Une fois la communication de la pièce demandée par l'une des parties, elle peut être accordée par l'autre, à l'amiable ; [elle peut, au contraire, sur le refus de la partie à qui elle est demandée, être ordonnée par un jugement, comme le supposent les derniers mots de l'art. 190, qui porte :

« Art. 190. Le délai de la communication sera fixé, ou par le récépissé de l'avoué, ou par le jugement qui l'aura ordonné ; s'il n'était pas fixé, il sera de trois jours. »

Quant aux formes de la communication, elle s'opérera, soit à l'amiable d'avoué à avoué, c'est-à-dire que l'avoué détenteur de la pièce la remettra à l'avoué adverse, la remettra à son confrère, soit par la voie du greffe.

Par la voie du greffe : s'il s'agit d'une pièce précieuse, d'un original, d'un titre dont il n'y a pas minute et dont la soustraction, dont la perte pourrait être irréparable pour la partie, alors la communication à l'amiable ne peut pas être exigée ; la partie qui détient et invoque cet original unique peut se refuser à s'en dessaisir pour le laisser passer dans les mains de l'adversaire ;

(1) Cass., 14 mai 1821 (Dall., *Rép.*, v° *Exceptions*, n° 409).

dans ce cas, la pièce sera déposée au greffe, et ce sera au greffe, sans déplacement, qu'il en sera pris communication par la partie intéressée (Voy. l'art. 189).

414. « Art. 191. Si, après l'expiration du délai, l'avoué n'a pas rétabli les pièces, il sera, sur simple requête, et même sur simple mémoire de la partie, rendu ordonnance portant qu'il sera contraint à ladite remise, incontinent et par corps; même à payer trois francs de dommages-intérêts à l'autre partie par chaque jour de retard, du jour de la signification de ladite ordonnance, outre les frais desdites requête et ordonnance, qu'il ne pourra répéter contre son constituant. »

Cet article trace la marche à suivre contre l'avoué qui a reçu les pièces en communication et qui ne les a pas restituées.

Et même sur simple mémoire de la partie. La loi permet ici à la partie de se passer du ministère d'un avoué, contrairement aux règles ordinaires de la procédure des tribunaux d'arrondissement. La loi craint que les autres avoués ne se montrent pas fort zélés pour la partie qui voudra poursuivre un de leurs confrères.

Rendu ordonnance. Le mot *ordonnance* doit s'entendre ici d'un jugement du tribunal tout entier, puisque la contrainte par corps, qui pouvait y être ordonnée, ne pouvait résulter que d'un jugement (art. 2067 C. C.). D'ailleurs, le projet de Code de procédure portait, dans notre article : *sur simple requête présentée au président du tribunal...* Et, c'est sur l'observation du Tribunat qu'il fallait un jugement et non une simple ordonnance du président, que l'on supprima les mots : *présentée au président du tribunal*.

« Art. 192. En cas d'opposition, l'incident sera réglé sommairement; si l'avoué succombe, il sera condamné personnellement aux dépens de l'incident, même en tels autres dommages-intérêts et peines qu'il appartiendra, suivant la nature des circonstances. »

Cet article n'a pas besoin de commentaire.

DIX-SEPTIÈME LEÇON

415. Immédiatement après le titre de la Conciliation et en commençant celui des Ajournements, j'ai indiqué une division générale des matières qui commençaient le présent livre : 1° procédure simple ou ordinaire, que nous avons terminée ; 2° procédure incidente, sur le premier plan de laquelle ont figuré les exceptions ; la matière des exceptions embrasse les premiers incidents qui peuvent venir compliquer, entraver un moment la marche d'une instance. Sur le second plan de la procédure incidente viennent figurer les incidents relatifs à la présentation et à la discussion des moyens de preuves. A cette matière se rattachent les titres X et suivants, jusques et y compris le titre XV du présent livre.

Rattachons d'abord succinctement ces titres sur les preuves, aux matières correspondantes du Code civil.

L'art. 1316 (C. C.) distingue plusieurs espèces de preuves : la preuve littérale, la preuve testimoniale, les présomptions, l'aveu de la partie et le serment.

A la preuve littérale, c'est-à-dire à la preuve qui résulte des écritures, se rattachent nos titres X et XI de la vérification des écritures et du faux incident civil.

A la preuve testimoniale se rattache le titre XII, celui des enquêtes.

L'aveu de la partie est encore un des moyens de preuve indiqués dans l'article 1316 ; nous en avons déjà parlé, en ce qui concerne la procédure, sur l'article 119, à propos de la comparution personnelle. A cette procédure de la comparution personnelle nous avons déjà opposé l'interrogatoire sur faits et articles dont il est question dans le titre XV, qui se rattache également à la matière des aveux.

Voilà déjà quatre titres : les titres X, XI, XII et XV, qui sont en rapport direct et immédiat avec l'art. 1316.

Restent les titres XIII et XIV, relatifs, l'un aux descentes sur lieux, c'est-à-dire à la visite d'un lieu contentieux, visite que fait un juge commis par le tribunal ; l'autre relatif aux rapports d'experts, c'est-à-dire à l'examen, à l'appréciation d'un immeuble ou d'un meuble, que font des experts désignés, soit par les parties, soit par le tribunal, à l'effet de constater une propriété, un dommage ou telle autre circonstance que vous voudrez supposer.

La procédure des descentes sur lieux et celle des rapports d'experts ne correspondent à aucun des moyens de preuve indiqués dans l'art. 1316 ; il est facile de nous en expliquer la cause. L'art. 1316 s'occupe non pas de la preuve en général ; cet article est situé au titre des Obligations ; il s'occupe de la manière de prouver soit l'existence, soit l'extinction des obligations ; il est spécialement applicable aux preuves qui peuvent être invoquées en matière d'actions personnelles. Au contraire, les descentes des lieux et les rapports d'experts s'appliquent beaucoup plus fréquemment, surtout les descentes de lieux, aux procès en matière réelle, aux questions de possession, de propriété et surtout de servitudes.

Tel est l'aperçu général de cette deuxième division de la procédure incidente, procédure relative à l'exposition et aux débats des différents moyens de preuves autorisés par les lois civiles.

TITRE X (C. D.).

DE LA VÉRIFICATION DES ÉCRITURES.

416. Les preuves écrites, comprises dans l'art. 1316 (C. C.) sous le nom de preuves littérales, se divisent en deux grandes classes, savoir : celle des écritures authentiques, auxquelles s'appliquent les art. 1317 et suiv., puis celles des écritures privées, auxquelles se rapportent les art. 1322 et suiv. Déjà, en expliquant les derniers mots de l'art. 54, nous avons eu à nous arrêter sur la distinction qui sépare l'écriture privée de l'écriture authentique, nous y sommes encore ramenés pour établir la différence de la procédure du titre X et de celle du titre XI.

L'acte privé, dont s'occupe d'abord le Code de procédure, n'a en lui-même ni force ni foi ; il n'a pas de force exécutoire, car il n'est pas, il ne peut pas être terminé par cette injonction de laquelle dérive essentiellement l'autorité exécutoire d'un jugement par exemple. Il ne fait pas foi par lui-même de la vérité de l'écriture, ou de la signature dont il est revêtu ; d'où il suit que c'est à la personne qui présente et qui invoque un acte sous seing privé qu'est imposée, en cas de dénégation, l'obligation d'établir la vérité de cet acte, la sincérité de cette écriture. Or, la procédure en vérification a précisément pour objet d'établir les règles suivant lesquelles une écriture privée, produite par l'une des parties et méconnue par l'autre, peut être judiciairement constatée et vérifiée.

⟫⟫→ **417.** La vérification d'écritures, comme nous l'avons déjà vu, sous l'art. 49, § 7, peut être demandée dans deux cas bien distincts, soit incidemment à une contestation déjà pendante, soit directement, principalement, et sans se rattacher à aucun litige, à aucun procès.

Incidemment, c'est le cas le plus fréquent : je vous assigne en payement d'une dette dont je vous prétends tenu envers moi ; et, à l'appui de cette demande, je produis dans le procès une écriture sous seing privé, que je prétends émanée de vous ou de votre auteur ; si vous contestez cette écriture, si vous en niez la vérité, si vous la méconnaissez, la vérification en pourra être ordonnée, et alors ce sera évidemment une vérification incidente.

Au contraire, la vérification est principale, lorsque, sans vous avoir, au préalable, assigné en remboursement, sans qu'aucune instance soit pendante entre vous et moi, je vous assigne directement et uniquement pour obtenir de vous la reconnaissance, l'aveu que cette signature est bien la vôtre ; et, en cas de dénégation, pour être admis à la vérifier, à en établir la sincérité dans les formes et les règles qui vont être exposées dans ce titre.

Il est même à remarquer que, bien que la vérification d'écritures puisse être demandée incidemment ou principalement, bien qu'elle le soit dans la plupart des cas incidemment, à propos d'une autre demande, cependant les art. 193 et suiv. ne s'occupent d'une manière précise que de la vérification formée par demande principale. En jetant les yeux sur l'art. 193, vous verrez que le demandeur en vérification d'écritures peut faire assigner son adversaire ; mais une vérification demandée par assignation est évidemment une vérification principale ; si l'on était déjà en cause, déjà en instance, ce serait par des actes d'avoué à avoué, ce ne serait pas par un ajournement que la vérification pourrait être demandée.

Au reste, à part quelques légères différences dans la manière d'introduire la demande de vérification, il est certain que les règles relatives à la procédure de vérification, depuis l'art. 196 jusqu'à la fin de ce titre, sont communes et à la vérification incidente et à la vérification principale.

418. Mais quel est, quel peut être l'intérêt d'une vérification demandée principalement ?

Cet intérêt est saillant et manifeste pour la vérification incidente : je demande le payement de dix mille francs dont je me prétends créancier; à l'appui de cette demande, je vous présente un billet dont vous méconnaissez, dont vous déniez la signature ; mon intérêt à faire vérifier cette signature est on ne peut plus évident, l'utilité de la vérification incidente n'a pas besoin d'être démontrée.

Mais, si je n'ai pas conclu contre vous au payement, si je n'y conclus même pas actuellement, quel intérêt puis-je avoir à suivre les formes de l'art. 193? Quel intérêt puis-je avoir à faire vérifier une écriture par voie de demande principale ? Ne serait-il pas plus simple, lorsque j'ai dans les mains une écriture privée, que j'entends faire vérifier, de conclure au payement du billet, sauf si l'écriture est déniée, à la faire vérifier et établir incidemment ? Mais il est bien des cas dans lesquels il vous est impossible de demander actuellement un payement, une condamnation, contre votre débiteur, et où cependant il est capital, il est urgent pour vous de faire vérifier, dès à présent, l'écriture sur laquelle vous fonderez plus tard votre demande et vos poursuites.

Ainsi, supposez qu'une dette ait été contractée envers vous, payable dans quelques années, et constatée par un acte sous seing privé ; la créance n'étant pas échue, il vous est impossible d'en demander le payement ; mais vous avez intérêt à faire, dès à présent, sans attendre à l'échéance, reconnaître ou vérifier l'écriture du billet. Par exemple, vous craignez la mort du signataire du billet, votre débiteur, qui est de bonne foi, incapable de nier sa signature, et vous craignez que ses héritiers ne déclarent, de bonne ou de mauvaise foi, que ce billet et la signature leur sont complètement inconnus : si pareil fait arrivait, il faudrait faire vérifier la signature : mais vérifier la signature d'un défunt n'est pas toujours chose facile ; il est possible que vous n'ayez pas sous la main d'autres pièces ou corps d'écriture émanés de lui, et que vous pourriez comparer avec celle-là à l'effet de l'établir.

De même, sans prévoir la mort prochaine de votre débiteur, vous pouvez craindre de sa part des dénégations de mauvaise foi dans l'avenir. Ainsi vous avez maintenant disponibles sous la main des témoins nombreux qui ont vu signer l'acte privé dont vous êtes porteur ; ces témoins pourront partir, s'éloigner, ce moyen pourrait vous manquer plus tard, s'il y a dénégation.

Dans ces divers cas, quoique la dette ne soit pas échue, quoiqu'il soit impossible d'en demander le payement, vous avez intérêt à conclure actuellement, soit à la reconnaissance volontaire, soit, en cas de dénégation, à la vérification judiciaire de l'acte privé dont vous êtes porteur. Alors, soit que l'acte ait été volontairement reconnu, soit qu'en cas de dénégation il ait été judiciairement vérifié, n'avez-vous plus rien à craindre dans l'avenir ; l'art. 1332 (C. C.) vous met pleinement en sécurité ; il déclare que l'acte sous seing privé qui a été volontairement reconnu ou qui a été légalement tenu pour reconnu, c'est-à-dire, par exemple, vérifié, que cet acte a la même foi que l'acte authentique.

Ainsi voilà une première hypothèse fréquemment applicable en pratique, et dans laquelle la demande en reconnaissance ou en vérification ne peut être formée que principalement et par voie d'assignation, conformément à l'art. 193.

Voulez-vous un autre exemple applicable même au cas où la dette est échue? Voulez-vous voir comment, dans l'hypothèse même où vous pourriez actuellement, immédiatement, conclure au payement et à la condamnation du débiteur, vous pouvez cependant avoir intérêt à laisser de côté cette demande pour vous borner, quant à présent, à conclure à la reconnaissance ou à la vérification ? Vous êtes porteur d'un billet, d'un acte sous seing privé, par lequel Paul se reconnaît votre débiteur d'une somme de dix mille francs ; la somme est maintenant échue ; vous pourriez sans doute la demander à Paul, et vous ne savez si, dans ce cas, il avouerait ou dénierait l'acte sous seing privé sur lequel repose votre demande. Mais vous savez que Paul, en ce moment, se prépare à consentir sur ses biens des hypothèques qui vont en absorber, en épuiser la valeur, en telle sorte que la condamnation que vous pourriez obtenir contre lui arriverait trop tard, puisqu'elle ne frapperait plus que sur des biens épuisés. Alors conclure au payement, demander contre Paul une condamnation, en invoquant l'acte sous seing privé, en provoquant sa reconnaissance, et, en cas de dénégation, la vérification de l'écriture, c'est prendre une marche lente, dangereuse, une marche dont les résultats seront tout à fait illusoires.

En effet, si vous voulez obtenir contre Paul, en vertu de cet acte privé, une condamnation au payement de dix mille francs, il vous faut d'abord le citer en conciliation, aux termes de l'art. 48 ; voilà un délai de quatre ou cinq jours au moins. La citation en conciliation restant sans résultat, il vous faut donner une assignation au délai de huitaine, aux termes de l'art. 72 ; voilà encore dix jours de passés. Cette assignation une fois donnée et l'avoué constitué, commence pour lui un délai de quinzaine pour préparer et signifier ses défenses ; c'est-à-dire qu'un mois environ va s'écouler avant que vous ayez pu joindre votre adversaire, l'attaquer corps à corps, et obtenir contre lui le jugement que vous sollicitez. En mettant les choses au mieux, en supposant qu'à la fin du mois vous obteniez, en effet, ce jugement qui vous permettra de prendre une hypothèque judiciaire, votre inscription arrivera trop tard ; les biens seront frappés au delà de leur valeur ; votre marche aura été fausse.

Vous aviez un moyen plus simple, bien plus facile, c'était de vous prévaloir de l'art. 193, c'était de ne pas conclure au payement de l'obligation ; c'était de ne pas solliciter la reconnaissance ou la vérification par voie incidente, en demandant en même temps que le payement. En concluant simplement à la reconnaissance du billet, vous vous épargniez d'abord le préliminaire de conciliation, dont l'art. 49, § 7 dispense formellement la procédure de vérification. De plus, l'assignation aurait été donnée, non pas à la huitaine, aux termes de l'art. 72, mais à trois jours et sans permission du juge, aux termes de l'article 193. Enfin, les délais pour les significations d'écritures étaient inapplicables à cette procédure spéciale, dans laquelle les requêtes de défense et de réponse ne sont pas autorisées.

Vous avez donc, dans ce cas même où la dette est échue, un immense intérêt à conclure simplement, uniquement, ou à la reconnaissance ou à la vérification. Et alors, de deux choses l'une : ou l'adversaire assigné aux termes de l'art. 193 reconnaît son écriture, et il vous en est donné acte, et cet acte vous permet de prendre aussitôt l'hypothèque judiciaire, aux termes de l'art. 2123 (C. C.) ; ou bien, en cas de dénégation, la vérification en est ordonnée, et, quoique alors les délais soient nécessaires, au moins ces délais se trouvent-ils abrégés de tout le temps qu'une autre action principale vous eût demandé au préalable.

419. * Pour plus de clarté, nous diviserons l'examen de ce titre en trois paragraphes : le premier traitera de la procédure qui a pour but d'obtenir l'autorisation de faire vérifier la pièce, et du jugement qui ordonne la vérification (art. 193 à 197) ; le second, de la vérification proprement dite (art. 198 à 212), le troisième enfin aura pour objet le jugement qui statue sur la vérification et ses effets (art. 213).

§ 1. *De la procédure afin d'obtenir l'autorisation de faire vérifier la pièce et du jugement qui ordonne la vérification.*

« Art. 193. Lorsqu'il s'agira de reconnaissance et de vérification d'écritures privées, le demandeur pourra, sans permission du juge, faire assigner à trois jours pour voir acte de la reconnaissance, ou pour faire tenir l'écrit pour reconnu.

« Si le défendeur ne dénie pas la signature, tous les faits relatifs à la reconnaissance ou à la vérification, même ceux de l'enregistrement de l'écrit, seront à la charge du demandeur. »

En général, c'est sur la signature de l'écrit que porte la demande de reconnaissance ou de vérification. La signature, en effet, donne sa force à l'acte *sous seing privé*, qui ne prouve que parce qu'il contient un aveu signé. Quelquefois on demandera la reconnaissance ou la vérification de l'écriture même non signée, dans les cas prévus par les art. 1331, 1332 (C. C.). Enfin, dans le cas de l'article 1326 du même Code, la reconnaissance ou la vérification devra porter et sur la signature et sur l'écriture.

420. Quand une personne forme contre une autre une demande en reconnaissance ou vérification d'écritures, elle ignore comment l'instance se terminera. Sera-ce par un acte de reconnaissance ou par un jugement de vérification d'écritures ? Aussi a-t-on fait observer que la rubrique de ce titre eût été plus exactement formulée : *Des reconnaissances et vérifications d'écritures.*

Le défendeur à une pareille demande reconnaîtra souvent l'écriture qui lui est attribuée ; quelquefois même la dénégation est impossible. Le demandeur, quoique bien convaincu que le défendeur ne niera pas son écriture ou sa signature, peut cependant avoir intérêt à former la demande.

Je suppose, en effet, que Paul m'a souscrit un billet par lequel il se reconnaît mon débiteur de 10,000 francs payables dans dix ans. Si, à l'époque de l'échéance, Paul dénie sa signature, ou, sans attaquer la probité de Paul, il est mort, et que ses héritiers ne reconnaissent pas sa signature, je devrai prouver que le billet que je produis à l'appui de ma créance émane bien de Paul, à qui je l'attribue ; mais cette preuve, après un si long intervalle de temps, offrira peut-être de grandes difficultés. J'ai donc un intérêt évident à faire, dès le principe, dès le lendemain de la souscription du billet, ou au moins dans un bref délai, reconnaître, par mon débiteur, sa signature qu'il ne voudrait pas, qu'il n'oserait pas nier à ce moment ; il me serait d'ailleurs facile, en cas de dénégation, de prouver la sincérité de l'écrit que je produis.

Quoi qu'il en soit, à quelque époque que l'assignation ait lieu, si le défendeur reconnaît purement et simplement l'écriture ou la signature qui lui est attribuée, les conséquences de cette reconnaissance sont fort simples. Le tribunal donne acte de la reconnaissance de l'écriture ou de la signature ; cette déclaration se trouve acquise au demandeur pour l'avenir. Et si, plus tard, le débiteur refuse de payer à l'échéance de la dette, au moins ne pourra-t-il pas, lui ou ses héritiers, retarder mes poursuites en me forçant à prouver préalablement la sincérité de l'écrit que je produis à l'appui de ma prétention.

421. Le défendeur, qui reconnaît immédiatement et sans résistance l'écriture ou la signature de l'acte qui lui est attribué, ne paye aucun des frais occasionnés par la demande en reconnaissance. Il n'a pas perdu de procès, puisqu'il n'a rien contesté. Le créancier a voulu seulement prendre une précaution contre des dénégations possibles. C'est une sécurité peut-être inutile qu'il a voulu se procurer; il est juste qu'il en supporte les frais. Aussi le deuxième alinéa de notre article les met-il expressément à la charge du demandeur, *même ceux de l'enregistrement de l'écrit.* Toutefois cette décision a été modifiée en ce qui concerne ce droit d'enregistrement. Le demandeur l'avancera toujours au moment où il obtient acte de la reconnaissance antérieurement à l'échéance de la dette ; mais si plus tard, lors de l'échéance, le débiteur refusait de se libérer, ce refus mettrait à sa charge, et autoriserait à répéter contre lui le droit d'enregistrement de l'écrit qu'il a reconnu précédemment (art. 2, loi du 3 septembre 1807). En effet, le refus du débiteur nécessite un procès qui amènerait, par la faute de ce dernier, l'enregistrement de l'écrit, s'il n'avait déjà eu lieu.

Si, au contraire, le défendeur dénie ou ne reconnaît pas la signature ou l'écriture de l'acte qui lui est opposé, le procès suit son cours et se termine par un jugement qui, suivant les règles ordinaires, condamne la partie qui succombe à payer les frais (art. 130 C. Pr.).

422. Si cette contestation s'élève, c'est au demandeur qu'incombe la charge de la preuve. Mais qui joue le rôle de demandeur? Celui qui produit l'acte et veut s'en prévaloir. Ainsi celui qui se prétend créancier devra prouver la sincérité de l'écrit qu'il produit comme contenant obligation de son adversaire : et le débiteur, qui se prétend libéré, devra prouver la sincérité de la quittance sous seing privé qu'il attribue au créancier. Ces solutions ne sont, d'ailleurs, que l'application du principe général relatif à la charge de la preuve, principe que je crois utile de vous rappeler en peu de mots.

En règle générale, la preuve incombe à celui qui combat contre le *statu quo*, contre l'apparence, contre la probabilité résultant des faits. Ainsi, en matière réelle, dans un procès en revendication d'immeuble (1), par exemple, Paul et moi nous nous prétendons tous deux propriétaires de la même maison, de la même terre, mais Paul est en possession. Or, ceux qui possèdent sont ordinairement les propriétaires ; en revendiquant la propriété de cet immeuble, à l'égard duquel je n'ai pas les rapports habituels d'un propriétaire avec sa chose, en d'autres termes, que je ne possède pas, j'agis contre la probabilité des faits ; l'apparence est en faveur de Paul qui possède, aussi la preuve est-elle mise à ma charge. En matière personnelle, la présomption est que les personnes sont libres d'engagement les unes envers les autres : aussi celui qui se prétend créancier doit-il prouver sa prétention, car il combat contre la probabi-

---

(1) Les meubles sont soumis à des règles particulières (Voir l'art. 2729 C. C., et les commentaires sur cet article).

lité. Et réciproquement, si la créance est prouvée ou reconnue par le défendeur, mais que ce dernier allègue que l'obligation, qui a existé entre le
demandeur et lui, est maintenant éteinte, c'est à lui, défendeur, à prouver
sa libération ; car l'existence de la créance prouvée met l'apparence, la probabilité des faits en faveur du créancier.

Ces règles s'appliqueront au procès sur la vérification de l'écriture ou de la
signature d'un acte sous seing privé. Je me prétends, par exemple, créancier
de Paul d'une somme de 20,000 francs. Nous avons dit que je devais prouver
ma prétention, ma qualité de créancier. Je veux faire cette preuve en produisant un écrit qui contient, suivant moi, une reconnaissance de dette de la part
de Paul. Mais il nie la sincérité de l'acte que je lui attribue. Cet écrit, qui
mis l'apparence, la probabilité en ma faveur, s'il n'eût pas été contesté, cesse
d'avoir la même force en cas de dénégation de la part du prétendu débiteur.
La sincérité de l'écrit que je présentais comme preuve, étant contestée, a
besoin elle-même d'être prouvée ; la production de cet écrit contesté n'a pas,
aux yeux de la loi, assez de force pour mettre les probabilités en ma faveur.
C'est donc à moi, qui me prétends créancier, à prouver, en cas de dénégation,
la sincérité de l'acte que je produis, car c'est là simplement prouver que je
suis créancier (art. 1315 C. civ.). Nous verrons, au contraire, au titre suivant,
que la loi a donné plus de force à la production d'un acte revêtu de la forme
authentique ; cet acte rend vraisemblable l'allégation de celui qui l'invoque,
et impose au prétendu débiteur la charge de prouver la fausseté de l'acte
qui se présente avec l'apparence de l'authenticité.

423. Revenons à la vérification de l'acte sous seing privé. Supposons que
le débiteur qui allègue sa libération produise une quittance sous seing privé
dont l'écriture ou la signature est déniée ou non reconnue par le créancier.
Dès que le fait de l'existence de la créance est prouvé ou reconnu, le débiteur, qui se prétend libéré, doit établir sa libération. La preuve qu'il produit
est une quittance qu'il prétend émanée du créancier ou de son auteur. Si le
créancier la reconnaît, pas de difficulté ; s'il la nie ou la méconnaît, la règle
fondamentale (art. 1315 C. civ.) reçoit, son application ; et, de même que nous
mettions précédemment à la charge du créancier la preuve de l'écrit dénié
ou méconnu qui contestait l'obligation, de même nous imposerons au débiteur la charge de prouver la sincérité de la quittance dont la signature est
déniée ou méconnue.

424. Quant à la procédure, la demande en reconnaissance ou en
vérification d'écritures n'est pas soumise au préliminaire de conciliation, non
seulement lorsqu'elle est incidente, auquel cas elle ne rentre pas dans la règle de l'art. 48 (C. Proc.), mais même quand la demande est principale ; ces
sortes de demandes, en effet, sont expressément exceptées de la nécessité de
tenter la conciliation (art. 49, n° 7).

La procédure commence, d'après notre article, par une assignation à trois
jours. Cette assignation est donnée par un exploit d'ajournement pour les demandes principales en vérification ; mais les demandes incidentes sont formées par un simple acte d'avoué à avoué contenant les moyens et conclusions,

conformément à la règle générale contenue dans l'art. 137 de notre Code. L'assignation peut être donnée *à trois jours sans permission du juge*. Le délai ordinaire des ajournements, qui est de huitaine (art. 72), est restreint à trois jours pour les demandes dont nous nous occupons ici, sans qu'il soit nécessaire d'obtenir à cet égard une autorisation du président du tribunal. Cette abréviation de délai est facile à justifier. Le délai ordinaire de huitaine a pour but de donner au défendeur le temps de s'éclairer, de consulter sur la demande formée contre lui. Mais le défendeur à une demande en vérification d'écritures est dans une position toute différente. Sa réponse n'est que la constatation d'un fait : reconnaît-il ou non sa signature ou celle de son auteur ? Il n'a pas à consulter à cet égard son avocat ou son avoué ; il s'agit d'une appréciation toute personnelle.

Il est bien entendu que ce sont trois jours francs qui doivent s'écouler entre l'assignation et la comparution, conformément à l'art. 1033.

425. « Art. 194. Si le défendeur ne comparaît pas, il sera donné défaut, et l'écrit sera tenu pour reconnu : si le défendeur reconnaît l'écrit, le jugement en donnera acte au demandeur. »

Sur la demande en vérification d'éritures, il peut arriver : 1° que le défendeur reconnaisse l'écrit ; 2° qu'il garde le silence ; 3° qu'il dénie ou ne reconnaisse pas l'écriture ou la signature de l'écrit produit contre lui.

1° Le défendeur reconnaît l'écrit ; dans ce cas, le tribunal donne acte de cette reconnaissance au demandeur, et le procès est terminé, ou plutôt il n'y a jamais eu de procès, puisqu'il n'y a pas de contestation. Aussi ce n'est pas par un véritable jugement que le tribunal donne acte au demandeur de la reconnaissance, c'est plutôt par un acte judiciaire, car un jugement suppose une contestation. Quant aux effets de cet acte judiciaire, nous en parlerons en traitant des effets du jugement définitif de vérification, sur l'art. 213.

426. 2° Le défendeur garde le silence, soit qu'il ne comparaisse pas, c'est-à-dire ne constitue pas d'avoué sur une demande principale, *soit qu'il ne pose pas de conclusions sur une demande incidente en vérification*. Il est alors donné défaut contre le défendeur, et, comme conséquence du défaut, *l'écrit sera tenu pour reconnu*. Cette conséquence est une exception à la règle posée dans l'article 150. En cas de défaut du défendeur, le tribunal, aux termes de cet article, ne doit adjuger au demandeur ses conclusions que si elles se trouvent justes et bien vérifiées (Voy. n° 314). Mais, en matière de défaut sur une demande en vérification d'éritures, la loi traite plus rigoureusement le défendeur ; le tribunal doit, sans examen, par le seul fait du défaut du défendeur, tenir l'écrit pour reconnu ; la loi considère ici le silence du défendeur comme un acquiescement à la demande, comme une reconnaissance tacite de l'écrit. *Soit qu'il ne pose pas de conclusions sur une demande incidente en vérification.* L'art. 194 ne parle que des conséquences du défaut prononcé contre le défendeur qui ne comparaît pas, c'est-à-dire qui ne constitue pas avoué ; ces termes ne s'appliquent littéralement qu'aux demandes principales de vérification d'écritures. Mais cette conséquence rigoureuse du défaut du défendeur, la reconnaissance tacite de l'écrit, je n'hésite pas à l'étendre au défaut prononcé contre celui qui ne répond pas à l'acte d'avoué à avoué (art. 337) contenant demande incidente de vérification. Dans ce cas aussi, suivant moi, l'écrit être tenu pour reconnu par un argument *à fortiori* tiré de l'art. 194 même. En effet, si le silence d'une partie qui ignore peut-être complèt la demande intentée contre elle, qui n'a peut-être pas reçu l'exploit d'aj nement, qui n'a pas de mandataire légal dans l'affaire, si ce silence es gardé par le législateur comme une reconnaissance tacite de l'écrit, à f devons-nous donner le même effet au silence d'une partie qui a constitu avoué, qui a, dans la personne de ce mandataire légal, un conseil officiel; la diriger.

Au surplus, cette reconnaissance tacite de l'écrit résultant du défaut noncé contre le défendeur n'est pas irrévocablement acquise au demandeu Les jugements par défaut, soit contre partie, soit contre avoué, peuvent attaqués par la voie de l'opposition dans les délais et les formes ordin

427. 3° Le défendeur dénie ou ne reconnaît pas l'écriture. Alo procès s'engage sérieusement, et c'est particulièrement à cette dernière thèse que se réfèrent les dispositions des articles suivants.

« Art. 195. Si le défendeur dénie la signature à lui attribuée, ou déclare ne pa connaître celle attribuée à un tiers, la vérification en pourra être ordonnée tant par tit que par experts et par témoins. »

Dénie la signature..... ou déclare ne pas reconnaître..... Le défendeur dénie signature qui lui est personnellement attribuée, tandis qu'il peut se con de ne pas reconnaître la signature d'un tiers. Ce mot *tiers* a besoin d'explica tion: il désigne ici toute personne autre que le défendeur, comme le pè l'oncle, le parent dont le défendeur est l'héritier, qu'il représente devant justice, et des obligations duquel il est tenu ; tandis qu'ordinairement tiers sont précisément opposés aux auteurs ou ayants cause (1).

Pourra être ordonnée. On avait conclu des termes rigoureux de l'art. 1324 du Code civil... *la vérification en est ordonnée en justice,* que, dans le cas de testation sur l'acte sous seing privé, le tribunal ne pouvait se dispenser donner la procédure de vérification. Notre art. 195 a donné plus de au tribunal. Il lui est permis d'ordonner que la procédure de vérificati vra son cours suivant les règles de ce titre ; mais il peut aussi se trouve fisamment éclairé par l'inspection même de l'écrit, sans qu'il soit néces de recourir à une instruction ultérieure, aux lenteurs et aux frais de la pro dure en vérification. Le tribunal a le droit, pourvu qu'il motive sa décis de tenir l'écrit pour vrai ou pour faux, sans avoir recours aux experts témoins, etc. (2).

Mais, si le tribunal ne trouve pas des éléments suffisants de conviction dan l'inspection de la pièce, dans les circonstances de la cause, il faudra recour à la procédure de vérification.

Cette vérification aura lieu, dit la loi, soit par titres, soit par experts par témoins.

(1) Voir à cet égard tous les commentaires sur l'art. 1328 du Code civil.
(2) Cass., 3 juillet 1850 (Dall., 1850, 1, 210). — C. de cass., Rej., 28 mars 1 (Dall., 1, 492).

Par titres. Les titres seraient ici d'autres actes, d'autres écrits non contestés. Ainsi l'écrit contesté est relaté dans un acte authentique ; sa sincérité est prouvée par un titre. Il sera souvent difficile de déterminer jusqu'à quel point les titres produits comme preuve de la sincérité d'un acte sous seing privé doivent se référer à l'acte dont la vérification est ordonnée. Cette difficulté a été prévue, et, d'après le rapport de l'orateur du Tribunat au Corps législatif, *la loi est forcée sur ce point de s'en remettre au discernement du juge.*

Par experts... par témoins. Les articles suivants développeront ces modes de preuves.

Ces trois modes, les titres, l'expertise, l'audition de témoins, peuvent être ordonnés cumulativement ; le tribunal a aussi le droit de n'en ordonner qu'un seul.

428. « Art. 196. Le jugement qui autorisera la vérification, ordonnera qu'elle sera faite par trois experts, et les nommera d'office, à moins que les parties ne se soient accordées pour les nommer. Le même jugement commettra le juge devant qui la vérification se fera ; il portera aussi que la pièce à vérifier sera déposée au greffe, après que son état aura été constaté, et qu'elle aura été signée et paraphée par le demandeur ou son avoué, et par le greffier, lequel dressera du tout un procès-verbal. »

Cet article ne présente pas de difficulté.

Le jugement dont il est question ici termine la partie de la procédure qui forme l'objet de notre première division. Ce jugement nomme un juge-commissaire et des experts. Nous verrons plus tard, au titre *des Rapports d'experts*, qui peut être nommé expert, quand et comment les parties feront déclaration du choix de leurs experts, etc.

Nous renverrons de même, avec l'art. 197, à l'examen des titres XIV et XXI du présent titre, la matière de la récusation, soit contre le juge-commissaire, soit contre les experts.

429. § 2. *De la vérification proprement dite* (art. 197 à 212). — La loi indique quatre phases successives dans l'instruction qui a pour but de vérifier la pièce contestée. Nous nous occuperons en conséquence : 1° du dépôt de la pièce ; 2° des pièces de comparaison ; 3° du travail des experts et 4° de l'audition des témoins.

1° *Du dépôt de la pièce contestée.* Conformément au jugement qui ordonne la vérification, la pièce à vérifier sera déposée au greffe après que son état aura été constaté, et qu'elle aura été signée et paraphée par le demandeur ou son avoué et par le greffier, qui dresse procès-verbal du dépôt, de l'état de la pièce et des diverses signatures et paragraphes que je viens de mentionner (art. 196 *in fine*).

« Art. 198. Dans les trois jours du dépôt de la pièce, le défendeur pourra en prendre communication au greffe sans déplacement ; lors de ladite communication, la pièce sera paraphée par lui, ou par son avoué, ou par son fondé de pouvoir spécial ; et le greffier en dressera procès-verbal. »

Ces formalités, faciles à comprendre par la lecture de l'article, ont pour but d'empêcher toute altération de la pièce, et d'établir d'une manière certaine qu'elle est connue des deux parties, et que leurs allégations contradictoires ont bien pour but le même écrit. Remarquons seulement que le délai de trois jours, donné au défendeur pour prendre communication de la pièce, ne court du jour du dépôt que si le défendeur y a assisté; autrement la signification de l'acte du dépôt sera nécessaire pour faire courir ce délai, qui, d'ailleurs, n'est pas considéré comme un délai de rigueur. Il est bien entendu que le défendeur ne pourrait, par son refus de prendre communication de la pièce ou de la parapher, paralyser l'action du demandeur, qui peut passer outre après l'expiration du délai fixé par notre article.

430. 2° *Des pièces de comparaison* (art. 199 à 206). Pour rechercher si l'écriture ou la signature contestée émane ou non de celui à qui elle est attribuée, le mode le plus simple de procéder est de rechercher d'autres pièces d'écritures, d'autres signatures, incontestablement émanées de la partie à laquelle est attribuée la pièce à vérifier. On comparera alors l'écriture ou la signature de la pièce contestée avec celle des écrits sur lesquels aucune contestation ne s'est élevée. Qui comparera ces pièces? Les experts, et plus tard les juges. Ce choix, cette détermination des pièces de comparaison est donc un préliminaire du travail des experts.

Les pièces de comparaison peuvent être, comme nous allons le voir, agréées par les deux parties, ou produites par l'une et contestées par l'autre.

« Art. 199. Au jour indiqué par l'ordonnance du juge-commissaire, et sur la sommation de la partie la plus diligente signifiée à avoué, s'il en a été constitué, sinon à domicile, par un huissier commis par ladite ordonnance, les parties seront tenues de comparaître devant ledit commissaire, pour convenir des pièces de comparaison: si le demandeur en vérification ne comparaît pas, la pièce sera rejetée; si c'est le défendeur, le juge pourra tenir la pièce pour reconnue. Dans les deux cas, le jugement sera rendu à la prochaine audience, sur le rapport du juge-commissaire, sans acte à venir plaider : il sera susceptible d'opposition. »

La partie la plus diligente, autorisée par une ordonnance qu'elle a obtenue du juge-commissaire, sommera son adversaire de comparaître devant le juge pour convenir des pièces de comparaison. Sur cette sommation, la loi suppose que l'une ou l'autre des parties ne comparaît pas au jour fixé, et elle indique les conséquences de ce défaut. Celui du demandeur à la vérification entraîne le rejet de la pièce; celui du défendeur la fait tenir pour reconnue. Mais ce n'est pas le juge-commissaire qui prononcera l'une ou l'autre de ces décisions ; il ferait seulement un rapport à l'audience, et le tribunal statuera. Toutefois cette conséquence du défaut n'est pas irrémédiable ; le jugement est susceptible d'opposition comme tous les jugements par défaut.

431. Maintenant, supposons que, sur la sommation dont parle notre art. 199, les deux parties comparaissent devant le juge-commissaire; alors de deux choses l'une: ou les parties conviendront à l'amiable d'admettre certaines pièces de comparaison, ou les pièces produites par l'une ne seront point acceptées par l'autre. Le premier cas n'offre aucune difficulté ; dans le second, là loi a déterminé quelles pièces pourraient servir de points de comparaison.

« Art. 200. Si les parties ne s'accordent pas sur les pièces de comparaison, le juge ne pourra recevoir comme telles :

« 1° Que les signatures apposées aux actes par-devant notaires, ou celles apposées aux actes judiciaires en présence du juge et du greffier, ou enfin les pièces écrites et signées par celui dont il s'agit de comparer l'écriture, en qualité de juge, greffier, notaire, avoué, huissier, ou comme faisant, à tout autre titre, fonction de personne publique ;

« 2° Les écritures et signatures privées, reconnues par celui à qui est attribuée la pièce à vérifier, mais non celles déniées ou non reconnues par lui, encore qu'elles eussent été précédemment vérifiées et reconnues être de lui.

« Si la dénégation ou méconnaissance ne porte que sur partie de la pièce à vérifier, le juge pourra ordonner que le surplus de ladite pièce servira de pièce de comparaison. »

La loi distingue, au cas où les parties ne s'accordent pas, deux sortes de pièces de comparaison : les signatures apposées aux actes authentiques, et les écritures ou signatures des actes privés.

On admet d'abord, comme pièces de comparaison avec l'écriture ou la signature déniée par une personne, les signatures mises par elle sur des actes authentiques, comme personne publique, juge, greffier, notaire, maire, etc., et les pièces écrites par elle en qualité de personne publique. Quant aux signatures mises par des particuliers sur des actes authentiques, la loi n'admet comme pièces de comparaison que celles qui sont apposées aux actes notariés et aux actes judiciaires, *en présence du juge et du greffier*. Ces derniers mots ont soulevé une difficulté à l'égard de la signature mise par une personne privée sur un procès-verbal de conciliation. Ce procès-verbal est d'abord incontestablement un acte authentique, quoique la loi, par des raisons particulières, lui refuse certains effets de l'acte authentique (V. n°ˢ 117 et 118). De plus, la signature de la personne a été mise en présence du juge et du greffier. Mais vous avez vu précédemment qu'on ne peut considérer le procès-verbal de conciliation comme un acte judiciaire. Il précède l'instance, il est en dehors de l'instance ; et la lettre de notre article exige non seulement que la signature ait été apposée en présence du juge et du greffier, mais qu'elle ait été apposée sur un acte judiciaire. Malgré ces termes de l'art. 200, il me semblerait trop rigoureux d'exclure des pièces de comparaison la signature mise à la suite du procès-verbal de conciliation. Le procès-verbal de conciliation, au point de vue qui nous occupe, est aussi authentique qu'un acte notarié, et la signature mise en présence du juge de paix assisté de son greffier offre au moins autant de garanties de véracité que la signature apposée en présence d'un notaire.

432. 2° Quant aux écritures et signatures privées, on n'admettra, comme pièces de comparaison, que celles qui n'ont jamais été déniées ou méconnues par celui auquel est attribuée la pièce à vérifier ; mais on devra rejeter celles qu'il a contestées, quoiqu'elles aient été judiciairement reconnues comme émanées de lui. Quel est donc le motif de cette dernière solution ? Pourquoi une pièce contestée d'abord, mais judiciairement reconnue, n'est-elle pas admise comme pièce de comparaison ? Il ne faut voir dans cette décision que l'application du principe de l'autorité de la chose jugée. La chose jugée ne constitue qu'une vérité relative. Le jugement ne produit son effet qu'entre les mêmes parties, agissant dans les mêmes qualités, relativement à la même chose et lorsque la demande est fondée sur la même cause (art. 1351 C. civ.). La pièce qui a été vérifiée précédemment émane de Paul d'après le jugement, mais seulement à l'égard des parties de ce procès primitif, et au point de vue du procès dans lequel la vérification a été faite. En dehors de ce procès, exemple, pour la vérification d'une autre pièce contestée, la pièce précédemment vérifiée perd sa force, et le jugement qui l'a reconnue perd son autorité, la vérification eût-elle lieu entre les parties du procès primitif; car il n'y a plus identité d'objet ou de cause.

433. La loi ne s'est expliquée qu'à l'égard des écritures ou signatures privées judiciairement reconnues après contestation; mais la question peut se présenter également à l'égard des signatures apposées aux actes authentiques, aux actes notariés par exemple. Ainsi, je me suis inscrit en faux contre un acte authentique qui porte ma signature; je succombe dans ma demande, et par conséquent, le jugement reconnaît, comme émanée de moi, la signature qui m'était attribuée. Cette signature, judiciairement déclarée vraie par le jugement sur le faux, sera-t-elle admise comme pièce de comparaison dans un procès ultérieur, aux termes de l'art. 200-1°? Non, d'après le principe de l'autorité de la chose jugée. Cette signature n'est déclarée vraie, aux termes de l'art. 1351 (C. civ.), que pour le procès dans lequel l'inscription de faux a eu lieu. En un mot, tout ce que j'ai dit plus haut pour justifier la disposition de la loi qui exclut des pièces de comparaison les signatures des écritures privées judiciairement reconnues après contestation, s'applique aux signatures apposées aux actes authentiques, lorsque la sincérité en a été précédemment contestée, quoique judiciairement reconnue.

434. ... *Le juge pourra*... Ces mots : *Le juge*, dans le troisième alinéa, doivent être entendus du tribunal et non du juge-commissaire. Il s'agit de rendre une décision, et le tribunal a seul mission de statuer sur les contestations. D'ailleurs, sur les observations du Tribunat, on a expressément ajouté le mot *commissaire* au mot *juge*, partout où l'on voulait désigner le juge-commissaire lui-même (1).

435. Les art. 201, 202, 203, 204 et 205 exposent d'une manière fort explicite comment s'opérera le déplacement des pièces de comparaison qui se trouvent entre les mains de tiers, et quelles seront les conséquences de ce déplacement.

Sans lire ces articles, j'en présenterai l'analyse détaillée. Les pièces de comparaison, particulièrement celles qui sont énumérées dans l'art. 200-1°, sont entre les mains de tierces personnes, notaires, greffiers, etc.; ces personnes publiques ont pour mission de conserver les minutes, c'est-à-dire les originaux des actes qu'ils reçoivent, et d'en délivrer des copies aux personnes qui en ont besoin. Les copies délivrées sur la minute par un notaire, un greffier, je vous le rappelle en passant, prennent le nom de grosses ou d'expéditions; la grosse est la première expédition, revêtue de la formule exécutoire; les autres copies, qui ne sont pas revêtues de la formule exécutoire, portent

(1) Bourges, 10 juillet 1838 (Dall., 1838, 2, 232). — Rennes, 3 janvier 1838 (Dall., 1838, 2, 11). — *Contrà*, Caen, 28 décembre 1867 (Dall., 1863, 2, 211).

simplement le nom d'expédition (V. n° 1100). La loi impose à toutes ces personnes publiques l'obligation de ne pas se dessaisir de ces minutes, de ces
originaux confiés à leur garde, et dont la disparition engagerait leur responsabilité. Cependant ici l'officier public peut être déchargé de cette obligation.
Le tribunal, saisi de la demande en vérification d'écritures, pourra faire déplacer et apporter à son greffe la minute d'un acte déposé chez un notaire, ou
celle d'un jugement déposé aux archives de tel greffe, pour servir de pièce de
comparaison dans cette demande en vérification.

Il est aussi possible que le juge-commissaire ordonne à des tiers, personnes
privées, d'apporter au greffe des pièces dont elles sont dépositaires pour les
employer comme pièces de comparaison : ces tiers doivent également obéir
à un pareil ordre, et, en cas de refus d'obéir, ils peuvent, suivant les circonstances, encourir une condamnation à des dommages-intérêts.

La loi suppose ensuite que les pièces de comparaison ne peuvent être déplacées, ou que les détenteurs sont trop éloignés pour les apporter (art. 202).
Ainsi on ne peut, pour une seule affaire, déplacer et envoyer peut-être à une
grande distance un registre de l'état civil de l'année courante, qui contient
déjà un très grand nombre d'actes de naissance, de mariage ou de décès, et
en priver momentanément ceux qui auraient besoin d'y recourir et de s'en
faire délivrer des extraits. On fera alors la vérification dans le lieu de la demeure du dépositaire. Ou bien il s'agit d'une minute déposée dans une étude
de notaire fort éloignée : on ne peut, pour une seule affaire, exiger que le notaire, dépositaire de la pièce de comparaison, fasse un long voyage pour l'apporter. On ne peut l'enlever ainsi à ses clients, à ses fonctions, qui constituent
un service public ; le tribunal pourra ordonner que la minute lui sera envoyée par les voies qu'il indiquera dans son jugement.

Si le déplacement ne paraît pas possible, la vérification se fera au lieu où
est la pièce, et il sera envoyé un procès-verbal des opérations au tribunal
saisi de la demande en vérification. La loi, au surplus, laisse complètement à
l'appréciation du tribunal la question de savoir si la pièce sera déplacée ou
si la vérification se fera au lieu où se trouvent les pièces de comparaison. On
suppose même, dans l'art. 455 du Code d'inst. crim., 2e alinéa, la possibilité
de faire apporter un registre au greffe du tribunal qui a ordonné la vérification.

Quand le juge-commissaire, ou le tribunal, s'il y a eu contestation, ont ordonné l'apport au greffe d'une pièce publique ou privée, la partie la plus diligente fait sommation à son adversaire, aux experts et aux dépositaires de
ces pièces, de se trouver aux jour, lieu et heure indiqués par l'ordonnance
du juge-commissaire : aux dépositaires, afin de représenter les pièces de comparaison ; aux experts, afin de prêter serment et de procéder à la vérification ;
à la partie adverse, afin d'assister à l'opération. Cette sommation est faite par
exploit d'huissier aux dépositaires et aux experts, et par acte d'avoué à avoué
à la partie adverse (art. 204).

➤ **436.** Voyons maintenant les précautions que la loi a prises pour
que les intéressés puissent, pendant l'instruction de la vérification d'écritures,
se faire délivrer copie des actes dont les minutes ont été envoyées au greffe
du tribunal saisi de la demande en vérification.

I.

Trois hypothèses peuvent se présenter : 1° l'officier public, le notaire, par exemple, apporte sa minute lui-même et reste avec elle au lieu où est situé le greffe dans lequel il la dépose ; la loi lui permet, dans ce cas, de délivrer, dans ce lieu, des copies de sa minute, quoiqu'il se trouve hors de l'arrondissement dans lequel il a le droit d'instrumenter (art. 205). 2° hypothèse : le notaire enverra sa minute au greffe du tribunal qui a ordonné la vérification ou l'apportera et retournera à son étude : mais, avant d'envoyer ou d'apporter sa minute, il en aura fait préalablement une copie collationnée. Cette copie, après avoir été vérifiée sur la minute par le président du tribunal de l'arrondissement où le notaire exerce ses fonctions, sera mise elle-même au rang des minutes du notaire et en tiendra lieu jusqu'au renvoi de la pièce originale ; cette copie servira à délivrer des expéditions et même des grosses, qui auront la même foi que si elles étaient tirées sur la minute elle-même (art. 203, Pr. et 455, I. C.). 3° hypothèse : enfin le notaire peut remettre sa minute au greffe pour servir de pièce de comparaison, sans avoir fait une copie qui tienne lieu de minute pendant l'absence de la pièce originale, et sans rester au lieu où sa minute est déposée : dans ce dernier cas, le greffier du tribunal, en sa qualité de dépositaire temporaire de la minute, pourra en délivrer des expéditions (art. 245, C. Pr.).

437. « Art. 206. A défaut ou en cas d'insuffisance des pièces de comparaison, le juge-commissaire pourra ordonner qu'il sera fait un corps d'écritures, lequel sera dicté par les experts, le demandeur présent ou appelé. »

On n'a recours à ce dernier moyen qu'à défaut ou au cas d'insuffisance des autres. N'y a-t-il pas lieu de craindre, en effet, que le défendeur, qui écrit sous la dictée de l'expert, ne déguise son écriture et ne cherche ainsi à dérouter, à mettre en défaut la sagacité des experts ? Au contraire des écrits anciens, des signatures antérieures données sans aucune prévision du procès actuel, révéleront mieux les véritables caractères de l'écriture ou de la signature du défendeur à la vérification.

438. 3° *Du travail des experts* (art. 207 à 210). Depuis bien longtemps, depuis des siècles, les experts en écritures ont prétendu faire de la comparaison des écritures un art ayant ses règles fixes et certaines. S'attachant trop aux détails, confrontant deux écritures non seulement par mots, mais par lettres, par jambages, par les angles, les déliés, les becs de chaque jambage, ils perdent quelquefois de vue le caractère général des écritures comparées ; aussi des causes célèbres sont venues, dans tous les temps, donner d'éclatants démentis à la prétendue certitude de cet art conjectural. Justinien, dans la préface de la *Novelle* 73, en cite un exemple relatif à des experts d'Arménie, et il indique combien de circonstances peuvent modifier l'écriture d'une même personne... *Quando litterarum dissimilitudinem sæpe quidem tempus facit, non enim ita quis scribit juvenis et robustus, ac senex et forte tremens, sæpe autem et languor hæc facit ; et quidem hoc dicimus, quando calami et atramenti immutatio similitudinis per omnia aufert puritatem, et nec invenimus de reliquo dicere, quanta natura generans innovat et legislatoribus nobis præbet causas.* Des erreurs célèbres ont aussi déprécié chez nous l'art des experts en écritures. Aussi les rédacteurs du Code de Procédure se sont-ils crus obligés de se justifier d'avoir admis ce mode de preuve dans la vérification des écritures, en se fondant sur l'impossibilité de se procurer, dans beaucoup de circonstances, un autre genre de preuve. D'ailleurs nous verrons au titre : *des Rapports d'experts*, que leur opinion n'oblige pas le juge, qui peut très bien admettre, en la motivant, une décision contraire aux conclusions des experts.

Les articles 207, 208, 209 et 210 indiquent la manière de procéder des experts en matière de vérification d'écritures, et ne font que reproduire les dispositions générales du titre *des Rapports d'experts*. Nous renverrons donc à ce titre tous les détails relatifs au serment des experts, aux opérations et au procès-verbal des experts, aux dires des parties et à la taxe (nᵒˢ 514 et suiv.).

439. 4º *De l'audition des témoins* (art. 211, 212).

« Art. 211. Pourront être entendus comme témoins ceux qui auront vu écrire ou signer l'écrit en question, ou qui auront connaissance de faits pouvant servir à découvrir la vérité. »

Remarquez bien que les témoins sont entendus uniquement sur la question de savoir s'ils ont vu écrire et signer l'acte. On peut bien les interroger aussi sur des faits pouvant servir à découvrir la vérité, par exemple, sur le fait de savoir si la partie à laquelle l'acte est attribué n'a pas fait, en leur présence, l'aveu qu'elle l'avait écrit ou signé ; mais il ne serait pas permis de les entendre sur la sincérité de la convention contenue dans l'acte. Cette distinction est fort importante. Ainsi, je prétends que j'ai prêté 3,000 francs à Paul, et, à l'appui de cette prétention, je produis un billet qui porte sa signature. Paul nie cette signature que je lui attribue. Je puis faire entendre des témoins attestant qu'ils ont vu la preuve testimoniale (V. art. 1341, C. C., et l'explication de l'art. 253, Pr.). Le tribunal ne permettra donc pas au demandeur, sous prétexte de vérification d'écritures, de se procurer une preuve testimoniale que la loi prohibe (1).

« Art. 212. En procédant à l'audition des témoins, les pièces déniées ou méconnues leur seront représentées et seront par eux paraphées; il en sera fait mention, ainsi que de leur refus : seront, au surplus, observées les règles ci-après prescrites pour les enquêtes. »

Cet article ne contient de particulier à l'audition de témoins en matière de vérification d'écritures que la nécessité d'examiner et de parapher les pièces contestées.

Quant à la forme de l'audition des témoins, nous en renverrons l'examen, comme notre article, au titre des *Enquêtes* (nᵒˢ 470 et suivants).

440 § 3. *Du jugement qui statue sur la vérification et de ses effets* (art. 213).

La procédure de la vérification d'écritures peut aboutir à deux résultats : ou bien il ne sera pas prouvé que la pièce émane de celui à qui elle est attri-

(1) *Contrà*, C. de Douai, 28 juin 1841. — Montpellier, 10 juin 1848 (Dall., 1849, 2, 229).

buée, ou bien, au contraire, l'instruction démontrera que le défendeur a eu tort de dénier et de méconnaître l'écrit.

Le premier cas ne présente aucune difficulté, aussi la loi a-t-elle négligé de s'en occuper expressément, mais on supplée aisément à son silence. Le demandeur qui ne prouve point que la pièce contestée, le billet, par exemple, qu'il produit à l'appui de sa créance, émane de celui à qui elle est attribuée, perd son procès ; le défendeur sera renvoyé de la demande au principal, et tous les frais, tant de l'instance principale que de la vérification, seront mis à la charge du demandeur. De même le défendeur primitif, qui n'a pu prouver que la quittance qu'il produisait émanait du créancier, sera condamné au payement de la dette principale et des frais.

La seconde hypothèse est prévue par l'art. 213.

« Art. 213. S'il est prouvé que la pièce est écrite ou signée par celui qui l'a déniée, il sera condamné à cent cinquante francs d'amende envers le domaine, outre les dépens, dommages et intérêts de la partie, et pourra être condamné par corps même pour le principal. »

Ici la loi suppose que la vérification de la pièce contestée a amené la conviction qu'elle émanait de celui à qui elle était attribuée ; alors, d'après notre article, le jugement qui statuera sur la vérification, en tenant l'écrit pour reconnu, condamnera le défendeur aux dépens, et à 150 francs d'amende, sans préjudice des dommages-intérêts. De plus, le jugement emportera, comme tous les jugements de condamnation, une hypothèque judiciaire au profit du demandeur. Cette amende est une peine justement sévère de la dénégation faite à tort par le défendeur de son écriture ou de sa propre signature ; mais elle doit, comme toutes les peines, être restreinte dans les termes rigoureux des dispositions de la loi. Ainsi nous avons vu que la vérification d'un écrit est ordonnée dans deux cas bien distincts : 1° quand le défendeur dénie la signature ou l'écriture qui lui sont personnellement attribuées ; 2° quand il ne reconnaît pas l'écriture ou la signature de son auteur. Or, l'art. 213 ne parle que du cas où le défendeur a dénié à tort sa propre signature ou son écriture ; nous en conclurons que l'amende est inapplicable au cas où le défendeur aura méconnu, même à tort, l'écriture ou la signature de son auteur. Cette distinction se justifie d'ailleurs très facilement. En effet, celui qui dénie une écriture ou une signature que le jugement déclare émanée de sa propre main, ne peut guère échapper au soupçon de mauvaise foi ; tandis que le défendeur peut de très bonne foi ne pas reconnaître une écriture ou une signature que le jugement déclare émanée, non pas de lui personnellement, mais de son auteur. Il s'agit, dans ce cas, de son fait, et, dans l'autre, du fait d'autrui.

L'article 213 prononçait aussi, contre celui qui déniait à tort sa signature, la contrainte par corps même pour le principal. La contrainte par corps est aujourd'hui supprimée (V. art. 780).

441. Nous avons parlé jusqu'ici d'un jugement de vérification incidente. La vérification, comme je l'ai dit précédemment, peut avoir lieu par voie principale. Ainsi, porteur d'un billet que j'attribue à Paul, et par lequel il a promis de me payer 2,000 fr., dans trois ans, je l'assigne en vérification d'écri-

tures, trois ans avant l'échéance de la dette. Paul dénie son écriture ou sa signature ; la vérification en est ordonnée ; je prouve et le tribunal décide que l'écrit émane réellement de Paul : ce jugement produira-t-il tous les effets indiqués dans l'art. 213, et que nous venons d'appliquer au jugement qui statue à la fois sur la vérification d'écritures et sur le fond ? Ainsi le défendeur qui a dénié à tort son écriture ou sa signature dans une instance principale de vérification, sera bien condamné aux frais du procès (art. 130, C. Pr., et art. 2, L. du 3 sept. 1807) ; l'écrit sera tenu pour reconnu ; mais ce jugement emportera-t-il immédiatement hypothèque judiciaire ?

L'affirmative devait être adoptée aux termes de l'art. 2123 du Code civ., premier alinéa ; mais la loi du 3 septembre 1807, que je citais tout à l'heure, a modifié à cet égard la doctrine du Code. D'après l'art. 1er de la loi de 1807 : « Lorsqu'il aura été rendu un jugement sur une demande en reconnaissance « d'obligation sous seing privé, formée avant l'échéance ou l'exigibilité de « ladite obligation, il ne pourra être pris aucune inscription hypothécaire en « vertu de ce jugement qu'à défaut de payement de l'obligation après son « échéance ou son exigibilité, à moins qu'il n'y ait eu stipulation contraire. »

442. Appliquerons-nous au jugement de vérification par voie principale la condamnation à l'amende de cent cinquante francs ? Et plus tard, même quelques années après, quand viendra le jugement sur le fond, le tribunal pourra-t-il appliquer cette amende, en souvenir de cette dénégation mal fondée de l'écriture ou de la signature du défendeur ? Je crois que les dispositions de l'art. 213 doivent frapper le défendeur, qu'il ait dénié son écriture ou sa signature dans une demande principale ou dans une demande incidente en vérification. Il m'est impossible, en effet, d'apercevoir un motif de distinguer. Dans les deux hypothèses, le défendeur est de mauvaise foi, ou du moins il est jugé tel. Comment la forme de la procédure changerait-elle les conséquences de son mensonge ? S'il y a dans les deux cas la même déloyauté, pourquoi n'appliquerait-on pas la même peine ?

Dira-t-on que l'art. 213 paraît se référer à un jugement qui prononce sur le principal en même temps que sur la vérification d'écritures ; que l'amende ne peut être étendue d'un cas prévu par la loi à un cas qu'elle n'a pas expressément prévu ; qu'il semble étrange de prononcer une amende pour condamnation au principal à cause d'une dénégation d'écriture qui remonte peut-être à plusieurs années ? Les termes de l'art. 213 se prêtent aussi bien aux conséquences d'une vérification principale qu'à celles d'une vérification incidente ; et n'y aurait-il pas une singulière bizarrerie, une étrange injustice, à punir rigoureusement celui qui a dénié à tort son écriture et sa signature dans une instance incidente, tandis que la loi n'aurait aucune rigueur pour celui qui se rend coupable de la même mauvaise foi, dans une instance principale en vérification ? Que fait, d'ailleurs, le temps écoulé entre le mensonge du défendeur et l'échéance de la dette, entre ce mensonge et la condamnation pour le principal ? Je crois donc qu'il n'y a pas de distinction à faire ; quelle que soit la forme de l'instance en vérification, qu'elle accompagne ou précède le procès sur le fond, le défendeur qui a dénié à tort son écriture ou sa signature sera exposé à toutes les rigueurs de l'art. 213 : il encourra l'amende fixée par l'art. 213, et il aurait pu autrefois être condamné par corps pour la garantie de la dette principale.

DIX-HUITIÈME LEÇON

TITRE XI (C. D.)

DU FAUX INCIDENT CIVIL.

443. La procédure en vérification d'écritures ne s'applique qu'aux actes sous seing privé ; ceux-là seulement ont besoin d'être vérifiés à la requête de celui qui les produit, parce qu'ils ne font pas foi par eux-mêmes. Au contraire, l'acte authentique, rédigé conformément à l'art. 1317, fait pleine foi de sa vérité, fait pleine foi de ce qu'il renferme, conformément à l'art. 1319. Aussi, la partie dans les mains de laquelle se trouve un acte authentique n'a-t-elle point à sommer l'adversaire de le reconnaître ou de le dénier : loin de là, la partie qui produit un acte authentique a pour elle la présomption de la loi ; c'est à celui contre lequel l'acte est produit, à faire tomber, s'il le peut, l'autorité que la loi y attache.

En effet, quoique l'acte authentique fasse pleine foi de sa vérité, cette foi dont la loi l'investit n'est, après tout, qu'une présomption, et une présomption de telle nature qu'elle cède à la preuve contraire. Or, lorsque celui contre qui un acte authentique est invoqué vient soutenir la fausseté de cet acte, la procédure à suivre est tracée par le titre XI, c'est celle dont la loi s'occupe sous la rubrique DU FAUX INCIDENT CIVIL, c'est celle qu'on qualifie dans l'usage du nom d'*inscription de faux*.

444. La rubrique de ce titre XI, c'est celle-ci : DU FAUX INCIDENT CIVIL, *du faux civil, de la poursuite en faux intentée par la voie civile*. Le sens de ces mots est assez clair : le faux civil est évidemment pris, dans cette phrase, par opposition au faux criminel, dont il est séparé par d'assez notables différences.

Ainsi, dans le cours d'un procès civil, un acte authentique est invoqué contre vous ; cet acte vous paraît faux, et vous entendez démontrer sa fausseté. Du reste vous n'alléguez pas que l'adversaire soit l'auteur du faux : vous ne connaissez pas cet auteur, ou bien vous le connaissez, vous le soupçonnez, mais il est mort. Dans ce cas, le seul moyen qui vous reste est de faire le procès à l'acte ; le seul moyen est de démontrer le faux devant les tribunaux civils, incidemment à la contestation dans le cours de laquelle l'acte a été invoqué. Ce ne sera pas au faussaire inconnu ou décédé que l'on va faire le procès, c'est uniquement à la pièce, et dans un intérêt tout civil. Les seules parties de ce procès seront le demandeur en faux, et le défendeur qui soutient la vérité de la pièce.

Au contraire, non seulement vous croyez que tel acte est un acte faux et préjudiciable à vos droits, mais vous croyez connaître la personne coupable de ce faux ; elle vit, elle ne peut invoquer la prescription, dix ans ne sont pas révolus depuis le faux. Alors vous portez plainte dans les formes tracées par le Code d'instruction criminelle : alors un procès s'entame, non pas devant un tribunal civil, entre vous et le faussaire, mais, au contraire, devant un tribunal criminel, entre le ministère public et le faussaire, pour faire le procès, non pas à l'acte, mais à la personne. Sous ce triple rapport, de la désignation des parties, de la compétence du tribunal et du but de chaque action, la poursuite en faux civil ou l'inscription de faux diffère notablement du faux poursuivi par la voie criminelle. Aussi, rien de plus simple à saisir que l'opposition de ces mots : *Faux civil, faux criminel.*

Mais la loi ne se borne pas à qualifier de faux civil la procédure dont il est question dans le titre XI de ce livre; elle l'appelle *faux incident civil*; cette expression est un peu équivoque. On comprend aisément que le faux civil soit un faux incident; c'est-à-dire qu'en général, vous ne serez tenté d'alléguer la fausseté d'un acte, que quand cet acte sera invoqué contre vous.

Ainsi, dans le cours d'un procès, votre adversaire se prévaut d'un acte en forme authentique, et dont vous alléguez la fausseté ; l'inscription de faux constitue une poursuite en faux civil, car vous n'attaquez que la pièce et non son auteur, et en même temps une poursuite en faux incident, car c'est à propos d'une contestation, dont elle vient interrompre et entraver le cours que se trouve introduite cette poursuite de faux civil.

Au contraire, le faux criminel est appelé souvent *faux principal*, quoiqu'il puisse être introduit à propos d'une poursuite civile déjà pendante ; mais comme ces poursuites criminelles, quand elles surviennent, sont portées devant des juges tout à fait différents, qu'elles ne forment point un incident, comme aucune connexité n'existe entre le procès civil et la poursuite criminelle à laquelle il a donné naissance, on donne dans l'usage le nom de *faux principal* au faux poursuivi par la voie criminelle.

Ainsi, ces mots de *faux incident* et de *faux principal*, opposés l'un à l'autre, ne paraissent avoir au fond aucune signification bien utile ; car ils ne font que reproduire, d'une manière un peu inexacte, une idée qui rendait déjà insuffisamment l'expression de *faux civil* pour le premier cas, et de *faux criminel* pour le second. Cependant la locution a passé dans l'usage, et tous les jours on appelle *faux incident* le faux poursuivi devant les tribunaux civils, et *faux principal* le faux poursuivi par le ministère public devant les tribunaux criminels.

445. * L'ordonnance de 1667 sur la procédure ne s'était pas occupée du faux, mais une autre ordonnance de 1737, due au chancelier d'Aguesseau, établit sur cette matière une procédure uniforme pour toute la France. Cette ordonnance, que les rédacteurs de notre Code de procédure ont en grande partie reproduite, reçut le nom de *Sage ordonnance*; elle ne traitait pas seulement du faux civil, mais aussi du faux criminel et des reconnaissances d'écritures ou de signatures en matière criminelle. Les codes actuels ont traité séparément des deux sortes de faux : les règles du faux civil ont pris place dans le Code de procédure ; les dispositions relatives au faux criminel, dans le Code d'instr. crim., et dans le Code pénal (art. 448 et suiv., I. C. ; art. 145 et suiv., C. P.)

L'art. 214 indique d'abord dans quels cas une partie peut prendre la voie de l'inscription de faux.

« Art. 214. Celui qui prétend qu'une pièce signifiée, communiquée ou produite dans le cours de la procédure est fausse ou falsifiée, peut, s'il y échet, être reçu à s'inscrire en faux, encore que ladite pièce ait été vérifiée, soit avec le demandeur, soit avec le défendeur en faux, à d'autres fins que celle d'une poursuite de faux principal ou incident, et qu'en conséquence, il soit intervenu un jugement sur le fondement de ladite pièce comme véritable. »

Cet article reproduit à peu près textuellement l'art. 1er et l'art. 2 du titre II de l'ordonnance de 1737.

Produite dans le cours de la procédure. C'est ainsi que le faux, dont nous nous occupons, reçoit le nom de faux incident ; la poursuite de faux incident prend toujours naissance au milieu d'une instance, à l'occasion d'une pièce signifiée, communiquée ou produite dans le cours de la procédure. L'ordonnance de 1737 ne supposait également cette procédure possible que par voie incidente (1).

S'il y échet. L'orateur du Tribunat au Corps législatif faisait remarquer que ces mots n'avaient pas pour but de conférer aux tribunaux un pouvoir arbitraire d'admettre ou de rejeter l'inscription de faux, mais que le tribunal devait examiner si la pièce arguée de faux avait un trait direct à la contestation au milieu de laquelle elle est produite. Si cette pièce, en effet, vraie ou fausse, ne peut avoir aucune influence sur la décision de l'affaire, à quoi bon s'embarrasser de toute cette procédure de faux, qui n'apporterait aux juges aucun élément de conviction pour le jugement du fond (2)?

Être reçu à s'inscrire en faux. Cette procédure porte le nom d'inscription de faux : cette expression vient, dit-on, de la procédure criminelle des Romains. Le citoyen qui voulait en accuser un autre s'inscrivait contre lui. Chez nous, dans la législation actuelle, ce mot signifie tout simplement que la partie qui veut attaquer un acte par la voie du faux incident doit faire au greffe la déclaration qu'elle entend s'inscrire en faux.

446. Quels sont les actes qui peuvent être l'objet d'une inscription de faux? Ce sont d'abord les actes en forme authentique, comme un acte notarié, un acte de l'état civil, un jugement ou un arrêt (3). Ainsi les actes de l'état civil font foi jusqu'à inscription de faux (art. 45, C. civ.).

Si, dans une instance, mon adversaire m'oppose un acte authentique, je ne puis me borner à nier ou à méconnaître l'écriture ou la signature de l'acte authentique, comme je pourrais le faire s'il s'agissait d'un acte sous seing privé. Je dois m'inscrire en faux contre l'acte authentique. J'ai déjà montré toute la différence qui sépare ces deux procédures : celui qui produit un acte sous seing privé, dénié ou méconnu, doit en prouver la sincérité par la voie de la vérification d'écritures ; au contraire, celui qui produit un acte en forme au-

(1) Cass., 25 juin 1845 (Dall., 1845, 1, 325). — *Contrà*, C. de Bordeaux, 30 août 1841 (Dall., *Rép.*, v° *Faux incident*, n° 66).

(2) V. les arrêts cités dans Dalloz, *Rép.*, v° *Faux incident*, n° 80, et C. d'Orléans, 16 décembre 1857 (Dall., 1859, 2, 127).

(3) Cass., 15 juillet 1833 (Dall., *Rép.*, v° *Faux incident*, n° 39).

thentique, dont la sincérité est contestée, n'a rien à prouver. La présomption de sincérité existe en faveur de l'acte en forme authentique; c'est à celui qui l'attaque à en prouver la fausseté par la voie du faux incident civil.

Mais faut-il aller jusqu'à dire que toute attaque contre la sincérité de l'écrit, de son contenu, des allégations qu'il renferme, ne pourra se produire que par la voie de l'inscription de faux? Nous devons faire à cet égard des distinctions. Attaque-t-on seulement la sincérité des déclarations faites par les parties devant l'officier public, tout en reconnaissant que cet officier a bien constaté ce qu'il a vu ou entendu, il n'est pas nécessaire de prendre la voie de l'inscription de faux. Mais si je prétends que l'officier public a dénaturé les déclarations des parties, qu'il a écrit autre chose que ce qu'il a vu et entendu, alors l'inscription de faux devient nécessaire pour faire tomber la foi due à l'acte. En un mot, quant à son contenu, l'acte ne fait foi, jusqu'à inscription de faux, que de ce que l'officier public atteste *ex propriis sensibus*. Ainsi le notaire a écrit que cinquante mille francs avaient été versés, en sa présence, par un des contractants, dans les mains de l'autre, à titre de prêt ou de payement d'une dette; mais celui qui a remis les billets ou les écus à l'autre devant le notaire les avait reçus auparavant des mains de celui à qui il les a remis en présence de l'officier public, ou celui qui les a reçus devant le notaire en a opéré plus tard la restitution à l'autre partie hors de la présence du notaire. Ces faits, qui dénaturent l'acte, pourront être prouvés sans recourir à la voie de l'inscription de faux; car la véracité de l'officier public n'est point mise en question.

Ce n'est pas tout: il faut encore prendre la voie de l'inscription de faux pour attaquer la sincérité matérielle de l'acte, comme dans le cas où je prétends que l'acte en forme authentique, qui m'est opposé, a été altéré depuis qu'il est sorti des mains de l'officier public, et même qu'il a été entièrement fabriqué par un autre que l'officier public dont il porte la signature apparente et auquel on l'attribue. L'acte en forme authentique fait donc foi, non seulement de son contenu, avec la distinction précédemment exposée, mais même de sa forme, de son apparence authentique. Il fait foi de son contenu, parce que foi est due à l'officier public pour ce qu'il atteste *ex propriis sensibus*; mais cette raison ne suffit plus pour expliquer pourquoi il fait foi de son apparence authentique : car la question est peut-être précisément de savoir si l'acte émane d'un officier public. Mais l'acte authentique porte une signature officielle, connue, plus difficile à falsifier, le sceau également connu de l'officier public ; les peines qui frappent le faussaire en écritures publiques sont plus sévères que celles du faux en écritures privées (art. 145 et suiv., C. pénal) ; l'acte qui se présente comme authentique offre donc plus de garanties, une plus grande présomption de sincérité que l'acte sous seing privé. Voilà pourquoi le premier fait foi jusqu'à inscription de faux.

La première espèce de faux, le récit inexact ou mensonger de la part de l'officier public, des faits qui se sont passés devant lui, constitue le *faux intellectuel*; on nomme *faux matériel* celui qui consiste dans l'altération ou la fabrication d'un acte authentique. La seule voie ouverte au civil contre ces deux sortes de faux est la procédure d'inscription de faux. L'altération de l'acte, ne consistât-elle que dans une ponctuation ajoutée après coup, et qui peut singulièrement modifier la portée de l'acte, rendrait nécessaire la voie de l'inscription de faux.

447. Ce n'est pas seulement contre un acte authentique qu'une partie peut s'inscrire en faux, mais aussi contre un acte sous seing privé. Notre article porte: *Encore que ladite pièce ait été vérifiée.* Ainsi l'acte sous seing privé, qui a été l'objet d'une vérification d'écritures, peut encore être attaqué par la procédure de faux incident civil. Ce droit de s'inscrire en faux contre un acte sous seing privé déjà vérifié existait déjà sous l'empire de l'ordonnance de 1737 (art. 2, tit. II), dont notre art. 214 reproduit les expressions.

On peut trouver étrange, au premier abord, le droit d'attaquer de nouveau la sincérité d'un acte que la justice a déjà soumis à un premier examen. Plusieurs raisons ont été données devant le Corps législatif à l'appui de cette disposition. On a fait remarquer, d'abord, que, dans le faux incident, la poursuite et la preuve du faux sont à la charge de celui à qui l'acte a été opposé, tandis que, dans la vérification d'écritures, c'est celui qui présente l'acte qui le fait vérifier ; celui à qui l'acte est opposé se borne à surveiller la procédure que son adversaire dirige. Nous avons vu que, dans cette dernière procédure, le silence seul du défendeur peut faire tenir l'acte pour reconnu (art. 194). Pourquoi, disait-on, ne pas lui permettre de faire vérifier l'acte, ou de le tenir pour vérifié, afin de prendre lui-même l'offensive, la direction de la procédure, de se charger de la preuve, en un mot, de s'inscrire en faux ?

L'orateur du Tribunat faisait valoir, comme second argument à l'appui de la disposition qui permet de s'inscrire en faux contre un acte sous seing privé déjà vérifié, que l'inscription de faux incident, tout en n'attaquant que l'acte, pouvait mettre la justice sur les traces du coupable. Eh bien, il ne faut pas que l'auteur même du faux, en prenant l'initiative de la vérification, parvienne à se soustraire à la procédure du faux incident dont il redoute peut-être les conséquences.

Quoi qu'il en soit, il est certain que l'acte vérifié n'est pas à l'abri d'un nouvel examen par la voie de l'inscription de faux ; mais une première inscription de faux établirait une fin de non-recevoir insurmontable contre une seconde inscription de faux. C'est ce que nous disait déjà l'ordonnance de 1737, que reproduit à cet égard l'art. 214..... *A d'autres fins que celle d'une poursuite de faux principal et incident.* Si une telle poursuite avait déjà eu lieu, tout serait terminé.

448. Nous savons contre quels actes l'inscription de faux est recevable. Examinons maintenant quelle est la marche de cette procédure.

La procédure de l'inscription de faux comprend trois périodes aboutissant chacune à un jugement : le premier jugement a pour but l'admission de l'inscription de faux et la nomination d'un juge-commissaire; par le second, le tribunal ordonne, s'il y a lieu, la preuve du faux ; le troisième statue sur le faux.

En conséquence, nous diviserons l'examen de cette procédure en quatre paragraphes: § 1. De la procédure qui aboutit au premier jugement (art. 215 à 218). — § 2. De la procédure qui aboutit au second jugement (art. 219 à 233). — § 3. De la procédure qui aboutit au troisième jugement et des effets de ce jugement (art. 234 à 238, 241 à 244, 246, 247, 248, 251). — § 4. De quelques dispositions particulières (art. 239, 240, 245, 249, 250).

§ 1. *Procédure aboutissant au jugement qui admet l'inscription et nomme le juge-commissaire* (art. 215 à 218). — L'ordonnance de 1737 exigeait avant tout, de la partie qui s'inscrivait en faux, la consignation d'une amende, qui variait suivant les juridictions (V. ordonnance de 1737, tit. II, art. 4). Cette nécessité de consigner une amende préalable a disparu du Code de Procédure.

➤➤➤ **449.** C'est à cause de la gravité de l'allégation du demandeur en faux que la loi exige ici des précautions toutes spéciales. Il faut que celui qui a produit les pièces sans en connaître, sans en soupçonner peut-être la fausseté, réfléchisse mûrement avant de laisser engager la procédure de faux. Qui sait si, en présence de l'inscription de faux, il ne retirera pas la pièce qu'il avait produite ?

« Art. 215. Celui qui voudra s'inscrire en faux sera tenu préalablement de sommer l'autre partie, par acte d'avoué à avoué, de déclarer si elle veut ou non se servir de la pièce, avec déclaration que, dans le cas où elle s'en servirait, il s'inscrira en faux. »

« Art. 216. Dans les huit jours la partie sommée doit faire signifier, par acte d'avoué, sa déclaration, signée d'elle ou du porteur de sa procuration spéciale et authentique, dont copie sera donnée, si elle entend ou non se servir de la pièce arguée de faux. »

Cette déclaration écrite ne pourrait être suppléée par une déclaration verbale faite à l'audience : ainsi l'avait décidé un arrêt sous l'empire de l'ordonnance de 1737, et l'orateur du Tribunat, dans son exposé des motifs, le rappelait en l'approuvant.

Dans les huit jours. Cette formule montre que le délai n'est pas franc (V. aussi l'explication de l'article suivant).

« Art. 217. Si le défendeur à cette sommation ne fait cette déclaration, ou s'il déclare qu'il ne veut pas se servir de la pièce, le demandeur pourra se pourvoir à l'audience sur un simple acte, pour faire ordonner que la pièce maintenue fausse sera rejetée par rapport au défendeur ; sauf au demandeur à en tirer telles inductions ou conséquences qu'il jugera à propos, ou à former telles demandes qu'il avisera pour ses dommages et intérêts. »

Si le défendeur ne fait cette déclaration. D'après l'art. 216, cette déclaration doit être faite dans les huit jours de la sommation prescrite par l'art. 215. L'art. 217 attache une sanction à l'omission de cette déclaration. Faut-il attacher la même sanction à l'expiration du délai de huit jours ? la déclaration faite après la huitaine ne produira-t-elle aucun effet ? En d'autres termes, le délai de huit jours fixé par l'art. 216 est-il un délai de rigueur ? Le retard dans la déclaration peut être motivé par des circonstances indépendantes de la volonté de celui qui a été sommé de déclarer s'il entendait se servir de la pièce. La loi, d'ailleurs, n'a pas prononcé de déchéance contre celui qui laisserait expirer le délai de huit jours sans faire sa déclaration ; aussi la jurisprudence s'est-elle justement arrêtée à l'opinion que les juges ne pouvaient dans le silence de la loi, suppléer une pareille déchéance. Le tribunal, appréciant les motifs du retard, pourrait donc admettre une déclaration postérieure au terme fixé par l'art. 216 (1).

Faute de déclaration, ou en présence d'une déclaration portant que le défendeur à la sommation, c'est-à-dire celui qui a produit la pièce, renonce à s'en servir, l'autre partie peut, par un simple acte d'avoué à avoué, poursuivre l'audience et faire ordonner que la pièce sera rejetée *par rapport au défendeur, sauf au demandeur*, etc.

« L'effet du jugement » (disait Pothier, sur l'art. 12 du tit. II de l'ordonnance de 1737, exactement rédigé comme notre article), « l'effet du jugement « qui ordonne, en ce cas, le rejet de la pièce, est que la partie contre qui le « rejet en est ordonné ne peut plus en tirer aucune induction en favé « son droit ; mais celle qui l'a fait rejeter en peut tirer telles induc « qu'elle jugera à propos et former telles demandes qu'elle avisera pour « dommages et intérêts. » C'est en ce sens qu'elle est rejetée à l'égard défendeur et non à l'égard du demandeur.

Ce rejet de la pièce, sur le silence du défendeur ou sur sa déclaration qu' ne veut pas s'en servir, ne doit pas s'appliquer à un acte de mariage que l' des époux prétendrait faux. Si le silence ou l'accord de l'autre forçait le nal à considérer cet acte comme faux, on arriverait ainsi à une nullité mariage par consentement mutuel (2).

Le jugement dont il est question dans cet article sera rendu sur les conclusions du ministère public, comme tous ceux relatifs à la procédure de faux (art. 251).

« Art. 218. Si le défendeur déclare qu'il veut se servir de la pièce, le demandeur déclarera, par acte au greffe, signé de lui ou de son fondé de pouvoir spécial et authentique, qu'il entend s'inscrire en faux : il poursuivra l'audience sur un simple acte, à l'effet de faire admettre l'inscription, et de faire nommer le commissaire devant lequel elle sera poursuivie. »

Cette déclaration du demandeur est précisément l'inscription de faux. L'a voué ne peut la faire en vertu du pouvoir général d'occuper pour son client. C'est une procédure assez grave pour que le client fasse lui-même cette déclaration, ou la fasse faire par un fondé de pouvoir spécial (3).

Le jugement dont il est question dans l'art. 218 termine la première période. Il est bon de remarquer que la procédure, au début de l'incident relatif au faux, ne suit pas tout à fait, dans le Code, la même marche que dans l'ordonnance de 1737. D'après cette ordonnance, l'admission de l'inscription de faux précédait la sommation faite à celui qui a produit la pièce de déclarer s'il persistait à s'en servir. Aujourd'hui, au contraire, ce n'est qu'après cette sommation (art. 215) qu'intervient le jugement qui admet l'inscription de faux.

L'ordre actuel paraît plus raisonnable. « L'autorisation du magistrat » (disait l'orateur du Tribunat) « ne doit intervenir que quand l'intérêt se joint à la p

---

(1) C. de Rouen, 24 août 1816 et 5 décembre 1829. — Cass., 8 août 1837 et 21 juin 18 (Dall., *Rép.*, v° *Faux incident*, n°ˢ 117, 118, 119).

(2) C. de Riom, 26 juin 1828 et 2 février 1829. — *Contrà*, Riom, 3 juillet 1828 (Dall. *Rép.*, v° *Faux incident*, n° 129).

(3) *Contrà*, C. de Toulouse, 2 mai 1827 (Dall., *Rép.*, v° *Faux incident*, n° 30).

« lonté de celui qui demande de s'inscrire, et cet intérêt n'existe réellement
« que lorsqu'il est certain que l'on veut lui opposer la pièce ; ce n'est donc
« qu'à ce moment que le juge est saisi, et qu'il doit prononcer s'il y a lieu
« d'autoriser. »

Dans l'ordonnance de 1737, l'autorisation était donnée par une ordonnance
du juge, rendue à la suite d'une requête à lui adressée par celui qui voulait
s'inscrire en faux (art. 3, 7, 8, ord. de 1737). Aujourd'hui, c'est un jugement
qui admet l'inscription de faux.

450. § 2. *Procédure pour parvenir au jugement qui admet la preuve du faux,*
— art. 219 à 233). Cette partie de la procédure de faux contient deux phases distinctes : la première a pour but l'apport de la pièce arguée de faux et sa constatation, afin que les deux parties soient bien d'accord sur l'objet du litige,
et ne puissent lui faire subir aucune altération. Cette première phase de la
procédure a lieu au greffe et devant le juge-commissaire ; la seconde, qui se
passe à l'audience, a pour objet la discussion de l'admissibilité des moyens
tendant à prouver le faux.

Occupons-nous d'abord de ce qui se passe devant le juge-commissaire. Ce
magistrat a particulièrement pour mission de constater l'état de la pièce arguée
de faux dans un procès-verbal dont la loi règle la forme. Mais il faut avant
tout apporter au greffe la pièce arguée de faux, souvent même la minute de
l'acte prétendu faux. Examinons les dispositions de la loi à cet égard.

« Art. 219. Le défendeur sera tenu de remettre la pièce arguée de faux au greffe,
dans les trois jours de la signification du jugement qui aura admis l'inscription et nommé
le commissaire, et de signifier l'acte de remise au greffe dans les trois jours suivants. »

Vous vous rappelez comment sont distribués dans cette procédure les rôles de
demandeur et de défendeur. Le demandeur est celui qui attaque la pièce qu'on
lui oppose ; le défendeur, celui qui a produit la pièce attaquée.

La signification du jugement qui termine la première période sert de transition pour passer à la seconde. Le défendeur, qui reçoit cette signification,
doit, dans les trois jours qui suivent, remettre au greffe la pièce arguée de
faux. Toutefois ce dépôt au greffe n'est pas toujours nécessaire : il l'est sans
doute, lorsqu'il s'agit d'un faux matériel, lorsque le demandeur prétend que
l'acte a été confectionné par un autre que l'officier public, ou que des additions,
des ratures, des surcharges, y ont été frauduleusement introduites. Mais, s'il est
question d'un faux intellectuel, si, par exemple, le demandeur prétend que l'officier public, notaire ou autre, a mis dans l'acte des énonciations contraires à
ce qu'il avait vu et entendu, à quoi bon déposer la pièce sur l'état matériel de
laquelle il ne s'élève aucune difficulté ? A quoi bon même dresser un procès-
verbal de l'état matériel de cette pièce ? Aussi toute la procédure expliquée
dans les art. 219 à 233 s'applique-t-elle particulièrement au faux matériel, et
peut-elle souvent être omise dans les procès sur un faux intellectuel.

L'acte qui constate le dépôt au greffe, quand il a lieu, est signifié au demandeur par le défendeur dans un nouveau délai de trois jours.

Ce délai de trois jours n'est pas plus de rigueur que celui dans lequel le
dépôt doit être effectué. L'expiration de ces délais sans que les formalités aux-

quelles ils s'appliquent aient été accomplies ne fait encourir aucune déchéance (1).

« Art. 220. Faute par le défendeur de satisfaire, dans le délai, à ce qui est p par l'article précédent, le demandeur pourra se pourvoir à l'audience, pour faire tuer sur le rejet de ladite pièce, suivant ce qui est porté en l'art. 217 ci-dessus mieux il n'aime demander qu'il lui soit permis de faire remettre ladite pièce au à ses frais, dont il sera remboursé par le défendeur comme de frais préjudiciaux l'effet de quoi il lui en sera délivré exécutoire. »

Si le défendeur ne dépose pas la pièce au greffe, le demandeur peut ordonner par le tribunal que la pièce sera rejetée. Jusque-là, pas de diffic Mais la loi va plus loin ; elle donne au demandeur la faculté de faire lui remettre la pièce au greffe. Pourquoi, dira-t-on, le demandeur pren cette dernière voie ? Ne lui suffit-il pas que l'acte qui lui était oppo é écarté du procès ? Mais, d'abord, il ne faut pas, comme le disait l'orateur Tribunat, *que le défendeur, en refusant de déposer la pièce arguée de faux, p se remettre dans la position où il était avant sa déclaration* qu'il entendait se vir de cette pièce ; il ne peut, *par son refus, conserver à la pièce sa dang existence, et se ménager le moyen de la faire valoir, lorsque les preuves du seront dépéries.* Le demandeur peut d'ailleurs, pour le procès même, intérêt à mener à fin la procédure de faux. Il est donc juste de l'autoriser faire opérer lui-même le dépôt de la pièce. Mais quoi ? déciderons-nous que le demandeur pourra enlever la pièce des mains ou du dossier du défendeur ? Assurément non. S'il n'existe qu'un seul original de l'acte argué de que cet original soit dans les mains du défendeur, le demandeur ne pourra user de cette faculté d'effectuer lui-même le dépôt de la pièce. Pour qu'il puisse faire lui-même remettre la pièce au greffe, il faut supposer que la pièce entre les mains d'un tiers désintéressé, d'un notaire par exemple.

Quand le demandeur fait remettre la pièce au greffe, il avance les frais de ce dépôt, et en obtient le remboursement du défendeur, comme de frais pré *judiciaux*, c'est-à-dire qu'il peut en demander le remboursement au défendeur avant que l'instance soit terminée, et sur l'exécutoire qui lui sera délivré cet effet. On nomme exécutoire de dépens un ordre de la justice de payer frais liquidés, ordre revêtu de la même formule exécutoire que les jug (art. 545).

451. Le défendeur en faux n'a peut-être entre les mains qu'une copie l'acte argué de faux, tandis que la minute se trouve chez l'officier public a reçu l'acte. Le rapprochement de la minute avec la copie, l'examen minute suspecte elle-même, sont peut-être nécessaires ou du moins pour la décision du procès. Les art. 221, 222, 223, 224 ont trait au dépôt la minute, quand il y a lieu de l'ordonner.

« Art. 221. En cas qu'il y ait minute de la pièce arguée de faux, il sera ordonné y a lieu, par le juge-commissaire, sur la requête du demandeur, que le défendeur

(1) C. de Paris, 4 août 1809. — Cass., 1er février 1826. — *Contrà*, Besançon, 1811 (Dall., *Rép.*, v° *Faux incident*, n° 153).

tenu, dans le temps qui lui sera prescrit, de faire apporter ladite minute aa greffe, et que les dépositaires d'icelle y seront contraints, les fonctionnaires publics par corps, et ceux qui ne le sont pas par voie de saisie, amende, et même par corps s'il y échet. »

Le juge-commissaire rend une ordonnance par laquelle il décide que le dépositaire de la minute sera tenu de l'apporter au greffe du tribunal sous les différentes sanctions édictées par notre article. On pourrait d'ailleurs faire ordonner cet apport par le jugement qui admet l'inscription de faux, et qui nomme le juge-commissaire.

452. « Art. 222. Il est laissé à la prudence du tribunal d'ordonner, sur le rapport du juge-commissaire, qu'il sera procédé à la continuation de la poursuite du faux sans attendre l'apport de la minute ; comme aussi de statuer ce qu'il appartiendra, en cas que ladite minute ne pût être rapportée ou qu'il fût suffisamment justifié qu'elle a été soustraite ou perdue. »

Cet article suppose que l'apport de la minute doit prendre beaucoup de temps ou même qu'il n'y a pas possibilité de l'effectuer.

Dans le premier cas, l'instruction de la procédure de faux pourra être continuée sans attendre l'apport de la minute, ce qui n'empêchera pas de l'apporter et de s'en servir comme pièce de comparaison quand elle sera présentée. Mais c'est au tribunal seul, et non au juge-commissaire, qu'il appartient de décider si la procédure de faux sera ou non suspendue jusqu'à l'apport de la minute.

Si la minute ne peut être représentée, parce qu'elle a été soustraite ou perdue, peut-être parce qu'elle n'a jamais existé, par exemple, si la copie produite a été fabriquée, le tribunal appréciera, suivant les circonstances, quelle doit être, sur la procédure de faux, l'influence de cette impossibilité d'apporter la minute.

453. Hors les cas particuliers prévus par l'art. 222, dans quel délai la minute doit-elle être apportée ? En ordonnant l'apport de la minute, le juge-commissaire fixe un délai pour l'effectuer. Cette ordonnance enjoint au défendeur de faire apporter la minute au greffe. Le défendeur a donc des soins à donner à l'apport de la minute, c'est-à-dire qu'il doit avertir le dépositaire ; mais, quant à l'apport même, c'est le dépositaire de la minute qui, seul, peut en être chargé.

Aussi faudra-t-il fixer deux délais différents, un concernant le défendeur, afin qu'il fasse les diligences nécessaires pour avertir le dépositaire ; un autre concernant le dépositaire, afin qu'il effectue l'apport de la minute.

L'art. 224 fixe le point de départ du premier délai ; l'art. 223, celui du second.

« Art. 224. Le délai qui aura été prescrit au défendeur pour faire apporter la minute courra du jour de la signification de l'ordonnance ou du jugement à son avoué, et, faute par le défendeur d'avoir fait les diligences nécessaires pour l'apport de ladite minute dans ce délai, le demandeur pourra se pourvoir à l'audience, ainsi qu'il est dit art. 217. »

« Les diligences ci-dessus prescrites au défendeur seront remplies en signifiant par lui aux dépositaires, dans le délai qui aura été prescrit, copie de la signification qui lui aura été faite de l'ordonnance ou du jugement ordonnant l'apport de ladite minute, sans qu'il soit besoin pour lui de lever expédition de ladite ordonnance ou dudit jugement. »

« Art. 223. Le délai pour l'apport de la minute court du jour de la signification de l'ordonnance ou du jugement au domicile de ceux qui l'ont en leur possession. »

On voit quelle sera la marche de la procédure ; le demandeur signifiera à l'avoué du défendeur l'ordonnance du juge-commissaire, et, de ce jour, le délai fixé courra contre le défendeur pour faire les diligences nécessaires pour l'apport de la minute.

Ces diligences consistent (224, 2e al.) dans la signification de cette même ordonnance faite par le défendeur au dépositaire ou détenteur de la minute. Le second délai, fixé contre ce dernier pour l'apport de la minute, court du jour de la signification qui lui est ainsi faite. Cette seconde signification consiste uniquement dans la copie de celle que le défendeur a reçue du demandeur. Pour éviter les frais, la loi interdit au défendeur de lever une nouvelle expédition de l'ordonnance, pour en faire une seconde signification.

Ces délais sont fixés suivant les circonstances, par exemple, suivant l'éloignement du dépositaire de la minute.

Les art. 223 et 224 parlent d'une ordonnance ou d'un jugement ; cependant l'art. 221 suppose que c'est le juge-commissaire seul qui ordonne l'apport de la minute ; or, le juge-commissaire ne peut rendre qu'une ordonnance. Mais nous avons vu, sur l'art. 221, que le tribunal pouvait ordonner l'apport de la minute par le jugement même qui admet l'inscription de faux. Le juge-commissaire peut aussi, lorsque le demandeur sollicite de lui l'ordonnance dont parle l'art. 221, renvoyer l'affaire à l'audience, si l'incident lui paraît présenter quelque difficulté. C'est à ces hypothèses que se réfère le mot *jugement* dans les art. 223 et 224.

Enfin, si le défendeur laissait écouler le délai fixé par l'ordonnance et le jugement sans faire la signification de la copie qu'il a reçue au dépositaire ou détenteur de la minute, le demandeur pourrait immédiatement se pourvoir pour faire rejeter la pièce.

454. Le dépôt de la pièce arguée de faux et l'apport de la minute au greffe ont pour but, vous vous le rappelez, de mettre le juge-commissaire à même de dresser procès-verbal de l'état de pièce. Les art. 225, 226 et 237 contiennent les prescriptions de la loi relativement à ce procès-verbal.

Une fois la pièce déposée, celui qui l'aura remise ou fait remettre au greffe fera sommation à l'autre partie d'assister à la rédaction du procès-verbal (225).

Si la minute a été apportée, le même procès-verbal contiendra la constatation de l'état de cette minute. Quelquefois cependant, si les circonstances l'exigent, lorsqu'il aura été ordonné, conformément à l'art. 222, que l'instruction se poursuivra sans attendre l'apport de la minute, il pourra être dressé deux procès-verbaux, l'un pour constater l'état de la pièce arguée de faux, l'autre, dressé plus tard, pour constater l'état de la minute (226).

Par qui, en présence de quelles personnes, dans quelle forme le procès-verbal sera-t-il rédigé ? Que devra-t-il contenir ? L'art. 227, qui répond à ces diverses questions, n'exige, d'ailleurs, aucune explication.

« Art. 227. Le procès-verbal contiendra mention et description des ratures, surcharges interlignes et autres circonstances du même genre ; il sera dressé par le juge-commissaire, en présence du procureur de la République, du demandeur et du défendeur, ou de leurs fondés de procurations authentiques et spéciales. Lesdites pièces et minutes seront paraphées par le juge-commissaire et le procureur de la République, par le défendeur et le demandeur, s'ils peuvent ou veulent les parapher : sinon, il en sera fait mention. Dans le cas de non-comparution de l'une ou de l'autre des parties, il sera donné défaut et passé outre au procès-verbal. »

455. Ici se termine la première phase de la seconde période du faux incident, celle qui se passe au greffe et devant le juge-commissaire. Maintenant une instance va s'engager à peu près dans les formes ordinaires, pour parvenir au jugement qui a pour but d'admettre la preuve de faux.

« Art. 228. Le demandeur en faux, ou son avoué, pourra prendre communication, en tout état de cause, des pièces arguées de faux, par les mains du greffier, sans déplacement et sans retard. »

En tout état de cause. Dans l'ordonnance de 1670, la communication était prise également des mains du greffier ; mais l'ordonnance de 1737 (art. 26 du tit. II) ajouta que la communication pourrait être prise des mains du rapporteur et en tout état de cause. Pour bien comprendre ces différences de rédaction, il faut remarquer que, dans les ordonnances de 1670 et 1737, la partie de la procédure dont nous nous occupons en ce moment était secrète. Le défendeur ne pouvait avoir communication des moyens de faux proposés par le demandeur. Ainsi, dans une cause appointée (V. n° 229), lorsque le demandeur avait déposé au greffe ses moyens de faux, les pièces du procès étaient remises au juge rapporteur, sur le rapport duquel le tribunal devait statuer. L'ordonnance de 1670, en disant que la communication de la pièce serait prise des mains du greffier, décidait par là que le demandeur ne pourrait se procurer communication de la pièce, quand elle était entre les mains du rapporteur, quelque utile que pût être pour lui une nouvelle et plus ample communication. L'ordonnance de 1735 autorisa la communication des mains du greffier et de celles du rapporteur en tout état de cause. Aujourd'hui la communication peut avoir également lieu en tout état de cause, mais seulement des mains du greffier. L'affaire est toujours portée à l'audience et ne se juge plus sur rapport.

Sans déplacement. A cause de l'importance de la pièce arguée de faux. Mais il est permis au demandeur de se faire assister dans l'examen de la pièce par des conseils, et notamment par un expert en écriture, qui pourra l'aider dans la découverte du faux et l'indication des moyens.

456. « Art. 229. Dans les huit jours qui suivront ledit procès-verbal, le demandeur sera tenu de signifier au défendeur ses moyens de faux, lesquels contiendront les faits, circonstances et preuves par lesquels il prétend établir le faux ou la falsification ; sinon le défendeur pourra se pourvoir à l'audience pour faire ordonner, s'il y échet, que ledit demandeur demeurera déchu de son inscription en faux. »

1.

Dans les huit jours qui suivront le procès-verbal. Cette rédaction suppose l'existence d'un seul procès-verbal; or, nous avons vu que l'art. 226 autorise, dans certains cas, la rédaction d'un procès-verbal distinct et postérieur à l'effet de constater l'état de la minute de la pièce arguée de faux. Dans cette hypothèse, le délai de huitaine courrait à partir de la rédaction du dernier procès-verbal. L'art. 27 tit. II de l'ordonnance de 1737, le décidait ainsi, et cette décision doit encore être suivie.

Ses moyens de faux, lesquels contiendront les faits, circonstances et preuves. Les moyens de faux doivent donc être circonstanciés. Voici l'énumération qu'en faisait autrefois un ancien auteur (Rousseau de Lacombe); elle peut encore servir d'exemple aujourd'hui :

Le demandeur doit expliquer en quoi il prétend que consiste le faux : « 1° si
« lui, demandeur, n'a écrit ni signé la pièce inscrite de faux; 2° si l'écriture
« de la pièce a été enlevée, et si, au lieu de l'ancienne écriture, il en a été
« fait une nouvelle au-dessus de la véritable signature; 3° si l'encre de l'écri-
« ture de la pièce et celle de la signature sont différentes; 4° si, le corps de
« l'écriture ayant été coupé, on a écrit au-dessus de la signature, et si l'on
« fait le corps de l'écriture sur une signature en blanc confiée par le deman-
« deur; 5° si le papier de la pièce a été fabriqué après la date qui a été mise
« à la pièce (1); 6° si la signature a été contrefaite; 7° si l'expédition de la
« pièce arguée de faux diffère de la minute et en quoi elle en diffère, etc.»
Ces différents exemples s'appliquent tous au faux matériel; quant au faux
intellectuel, le demandeur prétendra, par exemple, que lui ou l'autre partie
ou l'un des témoins n'ont pu se présenter devant l'officier public, qui l'a cependant attesté, par telle ou telle circonstance qu'il précisera; qu'il a fait une
autre déclaration que celle mentionnée dans l'acte, etc.

Si le demandeur ne fournit pas ses moyens de faux dans le délai de huit jours, le défendeur peut se pourvoir immédiatement pour faire prononcer la déchéance de l'inscription de faux. Si elle est prononcée, la procédure de faux incident est terminée; si, au contraire, le demandeur fournit ses moyens, ce qui arrivera le plus ordinairement, le défendeur y répondra comme l'explique l'art. 230.

« Art. 230. Sera tenu le défendeur, dans les huit jours de la signification des moyens de faux, d'y répondre par écrit; sinon le demandeur pourra se pourvoir à l'audience, pour faire statuer sur le rejet de la pièce, suivant ce qui est prescrit, art. 217 ci-dessus.

Cet article contient une importante innovation. Autrefois, comme je l'ai déjà dit, le défendeur ne pouvait même avoir communication des moyens de faux produits par le demandeur, ni par conséquent y répondre. L'art. 28 du tit. I de l'ordonnance de 1737 qui le décidait ainsi, ne faisait, d'ailleurs, que repro-duire la doctrine de l'art. 11 du tit. IX de l'ordonnance de 1670. On cite même des ordonnances de 1536 et 1539 qui établissaient déjà cette prohibition. On l'observait d'ailleurs rigoureusement; un arrêt du parlement de Dijon (29 nov. 1742) interdit pour trois ans un greffier pour avoir donné au défendeur un ex-trait des moyens de faux employés contre lui. Cette prohibition était empruntée

(1) Nous pouvons ajouter : Ou si le timbre de la feuille de papier est d'une date pos-térieure à celle qu'on a mise à l'acte.

à la procédure criminelle, qui était alors secrète ; et la confusion dans la même ordonnance, celle de 1737, des matières de faux criminel et du faux civil laissait planer, même sur cette dernière sorte de faux, une certaine apparence de criminalité. Les commentateurs de l'ordonnance de 1737 le reconnaissaient formellement. *Les moyens de faux*, disait l'un d'eux, *sont, pour ainsi dire, le commencement d'une procédure criminelle, et les moyens sont regardés comme la plainte* (1). Aujourd'hui on a distingué avec soin ce qui regarde le faux criminel et le faux civil ; d'ailleurs, la procédure criminelle est elle-même devenue publique. Le défendeur obtiendra donc communication des moyens de faux ; il devra fournir des réponses écrites ; un débat contradictoire s'engagera.

Si le défendeur ne fournit pas ses réponses, le demandeur peut immédiatement faire rejeter la pièce, et, dans ce cas, le procès serait encore terminé. Si le défendeur répond, la procédure continue.

Les délais de cet article et du précédent ne sont pas de rigueur (2).

457. « Art. 231. Trois jours après lesdites réponses, la partie la plus diligente pourra poursuivre l'audience ; et les moyens de faux seront admis ou rejetés, en tout ou en partie : il sera ordonné, s'il y échet, que lesdits moyens ou aucun d'eux demeureront joints, soit à l'incident en faux, si quelques-uns desdits moyens ont été admis, soit à la cause ou au procès principal ; le tout suivant la qualité desdits moyens et l'exigence des cas. »

Le tribunal peut d'abord admettre en totalité les moyens de faux, qui ont été proposés, ou les rejeter tous purement et simplement.

Mais il est possible qu'à l'égard de certains moyens, il y ait lieu de procéder à un examen plus approfondi avant de les admettre ou de les rejeter. Alors ils pourront être joints à l'incident de faux, s'il y en a d'autres admis, *si quelques-uns ont été admis*. Car, si aucun moyen n'était dès à présent admis, l'incident du faux serait terminé. Dans ce dernier cas, ces moyens, à l'égard desquels il y a des doutes, pourront, s'il y a lieu, être joints au principal, c'est-à-dire au fond du procès dans lequel le faux incident a été soulevé.

A la cause ou au procès principal. Quelques auteurs distinguaient autrefois la signification du mot cause et celle du mot procès. Aujourd'hui ces mots doivent être regardés comme synonymes.

« Art. 232. Le jugement ordonnera que les moyens admis seront prouvés, tant par titres que par témoins, devant le juge commis, sauf au défendeur la preuve contraire, et qu'il sera procédé à la vérification des pièces arguées de faux, par trois experts écrivains, qui seront nommés d'office par le même jugement. »

« Art. 233. Les moyens de faux, qui seront déclarés pertinents et admissibles, seront énoncés expressément dans le dispositif du jugement qni permettra d'en faire preuve, et il ne sera fait preuve d'aucun autre moyen. Pourront, néanmoins, les experts faire telles observations dépendantes de leur art qu'ils jugeront à propos, sur les pièces prétendues fausses, sauf aux juges à y avoir tel égard que de raison. »

(1) On peut voir au Code du faux de Serpillon, sur l'art. 28 du titre II, comment on cherchait à justifier la disposition qui défendait de donner copie ou communication des moyens de faux au défendeur.

(2) C. de Nîmes, 4 mars 1822. — Cass., 16 octobre 1831 (Dall., *Rép.*, v° *Faux incident*, nos 200 et 201).

Le tribunal pourrait rejeter tous les moyens de faux. L'incident du faux serait alors terminé, et on passerait outre à la décision du faux.

Mais le tribunal peut aussi admettre les moyens de faux ou quelques-uns d'entre eux ; les art. 232 et 233 indiquent quel est, dans ce cas, le contenu du jugement. Le jugement alors énonce ceux des moyens qui sont admis et indique le mode de preuve qui sera employé, titres, témoins ou experts. Si le tribunal trouvait dans les documents produits la preuve convaincante du faux, il pourrait déclarer l'acte faux, sans renvoyer devant un juge-commissaire (1).

Pertinents et admissibles. On aurait pu se borner au mot *admissibles* ; car les moyens pertinents sont seuls admissibles.

..... *Pourront néanmoins les experts faire telles observations...* (art. 233). Sous l'ordonnance de 1670, on doutait que les experts pussent s'expliquer sur d'autres moyens que ceux proposés par le demandeur, et qui leur avaient été soumis. Cependant un arrêt du parlement de Paris, du 4 mai 1697, approuvé par Blégny, qui le rapporte (*Traité des vérifications d'écritures*, p. 114), avait rejeté, comme mal fondées, des prises à partie contre des experts qui avaient indiqué, dans leur rapport, des circonstances de faux non comprises dans les moyens du demandeur. L'ordonnance de 1737 a fait taire tous les doutes, en donnant expressément aux experts le droit de *faire les observations dépendantes de leur art qu'ils jugeront à propos.* Enfin, le Code de procédure a reproduit les mêmes expressions dans notre art. 233.

➤➤➤ 458. § 3. *Procédure relative à la preuve du faux ; du jugement sur le faux et des effets de ce jugement* (art. 234 à 238, 241 à 244, 246, 247, 248 et 251).

Nous passons à la troisième période de la procédure du faux incident, celle qui mène au troisième jugement, au jugement qui statue sur le faux.

Cette période commence par l'exécution du jugement précédent, c'est-à-dire par la preuve des moyens de faux. Elle peut comprendre une enquête, une expertise, par conséquent des opérations longues et compliquées. Quand ces expertise, enquête et contre-enquête sont terminées, les parties reviennent à l'audience, discutent les preuves, et le tribunal statue sur le faux. Les art. 234 à 237 traitent succinctement de la forme dans laquelle ces preuves sont administrées ; l'art. 238 traite de la procédure à l'audience.

Les dispositions relatives à la preuve testimoniale sont contenues dans les art. 234 et 235. Je renverrai, comme ces articles eux-mêmes, au titre *des Enquêtes,* pour toutes les formalités relatives à l'audition des témoins. J'appellerai seulement votre attention sur la question de savoir si l'on peut entendre, dans l'enquête sur le faux, les témoins instrumentaires de l'acte. Cette question était fort controversée autrefois. La jurisprudence des parlements repoussait, en général, l'audition de ces témoins : de tels témoins, disait-on, qui viennent nier devant la justice ce qu'ils ont affirmé dans l'acte attaqué, ne sauraient être considérés comme dignes de foi, puisqu'ils sont ou ont été nécessairement une fois en désaccord avec la vérité. Mais les auteurs les plus célèbres résistaient à cette jurisprudence.

Aujourd'hui rien dans la loi ne s'oppose à l'audition de pareils témoins. On

_____

(1) Cass., 17 décembre 1835 (Dall., *Rép.*, v° *Faux incident*, n° 212). — Cass., 2 mars 1869 (Dall., 1860, 1, 447).

ne peut écarter un témoin que s'il tombe sous l'application du texte littéral de l'art. 283 (C. Pr.), qui détermine les causes de reproches. Or, la loi n'a pas déclaré reprochables les témoins instrumentaires (1). Seulement le tribunal, toujours maître d'apprécier la valeur des témoignages, accordera, suivant les circonstances, plus ou moins de confiance à la déposition des témoins instrumentaires.

Les art. 236 et 237 parlent de l'expertise : je vous renvoie, comme ces articles, à l'explication de l'art. 200 et au titre *des Rapports d'experts*.

« Art. 238. Lorsque l'instruction sera achevée, le jugement sera poursuivi, sur un simple acte. »

Cet article ne présente aucune difficulté.

➤ 459. Examinons maintenant quels sont les effets du jugement qui peut ou rejeter l'inscription de faux, et par conséquent reconnaître la pièce pour véritable, ou admettre l'inscription de faux, c'est-à-dire reconnaître la fausseté de la pièce.

« Art. 241. Lorsque, en statuant sur l'inscription de faux, le tribunal aura ordonné la suppression, la lacération ou la radiation en tout ou en partie, même la réformation ou le rétablissement des pièces déclarées fausses, il sera sursis à l'exécution de ce chef du jugement, tant que le condamné sera dans le délai de se pourvoir par appel, requête civile ou cassation, ou qu'il n'aura pas formellement et valablement acquiescé au jugement. »

Le tribunal, en déclarant la pièce fausse, peut, suivant les circonstances, ordonner que la décision sera exécutée de diverses manières énumérées dans l'art. 241.

1° La *suppression*. Suivant moi, la suppression est un anéantissement matériel de l'écrit ; ainsi, par exemple, le jugement ordonne qu'il sera brûlé (V. ci-après l'explication du mot *Réformation*).

2° La *lacération* est une sorte de suppression : elle consiste à déchirer l'écrit qui, alors, cesse matériellement d'exister. Le tribunal fera anéantir de cette manière l'acte sous seing privé, la prétendue minute, ou la prétendue grosse d'un acte notarié, qui se trouvent au greffe, et qui sont déclarés faux par le jugement.

3° La *radiation en tout ou en partie*. Si l'acte contient des parties fausses, des additions frauduleuses, ces parties fausses seront rayées, et le surplus de l'acte continuera à produire ses effets. Telle est la radiation partielle. Mais la loi parle aussi d'une radiation totale. Ces mots se réfèrent à un acte inscrit sur un registre, sur une feuille qui contient plusieurs autres actes, comme un registre de l'état civil, une feuille d'audience. On raye alors tout l'acte faux, et les autres actes subsistent.

4° La *réformation*. La réformation, à mon sens, ne constitue pas une opéra-

(1) Cass., 12 juillet 1825 (Dall., *Rép.*, v° *Faux incident*, n° 67). — Angers, 8 mars 1855 (Dall., 1855, II, 129). — *Contrà*, Toulouse, 26 mai 1829 (Dall., *Rép.*, *loc. cit.*, n° 207). — C. de Bastia, 22 juillet 1857 (Dall., 1858, 2, 71).

tion matérielle ; elle consiste à prononcer contre l'acte une condamnation qui lui ôte toute sa force légale. Ainsi le tribunal ne peut atteindre que par injonction l'acte qu'il n'a pas sous la main, et dont le détenteur lui est peut-être inconnu : le tribunal alors réformera l'acte, c'est-à-dire, qu'en le laissant subsister matériellement, il lui ôtera sa force et son effet.

Je ne dois pas cependant vous laisser ignorer qu'ici je m'écarte de l'opinion la plus généralement reçue. La plupart des auteurs donnent au mot *suppression* le sens que je viens d'indiquer pour le mot *réformation ;* et ils appellent réformation, l'opération par laquelle on rend à l'acte son texte primitif, qui avait subi des altérations, transpositions, etc.

Mais d'abord, je le demande, le sens le plus naturel du mot *suppression* n'emporte-t-il pas l'idée d'un anéantissement matériel? Écoutons, d'ailleurs, le célèbre commentateur de l'ordonnance de 1737. Que nous dit Serpillon sur l'art. 59 du titre Iᵉʳ? *On ordonne... enfin que la pièce fausse sera réformée, c'est-à-dire qu'elle sera regardée comme nulle et non-avenue, et que, dans la suite, elle ne pourra servir de titre.* N'est-ce pas là exactement le sens que j'ai donné moi-même au mot *réformation ?* Comment la même expression, employée dans la même matière, aurait-elle changé de valeur en passant de l'ordonnance de 1737 (art. 59 du titre Iᵉʳ) dans l'art. 241 du Code de procédure ? Il me semble donc que la tradition indique, aussi bien que le sens naturel des mots, que la suppression s'applique à l'anéantissement matériel de l'acte, et que la réformation lui porte une atteinte morale et lui ôte sa force.

5° Enfin le *rétablissement.* Nous trouvons encore dans Serpillon le sens du mot *rétablissement,* en ces termes : *On ordonne... enfin que la pièce sera rétablie, c'est-à-dire que les ratures qui y ont été faites ou autres altérations seront rétablies, réparées ou corrigées.* Le rétablissement est donc toute restitution de l'acte altéré par le faux, qui tend à lui rendre son état primitif. Suivant les auteurs qui considèrent la réformation comme la correction des altérations et transpositions que l'écrit avait subies à tort, le rétablissement ne s'applique qu'à la restitution des mots ou phrases effacés frauduleusement.

460. C'est au greffier que la loi a confié le soin d'effectuer ces différentes opérations.

Mais, pour que l'exécution du jugement ait lieu à cet égard, il faut que la décision du tribunal ne soit pas susceptible d'être rétractée, réformée ou cassée : il faut qu'il y ait, quant au faux, chose irrévocablement jugée. On conçoit, en effet, quel immense inconvénient pourrait résulter d'une lacération de la pièce jugée fausse, si un autre jugement, détruisant légalement l'autorité du premier, déclarait, en définitive, la pièce vraie. L'état des personnes, leur fortune, peuvent dépendre de la pièce arguée de faux : l'exécution prématurée du jugement pourrait entraîner un préjudice irréparable. Aussi la loi ordonne-t-elle qu'il soit sursis à l'exécution du jugement qui ordonne une lacération ou une modification de la pièce, tant qu'il y aura possibilité de se pourvoir par appel, requête civile ou cassation, à plus forte raison, quand la partie a déjà pris une de ces voies et que l'instance est engagée. L'acquiescement de la partie au jugement donne lieu à l'exécution immédiate ; car cet acquiescement emporte une renonciation à exercer les voies de recours.

Les voies de recours indiquées par notre art. 241 ne sont pas les seules qui puissent être employées contre les jugements ; ils peuvent encore être attaqués par l'opposition, par la tierce opposition, quelquefois même par le désaveu. Faut-il étendre à ces diverses voies les dispositions de l'art. 241 ? Je crois que l'art. 241 doit être entendu d'une manière limitative. Cette décision toutefois demande à être expliquée relativement à l'opposition aux jugements par défaut. Je ne prétends pas que le délai d'opposition ne suspendra pas l'exécution du chef du jugement par défaut relatif à la lacération ou aux modifications matérielles de l'acte déclaré faux ; mais je dis que l'art. 241 n'avait pas besoin de parler de l'opposition pour qu'elle tombât sous son application. Le législateur, en effet, a pensé que la contestation sur le faux avait toujours assez de gravité pour que l'affaire fût susceptible d'appel ; et, comme le délai d'appel ne commence à courir qu'après le délai d'opposition expiré (art. 453), il s'ensuit que la défense d'exécuter avant l'expiration du délai d'appel comprend la défense d'exécuter pendant le délai d'opposition.

Quant aux moyens de la tierce opposition et du désaveu, ils peuvent bien, il est vrai, anéantir, plus tard, le jugement qui déclare la pièce fausse ; cependant ils ne suspendront pas l'exécution du jugement. Cette solution peut parfaitement se justifier : en effet, ces voies de recours ne sont pas accordées à l'une des parties contre l'autre, mais à un tiers contre le jugement, ou à une partie contre un tiers (son avoué). Or, n'est-ce pas assez d'astreindre celui qui a obtenu le jugement à attendre que la décision soit à l'abri de tout recours à l'égard de ses adversaires pour la faire exécuter, sans l'obliger à attendre, pour la tierce opposition, que trente années se soient écoulées sans que personne ait réclamé, et, à l'égard du désaveu, que son adversaire ait élevé et mis à fin sa contestation sur l'étendue des pouvoirs qu'il avait conférés à son avoué ?

461. « Art. 242. Par le jugement qui interviendra sur le faux, il sera statué, ainsi qu'il appartiendra, sur la remise des pièces, soit aux parties, soit aux témoins qui les auront fournies ou représentées ; ce qui aura lieu même à l'égard des pièces prétendues fausses, lorsqu'elles ne seront pas jugées telles ; à l'égard des pièces qui auront été tirées d'un dépôt public, il sera ordonné qu'elles seront remises aux dépositaires, ou renvoyées par les greffiers de la manière prescrite par le tribunal : le tout sans qu'il soit rendu séparément un autre jugement sur la remise des pièces, laquelle néanmoins ne pourra être faite qu'après le délai prescrit par l'article précédent. »

L'instruction a pu motiver l'apport au greffe de trois sortes de pièces : d'abord des pièces arguées de faux, puis des pièces de conviction, enfin des pièces de comparaison. Elles ont été apportées soit spontanément, soit sur les ordres de la justice, ou par les parties ou par des tiers. Il s'agit d'en opérer la restitution. La loi n'a pas voulu laisser au greffier, à qui ces pièces ont été remises, le soin et la responsabilité d'une semblable restitution. Aussi le tribunal doit-il déterminer à qui et par quelles voies les pièces seront remises ou renvoyées à ceux qui en sont propriétaires ou dépositaires. Ces différentes injonctions ne seront pas l'objet de jugements distincts ; par mesure d'économie, la loi ordonné au tribunal de statuer sur ces remises ou renvois de pièces, par le jugement qui statue sur le faux. On doit d'ailleurs attendre, pour l'exécution de cette partie du jugement, l'expiration des délais prescrits par l'article précédent.

« Art. 243. Il sera sursis, pendant ledit délai, à la remise des pièces de comparaison ou autres, si ce n'est qu'il en soit autrement ordonné par le tribunal, sur la requête des dépositaires desdites pièces, ou des parties qui auraient intérêt de la demander. »

« Art. 244. Il est enjoint aux greffiers de se conformer exactement aux articles précédents, en ce qui les regarde, à peine d'interdiction, d'amende qui ne pourra être moindre de cent francs, et les dommages-intérêts des parties, même d'être procédé extraordinairement s'il y échet. »

Amende qui ne pourra être moindre de cent francs. L'art. 68 du titre Ier de l'ordonnance de 1737, sur lequel notre art. 244 est à peu près copié, prononçait une amende arbitraire contre le greffier. Notre Code a fixé, pour cette amende, un minimum, mais point de maximum ; en fait, on appliquera toujours le minimum. Les tribunaux tendent à considérer comme fixes les amendes dont la loi détermine le minimum sans s'occuper du maximum.

Même d'être procédé extraordinairement. Les anciens auteurs appliquaient déjà ces poursuites extraordinaires, comme on doit les appliquer aujourd'hui *au cas où il serait prouvé que la remise aurait été faite à prix d'argent, ou qu'il y aurait eu soustraction frauduleuse ou autre prévarication de la part du greffier.*

462. Les art. 246, 247 et 248 ont trait à une autre partie du jugement, à la condamnation du demandeur qui succombe à une amende dont le chiffre est déterminé par l'art. 246.

« Art. 246. Le demandeur en faux qui succombera sera condamné à une amende qui ne pourra être moindre de trois cents francs, et à tels dommages-intérêts qu'il appartiendra. »

Les ordonnances de 1670 (tit. IX, art. 17) et de 1737 (tit. II, art. 49) prononçaient également une amende contre le demandeur qui succombait sur son inscription de faux Le chiffre de cette amende, dans l'une et l'autre ordonnance, était fixe, mais il n'était pas calculé de même pour chaque juridiction. Aujourd'hui il n'y a qu'une seule espèce d'amende, dont le minimum est de trois cents francs. C'est ce chiffre qu'on appliquera toujours, en fait, suivant l'observation que j'ai faite sur l'art. 244.

« Art. 247. L'amende sera encourue toutes les fois que, l'inscription en faux ayant été faite au greffe, et la demande afin de s'inscrire admise, le demandeur s'en sera désisté volontairement ou aura succombé, ou que les parties auront été mises hors de procès, soit par défaut de moyens ou de preuves suffisantes, soit faute d'avoir satisfait de la part du demandeur, aux diligences et formalités ci-dessus prescrites ; ce qui aura lieu en quelques termes que la prononciation soit conçue, et encore que le jugement ne portât point condamnation d'amende : le tout, quand même le demandeur offrirait de poursuivre le faux par la voie extraordinaire. »

Cet article reproduit encore textuellement l'art. 50 du titre II de l'ordonnance de 1737. L'amende est encourue, aujourd'hui comme jadis, toutes les fois qu'il y a inscription de faux et que le demandeur n'est pas parvenu à faire rejeter la pièce comme fausse.

La disposition par laquelle l'amende est encourue, même si le jugement ne la prononce pas, était plus logique sous l'ordonnance de 1737, qui fixait d'une manière invariable le chiffre de l'amende, que, dans une législation comme la nôtre, où le chiffre de l'amende peut varier en théorie. Mais cet inconvénient disparaît devant la pratique qui, comme nous l'avons vu, rend invariable le minimum déterminé par la loi.

« Art. 248. L'amende ne sera pas encourue, lorsque la pièce, ou une des pièces arguées de faux aura été déclarée fausse en tout ou en partie, ou lorsqu'elle aura été rejetée de la cause ou du procès, comme aussi lorsque la demande afin de s'inscrire en faux n'aura pas été admise ; et ce, de quelques termes que les juges se soient servis pour rejeter ladite demande, ou pour n'y avoir pas égard. »

Cet article, qui forme la contre-partie du précédent, détermine dans quels cas l'amende n'est pas encourue. Elle n'est pas due par le demandeur qui gagne son procès, soit qu'il fasse déclarer fausse la pièce ou une des pièces, soit qu'il la fasse rejeter de la cause (art. 217, 220, 224, 230).

Il y a encore un cas où l'amende n'est pas encourue : *Comme aussi lorsque la demande afin de s'inscrire en faux n'aura pas été admise : et ce, de quelques termes que les juges se soient servis*, etc. Cette disposition, copiée dans l'art. 51 de l'ordonnance de 1737, est moins facile à justifier au premier abord dans le Code que dans l'ordonnance. Nous avons vu précédemment que, sous l'empire de l'ordonnance, l'admission de la demande afin de s'inscrire en faux précédait l'inscription elle-même ; or, c'était l'inscription de faux, la déclaration faite au greffe qui manifestait d'une manière définitive l'intention d'attaquer l'acte comme faux. Une fois l'inscription faite, le demandeur en faux n'échappait plus à l'amende que s'il gagnait son procès (V. Serpillon, *Code de faux,* sur l'art. 51 du tit. II). Mais, comme alors l'autorisation précédait l'inscription, la demande non admise ne pouvait être suivie d'inscription ; et même la demande admise par le magistrat, mais non suivie d'inscription, ne faisait pas encourir l'amende (art. 51, tit. II, ordonnance de 1737). On s'attachait uniquement à l'inscription de faux.

Les rédacteurs du Code, au contraire, ont exigé d'abord la déclaration au greffe, l'inscription de faux ; la demande est ensuite admise ou rejetée par un jugement (art. 218). Puis, parvenus à l'art. 248, ils ont copié l'art. 51 du tit. II de l'ordonnance, et déclaré qu'il n'y aura pas d'amende *lorsque la demande à fin de s'inscrire en faux n'aura pas été admise* (1). Mais aujourd'hui l'inscription du faux a déjà eu lieu au greffe, avant le jugement qui rejette la demande. Le demandeur a déjà manifesté sa volonté d'attaquer la pièce comme fausse ; et cependant il n'encourra pas d'amende, quoiqu'il se soit, à tort, inscrit en faux

(1) L'art. 51 du titre II de l'ordonnance de 1737 était ainsi conçu : « La condamnation d'amende ne pourra avoir lieu..... comme aussi lorsque la demande afin de s'inscrire en faux n'aura pas été admise *ou suivie d'inscription formée au greffe ; et ce, de quelques termes que les juges se soient servis pour rejeter la demande, etc.* » Les rédacteurs de notre Code ont supprimé les mots : *Ou suivie d'inscription formée au greffe,* puisque l'inscription, aujourd'hui, précède toujours l'admission de la demande.

contre l'acte qui lui était opposé. On peut toutefois justifier cette disposition en faisant remarquer que la déclaration au greffe, l'inscription de faux n'est qu'un projet tant que la demande n'a pas été admise par un jugement.

463. « Art. 251. Tout jugement d'instruction ou définitif, en matière de faux, ne pourra être rendu que sur les conclusions du ministère public. »

Cette disposition est commune à toutes les périodes du faux incident. Le ministère public doit avoir constamment l'œil ouvert sur ces sortes de procédures, afin d'être toujours à même d'intenter une action publique, si les faits de l'instance du faux incident le mettent sur la trace de l'auteur du crime.

464. § 4. *Dispositions particulières* (art. 239, 240, 245, 249 et 250). Pendant toute la durée de la procédure de faux incident, il peut apparaître des traces de crime, du crime de faux, et une poursuite criminelle peut sortir du procès civil. Trois classes de personnes ont droit de relever ces traces de faut: le président du tribunal, le procureur de la République, le demandeur en faux incident. Nous allons examiner sur les art. 239 et 240 les dispositions relatives aux poursuites qui émanent de l'initiative des magistrats, et, sur l'art. 250, la plainte en faux principal que le demandeur en faux incident est toujours admis à former.

Quelquefois aussi les parties transigent sur le faux incident; l'art. 249 nous montrera quelles précautions prend la loi pour que cette transaction ne dérobe pas les coupables du crime de faux aux poursuites et à la peine qu'ils ont méritées.

Enfin, nous trouverons dans l'art. 245 des dispositions relatives aux droits du greffier sur les pièces déposées au greffe pendant la durée du faux incident.

465. Commençons par l'examen des poursuites criminelles qui résultent du faux incident.

« Art. 239. S'il résulte de la procédure, des indices de faux ou de falsification, et que les auteurs ou complices soient vivants, et la poursuite du crime non éteinte par la prescription d'après les dispositions du Code pénal, le président délivrera mandat d'amener contre les prévenus, et remplira, à cet égard, les fonctions d'officier de police judiciaire. »

Si toutes les conditions mentionnées dans cet article se trouvent réunies, le faux sera poursuivi criminellement. Mais si une seule manque, si, par exemple, les auteurs ou complices du faux sont morts; s'ils sont couverts par la prescription, le crime ne donnera plus lieu à aucune poursuite. Mais la réparation civile peut encore être demandée devant les tribunaux civils contre les héritiers du coupable décédé dans la première hypothèse, et contre la partie elle-même dans la seconde, s'il y a eu interruption de la prescription à l'égard de l'action civile, mais non à l'égard de l'action publique.

Les droits que notre article accordait au président du tribunal civil ont été modifiés par l'art. 462 du Code d'instruction criminelle. Le président transmettra les pièces au juge d'instruction et ne délivrera le mandat d'amener que s'il le juge à propos. Le même art. 462 accorde un droit semblable à l'officier chargé du ministère public.

Je vous renvoie au cours de droit pénal pour l'explication des termes *Mandat d'amener* (art. 91 et suiv., I. C.), *Officier de police judiciaire* (art. 9, I. C.), ainsi que pour la distinction entre les auteurs et les complices des crimes, et les règles de la prescription qui sont tracées aujourd'hui, non au Code pénal, comme pourraient vous le faire supposer les termes de notre art. 239, mais au Code d'instruction criminelle (art. 635 et suivants).

« Art. 240. Dans le cas de l'article précédent, il sera sursis à statuer sur le civil jusque après le jugement sur le faux. »

Cette disposition n'est que l'application de la règle générale contenue dans le deuxième alinéa de l'art. 3 du Code d'instruction criminelle. On formule souvent cette règle ainsi : Le tribunal tient le civil en état ; en d'autres termes, lorsque l'action publique est intentée, elle suspend l'exercice de l'action civile, même intentée auparavant.

466. « Art. 250. Le demandeur en faux pourra toujours se pourvoir, par la voie criminelle, en faux principal ; et, dans ce cas, il sera sursis au jugement de la cause, à moins que les juges n'estiment que le procès puisse être jugé indépendamment de la pièce arguée de faux. »

Le demandeur en faux incident peut aussi porter plainte en faux principal, si le ministère public ne prend pas l'initiative de la poursuite criminelle.

L'ordonnance de 1737, titre II, art. 19, avait permis au demandeur de se pourvoir en faux principal dans certains cas où le rejet de la pièce avait été ordonné par le fait du défendeur. L'art. 250 va plus loin : il permet au demandeur de prendre toujours la voie du faux principal. Cette voie entraîne le sursis du jugement sur le faux incident, au moins en règle générale (art. 3, § 2, et 460 I. Cr.) ; mais notre article autorise les juges à passer outre au jugement de la cause civile, suivant les circonstances, dont l'appréciation leur est abandonnée par la loi. Au surplus, cette faculté de passer outre au jugement de la cause civile, sans attendre le jugement de la cause criminelle, ne doit pas être restreinte au cas où l'action criminelle s'exerce sur l'initiative du demandeur en faux incident ; cette faculté existe aussi lorsque le ministère public a spontanément poursuivi.

La pièce arguée de faux, si elle a la forme authentique, continuera-t-elle à être exécutée pendant l'instance soit criminelle, soit civile ? Cette question doit être résolue par une distinction que vous trouverez dans l'art. 1319 du Code civil.

467. « Art. 249. Aucune transaction sur la poursuite du faux incident ne pourra être exécutée, si elle n'a été homologuée en justice, après avoir été communiquée au ministère public, lequel pourra faire, à ce sujet, telles réquisitions qu'il jugera à propos. »

Cette disposition offre une garantie contre la possibilité de soustraire le crime de faux à la connaissance du ministère public ; on ne permet pas au coupable d'échapper à la juste punition de son crime, en s'entendant avec la partie lésée. La transaction devra être homologuée par le tribunal. Mais quel sera le mérite d'une transaction non homologuée ? On en admet généralement la validité ; seulement l'exécution d'une pareille transaction, c'est-à-dire la suppression, la réformation, la rectification de l'acte faux, ne pourront avoir lieu que si la transaction a été homologuée par le tribunal, sur les conclusions du ministère public. Le texte de l'art. 249 paraît conforme à cette solution : « Aucune transaction... ne pourra être *exécutée* si elle n'a été homologuée. » Notre article s'occupe donc de l'exécution de la transaction et non de sa validité. L'article 52 du titre 11 de l'ordonnance de 1737, conçu dans les mêmes termes que notre art. 249, en ce qui concerne la transaction, prononçait la nullité, disposition que notre article n'a pas reproduite. D'ailleurs, les commentateurs de l'ordonnance appuyaient cette nullité sur ce qu'on ne peut transiger en cause criminelle ; et le faux incident, je l'ai déjà dit, était empreint d'une certaine nuance de criminalité. Cette raison ne peut plus valoir aujourd'hui pour annuler la transaction sur le faux, et nous restons sous l'empire de l'art. 2046 du Code civil, qui permet de transiger sur l'intérêt civil résultant d'un crime ou d'un délit (1).

468. « Art. 245. Pendant que lesdites pièces demeureront au greffe, les greffiers ne pourront délivrer aucune copie ni expédition des pièces prétendues fausses, si ce n'est en vertu d'un jugement ; à l'égard des actes dont les originaux ou minutes auront été remis au greffe, notamment des registres sur lesquels il y aurait des actes non argués de faux, lesdits greffiers pourront en délivrer des expéditions aux parties qui auront droit d'en demander, sans qu'ils puissent prendre de plus grands droits que ceux qui seraient dus aux dépositaires desdits originaux ou minutes : et sera le présent article exécuté, sous les peines portées par l'article précédent (art. 244).

« S'il a été fait par les dépositaires des minutes desdites pièces, des expéditions pour tenir lieu desdites minutes, en exécution de l'art. 203 du titre de la *Vérification des écritures*, lesdits actes ne pourront être expédiés que par lesdits dépositaires. »

Le premier alinéa de cet article n'est autre chose que la reproduction de l'art. 69, titre Ier, de l'ordonnance de 1737. On comprend facilement la distinction qu'il établit entre les pièces fausses et les pièces de comparaison déposées au greffe : défense de délivrer copie des unes sans un jugement ; faculté de donner des expéditions des originaux déposés comme pièces de comparaison, mais seulement aux personnes qui ont, d'ailleurs, le droit de requérir ces copies, et sans que ces copies extraordinaires puissent coûter plus cher que si la minute était encore entre les mains de son dépositaire primitif.

Quant au second alinéa de l'art. 245, il a été expliqué au titre de la *Vérification des écritures*, en analysant la doctrine de l'art. 203 (V. n° 436).

---

(1) C. de Bruxelles, 12 février 1832 (Dall., *Rép.*, v° *Faux incident*, n° 99).

DIX-NEUVIÈME LEÇON

TITRE XII

DES ENQUÊTES.

469. Les titres X et XI, dont nous nous sommes occupés, sont relatifs à la preuve littérale indiquée dans les art. 1316 et s. du Code civil ; la preuve testimoniale, qui se présente ensuite, soit dans l'art. 1316, soit dans les art. 1341 et suivants, est expliquée, dans le Code de procédure, au titre XII.

On entend par enquête une procédure qui a pour but d'arriver à la preuve, à l'établissement d'un fait, par l'audition de témoins qui viennent déposer de sa vérité.

La preuve testimoniale est un genre de procédure, un moyen d'instruction fort usité et à peu près le seul usité dans l'enfance des institutions sociales et judiciaires, dans l'ignorance où l'on est encore de l'usage, de l'emploi facile et de la vérification des écritures. Au contraire, à mesure que l'emploi de l'écriture devient plus facile, plus général, à mesure qu'il est plus aisé d'en vérifier la sincérité, les écritures, témoins immuables, sont naturellement préférées aux témoins proprement dits, toujours suspects de corruption ou d'infidélité. Aussi y a-t-il eu à cet égard de singulières variations dans le système de la procédure française.

C'était une ancienne maxime que celle qui mettait la foi, l'autorité des témoignages verbaux au-dessus de la foi, de la crédibilité des témoignages écrits : *Témoignages de vive voix dépassent lettres* ; l'autorité des témoignages verbaux est préférée à l'autorité des témoignages écrits.

Plus tard, instruits par l'expérience, par de trop fréquents exemples de corruption de témoins, on renversa la maxime, et l'on dit: *Lettres passent témoins*, témoignages écrits valent mieux que témoignages verbaux.

Enfin, plusieurs ordonnances vinrent resserrrer dans des limites fort étroites l'usage et l'application de la preuve testimoniale. Au premier rang de ces prohibitions figure l'art. 54 de l'ordonnance de Moulins rendue en 1566; cet article prescrivait de passer des actes écrits pour toutes choses, obligations, engagements, décharges, etc., dont la valeur excéderait 100 livres, et n'admettait pas les parties à offrir la preuve par témoins pour une valeur supérieure. Cette ordonnance fut accueillie avec une extrême faveur, comme mettant un terme, pour l'avenir, aux fréquents exemples de séduction de témoins que la jurisprudence avait déjà signalés. C'est de cette ordonnance qu'un jurisconsulte contemporain disait : *Qua nulla sanctior aut probatior.*

La même prohibition d'admettre la preuve par témoins pour une valeur excédant 100 livres fut reproduite dans l'ordonnance de 1667; le détail de cette prohibition fait l'objet du titre XX de l'ordonnance. Du reste, tout en maintenant les principes de l'ordonnance de Moulins, on y introduisit quelques exceptions que la raison réclamait, et que le Code civil a consacrées en adoptant également le principe. Ainsi, dans l'art. 1341 de ce Code, vous retrouvez posée, comme dans les ordonnances de 1566 et de 1667, l'obligation de passer acte écrit pour toutes choses excédant une valeur déterminée ; seulement la limite, au lieu d'être fixée, comme précédemment, à 100 livres, a été portée à 150 francs. Il est clair, au reste, que l'extrême diminution survenue dans la valeur des monnaies laisse encore l'estimation actuelle fort au-dessous de la valeur primitive ; il est clair que 150 francs, monnaie présente, et dans le temps actuel, valent infiniment moins, et fournissent des moyens de corruption moins puissants que 100 livres ne pouvaient en fournir en 1667, et surtout un siècle plus tôt, à l'époque de l'ordonnance de Moulins.

Quant aux exceptions à la règle qui défend d'admettre la preuve testimoniale au delà de 150 francs, elles sont fondées, en général, sur l'impossibilité où la partie se serait trouvée de se procurer à l'avance une preuve écrite. Vous trouvez les conséquences de cette idée développées, comme exception à la règle, dans les art. 1347 et 1348 du Code civil.

Ainsi, il vous faudra, pour bien comprendre toute la portée des dispositions de procédure qui vont nous occuper, examiner au préalable les divers articles du Code civil, de 1341 à 1348. Notre titre est vraiment la mise en pratique, la mise en œuvre de ces principes.

470. * Nous diviserons ainsi l'examen de ce titre : § 1. Dans quels cas et dans quelles formes une enquête peut-elle être demandée et ordonnée (art. 252 à 256) ? — § 2. Dans quels délais l'enquête doit-elle être commencée et terminée ? — Comment se fait l'audition des témoins (art. 257 à 281 et 286, moins les art. 268 et 270) ? — § 3. Des incapacités et des reproches (art. 268, 270 et 282 à 291). — § 4. De la nullité totale ou partielle de l'enquête (art. 292, 293, 294). *

§ 1. *Dans quels cas et dans quelles formes une enquête peut-elle être demandée et ordonnée (art. 252 à 256) ?*

« Art. 252. Les faits, dont une partie demandera à faire preuve, seront articulés succinctement par un simple acte de conclusion, sans écritures ni requêtes. — Ils seront, également par un simple acte, déniés ou reconnus dans les trois jours ; sinon ils pourront être tenus pour confessés ou avérés. »

Vous voyez par les premiers mots de cet article, que le Code ne s'occupe de l'enquête que considérée incidemment ; on suppose l'audition des témoins réclamée par l'une des parties incidemment à une contestation dont un tribunal est déjà saisi. C'est ce qui résulte de la forme même dans laquelle la demande à fin d'enquête est introduite ; elle l'est, vous dit la loi, *par un simple acte*, par un acte d'avoué à avoué, ce qui suppose essentiellement une cause déjà entamée, deux plaideurs déjà en présence.

On peut conclure de là que le Code a entendu maintenir les principes de l'ordonnance de 1667, relativement à certaines enquêtes qui, avant cette ordonnance, étaient demandées principalement, et abstraction de toute espèce de procès ; je veux parler des enquêtes qu'on appelait autrefois enquêtes in *futurum*, enquêtes *à futur*. On désignait ainsi le cas où une partie réclamait le droit de faire entendre actuellement des témoins sur un fait qui n'était pas la matière présente d'un procès, le droit de faire entendre des témoins pour établir une créance dont elle ne réclamait pas, et dont peut-être elle ne pouvait réclamer encore le payement, par exemple, pour établir l'existence d'une créance à terme.

Dans quel intérêt permettait-on ces enquêtes *in futurum*, cette audition des témoins pour établir la vérité d'un fait qui ne donnait pas matière à une contestation judiciaire? Ces demandes avaient lieu, en général, lorsque les témoins dont on réclamait l'audition immédiate donnaient lieu de craindre que plus tard on ne pût plus obtenir leur témoignage, quand le procès serait entamé ; par exemple, si un témoin important, ou prétendu tel, était à la veille de partir pour un voyage de long cours, s'il était atteint d'une maladie assez grave pour faire craindre que la mort ne s'ensuivît, et qu'en conséquence, le procès venant à s'entamer plus tard, on ne fût privé de l'autorité de son témoignage.

Il paraît que ces enquêtes *à futur* demandées, obtenues, opérées en l'absence même et sans contestation de l'adversaire, avaient donné lieu, avant l'ordonnance de 1667, à des abus contre lesquels de vives réclamations s'étaient élevées. Aussi, dans le titre XXIV du projet de cette ordonnance, avait-on, non pas prohibé absolument les enquêtes *in futurum*, mais proposé d'assez nombreuses précautions, tendant à en resserrer les abus et le danger. M. de Lamoignon demandait la suppression absolue des enquêtes *in futurum*; il insista fortement sur les dangers, les surprises auxquelles elles avaient donné lieu; il alléguait que, dans la plupart des cas, c'était sous de vains prétextes que ces enquêtes étaient demandées et obtenues ; qu'on alléguait faussement la nécessité d'entendre à l'instant un témoin unique, pour se dispenser d'avoir à discuter la question d'admissibilité de l'enquête, uniquement pour pouvoir, en l'absence de l'adversaire, faire entendre des témoins sur des faits pour lesquels la preuve testimoniale n'aurait pas dû être admise. Il disait que le plus souvent, quand on avait fait des enquêtes *in futurum*, sous prétexte de maladie grave ou d'un prochain et long voyage du témoin, on voyait, l'enquête une fois terminée, ce témoin moribond ressusciter, qu'on voyait ce voyageur si pressé rester chez lui, et qu'en définitive l'enquête se trouvait n'avoir lieu que sous un faux prétexte et pour enlever, par surprise, à un adversaire absent, la possibilité de contester qu'il y eût matière à enquête.

Sur ces observations, l'ordonnance de 1667 abolit pleinement la faculté des enquêtes *in futurum*; et, quoique cette abrogation ne se trouve pas formellement reproduite dans le Code, la question de savoir si un tel genre d'enquête pourrait être admis aujourd'hui paraît un peu plus douteuse. Cependant, le Code suppose, par les termes mêmes de l'art. 252, que l'enquête n'est demandée qu'incidemment, et dans le cours d'une contestation déjà pendante ; il paraît par là même reproduire les principes de l'ordonnance, c'est-à-dire ne point autoriser l'enquête *à futur*, l'enquête sur des faits qui ne font point, quant à présent, la matière d'une instance entamée (1).

(1) *Malgré ces raisons, quelques Cours ont admis, avec raison, je crois, ces sortes d'en-

471. La procédure par laquelle l'enquête doit être demandée et accordée est assez simple ; elle est indiquée dans les art. 252 et 253, dont il importe de bien saisir l'esprit.

Les parties se trouvent en présence ; l'une d'elles, le demandeur ou le défendeur, peut avoir intérêt à établir la vérité de certains faits et à les établir par la preuve testimoniale, la seule, par exemple, qu'elle ait sous la main. Dans quelle forme doit-elle procéder ? Elle doit notifier, d'avoué à avoué, un simple acte articulant les faits dont elle demande à faire la preuve. *Articulant*, c'est-à-dire énonçant ces faits, article par article. Tel est le prescrit de l'ordonnance de 1667, titre XX, art. 1 : les faits dont une partie demandait à faire preuve devaient être proposés article par article, succinctement, sans aucune raison de droit et sans répliques ni additions. C'est là l'idée qu'a rendue, d'une manière un peu moins précise, le § 1er de l'art. 252. Les faits doivent y être, non pas indiqués en masses et d'une manière vague, incertaine, mais au contraire spécifiés par article. Pourquoi cela ? Afin que le tribunal puisse examiner et décider, sur chacun d'eux isolément, si la preuve en est utile, convenable, admissible.

Seront articulés succinctement, c'est-à-dire sans écriture ni requête, sans développement de moyens de fait ni de droit. En effet, dans ce simple acte où la partie qui demande l'enquête indique les faits, il n'est pas question de développer quelles seront en fait ou en droit les conséquences de ces faits, lorsqu'ils auront été reconnus ou établis ; il s'agit uniquement de provoquer l'adversaire à déclarer s'il entend reconnaître ou méconnaître la vérité de ces faits, sauf ensuite, quand les faits seront établis par son aveu ou par l'enquête, à en tirer telles conséquences de fait ou de droit qu'il pourra y avoir lieu d'en tirer. Tous les développements auxquels l'avoué aurait pu se livrer sur la portée des faits dont l'enquête est demandée seraient évidemment prématurés, frustratoires, et devraient rester à sa charge. Le simple acte dont il est question ici, bien différent de la requête, est un acte taxé à un droit fixe par l'art. 71 du tarif, et non pas une requête d'une étendue plus ou moins grande, comme le sont en général des requêtes proprement dites.

Cet acte signifié d'avoué à avoué se décompose en plusieurs éléments bien distincts. Ainsi l'avoué auquel il est signifié est sommé, en lui ou en sa partie, de comparaître à l'audience, au délai indiqué par cet article, c'est-à-dire après trois jours au moins, car cet acte de signification d'articles renferme en même temps un avenir à comparaître à l'audience :

1° Pour voir donner acte à la partie qui a signifié l'acte d'avoué à avoué de l'articulation des faits avancés par elle ;

2° Pour reconnaître ou pour dénier formellement les faits allégués avancés dans cet acte ;

3° Pour voir juger par le tribunal que, faute de dénégation formelle des faits, ces faits seront tenus pour confessés ou pour avoués ;

quêtes. La loi actuelle ne les prohibe pas. Elles peuvent être utiles ; et les anciens abus ne peuvent se reproduire, puisque ce n'est plus la Chancellerie qui accordera, sans contrôle, le droit de faire ces sortes d'enquêtes. Ce sont les tribunaux qui décident si elles doivent être admises après débats contradictoires (Nîmes, 6 janvier et 29 mars 1808 (Sirey, 1814, II, 424). — *Contrà*, Rennes, 10 mars 1821 (*Journal du Palais*). *

4° Enfin, en cas de dénégation, pour voir ordonner par le tribunal la preuve testimoniale de ces mêmes faits, si la preuve en est admissible (V. n° 474).

472. Aux termes du § 2, la partie à laquelle l'articulation des faits a été signifiée doit donc, dans les trois jours, ou les avouer ou les dénier formellement. Si elle les avoue, il est clair qu'il n'y a pas matière à l'enquête, l'aveu judiciaire fait pleine foi. Si elle les dénie, il y aura, sous les conditions déterminées par l'article suivant, matière à l'enquête.

Si enfin, dans les trois jours, les faits n'ont été ni formellement avoués et formellement déniés, ils POURRONT, dit la loi, *être tenus pour confessés ou avérés.* Ainsi la loi laisse à la conscience des juges le soin de déclarer que, faute d'aveu dans les trois jours, les faits seront tenus pour confessés ; les juges pourraient donc, malgré le silence gardé pendant ces trois jours, prendre deux autres partis, savoir : accorder un nouveau délai, pour avouer ou pour dénier, à la partie qui, dans les trois jours, n'aurait encore fait ni l'un ni l'autre ; ou bien enfin, sans accorder de nouveau délai, sans tenir les faits pour confessés, en ordonner la preuve testimoniale, comme s'ils eussent été déniés.

Quelques exemples vont nous montrer l'application de ces divers partis.

En général, le silence de la partie sur les faits qui lui ont été articulés conduit le tribunal à les tenir pour confessés ou avérés ; mais cela n'a rien de forcé. Supposez, par exemple, que les faits ayant été articulés par acte d'avoué à avoué, aux termes du premier paragraphe, l'avoué défendeur vienne alléguer qu'il n'a reçu, relativement à ces faits, aucun pouvoir, aucune instruction de la part de son client, et que, du reste, la cause ne se plaidant pas au domicile de celui-ci, qui est fort éloigné, il ne peut obtenir, quant à présent, aucun pouvoir à cet effet. On comprend qu'en pareil cas, le tribunal, ayant égard à l'éloignement de la partie, à l'ignorance où se trouve l'avoué relativement aux faits allégués, au défaut du pouvoir pour les reconnaître formellement, on comprend qu'en pareil cas le tribunal, je ne dis pas doive, mais puisse accorder un délai pour que l'avoué se munisse des pouvoirs nécessaires à la reconnaissance des faits avancés. Il peut paraître plus avantageux d'accorder le délai que d'ordonner immédiatement une enquête, et plus juste surtout d'accorder ce délai pour avouer ou pour dénier, que de tenir immédiatement les faits pour avérés ou pour confessés.

D'autre part, supposez une instance en séparation de corps ou de biens, une de ces causes dans lesquelles le consentement de la partie ne suffit pas pour la condamner, dans lesquelles son aveu ne fait pas foi, ne peut pas être invoqué contre elle ; par exemple, une femme a formé contre son mari une demande en séparation de corps, pour excès, sévices ou injures graves ; elle a articulé, conformément à l'art. 252, les faits qui servent de base à sa demande ; le mari, dans les trois jours, n'a ni dénié ni reconnu formellement ces faits ; faudra-t-il, par application des derniers mots de l'art. 252, les tenir par là même pour confessés ou avérés ? Non ; le tribunal non seulement ne devra pas, dans cette hypothèse, les tenir nécessairement pour confessés par cela seul qu'ils ne sont pas déniés, mais même il ne le pourra pas. Pourquoi cela ? Parce que la séparation de corps ne peut jamais avoir lieu par consentement mutuel ; or, ce serait admettre une séparation de corps par consentement mutuel, que de tenir les faits pour avérés, par cela seul que le mari ne les a pas déniés; il dépendrait de l'époux défendeur de s'assurer la séparation de corps par le seul fait de son silence. Il faut aller plus loin, et dire que, quand même dans les trois jours les faits eussent été formellement reconnus, cette reconnaissance, cet aveu, si précis qu'on le supposât, ne dispenserait pas d'ordonner l'enquête, ne permettrait pas au tribunal de tenir les faits pour avérés. Jusqu'

Supposez de même que le défendeur, auquel est notifié le simple acte de l'art. 252, soit un mineur représenté dans l'instance par son tuteur; dans les trois jours il n'y a eu ni dénégation ni aveu; le tribunal agira fort imprudemment, s'il applique, en pareil cas, les derniers mots de l'art. 252, s'il tient les faits pour confessés ou avérés. En effet, la conséquence en serait la condamnation du mineur; mais cette condamnation reposerait sur une base bien fragile, puisque, en la supposant même rendue en dernier ressort, la requête civile resterait ouverte, aux termes de l'art. 481, au profit d'un mineur qui viendrait dire qu'il n'a pas été défendu, ou qu'il ne l'a pas été valablement.

Ainsi, quand il s'agit d'une de ces causes dans lesquelles le consentement et l'aveu n'ont pas d'effet; quand il s'agit de l'intérêt d'un incapable, au nom duquel les faits n'auront été ni confessés ni déniés, le tribunal devra ordonner l'enquête, et ne pourra pas tenir les faits immédiatement pour confessés ou pour avérés.

473. Supposons maintenant, avec l'art. 253, que la réponse sollicitée a été faite; les faits ayant été articulés, un acte en réponse a été signifié dans les trois jours, contenant une dénégation formelle des faits articulés. Dans ce cas, de ce que les faits allégués par l'un ont été déniés, méconnus formellement par l'autre, la conséquence nécessaire en est-elle que la preuve testimoniale doive être ordonnée? Non; la dénégation de l'une des parties est sans doute, en général, une condition essentielle pour qu'il y ait lieu d'ordonner l'enquête; si les faits sont avoués par une partie ayant qualité, ayant pouvoir à cet effet, il n'y aura pas lieu d'ordonner l'enquête. Mais à l'inverse, de ce que les faits sont déniés, il ne s'ensuit pas toujours que la preuve testimoniale doive avoir lieu; l'art. 253 exige, pour qu'il y ait matière à l'enquête, le concours de plusieurs conditions distinctes.

« Art. 253. Si les faits sont admissibles, qu'ils soient déniés, et que la loi n'en défende pas la preuve, elle pourra être ordonnée. »

Ainsi, première condition : Il faut que les faits soient déniés, sauf le cas où, comme nous l'avons dit au numéro précédent, la partie qui avoue, qui garde le silence, n'a pas qualité, n'a pas capacité pour passer condamnation par son aveu ou par son silence.

Mais souvent lorsqu'une partie dénie les faits articulés contre elle, elle ne consent pas pour cela à ce que l'enquête en soit ordonnée. Ainsi, en déniant formellement les faits dont vous demandez la preuve, j'ajouterai que ces faits ne sont pas admissibles, ou que la loi en défend la preuve, comme le suppose l'art. 253 : deux conditions qui paraissent analogues dans les termes, mais qui au fond sont différentes.

Les faits ne sont pas admissibles lorsque ces faits, en les supposant prouvés, ne devraient point exercer sur la cause une influence profonde et sérieuse. Ainsi, si les faits ne sont pas pertinents, c'est-à-dire s'ils n'ont pas un rapport précis avec l'objet de la demande ; ou bien s'ils ne sont pas concluants, c'est-à-dire si ces faits n'entraînent pas la preuve que la prétention de l'adversaire soit juste, en les supposant même prouvés, nous dirons que les faits ne sont pas admissibles, et qu'en conséquence l'enquête ne doit pas être ordonnée ; vainement se livrerait-on aux lenteurs et aux frais qu'exige une telle procédure, si le résultat ne devait pas être d'arriver à la démonstration du droit allégué par l'une des parties.

Il est possible que les faits soient déniés ; il est possible qu'ils soient concluants, c'est-à-dire de nature à exercer sur la cause une influence capitale et décisive, et que cependant, malgré le concours de ces deux circonstances, la preuve n'en puisse pas être et n'en soit pas ordonnée ; c'est la dernière condition de l'art. 253 ; c'est ce qui a lieu lorsque la loi en défend la preuve. Par exemple vous demandez à prouver par témoins des faits qui tendraient à établir une paternité naturelle (art. 340, C. civ.). Voilà un de ces cas où la loi défend absolument la preuve. De même, dans l'art. 341 du même Code, vous trouvez que la preuve testimoniale de la maternité naturelle n'est admise qu'autant que le demandeur présente un commencement de preuve par écrit ; à défaut de ce premier élément, la preuve testimoniale, quelque concluants que fussent les faits allégués, ne doit point être admise, parce que la loi en défend la preuve.

Des exemples bien plus fréquents, bien plus faciles, résultent des art. 1341 et suiv. du Code civil, des limitations apportées par les lois dont je parlais tout à l'heure à la liberté de la preuve testimoniale. Ainsi, sans vous trouver placé dans les exceptions contenues aux art. 1347 et 1348, vous réclamez contre moi le payement d'un prétendu prêt supérieur à 150 fr., vous proposez d'établir par témoins la numération des espèces que vous prétendez m'avoir faite. Je dénie formellement la numération ; le fait est dénié, il est évidemment concluant, car, s'il était prouvé que vous m'avez prêté, il est clair que je devrais vous rendre. Mais voilà un de ces faits dont la loi défend la preuve ; le troisième élément de l'art. 253 manque dans l'espèce ; l'enquête ne peut pas être ordonnée.

474. Les derniers mots de notre article-ont donné lieu à une difficulté assez sérieuse, et qui se rattache du reste plutôt au droit civil qu'à la procédure. Je me bornerai à l'indiquer ici. Dans quel sens et avec quelle portée faut-il entendre ces expressions : *Et que la loi n'en défende pas la preuve ?* Est-ce à dire que les juges ne puissent pas ordonner la preuve testimoniale d'un fait dénié et concluant, par cela seul qu'il s'agit de l'un des cas où la preuve testimoniale est prohibée par les art. 1341 et suivants ? L'enquête ne pourrait-elle être ordonnée quand même la partie contre laquelle elle est demandée y consentirait formellement ? Ainsi, vous réclamez contre moi, sans présenter aucune preuve écrite, le payement d'une somme de 10,000 fr. que vous prétendez m'avoir prêtée : je dénie le fait ; la preuve du fait est évidemment concluante ; la loi en défend-elle la preuve ? Oui, sans le moindre doute, si je me prévaux de la disposition de la loi, si j'invoque contre vous, pour faire rejeter l'enquête, la disposition prohibitive de l'art. 1341. Mais, dans le cas contraire, si, loin d'invoquer cette prohibition, je consens formellement à ce que l'enquête se fasse; si, voulant prouver au tribunal, voulant démontrer au public l'injustice de votre prétention, voulant faire éclater au grand jour la corruption des témoins que vous invoquez contre moi, je consens formellement à l'admission de l'enquête ; dans ce cas, l'enquête pourra-t-elle être ordonnée? les juges pourront-ils, au contraire, attendu que la loi la défend, se refuser à l'ordonner, encore bien que la partie intéressée y consente ?

Les opinions, à cet égard, ont varié et sont encore assez incertaines. Cependant les derniers commentateurs de l'ordonnance de 1667, à la différence des jurisconsultes anciens, pensaient que le consentement de la partie intéressée à se départir des prohibitions de l'ordonnance à cet égard autorisait les tribunaux à admettre et à ordonner l'enquête ; que cette prohibition d'entendre les témoins au-dessus de 100 livres (et maintenant de 150 fr.), n'était pas d'ordre public, mais bien d'intérêt privé, et que la partie, en faveur de laquelle cette prohibition était établie, restait libre d'y renoncer.

Je crois, sans discuter à fond la question, que cette opinion doit encore être admise, et que, malgré ces mots : *Et que la loi n'en défende pas la preuve*, nous ne devons pas considérer la prohibition en question comme absolue, impérative, comme devant opérer, au mépris même de la renonciation de l'intéressé, en d'autres termes, que l'enquête pourra être ordonnée, même au-dessus de 150 fr., et hors des exceptions des art. 1347 et 1348, si la partie contre laquelle elle est demandée consent à ce qu'elle soit admise (1). La question se rattache du reste plus directement au cours du Code civil.

475. « Art. 254. Le tribunal pourra aussi ordonner d'office la preuve des faits qui lui paraîtront concluants, si la loi ne le défend pas. »

L'enquête peut donc être ordonnée, soit sur la demande de l'une des parties, soit d'office et directement par le tribunal sentant le besoin de s'éclairer sur des faits allégués dans la cause, et dont la preuve testimoniale n'est pas formellement demandée (2).

Tels sont les préliminaires de la procédure d'enquête. Dans les art. 255 et suiv., nous allons voir la marche de cette procédure.

476. « Art. 255. Le jugement qui ordonnera la preuve contiendra : — 1° les faits à prouver ; — 2° la nomination du juge devant qui l'enquête sera faite. — Si les témoins sont trop éloignés, il pourra être ordonné que l'enquête sera faite devant un juge commis par un tribunal désigné à cet effet. »

Vous avez vu dans l'art. 252 l'obligation imposée à celui qui demande l'enquête d'articuler, d'énoncer formellement chacun des faits dont il demande la preuve ; de même, quand cette preuve est admise, est autorisée, le juge

(1) * Il y a cependant certains faits ou certains contrats pour lesquels la loi exige, d'une manière impérative et absolue, une preuve écrite (V. art. 194, 341, 931, 2127 C. civ.).

(2) * Après une première enquête, ordonnée à la requête des parties, le tribunal peut-il ordonner d'office une seconde enquête portant sur les mêmes faits que la première? Pour l'affirmative : Nancy, 30 décembre 1860 (Dall., 1861, 5, 183) ; Toulouse, 29 février 1868 (Dall., 1868, 2, 87). — *Contrà*, Besançon, 3 décembre 1863 (Dall., 1863, 2, 111). Voy. aussi plus bas, n° 509. *

ment qui l'autorise doit spécifier, dans son dispositif, chacun des faits dont il autorise la preuve.

Cette indication détaillée est nécessaire et à plus d'un titre. D'abord, pour que le juge-commissaire, devant lequel comparaîtront et déposeront les témoins, puisse les renfermer avec soin dans la limite des faits dont la preuve a été autorisée ; et pour que la partie ne puisse pas, profitant de la faculté que laisserait à cet égard le jugement, faire entendre des dépositions sur des faits dont la preuve n'aurait pas été expressément admise. Ensuite, pour qu'on puisse, aux termes de l'art. 260, en assignant les témoins, leur donner copie des divers faits sur lesquels ils sont appelés à déposer. Enfin, pour que, si la partie, qui s'est vainement opposée à ce que l'enquête eût lieu, croit devoir interjeter appel du jugement qui a admis l'enquête, on puisse en appel examiner en connaissance de cause, et sur chacun des faits, si c'est avec raison que l'enquête a été autorisée, si les faits renfermaient les diverses conditions prescrites par l'art. 253.

Si donc le jugement, en autorisant l'enquête, n'énonçait pas formellement les faits pour lesquels il l'admet, il serait frappé de nullité (1).

Le jugement serait nul, sans qu'on pût invoquer le texte de l'art. 1030, qui défend de suppléer les nullités. Nous avons déjà dit que l'art. 1030 s'appliquait aux exploits et actes de procédure, expressions qui ne conviennent pas pour désigner un jugement. Ajoutez, d'ailleurs, que ce qu'il y a de plus essentiel, de plus indispensable dans un jugement, c'est le dispositif ; or, un jugement qui ordonne une enquête, sans dire sur quels faits il ordonne cette enquête, est un jugement sans dispositif, ou plutôt n'est point, ne peut être un véritable jugement.

477. 2° *La nomination du juge devant qui l'enquête sera faite.* En effet, ce n'est pas en audience publique et devant les juges réunis que les témoins sont appelés à déposer, au moins dans les matières ordinaires. Les enquêtes orales et publiques sont admises seulement par exception, dans les matières sommaires, aux termes de l'art. 407.

Nous reviendrons plus tard et avec détail, à propos de l'art. 262, sur le mérite de la procédure secrète, admise par le Code en matière d'enquête. Toujours est-il que, quels que soient ses inconvénients ou ses avantages, le système des enquêtes secrètes a prévalu en matière ordinaire.

Il ne faut pas confondre la nomination dont parle ici le § 2 avec l'obligation de mentionner les faits, aux termes du § 1 ; ici, il n'y a rien de substantiel, d'essentiel à la validité même du jugement; on comprend très bien que le tribunal puisse ordonner l'enquête de tel ou tel fait sans désigner actuellement, immédiatement, le juge-commissaire qui devra procéder à cette enquête. Il est donc clair que l'omission de cette désignation n'entraînerait pas nullité du jugement, et qu'il pourrait y être suppléé plus tard, sur la requête de la partie intéressée.

Il y a plus, il peut arriver, et il arrive assez fréquemment, que ce commis-

---

(1) *On a même annulé un jugement qui se référait à la requête introductive d'instance pour l'énonciation des faits. C. de Colmar, 4 juin 1835 (Dall., *Rép.*, v° *Enquête*, n° 78). *

saire désigné pour procéder à l'enquête se trouve postérieurement empêché par maladie ou autre circonstance accidentelle ; alors, comme le délai pour faire l'enquête est fatal, comme il est impossible d'en différer l'ouverture, ainsi que nous le verrons bientôt, il devient nécessaire de se pourvoir à l'effet de faire remplacer le juge-commissaire nommé par le jugement. A cet effet il ne paraît pas même indispensable de s'adresser au tribunal tout entier ; il semble raisonnable de reconnaître au président le droit de désigner seul le juge chargé de l'enquête. La loi est muette à cet égard ; mais vous trouvez dans les art. 95 et 110 un argument d'analogie tout à fait direct. Ainsi, le juge rapporteur, dans l'instruction par écrit, est nommé par tout le tribunal, et dans le jugement même qui ordonne cette instruction (art. 95) ; et l'art. 110 porte qu'en cas d'empêchement de faire son rapport, le juge rapporteur peut être remplacé par un autre juge désigné, non par le tribunal entier, mais par le président seul auquel la partie présente requête à cet effet ; il paraît naturel d'appliquer une telle marche au cas de l'art. 255. Il est d'ailleurs des hypothèses d'urgence dans lesquelles il serait impossible de s'adresser au tribunal tout entier, si, par exemple, l'empêchement, qui nécessitait un remplacement, survenait à l'instant même où l'enquête doit être commencée, au jour même où les témoins ont été assignés et ont comparu.

Ce juge devant qui l'enquête sera faite peut être pris par le tribunal, soit parmi ceux qui ont assisté aux débats antérieurs de la cause, soit même hors de leur sein ; la loi ne fixe à cet égard aucune limite. En général, le tribunal désignera pour l'enquête un de ses membres, sans distinguer si ce membre a ou n'a pas assisté aux débats qui ont précédé, et en vertu desquels l'enquête a été ordonnée. Le choix parmi eux ou en dehors est, en droit, absolument indifférent, je dis en droit, car, en fait, nous verrons qu'il n'en est pas tout à fait de même.

478. En général, l'enquête a lieu devant le tribunal qui l'a ordonnée : c'est le principe ; mais ce principe reçoit fréquemment exception dans un intérêt de célérité et d'économie. Il est possible, en effet, que les témoins qu'il s'agit de faire entendre se trouvent domiciliés, tous ou en grande partie, fort loin du tribunal où la cause a été portée ; appeler ces témoins, les déplacer à grands frais, ce serait entraîner pour les parties des dépenses considérables, que la loi permet d'éviter en ordonnant qu'en pareil cas l'enquête se fera par un juge du tribunal dans le ressort duquel se trouvent domiciliés les témoins.

Que si les témoins se trouvent domiciliés à de grandes distances du tribunal qui ordonne l'enquête, et en même temps fort éloignés l'un de l'autre, rien n'empêcherait d'ordonner plusieurs enquêtes suivies à la fois dans des tribunaux différents, pour les témoins qui se trouvent dans le ressort de chacun de ces tribunaux.

Si les témoins sont trop éloignés, il pourra être ordonné que l'enquête sera faite devant un juge commis par un tribunal désigné à cet effet.

Ainsi la cause étant pendante devant le tribunal de la Seine, l'enquête étant ordonnée par ce tribunal, on remarque avec raison que, si les témoins se trouvent domiciliés, par exemple, dans le ressort du tribunal de Bordeaux, ce serait un grave inconvénient que de les appeler pour déposer à Paris, comme à la rigueur on pourrait le faire. Dans ce cas, on peut, aux termes du dernier paragraphe, ordonner que le tribunal de Bordeaux commettra un de ses juges pour procéder à l'enquête ; on pourra même désigner directement, dans le jugement du tribunal de la Seine, celui des juges de Bordeaux qui devra procéder à l'enquête. Il n'est pas nécessaire, comme le texte paraît le supposer, de laisser le choix du juge-commissaire au tribunal auquel l'enquête est renvoyée ; c'est ce qui résulte de l'art. 1035 ; cet article donne formellement aux tribunaux, qui ordonnent l'enquête, le droit de désigner directement le juge-commissaire.

* Un tribunal français peut même donner à un tribunal étranger commission rogatoire de procéder à une enquête ; elle sera faite alors dans les formes du pays où les témoins sont entendus (1). *

➠→ **479.** « Art. 256. La preuve contraire sera de droit ; la preuve du demandeur et la preuve contraire seront commencées et terminées dans les délais fixés par les articles suivants. »

La preuve contraire sera de droit. En général, quand un jugement ordonne une enquête, il réserve par une clause spéciale, à la partie contre laquelle elle est ordonnée, le droit de faire la preuve contraire ; mais cette clause est à peu près superflue ; le texte de la loi suffit pour autoriser celui contre qui l'enquête est ordonnée, à procéder de droit à l'enquête contraire, à la contre-enquête ; seulement il faut bien nous entendre sur le sens de ces mots, *la preuve contraire.*

Ainsi vous êtes assigné en payement d'une dette quelconque, que le demandeur a été autorisé à prouver par témoins ; par cela seul que la preuve testimoniale de la créance a été autorisée, pourriez-vous, vous défendeur, aux termes de l'art. 256, faire entendre des témoins pour établir des causes de libération, pour faire établir un payement, une remise, une compensation d'où vous prétendez faire résulter la preuve de l'extinction de la créance réclamée ? L'entendre ainsi, ce serait donner aux termes de l'art. 256 une application beaucoup trop large ; ce n'est certes pas là ce qu'il faut entendre par cette preuve contraire que la loi déclare admise de droit au profit du défendeur. La raison en est simple : de ce que la preuve testimoniale de l'obligation a été admise, il ne s'ensuit pas que la preuve testimoniale de la libération soit admissible. Ainsi la preuve par témoins d'une créance de 150 fr. a été admise, parce qu'on se trouvait dans l'un des cas d'exception, dans l'un des cas de nécessité détaillés par les art. 1347 et 1348 ; mais la preuve testimoniale de la délibération peut très bien n'être pas admissible, parce qu'à l'instant de la libération ces circonstances de force majeure avaient cessé, et qu'on était maître de se procurer une preuve, et une preuve écrite, du payement ou de la remise. De plus, ce que la loi admet, ce qu'elle réserve de droit, c'est la preuve contraire ; or, entre la prétention de celui qui vient dire avoir prêté 10,000 francs et la prétention de celui qui répond les avoir rendus, il n'y a évidemment rien de contraire ; ce sont deux allégations qui ne sont pas la

(1) C. de Pau, 29 avril 1861 (Dall., 1862, 2. 75).

négation l'une de l'autre ; bien plus, ce sont deux allégations dont la seconde suppose naturellement la vérité de la première : dire que vous avez payé, dire que remise vous a été faite, c'est reconnaître par là même que vous étiez débiteur, qu'un prêt vous avait été fait.

- Quels sont donc les faits que le défendeur est admis à prouver de droit, c'est-à-dire sans avoir eu besoin de les articuler préalablement ni d'y être autorisé par un jugement spécifiant les faits dont la preuve est admise, aux termes des art. 253 et 255 ? ce sont les faits qui sont la négation directe des faits allégués par l'adversaire. Ainsi, vous avez demandé et vous avez été admis à prouver par témoins que tel jour, à telle heure, à tel lieu que vous désignez, vous m'avez prêté la somme dont vous réclamez le payement ; par cela seul que la preuve testimoniale de fait a été admise à votre profit, il est sous-entendu que je serai admis, moi défendeur, à faire entendre des témoins pour établir le contraire ; à prouver, par exemple, par les témoins que j'appellerai, qu'à tel jour, à telle heure, je ne pouvais pas être, je n'étais pas à tel lieu, à établir un alibi dont la conséquence nécessaire sera la fausseté de votre allégation.

De même, une instance en séparation de corps est entamée ; la preuve des faits de sévices, d'excès, d'injures graves, est autorisée par témoins ; le défendeur en séparation pourra, de droit et sans autre disposition du jugement, faire entendre des témoins pour établir la preuve contraire, c'est-à-dire, soit pour établir directement, précisément la fausseté des allégations du demandeur, soit même pour établir des faits en rapport étroit avec ceux allégués contre lui, et qui tendent à en atténuer la gravité, à établir, par exemple, par les témoins qu'il viendra faire entendre, que les injures, les excès, les sévices, dont on se plaint, ont été provoqués par des actes de même nature qui ont été d'abord commis contre lui.

Ainsi, les faits dont la preuve contraire est admise, ce sont d'abord toutes les circonstances qui constituent la négation directe et précise des faits indiqués aux termes du 1° de l'art. 253 ; ce sont, en second lieu, toutes les circonstances qui, sans établir la fausseté précise, matérielle, des faits dont la preuve est admise, sont cependant en rapport direct avec ces faits, et tendent à en atténuer la gravité.

480. *La preuve du demandeur et la preuve contraire seront commencées et terminées dans les délais fixés par les articles suivants.* Quel est le motif qui a porté la loi, dans toute cette matière, à prescrire les délais de rigueur annoncés par cet article et terminés par ceux qui le suivent ? Ce motif est celui qui a dicté l'art. 1341 du Code civil et les nombreuses précautions que nous aurons à remarquer dans tout ce titre, c'est la défiance qu'inspire au législateur la preuve testimoniale, même dans les limites étroites où le droit civil l'a déjà renfermée. On craint toujours que la partie qui fait entendre les témoins ne les endoctrine à l'avance, ne les séduise, ne les corrompe, pour obtenir de leur part des dépositions de complaisance, et non pas des déclarations de vérité. De cette crainte, le législateur a conclu qu'il fallait, autant que possible, resserrer la durée des enquêtes dans les bornes les plus étroites, ne pas laisser aux parties le temps de travailler les témoins, ou, en cas de mauvais succès près des témoins d'abord appelés, le temps d'aller chercher ailleurs des témoins plus faciles, plus complaisants. De là l'obligation pour les parties, à peine de déchéance du droit de faire enquête : 1° de commencer l'enquête dans un délai fort court après le jugement qui l'a autorisée ; 2° l'enquête une fois commencée, obligation de la suivre à peu près sans désemparer, et de la terminer dans le délai le plus bref possible, à partir du moment qui lui a servi de point de départ.

481. § 2. *Dans quels délais l'enquête doit-elle être commencée et terminée? Comment se fait l'audition des témoins* (art. 257 à 281 et 286, moins les art. 268 et 270) ? — Les articles 257, 258 et 259 fixent le délai dans lequel l'enquête doit être commencée ; les art. 260 à 277 déterminent les règles de l'audition des témoins ; et les art. 278 à 280 indiquent dans quel délai l'enquête doit être terminée.

Et d'abord, dans quel délai l'enquête doit-elle être commencée ?

« Art. 257. Si l'enquête est faite au même lieu où le jugement a été rendu, ou dans la distance de trois myriamètres, elle sera commencée dans la huitaine du jour de la signification à avoué ; si le jugement est rendu contre une partie qui n'avait point d'avoué, le délai courra du jour de la signification à personne ou domicile ; ces délais courent également contre celui qui a signifié le jugement : le tout à peine de nullité. — Si le jugement est susceptible d'opposition, le délai courra du jour de l'expiration des délais de l'opposition. »

En général, le point de départ de la huitaine dans laquelle l'enquête doit être commencée, c'est la signification du jugement qui a ordonné l'enquête. Ainsi, en nous plaçant d'abord dans le cas le plus simple, dans celui que supposent les premiers mots de l'art. 257, savoir d'un jugement contradictoire ordonnant l'enquête entre deux parties dont chacune est pourvue d'un avoué, retenez bien toutes ces circonstances, alors le délai de huitaine courra du moment où l'une des parties aura fait signifier à l'avoué de son adversaire le jugement qui ordonne l'enquête ; et ce délai courra contre l'une et l'autre partie.

Je dis l'une et l'autre partie ; en effet, supposez, par exemple, une enquête ordonnée contradictoirement, à la requête du demandeur ; ce demandeur, peu de temps après le jugement obtenu, l'a fait signifier à l'avoué de son adversaire ; eh bien, l'enquête doit, à peine de déchéance, être commencée dans la huitaine de la signification ; c'est-à-dire que, faute d'avoir accompli dans la huitaine les conditions imposées par l'art. 259, il y a déchéance du droit de faire enquête et contre le demandeur qui a signifié le jugement, et contre le défendeur auquel le jugement a été signifié. Je dis contre le défendeur, car souvenez-vous toujours, d'après l'art. 256, que le juge qui permet au demandeur de faire une enquête permet par là même au défendeur de procéder à une contre-enquête.

Ce dernier cas consistant à reconnaître que la déchéance, à l'expiration de la huitaine, frappe à la fois les deux parties, et celle à qui on a signifié, et celle qui a signifié le jugement, cette déchéance est de droit nouveau et paraît contraire à un principe souvent répété, que *nul ne se forclôt soi-même* ; forclore, *forum claudere*, s'interdire la faculté de faire certains actes judiciaires, ce qui veut dire qu'une partie ne peut, par les actes qu'elle fait, s'exposer à une déchéance. Ainsi, en général, quand on fait à son adversaire une signification, cette signification peut bien avoir pour résultat de faire courir un délai fatal contre celui à qui elle est faite ; mais il peut sembler douteux qu'elle fasse courir le même délai contre celui qui l'a faite. La signification, en général, a lieu dans l'intérêt de celui qui la fait ; et au premier aspect, on se demande comment elle pourrait se retourner contre lui, et faire courir un délai à son préjudice. Si l'on appliquait cette ancienne idée à la matière qui nous occupe, voici à quel résultat on arriverait.

Le jugement ordonnant l'enquête a été signifié au défendeur à la requête du demandeur ; or, si le défendeur, dans la huitaine, n'a pas obéi à l'art. 259, il est déchu du droit de faire sa contre-enquête. Mais, en s'attachant à cette idée, que nul ne se forclôt soi-même, nous dirions, comme on le disait autrefois, que l'expiration de la huitaine depuis la signification faite à la requête du demandeur n'entraîne pas contre lui déchéance du droit de faire enquête ; que, pour faire courir contre le demandeur le délai de huitaine, à l'expiration duquel il est forclos, il faudrait que le défendeur lui eût signifié réciproquement le jugement qui a ordonné l'enquête, et l'eût ainsi mis en demeure. Eh bien ! c'est cette conséquence que les derniers mots du premier paragraphe ont pour objet de repousser ; en dépit de cette idée, que nul ne se forclôt soi-même, il faut dire que la signification du jugement qui a ordonné l'enquête fera courir le délai, non seulement contre celui à qui elle est faite et qu'elle a pour but de mettre en demeure, mais même contre celui qui l'a faite, et qui, en la faisant, avait pour objet direct de mettre l'adversaire en demeure.

Pourquoi cela? Parce qu'il eût été frustratoire d'obliger le défendeur, à qui le jugement a été signifié, de le signifier à son tour au demandeur ; le demandeur, qui a lui-même signifié le jugement ordonnant l'enquête, a clairement attesté, par cette signification, qu'il en avait une parfaite connaissance. Exiger que la signification soit reportée de celui qui l'a reçue à celui qui l'a faite, ce serait une formalité qui n'entraînerait que des délais et des frais inutiles, qui ne profiterait qu'à l'huissier chargé de signifier. Ainsi, dit la loi, *ces délais courent également contre celui qui a signifié le jugement.*

Ce délai, avons-nous dit, est de huitaine, à partir de la signification à avoué, quand les deux parties, bien entendu, sont munies d'un avoué.

482. La loi suppose ensuite, dans le même § 1er, qu'une des parties n'ayant pas d'avoué, la condition précédente ne peut être accomplie ; alors le point de départ de la huitaine, à l'expiration de laquelle il y aura déchéance du droit de faire enquête, sera la signification faite, non pas à avoué, mais à personne ou à domicile.

Je me borne à reproduire, quant à présent, cette règle du § 1er, sauf à la rapprocher, à la concilier tout à l'heure avec les termes du § 2 qui présentent, au premier aspect, une contradiction avec ceux du § 1er.

En résumé, nous avons raisonné jusqu'ici, avec le premier paragraphe, dans l'hypothèse d'une enquête ordonnée contradictoirement. Je dis contradictoirement parce que le second paragraphe, en opposition avec le premier, raisonne spécialement sur le cas d'une enquête ordonnée par défaut. Tenons quant à présent pour certain, sauf la difficulté qui va s'élever tout à l'heure, que, dans le premier paragraphe, c'est un jugement contradictoire qui a ordonné l'enquête.

483. Avant de quitter cette première partie de l'art. 257, je dois vous avertir que le délai de huitaine imposé par cet article souffre, dans certains cas, une prolongation nécessaire. Ainsi le délai, vous dit-on, est de huitaine, à partir de la signification soit à avoué, soit, s'il n'y en a pas, à personne ou domicile ; mais il est bien entendu que ce délai ne peut pas courir contre la partie qui se trouve dans l'impossibilité d'exécuter ; c'est-à-dire que si, après la signification du jugement qui a ordonné l'enquête, la partie contre laquelle l'enquête a été ordonnée interjette appel, l'appel étant suspensif d'après l'art. 457, le jugement ne pouvant être exécuté par cela seul qu'un appel est pendant, il est clair que le délai de l'art. 257 ne peut pas courir. Ce délai ne recommencera à courir, qu'après que l'arrêt confirmatif aura été signifié à l'avoué de première instance (1). Malgré le silence de la loi, on ne peut faire courir le délai de huitaine contre celui à qui la loi défend d'exécuter (2).

J'insiste un peu sur ce point, attendu que là encore le Code, au moins par son silence, a voulu précisément déroger à l'ordonnance. L'ordonnance de 1667, dans son extrême méfiance contre la corruption des témoins, avait voulu que l'enquête fût commencée dans la huitaine de la signification, nonobstant appel, nonobstant opposition, prise à partie, etc., et sans y préjudicier. C'est-à-dire qu'elle déclarait formellement que l'appel d'un jugement qui ordonnait une enquête ne serait pas suspensif de l'exécution de ce jugement ; que, malgré l'appel interjeté, l'enquête poursuivrait son cours. Avec une pareille règle, il est évident que l'idée que je viens de présenter était inapplicable, puisque l'appel en matière d'enquête n'était pas suspensif, le délai de huitaine pouvait et devait courir malgré l'appel interjeté. Mais l'art. 457 du Code de proc. est général, il déclare que l'appel est suspensif ; cette règle est applicable aux jugements interlocutoires comme aux jugements définitifs ; de là la nécessité d'une exception à la rigueur des délais déterminés dans l'art. 257 (V. n°s 686 et 687).

*Seulement, remarquez-le bien, c'est l'appel seul, l'appel formé, qui est suspensif, et non le délai pour interjeter appel (3).

Le tribunal ne pourrait même pas contrevenir à l'art. 257 et autoriser à commencer l'enquête après la huitaine (4), sauf le cas prévu dans l'art. 258.*

484. Ces points une fois bien établis, je passe au § 2, c'est-à-dire à l'examen du délai dans lequel doit se commencer l'enquête ordonnée par un jugement *susceptible d'opposition*, ce sont les termes de la loi, ou, ce qui est la même chose, par un jugement par défaut.

Si le jugement est susceptible d'opposition, le délai courra du jour de l'expiration des délais de l'opposition. Avant d'expliquer les termes mêmes de ce paragraphe, arrêtons-nous d'abord à prévenir une objection assez grave qui pourrait résulter de leur combinaison avec un fragment du précédent.

(1) Cass., 16 février 1872 (Siv., 1872, 1, 120).

(2) C. de Poitiers, 22 janvier 1828 (Dall., *Rép.*, v° *Enquête*, n° 249). — Cass., 21 mars 1842 (Dall., *loc. cit.*, n° 110).

(3) C. d'Orléans, 5 mai 1840 (Dall., 1849, 2, 113).

(4) C. de Nancy, 15 janvier 1813. — Cass., 13 novembre 1816. — Grenoble, 11 décembre 1821 (Dall., *Rép.*, v° *Enquête*, n° 130). — Nîmes, 16 juillet 1849 (Dall., 1850, *Tables*, v° *Enquête*, n° 2). — Nancy, 28 juin 1851 (Dall., 1851, *Tables*, v° *Enquête*, n° 3).

Nous avons dit, d'après la loi, que, quand le jugement est rendu contre une partie qui n'a pas d'avoué, le délai pour commencer l'enquête est de huitaine, à partir de la signification à personne ou à domicile. Mais, quand un jugement est rendu contre une partie qui n'a pas d'avoué, le jugement, pourriez-vous dire, est alors nécessairement par défaut ; le délai pour commencer l'enquête doit être réglé par le § 2, et non par le § 1er, le délai doit être un délai de huitaine, non pas depuis la signification à personne ou à domicile, mais depuis l'expi-ration des délais de l'opposition, ce qui est fort différent. Comment donc conci-lier le § 1er, au moins quant à la partie qui nous occupe, avec notre § 2 ?

Il faut les concilier en disant qu'il résulte clairement du rapprochement des deux paragraphes, qu'il n'est et qu'il ne peut être question dans le premier que d'un jugement contradictoire. Le second paragraphe étant spécialement consacré au jugement par défaut, nous ne pouvons pas penser qu'il soit ques-tion dans le § 1er de cette sorte de jugement. Mais comment supposer, dit-on, qu'un jugement puisse être contradictoire, quand il a été rendu contre une partie qui n'a pas d'avoué ? Cela sera sans doute rare, mais cela est possible, et c'est au cas où cette circonstance se présente que nous devons borner l'application des expressions qui nous arrêtent dans le premier paragraphe.

Ainsi placez-vous, si vous voulez, dans l'hypothèse de l'art. 153, dans l'hypo-thèse du défaut profit-joint ; vous savez que, lorsque de deux parties assignées ensemble pour un même objet, l'une a fait défaut et que l'autre a comparu, il est donné ce qu'on appelle défaut profit-joint ; c'est-à-dire, qu'au lieu d'adjuger immédiatement le profit du défaut contre le défaillant, le tribunal ordonne la réassignation de ce dernier, et que si, sur cette réassignation signifiée par huis-sier commis, le défaillant ne comparaît pas encore, il est statué contre lui par un jugement qui n'est pas susceptible d'opposition, par un jugement qui a toute la puissance, tous les effets d'un jugement contradictoire ordinaire. Eh bien, sup-posez qu'une enquête a été ordonnée, précisément dans cette hypothèse, contre deux parties, dont l'une, d'abord défaillante, n'a pas encore comparu sur la réassignation faite en vertu de l'art. 153, le jugement qui ordonne cette enquête aura à son égard toute la puissance d'un jugement contradictoire ; ce jugement sera régi par le premier paragraphe, et non pas par le second de l'art. 157 ; c'est-à-dire que l'enquête devra, dans ce cas, être commencée, à peine de nullité, dans la huitaine à partir de la signification à domicile du jugement qui l'a ordonnée.

Supposez même le demandeur et le défendeur ayant l'un et l'autre constitué un avoué ; supposez les conclusions relatives à l'enquête demandée par l'une, contestée par l'autre, supposez ces conclusions prises contradictoirement à l'au-dience ; pendant les débats relatifs à la question de savoir si l'enquête aura lieu, l'un des avoués, celui du défendeur, par exemple, vient à mourir ; cette mort survenue depuis que la cause est en état, au moins sur la contestation incidente, cette mort n'interrompra pas les débats et n'empêchera pas le tri-bunal d'ordonner l'enquête, s'il y a lieu ; le jugement qui ordonnera l'enquête, intervenu après les conclusions posées, mais après la mort de l'un des avoués, n'en étant pas moins un jugement contradictoire, ne sera pas susceptible d'opposition. Seulement, le défendeur n'ayant plus son avoué, c'est à sa per-sonne ou à son domicile que le jugement devra être signifié ; et c'est de cette signification que courra immédiatement le délai de huitaine prescrit pour commencer l'enquête.

Vous voyez donc qu'il est possible, dans ces cas, qui peut-être ne sont pas les seuls, de concilier les expressions du premier paragraphe avec le texte du § 2, et que, pour cela, il faut toujours nous renfermer dans cette idée toute naturelle, que, le § 2 étant spécial au cas de jugements susceptibles d'opposition, l'application du § 1er doit être uniquement faite aux jugements contradictoires, ou du moins à ceux qui sont réputés contradictoires, comme dans le cas de l'art. 153.

485. Cette première difficulté mise à l'écart, arrivons au texte du § 2, qui en présente une autre assez sérieuse.

D'après ce texte, le délai pour commencer l'enquête est reculé, lorsque le jugement qui l'ordonne est susceptible d'opposition ; dans ce cas, le délai est toujours de huitaine, mais le point de départ n'est plus la signification, c'est l'expiration des délais pendant lesquels la partie, contre laquelle l'enquête a été ordonnée par défaut, peut attaquer ce jugement par la voie d'opposition.

Rien de plus facile à appliquer, à motiver, que cette disposition du § 2, pour l'un des cas de défaut, qui nous sont déjà connus. Nous avons distingué deux sortes de défaut du défendeur : défaut contre partie, faute de constitution d'avoué ; et défaut contre avoué, faute de conclure (n° 312). Dans ce dernier cas, quand il s'agit d'un défaut contre avoué, le texte de notre paragraphe s'applique et s'explique fort aisément. En effet, nous avons vu, dans l'art. 157, qu'en cas de défaut contre avoué, le délai d'opposition était de huitaine, à partir de la signification du jugement faite à avoué. Eh bien, si une enquête a été ordonnée par défaut contre avoué, on signifiera à cet avoué le jugement qui ordonne l'enquête ; un délai de huitaine s'écoulera, pendant lequel l'opposition pourra être faite ; et ce délai écoulé sans opposition, commencera le délai de huitaine dans lequel l'enquête doit être commencée. Cette règle s'explique, d'ailleurs, avec la plus grande facilité. En effet, vous avez vu, dans l'art. 155, que les jugements par défaut contre avoué ne pouvaient, en général, être mis à exécution dans la huitaine qui s'écoule depuis la signification faite à cet avoué. Or, ici, vous avez obtenu par défaut contre avoué un jugement ordonnant une enquête ; vous signifiez ce jugement à l'avoué défaillant ; puisque, dans la huitaine de cette signification, l'art. 155 vous empêche de l'exécuter, il est évident que, dans cette première huitaine, on ne peut faire courir contre vous aucun délai, ni vous frapper d'une déchéance pour n'avoir pas, dans la huitaine de la signification, commencé une enquête qu'il vous était défendu de commencer. C'est à l'expiration de cette huitaine que l'exécution devient possible, et qu'on pourra raisonnablement vous imputer de ne point exécuter.

Ainsi, dans le cas de défaut contre avoué, rien de plus facile à appliquer, rien de plus facile à motiver que la disposition de notre § 2.

Mais il n'en est pas de même, et la difficulté devient grave, peut-être insoluble, quand on essaye d'appliquer ce même paragraphe à l'autre cas de défaut, c'est-à-dire au défaut contre partie.

Ainsi, par exemple, dans une affaire de séparation de corps, de séparation de biens, le tribunal ne peut pas condamner le défaillant par cela seul qu'il a fait défaut. Supposez donc que le défendeur n'ait pas constitué d'avoué, et que, sur son défaut, une enquête ait été ordonnée ; c'est bien là le cas de défaut contre partie. Alors, dit la loi, l'enquête devra être commencée dans la huitaine à partir, non pas de la signification du jugement à personne ou à domicile, mais à partir de l'expiration des délais pendant lesquels la voie de l'opposition est ouverte au défaillant : voilà bien la disposition du § 2 de l'art. 257. Mais quels sont donc ces délais pendant lesquels reste ouverte au défaillant la voie de l'opposition ? Ces délais, d'après les art. 158 et 159, sont indéfinis ; car le jugement par défaut contre partie peut être attaqué par la voie de l'opposition tant qu'il n'est pas exécuté ; tel est le prescrit de l'art. 158. L'art. 159 détermine bien certains modes d'exécution, par exemple, la vente des meubles, la dénonciation de la saisie des immeubles, l'emprisonnement du défaillant, le payement des frais ; mais ces modes d'exécution sont absolument inapplicables au jugement qui nous occupe ; ce jugement ordonne une enquête, mais il ne contient pas de condamnation pour sûreté de laquelle on puisse saisir ou emprisonner ; et quant aux frais, le plus souvent, il les réserve, pour les faire supporter en définitive à celui qui perdra au fond la cause.

Ainsi, quand un jugement a ordonné une enquête par défaut contre partie, les modes d'exécution de l'art. 159, qui auraient pour effet de rendre l'opposition non recevable, sont par la nature même du jugement, absolument inapplicables. A quel instant, par quel fait, l'opposition cesserait-elle donc d'être recevable ? Par l'exécution du jugement ; c'est-à-dire par la confection même de l'enquête. Mais une fois arrivés à ce résultat, nous nous trouvons dans un cercle dont il paraît difficile de trouver l'issue. En effet, d'une part, l'opposition contre un tel jugement, aux termes de l'art. 158, sera recevable tant que le jugement ne sera pas exécuté, c'est-à-dire tant que l'enquête ne sera pas faite ; d'autre part, d'après l'art. 254, § 2, l'enquête ne peut être commencée tant qu'il ne s'est pas écoulé huitaine depuis l'expiration des délais d'opposition, c'est-à-dire depuis l'exécution, c'est-à-dire, en traduisant toujours, depuis l'enquête terminée ; c'est-à-dire que, tant que l'enquête n'est pas terminée, on a huitaine pour commencer l'enquête : absurdité tellement évidente qu'il n'est pas nécessaire de s'y arrêter longtemps.

En résumé, la conséquence forcée de la combinaison de ce second paragraphe avec l'art. 158, c'est que l'enquête peut toujours être commencée, puisqu'il n'y a pas, dans le titre des Jugements par défaut, de délai à l'expiration duquel l'opposition ne soit plus recevable, sauf pour l'art. 156 in fine, qui veut que les jugements par défaut soient exécutés dans les six mois de leur obtention, faute de quoi ils sont réputés non-avenus.

Mais ce remède extraordinaire, qu'on tirerait des derniers mots de l'art. 156, laisserait encore en défaut les prévisions de la loi. En effet, quel est le système de l'art. 157 ? D'exiger que l'enquête soit commencée dans le plus court délai possible, afin de ne point laisser à la partie le temps de corrompre, d'endoctriner les témoins. Or, lui laisser même un délai indéfini, en combinant l'art. 158 avec notre paragraphe, lui laisser même un délai de six mois, en s'appuyant sur l'art. 156, c'est à coup sûr lui laisser beaucoup trop de temps, c'est s'exposer aux dangers que le législateur a voulu prévenir par la fixation des délais de l'art. 257.

Je crois donc que nous devons résoudre autrement la question qui nous occupe, et renfermer dans un terme infiniment plus court la faculté de commencer l'enquête, en vertu d'un jugement par défaut contre partie. Pour cela,
je vous ferai remarquer que la distinction des art. 157 et 158, quant aux délais
de l'opposition, est de droit nouveau ; que dans l'ancien droit, soit qu'il s'agit
d'un défaut contre partie, ou bien d'un défaut contre le procureur et faute de
défendre, le délai de l'opposition n'était jamais que de huitaine depuis la signification ; en d'autres termes, que la règle tracée maintenant, quant aux
délais d'opposition, par l'art. 157, pour le défaut contre avoué, s'appliquait
également autrefois au délai d'opposition en cas de défaut contre partie. Je
crois que les rédacteurs du Code, préoccupés de cette ancienne idée, qui renfermait, dans tous les cas, la faculté d'opposition dans un délai de huitaine,
ont compris ici dans une rédaction commune les deux cas dont la distinction
nous embarrasse maintenant ; je crois qu'ils ont écrit cette disposition sous
l'empire des principes dans lesquels l'opposition n'était jamais recevable dès
que huitaine s'était écoulée depuis la signification.

Il faut donc plutôt faire la part de ces préoccupations que nous attacher littéralement à une combinaison d'articles qui va tout droit contre la pensée manifeste du législateur ; il faut entendre le § 2 de notre article dans ce sens,
qu'après la huitaine de la signification, soit à avoué, s'il s'agit d'un défaut contre
avoué, soit à personne ou à domicile, et par un huissier commis, s'il s'agit
d'un défaut contre partie, commencera à courir la huitaine dans laquelle l'enquête doit être commencée ; que l'art. 158, article de droit nouveau, ne s'est
pas offert ici à l'esprit du législateur, et que, pour appliquer notre second paragraphe, nous devons, pour un moment, faire abstraction de cet art. 158.
Ce n'est pas au reste le seul vestige, dans le droit actuel, de cette ancienne
habitude qui confondait, quant aux délais de l'opposition, les deux cas de défaut ; vous trouvez également, dans une matière toute différente, dans le Code
civil, un article rédigé sous l'empire de ces idées (art. 2215, § 2), et qui ne
peut être interprété qu'abstraction faite de l'art. 158.

486. « Art. 258. Si l'enquête doit être faite à une plus grande distance, le jugement fixera le délai dans lequel elle sera commencée. »

Nous avons supposé, d'après les premiers mots de l'art. 257, que l'enquête
ordonnée se faisait soit devant le tribunal, soit à une courte distance ; que si,
au contraire, l'enquête doit se faire, comme le supposent les derniers mots de
l'article 255, à une distance plus étendue, alors on ne pouvait plus s'attacher
au délai de huitaine, ni même déterminer d'avance le délai dans lequel il
faudrait commencer l'enquête. Ainsi l'enquête a été ordonnée par le tribunal
de la Seine ; mais, à raison de l'éloignement des témoins, il a été ordonné
qu'elle aura lieu devant le tribunal de Nancy ou de Bordeaux ; alors le tribunal, par le jugement qui ordonne l'enquête et qui renvoie ainsi à une distance assez considérable, déterminera, eu égard à cette distance, le délai
dans lequel l'enquête doit être commencée ; il déclarera que la déchéance prononcée par les derniers mots du § 1er de l'art. 257 ne sera encourue qu'après
un délai de quinzaine, de trois semaines, d'un mois, à partir de la signification.

Il est évident que, dans cet art. 258, il faut sous-entendre les délais de l'article précédent, et notamment la peine de nullité, que l'art. 258 ne répète pas formellement, mais qui s'y trouve nécessairement comprise par sa relation étroite avec l'art. 257.

487. Les art. 257 et 258 fixent le délai dans lequel l'enquête doit être commencée. Il s'agit maintenant de déterminer au juste ce qu'on entend par commencer une enquête, quels sont les actes qu'il faut faire dans le délai de l'art. 257 pour éviter la déchéance prononcée par cet article ; c'est là l'objet de l'art. 259.

A proprement parler, commencer une enquête, c'est entendre un ou plusieurs des témoins appelés à cette enquête ; tant qu'aucun témoin n'a déposé, il ne serait pas vrai de dire que l'enquête est vraiment commencée ; tel est en effet le sens naturel, tel était, avant le Code, le sens légal de ces mots *Commencer une enquête*; mais de là résultaient de forts graves inconvénients.

Ainsi, l'ordonnance de 1667 voulait, comme le Code, que l'enquête fût commencée, au plus tard, dans la huitaine de la signification du jugement qui l'ordonnait : il fallait donc, à peine de déchéance, avoir, dans cette huitaine, entendu au moins un témoin. Mais bien des cas se présentaient dans lesquels il était impossible d'accomplir cette obligation. Par exemple, l'enquête a été ordonnée, elle doit avoir lieu à Paris ; le jugement a été signifié presque aussitôt qu'il a été rendu, c'est le but de la loi, c'est l'intérêt des parties ; mais tous les témoins qu'il s'agit de faire entendre sont domiciliés à de fort grandes distances, en sorte qu'il est impossible de les faire arriver à temps, impossible d'en faire entendre même un seul dans la huitaine. Que faisait-on autrefois pour éviter la déchéance ? On employait un moyen dérisoire, dont la nature même accusait bien hautement le vice de la loi ; ne pouvant faire entendre dans la huitaine, ainsi que l'exigeait l'ordonnance, aucun des témoins véritables, on assignait le premier venu, un homme parfaitement étranger et aux parties et au procès ; il comparaissait devant le juge-commissaire qui l'interrogeait, et il répondait qu'il ne connnaissait pas les parties, il répondait, en un mot, qu'il n'avait rien à répondre ; mais un témoin avait été entendu, l'enquête était commencée, l'ordonnance était satisfaite.

Un pareil moyen était la critique la plus vive qui pût être faite de l'ordonnance.

Le Code a adopté un autre système.

« Art. 259. L'enquête est censée commencée, pour chacune des parties respectivement, par l'ordonnance qu'elle obtient du juge-commissaire, à l'effet d'assigner les témoins aux jour et heure par lui indiqués. — En conséquence, le juge-commissaire ouvrira les procès-verbaux respectifs par la mention de la réquisition et de la délivrance de son ordonnance. »

Aussi aujourd'hui l'enquête est censée commencée avant qu'aucun témoin ait été entendu, avant qu'aucun témoin ait été assigné ; le commencement de l'enquête n'est plus abandonné au hasard et au caprice des distances, mais tient à des faits que les parties peuvent toujours accomplir dans la huitaine ; les avoués de la partie se présentent (art. 76, § 7, et art. 91 du tarif) devant le juge-commissaire, à l'effet d'obtenir de lui une ordonnance indiquant les jours et heure où les témoins seront entendus. En général, le juge-commissaire, en accordant cette ordonnance, ouvre immédiatement le procès-verbal d'enquête ; il mentionne sur ce procès-verbal la réquisition et la date de la réquisition qui lui est faite ; dès ce moment le procès-verbal d'enquête est ouvert, l'enquête est commencée, la déchéance, établie par l'art. 357, est évitée par les parties.

L'enquête est censée commencée, pour chacune des parties respectivement: c'est-à-dire que, dans le délai fixé par l'art. 257, l'avoué de chaque partie, de celle qui a obtenu le jugement, comme de celle qui entend se prévaloir de l'art. 256 et procéder à une contre-enquête, doit se présenter devant le juge-commissaire, à l'effet d'obtenir l'ordonnance qui lui permettra d'assigner les témoins qu'il désire faire entendre. L'enquête est réputée alors commencée *pour chacune des parties respectivement*, c'est-à-dire que, quand bien même l'un des avoués aurait, dans le délai fixé, requis et obtenu l'ordonnance, si l'autre avoué n'avait pas, en ce qui le concerne, accompli la même formalité, sa partie serait déchue du droit de faire son enquête ou sa contre-enquête. L'observation des art. 257 et 259 profite à celui qui s'y conforme, et ne profite pas à l'autre partie.

➤➤➤ **188.** Venons aux formes dans lesquelles les témoins comparaissent et déposent.

Les articles qui suivent (260-277), relatifs aux formes dans lesquelles s'opère l'enquête, sont d'une extrême simplicité. Je vous ferai simplement remarquer que, dans cette série d'articles que nous allons parcourir, il faut mettre de côté l'art. 268 que nous rattacherons à l'art 283, et l'art. 270, que nous rattacherons à l'art. 282 ; ces articles sont peut-être placés d'une manière un peu anticipée.

Nous venons de supposer l'ordonnance du juge-commissaire délivrée dans les délais fixés par l'art. 257 ; cette ordonnance confère à la partie qui l'a obtenue permission d'assigner les témoins aux lieu, jour et heure désignés par le commissaire. Remarquez que, dans la détermination de ce jour, le juge-commissaire doit avoir soigneusement égard à la distance qui sépare le domicile de quelques-uns de ces témoins du lieu où doit se faire l'enquête. Ainsi, supposez que, l'enquête ayant été ordonnée et devant se faire à Paris, la plupart des témoins s'y trouvant domiciliés, un ou quelques-uns d'entre eux soient domiciliés à une distance assez grande ; le juge-commissaire devra, dans la fixation du premier jour pour lequel il autorise l'assignation des témoins, avoir égard à l'éloignement de quelques-uns d'entre eux. En effet, supposez que le juge-commissaire autorise à assigner les témoins qui sont sur les lieux à un court délai, par exemple, à cinq jours après celui dans lequel il délivre son ordonnance ; alors les premiers témoins étant entendus, au jour même de l'assignation, commencerait à courir le délai fixé par l'art. 273 pour achever l'enquête, et ce délai est de huitaine à partir du jour où le premier témoin a été entendu. Or, il pourrait arriver que le temps manquât pour faire venir d'une distance considérable les témoins plus éloignés, qui devraient déposer les derniers. Il faut donc déterminer le délai pour assigner les témoins de ma-

I.

nière que ce délai suffise pour appeler même les plus éloignés, sans quoi le délai de huitaine pour terminer l'enquête commençant à courir dès qu'un témoin a été entendu, la huitaine qui reste après ce jour pourrait ne plus suffire pour faire venir les témoins éloignés. C'est là, au reste, une affaire de précaution, et en cas d'omission on pourrait quelquefois y porter remède (V. art. 278).

489. L'ordonnance une fois délivrée, chaque partie en profite pour faire assigner ses témoins. Les formes de cette assignation sont réglées par l'art. 260. L'assignation est remise à la personne ou au domicile du témoin. On donne à chacun d'eux, pour comparaître, un jour au moins de délai : un jour franc tout au moins doit s'écouler entre la remise de l'assignation et le jour pour lequel l'assignation est donnée, plus l'augmentation du délai de distance (V. art. 1033, C. Pr.) entre le domicile du témoin et le lieu de l'enquête. Cette assignation doit contenir de plus l'indication des faits sur lesquels les témoins doivent déposer ; indication qui n'est autre chose que la partie du dispositif insérée dans le jugement, aux termes du § 1er de l'art. 255.

Je vous ferai remarquer que la loi attache à l'inobservation de ces règles la peine de nullité, nullité non pas de l'enquête entière, mais de la déposition ou des dépositions des témoins à l'égard desquels les formes prescrites n'auraient pas été observées.

490. Chaque partie assigne à l'enquête, non seulement les témoins qu'elle entend y faire venir, mais aussi la partie adverse, et les formes de cette assignation sont déterminées par l'art. 261.

Remarquez, pour l'assignation de la partie adverse, qu'au lieu de lui être remise, comme les ajournements ordinaires, à personne ou à domicile, elle lui est remise chez son avoué si elle a un avoué ; c'est-à-dire que l'assignation donnée à une partie pour comparaître à l'enquête, à domicile ou même à personne, serait nulle ; l'art. 261 est encore à cet égard d'une extrême rigueur (1). * Mais la nullité serait couverte par la comparution et l'assistance de la partie à l'enquête, sans protestation (2). * Du reste ce n'est pas l'avoué, c'est la partie qu'on assigne au domicile de l'avoué ; ce n'est pas là un de ces simples actes d'avoué à avoué, qui sont du ministère exclusif des huissiers audienciers.

L'assignation donnée à la partie doit précéder non pas d'un jour, comme pour les témoins, mais de trois jours au moins le jour déterminé pour l'enquête (3) ; cet intervalle de trois jours a pour objet de mettre la partie assignée en état de prendre des informations sur les témoins appelés par l'adversaire, et de se préparer, s'il y a lieu, à élever contre eux les causes de reproches

(1) C. de Bordeaux, 9 mai 1834 (Dall., *Rép.*, v° *Enquête*, n° 206).
(2) C. cass., Rej., 20 novembre 1860 (Dall., 1861, I, 284).
(3) * Ce délai de trois jours doit être augmenté d'un jour par cinq myriamètres, conformément à l'art. 1033, d'après la distance entre le domicile de l'avoué et celui de la partie ; Cass., 23 juillet 1823 et (chambres réunies) 28 janvier 1826, et sur le troisième renvoi, Rouen, 6 mars 1828 (Dall., *Rép.*, v° *Enquête*, n° 231). — Bourges, 9 février 1856 (Dall., 1857, 2, 66). — Bastia, 22 juillet 1857 (Dall., 1858, 2, 71). — Poitiers, 9 mai 1877 (Dall., 1877, 2, 144). *

autorisées par l'art. 283. Dans ce but, la loi exige que le demandeur remette à son adversaire, outre l'assignation pour être présent à l'enquête, l'indication des témoins qu'il entend faire déposer contre lui ; et, bien que le texte n'ait pas à cet égard toute la netteté qu'on pourrait y désirer, il paraît naturel d'y sous-entendre que la notification du nom des témoins doit, comme l'assigna tion elle-même, précéder de trois jours au moins le jour fixé pour l'audition. Il serait bien inutile de m'assigner trois jours à l'avance, si vous vous borniez à me notifier, la veille ou le matin de l'enquête, le nom des témoins sur lesquels j'ai intérêt de prendre les renseignements qui peuvent me servir à les reprocher ; le texte n'a pas la clarté désirable, mais il n'est pas douteux qu'il ne doive s'entendre ainsi (1).

L'appel des parties à l'enquête, dans l'ancienne jurisprudence, n'avait pas d'autre but que de les faire assister à la prestation de serment ; du reste, elles n'avaient pas autrefois le droit d'assister à l'enquête ; on avait craint que la présence de chacune d'elles n'influençât les témoins cités par elle ou contre elle d'une manière préjudiciable aux intérêts de la vérité. Cette considération a perdu de sa force ; on a pensé qu'elle devait plier devant un débat contra-dictoire, qui pourrait mettre chaque partie à même d'interpeller le témoin et de relever les contradictions que pourrait présenter une déposition mensongère. Ainsi, les parties sont assignées non plus simplement, comme autrefois, pour assister à la prestation du serment de chaque témoin, après laquelle elles devaient se retirer, mais pour assister à l'enquête tout entière, avec fa-culté de faire adresser aux témoins les interpellations jugées convenables, aux termes de l'art. 276.

Mais la présence des parties n'est pas nécessaire à la validité de l'enquête ; elles doivent, à peine de nullité, s'y appeler l'une l'autre, mais c'est à chacune d'elles de voir si son intérêt réclame impérieusement sa présence ; l'une d'el-les ou toutes les deux y faisant défaut, l'enquête aura lieu également, et n'en sera pas moins valable. C'est ce qui résulte des premiers mots de l'art. 262. « Les témoins seront entendus séparément, tant en présence qu'en absence des parties. »

En général, l'enquête se fait en la chambre du conseil ; mais le tribunal pourrait ordonner qu'elle se fera ailleurs, par exemple, sur les lieux conten-tieux (2). *

491. Si la présence des parties à l'enquête où elles sont assignées n'est que facultative, il est clair qu'il n'en est pas de même de la comparution des té-moins. Déposer en justice des faits qui se sont passés sous nos yeux, des faits dont la constatation peut être utile, essentielle à l'établissement des droits d'une partie, c'est là un devoir impérieux, c'est un devoir à l'accomplissement du-quel la loi, en matière civile, aussi bien qu'en matière criminelle, a ajouté la puissance coercitive de sa sanction : de là les mesures autorisées par les art. 263 et 264 contre les témoins défaillants. Au juge-commissaire est accordé, sous

---

(1) Cass., 12 juillet 1819. — Montpellier, 8 décembre 1841. — *Contrà*, Cass., 16 février 1815 ; Angers, 24 mars 1813. — Poitiers, 7 mars 1823 (Dall., *Rép.*, v° *Enquête*, n°ˢ 243 et 244).

(2) C. d'Amiens, 29 décembre 1831 (Dall., *Rép.*, V° *Enquête*, n° 213.)

certaines distinctions et dans certaines limites, le droit de frapper contre eux des pénalités plus ou moins graves. Et, quand la loi vous parle des témoins défaillants, n'hésitez pas à reconnaître que le même pouvoir appartient au juge-commissaire contre les témoins qui auraient bien comparu physiquement, de leur personne, mais qui, interpellés, refuseraient formellement de déposer sur les faits venus à leur connaissance ; faire défaut sur l'assignation, ou bien comparaître pour déclarer qu'on n'obéira pas, c'est, en résultat, une seule et même chose.

Toutefois cette rigueur, que vous retrouverez dans les matières criminelles, doit recevoir une légère modification que la conscience indique assez, et que la loi pénale a sanctionnée elle-même. Il est, en effet, certaines personnes qui, dépositaires par profession de quelques secrets, ne peuvent être légalement contraintes à venir déclarer ces secrets, et doivent même les garder. Non seulement c'est là un sentiment, un devoir d'honneur et de conscience, mais la loi elle-même le reconnaît et le consacre ; l'art. 378 du Code pénal inflige une pénalité au confesseur, au chirurgien, au médecin et à ceux qui, dépositaires par état de quelques secrets, révèlent ces secrets, hors les cas où la loi les oblige à se porter dénonciateurs. Il est clair que cette règle s'applique aux matières du droit civil, et qu'on ne pourrait, sous aucun prétexte, infliger les pénalités des art. 263 et 264 au confesseur, au médecin, au notaire, à l'avocat (1) qui viendrait déclarer qu'il n'a connaissance des faits sur lesquels porte l'enquête que par suite d'une confidence volontaire relative à la profession qu'il exerce. C'est une exception que la jurisprudence a depuis longtemps sanctionnée, non seulement en matière civile, où ce témoignage paraît moins important, mais même dans les matières criminelles, où ce témoignage aurait une tout autre gravité.

* Il faut remarquer, dans l'art. 263, les expressions : *Seront condamnés......* *à titre de dommages-intérêts ; pourront être condamnés... à une amende ;* il en résulte que la condamnation à des dommages-intérêts est obligatoire pour le juge, tandis que la condamnation à l'amende est facultative. *

Dans les art. 265 et 266, vous trouvez les détails relatifs à la même série d'idées, c'est-à-dire à la faculté accordée au juge-commissaire de relever des pénalités précédentes le témoin défaillant qui établirait que sa non-comparution tenait à un fait de force majeure, d'impossibilité absolue. De même, dans l'art. 267, il est facultatif pour le juge-commissaire, en cas de maladie du témoin, de se transporter devant lui pour recevoir sa déposition.

492. Les articles suivants, jusqu'à l'art. 278, et déduction faite des art. 268 et 270, sont relatifs aux formes dans lesquelles se présentent et se rédigent les dépositions des témoins.

Ces dépositions sont précédées de certaines déclarations indiquées par l'article 262, et propres à établir que le témoin n'est pas, de près ou de loin, sous l'influence de l'une des parties. Elles sont également, et à peine de nullité, précédées de la prestation de serment indiquée dans l'art. 262.

Ces formalités une fois accomplies, le témoin commence sa déposition comme

(1) Cass., 24 mai 1862 (Dall., 1862, 1, 545).

le suppose l'art. 271. Dans cette déposition, le juge-commissaire ne doit pas procéder par interpellation directe, par questions de détail, dont le résultat pourrait être d'influencer, de diriger la déposition du témoin ; il ne faut pas le mettre en position de répondre par oui ou par non sur les questions qui lui seraient soumises ; on doit lui demander de déposer en quelque sorte d'abondance, sur tous les détails qui sont à sa connaissance relativement à tel ou tel fait, à telle ou telle circonstance. Ce sera seulement dans le cas où ce récit, qui doit émaner du témoin, laissera quelque chose à désirer, présentera quelques points incomplets, que le juge-commissaire pourra et devra, soit d'office, soit sur la demande de la partie, interroger le témoin pour obtenir de lui le complément de sa déposition. Cette méthode de procéder par interrogatoire détaillé est en elle-même dangereuse ; elle peut égarer et aveugler le témoin ; elle n'est bonne, elle n'est licite que comme subsidiaire à une déposition qui paraît incomplète (art. 273).

Au fur et à mesure que le témoin dépose, sa déposition est écrite par le greffier sous la direction du juge-commissaire. Je n'ai pas besoin de vous dire qu'il faut s'appliquer à retracer fidèlement, jusqu'en leurs moindres détails, les dépositions des témoins, mais que cette fidélité ne doit pas aller jusqu'à la copie minutieuse, insignifiante, de toutes les expressions oiseuses et incorrectes qui peuvent échapper au témoin. Ce à quoi le greffier, sous la direction du juge-commissaire, doit avant tout s'appliquer, c'est à rendre aussi fidèlement que possible l'historique de la déposition ; c'est à retracer la pensée du témoin avec ses incertitudes, ses fluctuations, ou, au contraire, avec tout ce qu'il peut y mettre de netteté, d'assurance, de vérité ; c'est à se faire, de la manière qui lui paraîtra la plus convenable, l'historien fidèle de toute la déposition faite devant lui.

La déposition ainsi faite et rédigée par le greffier, devra être lue au témoin, il lui sera demandé s'il y persiste, ou s'il entend, au contraire, y changer, y ajouter quelque chose ; dans ce dernier cas, ses variations, ses corrections, ses changements devront être insérés à la suite. Nouvelle lecture sera donnée, après quoi le témoin sera requis de signer, s'il peut ou veut le faire ; dans le cas contraire, mention en sera faite (art. 272, 273, 274).

Enfin, les parties seront requises, à la fin de l'enquête, de signer le procès-verbal d'enquête ; dans le cas où elles ne pourront le faire, si elles ne savent pas signer, ou si elles refusent, mention sera faite. A la fin seront les signatures du juge et du greffier (art. 275).

Les procès-verbaux devront constater l'accomplissement de toutes les formalités précédentes : la sanction de toutes ces règles sera tantôt la nullité d'une déposition unique, isolée, si la formalité omise n'avait rapport qu'à cette déposition ; tantôt, au contraire, la nullité de l'enquête entière, si la formalité requise portait sur l'ensemble de l'enquête.

Vous verrez, en appliquant les art. 292 et 293, que la conséquence de la nullité de l'enquête est extrêmement grave pour les parties, puisqu'en certains cas l'enquête nulle ne peut pas être recommencée.

Le témoin ne peut cependant être contraint à faire ainsi gratuitement le sacrifice d'une ou plusieurs journées, nécessaires peut-être pour subvenir à ses besoins et à ceux de sa famille, aussi peut-il recevoir une indemnité. A cet effet, le juge lui demande s'il requiert taxe (art. 271). S'il la requiert, elle est faite par le juge-commissaire sur la copie de l'assignation, et elle vaut exécutoire (art. 277). L'art. 167 du tarif détermine le chiffre de cette taxe et celui des frais de voyage. *

493. Tel est l'ensemble des règles suivant lesquelles il doit être procédé aux enquêtes dans les matières ordinaires. Dans les matières sommaires (art. 407), des règles toutes différentes sont suivies ; l'enquête, au lieu de se faire à huis clos par un juge commis par le tribunal, se fait devant le tribunal, en présence du public. En d'autres termes, nous trouvons, même dans nos lois civiles, le système de l'enquête secrète et le système de l'enquête publique admis concurremment et dans des cas différents ; nous trouvons le système de l'enquête publique devant le tribunal, en pleine audience, consacré sans distinction dans les matières commerciales ainsi que dans les matières criminelles, correctionnelles et de police.

Dès lors se présente naturellement la question de savoir lequel des deux systèmes est préférable, et quel motif a pu porter la loi à adopter pleinement, tantôt le système des enquêtes publiques, des enquêtes d'audience, dans le cas que je viens de signaler ; tantôt, au contraire, le système de l'enquête écrite et secrète, emprunté, presque en totalité, à l'ordonnance de 1667.

Cette ordonnance, en effet, conformément au droit antérieur, établissait pour les enquêtes à peu près les mêmes formalités qu'a suivies le Code de procédure; seulement aujourd'hui, d'après les art. 261 et 262, à la différence de ce qui se pratiquait autrefois, les parties de la cause doivent être appelées à l'enquête. Sauf cette différence et quelques autres formalités, le système actuel est le même que celui de l'ordonnance.

Cependant, entre l'ordonnance et le Code de procédure, un système différent avait été admis en toutes matières, même dans les matières civiles, par la loi du 3 brumaire an II, et surtout par le décret du 7 fructidor an III : ce dernier décret s'explique à cet égard dans les termes les plus formels. Art. 1er : « A l'avenir, en toutes matières civiles dont la connaissance appartient aux tribunaux de district, et sans aucune distinction, les témoins seront entendus à l'audience publique en présence des parties intéressées, ou elles dûment appelées. »

Quel est donc le motif qui a pu porter le Code de procédure à revenir à l'enquête secrète ? Quelles sont les objections qu'on peut faire, et qu'on a faites contre le système de l'enquête publique ?

La question n'a pas été sérieusement discutée lors de la rédaction du Code de procédure. Cependant les orateurs du gouvernement, et surtout le Tribunat, lors de l'exposé des motifs, indiquèrent rapidement, et peut-être trop légèrement, les raisons qui les avaient portés à repousser, en matière civile, le système de l'enquête publique.

On a reproché à l'enquête publique trois vices distincts, séparés. Le premier, d'être peu véridique, peu probante, d'entraîner assez fréquemment de graves erreurs ; le second, d'être une source de désordres, d'inconvenances, de compromettre la dignité des tribunaux; le troisième, d'être une cause de lenteurs et d'entraves, d'être moins expéditive que l'enquête écrite et secrète.

Tels sont à peu près les trois reproches que vous trouvez articulés, mais non pas justifiés, dans le discours de l'orateur du Tribunat au Corps législatif, lors de la présentation de ce titre.

Sur ces trois vices, un seul mérite sérieusement d'occuper notre attention ; c'est de savoir si en réalité l'enquête publique est une voie moins probante, moins certaine, pour arriver à la vérité, que l'enquête secrète et écrite. Si le contraire était prouvé, si l'enquête publique offrait plus de garantie pour la véracité des témoins, j'avoue que je ferais assez peu de cas des deux autres objections, qui, au reste, ne sont peut-être pas beaucoup plus fondées que la première.

Mais que peut-on dire pour prouver que l'enquête publique soit moins probante, qu'elle soit plus sujette à l'erreur, au mensonge, que ne l'est l'enquête écrite et secrète ?

On dit que les témoins placés en face du tribunal entier, en face d'un nombreux auditoire, se troubleront, s'intimideront facilement ; que leur liberté sera compromise ; qu'enfin s'ils ont une première fois fait une déposition inexacte, l'amour-propre, la vanité, la crainte de se démentir, de s'accuser eux-mêmes en public, les portera à y persister, à répéter des assertions mensongères, dont ils se désisteraient plus facilement, s'ils étaient en présence d'un seul juge et loin du public. J'avoue que le contraire me paraîtrait infiniment plus vrai. Il me semble que la présence du tribunal entier, que la présence d'un auditoire nombreux et attentif, écoutant et surveillant la déposition du témoin, est de toutes les garanties la plus forte, la plus puissante que puisse exiger la loi, pour arriver à la vérité ; que rien n'est plus propre que la solennité de l'audience publique à déterminer le témoin à bien peser toutes ses expressions, à ne laisser échapper, je ne dirai pas même aucun mensonge, mais aucune assertion légère ou téméraire ; que, de plus, la crainte d'être démenti par un témoin qui va le suivre immédiatement, la crainte d'être convaincu de mensonge en présence d'un public nombreux, par la contrariété de son témoignage avec des témoins déjà entendus avant lui, appelés dans l'auditoire avant qu'il y fût appelé ; il me semble que toutes ces craintes, toutes ces considérations présentent de fortes garanties de véracité.

D'ailleurs, il me semble qu'on n'en est pas réduit, à cet égard, à de simples conjectures : le système de l'enquête publique, devant le tribunal et devant l'auditoire, est admis pleinement, par exemple, en matières commerciales, où la preuve testimoniale est reçue indéfiniment, et non pas sous les limitations de valeur que détermine, en matière civile, l'art. 1341 du Code civil. Or, si, dans les matières commerciales, où la preuve testimoniale est autorisée jusqu'à une valeur illimitée, on a trouvé avantageux de faire déposer les témoins à l'audience publique, quel peut donc être le motif de redouter et d'écarter ce mode, quand ils ne sont appelés que plus rarement, par exception, et pour des valeurs ordinairement de peu d'importance, comme ils le sont dans les matières civiles ?

Je vais plus loin, la forme de l'enquête publique est admise non seulement dans les matières commerciales, mais même dans les matières correctionnelles et criminelles ; les témoins y sont entendus devant un tribunal beaucoup plus solennel, devant un auditoire plus nombreux et plus attentif que ne le son ordinairement les auditoires des tribunaux civils ; a-t-on craint, ou s'est-on plaint que le système de l'enquête publique, appliqué aux matières criminelles, intimidât les témoins au point de n'obtenir d'eux que des dépositions inexactes ou mensongères? Loin de là, tout le monde s'applaudit de voir les dépositions faites publiquement en matière criminelle ; tout le monde y voit la plus sûre, la plus puissante garantie de sincérité. Quels seraient donc les motifs spéciaux aux matières civiles ordinaires, qui rendraient infidèles et périlleuses les dépositions publiques, lorsque, dans les matières criminelles, dans celles d'où dépend la vie d'un homme, on les regarde comme le plus sûr moyen d'arriver à la vérité ?

Remarquons, en quittant ce premier point, qu'à cet égard l'ancienne jurisprudence était conséquente ; l'ordonnance de 1667 consacrait en matière civile le principe des enquêtes secrètes, de même que l'ordonnance de 1670 consacrait dans les matières criminelles le secret de la procédure, le secret absolu des dépositions. Mais c'était là précisément un des vices capitaux de l'ancienne procédure criminelle ; et le vice était si bien senti, qu'en 1789, lors de la convocation des états généraux, c'était un vœu unanime, constaté dans les cahiers de tous les bailliages, que celui qui demandait la publicité de la procédure et des dépositions, en matière criminelle. Nous savons que ce vœu fut entendu et réalisé par l'Assemblée nationale. Ainsi on concevrait, à la rigueur, qu'autrefois les dépositions fussent secrètes en matière civile, comme elles l'étaient et parce qu'elles l'étaient dans les matières criminelles ; le système était mauvais, était vicieux, je le crois sincèrement, mais, enfin, il était conséquent. Aujourd'hui, j'avoue qu'il m'est impossible de m'expliquer comment les mêmes hommes qui, en matière criminelle, ont regardé la publicité de l'enquête comme une garantie indispensable de la vérité, ont prétendu écarter et ont en effet écarté, comme dangereuse, la publicité de l'enquête dans les matières civiles, où s'agitent et se débattent des intérêts beaucoup moins importants.

Ajoutons, de plus, que le système de l'enquête secrète, opérée loin du public, reçue par un seul juge, et non pas par tout le tribunal, entraîne nécessairement à sa suite, le système de l'enquête écrite. En effet, le tribunal qui doit juger l'affaire n'étant pas appelé à entendre les témoins, ce soin étant délégué à un seul membre de ce tribunal, il faut bien qu'il rédige par écrit, dans les formes que nous avons vues, les dépositions des témoins. Mais il est sensible qu'ici le caractère de véracité manque encore sous un autre rapport ; que le tribunal, appelé à juger du fond de l'affaire, ne va connaître que par l'intermédiaire du juge-commissaire et du greffier, par une traduction, le sens et la portée des dépositions que les témoins auront faites. Or, cette traduction, cette relation, si attentivement qu'elle ait pu être dressée, vaudra-t-elle, pour la conscience du tribunal, la lumière qu'il tirerait des dépositions qu'il entendrait lui-même ? Concevrait-on que, dans les matières criminelles, un juré, un juge fût appelé à statuer sur une pure relation écrite de témoignages, de dépositions d'individus qui ne comparaîtraient pas ? Cette voie est encore mauvaise ; la traduction ne peut jamais être la reproduction parfaite, fidèle, de tout ce qu'a dit, de tout ce qu'a voulu faire entendre le témoin. Quand même tous les mots qu'il a prononcés y seraient relatés, le procès-verbal ne rendrait pas le ton de fermeté, de certitude, ou, au contraire, le ton de faiblesse, d'incertitude, qui peut jeter ou tant de foi, ou tant d'incrédulité sur la déposition du témoin.

Ainsi, à mes yeux, il a plusieurs défauts dans ce système, considéré sous ce premier rapport, celui de la crédibilité des dépositions :

1° La publicité des témoignages est, à mes yeux, la plus sûre garantie de leur véracité ;

2° La nécessité d'écrire les témoignages reçus par un seul juge est, à coup sûr, un très mauvais moyen de faire arriver au tribunal entier la connaissance exacte de la déposition, de lui faire sentir quel degré de confiance il peut et doit y attacher ;

3° Enfin, il y a une inconséquence, et une inconséquence inexplicable pour moi, entre ce qu'on décide pour les matières civiles ordinaires, et ce qu'on décide pour toutes les autres.

Si le système de l'enquête publique doit conduire plus sûrement à la vérité, à la certitude, que celui de l'enquête secrète, je ne sais trop si l'on peut raisonnablement s'arrêter aux deux derniers reproches qu'on lui fait, à celui d'inconvenance, et surtout à celui de lenteur.

Quant à celui d'inconvenance, articulé formellement dans l'exposé des motifs, j'avoue que je ne le comprends pas : la dignité du tribunal, dit-on, pourra être compromise par les discussions, les altercations, qui pourraient être soulevées par des témoins publiquement entendus. Entend-on parler de discussions, d'altercations entre les témoins et le tribunal ? Mais la chose est impossible ; le tribunal n'est pas là pour discuter avec les témoins, mais pour les interroger, les entendre. Entend-on parler, ce qui est plus probable, d'altercations des témoins l'un avec l'autre, ou surtout de discussions fâcheuses entre les témoins et les parties ? Mais le tribunal est là pour y mettre ordre ; le président a la police de l'audience, et il pourra, à l'aide des moyens qu'indique, dans le système présent, l'art. 276, rappeler à l'ordre et frapper d'une pénalité les témoins ou les parties qui méconnaîtraient le respect dû à l'audience. D'ailleurs, on ne voit pas que les audiences des cours d'assises, des tribunaux correctionnels, des tribunaux de commerce, et, enfin, des justices de paix qui cependant ont infiniment moins de solennité, on ne voit pas que les audiences de tous ces tribunaux, où les enquêtes se font publiquement, soient compromises, atteintes dans leur dignité, par les altercations qu'on a prétendu redouter.

Enfin, dit-on, le système de l'enquête publique doit être rejeté comme surchargé de lenteurs et d'entraves. Quand même ceci serait vrai, quand même, ce qui est possible, le système de l'enquête publique serait souvent plus lent, plus long que l'autre, s'il est un moyen plus sûr d'arriver à la vérité, ce serait l'acheter encore assez bon marché.

Cependant, il y a une remarque à faire quant à la vérité de ce reproche ; certainement le système de l'enquête secrète a un avantage, il n'occupe qu'un juge, tandis que l'enquête publique occupera tout le tribunal ; trois enquêtes pourront être faites à la fois par trois juges du même tribunal, lorsqu'une seule enquête publique les occuperait tous les trois. Néanmoins je vous ferai remarquer, que, dans les matières commerciales, qui sont considérées comme d'urgence, dans les matières commerciales, où la loi vise, avant tout, à la célérité, où elle abrège les délais, elle exige que les enquêtes se fassent publiquement ;

que de même, dans les matières sommaires, la loi exige que les enquêtes se fassent publiquement et à l'audience. Dès lors, comment concilier ce reproche de lenteur, adressé à l'enquête publique, avec les exigences de la loi qui admet cette enquête précisément dans les matières où une décision expéditive paraît indispensable ? C'est qu'en réalité, et dans la plupart des cas, les prétendues lenteurs de l'enquête publique sont amplement rachetées, même sous ce point de vue, parce qu'on y est débarrassé de bien des gênes, de bien des formalités qui pèchent dans la voie d'enquête secrète. En effet, quand vous verrez plus tard à quelles discussions interminables donnera souvent lieu, devant le tribunal, quand on viendra plaider sur l'enquête secrète, le sens d'une déposition que le tribunal n'aura pas entendue, et que les avocats invoqueront chacun en leur faveur ; quand vous verrez tout le système des reproches dont nous parlerons sur l'art. 283, système qui est un corollaire indispensable de l'enquête secrète, quand vous verrez les nombreuses nullités, dont on a hérissé toute l'enquête secrète, vous comprendrez aisément que bien des lenteurs, bien des entraves se rattachent nécessairement à ce système prétendu expéditif ; et que, même sous ce dernier rapport, il y a grandement lieu de douter si l'enquête publique n'est pas, dans nombre de cas, beaucoup plus expéditive que ne l'est l'enquête secrète.

Ainsi, en définitive, je considère l'enquête publique comme le moyen le plus sûr de donner à la conscience des juges cette certitude, cette conviction, dont ils ont besoin pour décider. Je regarde comme sans aucun fondement les prétendus reproches adressés à ce système, en tant qu'il compromettrait la dignité des tribunaux ; et si, dans certains cas, ce système peut entraîner quelques lenteurs, en occupant le temps de tous les juges, là où le temps d'un seul eût suffi dans l'autre système, c'est un inconvénient qui disparaît dans bien des hypothèses, et qui, à tout prendre, est entièrement compensé par l'avantage d'arriver plus sûrement à la vérité. Aussi serais-je fort embarrassé d'expliquer la conservation du principe des enquêtes secrètes, maintenant surtout que ce principe n'est plus, à quelques égards, qu'une exception, maintenant que, conservé dans les matières civiles ordinaires, il est rejeté, repoussé, dans toutes les autres. Il n'y a là, à vrai dire, au moins à mes yeux, qu'une réminiscence, qu'une reproduction traditionnelle d'anciens principes, écartés dans tout le reste, et qu'on eût pu, ce me semble, écarter aussi dans les matières civiles ordinaires.

⋙⟶ **491.** « Art. 278. L'enquête sera respectivement parachevée dans la huitaine de l'audition des premiers témoins, à peine de nullité, si le jugement qui l'a ordonnée n'a fixé un plus long délai. »

Nous avons dit, sur l'art. 256, que la loi annonçait que l'enquête devait être commencée, puis terminée dans un certain délai. Dans quel délai doit-elle être commencée ? Les art. 257 et suivants y ont répondu. Dans quel délai doit-elle être terminée ? Les art. 278 à 280 vous donnent la solution de cette question. Le motif est le même dans les deux cas, dans l'art. 278 comme dans l'art. 257 : la loi a renfermé le délai de l'enquête dans des époques déterminées pour ne pas laisser aux parties le temps de corrompre les témoins, ou, sur leur refus, d'en chercher de plus complaisants.

L'art. 278 donne, pour terminer l'enquête, un délai de huitaine ; tel est au moins le principe. Mais remarquez bien quel est le point de départ de ce délai ; ce n'est pas un délai de huitaine depuis l'enquête commencée, commencée au moins dans le sens de l'art. 259 ; vous avez vu dans cet article que l'enquête est censée commencée, pour chaque partie respectivement, quand elle a demandé et obtenu l'ordonnance à l'effet d'assigner ses témoins : eh bien ! ce n'est pas, ce ne peut pas être à partir de l'ordonnance délivrée que commence à courir le délai de huitaine dans lequel il faut finir l'enquête. La raison en est fort simple : c'est que l'ordonnance, qui permet l'assignation des témoins, donnera et devra souvent donner, pour les appeler, un délai beaucoup plus long que huitaine, si, par exemple, les témoins à appeler sont éloignés. Nous avons dit que le juge, dans la fixation du délai pour l'audition, devait avoir égard à la distance du domicile des témoins les plus éloignés. Ainsi le délai de huitaine, pour terminer l'enquête, court, non pas du moment où elle est censée commencée, d'après l'art. 259, mais du moment où elle a été, où elle a dû être réellement commencée, c'est-à-dire du moment de l'audition du premier témoin. La loi présume qu'en général les témoins ne seront pas assez nombreux pour qu'un délai de huitaine ne suffise pas pour les entendre tous.

Mais cette huitaine courra-t-elle du jour où le premier témoin a été entendu ou du jour où il a dû l'être ? Ainsi, le juge-commissaire a donné son ordonnance aux termes de l'art. 259 ; il a fixé au 10 du mois, par exemple, le jour de l'audition des témoins ou des premiers témoins ; le 10, les témoins ne comparaissent pas, parce que la partie ne les a assignés que pour le 12 ou le 14 ; ce n'est certes pas là une cause de nullité de l'enquête, si, en définitive, les témoins comparaissent et déposent dans les délais voulus. Mais de quel jour courra le délai de huitaine déterminé par l'art. 278 ? Sera-ce à partir du 10, c'est-à-dire du jour où le commissaire avait fixé l'enquête ? Sera-ce à partir du 14, c'est-à-dire du jour où les témoins se sont présentés et ont déposé ? Il est clair que ce sera à partir du 10 ; que ce n'est pas du jour de l'audition effective, mais du jour où l'audition devait avoir lieu. Pourquoi cela ? parce qu'il ne peut pas dépendre de la partie, en assignant pour un délai plus reculé que celui que le commissaire avait déterminé, de se donner quatre, cinq, six jours de plus, délai dans lequel la loi verrait un calcul fait par la partie pour se ménager la facilité de trouver ou de suborner des témoins.

À peine de nullité. De nullité, non pas, je crois, de l'enquête entière, mais des dépositions qui auraient été reçues postérieurement à l'expiration du délai. Il est, en effet, de principe, et l'art. 294 le déclare, que la nullité d'une ou de plusieurs dépositions n'entraîne pas celle de l'enquête. Eh bien, il est raisonnable de décider ici que les dépositions reçues après l'expiration du délai ne frappent pas d'invalidité les dépositions reçues en due forme et dans le cours du délai (1).

495. Au reste, ce délai de huitaine est fondé sur la présomption qu'en général une huitaine suffira pour entendre tous les témoins ; mais l'affaire pour-

---

(1) *Contrà*, Cass., 11 décembre 1858, arrêt cassant, sur les conclusions contraires de M. l'avocat général Nicias Gaillard, un arrêt de la C. de Paris, 6 août 1846 (Dall., 1851, I. 301).

rait être assez compliquée, les faits dont la preuve est admise assez nombreux, pour qu'on fût sûr ou à peu près sûr à l'avance de l'insuffisance de ce délai. Dans ce cas, le tribunal qui ordonne l'enquête est autorisé par le même article à accorder un délai plus long que la huitaine.

De même, il serait possible que le délai de huitaine, présumé d'abord suffisant, se trouvât en définitive ne pas suffire, surtout si quelqu'un des témoins avait été empêché de déposer dans les délais voulus. Ainsi, l'art. 266 décide que, si un témoin est dans l'impossibilité de comparaître, le juge-commissaire pourra lui accorder un délai, pourvu toutefois que ce délai n'excède pas celui de huitaine, fixé par l'art. 278. Dans le cas même où les témoins sont empêchés, le juge-commissaire n'a pas le droit de proroger le délai de l'art. 278 ; mais alors on peut, d'après l'article suivant, recourir au tribunal pour obtenir une prorogation jugée d'abord inutile, et reconnue maintenant indispensable.

« Art. 279. Si néanmoins l'une des parties demande prorogation dans le délai fixé pour la confection de l'enquête, le tribunal pourra l'accorder. »

Ainsi il n'appartient jamais au juge-commissaire de proroger le délai de l'enquête, tel qu'il est déterminé par l'art. 278 ; mais le tribunal peut proroger ce délai, soit à l'avance, par le jugement même dans lequel il ordonne l'enquête, soit après coup, après l'enquête commencée, et quand l'insuffisance du délai légal est démontrée.

Dans quelle forme se pourvoit-on devant le tribunal pour obtenir de lui, après coup, cette prorogation de l'art. 279 ? L'art. 280 le décide.

« Art. 280. La prorogation sera demandée sur le procès-verbal du juge-commissaire, et ordonnée sur le référé qu'il en fera à l'audience, au jour indiqué par son procès-verbal, sans sommation ni avenir, si les parties ou leurs avoués ont été présents : il ne sera accordé qu'une seule prorogation, à peine de nullité. »

La partie qui a besoin de la prorogation fera sa déclaration sur le procès-verbal d'enquête, ou du moins la fera faire par le juge-commissaire, et la signera ; cette déclaration une fois faite, le juge-commissaire en référera à l'audience, ayant d'avance indiqué aux parties le jour où il fera son rapport. Que si les parties ou leurs avoués n'étaient pas présents à l'enquête, lorsque la prorogation est demandée, la partie présente appellerait les autres à l'audience au jour fixé par le commissaire, par un acte d'avoué à avoué. Mais l'art. 280 laisse un cas hors de sa prévision. Il décide que la prorogation sera accordée sur un rapport fait par le commissaire à l'audience, au jour qu'il indique d'avance aux parties, et qu'il mentionne sur son procès-verbal. La loi parle ici du cas le plus ordinaire, de celui où l'enquête a lieu devant un juge-commissaire appartenant au tribunal qui a ordonné l'enquête ; mais cette forme est inapplicable, si l'enquête, aux termes de l'art. 255, paragraphe dernier, a été renvoyée devant un autre tribunal.

De même si, aux termes de l'art. 1035, un juge d'un autre tribunal, ou un juge de paix, a été commis pour procéder à l'enquête, le juge de Bordeaux, ou le juge de paix, de quelque lieu qu'il soit, procédant à une enquête ordonnée par le tribunal de la Seine, ne peut faire de rapport à l'audience de ce tribunal pour demander la prorogation. Dans ce cas, le juge de paix ou le juge commis devra se borner à mentionner sur son procès-verbal la demande de prorogation formée par l'une des parties, et, sur cette demande, il renverra la partie à se pourvoir et à appeler son adversaire, par un simple acte, devant le tribunal qui a ordonné l'enquête, et non pas devant celui auquel il appartient, lui, juge-commissaire de l'enquête. En effet, le juge-commissaire de Bordeaux, commis pour une enquête ordonnée par le tribunal de la Seine, ne donne pas pour cela au tribunal de Bordeaux qualité pour décider s'il y a lieu ou non à la prorogation ; cette question ne peut être raisonnablement soumise qu'au tribunal qui a vraiment mission et possibilité d'apprécier les circonstances donnant matière à l'enquête.

↠ **496.** « Art. 281. La partie qui aura fait entendre plus de cinq témoins sur un même fait ne pourra répéter les frais des autres dépositions. »

La loi ne défend pas, remarquez-le bien, de faire entendre plus de cinq témoins sur un même fait, elle ne fixe à cet égard aucune limite ; mais elle ne veut pas qu'une partie puisse malicieusement, multipliant les témoins sur un fait déjà bien établi, faire retomber sur son adversaire des frais énormes de dépositions. Elle déclare donc que la partie qui a demandé l'enquête ne pourra, dans le cas même où elle gagnerait sa cause, répéter contre son adversaire que les frais des dépositions de cinq témoins, non pas pour toute l'enquête, mais sur un même fait ; que les frais de taxe des témoins au delà de ce nombre resteront à la charge de celui qui les fait entendre.

497. « Art. 286. Le délai pour faire enquête étant expiré, la partie la plus diligente fera signifier à avoué copie des procès-verbaux, et poursuivre l'audience sur un simple acte. »

On suppose ici l'enquête terminée dans les formes et les délais précédemment indiqués ; quel va en être le résultat ? La partie la plus diligente signifiera à son adversaire copie des procès-verbaux d'enquête, c'est-à-dire soit de l'enquête faite à sa diligence, soit de la contre-enquête faite à la diligence de l'adversaire ; la loi ne fait aucune distinction. Il faut donc repousser l'opinion qui veut que l'on ne signifie que copie de l'enquête faite à la diligence de la partie qui fait la signification. Dans cette opinion, on explique le pluriel de l'article, en disant que l'enquête a pu exiger plusieurs séances, et par conséquent plusieurs procès-verbaux. Tel n'est pas, je crois, le sens de l'article ; aussi décide-t-on généralement, et avec raison, qu'il faut même signifier copie du procès-verbal de l'enquête, faite à la requête de l'adversaire, quand même on n'entend pas tirer avantage de ce procès-verbal ; parce qu'il faut que toutes les pièces soient mises sous les yeux des juges pour qu'ils appliquent l'art. 150, si, sur le nouvel avenir, l'autre partie fait défaut (1).

Quelquefois les avoués s'entendent pour signifier, l'un le procès-verbal de l'enquête, et l'autre le procès-verbal de la contre-enquête. Ainsi toutes les dépositions sont signifiées. Cette marche n'a rien d'illicite. *

(1) *Contrà*, C. de Bordeaux, 10 mars 1843 (Dall., *Rép.*, v° *Enquête*, n° 412).

⇛→ **498.** § 3 *Des incapacités et des reproches* (art. 268, 270, 282 à 291). La loi déclare certaines personnes incapables de déposer en justice. L'incapacité est absolue ou relative.

L'incapacité absolue ou indignité ôte aux personnes qui en sont frappées le droit de servir de témoins dans un procès quelconque. Ainsi les condamnés à certaines peines criminelles (art. 28 et 34, § 3 C. pén.) ou correctionnelles (art. 42 C. pén.) sont absolument incapables ou indignes d'être témoins.

L'incapacité relative, basée sur la parenté et l'alliance à un certain degré n'ôte à une personne le droit d'être témoin que dans l'affaire de son parent, de son allié, de son conjoint. *

« Art. 268. Nul ne pourra être assigné comme témoin, s'il est parent ou allié en ligne directe de l'une des parties, ou son conjoint, même divorcé. »

La loi défend d'assigner comme témoins les parents ou alliés en ligne directe de l'une des parties. Ainsi, je pourrais m'opposer à l'audition non seulement de l'ascendant de mon adversaire, produit par lui comme témoin contre moi, mais même de mon propre ascendant par parenté ou par alliance, dont le témoignage serait invoqué contre moi. La loi est générale ; elle défend d'entendre non seulement un ascendant pour son ascendant, ce dont le motif est manifeste, mais même un ascendant contre son ascendant, ou réciproquement ; elle défend d'entendre dans l'enquête celui qui est en ligne directe de parenté ou d'alliance avec l'une quelconque des parties.

Pourquoi cela ? C'est que, dans aucun cas, on ne peut raisonnablement attendre de l'impartialité, de la franchise pleine et complète, de celui que des liens si étroits unissent à l'une des parties : appelé par moi, il y a lieu de penser qu'il déposera avec partialité ; appelé contre moi, par mon adversaire, il y a lieu de craindre que des haines, que des mésintelligences, qui ne sont pas sans exemple, même à des degrés si étroits, ne viennent altérer son témoignage dans un sens inverse. C'est de ce cas qu'on a dit et qu'on peut dire, avec raison, que la parenté, pour ceux qui sont d'accord, est une excitation à la partialité, et, pour ceux qui sont ennemis, une excitation à la haine : *Apud concordes excitamentum caritatis ; apud iratos irritamentum odiorum.*

Cependant, si telle est la règle incontestable de l'art. 268, nous y trouvons une exception partielle dans l'art. 251 du Code civil ; cet article est au titre *du Divorce* ; vous y trouvez le principe de l'art. 268 reproduit, mais en même temps la prohibition se trouve réduite aux descendants des parties et n'embrasse plus leurs ascendants. L'art. 251 permettait en matière de divorce, de faire comparaître dans la cause les ascendants des parties par parenté ou par alliance, autorisait, en un mot, tous les témoignages domestiques autres que ceux des enfants ou descendants. Cette exception, en ce qui touche le divorce, est maintenant sans intérêt, mais peut-être ne l'est-elle pas en ce qui concerne la séparation de corps. Aussi s'est-on demandé si, dans les causes de séparation de corps, fondées très souvent sur des faits d'intérieur, qui ne peuvent guère être attestées que par des témoins domestiques, il n'y avait pas même raison de faire exception à l'art. 268, c'est-à-dire d'admettre à déposer, non pas les enfants et descendants, mais les ascendants de chacune des parties. Le doute pourrait résulter de ce que l'art. 268 est général, et de ce que l'art. 251

est une exception tout à fait limitative ; de plus, de ce que l'art 307 (C. civ.) déclare que la séparation de corps sera instruite et jugée comme toute autre action civile, disposition répétée dans un article du Code de procédure, art. 879.

La jurisprudence a depuis longtemps tranché ce conflit, sur lequel on a quelques instants hésité ; elle l'a tranché en appliquant, et je crois avec une grande raison, l'art. 251 à la séparation de corps. L'identité de motif, l'égalité absolue de position, doivent, je crois, prévaloir ici. Quant aux art. 307 et 879, ils sont sans aucune portée dans la question ; ils ont pour but d'avertir qu'on ne doit point appliquer à la séparation de corps cette procédure secrète, extraordinaire, que le Code civil autorisait pour le divorce ; mais l'art. 251 n'est pas relatif aux formes de la procédure de divorce, il est relatif à la capacité des témoins qu'on a droit d'appeler, il sort par conséquent des termes et de l'esprit de ces deux articles (1).

*L'incapacité relative de l'art. 268 doit s'étendre à la parenté naturelle et adoptive. Les raisons d'affection qui font suspecter la partialité entre le père et le fils légitimes s'appliquent également entre le père et le fils naturels ou adoptifs. *

499. Les reproches sont des allégations avancées par l'une des parties à l'effet de rendre suspects les témoins produits par son adversaire.

Quelles sont les causes de reproches qui peuvent autoriser une partie à repousser la déposition d'un témoin ?

Ces causes, énumérées dans l'art. 283, se fondent, en général, sur la crainte de partialité ou de dépendance d'un témoin vis-à-vis de la partie, ou de subornation pratiquée par l'une des parties sur le témoin.

« Art. 283. Pourront être reprochés, les parents ou alliés de l'une ou de l'autre des parties, jusqu'au degré de cousin issu de germain inclusivement ; les parents et alliés des conjoints au degré ci-dessus, si le conjoint est vivant ou si la partie ou le témoin en a des enfants vivants : en cas que le conjoint soit décédé, et qu'il n'ait pas laissé de descendants, pourront être reprochés les parents et alliés en ligne directe, les frères, beaux-frères, sœurs et belles-sœurs. — Pourront aussi être reprochés, le témoin héritier présomptif ou donataire ; celui qui aura bu ou mangé avec la partie, et à ses frais, depuis la prononciation du jugement qui a ordonné l'enquête ; celui qui aura donné des certificats sur les faits relatifs au procès ; les serviteurs et domestiques, le témoin en état d'accusation ; celui qui aura été condamné à une peine afflictive ou infamante, ou même à une peine correctionnelle pour cause de vol. »

La loi déclare reprochable le témoin quand il est parent ou allié de l'une des parties, ou même quand il est parent ou allié du conjoint de l'une des parties, jusqu'au sixième degré inclusivement, c'est-à-dire jusqu'au degré de cousin issu de germain. Voilà la première idée du § 1er de notre article. Cependant, quand le reproche ne se fonde que sur l'alliance du témoin avec l'une des parties, ou avec le conjoint de l'une des parties, ce reproche n'est admissible qu'autant que le conjoint d'où résulte l'alliance est maintenant vivant, ou que, étant mort, il a laissé des enfants vivants. Vous avez vu au premier livre du

(1) C. d'Amiens, 4 juillet 1821 (*Journal du Palais*, t. XVI). — Bordeaux, 2 août 1842 (*Eod.*, t. II de 1842, p. 698). — C. de Caen, 28 janvier 1874 (Siv. 1874, 2, 199).

Code civil, à propos des aliments, une disposition tout à fait analogue, et qui explique les motifs de celle-ci. Que si le conjoint est mort sans laisser d'enfants, de telle sorte que les liens de l'alliance de la partie avec le témoin soient fort relâchés, le reproche n'embrasse plus l'alliance en ligne collatérale que jusqu'au deuxième degré inclusivement, c'est-à-dire les beaux-frères et les belles-sœurs.

Il est à remarquer que les expressions générales du § 1er de l'art. 283 embrassent les cas qui étaient déjà compris dans l'art. 268. En effet, en autorisant à reprocher les parents et alliés en ligne directe, soit de la partie, soit de son conjoint, en autorisant à reprocher ces parents et alliés jusqu'au sixième degré dans tous les cas, il est clair qu'on renferme dans la disposition de l'art. 283 les prohibitions déjà indiquées dans l'art. 268 ; mais, quoiqu'elles y soient comprises, il faut les en faire sortir, parce qu'elles ne devraient pas y être.

En effet, dans l'art. 283, il est question des témoins qu'on a la faculté de reprocher, il y est question de reproches ; dans l'art. 268, au contraire, il est question des témoins que la loi défend d'assigner : il est question d'incapacités relatives ; ce qui est bien une autre disposition et surtout une autre règle. Ainsi, au nombre des témoins produits se trouve un parent ou allié en ligne directe de l'une des parties ; ce parent ou allié serait reprochable, aux termes de l'art. 283 ; mais il est bien plus que reprochable, il ne peut être ni entendu ni assigné, aux termes de l'art. 268. L'art. 283, en embrassant dans la généralité de ses termes des degrés de parenté dont parlait déjà l'art. 268, n'a certes pas voulu déroger à cet article, qui est bien autrement impératif. En effet, les reproches dont parle l'art. 283 ne peuvent être proposés que par la partie intéressée ; si elle ne les propose pas, ni le juge-commissaire ni le tribunal n'ont qualité pour les admettre d'office. Au contraire, produit-on contre moi l'une des personnes indiquées dans l'art. 268, cette personne ne pouvait point être assignée, ainsi le déclare l'article ; donc elle ne peut pas, elle ne doit pas être entendue ; donc le juge-commissaire doit d'office se refuser à recevoir sa déposition. Que si, par inadvertance ou par ignorance, il a reçu sa déposition, le tribunal doit d'office en interdire la lecture ; que si, enfin, n'ayant pas, moi partie intéressée, mis obstacle à sa déposition avant qu'elle la fît, je réclame ensuite, je demande ensuite qu'elle ne soit pas lue, cette demande doit être admise, quand même je n'aurais pas sous la main la preuve écrite de la parenté. En un mot, les art. 270 et 282, qui m'obligent à proposer avant la déposition les reproches dont je n'ai pas en main la preuve écrite, ces articles ne s'appliquent qu'aux reproches proprement dits, et non pas à la prohibition, d'une nature autrement puissante, dont parle l'art. 269.

500. *Pourront aussi être reprochés, le témoin héritier présomptif.....* Ici encore c'est le soupçon de partialité, et surtout de dépendance du témoin à l'égard de la partie. L'héritier présomptif, venant déposer contre celui dont il espère la succession, peut craindre d'être déshérité en tout ou en partie, s'il rend témoignage à la vérité, au détriment de celui contre qui on l'appelle. Ajoutez surtout que, si l'affaire est importante, si l'intérêt pour lequel il dépose est grave, il se trouve indirectement intéressé dans l'affaire, indirectement appelé à désirer que celui dont il est héritier présomptif triomphe dans la cause.

Ou donataire..... La reconnaissance peut altérer la vérité de son témoignage. * Il peut même être intéressé à déguiser la vérité en faveur du donateur. En effet, si ce dernier perd son procès, sa fortune et sa quotité disponible étant diminuées, la donation pourra être réduite. *

Celui qui aura bu ou mangé avec la partie et à ses frais, depuis la prononciation du jugement qui a ordonné l'enquête. Ici ce sont des motifs de partialité d'une nature tellement étrange qu'on ne peut guère s'y arrêter ; on ne peut guère comprendre comment le législateur a mis en balance l'influence d'une cause de séduction de cette nature, contre l'autorité religieuse du serment que prête le témoin, et surtout contre la sanction pénale de l'art. 363 du Code pénal, qu'il ait vu, dans un tel motif de séduction, une cause de mensonge plus puissante que ne le seront et la sanction morale, et la sanction religieuse, et la crainte de la peine de l'emprisonnement et de l'amende.

Celui qui aura donné des certificats sur les faits relatifs au procès. Ainsi, on reproche encore comme suspect celui qui a donné un certificat, non pas même, remarquez-le bien, sur le fait en témoignage duquel il est appelé, mais sur l'un des faits relatifs au procès ; celui-qui, en donnant ce certificat en faveur de l'une des parties, a annoncé pour cette partie une sorte de partialité dont la loi doit se méfier (1).

Les serviteurs et domestiques. Les serviteurs sont ceux qui sont dans une dépendance immédiate, qui rendent des services de domesticité proprement dite. Le mot de *domestiques* est plus étendu ; il indique, dans le langage du droit, des rapports d'une nature beaucoup plus relevée, mais qui sentent cependant la dépendance : tels seraient les intendants, les secrétaires, les bibliothécaires, les précepteurs, qui sont à quelques égards sous la dépendance de la partie en vivant avec elle. * Les commis des marchands sont-ils ou non reprochables comme serviteurs ou domestiques ? Oui, en général, il y a la même dépendance (2). *

Le témoin en état d'arrestation ; celui qui aura été condamné à une peine afflictive ou infamante ou même à une peine correctionnelle pour cause de vol. Les trois derniers reproches dont s'occupe ici la loi se fondent sur un motif tout différent, l'indignité du témoin, ses fâcheux antécédents : tel est le témoin en état d'accusation. J'ai déjà indiqué ce qu'il fallait entendre par ce mot, dans son sens technique ; ce n'est pas le témoin déjà poursuivi par la justice criminelle ; ce n'est pas même celui qu'un mandat d'arrêt ou de dépôt aurait frappé ; c'est celui contre lequel il a été déclaré qu'il y avait charges suffisantes pour le renvoyer devant la Cour d'assises.

* Pour les condamnés à des peines afflictives ou infamantes, v. n° 498. *

---

(1) * Il me paraît bien douteux que le certificat donné par un témoin sur un fait, le rende reprochable relativement à d'autres faits. * — C. de Colmar, 27 janvier 1863 (Dall., 1865, 1, 62). *

(2) * C. de Rennes, 30 juillet 1840 (Dall., *Rép.*, v° *Enquête*, n° 496). — V. Surtout Douai, 20 mai 1847 (Dall., 1851, 2, 102). — Mais le tribunal peut estimer que, d'après leurs rapports avec le patron, les commis ne sont pas dans sa dépendance. V. l'arrêt de Douai susénoncé, et un arrêt de la même Cour du 10 août 1854 (Dall., 1856, 2, 172). — Cass., Rej., 5 mai 1857 (Dall., 1857, 1, 301). — Les employés des chemins de fer sont également reprochables. C. de Colmar, 31 juin 1859 (Dall., 1860, 2, 43). — Caen, 7 février 1861 (Dall., 1861, 2, 231). Chambéry, 30 novembre 1866 (Dall., 1866, 2, 47). *

L'application des derniers mots : *Pour cause de vol*, soulève des difficultés qui se lient au droit criminel.

501. L'art. 283 a énuméré un certain nombre de causes de reproches que vous pouvez trouver plus ou moins bien fondées. On peut dire que la loi a multiplié ces causes, et les a tellement exagérées, qu'on dirait que les parties aient sous la main des témoins à choisir. Cette considération ne vous sera pas inutile pour décider une question qu'on soulève assez souvent, et qui ne paraît pas d'ailleurs bien difficile.

On s'est demandé si les causes de reproche énumérées dans l'art. 283 étaient les seules, si les tribunaux pouvaient, hors un texte de cet article, admettre d'autres causes de reproches non consacrées par la loi ; et, ce qui est plus surprenant, c'est que l'affirmative a été quelquefois décidée. Ainsi, l'on a appliqué aux témoins l'art. 378, qui détermine dans quels cas l'une des parties peut récuser un juge comme suspect de partialité. On autorise à récuser un juge qui se trouve débiteur ou créancier de l'une des parties (art. 378, § 4) et l'on a appliqué cette disposition aux témoins. Il vaut mieux décider que les créanciers ne sont pas reprochables comme témoins dans une enquête intéressant leur débiteur (1). Il est évident que c'est violer toutes les règles de la logique, que d'aller étendre aux témoins, comme causes de reproches, les circonstances, les motifs, que la loi a indiqués comme autorisant à récuser les juges. La raison en est fort claire, il y a une double raison.

D'abord, c'est qu'un juge a dans l'affaire une tout autre influence qu'un témoin ; par conséquent, on conçoit que la loi ait multiplié les causes de récusation des juges.

Ensuite, et cette seconde raison n'est pas moins grave, c'est qu'on peut remplacer un juge suspect, tandis que la partie qui invoquait un témoin n'a peut-être pas un autre témoin pour établir le même fait.

Ainsi reconnaissons que peut-être les causes de reproche de l'art. 283 frappent beaucoup trop loin, et, tout en nous résignant à les appliquer, écrites qu'elles sont dans la loi, gardons-nous de les étendre, et d'aller chercher, dans les motifs de récusation détaillés par l'art. 378, des causes de parité.

* L'ordonnance de 1667 (tit. XIII) ne contenait pas comme notre art. 282 une énumération de causes de reproches. Aussi ces causes avaient-elles été étendues d'une manière exagérée. Les rédacteurs du Code, en les énumérant, ont voulu proscrire l'extension arbitraire des causes de reproches. *

Quelques-uns ont dit que l'on pourrait reprocher l'ami de son adversaire ou son propre ennemi ; mais alors où s'arrêter ? c'est investir les tribunaux d'un arbitraire effrayant, si l'on autorise les reproches pour un motif aussi vague que celui d'une amité ou d'une inimitié prétendues. Si une partie a fait entendre un de ses amis, ou un ennemi de son adversaire, certainement il ne sera pas défendu, dans la plaidoirie, de déclarer ou de soutenir que ce témoin est suspect à cause de son amitié pour la partie qui l'a fait entendre, ou de sa haine, de son inimitié bien connue envers celui contre lequel il a déposé.

(1) Limoges, 26 février 1840 (Dal., 1840, 2, 201) ; — Chambéry, 29 avril 1868 (Dall., 1868, 2, 180). — *Contrà :* Bordeaux, 5 juin 1834 (Dall., 1834, 2, 228).

Mais autre chose est invoquer à l'audience, avec pleine et entière latitude, tous les motifs graves ou légers qui peuvent jeter du soupçon sur la véracité d'un témoin ; autre chose est le reprocher, dans toute l'exactitude du mot, c'est-à-dire présenter contre lui une allégation qui, si elle est admise, empêchera de donner lecture de sa déposition, le placera dans le cas de l'art. 291.

Mais si les tribunaux ne peuvent étendre les causes de reproche énumérées dans l'art. 283 (1), je crois que, réciproquement, ils ne peuvent refuser d'appliquer une cause de reproche écrite dans la loi. Voyez aussi n° 459.

502. Quand et comment les reproches doivent-ils être proposés ? Les art. 270 et 282 répondent à ces questions.

« Art. 270. Les reproches seront proposés par la partie ou par son avoué avant la déposition du témoin qui sera tenu de s'expliquer sur iceux ; ils seront circonstanciés et pertinents, et non en termes vagues et généraux. Les reproches et les explications du témoin seront consignés dans le procès-verbal. »

« Art. 282. Aucun reproche ne sera proposé après la déposition s'il n'est justifié par écrit. »

« Art. 284. Le témoin reproché sera entendu dans sa déposition. »

D'après l'art. 270, les reproches à élever contre un témoin doivent être présentés avant sa déposition. Tel est le principe ; le motif en est facile à saisir. La partie est présente à l'enquête, d'après l'art. 261 : lors donc qu'elle a laissé le témoin, dont les noms et qualité lui ont été notifiés trois jours à l'avance, lorsqu'elle a laissé ce témoin prêter serment et déposer devant elle, sans élever aucune espèce de réclamation, il y a lieu de craindre que le reproche qu'elle soulèverait plus tard ne soit qu'une chicane, qu'un incident de mauvaise foi, qu'elle ne cherche, après coup, par des reproches sans fondement, à écarter la déposition d'un témoin qu'elle ne repousse, en réalité, que parce qu'elle se trouve lui avoir été défavorable.

Ainsi, en principe, il faut reprocher le témoin avant sa déposition ; cependant on peut encore le reprocher après, mais sous une condition : c'est que la cause du reproche, proposée depuis la déposition, soit justifiée par écrit ; alors la preuve du reproche étant présentée par la partie même qui le produit et résultant d'un acte écrit, les craintes que j'indiquais tout à l'heure n'existent plus (art. 282).

Le même motif qui a dicté la première partie de l'art. 270 en a également dicté le reste. Il ne suffit pas, pour satisfaire au vœu de la loi, de déclarer qu'on reproche tel témoin qui va déposer ; il faut détailler, préciser, circonstancier le reproche ; il faut déclarer, par exemple, que c'est pour parenté, et pour parenté de telle nature et à tel degré: Si l'on pouvait se contenter de lancer à l'avance contre un témoin un reproche vague, indéterminé, sauf à le

(1) V. Les autorités pour et contre cette solution dans Dall., *Rép.*, v° *Enquête*, n°s 557 et suiv. Et, en outre, dans notre sens, C. de Dijon, 23 août 1853 (Dall., 1858, 2, 168) ; Nancy, 31 janvier 1874 (Dall., 1875, 2, 186). — La solution contraire à celle de Boitard paraît prévaloir dans la jurisprudence. — V. C. de Besançon, 21 avril 1866 (Dall., 1866, 72, 2). — C. de cass., 2 juillet 1866 (Dall., 1866, 1, 430). — Cass., 19 décembre 1866 (Dall., 1867, 1, 440). — Cass., 10 mars 1868 (Dall., 1868, 1, 427).

préciser plus tard après la déposition, on éluderait la règle et les motifs des art. 270 et 282 ; on reprocherait les témoins dont on craindrait une déposition défavorable, sauf à chercher ensuite une cause précise de reproche.

Le juge-commissaire reçoit l'allégation du reproche et de sa cause, la mentionne sur son procès-verbal ; mais il n'a pas qualité pour en examiner la vérité. Il doit même entendre le témoin reproché (art. 284) ; le tribunal jugera plus tard si le reproche est fondé ou non (art. 287).

Cette manière de procéder présente, d'ailleurs, des inconvénients que je signalerai sur l'art. 291.

503. « Art. 285. Pourront les individus âgés de moins de quinze ans révolus être entendus, sauf à avoir à leurs dépositions tel égard que de raison. »

Ici, vous le voyez, ce n'est plus un reproche que la loi autorise à raison de l'âge ; c'est un simple avis qu'elle donne au tribunal, de n'admettre qu'avec réserve l'autorité d'un témoignage rendu par une personne d'un âge inférieur à celui qu'elle indique. Nous verrons bientôt, au reste, s'il y a un sens bien réel à attacher à ces mots : *Sauf à avoir à leurs dépositions tel égard que de raison* (V. n° 508) ; toujours est-il que, comme le fait qu'un témoin produit est âgé de moins de quinze ans n'est pas énuméré parmi les causes de reproche, sa déposition doit être lue, et à plus forte raison le juge-commissaire doit-il la recevoir. La seule question est de savoir si le juge-commissaire doit, avec l'art. 562, exiger de ce témoin la prestation de serment commandée, à peine de nullité par cet article.

Le texte de l'art. 285 ne faisant, à raison de l'âge, aucune exception formelle à l'obligation générale de la prestation de serment, le plus sage est sans doute d'exiger que le serment soit prêté ; car, en supposant même qu'on décidât qu'il est inutile, toujours est-il que cette prestation ne vicierait en rien la déposition. La question ne s'élèverait donc avec intérêt que si le juge-commissaire, par une dispense qui n'est pas sans imprudence, s'était abstenu de demander le serment d'un individu âgé de moins de quinze ans ; alors faudrait-il appliquer l'art. 262, frapper de nullité la déposition ainsi reçue ? Il me semble que l'affirmative est au moins douteuse, que l'art. 285 semble ranger dans une catégorie tout à fait distincte, tout à fait spéciale, les individus âgés de moins de quinze ans auxquels il semble même éviter d'appliquer le nom de témoins. Ce qui d'ailleurs contribuerait à me fortifier dans l'opinion qu'une telle déposition n'est pas nulle, pour avoir été reçue sans prestation de serment, ce serait l'art. 79 du Code d'inst. crim. : « Les enfants de l'un ou de l'autre sexe, au-dessous de l'âge de quinze ans, pourront être entendus, par forme de déclaration et sans prestation de serment. » On ne voit guère pourquoi la loi exigerait, dans des matières civiles, des garanties plus fortes que dans les matières criminelles ; pourquoi, quand, dans l'art. 79, elle s'explique formellement sur la question du serment, nous n'en conclurions pas que sa pensée, en s'occupant à part, dans l'art. 285, des mêmes individus dont parle l'art. 79, n'aurait pas été de les dispenser aussi du serment, qui, dans la bouche d'un enfant de neuf, dix et onze ans, est une solennité à peu près vide de sens.

504. L'audience étant poursuivie sur un simple acte, de deux choses l'une :

ou il n'y a pas de reproches, et dans ce cas les parties, déposant leurs conclusions au fond, cherchent à tirer de l'enquête les preuves ou contre-preuves qu'elle peut fournir ; alors l'affaire marche au fond, comme si l'enquête n'eût pas eu lieu, sauf qu'on invoque les dépositions. Ou bien, au contraire, l'une des parties ou toutes deux présentent des reproches contre tous ou quelques-uns des témoins ; il faut avant tout s'occuper de ces circonstances, pour déterminer si ces reproches seront admis ou rejetés, s'il sera permis en conséquence, ou défendu de débattre les dépositions.

Les art. 287 et 290 sont relatifs à la procédure à suivre pour débattre les reproches proposés.

« Art. 287. Il sera statué sommairement sur les reproches. »

C'est-à-dire, d'abord, expéditivement ; et de plus, aussi dans la forme prescrite ailleurs pour l'instruction des affaires sommaires (V. art. 405 et suivants).

« Art. 288. Si néanmoins le fond de la cause était en état, il pourra être prononcé sur le tout par un seul jugement. »

Il serait possible en fait que le tribunal à la fois admît les reproches comme fondés, et que les dépositions ne pouvant pas être lues, la partie qui n'a produit pour elle que des témoins reprochés se trouvant n'avoir pas fait de preuves, le tribunal accueillît ou rejetât la demande par le même jugement qui admet les reproches ; l'accueillît, s'il s'agit des reproches du demandeur, admis contre les témoins du défendeur ; ou la rejetât, s'il s'agit des reproches du défendeur, admis contre les témoins du demandeur. Il sera donc assez fréquent, dans le cas au moins où les reproches seront admis, et les dépositions rejetées, que le jugement qui statue sur l'incident, sur le reproche, statue sur le fond de la cause.

505. « Art. 289. Si les reproches proposés avant la déposition ne sont justifiés par écrit, la partie sera tenue d'en offrir la preuve, et de désigner les témoins (*c'est ce que déclare l'art.* 71 *du tarif*) *:* autrement elle n'y sera pas reçue. »

C'est-à-dire que, si elle s'était bornée, par son acte d'avoué, à offrir la preuve, sauf à désigner plus tard les témoins qu'elle invoque à l'appui, qu'elle veut faire entendre pour établir les reproches, elle n'y serait pas reçue. Pourquoi cela ? Parce que la loi veut qu'on instruise dans le plus court délai, avec le moins de lenteur possible, cette procédure incidente relative aux reproches .

« Le tout sans préjudice des réparations, dommages et intérêts qui pourraient être dus au témoin reproché. »

En effet, si le reproche, allégué et non justifié contre un témoin, avait pour base un fait déshonorant pour celui-ci, par exemple, s'il consistait dans l'allégation de l'une des dernières circonstances prévues par l'art. 283, dans des condamnations afflictives ou infamantes, ou correctionnelles pour vol, il y aurait intérêt pour le témoin reproché, et contre lequel la preuve ne serait pas établie, à intervenir dans l'instance comme partie, à l'effet d'obtenir, devant le tribunal, des dommages et intérêts contre la partie qui l'a reproché injurieusement et sans cause.

506. « Art. 290. La preuve, s'il y échet, sera ordonnée par le tribunal, sauf la preuve contraire, et sera faite dans la forme ci-après réglée pour les enquêtes sommaires. Aucun reproche ne pourra y être proposé, s'il n'est justifié par écrit. »

Il est possible, en fait, qu'il n'y ait pas lieu d'ordonner la preuve du reproche ; que, par exemple, il soit justifié par écrit ; que le reproche fondé sur la parenté soit établi par les actes de l'état civil; que le reproche fondé sur une condamnation soit justifié par la copie du jugement. Que si, au contraire, le reproche proposé avant la déposition, n'est pas justifié par écrit, il y aura lieu d'en ordonner la preuve testimoniale. Mais il est à remarquer que cette enquête, autorisée ici pour apprécier les vices ou le mérite d'une première enquête, que cette enquête, ordonnée pour établir les reproches proposés contre le témoin de l'enquête principale; il est, dis-je, à remarquer que cette enquête secondaire se fait publiquement à l'audience, et non pas devant un juge-commissaire, comme celles dont nous avons parlé jusqu'ici.

La loi vous dit que la preuve, dans ce cas, *sera faite dans la forme ci-après réglée pour les enquêtes sommaires.* Cette forme est indiquée par les art. 407 et suivants.

Aucun reproche ne pourra y être proposé, s'il n'est justifié par écrit.

Ces mots se rattachent à la pensée fondamentale de la loi en cette matière; on doit éviter des lenteurs interminables. Ainsi vous prétendez, par exemple, établir par témoins que l'un des témoins produits par votre adversaire, lors de l'enquête principale, est dans l'un des cas prévus par les premiers mots du § 2 de l'art. 283; par exemple, qu'il a bu et mangé avec l'adversaire, et à ses frais, depuis la prononciation du jugement. Voilà un de ces faits qui, en général, ne peuvent guère se prouver que par témoins ; que si l'adversaire vient à reprocher lui-même un des témoins qui attestent l'avoir vu boire et manger avec le témoin qu'il produit, ce reproche ne pourra être prouvé que par écrit, afin de ne pas accumuler enquête sur enquête, savoir : une première enquête sur le fait principal ; une seconde enquête, celle dont nous parlons maintenant, sur le reproche fait à l'un des témoins produits dans la première; enfin, une troisième enquête faite sur le reproche du témoin produit dans la seconde. La loi veut donc que, si un des témoins produits dans la première enquête est reproché, le reproche puisse bien être prouvé par témoins ; mais que, si un des témoins produits dans cette seconde enquête est reproché, le reproche ne puisse être justifié que par écrit; on a senti que, dans cette voie, il fallait s'arrêter après un certain terme.

507. « Art. 291. Si les reproches sont admis, la déposition du témoin reproché ne sera point lue. »

Cette conséquence est un des vices saillants de la forme secrète et écrite, admise par la loi pour les enquêtes, c'est d'obliger le juge-commissaire à rédiger minutieusement les dépositions de témoins dès à présent reprochés.

dépositions qui, si les reproches sont admis, ne pourront arriver à la connaissance du tribunal,

Le système pèche sous un autre point de vue, en ce sens que le juge-commissaire aura pris nécessairement connaissance d'une déposition à laquelle la loi défend d'avoir aucun égard. Il lui sera peut-être bien difficile de faire abstraction de cette déposition qu'il a reçue, d'oublier un témoignage qui peut l'influencer même à son insu.

Cette disposition de l'art. 291 mérite cependant d'être notée comme abrogeant un système assez bizarre, suivi autrefois dans plusieurs parlements, dans les matières de reproches, et notamment poussé à l'extrême dans le parlement de Toulouse. L'ancienne jurisprudence, développant les prohibitions de l'ordonnance, avait multiplié à l'infini les causes de reproches, qu'il est déjà permis de trouver trop étendues sous le Code ; vous les trouverez énumérées, et en fort grand nombre, au titre XXIII, art. 1er de l'ordonnance de 1667, dans le commentaire de Rodier. Mais le résultat de ces reproches, lorsqu'ils étaient admis, n'était pas, comme cela a lieu maintenant d'après l'art. 291, de faire rejeter absolument la déposition du témoin reproché, n'était pas d'en interdire la lecture, le débat à l'audience ; le parlement de Toulouse, entre autres, avait adopté pour jurisprudence de fractionner, de scinder la foi due aux différents témoins et notamment aux témoins reprochés. Pour comprendre ceci, il faut remonter un peu plus haut, relativement à la nature et au système des preuves admises, et au civil et au criminel, sous l'ancienne jurisprudence.

En général, et ce point est assez important, dans l'ancienne jurisprudence, on trouve en vigueur ce qu'on a appelé depuis le système des preuves légales ; c'est-à-dire que les lois, la doctrine ou la jurisprudence avaient essayé de tracer d'avance aux tribunaux des règles fixes, précises, impératives, d'après lesquelles ils devaient déterminer le plus ou le moins de foi que méritait tel ou tel témoin. Ainsi, par une interprétation plus ou moins exacte des lois romaines, et peut-être aussi de quelques textes de l'Écriture, on tenait en règle que la déposition d'un seul témoin, quelle que fût d'ailleurs sa position, ne pouvait jamais suffire pour fonder une conviction, pour servir de base à une décision judiciaire ; c'est ce qu'on exprimait par cette règle : *Testis unus, testis nullus.* On tenait, au contraire, que la déposition des deux témoins purs de toute espèce de reproches et de soupçons suffisait, dans tous les cas, pour fonder une conviction, et quelques-uns même allaient jusqu'à penser que les dépositions uniformes de deux témoins obligeaient absolument le juge à décider dans le sens de ces dépositions, soit qu'il s'agît de condamner, soit qu'il s'agît d'absoudre.

Ce système des preuves légales une fois admis, cette idée une fois établie, qu'un témoin ne suffisait pas, et que deux témoins suffisaient pour fonder une conviction, il avait fallu en suivre les conséquences, et elles avaient été fort bizarres ; une fois ce principe admis, qu'avec deux témoins d'accord la conviction est forcée pour le juge qui les a entendus, il avait été nécessaire d'écarter, de repousser tous les témoins de la part de qui pouvait se présenter quelque motif de soupçon ou de reproche. Ainsi, dans les catégories fort nombreuses indiquées par Rodier, sous l'article que je citais tout à l'heure, vous trouvez une foule de personnes indiquées comme reprochables : c'est-à-dire qu'on ne les écarte pas d'une manière complète, absolue, mais qu'on ne ne les considère pas comme des témoins devant compter pour fonder ce nombre deux, absolument nécessaire pour condamner. Par exemple, supposez un témoin placé dans l'une des catégories de l'art. 283, ou dans l'une des catégories nombreuses que la jurisprudence y avait ajoutées, le reproche étant justifié, sa déposition n'était ni complètement admise ni complètement rejetée, mais elle comptait comme une fraction de témoignage, comme une fraction de vérité. Ainsi, suivant que le reproche était plus ou moins grave, on disait : Voilà quatre individus qui ont déposé d'accord et unanimement dans le même sens, mais ces quatre individus sont tous dans les cas de reproches autorisés par la loi ou par la jurisprudence ; nous n'allons donc pas les compter comme quatre, ou même comme deux témoins ; si le témoignage de chacun d'eux est considéré comme valant une moitié de témoignage, nous y verrons deux témoins ; s'ils ne sont considérés que comme valant chacun un quart de témoignage, nous n'aurons qu'un témoin, et, par conséquent, pas de possibilité de condamner. Cet effort impuissant et même ridicule pour appliquer des règles fixes, des règles arithmétiques à la matière de la conviction, qui se refuse à toute appréciation générale et anticipée, cet effort est indiqué de la manière la plus précise par le commentaire de Rodier. Voici ses termes :

« Le parlement de Toulouse a une façon particulière de juger les reproches et les objets : il les admet quelquefois, selon leur différente qualité, de façon qu'ils n'emportent pas la déposition du témoin en entier, mais qu'elle subsiste pour un huitième, pour un quart, pour la moitié, pour les trois quarts : et une déposition ainsi réduite de valeur a besoin du secours d'une autre pour devenir entière ; par exemple, si, sur les dépositions de quatre témoins objectés, deux sont réduites à la moitié, cela fait un témoin : si la troisième est réduite au quart, et la quatrième aux trois quarts, cela fait un autre témoin ; et par conséquent, il se trouve une preuve suffisante de deux témoins, quoique tous aient été objectés, et aient souffert quelque atteinte des objets proposés. »

Une idée encore plus singulière de ce système arithmétique appliqué à la matière des preuves se rencontrait relativement aux femmes ; dans la jurisprudence de certains parlements, on tenait en règle qu'en général le témoignage d'une femme méritait moins de foi que celui d'un homme, et quelques parlements, traduisant en chiffres cette idée fort contestable, avaient évalué le témoignage d'une femme, les uns à moitié, les autres à un tiers de témoin.

C'est à ces résultats absurdes qu'avait conduit cette malheureuse idée de commander d'avance à la conviction d'un juge, et de lui dire que la déposition d'un témoin, quelle que fût la position d'impartialité, l'autorité morale de ce témoin n'était jamais une raison suffisante de conviction, et que la déposition de deux témoins était une cause suffisante, et même une cause nécessaire de crédibilité.

Dans les matières criminelles, où ce système était admis autrefois, comme dans les matières civiles, il avait produit parfois les plus inconcevables résultats. Dans notre droit criminel, vous verrez plus tard, dans l'art. 342 du Code d'instr. crim., que ce Code l'a complètement repoussé. L'art. 342 contient une instruction du législateur aux jurés, instruction dans laquelle il a grand soin de leur dire : Vous ne regarderez pas un fait comme attesté, parce qu'il sera déclaré par tel ou tel nombre de témoins ; je ne vous pose à cet égard aucune règle ; vous déciderez en conscience, et, de même que vous pourriez déclarer, sur la foi d'un seul témoin, la culpabilité ou l'innocence, de même vous pourrez, si votre conscience n'est pas convaincue, refuser de la déclarer malgré toutes les dépositions. Rien de plus sage que cet avis de l'art. 342, qui fait de la conviction, ce qu'elle doit être, une affaire de conscience et de sentiment intime. Mais, dans les matières civiles, nous ne trouverons aucune règle, aucune instruction analogue à celle de l'art. 342 ; nous ne trouvons pas tranchée nettement par le Code de procédure l'abolition entière, absolue du système des preuves légales ; ce n'est pas à dire que ce système doive encore être admis, et je crois que nous devons, suppléant à cet égard au silence du législateur, lui faire l'honneur de penser qu'il n'a pas entendu, proscrivant dans les matières criminelles un système reconnu déraisonnable, le maintenir dans les matières civiles.

Cependant, nous trouvons encore, dans ce titre même, un vestige de cette ancienne idée, et ce vestige est précisément dans les derniers mots de l'art. 285, qui, sans cela, sont inexplicables. Ainsi, quand on nous dit qu'on permet au juge d'entendre et de lire la déposition d'un témoin âgé de moins de quinze ans, sauf à avoir à sa déposition tel égard que de raison, ce sont des mots qui sont pleins de sens dans le système des preuves légales, mais qui en sont absolument dénués dans le système de l'intime conviction. Dans le système de l'intime conviction, le juge ne doit avoir aux déclarations des témoins que tel égard que de raison, sans qu'on ait à s'attacher à savoir si le témoin a plus ou moins de quinze ans. Ainsi, cette phrase serait pleine de sens dans un système qui dirait au juge : Vous ne pouvez décider que sur la déposition de deux témoins. Alors on pourrait dire : un individu de moins de quinze ans n'est point un témoin ; sa déposition ne peut pas compter pour former, par son concours avec une autre, la conviction du juge, elle ne peut compter que pour une fraction déterminée ou indéterminée de témoin. Mais si, comme cela n'est pas douteux, le juge doit se décider, comme le juré, par son intime conviction, les derniers mots de l'art. 285 sont vides de sens ; c'est-à-dire que le juge pourrait assurément, dans les matières civiles, comme le juré dans les matières criminelles, décider absolument la cause sur la déposition d'un témoin de moins de quinze ans, lors même que ce témoin serait seul.

§ 2. *De la nullité totale ou partielle de l'enquête* (art. 292, 293, 294).

➤ **508.** « Art. 292. L'enquête ou la déposition déclarée nulle par la faute du juge-commissaire sera recommencée à ses frais ; les délais de la nouvelle enquête ou de la nouvelle audition de témoins courront du jour de la signification du jugement qui l'aura ordonnée ; la partie pourra faire entendre les mêmes témoins ; et si quelques-uns ne peuvent être entendus, les juges auront tel égard que de raison aux dépositions par eux faites dans la première enquête. »

« Art. 293. L'enquête déclarée nulle par la faute de l'avoué ou par celle de l'huissier, ne sera pas recommencée ; mais la partie pourra en répéter les frais contre eux, même des dommages et intérêts, en cas de manifeste négligence : ce qui est laissé à l'arbitrage du juge. »

« Art. 291. La nullité d'une ou de plusieurs dépositions n'entraîne pas celle de l'enquête. »

On suppose dans ces trois articles la nullité de l'enquête déjà prononcée pour l'omission de l'une ou de plusieurs des formalités irritantes dont nous nous sommes occupés précédemment.

Cette nullité prononcée, l'enquête ou la déposition nulle, pourront-elles être recommencées? Il faut à cet égard distinguer par le fait de qui provient la nullité. Est-elle prononcée par un fait du juge-commissaire, l'enquête peut être recommencée, et elle doit l'être aux frais du juge de qui vient la nullité. Au contraire, l'enquête a-t-elle été annulée par un fait de l'avoué ou de l'huissier, alors elle ne peut point être recommencée, sauf à la partie d'exiger des dommages et intérêts contre l'officier ministériel négligent.

Quel est le motif de cette distinction facile à retenir? On peut en assigner deux raisons.

D'abord on conçoit que le législateur puisse, jusqu'à un certain point, faire retomber, en cette matière, comme en toute autre, la faute de l'avoué ou de l'huissier sur la partie qui l'a choisi, sauf à cette partie à exercer son recours contre lui. Au contraire, il est impossible d'imputer à la partie la faute du juge-commissaire; il est impossible de me priver du droit de recommencer mon enquête, lorsque la nullité de cette enquête provient de l'ignorance ou de l'erreur d'un juge que je n'ai pas choisi, et à la désignation duquel je ne suis pas libre de me refuser.

Ajoutez ensuite un motif spécial à la matière des enquêtes, et qui se réfère aux motifs déjà donnés sur les art. 257 et 278; la loi s'y montre préoccupée de la crainte que la partie, au moyen d'une prolongation de délai, n'aille suborner et corrompre des témoins. Or, supposez que le législateur eût permis de recommencer l'enquête annulée pour un vice de forme provenant de la faute de l'avoué, n'eût-il pas été possible que, par une collusion coupable avec un client qui veut gagner du temps, l'avoué ou l'huissier eût introduit dans l'enquête une cause de nullité donnant matière à la recommencer, et à exercer près des témoins des efforts de corruption, qui jusque-là étaient restés impuissants? Au contraire, aucun soupçon pareil ne peut s'élever contre le juge commissaire qui n'est pas l'homme de la partie; il est impossible qu'il se prête à glisser dans l'enquête une nullité qui donne à la partie des délais plus longs que ceux de l'art. 278.

Ainsi deux motifs : 1° imputabilité à la partie des fautes de l'officier ministériel qu'elle a choisi, sauf à elle son recours contre cet officier; 2° possibilité de collusion entre l'officier ministériel et son client, à l'effet de glisser dans l'enquête des vices qui en entraîneraient la nullité, et permettraient, si l'on pouvait la recommencer, d'exercer auprès des témoins des efforts de corruption qui pourraient réussir. Au contraire, dans le cas de l'art. 292, comme on ne peut imputer à la partie l'erreur du juge-commissaire, ni soupçonner celui de se prêter à une manœuvre coupable, déjà fort improbable de la part de l'avoué, on permet de recommencer, aux frais du juge-commissaire, l'enquête déclarée nulle par sa faute.

Quand nous parlons d'une enquête déclarée nulle appliquez le texte de l'art. 294 ; souvenez-vous qu'une enquête peut être déclarée nulle, soit en totalité, si la formalité omise s'applique à toute l'enquête, soit en partie, si la formalité omise ne s'applique qu'à une partie de l'enquête.

* Lorsque l'enquête est recommencée, la loi ne défend pas de la faire faire par le même juge-commissaire.

La partie pourra faire entendre les mêmes témoins. On avait paru en douter, dans la discussion de l'ordonnance de 1667, parce que, disait-on, il y a lieu de craindre que leur foi ne soit engagée. Malgré ce doute, l'ordonnance de 1667, comme notre article, ont admis l'audition des mêmes témoins. C'est là la conséquence de ces mots : l'enquête sera recommencée.

Mais la partie pourra-t-elle faire entendre de nouveaux témoins ? Non ; autrement ce ne serait plus une enquête *recommencée*, mais une nouvelle, une autre enquête (1). Seulement, si les témoins de la première enquête sont décédés, absents, etc., l'art. 292 permet aux juges d'apprécier leurs dépositions.

Lorsqu'une enquête a été déclarée nulle par la faute de l'avoué ou de l'huissier, elle ne peut être recommencée (art. 292). Et le tribunal ne pourrait même en ordonner une d'office, malgré les termes de l'art. 254, qui ne s'appliquent que quand les choses sont encore entières (2). Si la partie perd son procès faute de preuves, elle demandera des dommages-intérêts à l'avoué ou l'huissier en faute, et se fera indemniser de tout le préjudice que lui causera le défaut de preuves. *

VINGTIÈME LEÇON

➡→ **509.** * Les vérifications d'écritures, le faux incident, les enquêtes (tit. X, XI et XII), contiennent la mise en œuvre des principes posés dans le Code civil sur la preuve littérale et la preuve testimoniale (art. 1317 à 1348). Le titre des *Descentes sur les lieux* et celui des *Rapports d'experts* ont aussi pour but la découverte de la vérité ; mais les moyens qu'ils indiquent pour y parvenir ne se réfèrent pas aux modes de preuves énumérés dans le Code civil, au livre III, titre III, chapitre VI (art. 1315 et suiv.). Tantôt le juge se transporte sur les lieux contentieux pour s'éclairer personnellement, sans intermédiaire, *de visu*, sur la question qui lui est soumise ; tantôt il s'aide du concours et des lumières de personnes qui possèdent des connaissances spéciales sur les difficultés du procès dont le tribunal est saisi.

Les descentes sur lieux offrent notamment de l'utilité, lorsqu'il s'agit d'un examen matériel qui ne demande aucune connaissance spéciale; ainsi, en matière de servitudes, lorsqu'il s'agit de constater si une ouverture constitue une fenêtre ou un jour de souffrance.

Il faut avoir recours à l'expertise, si la solution de la difficulté exige des connaissances spéciales ; par exemple, s'il s'agit de savoir si tel mur a été bâti suivant les règles de l'art.

Quelquefois la descente du juge sur les lieux se cumule avec l'expertise; il peut arriver, en effet, que le tribunal, en envoyant un juge sur les lieux, croie

(1) C. de Rennes, 28 juillet 1814. — *Contrà*, Limoges, 13 juin 1818 (Dall., *Rép.*, v° *Enquête*, n°s 308 et 379).

(2) C. de Nîmes, 3 août 1832. — Bourges, 30 mai 1831 et 20 novembre 1838 (Dall., *Rép.*, v° *Enquête*, n°s 69 et 127, note 1, *in fine*). — C. cass., Rej., 20 janvier 1863 (Dall., 1863, 1, 247). — *Contrà*, Bastia, 2 avril 1855 (Dall., 1855, 2, 323).

nécessaire de le faire accompagner d'experts qui lui donneront, sur les lieux mêmes, des renseignements et des explications exigeant des connaissances techniques, explications dont l'aspect des localités peut seul donner ou faciliter l'intelligence. Ainsi le tribunal pourra, à son gré, employer séparément ces deux modes d'instruction, ou les cumuler et les compléter l'un par l'autre.

Le titre XXI de l'ordonnance de 1667 réglait à la fois les descentes sur lieux et les rapports d'experts. Dans notre Code, ces matières forment deux titres distincts.

Occupons-nous d'abord des descentes sur lieux. *

TITRE XIII (C. D.)

DES DESCENTES SUR LIEUX.

510. « Art. 295. Le tribunal pourra, dans les cas où il le croira nécessaire, ordonner que l'un des juges se transportera sur les lieux ; mais il ne pourra l'ordonner dans les matières où il n'échoit qu'un simple rapport d'experts, s'il n'en est requis par l'une ou par l'autre des parties. »

* La descente sur lieux, d'après cet article, peut donc être ordonnée par le tribunal, ou d'office, ou sur la réquisition des parties. Toutefois, si la matière comporte un rapport d'experts, la descente sur lieux ne peut être ordonnée que sur la réquisition des parties. Le tribunal n'a donc le droit d'ordonner d'office ce mode d'instruction que dans les cas où il n'y a pas lieu à rapport d'experts.

L'art. 1er du titre XXI de l'ordonnance de 1667, dont notre art. 295 a reproduit en grande partie les dispositions, était ainsi conçu : « Les juges, même ceux « de nos cours, ne pourront faire descente sur les lieux dans les matières où « il n'échet qu'un simple rapport d'experts, s'ils n'en sont requis *par écrit par* « l'une ou par l'autre des parties, *à peine de nullité et de restitution de ce qu'ils* « *auraient reçu pour leurs vacations et de tous dépens, dommages et intérêts.* »

La comparaison de l'article de l'ordonnance avec notre article nous montre deux modifications apportées par la loi actuelle : 1° Il n'est plus nécessaire que les parties fassent la réquisition par écrit : il suffit aujourd'hui d'une réquisition faite verbalement à l'audience ; 2° les rédacteurs de notre Code ont supprimé les peines sévères prononcées par l'ordonnance de 1667 contre les juges qui ordonnaient des descentes sur lieux sans la réquisition écrite des parties, dans les cas où il y avait lieu à expertise. Les motifs qui avaient fait écrire cette disposition dans l'ordonnance de 1667 ont cessé d'exister. Le juge alors recevait, sous le nom d'épices, des honoraires, des vacations pour ses journées de déplacement. Aussi, craignait-on que la descente sur lieux ne fût ordonnée dans l'intérêt du juge plutôt que dans celui des parties. Aujourd'hui les épices ont été complètement supprimées. Les juges ne reçoivent des parties aucun honoraire ; aucune vacation ne leur est allouée. Les abus que les dispositions de l'ordonnance de 1667 avaient pour but de réprimer ne peuvent donc plus se produire. Quand le tribunal ordonne une descente sur lieux, il donne un surcroît de travail à l'un de ses membres sans aucun avantage, sans émoluments. On ne doit donc plus craindre désormais que ce mode d'instruction soit multiplié sans utilité pour les parties.

511. « Art. 296. Le jugement commettra l'un des juges qui y auront assisté. »

L'un des juges qui y auront assisté, c'est-à-dire l'un des juges ayant concouru au jugement qui ordonne la descente sur lieux.

Cet article suppose que les lieux, à l'égard desquels la descente a été requise et ordonnée, sont situés dans la ville où siège le tribunal, ou du moins à une distance assez rapprochée. Mais, si les lieux étaient trop éloignés, le tribunal, devant qui la cause est pendante, pourrait-il, conformément à l'art. 1033 (C. pr.), donner commission rogatoire afin de procéder à l'examen des lieux contentieux ? Je n'hésite pas à me prononcer pour l'affirmative ; je crois que le tribunal a le droit de commettre un juge de paix ou un autre tribunal qui désignera un de ses membres pour faire la visite des lieux contentieux.

On a proposé deux objections contre cette solution. On a fait remarquer d'abord que le juge, membre du tribunal qui ordonne la descente, sait quels renseignements on veut se procurer, sans que le jugement s'explique d'une manière catégorique ; tandis que, si l'on commet un juge étranger au tribunal, il faudra que le jugement explique dans tous ses détails la portée des renseignements que le tribunal croit nécessaires. Cette publicité est dangereuse, ajoute-t-on : elle permet à l'une des parties de changer les lieux et de leur donner une apparence favorable à sa prétention. Cette objection me semble peu décisive : d'abord, en fait, dans la plupart des cas, les parties n'ignorent pas quelle est la portée de la visite des lieux, lors même que la descente est confiée à un juge du tribunal qui a rendu le jugement. Les débats qui ont précédé le jugement ont sans doute mis en relief les points contestés, et les avoués ou les avocats des parties ont assez d'expérience des affaires pour éclairer leurs clients sur les renseignements que le tribunal cherche à se procurer. D'ailleurs, lorsque les allégations contradictoires des parties jettent de l'obscurité sur un fait, et en rendent nécessaire la constatation ou l'appréciation, les tribunaux ne donnent-ils pas habituellement une certaine publicité à leurs doutes ? ne précisent-ils pas, ne doivent-ils pas préciser les faits sur lesquels ils veulent découvrir la vérité en ordonnant un mode d'instruction, comme une enquête (art. 255), une expertise (art. 302) ?

Cette publicité des faits à prouver ne me paraît pas offrir plus d'inconvénients dans la descente sur lieux que dans l'expertise où la loi l'ordonne (art. 382).

On objecte ensuite que l'art. 1035 (C. pr.) ne mentionne pas les descentes sur lieux parmi les matières qui peuvent être l'objet d'une commission rogatoire. Mais les termes généraux de l'art. 1035 : ..... *et généralement de faire une opération quelconque,* comprennent dans leur application les visites de lieux, et permettent au tribunal saisi de l'affaire de donner à cet égard une commission rogatoire. D'ailleurs, les mots *descente sur lieux* eussent manqué d'exactitude dans l'art. 1035 ; cette expression s'applique spécialement à un magistrat descendant du tribunal où il siège, comme juge de l'affaire, pour se rendre sur les lieux contentieux. Mais la commission rogatoire donnée à un juge de paix ou à un autre tribunal qui doit désigner un de ses membres, a plutôt pour but une visite de lieux qu'une descente sur lieux.

Je crois donc que le tribunal, qui a besoin d'obtenir des renseignements sur des lieux éloignés, peut donner une commission rogatoire à l'effet de les visiter et se faire adresser un rapport à ce sujet.

L'opinion contraire entraînerait quelquefois de graves inconvénients pratiques. Enverra-t-on, par exemple, le juge d'un tribunal d'une extrémité de la France à l'autre pour visiter des localités ? Et si plusieurs affaires, exigeant des visites de lieux éloignés, sont pendantes devant un tribunal composé de trois ou quatre juges, peut-on admettre que les membres du tribunal voyagent ainsi dans toutes les directions pour l'instruction de deux ou trois affaires, en laissant en souffrance toutes les autres (1) ?

512. « Art. 297. Sur la requête de la partie la plus diligente, le juge-commissaire rendra une ordonnance qui fixera les lieu, jour et heure de la descente ; la signification en sera faite d'avoué à avoué, et vaudra sommation. »

Les formalités énumérées dans l'art. 294 ont pour but d'avertir les parties du jour et de l'heure où la descente aura lieu, afin qu'elles puissent se trouver là en personne, et même se faire assister de leurs avoués, de leurs conseils. Il faut que le juge entende, sur les lieux, les explications contradictoires des parties, autrement il y aurait à craindre que le juge, arrivant à l'improviste, n'entendît que les explications d'une seule partie qui se trouverait accidentellement sur les lieux, et qui lui présenterait les faits à sa manière et sans le contrôle de l'autre partie.

La loi suppose qu'un juge sera chargé de visiter les lieux contentieux ; mais il n'est pas interdit au tribunal tout entier de s'y transporter. Seulement les parties doivent toujours être averties, dans les formes prescrites par notre article, du jour et de l'heure où le tribunal visitera les lieux. Les juges ne peuvent faire cette visite ni ensemble ni séparément, sans avertissement préalable donné aux parties ; ou du moins une semblable visite ne devrait pas, suivant moi, figurer dans les motifs du jugement comme un élément légal de la conviction du juge (2).

« Art. 298. Le juge-commissaire fera mention, sur la minute de son procès-verbal, des jours employés au transport, séjour et retour. »

Voyez l'explication de l'art. 301.

« Art. 299. L'expédition du procès-verbal sera signifiée, par la partie la plus diligente, aux avoués des autres parties ; et, trois jours après, elle pourra poursuivre l'audience sur un simple acte. »

Le procès-verbal, dont parlent cet article et le précédent, contient tous les renseignements pris par le juge sur les lieux, les dires et observations des parties ou de leurs avoués, et, conformément à l'art. 298, la mention des jours

(1) C. de Bordeaux, 15 mars 1809 (Dall., *Rép.*, v° *Descente sur lieux*, n° 28).

(2) C. d'Agen, 7 décembre 1809. — Riom, 14 mars 1834 (Dall., *Rép.*, v° *Descente sur lieux*, n° 30). — Bastia, 7 février 1855 (Dall , 1855, 2, 188). — C. de Riom, 14 juin 1858 (Dall., 1858, 2, 192). — Cass., 9 février 1820. — *Contrà*, Cass., 21 juillet 1835 et 22 février 1843 (Dall., *Rép.*, v° *Descente sur lieux*, n° 19).

employés aux transport, séjour et retour. Ce procès-verbal est expédié et signifié conformément à l'art. 299.

La signification du procès-verbal est faite ordinairement par la partie qui veut en tirer avantage. L'autre partie pourra chercher à atténuer la portée du procès-verbal défavorable à ses prétentions, et prouver *l'erreur du juge* qui a visité les lieux ; le tribunal n'est pas nécessairement lié par le procès-verbal du juge-commissaire et pourrait prendre une décision contraire, pourvu qu'elle fût motivée.

« Art. 300. La présence du ministère public ne sera nécessaire que dans le cas où il sera lui-même partie. »

Le mot *partie* signifie ici partie principale. En général, au civil, le ministère public n'est que partie jointe, même dans les affaires communicables (art. 83 C. pr.). Cependant, dans quelques cas exceptionnels, le ministère public joue, au civil, le rôle de partie principale (Voy. n° 64).

Lors donc que le ministère public ne sera que partie jointe, la loi ne l'oblige pas à assister aux opérations de la descente sur lieux ; les parties peuvent se défendre elles-mêmes, et fournir aux juges les explications qui les intéressent. Mais, si le ministère public joue le rôle de partie principale, il doit être présent aux opérations du juge ; autrement le juge n'entendrait que les explications d'une seule partie ; les intérêts que le ministère public représente ne seraient pas suffisamment défendus.

« Art. 301. Les frais de transport seront avancés par la partie requérante, et par elle consignés au greffe. »

J'ai dit plus haut que le juge, aujourd'hui, ne recevait aucun émolument, aucun honoraire pour son déplacement ; mais les frais matériels de transport, de nourriture sur les lieux, de logement, si l'examen des lieux ne peut être achevé dans un seul jour, tous ces frais ne sont pas à la charge du juge ; ils seront supportés par la partie qui succombera dans le procès, et qui sera, en conséquence, condamnée aux dépens. Mais le législateur n'a pas voulu que le juge éprouvât des difficultés pour obtenir le remboursement de ces frais ; ils seront donc avancés par la partie requérante, c'est-à-dire par la partie qui a présenté la requête mentionnée dans l'art. 297. *

TITRE XIV (C. D.)

DES RAPPORTS D'EXPERTS.

513. * Lorsqu'il est nécessaire de constater la valeur ou la qualité de certains ouvrages et de certaines marchandises qui font l'objet d'un procès, ou que la contestation exige des connaissances spéciales, le tribunal doit confier cet examen à des experts, c'est-à-dire à des hommes qui possèdent des connaissances techniques sur l'objet de la contestation. Le Code de procédure nous a déjà montré plusieurs cas où le tribunal peut nommer des experts (art. 195,

232 et 236, en matière de vérification d'écritures et de faux incident). Nous verrons encore des expertises ordonnées ou permises pour l'estimation des marchandises au cas prévu par l'art. 429 (C. pr.), au titre de la *Levée des scellés* (art. 935 C. pr.), et en matière d'aliénation d'immeubles appartenant à des mineurs (art. 935 C. pr.). Le Code civil et le Code de commerce contiennent aussi plusieurs dispositions qui admettent ce mode d'instruction, la loi d'ailleurs n'est pas limitative ; l'expertise peut être ordonnée toutes les fois qu'il y a lieu de faire une appréciation qui exige des connaissances techniques (art. 302).

J'ai déjà dit que le titre XXI de l'ordonnance de 1667 contenait cumulativement les règles des descentes sur lieux et celles des rapports d'experts, et que leur division en deux titres distincts n'empêchait pas d'ordonner cumulativement ces deux modes d'instruction, si le tribunal le juge convenable.

Les experts sont, comme les témoins, des tiers désintéressés, qui viennent éclairer le tribunal ; mais la différence entre l'expertise et l'enquête est sensible. Les témoins déroulent leurs souvenirs devant la justice ; les juges ne leur demandent pas compte de ce qu'ils pensent, mais de ce qu'ils ont vu ou entendu. Au contraire, il n'est pas nécessaire que les experts aient eu connaissance de l'affaire avant la mission qui leur est confiée ; le tribunal ne fait pas appel à leur souvenir, mais il demande leur opinion, leur appréciation personnelle sur l'objet de la contestation.

Le tribunal est-il entièrement libre dans le choix des experts, ou ne doit-il les nommer que parmi certaines personnes privilégiées ? Sous l'empire de l'ordonnance de 1667, auprès de quelques tribunaux, et notamment à Paris, il existait des offices d'experts jurés, jouissant d'un privilège en matière d'expertises. Ces experts jurés prêtaient un serment en entrant en charge, et ne le renouvelaient pas à chaque affaire, comme les experts nommés par les tribunaux près desquels il n'existait pas de semblables offices. Aujourd'hui il n'y a plus d'experts jurés ; les tribunaux sont entièrement libres dans leur choix. On trouve bien dans des agendas des listes d'architectes, d'écrivains, etc., désignés sous le nom d'experts assermentés près de tel ou tel tribunal ; mais ces listes ne contiennent pas les noms des personnes entre lesquelles le tribunal doive nécessairement choisir les experts, mais les noms de ceux auxquels il confie le plus habituellement les expertises. Toutefois les commissaires-priseurs jouissent, au chef-lieu de leur établissement, du droit exclusif de procéder aux estimations et aux prisées de meubles.

Les règles de ce titre s'appliquent à toute espèce d'expertises.

514. « Art. 302. Lorsqu'il y aura lieu à un rapport d'experts, il sera ordonné par un jugement, lequel énoncera clairement les objets de l'expertise. »

Il est nécessaire d'indiquer aux experts de la manière la plus précise quel est l'objet de leurs opérations.

« Art. 303. L'expertise ne pourra se faire que par trois experts, à moins que les parties ne consentent qu'il soit procédé par un seul. »

Le texte de l'art. 303 ne paraît pas comporter de distinction. Il semble bien exiger que les experts soient toujours nommés au nombre de trois. Cependant la jurisprudence n'applique aujourd'hui l'obligation pour les juges de nommer trois experts que la nécessité d'une expertise résulte d'une disposition de la loi ou que cette expertise est demandée par les parties. Mais quand l'expertise est ordonnée d'office par le juge, la jurisprudence admet que le tribunal peut ne nommer qu'un seul expert (1).

Mais les parties peuvent convenir qu'il sera procédé par un seul expert. Cette disposition est générale et modifie au besoin les dispositions du Code civil et du Code de procédure qui y paraîtraient contraires. Ainsi, d'après l'art. 1678 (C. C.), la preuve de la lésion ne pourrait *se faire que par un rapport de trois experts*. Mais, dans cette hypothèse même, les termes généraux de notre art. 303 permettent aux parties de s'en rapporter à un expert unique. Dans le Code de procédure, au cas prévu par l'art. 196, en matière de vérification d'écritures, les parties ont légalement le droit de ne nommer qu'un seul expert, à la place des trois que le tribunal a désignés ou désignerait si les parties ne s'accordaient pas sur le choix d'un ou de trois experts. Ainsi, la règle placée au siège de la matière, à l'art. 303, s'étend à tous les cas où les parties sont appelées à désigner des experts. Et si, en matière de faux incident (art. 232 C. pr.), les experts ne peuvent procéder qu'au nombre de trois, ce n'est pas par exception à la disposition finale de notre art. 303 ; c'est parce que le législateur a voulu confier au tribunal seul, et non aux parties, le choix des experts qui mettront peut-être la justice sur les traces d'un crime. Les tribunaux n'ont le droit de confier une mission à un expert unique que suivant la distinction proposée plus haut, à moins que la loi ne leur en donne l'autorisation en termes exprès, par exemple dans le cas prévu par l'art. 955 du Code de proc., relativement à l'estimation des biens immeubles appartenant à des mineurs (V. aussi l'art. 978 C. pr.).

Les parties qui nomment un expert unique ont pour but de gagner du temps et surtout de diminuer les frais (V. l'art. 319 ci-après). Mais les parties ne peuvent convenir de s'en rapporter à un expert que si elles sont majeures et maîtresses de leurs droits. En effet, la présence de trois experts offre une garantie dont on ne peut priver les incapables, et à laquelle ils ne peuvent renoncer eux-mêmes.

La loi exige que les experts soient nommés ou choisis en nombre impair, un ou trois, jamais deux. Autrement on n'atteindrait pas le but d'économie et de célérité que je signalais à l'instant. Cette nécessité de choisir les experts en nombre impair, un ou trois, a été présentée, dans l'exposé des motifs de ce titre, comme une heureuse innovation. Autrefois, en effet, les parties pouvaient nommer chacune un expert qui, dans l'usage, prenait la défense de celle qui l'avait choisi. Les deux experts se trouvaient presque toujours partagés, et l'on n'arrivait à une solution que par la nomination et sur le rapport d'un troisième expert. Cette manière de procéder entraînait des frais et une perte de temps considérables. Les parties devaient d'abord convenir du choix des premiers experts, qui procédaient à leurs opérations et faisaient un rapport par lequel ils

(1) C. de cass., Rej., 16 avril 1855 (Dall., 1855, 1, 203) et les diverses autorités citées sur cet arrêt. — Rej., 25 mai 1859 (Dall., 1859, 1, 463). — Rej., 15 juillet 1861 (Dall., 1862, 1, 31). — Rej., 14 mai 1872 (Dall., 1873, 1, 216). — Req. Rej., 18 mars 1873 (Sir., 1873, 1, 268). — Req. Rej., 15 juin 1874 (Dall., 1876, 1. 167),

se déclaraient partagés. Il fallait une nouvelle procédure pour s'entendre sur la nomination du troisième expert, qui procédait à de nouvelles opérations d'expertise suivies d'un second rapport. Aujourd'hui la procédure pour convenir de la nomination des experts a été abrégée: ils sont nommés ou choisis sans signification d'écritures réciproques ; et comme ils sont nommés en nombre impair, ils donneront toujours une solution à la question qui leur est posée (1).

515. Les art. 304, 305 et 306 s'occupent de la nomination ou du choix des experts.

« Art. 304. Si, lors du jugement qui ordonne l'expertise, les parties se sont accordées pour nommer les experts, le même jugement leur donnera acte de la nomination. »

« Art. 305. Si les experts ne sont pas convenus par les parties, le jugement ordonnera qu'elles seront tenues d'en nommer dans les trois jours de la signification; sinon, qu'il sera procédé à l'opération par les experts qui seront nommés d'office par le même jugement.

« Ce même jugement nommera le juge-commissaire, qui recevra le serment des experts convenus ou nommés d'office : pourra néanmoins le tribunal ordonner que les experts prêteront leur serment devant le juge de paix du canton où ils procéderont. »

« Art. 306. Dans le délai ci-dessus, les parties qui se seront accordées pour la nomination des experts en feront leur déclaration au greffe. »

Vous voyez que les parties choisissent ou acceptent des experts ; ils ne leur sont pas imposés malgré elles. La lecture des art. 304, 305 et 306 explique clairement comment on procède au choix ou à cette indication d'experts, et comment la préférence est laissée à la volonté des parties.

Le choix des experts avant le jugement peut être contenu ou dans une déclaration faite au greffe par les parties assistées de leurs avoués, ou dans des conclusions ; l'indication peut aussi en être faite verbalement à l'audience par les avoués ou par les avocats assistés des avoués. Lorsque les parties n'ont pas fait leur choix avant le jugement, le tribunal ordonne qu'elles nommeront des experts *dans les trois jours de la signification*. De quelle signification est-il question ici ? On pourrait croire, au premier abord, que l'art. 305 parle de la signification à partie, puisqu'il s'agit d'un choix personnel aux parties. Mais, dans le silence de la loi, nous devons nous référer aux règles générales en matière de signification. Or, d'après l'art. 147 de notre Code, les jugements contradictoires, qui ne contiennent pas de condamnation, ne sont pas signifiés à partie. Cette règle doit s'appliquer même quand le jugement d'avant faire droit impose aux parties l'obligation de faire quelque chose ; le délai courra donc à partir de la signification du jugement aux avoués, qui en feront connaître à leurs clients la portée et les conséquences.

Le délai de trois jours ne court pas toujours de la signification. Ainsi, lorsque le jugement qui nomme les experts est par défaut, le délai de trois jours ne court que du jour de l'expiration du délai de l'opposition ; si l'opposition a été formée, il court du jour de la signification du jugement de débouté d'opposition ; si le jugement a été frappé d'appel, du jour de la signification de l'arrêt confirmatif. On ne considère même pas ce délai de trois jours, quel que soit

(1) *Contrà*, C. de Nîmes, 1er juillet 1835 (Dall., *Rép.*, vo *Expert.*, no 76).

son point de départ, comme un délai de rigueur. Les parties seront admises à choisir des experts tant que ceux qui ont été nommés par le tribunal n'ont pas prêté serment. Ne vaut-il pas mieux que les difficultés soient appréciées par des personnes ayant la confiance des parties ?

« Art. 307. Après l'expiration du délai ci-dessus la partie, la plus diligente prendra l'ordonnance du juge, et fera sommation aux experts nommés par les parties ou d'office, pour faire leur serment, sans qu'il soit nécessaire que les parties y soient présentes. »

Les experts prêtent serment de bien remplir la mission qui leur est confiée. Mais le serment de l'expert n'est point prescrit à peine de nullité. Aussi, dans la pratique, notamment à Paris, on reconnaît aux parties majeures le droit de dispenser du serment les experts qu'elles nomment ou qu'elles acceptent. On évite ainsi la perte de temps et les frais qu'occasionnerait la prestation du serment.

➤ 516. Avant d'examiner, avec les arts 308 à 314, les règles de la récusation des experts, nous devons nous demander s'il y a des personnes incapables d'être experts. La règle générale est, sans doute, que toute personne peut être choisie pour expert. Cette règle souffre cependant des exceptions ; ainsi, l'interdit que son état mental empêche de se livrer à une appréciation, le condamné à une peine emportant la dégradation civique (art. 28 et 34 C. pr.), les condamnés privés par le jugement de police correctionnelle des droits énoncés en l'art. 42 du Code pénal, toutes ces personnes ne peuvent certainement pas remplir la mission d'expert.

Mais une femme, un mineur, un étranger, sont-ils capables d'être d'experts ? D'abord il me semble difficile de défendre aux parties de les choisir comme experts. La mission qui leur est confiée est alors une sorte de mandat, et il n'est pas douteux qu'une femme, un mineur, un étranger, ne puissent recevoir un mandat dès que la loi ne le défend pas.

Je vais plus loin : les juges peuvent même leur confier une expertise. Sans doute le tribunal ne devrait pas, sans nécessité, confier plutôt une expertise à la femme, au mineur, à l'étranger qu'à un Français majeur qui présenterait les mêmes garanties. Mais, dans plusieurs circonstances, les femmes ne sont-elles pas les plus aptes à résoudre les questions qui embarrassent les juges, s'il s'agit, par exemple, d'articles de toilette habituellement confectionnés par des femmes ? N'est-il pas quelquefois plus convenable de confier certaines missions à la sage-femme qu'au médecin ? Un ancien jurisconsulte, Brodeau, disait positivement dans son *Commentaire* sur l'art. 185 de la commune de Paris, relatif aux experts : *Cuilibet perito in sua arte credendum etiam rusticis et mulieribus.* On objecte que les art. 34 et 42 du Code pénal semblent assimiler les fonctions d'experts à celles de témoins instrumentaires ; or, cette dernière qualité ne peut appartenir qu'à des citoyens français, c'est-à-dire à des nationaux, majeurs et du sexe masculin (L. du 25 ventôse an XI, art. 9.) Mais l'art. 34 (C. P.) n'assimile pas plus la qualité d'expert à celle de témoin instrumentaire qu'à celle de témoin en justice : et la femme peut certainement faire une déposition devant un tribunal (1).

(1) « Ar. 34. C. pén. : La dégradation civique consiste :... 3° dans l'incapacité d'être juré, expert, d'être employé comme témoin dans les actes et de *déposer en justice...*

L'art. 56 du Code civil donne aux sages-femmes le droit de faire la déclaration de la naissance, quoiqu'elles ne puissent être témoins instrumentaires de l'acte; et cependant la déclaration a plus d'importance que l'assistance en qualité de témoin. Ainsi, la loi qui n'admet pas la femme comme témoin de l'acte, l'appelle cependant à y concourir, si sa position et ses lumières rendent son concours utile.

Mais les experts, dira-t-on, rédigent un procès-verbal qui a une certaine authenticité; il fait foi de sa date à l'égard des tiers; on décide généralement qu'il fait foi jusqu'à inscription de faux de ce que les experts attestent *propriis sensibus.* Confiera-t-on la rédaction d'un acte aussi grave à une femme, à un mineur, à un étranger? Cette objection me paraît plus sérieuse que les précédentes, mais on peut la lever en étendant ici la disposition du deuxième alinéa de l'art. 317, c'est-à-dire en permettant aux juges d'ordonner que le procès-verbal sera rédigé par le greffier du juge de paix du lieu où la femme, le mineur, l'étranger, auront procédé comme experts.

Dans l'opinion qui refuse à la femme, au mineur, à l'étranger la capacité d'être expert, on reconnaît cependant l'utilité d'avoir recours à leurs lumières en certaines circonstances, et on permet de les adjoindre aux experts, afin de les déclarer et les diriger. Mais alors que deviennent les experts titulaires? De simples rédacteurs du rapport. Je préfère en confier la rédaction au greffier de la justice de paix.

Mais, je le répète, ce n'est que dans le cas d'absolue nécessité que le tribunal devait recourir à la femme, au mineur, à l'étranger, pour leur confier des expertises (1).

517. Venons maintenant aux récusations.

« Art. 310. Les experts pourront être récusés par les motifs pour lesquels les témoins peuvent être reprochés. »

Sous l'ordonnance de 1667, on admettait, comme causes de récusation des experts, et les causes de reproche contre les témoins, et les causes de récusation contre les juges. L'art. 310 n'a assimilé les experts qu'aux témoins quant aux causes de récusation. Les explications données sur l'art. 283, relatif aux causes de reproche, doivent donc s'appliquer aux causes de récusation contre les experts (Voy. nos 499 et suiv.).

Quand et comment les causes de récusation pourront-elle être proposées? Les articles suivants répondent à cette question.

« Art. 308. Les récusations ne pourront être proposées que contre les experts nommés d'office, à moins que les causes n'en soient survenues depuis la nomination et avant le serment. »

La loi fait une distinction. Les experts nommés d'office peuvent être récusés même pour des causes antérieures à leur nomination. Mais les experts choisis par les parties ne sont récusables que pour des causes survenues postérieure-

(1) A l'égard de l'étranger, voir Cass., 16 décembre 1817 (Dall., 1817, *Tables,* v° *Étranger,* n° 6).

ment à leur nomination. En effet, en les choisissant, les parties ont couvert les causes de récusation qui existaient antérieurement dans la personne des experts. Il me semble encore raisonnable d'admettre la récusation pour des causes antérieures à la nomination, lorsqu'elles n'ont pu être connues des parties. Dans les deux hypothèses, que les experts soient nommés d'office ou choisis par les parties, le droit de récusation cesse contre l'expert qui a prêté serment.

« Art. 309. La partie qui aura des moyens de récusation à proposer sera tenue de le faire dans les trois jours de la nomination, par un simple acte signé d'elle ou de son mandataire spécial, contenant les causes de récusation, et les preuves, si elle en a, ou l'offre de les vérifier par témoins : le délai ci-dessus expiré, la récusation ne pourra être proposée, et l'expert prêtera serment au jour indiqué par la sommation. »

Dans les trois jours de la nomination. Quelques auteurs font courir ce délai du jour de la signification du jugement, parce que c'est alors seulement que la nomination est connue. Il est possible d'admettre une semblable interprétation. On peut regretter que le législateur ait restreint à ce point le délai pour les récusations, mais les termes de l'art. 308 sont formels : *Dans les trois jours de la nomination.* La nomination est faite dans le jugement, la récusation doit avoir lieu dans les trois jours de la prononciation de ce jugement (1). Les parties seront prévenues par leurs avoués.

Seulement nous n'appliquerons cette disposition de l'art. 307 qu'aux motifs de récusation antérieurs à la nomination. Quant aux causes de récusation postérieures à la nomination, postérieures peut-être aux trois jours qui suivent la nomination, elles ne tombent pas sous l'application de l'art. 309.

« Art. 311. La récusation contestée sera jugée sommairement à l'audience, sur un simple acte, et sur les conclusions du ministère public ; les juges pourront ordonner la preuve par témoins, laquelle sera faite dans la forme ci-après prescrite pour les enquêtes sommaires. »

Je renvoie au titre *des Matières sommaires* pour l'explication des mots *jugée sommairement*, et pour l'observation des formes des enquêtes sommaires.

« Art. 312. Le jugement sur la récusation sera exécutoire, nonobstant l'appel. »

Nous verrons plus tard (art. 457) que l'appel suspend ordinairement l'exécution du jugement. L'art. 312 contient une exception à cette règle. Mais le jugement qui statue sur la récusation des experts sera-t-il toujours susceptible d'appel? Quelques auteurs, se fondant soit sur les termes de l'art. 312, soit sur un argument d'analogie tiré de l'art. 371 du Code de proc., relatif à la récusation des juges, décident que le jugement qui statue sur la récusation des experts peut toujours être frappé d'appel. Je ne puis partager cette opinion. En principe, les contestations accessoires, les incidents, suivent le sort du procès principal, à moins que la loi n'ordonne le contraire. Lors donc que le procès prin-

(1) C. de Metz, 25 mars 1812 (Dall., *Rép.*, v° *Expert*, n° 97). — *Contrà*, Montpellier, 17 avril 1822. — Nancy, 11 novembre 1841. — Aix, 9 décembre 1835 (Dall., *eod.*, n° 139). — Paris, 5 mai 1875 (Dall., 1876, 2, 120).

cipal sera de nature à être jugé en dernier ressort, le jugement de l'instance accessoire relative à la récusation des experts ne sera pas susceptible d'appel; ce jugement pourra, au contraire, être attaqué par la voie de l'appel, si le jugement du fond doit être lui-même rendu en premier ressort. C'est avec cette distinction qu'il faut appliquer notre art. 312. Quant à l'art. 391, en vertu duquel on peut toujours appeler du jugement qui statue sur la récusation des juges, il contient une disposition toute spéciale basée sur l'importance de l'incident qui met en jeu la dignité du juge; mais les experts ne sont pas dans une position aussi élevée. Il n'y a donc pas lieu de leur appliquer par analogie la disposition exceptionnelle de l'art. 391.

« Art. 313. Si la récusation est admise, il sera d'office, par le même jugement, nommé un nouvel expert ou de nouveaux experts à la place de celui ou de ceux récusés. »

Ce nouvel expert ou ces nouveaux experts nommés par le jugement qui admet la récusation des premiers, ne sont pas plus que les premiers imposés aux parties. Le jugement doit toujours leur réserver le droit d'en choisir d'autres, conformément aux art. 305, 1er alinéa, et 306. Ces nouveaux experts sont d'ailleurs aussi récusables que les premiers; et on pourrait prouver par témoins les causes de récusation proposées contre les seconds ou subséquents experts.

« Art. 314. Si la récusation est rejetée, la partie qui l'aura faite sera condamnée en tels dommages et intérêts qu'il appartiendra, même envers l'expert s'il le requiert; mais, dans ce dernier cas, il ne pourra demeurer expert. »

La partie qui a formé à tort la récusation est exposée à deux demandes en dommages et intérêts : l'une, de la part de son adversaire à raison du préjudice causé par la demande en récusation, ne fût-ce que pour la perte de temps ; l'autre, de la part de l'expert, mais seulement si cette demande est fondée sur des motifs injurieux pour l'expert.

Mais si l'expert demande des dommages et intérêts, quel que soit le résultat de cette demande, il ne peut plus demeurer expert. En effet, il s'est constitué l'adversaire d'une des parties, et ne se trouve plus dans les conditions d'impartialité nécessaires pour bien remplir sa mission.

⟹⟶ **518.** « Art. 316. Si quelque expert n'accepte point la nomination, ou ne se présente point, soit pour le serment, soit pour l'expertise, aux jour et heure indiqués, les parties s'accorderont sur-le-champ pour en nommer un autre à sa place ; sinon la nomination pourra être faite d'office par le tribunal.

« L'expert qui, après avoir prêté serment, ne remplira pas sa mission, pourra être condamné par le tribunal qui l'avait commis, à tous les frais frustratoires et même aux dommages et intérêts, s'il y échet. »

La fonction d'expert n'est pas obligatoire. L'expert nommé d'office ou choisi par les parties peut refuser d'accepter, soit expressément, soit même tacitement en ne se présentant pas pour prêter serment. Mais, quand il a accepté (et la prestation de serment entraîne acceptation), l'expert est obligé de remplir la mission qui lui est confiée. Son refus tardif l'exposerait à être condamné à des dommages et intérêts, si ce refus causait un préjudice aux parties ou à l'une d'elles : dans tous les cas, il devrait payer les frais occasionnés par son refus tardif, sauf empêchement légitime, par maladie ou autre cause que le tribunal apprécierait.

Si l'expert a été condamné aux frais ou à des dommages et intérêts sans avoir été entendu ni appelé, il paraît difficile de lui accorder la voie de l'opposition contre le jugement qui l'a condamné (1). Cette voie est accordée au défaillant ; et celui qui n'a pas été appelé n'est pas défaillant. J'aimerais mieux lui permettre de se pourvoir en cassation (2).

519. Dès que les experts auront prêté le serment dont nous avons parlé sur l'art. 305, les opérations de l'expertise commenceront.

« Art. 315. Le procès-verbal de prestation de serment contiendra indication, par les experts, du lieu et des jour et heure de leur opération.

« En cas de présence des parties ou de leurs avoués, cette indication vaudra sommation.

« En cas d'absence, il sera fait sommation aux parties, par acte d'avoué, de se trouver aux jour et heure que les experts auront indiqués. »

La loi indique les moyens de faire connaître aux parties le jour où les experts procèdent à leurs opérations. Il est important que les deux parties soient en présence ou soient représentées, afin que les experts entendent leurs explications contradictoires, s'il y a lieu. Mais, si les opérations durent plusieurs jours ou plusieurs vacations, la loi, par mesure d'économie, défend de signifier des sommations nouvelles pour les jours ou les vacations qui suivent (art. 1034 C. pr.).

« Art. 317. Le jugement qui aura ordonné le rapport, et les pièces nécessaires, seront remis aux experts ; les parties pourront faire tels dires et réquisitions qu'elles jugeront convenables : il en sera fait mention dans le rapport ; il sera rédigé sur le lieu contentieux, ou dans le lieu et aux jour et heure qui seront indiqués par les experts.

« La rédaction sera écrite par un des experts et signée par tous : s'ils ne savent pas tous écrire, elle sera écrite et signée par le greffier de la justice de paix du lieu où ils auront procédé. »

Vous voyez comment procèdent les experts. Porteurs du jugement, dont la copie leur est remise sans leur être signifiée, et des pièces nécessaires qui varient suivant les circonstances, ils se rendent sur les lieux contentieux au jour fixé conformément à l'art. 315, 1er alinéa. Là ils trouvent les parties, écoutent et constatent leurs dires et réquisitions.

Il (le rapport) sera rédigé sur le lieu contentieux, ou dans le lieu et aux jour et heure qui seront indiqués par les experts. L'ordonnance de 1667 n'exigeait pas la rédaction sur le lieu contentieux, de peur que le séjour des experts, des parties et du juge loin de leur domicile, ne se prolongeât démesurément, et n'occasionnât des frais considérables. Toutefois à Paris, d'après l'art. 185 de la cou-

(1) V. par analogie Cass., 30 novembre 1823, et 30 août 1824 (Dall., Rép., v° Avoué, n°s 293 et 294).

(2) Contrà, Cass., 7 août 1872 (Dall., 1872, 1, 292).

tume, on exigeait la rédaction du rapport d'experts sur le lieu contentieux. Cette décision, qui s'appuyait notamment, au rapport de Jousse (*Commentaire de l'ordonnance de 1667*, titre XXI, art. 12), sur un arrêt de règlement du parlement de Paris du 26 août 1704, paraissait fondée sur la crainte que les experts ne se laissassent plus tard influencer et ne changeassent leur décision. Cependant, en fait, les experts se contentaient souvent de prendre de simples notes, et, avec le consentement exprès des parties, remettaient la rédaction à une époque ultérieure. L'art. 317 a voulu consacrer cette pratique.

La rédaction sera écrite par un des experts et signée par tous. Autrefois, dans quelques juridictions, la rédaction des rapports d'experts était exclusivement confiée à des personnes qui portaient le nom de greffiers de l'écritoire. Ces charges n'existent plus : l'un des experts rédige le rapport, et tous le signent. Toutefois le greffier de la justice de paix est chargé de cette rédaction non seulement si aucun des experts ne sait écrire, mais même si un seul d'entre eux ne sait pas écrire. Ce dernier, en effet, ne pourrait contrôler le procès-verbal que dresserait un autre expert avec lequel il ne serait peut-être pas d'accord. Aussi remet-on la rédaction à un tiers désintéressé, au greffier de la justice de paix.

Les experts ne peuvent faire une enquête ; mais ils peuvent entendre certaines personnes à titre de renseignements, si cette condition est utile ou nécessaire pour former leur conviction (1).

520. « Art. 318. Les experts dresseront un seul rapport ; ils ne formeront qu'un seul avis à la pluralité des voix.

« Ils indiqueront néanmoins, en cas d'avis différents, les motifs des divers avis, sans faire connaître quel a été l'avis personnel de chacun d'eux. »

L'art. 318 a trait principalement à la partie du rapport relative à l'avis, à l'appréciation des experts. La loi, innovant à cet égard, exige, par mesure d'économie, qu'il ne soit dressé qu'un seul rapport à la pluralité des voix. Seulement on indiquera s'il y a eu unanimité, ou bien une majorité et une minorité. Dans ce dernier cas, le rapport contiendra les motifs des divers avis. Le tribunal aura, en effet, plus ou moins de confiance dans le rapport suivant ces diverses circonstances ; il doit connaître aussi les différents avis et les motifs sur lesquels ils sont appuyés ; car le tribunal pourrait très bien adopter l'avis de la minorité s'il lui paraissait fondé sur de meilleures raisons (Voy. d'ailleurs l'art. 333 ci-après).

Mais, quand les avis sont différents, le rapport ne doit pas faire connaître quel a été l'avis personnel de chaque expert. On comprend très bien le motif de cette disposition, qui a été cependant critiquée. La loi n'a pas voulu que les parties ou leurs avocats discutassent le mérite des experts, la supériorité de l'un sur l'autre, afin de faire prévaloir l'avis que chaque partie trouve le plus conforme à sa cause. En un mot, on critiquera les avis, mais non les personnes. Peut-être aussi a-t-on redouté le ressentiment d'un plaideur contre celui ou ceux des experts qui ont conclu contre lui. Quoiqu'il en soit, la loi est formelle. L'avis personnel de chaque expert doit rester inconnu, quand la décision des experts n'est pas prise à l'unanimité.

(1) Cass., Rej., 31 juillet 1872 (Dall., 1873, 1, 489).

Le rapport a par lui-même une date certaine. Dressé par des tiers désintéressés, investis temporairement d'une mission de confiance, il a une sorte de caractère authentique. On admet généralement qu'il fait foi jusqu'à inscription de faux pour tout ce que les experts attestent *ex propriis sensibus*; mais il est évident qu'il n'a pas la même valeur, la même autorité pour la partie du rapport relative à leur avis (Voy. art. 323), c'est-à-dire aux conséquences qu'ils tirent de faits matériels qu'ils ont constatés.

« Art. 319. La minute du rapport sera déposée au greffe du tribunal qui aura ordonné l'expertise, sans nouveau serment de la part des experts ; leurs vacations seront taxées par le président au bas de la minute ; et il en sera délivré exécutoire contre la partie qui aura requis l'expertise, ou qui l'aura poursuivie, si elle a été ordonnée d'office. »

Leurs vacations seront taxées... Le président suit, pour cette taxe, les dispositions des art. 149 et suiv. du tarif.

L'exécutoire est délivré contre la partie qui a requis l'expertise ou qui l'a poursuivie, et l'expert peut demander à cette partie le payement de ses honoraires, même pendant le cours du procès principal. Quand l'instance est terminée, il a encore le droit de demander son salaire à la partie qui n'a ni demandé ni poursuivi l'expertise, mais qui, ayant perdu son procès, a été condamnée aux frais. Quand la partie qui a demandé et poursuivi l'expertise est insolvable, et qu'elle a perdu le procès, l'expert pourrait-il recourir contre l'autre partie qui gagne le procès, et qui s'était opposée à l'expertise ? Il est difficile de trouver une raison de déclarer cette partie solidaire avec l'autre pour le payement des frais des experts, ils n'auront pas de recours contre elle (1). Les experts qui craindront ce résultat pourront, comme dans l'ancien droit, exiger de la partie qui requiert ou poursuit l'expertise, la consignation préalable des frais de l'expertise. J'ai supposé jusqu'à présent que l'expertise avait été demandée ou poursuivie par l'une des parties malgré la résistance de l'autre ; si, au contraire, l'expertise avait été demandée ou si les experts avaient été choisis par les deux parties, l'expert a une action solidaire contre les deux parties, comme ayant reçu d'elles un mandat pour une affaire commune (art. 2002 C. C.).

« Art. 320. En cas de retard ou de refus de la part des experts de déposer leur rapport, ils pourront être assignés à trois jours, sans préliminaire de conciliation, par-devant le tribunal qui les aura commis pour se voir condamner, même par corps, s'il y échet, à faire ledit dépôt ; il y sera statué sommairement et sans instruction. »

Cette voie rigoureuse n'est plus ouverte contre l'expert, depuis la suppression de la contrainte par corps.

« Art. 321. Le rapport sera levé et signifié à avoué par la partie la plus diligente ; l'audience sera poursuivie sur un simple acte. »

Sur un simple acte. Le législateur n'admet donc pas que le mérite du rapport soit discuté dans des écritures que les parties se signifieraient mutuelle-

(1) C. de Paris, 22 juin 1848 (Dall., 1849, 2, 234). — Besançon, 22 décembre 1874 (Dall., 1877, 2, 103). — *Contrà*, Rennes, 25 janvier 1844 (Dall., 1845, 2, 158).

ment. La discussion du rapport n'aura lieu que dans les plaidoiries. Mais, dit-on, le rapport peut soulever plus de difficultés qu'une affaire ordinaire où les écritures sont autorisées. Cette objection ne saurait prévaloir contre le texte de l'art. 321. Seulement, si la partie croit utile ou nécessaire de développer par écrit les moyens qu'elle présente pour soutenir ou attaquer le rapport, elle est toujours libre de signifier des écritures à ses frais. Les dispositions par lesquelles la loi défend de signifier des écritures indiquent seulement que ces écritures, quelle que soit l'issue du procès, ne passeront point en taxe.

Mais, sans signifier d'écritures, il faut toujours que les parties concluent soit à l'homologation, soit au rejet du rapport.

« Art. 322. Si les juges ne trouvent point dans le rapport des éclaircissements suffisants, ils pourront ordonner d'office une nouvelle expertise par un ou plusieurs experts qu'ils nommeront également d'office, et qui pourront demander aux précédents experts les renseignements qu'ils trouveront convenables. »

Le tribunal peut ordonner une expertise nouvelle, mais les parties n'ont pas le droit de l'exiger. On a même soutenu que les parties ne pouvaient conclure à cette nouvelle expertise d'office. Mais quelle serait la sanction de cette prohibition, que la loi d'ailleurs ne prononce pas (1) ?

Un ou plusieurs experts. De ce mot *plusieurs*, on a tiré la conséquence que le tribunal pouvait nommer deux experts aussi bien qu'un ou trois. Mais ces termes ne sont pas assez exprès, et je n'aperçois aucune raison, pour déroger à la règle si sage de l'art. 303, qui veut que les experts soient nommés en nombre impair.

Le tribunal qui ordonne une nouvelle expertise peut nommer les mêmes experts pour faire un rapport plus approfondi. Il pourrait même les appeler à l'audience pour donner verbalement des explications sur les points qui n'ont pas paru assez explicites au tribunal ; mais ce dernier moyen n'est licite que si les experts ont été d'avis unanime ; autrement on ferait connaître l'opinion personnelle de chacun d'eux, contrairement à l'art. 318.

Qu'ils nommeront également d'office. La loi ne laisse point ici aux parties le droit de choisir elles-mêmes de nouveaux experts à la place de ceux que le tribunal a désignés. Les juges ont donc le choix exclusif des experts auxquels la seconde expertise est confiée. Il est possible, en effet, qu'il soit nécessaire d'ordonner une expertise nouvelle, parce que les parties ont choisi, la première fois, des experts qui n'avaient pas les lumières ou l'intégrité nécessaire pour influer sur la conviction du tribunal. Or, les parties libres de choisir les nouveaux experts pourraient nommer les mêmes, ou d'autres qui ne présenteraient pas plus de garanties que les premiers, et qui n'apporteraient pas au tribunal plus d'éléments de conviction.

521. « Art. 323. Les juges ne sont point astreints à suivre les avis des experts, si leur conviction s'y oppose. »

Les experts ne donnent qu'un avis : les juges ont le droit, en motivant leur décision, de statuer dans le sens opposé au rapport. Ils peuvent aussi, après

(1) *Contrà,* C. de Bourges, 6 décembre 1815 (Dall., *Rép.,* v° *Expert,* n° 297).

une seconde expertise, aux termes de l'art. 322, adopter l'avis des premiers experts, qu'ils avaient d'abord trouvé insuffisant, quoique les seconds experts aient exprimé un avis contraire.

Vous avez pu remarquer que la loi ne prononçait pas expressément de nullité pour l'inobservation des formalités relatives aux rapports d'experts. Les dispositions de ce titre ne sont donc point, en général, prescrites à peine de nullité, à moins que la formalité omise ne doive être regardée comme substantielle. Elle aura ce caractère si l'expertise, sans cette formalité, cesse d'être probante, ou ne remplit pas le but pour lequel elle a été ordonnée. Ainsi on annule le rapport fait par un expert incapable, par un expert seul, quand plusieurs ont été nommés ou choisis, ou en présence d'une seule partie quand l'autre n'a pas été appelée (1), etc. *

TITRE XV

DE L'INTERROGATOIRE SUR FAITS ET ARTICLES.

⇒ 522. A la différence des moyens de preuve indiqués précédemment, dans lesquels le tribunal essaye d'arriver à la vérité par l'entremise de tierces personnes, ici c'est de la bouche des parties elles-mêmes qu'on essaye d'obtenir la vérité. Sous ce rapport, le titre XV, comme l'art. 119, relatif à la comparution des parties, correspond, en procédure, à la matière de l'aveu judiciaire, dans le Code civil.

« Art. 324. Les parties peuvent, en toutes matières et en tout état de cause, demander de se faire interroger respectivement sur faits et articles pertinents concernant seulement la matière dont est question, sans retard de l'instruction ni du jugement. »

Les parties peuvent... Toutes les parties, principales, intervenantes, demanderesses, défenderesses, peuvent requérir l'interrogatoire et y être soumises. Mais l'interrogatoire d'un tiers n'est pas admis ; autrement on éluderait les prohibitions relatives à la preuve testimoniale (V. n° 474) (2). Si même il apparaissait qu'une personne a été mise en cause sans être intéressée, et uniquement pour qu'elle pût être interrogée, l'interrogatoire ne devrait pas être accordé.

Il faut que la partie interrogée soit capable ; ainsi le mineur non émancipé, l'interdit, ne peuvent être soumis à l'interrogatoire sur faits et articles. Autrement leur aveu pourrait leur faire perdre des droits dont ils n'ont pas la disposition. Quant au mineur émancipé, il peut être interrogé sur les faits relatifs à son administration.

La femme mariée, partie dans un procès, peut être interrogée sur faits et articles. On doit même permettre de l'interroger dans les procès qui intéressent la communauté, alors même que le mari seul est en cause. D'une part, en effet, elle est intéressée, éventuellement au moins, à la communauté, pour le cas où elle l'acceptera lors de sa dissolution. De plus, quoique le mari soit

____

(1) Cass., Rej., 11 août 1873 (Dall., 1874, 1, 256).

(2) C. de Bordeaux, 24 janvier 1847 (Dall., 1849, 2, 159). — C. cass., Rej., 25 novembre 1861 (Dall., 1862, 1, 131).

le représentant de la communauté, la femme y a cependant des droits (1).

Sans retard de l'instruction ni du jugement. La loi ne veut pas que l'interrogatoire soit un moyen de gagner du temps.

Les tribunaux sont d'ailleurs juges souverains de la question de savoir s'il y a lieu à interrogatoire, et s'ils pourraient ou non retarder l'instruction et le jugement (2).

« Art. 325. L'interrogatoire ne pourra être ordonné que sur requête contenant les faits et par jugement rendu à l'audience ; il y sera procédé, soit devant le président, devant un juge par lui commis. »

Cette requête n'est pas signifiée à l'adversaire, qui n'est pas appelé au jugement par lequel l'interrogatoire sera ordonné (art. 79 du Tarif).

Ce jugement est même qualifié d'*ordonnance* dans l'art. 329. Ce jugement, rendu sur la requête d'une seule partie, n'est pas susceptible d'opposition. Il n'est pas par défaut ; on ne peut considérer comme défaillant celui qui n'a pas été appelé (3). Ce jugement est-il susceptible d'appel ? Je ne le crois pas. Toute la procédure de l'interrogatoire a un but spécial, celui de faire poser à une partie des questions imprévues et sur lesquelles elle ne puisse préparer ses réponses. Ce but serait manqué si cette partie pouvait interjeter appel (4). Le jugement qui rejetterait la demande d'un interrogatoire ne pourrait non plus être frappé d'appel ; car on ne peut refuser ce droit d'appel à une partie et l'accorder à l'autre.

La partie contre laquelle l'interrogatoire est ordonné peut, d'ailleurs, refuser de répondre et faire apprécier les motifs de son refus soit en première instance, soit en appel sur le fond.

Les art. 326, 327 et 328 se comprennent à la simple lecture.

« Art. 329. Vingt-quatre heures au moins avant l'interrogatoire, seront signifiés, par le même exploit, à personne ou domicile, la requête et les ordonnances du tribunal, du président ou du juge qui devra procéder à l'interrogatoire, avec assignation donnée par un huissier qu'il aura commis à cet effet. »

Ici apparaît une assignation par laquelle celui dont l'interrogatoire est ordonné aura la connaissance officielle du jugement qui l'ordonne.

En assignant l'adversaire pour répondre à l'interrogatoire, il faut lui signifier d'avance les faits sur lesquels il doit être interrogé.

Du reste, à côté de cette signification, qui met l'adversaire à même de préparer ses réponses, et c'est là un des vices les plus grands de cette procédure, la loi, dans l'art. 333, permet au juge-commissaire d'adresser d'office à la partie, qui est interrogée, des questions non communiquées à l'avance. Mais ces

(1) C. de Bruxelles, 4 février 1813 (Dall., *Rép.*, v° *Interrog.*, n° 15).

(2) C. de Besançon, 21 juin 1813. — Colmar, 11 juillet 1832. — Poitiers, 17 février 1830 (Dall., *Rép.*, v° *Expert*, n° 188).

(3) Voir nombre d'arrêts en sens divers (Dall., *Rép.*, v° *Interrog.*, n°ˢ 57 et 58). — Cass., 9 février 1857. — (V. le *Droit* du 10 février 1857). — Bourges, 15 juin 1850 (Dall., 1850, 2, 118).

(4) Après plusieurs fluctuations, la jurisprudence a adopté ce système. C. de Dijon, 5 janvier 1870, et Paris, 27 janvier 1870 (Dall., 1870, 2, 137 et 138). — *Contrà*, C. de Lyon, 10 novembre 1871 (Dall., 1872, 2, 187).

questions adressées d'office, aux termes de la loi, sont, en réalité, le plus souvent communiquées au juge au moyen de notes remises par celui qui a requis l'interrogatoire. Si l'on n'est pas tout à fait dans les termes de la loi, il n'y a aucun inconvénient réel dans cette manière de procéder, qui est le seul remède, le seul correctif à la mauvaise disposition de l'art. 329.

523. Je n'ai plus guère à vous faire remarquer dans ce titre que l'art. 336 ; en effet, l'interrogatoire paraît inapplicable dans le cas où l'une des parties est un être moral, un corps, une association, qui ne pourra pas être soumise à l'interrogatoire pour obtenir des aveux dont se prévaudrait l'adversaire. Un pareil interrogatoire est impossible : car le corps, l'être moral, ne peut être soumis à une pareille procédure : l'art. 336 dispose qu'en ce cas, l'établissement, l'administration devra nommer un agent chargé de répondre pour elle. Mais, comme cet agent ne peut pas, par son aveu, engager l'administration par laquelle il est commis, l'administration, qui lui confère le pouvoir de répondre pour elle, devra, dans ce pouvoir, expliquer et affirmer par écrit les réponses aux questions signifiées.

Telle est la disposition de l'art. 336 ; mais il est clair qu'alors il n'y a plus là d'interrogatoire que le nom. Quand l'agent se présente muni, non pas d'un pouvoir général de répondre aux questions qui lui seront adressées, mais d'un pouvoir spécial de faire telle ou telle réponse à telle ou telle question, de ne faire qu'à des questions prévues des réponses également prévues, également expliquées et affirmées par écrit, il est clair qu'alors ce n'est pas un interrogatoire, que la comparution devant le juge est absolument illusoire, et qu'il serait bien plus simple que l'administration signifiât directement ses réponses par un acte d'avoué à avoué, au lieu de présenter à l'interrogatoire un agent qui ne sera qu'un écho tout à fait passif de la volonté de l'administration.

La loi ajoute que, du reste, la partie et le juge auront toujours droit d'interroger l'agent sur les faits qui lui seront personnels. Mais alors on l'interroge bien moins comme partie que comme témoin ; la réponse d'un agent, d'un administrateur, sur des faits auxquels il a directement pris part, ne peut pas lier et obliger cette administration, comme l'aveu d'un particulier l'oblige et l'engage ; c'est ce qu'indique, d'ailleurs l'art. 336, qui dit : « Sans préjudice de faire interroger les administrateurs et agents sur les faits qui leur seront personnels, pour y avoir, par le tribunal, *tel égard que de raison.* » Expressions absolument inapplicables à un interrogatoire ordinaire, puisque l'interrogatoire peut conduire à des aveux, et que des aveux forment pleine preuve contre celui qui les a faits en justice.

524. La comparution personnelle des parties, dont nous avons parlé sur l'art. 119 (V. n° 252) est, comme l'interrogatoire sur faits et articles, un moyen de provoquer l'aveu des parties. Mais il y a entre ces deux modes d'instruction des différences très sensibles.

Ainsi, 1° dans la comparution personnelle, le tribunal entier assiste et participe à l'interrogatoire : au contraire, dans l'interrogatoire sur faits et articles, les questions sont posées par un seul juge, le président ou tout autre membre du tribunal, et rapportées par lui sur un procès-verbal ;

2° Dans le cas de l'art. 119, l'interrogatoire est public, il a lieu à l'audience, dans les art. 324 et suivants, il est secret ;

3° Dans le cas de l'art. 119, les deux parties sont en présence l'une de l'autre ; chacune est là pour relever les mensonges, les aveux, les contradictions qui peuvent échapper à son adversaire : dans l'interrogatoire sur faits et articles, la partie qui a requis l'interrogatoire de son adversaire n'a pas droit d'y assister ;

4° Enfin, dans le cas de comparution personnelle, les questions sont posées à la partie sans avertissement, sans notification, sans communication préalable : au contraire, dans l'interrogatoire sur faits et articles, la partie qui doit être interrogée doit recevoir de son adversaire, au moins vingt-quatre heures à l'avance, la liste, la notification des questions qui devront lui être posées par le juge, sauf cependant à celui-ci la faculté d'y en ajouter de nouvelles.

Entre ces deux voies de procédure, qui toutes deux tendent à un même but, à un résultat identique, par des chemins différents, il est, je crois, difficile d'hésiter sur la question de préférence que peut mériter l'une des deux. Il est clair que la chance d'obtenir la vérité est bien plus grande dans la comparution personnelle autorisée par l'art. 119, dans celle qui met les parties en présence du tribunal, en présence du public, en présence l'une de l'autre ; dans celle qui les force à répondre sans préparation, et qui expose les mensonges et les contradictions de chacune d'elles à être immédiatement signalés et relevés par l'autre.

En effet, comment s'expliquer, dans l'interrogatoire sur faits et articles, la nécessité d'une communication, d'une notification préalable exigées par l'article 329 ? Uniquement, à ce qu'il semble, comme pouvant donner à la partie, qui reçoit à l'avance l'avis des questions qui devront lui être faites, le temps de méditer, de concerter ses réponses : parlons franchement, le temps, si elle est de mauvaise foi, de combiner des mensonges. Pourquoi écarter d'elle la présence de son adversaire ? Afin de lui épargner l'embarras d'un contradicteur en présence duquel elle ne s'écarterait pas impunément de la vérité. Pourquoi, enfin, écarter la publicité, si ce n'est comme diminuant pour elle l'embarras, la honte des contradictions, des tergiversations que la publicité signalerait immédiatement ?

Enfin, peut-on croire qu'un procès-verbal, si fidèlement qu'il soit dressé par le juge interrogateur, puisse équivaloir pour le tribunal à la puissance de ses souvenirs, à l'autorité des convictions qu'il aura personnellement puisées dans les réponses de la partie interrogée devant lui ? Le procès-verbal dépeindra-t-il, d'ailleurs, si fidèle que nous le supposions, toutes ces nuances, toutes ces variations de la physionomie, toutes ces inflexions de l'accent qui peuvent, dans un si grand nombre de cas, servir de garantie à la vérité des réponses, ou trahir, au contraire, les mensonges qui échappaient à la partie ?

Aussi on a été jusqu'à dire, en parlant de cette procédure du titre XV, que, si jamais législateur se proposait pour problème le moyen le plus sûr de ne pas atteindre la vérité, la marche suivie dans le titre XV lui en donnerait la plus sûre de toutes les solutions. L'on est donc un peu embarrassé de savoir pourquoi le Code de procédure, en autorisant, à la différence du droit ancien, la comparution personnelle des parties, a conservé cette procédure de l'interrogatoire sur faits et articles. Son insertion dans le Code n'est-elle pas un effet de l'habitude, une tradition des mêmes principes, qui n'aurait pas dû survivre à l'insertion de l'art. 119 dans le Code?

Cependant une observation peut être utile ici. D'abord, la conséquence de tout ceci, c'est que les tribunaux ayant le choix, devront, en principe, préférer la voie de la comparution personnelle comme plus simple, plus rationnelle, plus convaincante, à la voie douteuse, équivoque, embarrassée de l'interrogatoire sur faits et articles.

Mais, dans certains cas, il peut arriver que la comparution personnelle soit impossible ; que l'extrême éloignement de la partie qu'il s'agit d'interroger, ou surtout l'empêchement résultant, par exemple, d'une maladie grave, rende absolument impossible l'application de l'art. 119, l'appel de cette partie devant le tribunal et à l'audience publique. Alors, on pourra recourir à l'interrogatoire sur faits et articles, et tirer quelque utilité de ce mode de procéder, malgré ses imperfections.

VINGT ET UNIÈME LEÇON

TITRE XVI

DES INCIDENTS.

525. En général, on entend par incidents, dans l'acception la plus large du mot, tout ce qui vient entraver, arrêter, compliquer la discussion et le jugement d'une instance. En ce sens, les exceptions dont parle le titre IX sont des incidents ; les matières des titres X et suivants sont encore des incidents, c'est-à-dire que, quand la preuve demandée par l'une des parties est ordonnée par le tribunal, la procédure relative à la présentation de cette preuve vient se jeter à la traverse de l'instance et ajourner la décision du principal pendant un temps plus ou moins long.

Ainsi, dans le titre IX, pour les exceptions, nous trouvons une première classe d'incidents ; dans les titres X jusqu'à XV inclusivement, une deuxième espèce de procédure incidente, appelée d'ordinaire incidents relativement aux preuves : dans le titre XVI nous trouvons encore des incidents et c'est même la rubrique spéciale que la loi a donnée à ce titre ; mais ici ce mot présente un sens tout différent. Ce sont encore des causes qui peuvent, en certains cas, venir entraver l'instance et ajourner le jugement du principal ; je dis en certains cas, car cet effet n'aura pas toujours lieu. Mais il s'agit non plus d'exceptions, non plus de preuves proposées pour établir la demande ou la défense primitive ; il s'agit d'additions, de restrictions, de modifications apportées par l'une des parties aux conclusions qu'elle a prises jusque-là dans sa demande ou dans sa défense. Tel est l'objet de la première classe d'incidents dont parle notre titre. Il s'agit, dans le premier paragraphe, de demandes formées dans le cours d'une instance, par l'une des parties qui se trouvent en cause, contre l'autre partie.

Dans le deuxième paragraphe de ce titre, il s'agit d'une demande qui survient, non pas de la part de l'une des deux parties qui sont en cause, mais de la part d'un tiers, qui vient se porter, soit le défenseur de l'une d'elles contre l'autre, soit l'adversaire de l'une d'elles, sans se faire le défenseur de l'autre, soit enfin l'adversaire de toutes les deux à la fois. C'est ce qu'on appelle l'intervention.

Occupons-nous d'abord des demandes d'incidents proprement dites, c'est-à-dire des demandes par lesquelles l'une des parties qui se trouvent en cause vient augmenter, restreindre, modifier l'état de ses conclusions originaires.

526. § 1er. DES DEMANDES INCIDENTES. Une demande incidente peut être également formée ou par le demandeur ou par le défendeur ; vous en avez la preuve dans le § 2 de l'article 337, qui vous dit : *Le défendeur à l'incident.* ce qui suppose clairement et avec raison, que chacune des parties peut être défenderesse à l'incident.

Dans quel cas le demandeur originaire forme-t-il une demande incidente? Ce peut être dans plusieurs buts differents ; par exemple, pour conclure aux intérêts de la somme dont il s'était borné, dans l'exploit introductif, à demander le principal ; ou bien pour conclure additionnellement à l'acquittement des obligations qui n'étaient pas nées, qui n'existaient pas lors de sa demande primitive, en supposant, bien entendu, que l'objet de ses conclusions nouvelles soit en rapport, en connexité, avec l'objet de ses conclusions primitives. Par exemple, la demande primitive avait pour but le payement des loyers dus au propriétaire ; par une demande additionnelle, par des conclusions incidentes, le propriétaire, le bailleur demandeur originaire, conclut au payement des loyers échus depuis la demande principale, et pendant l'instruction du procès : voilà encore une demande incidente dirigée par le demandeur.

* Quant au défendeur originaire, il peut, d'une manière plus large encore, former des demandes incidentes. Elles portent le nom de demandes reconventionnelles. Le tribunal de cassation, dans ses observations sur le Code de procédure, avait demandé que le droit de reconvention fût défini et limité. Cette réclamation n'a pas été admise.

Autrefois, dans la procédure canonique, on permettait au défendeur de former reconventionnellement toute espèce de demandes, qu'elles se référassent ou non à la demande principale. Mais, dans les juridictions laïques, l'art. 106 de la coutume de Paris soumettait la demande reconventionnelle à deux conditions, il fallait qu'elle dépendît de la demande principale et lui servît de défense. L'usage du Châtelet de Paris, l'art. 464 (C. P.) et la pratique moderne paraissent se contenter de cette dernière condition. *

Ainsi, Paul demande à Pierre le payement de dix pièces de vin *in genere*, sans désignation spéciale de quantité ; Pierre forme une demande reconventionnelle, à l'effet d'obtenir de Paul le payement de six, huit ou dix pièces de vin de telle qualité déterminée, que ledit Pierre prétend lui être dues par Paul. Comme les deux dettes ne sont pas des choses de même nature, c'est-à-dire que le vin dû par l'un est de qualité indéterminée, et celui dû par l'autre de qualité déterminée, il n'y a pas entre les deux dettes compensation légale et de plein droit (art. 1291 C. civil) ; mais il y a tout au moins une compensation facultative, qui sert de défense à l'action principale, et devient ainsi la matière d'une demande reconventionnelle.

Par exemple encore, un locataire, poursuivi en payement de ses loyers, répond par une demande incidente tendant à faire condamner le bailleur à exécuter, dans la maison louée, les réparations que la loi met à la charge du bailleur : voilà une demande incidente connexe avec la demande principale par l'identité d'origine, car toutes deux dérivent d'un même contrat, du contrat de bail.

Il y a des demandes incidentes qui peuvent être formées, soit par le demandeur, soit par le défendeur originaires.

Ainsi le demandeur principal peut, pendant l'instance primitive, conclure incidemment au payement des dommages et intérêts, à raison du préjudice que lui causent des injures, des diffamations, des calomnies dont il a été l'objet dans les plaidoiries ou dans les mémoires de ses adversaires. Et une semblable demande peut évidemment être formée aussi par le défendeur originaire qui se plaindrait également d'avoir été injurié, diffamé par le demandeur (V. l'art. 23, § 1 de la loi du 17 mai 1819 sur la presse).

527. Pourquoi admet-on le défendeur à proposer incidemment une action reconventionnelle dans les cas indiqués ci-dessus, et surtout quel est pour lui l'intérêt de pouvoir la proposer ? L'intérêt est double.

1° C'est que la demande incidente, aux termes de l'art. 48, est dispensée du préliminaire de conciliation, ce qui offre l'avantage de la célérité.

2° C'est que la demande incidente, portée devant le tribunal saisi de l'action principale, se dérobe par là même aux règles de la compétence ordinaire. Ainsi ma demande reconventionnelle aurait dû, si elle eût été formée par voie d'action principale, être portée devant le tribunal du domicile du débiteur ; au contraire, en la formant par voie d'action incidente, je la porte devant le tribunal saisi de l'action principale, et ce tribunal est précisément celui de mon domicile, puisque dans l'action principale c'était moi qui étais le défendeur.

Pourquoi la loi autorise-t-elle, en faveur de la demande incidente, cette double dérogation aux principes ordinaires du droit ? C'est afin de terminer par un seul et même jugement deux litiges qui auraient fait l'objet de deux procédures et de deux jugements séparés et successifs.

Cette utilité de la demande incidente une fois comprise, vous saisirez aisément les conditions que nous y imposons, savoir : que la demande incidente présente une connexité d'origine avec l'action principale, comme dans le cas de débats entre le locateur et le locataire ; ou bien, qu'elle serve au moins de défense à l'action principale, à l'origine de laquelle elle ne se rattache pas, comme dans le cas de reconvention ou de compensation.

Mais, si aucune de ces deux conditions n'existait, il n'y aurait pas matière à une demande incidente. Par exemple, Paul m'attaque en payement de 20,000 francs, dont il prétend que je suis son débiteur ; dans le cours de cette action principale, pourrai-je former une demande incidente à l'effet de faire reconnaître que j'ai un droit de passage sur le fonds de Paul ? Non, parce qu'il n'y a entre son action principale et ma prétendue demande incidente aucun rapport, aucun lien, aucune connexité d'origine ; parce que, d'ailleurs, ma demande à l'effet d'établir mon droit de passage ne peut point être une défense pour repousser l'action par laquelle il réclame 20,000 francs. Pour une semblable demande, il faudrait intenter une autre action principale.

➤ **528.** « Art. 337. Les demandes incidentes seront formées par un simple acte contenant les moyens et les conclusions, avec offre de communiquer les pièces justificatives sur récépissé ou par dépôt au greffe. — Le défendeur à l'incident donnera sa réponse par un simple acte. »

Les demandes principales se forment par une assignation à personne ou à domicile. Ici la demande incidente, intentée par l'une des parties en cause contre son adversaire, ne se forme ni par exploit à personne ou à domicile, ni même par une requête, plus ou moins développée, contenant les moyens de la demande ; les deux parties sont déjà en cause ; les deux parties, nous le supposons du moins, ont chacune constitué avoué; la formalité de l'assignation est donc absolument inutile ; la loi même, supposant qu'en général la demande incidente sera secondaire, que la plupart de ses moyens seront communs avec ceux de l'action principale, ne permet pas de la former par une requête plus ou moins longue, et par là même plus ou moins coûteuse, mais par un simple acte, pour lequel un droit fixe est déterminé par le tarif. Elle n'exige même pas, comme pour les exploits d'ajournement, qu'en signifiant cet acte d'avoué à avoué, on donne aussi copie des pièces ou de la partie des pièces qui servent de base à la demande incidente ; il suffira de faire offre de communication, et cette communication, si l'adversaire la croit utile, aura lieu dans les formes des art. 188 et suivants.

* Du reste, cette forme (par acte d'avoué à avoué) n'est pas prescrite à peine de nullité (1). *

Il résulte de notre premier alinéa, que la forme qu'il trace n'est applicable qu'autant que les deux parties ont constitué avoué. Ainsi le demandeur a nécessairement un avoué (art. 61). Mais supposez que le défendeur n'en ait pas constitué : il suit de cet article, que le demandeur ne pourrait pas former contre lui une demande incidente, sinon par un nouvel exploit dans les formes de l'art. 61 : d'abord, parce que la loi désigne pour forme de cette demande un acte d'avoué à avoué, et que, dans l'espèce, le défendeur n'aurait pas d'avoué ; ensuite, parce qu'il est possible que le défendeur, qui n'a pas voulu constituer avoué sur la demande principale, qui a consenti par là à se laisser condamner par défaut sur cette demande, n'entende pas se laisser condamner par défaut sur l'incident ; il est possible qu'il ait le désir et le droit d'y défendre sérieusement (2).

Le défendeur a l'incident *donnera sa réponse par un simple acte.* Ces expressions générales sont celles que j'indiquais tout à l'heure, pour vous montrer que la demande incidente peut aussi bien être dirigée par le défendeur que par le demandeur originaires, que chacune des parties peut être tour à tour défendeur à la demande incidente.

(1) C. de Poitiers, 13 février 1827. — Bourges, 10 décembre 1810 (Dall., *Rép.,* v° *Incident,* n° 35).

(2) Cass., 21 février 1877 (Dall., 1877, 1, 346).

529. « Art. 338. Toutes demandes incidentes seront formées en même temps ; les frais de celles qui seraient proposées postérieurement, et dont les causes auraient existé à l'époque des premières, ne pourront être répétés. — Les demandes incidentes seront jugées par préalable, s'il y a lieu ; et dans les affaires sur lesquelles il aurait été ordonné une instruction par écrit, l'incident sera porté à l'audience, pour y être statué ce qu'il appartiendra. »

Le premier paragraphe est de pure précaution, et sa sanction est une sanction de taxe : il ne faut pas que ce droit de former les demandes incidentes devienne, pour l'une des parties, et notamment pour le défendeur, un moyen d'ajourner indéfiniment la décision au principal, en élevant tour à tour incident sur incident. Ainsi, si vous avez en même temps trois ou quatre demandes incidentes, vous devez les former toutes par un même acte et simultanément, non pas à peine de déchéance du droit de les former plus tard, mais à peine, au moins, de supporter les frais des demandes incidentes formées après la première.

Je dis que ce n'est ici qu'une sanction de taxe et de tarif ; cela est vrai, du moins en général, mais il est un cas où, faute d'avoir proposé simultanément les divers chefs de demande, il y aurait déchéance du droit de les former plus tard : ce cas est celui de l'art. 1346 du Code civil. D'après cet article, toutes les demandes qui ne sont pas entièrement justifiées par écrit doivent être formées par un même exploit, et, dans l'espèce qui nous occupe, par un acte d'avoué à avoué, à peine de déchéance des autres. Des motifs de méfiance contre la preuve testimoniale ont dicté cette disposition toute spéciale.

Les demandes incidentes seront jugées par préalable (c'est-à-dire avant de statuer sur le fond même de la demande), *s'il y a lieu.* Ces derniers mots vous indiquent, d'ailleurs, que le tribunal pourrait aussi, suivant la nature des cas, statuer, par un même jugement, et sur l'incident et sur le fond. Il y a un grand nombre de demandes incidentes qui, par leur nature même, se refusent absolument à être jugées par préalable.

Ainsi, quand le bailleur qui a conclu d'abord contre son locataire au payement des loyers, forme dans le cours de l'instance une demande incidente pour obtenir le payement des loyers échus plus tard, il est clair que, comme la cause des deux demandes est absolument la même, on ne pourra juger par préalable la demande incidente, on statuera par un même jugement et sur les loyers échus avant, et sur ceux échus depuis la demande principale.

De même, si j'ai conclu d'abord par voie de demande principale en payement des 20,000 francs que je prétends vous avoir prêtés, et qu'ensuite, par une demande incidente, j'aie conclu aux intérêts, la condamnation aux intérêts ne pourra pas être prononcée avant la condamnation au principal ; car il faut bien s'assurer avant tout que vous êtes débiteur du principal. Voilà de ces cas où la demande incidente, par sa nature, par son objet même, ne pourra être décidée que par le même jugement qui statue sur le principal.

Il est d'autres cas où elle peut en être isolée. Ainsi vous concluez contre moi au payement d'une somme de 20,000 francs ; incidemment, moi défendeur, j'oppose à cette demande une demande reconventionnelle, une cause de compensation pour 10 ou pour 15,000 francs ; si le tribunal croit que ma demande reconventionnelle est mal fondée, que vous ne devez pas les 10 ou 15,000 francs que je réclame de vous par des conclusions incidentes, ma demande incidente pourra être rejetée par préalable. Je dis préalable, parce qu'il est possible que le tribunal, convaincu que la demande incidente doit être rejetée, n'ait pas encore des lumières suffisantes, quant à la demande originaire des 20,000 francs que le demandeur réclame, et que le défendeur refuse de payer. Voilà un de ces cas où le tribunal peut statuer par préalable sur la demande incidente, lorsque le fond de l'affaire n'est point encore en état.

Et dans les affaires sur lesquelles il aura été ordonné une instruction par écrit, l'incident sera porté à l'audience pour être statué ce qu'il appartiendra. On suppose ici que, dans une affaire instruite par écrit, une demande incidente soit formée par une des parties ; cette demande incidente devra-t-elle, par cela seul qu'elle survient dans le cours d'une instance écrite, être soumise aux mêmes formalités que l'instruction du principal ? La négative est évidente ; le principal peut être fort compliqué, et l'incident, au contraire, être de nature à s'éclaircir dès les premiers débats de l'audience publique : dans ce cas, la loi dit que *l'incident sera porté à l'audience pour être statué ce qu'il appartiendra,* c'est-à-dire, soit pour être vidé, jugé de suite et par préalable, si la chose est possible, conformément aux premiers mots de notre paragraphe, soit, au contraire, dans le cas où l'incident présentera des caractères de complication analogues à ceux du principal, pour être ordonné que l'incident sera joint au principal et compris dans l'instruction écrite à laquelle la demande originaire a été déjà assujettie.

530. § 2. DE L'INTERVENTION. A la rigueur l'intervention est bien aussi une demande incidente ; c'est-à-dire qu'elle n'est pas introductive d'instance, qu'elle survient dans le cours d'un procès déjà entamé ; mais à la différence des demandes dont il est question dans les art. 337 et 338, l'intervention, au lieu d'être formée par l'une des parties contre l'autre, est, au contraire, formée par un tiers resté jusque-là étranger aux débats de la cause.

Ainsi, l'intervention est la survenance volontaire d'une tierce personne dans des débats déjà entamés, *venit inter litigantes* (1).

L'intervention présente des caractères exceptionnels que nous avons remarqués en parlant des demandes incidentes, c'est-à-dire que, comme les demandes incidentes, l'intervention est dispensée du préliminaire de conciliation (art. 48 et 49). En effet, puisque déjà la tentative de conciliation a été essayée et vainement essayée entre les deux parties principales, il y a bien peu de probabilité de succès pour une nouvelle tentative, alors que l'intervention d'un tiers vient encore croiser les intérêts et multiplier les causes de froissement. La loi, d'ailleurs, voulant, autant que possible, éviter que l'intervention ne soit une cause de retard dans le jugement du procès, trouve encore dans ce motif une raison de dispenser du préliminaire de conciliation.

(1) * Si un tiers intéressé dans une instance n'y intervient pas, et que les parties de la cause craignent que ce tiers n'attaque, par la tierce opposition, le jugement quand il sera rendu, les parties ou l'une d'elles peuvent mettre ce tiers en cause, l'assigner en déclaration de jugement commun. La demande qui a pour but *cette intervention forcée ou passive* se fera dans la forme d'une demande principale, par exploit d'ajournement. Les formes de notre paragraphe ne s'appliquent qu'à l'intervention volontaire.

L'intervention fera souvent exception aux règles de la compétence : il arrivera souvent que l'intervention sera jugée recevable par le tribunal saisi de la question principale, encore bien que ce tribunal fût incompétent *ratione personæ*, quant à la prétention de l'intervenant. Cette dispense des règles ordinaires de la compétence s'explique aisément, en remarquant que l'intervention présente ordinairement l'avantage de terminer deux procès par un seul jugement.

531. La première et la plus importante question de la matière est celle-ci : Qui peut intervenir et dans quels cas? Toute intervention, c'est-à-dire toute demande formée, dans une instance entamée, par un tiers qui n'y figurait pas, présente donc avant tout au tribunal saisi de l'instance principale cette première question à décider : L'intervention est-elle recevable? L'intervenant a-t-il qualité?

D'abord, sont incontestablement recevables à intervenir dans un procès, toutes les personnes qui auraient qualité pour former tierce opposition au jugement qui doit terminer la contestation. Cela résulte de l'art. 466, qui, restreignant, en cause d'appel, la faculté d'intervenir, déclare qu'on ne recevra l'intervention que de la part de ceux qui auraient droit de former tierce opposition à l'arrêt d'appel. Il résulte, *à fortiori*, que, quand on est en première instance, on a droit d'intervenir par cela seul que, si le jugement venait à être rendu, on aurait qualité pour former tierce opposition.

Et quels sont ceux qui ont qualité pour former tierce opposition? Vous en trouvez l'indication dans l'art. 474. Ce sont ceux qui éprouveraient quelque préjudice, par l'exécution d'un jugement rendu après des débats dans lesquels ils n'auraient pas figuré. Nous verrons, en expliquant cet article, qu'il peut fort bien arriver, nonobstant les principes généraux du droit, que l'exécution d'un jugement dans lequel je n'ai pas été partie, me cause un tort, un préjudice; dans ce cas, et ces deux conditions concourant, l'art. 474 me permet d'attaquer ce jugement par la tierce opposition. Or, dès lors que tel procès pendant entre deux personnes pourrait, par le jugement qui le suivra, me porter quelque préjudice, il est bien plus simple de me permettre d'intervenir dans le cours même de ce procès, précisément pour éviter d'avoir plus tard à attaquer le jugement rendu en mon absence.

Ainsi le droit éventuel de former tierce opposition au jugement à intervenir est immédiatement, pour celui à qui ce droit appartiendrait, une cause légitime d'intervention.

Mais l'art. 466, comme je vous l'ai dit, est un article restrictif spécialement applicable au cas d'appel; c'est en appel que l'art. 466 déclare non recevables à intervenir tous ceux qui n'auraient pas qualité pour former plus tard tierce opposition. Il suit de là que cette condition respective, imposée seulement en cause d'appel, par des motifs que nous verrons plus tard, est inapplicable en première instance; c'est-à-dire qu'en première instance on peut être admis à intervenir, encore bien qu'on n'ait pas qualité pour attaquer le jugement par la tierce opposition.

Quelques exemples vont vous donner la preuve de ce que je dis.

La garantie, la qualité de garant peut être, en dehors de la règle que nous venons de poser, une raison légitime d'intervention. Par exemple, j'ai cédé à *Primus* une créance contre *Secundus*, je suis garant envers *Primus* de la réalité de la créance cédée; supposez que *Primus* cessionnaire, agissant contre *Secundus*, débiteur cédé, à l'effet d'obtenir son payement, *Secundus* conteste la réalité de la créance ; si *Secundus* triomphe dans sa défense, si la créance n'est pas reconnue par le tribunal saisi de ce débat, *Primus* aura contre moi un recours en garantie aux termes de l'art. 1693 du Code civil. Dans ce cas, moi cédant, je n'aurais pas sans doute qualité pour attaquer, par tierce opposition, le jugement intervenu entre *Primus* et *Secundus*, sur la réalité de la créance; mais, garant envers *Primus* de l'existence de cette créance, j'ai un intérêt manifeste à empêcher que le tribunal ne déclare mal à propos que cette créance n'existe pas ; et de même que *Primus* aurait droit, s'il le voulait, de m'appeler en garantie, c'est-à-dire de me faire intervenir malgré moi dans la cause, de même, si *Primus* néglige de m'y appeler, je pourrai volontairement intervenir, comme ayant intérêt à ce que la réalité de la créance cédée soit reconnue. Voilà un cas dans lequel, sans avoir qualité pour former tierce opposition au jugement qui pourra être rendu, j'ai cependant qualité pour intervenir dans l'instance pendante en premier ressort; car, en appel, l'art. 466 m'en empêcherait.

Vous trouverez encore, au profit des créanciers d'un copartageant dans une succession, une intervention formellement autorisée par l'art. 882 du Code civil, qui leur refuse en même temps le droit de former tierce opposition, si le partage est consommé.

Aussi la faculté éventuelle de former tierce opposition au jugement qui pourra être rendu suffit pour m'autoriser à intervenir dans l'instance ; mais ce n'est pas là une condition nécessaire de l'intervention ; tous les jours, on admet, en première instance, des intervenants qui ne sont pas dans cette position.

L'intervention sera donc recevable, au moins en première instance, toutes les fois que l'intervenant aura un intérêt, direct ou indirect, au résultat de la contestation. * Ainsi le créancier hypothécaire, le créancier antichrésiste (art. 2085 et suiv. C. civ.), peuvent intervenir dans le procès que soutient leur débiteur sur l'immeuble hypothéqué, ou donné en antichrèse. Si leur débiteur est insolvable, ils sont plus intéressés que lui dans le procès. Ils pourraient même former tierce opposition au jugement rendu en leur absence et en fraude de leurs droits. * Quant à l'intervention formée en appel, l'art. 466 la soumet à un principe particulier.

Il peut même arriver, et cela n'est pas sans exemple, qu'une intervention soit recevable, encore bien qu'elle ne porte pas sur l'objet de la contestation primitive; c'est lorsque cette intervention est connexe, dans sa cause, avec les débats de cette contestation. Ainsi, dans un procès entamé, sur une matière quelconque, entre deux personnes, des plaidoiries sont prononcées, des mémoires sont publiés, dans lesquels se rencontrent des faits calomnieux, des allégations injurieuses pour un tiers. Ce tiers est sans intérêt, quant au fond de la contestation; il ne prétend, il n'allègue aucun droit, direct ou indirect, sur l'objet litigieux entre les parties . Mais néanmoins il lui est permis, suivant nous (car la question est controversée), * d'intervenir dans l'affaire, devant le même tribunal, pour obtenir la réparation à laquelle il peut avoir droit. C'est ici un cas d'intervention qui sort tout à fait des règles ordinaires, c'est un tiers absolument étranger à l'objet principal de l'instance, et dont cependant l'intervention sera reçue ; c'est-à-dire qu'il viendra, dans la cause même, devant un tribunal qui eût peut-être été incompétent, réclamer les dommages et intérêts qui peuvent lui être dus. La raison en est fort simple ; c'est qu'aucun tribunal, mieux que celui devant lequel les plaidoiries ont été prononcées, ne saurait apprécier la gravité de l'injure et la quotité des dommages et intérêts qui peuvent raisonnablement être adjugés, * et qu'il peut y avoir un intérêt très-légitime à faire punir l'injure dans le lieu où elle a reçu de la publicité (1). *

Une corporation, comme celles des notaires, des avoués, des huissiers, peut-elle intervenir dans un procès où l'un de ses membres est partie et dans lequel la corporation est intéressée ? La question est controversée. Il me semble que * l'intervention doit être admise si la décision du procès peut causer un préjudice à la corporation (2). *

Un notaire aurait également le droit d'intervenir dans une instance en inscription de faux, lorsqu'il est le rédacteur de l'acte argué de faux (3).

➤➤ **532.** « Art. 339. L'intervention sera formée par requête qui contiendra les moyens et conclusions, dont il sera donné copie, ainsi que des pièces justificatives. »

Nous avons vu, dans l'art. 337, que les demandes incidentes formées dans le cours d'un débat par l'une des parties contre l'autre devaient l'être par un simple acte d'avoué à avoué, c'est-à-dire par un acte d'une étendue et d'un droit de tarif déterminé d'une manière fixe et à l'avance. Au contraire, la demande formée par un tiers, jusque-là étranger aux débats, n'est pas formée par un simple acte, mais par une requête, art. 339 ; c'est-à-dire par un acte d'avoué à avoué, mais dont l'étendue varie à l'infini, suivant le plus ou le moins d'importance de l'objet de la demande et des moyens à développer. C'est là au reste une affaire de tarif bien plus qu'une affaire de droit et de procédure.

Il semble que l'intervention devrait être formée par un ajournement. En effet, l'intervenant étant jusque-là absolument étranger aux débats de l'affaire, il paraissait naturel de lui appliquer la règle ordinaire, d'après laquelle un tribunal n'est saisi d'une demande principale que par l'assignation dans laquelle cette demande est proposée. Mais les deux parties, contre lesquelles l'intervenant se présente, se trouvent déjà en cause, ayant chacune un avoué, il a paru plus expéditif de former l'intervention par une requête d'avoué à avoué, que par une assignation à personne ou à domicile, dans laquelle le délai des distances aurait dû être observé et aurait été une cause d'entraves et de lenteurs.

Ainsi l'intervenant constituera immédiatement son avoué ; cet avoué, en no-

(1) C. d'Amiens, 15 mars 1833 (Dall., *Rép.*, v° *Intervention*, n° 31). — Cass., 7 avril 1852 (Dall., 1852, 1, 118).

(2) C. de Cass., Rej., 25 juillet 1870 (Dall., 1872, 1, 25). V. aussi les autorités citées en note de cet arrêt. — Besançon, 28 juillet 1877 (Dall., 1878, 2, 50).

(3) C. de Nîmes, 6 mars 1822 et 11 juillet 1827. — Paris, 29 juin 1826. — Cass., 24 juillet 1840 (Dall., *Rép.*, v° *Intervention*, n° 33).

tifiant sa constitution aux deux avoués de la cause, leur signifiera la requête dans laquelle sont posées les conclusions et sont développés les moyens de l'intervenant. Cette requête, comme les exploits d'ajournement, doit contenir copie des pièces ou de la partie des pièces sur lesquelles se fonde l'intervenant.

« Art. 341. Dans les affaires sur lesquelles il aura été ordonné une instruction par écrit, si l'intervention est contestée par l'une des parties, l'incident sera porté à l'audience. »

La requête d'intervention étant signifiée aux deux parties, il est possible qu'aucune d'elles ne soutienne que l'intervention n'est pas recevable; alors on se borne à joindre l'intervention au fond de la cause. On procède ainsi dans les affaires qui s'instruisent sur plaidoiries aussi bien que dans celles qui s'instruisent par écrit.

Si, au contraire, les deux parties ou l'une d'elles s'opposent à ce que l'intervention soit reçue, la recevabilité de l'intervention forme un véritable incident de l'instance. Cet incident sera toujours porté à l'audience, même, comme le dit notre article, dans les affaires qui s'instruisent par écrit. En effet, de ce que la cause principale a paru nécessiter les formalités d'une instruction écrite, il ne s'ensuit pas que la prétention de l'intervenant doive être nécessairement soumise aux formalités compliquées de la même instruction.

533. « Art. 340. L'intervention ne pourra retarder le jugement de la cause principale quand elle sera en état. »

Cet article a pour but de prévenir des interventions de mauvaise foi, concertées avec l'une des parties qui voudrait retarder un jugement dont elle redoute l'issue, et qui, pour s'assurer ce retard, ferait intervenir dans la cause des prête-noms qui viendraient l'embarrasser.

Quand elle sera en état. Ces dernières expressions sont assez équivoques. Qu'est-ce qu'une affaire en état? Nous trouvons dans l'art. 343 une définition de ces mots : nous verrons que leur sens varie, selon qu'il s'agit d'une instruction par écrit, ou, au contraire, d'une cause à débattre par plaidoiries et en audience. Mais, quel que soit le mérite de la définition de l'art. 343, il n'est pas certain qu'elle soit applicable ici, car cet article ne définit pas d'une manière générale, absolue, applicable à tous les cas, ce que c'est qu'une affaire en état; il ne paraît définir ces mots que relativement à la matière dont il s'occupe, que relativement à l'objet du titre XVII. Aussi se demande-t-on si ces mots de l'art. 340, *quand elle sera en état,* doivent s'entendre dans le sens de l'art. 343, ou dans une acception plus générale.

Cette question, au reste, n'a pas une grande importance pratique; elle en aurait beaucoup, si la loi décidait que par cela seul que la cause principale est en état, c'est-à-dire est arrivée à une période plus ou moins avancée de sa marche, l'intervention n'est plus recevable. Si, en un mot, l'art. 340 posait une règle absolue, s'il indiquait une période de l'instance après laquelle il n'y a plus d'intervention possible, il serait important de déterminer quel est ce point.

Mais ce n'est pas là ce que déclare l'art. 340; il ne dit pas qu'on ne devra plus recevoir d'intervention l'affaire étant en état; il dit seulement que, quand

la cause principale est en état, l'intervention ne pourra pas retarder le jugement. D'où il suit que, même après que la cause est en état, quel que soit
d'ailleurs le sens de ces mots, une intervention pourrait à la rigueur être
reçue, si, en l'admettant, on ne retardait pas par là le jugement de la cause
principale. Ainsi, la cause principale étant parvenue presque à son terme, il
peut survenir un intervenant, dont le droit soit tellement apparent, qu'en le
déclarant recevable, on ne retarde en rien le jugement du principal.

Ainsi l'art. 340 n'est guère au fond qu'un conseil, qu'un avis, et non point
une règle impérative : l'art. 340 laisse une très-grande latitude à la sagesse
des tribunaux; il tend uniquement à empêcher que la partie qui prévoit sa
prochaine condamnation ne fasse survenir, pour la reculer, une intervention
de complaisance. Dans ce cas, les juges pourront et devront, soit déclarer de
prime abord l'intervention non recevable, soit, même après l'intervention
admise, disjoindre les deux causes, comme il est dit dans l'art. 184.

TITRE XVII

DES REPRISES D'INSTANCES, ET CONSTITUTION DE NOUVEL AVOUÉ.

➤ 534. La reprise d'instance suppose une interruption, une discontinuation légale et nécessaire de l'instance. Avant donc de nous occuper de
savoir comment une instance doit être reprise, il faut savoir dans quels cas il y a
lieu à la reprendre, c'est-à-dire dans quels cas elle est légalement interrompue.

En effet, le mot reprise d'instance ne désigne pas ici le cas où l'une des parties signifierait un acte de procédure après quelques mois ou même quelques
années écoulées sans aucun rapport judiciaire. Une instance peut être suspendue de fait, c'est-à-dire qu'il peut y avoir entre les deux parties une espèce
de trêve ou d'armistice tacite, sans qu'il y ait pour cela aucune interruption
légale de l'instance, sans qu'il y ait par là même lieu à une véritable reprise
d'instance.

Dans quels cas l'instance est-elle donc interrompue de manière à ce qu'il
devienne nécessaire de la reprendre plus tard par un acte spécial ? L'art. 344
répond directement à la question.

Mais d'abord sur quelle idée, sur quel principe reposent ces cas d'interruption d'instances que le Code a admis, en resserrant toutefois ceux qu'autorisait l'ordonnance de 1667 ? Ces interruptions d'instances reposent sur une
idée de la plus grande simplicité : c'est que nul ne doit être jugé, ne doit être
condamné sans avoir présenté ses moyens, ou sans avoir été au moins mis
à même de les présenter.

Cette idée une fois posée, la conséquence en découle naturellement ; c'est
que, si, dans le cours d'un procès, l'une des parties vient à mourir ou à perdre son représentant judiciaire, son avoué, ce mandataire sans lequel elle
ne peut faire aucun acte de l'instance, il y a lieu à interruption, puisque la partie est dès ce moment dans l'impossibilité de se défendre. Voilà la conséquence
générale de l'idée que je viens d'indiquer comme servant de point de départ

aux règles de l'interruption. Nous verrons tout à l'heure jusqu'où doit aller et où doit s'arrêter cette conséquence. La mort de l'une des parties, la démission, l'interdiction, la destitution de son avoué seront donc, en général, et sauf un point d'arrêt que nous aurons à poser, des causes légitimes d'interruption de l'instance.

Autrefois on allait encore plus loin, et l'on décidait que si, dans le cours d'une instance, l'une des parties venait à changer d'état, par exemple, si une fille majeure, qui figurait comme partie dans un procès, venait à se marier et à perdre ainsi sa capacité, il y avait là encore une cause de discontinuation de l'instance : il en était de même si l'une des parties, majeure et maîtresse de ses droits, venait à être frappée d'incapacité par un jugement d'interdiction. Le changement d'état de l'une des parties était donc, dans l'ancien droit, une cause légitime d'interruption de l'instance.

Enfin, si l'une des parties venait à perdre, pendant l'instance, la qualité en vertu de laquelle elle procédait, si, par exemple, la tutelle venait à cesser pendant le cours du procès dans lequel le tuteur représentait son pupille, on voyait encore dans cette circonstance une cause d'interruption de l'instance.

Le Code n'admet plus cette extension ; nous la verrons formellement proscrite dans le § 1 de l'art. 345.

Ainsi des quatre causes que l'ancienne jurisprudence admettait comme interruptives de l'instance, il n'y en a plus que deux, la mort de l'une des parties, et la mort, la démission, l'interdiction ou la destitution de son avoué, qui soient vraiment interruptives de l'instance.

Mais ces deux événements, la mort de la partie et la mort ou la cessation de fonctions de son avoué, sont-elles, dans tous les cas, des causes interruptives d'instance ? A quelque période de l'instruction que survienne l'un de ces événements, le procès est-il suspendu par une telle circonstance ? Non, il faut distinguer, avec les art. 342 et 343, entre les affaires qui ne sont pas en état et celles qui sont en état. C'est précisément à ce propos qu'intervient la définition de l'art. 343.

« Art. 313. L'affaire sera en état lorsque la plaidoirie sera commencée ; la plaidoirie sera réputée commencée quand les conclusions auront été contradictoirement prises à l'audience. — Dans les affaires qui s'instruisent par écrit, la cause sera en état quand l'instruction sera complète, ou quand les délais pour les productions et réponses seront expirés. »

Que faut-il entendre par une affaire en état ? A cet égard, il n'y aurait aucune incertitude, aucun doute, dans l'ancienne jurisprudence ; les commentateurs étaient parfaitement d'accord sur le sens de ces expressions, affaire en état.

Ainsi, Rodier, dans son commentaire sur le titre XXVI, art. 1er de l'ordonnance de 1667, s'exprime ainsi : « Il est rare, mais non pas impossible, qu'une cause d'audience (c'est-à-dire une cause qui s'instruit verbalement et non par écrit) se trouve en état d'être jugée lorsqu'une des parties ou un des procureurs vient à mourir. » Rodier concevait à peine la possibilité de la circonstance dont nous parlons, dans le sens qu'il donnait aux mots de cause en état ; et voici quel était ce sens : « Ce cas arriverait si, les plaidoiries étant faites et consommées, on eût renvoyé à délibérer sur le bureau ou les pièces, ou s'il était intervenu partage en délibérant, lequel restât à vider, parce qu'alors il n'y a plus légalement rien à attendre du ministère des parties, des procureurs ou des avocats, mais seulement du ministère des juges. »

Pothier disait de même, dans son traité sur la procédure civile, que les causes verbales, les causes d'audience, n'étaient en état que quand les plaidoiries étaient absolument terminées, quand il ne restait plus qu'à juger.

La même doctrine est littéralement exposée par Jousse, l'un des meilleurs commentateurs de l'ordonnance de 1667.

Ainsi l'ordonnance de 1667 contenait, comme notre Code, ce principe qu'une fois l'affaire en état, la mort d'une des parties, ou la mort de son représentant judiciaire, est un fait indifférent, qui ne peut interrompre l'affaire ni retarder le jugement. Cette décision se concilie parfaitement avec notre point de départ ; les interruptions d'instance, avons-nous dit, se fondent sur ce qu'il n'est pas juste de décider une affaire dans laquelle l'une des parties n'est pas mise à même de présenter ses moyens ; or, la mort de l'une des parties ou la perte de son représentant l'empêche évidemment de présenter sa défense. Mais une fois l'affaire en état, dans le sens où les anciens auteurs l'entendaient, c'est-à-dire une fois les plaidoiries complétées, terminées, une fois le ministère des parties et de leurs procureurs achevé, une fois enfin, comme disait Rodier, qu'il ne reste plus absolument qu'à juger, très-peu importe alors que l'une des parties ou que son procureur meure ; la défense est complète ; il n'y a plus d'inconvénient à juger immédiatement.

Le Code a reproduit, dans l'art. 342, le principe que l'affaire en état n'est plus interrompue par aucune circonstance postérieure ; mais l'art. 343, qui nous donne une définition de ces mots, *affaire ou cause en état*, a complètement abandonné l'ancienne définition, et les motifs fort justes qui expliquaient cette définition.

En effet, l'art. 343 comprend deux hypothèses : celle où l'instruction écrite a été ordonnée, conformément à l'art. 95 ; et celle, infiniment plus fréquente, où l'affaire s'instruit à l'audience sur plaidoiries.

L'affaire s'instruit-elle par écrit, aux termes de l'art. 95 ; alors, d'après le § 2 de l'art. 343, la cause sera en état quand l'instruction sera complète, ou quand les délais pour les productions et réponses seront expirés ; en un mot, la cause sera en état, et la mort de l'une des parties sera, par conséquent, une circonstance indifférente, quand on sera arrivé au point de la procédure écrite, désigné par l'art. 109, au point où les deux parties ayant déposé au greffe les productions écrites sur lesquelles on doit juger, la plus diligente a requis la remise aux mains du rapporteur des productions respectives de chacune d'elles. Dans ce cas, on est parfaitement dans l'esprit de Rodier et de Pothier, on est dans la raison ; chacune des parties a présenté par écrit le développement de ses moyens, le ministère du rapporteur et du tribunal va commencer ; on peut donc passer outre sans inconvénient, nonobstant la mort de l'une d'elles, ou la mort de son avoué.

Mais, dans le premier paragraphe, quand on définit ces mêmes mots relativement à l'instruction ordinaire, à l'instruction verbale, et sur plaidoiries, on leur donne un sens tout différent: le Code vous dit: *L'affaire sera en état lors-*

que la plaidoirie sera commencée; la plaidoirie sera réputée commencée quand les conclusions auront été contradictoirement prises à l'audience.

Vous voyez quelle différence énorme sépare cette définition de celle qu'adoptaient unanimement les anciens auteurs. Pour Rodier, l'affaire instruite verbalement était en état quand les plaidoiries étaient terminées et complétées, quand le ministère des parties, des procureurs, des avocats, était absolument épuisé. Pour le Code, au contraire, l'affaire est en état dès que la plaidoirie est, non pas terminée, mais simplement commencée. Bien plus, la plaidoirie est réputée commencée avant même que l'avocat qui doit plaider ait pris la parole, et par cela seul que les conclusions ont été respectivement posées à l'audience.

Quelle est, de ces deux définitions, celle qui paraît la plus raisonnable quant aux matières qui nous occupent ?

Quand on s'attache aux motifs, à l'esprit de la matière, il n'y a pas à hésiter. Il s'agit de savoir à partir de quel moment la mort de l'une des parties peut être considérée comme une circonstance indifférente, comme ne nuisant pas à sa défense. Or, il est clair que, tant que sa défense n'est pas complète, tant que cette partie avait encore quelque chose à dire ou à faire dire, et à plus forte raison, tant qu'elle n'a encore rien dit, il est clair que sa mort nuit nécessairement à sa défense. Déclarer, comme le fait le Code, qu'une fois les conclusions respectives posées à l'audience, l'affaire est en état; que, dès ce moment, l'instance doit marcher et le jugement être rendu, quand même l'une des parties ou l'un des avoués viendrait à mourir, c'est commander aux juges de juger sans entendre, sans être sûrs que les moyens développés devant eux l'auront été complètement; car l'avocat, venant à plaider à l'audience après la mort de sa partie, pourra laisser de côté bien des faits importants qui auraient pu ne lui être déclarés qu'au dernier moment, à mesure que le besoin de la cause en aurait fait sentir la nécessité à la partie. En un mot, quelque pénétration que l'on puisse supposer au tribunal, la raison se refuse à considérer comme en état une instruction qui est à peine commencée; la raison se refuse à admettre que de simples conclusions, posées contradictoirement à l'audience, puissent éclairer le tribunal sur les moyens de la cause. Ces moyens pourront, il est vrai, être développés plus tard; mais ils ne le seront que d'une manière incomplète, si la partie qui devait les communiquer en détail à l'avocat est morte dans l'intervalle, ou si l'avoué qui avait reçu les instructions de la partie est mort lui-même, est démissionnaire, interdit, destitué. Il m'est donc impossible d'admettre l'utilité de ce changement apporté, dans l'art. 343, à l'unanimité de l'ancienne doctrine. Quoi qu'il en soit, la loi est formelle, et il est sûr qu'une fois que les conclusions ont été posées respectivement à l'audience, l'affaire peut et doit marcher sans interruption, nonobstant la mort de l'une des parties, nonobstant la mort, la démission, la destitution, l'interdiction de son avoué.

« Art. 342. Le jugement de l'affaire qui sera en état ne sera différé ni par le changement d'état des parties, ni par la cessation des fonctions dans lesquelles elles procédaient, ni par la mort, ni par les décès, démissions, interdictions ou destitutions de leurs avoués. »

L'affaire, une fois en état, ne peut donc plus être interrompue : tel est le principe général de l'art. 342.

Mais cet article énumère quatre circonstances qui ne différeront pas le jugement de l'affaire en état. Quand la loi prend la peine de vous dire que l'affaire en état n'est suspendue par aucun de ces quatre faits, il semble naturel de conclure que chacun de ces quatre faits suspend, au contraire, l'instruction d'un procès qui n'est pas en état. Cette conséquence, conforme à l'ancienne jurisprudence, serait démentie formellement par le § 1 de l'art. 345. C'est donc à tort qu'on a parlé, dans notre art. 342, du changement d'état de l'une des parties, ou de la cessation des fonctions dans lesquelles elle procédait; il était inutile de dire que ces deux circonstances n'interrompraient point le cours de l'affaire en état, puisqu'elles n'interrompent pas même l'affaire qui n'est pas encore en état.

Nous reviendrons sur ces deux circonstances, en expliquant l'art. 345.

➤ **535.** Maintenant supposons avec l'art. 344 que l'affaire n'est pas en état, c'est-à-dire que les conclusions n'ont pas été contradictoirement prises à l'audience. Quelles circonstances pourront alors interrompre l'instance?

« Art. 344. Dans les affaires qui ne seront pas en état, toutes procédures faites postérieurement à la notification de la mort de l'une des parties seront nulles : il ne sera pas besoin de signifier les décès, démissions, interdictions, ni destitutions des avoués ; les poursuites faites et les jugements obtenus depuis seront nuls, s'il n'y a constitution de nouvel avoué. »

Ainsi voilà, en résumé, les deux causes qui, dans le droit actuel, sont seules interruptives d'instance : c'est la mort de l'une des parties, ou la mort, la cessation temporaire ou définitive des fonctions de son avoué, cessation de fonctions qu'il faut bien se garder de confondre avec celle de l'art. 343, avec la cessation des fonctions de l'une des parties.

Du reste, entre l'interruption qui provient de la mort de l'une des parties et celle qui provient de la mort, de la démission, de l'interdiction, de la destitution de l'un des avoués, l'art. 344 fait une distinction importante. C'est que la mort de l'une des parties n'interrompt pas, de droit et par elle-même, l'instance dans le cours de laquelle elle survient; cette interruption n'a lieu qu'à partir du moment où ce décès a été notifié à l'autre partie (1). Ainsi, dans un procès entre *Primus* et *Secundus*, si l'affaire n'est pas en état, et que *Secundus* vienne à mourir, l'instance n'est pas immédiatement interrompue ; elle marchera et les procédures signifiées seront valables, tant que l'avoué de *Secundus* décédé n'aura pas notifié ce décès à l'avoué de *Primus*. En effet, *Primus* et son avoué ne peuvent pas être tenus de connaître la mort de *Secundus*; c'est donc seulement à partir de la notification du décès de la partie que les procédures et le jugement cesseront d'être valables.

Au contraire, s'agit-il du décès, de la démission, de l'interdiction, de la destitution de l'avoué, aucune notification à l'avoué adverse n'est nécessaire ; et la raison en est, que si, dans l'espèce précédente, l'avoué de *Primus* ne peut pas être tenu de connaître la mort de *Secundus*, cet avoué, au contraire, ne

(1) C. de Cass., Rej., 18 avril 1877 (Dall., 1877, 1, 293).

peut pas ignorer la mort, la démission, l'interdiction, la destitution de l'avoué de *Secundus*; de pareils incidents sont trop connus au Palais, pour que l'un des officiers ministériels puisse en prétendre ignorance.

536. La loi vous parle, dans les derniers mots de l'article, de la démission, de l'interdiction, de la destitution de l'avoué de l'une des parties, elle ne parle pas de la révocation du mandat judiciaire donné par l'une des parties à son avoué : elle ne parle pas non plus du cas où l'avoué constitué refuserait désormais d'occuper. C'est qu'en effet l'instance n'est interrompue ni par la révocation que fait l'une des parties de son avoué, ni même par la renonciation de cet avoué, par le refus qu'il ferait d'occuper désormais pour la partie qui l'a constitué. Sur le premier point, l'art. 75 est formel ; vous avez vu qu'une fois que chaque partie a constitué son avoué, elle ne peut plus le révoquer sans en constituer un autre ; vous avez vu que les procédures faites contre l'avoué révoqué, mais non remplacé, sont complètement valables. La loi, qui autorise l'interruption de l'instance dans les cas de force majeure indiqués par l'art. 344, n'a pas voulu laisser, dans la main de l'une des parties, un moyen si commode d'interrompre une instance dont elle redouterait le résultat. Vainement révoquera-t-elle son avoué, vainement notifiera-t-elle la révocation, les procédures de l'adversaire seront valablement notifiées à l'avoué révoqué ; l'avoué révoqué restera passivement représentant de son client, tant qu'il n'aura pas été constitué un autre avoué.

Quant au cas de renonciation de la part de l'avoué constitué, la loi n'en a rien dit ; elle n'exclut pas formellement pour ce cas, comme pour celui de révocation, la faculté d'interruption de l'instance ; cependant il faut décider de même, que, ni par la renonciation de l'avoué, ni par la révocation du client, l'instance n'est interrompue ; que l'avoué qui renonce, comme l'avoué révoqué, reste positivement le représentant de son client, tant que la constitution d'un autre avoué n'a pas été notifiée. En effet, il ne faut pas permettre à l'avoué, par collusion avec le client, d'interrompre une instance qu'il peut avoir grand intérêt de retarder. De plus, l'art. 344 ne nous indique comme cause d'interruption d'instance que les décès, démission, interdiction, destitution de l'avoué, et nullement le cas de renonciation de l'avoué au mandat judiciaire. Or, les cas d'interruption sont absolument limitatifs, il ne nous appartient pas d'en ajouter un seul.

Par le mot *démission*, la loi n'indique pas la renonciation de l'avoué à son mandat, mais bien l'acte par lequel l'avoué se démet de sa charge, par lequel il cesse d'être avoué, ce qui est tout différent. * La démission, donnée par l'avoué n'interrompt l'instance que lorsque cette démission a été acceptée. *

537. « Art. 345. Ni le changement d'état des parties, ni la cessation des fonctions dans lesquelles elles procédaient, n'empêcheront la continuation des procédures. — Néanmoins le défendeur qui n'aurait pas constitué avoué avant le changement d'état ou le décès du demandeur, sera assigné de nouveau à un délai de huitaine, pour voir juger les conclusions, et sans qu'il soit besoin de conciliation préalable. »

Le premier paragraphe est de droit nouveau ; il abroge, comme je l'ai dit, les décisions anciennes qui voyaient dans ces deux circonstances, survenues tant que l'affaire n'était pas en état, une cause légitime d'interruption. Sous ce rapport, le § 1 corrige et rectifie la conséquence qu'on serait tenté de tirer de la rédaction vicieuse de l'art. 342.

Pourquoi la loi n'a-t-elle pas voulu que l'instance fût interrompue par les deux circonstances indiquées dans cet article, comme elle l'est par les deux circonstances de l'art. 344? La raison en est simple, et, je crois, assez juste : c'est que les deux circonstances de l'art. 344, la mort de l'une des parties ou la perte de son avoué, laissent les intérêts de cette partie absolument sans défenseur ; c'est qu'il y a impossibilité absolue, matérielle, de plaider ou de bien plaider dans les deux cas indiqués par l'art. 344. Au contraire, qu'une fille majeure vienne à se marier, il n'y a pas pour elle impossibilité de se défendre, elle peut se défendre par elle-même, ou avertir son mari du procès entamé par elle ou contre elle. De même, qu'un tuteur vienne à cesser ses fonctions, il peut donner au tuteur qui lui succède, ou au mineur devenu majeur connaissance du procès entamé pour ou contre lui.

Le § 2 de l'art. 345, sans rentrer dans le système de l'ancien droit, modifie, à quelques égards, ce qu'il y a de trop absolu dans la disposition du premier. On suppose le concours de deux circonstances : changement d'état du demandeur, c'est la première ; la seconde, c'est que le défendeur, avant ce changement d'état, n'avait pas encore constitué d'avoué. Ainsi, l'une des parties était, comme je le supposais tout à l'heure, une fille majeure. Elle était demanderesse : son assignation était donnée ; sous ce rapport, le tribunal était saisi. Cependant, l'instance n'était pas encore réellement entamée ; le défendeur était encore dans les délais de l'art. 75, et n'avait pas constitué avoué. On suppose que, si le changement d'état du demandeur survient avant que le défendeur ait même constitué avoué, ce défendeur peut penser qu'on n'entend pas donner suite à l'instance, que le mari n'entend pas poursuivre au moins quant à présent, sur l'assignation donnée par la femme avant le mariage. S'attachant à cette raison, le § 2 décide que, dans ce cas, il faudra assigner de nouveau le défendeur pour procéder contre lui ; c'est-à-dire qu'on ne pourra pas, dans l'hypothèse, obtenir de jugement par défaut sur une assignation donnée par un demandeur, qui s'est trouvé avoir changé d'état, avant même que le défendeur eût encore constitué avoué.

Voilà pour le cas de changement d'état.

Ce même § 2 indique un autre cas un peu plus important, et qui nous mettra à même de poser plus complètement l'hypothèse, et de mieux comprendre l'esprit du paragraphe. En effet, le § 1 de l'art. 345 a posé deux cas : changement d'état et cessation de fonctions ; à chacun de ces cas est dénié tout effet interruptif de l'instance. Au contraire, le § 2 ne parle pas de ces deux cas ; il parle du changement d'état, mais non pas de la cessation de fonctions, et, au lieu de s'occuper, dans l'hypothèse qu'il examine, de la cessation des fonctions en vertu desquelles l'assignation avait été donnée, il s'occupe du cas de décès, ce qui est tout à fait différent.

Ainsi, *Primus* vient de donner, comme demandeur, une assignation à *Secundus* ; avant même que *Secundus* ait constitué avoué sur cette assignation, *Primus* vient à mourir. Dans ce cas, la loi suppose, vous ai-je dit, que *Secundus* peut croire raisonnablement que les héritiers de *Primus* n'entendent pas donner suite à cette instance, la loi présume comme possible, de la part de *Secundus*, l'attente d'une nouvelle déclaration émanée des héritiers du demandeur décédé avant que le débat soit réellement commencé. Aussi les héritiers de *Primus* ne pourront pas, en vertu de l'assignation donnée par leur auteur, mais non encore suivie d'une constitution d'avoué, obtenir un jugement par défaut contre *Secundus* ; il leur faudra assigner itérativement celui-ci, sans être tenus d'ailleurs à une nouvelle tentative de conciliation.

Mais de ce que les héritiers de *Primus*, aux termes de ce paragraphe, ne peuvent pas, sur l'assignation donnée par leur auteur, obtenir contre *Secundus* une condamnation par défaut, s'ensuit-il que l'assignation donnée par cet auteur soit nulle et comme non avenue ? Non ; la loi dit bien qu'il faudra réassigner *Secundus*, qui peut-être s'attend à n'être plus poursuivi, mais elle ne dit pas que l'assignation primitive est effacée, qu'elle est comme non avenue ; et de là plusieurs conséquences :

D'abord, c'est que cette assignation primitive, donnée par *Primus* à *Secundus*, aura fait courir, au profit de *Primus*, les intérêts de la créance réclamée, du jour même où elle a été donnée. De plus, c'est qu'elle aura interrompu, au profit de *Primus*, la prescription contre *Secundus*.

Enfin, et ceci est le plus important, c'est que la disposition du § 2 est purement en faveur de *Secundus*, à qui l'on veut éviter toute possibilité de surprise ; c'est pour cela qu'on exige une réassignation pour qu'il soit bien averti qu'il est réellement poursuivi. Mais supposez que *Secundus*, n'entendant pas profiter du bénéfice de la loi, et ne voulant pas se soumettre aux lenteurs de la seconde assignation, supposez que *Secundus*, après la mort de *Primus*, qui l'avait assigné, constitue avoué et suive immédiatement l'audience, il en aura le droit ; sauf aux héritiers de *Primus* à invoquer le bénéfice du délai pour faire inventaire et délibérer.

Quant au cas de cessation des fonctions, par exemple, des fonctions de tuteur, il ne présente pas de difficulté ; le nouveau tuteur, ou le mineur devenu majeur, continueront l'instance.

538. L'instance a été interrompue dans les deux hypothèses de l'article 344 ; à partir de la réalisation de l'une de ces hypothèses, aucun acte de procédure n'est plus valable. Jusqu'à quand restera-t-on dans cet état ? Jusqu'à ce que l'instance ait été reprise, si elle était interrompue par la mort de la partie ; jusqu'à nouvelle constitution d'avoué, s'il y avait mort, démission, interdiction, destitution de l'avoué. Or, la reprise de l'instance peut être volontaire, elle peut être aussi forcée ; c'est à cette distinction que se rattachent les art. 346, 347 et 348.

Elle peut être volontaire, c'est-à-dire que la partie, au profit de laquelle l'art. 344 déclare l'instance interrompue, peut immédiatement, si bon lui semble, déclarer qu'elle tient l'instance pour reprise.

La chose est évidente, si l'instance a été interrompue par le décès de l'avoué. Le demandeur a perdu son avoué, l'instance n'étant pas en état, cette mort l'a interrompue ; mais le demandeur constitue de suite un autre avoué, et notifie une constitution ; selon l'art. 347, l'instance est reprise immédiatement par acte d'avoué à avoué. Voilà un exemple de reprise volontaire.

De même, l'instance a été interrompue par la mort 'de l'une des parties ; l'héritier de cette partie pouvait différer de reprendre l'instance ; il pouvait se refuser à plaider pendant les trois mois et quarante jours qui lui sont accordés pour prendre qualité ; au contraire, il prend immédiatement qualité, il accepte la succession, et, pressé d'en finir avec le procès, il notifie à l'adversaire une assignation en reprise, l'instance est reprise.

Voilà la reprise volontaire déclarée, par la partie au profit de laquelle l'interruption avait lieu, à la partie contre laquelle cette interruption était prononcée, à la partie à laquelle l'art. 314 interdisait désormais toute espèce de procédure.

Mais cette reprise d'instance n'est pas toujours volontaire ; il peut très bien arriver que le plaideur, peu confiant dans la bonté de sa cause, ne demande pas mieux que de se faire, des interruptions d'instance, un moyen d'entraves, de délais, une voie pour gagner du temps. Par exemple, le défendeur est mort avant que la cause fût en état, ses héritiers n'ont pas encore accepté la succession, et ne se pressent pas de prendre qualité ; cependant, les trois mois et quarante jours sont complètement écoulés. Alors le demandeur n'est pas forcé d'attendre leur bon plaisir ; le demandeur pourra exiger que l'instance, interrompue par la mort, soit immédiatement reprise. Pour cela, il se conformera à l'art. 346, d'après lequel la reprise est demandée par une assignation ; il assignera, soit individuellement à personne ou à domicile, soit collectivement au domicile du défunt, les héritiers de celui-ci, à l'effet de voir déclarer que l'instance est tenue pour reprise, et qu'elle marchera désormais sur les derniers errements de la cause.

» Art. 346: L'assignation en reprise ou en constitution sera donnée aux délais fixés au titre *des Ajournements*, avec indication des noms des avoués qui occupaient et du rapporteur, s'il y en a. »

Voilà le cas de la reprise forcée, le cas où l'assignation est donnée par l'une des parties à celle au profit de laquelle était prononcée l'interruption ; cette hypothèse se présentant, elle peut amener deux cas.

D'abord, assigné en reprise d'instance, l'héritier, dans mon espèce, peut reconnaître qu'il y a lieu à reprise, que les délais sont expirés, qu'il n'y a aucun moyen à opposer à cette demande ; alors il répondra à cette assignation par un acte d'avoué à avoué, conformément à l'art. 347.

« Art. 347. L'instance sera reprise par acte d'avoué à avoué. »

Ainsi, l'art. 347 s'applique, soit à l'instance reprise volontairement, soit même à l'instance non reprise volontairement, lorsque celui à qui la reprise est demandée n'entend pas la contester. Dès qu'il ne conteste pas, il n'y a aucune difficulté ; l'instance marchera désormais, reprenant ses errements au point où l'interruption les avait trouvés.

Second cas : La partie assignée en reprise d'instance, aux termes de l'art. 346, peut contester cette reprise : elle peut prétendre, par exemple, s'il s'agit d'un héritier, que les délais de trois mois et quarante jours ne sont pas expirés, ou qu'il y a lieu à une prolongation des délais dans le cours desquels on ne peut la forcer à plaider.

I.

33

« Art. 348. Si la partie assignée en reprise conteste, l'incident sera jugé sommairement. »

On jugera sommairement les difficultés relatives, soit à la validité de l'assignation en reprise, soit à l'expiration des délais de trois mois et quarante jours, soit enfin aux questions de péremption ou de désistement que l'assigné pourrait opposer à la demande en reprise, comme nous le verrons plus tard.

Voici une troisième et dernière hypothèse, c'est celle des art. 349 à 351.

« Art. 349. Si, à l'expiration du délai, la partie assignée en reprise ou en constitution ne comparaît pas, il sera rendu jugement qui tiendra la cause pour reprise, et ordonnera qu'il sera procédé suivant les derniers errements, et sans qu'il puisse y avoir d'autres délais que ceux qui restaient à courir. »

L'instance était interrompue, par exemple, par la mort de l'une des parties; après un certain délai, l'autre partie a assigné en reprise l'héritier de la partie décédée; cet héritier, au lieu de se prêter à la reprise, comme le suppose l'art. 347, au lieu de venir la contester, comme le suppose l'art. 348, n'a pas constitué d'avoué sur l'assignation qui lui était donnée ; en un mot, assigné en reprise d'instance, la partie n'a pas comparu, alors l'art. 349 trace au tribunal la marche qu'il doit suivre.

« Art. 350. Le jugement rendu par défaut contre une partie, sur la demande en reprise d'instance ou en constitution de nouvel avoué, sera signifié par un huissier commis : si l'affaire est en rapport, la signification énoncera le nom du rapporteur. »

« Art. 351. L'opposition à ce jugement sera portée à l'audience, même dans les affaires en rapport. »

Enfin, ce jugement de reprise d'instance, prononcé par défaut contre la partie, est soumis à la règle ordinaire d'après laquelle tous les jugements de cette nature doivent être signifiés par un huissier commis.

Si l'affaire est en rapport (c'est-à-dire si l'affaire s'instruit conformément à l'art. 95), la signification indiquera le nom du rapporteur.

VINGT-DEUXIÈME LEÇON

TITRE XVIII

DU DÉSAVEU.

539. Si nous voulions, pour donner la définition de cette procédure du désaveu, nous attacher uniquement aux expressions contenues dans ce titre, nous en prendrions sans doute une idée beaucoup plus restreinte que celle qu'on attachait autrefois et qu'on doit attacher aujourd'hui à l'expression de désaveu.

« Art. 352. Aucunes offres, aucun aveu ou consentement, ne pourront être faits, donnés ou acceptés sans un pouvoir spécial, à peine de désaveu. »

Ainsi le désaveu est autorisé, de la part d'une partie au nom de laquelle et sans pouvoir de laquelle on a fait, donné ou accepté des offres, des aveux, des consentements. Le désaveu est autorisé, aux termes de l'art. 354, contre l'avoué qui s'est rendu coupable de cet excès de pouvoir, qui, sans un mandat spécial de son client, a fait, donné ou accepté ces offres, ces aveux et ces consentements.

Ainsi, si nous devions, en nous attachant aux inductions, aux termes des art. 352 et 354, définir le désaveu, nous dirions que c'est l'action dirigée par un client contre son avoué, à l'effet de faire tomber, de faire rétracter les offres, les aveux, les consentements offerts, donnés ou acceptés par celui-ci, ainsi que leurs conséquences.

Cette définition serait vraie en ce sens que certainement, lorsqu'un avoué constitué par une partie s'est rendu coupable de l'un des abus de pouvoir indiqués dans l'art. 352, il y a matière au désaveu; mais serait-elle vraie en ce sens que le désaveu ne soit admis que contre les personnes et dans les cas que nous venons d'indiquer? C'est là ce qui est fort douteux. En d'autres termes, à côté de la définition que nous venons de donner du désaveu, d'après les art. 352 et 354, définition qui suppose: 1° que l'action est dirigée par un client contre son avoué; 2° que cet avoué s'est rendu coupable de l'un des faits indiqués dans l'art. 352, à côté de cette définition viennent se placer deux questions.

La première est celle-ci: L'action en désaveu n'est-elle admise que contre un avoué? Ne peut-elle pas avoir lieu contre un autre mandataire? L'art. 354, qui suppose le désaveu dirigé contre un avoué, doit-il s'entendre dans un sens limitatif, ou, au contraire, ne contient-il qu'un exemple de l'hypothèse la plus fréquente, mais non pas la seule dans laquelle il puisse y avoir lieu au désaveu?

Il faut répondre que l'art. 354 n'est pas limitatif, et qu'en supposant le désaveu dirigé contre un avoué, il ne décide pas formellement que nulle autre personne ne puisse être désavouée. D'abord, de quoi se plaint nécessairement le client en désavouant? Il vient se plaindre de ce que le mandataire ou prétendu tel, de ce que la personne qui a agi en son nom, a agi sans pouvoirs, ou bien a dépassé ses pouvoirs. Ainsi, en nous renfermant dans le texte de nos deux articles, nous trouvons le client, la partie, qui est le mandant, venant se plaindre en justice de ce que l'avoué, qui est le mandataire, a excédé, a dépassé les termes de son mandat par des offres, des aveux, des consentements que ce mandat ne renfermait pas. Le désaveu est donc l'action de certains mandants contre certains mandataires, pour se dérober au préjudice qui résulterait contre le mandant de l'excès de pouvoir du mandataire.

Mais ce mandataire est-il nécessairement un avoué? Je ne le pense pas. Cependant ne nous hâtons pas de généraliser cette idée ; n'allez pas croire, par exemple, que, toutes les fois qu'un mandant vient se plaindre d'un abus de pouvoir commis par son mandataire, il ait besoin d'employer la procédure du désaveu, définie et réglée par ce titre. Il est sûr que, dans les rapports d'un mandant et d'un mandataire ordinaire, la procédure du désaveu est inutile, est inadmissible; dans le mandat ordinaire, le mandant n'a pas besoin du désaveu pour se soustraire aux conséquences de l'excès de pouvoir du mandataire.

Ainsi le mandataire que j'avais chargé de gérer pour moi telle ou telle affaire a-t-il dépassé ses pouvoirs, il me suffira pour me soustraire aux obligations qu'il entendait mettre à ma charge, d'opposer aux tiers qui voudraient s'en prévaloir le défaut de procuration ou les limites de la procuration ; nous serons alors sous l'application de l'art. 1998 du Code civil, et nullement dans le cas du désaveu. Ainsi « le mandant, vous dit cet article, est tenu d'exécuter les engagements contractés par le mandataire conformément au pouvoir qui lui a été donné. — Il n'est tenu de ce qui a pu être fait au delà qu'autant qu'il l'a ratifié expressément ou tacitement. » Donc, si le mandat a été dépassé, et que d'ailleurs je n'aie pas ratifié l'opération faite en dehors et au delà du mandat, il me suffira d'opposer aux tiers, qui ont traité avec mon mandataire, que ce mandataire a dépassé ses pouvoirs ; je n'ai nullement besoin de former un désaveu et d'entrer dans la procédure réglée par notre titre.

Pourquoi donc, lorsque l'excès de pouvoir est imputé, non point à une personne privée, non point à un mandataire ordinaire, mais bien à un avoué, m'oblige-t-on à prendre une voie spéciale, à me porter demandeur, à prendre, en un mot, la procédure du désaveu ? Parce que la qualité de l'avoué, parce que son rôle d'officier ministériel, parce que les fonctions qu'il était appelé à remplir dans l'instance ne permettent pas d'abord de supposer légèrement, et au premier aspect, qu'il ait dépassé les pouvoirs qu'il avait reçus de moi ; parce que, en second lieu, s'il s'est rendu coupable de cet abus par négligence, et surtout par collusion, il importe qu'une procédure solennelle soumette cette faute au tribunal de l'avoué, et par suite au pouvoir disciplinaire que ce tribunal exerce sur lui.

C'est donc à la position spéciale du mandataire *ad lites* que tient la nécessité du désaveu de la part du mandant, qui impute à un tel mandataire d'avoir dépassé ses pouvoirs ; d'où la conséquence qu'il n'y a pas lieu au désaveu contre un mandataire ordinaire, contre un mandataire personne privée. Mais de là aussi la conséquence, que contre un mandataire qui n'est pas avoué, mais qui a comme l'avoué la qualité d'officier ministériel, qui est constitué comme l'avoué pour procéder à tels ou tels actes, qui est soumis comme l'avoué à la juridiction disciplinaire du tribunal devant lequel il exerce, les mêmes motifs nécessitent, de la part de la partie qui lui impute un abus de pouvoir, la procédure du désaveu. En d'autres termes, il y a lieu de prendre cette procédure non seulement contre l'avoué, comme le suppose l'art. 354, mais aussi contre l'huissier dont la position est absolument identique.

Quant au greffier, quant au notaire, auxquels appartient aussi la qualité d'officiers ministériels, comme leurs rapports avec les particuliers ne sont pas les rapports d'un mandataire avec un mandant, ce n'est pas par le désaveu, mais par la voie d'une inscription de faux que nous combattrons les allégations mensongères que leurs actes contiendraient à notre préjudice.

A l'égard des avocats qui ne sont pas les représentants judiciaires de la partie, dont la parole n'est pas, comme la parole de l'avoué, réputée celle de la partie, il n'y a pas lieu à la procédure du désaveu (1).

(1) Cass., 29 juillet 1817. — *Contrà*, Cass., 16 mars 1814 (Dall., *Rép.*, v° *Désaveu*, n°⁵ 7 et 65).

Nous dirons donc que le désaveu est une procédure admissible et nécessaire, soit qu'on impute à un avoué, soit qu'on impute à un huissier un des abus ou un des excès de pouvoir définis par l'art. 352 ; en d'autres termes, que l'article 354, en ce qui touche l'indication du mandataire désavoué, est un article d'exemple et non pas un article limitatif et restrictif.

Au reste, on tenait autrefois que les huissiers, comme les procureurs, devaient être désavoués ; et dans la discussion du Code de procédure on paraît n'avoir fait figurer l'avoué que comme exemple.

* La question est plus controversée en ce qui concerne les agréés au tribunal de commerce. Les agréés, il est vrai, sont des mandataires *ad lites*. Mais leur ministère n'est pas obligatoire, comme celui des avoués ; ils ne sont pas officiers ministériels ; ils doivent justifier d'un mandat écrit de la partie pour la représenter (Ordonnance du 10 mars 1825). Il est donc bien difficile de les assimiler, quant au désaveu, aux avoués et aux huissiers. Cependant la pratique incline à soumettre à la procédure du désaveu les agréés qui se trouvent dans les cas prévus par l'art. 352 (1). *

540. Une seconde question mérite également votre attention. L'art. 352 vous indique les hypothèses dans lesquelles il y a lieu au désaveu; mais cet article est-il limitatif? L'art. 352 suppose qu'un avoué, réellement constitué, réellement investi des pouvoirs du client, a dépassé ses pouvoirs en faisant des offres, en faisant un aveu, en donnant un consentement, par exemple, en consentant à déférer à l'adversaire de son client le serment décisoire, dont nous avons déjà parlé plus d'une fois. Il est hors de doute que dans ces cas le désaveu doit être admis.

Pourquoi cela? Parce que l'avoué, quoique ayant reçu du client un mandat dont celui-ci ne conteste point l'existence, n'avait reçu ce mandat que pour défendre le client, que pour faire tout ce qui, dans la marche régulière, habituelle, de la procédure, pouvait être utile à la défense de sa cause. Mais déférer un serment, faire un aveu, accepter une offre, c'est évidemment sortir de la marche habituelle de la procédure ; c'est compromettre le sort du procès ; ce n'est plus défendre, mais abandonner les droits de son client. Ainsi, nul doute que dans ce cas le client ne puisse venir dire: Vous étiez mon avoué, vous aviez mandat pour me défendre ; mais ce mandat ne renfermait point pouvoir de vous en rapporter, par exemple, au serment de l'adversaire, de faire un aveu, de vous contenter d'une offre insuffisante : donc je viens par un désaveu faire rétracter ce que vous avez fait en dehors de vos pouvoirs, et les condamnations qui en ont pu être la conséquence contre moi.

Mais une autre hypothèse peut soulever la question de désaveu. Supposez qu'un individu, condamné en nom dans un procès, vienne soutenir, non point que l'avoué qui a occupé pour lui a dépassé les pouvoirs d'un représentant judiciaire ordinaire, non pas que l'avoué constitué pour défendre a déféré un serment qu'il n'avait pas dessein de déférer; mais bien plus que l'avoué, qui a déclaré se constituer pour lui, n'avait pas reçu mandat de se constituer ; que c'est sans aucun ordre de sa part, et même à son insu, que cet avoué a

(1) V. des arrêts dans les deux sens dans le *Rép.* de Dall., v° *Désaveu*, n°° 14 et 15.

déclaré se constituer en son nom, soit en demandant, dans un exploit d'ajourne-ment, soit en défendant, dans un simple acte; alors y aura-t-il matière à désaveu? Pourra-t-il, en venant soutenir qu'il n'avait pas donné mandat à cet avoué, faire tomber le jugement qui a été, contre lui, la conséquence de cette constitution?

Ce cas peut arriver, non pas seulement, ce qui sera fort rare, parce qu'un avoué viendra se constituer sans ordre, sans mandat pour une personne qu'il n'aura jamais vue, mais lorsqu'un avoué, ayant reçu d'un client les pièces, les titres, les actes nécessaires à sa défense, les ayant reçus pour les examiner et pour donner son avis, aura outre-passé les intentions de la partie et formé une demande au nom de quelqu'un qui n'entendait pas plaider. Dans ce cas, le client serait-il admis à employer la procédure du désaveu, à l'effet d'établir que le jugement rendu contre lui doit être rétracté, parce qu'il n'a jamais entendu plaider sur cette affaire; parce que les pièces, les titres qu'il avait remis à cet avoué, lui avaient été remis pour obtenir ses conseils, pour rece-voir ses avis, et nullement pour lui donner pouvoir de se constituer et de le représenter en justice? On le décidait ainsi autrefois, et vous verrez dans Pothier, qui, dans son *Traité du mandat*, s'occupe spécialement du mandat judiciaire et des rapports des clients et des procureurs, vous verrez que pré-cisément les exemples de désaveu donnés par lui sont des cas où un client vient soutenir, non pas que tel procureur a dépassé ses pouvoirs, mais que tel procureur s'est constitué et a plaidé en son nom, sans avoir reçu de pouvoirs.

Malgré le silence du Code de procédure à cet égard, il est bien difficile de se renfermer encore dans le texte de l'art. 352, de le considérer comme limi-tatif (1), et de soutenir qu'une partie pourra être obligée de subir les consé-quences d'un jugement dans lequel elle n'aura pas réellement figuré; qu'une partie pourra être obligée par le fait d'un avoué qui, par erreur, par méprise ou par collusion, se sera constitué sans avoir reçu pouvoir de ce prétendu client. Je crois donc que, dans ce cas comme dans ceux de l'art. 352, le dé-saveu devrait encore être admis; et nous arriverons à cette définition géné-rale : Que le désaveu est le démenti donné, par une partie, à un officier mi-nistériel qui a agi sans pouvoirs, ou qui, ayant reçu des pouvoirs, en a dépassé volontairement la limite; démenti qui a pour but, premièrement de constater cet excès, cet abus de l'officier ministériel; secondement, par une consé-quence nécessaire, de faire tomber les résultats qui en ont été la suite au dé-triment du désavouant. Vous trouvez, en effet, cette conséquence indiquée dans l'art. 360, que nous expliquerons dans peu d'instants.

* Il faut cependant mentionner certains actes qui, faits par l'avoué sans pou-voir, sont nuls sans que la partie soit obligée de recourir à la procédure du désaveu. Tels sont certains actes assez graves pour que la loi exige qu'ils soient signés de la partie elle-même ou d'un mandataire spécial. L'avoué lui-même ne pourrait les signer pour la partie qu'en vertu d'un mandat exprès. Vous en avez déjà vu ou vous en trouverez des exemples dans les art. 216, 218, 309, 353, 370, 384, 511 du Code de procédure. *

(1) C. de Montpellier, 10 juillet 1844 (Dall., 1845, 2, 87). — *Contrà*, Caen, 12 mars 1846 (Dall., 1847, 3, 151); — Colmar, 29 décembre 1852 (Dall., 1856, 2, 6).

→ 541. Comment s'introduit une demande de désaveu ?

« Art. 353. Le désaveu sera fait au greffe du tribunal qui devra en connaître par un acte signé de la partie, ou du porteur de sa procuration spéciale et authentique : l'acte contiendra les moyens, conclusions, et constitution d'avoué. »

La loi exige qu'une certaine solennité accompagne ce démenti donné par une partie privée à un officier ministériel. Elle veut surtout bien s'assurer que le désaveu ne sera pas formé à tort, au nom d'une partie qui n'entend pas désavouer; c'est pour cela qu'elle exige que la déclaration faite au greffe soit signée du désavouant ou d'un fondé de procuration authentique et spéciale. En un mot, pour éviter qu'une procédure de désaveu, très-fâcheuse pour la réputation de l'officier ministériel contre qui on la dirige, ne soit formée sans la volonté bien constatée du désavouant, la loi exige qu'il vienne faire personnellement la déclaration du désaveu, ou que, du moins, sa volonté soit attestée par un pouvoir spécial.

* Et si un acte de désaveu était formé par un tiers, même par un avoué, sans pouvoir du prétendu désavouant, cet acte serait nul sans qu'il fût nécessaire de recourir à la procédure du désaveu pour le faire tomber (V. le dernier alinéa du numéro précédent). *

Après cette déclaration au greffe l'instance en désaveu va s'entamer; mais la forme à suivre variera nécessairement suivant une distinction indiquée dans les art. 354 à 358. Il peut y avoir : 1° désaveu incident, c'est-à-dire formé par une partie dans le cours de l'instance dans laquelle a été fait l'acte qu'on vient désavouer; 2° désaveu principal, c'est-à-dire désaveu donné par une partie en dehors de toute instance actuellement pendante devant un tribunal. L'art. 354 se rapporte, sans aucun doute, au désaveu incident; l'art. 356 paraît s'y rattacher aussi, mais l'art. 358, relatif au désaveu principal, laisse à désirer sous le rapport de la clarté.

542. D'abord l'art. 354 indique la procédure à suivre dans le cas où le désaveu est incident; il nous fait connaître, en même temps, quel est, dans cette hypothèse, le tribunal compétent pour connaître du désaveu.

« Art. 354. Si le désaveu est formé dans le cours d'une instance encore pendante, il sera signifié sans autre demande, par un acte d'avoué, tant à l'avoué contre lequel le désaveu est dirigé, qu'aux autres avoués de la cause; et ladite signification vaudra sommation de défendre au désaveu. »

Ainsi, dans le cours d'une instance encore pendante entre vous et moi, j'apprends que l'avoué que j'avais constitué a dépassé ses pouvoirs de l'une des manières indiquées dans l'art. 452; qu'il a fait ou accepté en mon nom des offres, des aveux que je ne lui avais nullement donné le pouvoir de faire ou d'accepter pour moi : je me hâte de le désavouer pour prévenir les conséquences que mon adversaire et le tribunal pourraient tirer d'un tel acte.

Je fais ma déclaration au greffe, aux termes de l'art. 353, constituant un avoué nouveau pour suivre cette déclaration. Puis je notifie cet acte de déclaration au greffe non pas par assignation, mais par acte d'avoué à avoué, soit à l'officier ministériel, à l'avoué que je désavoue, soit aux autres avoués de la cause, par exemple, à l'avoué de Paul avec qui je suis en procès. Je notifie le désaveu d'abord à mon avoué que je désavoue ; car il est partie principale, partie intéressée avant tout, dans un intérêt d'argent et dans un intérêt d'honneur, à ce que mon désaveu ne soit pas déclaré valable. Et comme de plus, si ce désaveu est déclaré valable, l'offre faite en mon nom sera rétractée, les conséquences que Paul, mon adversaire, voulait en tirer contre moi tomberont ; il est clair que Paul est intéressé à ce que mon désaveu soit rejeté, et que, par conséquent, je dois notifier aussi à son avoué cette instance en désaveu.

Et ladite signification vaudra sommation de défendre au désaveu. C'est-à-dire que, soit l'avoué désavoué, soit Paul, ma partie adverse, viendront, sur cette signification, après les écritures d'usage, plaider que les offres, que l'aveu, que le consentement faits, donnés ou acceptés en mon nom, doivent être maintenus, parce qu'on avait, par exemple, un pouvoir spécial pour les faire de ma part. Dans ce cas, tout est fort simple : non-seulement le désaveu est incident, dans le sens général du mot, mais le désaveu a lieu dans le cours même de l'instance dans laquelle est intervenu l'acte désavoué ; c'est-à-dire que la compétence est déterminée tout naturellement. Le même tribunal, à l'audience duquel a été faite l'offre ou l'aveu, est encore saisi de l'instance dans le cours de laquelle cette offre, cet aveu est intervenu ; rien de plus simple que de porter devant ce même tribunal le désaveu, véritable incident de l'instance dont le tribunal est maintenant saisi. Que s'il admet le désaveu, l'acte désavoué sera nul, et la procédure marchera entre mon adversaire et moi, comme si l'offre, l'aveu, le consentement ne fussent jamais intervenus.

L'art. 355, relatif au même cas de désaveu incident, s'occupe seulement d'une modification, d'une nuance de procédure qu'un accident particulier peut nécessiter.

« Art. 355. Si l'avoué n'exerce plus ses fonctions, le désaveu sera signifié par exploit à son domicile : s'il est mort, le désaveu sera signifié à ses héritiers, avec assignation au tribunal où l'instance est pendante, et notifié aux parties de l'instance par acte d'avoué à avoué. »

Il est possible, en effet, que l'officier ministériel qui a fait en mon nom, et, à ce que je prétends, sans pouvoir, l'un des actes indiqués dans l'art. 352, soit mort depuis qu'il a fait cet acte, et avant que le procès soit jugé ; le désaveu est encore incident, car il intervient dans le cours de l'instance où l'acte a été fait. Mais le désaveu déclaré par moi au greffe, conformément à l'art. 353, ne peut plus ici être notifié par un simple acte d'avoué à l'officier ministériel décédé. En effet, cet officier ministériel décédé a été par moi remplacé par un autre ; il ne figure donc plus dans la cause ; et ses héritiers, quoique responsables, à mon égard, du préjudice qu'ont pu me causer ses actes, sont cependant absolument étrangers à la cause pendante entre vous et moi.

Il en serait de même, si, au lieu de le supposer décédé, vous le supposiez démissionnaire, interdit, et par conséquent étranger à l'incident. Dans ce cas, dit l'art. 355, *si l'avoué n'exerce plus ses fonctions, le désaveu sera signifié par exploit à son domicile.* C'est-à-dire qu'après la déclaration faite au greffe, conformément à l'art. 353, je mettrai en cause l'officier ministériel interdit ou démissionnaire, par un exploit d'ajournement, conformément aux règles de l'art. 61.

S'il est mort, le désaveu sera signifié à ses héritiers; non pas sans doute individuellement à ses héritiers, qu'il m'est peut-être impossible de connaître, mais à ses héritiers collectivement, par un exploit signifié au domicile du défunt, conformément au § 3 de l'art. 447; *avec assignation au tribunal où l'instance est pendante.*

Et notifié aux parties de l'instance par acte d'avoué à avoué. En effet, quant aux parties de l'instance, elles ont là un avoué commun, ou chacune a le sien; il suffit donc d'un simple acte pour les mettre en cause sur le désaveu.

Voilà pour le premier cas de désaveu incident, celui où le désaveu intervient avant que le tribunal ait statué par suite et en vertu de l'acte qu'on entend désavouer.

543. « Art. 356. Le désaveu sera toujours porté au tribunal devant lequel la procédure désavouée aura été instruite, encore que l'instance dans le cours de laquelle il est formé soit pendante en un autre tribunal; le désaveu sera dénoncé aux parties de l'instance principale, qui seront appelées dans celle de désaveu. »

Cet article, qui se réfère, sinon uniquement, au moins principalement, au désaveu incident, est cependant conçu dans une hypothèse différente; je vais d'abord la poser.

Après les offres, l'aveu, le consentement, faits, donnés ou acceptés en mon nom devant un tribunal de première instance, il est intervenu un jugement de ce tribunal, par exemple, un jugement qui me condamne, attendu l'aveu fait, attendu le serment déféré par mon avoué. J'ai interjeté appel de ce jugement, connaissant très bien ma condamnation, mais ne sachant point encore que cette condamnation avait pour cause l'aveu et les offres faits inconsidérément par mon avoué. Le tribunal, devant lequel l'excès de pouvoir avait eu lieu, est donc dessaisi, et la cause est pendante devant une autre juridiction, devant le tribunal d'appel. En appel, mon adversaire m'oppose naturellement les offres, l'aveu, le consentement, faits, donnés ou acceptés en première instance, et par lesquels il prétend que je suis lié : alors je me hâte de désavouer ces offres, cet aveu, ce consentement.

Devant quel tribunal doit être alors porté le désaveu, et dans quelle forme doit-il avoir lieu ? Et d'abord devant quel tribunal faut-il le porter ? Est-ce devant la cour d'appel saisie maintenant de l'instance principale? Est-ce, au contraire, devant le tribunal dessaisi, et qui a fondé son jugement sur l'acte que j'entends désavouer? L'art. 356 ne laisse aucun doute à cet égard ; encore bien que l'instance, à propos de laquelle intervient le désaveu, soit pendante devant un autre tribunal que celui où l'acte désavoué est intervenu, c'est devant ce dernier tribunal, et non pas devant celui qui est maintenant saisi du fond de la cause, que le désaveu doit être porté.

J'insiste sur ce point, parce qu'il nous servira tout à l'heure à discuter et à appliquer le texte fort équivoque de l'art. 358.

Quoi qu'il en soit, la pensée de la loi dans l'art. 356 est fort claire. L'instance principale est en cause d'appel : un aveu fait en première instance est op-

posé par l'intimé à l'appelant ; le désaveu doit être porté devant le tribunal de
première instance. Et l'article suivant ajoute que, dans ce cas, la cour d'appel
devra suspendre toute procédure, jusqu'à ce que le désaveu, porté devant le
premier tribunal, ait été vidé par lui.

Pourquoi refuse-t-on à la cour d'appel la connaissance du désaveu ? Évidemment parce que nul tribunal n'est plus en état de statuer sur le mérite
de l'action en désaveu que le tribunal devant lequel est intervenu l'acte désavoué.

De plus, d'après l'art. 360, quand le désaveu est admis, il entraîne l'annulation du jugement ou des dispositions du jugement qui avaient leur base, leur
fondement, dans l'acte désavoué. Or nul tribunal ne peut, mieux que celui où
l'offre, où l'aveu, où le consentement sont intervenus, reconnaître et déclarer
quelles sont, parmi les dispositions de son jugement, celles qui ont leur cause
et leur base dans l'acte désavoué devant lui.

Ainsi, vous trouvez dans les art. 354 et 356 deux hypothèses de désaveu incident ; dans les deux cas, le tribunal compétent pour connaître du désaveu,
c'est le tribunal devant lequel l'acte désavoué a été fait. La chose est évidente
dans le cas de l'art. 354, c'est-à-dire quand ce tribunal était encore saisi du
fond de l'affaire. La loi n'est pas moins formelle dans le cas où l'on aurait pu
douter, dans le cas de l'art. 356, c'est-à-dire quand ce tribunal n'est plus
saisi du fond de l'affaire ; dans ce cas même, par des raisons très-puissantes,
la loi veut toujours que le désaveu soit porté devant le tribunal où a été fait
l'acte désavoué.

Quant à la forme à suivre dans ce dernier cas, il est clair qu'elle doit un peu
varier : le désaveu se fera, conformément à l'art. 353, par une déclaration au
greffe du tribunal compétent ; mais on ne pourra pas notifier ce désaveu,
comme dans l'art. 354, par de simples actes d'avoué à avoué. En effet, le tribunal de première instance étant dessaisi, aucune partie n'a plus d'avoué
devant ce tribunal. Les avoués, qui maintenant occupent pour chacune des
parties, sont des avoués d'appel, auxquels la notification du désaveu ne peut
point être faite : car ils ne peuvent occuper pour les parties, sur le désaveu,
devant un autre tribunal.

Ainsi le désaveu, dans les cas de l'art. 356, toujours formé par la déclaration au greffe, se notifiera par assignation à la personne ou au domicile de
l'officier ministériel que l'on entend désavouer, et de chacune des parties intéressées dans l'instance principale.

« Art. 357. Il sera sursis à toute procédure et au jugement de l'instance principale,
jusqu'à celui du désaveu, à peine de nullité ; sauf cependant à ordonner que le désavouant fera juger le désaveu dans un délai fixe, sinon qu'il sera fait droit. »

L'influence que peut exercer sur le fond de l'affaire l'action en désaveu commande de surseoir au principal tant que le désaveu n'est pas jugé ; seulement,
s'il y a lieu de craindre que le désavouant ne fasse traîner en longueur le jugement du principal, on pourra déterminer au désavouant un délai dans lequel il devra faire juger le désaveu.

* Le tribunal pourrait-il refuser le sursis, en présence d'un désaveu formé ?

Je ne le pense pas (1). L'art. 357 ne laisse au tribunal aucune appréciation à cet égard : *il sera sursis.* Seulement, si le désavouant succombe, il pourra être condamné au préjudice causé par le désaveu (art. 360).

Cependant, si l'admission même du désaveu ne devait pas avoir d'influence sur la cause, le tribunal ne serait pas obligé de surseoir (2). Mais un désaveu pertinent, quoique mal fondé, doit entraîner le sursis.

544. « Art. 358. Lorsque le désaveu concernera un acte sur lequel il n'y a point d'instance, la demande sera portée au tribunal du défendeur. »

Évidemment il s'agit ici du désaveu principal; et le désaveu principal, par opposition aux art. 354, 355 et 356, est celui qui intervient en dehors de toute instance actuellement pendante. Essayons d'appliquer à cette idée, qui est vraiment la définition du désaveu principal, la règle de compétence de l'art. 358 : supposons, par exemple, que, dans des débats de première instance ou d'appel, l'avoué ait fait en mon nom, et sans pouvoir, l'un des actes indiqués dans l'art. 352 ; le jugement intervenu à la suite de l'un de ces actes a acquis, je suppose, force de chose jugée, c'est-à-dire que les délais d'appel sont expirés, s'il s'agit d'un jugement en premier ressort, ou, ce qui est plus simple encore, s'il s'agit d'un arrêt contre lequel il n'y aura pas d'appel possible. Dans ce cas, le désaveu formé par la partie condamnée, contre l'un des actes qui ont précédé ce jugement, est nécessairement un désaveu principal, puisqu'elle n'est plus et ne peut plus être en litige, en instance, à propos d'une affaire qui est maintenant souverainement jugée.

Devant quel tribunal sera porté le désaveu qui a pour but de faire tomber cette sentence ? Ce sera, si nous appliquons l'art. 358, devant le tribunal du défendeur. Le défendeur à l'action en désaveu, c'est l'officier ministériel désavoué, ou bien ses héritiers, responsables de son fait. Les autres parties de l'instance doivent bien être mises en cause sur l'action en désaveu, mais elles n'y jouent qu'un rôle accessoire et secondaire ; le défendeur, la partie principale, c'est l'officier ministériel ou ses représentants. Quel sera donc le tribunal compétent pour connaître du désaveu? C'est, dit la loi, celui du domicile du défendeur. Si l'officier ministériel est encore vivant et exerçant ses fonctions, son domicile est nécessairement au lieu du tribunal où il exerce ses fonctions ; et dire que le désaveu principal sera porté devant le tribunal du domicile du défendeur, c'est dire, par une locution indirecte, que le désaveu principal sera porté devant le tribunal où l'acte désavoué a été fait. Sous ce rapport, nous rentrerions, dans le cas de désaveu principal, dans la même règle de compétence que pour le cas de désaveu incident; il n'y a rien de plus raisonnable.

Mais l'officier ministériel, qui a fait l'acte que je viens désavouer, peut être démissionnaire et n'être plus domicilié dans le ressort du tribunal où il exerçait ses fonctions, et où l'acte désavoué a été fait. De même il peut être mort, et ses héritiers, défendeurs à l'action en désaveu, peuvent très bien aussi

(1) *Contrà*, C. de Metz, 15 janvier 1812 (Dall., *Rép.*, v° *Désaveu*, n° 127).
(2) C. de Paris, 5 décembre 1835 (Dall., *Rép.*, v° *Désaveu*, n° 127). — Cass., Rej., 27 février 1856 (Dall., 1856, 1, 151).

n'être pas domiciliés dans le ressort de ce tribunal. En sorte que, si nous appliquons à la lettre et à toute espèce de désaveu principal la règle de compétence de l'art. 358, nous arriverons à un résultat difficile à motiver. Supposez, par exemple, que le jugement passé en force de chose jugée, et rendu sur l'aveu, sur l'offre que je prétends désavouer, ait été rendu par le tribunal de la Seine, où je plaidais, que l'officier ministériel contre lequel je dirige mon action en désaveu soit démissionnaire, et ait fixé son domicile dans le ressort du tribunal de Rouen ; ce sera donc au tribunal de Rouen, d'après l'art. 358, que je devrai porter ma demande en désaveu, et non point au tribunal de la Seine, devant lequel a été instruite la procédure désavouée ?

Quelque général que soit le texte de l'art. 358, il paraît impossible d'admettre un tel résultat ; et il y a ici un argument *à fortiori* tiré des premiers mots de l'art. 356, et qui semble nous forcer, dans l'espèce que je viens de poser, à porter le désaveu, tout principal qu'il est, devant le tribunal de la Seine. En effet, si l'acte, à propos duquel est formé le désaveu, était encore la matière d'une instance devant un tribunal différent, le désaveu, d'après l'art. 356, devrait être porté aux juges devant lesquels a eu lieu l'acte désavoué ; c'est-à-dire qu'on refuserait aux juges saisis du principal la connaissance du désaveu, qu'on surseoirait à l'instance principale jusqu'au jugement du désaveu, dans la persuasion où l'on est que nul tribunal ne peut mieux juger l'instance en désaveu que le tribunal devant lequel l'acte désavoué a été fait. Or, si la compétence de ce tribunal est nettement fixée dans le cas même de l'art. 356, n'en doit-il pas être ainsi, et à plus forte raison, dans l'hypothèse que je pose ? Quelle raison pourrait-on avoir de porter l'action en désaveu devant le tribunal de Rouen, plutôt que devant celui de la Seine ? C'est devant le tribunal de la Seine que l'acte désavoué a été fait ; cet acte ne donne d'ailleurs lieu maintenant à aucune instance dont un tribunal soit saisi ; quelle raison y aurait-il donc de décider dans ce cas autrement que ne le fait l'art. 356 ?

Je crois donc qu'il ne faut pas appliquer l'art. 358 à tous les cas de désaveu principal, mais seulement au désaveu relatif à un acte extrajudiciaire, sur lequel il n'y a pas eu d'instance entamée.

Ainsi supposez le désaveu dirigé contre une offre faite mal à propos par un huissier, acte purement extrajudiciaire, et à propos duquel aucune instance n'a été entamée ; il y a là un cas de désaveu principal, mais de désaveu principal auquel l'art. 358 s'appliquera sans difficulté.

En d'autres termes, toutes les fois que l'acte désavoué a été fait devant un tribunal et dans le cours d'un procès, c'est, je crois, devant le tribunal qui a jugé ce procès que le désaveu doit être porté ; ce tribunal seul est vraiment en mesure de bien appliquer l'art. 360, c'est-à-dire de décider quelles sont, dans les dispositions du jugement attaqué, celles que le désaveu admis doit faire tomber ou, au contraire, laisser valables.

En résumé, la règle de compétence établie par l'art. 358, et qui consiste à faire porter l'action en désaveu principal, non pas devant le tribunal où a été instruite la procédure désavouée, mais devant le tribunal du domicile du défendeur, semble devoir se restreindre par les premiers mots de l'art. 356, qui veut que, dans tous les cas, le désaveu soit porté au tribunal devant lequel la procédure désavouée a été instruite ; et alors nous limiterons le texte de l'article 358 au cas où l'acte désavoué n'a été l'objet d'aucune instance, d'aucune procédure, cas auquel il est fort raisonnable de porter cette demande devant le tribunal du domicile du défendeur.

On pourrait donc, vous le voyez, désirer un peu plus de netteté, non pas dans la distinction du désaveu en incident et en principal, mais dans la fixation des règles de compétence qui se rattachent à cette distinction. Ce n'est pas, en d'autres termes, parce que le désaveu est tantôt incident, tantôt principal, que la compétence doit varier; c'est parce que le désaveu porte tantôt sur un acte qui a été l'objet d'une instance, tantôt sur un acte auquel ne se rattache aucune instance. Dans le premier cas, le désaveu, incident ou principal, devra toujours se porter au tribunal où cette instance a eu lieu ; dans le second cas, le désaveu, nécessairement principal, se portera sans obstacle au tribunal du défendeur.

⟶ 545. « Art. 359. Toute demande en désaveu sera communiquée au ministère public. »

Il y a un intérêt d'ordre public, de discipline, qui exige la communication : c'est l'application du principe général de l'art. 83, § 1er.

Aux termes du § 7 de l'art. 59, toute demande en désaveu sera dispensée du préliminaire de conciliation. La chose va de soi quand le désaveu est incident; mais la règle est générale, et s'applique même au désaveu principal.

546. Les art. 360 et 361 indiquent les effets du jugement sur le désaveu.

« Art. 360. Si le désaveu est déclaré valable, le jugement, ou les dispositions du jugement relatives aux chefs qui ont donné lieu au désaveu, demeureront annulés et comme non avenus : le désavoué sera condamné, envers le demandeur et les autres parties, en tous dommages et intérêts, même puni d'interdiction, ou poursuivi extraordinairement, suivant la gravité du cas et la nature des circonstances. »

Cet article indique les conséquences du désaveu quand il est admis ; on suppose ici le désaveu formé et admis après qu'un jugement est intervenu sur l'acte désavoué. Le jugement basé sur l'acte désavoué est annulé. Mais si l'on était dans l'hypothèse de l'art. 354, si le désaveu était formé dans le cours même de l'instance où l'acte désavoué a été fait, ce qui serait annulé, ce qui resterait non avenu, ce ne serait pas le jugement, il n'y en a pas eu encore, mais ce serait la procédure faite à la suite de l'acte désavoué ; l'aveu, l'offre, le consentement, le serment déféré et même prêté, seraient considérés comme non avenus, et l'instance, suspendue pendant l'examen du désaveu, reprendrait son cours comme si l'acte désavoué n'avait pas eu lieu.

La loi, admettant la nullité d'un jugement par suite du désaveu, ajoute : *Le désavoué sera condamné, envers le demandeur, en tous dommages et intérêts.* Mais celui qui réclame des dommages-intérêts doit prouver que le désaveu lui a porté un préjudice. Au premier abord, il semble que le demandeur en désaveu n'en puisse souffrir aucun. En effet, le jugement qui le condamnait demeure annulé et comme non avenu. Cependant l'exécution de ce jugement pourrait lui avoir nui. Ainsi, si le désavouant a vu saisir et vendre ses meubles ; s'il a été forcé de payer le montant de la condamnation prononcée contre lui, et que le jugement qui prononçait cette condamnation tombe par suite du désaveu, il aura le droit de répéter ce qu'il a payé indûment. Mais si celui qui a reçu est devenu insolvable, le désavouant recourra contre le désavoué pour réparation du préjudice que lui cause cette insolvabilité.

Et les autres parties… Celui qui a reçu du désavouant le montant de la condamnation, et qui est tenu de le restituer si le jugement est annulé, peut souffrir un préjudice s'il est obligé, pour opérer la restitution, de revendre à perte les valeurs qu'il avait achetées avec le montant de la condamnation et qui ont subi une dépréciation. Il aura droit à des dommages-intérêts pour la réparation de ce préjudice. *

Même puni d'interdiction (qu'il soit huissier ou avoué), *ou poursuivi extraordinairement, suivant la gravité du cas et la nature des circonstances.* C'est-à-dire poursuivi, s'il y a lieu, par la voie criminelle, dans le cas où il se serait rendu coupable de l'acte désavoué non pas par une simple négligence, mais par une collusion avec l'adversaire, par exemple, par le fait d'une tentative de corruption à laquelle il aurait cédé.

L'art. 361 est relatif à l'hypothèse contraire.

« Art. 361. Si le désaveu est rejeté, il sera fait mention du jugement de rejet en marge de l'acte de désaveu, et le demandeur pourra être condamné, envers le désavoué et les autres parties, en tels dommages et réparations qu'il appartiendra. »

On suppose que le tribunal saisi de la demande en désaveu a déclaré cette action mal fondée. Alors le désavouant qui succombe pourra être condamné aux dommages et intérêts, soit envers les autres parties de l'instance auxquelles il a porté préjudice par les lenteurs que son désaveu a entraînées, soit surtout envers l'officier ministériel dont il a témérairement compromis la réputation.

547. « Art. 362. Si le désaveu est formé à l'occasion d'un jugement qui aura acquis force de chose jugée, il ne pourra être reçu après la huitaine, à dater du jour où le jugement devra être réputé exécuté, aux termes de l'art. 159 ci-dessus. »

Cet article n'est pas fort difficile ; cependant le renvoi à l'art. 159 pourrait facilement occasionner des méprises. Vous vous rappelez que l'art. 159 est relatif aux actes après lesquels un jugement par défaut contre partie sera réputé exécuté, et en conséquence ne sera plus susceptible d'être attaqué par la voie d'opposition. « Le jugement est réputé exécuté, dit-il, lorsque les meubles saisis ont été vendus, que le condamné a été emprisonné ou recommandé, ou que la saisie d'un ou de plusieurs de ses immeubles lui a été notifiée, ou que les frais ont été payés, ou enfin lorsqu'il y a quelque acte duquel il résulte nécessairement que l'exécution du jugement a été connue. » Ainsi, l'art. 362 a pour but d'indiquer pendant combien de temps l'action en désaveu est recevable. Eh bien, il suit indirectement, mais nécessairement, de cet article, que tant que les voies ordinaires de l'opposition ou de l'appel sont ouvertes contre un jugement, le désaveu est ouvert aussi. Il y a plus, c'est que la voie du désaveu est ouverte même après que les voies d'opposition et d'appel sont fermées. La preuve de ces deux propositions se tire du texte même de l'art. 362, puisqu'on vous dit qu'à l'égard d'un jugement passé en force de chose jugée, c'est-à-dire contre lequel il n'y a pas d'opposition ni d'appel possibles, le désaveu ne sera plus recevable, huitaine après l'époque à partir de laquelle les actes de l'art. 159 auront eu lieu. Vous voyez donc que, tant que le jugement n'est pas dans ce cas, tant qu'il n'a pas acquis force de chose jugée par l'expiration des voies ordinaires d'attaque, il est *à fortiori* attaquable par la voie du désaveu, et lors même que ces délais sont expirés, que le jugement est passé en force de chose jugée, on a encore, pour former ce désaveu, non pas un simple délai de huitaine à partir de l'expiration de ces délais, mais un délai de huitaine à partir de l'accomplissement des actes indiqués dans l'art. 159.

En effet, l'acte dont s'est rendu coupable l'officier ministériel, le fait qui sert de base au désaveu est de nature à donner ici de graves soupçons sur la question de savoir si le jugement est vraiment parvenu à la connaissance de la partie, si la partie a reçu de l'officier ministériel les conseils que l'art. 147 a pour but de lui assurer. Aussi laisse-t-on ouverte la voie du désaveu tant que le désavouant n'a pas laissé passer huitaine depuis qu'il a été frappé d'un de ces actes patents, publics, solennels, énumérés dans l'art. 159. Quand on peut opposer au désavouant non-seulement qu'il a laissé passer les délais ordinaires de l'appel, mais même qu'il a laissé passer huitaine sans réclamation, depuis qu'on a vendu les meubles saisis sur lui, depuis qu'on lui a dénoncé la saisie d'un de ses immeubles, il est sûr qu'il a eu connaissance du jugement contre lequel il entend maintenant prendre la voie du désaveu, et qu'il a eu, depuis cette connaissance acquise, tout le temps nécessaire pour recueillir des conseils, et pour prendre un parti qu'il n'a pas pris dans les délais voulus.

Voici les motifs de l'article.

Mais, du texte de l'art. 362 et du renvoi à l'art. 159, n'allez pas conclure qu'il s'agisse, dans l'art. 362, de jugement par défaut contre partie; en un mot, du renvoi que fait la loi à l'art. 159 ne concluez pas qu'il soit ici question des mêmes jugements dont parle l'art. 159. Il n'en est pas, il n'en peut pas être question, et par une raison fort simple : c'est qu'on vous parle du désaveu formé à l'occasion d'un jugement passé en force de chose jugée, et qu'on donne, pour former ce désaveu, huitaine depuis l'accomplissement des actes de l'art. 159 ; or, les jugements dont parle l'art. 159, les jugements par défaut contre partie, ne peuvent avoir force de chose jugée qu'après l'accomplissement des actes dont parle l'art. 159; donc il est évident que ce n'est pas à ces jugements que se réfère l'art. 362.

Il y a une autre raison, c'est que les jugements de l'art. 159 sont des jugements par défaut contre une partie qui n'a pas d'avoué ; or, il s'agit dans l'article 362 d'un désaveu donné, dans la plupart des cas, par un client à son avoué; il s'agit dans l'art. 362 d'un jugement contradictoire, d'un jugement dans lequel j'ai été représenté, mais représenté par un mandataire qui, à mon préjudice, a dépassé les pouvoirs qu'il avait reçus de moi. Dans ce cas, j'ai huitaine depuis l'accomplissement des actes de l'art. 159, c'est-à-dire que je suis même mieux traité, pour former mon désaveu, que ne l'est le défaillant pour former son opposition dans l'art. 159. Vous avez vu dans les art. 158 et 162 que l'opposition devait être formée immédiatement, à l'instant même où s'accomplissent les actes de l'art. 159, formée immédiatement, soit par acte extrajudiciaire, soit par déclaration du défaillant sur les commandements, procès-verbaux, etc. Au contraire, ici, on a huitaine pour former le désaveu, tandis que, dans l'art. 162, la huitaine n'est pas donnée pour former l'opposition, mais seulement pour renouveler, par une requête d'avoué à avoué, une opposition qui, à peine de déchéance, a dû être formée immédiatement et sans délai.

VINGT-TROISIÈME LEÇON

➤➤ 548. * Les trois titres qui suivent (XIX, XX et XXI) traitent d'une nature particulière d'incidents relatifs à la fixation ou à la composition du tribunal qui doit statuer sur une affaire déterminée.

Nous nous occuperons successivement des règlements de juges, du renvoi à un autre tribunal pour parenté ou alliance, et de la récusation. *

TITRE XIX (C. D.).

DES RÈGLEMENTS DE JUGES.

* La matière des règlements de juges, tirée d'une ordonnance de 1737, qui reproduisait en grande partie celle de 1669, a quelques rapports avec la matière des déclinatoires.

Vous vous rappelez qu'au titre *des Exceptions*, § 2, *des Renvois*), nous avons reconnu trois sortes de déclinatoires, ou d'exceptions par lesquelles une partie décline la juridiction du tribunal, c'est-à-dire conteste que le tribunal saisi doive juger, soit pour cause d'incompétence *ratione personæ* ou *ratione materiæ*, soit pour cause de litispendance, soit pour cause de connexité. Dans l'explication de ce titre, vous avez vu que, lorsqu'un tribunal a été saisi d'une affaire, le défendeur peut proposer le déclinatoire pour incompétence, et si le tribunal admet ce déclinatoire, ou déclare d'office qu'il est incompétent *ratione materiæ*, le demandeur doit porter l'affaire devant le tribunal compétent, qui statue.

Mais il arrive quelquefois que deux tribunaux se déclarent compétents ou incompétents dans la même affaire. Ils peuvent être tous deux compétents, dans une action mixte, par exemple, ou dans une action personnelle qui met en cause deux défendeurs domiciliés dans deux arrondissements différents. De ce que ces tribunaux sont tous deux compétents, en conclurons-nous que tous deux doivent rendre leur jugement, au risque d'obliger les parties à soutenir simultanément leurs prétentions devant deux tribunaux peut-être éloignés, de doubler ainsi les frais, et surtout d'avoir deux solutions opposées ? Évidemment ce double jugement entraînerait de graves inconvénients et pour les parties et pour le respect dû à l'administration de la justice. Toutefois, dans cette hypothèse, il n'est pas nécessaire de recourir aux règlements de juges. En effet, lorsque deux tribunaux sont simultanément saisis d'une même affaire entre les mêmes parties, le défendeur pourrait proposer l'exception de litispendance au tribunal qui a été saisi le second; ou même, si deux tribunaux ont été saisis de deux affaires distinctes, mais qu'il est utile de juger ensemble, à cause du rapport qui existe entre elles, on peut proposer à l'un des tribunaux l'exception de connexité (Voy. n⁰ˢ 356 et 357).

Mais, si les deux tribunaux, se déclarant tous deux compétents, retiennent l'affaire pour la juger chacun de son côté, il existe alors entre ces deux tribunaux une lutte qu'on appelle *conflit*. Il y a deux sortes de conflits : d'abord le conflit d'attribution qui s'élève entre un tribunal de l'ordre administratif et un tribunal de l'ordre judiciaire et dont la connaissance appartient au tribunal des conflits institué par la loi des 24-30 août 1872 (V. aussi n° 53). Nous n'avons pas à nous occuper ici de cette première sorte de conflit.

Le conflit de la deuxième espèce, qui donne lieu au règlement de juges, est le conflit de juridiction, qui suppose une lutte entre deux tribunaux de l'ordre judiciaire, par exemple entre deux justices de paix, entre deux tribunaux civils d'arrondissement, entre un tribunal civil et un tribunal de commerce, entre deux cours d'appel.

Quand les deux tribunaux se sont tous deux déclarés compétents, comme nous l'avons supposé jusqu'ici, le conflit est positif. Il serait négatif, si tous deux s'étaient déclarés incompétents.

549. « Art. 363. Si un différend est porté à deux ou à plusieurs tribunaux de paix, ressortissant au même tribunal, le règlement de juges sera porté à ce tribunal.

« Si les tribunaux de paix relèvent de tribunaux différents, le règlement de juges, sera porté à la cour d'appel.

« Si ces tribunaux ne ressortissent pas à la même cour d'appel, le règlement sera porté à la Cour de cassation.

« Si un différend est porté à deux ou à plusieurs tribunaux de première instance ressortissant à la même cour d'appel, le règlement de juges sera porté à cette cour : il sera porté à la Cour de cassation, si les tribunaux ne ressortissent pas tous à la même cour d'appel, ou si le conflit existe entre une ou plusieurs cours. »

L'art. 363 suppose avant tout qu'un même différend est pendant devant deux ou plusieurs tribunaux. Que devons-nous entendre par un même différend? Exigerons-nous les conditions prescrites par l'art. 1351 du Code civil? Faut-il que, devant les deux tribunaux, la chose demandée soit la même ; que les deux demandes soient fondées sur la même cause ; qu'elles soient formées par les mêmes parties agissant dans les mêmes qualités? Évidemment toutes ces conditions ne sont pas nécessaires; le mot *différend* est assez large pour comprendre même deux affaires connexes, c'est-à-dire deux affaires distinctes, qui, à la rigueur, pourraient recevoir deux solutions distinctes et contraires, mais qu'il est cependant plus utile de réunir à cause du rapport qui existe entre elles, et de décider par un seul et même jugement.

Ainsi le règlement de juges peut être provoqué, soit à l'occasion d'une question de litispendance, soit à l'occasion d'une question de connexité. Vous vous rappelez que la litispendance suppose une instance unique, réunissant toutes les conditions de l'art. 1351 du Code civil, et portée simultanément devant deux tribunaux différents, tandis que, dans le cas de connexité, les deux instances pendantes devant les deux tribunaux sont distinctes : il y a entre elles non pas identité, mais relation plus ou moins intime.

I.

34

Le même différend, porté simultanément devant des tribunaux distincts, peut donc donner lieu soit au règlement de juges, soit à l'exception de litispendance ou de connexité.

Les parties peuvent-elles toujours choisir entre ces diverses voies ? Il faut faire quelques distinctions.

Deux tribunaux sont-ils saisis d'un même différend sans que ni l'un ni l'autre ait statué sur sa compétence, les parties ont l'option entre la voie du règlement de juges d'une part, et l'exception de litispendance ou de connexité d'autre part. Si, au contraire, les deux tribunaux ont statué en dernier ressort sur la compétence, et s'ils se sont déclarés tous deux compétents ou incompétents, la voie du règlement de juges reste la seule ouverte aux parties. Et il y a une différence notable entre ces diverses procédures. La question de litispendance ou de connexité est décidée par un des tribunaux saisis du différend ; ce tribunal statue lui-même sur la question de savoir s'il retiendra ou non l'affaire. Mais, dans le cas où je prends la voie du règlement de juges, la question de savoir qui jugera est portée à un tribunal supérieur aux deux tribunaux saisis du différend.

Pour qu'il y ait lieu à règlement de juges, il faut qu'il y ait, soit litispendance, soit connexité entre les deux demandes à l'égard desquelles deux tribunaux différents se sont déclarés compétents ou incompétents et ont ainsi créé un conflit positif ou négatif. Mais vous remarquerez que la connexité permet le règlement de juges, malgré la non-identité des parties ou de l'objet des deux demandes. La connexité, en effet, n'implique pas l'existence des conditions exigées pour la litispendance et dépend d'une appréciation de fait abandonnée au pouvoir souverain de juge (1).

La voie du règlement de juges est ouverte aux parties lorsque deux tribunaux sont saisis d'un même différend, sans que ni l'un ni l'autre ait statué soit sur la compétence, soit sur le fond ; lorsque tous deux ont statué dans le même sens sur leur compétence en se déclarant compétents ou incompétents, ou même lorsqu'un tribunal s'est déclaré compétent et qu'un autre est saisi de la même affaire sans que sa compétence ait été mise en question ; il y a encore dans ce cas un différend pendant devant deux tribunaux.

Une seule de ces solutions a besoin d'être expliquée : c'est celle qui admet la voie du règlement de juges dans le cas où deux tribunaux saisis d'un même différend se sont tous deux déclarés incompétents, c'est-à-dire lorsqu'il y a conflit négatif. En effet, on peut dire que, dans cette hypothèse, on ne trouve pas deux tribunaux saisis d'un même différend ; au contraire, aucun tribunal n'est saisi. Mais si deux tribunaux se sont déclarés tous deux incompétents, que leurs décisions ne soient plus attaquables par la voie de l'appel ou du recours en cassation, et que le tribunal compétent ne puisse être que l'un des deux qui se sont déclarés incompétents, il faut bien trouver une issue pour sortir d'embarras ; il faut bien qu'une décision judiciaire intervienne entre les pré-

(1) Si les deux tribunaux ont statué en sens contraire sur la même affaire, que les deux décisions soient sujettes à appel, et que les deux tribunaux se trouvent dans le ressort de la même cour d'appel, on formera contre les deux jugements un appel sur lequel il sera statué par le même arrêt. Si les deux tribunaux avaient jugé en dernier ressort, il y aurait lieu à se pourvoir en cassation (Voy. l'art. 504, C. pr., et son explication).

.I

tentions contradictoires des parties. Aussi admet-on le règlement de juges pour mettre fin au conflit négatif, sans s'arrêter au texte littéral de l'art. 363.

550. Une autre hypothèse présente quelque difficulté. Nous avons vu précédemment que, lorsqu'un tribunal, saisi d'une affaire, a rejeté le déclinatoire proposé contre sa compétence, et qu'un autre tribunal est saisi, n'y eût-il encore que l'exploit d'ajournement signifié, la voie du règlement de juges est incontestablement ouverte. On s'est demandé si cette formalité d'un exploit d'ajournement, portant assignation à comparaître devant un second tribunal, devait être considérée comme essentielle pour qu'il y eût lieu au règlement de juges ; ou bien, au contraire, si le défendeur, dont le déclinatoire a été rejeté par l'unique tribunal saisi, peut recourir au règlement de juges sans faire donner une assignation devant le tribunal qu'il prétend compétent ? Si nous nous attachons à la règle établie par l'art. 363, qui exige qu'un différend soit porté simultanément devant deux tribunaux distincts, nous déciderons que l'hypothèse dont nous nous occupons ne donne pas lieu au règlement de juges. Il n'y a, dans ce cas, aucune nécessité de sortir des termes de l'art. 363. Le défendeur dont le déclinatoire a été rejeté par le tribunal dont il attaquait la compétence, devra prendre lui-même, s'il y a lieu, le rôle de demandeur devant le tribunal compétent (alors deux tribunaux seront saisis simultanément, et la voie du règlement de juges sera ouverte), ou bien il interjettera appel de la décision qui a rejeté le déclinatoire, le fera infirmer en appel, proposera ainsi des déclinatoires successifs jusqu'à ce qu'il soit attaqué devant le tribunal compétent (dans cette manière de procéder, il n'y a pas lieu à règlement de juges). Enfin, si la décision du tribunal, qui a rejeté le déclinatoire, est rendue en dernier ressort, par la cour d'appel, par exemple, le défendeur peut se pourvoir en cassation pour violation de la loi ; ce recours ne lui offre-t-il pas toutes les garanties qu'on veut lui ménager par la voie du règlement de juges ?

Ces décisions semblent résulter de la disposition de l'art. 363. Cependant la solution contraire a prévalu, soit dans la jurisprudence (1), soit dans l'opinion à peu près unanime des auteurs qui ont examiné cette question. On s'appuie particulièrement sur les art. 19 et 20 du titre II du règlement de 1737, qui permettaient de demander le règlement ou plutôt l'indication de juges dans notre hypothèse, et on a fait remarquer que, si les rédacteurs du Code de procédure avaient compris le règlement de juges dans leur projet, c'était moins pour établir de nouvelles règles sur les cas d'ouverture à règlement de juges que pour attribuer, en certains cas, une compétence en cette matière aux cours d'appel et aux tribunaux d'arrondissement. Or, les art. 19 et 20 du règlement de 1737 admettaient le règlement de juges quand l'une des parties avait vu rejeter son déclinatoire par le tribunal saisi, et *qu'elle avait demandé à être renvoyée devant un tribunal d'un autre ressort.* C'est dans ce cas unique que l'on admet encore aujourd'hui le règlement de juges, quoiqu'il n'y ait qu'un seul tribunal saisi (2).

(1) Cass., 10 janvier 1818. — 17 juillet 1828, *Journal du Palais.*
(2) Cass., 15 mars 1858 (Dall., 1858, 1, 201) ; — 9 mars 1858 (Dall., 1858, 1, 363) ; — 5 janvier 1859 (Dall., 1859, 1, 403). — Cass., 18 janvier 1869 (Dall., 1872, 1, 60).

La demande est portée à la chambre des requêtes qui indique par son arrêt quel est le tribunal auquel l'affaire doit être portée.

Mais, si le défendeur pose des conclusions au fond devant le seul tribunal saisi, qui a rejeté son déclinatoire, il ne peut plus, même dans l'opinion de la jurisprudence, se pourvoir en règlement de juges : ces conclusions sont considérées comme une adhésion au jugement par lequel le tribunal s'est déclaré compétent (1).

551. Dans les cas où il y a lieu au règlement de juges, l'art. 363 détermine les différents tribunaux qui, suivant les circonstances, seront appelés à statuer. D'après la loi du 27 novembre 1790 et la constitution de l'an III, la Cour de cassation connaissait seule des règlements de juges dans toutes les hypothèses.

Les rédacteurs du Code de procédure ont établi un autre système. Le règlement de juges sera porté au tribunal immédiatement supérieur aux deux tribunaux saisis : ainsi, deux justices de paix ont immédiatement pour supérieur commun le tribunal d'arrondissement, lorsqu'elles ressortissent au même tribunal. Si, au contraire, elles relèvent de deux tribunaux différents, mais qu'elles ressortissent à la même cour d'appel, c'est à cette cour, tribunal supérieur commun immédiat des deux justices de paix entre lesquelles il existe un conflit, que le règlement de juges devra être porté. Enfin, si ces deux justices de paix relèvent de deux cours d'appel différentes, il faut remonter jusqu'à la Cour de cassation pour leur trouver un tribunal supérieur commun. Telle est la théorie de l'art. 363, qu'il est facile d'appliquer au conflit entre deux tribunaux d'arrondissement (2) ou entre deux tribunaux de commerce et qui ne présente aucune difficulté entre deux cours d'appel (Voy. le dernier alinéa de notre article).

La cour d'appel sera également compétente pour statuer sur un conflit élevé entre une justice de paix et un tribunal d'arrondissement de son ressort. Elle est le supérieur commun des deux tribunaux (3).

Entre deux chambres du même tribunal il n'y a pas lieu à règlement de juges ; le premier président de la cour ou le président du tribunal statuera sans frais sur la distribution ou la jonction des instances (art. 25 et 63 du décret du 30 mars 1808).

Un conflit peut s'élever entre un tribunal français et un tribunal étranger ; si ce conflit est positif, c'est-à-dire si chacun des deux tribunaux se déclare compétent, il faudra bien laisser les deux instances suivre leur cours et aboutir à deux jugements distincts. S'ils contiennent des solutions contraires, on exécutera les deux jugements, chacun dans le pays où il a été rendu. Si le conflit est négatif, il en restera une impossibilité d'obtenir jugement ; mais, ni dans l'un ni dans l'autre cas, le règlement de juges n'est admissible ; car il n'y a pas de tribunal supérieur commun au tribunal français et au tribunal étranger (4).

(1) C. de cass., Rej., 15 décembre 1874 (Dall., 1875, 1, 384).
(2) C. de cass., 4 janvier 1875 (Dall., 1875, 1, 284).
(3) C. de Caen, 3 juillet 1871 (Dall., 1873, 2, 206).
(4) Cass., 27 janvier 1847 (*Journal du Palais*, 1847, t. II, p. 717).

552. « Art. 364. Sur le vu des demandes formées dans différents tribunaux, il sera rendu, sur requête, jugement portant permission d'assigner en règlement, et les juges pourront ordonner qu'il sera sursis à toutes procédures dans lesdits tribunaux. »

La demande en règlement de juges n'est admise, comme on le voit, que sur une autorisation du tribunal qui doit en connaître. A cet effet, la partie qui veut se pourvoir en règlement de juges présente une requête au tribunal, et sur cette requête il interviendra un jugement rendu en la chambre du conseil, sans appeler l'autre partie.

Il sera donné jugement. Il ne faut pas conclure de ces expressions que le tribunal auquel la requête est présentée soit obligé de donner l'autorisation qui lui est demandée. Il peut statuer dans le sens qui lui paraît le plus juste, accorder ou refuser l'autorisation.

Le jugement qui refuserait à tort cette autorisation pourrait être attaqué, soit par la voie de l'appel, s'il s'agit du jugement d'un tribunal d'arrondissement, soit par la voie du recours en cassation, s'il s'agit de l'arrêt d'une cour d'appel ; mais aucune voie ne serait ouverte contre l'arrêt portant refus d'autorisation, et émanant de la Cour de cassation elle-même.

Le ministère public donnera toujours ses conclusions sur la demande en règlement de juges (art. 83 C. pr.).

Le tribunal qui donnera l'autorisation d'assigner en règlement de juges pourra ordonner le sursis à toutes procédures, devant les deux tribunaux entre lesquels existe le conflit. Il faut naturellement supposer qu'il s'agit d'un conflit positif ; car il n'y aurait pas à craindre que les procédures continuassent devant les deux tribunaux s'ils étaient déclarés incompétents.

La procédure fixée par les art. 364 et 365 n'a trait qu'aux instances en règlement de juges portées devant les tribunaux d'arrondissement ou les cours d'appel ; devant la Cour de cassation, on suivra les formes prescrites par l'ordonnance de 1737, qui est encore en vigueur à cet égard.

« Art. 365. Le demandeur signifiera le jugement et assignera les parties au domicile de leurs avoués.

« Le délai pour signifier le jugement et pour assigner sera de quinzaine, à compter du jour du jugement.

« Le délai pour comparaître sera celui des ajournements, en comptant les distances d'après le domicile respectif des avoués. »

Le demandeur signifiera le jugement. Il s'agit du jugement qui autorise la demande en règlement. L'acte de signification contient en même temps l'assignation. Le demandeur doit faire l'acte qui contient cette signification et cette assignation dans un délai fixe, dans la quinzaine du jour du jugement. Il donne assignation à comparaître dans le délai des ajournements (art. 72 à 74), augmenté des délais de distance entre le domicile des avoués des parties et le lieu où siège le tribunal devant lequel on doit comparaître (art. 1033 C. pr.).

D'après le domicile respectif des avoués. Mais si l'avoué d'une partie est démissionnaire, décédé, etc., l'assignation sera donnée par exploit à personne ou à domicile, et on calculera les délais de distances entre le domicile de la partie et le lieu où siège le tribunal saisi de la demande en règlement de juges. Il en serait de même si la demande en règlement de juges était formée à l'occasion d'un différend pendant devant deux justices de paix ou deux tribunaux de commerce, puisque les parties n'auraient pas d'avoués.

553. « Art. 366. Si le demandeur n'a pas assigné dans les délais ci-dessus, il demeurera déchu du règlement de juges, sans qu'il soit besoin de le faire ordonner ; et les poursuites pourront être continuées dans le tribunal saisi par le défendeur en règlement. »

On voit que les délais de l'article précédent sont exigés à peine de déchéance de la demande en règlement de juges, et que cette déchéance entraîne une attribution de compétence pour le tribunal qui avait été saisi par le défendeur en règlement.

Mais il ne sera pas toujours possible d'appliquer les dispositions de l'art. 366. Cet article suppose que deux tribunaux étaient saisis du différend, l'un par Paul, l'autre par moi. Ainsi Paul a saisi le tribunal de la Seine, j'avais saisi le tribunal de Versailles ; chacun de nous était demandeur devant l'un de ces tribunaux et défendeur devant l'autre. Si je requiers une autorisation d'assigner Paul en règlement, et qu'ayant obtenu cette autorisation, je ne forme pas ma demande dans la quinzaine, je suis déchu du droit de former une demande en règlement ; de plus cette déchéance attribuera compétence au tribunal que Paul a saisi, dans l'espèce, au tribunal de la Seine.

Mais si nous supposons que j'étais défendeur devant les deux tribunaux qui se sont déclarés compétents, mon silence, pendant la quinzaine qui suit le jugement d'autorisation, ne peut attribuer compétence ni à l'un ni à l'autre tribunal, puisque tous deux ont été saisis par le défendeur en règlement. Le conflit subsiste donc toujours ; il faut trouver un moyen de le lever. Nous permettrons, dans ce cas, au demandeur en règlement, de requérir une nouvelle autorisation. On ne le considérera comme déchu que du droit de suivre sur le jugement d'autorisation.

L'article est aussi inapplicable au cas de conflit négatif ; il n'y a pas lieu à *continuer les poursuites* devant l'un ou l'autre des deux tribunaux, qui sont tous deux dessaisis. La déchéance n'aura donc encore pour effet, dans cette hypothèse, que d'obliger le demandeur en règlement à obtenir un nouveau jugement d'autorisation. Les juges pourraient, d'ailleurs, en motivant leur décision, refuser cette autorisation nouvelle quoiqu'ils eussent accordé la première.

Pour la marche de la procédure sur la demande en règlement, on observera les formes usitées devant le tribunal où se poursuit la demande, qui peut avoir été portée à un tribunal d'arrondissement, à une cour d'appel ou à la Cour de cassation.

554. « Art. 367. Le demandeur qui succombera pourra être condamné aux dommages et intérêts envers les autres parties. »

Si le règlement de juges n'est pas admis, le demandeur peut être condamné à des dommages et intérêts pour le préjudice causé par sa demande, par exemple, pour le retard apporté à la solution de l'affaire principale. Il sera également condamné aux frais (art. 130 C. pr.).

La décision du tribunal, qui doit statuer sur le règlement de juges et vider le conflit de juridiction, variera suivant les circonstances. Ainsi, entre deux tribunaux saisis, que le conflit soit positif ou négatif, si l'un est compétent et l'autre incompétent, il est évident qu'il y aura lieu à renvoyer les parties devant le tribunal compétent. Si tous deux sont compétents, on appliquera, suivant les cas, les principes de la listispendance ou de la connexité, c'est-à-dire qu'en cas de litispendance, l'affaire sera jugée par le tribunal qui a été saisi le premier ; mais, en cas de connexité, il y aura lieu d'examiner, suivant les circonstances de la cause, à quel tribunal il sera plus utile de maintenir la poursuite de l'instance.

* Si les deux tribunaux saisis étaient incompétents, il n'y aurait pas matière à règlement de juges. *

TITRE XX (C. D.).

DU RENVOI A UN TRIBUNAL POUR PARENTÉ OU ALLIANCE.

⋙→ 555. * Le paragraphe 2 du titre *des Exceptions* (tit. IX de ce livre) est également intitulé *des Renvois*. Il y a cependant une grande différence entre les exceptions de renvoi et la matière du titre qui nous occupe. Dans le titre IX, § 2, on suppose que la partie assignée décline la juridiction du tribunal, soit parce qu'il n'est pas compétent, soit parce qu'un autre tribunal compétent est déjà saisi de la même affaire ou d'une affaire connexe. Ici, au contraire, le tribunal saisi est bien le tribunal compétent, peut-être le seul compétent ; mais, à cause de certaines relations de famille entre une des parties et plusieurs membres du tribunal, la loi permet de suspecter l'impartialité du tribunal tout entier.

Autrefois, les évocations pour parenté ou alliance, qui attiraient une affaire d'un parlement au grand conseil, avaient été singulièrement décriées. Les parties, qui redoutaient la justice d'un parlement, feignaient souvent des parentés, des alliances imaginaires ; ces prétentions, même mal fondées, retardaient la décision des procès, ou forçaient une partie à plaider hors du tribunal où siégeaient ses juges naturels. Les nombreuses ordonnances de nos rois sur la réformation de la justice sont pleines de doléances sur l'abus de ces évocations pour parenté ou alliance ; et chaque ordonnance nouvelle proposait contre ces abus des remèdes dont l'ordonnance suivante attestait l'inefficacité.

Les rédacteurs de notre Code, tout en maintenant le droit de demander le renvoi pour parenté ou alliance, l'ont déterminé d'une manière plus précise, l'ont restreint dans certaines limites.

Il s'agit donc, dans notre titre, de l'effet que la loi attache à la présence de plusieurs juges parents ou alliés de l'une des parties dans le tribunal saisi de l'affaire. La loi permet à l'autre partie de suspecter l'impartialité du tribunal tout entier. La justice, pour être respectée doit être impartiale, et quoique, la plupart du temps, il y ait tout lieu de croire que les juges n'auraient pas d'influence dans la cause de leurs parents, la loi permet le renvoi afin que le soupçon même ne puisse s'élever

On ne se borne donc pas à demander aux juges, parents des parties, de s'abstenir de l'affaire : leur influence est à redouter aux yeux de la loi et rend suspect le tribunal tout entier.

556. « Art. 368. Lorsqu'une partie aura deux parents ou alliés, jusqu'au degré de cousin issu de germain inclusivement, parmi les juges d'un tribunal de première instance, ou trois parents ou alliés au même degré dans une cour d'appel ; ou lorsqu'elle aura un parent audit degré parmi les juges du tribunal de première instance, ou deux parents dans la cour d'appel, et qu'elle même sera membre du tribunal ou de cette cour, l'autre partie pourra demander le renvoi. »

La loi distingue si la partie est elle-même juge ou non dans le tribunal saisi de l'affaire. Si l'une des parties est juge, il suffit qu'elle ait un parent parmi les autres juges d'un tribunal d'arrondissement et deux parmi les juges d'une cour d'appel, pour que son adversaire puisse demander le renvoi. Si, au contraire, la partie n'est point juge elle-même, le renvoi ne pourra être demandé que si elle a deux parents parmi les juges du tribunal d'arrondissement, et trois parmi les conseillers de la cour d'appel. Cette différence s'explique facilement. Le renvoi est fondé sur la crainte de l'influence que les juges parents des parties pourraient exercer sur les collègues du tribunal ou de la cour ; à fortiori, cette influence est-elle à craindre lorsque la partie qui a un ou plusieurs parents dans le tribunal ou dans la cour est elle-même l'un des juges.

Si la partie est un des juges, mais n'a aucun autre parent parmi les juges, ou si la partie qui n'est pas juge n'a qu'un parent dans un tribunal ou deux dans une cour, il n'y a pas lieu à renvoi, mais seulement à la récusation, dont nous examinerons les règles dans le titre suivant. Il y a cette immense différence, entre le renvoi et la récusation, que la récusation n'a pour effet que l'abstention du juge partie ou parent d'une partie, et maintient l'affaire devant le tribunal saisi, tandis que le renvoi dessaisit le tribunal et modifie les règles de compétence.

Parmi les juges. Ce mot s'applique d'abord aux juges titulaires d'un tribunal d'arrondissement ; il comprend également les juges d'un tribunal de commerce ; les mêmes raisons doivent faire admettre le renvoi. La question est plus douteuse pour les juges suppléants ; je crois qu'ils tombent sous l'application de l'art. 368, quoique la jurisprudence incline vers l'opinion contraire. Les juges suppléants sont membres du tribunal : Ils peuvent avoir avec les autres juges des rapports aussi fréquents que les juges titulaires.

La controverse est plus sérieuse en ce qui concerne les magistrats du ministère public. Notre art. 368 était ainsi rédigé dans le projet : « Lorsqu'une « partie aura deux parents ou alliés jusqu'au degré de cousin issu de germain « inclusivement parmi les juges d'un tribunal de première instance, ou trois « parents ou alliés au même degré *dans un tribunal d'appel,* ou lorsqu'elle « aura un parent audit degré *dans le tribunal de première instance,* ou deux pa- « rents *dans le tribunal d'appel,* et qu'elle-même sera *membre du tribunal,* l'au- « tre partie pourra demander le renvoi d'un tribunal à un autre. » La section du Tribunat avait demandé que les mots *dans un tribunal* fussent remplacés par ceux-ci : *parmi les juges* ; que le mot *juge* remplaçât le terme de *membre du tribunal,* afin qu'on ne crût pas qu'il pût y avoir cause de renvoi dans la personne des magistrats du ministère public qui sont membres de la cour ou du tribunal. La section croyait par là, mais à tort, maintenir les anciens principes. A-t-on fait droit à cette observation ? Il est permis d'en douter, si l'on remarque qu'on a substitué, il est vrai, les mots : *parmi les juges* à ceux-ci : *dans un tribunal de première instance*; mais qu'on a maintenu les expressions : *dans un tribunal d'appel*,... *dans le tribunal d'appel*,... *membre du tribunal*. Dans le doute, je préfère m'attacher aux anciens principes. Il me semble que la parenté et l'alliance d'une partie avec les magistrats du ministère public font naître les mêmes soupçons que la parenté et l'alliance de la partie avec les juges, et doivent motiver également le renvoi dans les limites tracées par notre article.

L'art. 368 ne s'applique pas seulement à chaque chambre ou section isolée, quand le tribunal se divise en plusieurs chambres; quel que soit le nombre des sections, il suffit, pour donner lieu au renvoi, qu'il y ait deux ou trois juges parents ou alliés d'une des parties, dans tout le tribunal de première instance ou dans la cour d'appel tout entière.

557. *L'autre partie pourra demander le renvoi.* Cette faculté de demander le renvoi, expressément accordée à l'adversaire de celui qui a des parents dans le tribunal, pourrait-elle être invoquée par la partie que des liens de parenté ou d'alliance unissent à deux membres du tribunal ou à trois membres de la cour ? On comprend qu'une pareille demande en renvoi ne serait plus fondée sur les motifs d'affection, qui font craindre que les juges parents n'emploient leur influence sur leurs collègues au profit de leur parent ou de leur allié ; elle s'appuierait sur l'inimitié qui existe entre la partie et les juges ses parents ou alliés. Mais l'inimitié présente beaucoup moins de danger que l'affection. On peut craindre, en effet, que les juges ne fassent partager à leurs collègues leur bon vouloir pour leur parent ou allié ; il est beaucoup moins probable qu'ils parviendront à leur communiquer leur haine et leurs préventions. Aussi, la partie parente ou alliée n'a-t-elle pas le droit de demander le renvoi si son adversaire garde le silence. Seulement la récusation pourra être proposée contre les juges par leur propre parent ou allié ; mais le tribunal ne sera pas dessaisi.

558. Supposons maintenant qu'un tiers survienne dans une instance originairement pendante entre Pierre et moi. Il peut avoir été appelé dans l'instance par l'une des parties, comme garant, par exemple. Le garant, appelé ainsi dans l'instance, peut certainement demander le renvoi pour parenté ou alliance entre une des parties qui figuraient dans l'instance originaire et deux membres du tribunal ou trois de la cour d'appel.

Mais la question est plus délicate si le tiers est intervenu spontanément dans l'instance pour y défendre ses intérêts, sans être appelé par l'une des parties qui figuraient dans l'instance originaire. Quelques auteurs décident que celui qui intervient spontanément dans une instance accepte tacitement la composition du tribunal, et ne peut demander le renvoi. Je ne puis me ranger à cette opinion. Je suppose que l'intervention est admise et par conséquent reconnue bien fondée. L'intervenant a donc un intérêt dans l'affaire, et, s'il y a danger pour lui d'être jugé avec partialité, aux termes de l'art. 368, pourquoi lui serait-il interdit de demander et d'obtenir le renvoi à un autre tribunal?

On objecte que l'intervenant a accepté, par son intervention même, la composition du tribunal. Que doit-il donc faire? S'abstenir? rester en dehors de l'instance? Mais le jugement peut lui préjudicier, puisqu'on reconnaît que son intervention est juste et bien fondée. Est-il possible d'admettre qu'il n'interviendra qu'à la condition d'être jugé ou du moins d'avoir lieu de craindre d'être jugé avec partialité? Qui sait s'il n'est pas le plus sérieusement intéressé dans la contestation? si ce n'est pas à dessein que le demandeur et le défendeur originaires ne l'avaient point appelé dans l'instance? Objectera-t-on que si le jugement lui préjudicie, il aura le recours de la tierce opposition et même de l'intervention en appel, qui est ouverte à ceux qui pourraient former tierce opposition (article 466)? Mais l'affaire sera peut-être jugée en dernier ressort par le tribunal d'arrondissement ; et il peut avoir intérêt à intervenir, sans avoir plus tard le droit de former tierce opposition.

Pourquoi lier ainsi les mains à l'intervenant pendant une partie des débats! Il vaut mieux décider que celui dont l'intervention est reconnue légitime, soit par les parties qui ne la contestent pas, soit par un jugement en cas de contestation, devient une partie nouvelle qui aura, comme toute autre dans les limites de l'art. 368, le droit de demander le renvoi pour parenté ou alliance entre un de ses adversaires et deux des membres du tribunal ou trois des membres de la cour d'appel.

559. « Art. 369. Le renvoi sera demandé avant le commencement de la plaidoirie ; et, si l'affaire est en rapport, avant que l'instruction soit achevée, ou que les délais soient expirés : sinon il ne sera plus reçu. »

Il n'est pas nécessaire de proposer le renvoi pour parenté ou alliance, comme le déclinatoire pour incompétence (art. 169), avant toute exception et défense. La loi toutefois a fixé des délais après lesquels le renvoi ne serait plus reçu ; il doit être demandé avant le commencement de la plaidoirie, c'est-à-dire avant que les conclusions au fond aient été déposées sur le bureau du tribunal (art. 343). En effet, la partie qui conclut sur le fond de l'affaire accepte, par là même la composition et la compétence du tribunal.

Toutefois les délais de l'art. 369 ne s'appliqueraient pas dans les cas où les causes de renvoi ne surviendraient qu'après les conclusions prises à l'audience. Ainsi, un ou plusieurs parents de mon adversaire sont nommés juges au tribunal saisi de l'affaire, après que j'ai déposé mes conclusions, il est évident que mon droit de demander le renvoi existe toujours. Je n'ai pu, en déposant mes conclusions, encourir la déchéance d'un droit qui n'était pas encore ouvert.

« Art. 370. Le renvoi sera proposé, par acte au greffe, lequel contiendra les moyens, et sera signé de la partie ou de son fondé de procuration spéciale ou authentique. »

L'avoué ne trouve pas dans le mandat général d'occuper, la capacité de demander le renvoi pour son client ; l'acte de demande en renvoi doit être signé par la partie même, ou par un mandataire spécial, muni d'un pouvoir constaté par un acte authentique. Ce fondé de pouvoir peut être l'avoué lui-même ou une autre personne. Mais la partie ou son fondé de pouvoir, autre que l'avoué, doivent toujours être assistés de l'avoué, qui seul peut faire au greffe l'acte de demande en renvoi (art. 92 du Tarif).

La demande en renvoi est d'ailleurs dispensée du préliminaire de conciliation (Voy. art. 49-7°).

« Art. 371. Sur l'expédition dudit acte, présentée avec les pièces justificatives, il sera rendu jugement qui ordonnera : 1° la communication aux juges à raison desquels le renvoi est demandé, pour faire, dans un délai fixe, leur déclaration au bas de l'expédition du jugement ; 2° la communication au ministère public ; 3° le rapport, à jour indiqué, par l'un des juges nommé par ledit jugement. »

La connaissance du renvoi est attribuée au tribunal même devant lequel est pendante la demande à l'occasion de laquelle s'élève la question de renvoi, au tribunal qu'on veut dessaisir, à cause des liens de parenté ou d'alliance entre ses membres et les parties.

La partie qui demande le renvoi présente à ce tribunal l'expédition de l'acte fait au greffe, avec les pièces justificatives. Alors, dit la loi, *il sera rendu jugement*. Ce jugement ne statue pas sur le renvoi lui-même, ne le prononce pas ; il ordonne seulement des mesures d'instruction que fait connaître suffisamment la lecture de l'art. 371.

Les juges à l'occasion desquels le renvoi est demandé ne concourront pas à ce jugement. L'art. 371 le prouve, en ordonnant qu'il leur sera communiqué.

« Art. 372. L'expédition de l'acte à fin de renvoi, les pièces y annexées et le jugement mentionné en l'article précédent, seront signifiés aux autres parties. »

Cette signification sera faite aux avoués des parties qui en ont constitué, par acte d'avoué à avoué, et à la personne ou au domicile des parties qui n'ont pas d'avoué, par exploit d'huissier.

560. « Art. 373. Si les causes de la demande en renvoi sont avouées ou justifiées dans un tribunal de première instance, le renvoi sera fait à l'un des autres tribunaux ressortissant en la même cour d'appel ; et, si c'est dans une cour d'appel, le renvoi sera fait à l'une des trois cours les plus voisines. »

Avouées ou justifiées. Les causes de la demande en renvoi sont *avouées*, quand les juges reconnaissent la parenté ou l'alliance qui leur est attribuée. Elles sont *justifiées*, lorsque les juges ont nié cette parenté ou cette alliance, et que néanmoins le demandeur en renvoi a prouvé et fait reconnaître la vérité de son allégation. Cette justification, en cas de contestation, se fera par les moyens ordinaires de prouver la parenté et l'alliance, c'est-à-dire par les actes de l'état civil. La preuve testimoniale ne serait admise que dans les cas spéciaux où le Code civil l'autorise pour établir l'état des personnes (Voy. art. 46, 320, 323 ; — 195 et 197 C. civ.).

Si les causes de la demande sont avouées ou justifiées, le renvoi sera fait par un tribunal de première instance à l'un des tribunaux du ressort de la même cour d'appel, par une cour d'appel à l'une des trois cours les plus voisines. Cette manière de procéder établit une différence essentielle entre le renvoi pour incompétence et le renvoi dont nous nous occupons. Quand le tribunal se déclare incompétent, il renvoie les parties à se pourvoir devant qui de droit, sans déterminer à quel tribunal l'affaire doit être portée ; ici, au contraire, le tribunal qui se dessaisit indique expressément le tribunal qui devra connaître de l'affaire. Il est facile d'expliquer cette différence. Un tribunal qui se déclare incompétent reconnaît qu'il n'a aucune juridiction sur les parties ; il doit se borner à déclarer son incompétence ; il n'a rien à leur ordonner. C'est aux parties à chercher maintenant quel est le tribunal compétent. Si le tribunal qui admet le déclinatoire pour incompétence, désignait le tribunal auquel les parties doivent s'adresser, ce serait un avis, une consultation qu'il donnerait aux parties, et telle n'est point sa mission. D'ailleurs, le tribunal désigné pourrait lui-même se déclarer incompétent, et cette décision établirait, entre deux tribunaux, une lutte aussi fâcheuse qu'inutile, car la compétence peut appartenir, en réalité, à un troisième tribunal. Cette désignation aurait encore un autre inconvénient ; la partie qui a saisi à tort le second tribunal imputerait avec raison au premier tribunal les frais que l'erreur du premier jugement lui aurait occasionnés en pure perte.

Mais le tribunal qui prononce le renvoi pour parenté ou alliance est compétent, et peut être le seul compétent pour juger l'affaire. Ce serait un non-sens de sa part que de renvoyer l'affaire devant qui de droit. Le tribunal renverrait ainsi devant lui-même, s'il est le seul compétent. Aussi la loi l'autorise-t-elle à désigner le tribunal qui connaîtra de l'affaire. La loi ici accorde exceptionnellement au tribunal compétent le droit de déléguer sa propre compétence à un autre tribunal du même degré, qui n'est pas le juge légal des parties.

561. « Art. 374. Celui qui succombera sur la demande en renvoi sera condamné à une amende qui ne pourra être moindre de cinquante francs, sans préjudice des dommages et intérêts de la partie, s'il y a lieu. »

L'amende sera toujours prononcée par le jugement qui rejette la demande en renvoi, mais les dommages et intérêts ne seront accordés que *s'il y a lieu,* c'est-à-dire si le défendeur en renvoi prouve que la demande lui a causé un préjudice.

Qui ne pourra être moindre de cinquante francs. La loi indique encore ici un minimum et pas de maximum. Nous avons déjà vu que, dans ce cas, les tribunaux faisaient de ce minimum une amende fixe.

« Art. 375. Si le renvoi est prononcé, qu'il n'y ait pas d'appel, ou que l'appelant ait succombé, la contestation sera portée devant le tribunal qui devra en connaître, sur simple assignation ; et la procédure y sera continuée suivant ses derniers errements. »

Qu'il n'y ait pas d'appel ou que l'appelant ait succombé. Le jugement qui prononce le renvoi est toujours susceptible d'appel, quand même le fond de l'affaire serait de nature à être jugé en dernier ressort. Nous verrons, au titre de l'*Appel,* que c'est particulièrement en raison du peu de valeur du litige que certaines affaires ne sont pas susceptibles d'appel ; mais les affaires qui ne peuvent s'apprécier pécuniairement, comme le renvoi, restent sujettes à l'appel.

Toutefois il est bien entendu que, pour qu'il soit question d'appel, il faut supposer que le jugement de renvoi a été prononcé par un tribunal d'arrondissement. L'arrêt d'une cour d'appel statuant sur un renvoi ne donnerait ouverture qu'à un pourvoi en cassation.

Quant à la question de savoir si l'opposition est admise contre le jugement par défaut en matière de renvoi, nous la renverrons à l'explication de l'art. 392.

On suppose, dans l'art. 375, que la décision qui prononce le renvoi a force de chose jugée, soit parce qu'elle émane d'une cour d'appel, soit parce qu'il s'agit d'un jugement rendu par un tribunal d'arrondissement, confirmé par l'appel, ou à l'égard duquel les délais d'appel sont expirés (Voy. art. 443 et suiv.). La contestation principale, à l'occasion de laquelle la question de renvoi a été soulevée, sera portée devant le tribunal auquel l'affaire a été renvoyée. L'instance ne sera pas recommencée *ab initio* ; elle sera continuée en reprenant la procédure devant le nouveau tribunal, au point où elle en était restée devant le tribunal qui s'est dessaisi en prononçant le renvoi. Il faut cependant une nouvelle assignation et de nouvelles constitutions d'avoué pour saisir le nouveau tribunal et faire connaître quels sont les nouveaux représentants des parties.

« Art. 376. Dans tous les cas, l'appel du jugement de renvoi sera suspensif. »

Voyez l'art. 457 et son explication.

« Art. 377. Sont applicables audit appel, les dispositions des articles 392, 393, 394, 395, au titre de la *Récusation*. »

Comme la loi, nous renverrons au titre suivant les explications relatives au renvoi. On peut cependant trouver singulier que le législateur n'ait pas exposé ces règles d'appel la première fois qu'elles se présentaient, c'est-à-dire au titre du *Renvoi*.

➤➤ 562. Quoique le Code de procédure n'ait traité que du renvoi pour parenté ou alliance, on reconnaît généralement que d'autres circonstances peuvent faire suspecter, au même degré, l'impartialité du tribunal. L'art. 542 du Code d'instr. crim. permet le renvoi, en matière criminelle, pour cause de sûreté publique ou de suspicion légitime. Or, les motifs qui font admettre ces soupçons de partialité, au criminel, se présentent avec la même force, quand il s'agit des tribunaux civils. D'ailleurs la loi du 27 novembre 1790, art. 9, à l'égard du renvoi pour cause de suspicion légitime, la loi du 27 ventôse an VIII, art. 79, à l'égard du renvoi pour cause de sûreté publique, et l'art. 254 de la Constitution de l'an III, à l'égard de ces deux causes, ne faisaient aucune distinction entre les matières civiles et criminelles, et il est permis de considérer les articles précités comme faisant partie des dispositions de ces lois qui sont encore en vigueur (1).

Qui sera juge du renvoi pour suspicion légitime? Le tribunal supérieur à celui sur qui plane le soupçon. Ainsi la partie s'adressera à la cour d'appel

(1) Cour de Rennes, 22 janvier 1833. — Nancy, 18 mars 1839 (*Journal du Palais*). — C. de cass., 11 août 1840 (*Journal du Palais*, 1843, t. I, p. 530).

pour faire dessaisir un tribunal d'arrondissement; à la Cour de cassation s'il s'agit de dessaisir une cour d'appel (1).

Le tribunal pourrait se trouver encore dans la nécessité de renvoyer une affaire à un autre tribunal, faute d'un nombre de juges suffisant pour juger. Lorsqu'un ou plusieurs membres d'un tribunal sont déjà empêchés ou malades, il est possible que l'abstention ou la récusation de deux juges, d'un seul peut-être, mette le tribunal dans l'impossibilité de juger l'affaire qui donne lieu à l'abstention et à la récusation. Toutefois il faut remarquer que, dans l'hypothèse d'un renvoi pour insuffisance du nombre des juges, on ne suit pas la procédure prescrite par les art. 370 et suivants. En effet, le tribunal saisi de l'affaire ne peut pas plus se constituer pour juger le renvoi que pour statuer sur le fond de l'affaire. La demande devra être portée directement au tribunal hiérarchiquement supérieur (2) *.

TITRE XXI (C. D.)

DE LA RÉCUSATION.

➤➤➤ **563**. * La récusation est le droit accordé à une des parties de refuser d'être jugée par un des membres du tribunal compétent, pour une des causes déterminées par la loi. La récusation est fondée sur des motifs analogues à ceux du renvoi pour parenté ou alliance ; il faut que la composition du tribunal mette le jugement, qui sera rendu plus tard, à l'abri de tout soupçon de partialité : seulement, dans le renvoi, on suspecte l'impartialité du tribunal tout entier ; dans la récusation, l'impartialité d'un seul juge.

L'ancien droit et le droit intermédiaire avaient reconnu deux sortes de récusations, les récusations péremptoires et les récusations motivées. La récusation péremptoire permettait à la partie de récuser un juge sans énoncer les motifs de la récusation. Ces sortes de récusations sont encore permises aujourd'hui, en matière criminelle, à l'égard des jurés : le ministère public et l'accusé peuvent récuser un certain nombre de jurés (art. 399 C. inst. cr.). La récusation motivée était fondée sur un motif écrit dans la loi ou soumis à l'appréciation du tribunal.

Les récusations péremptoires n'ont pas constitué un droit absolu, un droit permanent, mais plutôt un droit temporaire, produit par les événements et les passions politiques. Ainsi, c'est dans le célèbre édit de Nantes (1598) que nous trouvons (art. 65) la faculté, pour la partie qui appartenait à la religion réformée, de récuser, en matière civile, deux juges dans certaines juridictions déterminées, sans exprimer la cause de récusation : et c'était une loi rendue à une autre époque aussi agitée, une loi du 23 vendémiaire an IV, qui don-

(1) C. de Nancy, 18 mars 1839 (*Journal du Palais*, 1844, t. I, p. 466). — Cass. 2 juillet 1845 (Dall., 1845, 1, 328).

(2) C. d'Angers, 19 août 1857 (Dall., 1858, 2, 96). — On procède de la même manière pour le renvoi d'une justice de paix à une autre, en cas d'empêchement légitime du juge de paix et de ses suppléants (Voy. la loi du 16 ventôse an XII).

nait encore aux parties le droit de récuser un juge dans les affaires civiles, sans exprimer le motif de la récusation. Les juges alors étaient élus par le suffrage de leurs citoyens ; ils représentaient surtout une opinion politique. On comprend que, dans un pareil système, les rivalités électorales, les haines et les passions de parti suscitaient mille causes d'inimitié entre le juge et les électeurs de la minorité qui'avait voté contre lui : ce n'était pas trop d'une récusation non motivée pour rétablir dans un juste équilibre la balance de la justice.

Les récusations motivées, admises dans tous les temps, formaient dans l'ancienne jurisprudence le droit commun en matière de récusation. Ainsi, sans remonter plus haut, l'ordonnance de 1667 nous montre une énumération assez longue de causes de récusation, que reproduit l'art. 378 de notre Code de procédure. Mais les rédacteurs de l'ordonnance de 1667 ne s'étaient pas contentés de cette énumération, ils avaient ajouté dans l'art. 12 du tit. XXIV que le juge pourrait encore être récusé pour des motifs de fait et de droit laissés à l'appréciation du tribunal.

Le Code de procédure a supprimé : 1° les récusations péremptoires (1) ; 2° les récusations motivées pour des causes qui ne seraient pas expressément écrites dans la loi. L'énumération des causes de récusation écrites dans l'art. 378 est donc limitative (2). Si l'autorité de la chose jugée et le respect des décisions judiciaires exigent, en effet, que l'impartialité du juge soit à l'abri du soupçon, il ne faut pas non plus admettre et discuter, en dehors des termes de la loi, des causes vagues et arbitraires de récusation ; il ne faut pas permettre aux plaideurs de mauvaise foi de chercher à écarter du tribunal, sous des prétextes frivoles, les juges qu'ils redoutent le plus, parce qu'ils sont peut-être les plus impartiaux et les plus habiles.

➤ **564.** Nous diviserons l'examen de cette matière en quatre paragraphes : dans le premier, nous rechercherons quelles sont les causes de récusation et à quelles personnes elles s'appliquent (art. 378, 379, 381) ; dans le deuxième, nous verrons à quel moment la récusation doit être proposée (art. 380, 382, 383) ; la procédure sur la demande en récusation, le jugement qui la termine et les effets de ce jugement seront l'objet du troisième paragraphe (art. 384 à 390) ; enfin nous nous occuperons dans le quatrième de l'appel du jugement qui a statué sur la récusation (articles 391 à 396).

§ 1er. *Quelles sont les causes de récusation et à quelles personnes s'appliquent-elles* (art. 378, 379, 381) ? Les causes de récusation écrites dans l'art. 378, reproduites pour la plupart de l'ordonnance de 1667, ont pour fondement l'affection ou la haine présumées, l'intérêt personnel ou d'autres circonstances particulières qui font suspecter l'impartialité des juges.

Examinons successivement ces différentes causes, en commentant les divers paragraphes de l'art. 378.

(1) Des récusations non motivées ont été rétablies, en matière civile, contre les jurés statuant sur les expropriations pour cause d'utilité publique ; mais elles sont dirigées contre des jurés, personnes privées, et non contre des magistrats (Voy. L. 3 mai 1841, art. 34).

(2) C. de cass., 12 juin 1809. — Agen, 28 août 1809 (*Journal du Palais*).

« Art. 378. Tout juge peut être récusé pour les causes ci-après :

« 1° S'il est parent ou allié des parties ou de l'une d'elles, jusqu'au degré de cousin issu de germain inclusivement. »

Des parties ou de l'une d'elles. Si donc la parenté du juge avec l'une des parties élève quelques soupçons de partialité sur le juge, sa parenté avec l'autre partie ne les détruit pas. L'art. 3 du titre XXIV de l'ordonnance de 1667 décidait déjà que le juge pouvait être récusé, encore qu'il fût *parent ou allié commun des parties.*

« 2° Si la femme du juge est parente ou alliée de l'une des parties, ou si le juge est parent ou allié de la femme d'une des parties, au degré ci-dessus, lorsque la femme est vivante, ou que, étant décédée, il en existe des enfants : si elle est décédée et qu'il n'y ait point d'enfants, le beau-père, le gendre ni les beaux-frères ne pourront être juges.

« La disposition relative à la femme décédée s'appliquera à la femme divorcée, s'il existe des enfants du mariage dissous. »

Le premier alinéa supposait un lien de parenté ou d'alliance entre le juge et les parties ; dans le second paragraphe il s'agit de certains rapports d'alliance entre le juge et la partie. L'alliance, qui unit un conjoint avec les parents de l'autre, établit également une présomption d'affection ; elle motive la récusation du juge. A cause de l'alliance, on pourra récuser le juge parent de la femme d'une des parties, ou le juge dont la femme est parente d'une des parties, toujours jusqu'au degré de cousin issu de germain inclusivement. Mais la loi va plus loin ; elle permet de récuser le juge allié, non plus de la partie, mais de la femme de la partie, et le juge dont la femme est non parente, mais alliée de la partie ; dans ces hypothèses cependant, il n'y a pas véritablement alliance entre le juge et la partie. Cette relation indirecte, cette alliance imparfaite paraît toutefois suffisante au législateur pour entacher de suspicion l'impartialité du juge. L'alliance et cette quasi-alliance conservent leurs effets après la dissolution des mariages qui les produisaient, s'il en est resté des enfants ; mais la récusation n'est pas fondée, s'il ne reste pas d'enfants issus de ces mariages.

Le deuxième alinéa du n° 2 de l'art. 378 attribue les mêmes effets à l'alliance ou à la quasi-alliance résultant d'un mariage dissous par un divorce. Le divorce, comme on le sait, a été aboli par la loi du 8 avril 1816 ; mais l'article peut encore recevoir son application aux divorces prononcés avant 1816. On comprend néanmoins que la possibilité de cette cause de récusation ne peut que diminuer de jour en jour. On demande quelquefois si les dispositions de la loi en matière de divorce doivent être étendues à la séparation de corps. Ici la question ne saurait s'élever. En effet, la séparation ne dissout pas le mariage ; elle laisse donc subsister l'alliance et la quasi-alliance, c'est-à-dire la cause de récusation.

La loi ne s'est pas expliquée sur le cas où la partie est la femme même du juge ; mais, par un argument *à fortiori* de la dernière évidence, il faut décider que le juge est récusable dans la cause de sa femme.

565. « 3° Si le juge, sa femme, leurs ascendants et leurs descendants, ou alliés dans la même ligne, ont un différend sur pareille question que celle dont il s'agit entre les parties. »

Sur pareille question... soit en fait, soit en droit. Il est à craindre que le juge ne cherche, en jugeant dans le sens de son propre procès, à créer un précédent de jurisprudence favorable à l'affaire qui intéresse lui ou les siens. D'ailleurs, notre intérêt personnel nous aveugle souvent dans notre propre affaire ; or le juge, partie dans un procès sur la même question, a déjà peut-être, dans son esprit, adopté l'opinion qui favorise sa prétention. Il faut, au surplus, un différend déjà né, autrement, la récusation ne serait pas fondée.

« 4° S'ils ont un procès en leur nom dans un tribunal où l'une des parties sera juge, s'ils sont créanciers ou débiteurs d'une des parties. »

Ce paragraphe nous offre deux causes distinctes de récusation : la première est fondée sur la crainte que le juge ne donne gain de cause à la partie qui plaide devant elle, et qui est elle-même juge dans un autre tribunal, afin que cette partie devienne à son tour, comme juge, favorable à celui qui lui a fait gagner sa cause.

Les rapports de créancier et de débiteur entre le juge et la partie motivent encore la récusation du premier. Le juge créancier peut avoir intérêt à augmenter le patrimoine de la partie, son débiteur, afin de maintenir ou augmenter sa solvabilité ; le juge débiteur ménagerait peut-être la partie, son créancier, afin d'obtenir de lui des délais ou toute autre condition favorable.

« 5° Si, dans les cinq ans qui ont précédé la récusation, il y a eu procès criminel entre eux et l'une des parties, ou son conjoint, ou ses parents ou alliés en ligne directe. »

La loi craint que le ressentiment, l'animosité, qu'un procès criminel a nécessairement fait naître entre les parties, lorsqu'il s'agissait de la liberté, de l'honneur, de la vie de l'accusé, n'ait laissé des souvenirs qui nuisent à l'impartialité du juge. Toutefois la loi ne redoute que pendant cinq années l'influence de ces souvenirs.

Que faut-il entendre par procès criminels? Trois solutions ont été données sur cette question. Dans la première, en prenant dans son sens littéral le mot *criminel*, on n'applique notre paragraphe qu'aux procès qui ont pour but une peine afflictive ou infamante, et qui ont été poursuivis devant une cour d'assises. Une seconde opinion étend la disposition aux procès relatifs à des délits n'entraînant qu'une peine correctionnelle et soumis à la connaissance des tribunaux correctionnels. Enfin quelques auteurs, traduisant le mot criminel par ceux-ci : *procès en matière pénale*, admettent cette cause de récusation même à la suite d'un procès sur une contravention de simple police. La seconde opinion me semble la plus raisonnable. Une dénonciation, une plainte pour vol, escroquerie, abus de confiance, qui n'aboutit qu'à un jugement correctionnel, peut créer des ressentiments aussi profonds qu'un véritable procès criminel. Il est vrai que la proposition d'étendre expressément la même disposition aux procès correctionnels fut rejetée au sein du conseil d'État ; mais c'est comme inutile que cette proposition ne fut point accueillie. Le mot criminel opposé

I.   35

au mot civil du sixième paragraphe ne comprend-il pas naturellement les crimes et les délits ? Quant aux procès relatifs à des contraventions de police, il est difficile de concevoir que leur faible importance fasse suspecter pendant cinq ans l'impartialité du juge. Nous les assimilerons aux procès civils (V. le § 6). Si cependant le ressentiment résultant d'un procès sur une contravention de police laissait des traces assez profondes pour faire suspecter le juge, le n° 9 de notre article nous fournirait un moyen de récuser le juge; il pourrait y avoir inimitié capitale. Mais ce serait là évidemment un cas exceptionnel ; en règle générale, la simple contravention ne fera pas naître d'aussi vifs ressentiments, et ne doit pas motiver la récusation.

Entre eux et l'une des parties, etc. Ces mots ne me semblent pas parfaitement exacts au premier abord ; car le procès criminel a lieu entre le ministère public et l'accusé, et non entre deux personnes privées. Mais le juge peut s'être porté partie civile dans l'affaire où la partie était accusée. Dans notre opinion, d'ailleurs, notre paragraphe s'étend aux procès correctionnels qui peuvent s'intenter par une citation directe donnée par une partie à l'autre. Le juge aura donc pu citer la partie devant le tribunal correctionnel ou y être cité par elle.

« 6° S'il y a procès civil entre le juge, sa femme, leurs ascendants ou descendants, ou alliés dans la même ligne, et l'une des parties, et que ce procès, s'il a été intenté par la partie, l'ait été avant l'instance dans laquelle la récusation est proposée : si, ce procès étant terminé, il ne l'a été que les six mois précédant la récusation. »

Le procès civil doit laisser entre les plaideurs moins d'animosité qu'un procès criminel ; aussi l'existence ou le souvenir du procès civil ne produit-il pas d'effet entre le juge et les parents de la partie, et cette cause de récusation ne dure-t-elle que six mois après le procès terminé entre la partie elle-même, le juge, sa femme, etc. La loi n'admet pas comme cause de récusation un procès civil commencé après l'instance dans laquelle la récusation est proposée, afin qu'une partie ne puisse, au milieu d'un procès, se créer une cause de récusation, en actionnant le juge dont elle redouterait l'impartialité et la justice.

566. « 7° Si le juge est tuteur, subrogé-tuteur ou curateur, héritier présomptif, ou donataire, maître ou commensal de l'une des parties ; s'il est administrateur de quelque établissement, société ou direction, partie dans la cause ; si l'une des parties est sa présomptive héritière. »

Ce paragraphe contient plusieurs causes très distinctes de récusation. On suppose d'abord différents cas où le juge administre les biens d'une partie. Ainsi lorsqu'il est *tuteur, subrogé tuteur ou curateur... de l'une des parties*. Ici le juge n'a pas, il est vrai, d'intérêt personnel dans l'affaire ; mais l'administration qui lui est confiée lui fait un devoir d'accroître, autant que possible, la fortune du mineur, et ce devoir ne s'accorde pas entièrement avec l'impartialité du juge.

Il en est de même, *s'il est administrateur de quelque établissement, société* (1)

_____

(1) Jugé que les juges d'un tribunal de commerce ne sont pas récusables comme actionnaires de la société qui plaide devant eux, si l'issue du procès ne doit leur procurer qu'un

ou direction, partie dans la cause, en admettant même que le juge n'ait pas d'intérêt personnel dans l'affaire ; par exemple, s'il exerce la fonction gratuite d'administrateur d'un hospice, son dévouement à l'établissement qu'il administre fait craindre sa partialité.

Direction ou union. Ces mots supposent la faillite d'un commerçant ; à partir du moment où il est dessaisi de l'administration de ses biens, c'est-à-dire à partir du jugement déclaratif de faillite, les biens du failli sont administrés par des syndics. La faillite se termine ou par un concordat, c'est-à-dire par un traité entre le failli et ses créanciers qui, moyennant certaines conditions, remettent le failli à la tête de ses affaires, ou par l'union des créanciers qui font liquider la faillite par les syndics, lorsqu'un arrangement n'a pu se conclure entre le failli et les créanciers. Avant le concordat, et après l'union s'il n'y a pas de concordat, la faillite est administrée par les syndics, que le n° 7 de l'art. 378 et l'art. 379 désignent par les mots *administrateurs d'une direction ou union*, quoique le mot direction ne soit plus usité dans la phraséologie actuelle du Code de commerce, et que le mot *union* lui-même soit trop restreint, puisqu'il ne s'applique qu'au moment où les créanciers, n'ayant pu s'entendre avec le failli, sont placés par la loi en état d'union (Voy. art. 443, 462, 529 C. com.).

Mais il ne faudrait pas étendre ce soupçon jusqu'à voir une cause de récusation dans la parenté entre le juge et les tuteur, curateur d'une des parties, l'administrateur, syndic, etc., etc., à moins qu'ils n'aient un intérêt distinct et personnel ; l'art. 379 s'explique à cet égard en termes exprès.

« Art. 379. Il n'y aura pas lieu à récusation, dans les cas où le juge serait parent du tuteur ou du curateur de l'une des deux parties, ou des membres ou administrateurs d'un établissement, société, direction ou union, partie dans la cause, à moins que lesdits tuteurs, administrateurs ou intéressés, n'aient un intérêt distinct ou personnel. »

567. Revenons aux autres causes de récusation mentionnées dans l'art. 378, 7°, et qui appartiennent à un autre ordre d'idées.

Si le juge est... héritier présomptif ou donataire de l'une des parties. La qualité d'héritier présomptif ne se confond pas toujours avec le titre de parent au degré prévu par le n° 1 de l'art. 378. L'héritier présomptif peut être parent au delà du degré de cousin issu de germain et jusqu'au douzième degré. Le juge alors est récusable, non pas comme parent, mais comme héritier présomptif, c'est-à-dire si le juge est le plus proche parent de la partie. Cette cause de récusation se justifie facilement : le juge a un intérêt éventuel à l'augmentation du patrimoine de celui dont il espère la succession. Il peut craindre, en outre, s'il se montre défavorable à la prétention de celui dont il est l'héritier présomptif, que son parent ne fasse un testament pour lui enlever sa succession.

Donataire. S'il s'agit d'une donation de biens à venir ou de biens présents et à venir (Voy. les art. 1082 et 1083, 1091 et 1093 C. civ.), le motif de la récusation est l'intérêt qu'a le juge donataire à l'augmentation du patrimoine de la

intérêt tellement modique qu'il ne permet pas de révoquer en doute leur impartialité. — C. de Rennes, 16 juin 1858 (Dall., 1859, 2, 176).

partie. Si la donation a été faite entre vifs par la partie au juge, celui-ci, saisi de l'objet donné, n'a point à redouter le ressentiment du donateur, puisque la donation est irrévocable ; mais le juge peut encore avoir un intérêt à l'augmentation ou à la conservation du patrimoine du donateur, si ce dernier a des héritiers réservataires, et si la perte du procès doit entamer la réserve et amener la réduction de la donation faite au juge (art. 920 et suiv. C. civ.). On peut craindre aussi les sentiments de reconnaissance du juge donataire. La donation forme entre le juge donataire et la partie donateur des relations qui rendent suspecte l'impartialité du premier.

Si l'une des parties est présomptive héritière du juge. Cette cause de récusation se fonde non sur l'intérêt ou la reconnaissance du juge, mais sur l'affection présumée du juge pour celui à qui ses biens doivent passer un jour.

Enfin, une dernière cause de récusation distincte des précédentes se trouve encore écrite dans l'art. 378, 7° : *Si le juge est... maître ou commensal de l'une des parties.*

Ainsi il est récusable à titre de maître dans les causes de ses domestiques, secrétaires, commis, etc. ; à titre de commensal, dans les causes des personnes qu'il reçoit à sa table ou à la table desquelles il est reçu habituellement.

568. « 8° Si le juge a donné conseil, plaidé ou écrit sur le différend ; s'il en a précédemment connu comme juge ou comme arbitre ; s'il a sollicité, recommandé ou fourni aux frais du procès ; s'il a déposé comme témoin ; si, depuis le commencement du procès, il a bu ou mangé avec l'une ou l'autre des parties dans leur maison, ou reçu d'elle des présents. »

Ce paragraphe réunit plusieurs causes de récusation qui ne se rattachent pas à une même idée.

Donné conseil, plaidé ou écrit sur le différend. On craint que le juge ne persiste par amour-propre dans une opinion qu'il a précédemment émise. Mais il faut, pour que cette cause de récusation puisse être proposée, que le juge ait spécialement donné conseil, plaidé ou écrit sur l'affaire ; il ne suffirait pas qu'il eût écrit ou donné conseil sur la question que soulève le procès. Ainsi, l'opinion que, dans ses ouvrages, le juge, en qualité de jurisconsulte, a exprimée sur la question à décider, n'entraîne pas sa récusation. Mais on peut récuser l'avocat qui, ayant donné une consultation sur l'affaire avant que l'instance fût commencée, est devenu juge du tribunal appelé à la juger, ou l'avocat qui, ayant plaidé devant le tribunal de première instance, est devenu conseiller à la cour d'appel appelée à confirmer ou infirmer la décision rendue en premier ressort sur sa plaidoirie.

S'il en a précédemment connu comme juge ou comme arbitre. On suppose que le juge d'un tribunal d'arrondissement, ayant statué en cette qualité sur une affaire, a été promu depuis aux fonctions de conseiller à la cour d'appel dans le ressort de laquelle il a été juge, et se trouverait, à titre de conseiller, appelé à se prononcer sur la confirmation ou sur l'infirmation des jugements auxquels il avait concouru précédemment. Il se peut que le jugement frappé d'appel ait été rendu contre son avis ; mais la loi le déclare récusable sans distinction, parce qu'il a une opinion faite sur l'affaire. Il en est de même de *l'arbitre* qui serait appelé plus tard, comme juge, à statuer sur l'appel de la sentence.

Sollicité. Ces mots, reproduits de l'ordonnance de 1667 (tit. XXIV, art. 6), faisaient alors allusion aux visites que les parties étaient dans l'usage de faire au juge rapporteur de l'affaire. Quelquefois la partie faisait solliciter par un tiers, par une personne influente.

Une disposition de l'ordonnance de 1667, l'art. 13 du même titre XXIV, permettait « aux officiers des cours, bailliages, sénéchaussées et autres sièges de «juridictions, même à ceux des seigneurs, de solliciter... ès maisons des juges, «pour les procès qu'eux, leurs enfants, père, mère, oncles, tantes, neveux et « nièces, et les mineurs de la tutelle ou curatelle desquels ils étaient chargés, « avaient ès cours, juridictions et justices dont ils étaient officiers. » Seulement, en général, on leur défendait de solliciter à l'audience, et pour d'autres personnes que celles nommées dans l'ordonnance. Mais les commentateurs de l'ordonnance nous apprennent que cette défense n'était pas bien exactement observée.

Ces sortes de visites ne sont plus dans les mœurs judiciaires.

S'il a déposé comme témoin. Il a, en effet, pris parti sur l'affaire. Mais il faut qu'il ait réellement déposé ; une partie ne pourrait obtenir la récusation d'un juge en l'assignant comme témoin, quoiqu'il n'eût aucune connaissance de l'affaire. La comparution du juge, lorsqu'il déclare qu'il ne sait rien des faits de l'enquête, ne constitue pas une déposition qui puisse motiver sa récusation.

S'il a bu ou mangé avec l'une ou l'autre des parties dans leur maison. Je ne puis croire que le législateur ait eu dans la pensée qu'une partie pouvait gagner son juge au moyen d'un dîner : mais il a supposé plutôt qu'un repas fait par le juge chez une partie avait dû amener au moins momentanément, une familiarité dangereuse, des entretiens où le juge avait pu être circonvenu, où l'affaire avait pu lui être présentée sous un jour trop favorable à l'une des parties.

Reçu des présents. Ni le juge, ni sa femme, ni ses enfants ne doivent recevoir des présents de la partie. Du reste, la loi n'aurait pas édicté cette prohibition que les juges se la seraient certainement imposée.

« 9° S'il y a inimitié capitale entre lui et l'une des parties ; s'il y a eu, de sa part, agressions, injures ou menaces, verbalement ou par écrit, depuis l'instance ou dans les six mois précédant la récusation proposée. »

S'il y a inimitié capitale. Il faut, comme on l'exigeait déjà sous l'empire de l'ordonnance de 1667 (tit. XXIV, art. 8), que la partie précise des causes de l'inimitié prétendue. Quant à la question de savoir si la gravité de ces causes est telle qu'elle donne lieu à une inimitié *capitale,* c'est un point entièrement livré à l'appréciation des tribunaux.

Agressions, injures ou *menaces.* Ces faits constituent évidemment un état violent d'hostilité entre le juge et la partie, et font suspecter l'impartialité du premier.

⇒ 569. « Art. 381. Les causes de récusation relatives aux juges sont applicables au ministère public lorsqu'il est partie jointe ; mais il n'est pas récusable lorsqu'il est partie principale. »

Vous connaissez déjà le sens de ces mots : *Partie jointe, partie principale* (Voy. nº 64). Quand le ministère public est partie jointe, il ne joue que le rôle de magistrat : sa parole est complètement désintéressée et peut exercer une grande influence sur le tribunal qu'il se propose d'éclairer. Il ne faut pas alors qu'on puisse supposer que des causes étrangères à la justice et à la vérité dictent ses conclusions en faveur de l'une ou de l'autre des parties ; il sera donc récusable par les mêmes motifs que le juge. Mais, s'il est partie principale, il devient l'avocat d'une des parties en cause : parlant exclusivement dans un intérêt, il n'a plus la même influence ; les causes de récusation ne l'atteindront pas.

Ajoutons enfin que les causes de récusation énumérées dans l'art. 378 s'appliquent non seulement aux juges qui statuent sur les conclusions des parties, mais aussi à ceux qui sont déjà désignés par le tribunal pour procéder à une voie d'instruction, comme enquêtes, descentes sur lieux ou autres opérations. L'art. 383 pose cette doctrine comme incontestable.

§ 2. A *quel moment la récusation doit-elle être proposée* (art. 380, 382, 383) ?

570. « Art. 380. Tout juge qui saura cause de récusation en sa personne sera tenu de le déclarer à la chambre, qui décidera s'il doit s'abstenir. »

Le juge doit donc, sans attendre la récusation, déclarer à ses collègues la cause de récusation qui existe ou qu'il croit exister en sa personne ; le tribunal décide, s'il y a ou non cause légitime d'abstention, en examinant si le juge n'est pas porté à s'abstenir par un scrupule exagéré ; et le juge doit s'en rapporter à la décision de ses collègues (1).

Si le juge ignore la cause de récusation, ou s'il la connaît, mais refuse de s'abstenir, les parties peuvent alors proposer la récusation, et les art. 382 et 383 déterminent le moment où elles doivent le faire.

L'art. 382 s'explique à l'égard des récusations qu'une partie veut proposer contre un juge appelé à statuer sur l'affaire, et l'art. 383 à l'égard des récusations contre les juges commis pour procéder à une opération nécessaire pour l'instruction de l'affaire.

« Art. 382. Celui qui voudra récuser devra le faire avant le commencement de la plaidoirie, et, si l'affaire est en rapport, avant que l'instruction soit achevée, ou que les délais soient expirés, à moins que les causes de la récusation ne soient survenues postérieurement. »

La récusation sera proposée *avant le commencement de la plaidoirie*. Faut-il entendre ces mots dans le sens de l'art. 343 de notre Code : « La plaidoirie « sera réputée commencée, quand les conclusions auront été prises contra- « dictoirement à l'audience ? » Des conclusions peuvent être remises sur le bureau du tribunal longtemps avant la plaidoirie. Dans les tribunaux ou dans les chambres chargées d'affaires, après les conclusions contradictoirement

(1) V. C. de Cass.. 25 novembre 1875 (Dall., 1876, 1. 143).

déposées, la cause est mise au rôle, c'est-à-dire inscrite pour être jugée à son tour, et on a vu, à Paris, des affaires rester au rôle deux ou trois mois et quelquefois plus longtemps encore. Il peut donc s'écouler un intervalle de temps assez long entre la remise des conclusions sur le bureau du tribunal et la plaidoirie. A quel moment la récusation devra-t-elle être proposée? Est-ce avant que les conclusions soient déposées, en s'attachant au texte de l'art. 343 ? Est-ce avant le moment où l'avocat va réellement développer les conclusions, c'est-à-dire plaider ? Il me semble difficile d'admettre que la partie soit tenue de proposer la récusation avant de déposer ses conclusions, longtemps avant le jour où l'affaire sera discutée à l'audience, c'est-à-dire longtemps peut-être avant de savoir comment le tribunal ou la chambre sera composée le jour de l'audience. J'inclinerais donc à entendre par la *plaidoirie*, dans l'art. 382, la véritable plaidoirie, le développement des conclusions par l'avocat.

A moins que les causes de la récusation ne soient survenues postérieurement. Ces mots s'appliquent aussi bien aux affaires sur plaidoiries qu'aux affaires instruites par écrit. On conçoit très bien que la loi me permette de proposer, même après le délai fixé, une récusation dont la cause n'est survenue qu'après la plaidoirie commencée ou après l'instruction par écrit terminée. Mais comment la cause de récusation peut-elle survenir après le commencement des plaidoiries? Rien de plus simple. L'affaire est importante et dure plusieurs audiences. L'un des avocats a plaidé ; le tribunal remet l'affaire à un autre jour pour entendre l'avocat de l'autre partie ; ou tous deux ont plaidé, et l'affaire est remise pour entendre le ministère public. Dans cet intervalle survient la cause de récusation ; il est évident qu'elle pourra être encore proposée ; les parties ne sauraient être considérées comme en faute pour n'avoir pas proposé, avant le commencement des plaidoiries, une cause de récusation qui est née depuis. Si la récusation d'un juge ne laissait pas le tribunal en nombre suffisant pour juger, il devrait se compléter par l'adjonction d'un autre juge, et il faudrait recommencer toutes les plaidoiries pour ce nouveau membre du tribunal.

Dans tous les cas, le jugement est valablement rendu, si la partie n'a pas proposé la récusation pendant l'instance (1).

571. « Art. 383. La récusation contre les juges commis aux descentes, enquêtes et autres opérations, ne pourra être proposée que dans les trois jours, qui courront : 1° si le jugement est contradictoire, du jour du jugement ; 2° si le jugement est par défaut et qu'il n'y ait pas d'opposition, du jour de l'expiration de la huitaine de l'opposition ; 3° si le jugement a été rendu par défaut et qu'il y ait eu opposition, du jour du débouté d'opposition, même par défaut. »

Et autres opérations. On peut citer comme exemples les vérifications d'écritures, faux incident, réception du serment des experts, etc.

Le n° 2 de notre article ne s'applique qu'aux jugements par défaut faute de conclure, puisque ceux-là seuls ne sont susceptibles d'opposition que pendant une huitaine (art. 157 C. pr.). Quant aux jugements par défaut faute de comparaître, beaucoup d'auteurs leur appliquent également le n° 2 de l'art. 383 ;

(1) C. Cass., Rej. 23 juillet 1860 (Dall., 1861, 1, 111).

sont probablement déterminés par la difficulté de fixer un autre délai. On ne peut pas dire, en effet, que le délai de trois jours courra, pour les jugements par défaut faute de comparaître, du jour ou la partie défaillante aura connaissance ou sera réputée avoir connaissance de l'exécution (art. 158 et 159 C. pr.) ; car l'exécution consiste dans l'opération pour laquelle le juge est commis ; et il ne peut être récusé quand l'opération est commencée.

Mais s'il ne faut pas accorder, pour proposer la récusation contre un juge commis par un jugement par défaut faute de comparaître, un délai calculé d'après les termes des art. 158 et 159 du Code de procédure, est-ce à dire que le n° 2 de l'art. 383 sera applicable? D'abord cette hypothèse ne peut rentrer dans les termes de l'article : *Du jour de l'expiration de la huitaine de l'opposition*, puisque ce n'est pas pendant un simple délai de huitaine que la voie de l'opposition demeure ouverte contre le jugement. D'ailleurs, la loi suppose toujours que celui qui n'a pas comparu peut ignorer non seulement l'existence du jugement, mais même celle de l'instance formée contre lui. Or, est-il raisonnable de déclarer la partie défaillante déchue du droit de former la récusation, peut-être avant qu'elle ait pu connaître ce droit ? Je crois donc qu'il ne faut appliquer, quand le juge est nommé par un jugement par défaut faute de comparaître, ni le délai du n° 2 de l'art. 383, ni un autre délai arbitraire établi par analogie des art. 158 et 159 du Code de procédure. C'est une hypothèse que la loi n'a pas réglée, n'a pas voulu régler, afin de laisser à la partie défaillante, qui peut-être ne connaît pas l'instance, une plus grande latitude pour former sa récusation. En un mot, la loi ne prononce pas de déchéance dans cette hypothèse ; la récusation pourra être formée tant que les opérations ne seront pas commencées.

Dans les cas prévus par l'art. 383 le délai est de rigueur ; mais je crois qu'il devrait être augmenté à raison des distances. La récusation est une affaire toute personnelle au client ; l'avoué ne pourrait la proposer en vertu de son pouvoir d'occuper (art. 384). Il faut donc que le client connaisse le jugement qui ordonne cette voie d'instruction, et qui nomme le juge commis pour y procéder.

Ce juge-commissaire, il est vrai, faisait partie du tribunal qui a rendu le jugement d'avant faire droit ; mais, quoiqu'il n'ait pas été récusé lors de ce jugement, il peut encore l'être à l'égard de l'opération à laquelle il est commis. En effet, la partie a pu croire que l'opinion isolée du juge qu'elle avait droit de récuser n'aurait pas d'influence sur les autres membres du tribunal ; mais si l'opération, si l'instruction ordonnée doit être dirigée exclusivement par une main hostile ou partiale, les motifs de récusation prennent plus de force que jamais, et l'art. 383 prouve qu'il est encore temps de les faire valoir.

§ 3. *De la procédure sur la demande en récusation, du jugement qui la termine et des effets de ce jugement* (art. 384 à 390).

572. « Art. 384. La récusation sera proposée par un acte au greffe, qui en contiendra les moyens, et sera signé de la partie, ou du fondé de sa procuration authentique et spéciale, laquelle sera annexée à l'acte. »

Le pouvoir général donné à l'avoué pour le procès ne contient pas le pouvoir de proposer une récusation. L'acte de récusation fait au greffe doit être signé de la partie elle-même, ou d'un fondé de pouvoir spécial et authentique, il n'est pas douteux, d'ailleurs, que ce pouvoir nouveau ne puisse être donné à l'avoué lui-même. C'est par respect pour le caractère du magistrat que la récusation est proposée par un acte au greffe, et non, comme les autres demandes, par un exploit d'huissier.

Comment cet acte parviendra-t-il officiellement à la connaissance du juge contre lequel la récusation est proposée ? L'art. 385 répond à cette question.

« Art. 385. Sur l'expédition de l'acte de récusation, remise dans les vingt-quatre heures par le greffier au président du tribunal, il sera, sur le rapport du président et les conclusions du ministère public, rendu jugement qui, si la récusation est inadmissible, la rejettera, et, si elle est admissible, ordonnera : 1° la communication au juge récusé pour s'expliquer en termes précis sur les faits, dans le délai qui sera fixé par le jugement ; 2° la communication au ministère public, et indiquera le jour où le rapport sera fait par l'un des juges nommé par ledit jugement. »

Comme en matière de renvoi (art. 371), l'acte au greffe est suivi d'un jugement sur l'admission ou le rejet de la demande. Ici la loi nous montre que l'acte au greffe, remis au président du tribunal et communiqué au ministère public, qui doit donner ses conclusions, donnera lieu à un premier jugement prononçant ou rejetant l'admission de la demande en récusation. Ce jugement est rendu à l'audience, sur le rapport du président et les conclusions du ministère public, mais sans entendre aucune plaidoirie, aucune observation de la part de la partie demanderesse (1). Quant au juge dont la récusation est demandée, il n'est pas entendu ; il ne connaît même pas, au moins officiellement, la demande formée contre lui. Toutefois il ne pourrait prendre part à ce premier jugement.

Si ce premier jugement déclare la récusation inadmissible, l'incident est terminé. Si, au contraire, l'admissibilité est reconnue, le jugement d'admission ordonne, comme le dit notre article, la communication au juge récusé, pour qu'il s'explique sur les faits, et la *communication au ministère public*. Cette seconde communication au ministère public ne doit pas être confondue avec celle qui précède le premier jugement. Il s'agit de la communication des réponses du juge afin que le ministère public donne ses conclusions sur le débat entre la partie dont la demande a été admise, et le juge dont la récusation a été proposée.

Le jugement d'admission fixera, en outre, le délai dans lequel le juge répondra sur les faits qui motivent la récusation, indiquera le jour où l'incident sera débattu à l'audience, et nommera un juge-commissaire pour faire un rapport sur cet incident.

(1) * Cass., 24 décembre 1869 (Dall., 1870, 1, 139). — Nîmes, 16 janvier 1869 (Dall., 1870, 2, 72). D'après la jurisprudence, cette règle est générale et s'applique, comme d'ailleurs toutes les dispositions du Code de procédure sur la récusation, en toutes matières et devant toutes les juridictions, même devant la Cour de cassation. Crim., Rej. 23 décembre 1869 (Dall., 1870, 1, 139). *

Le jugement d'admission ordonnera encore, en règle générale, la suspension de la procédure et des opérations relatives au fond de l'affaire dont la récusation est un incident, sauf le cas d'exception mentionné dans l'art. 387.

« Art. 387. A compter du jour du jugement qui ordonnera la communication, tous jugements et opérations seront suspendus : si cependant l'une des parties prétend que l'opération est urgente et qu'il y a péril dans le retard, l'incident sera porté à l'audience sur un simple acte, et le tribunal pourra ordonner qu'il sera procédé par un autre juge. »

Si cependant l'une des parties, etc. Cette exception a trait surtout aux récusations faites par application de l'art. 383.

Sur la communication qui lui est faite du jugement d'admission, et dans le délai fixé par ce jugement, « le juge récusé fera sa déclaration au greffe, à la suite de la minute de l'acte de récusation » (art. 386).

Cette déclaration peut contenir, de la part du juge, une reconnaissance ou une dénégation des faits qui servent de base à la demande en récusation : c'est ce que prévoient les art. 388 et 389.

« Art. 388. Si le juge récusé convient des faits qui ont motivé sa récusation, ou si ces faits sont prouvés, il sera ordonné qu'il s'abstiendra. »

« Art. 389. Si le récusant n'apporte preuve par écrit ou commencement de preuve des causes de la récusation, il est laissé à la prudence du tribunal de rejeter la récusation sur la simple déclaration du juge, ou d'ordonner la preuve testimoniale. »

Lorsque le juge, dans sa déclaration, reconnaît les faits sur lesquels la récusation est fondée, il ne s'élève aucune difficulté, et la récusation est admise.

Mais si, au contraire, le juge nie les faits, le récusant doit alors en faire la preuve ; et la loi, à défaut d'une preuve par écrit ou d'un commencement de preuve par écrit, permet au tribunal, suivant les circonstances dont l'appréciation lui est entièrement abandonnée, d'admettre la preuve testimoniale ou de rejeter la récusation sur la simple déclaration du juge. Mais, dira-t-on, l'art. 378 prévoit quelque cas où il ne serait pas possible de se procurer une preuve écrite : la preuve testimoniale ne devrait-elle pas alors être nécessairement admise, par argument de l'art. 1348 du Code civil? Non : la loi, par honneur pour le caractère, pour la dignité du magistrat, autorise le tribunal à rejeter cette preuve, s'il le juge convenable. Si la preuve est faite, on ordonnera au juge de s'abstenir.

Remarquez bien la marche particulière de cette procédure de récusation ; d'abord c'est un incident qui s'agite, non pas entre les deux parties du procès principal, mais entre l'une de ces parties, le récusant, et un tiers qui est le juge récusé. Ce n'est pas tout ; la procédure de la récusation ne donne lieu à aucune signification entre les deux parties, entre le récusant et le juge récusé. La loi ne place pas entre eux les intermédiaires ordinaires, les huissiers et les avoués. La loi évite les hostilités directes entre le juge et la partie, afin de ménager la dignité du juge ; chacun d'eux s'adresse au greffier ou au tribunal, sans se mettre en contact avec son adversaire.

Enfin la partie qui aura proposé à tort une récusation sera traitée sévèrement, aux termes de l'art. 390.

« Art. 390. Celui dont la récusation aura été déclarée non admissible ou non recevable sera condamné à telle amende qu'il plaira au tribunal, laquelle ne pourra être
moindre de cent francs, et sans préjudice, s'il y a lieu, de l'action du juge en réparation
et dommages et intérêts, auquel cas il ne pourra demeurer juge. »

Ainsi le récusant encourt une amende de cent francs lorsqu'il succombe,
soit dans le jugement d'admission (art. 385), soit dans le jugement qui statue
sur la récusation. De plus, si les motifs de la récusation rejetée sont de nature à porter atteinte à l'honneur et à la considération du juge, il peut demander des dommages et intérêts. Mais alors il se pose en adversaire du récusant, et il ne saurait rester juge sur le fond de l'affaire. Nous avons vu une
disposition semblable relativement à la récusation des experts (art. 314).

573 § 4. *De l'appel du jugement qui statue sur la récusation* (articles 391 à 396). Vous vous rappelez que les dispositions des art. 392, 393, 394
et 395 sont communes à l'appel des jugements de renvoi et des jugements de
récusation (art. 377). Ainsi l'explication de ces articles s'appliquera aussi bien
au titre précédent qu'à celui dont nous nous occupons actuellement.

« Art. 391. Tout jugement sur récusation, même dans les matières où le tribunal de
première instance juge en dernier ressort, sera susceptible d'appel : si néanmoins la
partie soutient qu'attendu l'urgence, il est nécessaire de procéder à une opération sans
attendre que l'appel soit jugé, l'incident sera porté à l'audience sur un simple acte ; et
le tribunal qui aura rejeté la récusation pourra ordonner qu'il sera procédé à l'opération
par un autre juge. »

Le jugement sur la récusation peut être frappé d'appel, quand même le
fond de l'affaire n'en serait pas susceptible. Nous verrons plus tard que la loi
soustrait à l'appel les affaires d'une faible importance au point de vue de l'appréciation pécuniaire du litige. Mais ici l'objet de l'incident ne saurait être
évalué pécuniairement.

J'appelle votre attention sur la fin de l'art. 391. Lorsqu'une récusation a été
proposée contre un juge commis à une opération d'instruction, comme une
requête, une descente sur lieux, etc., si le tribunal estime que l'opération est
urgente, il pourra nommer un autre juge, même en rejetant la récusation,
afin qu'il soit procédé immédiatement à l'opération, sans attendre le jugement
sur l'appel.

574. « Art. 392. Celui qui voudra appeler sera tenu de le faire dans les cinq jours
du jugement, par un acte au greffe, lequel sera motivé et contiendra énonciation du
dépôt au greffe des pièces au soutien. »

Qui peut interjeter appel ? Ce droit appartient d'abord au récusant contre le
jugement qui a rejeté sa demande, et au juge récusé contre le jugement qui
admet la récusation (1). La question est plus délicate à l'égard de l'adversaire
du récusant dans le procès principal. Quelques auteurs considèrent cet adversaire comme étranger à l'incident de récusation, et le déclarent non recevable

(1) *Contrà*, Cass., 14 avril 1829, *Journal du Palais.*

à interjeter appel. J'inclinerais cependant à lui donner le droit d'appeler; partie au procès sur le fond, l'adversaire du récusant peut avoir un intérêt sérieux à contester la récusation. Vainement dirait-on qu'il n'a pas figuré dans la procédure de l'incident de récusation : on ne peut lui reprocher son inertie à cet égard, puisque la loi a réglé minutieusement, comme nous l'avons vu, les actes de cette procédure, et que l'adversaire du récusant, voulût-il y prendre part, ne pourrait signifier aucun acte de procédure. Mais il est partie au procès principal dont la récusation ne forme qu'un incident ; il est donc juste qu'il puisse appeler du jugement qui statue sur la récusation (1).

Vous verrez, au titre de l'*Appel*, qu'ordinairement la partie qui entend se prévaloir d'un jugement contradictoire doit le faire signifier à son adversaire, pour faire courir le délai d'appel (art. 443 C. pr.). Ici, même sans signification, la loi restreint ce délai à cinq jours, qui courront du jour de la prononciation du jugement. La nature de l'affaire, qui laisse planer un soupçon sur l'impartialité du juge, exigeait qu'une décision souveraine intervînt le plus tôt possible. Tel est le motif de cette grande abréviation du délai ordinaire d'appel et de la rapidité que la loi imprime à la procédure d'appel dans les articles qui suivent.

575. « Art. 393. L'expédition de l'acte de récusation, de la déclaration du juge, du jugement, de l'appel et les pièces jointes, seront envoyées sous trois jours par le greffier, à la requête et aux frais de l'appelant, au greffier du tribunal d'appel. »

On ne suit pas ici les formes ordinaires ; le jugement n'est pas levé et signifié par la partie au juge ou par le juge à la partie. La loi ne permet pas plus les rapports d'hostilité directe entre le juge et la partie sur l'appel que devant les premiers juges. Le greffier servira entre eux d'intermédiaire ; il fera connaître au juge la décision du tribunal, recevra la déclaration d'appel et transmettra toutes les pièces au greffier de la cour d'appel.

« Art. 394. Dans les trois jours de la remise au greffier du tribunal d'appel, celui-ci présentera lesdites pièces au tribunal, lequel indiquera le jour du jugement et commettra l'un des juges ; sur son rapport et sur les conclusions du ministère public, il sera rendu à l'audience jugement, sans qu'il soit nécessaire d'appeler les parties. »

Ces derniers mots : *Sans qu'il soit nécessaire d'appeler les parties*, montrent encore une fois ce qu'il y a de tout spécial dans cette procédure, qui se poursuit entre le récusant et le juge, ou entre l'appelant et le juge, sans que le demandeur et le défendeur, ou l'appelant et l'intimé, s'adressent directement des significations.

« Art. 395. Dans les vingt-quatre heures de l'expédition du jugement, le greffier du tribunal d'appel renverra les pièces à lui adressées au greffier du tribunal de première instance. »

Le récusant, s'il obtient gain de cause, ne signifie même pas le jugement ou l'arrêt au juge récusé, qui ne connaît officiellement la décision que par l'intermédiaire du greffier.

(1) C. Cass., 25 février 1838, *Journal du Palais*, t, II de 1838, p. 355.

« Art. 396. L'appelant sera tenu, dans le mois du jour du jugement de première instance qui aura rejeté sa récusation, de signifier aux parties le jugement sur l'appel,
ou certificat du greffier du tribunal d'appel, contenant que l'appel n'est pas jugé, et indication du jour déterminé par le tribunal ; sinon le jugement qui aura rejeté la récusation sera exécuté par provision ; et ce qui sera fait en conséquence sera valable, encore
que la récusation fût admise sur l'appel. »

Nous avons vu, sur l'art. 387, que l'instance principale, dans le cours de laquelle surgit la demande en récusation, est suspendue à compter du jour du
premier jugement dont il est question dans l'art. 385 ; mais, pour que le récusant ne laisse pas volontairement l'instance principale en suspens, il doit,
dans le mois qui suit le jugement de première instance, signifier à son adversaire au principal l'arrêt d'appel, ou au moins un certificat du greffier de la
cour constatant que l'appel n'est pas jugé, et l'indication du jour fixé pour
statuer.

Vous voyez que l'arrêt qui n'est pas signifié au juge récusé peut l'être à
l'adversaire du récusant dans l'instance principale.

Si le récusant ne remplit pas ces formalités, le jugement qui aura rejeté la
récusation sera exécuté par provision, et, décision remarquable ! *ce qui sera fait
en conséquence est valable, encore que la récusation fût admise sur l'appel*, c'est-
à-dire que le juge dont le tribunal n'a pas admis la récusation prendra part
au jugement et que ce jugement demeurera valable, quoique plus tard la
cour, infirmant par son arrêt la sentence du tribunal, déclare le juge récusable.

➜ 576. La voie de l'opposition est-elle ouverte contre les jugements qui
statuent sur la récusation ? Je n'hésite pas à répondre négativement. D'abord
la grande abréviation du délai d'appel, comme on l'a fait remarquer, montre
quelle célérité la loi veut imprimer à cette procédure ; or, l'opposition, si elle
était admise, pourrait être formée au moins pendant huitaine, délai ordinaire
de l'opposition, c'est-à-dire que le délai d'opposition, contrairement aux règles
ordinaires, serait plus long que le délai d'appel. Le législateur, qui recherche
la célérité en cette matière, n'aurait pas atteint son but.

Toutefois ce motif isolé ne me paraîtrait pas décisif pour supprimer, dans le
silence de la loi, une voie ordinaire de recours contre les jugements. Mais il se
présente ici un motif particulier pour déclarer l'opposition non recevable,
c'est que le jugement de récusation ne peut jamais être considéré comme un
véritable jugement par défaut. Nous avons vu, en effet, que le juge et le récusant ne sont pas placés, l'un à l'égard de l'autre, dans la position de deux
adversaires ordinaires. Chacun fait à part ses déclarations sans les signifier à
son adversaire. L'acte de récusation, fait au greffe par le récusant, forme pour
lui des conclusions permanentes sur lesquelles le tribunal statuera, et qui ne
permettent pas de considérer le récusant comme défaillant. Quant au juge,
les formalités de l'article 385 lui font connaître la demande en récusation. S'il
ne fait pas la déclaration dont parle l'art. 386, il ne pourra cependant former
opposition ; car il ne serait pas digne de lui de prendre un délai uniquement
pour gagner du temps. Sa qualité de juge doit lui faire comprendre la nécessité de fournir, dans le délai fixé par le jugement (art. 385), ses réponses à
la demande en récusation, dont il ne peut ignorer l'existence.

On s'est demandé également si la voie de l'opposition est ouverte contre les jugements qui statuent sur le renvoi pour parenté ou alliance. J'admets la même solution qu'en matière de récusation et par les mêmes raisons. La loi restreint à cinq jours le délai d'appel contre les jugements qui statuent sur un renvoi pour parenté ou alliance. Le délai d'opposition ne doit pas être plus long que le délai d'appel. D'ailleurs, la procédure de renvoi suit des formes analogues à la procédure de récusation (art. 370 et 371), et ces formes excluent l'idée d'un recours par la voie de l'opposition contre des jugements qui n'ont pas le véritable caractère de jugements par défaut. *

VINGT-QUATRIÈME LEÇON

⇶⟶ **577.** Nous avons parcouru les principaux incidents qui peuvent entraver et compléter le cours d'une instance. Nous avons à voir maintenant, dans les titres XXII et XXIII, comment l'instance entamée peut se terminer sans parvenir jusqu'au jugement. Tel est l'objet des règles de la péremption (tit. XXII et du désistement (tit. XXIII).

TITRE XXII

DE LA PÉREMPTION.

On entend par péremption (du mot latin *perimere*, anéantir, éteindre, détruire) l'anéantissement ou l'extinction d'une instance, opérée par la discontinuation des poursuites pendant un certain temps.

Je dis l'anéantissement ou l'extinction d'instance, et non pas l'anéantissement ou l'extinction de l'action ou du droit; ce sont là deux idées essentiellement différentes. La péremption est à l'instance à peu près ce que la prescription est au droit lui-même ; la péremption anéantit la procédure commencée, mais laisse entiers le droit ou l'action, et laisse par conséquent la faculté de la renouveler; la péremption n'éteint que la procédure, tandis que la prescription éteint le droit lui-même. Autre chose est donc la péremption, matière toute de procédure; autre chose est la prescription, matière toute de droit civil.

Cependant, dans certain cas, la péremption a pour résultat d'éteindre non seulement l'instance, non seulement la procédure, mais même le droit, l'action que cette instance entamée avait pour but de faire reconnaître. Mais si la péremption, qui par elle-même et de sa nature ne porte que sur l'instance, a quelquefois pour effet d'anéantir le droit lui-même, ce n'est là qu'un effet médiat, indirect, accidentel. Un exemple va vous le faire sentir clairement.

Après vingt-sept ou vingt-huit ans écoulés depuis la naissance de l'action, le demandeur créancier a intenté un procès contre son débiteur ; il était temps et grandement temps de l'intenter, car, le laps de trente ans venant à se compléter, la prescription était accomplie, le droit se trouvait éteint. Le créancier a donc, dans les deux ou trois dernières années de la prescription, intenté une action en justice ; l'effet de l'assignation, qui a saisi le tribunal, a été d'interrompre la prescription, aux termes de l'art. 2246 du Code civil. Puis, cette action étant intentée, la prescription se trouvant interrompue, le demandeur a laissé s'écouler sans poursuites trois années, terme ordinaire de la péremption. La péremption est demandée et prononcée ; l'instance est déclarée périmée, la demande est comme non-avenue ; et puisque la prescription n'avait été interrompue que par la demande, et que cette demande est maintenant effacée, il est vrai de dire que, dans ce cas, la péremption de l'instance entraîne l'anéantissement, l'extinction du droit lui-même. Mais vous voyez que ce n'est pas là l'effet direct de la péremption. La péremption met à néant la demande judiciaire et toutes les procédures qui en ont été la suite ; elle met les choses au même état où elles seraient si cette demande n'avait pas eu lieu ; c'est-à-dire qu'en principe elle laisse subsister dans son intégralité le droit du demandeur. Que si cependant la péremption de l'instance se trouve accidentellement concourir avec le temps fixé pour la prescription de l'action, alors la péremption aura un résultat secondaire, accidentel, celui d'éteindre, avec l'instance, l'action même que l'instance avait pour but d'exercer (V. art. 2247 C. civ.).

Ainsi rien de plus facile en théorie que cette distinction de la péremption et de la prescription, de l'extinction de l'instance, sauf à la renouveler, et de l'extinction du droit qui ne permettrait pas une nouvelle action.

578. Quelle est l'origine, quel est le but de la péremption ? pourquoi la loi veut-elle qu'après un certain délai écoulé sans aucune procédure, la demande et toutes ses suites soient réputées non avenues ?

L'origine historique de la péremption se trouve dans la loi 13, au Code, *de Judiciis* ; cette constitution de Justinien déclare en commençant : *Properandum nobis visum est, ne lites fiant pene immortales et vitæ hominum modum excedant ;* nous avons cru, dit l'Empereur, devoir mettre un terme aux procès, afin qu'ils ne se prolongeassent pas indéfiniment et ne se transmissent pas de père en fils sans se terminer. Cette locution, un peu vague, indique cependant, quand on l'examine de plus près, le but, le motif, qui, pour nous encore, doit servir à expliquer les règles de la péremption. Le législateur a voulu établir un stimulant qui empêchât les parties, et notamment le demandeur, de laisser traîner indéfiniment en longueur des procès intentés. Pensant qu'il est de l'intérêt de la bonne administration de la justice que les procès se jugent avec célérité, il veut que, si pendant trois années aucun acte de procédure, aucun acte de poursuite n'est intervenu entre deux parties en instance l'une contre l'autre, l'instance soit anéantie, l'instance soit éteinte ; sauf au demandeur, si la prescription n'est pas accomplie, à la recommencer sur nouveaux frais. Mais cette obligation de renouveler, de reprendre *ab ovo* une procédure déjà assez avancée, enfin de supporter tous les frais de la procédure périmée, est un moyen assez puissant pour exciter le demandeur à ne pas laisser le procès se périmer.

Au reste, cette matière de la péremption, organisée d'abord par la constitution de Justinien, avait été empruntée à cette constitution par nos anciennes ordonnances. Ainsi les ordonnances de 1539 et 1563 avaient transporté, naturalisé, dans la procédure française, le principe et la plupart des règles de la péremption du droit romain, ou du moins du Bas-Empire. Un arrêté de 1692, cité avec quelques détails dans le *Traité de procédure* de Pothier, avait donné, d'ailleurs, quelques développements aux principes incomplets posés quant à la péremption par les deux ordonnances précitées. Cependant, malgré ces divers actes législatifs, les règles de la péremption présentaient, dans l'ancienne procédure, la plus étrange, il faut bien le dire, la plus désolante diversité : à peine eût-on pu trouver deux ou trois provinces dans lesquelles le principe de la péremption fût soumis à des lois uniformes.

Ainsi, quoique la péremption fût consacrée par les ordonnances, on ne l'admettait pourtant, au moins dans certains pays, que dans l'hypothèse, tout à fait spéciale, où cette péremption pouvait avoir pour effet l'extinction du droit lui-même, c'est-à-dire où elle se trouvait accidentellement concourir avec le laps de temps fixé pour la prescription.

Dans certains lieux, la péremption s'opérait de droit, sans aucune demande, à l'expiration du délai terminé, et ce délai, qui était en général de trois ans, était en quelques localités beaucoup plus long.

Dans d'autres provinces, au contraire, la péremption n'avait pas lieu de droit ; pour qu'elle s'opérât, il fallait qu'elle fût demandée par la partie intéressée ; et, tout le temps que cette partie n'y avait pas formellement conclu, la péremption pouvait, même après les trois ans, être couverte par une signification à la requête de l'une des parties.

En un mot, et sans entrer dans le détail infini de toutes les diversités que l'ancienne jurisprudence présentait sur cette matière, il est vrai de dire que la présomption, destinée à éteindre, à étouffer, et par là même à simplifier les procès, devenait, par la variété infinie des principes qui la régissaient, une cause, une source perpétuelle de procès et de débats.

Cet avis n'est pas sans importance pour l'intelligence des textes peu nombreux que nous avons à parcourir. En effet, dans les cinq articles dont ce titre se compose, il n'y en a qu'un bien petit nombre, il n'y en a pas un peut-être, qui ne tende à effacer quelques-unes de ces divergences, à substituer une règle fixe aux variétés de l'ancien droit ; il n'y a dans tout ce titre que bien peu de mots qui ne puissent et ne doivent s'expliquer par allusion à des règles anciennes qu'on abolit ou qu'on rectifie.

579. « Art. 397. Toute instance, encore qu'il n'y ait pas eu constitution d'avoué, sera éteinte par discontinuation de poursuites pendant trois ans. — Ce délai sera augmenté de six mois, dans tous les cas où il y aura lieu à demande en reprise d'instance, ou constitution de nouvel avoué. »

Toute instance, c'est-à-dire soit qu'il s'agisse d'un procès entamé devant des juges du premier ressort, soit qu'il s'agisse d'un procès pendant en appel. L'effet de la péremption, dans ce dernier cas, est d'ailleurs déterminé par l'art. 469.

Toute instance, sans qu'on ait à distinguer, comme on le faisait autrefois, en quelques lieux, entre les instances dont l'objet est ou n'est pas susceptible de prescription. Et, en effet, dans les provinces où autrefois l'on n'admettait la péremption de l'instance qu'autant qu'elle concourait avec la prescription de l'action, la conséquence forcée était qu'il n'y avait pas de péremption possible dans les instances qui avaient pour matière une action de nature imprescriptible. Ainsi, l'action en réclamation d'état, déclarée imprescriptible par le Code civil (art. 328), n'aurait pas pu, dans ces provinces, tomber en péremption ; au contraire, il n'y a maintenant aucune distinction à faire : toute instance, à quelque degré qu'elle soit portée, et quel que soit son objet, peut tomber en péremption.

Mais notez bien que ce mot d'*instance* doit s'entendre à la lettre ; que la péremption ne s'applique pas à tous les actes que le Code de procédure autorise et commande, qu'il ne s'applique qu'aux actes d'une instance proprement dite. Ainsi, en général, un commandement ne se périme pas. Je dis, en général, parce que nous avons une règle particulière pour la saisie immobilière (art. 674 C. Pr.) ; ce sont deux cas où l'on voit un commandement tomber en péremption ; mais cette péremption n'a rien de commun, ni quant à ses délais, ni quant à ses règles, avec celle de l'art. 397. En effet, un commandement n'est pas une instance ; l'instance suppose un ajournement qui a mis les parties en présence l'une de l'autre et en présence du tribunal.

De même, en général, une procédure de saisie, soit mobilière, soit immobilière, tant qu'il ne s'y est pas élevé d'incidents qui aient amené les parties devant les tribunaux, une procédure de saisie n'est pas une instance dans le sens littéral du mot, et par conséquent ne tombe pas en péremption. Du reste, comme dans certaines saisies, il y a des délais de rigueur, dans lesquels les actes doivent se succéder, à peine de nullité, on appliquera les règles particulières à ces saisies ; mais on ne recourra pas au principe tout différent des art. 397 et suivants.

Toute instance. Ces mots comprennent d'abord les instances devant les tribunaux civils d'arrondissement, et devant les cours d'appel (art. 469 C. Pr.). Devant la justice de paix, l'art. 15 (C. Pr.) admet la péremption des instances, dans lesquelles il y a eu un interlocutoire ; la loi ne parle pas des autres instances ; mais il n'y a aucune raison pour ne pas les soumettre à la péremption. Il en est de même à l'égard des instances devant les tribunaux de commerce ; la loi est muette à leur égard. Mais il y a même motif de ne pas laisser durer indéfiniment des instances que la loi considère toujours comme urgentes. *

Encore qu'il n'y ait pas eu constitution d'avoué, bien entendu de la part du défendeur ; car le demandeur a nécessairement constitué avoué dans l'exploit d'ajournement, sans quoi l'ajournement serait nul, et l'instance ne serait pas valablement introduite. Ces mots ne peuvent s'expliquer que par relation à l'ancien droit. Vous verrez, dans Pothier, qu'avant l'arrêté de 1692, on tendait à décider que la péremption ne s'appliquait qu'autant que, des deux côtés, les parties avaient constitué leur procureur : on ne frappait pas le demandeur de péremption pour avoir suspendu les poursuites, pour n'avoir pas exigé jugement contre un défendeur qui n'avait pas de procureur constitué. Cette distinction avait été effacée par l'arrêté de 1692, dont notre article ne fait guère que répéter les termes.

➥ **580.** *Sera éteinte par discontinuation des poursuites pendant trois ans.*

Sera éteinte : vous pourriez conclure de ces mots que le seul accomplissement, la seule révolution des trois années déterminées par l'article entraîne immédiatement et forcément l'extinction de l'instance entamée. Cette conséquence ne serait pas exacte ; ces termes trop absolus sont modifiés par l'art. 399, où vous voyez que la péremption ne s'opère pas de plein droit, que le laps de trois ans ne suffit pas pour entraîner immédiatement et forcément la péremption de l'instance. *Sera éteinte*, veut donc dire simplement ici qu'on pourra, après les trois ans, demander et obtenir la péremption de l'instance. Nous reviendrons, au reste, sur ce point en expliquant l'art. 399.

581. *Ce délai sera augmenté de six mois, dans tous les cas où il y aura lieu à demande en reprise d'instance, ou constitution d'un nouvel avoué.*

La loi, en établissant la péremption, c'est-à-dire une sorte de peine contre le plaideur qui a laissé une longue discontinuation dans ses poursuites, a dû faire une exception à cette pénalité en faveur de celui à qui cette suspension ne peut être raisonnablement imputée. Si donc, dans le cours de l'instance, est survenu un de ces incidents qui entraînent l'interruption forcée, c'est-à-dire la mort de l'une des parties, ou la mort, l'interdiction, la destitution de son avoué, la loi prolonge alors, à raison de cette interruption forcée, le délai ordinaire, régulier, de la péremption. Mais elle ne donne pas, comme on le faisait en général dans l'ancienne jurisprudence, l'énorme délai de trente ans pour former la demande en reprise d'instance ou en constitution de nouvel avoué ; elle se borne à accorder, dans ce cas, une prolongation de six mois au délai régulier, au délai général de trois années.

* D'autre part la loi diminue le délai et le restreint à quatre mois pour les instances devant le juge de paix, dans lesquelles il y a eu un interlocutoire (art. 15 C. Pr). *

582. « Art. 398. La péremption courra contre l'État, les établissements publics et toutes personnes, mêmes mineures, sauf leur recours contre les administrateurs et tuteurs. »

Cet article confirme en partie les principes du droit civil en matière de prescription ; il confirme la règle de l'art. 2227 (C. civ.) ; vous voyez dans cet article que la prescription court contre l'État, contre les communes, aussi bien que contre les personnes privées. Sous ce rapport, l'art. 398 ne fait qu'appliquer à la péremption de l'instance les principes qui régissent la prescription du droit ou de l'action ; sous ce rapport, il s'écarte de la constitution de Justinien, qui affranchissait de la péremption triennale qu'elle établissait, les causes intéressant l'État, les églises, etc.

Au contraire, l'art. 398 s'écarte des principes du droit civil, en ce qui concerne les mineurs. En effet, d'après l'art. 2252 (C. civ.), la prescription ne court pas contre les mineurs ; on veut, au contraire, ici, que la péremption coure contre eux ; et cette péremption est d'autant moins dangereuse à leur égard que, la prescription ne courant pas contre eux, la péremption d'une instance entamée pour un mineur ne peut jamais avoir pour résultat l'anéantissement de son droit ou de son action (V. toutefois l'art. 469 et son explication).

* *Sauf leur recours contre les tuteurs.* De ces mots quelques auteurs ont conclu, à tort, que la péremption ne courait contre les mineurs que s'ils pouvaient recourir contre leurs tuteurs ; et ils ont refusé d'appliquer la péremption aux mineurs qui n'ont pas encore de tuteurs, ou dont le tuteur décédé n'a pas été remplacé. Mais la loi n'a pas fait cette distinction. La règle est absolue : *la péremption court contre les mineurs*, sauf leur recours contre les tuteurs, s'ils en ont un ; ce qui sera assurément le cas le plus ordinaire. *

583. « Art. 399. La péremption n'aura pas lieu de droit, elle se couvrira par les actes valables faits par l'une ou l'autre des parties avant la demande en péremption. »

La péremption n'aura pas lieu de droit. C'est-à-dire que, pour que l'instance soit éteinte, pour qu'elle soit anéantie, le laps de trois ans ou de trois ans et six mois, établi par l'art. 397, ne suffit pas ; il faut encore que la partie qui entend se prévaloir de la péremption y ait conclu formellement, l'ait expressément demandée dans les formes déterminées par l'art. 400.

Quelle est l'importance de ce point ? en quoi est-il utile de bien constater que la péremption, au lieu de s'accomplir de droit, à l'expiration du délai déterminé, suppose au contraire une demande formelle, au vu de laquelle le tribunal prononcera la péremption ?

L'importance de cette distinction est dans les derniers mots de l'art. 399 ; c'est qu'encore bien que le délai légal soit écoulé, tant que la péremption n'a pas été demandée, elle peut être couverte par tout acte de procédure signifié dans l'intervalle qui s'écoule depuis l'expiration des trois ans jusqu'à la demande en péremption. Ainsi, trois ans et plus se sont écoulés depuis le dernier acte de procédure signifié entre Paul et moi ; si la péremption s'opérait de plein droit, comme autrefois en quelques provinces, nous déciderions qu'aucune des parties n'a rien à faire pour que cette péremption soit réputée accomplie ; nous déciderions que dès l'expiration de trois ans l'instance a été éteinte, et que si, plus tard, l'une des parties s'avisait de continuer cette procédure, il suffirait à l'autre d'opposer, par voie de défense, qu'il n'y a plus d'instance, plus de procédure, plus de procès, puisque trois ans et plus se sont écoulés sans aucune poursuite.

Mais sous l'empire de l'art. 399, d'après lequel la péremption ne peut s'opérer de plein droit, il en sera autrement ; et, encore bien que trois ans et plus se soient écoulés sans qu'aucun acte de procédure ait été signifié, ni à la requête du demandeur ni à celle du défendeur, si cependant, avant que l'une des parties, le défendeur, par exemple, ait invoqué la péremption, le demandeur fait signifier un nouvel acte de procédure, cet acte, quoique postérieur à l'expiration du délai, couvrira la péremption, et enlèvera à l'autre partie le droit de la demander désormais utilement. Tant que la demande n'a pas eu lieu, trois ans, quatre ans, cinq ans se fussent-ils écoulés sans poursuites, la péremption peut être couverte. Au contraire, une fois la demande en péremption donnée dans les formes de l'art. 400, encore bien que le tribunal n'ait pas encore statué sur cette demande, cependant il y a, pour la partie qui a demandé la péremption, un droit acquis, auquel aucun acte de procédure postérieur ne saurait désormais porter atteinte.

Il y a deux sortes d'actes interruptifs de la péremption : 1° les actes de poursuite émanés d'une des parties en cause ou intervenus dans son intérêt et ayant pour objet la continuation de l'instance (1) ; 2° les actes communs aux deux parties desquels il résulte que le demandeur a eu de justes motifs pour arrêter les poursuites, tels qu'un compromis, des projets d'arrangement, une transaction plus tard annihilée (2).

Par les actes valables. D'abord il va sans dire qu'un acte de procédure nul en la forme ne pourrait avoir pour résultat de couvrir la péremption accomplie. Mais si la loi exige que ce soit un acte valable, elle n'exige pas que ce soit un acte utile, un acte de nature à entrer dans la taxe des frais. Ainsi, il n'est pas douteux qu'un acte de procédure frustratoire, un de ces actes qui n'entrent pas en taxe, ne pût et ne dût cependant couvrir la péremption, s'il était signifié avant qu'elle fût demandée. Par exemple, nous avons vu, dans le commencement de la procédure ordinaire, que la loi ne passait en taxe qu'une requête du défendeur en réponse aux moyens de la demande, et une requête en réponse de la part du demandeur ; elle ajoute ensuite qu'aucune autre écriture, aucune signification n'entrera en taxe. Que si, cependant, trois ans s'étant écoulés sans aucune signification, le défendeur notifiait une nouvelle écriture de défense, notifiait ce qu'on appelait autrefois une duplique, cet acte serait sans doute de ceux qui n'entrent point en taxe ; mais ce n'en serait pas moins un acte valable en la forme, acte dont le résultat serait de couvrir la péremption accomplie par trois ans, mais non encore demandée.

* Quelquefois même un acte peut couvrir la péremption, sans être signifié à l'adversaire. Ainsi la mise au rôle de l'affaire indique suffisamment l'intention de continuer l'instance ; elle est un acte valable qui couvre la péremption (3).

Par l'une ou l'autre des parties. Ceci encore tranche une ancienne controverse. On reconnaissait bien autrefois que si le demandeur, qui avait laissé trois ans s'écouler sans poursuites, signifiait après ces trois ans un acte de procédure, sans demander la péremption, dès lors il couvrait le droit qu'avait le défendeur de demander cette péremption. Ainsi, si après les trois ans écoulés, le demandeur, contre qui la péremption pouvait être invoquée, devançait, prévenait cette demande en péremption, en reprenant la procédure, on était bien d'accord qu'il couvrait par là même le droit acquis au défendeur : on en convenait du moins dans les provinces, bien entendu, où la péremption n'avait pas lieu de plein droit ; ce n'était que dans celle-là que la question pouvait s'élever. Mais, au contraire, on n'accordait pas facilement que le procureur du défendeur qui était intéressé à demander la péremption, on n'admettait pas que ce procureur, par un acte de procédure signifié après les trois

(1) Cass., 9 août 1837 (Dall., 1837, 1, 405).
(2) Cass., 8 mars 1831 (Dall., 1831, 2, 96). — Cass., 6 février 1844 (Dall., 44, 1, 156). — Toulouse, 10 janvier 1844 (Dall., 1845, 4, 292). — Cass., 23 juillet 1860 (Dall., 1860, 1, 311). — Cass., 13 juillet 1868 (Dall., 1868, 1, 321).
(3) C. de Rennes, 2 mars 1818. — Pau, 28 mars, 1822. — Cass., Rej., 14 août 1837. — Montpellier, 18 mars 1841 (Dall., Rép., v° *Péremption*, n°ˢ 191 et suiv.). — Bordeaux, 13 novembre 1855 (Dall., 1856, 2, 108), — Metz, 4 juillet 1865 (Dall., 1865, 2, 148). — Contrà, Cass., Rej., 6 août 1811. — Rouen, 20 mai 1826 (Dall., Rép., v° *Péremption*, n°ˢ 191 et suiv.).

ans sans l'ordre et l'aveu de son client, pût enlever à ce client le droit, très important pour lui, de demander la péremption, de faire déclarer l'instance anéantie.

Cette distinction disparaît encore devant le texte général de notre article. Encore bien qu'à l'expiration des trois ans le défendeur puisse avoir un intérêt immense à faire prononcer la péremption, cependant un acte de procédure signifié par son avoué, sans qu'il ait demandé la péremption, aura pour effet de la couvrir, de lui faire perdre de droit, sauf bien entendu la responsabilité de l'avoué qui aura compromis par cette signification les droits, les intérêts de sa partie. Ces intérêts peuvent être fort graves ; si la péremption se trouve concourir avec le délai de la prescription, l'avoué du défendeur, en signifiant, après les trois ans écoulés, un acte de procédure qui couvre la péremption, a pu entraîner par là la condamnation de son client, qui, dans le cas contraire, était à l'abri par la prescription.

➤ **584.** « Art. 400. Elle sera demandée par requête d'avoué à avoué, à moins que l'avoué ne soit décédé, ou interdit, ou suspendu, depuis le moment où elle a été acquise. »

La forme dans laquelle se demande la péremption est tout simple ; l'art. 400 vous l'indique. La demande en péremption devrait être rejetée, si elle n'était pas faite dans cette forme, par requête d'avoué à avoué (1). Que si l'avoué du demandeur contre lequel la péremption doit être demandée était interdit, décédé, suspendu, la forme de requête d'avoué à avoué est évidemment inapplicable, et la loi ne nous indique pas quelle forme la remplacera. Mais cette forme ne peut être douteuse ; le défendeur n'ayant plus alors d'avoué, et la loi voulant cependant que la demande en péremption puisse avoir lieu, elle sera formée par un exploit à personne ou à domicile, par une assignation devant le tribunal où la demande qu'on prétend faire déclarer périmée est pendante (2). Il en serait de même si l'avoué était démissionnaire (3).

➤ **585.** Quant aux effets de la péremption, je les ai déjà fait connaître ; l'art. 401 les détermine.

Art. 401. La péremption n'éteint pas l'action ; elle emporte seulement extinction de la procédure, sans qu'on puisse, dans aucun cas, opposer aucun des actes de la procédure éteinte, ni s'en prévaloir. — En cas de péremption, le demandeur principal est condamné à tous les frais de la procédure périmée. »

La péremption n'éteint pas l'action ; elle n'éteint que l'instance ; cependant, comme nous l'avons vu, par exception elle éteint quelquefois l'action, mais indirectement, parce que la prescription se trouve concourir avec la péremption. C'est, au reste, l'application littérale de l'article 2247 du Code civil qui

(1) Voy. Dalloz, *Jurispr. gén.*, v° *Péremption*, n°s 266 et 267. — Bastia, 3 août 1854 (Dall., 1856, 2, 170). — Toulouse, 1er février 1867 (Dall., 1867, 2, 64).

(2) Cass., Rej., 19 août 1816 (Dall., *Rép.*, v° *Péremption*, n° 163).

(3) Cass., Rej., 12 mars 1851 (Dall., 1854, *Tables*, v° *Péremption*, n° 4).

vous dit que, si le demandeur laisse périmer l'instance entamée par lui, l'interruption de la prescription est regardée comme non avenue. Sous ce rapport, les art. 2246 et 2247 sont l'explication naturelle du sens de l'art. 401 et de l'exception qu'il faut y apporter.

Elle emporte seulement extinction de la procédure; de la procédure à compter du premier de ces actes, c'est-à-dire à compter de la demande, et y compris cette demande. Mais la péremption, dans ses effets, ne remonte pas au delà de l'acte introductif d'instance ; c'est-à-dire qu'elle ne va pas frapper, au moins dans l'opinion que j'ai adoptée, la citation en conciliation qui, aux termes de l'art. 48, a dû précéder la demande. Déjà, sur l'art. 57, je me suis expliqué sur cette question assez débattue, en annonçant que j'y reviendrais plus tard. Or

Vous vous rappelez : 1° que toute demande principale et introductive d'instance doit être précédée d'une citation, art. 48 ; 2° que, d'après l'art. 57, cette citation en conciliation a pour effet de faire courir les intérêts, et d'interrompre la prescription, pourvu que la demande en justice soit formée dans le mois à partir de la non-comparution ou de la non-conciliation. C'est à cet article que se rattache une question de péremption qui maintenant peut être mieux comprise.

Je vous ai dit que, de ce que l'art. 57 exigeait que la demande fût portée en justice dans le mois au plus tard à compter de la non-comparution ou de la non-conciliation, il ne fallait pas conclure qu'à l'expiration de ce délai, écoulé sans demande judiciaire, la citation en conciliation fût réputée non avenue. A l'expiration de ce délai, la citation n'aura plus pour effet de faire courir les intérêts et d'interrompre la prescription : voilà toute la conséquence à tirer de l'art. 57. Du reste, une citation en conciliation ayant été donnée le 1er février, la non-conciliation ou la non-comparution ayant eu lieu le 4 ou le 5, on pourra non seulement dans le mois, mais bien au delà, signifier valablement un exploit d'ajournement, sans avoir à réitérer la citation en conciliation. La question sur l'art. 57 n'est donc pas de savoir si, après un mois de délai, la citation en conciliation est périmée, mais uniquement de savoir si la citation en conciliation est périmée, après les trois ans de délai indiqués par l'art. 397. La réponse m'a paru être dans les termes de l'art. 397. La citation en conciliation, vous ai-je dit, n'est pas une instance ; elle n'est pas même, comme on l'a dit quelquefois, un acte préparatoire, préliminaire de l'instance ; elle est, dans le vœu de la loi, dans la pensée du législateur, un acte qui a pour but, non pas de préparer le procès, mais, au contraire, de le prévenir, de l'empêcher. Or, il n'y a rien de si contraire au mot et à l'idée d'instance que l'idée de conciliation, d'acte ou d'essai qui tend à prévenir le procès ; donc la citation en conciliation ne rentre pas dans les termes de l'art. 397 ; donc, après trois années, elle n'est pas, elle ne peut pas être considérée comme périmée.

Ajoutez de plus que, si nous adoptions, comme on l'a fait quelquefois sur l'autorité notamment d'un passage du discours du rapporteur au Tribunat, si nous adoptions l'opinion qui soumet la citation en conciliation à la péremption, nous ne saurions plus comment appliquer les art. 399 et 400. En effet, la péremption ne s'opère pas de plein droit, elle se couvre par des actes d'avoué signifiés après l'expiration des trois ans, elle se demande par requête d'avoué à avoué : toutes règles inapplicables à la citation en conciliation, puisque cette conciliation a été tentée devant un juge de paix, là où il n'y a pas d'a-voué, là où il n'est pas possible d'accomplir les formalités de l'art. 400.

Ainsi nous dirons, sur l'art. 401, qu'après que l'instance a été déclarée péri-mée, la procédure s'éteint à compter de l'acte introductif d'instance, c'est-à-dire à compter de l'exploit d'ajournement ; mais que la citation en concilia-tion, qui a dû précéder cet acte introductif d'instance, n'est pas frappée de la même péremption ; qu'en conséquence, elle garde ses effets, et que le deman-deur, qui voudrait revenir à la charge, pourrait valablement recommencer son action, signifier un nouvel ajournement sans avoir à le faire précéder d'une deuxième citation en conciliation. La première tient malgré les trois années écoulées ; on n'a pas besoin de la renouveler, car ni l'art. 57 ni aucun autre ne déterminent de délai après lequel la citation en conciliation est ré-putée non avenue.

Il va du reste sans dire que tout cela s'arrêtera quand la prescription sera accomplie ; comme, à défaut d'observation de l'art. 57, la citation en concilia-tion n'aura pas interrompu la prescription, on pourra renouveler l'action sans nouvelle citation tant que la prescription ne sera pas accomplie ; mais cela est un point tout à fait distinct.

➤➤→ 586. La péremption n'éteint pas l'action, mais seulement la procé-dure. Telle était, en effet, la conséquence de la péremption admise dans les anciens principes. Cependant on reconnaissait assez généralement, et Pothier lui-même est de cet avis, que l'instance périmée venant à se renouveler, les parties seraient reçues à invoquer, dans le nouveau procès, les écritures, les actes, les procédures du procès périmé ; que, par exemple, on pourrait vala-blement produire, dans le procès recommencé, une enquête faite dans la pre-mière instance dont la péremption avait été prononcée. Les derniers mots de notre premier paragraphe repoussent cette doctrine, et appliquent, au con-traire, dans sa plénitude, le principe de l'extinction, de l'anéantissement de la procédure : *Sans qu'on puisse, dans aucun cas, opposer aucun des actes de la procédure éteinte ni s'en prévaloir. Opposer, s'en prévaloir*, paraissent des expres-sions synonymes ; on pourrait cependant rapporter la première au défendeur, et la seconde au demandeur.

Cependant quoique l'intention du législateur soit constante, quoique évi-demment les derniers mots du § 1er soient en relation avec l'ancien usage qu'on prétendait abolir, je ne sais s'il nous est permis de les appliquer avec l'excessive latitude qu'on pourrait leur donner au premier aspect. Pour tous actes de procédure proprement dite, par exemple, pour un rapport d'ex-perts, pour un procès-verbal d'enquête, il n'est pas douteux que l'art. 401 ne doive recevoir sa pleine application, qu'on ne doive repousser absolument de l'instance ainsi renouvelée les actes de procédure et les preuves acquises par ce moyen dans l'instance maintenant périmée.

Mais si, dans le cours de la première instance, l'une des parties avait fait un aveu constaté par le greffier sur le procès-verbal de l'audience, si l'une des parties avait déféré un serment qui eût été accepté par l'autre et constaté par le greffier, serait-on recevable, dans l'instance renouvelée, à se prévaloir de ce procès-verbal, et notamment à invoquer, comme preuve, l'aveu fait judiciairement par la partie qui maintenant renouvelle ou soutient encore le débat ? J'avoue que j'hésiterais beaucoup à appliquer à ce cas les derniers mots de notre paragraphe. En effet, l'aveu judicaire dont le tribunal a donné acte, l'aveu qui, en conséquence, a été relaté par le greffier sur le procès-verbal de l'audience, devient vraiment une preuve authentique, qui semble avoir toute la force définie par les art. 1317 et 1356 du Code civil. D'ailleurs, il n'est pas vrai de dire qu'on soit ici tout à fait dans les termes de l'art. 401 ; le procès-verbal d'audience n'est pas, à proprement parler, un acte de procédure, et c'est aux actes de procédure que s'applique la prohibition de l'art. 401.

Ainsi, tout en reconnaissant l'application franche et complète de l'art. 401 aux actes signifiés dans le cours de la première instance, par l'une des parties à l'autre, aux actes qui sont vraiment des actes de procédure, j'hésiterais fort à l'appliquer aux actes qui ne sont pas vraiment du ministère des parties ou de leurs avoués, qui ne sont ni signifiés ni faits à la requête de l'une d'elles, aux actes qui sont simplement la déclaration d'un fait, déclaration authentique à laquelle la péremption ne paraît pas devoir enlever sa force.

➤ **587.** *En cas de péremption, le demandeur principal est condamné à tous les frais de la procédure périmée.*

Autrefois on laissait, en général, après la péremption prononcée, les frais faits dans l'instance à la charge de la partie qui les avait faits ; chacune des parties étant également en faute de n'avoir pas donné suite à l'instance, il paraissait raisonnable que chacune supportât sans répétition les dépens déjà avancés par elle. L'art. 401 adopte une autre idée, qui est peut-être le plus sûr moyen d'atteindre le but. C'est le demandeur qui, en général, est le plus intéressé à presser la conclusion de l'instance, c'est à lui qu'il importe d'imposer le plus fortement le devoir de presser la procédure, d'accélérer le jugement ; en mettant à sa charge tous les dépens de l'instance qu'il a d'abord introduite et laissé plus tard périmer, on a espéré le déterminer d'une manière plus sûre à éviter ces lenteurs d'instance, dont la péremption est la peine. Quoi qu'il en soit, cette dernière disposition ne peut présenter aucune difficulté d'application.

TITRE XXIII

DU DÉSISTEMENT.

➤ **588.** L'orateur du Tribunat s'exprimait ainsi devant le Corps législatif, en passant du titre de la Péremption à celui du Désistement : « Plus sûr dans ses effets, plus précieux encore dans ses motifs que la péremption, le désistement mérite aussi l'attention du législateur ; il est un hommage à la justice, à la vérité : *il ne laisse après lui aucune crainte de voir renaître l'instance dont il est l'objet.* » C'est sur ces mots que j'appelle votre attention.

Ainsi, tout en reconnaissant une analogie entre la péremption et le désistement, on établissait, néanmoins, en faveur de cette dernière procédure, cette

différence fort importante, en effet, si toutefois elle est vraie, que le désistement, bien différent de la péremption, *ne laisse après lui aucune crainte de voir
renaître l'instance dont il est l'objet.* Si nous prenions cette proposition à la lettre, ou plutôt si nous la prenions dans le seul sens qu'elle présente, sans même
en serrer beaucoup les termes, nous dirions que le désistement est l'abandon
volontaire, non pas seulement de l'instance, de la procédure, mais du droit,
mais de l'action ; en d'autres termes, que la partie qui s'est désistée, dans les
formes que nous allons examiner, a perdu tout droit, toute action, et ne peut
pas plus tard renouveler le procès dont elle s'est une fois désistée.

S'il en était ainsi, on ne comprendrait guère d'abord comment le désistement peut figurer dans le Code de procédure ; ce ne serait plus là une simple
affaire de forme, d'instance, de procédure ; ce serait vraiment un abandon du
fond du droit, ce serait une transaction rentrant parfaitement dans les termes
de l'art. 2044 du Code civil.

A part cette première objection, qui ne serait guère que d'ordre, et qui, sous
ce rapport, n'est pas péremptoire, on en trouve une beaucoup plus grave, une
beaucoup plus sérieuse, dans les derniers mots du § 1er de l'art. 403. Quelque
grave, en effet, que soit l'autorité d'un exposé des motifs, il y a quelque chose
de plus important, de plus grave encore, dans l'explication de la loi, c'est le
texte de la loi elle-même ; or, l'art. 403 définit, tout autrement que l'orateur
que j'ai cité, les effets, la portée, et, par là même la nature du désistement :
« Le désistement, dit-il (je passe sur les détails), emportera consentement que
les choses soient remises de part et d'autre au même état qu'elles étaient avant
la demande. » Certainement il est impossible de définir plus clairement qu'on
ne le fait ici l'abandon, non pas du droit, non pas de l'action, mais l'abandon
de l'instance, l'abandon de la procédure. Après le désistement fait et accepté,
le demandeur a-t-il perdu son droit? a-t-il abdiqué la prétention, bien ou mal
fondée, qu'il soulevait? Non ; après le désistement accepté, les choses sont ce
qu'elles étaient avant que la demande eût été formée, avant que l'instance fût
entamée. C'est-à-dire que, quand le désistement s'opère par la volonté formelle des parties, il produit le même effet qui s'opère, par la puissance de la
loi, dans le cas de péremption ; dans les deux cas, c'est l'instance, c'est la procédure qui est éteinte ; dans les deux cas, l'action dure, sauf, bien entendu, le
cas de prescription, dans le désistement comme dans la péremption. Ainsi, si,
ayant formé une demande après vingt-sept ou vingt-huit ans de prescription
déjà écoulés, vous venez ensuite, quelques années après, et, avant le procès
terminé, vous venez à vous désister de cette demande, elle est considérée
comme non avenue, la prescription n'a donc pas été interrompue, le droit est
donc éteint. C'est au reste ce que déclare l'art. 2247 (C. civ.) : « Si le demandeur se désiste de la demande, l'interruption est regardée comme non avenue. »

Ainsi, malgré l'autorité des paroles que j'ai citées pour prévenir l'objection
qu'on en pourrait tirer, nous devons tenir pour certain que le désistement, en
lui-même, et lorsque les termes de l'acte n'indiquent pas de volonté contraire,
n'est que l'abandon de l'instance, n'opère que l'extinction de la procédure et
nullement l'abandon du droit lui-même.

589. Cette matière demande peu de détails quant aux formes ; mais elle nécessite une observation assez importante et quelques développements, quant au fond même du principe qui la régit.

En général, qui peut être porté à se désister, qui peut avoir intérêt à se désister ? C'est le demandeur ; on ne comprend même guère, au premier aspect, que le défendeur puisse se désister ; le défendeur peut bien sans doute passer sa condamnation, reconnaître après coup la vérité, la justice de la prétention du demandeur ; mais ce n'est pas là un désistement proprement dit, c'est un abandon de la défense, c'est, si vous voulez, un acquiescement. Cependant le défendeur pourrait avoir à faire un désistement proprement dit, s'il s'était porté lui-même demandeur incident, s'il avait formé une demande reconventionnelle, aux termes des art. 337 et 338.

* Faut-il que celui qui se désiste ait la capacité de disposer du droit lui-même ? Je ne le crois pas. Puisqu'il ne s'agit que d'un abandon de l'instance, tout demandeur peut se désister. Le tuteur même, qui n'a pu intenter certaines actions sans autorisation, pourra s'en désister seul. *

Le demandeur peut-il, par sa volonté seule, se désister de l'instance ? faut-il, au contraire, pour la validité de ce désistement, le concours, la volonté, l'acceptation formelle du défendeur ? La loi le décide ainsi, soit dans l'art. 402, où elle indique la forme de cette acceptation ; soit dans l'art. 403, où elle vous parle des effets du désistement lorsqu'il aura été accepté.

Ainsi, le désistement ou l'abandon volontaire de la procédure ou de l'instance suppose clairement le concours des deux volontés, la volonté du demandeur, qui se désiste de sa procédure, et la volonté du défendeur, qui, dans une forme ou dans une autre, accepte ce désistement. Mais ce point, qui résulte clairement de nos deux articles, présente, au premier aspect, quelque difficulté.

En effet, le demandeur n'était-il pas maître d'agir ou de ne point agir ? Ne pouvait-il pas, à son gré, introduire le procès ou y surseoir ? Évidemment oui. Pourquoi donc ne pourrait-il pas, après l'action intentée, abandonner cette procédure en prenant à sa charge, bien entendu, tous les frais qu'il a faits et tous ceux qu'il a fait faire au défendeur, que maintenant il laisse tranquille ? Cependant ces offres mêmes ne suffiraient pas pour la validité du désistement. Le demandeur, qui, avant d'agir, était maître de plaider immédiatement ou de différer son action, n'est plus maître de se désister, même en offrant de payer les frais, une fois que l'action a été intentée. C'est ce qui résulte formellement des art. 402 et 403 ; et ce n'est pas du tout un caprice de la loi.

En effet, l'instance une fois liée appartient vraiment aux deux parties ; le quasi-contrat judiciaire, qui est intervenu entre les plaideurs, les enchaîne également, demandeur et défendeur ; le premier ne peut plus abandonner l'instance sans le consentement de l'autre. C'est qu'en effet le défendeur a, dans nombre de cas, un intérêt très réel et très légitime à ce que l'instance entamée contre lui ne soit point abandonnée.

Par exemple, vous demandeur, vous avez porté votre action devant un tribunal incompétent *ratione personæ* ; mais par là même, comme l'incompétence était purement personnelle, vous l'avez couverte, en ce qui vous touchait ; vous vous êtes rendu désormais non recevable à opposer l'incompétence personnelle du tribunal que vous avez saisi. Moi défendeur, j'avais droit sans doute d'opposer cette incompétence, aux termes de l'art. 168 ; je ne l'ai pas fait ; j'ai consenti, et peut-être même y avais-je intérêt, à plaider avec vous devant ce tribunal. Pourrez-vous ensuite, quand l'instance est presque à son terme, quand vous pouvez, par l'ensemble et la tournure des débats, pressentir à peu près quelle en sera l'issue, pourrez-vous ensuite, vous désistant malgré moi, m'enlever l'espoir d'un jugement qui semblait devoir être en ma faveur, pour aller plus tard, quand vous voudrez, renouveler la même action devant un autre tribunal? Ce serait fort injuste.

Secondement, supposez que, dans le cours d'une instance entamée devant un tribunal même parfaitement compétent, vous avez laissé passer les délais prescrits par les art. 257 et 278 pour commencer et pour terminer l'enquête que vous aviez obtenue ; pourrez-vous vous soustraire à cette déchéance, en me signifiant un désistement, à l'effet de renouveler plus tard la même action, par un autre exploit, et obtenir par là même une nouvelle enquête et de nouveaux débats ? Il est clair que, s'il pouvait en être ainsi, le but de la loi serait absolument manqué. La loi a voulu, par la fixation de ces délais, vous enlever le temps de corrompre les témoins, et, ce temps, vous l'auriez de reste, si, en cas d'insuffisance du délai que vous donnait la loi, vous pouviez vous désister, puis renouveler l'action devant le même tribunal, ou devant un autre.

Et, pour prendre la chose d'une manière plus générale, dès qu'il y a instance entamée, engagée entre les deux parties, chacune des deux, moi défendeur, lui demandeur, a le droit d'en presser la conclusion, de poursuivre le jugement, sans qu'il puisse dépendre du demandeur, par un désistement de mauvaise foi, d'abandonner une procédure qu'il renouvellerait plus tard, jusqu'à ce qu'il eût trouvé l'occasion favorable pour me faire condamner. Ainsi ne nous étonnons pas de ce que, dans les art. 402 et 403, la loi suppose clairement que le consentement du défendeur est nécessaire au désistement. Le demandeur était maître sans doute d'agir ou de ne point agir ; mais, une fois qu'il a agi, une fois le tribunal saisi, c'est à nous deux, ce n'est pas à lui seul que ce procès appartient.

Je dis le tribunal saisi ; et, en effet, il n'est pas toujours nécessaire que le consentement du défendeur intervienne pour que le désistement soit valable ; cette nécessité existe en général ; mais, dans certains cas spéciaux, les principes mêmes que nous venons d'exposer vont nous montrer qu'il faut faire une exception. Supposez, par exemple, que, sur une assignation donnée par le demandeur, le défendeur ait opposé, avant tout, l'exception d'incompétence du tribunal devant lequel il est cité ; le demandeur pourra-t-il, tant que les débats ne roulent encore que sur cette question d'incompétence, se désister et faire juger son désistement valable, malgré le refus du demandeur ? Il est évident qu'il le peut ; car on ne peut dire que le procès leur appartienne à tous les deux, alors que le défendeur refuse encore de plaider devant le tribunal saisi. Tant que le défendeur conteste la compétence, je puis évidemment retirer mon action et dérober le procès à des juges par lesquels lui-même n'a pas consenti à être jugé.

De même, si, au lieu d'opposer l'exception d'incompétence, le défendeur m'opposait, au termes de l'art. 173, la nullité de l'exploit d'ajournement, je pourrais, pour couper court à tous ces débats sur une nullité de forme, débats qui peuvent entraîner des lenteurs et des frais, lui signifier, bon gré mal gré, mon désistement de cet exploit, et lui en faire signifier un autre sur lequel aucun débat ne s'élèvera.

* Quand je me désiste, en présence de l'exception d'imcompétence proposée par le défendeur, je ne fais qu'acquiescer à son exception.

S'il a demandé la nullité de mon exploit, il aurait mauvaise grâce à refuser mon désistement pour me forcer à poursuivre une procédure qu'il fera annuler plus tard. Je puis donc l'obliger ou à accepter mon désistement, ou à poser sur le fond des conclusions qui couvriront la nullité (art. 173). *

Mais une fois que les débats sont engagés sur le fond, une fois que les questions de compétence et de validité sont jugées, nous rentrons dans le principe qui reconnaît à chaque partie le droit de poursuivre le procès et le jugement; c'est l'application de l'art. 402.

* Au cas où l'instance est engagée contradictoirement, il faut assimiler celui où il est intervenu un jugement par défaut ; ainsi la partie qui a obtenu ce jugement ne peut pas se désister du bénéfice de ce jugement et porter l'affaire à un autre tribunal, sans le consentement de l'autre partie (1). *

    ≫→ 590. « Art. 402. Le désistement peut être fait et accepté par de simples actes signés des parties ou de leurs mandataires, et signifiés d'avoué à avoué. »

Remarquez que la loi se sert d'expressions facultatives : *peut être*, c'est-à-dire que cette forme n'est pas prescrite impérieusement, que le désistement pourrait valablement être fait et accepté dans une convention intervenue directement, personnellement, entre les deux parties de la cause. Cependant la forme de la loi est infiniment plus simple et plus commode, parce qu'elle aura l'avantage, non seulement d'assurer le désistement entre les parties, mais d'avertir chacun des avoués que ce désistement a été donné, et qu'en conséquence nul acte de procédure ne doit plus être signifié. Mais cet acte de désistement, à la différence des actes ordinaires d'avoué, doit porter la signature des parties ou de leurs mandataires spéciaux, mandataires en mesure de représenter une procuration expresse et authentique (2).

Pourquoi la loi ne se contente-t-elle pas de la signature de chaque avoué au bas des actes dans lesquels est notifié ou accepté le désistement? Parce que ces actes d'abandon de l'instance peuvent avoir, pour chacune des parties, des conséquences qui tiennent au fond du droit. Ainsi, si le désistement a été fait ou accepté par l'un des avoués sans pouvoir, en son nom, par un simple acte signé

(1) *Contrà,* Cass., 18 mars 1868 (Dall., 1868, 1, 252 et la note 1).

(2) * C. de Cass., Rej., 7 août 1877 (Dall., 1878, 1, 55). — La nécessité d'une procuration par acte authentique n'est pas écrite dans la loi. Je crois donc qu'on peut se contenter d'une procuration par acte sous seing privé.

En matière commerciale, où le ministère des avoués n'existe pas, le désistement ne peut être soumis aux formes de l'art. 402 ; ainsi, il peut être donné non seulement par exploit d'huissier, mais encore en toute autre forme et même verbalement. Cass., 10 juillet 1867 (Dall., 1868, 1, 32).

Il a été jugé, même en matière civile, que le désistement pouvait être tacite et résulter des circonstances de la cause. Cass., Rej., 24 mars 1873 (Dall., 1874, 1. 29).

de lui, la partie qui n'aurait pas consenti à ce que le désistement fût donné ou accepté pourrait s'y opposer, même sans employer la procédure de désaveu, en opposant simplement que l'acte de désistement est nul par le défaut de signature. En effet, ce que la loi exige ici, c'est une formalité particulière, la signature de chaque partie au bas des actes de désistement (V. n° 541 *in fine*), ou celle d'un mandataire spécial.

Quel est l'effet du désistement? L'art. 403 l'indique.

« Art. 403. Le désistement, lorsqu'il aura été accepté, emportera de plein droit consentement, que les choses soient remises de part et d'autre au même état qu'elles étaient avant la demande. »

Nous avons déjà expliqué ces mots, à l'effet d'établir la véritable nature du désistement. Quant aux §§ 2 et 3, ils sont relatifs à une question fort simple. Il est tout naturel que le demandeur qui, trouvant sa demande mal dirigée, s'en désiste et obtient de son adversaire le consentement du désistement, prenne à sa charge tous les dépens ; aussi, ces frais doivent-ils être uniquement supportés par lui. Seulement, pour que le désistement qui tend à étouffer l'instance, à abandonner, au moins quant à présent, le procès, ne devienne pas entre les parties la source d'un deuxième débat et de nouvelles plaidoieries sur la question des frais, la loi trace dans le second paragraphe une formalité expéditive, relative au règlement de ces frais ; le défendeur, pour se faire rembourser par l'adversaire les dépenses avancées par lui, n'a pas besoin d'obtenir un jugement proprement dit ; ces frais seront alloués sur une simple ordonnance du président.

Quant aux formes dans lesquelles cette ordonnance peut être attaquée, elle peut l'être par opposition si elle a été rendue par défaut, par appel si elle a été rendue en premier ressort. Mais, dans tous les cas, nonobstant l'opposition ou l'appel, cette ordonnance est exécutoire ; c'est ce que déclarent les derniers mots de l'art. 403.

VINGT-CINQUIÈME LEÇON

TITRE XXIV

DES MATIÈRES SOMMAIRES.

⇒ 591. Nous avons terminé toutes les règles relatives à la première de nos divisions, c'est-à-dire à la procédure ordinaire. Notre titre est relatif aux matières sommaires, c'est-à-dire à certaines causes qui, par des motifs différents, soit la modicité de l'intérêt, soit la simplicité de la question, ont été dispensées par la loi d'une partie des formalités prescrites pour les matières ordinaires.

Nos explications sur les matières sommaires se borneront à fort peu de choses ; elles consisteront uniquement à constater les points de procédure dans lesquels la loi, pour accélérer la décision des matières sommaires, fait exception, en leur faveur, aux règles de la procédure ordinaire.

Quelles sont les causes qui doivent être instruites sommairement, conformément aux dispositions de ce titre ? En quoi, d'ailleurs, l'instruction prescrite pour les matières appelées sommaires diffère-t-elle de l'instruction ordinaire? Telles sont les deux questions que nous aurons à examiner : à la première se rattache l'art. 404 ; à la seconde, c'est-à-dire aux règles de l'instruction de ces affaires, se rattachent tous les autres articles de ce titre, depuis l'art. 405 jusqu'à l'art. 413.

La division des affaires en affaires ordinaires et en affaires sommaires, et les distinctions de procédure qui s'y rattachent, ne sont pas nouvelles ; vous trouverez dans le titre XVII de l'ordonnance de 1667 cette distinction formellement établie. Cette ordonnance procédait, pour indiquer les matières sommaires, par voie d'énumération ; dans les cinq premiers articles du titre XVII, elle énumérait les différentes espèces de causes qui devaient être sommairement instruites. On a pensé que cette voie d'énumération avait des dangers, qu'en voulant indiquer en détail et une à une, chacune des causes qu'on entendait soumettre à une instruction sommaire, on s'exposait presque inévitablement à des omissions, qu'on laissait par là matière à de graves incertitudes. Aussi le Code de procédure en a-t-il disposé autrement ; c'est par des règles assez générales, par des catégories qui embrassent un nombre fort étendu d'affaires, qu'il a essayé de déterminer quelle nature de causes seraient soumises à l'instruction de ce titre.

En général, des considérations de natures différentes peuvent faire entrer une affaire dans la classe des matières sommaires. Ce peut être l'extrême simplicité des questions que soulève cette affaire : on comprend que, dans ce cas, la loi puisse dispenser de quelques-unes des voies d'instruction ordinaire. Ce peut être aussi la modicité de l'intérêt qui fait la matière du litige ; on comprend que, alors, on ait essayé de réduire les procédures, de diminuer les frais, afin de ne point absorber en dépens du procès la presque totalité de la valeur du litige. Enfin, ce peut être la célérité qu'exige la nature de l'affaire, célérité qui nécessite encore quelques simplifications dans la marche habituelle de la procédure.

C'est à ces trois espèces de causes ou de considérations que vous pourrez rattacher chacun des paragraphes de l'art. 404.

592. « Art. 404. Seront réputés matières sommaires, et instruits comme tels : — Les appels des juges de paix ; — Les demandes pures personnelles, à quelque somme qu'elles puissent monter, quand il y a titre, pourvu qu'il ne soit pas contesté ; — Les demandes formées sans titre, lorsqu'elles n'excèdent pas quinze cents francs ; — Les demandes provisoires ou qui requièrent célérité ; — Les demandes en paiement de loyers et fermages et arrérages de rentes. »

§ 1. *Les appels des juges de paix.* Vous savez que, toutes les fois que les sentences des juges de paix sont sujettes à l'appel, cet appel se porte au tribunal d'arrondissement ; la loi veut que, dans tous les cas, quelle que soit la gravité de l'affaire, l'appel de la décision d'un juge de paix soit réputé matière sommaire. Pourquoi? Ici les considérations que nous venons d'indiquer se rencontrent, non point isolément, mais presque toutes réunies. D'abord, dans un fort grand nombre de cas, les sentences des juges de paix n'embrassent qu'une modique valeur; vous trouvez donc déjà dans ce paragraphe l'expression de cette idée que, dans les causes d'un intérêt modique, il faut, autant que possible, simplifier, réduire la procédure et les frais. Secondement, les causes qui, dans certains cas, assez rares il est vrai, s'élèvent à une haute valeur, présentent le plus souvent un grand caractère de simplicité, de facilité. Troisièmement, enfin, à part ces deux considérations, elles sont presque toujours matières urgentes, matières sur lesquelles il importe de statuer avec rapidité. Ainsi, célérité, simplicité, modicité de l'intérêt de la cause, sont des caractères qui, tantôt isolés, tantôt réunis, se rencontrent presque toujours en cas d'appel d'une sentence de juge de paix.

Pour connaître dans tous leurs détails, les règles de la compétence des juges de paix, voyez les n°s 606 à 610.

593. § 2. *Les demandes pures personnelles, à quelque somme qu'elles puissent monter, quand il y a titre, pourvu qu'il ne soit pas contesté.* Les affaires de ce genre sont réputées sommaires, et ce n'est certes pas à cause de la modicité de l'intérêt, car la loi vous dit: *A quelle somme qu'elles puissent monter.* Sous ce rapport, il y a une différence fort sensible entre le Code et l'ordonnance de 1667 qui, à très peu d'exceptions près, ne déclare sommaires que les affaires d'un intérêt inférieur à mille livres; le Code n'a égard à une limitation de valeur que dans le § 3. Ce n'est donc pas à cause de la modicité de l'intérêt que les affaires désignées dans le § 2 sont déclarées sommaires; ce n'est pas non plus à cause de la célérité que leur instruction peut exiger; car, dans tout le paragraphe, il n'y a pas un mot qui désigne une affaire de nature urgente, une affaire dont la décision paraisse requérir célérité, c'est à l'autre caractère que nous avons annoncé que vous devez attribuer l'insertion de ce genre d'affaires au nombre des affaires sommaires; c'est à cause de la simplicité, de la facilité que présenteront, dans les cas ordinaires, les demandes ou les procès désignés au § 2.

Quelles sont ces demandes? Ce sont, dit le texte, *les demandes pures personnelles,* c'est-à-dire qu'il en faut exclure toutes les affaires soit mixtes, soit réelles; celles-ci présentent le plus souvent, par leur nature même, des difficultés, des embarras, qui exigent une procédure plus ou moins étendue, ne peuvent être réputées sommaires aux termes du § 2, quand même le demandeur s'appuierait sur un titre. Toutefois elles pourraient rentrer dans la classe des affaires sommaires aux termes du § 3, mais dans des circonstances et par des raisons toutes différentes.

Ainsi, en principe, sont déclarées sommaires et instruites comme telles les demandes purement personnelles, lorsqu'elles sont appuyées sur un titre. Pourquoi sur un titre? Parce que la production, par le demandeur, d'un écrit constatant l'existence de son droit, jette déjà bien de la clarté sur la demande, écarte déjà bien des difficultés, et permet, par conséquent, des simplifications de procédure.

Mais, ajoute la loi: *Pourvu qu'il ne soit pas contesté.* Remarquez bien le sens de ces mots; cela ne veut pas dire, pourvu qu'il n'y ait pas de contestation, car, s'il n'y avait pas de contestation, il n'y aurait pas de règles de procédure, ni de débats, mais pourvu que la contestation opposée par le défendeur ne porte pas sur le titre produit par le demandeur.

Ainsi, une demande purement personnelle, par exemple, une demande en payement d'une promesse ou d'une dette de 20,000 fr. est formée devant un tribunal de première instance. Le demandeur, à l'appui de sa prétention, produit un titre ou un écrit, car c'est bien dans ce sens que ce mot *titre* est pris dans le § 2 de l'art. 404. Si le défendeur dénie l'écriture de ce titre, ou bien forme une inscription de faux, alors évidemment la matière n'est plus sommaire ; car le titre est contesté, et le motif qui porte à la déclarer sommaire disparaît et s'évanouit.

De même, le défendeur oppose, non pas la fausseté matérielle du titre, mais les vices dont il soutient qu'il est entaché ; il prétend que le contrat, en vertu duquel on vient le poursuivre, a été dès l'origine vicié par dol, erreur, violence, en un mot, par l'une des causes indiquées dans les art. 1109 et suiv. du Code civil. Alors encore on peut dire que la contestation porte sur le titre, qu'elle présente des difficultés, qu'elle donne matière à des débats qui deviennent peu compatibles avec la simplicité d'une instruction sommaire.

De même, le défendeur se rejette-t-il sur l'interprétation du titre produit; le débat s'élève-t-il sur le sens de telle ou telle clause, que le demandeur invoque en sa faveur? Alors encore le titre est contesté, soit dans sa vérité physique, soit dans sa force morale, intrinsèque.

Dans tous ces cas, la cause paraît sortir des termes du § 2 ; elle était sommaire au premier aspect, mais la nature des défenses employées par le défendeur lui rend la qualité de matière ordinaire.

Au contraire, le défendeur, tout en reconnaissant la vérité et la validité du titre, allègue-t-il qu'il y a eu paiement, remise, prescription, compensation; alors, sans doute, il y a lieu à procès ; mais, dans ce procès, le titre n'est pas contesté. Le demandeur, qui le produit, a en sa faveur une présomption immense, celle qui naît d'un titre écrit dont la vérité est reconnue, est avouée par le défendeur; alors la matière est sommaire, à quelque valeur que monte la demande ; nous sommes littéralement dans les termes du § 2.

594. § 3. *Les demandes formées sans titres lorsqu'elles n'excèdent pas quinze cents francs* (L. du 11 avril 1838). — Ici, ce n'est plus un intérêt de célérité, comme dans le premier paragraphe, ni une raison de simplicité de l'affaire, comme dans le second. La cause de cette disposition tient tout entière à la modicité de la matière du litige; elle est inférieure à quinze cents francs et dès lors il serait dangereux, en appliquant les règles de la procédure ordinaire, de s'exposer à absorber en frais la presque totalité de la matière du litige. La loi classe alors l'affaire au nombre des matières sommaires, sans examiner ni la nature de la demande, comme dans le § 2, ni l'existence d'un titre, comme dans ce même paragraphe.

Je dis que la loi ne s'inquiète point, dans le § 2, de la nature de la demande; elle ne vous dit point ici: *Les demandes pures personnelles*; non, toute espèce de demande, qu'elle soit personnelle, ou réelle, ou mixte, par cela seul que son intérêt n'excède pas une valeur de 1,500 fr., doit être instruite comme matière sommaire. Sans doute la modicité de l'intérêt ne diminue pas la complication, la difficulté que peut présenter l'affaire ; mais cette modicité d'intérêts commande impérieusement une simplification dans les formes, et par là même une réduction dans les frais.

Les demandes formées sans titre ; de même les demandes formées en vertu d'un titre, quand bien même ce titre est contesté, car le § 3 se réfère évidemment au § 2. Après avoir déclaré dans le § 2 que toute demande personnelle, quelque haute qu'en fût la valeur, serait matière sommaire si elle était fondée sur un titre non contesté, on vous déclare maintenant que, quand même il n'y aurait pas de titre, ou même un titre, mais un titre contesté, la matière serait encore sommaire, pourvu que la valeur n'en dépassât pas 1,500 fr.

Comment saura-t-on si la demande formée soit sans titre, soit sur un titre contesté par l'adversaire, excède ou n'excède pas 1,500 fr. ?

Rien de plus facile, si cette demande a pour objet le payement d'une somme d'argent ; alors l'exploit introductif d'instance, l'acte d'ajournement contenant nécessairement l'indication de l'objet de la demande, et cet objet portant en lui-même l'indication de sa valeur, il n'y a aucune difficulté pour connaître la valeur de la demande.

Mais que déciderons-nous, s'il s'agit d'une demande en matière réelle immobilière, par exemple de la revendication d'une portion de terrain, ou d'une demande ayant pour but un meuble dont la valeur n'est pas certaine ? La loi du 11 avril 1838, dans son art. 1er, a tranché la question ; elle décide que les tribunaux d'arrondissement connaîtront, en premier et dernier ressort, de toutes les demandes personnelles et mobilières, jusqu'à la valeur de 1,500 fr., et de toutes les demandes immobilières, jusqu'à 60 francs de revenu déterminé, soit en rente, soit par prix de bail. Et le deuxième alinéa de ce même art. 1er ajoute : « Ces actions seront instruites et jugées comme matières sommaires. »

Au reste, cet article demanderait, pour en bien comprendre toute l'application, l'examen de questions nombreuses, analogues à celles que j'indique ici, mais qui trouveront naturellement leur place quand nous traiterons de l'appel et de la limite entre le premier et le dernier ressort. Ces questions se réduisent toujours à cette question générale : comment saura-t-on, selon la nature de l'objet de la demande, si cette demande excède ou n'excède pas 1,500 fr. de principal, ou 60 fr. de revenu ? notamment quand il s'agit de meubles dont le prix n'apparaît pas par lui-même, de meubles dont la valeur n'est pas fixée par des mercuriales, à quelles règles reconnaîtra-t-on la limite du premier et du dernier ressort ? à quelles règles reconnaîtra-t-on la limite des matières sommaires et des matières ordinaires ? Toutes ces questions trouveront mieux leur place au titre *de l'Appel,* sur lequel elles s'élèvent le plus souvent (Voyez n° 669 et suiv.).

595. § 4. *Les demandes provisoires ou qui requièrent célérité.* Pourquoi la loi range-t-elle ces demandes au nombre des matières sommaires ? La réponse est écrite dans le texte même de notre article : c'est à raison de la célérité que leur jugement exige, célérité peu compatible avec les formes de la procédure ordinaire. On eût même pu se dispenser d'insérer dans ce paragraphe les deux

t.

37

membres qu'on y trouve avec la disjonctive qui les sépare ; les demandes
provisoires se trouvent naturellement comprises au nombre des demandes
qui requièrent célérité.

L'ordonnance de 1667, dans l'art. 5 du titre XVII, énumérait un très grand
nombre de cas, dont la plupart peuvent servir d'exemples de demandes requérant célérité. Le Code, en évitant la forme énumérative employée par cet
art. 5, n'a pas entendu repousser les cas qu'il présentait, mais employer une
rédaction plus générale, qui pût embrasser les cas que le législateur omet
nécessairement toutes les fois qu'il veut énumérer. Du reste l'ordonnance ne
comprenait parmi les matières sommaires, quoique la demande requît célérité, que les demandes d'une valeur inférieure à 1,000 livres : cette limite,
étendue à 1,500 fr., par la loi de 1838, est complètement effacée dans les
autres paragraphes, et notamment dans celui-ci.

Ainsi donc, la seule qualité de la demande, cette unique circonstance qu'elle
requiert célérité, suffira, quelle que soit d'ailleurs la gravité de l'intérêt qu'elle
soulève, pour la dispenser des formes de la procédure ordinaire.

Vous trouvez des exemples d'application de ce paragraphe dans les sept derniers paragraphes de l'art. 135 du Code de procédure. Cet article vous indique,
dans toute sa dernière partie, quels sont les cas où l'exécution provisoire des jugements peut être ordonnée par les tribunaux, et cette exécution provisoire
est ordonnée précisément à raison de la célérité que requiert la nature de l'affaire. En rapprochant, d'ailleurs, cet art. 135 des textes de l'ordonnance, vous
verrez tous les cas où l'art. 135 permet aux tribunaux d'ordonner, malgré l'appel, l'exécution provisoire, figurer déjà dans l'ordonnance, comme cas requérant
célérité, et devant être, en conséquence, instruits comme matières sommaires.

Mais cet art. 135 ne doit être pris que comme exemple ; d'autres cas peuvent requérir célérité encore bien que non compris dans l'énumération de cet
article. Par exemple, vous voyez au Code civil, art. 177 et 178, qu'en cas
d'opposition formée à la célébration d'un mariage et de demande en mainlevée d'opposition présentée par l'un des futurs époux, le tribunal de première instance devra statuer dans les dix jours sur la demande en mainlevée ; que, de même, s'il y a appel, il y sera statué dans les dix jours de la
citation. Cette brièveté des délais, que la loi détermine pour le jugement de
première instance et l'arrêt d'appel, vous indique assez que, aux yeux du législateur, une demande en mainlevée d'opposition à un mariage est une
matière qui requiert célérité, et qui, par conséquent, aux termes du § 4 de
notre art. 404, doit être jugée comme matière sommaire.

Voyez encore le cas prévu dans les art. 448 et 449 (C. C.).

§ 5. *Les demandes en paiement de loyers, fermages et arrérages de rentes.* Ces
expressions rentraient déjà dans les derniers mots du § 4. En effet, ces demandes en payement de loyers, fermages et arrérages, sont dispensées du préliminaire de conciliation par le § 5 de l'art. 49 ; elles en sont dispensées, parce
que la loi les considère comme requérant, en général, célérité ; dès lors on
eût pu, à toute rigueur, se dispenser de les ranger formellement dans la classe
des affaires sommaires.

➤➤ **596.** En examinant le texte de l'art. 404, nous avons répondu à la première de nos deux questions : Quelles sont les affaires dans lesquelles la loi interdit l'application des procédures ordinaires, et quels sont les motifs de la loi ? Passons maintenant à la deuxième question : Quelles sont les exceptions apportées par la loi, à cause du caractère sommaire de la matière, aux règles habituelles de la procédure que nous avons étudiées jusqu'ici ; en quoi la procédure tracée pour les matières sommaires est-elle plus simple, plus rapide et surtout moins coûteuse que la procédure tracée pour les matières ordinaires ? Tel est l'objet du reste de ce titre.

« Art. 405. Les matières sommaires seront jugées à l'audience, après les délais de la citation échus, sur un simple acte, sans autres procédures ni formalités. »

Les matières ou demandes sommaires s'introduisent comme les matières ou demandes ordinaires, c'est-à-dire par un ajournement ; cet ajournement est réglé par l'art. 61, il est soumis à toutes les formalités détaillées dans ce texte et dans les suivants. A cet égard, le mot de *citation*, employé dans l'art. 405, ne doit pas vous induire en erreur ; ce mot désigne ordinairement, en procédure, l'assignation devant un juge de paix, assignation dont les formes sont plus simples que celles de l'art. 61 ; mais, malgré l'emploi de cette expression dans l'art. 405, ce n'est pas l'art. 1er du Code de procédure, relatif aux citations proprement dites, c'est par l'art. 61 qu'est régi l'ajournement donné en matière sommaire.

Cet ajournement doit de plus être précédé du préliminaire de conciliation, au moins en général ; le caractère sommaire de la demande n'est pas par lui-même une raison suffisante de la dispenser de la conciliation. Il en est autrement en cas de disposition formelle de la loi, par exemple, dans les §§ 1er, 4 et 5 de l'art. 404 ; les appels des juges de paix sont évidemment dispensés du préliminaire de conciliation, car la conciliation ne doit être tentée qu'avant le premier degré de juridiction (V. l'art. 48 et son explication) ; les demandes qui requièrent célérité, les demandes en payement d'arrérages ou de loyers en sont également dispensées par l'art. 47, §§ 2 et 6 ; mais encore une fois, ce n'est pas parce qu'elles sont sommaires que ces demandes sont dispensées du préliminaire de conciliation, c'est par suite d'une autre cause ; elles sont à la fois dispensées du préliminaire de conciliation, et déclarées sommaires. En un mot, il y a souvent concours, mais il n'y a pas identité, réciprocité entre ces deux idées, matières dispensées du préliminaire de conciliation, et matières sommaires ; il y a des matières sommaires soumises à ce préliminaire, comme le sont en général celles des §§ 2 et 3 de l'art. 404 ; et réciproquement, il y a nombre de matières dispensées du préliminaire de conciliation par l'art. 49, et qui ne sont pas pour cela matières sommaires ; il suffit, pour s'en convaincre, de reporter les yeux sur l'art. 49.

Ainsi premièrement, en général, les matières sommaires sont soumises au préliminaire de conciliation, sauf les cas, très nombreux d'ailleurs, où elles en sont formellement dispensées par la loi.

Secondement, elles doivent être, comme les matières ordinaires, introduites par ajournement : cet ajournement est de tous points régi par les art. 61 et suiv.

Troisièmement, dans cet ajournement, il faut observer le délai ordinaire de huitaine, prescrit par l'art. 72, à moins qu'on ait obtenu permission d'assigner à bref délai, par exemple, dans le cas du § 4, celui de la demande requérant célérité, et ce n'est pas de droit, mais seulement en vertu d'une ordonnance que l'assignation, même en matière sommaire, peut être donnée à un délai moindre que la huitaine.

De même, l'obligation imposée par l'art. 75, de constituer avoué dans les délais de l'ajournement, est commune aux matières sommaires et aux matières ordinaires ; sous ce rapport, le Code s'est assez notablement écarté de l'ancienne jurisprudence. Autrefois, l'ordonnance de 1667 avait permis aux parties, dans les matières qu'elle déclarait sommaires, de se passer du ministère des procureurs, au moins dans les juridictions inférieures. Cette dispense n'a pas été reproduite par le Code ; l'art. 75 régit donc les matières sommaires, et, de même, l'art. 85 suppose dans tous les cas l'assistance d'un avoué indispensable pour les parties.

En un mot, et pour ne pas prolonger indéfiniment ce parallèle, les matières sommaires sont soumises à toutes les règles de la procédure ordinaire dont la loi ne les a pas expressément dispensées. Mais ici, dans l'art. 405, vous trouvez indiquées quelques exceptions auxquelles nous devons en ajouter d'autres d'après d'autres textes.

597. *Les matières sommaires seront jugées à l'audience, après les délais de la citation échus, sur un simple acte, sans autres procédures ni formalités.* C'est-à-dire que si les art. 75 et 76, sur la constitution d'avoué, s'appliquent aux matières sommaires, les art. 77 et suivants sur les écritures de défense et de réponse, dont cette constitution doit être suivie, y sont, au contraire, inapplicables. Les délais de l'ajournement écoulés, l'avoué du défendeur une fois constitué, l'audience est suivie immédiatement ; la cause y est portée, plaidée, et, s'il se peut faire, jugée. Il n'y a pas, entre la constitution et les plaidoiries, cet intervalle destiné dans les matières ordinaires à la signification de ces écritures de défense et de réponse, de ces requêtes dont parlent les art. 77 et 78. Tel est le sens de ces mots : *sans autres procédures ni formalités.* Du reste, le délai de l'assignation échu, il faut toujours donner d'avoué à avoué cet avenir ou sommation d'audience dont parlait déjà l'art. 79.

* Mais nous avons vu (nos 201 et 202) que les significations d'écritures ne sont que facultatives pour les avoués, même dans les affaires ordinaires. Quelle différence restera-t-il donc entre une affaire ordinaire dans laquelle les avoués se sont abstenus de signifier des écritures, et une affaire sommaire où cette signification leur est interdite ?

Ces deux affaires différeront encore par la manière de calculer les frais. *En effet, l'art. 67 du Tarif établit des règles spéciales, relativement à la taxe des dépens dans les matières déclarées sommaires ; vous verrez dans cet article qu'en principe, il n'est pas alloué d'honoraires proprement dits aux avoués dans les matières sommaires ; que les frais de taxe se bornent aux déboursés qui ont été faits, et qui ont dû être faits par l'une des parties contre l'autre. Cependant la loi accorde à titres d'honoraires spéciaux, mais uniques (1), un

_____

(1) * Un arrêt de cassation du 14 novembre 1861 accorde cependant aux avoués un certain honoraire pour le dépôt et la signification de conclusions motivées, en se fondant

droit à l'avoué pour les jugements obtenus dans les matières sommaires. Le droit d'obtention du jugement varie suivant que le jugement est par défaut ou contradictoire, suivant qu'on avait affaire à une ou plusieurs parties, et suivant enfin que le jugement excède ou n'exède pas une valeur déterminée par l'art. 67. En un mot, la différence la plus notable peut-être entre les matières ordinaires et les matières sommaires consiste dans la fixation de la taxe, dans la détermination du tarif réglé spécialement par l'art. 60, que je vous invite à consulter * (Voy. l'explication du tit. *de la Liquidation des dépens*, art. 543 et 544, n° 798 *).

⟿ 598. Plusieurs fois, dans les textes qui précèdent, nous avons rencontré ces expressions : telle affaire, telle demande, tel incident sera jugé sommairement. Nous les avons trouvées dans l'art. 172, relativement aux demandes en renvoi, aux exceptions d'incompétence ; dans l'art. 348, pour les restitutions de pièces ; dans l'art. 287, pour les reproches proposés par une partie contre un témoin produit par l'adversaire ; dans l'art. 348, pour les demandes en reprises d'instances. Ces textes ne sont pas les seuls ; il y a plusieurs autres articles dans le Code de procédure dans lesquels se trouvent ces expressions.

Faut-il faire une distinction entre les expressions : *affaire sommaire, affaire jugée sommairement, affaire instruite sommairement ?*

Non ; nous dirons que, dans le cas où la loi déclare qu'une instance doit être jugée ou instruite sommairement, elle déclare par là même que cette instance requiert célérité, que par là même elle rentre dans le § 4 de l'art. 404, et que, par conséquent, elle est soumise, soit aux art. 405 et suivants, soit à la taxe de l'art. 67 du Tarif pour les matières sommaires.

Cependant, dans les matières sommaires, l'art. 405 interdit toutes écritures ; il veut qu'elles soient portées et jugées à l'audience, sans significations ni requêtes préalables. Au contraire, dans l'art. 172, comme dans l'art. 348, par exemple, la loi, tout en déclarant que l'instance doit être jugée sommairement, n'entend pas exclure par là les significations respectives des écritures, car l'art. 75 du Tarif permet de discuter par des requêtes respectives l'exception d'incompétence de l'art. 172 ; sous ce rapport, il s'écarte de l'art. 405. De même, il est permis aussi de signifier des requêtes dans le cas de l'art. 340, c'est-à-dire dans le cas de contestations élevées sur une demande en reprise d'instance ; les frais de cette requête sont alloués par le Tarif (art. 75, § 11).

Néanmoins, en principe, quand la loi déclare, comme elle le fait fréquemment, qu'une instance doit être jugée ou instruite sommairement, elle en fait par là même une matière sommaire aux termes du § 4 de l'art. 404. Mais il y aura toujours à regarder si la loi, tout en déclarant qu'il faut instruire et juger sommairement, n'autorise pas tel acte spécial d'écritures, comme elle le fait pour l'art. 172 et pour l'art. 348. Alors il y aura à cet égard, mais seulement à cet égard, une dérogation à l'art. 405 (1).

sur les art. 33, 70, 71 et 72 du décret du 30 mars 1808 (V. cet arrêt et les autorités citées en note dans Dall., 1861, 1, 491). — Cass., 13 janvier 1874 (Dall., 1874, 1, 438).

(1) C. de Grenoble, 6 mars 1821 (Dall., *Rép.*, v° *Matières sommaires*, n° 9). — *Contrà*, décision de la C. de Limoges, 9 février 1819 (Dall., *eod.*, n° 8).

Les avoués ont-ils le droit de plaider les affaires sommaires ? Nous avons déjà examiné cette question (V. n° 224).

⟫⟩ **599.** « Art. 406. Les demandes incidentes et les interventions seront formées par requête d'avoué, qui ne pourra contenir que des conclusions motivées. »

Pour cette requête, dont la loi limite impérieusement l'étendue, l'art. 67 du Tarif paraît n'autoriser que la répétition des déboursés, et non point d'honoraires proprement dits.

⟫⟩ **600.** Tous les articles qui restent sont relatifs à un seul objet, savoir les règles à suivre pour les enquêtes qui peuvent être demandées et ordonnées en matière sommaire.

La différence capitale entre les enquêtes que l'on fait en matière sommaire, et celles que l'on fait en matière ordinaire, c'est que les enquêtes en matière ordinaire sont renvoyées devant un juge-commissaire, qui seul entend les témoins hors de l'audience, et qui dresse procès-verbal des dépositions reçues par lui ; au contraire, dans les matières sommaires, l'enquête se fait publiquement, à l'audience et devant le tribunal (1).

Cette règle, spéciale aux enquêtes sommaires, qui veut qu'elles soient faites publiquement, remonte à l'ordonnance de 1667 ; jusque-là toutes les enquêtes, dans les matières sommaires, comme dans les matières ordinaires étaient faites devant un juge-commissaire, hors de la présence du public, et rédigées par écrit ; cette innovation fut admise dans l'ordonnance, malgré les représentations, assez peu fondées, des présidents du parlement qui faisaient partie de la rédaction. Vous pourrez voir dans le procès-verbal des conférences, pages 152 et suivantes, quels motifs on donnait de cette innovation ; ces motifs sont précisément ceux que nous avons exposés et discutés pour et contre le système de la publicité des enquêtes, en expliquant le titre qui y est relatif.

Cette différence une fois indiquée, tous les articles qui nous restent ne sont plus qu'une affaire de détail.

« Art. 407. S'il y a lieu à enquête, le jugement qui l'ordonnera contiendra les faits, sans qu'il soit besoin de les articuler préalablement, et fixera les jour et heure où les témoins seront entendus à l'audience. »

Sans qu'il soit besoin de les articuler préalablement. C'est encore une différence ; au lieu de les articuler par avance, par acte d'avoué à avoué, avec sommation de les reconnaître ou de les dénier, dans les trois jours, il peut suffire de les articuler à l'audience ; s'ils l'ont été par écrit, la partie peut les reconnaître ou les dénier à l'audience.

Et fixera les jour et heure où les témoins seront entendus à l'audience. Ce dernier point fait une exception à l'art. 250 ; dans les matières ordinaires, l'enquête se fait devant le juge-commissaire ; c'est à lui de déterminer, par une ordonnance très distincte du jugement qui ordonne l'enquête, les jour et heure de l'audition des témoins. Ici, au contraire, l'enquête devant avoir lieu

(1) * Jugé que l'enquête est nulle, si elle a été faite devant un juge-commissaire, en matière sommaire. Cass., 23 juin 1853 (Dall., 1853, 1, 310). — Cass., 25 avril 1876 (Dall., 1876, 1, 256).

devant le tribunal même qui l'ordonne, le jugement qui admet l'enquête en détermine le jour immédiatement ; si une partie en demande la prorogation, l'incident doit être décidé tout de suite aux termes de l'article 409.

L'art. 408 ne fait que confirmer l'art. 260.

601. Les articles 410 et 411 établissent une distinction assez importante suivant que l'affaire, à propos de laquelle on procède à l'enquête, est ou n'est pas susceptible d'appel.

« Art. 410. Lorsque le jugement ne sera pas susceptible d'appel, il ne sera point dressé procès-verbal de l'enquête ; il sera fait seulement mention, dans le jugement, des noms des témoins et du résultat de leurs dépositions. »

S'agit-il d'une matière sommaire, pour laquelle il n'y aura pas d'appel, par exemple d'une matière sommaire dans le cas du § 1er de l'art. 404, ou même du § 3, alors l'enquête est faite à l'audience, sans qu'il en soit dressé procès-verbal par le greffier. En effet l'affaire ne pouvant plus être portée à un tribunal supérieur, il est fort inutile de dresser procès-verbal détaillé de dépositions que le tribunal entier entend faire faire verbalement devant lui. Dans ce cas seulement, le jugement définitif, en statuant sur la cause, fera mention *des noms des témoins et du résultat de leurs dépositions* ; c'est-à-dire du résultat en masse de l'ensemble des dépositions, et non pas du résultat détaillé, isolé de chacune d'elles indiquées séparément.

Cependant, il ne faut pas prendre trop à la lettre l'extrême laconisme de l'article 410, il ne suffirait pas de mentionner dans le jugement les noms des témoins, et le résultat de leurs dépositions ; il faudrait mentionner aussi que le serment a été prêté, que les témoins ont fait les déclarations indiquées dans l'art. 262, avant de déposer. Si j'indique cette addition, ce n'est pas par argument de l'art. 262, il n'y a rien à argumenter de ce qui se passe dans les matières ordinaires à ce qui doit se passer dans les matières sommaires. Mais, dans les matières plus sommaires encore que celles dont nous nous occupons maintenant, dans les matières dont la loi attribue la connaissance aux juges de paix, elle fait la même distinction, quant à l'enquête, que celle que vous trouvez dans les art. 410 et 411. L'art. 40 (C. pr.) décide que, dans ce cas où l'affaire pour laquelle un juge de paix a ordonné une enquête n'est pas sujette à appel, il n'est pas dressé de procès-verbal. « Mais, ajoute-t-il, le jugement énoncera les noms, âge, profession et demeure des témoins, leur serment, leur déclaration s'ils sont parents, alliés, serviteurs ou domestiques des parties, les reproches et les résultats des dépositions. » Il est clair qu'il est tout à fait dans l'ordre de compléter l'art. 410 par l'art. 40 du Code de proc.; puisque dans la plus sommaire, dans la plus expéditive de toutes les procédures, dans celle des juges de paix, on exige les mêmes déclarations que dans le procès-verbal d'une enquête ordinaire, à plus forte raison ces déclarations doivent-elles se trouver comprises dans ces affaires intermédiaires, que le législateur a placées entre les matières ordinaires et les matières de la compétence des juges de paix.

S'agit-il, au contraire, d'un procès qui, bien que sommaire, est cependant sujet à l'appel, d'une demande de valeur supérieure à 1,500 fr. ? alors, pour éviter de recommencer, devant les juges d'appel, une enquête que le tribunal de première instance aurait déjà entendue, on exige, dans l'art. 411, à la différence du précédent, qu'il soit dressé un véritable procès-verbal de l'enquête faite à l'audience. Ainsi, encore que l'enquête soite faite devant tout le tribunal, il doit en être dressé procès-verbal, non pas, sans doute, pour éclairer le tribunal même devant qui se fait l'enquête, mais pour éclairer, en tant que de besoin, le tribunal supérieur, la cour à laquelle pourra être déféré l'appel de l'affaire pendante.

Au reste, l'art. 411 ne fait que reproduire ici les dispositions qui se trouvent déjà dans l'art. 39 ; car on distingue de même, pour les enquêtes devant les juges de paix, entre les affaires sujettes ou non sujettes à l'appel : dans les deuxièmes, point de procès-verbal ; dans les premières, procès-verbal, d'après l'art. 39 comme d'après l'art. 411. Il faut ici compléter ou éclaircir, par l'art. 39, ce que l'art. 411 présenterait encore d'obscur.

« Art. 411. Si le jugement est susceptible d'appel, il sera dressé procès-verbal, qui contiendra les serments des témoins, leur déclaration s'ils sont parents, alliés, serviteurs ou domestiques des parties, les reproches qui auraient été formés contre eux, et le résultat de leurs dépositions. »

* *Les serments des témoins.* Même dans une enquête sommaire, les témoins ne peuvent déposer qu'après avoir prêté serment de dire la vérité ; et l'accomplissement de cette formalité doit être constaté à peine de nullité (1). *

Les derniers mots sont textuellement les mêmes que ceux qui terminent l'art. 410 ; et dans l'art. 410 le résultat des dépositions, c'est le résultat des dépositions prises en masse, et dans leur ensemble : Attendu qu'il résulte de l'enquête faite devant le tribunal tel et tel fait. Est-ce dans le même sens que nous devons entendre, dans l'art. 411, ces mots : *le résultat de leurs dépositions?* Le greffier qui dresse le procès-verbal doit-il se borner à mentionner la conséquence générale des dépositions de l'enquête ? ou doit-il, au contraire, indiquer spécialement les faits déposés par chaque témoin ? Il est clair que c'est ce dernier parti qu'il faut suivre. Si le greffier se bornait à mentionner en masse le résultat, l'ensemble des dépositions, un pareil procès-verbal n'éclairerait en rien la cour d'appel ; il lui indiquerait quelle a été la conviction du greffier en écoutant l'enquête, mais il ne lui ferait nullement connaître ce qu'il lui est important de savoir, de quels faits et en quels termes a déposé chaque témoin.

Au reste l'art. 39 vient encore lever les doutes : cet article statue sur les enquêtes faites devant les juges de paix, dans les causes sujettes à l'appel, et il exige que le greffier mentionne les noms, âge, profession, etc., et que chaque témoin signe sa déposition ; or, dans l'art. 39, la loi entend bien qu'on mentionne dans le procès-verbal de l'enquête la déposition de chaque témoin, prise spécialement, isolément ; il n'y a aucune raison de n'en pas faire de même dans l'art. 411. Au contraire, comme l'affaire dont parle l'art. 411 est plus importante que les affaires dont parle l'art. 30, c'est une raison de plus pour observer littéralement les formalités de détail.

(1) Cass., 4 août 1868 (Dall., 1868, 1, 352). — Cass., 23 décembre 1874 et 14 juin 1876 (Dall., 1875, 1, 80 ; et 1876, 1, 324).

Ainsi, nous reconnaîtrons que ces mots : *le résultat de leurs dépositions*, n'ont pas le même sens, soit dans l'art. 410, soit dans l'art. 411 ; que, dans l'art. 410, une indication en masse peut suffire ; que, dans l'art. 411, une indication spéciale et détaillée est d'une indispensable nécessité.

Quant à l'art. 412, il autorise le tribunal à renvoyer l'enquête devant le tribunal ou le juge de paix de la résidence des témoins éloignés ou empêchés ; alors l'enquête est rédigée par écrit, et il est dressé procès-verbal. C'est un principe que vous connaissez déjà.

L'art. 413 ne fait que confirmer, pour les enquêtes faites en matière sommaire, un certain nombre de règles tracées en matière ordinaire.

Ainsi le § 1er applique à cette enquête l'art. 260 : « La copie aux témoins, du dispositif du jugement par lequel ils sont appelés. »

Le § 2 confirme l'art. 261 : « Copie à la partie, des noms des témoins. »

Le § 3, l'art. 263 : « L'amende et les peines contre les témoins défaillants. »

Le § 4, l'art. 268 : « La prohibition d'entendre les conjoints des parties, les parents et alliés en ligne directe. »

Le paragraphe suivant, les art. 283 et suiv., c'est-à-dire les causes de reproches, la manière de les former et enfin de les juger.

L'avant-dernier paragraphe confirme l'art. 281 : « La prohibition de faire entrer en taxe les frais de voyage et de taxe de plus de cinq témoins entendus sur un même fait. »

Enfin le dernier paragraphe confirme l'art. 285 : « La faculté d'entendre les individus âgés de moins de quinze ans révolus. »

VINGT-SIXIÈME LEÇON

➠ **602.** Après avoir exposé l'instruction des procès devant les tribunaux ordinaires, examinons les règles relatives aux juridictions exceptionnelles, c'est-à-dire aux justices de paix et aux tribunaux de commerce.

LIVRE PREMIER

DE LA JUSTICE DE PAIX.

Vous savez dans quel but a été instituée cette juridiction de droit nouveau, c'est dans le but de rapprocher les juges des justiciables ; de permettre de terminer plus promptement et à moins de frais des contestations d'une importance minime, ou même des causes d'une assez grande importance, mais dans lesquelles l'examen des lieux contentieux paraît indispensable au jugement de l'affaire. C'est à ces considérations, ou autres de même nature que se rattache l'institution des justices de paix.

J'ai déjà parlé, dans les préliminaires de ce cours, de l'institution et de l'organisation des justices de paix ; cette institution remonte, comme vous le savez, à la loi organique du 24 août 1790 ; vous en trouvez les détails dans le titre III de cette loi (V. nos 45 et suiv.).

TITRE I

DES CITATIONS.

603. « Art. 1. Toute citation devant les juges de paix contiendra la date des jour, mois et an, les noms, profession et domicile du demandeur, les noms, demeure et immatricule de l'huissier, les noms et demeure du défendeur ; elle énoncera sommairement l'objet et les moyens de la demande, et indiquera le juge de paix qui doit connaître de la demande, et le jour et l'heure de la comparution. »

L'art. 1er correspond, pour la procédure des justices de paix, à ce que sont les art. 61 et suiv. pour la juridiction des tribunaux ordinaires. Il indique dans quelle forme, de quelle manière, les instances doivent être portées et engagées devant les juges de paix.

Au reste, les règles de ce livre ont été extraites en fort grande partie de la loi des 18 et 26 octobre 1790, sur la procédure à suivre devant les justices de paix.

Les formes de la citation (j'ai déjà dit que ce mot désigne l'assignation devant un juge de paix) sont déterminées par l'art. 1er (C. pr.) d'une manière fort analogue à celle dont sont réglées les formes des ajournements dans l'article 61 ; seulement quelques différences entre les règles de la citation et les règles de l'ajournement méritent notre attention.

Dans l'art. 1er, vous ne trouvez pas, premièrement, la nécessité d'une élection de domicile, exigée, au contraire, par l'art. 61 ; vous n'y trouverez pas non plus la nécessité d'une constitution d'avoué, également exigée, et à peine de nullité, par l'art. 61. La raison en est fort simple : c'est que, devant les justices de paix, on plaide sans avoué.

De même, l'art. 64 exige que, dans toutes matières réelles ou mixtes, on désigne la nature de l'héritage, la commune, et deux au moins des tenants et aboutissants, le tout à peine de nullité. Les mêmes formalités ne sont pas exigées dans les citations en justice de paix qui ont pour objet une action réelle ou mixte (Voy. l'art. 3, § 2, du Code de pr., et l'art. 6, 2° et 3°, L. 25 mai 1838).

Enfin, l'art. 65 exige qu'on donne, avec l'ajournement, copie du procès-verbal de non-conciliation, ou copie de la mention de non-comparution et des pièces sur lesquelles la demande est formée. Vous ne trouvez rien de pareil dans l'art. 1er.

Telles sont les principales différences faciles d'ailleurs à motiver, entre la citation, qui introduit l'instance devant une justice de paix, et l'ajournement proprement dit.

A côté de ces différences, il est bon d'en noter une autre plus importante, plus grave, d'une application un peu plus difficile : c'est que l'art. 61 finit par sanctionner, par la peine de nullité, l'observation des formalités qu'il a prescrites dans les différents paragraphes ; au contraire, l'art. 1er, tout en exigeant dans les citations, l'accomplissement de la plupart des formalités qui constituent l'ajournement, n'ajoute pas qu'elles seront observées à peine de nullité. On en comprend aisément le motif : on a voulu, dans la juridiction toute

paternelle des juges de paix, éviter, autant que possible, les formalités irritantes, éviter des nullités, qui ne font souvent qu'entraver la procédure et
multiplier les frais.

Ce point de différence une fois établi, on arriverait à conclure, en rapprochant de l'art. 1er l'art. 1030 déjà cité tant de fois, qu'on peut impunément
omettre dans une citation devant les juges de paix les formalités exigées par
l'art. 1er, et cela parce que, d'une part, l'art. 1er ne parle pas de nullité, et
parce que, d'autre part, l'art. 1030 défend absolument de prononcer la nullité
d'un exploit dans les cas où la loi ne l'a pas formellement déclarée. Cependant
il est clair que cette conséquence serait fausse, qu'elle conduirait à des résultats absurdes ; il est impossible d'appliquer pleinement au texte de l'art. 1er
la disposition de l'art. 1030, qui déjà, vous le savez, a exigé plus d'une fois des
distinctions. En effet, si, dans une citation devant un juge de paix, on avait
omis d'indiquer quelle est la personne qui cite, quelle est celle qui est citée,
quel est l'objet de la citation, devant quel juge on appelle le défendeur, il est
manifeste que, en dépit de l'art. 1030, une telle citation devrait être annulée.
De même, si la citation n'était pas donnée par un huissier ou par un huissier
compétent, si cet huissier ne déclarait pas, ne légitimait pas sa compétence
et sa qualité, en faisant connaître ses noms et immatricule, il serait impossible de voir dans un tel acte un véritable exploit, une véritable citation ; sans
quoi l'on en viendrait à dire qu'une lettre missive, ou un billet bien ou mal
rédigé serait une citation valable devant la justice de paix.

Il faut donc distinguer, dans les formalités de l'art. 1er, celles qui sont substantielles, celles qui dérivent de la nature même d'une citation, celles sans
lesquelles, en un mot, on ne comprend pas l'existence d'une citation. Or,
comprenez-vous une citation qui ne désigne pas la personne qui cite, la personne qui est citée, l'objet pour lequel on cite, le juge enfin devant lequel on
cite ? Toutes ces formalités sont substantielles, et nul doute que, malgré le
silence de la loi, une citation qui les omettrait en partie ne dût être absolument annulée.

Mais, d'autre part, les formalités ou mentions exigées par l'art. 1er ne présentent pas toutes ce même caractère de gravité ; il en est plusieurs qui, fort
utiles, sans doute, pour bien constater l'identité des parties, pour éviter des
doutes, des incertitudes toujours fâcheuses, ne tiennent point absolument à
l'essence de la citation, et en l'absence desquelles la citation ne perd pas sa
nature.

Ainsi, l'art. 1er exige que la citation fasse connaître les noms, profession et
domicile du demandeur ; cette formalité est également exigée dans l'art. 61
pour les ajournements : or, supposez que, dans un ajournement, on n'ait pas
indiqué la profession du demandeur, alors, comme toutes les formalités de
l'art. 61 sont prescrites à peine de nullité, l'omission de l'une de ces mentions
fera tomber l'exploit, quand même, en fait, il n'y aura pas incertitude sur l'i-
dentité de la personne citée. Au contraire, admettez qu'il s'agisse d'une citation devant un juge de paix, et non point d'un ajournement ; admettez que,
dans une telle citation, l'huissier rédacteur ait inséré le nom et le domicile du
demandeur, sans indiquer sa profession ; il est clair que la profession est une
désignation qui peut être utile, qui peut éclairer les doutes, qui peut fixer une

question d'identité, mais qu'enfin l'indication, dans un exploit, de la profession du demandeur n'a rien d'essentiel, n'a rien de substantiel dans cet exploit, et que, par conséquent, elle pourra être impunément omise dans une
citation devant un juge de paix, en ce sens que son ommission n'entraînerait
pas la nullité (1).

On pourrait multiplier ces exemples; ce que je dis de l'omission de la profession, je le dirai de même de l'omission du domicile. En un mot, toutes les
fois que, dans une citation donnée devant un juge de paix, auront été observées les règles, les mentions sans lesquelles on ne conçoit pas l'existence
d'une citation, la citation sera valable, encore bien que l'art. 1er ne soit pas
pleinement satisfait, parce que cet article n'attache pas la peine de nullité
aux mentions qu'il a prescrites.

C'est à cette distinction, admise du reste universellement, qu'il faut rattacher la comparaison de l'art. 61, pour les ajournements, et de l'art. 1er, pour
les citations devant les juges de paix.

Au reste, quand je dis que l'omission d'une mention non essentielle, d'une
formalité non substantielle, dans une citation devant un juge de paix, n'entraînerait pas sa nullité, ce n'est pas à dire encore que cette citation produira
toujours la plénitude de ses effets. En principe, le juge de paix ne peut pas
prononcer la nullité d'une citation pour une simple omission des règles de
l'art. 1er. Mais jugeant cette omission de nature à laisser des doutes, des incertitudes sur l'identité des parties; jugeant, par exemple, que, si le défendeur cité devant lui fait défaut, c'est peut-être parce qu'on a omis de mentionner sa profession, d'indiquer son domicile, omission qui lui a laissé douter si
c'était vraiment lui qu'on prétendait poursuivre, le juge de paix pourra appliquer l'art. 5, et ordonner que la citation soit recommencée aux frais du demandeur. Mais ordonner qu'une citation soit recommencée, ce n'est pas prononcer la nullité de la première; autre chose est le réajournement permis par
l'art. 5, autre chose est la nullité de la citation primitive. En effet, si la citation primitive était annulée, elle n'aurait pas fait courir les intérêts, elle n'aurait pas surtout interrompu le cours de la prescription. Un réajournement
laisse subsister les effets d'une citation irrégulière, et diffère bien, à cet égard,
d'une annulation de la citation.

* Aujourd'hui les affaires ne commencent pas d'ordinaire par une citation.
L'art. 17 de la loi du 25 avril 1838, modifié par l'art. 2 de la loi du 2 mai 1855,
et consacrant un usage établi par quelques juges de paix, interdit aux huissiers de donner aucune citation en justice dans toutes les causes, excepté
celles qui requièrent célérité, et celles dans lesquelles le défenseur serait domicilié hors du canton ou des cantons de la même ville, avant qu'au préalable le juge de paix ait appelé les parties devant lui, au moyen d'un avertissement dont les formes sont tracées par le même art. 2 de la loi de 1855.

⟫⟫→ 604. Après cet examen des formalités de l'art. 1er, nous arrivons
une question infiniment plus importante, celle qui consiste à rechercher, à
déterminer quelles sont les limites de la compétence des justices de paix. Les
art. 2 et 3, bien que relatifs à la compétence, ne l'envisagent cependant que

(1) V. C. de Cass., Rej., 29 juillet 1875 (Dall., 1876, 1, 85).

d'une manière incomplète et bornée, que sous l'un des deux points de vue que présentent, en matière de procédure, toutes les questions de compétence. Ces deux points de vue, vous les connaissez déjà ; nous avons distingué, avec le Code, la compétence *ratione personæ* de la compétence *ratione materiæ* ; nous avons dit que, toutes les fois qu'il s'agissait de porter une instance devant les juges, deux questions de compétence se présentaient.

D'abord l'affaire, à raison de sa nature, est-elle du ressort administratif, ou du ressort judiciaire ? est-elle du ressort des tribunaux civils, ou de commerce, ou des justices de paix, ou enfin du ressort des tribunaux criminels ? Voilà la première question, la question générale de compétence. Nous avons dit que saisir une juridiction, au mépris des règles de compétence générale, l'investir d'une nature d'affaire qui n'est pas dans ses attributions, c'est entrer dans un cas d'incompétence dite *ratione materiæ*. C'est là une de ces incompétences qui tiennent à l'ordre public, et que le consentement des parties ne peut effacer, ne peut couvrir.

Maintenant, cette première question résolue, une seconde question s'élève : l'affaire appartenant à tel degré, à tel ordre, à telle classe de juridiction, quel est le tribunal, pris dans cette classe ou dans ce degré, auquel je dois la porter ? Ici ce n'est plus sur des règles générales de division des pouvoirs, d'attribution de juridiction, c'est sur des règles de pur intérêt privé que la question va rouler.

De ces deux points de vue, sous lesquels se présentent toujours les questions de compétence, quel est celui que le Code de procédure a examiné, a tranché ? C'est le second point de vue, c'est la compétence envisagée *ratione personæ*, c'est-à-dire que, dans les art. 2 et 3 du Code, on suppose que le plaideur connaît parfaitement les règles générales de la juridiction, connaît parfaitement quelles sont les matières dont la loi attribue la connaissance aux juges de paix en général. Les art. 2 et 3 supposent ces notions déjà acquises, et s'occupent uniquement de régler à quel juge de paix devra, selon les circonstances, être portée telle ou telle affaire.

Certainement c'est un défaut, et un assez grave défaut dans le Code, de n'avoir pas, comme le demandait la Cour de cassation, fait précéder les règles de procédure d'un livre préliminaire sur l'organisation et la compétence des divers tribunaux. Le Code ne l'avait pas fait, il s'en était référé aux lois antérieures, et particulièrement aux art. 9 et 10 du décret des 16-24 août 1790.

605. * Cette matière est aujourd'hui régie par une loi plus récente, qui a modifié les art. 9 et 10 du décret de 1790 ; je veux parler de la loi du 25 mai 1838. Cette loi a eu notamment pour but d'étendre la compétence civile des juges de paix, soit en élevant le chiffre des demandes sur lesquelles ils sont appelés à statuer, soit en y comprenant les demandes, qui, jusqu'alors, ne leur avaient pas été soumises. Mais nous verrons aussi que, dans quelques affaires, la loi de 1838 a apporté quelques restrictions à la compétence antérieure des juges de paix.

C'est dans les art. 1 à 9, que la loi du 25 mai 1838 détermine d'une manière précise les limites de la compétence des juges de paix considérés comme juges civils. Les contestations soumises à cette juridiction se divisent en quatre classes : I. Les affaires dont le juge de paix connaît sans appel jusqu'à 100 fr., et à charge d'appel jusqu'à 200 fr. (art. 1, L. 25 mai 1838); II. Les affaires qu'il décide sans appel jusqu'à 100 fr., et à charge d'appel jusqu'à 1,500 fr. (art. 2 et 4); III. D'autres affaires lui sont déférées sans appel jusqu'à 100 fr., et à charge d'appel à quelque valeur que la demande puisse s'élever (art. 3 et 5); IV. Enfin il y a des affaires dont le juge de paix ne connaît qu'à charge d'appel.

I. L'art 1er de la loi du 25 mai 1838 porte : « Les juges de paix connaissent de toutes actions purement personnelles ou mobilières en dernier ressort, jusqu'à la valeur de 100 francs, et à charge d'appel jusqu'à la valeur de 200 francs.» La loi de 1790 avait attribué au juge de paix les affaires personnelles et mobilières jusqu'à 50 livres sans appel, et à charge d'appel jusqu'à 100 livres. On avait voulu que ces affaires minimes fussent jugées plus rapidement et à peu de frais. La loi de 1838 a eu pour but d'étendre ces avantages à un plus grand nombre d'affaires ; le gouvernement proposait même d'étendre la compétence de juges de paix jusqu'à 150 fr, sans appel, et à 300, à charge d'appel. Mais ce projet n'a pas été admis.

Dans les limites précitées (100 et 200 fr.), il faut que l'action soit personnelle ou mobilière. Vous vous rappelez que l'action personnelle est celle qui a pour objet l'exécution d'une obligation ; l'action mobilière, celle qui a un meuble pour objet.

L'action personnelle peut être mobilière ou immobilière. Mobilière, elle rentre dans la compétence du juge de paix soit comme personnelle, soit comme mobilière. Quant aux actions personnelles immobilières, le mot *purement* personnelles de l'art. 1er de la loi de 1838 a pour objet de les exclure ; elles ne sont donc pas soumises à la juridiction des juges de paix.

L'art. 1er de la loi de 1838 attribue au juge de paix la connaissance des actions mobilières dès que le meuble, objet du litige, vaut moins de 200 fr., sans distinguer si l'action est réelle ou personnelle. Sous l'empire de l'art. 9 de la loi de 1790, des auteurs recommandables n'avaient pas cru qu'une action réelle mobilière comme l'action en revendication d'un meuble d'une valeur inférieure à 100 livres pût être portée devant le juge de paix. En effet, l'art. 9 précité ne lui attribuait que les affaires personnelles et mobilières. Cependant on avait soutenu, même sous l'empire de cette loi, que le juge de paix était compétent pour connaître des actions mobilières, réelles, ou mixtes, dont la valeur était au-dessous de 100 livres. Cette dernière opinion semble incontestable aujourd'hui en présence de la nouvelle rédaction de l'art. 1er de la loi de 1838..... *Toutes actions purement personnelles ou mobilières.* Dès que l'action est mobilière et que la valeur de l'objet en litige ne dépasse pas 200 fr., le juge de paix est compétent.

606. II. Les juges de paix prononcent sans appel jusqu'à la valeur de 100 francs et à charge d'appel jusqu'au taux de la compétence en dernier ressort des tribunaux d'arrondissement, c'est-à-dire jusqu'à 1,500 fr. : 1° sur les contestations entre les hôteliers, aubergistes ou logeurs, et les voyageurs ou locataires en garni, pour dépense d'hôtellerie, et perte ou avarie d'effets déposés dans l'auberge ou dans l'hôtel ; entre les voyageurs et les voituriers ou bateliers pour retards, frais de route et perte ou avarie d'effets accompagnant les

voyageurs ; entre les voyageurs et les carrossiers ou autres ouvriers, pour
fournitures, salaires ou réparations faites aux voitures de voyages (art. 2. L. de
1838) ; 2° sur les indemnités réclamées par le locataire ou le fermier pour non-
jouissance provenant du fait du propriétaire, lorsque le droit à une indemnité
n'est pas contesté ; 3° sur les dégradations et pertes dans les cas prévus par les
art. 1732 et 1735 du Code civil : néanmoins, le juge de paix ne connaît des
pertes causées par incendie ou par inondation que dans les limites posées
par l'art. 1ᵉʳ de la loi de 1838 (art. 4 de la même loi).

1° *Contestations entre les voyageurs et les hôteliers, voituriers, carrossiers*, etc.
On a motivé cette extension de la juridiction des juges de paix sur la nécessité
d'une solution prompte et peu dispendieuse. Ces sortes de contestations ont
un caractère d'urgence, il ne faut pas entraver des voyages dont la facilité et
la célérité sont les conditions essentielles.

On avait même proposé de déroger à l'art. 2 du Code de proc., en attribuant
toujours la compétence au juge de paix du lieu où s'élève la contestation. Mais
cette innovation n'a pas été admise. Le juge de paix du domicile du défendeur
reste donc compétent. Le voyageur pourra donc assigner l'hôtelier, le voitu-
rier, le carrossier devant le juge de paix de leur domicile. Quant au voyageur,
il doit être également assigné devant le juge de paix de son domicile, c'est-à-dire
peut-être à 200, 400 kilomètres du lieu où le voyageur a logé, a fait réparer sa voi-
ture, etc. Cette règle de compétence porterait un grave préjudice aux hôteliers, carrossiers, etc., si la procédure ne leur donnait un autre moyen d'exercer leurs droits (1). Les hôteliers, voituriers, carrossiers non payés peuvent
retenir les effets ou les voitures du voyageur, qui se trouve alors obligé, s'il croit
cette rétention non fondée, de les assigner devant le juge de paix de leur domicile. Ainsi, en usant du droit de rétention, les hôteliers, voituriers, carrossiers s'attribuent le rôle de défendeur et plaident devant leur propre tribunal.

2° *Des indemnités prétendues par le fermier ou locataire pour non-jouissance
provenant du fait du propriétaire, lorsque le droit à une indemnité ne sera pas contesté.* C'est-à-dire que, si un fermier ou un locataire réclamait de son bailleur
une indemnité de non-jouissance, et que le fait de non-jouissance fût contesté
par le bailleur, l'affaire prendrait alors un caractère de gravité qui la ferait
sortir de la compétence des juges de paix, auxquels la loi ne l'attribue que
lorsque le droit à l'indemnité n'est pas contesté. En un mot, le juge de paix est
appelé ici pour déterminer le montant, le *quantum* de l'indemnité, lorsqu'il
est d'ailleurs constant, reconnu entre les parties, qu'il n'y a pas eu jouissance,
et qu'en conséquence il est dû indemnité (2).

A plus forte raison, si le propriétaire attaqué s'avisait de nier non seulement la non-jouissance, mais même l'existence du bail, du contrat, d'où le
prétendu locataire veut faire dériver l'indemnité, le juge de paix serait-il incompétent ; car il n'a qualité pour ce genre de procès qu'en supposant un
droit non contesté à l'indemnité.

3° *Dégradations et pertes,* etc. La loi de 1790 attribuait au juge de paix la
connaissance des contestations relatives à toutes les dégradations alléguées par

(1) Faut-il distinguer suivant que la contestation est commerciale ou non ? La question
est très controversée. (Voy. *Rev. crit.*, 1868, sept., oct., p. 289).

(2) C. Cass., Rej., 11 avril 1860 (Dalloz, 1860, 1, 166).

le propriétaire contre le locataire ou le fermier. La loi de 1838 (art. 4) a restreint la compétence du juge de paix aux dégradations qui rentrent dans les cas prévus par les art. 1732 et 1735 du Code civil. En outre, le juge de paix n'est plus compétent que jusqu'à 1,500 fr. Ce n'est pas tout ; quand l'incendie ou l'inondation ont amené ces dégradations ou ces pertes, le juge de paix cesse d'être compétent dès que la valeur du litige dépasse 200 fr. On a considéré que les difficultés, que soulevaient ces dernières hypothèses, étaient généralement assez compliquées pour les soumettre aux tribunaux d'arrondissement, dès que la valeur du litige offre une certaine importance.

Dans ces dégradations et pertes, on ne doit pas, d'ailleurs, comprendre les réparations locatives qui rentrent dans la troisième classe des affaires soumises à la compétence des juges de paix (art. 5, L. de 1838).

607. III. Cette troisième classe d'affaires, dont les juges de paix doivent connaître sans appel jusqu'à 100 francs et, à charge d'appel, à quelque somme que la demande puisse s'élever, comprend : 1° les actions en payement de loyers ou fermages, les congés, les demandes en résiliation de baux fondées sur le seul défaut de payement de loyers ou fermages, les expulsions de lieux et les demandes en validité de saisie-gagerie ; le tout lorsque les locations verbales ou par écrit n'excèdent pas annuellement 400 fr. (1). L'art. de la loi de 1838 indique la manière de faire l'évaluation quand le prix du bail ne consiste pas en argent.

Cette disposition est une des innovations les plus importantes de la loi de 1838 ; elle attribue au juge de paix un nombre considérable de contestations, dont la connaissance appartenait auparavant aux tribunaux d'arrondissement. On a voulu donner une solution plus prompte et moins coûteuse à des contestations qui se renouvellent fréquemment et dont l'urgence est évidente.

2° Les actions pour dommages faits aux champs, fruits et récoltes, soit par l'homme, soit par les animaux, et celles relatives à l'élagage des arbres ou haies, et au curage, soit des fossés, soit des canaux servant à l'irrigation des propriétés ou au mouvement des usines, lorsque les droits de propriété et de servitude ne sont pas contestés (art. 5-1 , L. de 1838) (2).

* La loi de 1838 suppose que le dommage provient d'un délit ou d'un quasi-délit : s'il résultait de l'inexécution d'une convention, le juge de paix cesserait d'être compétent (3). *

Ces contestations doivent, en effet, être jugées sans délai, sur les lieux mêmes, et par le juge qui est placé le plus près des parties. C'est la loi de 1838.

(1) L'art. 3 de la loi de 1838 portait «... n'excèdent pas annuellement à Paris 400 fr. et 200 fr. partout ailleurs. » La loi du 28 mai 1851 avait étendu le chiffre de 400 fr. aux circonscriptions des justices de paix de Paris, Lyon, Marseille, Bordeaux, Rouen, Nantes, Lille, Saint-Étienne, Nîmes, Reims et Saint-Quentin. Enfin, la loi du 1er mai 1855 art. 1er, a supprimé toute distinction et appliqué partout le chiffre de 400 fr.

Si le bail est contesté, le juge de paix n'est plus compétent ; Cass., 26 août 1857 (Dall., 1857, 1, 347).

(2) Cass., 5 mars 1860 (Dall., 1860, 1, 177). — Cass., 5 juin 1872 (Dall., 1872, 1, 211).
C. de cass., Rej., 9 février 1876 (Dall., 1878, 1, 66).

(3) Cass., 17 décembre 1861 (Dall., 1862, 1, 480). — Cass., 13 février 1865 (Dall., 1865, 1, 78). — Cass., 11 mars 1868 (Dall., 1868 1, 332).

qui a compris, dans ces sortes d'affaires, celles relatives à l'élagage des arbres ou haies et au curage des fossés et des canaux.

3° Les réparations locatives des maisons ou fermes, mises par la loi à la charge des locataires (art. 5, 2°, L. de 1838.)

4° Les contestations relatives aux engagements respectifs des gens de travail au jour, au mois et à l'année, et de ceux qui les emploient ; celles des maîtres et des domestiques ou des gens de services à gages ; celles des maîtres et de leurs ouvriers ou apprentis, sans néanmoins qu'il soit dérogé aux lois et règlements relatifs à la juridiction des prud'hommes (art. 5, 3°, L. de 1838);

5° Les contestations relatives au payement des nourrices sauf les règles particulières aux bureaux des nourrices (art. 5, 4., L. de 1838).

6° Les actions civiles pour diffamation verbale et pour injures publiques et non publiques, verbales et par écrit, autrement que par la voie de la presse, les mêmes actions pour rixes et voies de fait ; le tout lorsque les parties ne se sont pas pourvues par la voie criminelle (art. 5, 5°, L. de 1838).

Toutes ces actions présentent, en général, assez de simplicité, et est-il bon de les faire juger par le juge le plus rapproché des justiciables.

608. IV. Enfin le juge de paix connaît encore de certaines affaires à raison de leur objet, et quelle que soit la valeur de la demande ; mais il n'en connaît jamais qu'à charge d'appel.

Ces affaires, qui présentent souvent beaucoup plus d'importance que celles des catégories précédentes, sont d'abord, d'après l'art. 6 de la loi de 1838 :

1° Les entreprises commises, dans l'année, sur les cours d'eau servant à l'irrigation des propriétés et au mouvement des usines et moulins ; les dénonciations de nouvelle œuvre, complaintes, actions en réintégrande et autres actions possessoires fondées sur des faits également commis dans l'année.

La matière des actions possessoires sera expliquée plus loin dans le titre qui leur est spécialement consacré (art. 23 et suivants).

2° Les actions en bornage et celles relatives à la distance prescrite par la loi, par les règlements particuliers et par l'usage des lieux, lorsque la propriété ou les titres qui l'établissent ne sont pas contestés.

La loi de 1790 n'attribuait aux juges de paix que la connaissance des actions en déplacement de bornes ; la loi de 1838 étend leur compétence à toutes les actions en bornage ; ainsi, par exemple, lorsqu'il s'agit de la question de savoir où doivent être placées de nouvelles bornes. Ces actions en bornage et celles relatives aux distances prescrites pour les plantations seront mieux jugées sur les lieux contentieux. Mais il faut toujours que la propriété du fonds ne soit pas contestée ; autrement l'action prendrait le caractère d'action pétitoire immobilière, cesserait d'être possessoire, et, par conséquent, dépasserait les limites de la juridiction des juges de paix (1).

3° Les actions relatives aux constructions et travaux énoncés dans l'art. 674 du Code civil, lorsque la propriété ou la mitoyenneté du mur ne sont pas contestées.

Il s'agit de travaux qui, à raison de leur voisinage dangereux ou incommode, nécessitent l'observation de certaines distances ou la construction de certains

_____

(1) Cass., 27 novembre 1860 (Dall., 1861, 1, 10).

I.

ouvrages, pour éviter de nuire aux voisins. Il faut étendre la compétence du juge de paix non seulement aux difficultés que soulève l'application des règlements et des usages relatifs à la distance et à la construction des ouvrages prescrits, mais même aux demandes en dommages et intérêts, pour le préjudice causé par l'inobservation de ces usages et règlements. On a douté que les juges de paix fussent compétents pour statuer sur ces dernières demandes ; mais la généralité des termes de l'art. 6, 3°, de la loi de 1838 semble bien les comprendre : *les actions relatives aux constructions et travaux*, etc. La loi ne recherche pas quel est le but de l'action, mais seulement quel en est l'objet. Je dois encore faire remarquer ici que le juge de paix ne serait pas compétent pour les contestations relatives à des constructions et travaux autres que ceux énumérés dans notre art. 6, 3°. Rappelez-vous, en effet, que le juge de paix est un juge d'exception ; il ne peut prononcer que sur les causes qui lui sont expressément attribuées.

3° Les demandes en pension alimentaire n'excédant pas 150 fr. par an, et seulement lorsqu'elles seront formées en vertu des art. 205, 206 et 207 du Code civil.

Ces sortes de demandes ont été attribuées au juge de paix, comme au juge le mieux placé pour concilier des parents très proches, dont il connaît la position respective, et pour éviter entre parents le scandale d'un procès pour une pension alimentaire au-dessous de 150 francs.

Il faut ajouter à cette quatrième classe d'affaires, d'après l'art. 5 de la loi du 10 juin 1854, diverses contestations relatives à la servitude de drainage établies par ladite loi.

609. Aux demandes principales basées sur une des causes que je viens d'énumérer, le défendeur peut lui-même répondre par une demande reconventionnelle ; ou bien encore le demandeur peut réunir plusieurs de ces demandes dans une seule instance. Les art. 7, 8 et 9 de la loi du 25 mai 1838 résolvent de la manière suivante les questions que peut soulever ce cumul d'actions :

Si le défendeur, à une demande portée devant le juge de paix, forme lui-même une demande reconventionnelle ou en compensation, qui, par sa nature ou sa valeur, rentre dans la même compétence, le juge de paix peut statuer sur chacune d'elles, quand même les deux demandes réunies excéderaient le taux de sa compétence, par exemple, si, réunies, elles dépassaient 500 fr. dans le cas prévu par l'art. 1er (Loi de 1838) ; on les évaluera isolément.

Si l'une des deux demandes, principale ou reconventionnelle, est susceptible d'appel, tandis que l'autre, prise isolément, devrait être jugée en dernier ressort, la faculté d'appeler s'appliquera aux demandes.

Si la demande reconventionnelle excède les limites de la compétence du juge de paix, ce magistrat a le choix de retenir le jugement de la demande principale en renvoyant la demande reconventionnelle devant le tribunal d'arrondissement, ou de renvoyer le tout à ce tribunal, sans préliminaire de conciliation ; s'il y a utilité à statuer sur les deux demandes par le même jugement ; mais, dans aucun cas, il ne peut retenir le jugement de la demande reconventionnelle qui dépasse les limites de sa compétence.

Si la demande reconventionnelle a pour objet des dommages et intérêts fondés exclusivement sur la demande principale elle-même, le juge de paix est compétent pour en connaître, à quelque somme qu'ils puissent monter ; on n'a pas voulu que le défendeur, en formant une pareille demande, pût, même éventuellement, soustraire toute l'instance à la juridiction du juge de paix.

Si cette demande en dommages et intérêts excède le taux de la compétence en dernier ressort (100 fr.), elle est sujette à appel et rend susceptible d'appel la demande principale (art. 8, L. du 25 mai 1838). On n'applique pas ici la disposition du dernier alinéa de l'art. 2 de la loi du 11 avril 1838 (Voy. n° 672) (1).

Pour les demandes réunies dans une même instance par le même demandeur, on calcule, au contraire, l'importance des demandes cumulées pour apprécier le taux de la compétence. Ainsi deux demandes de 150 francs chacune, réunies dans la même instance, forment un total de plus de 200 francs (art. 1, L. de 1838), et échappent ainsi à la compétence du juge de paix (art. 9), quoique chacune de ces demandes, si elles eussent été intentées séparément, fût rentrée dans la compétence de ce magistrat.

610. La loi de 1838, si elle a, en général, étendu la compétence des juges de paix, leur a enlevé, d'une autre part (art. 20), la connaissance de contestations importantes qui leur avaient été attribuées par la loi du 25 mai 1791, je veux parler des contestations relatives aux brevets d'invention. *

611. Plusieurs remarques de détail sont encore nécessaires pour compléter vos idées sur la juridiction générale des juges de paix. Ainsi, notez que je ne parle ici que des attributions judiciaires des juges de paix ; je ne traite pas d'une autre espèce de fonctions attribuées aux juges de paix, celles qui se rattachent à la juridiction dite officieuse ou gracieuse ; tels sont les cas où ils sont chargés de l'apposition et de la levée des scellés, où ils sont chargés de présider les conseils de famille, de recevoir les actes ou déclarations d'émancipation, etc. Tous ces actes n'appartiennent pas aux juges de paix, considérés comme juges, pas plus que les fonctions de conciliateur, sur lesquelles nous avons tout dit (n°s 76 et suivants).

C'est donc ici comme juge que nous envisageons le juge de paix ; non seulement c'est dans l'idée de juge que nous devons nous renfermer, mais aussi dans l'idée de juge en matière civile. En effet, outre ces attributions judiciaires, le juge de paix est encore déclaré juge dans les matières de police. La loi de 1790 ne lui conférait aucune attribution de ce genre, parce que la juridiction de police appartenait aux corps municipaux : depuis, au contraire, les lois postérieures, et notamment le Code d'instruction criminelle, ont ajouté aux fonctions du juge de paix les attributions d'un juge de simple police (art. 138 et suiv., C. d'inst. crim.).

A ces attributions judiciaires et purement civiles du juge de paix vous avez à ajouter la compétence qui lui est attribuée pour certaines contestations, dans les matières de douanes, par les lois spéciales à cette matière.

(1) Cass., 16 juin 1847 (Dall., 1847, 1, 297). — Cass., 27 juillet 1858 (Dall., 1858, 1, 317). — Cass., 10 mai 1865 (Dall., 1865, 1, 334). — Cass., 26 mars 1867 (Dall., 1867, 1, 102). — Cass., 26 mai 1873 (Dall., 1874, 1, 120).

612. Enfin un point plus important que toutes ces observations de détail, c'est que les juges de paix, dont la compétence vient d'être ainsi déterminée, sont bien des juges dans toute l'acception du mot, mais des juges d'attribution, des juges d'exception, en un mot, des juges extraordinaires. J'insiste un peu sur ce caractère, sur cette qualité que j'ai entendu contester, mais, selon moi, très à tort. Quoique le Code de procédure n'ait, à cet égard, rien de formel, quoiqu'il ne dise pas pour les juges de paix ce qu'il dit pour les tribunaux de commerce, qu'ils ne peuvent pas connaître de l'exécution de leurs jugements (art. 442), ce qui est le caractère distinctif des juges d'exception, on n'en doit pas moins tenir pour bien certain que la juridiction des juges de paix est extraordinaire, est d'exception, qu'elle est strictement renfermée dans les cas indiqués par les lois spéciales. La preuve de ce que je dis est écrite, en toutes lettres, dans l'art. 4 du titre IV de la loi de 1790. En effet, cet article, que j'ai déjà cité, attribuant aux tribunaux civils d'arrondissement la plénitude de la juridiction en toutes matières personnelles, réelles et mixtes, excepte ou distrait seulement de cette plénitude les matières qui ont été attribuées aux tribunaux de commerce et aux juges de paix. Voici ses termes : « Les juges de district connaîtront en première instance de toutes les affaires personnelles, réelles et mixtes, en toutes matières, excepté seulement celles qui ont été déclarées ci-dessus être de la compétence des juges de paix, les affaires de commerce, dans les districts où il y aura des tribunaux de commerce établis, et le contentieux de la police municipale. Or, puisqu'on reconnaît, en vertu de cet article, que les juges des tribunaux de commerce sont des juges d'exception, des juges d'attribution, il faut bien aussi reconnaître que les juges de paix, placés avec eux dans l'exception indiquée par cet article, ont absolument le même caractère de juges extraordinaires.

Quelle est la conséquence, quel est le résultat pratique de ce caractère? C'est que nous ne devons, en aucun cas, étendre cette compétence hors des limites, hors des applications qui sont expressément déterminées par des lois expresses et spéciales.

L'art. 442 a dit expressément pour les tribunaux de commerce qu'ils ne connaissent point de l'exécution de leurs jugements ; c'est-à-dire que les questions de saisie, par exemple, qui viendront à s'élever dans l'exécution du jugement d'un tribunal de commerce, seront portées devant les tribunaux civils, et non pas devant le tribunal dont on exécute la sentence. Or, à l'égard des juges de paix, nous n'avons pas de texte qui les déclare expressément incapables de connaître de l'exécution de leurs jugements, mais nous n'avons pas non plus de texte qui leur accorde cette faculté ; cette question d'exécution n'est pas renfermée dans les règles de compétence des art. 3 et 10, et comme ces règles sont spéciales, comme il n'est pas possible de faire un pas au delà, comme il s'agit de juges d'exception, que la loi a investis d'une compétence que nous n'avons pas le droit d'agrandir, il est constant que les débats qui s'élèvent sur l'exécution des sentences des juges de paix, les questions de saisie auxquelles cette exécution peut donner lieu, n'appartiennent pas au juge de paix qui a rendu la sentence, ni au juge de paix dans le canton duquel l'exécution se poursuit, mais bien aux tribunaux civils d'arrondissement appelés à connaître de toutes les matières personnelles, réelles et mixtes, excepté de celles dont la connaissance est réservée aux juges de paix et tribunaux de commerce.

Ainsi, point de doute sérieux sur cette question : les juges de paix, absolument comme les tribunaux de commerce, sont des juges extrordinaires, des juges d'exception.

➡→ **613.** La compétence générale une fois déterminée, passons aux art. 2 et 3, à la compétence spéciale de tel ou tel juge de paix.

« Art. 2. En matière purement personnelle ou mobilière, la citation sera donnée devant le juge du domicile du défendeur ; s'il n'a pas de domicile, devant le juge de sa résidence. »

« Art. 3. Elle le sera devant le juge de la situation de l'objet litigieux, lorsqu'il s'agira : — 1° des actions pour dommages aux champs, fruits et récoltes ; — 2° des déplacements de bornes, des usurpations de terres, arbres, haies, fossés et autres clôtures, commis dans l'année, des entreprises sur les cours d'eau, commises pareillement dans l'année, et de toutes autres actions possessoires ; — 3° des réparations locatives ; — 4° des indemnités prétendues par le fermier ou locataire pour non-jouissance, lorsque le droit ne sera pas contesté, et les dégradations alléguées par le propriétaire. »

L'art. 2 pose le principe général en matière de compétence *ratione personæ* ; il décide que le juge compétent est celui du domicile *en matière purement personnelle ou mobilière* ; or, ces expressions de l'art. 2 embrassent premièrement, tous les cas de compétence indiqués dans l'art. 1er de la loi de 1838, c'est-à-dire toutes les actions personnelles et mobilières d'une valeur inférieure à 200 francs. Mais l'art. 2 du Code ne fait nullement double emploi avec l'art. 1er de la loi de 1838, il embrasse bien, dans la règle de compétence qu'il vous trace, toutes les causes désignées par l'art. 1er, mais il comprend aussi une partie de celles désignées par les art. 2 et suiv. de la loi de 1838.

Si l'art. 2 du Code existait seul, s'il n'était pas modifié, limité par l'art. 3, nous dirions que l'action pour dommages aux champs, fruits et récoltes, que les actions pour les réparations locatives, que les actions en indemnité pour non-jouissance, pour dégradations, étant des actions personnelles, doivent être portées devant le tribunal du domicile du défendeur, indépendamment de la situation de l'objet qui a été l'occasion du litige ; mais cette conséquence, qui résulterait littéralement de l'art. 2, est modifiée par l'art. 3. L'art. 3 dans les §§ 1, 3 et 4, l'art. 3 dans tout son ensemble, à l'exception du § 2, contient des exceptions fort remarquables à la règle de l'art. 2. D'après l'art. 2 toute action personnelle, qui est de la compétence d'un juge de paix, se porte devant le juge de paix du domicile du défendeur, ce n'est là que la règle *Actor sequitur forum rei* ; puis survient l'art. 3, qui veut que, si l'action a pour but l'indemnité des dommages dont parle le § 1, les réparations locatives dont parle le § 3, les indemnités dont parle le § 4, alors l'action, quoique personnelle, et rentrant à ce titre dans la règle de l'art. 2, en sorte cependant par une exception facile à justifier.

En effet, quoique, en principe, ce soit une idée fort raisonnable que celle qui oblige le demandeur à venir plaider, dans les matières personnelles, devant le tribunal du défendeur, cette règle a néanmoins cédé dans l'intérêt commun des deux parties, c'est-à-dire dans l'intérêt de la célérité, de l'écono-

mie et de la justice. Or, il est clair que le juge de paix dans le canton duquel
est situé l'immeuble qu'on prétend dégradé, la ferme où les réparations locatives sont demandées, où les indemnités de non-jouissance sont réclamées, il
est clair que ce juge de paix est plus à portée que tout autre d'examiner exactement, avec rapidité et économie, les questions de dégradations ou d'indemnités qui font la matière du procès.

⟫⟶ **614**. Les art. 4, 5 et 6 ne nous présentent que fort peu d'intérêt. Il
me suffit de vous dire que l'art. 4 simplifie, pour le genre d'affaires qui nous
occupe, les règles de l'art. 68 ; il est relatif à la remise des exploits ou citations. Vous verrez, et vous vous expliquerez aisément pourquoi la loi est plus
indulgente, plus facile, et multiplie moins les formalités dans les citations
devant les juges de paix que dans les exploits ordinaires.

De même le § 2 de cet art. 4 adoucit, pour la matière que nous traitons,
la sévérité des prohibitions de l'art. 66 ; le rapprochement de ces textes vous
fera sentir les différences et les motifs.

* L'art. 4 a été modifié par l'art. 16 de la loi du 25 mai 1838, qui a supprimé
le monopole de la signification des citations au profit de l'huissier de la justice de paix. Tous les huissiers du canton peuvent aujourd'hui donner des
citations. *

L'art. 5 se rattache à l'art. 72. Dans l'art. 72, la loi veut éviter que le défendeur soit attaqué par surprise, elle lui accorde donc un délai de huitaine
pour examiner sa position ; devant le juge de paix, l'affaire est moins importante, la célérité plus à désirer ; un jour d'intervalle suffit. Et puisque, dans
les affaires ordinaires, on peut abréger le délai d'ajournement, de même
devant la justice de paix on peut, mais dans des formes plus simples, obtenir
la permission d'assigner à un délai plus court, c'est-à-dire de jour à jour, aujourd'hui pour demain, et même d'heure à heure. Les formes sont indiquées
dans l'art. 6 ; joignez-y l'art. 17 de la loi de 1838, modifié par l'art. 2 de la loi
du 2 mai 1855 (V. d'ailleurs n° 604, dernier alinéa).

⟫⟶ **615**. L'art. 7 demande un peu plus de détails ; il se rattache encore
à des questions assez importantes de compétence ; il renferme trois dérogations aux règles générales que nous venons d'exposer.

1° Nous avons supposé jusqu'ici que l'affaire s'introduisait devant le juge de
paix par un avertissement sans frais ou par une citation : c'est, en effet, la
marche régulière et légale. L'art. 7, au contraire, permet d'introduire l'affaire sans citation, par comparution volontaire des deux parties devant le juge
de paix, et cette comparution doit être constatée dans la forme indiquée au
§ 2 du même article.

2° L'art. 7 permet de plus aux parties présentes devant le juge de paix, sur
avertissement, sur citation, ou volontairement, de l'autoriser à juger leur différend en dernier ressort, encore bien que la cause fût de sa nature susceptible d'appel. Ainsi les parties pourraient, en portant devant le juge de paix une
des constestations dont parle l'art. 1er de la loi de 1838, contestation d'un intérêt de plus de 100 fr., l'autoriser formellement à juger sans appel. De même,
en portant devant lui une contestation du nombre de celles indiquées par les
art. 2, 4, 6 de la loi de 1838, les parties pourraient valablement, quelque

élevée que fût la valeur de la demande, autoriser le juge de paix à en connaître en dernier ressort, en d'autres termes, renoncer d'avance à l'appel.

3° Enfin, les parties peuvent comparaître volontairement et renoncer au droit d'appeler non seulement, devant le juge de paix déclaré compétent par les art. 2 et 3, mais même devant un juge de paix incompétent.

Ainsi, voilà les trois dérogations contenues aux principes exposés jusqu'ici : 1° dispense de citation, si les parties s'accordent à comparaître devant le juge de paix ; 2° faculté de renoncer à l'appel, soit que le juge de paix fût compétent, soit qu'il ne le fût pas ; 3° faculté de porter l'affaire même devant un juge de paix incompétent. Mais à la suite de ces points bien constants se présentent quelques observations et quelques difficultés. Voici d'abord le texte de l'art. 7 :

« Art. 7. Les parties pourront toujours se présenter volontairement devant un juge de paix (*voilà notre premier cas*), auquel cas il jugera leur différend, soit en dernier ressort, si les lois ou les parties l'y autorisent (*voilà la seconde dérogation*), soit à la charge de l'appel, encore qu'il ne fût le juge naturel des parties, ni à raison du domicile du défendeur (*c'est-à-dire d'après l'art.* 2), ni à raison de la situation de l'objet litigieux (*c'est-à-dire d'après l'art.* 3; *voilà la troisième dérogation*). — La déclaration des parties qui demandent jugement sera signée par elles ou mention sera faite si elles ne peuvent signer. »

Le texte s'écarte donc, dans trois points bien faciles à constater, de la procédure ordinaire en matière de justice de paix. Mais, dans la procédure des justices de paix, les articles qui la constituent sont, en général, des articles d'exceptions, et le premier soin à observer, en les étudiant, c'est de rapprocher sans cesse les règles de cette procédure spéciale des règles et des principes de la procédure ordinaire. Aussi sur l'art. 7 s'élève tout de suite cette question :

Les trois dérogations que permet l'art. 7 à la procédure habituelle en justice de paix seraient-elles également permises dans la procédure ordinaire, devant les tribunaux de première instance ? 1° Devant les tribunaux de première instance peut-on comparaître volontairement sans ajournement ? 2° Peut-on d'avance renoncer à l'appel ? 3° Peut-on saisir, d'un accord commun, un tribunal incompétent ?

Sur ce dernier point, pas de doute. L'incompétence *ratione personæ*, comme vous le savez déjà, se couvre tacitement par cela seul que le défendeur n'oppose pas dès le principe l'exception d'incompétence ; à plus forte raison peut-elle se couvrir expressément, lorsque les deux parties attribuent formellement à un tribunal incompétent, *ratione personæ*, le jugement de telle ou telle affaire ; c'est même ce qui arrive dans le cas d'élection de domicile, art. 111 (C. C.) et 59 (C. pr.). Mais il y a toujours cette différence que, dans le cas de l'art. 7, le juge de paix incompétent *ratione personæ*, saisi de l'affaire par la seule volonté des parties, en dehors des art. 2 et 3, n'est pas maître, n'est pas libre de refuser cette attribution que la loi ne lui conférait pas, et que vient lui imposer la volonté commune des parties. L'art. 7 déclare que, dans ce cas, le juge de paix jugera leur différend ; c'est-à-dire que, bien qu'incompétent, aux termes des art. 2 et 3, il ne peut pas déclarer d'office une incompétence à laquelle les parties ont renoncé. Au contraire, il est à mes yeux plus que douteux que les parties puissent, par leur consentement, même formel, imposer à un tribunal incompétent, quoique seulement incompétent *ratione personæ*, l'obligation de les juger ; nous ne trouvons pas pour les tribunaux ordinaires cette disposition impérative de l'art. 7 pour les juges de paix.

D'autre part, on peut, devant un juge de paix, renoncer d'avance à l'appel; le peut-on de même devant les tribunaux ordinaires ? Quoique la question ait été posée et discutée assez sérieusement, je ne crois pas qu'au fond elle puisse faire l'objet d'un doute raisonnable: oui, devant les tribunaux ordinaires, comme devant les juges de paix, comme devant les tribunaux de commerce, comme devant les arbitres, les parties peuvent, à l'avance, renoncer au droit d'appeler ; l'art. 7, qui consacre expressément cette faculté pour les justices de paix, ne fait point, sous ce rapport, exception aux règles du droit commun. Je me borne, au reste, à décider la question par l'affirmative; je donnerai les motifs dans les préliminaires du titre de l'*Appel* (V. n° 674).

Enfin, les parties peuvent-elles, devant un tribunal civil, comme devant un juge de paix, comparaître volontairement sans ajournement préalable ? Nous ne trouvons rien qui autorise cette faculté, et l'ajournement est généralement considéré comme le seul acte introductif d'instance devant les tribunaux ordinaires.

Ainsi, il y aurait des différences réelles entre la procédure des juges de paix et celle des tribunaux civils, en ce qui touche l'art. 7 : 1° l'impossibilité de saisir un tribunal d'arrondissement autrement que par un ajournement ; 2° l'obligation imposée au juge de paix, par les termes de l'art. 7, de juger, malgré son incompétence, l'affaire que les parties lui soumettent volontairement, obligation qui n'existe pas pour les tribunaux d'arrondissement, à l'égard desquels la décision, dans ce cas, serait purement facultative.

616. Mais notez bien que, quand je dis, avec l'art. 7, que les parties peuvent, renonçant aux règles de la compétence, attribuer à un juge de paix et lui attribuer forcément une cause pour laquelle il n'était pas compétent, je n'entends et je ne puis entendre parler ici que de la compétence *ratione personæ*, et non de la compétence *ratione materiæ*; les parties peuvent sans doute, aux termes de l'art. 7, déroger aux règles établies par les art. 2 et 3, mais non point déroger aux règles établies par les art. 1 à 6 de la loi de 1838.

Les parties peuvent, sans doute, portant devant le juge de paix une contestation d'une valeur inférieure à 200 fr., en saisir d'un commun accord un juge de paix qui n'est pas pourtant celui désigné par l'art. 2 (C. pr.), c'est-à-dire qui n'est pas celui du domicile du défendeur.

De même, une question possessoire s'élève à raison d'un immeuble situé dans tel canton, dans tel arrondissement; cette question, par sa nature de question possessoire, appartient au juge de paix de la situation de l'immeuble litigieux, au juge de paix dans le canton duquel cet immeuble est situé : les parties pourront sans doute, dérogeant à la règle de l'art. 3, attribuer, bon gré mal gré, de la part du juge de paix, l'examen de cette question à un juge de paix dans le canton duquel l'immeuble n'est pas situé.

Mais prenons un autre exemple : une contestation immobilière, non pas sur une question possessoire, mais sur une question pétitoire, par exemple, un procès en revendication d'un immeuble considérable ou minime, peu importe, s'élève entre deux parties ; pourront-elles, par un commun accord, en vertu de l'art. 7, conférer à un juge de paix la connaissance de ce débat? Évidemment non : parce que ce débat, portant sur une question pétitoire, se refuse, par sa nature même, non point à la compétence de tel ou tel juge de paix, mais à la compétence générale, absolue, de la juridiction des justices de paix (1).

C'est donc uniquement de la compétence *ratione personæ*, ce n'est pas le moins du monde de la compétence *ratione materiæ* que s'occupe l'art. 7. Au reste, ses termes à cet égard sont bien formels, et les derniers mots du § 1er de cet article sont parfaitement en accord avec les principes généraux de la matière de la compétence ; ainsi la loi vous dit : « *Auquel cas il jugera leur différend, soit en dernier ressort, si les lois ou les parties l'y autorisent, soit à la charge de l'appel* (c'est ici que commence la dérogation sur la règle de compétence), *encore qu'il ne fût le juge naturel des parties, ni à raison du domicile du défendeur* (c'est-à-dire à raison de l'art. 2), *ni à raison de la situation de l'objet litigieux,* » (c'est-à-dire à cause de l'art. 3).

Ainsi, les seuls articles auxquels il soit permis de déroger, quant à la compétence, ce sont les articles de procédure, les articles de compétence *ratione personæ*. Quant aux articles de la loi de 1838, qui ne sont pas de procédure, mais bien d'organisation, qui ne sont pas d'intérêt privé, mais bien de droit public, qui fixent une compétence d'un ordre plus élevé, la compétence *ratione materiæ*, la volonté la plus formelle ne peut pas permettre d'y déroger ; l'art. 7 (C. pr.) ne permet rien, ne suppose rien à cet égard.

Certainement les parties peuvent, d'un commun accord, porter une action pétitoire, une action en revendication devant un juge de paix qui en connaîtra comme arbitre, mais non pas comme juge de paix. La différence sera que, s'il n'en connaît que comme arbitre, aux termes des art. 1003, 1004 et suivants, le consentement du juge sera nécessaire pour le saisir, car nul n'est arbitre malgré lui, ce sera la procédure des arbitrages, et non celle dont nous nous occupons maintenant ; enfin la décision rendue ne sera pas exécutoire par elle-même, il faudra l'ordonnance d'*exequatur* du président du tribunal de première instance. Laissons donc de côté ce cas étranger à l'art. 7, où l'on porterait, devant un juge de paix, non pas en qualité de juge de paix, mais en qualité d'arbitre, une revendication, et disons que l'art. 7 ne permet de déroger qu'aux règles de la compétence *ratione personæ* (2).

617. Ce point une fois établi, et tout le monde est d'accord sur ce principe, s'élève une question qui s'y rattache, mais sur laquelle, dans l'origine, les opinions ont été très partagées. Deux parties se présentent devant un juge de paix, et viennent soumettre à ce juge, non point en qualité d'arbitre, mais en qualité de juge, une question personnelle et mobilière d'une valeur supérieure à 200

(1) C. de Cass., Rej., 14 février 1866 (Dall., 1866, 1, 447).
(2) Cass., 22 juin 1808 et 20 mai 1829. — *Contrà*, Cass., Rej., 10 janvier 1809. — Paris, 5 août 1809 (Dalloz, *Rép.*, v° *Compétence des juges de paix*, n° 318).

francs ; ainsi, voulant réclamer de Paul 2 ou 3,000 francs, dont je le prétends mon débiteur, je me présente avec lui qui y consent formellement devant le juge de paix de son domicile ; pouvons-nous, par notre accord commun, rendre ce juge de paix compétent pour connaître de la contestation, comme juge de paix, et aux termes de l'art. 7? Ne pouvons-nous même pas, car c'en est la conséquence, l'obliger, de notre accord commun, à connaître de la contestation quand même il ne le voudrait pas, en vertu de l'obligation que lui impose l'art. 7, au moins pour les cas que cet article embrasse?

En général, l'affirmative ne fait guère de doute dans la pratique. Il est fréquent de porter devant les juges de paix, par le commun accord des parties, des demandes personnelles et mobilières d'une valeur supérieure à celle que détermine l'art. 1er de la loi de 1838, c'est-à-dire d'une valeur supérieure à 200 francs. On s'appuye sur ce que, dit-on, ce n'est pas là une règle de compétence *ratione materiæ*; la cause inférieure ou supérieure à 200 fr. est toujours une cause personnelle et mobilière, une cause de la nature de celles déterminées par l'art. 1er de la loi de 1838. Les parties, en soumettant volontairement cette contestation au juge de paix ne dénaturent pas les règles, les habitudes de sa juridiction ; elles ne prorogent pas sa compétence, d'un genre d'affaires à un genre différent, mais d'une quantité moindre à une quantité plus forte. Or, dit-on, c'est dans un intérêt purement privé que la loi limite à 200 fr. la compétence des juges de paix : libre aux parties de renoncer à cette limite et d'élever, si bon leur semble, cette compétence à plus de 200 fr.

Certainement la loi eût pu le décider ainsi, et je n'examine pas quel avantage ou quel inconvénient ce système aurait pu avoir, s'il avait été appliqué par le législateur ; remarquez seulement que les art. 1 à 6 de la loi de 1838 déterminent d'une matière expresse, spéciale, limitative, les cas de compétence pour les juges de paix. Ajoutez que les juges de paix sont des juges d'exception, et qu'en conséquence il est absolument impossible de leur donner une compétence pour des cas où la loi la leur refuse. Or, cette compétence, en matière personnelle et mobilière, est limitée à 200 fr. ; l'étendre au delà, c'est investir une juridiction exceptionnelle d'une mission que la loi ne lui donne pas, c'est violer les règles, les délimitations de la compétence *ratione materiæ.*

En effet, la ligne de démarcation entre la compétence *ratione materiæ* et la compétence *ratione personæ* ne tient pas à la qualité de personnelle ou de réelle, de mobilière ou d'immobilière de la cause. Nous avons dit qu'un juge était incompétent *ratione materiæ* quand la cause qui lui était soumise n'appartenait d'après la loi, ni à lui, ni à aucun juge, ni à aucune juridiction de même degré ; que, au contraire, l'incompétence était *ratione personæ* quand la cause, sans appartenir à tel ou tel juge, à tel ou tel tribunal, appartenait cependant à un juge du même ordre, à une juridiction du même nom. Or ici, l'impossibilité de connaître des demandes, même personnelles, au-dessus de 200 fr. est évidemment une incompétence *ratione materiæ* : car ce n'est pas seulement pour tel ou tel juge de paix, c'est pour tous les juges de paix que la limite de 200 fr. est établie par l'art. 1er de la loi de 1838 ; sous ce rapport, le texte de l'art. 7 est d'ailleurs dans l'accord le plus parfait avec les principes résultant de cette loi. En effet, l'art. 7 permet bien, dans la troisième dérogation qu'il autorise, de saisir d'une contestation un juge légalement incompétent, lorsque cette incompétence se réfère, soit au domicile des parties, soit à la situation de l'objet litigieux ; or, lui créer une compétence qui lui est refusée dans des circonstances étrangères à ces deux-là, c'est investir un juge d'exception d'une compétence que la loi ne lui donne pas. En deux mots, l'art. 7 permet aux parties de déroger aux art. 2 et 3 du Code de procédure ; l'art. 7 ne leur permet pas de déroger aux art. 1 à 6 de la loi de 1838.

A ces raisons toutes de principe, toutes de texte, se rattachent d'ailleurs d'autres motifs qu'il serait trop long de développer, mais que je puis indiquer ici, savoir, la facilité d'éluder, en investissant les juges de paix de cette compétence exceptionnelle, les art. 2127 et 2139 du Code civ., relatifs à l'hypothèque. En effet, le jugement du juge de paix, en supposant qu'il soit valable dans l'hypothèse que j'examine, emportera, aux termes de l'art. 2124, hypothèque judiciaire, et, par conséquent, générale, sur les biens du débiteur, d'où il arrivera qu'en se présentant d'un commun accord, pour reconnaître une écriture dans un procès simulé, devant un juge de paix, on éludera la règle de spécialité de l'hypothèque de l'art. 2219, en se procurant, sous la couleur d'un hypothèque judiciaire, une hypothèque générale qu'on ne peut pas se donner par convention. On éludera de même le privilège des notaires, établi dans l'art. 2127, d'après lequel aucune hypothèque ne peut être consentie que par acte authentique, par acte notarié. Or, en se présentant devant un juge de paix, muni d'un acte sous seing privé, à la reconnaissance duquel on conclura, l'autre partie, en reconnaissant cet acte, se trouvera accorder une hypothèque qu'elle n'aurait pas pu cependant consentir directement et de prime abord, sans le ministère d'un notaire.

Au reste, cette opinion stricte sur l'interprétation de l'art. 7, défendue longtemps par un assez grand nombre d'auteurs est maintenant, je dois l'ajouter, fort peu soutenue dans la doctrine, et à peu près abandonnée dans la pratique (1).

La déclaration des parties sera signée d'elles. Il faut donc une demande par écrit (2).

TITRE II

DES AUDIENCES DU JUGE DE PAIX, ET DE LA COMPARUTION DES PARTIES.

618. Une grande partie des dispositions de ce titre a été empruntée aux titres III et VII de la loi des 18 et 26 octobre 1790 sur la juridiction et la procédure des justices de paix.

Les art. 8, 9 et suiv., jusqu'à l'art. 13, ne présentent réellement aucun intérêt, et ne méritent pas que nous nous y arrêtions ; la lecture de ces articles suffira pour vous en bien faire comprendre les dispositions. Nous ne trouvons de vraiment dignes d'attention que les art. 14, 16, 15 et 17.

(1) C. de Colmar, 6 février 1828. — Cass., Rej., 13 novembre 1843 (Dall., *Rép.*, v° *Compétence des juges de paix*, n°ˢ 329 et 339). — Cass., 6 janvier 1845 (Dall., 1845, 1, 56). — Cass., 9 mars 1857 (Dall., 1857, 1, 125).

(2) Cass., 9 mars 1857 (Dall., 1857, 1, 125, et, dans la note sur cet arrêt, les autorités en sens divers).

L'art. 14 est une conséquence du principe d'après lequel le juge de paix est juge d'exception, et ne peut connaître que des contestations qui lui sont soumises aux termes des art. 1 à 6 de la loi de 1838. Or, supposez que dans le cours d'une des contestations pour lesquelles le juge de paix est naturellement compétent, s'élève un incident dont la complication soulève des difficultés étrangères aux habitudes et aux connaissances des juges de paix ; cet incident devra être renvoyé, par le juge de paix saisi du fond, devant un tribunal supérieur. L'art. 14 est formel à cet égard ; mais il soulève une question assez délicate.

« Art. 14. Lorsqu'une des parties déclarera vouloir s'inscrire en faux, déniera l'écriture, ou déclarera ne pas la reconnaître, le juge lui en donnera acte ; il paraphera la pièce, et renverra la cause devant les juges qui doivent en connaître. »

Ainsi, voici bien une cause pour laquelle au fond le juge de paix était compétent, par exemple, une action personnelle et mobilière désignée dans l'art. 1er de la loi de 1838 : à l'appui de sa demande, l'une des parties produit une écriture authentique, dont l'autre partie soutient la fausseté, ou bien une écriture privée dont l'autre partie dénie l'écriture, ou qu'elle déclare ne pas reconnaître, selon les distinctions déjà indiquées (Voy. nos 417, 428, 444). Ainsi, s'agit-il de la personne à laquelle on oppose l'écriture, par laquelle on prétend que l'écrit est signé ? Elle doit reconnaître ou dénier formellement l'écriture. S'agit-il d'un héritier ? Il lui suffit de dire qu'il ne reconnaît pas l'écriture (art. 1323 du Code civ.).

Mais qu'il s'agisse d'un acte authentique argué de faux et donnant lieu à la procédure de l'inscription de faux, qu'il s'agisse d'une dénégation ou d'une méconnaissance d'écriture privée, donnant lieu à la procédure de vérification, il est impossible au juge de paix de connaître, soit de la procédure de l'inscription de faux, celle du titre XI, soit de la procédure de vérification d'écritures, celle du titre X. En effet, ces procédures présentent une complication incompatible avec la position ordinaire et les connaissances des juges de paix ; elles exigent surtout le ministère des avoués, l'appel d'experts, et des opérations trop délicates pour qu'on puisse laisser dans les mains d'un juge de paix ; il renverra donc *la cause* devant les juges qui doivent en connaître.

Mais que devra-t-il renvoyer ? sera-ce l'incident seulement, savoir l'inscription de faux, la vérification d'écritures ? ou bien est-ce la cause entière, en telle sorte que le tribunal civil doive vider non seulement l'incident, mais aussi le fond de la cause qui appartenait au juge de paix, et dans le cours de laquelle l'incident s'est élevé ? Au premier aspect, il semble naturel que le juge de paix, étant compétent pour le fond de la cause, et incompétent seulement pour l'incident, ne doive se dessaisir que de l'incident, surseoir en conséquence à l'examen du fond de la cause, sauf ensuite à le reprendre, quand l'incident aura été vidé devant le tribunal civil. Mais ce n'est pas ainsi que le Code paraît l'entendre ; il vous dit : *Le juge lui en donnera acte, il paraphera la pièce et ren-*VERRA LA CAUSE. Le renvoi semble porter sur l'affaire tout entière ; le juge de paix paraît devoir se dessaisir pleinement, et le tribunal connaîtra en conséquence 1° de l'incident, et 2° du fond de la cause.

Tel est, en effet, je crois, le sens de l'article, et on en est plus convaincu quand on le rapproche du texte de l'art. 427, qui statue sur une question identique. Lorsque les incidents dont parle l'art. 14 s'élèvent devant un tribunal de commerce, vous sentez que les mêmes raisons qui empêchent un juge de paix de connaître de l'inscription de faux, de la vérification d'écritures, s'appliquent également aux tribunaux de commerce ; n'ayant pas près d'eux d'avoués, agents indispensables pour ces sortes d'affaires, n'ayant pas d'ailleurs l'habitude des formes de procédure compliquées que demandent ces causes, les tribunaux de commerce doivent s'en dessaisir, comme les juges de paix. Mais l'art. 427 tient un langage tout à fait différent de celui de l'art. 14. Il dit : « Si une pièce produite est méconnue, déniée ou arguée de faux, et que la partie persiste à s'en servir, le tribunal renverra devant les juges qui doivent en connaître, et il sera sursis au jugement de la demande principale. — Néanmoins, si la pièce n'est relative qu'à un des chefs de la demande, il pourra être passé outre au jugement des autres chefs. » Il est clair que, dans le cas de l'art. 427, c'est seulement de l'incident que les tribunaux de commerce doivent se dessaisir, sauf à reprendre, après le jugement de l'incident, l'examen du fond de la demande à laquelle il est sursis provisoirement. Mais rien de pareil dans l'art. 14 ; il n'y est pas question de l'incident seulement, mais, au contraire, du renvoi de la cause.

A ces différences de textes viennent, de plus, correspondre des différences de motifs.

En effet, le tribunal civil, auquel le tribunal de commerce renvoie l'incident, est absolument incompétent pour connaître du fond de la cause, qui est une matière commerciale, dont l'art. 4 du titre IV de la loi de 1790 refuse la connaissance aux tribunaux civils. Non seulement le tribunal civil auquel l'incident est renvoyé ne doit pas connaître en première instance du fond de l'affaire, mais, s'il y a appel du jugement du tribunal de commerce, ce n'est pas au tribunal civil que cet appel sera porté. Ainsi, rien d'étonnant que l'art. 427 consacre le droit des juges de commerce, en ne leur ordonnant de se dessaisir que de l'incident.

Au contraire, dans ce cas de l'art. 14, il s'agit d'une cause qui rentre dans le fond de la compétence des juges de paix, mais d'une cause qui, en appel, dans tous les cas où elle a quelque importance, sera portée devant le tribunal civil. Dès lors, rien de plus simple que d'abréger un degré, de vouloir que le tribunal civil, devant lequel l'affaire a été renvoyée quant à l'incident, ne renvoie pas, à son tour, devant le juge de paix, le fond de l'affaire qui lui reviendrait en appel, et termine immédiatement, par un seul jugement, la contestation tout entière. Il y a là intérêt d'économie, intérêt de célérité, il n'y a pas violation des principes généraux de la compétence ; et l'on conçoit très bien la différence de rédaction entre l'art. 14 et l'art. 427. Nous verrons, d'ailleurs, au titre de l'*Appel*, dans l'art. 473, une disposition qui confirme encore le sens de celle-ci, parce qu'elle est conçue dans un esprit tout à fait pareil.

←🙢 **619.** « Art. 15. Dans le cas où un interlocutoire aurait été ordonné, la cause sera jugée définitivement, au plus tard, dans un délai de quatre mois du jour du jugement interlocutoire : après ce délai, l'instance sera périmée de droit, le jugement qui serait rendu sur le fond sera sujet à l'appel, même dans les matières dont le juge de paix connaît en dernier ressort, et sera annulé, sur la réquisition de la partie intéressée. — Si l'instance est périmée par la faute du juge, il sera passible des dommages et intérêts. »

Cet article est assez remarquable comme contenant encore une exception notable aux principes du droit commun, en ce qui touche la procédure devant les juges de paix. Nous avons vu, dans les art. 397 et suiv., quels étaient les principes, quel était le but de la péremption d'instance dans les matières ordinaires; la même question de péremption, en ce qui touche les instances pendantes devant les juges de paix, avait été posée et résolue dans la loi des 18 et 26 octobre 1790, titre VII, art. 7 : « Les parties, disait cet article, seront tenues de mettre leur cause en état d'être jugée définitivement au plus tard dans le délai de quatre mois à partir du jour de la notification de la citation après lequel l'instance sera périmée de droit et l'action éteinte. » Le reste de l'article était conforme à la fin de l'art. 15. La loi de 1790 avait donc déterminé, pour les instances devant les juges de paix, une péremption spéciale, essentiellement distincte de la péremption d'instance devant les tribunaux ordinaires. Les différences étaient sensibles.

D'abord, le délai de péremption, au lieu d'être de trois ans, était de quatre mois.

Secondement, la péremption était encourue de droit, après l'expiration de quatre mois, tandis que, dans les instances devant les tribunaux ordinaires, elle n'a pas lieu de droit.

Enfin, ce qui est bien plus notable, dans la loi de 1790, la péremption de quatre mois éteignait l'action ; l'action périmée ne pouvait plus être renouvelée.

Notre art. 15 est relatif à la même matière, mais, je ne sais trop pourquoi, il n'en a embrassé qu'un point de vue. La loi de 1790 était générale ; elle déclarait toute instance en justice de paix périmée par l'expiration de quatre mois depuis le jour de la citation. Au contraire, l'art. 15 s'occupe uniquement du cas où, dans le cours d'une instance pendante devant un juge de paix, un interlocutoire a été prononcé, par exemple, une enquête a été ordonnée ; et, pour éviter que cet interlocutoire et l'instruction qu'il nécessite ne traînent indéfiniment en longueur, il veut que le jugement définitif intervienne dans les quatre mois, au plus tard, à compter de l'interlocutoire. Donc, s'il n'y a pas eu d'interlocutoire rendu, la péremption de l'art. 15 est inapplicable ; et, comme l'art. 1041 du Code de procédure abroge toutes les lois antérieures, l'article 7 de la loi de 1790 n'est pas applicable davantage. En deux mots, la péremption d'instance pendante devant les juges de paix paraît être soumise au droit commun, à l'art. 397, sauf le cas spécial d'un interlocutoire ordonné, c'est-à-dire le cas dont s'occupe l'art. 15. Non seulement le texte est formel à cet égard, mais la discussion même du projet de loi indique clairement que la péremption de quatre mois a été très intentionnellement restreinte à ce cas. Le délai de quatre mois a bien été emprunté à la loi de 1790, mais pour un cas spécial, au lieu d'être un cas de péremption absolue et générale.

* *Quatre mois du jour du jugement interlocutoire.* Si le jugement interlocutoire ordonne que des experts feront des constatations successives, à des époques

déterminées, le délai ne court que du jour de la dernière opération (1). *

Après ce délai, l'instance sera périmée de droit. Sous ce rapport, la péremption d'instance devant les juges de paix diffère de la péremption ordinaire, qui n'a pas lieu de plein droit, et se rapproche, au contraire, de la péremption de la loi de 1790. Mais l'art. 15 ne déclare pas, comme la loi de 1790, que la péremption de l'instance entraînera l'extinction du droit; d'où il suit que, bien que l'instance soit perimée, aux termes de l'art. 15, par défaut de jugement dans les quatre mois, à partir de l'interlocutoire, l'action peut être renouvelée (2).

Le jugement qui serait rendu sur le fond sera sujet à l'appel même dans les matières dont le juge de paix connaît en dernier ressort (la loi vous indique ici par quel moyen la partie devra attaquer le jugement qui serait intervenu après le délai de quatre mois), *et sera annulé sur la réquisition de la partie intéressée.*

Il paraît résulter de ces derniers mots que la péremption de l'art. 15 différant encore en cela des péremptions ordinaires, ne peut pas se couvrir, après les quatre mois, par un acte intervenu de la part du demandeur, sans que cependant il soit impossible d'y renoncer par le consentement formel des deux parties.

Si l'instance est périmée par la faute du juge, il sera passible des dommages et intérêts. Il suit, de là, que la péremption de quatre mois s'applique dans le cas même où les parties auraient mis la cause en état d'être jugée, dans le cas où l'instruction serait faite, la défense présentée, et où le retard ne viendrait que du juge ; seulement, les parties auraient alors contre le juge la voie indiquée par l'art. 505 § 3, la voie de la prise à partie, à l'effet d'obtenir les dommages et intérêts que leur accorde l'article.

620. * L'art. 16 du Code de procédure doit être remplacé par l'art. 13 de la loi du 26 mai 1838, qui est ainsi conçu :

« L'appel des jugements des juges de paix ne sera recevable ni avant les trois jours qui suivront celui de la prononciation des jugements, à moins qu'il n'y ait lieu à exécution provisoire, ni après les trente jours qui suivront la signification à l'égard des personnes domiciliées dans le canton.

« Les personnes domiciliées hors du canton auront, pour interjeter appel, outre le délai de trente jours, le délai réglé par les art. 73 et 1033 du Code de procédure civile. »

On peut voir, en comparant cet article avec l'art. 443, la différence qu'il consacre entre le délai d'appel à l'égard des jugements d'un tribunal d'arrondissement, et le délai d'appel relativement aux sentences d'un juge de paix. *

Il est bon de noter, à propos de cet article, les différentes ouvertures de réformation que le législateur a établies contre les jugements des juges de paix.

D'abord, ils sont évidemment sujets à l'appel, dans les cas prévus et avec les dictinctions établies par les art. 1 à 9 de la loi de 1838.

Ajoutons qu'ils sont sujets à l'opposition, quand ils ont été rendus par défaut ; le titre suivant est précisément relatif aux jugements par défaut et aux oppositions.

(1) C. de Cass., Rej., 28 août 1866 (Dall., 1866, 1, 377).
(2) Cass., 17 décembre 1860 (Dall., 1861, 1, 18). Et le juge d'appel, en déclarant la péremption acquise, n'a pas le droit d'évoquer le fond (V. art. 473, même arrêt).

Il y a de plus à remarquer que, soûs le Code de procédure, on peut appeler d'un jugement rendu par défaut par un juge de paix, encore bien qu'on ait laissé passer le délai d'opposition sans attaquer ce jugement. Sous ce rapport, le Code de procédure, art. 443, déroge à la loi du 26 octobre 1790 ; cette loi, consacrant, pour les justices de paix, un ancien principe de la procédure française, ne permettait pas d'appeler d'un jugement lorsqu'on avait négligé d'employer, pour l'attaquer, la voie la plus simple, la plus rapide, la plus économique, l'opposition : *Contumax non appellat*. Nous verrons cette idée repoussée par l'art. 443, dérogeant à cet égard à la loi de 1790 art. 4, titre III qui disposait : « Et les tribunaux de district ne pourront, dans aucun cas, recevoir l'appel d'un jugement de juge de paix, lorsqu'il aura été rendu par défaut. »

Les jugements des juges de paix peuvent encore être attaqués par la tierce opposition, dans les cas prévus par l'art. 474 ; ils ne peuvent l'être, dans mon opinion, par la requête civile (Voy. l'art. 480).

Enfin ils ne peuvent plus l'être par le pourvoi en cassation que dans un cas, savoir, lorsque le pourvoi se fonde sur un excès de pouvoir du juge de paix (art. 15, Loi de 1838).

621. * L'art. 17 doit être remplacé par les art. 11 et 12 de la loi de 1838.

« Art. 11. L'exécution provisoire des jugements sera ordonnée dans tous les cas où il y a titre authentique, promesse reconnue, ou condamnation précédente dont il n'y a point eu appel.

« Dans tous les autres cas, le juge pourra ordonner l'exécution provisoire, nonobstant appel, sans caution, lorsqu'il s'agira de pension alimentaire, ou lorsque la somme n'excédera pas trois cents francs, et avec caution au-dessus de cette somme.

« La caution sera reçue par le juge de paix. »

« Art. 12. S'il y a péril en la demeure, l'exécution provisoire pourra être ordonnée sur la minute du jugement avec ou sans caution, conformément aux dispositions de l'article précédent. »

Ces articles établissent, pour le juge de paix, une distinction analogue à celle qui est écrite dans l'art. 135 à l'égard des tribunaux d'arrondissement. Dans certains cas, l'exécution provisoire est impérative, le juge peut l'accorder ou la refuser suivant les circonstances dont l'appréciation est abandonnée à sa sagesse.

Les cas d'exécution provisoire impérative sont les mêmes dans le 1er alinéa de l'art. 135 et dans le 1er alinéa de notre art. 11..*

Quant aux cas d'exécution provisoire facultative, cet art. 11, deuxième alinéa, fait une distinction.

S'agit-il d'une condamnation pour une somme supérieure à 300 fr., alors, à quelques égards, les juges de paix jouissent encore d'une latitude ou d'un pouvoir plus grand que les tribunaux ordinaires, d'après l'art. 135. En effet, d'après cet article, il n'est permis aux tribunaux civils d'ordonner l'exécution provisoire, malgré l'appel, que dans les hypothèses indiquées dans les sept derniers paragraphes de cet art. 135, par exemple, lorsqu'il s'agit d'opposition ou de levée de scellés, de confection d'inventaire, de réparations urgentes, etc. Au contraire, notre art. 11 ne reproduit pas, pour les justices de paix, cette énumération limitative ; les juges de paix, à quelque somme que s'élève la condamnation par eux portée, sont maîtres, dans tous les cas, d'ordonner l'exécution provisoire, malgré l'appel, mais avec caution, si la somme dépasse 300 francs.

* S'il s'agit de pension alimentaire ou d'une condamnation à une somme qui n'excède pas 300 fr. l'exécution provisoire pourra être ordonnée sans caution.

Il y a plus : en cas d'urgence extrême, s'il y a péril en la demeure, l'exécution provisoire peut être ordonnée sur la minute, sur l'original du jugement, que le greffier confiera à l'officier ministériel chargé de l'exécution. *

Quoique, en général, les juges de paix, juges d'exception, ne connaissent pas de l'exécution de leurs jugements, cependant c'est au greffe de la justice de paix que se présente la caution à laquelle est tenu l'intimé ; et c'est devant le juge de paix que doit être discutée la solvabilité de cette caution. C'est ce qui résulte de notre art. 11 *in fine*, et de l'art. 21 du Tarif, relativement à la présentation de la caution ; et, sous ce rapport, il y a, dans le cas d'une caution ordonnée par un juge de paix, des règles différentes de celles prescrites par les art. 517 et suivants.

Il est facile de légitimer cette exception : les juges de paix, juges d'exception, ne connaissent pas de l'exécution de leurs jugements, nous avons établi et tout le monde reconnaît cette vérité ; mais la réception de cette caution à fournir, en vertu du jugement, pour garantir l'intérêt de l'appelant contre lequel on exécute provisoirement, malgré son appel, la réception de cette caution n'est pas proprement un acte d'exécution du jugement, c'est une des conditions sans lesquelles l'exécution ne peut avoir lieu ; ce n'est pas l'exécution proprement dite, ce n'est pas une voie comparable à celle de saisie, par exemple.

➳ **622.** L'art. 18 est relatif à la forme matérielle de la rédaction du jugement.

« Art. 18. Les minutes de tout jugement seront portées par le greffier sur la feuille d'audience et signées par le juge qui aura tenu l'audience et par le greffier. »

Remarquez que nous ne trouvons pas, pour les sentences des juges de paix, les formalités prescrites par l'art. 141, pour les jugements des tribunaux ordinaires. Ce n'est pas à dire que les sentences des juges de paix soient absolument libres dans leur forme ; mais la nullité n'en pourra être prononcée que dans le cas où elles seraient infectées d'une irrégularité substantielle. Ainsi, malgré le silence de la loi sur les formes de ces jugements, il faut d'abord qu'ils aient un dispositif, c'est essentiel ; il faut de plus qu'ils soient motivés, c'est une disposition applicable à toute espèce de jugement ; qu'ils indiquent clairement le juge qui les a rendus, les parties entre lesquelles ils sont intervenus. Du reste, pas de signification, pas de rédaction de qualités, pas de ces procédures que nous avons trouvées dans les art. 142 à 145. La loi laisse libre la forme de rédaction des jugements des juges de paix, pourvu que cela n'enlève pas à la ntence du juge l'aspect d'un jugement.

TITRE III

DES JUGEMENTS PAR DÉFAUT, ET DES OPPOSITIONS A CES JUGEMENTS.

623. Les art. 19 à 22 relatifs aux jugements par défaut ne présentent pas de difficultés ; contentons-nous de comparer en masse les règles établies ici pour les jugements par défaut rendus par des juges de paix avec les règles prescrites, dans la même matière, pour les tribunaux d'arrondissement, dans les art. 149 et suivants ; quelques différences notables doivent être signalées.

1° Le défaut devant les tribunaux civils se divise, comme vous l'avez vu, en deux grandes classes : défaut, faute de comparaître ou de constituer avoué; défaut, faute de conclure ou de plaider. Cette distinction, si importante devant les tribunaux d'arrondissement, est inapplicable à la juridiction qui nous occupe, dans laquelle les parties ne se font point représenter par des avoués; devant les juges de paix, le défaut de l'une des parties est toujours le défaut faute de comparaître.

Au reste, ce n'est pas à dire qu'il faille appliquer au défaut devant les juges de paix les règles établies, par exemple, pour l'opposition, par les art. 158 et 159, dans le cas de défaut faute de comparaître; le titre qui nous occupe pose à cet égard des règles spéciales.

2° D'après les art. 149 et 150, le tribunal civil, en cas de non-comparution du défendeur, est tenu de donner défaut, c'est-à-dire de déclarer le fait du défaut, et, s'il y a lieu, d'en adjuger le profit. Au contraire, l'art. 19 laisse à cet égard une grande latitude au juge de paix ; quoique le défendeur fasse défaut, on peut accorder un sursis, dans les cas indiqués, par exemple, dans l'art. 5 pour l'inobservation des délais. Il ne paraît pas même que, sous ce rapport, l'art. 19 soit limitatif, et il semble que le juge de paix doive avoir le droit de surseoir à juger et d'ordonner la réassignation, non seulement dans le cas où les délais n'ont pas été observés, mais dans tous les cas où l'inobservation des formalités de l'art. 1er peut expliquer la non-comparution du défendeur.

Une autre différence plus grande est relative au délai d'opposition : ce délai, dans les tribunaux civils, est tantôt de huit jours, art. 157, quand il y a eu avoué constitué ; tantôt, au contraire, l'opposition est recevable jusqu'à l'exécution quand il n'y a pas eu de constitution d'avoué, art. 158 et 159 ; devant les juges de paix, le délai fixe, régulier, de l'opposition, est de trois jours; disposition qui peut sembler rigoureuse quand on songe que, le défaut étant toujours faute de comparaître, il y a lieu de craindre que la citation n'ait pas été remise, et que le défendeur ne soit pas plus averti du jugement de défaut qu'il ne l'a été de l'ajournement. Mais ce reproche de rigueur disparaît quand on rapproche de l'art. 20 le texte de l'art. 21 ; il est permis au juge de paix, dans le cas où il sait que le défendeur n'a pas été averti, dans le cas où il y a juste sujet de croire que l'assignation ne lui a pas été remise ou qu'elle a été remise au domicile, mais qu'elle n'est pas parvenue au défendeur, ou enfin qu'un obstacle imprévu a empêché le défendeur de comparaître, il est permis au juge de paix de proroger, autant qu'il le juge convenable, le délai d'opposition.

Il y a plus : lors même que le juge de paix n'a pas usé de cette faculté, et qu'en conséquence l'opposition semblerait devoir être formée dans les trois jours, le défendeur défaillant peut cependant, après ces trois jours, être relevé de la déchéance par une décision du juge de paix, en justifiant qu'une maladie, qu'une absence, qu'une autre cause légitime l'a empêché, soit de se présenter à la première audience, soit de former opposition dans les délais de la loi, art. 21. Vous voyez donc qu'en définitive l'opposition n'est guère assujettie à des règles bien impérieuses.

L'opposition ici n'a point lieu dans les formes de l'opposition ordinaire, c'est-à-dire avec une constitution d'avoué ; la raison en est évidente. L'art. 20 indique les formes de cette opposition.

Enfin la loi, pressée d'amener à leur conclusion les affaires pendantes devant les juges de paix, ne veut pas que l'on ait la faculté de former une nouvelle opposition à un second jugement par défaut ; opposition sur opposition n'est pas admise, art. 22, qui est la répétition de l'art. 165.

⇒→ **624.** Une question reste à poser.

Les art. 153 et 156 ont tracé quelques règles spéciales pour les jugements par défaut devant les tribunaux ordinaires. L'art. 153, dans le cas où, de plusieurs défendeurs, l'un fait défaut et l'autre comparaît, permet de donner défaut profit-joint. L'art. 156, dans les cas où, dans les six mois, le jugement par défaut faute de comparaître n'est pas exécuté, le répute non avenu. Ces deux dispositions s'appliquent-elles au jugement par défaut rendu par les juges de paix ?

La loi à cet égard est complètement muette. Il semblerait que de ce silence on pût conclure l'affirmative ; car la procédure des juges de paix, procédure exceptionnelle, paraît devoir être régie par les principes du droit commun, dans tous les cas où la loi ne s'en est pas formellement écartée. Je ne crois pourtant pas que ce raisonnement doive être appliqué ici, que les articles tout à fait spéciaux que je viens de citer doivent s'étendre, dans le silence de la loi, à la procédure dont nous nous occupons.

En effet l'art. 153 est, avons-nous dit, de droit nouveau, est de droit exceptionnel ; en principe, le défaut de l'un est absolument indifférent à l'autre; en principe, quand de deux parties assignées l'une comparaît et l'autre fait défaut, la marche naturelle est de donner défaut contre l'une et de juger l'autre contradictoirement. Il semble que cette marche doive être suivie par les juges de paix, sans qu'ils doivent ou puissent renvoyer l'audience et donner défaut profit-joint. En effet, les art. 13 et 19 combinés supposent que, sauf un cas de réassignation ordonnée par l'un des motifs indiqués, le défaut doit être donné dans tous les cas où il y a un défaillant.

J'en dirai autant de la péremption de six mois, à défaut d'exécution, prononcée dans l'art. 156. C'est là une disposition nouvelle ; c'est là, à mes yeux, une disposition de droit exorbitante, dont l'utilité d'ailleurs se justifie assez mal, et qui ne paraît point, à ce titre, devoir être étendue à la procédure des tribunaux de paix.

De plus, la loi même a si bien considéré l'art. 156 comme un article d'exception, qu'elle a senti que, pour l'appliquer aux juridictions autres que celles des tribunaux civils, une disposition expresse était nécessaire. Ainsi dans l'art. 643 du Code de commerce, on a déclaré formellement l'art. 156 du Code civil applicable aux tribunaux de commerce, preuve évidente qu'on n'a pas considéré cet art. 156 comme étant de droit commun et comme devant par conséquent s'appliquer, dans le silence de la loi, aux juridictions extraordinaires.

C'est en ce sens que la Cour de cassation paraît s'être prononcée sur la question de savoir si l'art. 156 devait être étendu aux justices de paix (1).

Quant aux articles 158 et 159, relatifs aux délais d'opposition, aucune question ne peut s'élever ; l'application de ces articles aux jugements des juges de paix est formellement repoussée par le texte de l'art. 20, qui renferme dans trois jours le délai de l'opposition.

VINGT-SEPTIÈME LEÇON

TITRE IV

DES JUGEMENTS SUR LES ACTIONS POSSESSOIRES.

625. Ce titre est le plus important de tout ce livre ; bien que, placé dans le Code de procédure, et au milieu de règles fort simples, il se rattache bien plus à des notions de droit, et à des notions de droit compliquées et délicates, qu'à la procédure proprement dite. Dans le petit nombre d'articles qui le composent, il y en a un ou deux qui contiennent des règles de procédure, mais des règles qui ont leur racine, leur source, dans les idées mêmes qui tiennent au fond du droit.

Il s'agit dans ce titre des instances entamées devant les juges de paix en vertu du § 1er de l'art. 6 de la loi de 1838, et de l'art. 3 du Code de procédure. L'art. 6, 1° est ainsi conçu :

« Art. 6. Les juges de paix connaissent, en outre, à charge d'appel :
« 1° Des entreprises commises, dans l'année, sur les cours d'eau servant à l'irrigation des propriétés et au mouvement des usines et moulins, sans préjudice des attributions de l'autorité administrative dans les cas déterminés par les lois et par les règlements ; des dénonciations de nouvel œuvre, complaintes, action en réintégrande et autres actions possessoires fondées sur des faits également commis dans l'année. »

On oppose, comme vous le savez, les actions pétitoires aux actions possessoires.

Mais en quoi l'action possessoire se rapproche-t-elle, et en quoi diffère-t-elle de l'action pétitoire ? Même à ne prendre que la compétence, il est bien important de signaler la démarcation.

Les actions possessoires et les actions pétitoires se rapprochent par leur ob-

(1) Cass., 13 septembre 1809 (Dall., *Rép.*, v° *Jug. par défaut*, n° 303).

jet, par leur but, au moins apparent, plutôt que par leur but réel ; en effet, dans l'action possessoire, comme dans l'action pétitoire, on conclut en général à obtenir la détention physique, matérielle de l'objet, et surtout d'un fonds. Par exemple, dans l'action pétitoire vous revendiquez, contre Paul, un immeuble dont vous vous prétendez propriétaire, et la conclusion, c'est que cet immeuble doit vous être rendu. Dans l'action possessoire les conclusions semblent pareilles ; vous concluez également, s'il s'agit d'un fonds, à ce que Paul soit condamné à le délaisser, à vous en laisser jouir paisiblement.

Ainsi, au premier aspect, le but de l'action possessoire et le but de l'action pétitoire se rapprochent infiniment l'un de l'autre. Mais la différence réelle, la différence sensible est dans la cause, dans le principe, dans l'élément générateur de l'une et de l'autre action.

Dans l'action pétitoire vous demandez la possession, et vous la demandez parce que vous êtes, ou parce que vous prétendez être propriétaire de la chose que vous revendiquez. Le but est la possession ; la cause, c'est la propriété véritable ou tout au moins prétendue par vous.

Au contraire, dans l'action possessoire, la possession n'est pas seulement le but ; elle est aussi la cause du titre, le moyen sur lequel vous vous fondez. Vous n'alléguez pas que vous êtes propriétaire ; vous dites que vous êtes possesseur de la chose pour laquelle vous intentez l'action possessoire. Au premier aspect, ces deux idées paraissent se contredire ; si la possession est le but, comment peut-elle être le moyen ? si vous demandez la possession, c'est que vous ne l'avez pas ; si vous ne l'avez pas, comment pouvez-vous, pour l'obtenir, alléguer la qualité de possesseur ? C'est qu'il y a là une équivoque; c'est que, dans cette phrase comme dans toutes celles qu'on emploie sans cesse et nécessairement dans la matière qui va nous occuper, le mot de possession a deux sens : possession, c'est-à-dire détention, fait physique, fait visible, matériel ; et puis possession, c'est-à-dire droit de possession. En un mot, il y a la possession de fait et la possession de droit : possession de fait, c'est la détention actuelle ; possession de droit, c'est une détention antérieure, qui a cessé, mais qui produit, en droit, des effets importants, lorsqu'elle réunit les caractères de l'article 23. Ainsi, dans l'action possessoire, le demandeur conclut à la possession de fait, en vertu de la possession de droit, ou, si vous voulez, en vertu du droit de possession qu'il prétend lui appartenir.

En effet, la possession, qui, en principe, ne paraît être qu'un fait, la possession, lorsqu'elle est accompagnée des caractères déterminés par l'art. 23, devient pour celui qui l'a exercée un véritable droit, un droit que nombre d'auteurs n'hésitent point à appeler droit réel, encore bien qu'il ne soit pas compris dans l'énumération de l'art. 543 du Code civ. Mais, sans discuter en détail la question de savoir si c'est un droit réel, dans toute la plénitude du sens de ce mot, toujours est-il que, si la possession, qui, dans son origine, est un pur fait, s'est prolongée un certain temps et avec un certain caractère, elle donne à celui dans les mains de qui elle s'est ainsi prolongée, un droit qui survit à la détention de fait, et qui lui permet de la suivre et de la redemander à d'autres.

L'action possessoire est intentée par celui qui a détenu légalement pendant un certain temps, à l'effet d'être maintenu paisiblement dans sa possession ou de recouvrer la détention physique de la chose ainsi possédée, détention qu'un accident quelconque a fait passer dans les mains d'un tiers. Sous ce rapport, s'il y a, non point identité, mais au moins analogie entre les conclusions de l'action pétitoire et celles de l'action possessoire, il y a une différence, complète, profonde, entre leurs causes. Pour triompher dans l'action pétitoire, il faut non seulement alléguer, mais encore établir qu'on est propriétaire de la chose qui fait l'objet de l'action ; pour triompher dans l'action possessoire, il suffit d'alléguer et de prouver, non pas qu'on est propriétaire de la chose, preuve souvent impossible et toujours difficile, mais d'alléguer et de prouver qu'on a détenu cette chose pendant une année, avec les conditions déterminées par l'art. 23, et que, en conséquence, on a droit d'en conserver ou obtenir la détention physique, jusqu'à ce que la propriété de cette chose ait été jugée appartenir à un autre.

Voilà l'idée générale de la division des deux actions.

Notre titre ne distingue pas, au moins en termes formels, plusieurs espèces d'actions possessoires ; la rubrique du titre vous parle des jugements sur les actions possessoires ; l'art. 23 vous dit dans quel délai, et en vertu de quel droit s'intentent les actions possessoires ; est-ce à dire qu'il y en ait de plusieurs espèces, et que, par l'emploi du pluriel, la loi se réfère ici à certaine division entre les actions possessoires ? En effet, bien que cette distinction ait infiniment perdu de son importance, toujours est-il que les textes anciens, les textes actuels, notamment l'art. 6, 1°, de la loi de 1838 et nombre d'auteurs, distinguent encore les actions possessoires en deux grandes classes, savoir : la réintégrande et la complainte.

On entendait et on entend encore par *réintégrande* l'action possessoire par laquelle le possesseur spolié, expulsé, conclut contre l'auteur de la spoliation à la restitution de la chose qui lui a été ravie, soit par violence, soit même par des voies de fait qui ne seraient pas des violences, comme si, en mon absence, un tiers, de son autorité privée, était venu s'établir dans la maison que j'habitais, et que j'avais quelque temps laissée vacante.

Ainsi, la réintégrande suppose spoliation, perte de la possession physique, de la détention matérielle ; peu importe, du reste, que cette perte soit le résultat d'une violence proprement dite, pratiquée contre le possesseur, ou, au contraire le résultat d'une simple voie de fait qui ne serait pas une violence. On appelle cette action réintégrande, parce que l'on demande à être réintégré dans sa possession.

Au contraire, on désignait et on désigne encore, par le nom de *complainte*, l'action possessoire intentée par un possesseur qui a été, non point expulsé, non point spolié, mais inquiété, troublé dans la possession de la chose.

Au reste, le mot *complainte* s'employait, dans les textes anciens, tantôt comme une expression générique, embrassant à la fois toutes les espèces d'actions possessoires tantôt dans un sens plus technique, comme une désignation spéciale de l'action du possesseur qui n'a pas été dépouillé, mais simplement troublé.

Le Code de procédure ne reproduit point cette distinction en termes exprès ; mais l'art. 6 de la loi de 1838 la consacre expressément, et le Code civil, dans l'art. 2060, contient sur la réintégrande une disposition évidemment inapplicable au cas de complainte ; il est donc vrai de dire que, même aujourd'hui, la distinction subsiste encore.

626. Occupons-nous d'abord de bien examiner la nature, le motif et le but 1° de la réintégrande ; 2° de la complainte. Sans entrer, toutefois, sur la délimitation, sur la séparation précise de l'une et de l'autre action, dans des détails qui, à mes yeux, sont de fort peu d'importance aujourd'hui, présentons au moins les caractères généraux de chacune d'elles.

Dans la réintégrande, le demandeur conclut à la restitution de la chose enlevée, de l'immeuble qui fait l'objet du débat ; et, sous ce rapport, la réintégrande paraît se rapprocher de l'action pétitoire, de la revendication, dans laquelle un demandeur qui ne possède pas conclut aussi, contre celui qui possède, à la restitution de la chose. Mais il est à remarquer que l'action pétitoire atteint le but plus sûrement, plus pleinement, d'une manière plus définitive que la réintégrande, en ce sens que, quand j'ai revendiqué, et revendiqué avec succès, l'immeuble que vous possédiez, il est jugé souverainement, au moins entre vous et moi, que l'immeuble m'appartient ; désormais je n'ai plus à craindre de votre part aucun débat, aucune contestation sur une question de propriété que le jugement du pétitoire a tranchée définitivement. La réintégrande, au contraire, lors même qu'elle est couronnée de succès, n'atteint pas le but si pleinement ; elle ne décide pas une question de propriété, mais une simple question de possession ; elle fait bien repasser la chose enlevée, des mains ou de la détention de celui qui l'a ravie, dans les mains de l'ancien possesseur dépouillé, mais elle ne l'y fait passer que provisoirement, en ce sens que le défendeur à la réintégrande, qui a succombé au possessoire, a la ressource d'intenter l'action pétitoire, et de soutenir qu'il est propriétaire. En un mot, le pétitoire une fois jugé, il n'y a plus de question possible ni sur le pétitoire ni sur le possessoire. Au contraire, le possessoire une fois jugé, l'action au pétitoire reste intacte.

Mais si, sous ce premier point de vue, l'action pétitoire a, relativement à la réintégrande, un incontestable avantage, il faut dire que, d'autre part, la réintégrande est plus avantageuse que la revendication ou l'action pétitoire, en ce que, si le succès de la réintégrande est moins solide, est moins plein, moins définitif, il est beaucoup plus facile. Ainsi, pour triompher dans l'action pétitoire, dans la revendication, le demandeur doit prouver qu'il est propriétaire de l'immeuble revendiqué ; et une question de propriété présente souvent de fort graves difficultés, même à celui dont le droit est fondé. Au contraire, pour triompher dans la réintégrande, on n'a pas à prouver que l'on est propriétaire, mais simplement que l'on a possédé la chose pendant un certain délai, avec certains caractères de possession, qu'on a possédé la chose dans les délais et avec les caractères déterminés par l'art. 23. Vous voyez donc que la réintégrande, comparée à l'action pétitoire, a l'avantage d'offrir un résultat qui, bien que moins définitif, est plus prompt, plus facile que celui de l'action pétitoire.

Cela posé, voyons dans quelles situations, dans quelles hypothèses la réintégrande présente à celui qui l'intente un incontestable avantage.

D'abord, elle n'impose pas, disons-nous, au demandeur l'obligation de prouver ni même d'alléguer qu'il est propriétaire ; d'où il suit que le simple possesseur, par cela même qu'il se trouve dans les conditions de l'art. 23, peut agir en réintégrande, et doit triompher, soit qu'il agisse contre un tiers qui, sans titre, sans droit, sans qualité, est venu s'emparer de l'immeuble, soit même, ce qui est bien plus remarquable, qu'il agisse contre le véritable propriétaire, qui est rentré par voies de fait, et de son autorité privée, dans la chose dont il avait perdu la possession. En d'autres termes, lorsque celui qui a en sa faveur la possession annale, la possession de l'art. 23, et par là même la présomption de propriété qui s'attache à cette possession, lorsque celui-là a été expulsé, spolié, et qu'en conséquence il agit en réintégrande, le défendeur alléguerait vainement que, s'il est rentré dans la chose, c'est parce que la chose était à lui ; le défendeur offrirait vainement, pour repousser la réintégrande, de prouver qu'il est propriétaire. On lui répondrait que l'ordre public ne permet pas ces voies de fait ; on lui répondrait qu'il n'est pas permis de se faire justice soi-même, et que, ayant violé le droit de possession, reconnu et consacré par la loi, il faut qu'il commence par restituer la chose, par indemniser le possesseur du préjudice qu'il lui a causé, sauf ensuite à porter, si bon lui semble, par une action distincte et nouvelle, sa revendication devant le tribunal de première instance. Et ce résultat est fort grave ; car la conséquence en sera que le possesseur dépouillé, ayant agi et réussi en réintégrande, jouera désormais, dans le procès qui pourra s'engager au pétitoire, le rôle de défendeur, puisqu'il est régulièrement nanti de la chose ; que par là il sera dispensé de toute preuve, que le fardeau de la preuve retombera sur le demandeur, et que, faute par celui-ci de fournir cette preuve, la chose restera, en définitive, à celui qui la possède.

Ainsi, la réintégrande est précieuse au possesseur, en premier lieu, lorsqu'il agit contre un défendeur qui n'a pas plus que lui de droit à la chose; car alors il la conservera définitivement à l'égard de ce possesseur.

En second lieu, la réintégrande est utile au possesseur, à l'égard du propriétaire lui-même, en ce que, enlevant la détention de la chose au propriétaire qui s'en est emparé par voies de fait, elle constitue ce dernier demandeur dans l'action pétitoire, met à sa charge la preuve, et, par conséquent entraîne déchéance de son droit, s'il n'établit pas bien sa propriété.

D'autre part, la réintégrande, que nous supposons jusqu'ici intentée par le simple possesseur, peut être intentée aussi, et d'une manière fort utile, par le véritable propriétaire, c'est le cas même le plus fréquent. En effet, la possession est, en général, réunie sur la même tête où se trouve fixée la propriété. Supposez donc qu'un propriétaire se trouve dépossédé par voies de fait, il aura le choix sans doute entre l'action pétitoire et l'action en réintégrande, puisque nous le supposons possesseur ; mais il est clair qu'il devra préférer cette dernière action qui simplifie pour lui la question de preuve, et qui le conduit, à moins de frais et plus promptement, à un résultat absolument pareil. Celui qui a tout ensemble et la propriété de la chose et une possession annale conforme à l'art. 23 fera plus sagement, s'il est dépossédé, d'intenter l'action possessoire, et de se dispenser par là des preuves compliquées, longues et difficiles qu'exige nécessairement une question de propriété.

En deux mots, la réintégrande est utile au simple possesseur agissant ou contre un détenteur qui n'a pas de droit sur la chose, ou même contre le propriétaire. Elle l'est également, et d'une manière fort sensible, au véritable propriétaire injustement dépossédé, et voulant rentrer dans sa chose sans se donner l'embarras de prouver qu'il est propriétaire.

Dans le cas de complainte, au contraire, c'est-à-dire dans la seconde hypothèse d'action possessoire, on ne vient point dire qu'on est expulsé, spolié ; on ne vient point redemander la détention de fait, qu'on dirait avoir perdue ; celui qui intente la complainte est encore possesseur, non seulement de droit, mais aussi de fait ; il ne vient point dire que sa possession est perdue, mais que sa possession est troublée ; il ne vient point demander qu'on le rétablisse, mais simplement qu'on le maintienne.

Voilà la différence première, générale, entre la réintégrande et la complainte.

Mais cette définition de la complainte présente quelques difficultés. En effet, on conçoit bien qu'on agisse en justice pour redemander une chose qu'on a perdue, et qu'on a droit de reprendre, mais on ne comprend guère qu'une partie s'adresse au juge, pour lui demander d'être maintenue dans une chose qui actuellement encore est dans ses mains. Si vous n'avez été que troublé, si vous n'avez pas été dépossédé, la chose est en votre possession, que venez-vous donc demander au juge ?

Sans doute il ne faut pas croire que toute atteinte, que tout empiétement, que tout préjudice apporté à une possession de fait, donne ouverture à l'action possessoire, à la complainte. Ainsi, par exemple, un tiers, par imprudence ou par mauvaise volonté, m'a causé un préjudice en dégradant les fruits, les récoltes ou les semences de mon champ ; ce n'est pas, à proprement parler, un trouble à ma possession, si ce tiers ne prétend pas avoir agi en vertu d'un droit de propriété ou de possession légale. Ce simple fait de préjudice causé aux champs, fruits et récoltes, donne lieu à une action personnelle, fondée sur l'art. 1382 du Code civil, ou même, dans certains cas, à une action pénale rentrant dans la compétence des tribunaux correctionnels ou des tribunaux de police. En un mot, le simple préjudice, le simple dégât causé par un tiers sur un fonds que je possède, ne donne point ouverture à la complainte.

Mais supposez que ce tiers, qui est venu faire passagèrement sur mon fonds un acte de propriété ou au moins de possession, que ce tiers, à qui je demande réparation du dommage, prétende que ce qu'il a fait, il l'a fait comme propriétaire, ou au moins comme possesseur légal, il n'y a plus là un simple préjudice matériel ; la question n'est plus, comme tout à l'heure, une simple question d'appréciation, d'évaluation du dommage qui m'a été causé. Il faut savoir si, en réalité, ce tiers avait qualité pour faire ce qu'il a fait ; il faut savoir si, comme il le dit, il avait la possession légale du fonds sur lequel l'acte a été commis. Or, comme je suis encore en possession active et matérielle de ce fonds, ce n'est pas un cas de réintégrande, mais bien un cas de complainte ; je ne viens pas demander la restitution du fonds, puisque le fonds est entre mes mains ; mais je viens demander une indemnité fondée sur un dommage que le tiers prétend n'avoir fait qu'avec qualité et droit pour le causer.

De même, mon voisin a déplacé, a arraché la borne qui séparait nos deux héritages ; ce n'est pas encore là un cas véritable de réintégrande, car il n'y a pas spoliation, expulsion qui m'autorise à demander une restitution propre-

ment dite, mais il y a trouble, trouble qui m'autorise à demander la maintenue et des dommages et intérêts.

De même, le voisin a planté des arbres en deçà de la distance voulue, soit par
les règlements locaux, soit, à leur défaut, par le Code civil ; il a curé un fossé
mitoyen ; il a tondu la haie qui nous sépare ; en un mot, il a fait de quelque
manière, sur une chose que je prétends être à moi en totalité, des actes de
possession qui tendraient à troubler la mienne, à y jeter un caractère équivoque.

Dans tous ces cas, il y a lieu à la complainte et non point à la réintégrande.

Enfin, le trouble qui autorise la complainte, et que j'ai supposé jusqu'ici être
un simple trouble de fait, pourrait être aussi un trouble de droit. Ainsi, par
exemple, je suis propriétaire ou non, peu importe, mais je suis possesseur légal
d'un fonds que j'ai affermé ; un tiers signifie un congé à mon fermier, en se
prétendant propriétaire ou bailleur ; il l'actionne en payement des loyers ; il
l'attaque pour le faire condamner à des réparations locatives ; il est clair que,
dans tous ces cas, le tiers empiète sur des droits dont je suis en possession : il y a
trouble, non pas trouble de fait, mais trouble de droit, non pas trouble matériel, mais trouble civil à ma possession : il y a encore matière à la complainte.

Voilà les principales distinctions entre le cas de réintégrande et le cas de
complainte.

⋙→ 627. Ces principes généraux une fois posés, nous avons à examiner,
pour bien comprendre cette matière importante, trois points distincts :
1° quels sont les objets à raison desquels on peut agir au possessoire ?
2° quelles sont les conditions nécessaires pour avoir droit d'agir au possessoire ? 3° enfin, quelles sont les règles de procédure auxquelles les actions
possessoires sont spécialement assujetties ?

Les deux premières questions se rattachent à l'art. 23, et la troisième aux
autres articles de ce titre.

Au reste, si les derniers articles de ce titre exposent quelques règles de procédure spéciales aux actions possessoires, n'oublions pas que ces règles, qui
sont de procédure quant à la forme, n'en sont pas moins au fond des règles
de droit ; car elles dérivent directement et essentiellement de la nature et des
caractères mêmes que nous attribuons aux actions possessoires.

Voyons d'abord quels sont les objets à raison desquels on peut agir au possessoire.

Les actions possessoires s'intentent, en général, et presque uniquement, à
raison d'immeubles. Elles s'appliquent d'abord très bien à tous les objets immeubles de leur nature. Elles embrassent de même les objets immeubles par
destination, et qui se rattachent, par leur position même, aux immeubles par
nature, autant du moins que l'adhérence et la destination continuent ; aucun
doute à cet égard. A l'égard des choses immeubles par l'objet auquel elles
s'appliquent, en un mot, à l'égard des immeubles de l'art. 526 du Code civil,
il y a à faire quelques distinctions, qui se placeront naturellement quand nous
examinerons le second point, savoir : les conditions nécessaires pour donner
ouverture à l'action possessoire.

Mais en ce qui touche les meubles, la question est beaucoup plus délicate. En
effet, si les immeubles sont susceptibles d'être suivis par une action possessoire,

c'est que la possession en matière d'immeubles se distingue parfaitement de la propriété ; la possession et la propriété d'un immeuble se séparent non seulement *in abstracto*, mais aussi fréquemment et aisément dans la pratique. Au contraire, en matière de meubles, la loi française n'admet guère, ne reconnaît guère cette distinction entre la possession et la propriété ; et de là cette conséquence, que l'action possessoire, au moins en général, est inapplicable aux meubles. La raison en est fort simple, elle se trouve dans une maxime fameuse du droit coutumier que le Code civ. a reproduite : *En fait de meubles, possession vaut titre*, art. 2279 (C. C.) ; maxime qui, en général, conduit à cette conséquence, que le propriétaire d'un meuble ne peut pas le revendiquer contre le possesseur ou le détenteur actuel ; conséquence ou principe auquel la loi admet deux ou trois exceptions, mais qui n'en est pas moins d'une application générale et journalière. Or, si, en matière de meubles, le possesseur est propriétaire ; si, en matière de meubles, le propriétaire ne peut pas même par une revendication suivre sa chose en mains tierces, à plus forte raison, celui qui n'était pas propriétaire, mais qui ne serait que simple possesseur, n'en aurait-il pas le droit.

C'est sous ce premier rapport que nous devons dire qu'en fait de meubles il n'y a pas d'actions possessoires distinctes de l'action pétitoire. En effet, dans les cas mêmes où l'action en revendication est admise en fait de meubles, par exemple, dans le cas de perte ou de vol, il n'y a pas lieu encore à distinguer le possessoire du pétitoire ; car alors la loi n'exige, pour exercer la revendication, et l'exercer avec succès, que des conditions plus faciles, des conditions moins sévères que ne le sont, en matière d'immeubles, les conditions de l'action possessoire. Par exemple, un meuble a été perdu ou a été volé : alors, par exception à la règle qu'en fait de meubles possession vaut titre, vous êtes admis, pendant trois années, à suivre ce meuble dans les mains des tiers détenteurs. Mais, pour leur enlever ce meuble, êtes-vous tenu de prouver que vous en étiez vraiment propriétaire, ou qu'au moins vous en aviez une possession conforme à l'art. 23 ? Non ; par cela seul que vous le possédiez, il est à présumer que le meuble était à vous ; et par cela seul que vous l'avez perdu, qu'il vous a été volé, vous êtes admis à le suivre. La maxime qu'en fait de meubles possession vaut titre, maxime qui, en général, protège contre toute action le détenteur actuel, se trouve, dans le cas de perte ou de vol du meuble, protéger le demandeur, en l'admettant à revendiquer et à reprendre la chose, par cela seul qu'il la possédait à l'instant de la perte ou du vol.

Ainsi, en fait de meubles corporels, en fait d'objets matériels pris isolément, il est certain qu'il n'y a pas lieu à distinguer le possessoire du pétitoire ; il est certain qu'en général celui qui a perdu la possession ne peut pas la suivre, et que, dans les cas particuliers où il est autorisé à le faire, son action n'est pas régie par le texte de l'art. 23.

Mais devons-nous conclure de là que les actions possessoires ne s'appliquent jamais qu'aux immeubles ?

On ne le pensait pas autrefois ; l'ordonnance de 1667, conforme, d'ailleurs, aux coutumes, notamment à celle de Paris, art. 97, et au droit commun du royaume, admettait l'action possessoire, non point pour un meuble particulier, mais pour une universalité de meubles. On admettait le possesseur d'une succession mobilière, par exemple, celui qui détenait la succession ou une partie de la succession en qualité d'héritier, au droit d'exercer la complainte, à raison des troubles relatifs à cette possession. L'art. 97 de la Coutume de Paris s'exprimait ainsi : « Aucun n'est recevable à intenter la complainte pour chose mobilière particulière ; mais bien pour universalité de meubles, comme en succession mobilière. » Cette disposition, empruntée à l'ancien droit et à toutes les coutumes, a été reproduite dans l'ordonnance de 1667, titre XVIII, art. 1.

L'intérêt de cette question, de cette complainte admise au profit du possesseur d'une succession mobilière, était assez fréquent autrefois. En effet, on distinguait, dans l'ancien droit, un grand nombre de cas où les meubles étaient dévolus à une classe d'héritiers, et les immeubles à une autre classe. Cet intérêt, moins fréquent aujourd'hui, peut encore se présenter dans le cas d'un légataire des meubles et d'un légataire des immeubles. Le légataire des meubles, troublé dans sa possession, pourra-t-il exercer la complainte, l'action possessoire contre l'auteur du trouble ?

Vous sentez, d'abord, que le trouble dont il est ici question ne peut guère être qu'un trouble de droit, plutôt qu'un trouble de fait ; il ne s'agit pas de savoir si celui qui détient comme légataire les meubles de la succession pourra suivre en mains tierces quelques objets mobiliers détournés ; la négative est certaine, d'après les principes précédents. Mais supposez que, quand je détiens, en qualité de légataire, les meubles de la succession, un tiers en détienne une partie, se prétendant aussi légataire universel des meubles ; supposez que, même sans détenir aucun effet de la succession, un tiers se mette à poursuivre, en se prétendant légataire universel, les débiteurs de cette succession, qu'en un mot, il usurpe ma qualité ; qu'il prétende exercer contre les tiers des droits et des poursuites dont ma possession annale m'a investi, serai-je, dans ce cas, autorisé aujourd'hui, comme je l'eusse été autrefois, à intenter contre lui la complainte, à faire vider par le juge de paix la question de possession ?

On peut dire, pour la négative, que l'art. 6, 1º, de la loi de 1838, comme autrefois l'art. 10 de la loi de 1790, s'occupant des actions possessoires, ne parle que d'objets immobiliers ; que de même l'art. 3 du Code de procédure, dans le § 2, ne suppose également les actions possessoires qu'intentées pour des objets immeubles ; qu'enfin l'art. 3 veut que l'action possessoire soit portée *devant le juge de la situation de l'objet litigieux*, expression qui semble bien indiquer que, dans l'esprit de la loi, les actions possessoires ne peuvent s'appliquer qu'aux immeubles.

Cependant, je ne sais si ces raisons sont bien décisives, et, tout en avouant que la question est douteuse, j'inclinerais volontiers à admettre encore aujourd'hui la complainte, comme autrefois, de la part du possesseur d'une universalité de meubles troublé dans sa qualité. En effet, il ne me paraît pas qu'il y ait rien à conclure du silence de l'art. 6 de la loi de 1838, ni de l'art. 3 du Code de procédure. Ces articles commencent par donner quelques exemples d'actions possessoires, comme déplacements de bornes, usurpations de terre, etc.; ces cas, il est vrai, sont purement immobiliers, puis ils ajoutent : *Des complaintes, actions en réintégrandes, et autres actions possessoires* ; or, lorsque ces deux textes, après quelques exemples qui ne s'appliquent, il est vrai, qu'à des immeubles, déclarent le juge de paix, et tel juge de paix compétent pour toutes autres actions possessoires, lorsque, d'ailleurs, aucune disposition ne définit dans quels cas et à raison de quelles actions il y a lieu aux actions possessoires, n'est-il pas naturel de se référer, pour appliquer ces expressions, à la jurisprudence, aux dispositions, aux doctrines antérieures? Quand la loi de 1790 déclarait les juges de paix compétents pour toutes les actions possessoires, elle entendait apparemment parler, puisqu'elle ne donnait pas de définition, de toutes les actions qui, à ce moment, et depuis des siècles, étaient réputées actions possessoires. Or, les auteurs, les arrêts, les coutumes, l'ordonnance, tous s'accordaient à reconnaître que les actions possessoires, inadmissibles pour les meubles particuliers, étaient parfaitement applicables pour les universalités de meubles.

*Enfin la loi de 1838, dans son art. 6, paraît avoir voulu étendre plutôt que restreindre la portée des actions possessoires. *

De plus, quand on objecte que l'art. 3 déclare que l'action sera portée devant le juge de la situation, ce qui indique, dit-on, qu'il s'agit d'un immeuble, cette raison n'est pas probante. En effet, l'action possessoire intentée à raison d'une succession mobilière sera portée, conformément à l'art. 3, devant le juge de la situation ; et le juge de la situation, c'est, vous le savez, le juge du domicile du défunt.

Je ne vois donc, ni dans les textes généraux, ni dans l'art. 3 sur la compétence particulière de tel ou tel juge de paix, aucun obstacle sérieux qui empêche de conserver aujourd'hui l'ancien usage et l'ancienne règle, c'est-à-dire d'autoriser l'action possessoire à raison du trouble apporté dans une universalité de meubles.

Voici donc, sauf la réserve ou le renvoi que nous avons fait pour les immeubles de l'art. 526, voilà notre premier point établi, vous savez à raison de quels objets l'action possessoire peut être intentée.

➟ 628. Maintenant quelles sont les conditions nécessaires pour exercer une telle action ?

C'est en grande partie comme réponse à cette question qu'est rédigé l'art. 23 ; ces conditions sont d'abord une condition de fait, savoir : la spoliation, qui sert de base à la réintégrande, ou le trouble, qui sert de base à la complainte. La première parole du demandeur au possessoire, c'est de venir dire, dans un cas : j'ai été dépouillé ; dans l'autre cas : je suis troublé ; dans le premier cas : je demande à être rétabli dans ce qu'on m'a enlevé ; dans le second cas : je demande à être maintenu dans ma possession qu'on trouble. Mais cette condition e la spoliation ou du trouble n'est qu'une condition de fait, qui ne tient int, à proprement parler, à l'objet de notre examen ; ce que nous recherchons, ce sont les conditions de droit nécessaires à celui qui vient agir au ossessoire. La première de ces conditions, c'est de posséder, maintenant, ou avoir possédé la chose à raison de laquelle le demandeur agit. Posséder aintenant, s'il agit en complainte ; avoir possédé, s'il agit en réintégrande. Mais qu'est-ce que posséder, qu'est-ce que la possession? Vous en trouvez la éfinition dans l'art. 2228 (C. civ.), au titre *de la Prescription* : « La possesion est la détention ou la jouissance d'une chose ou d'un droit que nous nons ou que nous exerçons par nous-mêmes, ou par un autre qui la tient ou qui l'exerce en notre nom. » Cette définition, donnée par le Code civil à propos de prescription, s'applique parfaitement à la matière des actions possessoires. Mais vous remarquerez que, dans l'art. 2228, ce que la loi définit, ce n'est pas la possession légale, mais seulement la possession de fait ou la détention physique. La possession définie par l'art. 2228 est une condition nécessaire, mais non pas une condition suffisante de la réintégrande et de la complainte. Pour que la possession, c'est-à-dire la détention de la chose, ou la jouissance du droit, pour que la possession puisse autoriser l'action possessoire, il faut qu'elle soit accompagnée des caractères indiqués dans l'art. 23, caractères qu'il faut compléter, peut-être, par ceux de l'art. 2229. Prenons d'abord l'art. 23.

« Art. 23. Les actions possessoires ne seront recevables qu'autant qu'elles auront été formées dans l'année du trouble, par ceux qui, depuis une année au moins, étaient en possession paisible par eux ou les leurs, à titre non précaire. »

Ainsi, outre la possession, c'est-à-dire le fait physique, matériel, défini par l'art. 2228, et qui est plutôt une détention qu'une possession véritable, outre la possession, trois caractères sont exigés par l'art. 23 comme conditions nécessaires de l'action possessoire :

Il faut d'abord que la possession, en vertu de laquelle on agit, ait duré une année tout au moins ;

Il faut de plus qu'elle ait été paisible ;

Il faut enfin qu'elle ait eu lieu à titre non précaire.

Voilà trois conditions exigées bien formellement par l'art. 23 ; nous verrons plus tard si l'art. 2229 n'y doit pas servir de complément.

Il faut d'abord que la possession ait été annale ; c'est une ancienne règle des coutumes que l'an et jour sont nécessaires pour acquérir par la détention la qualité de possesseur légal. En effet, une détention de quelques jours, de quelques heures, est évidemment insuffisante pour constituer un véritable droit. Si la loi, dans la matière qui nous occupe, a attribué à la détention des droits précieux et importants, c'est parce qu'elle voit dans cette détention plus ou moins prolongée une présomption de propriété. Or, vous sentez qu'une détention de peu de durée ne peut pas présenter ce caractère. Pour que la loi attache à la qualité de détention la présomption de la propriété, il faut que cette détention ait été d'abord assez longue pour que les intéressés, pour que le véritable propriétaire, s'il en existe un, aient été à portée : 1° de la connaître ; 2° de la contredire. Une détention de peu de durée ne remplit pas cette condition ; de là, la nécessité d'une détention annale, condition première de toute action possessoire.

J'insiste sur ce point, parce que nous verrons plus tard qu'au mépris du texte très formel de l'art. 23, nombre d'auteurs, et, il faut le dire aussi, la jurisprudence, tendent à dispenser, dans plusieurs cas, de cette condition exigée par la loi en termes très impératifs (V. n° 634).

629. Il faut de plus que cette détention ou possession ait été paisible. Ce mot est un peu équivoque, on peut l'entendre, et on l'entend, en effet, dans un double sens.

Suivant les uns, la détention paisible, c'est la détention qui n'a pas pour origine des actes de violence. D'où il suit que, si la possession que vous invoquez comme base de votre demande en réintégrande ou en complainte, bien qu'annale, a été cependant fondée sur la violence, si la terre ou le fonds que vous demandez, vous l'avez occupé de vive force, en en chassant le possesseur, alors votre possession n'est pas paisible, elle est infectée d'un vice de violence qui lui enlève son caractère.

Je ne dis pas que c'est là le seul sens du mot paisible dans notre article, mais je dis que c'est là un des sens de cette expression ; je n'examine pas encore si elle en peut avoir un autre. Mais, puisque la faveur accordée par la loi à la possession repose sur la présomption de la légitimité des droits du défendeur, et que rien n'est si contraire à la légitimité des droits que la violence, qui porte atteinte à la société, la loi n'a pas dû attacher à une possession basée sur la violence le caractère d'une possession proprement dite, d'une possession légitime.

Ce principe s'appuie au besoin sur l'art. 2223 du Code civil : « Les actes de violence ne peuvent fonder non plus une possession capable d'opérer la prescription. »

Mais ce n'est pas à dire qu'une possession sera comme non avenue, que la loi n'y aura pas d'égard, par cela seul que, dans son principe, elle a reposé sur une violence. Lorsque plus tard cette violence aura cessé, lorsque le possesseur que vous aurez expulsé de force aura recouvré la liberté d'agir et de vous poursuivre, par exemple, en réintégrande : alors, s'il ne le fait pas, son silence, qui est un acte libre, vient couvrir le vice de la violence que vous aviez pratiqué, et, à partir du moment où cette violence a cessé, la possession devient capable de donner matière à l'action possessoire. En effet, le § 2 de l'art. 2323 dit : « La possession utile ne commence que lorsque la violence a cessé. »

Une autre observation plus importante, c'est que le vice de la violence, dans une possession ou une détention, est un vice purement relatif, et non point un vice absolu. Ainsi, lorsque vous agissez en réintégrande ou en complainte, le défendeur à cette action possessoire n'a pas toujours qualité pour vous opposer que votre possession n'est pas paisible, c'est-à-dire que votre possession est fondée sur une violence. Ce langage n'est fondé dans sa bouche qu'autant que la violence a été pratiquée envers lui ; un tiers ne peut point opposer, à la réintégrande ou à la complainte dirigée contre lui, une violence pratiquée par le demandeur au possessoire contre une autre personne. C'est l'ancienne idée romaine, qui accordait un interdit ou une espèce d'action possessoire à celui qui avait possédé *nec vi, nec clam, nec precario ab adversario,* à celui dont la possession n'était pas violente à l'égard de l'adversaire contre lequel il demandait l'interdit.

Voilà le premier sens, le sens incontestable du mot paisible, dans l'art. 23 ; une possession basée sur la violence, tant que dure cette violence, ne peut point être invoquée par celui qui l'a pratiquée à l'égard de l'adversaire contre lequel il l'a pratiquée.

D'autres auteurs donnent un sens différent au mot paisible, et je ne repousse pas cette opinion, en ce sens qu'à mes yeux le mot paisible doit, en effet, présenter l'une et l'autre acception. Suivant eux, la possession paisible, dont parle l'art. 23, c'est une possession qui, pendant sa durée, pendant l'année requise, n'a pas été troublée ou attaquée. C'est l'ancienne idée de la Coutume, de Paris, accordant la possession à celui qui avait possédé *franchement et sans inquiestation*.

Je crois, en effet, qu'il faut que la possession annale, d'où on veut faire dériver l'action possessoire, non seulement ait été une possession paisible dans sa source, mais une possession paisible dans sa durée, c'est-à-dire non compromise, non attaquée, non troublée dans son cours par les entreprises de l'adversaire.

Ceci, au reste, demande quelques explications et quelques ménagements. Vous êtes depuis plusieurs mois en possession d'un héritage, que vous n'avez pas occupé par violence ; un tiers se présente, et veut vous expulser par voies de fait de ce fonds ou de cette maison ; vous opposez la force à la force, aux voies de fait la violence ; vous repoussez l'agression ; est-ce que cela empêchera votre possession d'être paisible ? De ce que, dans le cours de l'année, un acte de violence a été tenté et tenté sans succès contre vous, suit-il que votre possession ne soit pas paisible ? dans le second sens, suit-il que la violence employée contre vous et repoussée par vous par une autre violence ait altéré, vicié le caractère d'une possession bien commencée ? Non certainement, et ce n'est pas en ce sens que la possession doit être paisible, c'est-à-dire non troublée pendant son cours par les entreprises des tiers. C'était encore l'idée romaine et un jurisconsulte disait : *Qui per vim possessionem suam retinuerit Labeo ait non vi possidere* ; celui qui a retenu de vive force une possession qu'on lui disputait n'est pas considéré comme possesseur violent, bien entendu à l'égard même de celui qu'il expulsera (L. 1, § 28, D. *de vi et vi armata*).

Mais supposez qu'au lieu d'une entreprise instantanée, isolée, votre possession, pendant l'année de sa durée, ait été constamment attaquée par les entreprises d'un voisin, qui vous contestait cette possession ; supposez qu'à chaque mois, qu'à chaque semaine, vous avez eu besoin d'une violence pour repousser l'agression ; alors on pourra dire, en effet, dans le second sens, que votre possession n'a pas été paisible, que ces agressions ou voies de fait perpétuelles, entreprises pour vous l'enlever, sont une protestation de tous les jours, de tous les instants, de la part de celui à l'égard duquel vous invoquez maintenant cette possession. En un mot, on pourra dire alors que, dans ces conflits perpétuels, dans ces luttes tant de fois répétées, votre possession n'a pas acquis ce caractère de franchise, de sincérité, essentiel pour donner matière soit à la prescription au bout de trente ans, soit aux actions possessoires, au bout d'une année ; on pourra dire que la possession n'est pas paisible, dans le sens de l'art. 23, et que par là même elle reste équivoque et manque ainsi d'un des caractères expressément exigés dans l'art. 2229 (C. C.).

Voilà nos deux premiers points, nos deux premières conditions de droit, savoir : 1° possession annale ; 2° possession paisible.

630. Enfin, troisième condition de l'art. 23, il faut avoir possédé à titre non précaire. Ce dernier point est, de toutes les conditions exigées par l'art. 23, celui qui demande le plus de détails.

Qu'est-ce d'abord que ce caractère de précaire dans la possession, caractère qui la vicie, et qui l'empêche de produire le droit de possession et les actions qui en dérivent ?

Ces mots, *à titre non précaire*, dans l'art. 23, paraissent répondre exactement aux expressions de l'art. 2229 du Code civ. *à titre de propriétaire*. Détenir à titre de maître, *animo domini*, détenir à titre non précaire, ce sont là, à ce qu'il semble, deux expressions synonymes ; et de même que, pour acquérir par prescription, il est nécessaire de posséder *animo domini*, à titre de propriétaire, de même, pour acquérir non pas le droit de prescription par une possession de trente ans, mais l'action possessoire par une possession d'une année, il faut posséder à titre non précaire, à titre de propriétaire. Les expressions sont synonymes ; c'est, d'ailleurs, ce que confirme au besoin l'art. 2236 (C. C.), d'après lequel ceux qui possèdent pour autrui ne peuvent pas prescrire, et on ajoute comme exemple : « le fermier, le dépositaire, l'usufruitier et tous autres qui détiennent précairement la chose du propriétaire. »

Quels sont donc les détenteurs précaires auxquels, en cette qualité, notre art. 23 dénie l'action possessoire ?

L'art. 2236 (C. C.) nous fournit naturellement la réponse à cette question. Ceux qui détiennent à titre précaire, et qui par conséquent, ne possèdent pas, dans le sens technique et légal du mot, ce sont ceux qui détiennent au nom, pour le compte et dans l'intérêt d'autrui, tel est un usufruitier relativement au nu propriétaire ; tels sont les fermiers, les locataires ; nous ajouterions avec le Code les dépositaires, si le dépôt proprement dit pouvait s'appliquer aux immeubles dont nous nous occupons seulement. Ainsi, nous dirons, les fermiers, les locataires, les séquestres, les usufruitiers, détiennent pour autrui, au nom du nu propriétaire, du bailleur, etc., ils ne possèdent pas dans l'acception précise du mot, ils n'ont donc pas l'action possessoire. Ils ne possèdent pas, et, loin de là, c'est que leur détention physique, matérielle, de la chose, n'est que le moyen, l'instrument de la possession de ceux pour qui ils détiennent. Loin que l'usufruitier, le fermier ou le locataire soit un véritable possesseur, c'est, au contraire, le nu propriétaire ou le bailleur qui possède par l'intermédiaire, par le ministère de l'usufruitier, du locataire, la chose soumise à l'usufruit ou donnée à bail.

Tel est au moins le principe, et vous pouvez, en règle générale, interpréter, dans l'art. 23, ces mots, *à titre non précaire*, par les exemples donnés dans le § 2 de l'art. 2236.

Seulement, en y regardant de plus près, on s'aperçoit qu'une distinction est nécessaire, et que la règle que nous établissons, applicable dans tous les cas au fermier, au locataire, à ceux qui n'ont et ne prétendent aucun droit réel dans la chose occupée par eux, ne s'applique plus que sous certaines distinctions à un usufruitier, quoiqu'il soit indiqué dans l'art. 2236.

En effet, il y a, vous le savez, entre la possession d'un fermier ou locataire et celle d'un usufruitier, une différence sensible : le fermier, le locataire, détiennent la chose sans y prétendre aucun droit ; la propriété du fonds donné à bail ou à ferme n'en reste pas moins intacte, complète, sur la tête du propriétaire, du locateur. Au contraire, l'usufruitier est, à quelques égards, un copropriétaire de la chose grevée d'usufruit ; l'usufruit, aux termes des art. 526 et 543

I.   40

du Code civ., constitue un véritable démembrement, une véritable fraction de la propriété, qui, désormais, se trouve répartie, savoir : quant au droit de jouissance sur la tête de l'usufruitier, et quant au droit de nue propriété, sur la tête du propriétaire. La conséquence va s'en faire sentir en ce qui touche l'action possessoire.

Ainsi, l'usufruitier, venons-nous de dire, avec l'art. 2236, est un possesseur précaire, c'est-à-dire un simple détenteur, plutôt qu'un possesseur véritable; donc il ne peut prescrire, art. 2236; donc il n'a pas les actions possessoires, art. 23 du Code de procédure. Non, l'usufruitier n'a pas les actions possessoires, relativement au fonds, à l'immeuble en lui-même, car il détient l'immeuble et ne le possède pas; il le détient au nom et pour le compte du nu propriétaire, qui le possède par lui.

Mais il y a une chose que l'usufruitier possède, non pas pour le compte d'autrui, mais pour son compte, en son nom; cette chose, c'est l'usufruit même, c'est le démembrement de propriété qui a fait deux parts dans le domaine. A coup sûr, si l'on peut dire que l'usufruitier détient précairement, et au nom du propriétaire, le fonds même sur lequel est assis l'usufruit, on ne peut pas dire, on n'a jamais dit que l'usufruitier possède précairement et, au nom d'autrui, le droit lui-même d'usufruit. Quant au droit d'usufruit, c'est bien pour son compte, en son nom, avec prétention exclusive, que l'usufruitier le possède.

Et non-seulement la raison comprend, mais le Code civil lui-même admet formellement une possession légale des droits, des choses incorporelles. Or, la possession appliquée à un droit s'applique très bien à l'usufruit, l'usufruit est un droit dont on peut jouir, soit par soi-même, soit par autrui, et cette jouissance, aux termes de l'art. 2228 (C. civ.), est une véritable possession.

Ainsi l'usufruitier, détenteur précaire en ce qui concerne le fonds lui-même sur lequel est assis son usufruit, est, au contraire, un possesseur très légitime, jouissant *proprio jure*, *proprio nomine*, en ce qui touche le droit d'usufruit, de la part de la chose démembrée en sa faveur.

De là il suit que l'art. 23 empêchera bien l'usufruitier d'exercer les actions possessoires relativement au fonds lui-même, parce que, relativement au fonds, l'usufruitier n'est qu'un détenteur précaire. Quant au droit d'usufruit qui, d'après les art. 526 et 543 du Code civil, forme un droit tout aussi réel, quoique moins durable, que le droit de propriété, l'usufruitier le possède *jure suo*, ne le possède pas précairement ; donc il a pour ce droit les actions possessoires non seulement contre les tiers qui viennent porter atteinte à l'exercice de son usufruit, mais aussi contre le nu propriétaire lui-même, qui le troublerait dans l'exercice de ce droit (1).

Ces principes, incontestables en théorie, paraissent, au premier coup d'œil, renfermer une abstraction inapplicable. Vous pourriez dire qu'en pratique ce n'est là qu'un jeu de mots. Dire que l'usufruitier n'aura pas les actions possessoires, quant au fonds, mais qu'il les aura quant à son droit d'usufruit, c'est faire, pourriez-vous penser, une distinction inapplicable; car, agissant au

(1) Cass., 14 décembre 1840 (Dall., *Rép.*, v° *Action possess.*, n° 522).

possessoire, pour se faire rétablir, réintégrer dans la possession, dans la jouissance de son usufruit, il obtiendra par là même sa réintégration, son rétablissement dans la chose sans la détention de laquelle son usufruit n'est pas possible ; donc, dira-t-on, accorder à l'usufruitier les actions possessoires, relativement à son droit d'usufruit, c'est, par le fait et en réalité, les lui accorder relativement à la chose elle-même.

Non, cette objection n'est pas fondée, et nous distinguerons en pratique, aussi complètement, aussi nettement qu'en théorie, l'exercice de l'action possessoire intentée par l'usufruitier pour l'usufruit, et l'exercice de l'action possessoire intentée par le propriétaire pour la chose. En effet, l'usufruitier a été, je le suppose, troublé dans l'exercice de son droit, dans la possession de son usufruit, soit par un tiers, si vous le voulez, par le propriétaire lui-même ; il va agir par action possessoire, agir en complainte ou en réintégrande contre le nu propriétaire, auteur du trouble ou de la spoliation ; par l'effet de cette complainte, de cette réintégrande, il se fera restituer, quoi? la chose même non pas comme possesseur, mais comme détenteur ; on le rétablira dans la détention du fonds, afin qu'il puisse continuer à jouir.

Mais l'effet de ce rétablissement, le triomphe de l'usufruitier dans cette action possessoire intentée par lui contre le nu propriétaire, sera tout différent de ce qu'il serait s'il eût pu agir et eût agi possessoirement, relativement à la chose elle-même. En effet, une fois qu'il aura obtenu gain de cause sur l'action possessoire, une fois que, en vertu de sa jouissance annale de l'usufruit de la chose, il aura été maintenu, il aura en sa faveur la présomption du droit d'usufruit, ce sera au propriétaire, qui voudrait lui contester ce droit, d'agir au pétitoire pour soutenir que l'usufruit, ou n'a jamais existé, ou depuis s'est éteint.

Et tandis que l'action possessoire, dans laquelle a triomphé l'usufruitier, établit une présomption légale pour l'exercice de son usufruit, elle établit en même temps une présomption légale de sa part contre toute prétention à la propriété. Par cela même que j'ai agi au possessoire en qualité d'usufruitier, qu'il est reconnu que, depuis un an, je détiens la chose comme simple usufruitier, il est clair que je ne prétends aucune espèce de droit relativement au domaine de la chose. En sorte que, si plus tard je venais me prévaloir de ma détention de la chose pour soutenir que j'en suis propriétaire, on invoquerait contre moi mon triomphe même dans l'action possessoire, pour me prouver que je ne le suis pas. On me dirait : Vous avez agi en réintégrande pour vous faire restituer la possession de l'usufruit de tel fonds ; ce n'est donc pas comme propriétaire, mais bien comme usufruitier, que vous déteniez le fonds, vous ne pouviez donc avoir aucune prétention pour la prescription.

Ainsi, autre chose sera, en droit, le rétablissement d'un possesseur d'usufruit, par l'effet d'une réintégrande, dans le fonds dont il a été expulsé ; autre chose sera, en droit, le rétablissement d'un possesseur, non pas de l'usufruit, mais du fonds lui-même, dans la possession du fonds dont il aurait été expulsé.

Voilà la distinction à laquelle nous devons nous attacher en ce qui concerne les différents détenteurs précaires énumérés dans le § 2 de l'art. 2236.

Maintenant, au contraire, comparons à cette possession de l'usufruitier la possession du fermier, du locataire ; vous allez voir combien elle est différente.

Le fermier ou le locataire n'a aucun droit réel, aucune part de propriété dans la chose ; vous ne trouvez pas dans les art. 526 et 543 (C. C.) que le droit du fermier ou du locataire soit un droit immobilier, affectant et démembrant la plénitude du domaine ; d'où il suit que, toutes les fois qu'un fermier, qu'un locataire est troublé dans sa détention, dans l'exercice des droits que le loca- teur lui a consentis, comme il est simple détenteur précaire, il ne peut pas être question pour lui d'une action possessoire, mais il aura, à la place, deux droits tout à fait distincts. Le fermier ou le locataire troublé ou expulsé par voies de fait a deux ressources :

1° Agir contre le locateur aux termes des art. 1726 et 1727 du Code civil, attendu que le locateur était obligé par contrat de le faire jouir de la chose, et, par là même, tenu de le garantir des troubles par lesquels des tiers vien- nent entraver cette jouissance.

2° Comme le trouble éprouvé par le fermier ou le locataire constitue pour lui un préjudice plus ou moins grave, et comme, aux termes de l'art. 1382 du Code civil, tout préjudice injustement causé doit être réparé par son auteur, le fermier ou le locataire peut agir directement contre l'auteur du trouble ou de la spoliation qu'il éprouve.

Mais cette action n'est point une action possessoire ; l'action possessoire, dans l'espèce, n'appartient et ne peut appartenir qu'au possesseur véritable, c'est- à-dire au bailleur ou locateur qui possède par son locataire ou fermier.

L'action du locataire ou du fermier, ne se fondant point sur la possession, n'est pas une action possessoire ; elle n'est donc pas de la compétence des ju- ges de paix (1) aux termes de l'art. 6 de la loi de 1838.

De même elle n'est pas renfermée dans le délai d'une année aux termes de l'art. 23, elle dure trente ans, comme toute action personnelle, aux termes de l'art. 2262 (C. C.).

Enfin, cette action, purement personnelle, n'est pas soumise aux règles de procédure établies par le titre qui nous occupe, pour les actions possessoires seulement.

Voilà en quel sens vous devez, dans le texte de l'art. 23, entendre et appli- quer cette disposition que les actions possessoires ne peuvent être exercées que par ceux qui étaient depuis un an en possession paisible et non précaire.

Je sais bien que vous trouverez quelques arrêts dans lesquels la réinté- grande est accordée au fermier ; mais c'est là, à mon avis, une grande erreur de principes sur laquelle j'aurai occasion de revenir.

631. Nous avons analysé les trois conditions qui, d'après l'art. 23, consti- tuent la possession légale, et sont indispensables à l'exercice des actions pos- sessoires ; seulement la possession, qui doit être annale aux termes de cet ar- ticle, ne doit pas nécessairement avoir duré pendant une année entière sur la tête de la même personne. Tel est le sens de ces mots de la loi : *par eux ou les leurs ;* c'est-à-dire que vous pouvez invoquer, outre votre possession person- nelle, la possession que vous aurez eue par votre fermier, votre usufruitier, votre locataire ; cette possession n'est, à la bien prendre, que la vôtre. De

---

(1) Cass., Rej., 17 avril 1827 (Dall., *Rép.*, v° *Action possess.*, n° 527).

même, vous pouvez invoquer la possession de celui qui vous aura transmis la chose, comme vendeur, comme donateur, comme échangiste. En un mot, le successeur particulier peut joindre à sa possession la possession de son auteur ; à plus forte raison, joindrez-vous à votre possession celle de la personne de qui vous tenez la chose en qualité d'héritier ou de légataire universel.

Toutes ces confusions de possessions exercées par différentes personnes et invoquées par un même individu, aux termes de l'art. 23, ne sont pas régies par les mêmes principes ; vous verrez plus tard que, dans ces jonctions de possessions, il est bon de distinguer la jonction de possession de celui de qui vous tenez à titre singulier comme un vendeur, et, au contraire, la jonction de possession de celui de qui vous tenez, en qualité d'héritier ; mais les détails à cet égard nous entraîneraient trop loin. Le germe de la distinction est dans l'art. 2235 du Code civil.

Telles sont donc les différentes conditions énumérées par l'art. 23 : possession annale, paisible, à titre non précaire. Ajoutez que l'on compte au demandeur, non seulement sa propre possession, mais aussi la possession légale de son auteur.

632. Cependant, ces conditions ne suffiraient pas pour légitimer l'exercice de l'action possessoire, et, pour les compléter, il nous faut puiser encore dans l'art. 2229 du Code civil. Cet article répète, quant à la possession à l'effet de prescrire, une partie des conditions posées par l'art. 23 ; mais il en ajoute quelques autres qu'il est bon de connaître, ou tout au moins de vous indiquer. « Art. 2229. Pour pouvoir prescrire (nous dirons de même pour pouvoir exercer l'action possessoire, c'est-à-dire pour avoir une possession utile après un an pour l'action possessoire), il faut une possession continue et non interrompue, paisible, publique, non équivoque et à titre de propriétaire. »

Vous voyez que deux de nos conditions sont répétées dans cet article : possession paisible, et possession à titre de propriétaire. Quant à l'autre condition, de possession annale, il est clair que l'article, parlant de la prescription, ne pouvait pas la reproduire. Mais la possession doit de plus être publique. Voilà l'un des derniers mots de l'article : c'est-à-dire qu'elle doit se produire au grand jour, par des actes patents, visibles, que chacun ou que du moins chaque partie intéressée ait pu connaître et contredire ; il est essentiel à la nature de la possession et à la présomption que la loi y attache, que cette possession ne se cache pas, qu'elle ne se déguise pas, mais que, au contraire, elle vienne se poser hardiment au grand jour, en présence de tous ceux qui peuvent avoir intérêt à la débattre. Une possession composée d'actes clandestins, ignorés du public et des intéressés, ne peut pas plus donner matière à l'action possessoire après un an, qu'à la prescription après trente ans. La raison en est simple : c'est qu'ici toute présomption tirée du silence des parties intéressées devient impossible dès que ces parties intéressées n'ont pas pu connaître les actes de possession.

Elle doit être, dit la loi, « non équivoque ». Qu'est-ce qu'une possession équivoque ? La possession d'abord est équivoque par défaut de publicité, et sous ce rapport cette condition rentre dans la précédente. Elle peut donc être équivoque par la clandestinité de la plupart des actes dont on prétend la faire résulter. Ou bien les actes, les éléments constitutifs de votre possession peuvent avoir été publics, visibles, tombant sous le sens, mais il peut rester incertain, indécis à quel titre, en quelle qualité vous avez fait tel ou tel acte. En un mot, les actes, quoique patents par eux-mêmes, peuvent être incertains, équivoques dans leur caractère ; on ne peut pas voir clairement, dans vos relations avec la chose, si vous avez entendu vous comporter en maître, ou, au contraire, en simple détenteur précaire. Sous ce second rapport, la possession équivoque peut être considérée comme rentrant dans la possession précaire. En un mot, la possession équivoque semble rentrer, tantôt dans la possession clandestine, tantôt dans la possession précaire.

Deux conditions figurent encore dans l'art. 2229, et doivent figurer dans notre art. 23 ; c'est que la possession ait été 'continue et non interrompue, expressions qui ne sont pas parfaitement synonymes.

La possession est discontinue lorsqu'elle est composée d'actes qui, bien que publics et visibles, sont cependant isolés, séparés l'un de l'autre par des intermittences plus ou moins longues. La rare succession de ces actes enlève à la possession ce caractère stable, permanent, d'où la loi fait résulter, après un an, la présomption de propriété, et, après un délai plus long, la propriété elle-même.

Du reste, la discontinuité, les intermittences plus ou moins longues des actes de possession peuvent tenir, soit à la négligence, ou à la faute, ou peut-être enfin à la timidité du possesseur. Il peut arriver que, dans la défiance de son droit, voulant faire des actes publics, et craignant en même temps que les intéressés ne s'y opposent, il n'ait fait que des actes isolés et incapables de constituer une véritable possession.

· Peut-être aussi la discontinuité de la possession tient-elle, non point à la négligence ou au calcul de celui qui fait des actes, mais bien à la nature, à l'essence même de la chose ainsi possédée. Le Code civil en offre un exemple sensible dans les servitudes discontinues. Ainsi, un droit de passage, de puisage, de pacage, n'est pas susceptible d'une possession continue, il faut des actes renouvelés par le fait incessant de l'homme pour exercer un pareil droit ; ces servitudes, essentiellement discontinues, se refusent, par là même, à l'acquisition par prescription, art. 691 (C. C.). Par la même raison, nous déciderons que l'exercice d'un droit de cette nature, manquant nécessairement de la continuité voulue par l'art. 2229, ne peut pas donner matière à une action possessoire.

· Il est, d'ailleurs, une autre raison qu'on vous a dite ; c'est que l'exercice de ce droit de passage et autres droits analogues n'est très-souvent que le résultat d'un acte de tolérance par lequel le propriétaire a bien voulu vous permettre d'user passagèrement de sa chose. Nouvelle raison pour qu'à des actes qui ne sont de sa part qu'une relation de bon voisinage, que l'effet d'une complaisance ou d'une tolérance, on n'attache pas l'effet d'une présomption de droit et de propriété.

La possession peut être continue, et cependant manquer de la dernière condition, « non interrompue ». L'interruption est de deux natures.

Elle est naturelle, quand vous abdiquez, quand vous délaissez la possession de la chose ; ou quand un tiers l'occupe pendant un temps donné.

Elle est civile, dans le cas d'une citation ou d'autres actes indiqués au Code civil (1).

Les art. 2243 et 2244 vous feront connaître ces cas d'interruption de prescription.

Je n'ai pas besoin d'ajouter que tous ces points demanderaient plus de détails ; je me borne à vous les indiquer et à en donner une idée générale.

Voilà, en combinant notre art. 23 avec l'art. 2229, les conditions d'une possession proprement dite, d'une possession légale, et par conséquent les conditions de toute action possessoire.

633. Nous allons encore traiter, sur l'art. 23, une question assez grave et fort débattue, pour examiner comment a été faite en pratique l'application des principes que nous avons étudiés.

En combinant les conditions qui précèdent avec cette règle générale de l'art. 1315 du Code civil, que tout demandeur doit prouver le fondement ou la base de sa demande, nous arrivons à ce résultat que, soit dans le cas de complainte, c'est-à-dire d'action possessoire à raison d'un trouble causé, soit dans le cas de réintégrande, c'est-à-dire d'action possessoire à raison d'expulsion ou de spoliation, le demandeur, soit en complainte, soit en réintégrande, doit, pour triompher dans sa prétention, démontrer qu'il est dans le cas de l'art. 23, et qu'il réunit les conditions exigées par cet article, et même par l'art. 2229 du Code civil. En d'autres termes, nous arriverons à ce résultat, que le fait du trouble ou de la spoliation, quoique prouvé ou reconnu, ne suffit pas pour entraîner le succès du demandeur en action possessoire ; qu'il doit, de plus, établir que la possession dans laquelle on l'a troublé, ou la possession qu'on lui a ravie, était une possession annale, une possession paisible, une possession non précaire ; faute, par lui, de prouver ces trois points, il doit succomber dans son action.

Il suit de là que, si un individu possédant depuis quelques jours, ou même quelques mois, mais n'ayant pas accompli, dans le cours de cette possession, le délai d'une année, voulu par l'art. 23, vient à être troublé ou spolié avant l'expiration de cette année, il n'aura nul moyen de rentrer dans la chose, sur laquelle il n'avait ni droit de propriété ni droit de possession légale. En d'autres termes, entre deux individus, celui qui détient maintenant la chose qu'il vient d'occuper par force sera préféré, quoique possesseur violent, à celui qu'il a dépouillé, si celui-là ne réunissait pas les conditions de l'art. 23.

Cependant cette conséquence, qui paraît si naturelle en lisant l'art. 23, est repoussée : 1° par un fort grand nombre d'auteurs contemporains ; 2° et de la manière la plus formelle, par la jurisprudence de la Cour de cassation. A cet égard il s'est introduit une distinction qu'on peut admettre ou désapprouver, mais dont il n'est pas permis d'ignorer l'existence.

La Cour de cassation, dans nombre d'arrêts (2), a distingué entre le cas de

_____

(1) * Plusieurs auteurs ne reconnaissent que l'interruption naturelle comme interrompant la *possession*. L'interruption civile n'interromprait que la *prescription*.

La possession serait discontinue quand elle aurait cessé par le fait du possesseur, interrompue, quand elle aurait cessé par le fait d'un tiers. *

(2) V. notamment Cass., Rej., 28 décembre 1826. — Cass., 19 août 1839 et 5 avril 1841 (Dall., *Rép.*, v° *Action possess.*, n°ˢ 102, 103, 104). — Cass., 5 août 1815 (Dall., 1845,

complainte et le cas de réintégrande : elle a décidé que, de la part du demandeur en complainte, il y a nécessité de prouver le concours des conditions
exigées par l'art. 23, possession annale, possession paisible, possession à titre
non précaire ; que, au contraire, le demandeur en réintégrande, celui qui
réclame la possession d'une chose qui lui a été ravie par voies de fait, doit
rentrer dans cette possession par cela seul qu'il établit le fait de cette spoliation ; que la possession qui lui a été ravie, n'eût-elle duré qu'un mois, qu'une
semaine, qu'un jour avant la spoliation, doit lui être rendue, en vertu de ce
principe : *Spoliatus ante omnia restituendus ;* que de même, si sa possession
manquait non seulement de l'annalité, mais encore des conditions des art. 23
et 2229, parce qu'il a été spolié par voies de fait, on doit le rétablir dans l'état
où il était avant cette spoliation (1).

Je ne sais si cette distinction s'appuie sur des intérêts d'équité aussi réels
qu'ils sont apparents. Quoi qu'il en soit, il est sûr que cette distinction, admise
maintenant par la jurisprudence, entre la complainte et la réintégrande, distinction qui tend à déclarer l'art. 23 inapplicable à la réintégrande, il est sûr,
dis-je, que cette distinction a pour elle l'autorité d'une jurisprudence fort
ancienne. Un jurisconsulte du treizième siècle, Beaumanoir, s'expliquant sur
les cas de complainte et de réintégrande, et indiquant quelles sont les conditions d'une action en réintégrande, disait que, quelle que fût la possession,
la détention, *bonne ou mauvaise, grande ou petite,* celui qui était dépouillé par
violence devait avant tout la recouvrer, sauf au spoliateur à faire valoir ensuite ses droits à la possession ou à la propriété.

Ainsi, l'idée admise, et ce n'est pas seulement ce jurisconsulte qui l'atteste,
l'idée admise très généralement, dans l'origine du droit français, est que toute
spoliation par violence, fût-elle pratiquée par le plus légitime possesseur, le
plus légitime propriétaire, contre le plus illégitime, le plus coupable des détenteurs, que toute spoliation par violence donne action à la personne spoliée
contre le spoliateur, à l'effet de rentrer dans la chose ; que celui qui a été
violemment dépouillé de la chose qu'il détenait illégitimement, de mauvaise foi, et depuis très peu d'instants, n'en doit pas moins recouvrer, par
justice, la possession de la chose, sauf à agiter ensuite la question de droit et
à voir à qui elle est.

Cette jurisprudence paraît avoir duré assez longtemps ; et cependant l'ordonnance de 1667, qui, dans le titre XVIII, s'occupe des matières possessoires,
ne reproduit nullement cette distinction si grave, si capitale entre la réintégrande et la complainte. Elle donne bien, pour la réintégrande, le choix entre
une action civile et une action criminelle ; mais elle ne dit nullement que le
demandeur en réintégrande sera dispensé de prouver l'existence d'une possession légale, que le demandeur en complainte est tenu de démontrer. Aussi,

1, 403). — Cass., Rej., 25 mars 1857 (Dall., 1858, 1, 315). — Cass., 2 juillet 1862
(Dall., 1862, 1, 354). — C. de Cass., Rej., 14 mars 1878 (Dall., 1878, 1, 68).

(1) D'après la jurisprudence la plus récente de la Cour de cassation, si l'action en
réintégrande ne suppose pas, comme la complainte, une possession utile pour prescrire,
du moins elle est aussi subordonnée à l'existence d'une possession publique et paisible
antérieurement à la violence. Cass., 18 juin 1866 (Dall., 1866, 1, 415). — Cass., 6 juin
1866 (Dall., 1866, 1, 119).

sous l'empire de cette ordonnance, la question se souleva, et on voit qu'elle partagea les nombreux auteurs qui l'ont traitée avant la publication du Code de procédure.

Est venu le Code de procédure, et l'art. 23 s'exprime en termes tellement généraux, tellement catégoriques, qu'il devient impossible de voir sur quoi peut s'appuyer encore le système que la jurisprudence a cependant consacré, mais que pas un mot de nos lois ne favorise, à coup sûr. Il serait bien bizarre qu'en présence des souvenirs de cette ancienne jurisprudence, repoussée à la fin du dix-septième siècle et dans le dix-huitième par un très grand nombre de jurisconsultes, le Code de procédure eût cependant entendu maintenir, ou même ressusciter cette ancienne distinction, quand, dans l'art. 23, il la proscrit et la repousse dans les termes les plus formels : *Les actions possessoires ne seront recevables qu'autant qu'elles auront été formées, dans l'année du trouble, par ceux qui, depuis une année au moins, étaient en possession paisible par eux ou les leurs à titre non précaire.* Qu'oppose-t-on à cet article bien positif, qui ne fait pas même de distinction entre la *réintégrande* et la *complainte*, qui ne reproduit pas même ces dénominations qu'on ne trouve nulle part dans notre Code, dénominations qui, à ses yeux, deviennent, à ce qu'il paraît, synonymes, au moins dans la pratique et pour la procédure ?

On a dit que la distinction de la complainte et de la réintégrande était encore reconnue par nos lois, parce que le § 2 de l'art. 2060 du Code civil appliquait à la réintégrande une disposition inapplicable à la complainte.

J'avoue que je ne comprends nullement la force de cet argument. De ce que l'art. 2060, antérieur d'ailleurs au Code de procédure, prononçait la contrainte par corps contre le spoliateur qui a succombé dans la réintégrande, peut-on raisonnablement en conclure qu'en prononçant le mot de réintégrande, les rédacteurs du Code civil aient entendu, par cela seul, l'affranchir de toutes les conditions prescrites par l'art. 23 pour l'exercice des actions possessoires ? (V. l'art. 780 et son explication.)

* Depuis la loi de 1838, dont l'art. 6, 1°, comme la réintégrande, on a soutenu que, puisque la réintégrande existe comme action possessoire distincte de la complainte, il faut bien qu'il y ait une différence entre ces deux actions, et que cette différence devait consister dans la condition de possession annale exigée pour la complainte, mais non pour la réintégrande. Mais rien, dans la discussion de la loi de 1838, ne manifeste l'intention de modifier l'art. 23, dont les termes généraux soumettent à l'annalité toutes les actions possessoires. *

Avant la loi de 1838, quelques auteurs allaient même jusqu'à dire, pour se tirer d'embarras, que les art. 23 et suivants ne parlent que de la complainte, parce que, à proprement parler, la réintégrande n'est pas une action possessoire.

* Mais cette objection tombe devant le texte précis de l'art. 6, 1°, de la loi de 1838, qui range formellement la réintégrande parmi les actions possessoires. * En deux mots, la possession, tant qu'elle ne réunit pas les conditions de l'article 23, est un fait, un pur fait, auquel la loi n'attache aucune conséquence légale, auquel elle n'attache pas non plus la protection qu'elle accorde aux droits qu'elle consacre. Certes, si, pour l'enlever, j'ai commis une violence, je serai poursuivi conformément aux lois pénales, comme auteur d'une vio-

lence ; je réparerai le préjudice causé à votre personne par mes actes de violence, mais ce n'est pas là la question ; la question est de savoir si vous pourrez, possesseur de quelques jours, me reprendre la chose sur laquelle aucun de nous n'a plus de droit que l'autre.

Il faut donc, je crois, arriver à reconnaître que l'art. 23 ne distinguant pas, et subordonnant à l'accomplissement des conditions qu'il indique l'exercice de toute action possessoire, nous ne devons pas distinguer entre la réintégrande et la complainte, et que nous devons, par conséquent, les refuser absolument au locataire, au fermier, à ceux qui ne possèdent pas : sauf à eux l'exercice des deux actions que j'ai indiquées ci-dessus, actions qui suffisent amplement pour les protéger, mais qui n'ont rien de commun avec les matières possessoires. Il faut reconnaître que celui qui possède *animo domini*, et non comme locataire ou fermier, mais depuis moins d'une année, ou sans possession paisible, ou enfin à titre précaire, que celui-là n'a aucune action possessoire, pas plus en cas de spoliation qu'en cas de trouble. * Sera-t-il privé de toute action ? Non, sans doute. Il agira contre le spoliateur en dommages-intérêts, par application de l'art. 1382 C. civ. *

L'idée originaire de cette distinction fort généralement admise se trouve dans cette règle citée : *Spoliatus ante omnia restituendus.* C'est, dit-on, dans un intérêt d'ordre et de paix publique qu'on avait, au treizième siècle, accordé à tout détenteur dépossédé le droit de reprendre la chose ; c'est dans un intérêt d'ordre et de paix publique qu'il faut consacrer le même principe, indépendamment des conditions de l'art. 23.

Mais, d'abord, je ferai remarquer que si, au treizième siècle, à une époque de violence, de guerres et de luttes privées, on a pu accorder au voleur, au *larron*, comme le disait Beaumanoir, le droit de reprendre, dans les mains mêmes de son propriétaire, la chose que ce propriétaire lui avait ravie par violence, cette décision exorbitante, fondée sur le désir, naturel alors, de prévenir à tout prix des voies de fait trop fréquentes, cette décision ne trouve plus, à beaucoup près maintenant, des motifs de la même gravité pour l'appuyer.

En second lieu, c'est que la règle : *Spoliatus ante omnia restituendus*, est ici tout à fait détournée de l'application qu'on en doit faire. Nous verrons bien, dans les art. 25, 26 et 27, le Code de procédure faire lui-même l'application de cette règle, de cet adage, qu'avant tout, il faut remettre en possession le possesseur qui a été dépouillé, mais dépouillé de quelque chose, dépouillé d'une chose sur laquelle il avait un droit, non pas le droit de propriété, mais au moins le droit de possession. Mais quant à rétablir l'individu dépouillé dans la détention d'une chose sur laquelle il n'avait aucun droit, pas même le droit de possession, on ne voit guère, à vrai dire, de bonnes raisons pour le décider ainsi.

Enfin, remarquez que, si on admet cette idée, que l'on doit à tout prix prévenir les troubles, les empiètements, les voies de fait, et que, pour les prévenir, il faut toujours remettre celui qui en a souffert dans la possession où il était avant les voies de fait, si on admet cette idée qui, en dernière analyse, est la véritable base du système que je combats, il faut aller plus loin, il faut, non pas modifier l'art. 23, mais l'effacer entièrement. En effet, en refusant d'appliquer l'art. 23 à la réintégrande, c'est-à-dire à la demande du détenteur dépouillé, il faudrait aller aussi jusqu'à dire que celui qui a été, non pas dépouillé, mais simplement troublé, doit être dans la même position ; car le trouble tout aussi bien que la spoliation résulte d'une voie de fait. S'il est nécessaire, à tout prix, de prévenir les voies de fait indépendamment du droit de celui qui en a souffert, il faut décider que dans tous les cas, soit de spoliation, c'est-à-dire de réintégrande, soit aussi de simple trouble, c'est-à-dire de complainte, comme il y a voie de fait, comme il y a attentat sur l'état de choses antérieur, il faut rétablir cet état de choses, il faut ressaisir le larron, sauf ensuite à faire justice du méfait, comme le disait Beaumanoir. Or, on convient que, dans le cas de trouble et pour se plaindre, il faut avoir possédé un an, et d'une possession paisible et non précaire. Pourquoi veut-on mettre ces conditions de côté quand il s'agit, non pas de trouble, mais de spoliation ?

Voici la question la plus importante à laquelle ait donné lieu, en pratique, la disposition de l'art. 23. Au reste, en exposant l'opinion que j'ai combattue, et les arguments devant lesquels elle ne peut, suivant moi, se défendre, je dois vous avertir que cela, en jurisprudence, ne fait plus guère de doute, et que l'on décide, à peu près universellement, que, pour triompher dans la réintégrande, il suffit d'établir qu'au moment de la spoliation on détenait à un titre, en une qualité quelconque, depuis un temps aussi bref qu'il soit, et quand même ce serait par suite d'une violence.

634. « Art. 24. Si la possession ou le trouble sont déniés, l'enquête qui sera ordonnée ne pourra porter sur le fond du droit. »

On peut nier soit le trouble ou la spoliation, c'est-à-dire la condition de fait alléguée par le demandeur, soit, au contraire, en reconnaissant qu'on a ou troublé, ou spolié, on peut méconnaître la possession prétendue légale en vertu de laquelle le demandeur agit en complainte ou en réintégrande. Dans ces deux cas, l'allégation du demandeur, la dénégation du défendeur, peuvent donner lieu à un double débat ; ces cas sont, en général, susceptibles d'être résolus, d'être tranchés seulement par des preuves testimoniales. C'est, en effet, ce que suppose la loi, qui dit que presque toujours on aura recours à une enquête.

Mais quel sera l'objet de cette enquête? sur quel objet appellera-t-on, entendra-t-on les témoins ?

Ce ne pourra être, dit la loi, sur le fond du droit, c'est-à-dire ce ne pourra être sur la question de propriété du fond, question absolument étrangère à la matière du débat actuel. Des témoins pourront être appelés à déposer : 1° sur la question de savoir si tel a été troublé ou spolié ; 2° sur la question de savoir si le demandeur, dans l'année qui a précédé le trouble ou la spoliation, avait eu la possession revêtue des caractères et des conditions détaillés par l'art. 23. Mais vous sentez qu'il arrivera souvent que les témoins, appelés à déposer du fait, des caractères et de la durée de la possession, énonceront, dans leurs dépositions, des faits qui tendraient à amener une décision sur le fond du droit.

Par exemple, j'intente une action possessoire, une réintégrande contre celui qui m'a dépouillé, expulsé par violence ; et des témoins appelés, à la requête de l'un de nous, pour établir que soit le demandeur, soit le défendeur avait la possession légale du fonds, déposent que tel d'entre nous a possédé publiquement, d'une manière continue, non interrompue, non pas pendant un an, mais depuis un temps immémorial. Or, si la possession immémoriale, ou même la possession trentenaire de l'un de nous est bien certaine, il s'ensuit qu'il est non seulement possesseur, mais même propriétaire du fonds ; qu'il a acquis, non seulement le droit de possession par le fait d'une possession annale, mais le droit de propriété par le fait d'une possession prolongée pendant trente ans. Peu importe: le juge de paix n'aura pas, ne pourra pas avoir égard à ces dépositions des témoins. Vainement, par exemple, le défendeur à la réintégrande prouverait-il, par les dépositions les plus unanimes, qu'il a possédé trente ans. En effet, cette possession de trente ans, en supposant même qu'elle lui ait fait acquérir la propriété, ne l'autorisait pas à me dessaisir, à me dépouiller par voies de fait, moi possesseur actuel et annal, de la chose même qui lui appartenait. L'enquête ordonnée par le juge de paix ne pourra donc porter sur le fond du droit ; premièrement, parce que les témoins ne sont pas appelés à attester par leur témoignage un droit de propriété, mais des actes, mais des faits, et par là même un droit de pure possession ; secondement, parce que, quand même la question de propriété se trouverait indirectement établie par les dépositions des témoins, la propriété qui repose sur la tête de l'un de nous ne l'autorisait pas à se faire justice par ses mains, à enlever la chose aux mains du possesseur actuel et régulier.

Ainsi, dans le cas de contestation sur le fait, sur la réalité de la possession, l'enquête ordonnée ne pourra porter que sur l'accomplissement des conditions des art. 23 du Code de proc., et 2229 du Code civil. La seule question que le juge de paix puisse se poser, la seule dans l'intérêt de laquelle il puisse consulter et entendre les témoins, est celle-ci: Au moment du trouble ou de la spoliation, un tel demandeur en complainte ou en réintégrande avait-il la possession publique, non précaire, annale, du fonds à raison duquel il agit en contrainte ou en réintégrande (1)?

* Le juge de paix peut aussi consulter les titres produits par une partie et y puiser des éléments de conviction pour la preuve de la possession ; mais il excéderait son pouvoir s'il en tirait des arguments pour le fond du droit (2).

635. Les autres articles de ce titre ne sont guère que la conséquence de la même idée, idée déjà exprimée, *spoliatus ante omnia restituendus ;* il faut remettre en possession, avant tout l'examen de la question de propriété, le possesseur régulier à qui des voies de fait ont enlevé ou arraché la détention de la chose.

« Art. 25. Le possessoire et le pétitoire ne seront jamais cumulés. »

Cette règle a été extraite, à peu près littéralement, de l'art. 5 du titre XVIII de l'ordonnance de 1667. On voit, du reste, par les commentaires des anciens

_____

(1) Cass., Rej., 17 février 1858 (Dall., 1, 297).
(2) C. de Cass., Rej., 6 août 1863 (Dall., 1863. I, 464). — Cass., 11 janvier 1865 (Dall., 1865, 1, 22). — C. de Cass., Rej., 16 janvier 1865 (Dall., 1865, 1, 182).

interprètes sur cet article, que ce principe, quoique consacré par l'ordonnance, n'avait pas été observé avec une extrême rigueur, avec une parfaite fidélité dans la pratique. Le Code de procédure l'a reproduit, et l'organisation nouvelle, la compétence nouvelle assignée pour les actions possessoires, assurent bien plus complètement l'observation exacte du principe de l'art. 25.

Le possessoire et le pétitoire (c'est-à-dire la question de possession et la question de propriété) *ne seront jamais cumulés*, c'est-à-dire ne seront jamais discutés, décidés ensemble. La question du possessoire et la solution de cette question devront nécessairement précéder l'examen et le débat de la question du pétitoire, et cela toujours dans l'intérêt de l'ordre et de la paix publique : toujours en vertu de ce principe, que le propriétaire n'a pas le droit, quelque certaine et patente que soit sa propriété, de porter atteinte, par ses mains et par voie de fait, au possesseur régulier, au possesseur annal dont parle l'art. 23.

Quel est, au reste, le sens précis de cette règle dont le motif est si clair ? Le sens de l'art. 23 est-il seulement celui de l'art. 24, est-il seulement d'interdire au juge de paix, uniquement saisi d'une question de possession légale, de s'occuper d'une question de propriété, matière subséquente, et qui ne doit venir que plus tard ?

Non ; si l'art. 25 n'avait que ce sens, il serait parfaitement inutile ; le juge de paix ne doit pas s'occuper de la question pétitoire, non pas à cause de l'art. 25, mais parce que, en matière pétitoire, sur la question de propriété, toute compétence manque, en général, au juge de paix (1). Si l'examen du pétitoire lui est interdit, ce n'est pas temporairement, transitoirement, ce n'est pas parce que le possessoire pendant devant lui doit être jugé d'abord, c'est parce que le juge de paix ne sera d'ordinaire nullement compétent pour une action pétitoire. Nous devons donc chercher et placer ailleurs le sens de l'art. 25. Ce sens est celui-ci :

C'est que, tant que l'action possessoire est pendante, soit en première instance devant le juge de paix, soit en appel devant le tribunal d'arrondissement, il n'y a pas d'action pétitoire possible. Tant qu'il s'agit entre les parties une question, un débat qui tend à faire justice d'une voie de fait, à rétablir le spolié dans la possession de la chose dont on l'a violemment expulsé, la justice doit fermer l'oreille à toute réclamation du propriétaire qui a usé indûment de voies de fait. Avant qu'il puisse faire entendre ces mots : La chose est à moi, il faut qu'au préalable il l'ait remise, il l'ait restituée aux mains de son adversaire, propriétaire ou non, qui était possesseur légal et qui ne devait pas être dépouillé de vive force.

Ainsi, l'interdiction du cumul de l'action possessoire et de l'action pétitoire doit s'entendre du concours des deux actions même devant deux tribunaux différents. La distinction des deux juridictions, des deux compétences ne permet pourtant pas à ces deux actions de marcher de front.

636. Au reste, les exemples des cas auxquels l'art. 25 peut s'appliquer vont vous en faire mieux comprendre le sens ; ces exemples, d'ailleurs, embrasseront en même temps les art. 26 et 27.

(1) Cass., 7 janvier 1867 (Dall., 1867, 1, 158). — Cass., 16 août 1869 (Dall., 1869, 1, 408).

Le possesseur légal violemment expulsé intente, je le suppose, une action au pétitoire ; au lieu de saisir le juge de paix de la question de réintégrande, il vient porter directement devant le tribunal d'arrondissement la question pé titoire, la question de revendication. Sans doute il suit une fausse marche, en ce sens qu'au lieu d'une action fort simple, dont le résultat lui était, en géné ral, très facile, puisqu'il lui suffisait de prouver une possession d'une année, il prend à sa charge une action difficile, une preuve compliquée, la preuve de la propriété. Mais enfin, s'il l'a fait, en quel sens entendrons-nous la règle que le possessoire et le pétitoire ne peuvent point se cumuler ?

Nous l'entendrons dans le sens que lui donne l'article 26 expressément re latif à ce cas. Expulsé de la chose que je détenais légalement, j'ai intenté l'action pétitoire ; dès lors, il n'est plus possible pour moi d'agir au posses soire.

« Art. 26. Le demandeur au pétitoire ne sera plus recevable à agir au possessoire. »

Pourquoi cela ? intenter une action pétitoire, une revendication, se consti tuer demandeur, prendre sur soi le fardeau de la preuve, c'est reconnaître d'une manière tacite que l'adversaire, constitué ainsi défendeur, est le véri table possesseur de la chose. En effet, l'intérêt grave, l'intérêt capital de l'ac tion possessoire, c'est de donner à celui qui triomphera sur cette action l'a vantage du rôle de défendeur dans les procès pétitoires qui pourront plus tard s'élever ; or renoncer d'avance à ce rôle de défendeur, en laisser le profit à son adversaire, se constituer soi-même demandeur au pétitoire, c'est abdi quer tacitement l'action possessoire. On présume donc de la part de celui qui agit au pétitoire la renonciation à l'action possessoire, qui est dès ce moment non recevable (1). Voici le premier cas.

Second cas. Violemment expulsé du fonds que je détenais, j'ai agi au pos sessoire devant le juge de paix ; puis cette action possessoire une fois intentée, mais non encore décidée, j'ai porté devant le tribunal d'arrondissement une action en revendication, une action pétitoire, pour cet immeuble. De même, ici, par le fait de mon action intentée pendant que le possessoire était en li tige, j'ai abdiqué mon action possessoire, je me suis privé du droit d'y donner suite ; j'ai élevé contre moi une fin de non-recevoir insurmontable. Ainsi lorsque, agissant contre vous au possessoire, j'ai brusquement quitté cette instance pour aller me faire demandeur au pétitoire, je me suis par là même rendu non recevable à donner suite au possessoire.

637. En sens inverse, nous pouvons supposer le défendeur au possessoire, l'auteur du trouble ou de la spoliation, voulant lui-même agir au pétitoire ; c'est, comme vous le voyez, la position directement contraire. Jusqu'ici nous avons vu quelle serait, pour la personne expulsée, troublée, ayant par là même droit à l'action possessoire, quelle serait pour elle la conséquence d'une re vendication qu'elle intenterait ; réciproquement, qu'arrivera-t-il si c'est l'au

(1) Jugé que le demandeur qui a assigné le défendeur au pétitoire devant un tribunal incompétent est non recevable à revenir au possessoire. C. de Cass., Rej., 15 novem bre 1865 (Dall., 1866, 1, 116).

teur du trouble ou de la spoliation qui prétend agir au pétitoire ? En quel sens alors appliquerons-nous la règle générale de l'art. 25, d'après lequel le pétitoire et le possessoire ne seront jamais cumulés?

L'art. 27, dans les premiers mots du § 1er, répond à la question : « *Le défendeur au possessoire* (c'est-à-dire l'auteur du trouble ou de la violence) *ne pourra se pourvoir au pétitoire qu'après que l'instance sur le possessoire aura été terminée.* »

Posons ici deux cas, comme précédemment.

Une action possessoire est intentée par *Primus* contre *Secundus*; *Primus* reproche à *Secundus* de l'avoir violemment expulsé de la détention, de la possession de tel héritage ; *Secundus*, attaqué déjà devant le juge de paix par la réintégrande, porte devant le tribunal d'arrondissement une action en revendication de ce même immeuble : quelle en est la conséquence ?

Évidemment cette action n'est pas recevable ; évidemment *Primus*, demandeur au possessoire, attaqué ensuite au pétitoire par *Secundus*, ne se présentera sur cette action pétitoire que pour y opposer le texte de l'art. 25 ; il n'y a pas possibilité de cumuler ensemble le possessoire et le pétitoire ; une action est pendante, jusqu'à ce qu'elle soit jugée, souverainement jugée, il est impossible de décider le pétitoire. Il sera donc sursis à l'examen de la revendication dirigée par *Secundus* contre *Primus*, jusqu'à ce qu'il ait été statué sur l'action possessoire dirigée par *Primus*, contre *Secundus*. La raison le veut ainsi ; sous cet argument, qui n'est que l'application de la lettre de nos deux articles, il y a toujours cette grave raison d'ordre et de paix publique, qui est au fond des règles de toute cette matière, c'est que *Primus* dira à *Secundus*: Vous revendiquez contre moi en qualité de propriétaire l'immeuble dont vous m'avez violemment expulsé ; mais, avant d'examiner si vous en êtes vraiment propriétaire, il faut commencer par remettre les choses dans l'état où elles étaient avant les voies de fait par lesquelles vous m'avez dépouillé. C'est toujours la même idée qui revient dans tous les cas.

De même, *Secundus* agit au pétitoire contre *Primus* avant que *Primus* ait dirigé contre lui aucune action possessoire ; *Primus*, alors, pourra-t-il, défendeur à l'action pétitoire intentée par *Secundus*, intenter lui-même contre ce *Secundus*, une action en réintégrande, fondée sur ce que *Secundus* l'a dépouillé par voies de fait du fonds à raison duquel il intente maintenant la revendication, et pourra-t-il dire qu'avant toute question de revendication, de propriété, de domaine, il faut vider la question de possessoire et de voies de fait ?

Dans la plupart des cas, *Primus* n'aura guère d'intérêt à intenter cette action possessoire ; car le plus grand intérêt, le plus frappant bénéfice des résultats de l'action possessoire, c'est, avons-nous dit, d'assurer à celui qui a obtenu gain de cause la détention de la chose, et par conséquent le rôle de défendeur, et par conséquent la dispense de toute espèce de preuves dans les actions en revendication qui seront dirigées contre lui. Or, si le principal but de l'action possessoire est d'assurer au demandeur la qualité de défendeur dans les revendications, ici *Primus*, constitué défendeur dans la revendication même de *Secundus*, a obtenu d'avance ce rôle, ce bénéfice, cette position si avantageuse où conduit l'action possessoire. Dès lors *Secundus* ne pourra-t-il pas dire à *Primus* : Non, vous ne pouvez pas agir au possessoire, d'abord parce qu'il y a une action pétitoire dirigée par moi contre vous, et que le possessoire et le pétitoire ne peuvent point se cumuler ; ensuite parce que le résultat où vous conduirait votre action possessoire, en supposant qu'elle fût heureuse, ce serait de vous assurer la qualité de défendeur dans l'action en revendication ; eh bien, cette qualité, je vous la donne : je vous attaque, moi, en revendication ; je viens prendre sur moi le rôle de demandeur et l'obligation de prouver ma qualité de propriétaire ?

Sans doute, dans cette espèce, il pourra bien arriver que *Primus* n'ait pas intérêt à intenter l'action possessoire, puisque le rôle de défendeur, dans l'action en revendication, lui est accordé par *Secundus*. Mais ce n'est pas tout ; *Primus* pourra très bien répondre à *Secundus* : S'il ne s'agissait que du rôle de défendeur, je l'ai déjà, et je n'agirais point au possessoire ; mais il y a autre chose, vous m'avez dépouillé par violence, par voies de fait, du fonds que je détenais : ce fonds est maintenant dans vos mains, il doit rentrer dans les miennes avant qu'aucune question de revendication, de propriété, avant qu'aucune question pétitoire puisse se débattre entre nous. De plus, en m'enlevant par voies de fait la possession de ce fonds, vous m'avez empêché d'en percevoir les fruits, il faut que la restitution de ces fruits, dont j'ai été privé par voies de fait, s'opère avant qu'aucune question de propriété puisse se débattre entre nous. Enfin, vous m'avez causé un préjudice, un dommage ; vous me devez des réparations ; ces réparations, je les poursuis par ma réintégrande, j'ai droit de les obtenir avant qu'on s'occupe de votre action pétitoire (1).

Ici donc encore, nous devons appliquer le texte de l'art. 25, en ce sens que l'action possessoire intentée par *Primus*, après l'action pétitoire que *Secundus* a dirigée contre lui, entraînera devant le tribunal d'arrondissement un sursis à l'examen de la question de revendication, tant que le possessoire n'aura pas été vidé. C'est dans ce sens large que nous devons entendre les premiers mots de l'art. 27 ; interprétation, d'ailleurs, qui va se trouver confirmée par la suite du texte de cet article.

Ainsi, quand la loi nous dit : « Le défendeur au possessoire ne pourra se pourvoir au pétitoire qu'après que l'instance sur le possessoire aura été terminée » ; vous devez en conclure : 1° que, quand une action possessoire est intentée, le défendeur à cette action ne peut pas se soustraire à ses conséquences, en agissant lui-même au pétitoire ; 2° que le demandeur au pétitoire ne peut pas obtenir l'examen, la discussion, le jugement de sa prétention avant qu'on ait statué sur la demande au possessoire, qui se trouve dirigée contre lui, même après son action pétitoire intentée.

Voilà les quatre hypothèses que vous pouvez vous poser sur la maxime générale de l'art. 25 ; hypothèses à la solution desquelles concourent l'art. 26 et les premiers mots de l'art. 27.

638. Dans la suite de sa disposition, l'art. 27 va plus loin. Pour bien sentir

_____

(1) * Jugé que le défendeur au pétitoire peut agir ou revenir au possessoire. — Bourges, 7 décembre 1802 (Dall., *Rép.*, v° *Act. possess.*, n° 639). — Cass., 19 décembre 1859 (Dall., 1860 1, 37).

la portée de sa dernière partie, partons d'abord d'un principe bien constant. En général, lorsque deux personnes ayant plaidé ensemble, l'une des deux a succombé, l'obligation où elle est d'acquitter cette première condamnation, en principal et en frais, ne l'empêche nullement d'intenter, pour un objet distinct, une autre action contre le même adversaire. Ainsi Paul vient de plaider et d'obtenir un jugement contre moi ; je suis obligé sans doute d'acquitter les condamnations portées par ce jugement, de rembourser à Paul les frais, les dépens, les dommages-intérêts auxquels ce jugement m'a pu condamner. Mais si, avant d'avoir satisfait à cette obligation, avant d'avoir acquitté la condamnation portée par ce jugement, je prétendais intenter contre Paul, le même adversaire, une autre action, à raison d'un autre objet, à coup sûr, Paul ne pourrait pas opposer comme fin de non-recevoir à ma seconde action le non-acquittement des condamnations prononcées par suite de la première. Or, si nous appliquons cette idée à la matière qui nous occupe, voici à quel résultat nous arrivons :

Pierre a formé contre Paul une demande au possessoire ; il a triomphé ; Paul est tenu d'acquitter les condamnations prononcées contre lui sur cette instance au possessoire. Mais, comme la question de possession et la question de propriété n'ont rien de commun, Paul, qui a succombé au possessoire, et qui par là même se trouve débiteur de Pierre, n'en a pas moins le droit d'agir maintenant contre Pierre en revendication du même immeuble ; encore bien qu'il s'agisse du même immeuble dans l'une et l'autre action, comme la première avait trait à la possession, la seconde à la propriété, c'est-à-dire à deux droits différents, à deux idées distinctes, l'obligation où est Paul d'acquitter les condamnations portées dans le premier jugement ne peut pas faire obstacle à ce que la seconde action soit reçue. Tel est le principe, et c'est précisément pour en empêcher, pour en repousser l'application qu'ont été écrits les derniers mots du § 1er de l'art. 27. Sur ce principe de droit rigoureux, de droit pur, on a fait prévaloir encore la grande maxime : *Spoliatus ante omnia restituendus.* Sur ce principe, qui serait vrai si nous n'avions à nous occuper ici que d'un intérêt privé, la loi fait prévaloir sa rigueur contre l'auteur d'une dépossession violente, et voici, à cet égard, la disposition du texte :

« *Il ne pourra* (le défendeur au possessoire), *s'il a succombé, se pourvoir qu'après qu'il aura pleinement satisfait aux condamnations prononcées contre lui.* »

Vous voyez qu'ici la règle de l'art. 25 ne s'appliquait plus ; il était impossible d'opposer à l'action pétitoire de Paul que le possessoire et le pétitoire ne peuvent pas se cumuler ; Paul aurait répondu : il n'y a plus de cumul, l'action possessoire est vidée ; maintenant, je vais agir par l'action pétitoire, action toute distincte, puisqu'elle se réfère à un droit tout différent. Eh bien, non ; par défaveur, par rigueur pour le possesseur violent, la loi l'oblige à acquitter pleinement les condamnations encourues par lui au possessoire avant d'être recevable à former son action pétitoire. Exception bien saillante au principe du droit commun, mais justifiée par le caractère même des motifs qui l'ont dictée.

Cependant, on a pensé que ce principe, appliqué à la rigueur, sans bornes, sans limites, pourrait devenir à son tour une cause d'injustice. Je continue l'espèce : Supposez, dans la même hypothèse, que Pierre, ayant triomphé au

I.   41

possessoire contre Paul, ayant obtenu contre lui des condamnations non encore acquittées par Paul, supposez que Pierre, qui au fond sait bien n'être pas propriétaire de l'immeuble dont il a la possession légale, fasse traîner en longueur la liquidation des dépens, des dommages-intérêts auxquels Paul a été condamné envers lui ; vous voyez qu'ici il y aurait flagrante iniquité : Paul a eu tort, sans doute, de déposséder Pierre violemment d'une chose que Pierre possédait, quand bien même elle eût appartenu à lui Paul ; la loi veut, dans sa rigueur, que Paul indemnise pleinement Pierre, qu'il a dépossédé, avant d'être recevable à former son action en revendication. Mais si, de son côté, Pierre allait de mauvaise foi ne point faire régler, liquider le montant des fruits, des frais et des dommages-intérêts qu'il a droit de demander à Paul il paralyserait indéfiniment l'exercice de l'action pétitoire. Or, la loi n'entend pas cependant punir le possesseur violent par la perte de sa propriété ; de là le § 2 du texte de l'art. 27 :

« Si néanmoins la partie qui les a obtenues (c'est-à-dire Pierre) était en retard de les faire liquider, le juge du pétitoire pourra fixer pour cette liquidation un délai après lequel l'action au pétitoire sera reçue. »

Dans ce cas, Pierre différant à dessein de faire liquider les condamnations à l'acquittement desquelles est subordonnée la revendication, Paul formera sa revendication, et, quand Pierre lui opposera la fin de non-recevoir résultant du § 1er, Paul demandera au tribunal la détermination d'un délai à l'expiration duquel l'action sera recevable, faute par Pierre d'avoir fait tout liquider.

639. Ici se termine l'examen des textes relatifs aux actions possessoires; toutefois une observation assez importante nous reste encore.

Elle est relative au mode de recouvrement de ces diverses condamnations qui peuvent être la conséquence d'une action possessoire. Je vous disais que le défendeur qui a succombé à l'action en réintégrande, peut être condamné: 1° à la restitution du fonds qu'il a occupé par voies de fait ; 2° à la restitution des fruits perçus pendant l'indue possession ; 3° à l'indemnité du préjudice résultat de la dépossession ; 4° enfin aux frais du procès.

Telles sont les diverses condamnations qu'on peut supposer prononcées dans le cas d'une action possessoire où le demandeur a réussi. Or. l'art. 2060 (C.C.) § 2, attachait aux trois premières condamnations, en cas de réintégrande, l'effet rigoureux de la contrainte par corps.

Remarquez au reste, dans l'art. 2060, § 2, que la voie rigoureuse ordonnée par cet article ne l'était que pour la rétintégrande, et qu'on ne devait pas l'appliquer à la complainte (V. l'art. 780 et son explication).

* On discutait, avant 1838, la question de savoir si les jugements sur les actions possessoires étaient toujours sujets à l'appel. La Cour de cassation avait décidé dans le sens de l'affirmative, qui a été définitivement consacrée par l'art. 6 de la loi de 1838. Les juges de paix ne connaissent des actions possessoires qu'à charge d'appel. *

640. Nous terminons ici la matière des juges de paix.

Les titres V, VI, VII, ne présentent aucune difficulté. Quant aux deux derniers titres de ce livre, ils indiquent quelles sont, devant les justices de paix, les règles particulières à deux genres de procédures que nous avons vues devant les tribunaux inférieurs, savoir: les rapports d'experts et les visites de lieux d'une part, et, de l'autre, les récusations des juges de paix ; c'est donc spécialement de ces deux titres-là que vous aurez à faire l'examen ; ils sont très faciles, et votre examen devra surtout porter sur la comparaison des formes expéditives indiquées dans ces deux titres, avec les règles de procédure analogues, mais plus compliquées, relatives aux tribunaux inférieurs.

* Il s'agira de comparer le titre VIII de ce livre (art. 41 à 43) avec les titres XIII et XIV du livre II (art. 295 et suiv.), et le titre IX de ce livre (art. 44 à 47) avec le titre XXI du livre II (art. 378 et suiv.)*.

VINGT-HUITIÈME LEÇON

TITRE XXV (LIVRE II).

PROCÉDURE DEVANT LES TRIBUNAUX DE COMMERCE.

641. J'ai déjà parlé dans les préliminaires de ce cours de l'organisation des tribunaux de commerce ; j'ai dit que cette institution n'était pas nouvelle chez nous, que la forme seulement en avait varié, et que surtout la compétence s'en était fort agrandie depuis 1790 (V. n° 49).

On distinguait autrefois dans les juridictions que nous appelons aujourd'hui commerciales deux natures bien différentes : les amirautés, auxquelles appartenait la connaissance des affaires maritimes, et les juridictions appelées consulaires, auxquelles appartenait la connaissance des affaires commerciales terrestres. Les amirautés étaient des tribunaux d'exception, mais de véritables tribunaux, dont l'autorité dérivait de l'autorité souveraine, de la puissance royale. Au contraire, les juridictions consulaires se composaient, comme aujourd'hui, de juges électifs. La compétence des amirautés était réglée par l'ordonnance de la marine de 1681, la compétence et l'organisation des juridictions consulaires par l'édit de Charles IX, de 1563, et l'ordonnance de 1673 sur le commerce.

La loi du 24 août 1790 est venue apporter de graves changements à cette organisation. Le titre XII de cette loi, relatif aux tribunaux de commerce, leur attribuait la connaissance de toutes les affaires commerciales, aussi bien maritimes que terrestres. Aussi une loi du 11 septembre 1790 vint-elle, dans son art. 8, supprimer les amirautés, au moins comme juridiction proprement dite ; on réserva seulement pendant quelque temps aux amirautés la surveillance, la police des ports et la juridiction en matière de prises ; mais, quant aux affaires commerciales maritimes, dans lesquelles les particuliers pouvaient être intéressés, la connaissance en fut retirée aux amirautés et attribuée aux tribunaux de commerce. Dès lors la juridiction a dû changer.

Vous trouvez, dans les art. 615 et suivants du Code de commerce, les règles de formation et d'organisation de ces tribunaux, le mode d'élection des juges dont ils sont composés (1).

Dans les art. 631 et suivants du même Code, vous trouverez l'énumération des affaires dans lesquelles les juges de commerce sont compétents. Ces articles déterminent la compétence des tribunaux de commerce *ratione materiæ*, c'est-à-dire leur compétence générale. Quant à la compétence que nous avons appelée *ratione personæ*, elle est fixée dans l'art. 420 du Code de procédure. Je n'ai pu entrer ici dans les détails de la compétence des tribunaux de commerce ; je me borne à vous en donner cette idée générale, qu'ils sont compétents pour toutes affaires commerciales, entre toutes personnes. Ce

(1) * La législation relative à la nomination des juges des tribunaux de commerce a plusieurs fois varié dans ces derniers temps.

D'après le Code de commerce, la nomination directe des juges des tribunaux de commerce n'appartient pas au chef de l'État ; celui-ci ne fait que les instituer. Ces juges sont élus par les plus notables commerçants dont le préfet du département donne une liste qui doit être approuvée ensuite par le ministre de l'intérieur.

Un décret du 28 août 1848 avait modifié ce mode de nomination ; mais un décret du 2 mai 1852 abroge celui de 1848, et remet en vigueur les dispositions du Code de commerce.

Pendant le siège de Paris deux décrets différents furent rendus, l'un par le gouvernement resté à Paris, l'autre par la délégation de Tours. Le premier, en date du 16 novembre 1870, décidait que les membres du tribunal de commerce de la Seine, actuellement en fonctions, y resteraient jusqu'à ce qu'il fût autrement statué ; le second, en date du 17 octobre 1870, allait plus loin et établissait un nouveau système, mais il ne fut pas appliqué, car une loi des 4-9 avril 1871 a abrogé ce décret de la délégation de Tours et décidé que les juges actuellement en fonctions y resteraient jusqu'aux élections nouvelles dont l'époque et le mode seraient fixés par une loi prochaine.

Cette loi est celle des 21-28 décembre 1871, qui a modifié les articles 618, 619, 620, 621 du Code de commerce de la manière suivante. Les membres des tribunaux de commerce sont nommés dans une assemblée d'électeurs pris parmi les commerçants recommandables par leur probité, esprit d'ordre et d'économie. La liste des électeurs est dressée par une commission composée des personnes énumérées dans le nouvel article 619. Elle est ensuite envoyée au préfet qui la fait publier et afficher. Est éligible tout commerçant qui se trouve sur la liste des électeurs ou qui pourrait s'y trouver parce qu'il réunit les conditions nécessaires pour être inscrit, pourvu qu'il soit, en outre, âgé de trente ans, qu'il soit inscrit à la patente depuis cinq ans et domicilié au moment de l'élection dans le ressort du tribunal. Sont assimilés aux commerçants et comme tels éligibles, les directeurs de compagnies anonymes, agents de change, capitaines au long cours, maîtres au cabotage et les anciens commerçants ou agents de change. Nul ne peut être nommé juge, s'il n'a été suppléant, et le président ne peut être choisi que parmi les anciens juges.

Les élections se font de la manière et à la majorité indiquées par le nouvel article 621, par scrutin de liste pour les juges et les suppléants et au scrutin individuel pour le président.

Tout électeur a un délai de cinq jours après l'élection pour attaquer les opérations devant la Cour d'appel. Le procureur général a un délai de dix jours pour demander la nullité.

Telles sont les principales dispositions de la loi nouvelle. *

Enfin une loi des 26 janvier, 4 mars 1877 décide que les pourvois en matière d'élections consulaires seront portés directement à la chambre civile de la Cour de cassation.

dernier point mérite attention, parce que, sous ce rapport, les lois nouvelles ont fort élargi les règles de compétence tracées par les lois anciennes pour les tribunaux de commerce.

En général, la compétence des anciennes juridictions consulaires n'embrassait que les commerçants ; elle était fondée, non pas seulement sur la nature de l'acte, mais aussi sur la nature de la personne. Pour savoir si dans tel cas les juges consulaires étaient compétents, on ne vous demandait pas seulement ce que vous aviez fait, on vous demandait quelle personne vous étiez. Maintenant, au contraire, c'est entre toutes personnes, commerçantes ou non commerçantes, c'est à raison de la seule nature de l'acte, que les tribunaux de commerce sont compétents. Tout acte de commerce fait, même accidentellement, même isolément, par une partie non commerçante, rentre dans leur compétence. En un mot, la compétence des tribunaux de commerce que les anciennes lois personnalisaient, est réalisée par des lois nouvelles : elle tient à la nature de l'acte, et non plus à la qualité, aux habitudes commerciales de la personne (1).

642. Je vous ferai remarquer d'ailleurs que, comme dans les lieux où les ordonnances n'ont pas établi des tribunaux de commerce, ce sont les tribunaux civils, les tribunaux d'arrondissement qui doivent en remplir les fonctions, il est bien entendu que, quand une affaire commerciale est portée devant un tribunal civil jugeant à défaut de tribunal de commerce, ce sont les règles de ce titre qui doivent être suivies. Encore bien qu'on soit devant les juges ordinaires, devant un tribunal d'arrondissement, c'est en tant que juridiction extraordinaire, c'est en qualité de juges d'exception, qu'ils sont saisis d'une affaire commerciale ; donc ils doivent se conformer à toutes les règles de la procédure que nous allons voir. L'art. 641 du Code de commerce le décide ainsi formellement : « L'instruction, dans ce cas, aura lieu dans la même forme que devant les tribunaux de commerce, et les jugements produiront les mêmes effets. »

Il faut conclure de là, quoique cette conséquence ait été contestée, que, quand une affaire commerciale est portée à un tribunal civil, en vertu de l'art. 640 du Code de commerce, elle doit s'instruire devant ce tribunal sans le ministère d'avoués, conformément à l'art. 414. Quelques auteurs ont hésité sur la question, je ne sais pourquoi ; il est clair que l'interdiction du ministère des avoués est une règle de procédure de la juridiction commerciale, et, puisque l'article 641 déclare toutes les formes ordinaires applicables aux tribunaux civils jugeant commercialement, l'art. 414 doit être suivi comme les autres.

Cependant, dans les appels des jugements rendus en matière commerciale, soit par les tribunaux civils, soit par les tribunaux de commerce, les cours d'appel suivent les formes ordinaires, et non plus les formes commerciales, art. 648 (C. com.). Mais cet art. 648, dont on a argumenté pour soutenir l'opinion que je combats, ne prouve absolument rien dans la question. De ce que la loi n'interdit pas, de ce qu'elle prescrit même implicitement le ministère

(1) * Cette décision me paraît trop absolue ; il y a encore des cas où le tribunal de commerce est compétent à raison de la qualité des personnes (Voy. le *Manuel de droit commercial*, de M. Bravard-Veyrières, liv. II, tit. IV). *

des avoués dans l'instruction des affaires commerciales portées en appel devant les cours d'appel, il est impossible de conclure que le ministère des avoués soit ordonné ou même permis devant les tribunaux civils jugeant comme tribunaux de commerce, dans les cas des art. 640 et 641. C'est un point qui ne fait pas de doute dans la pratique.

643. Nous diviserons l'examen de ce titre en trois parties : 1° de la demande en matière commerciale (art. 415 à 420) ; 2° de la procédure et de l'instruction (art. 414 et 421 à 432) ; 3° du jugement (art. 433 à 442).

« Art. 415. Toute demande doit être formée par exploit d'ajournement, suivant les formalités ci-dessus prescrites au titre *des Ajournements.* »

« Art. 416. Le délai sera au moins d'un jour. »

Les règles et les nullités de l'art. 61, quant à l'introduction de l'instance, s'appliquent aux instances commerciales comme aux instances civiles. Exceptez-en premièrement, la constitution d'avoué, prescrite à peine de nullité par l'art. 61, mais évidemment inapplicable dans les ajournements qui nous occupent. Exceptez-en de même la nécessité imposée par l'art. 65 de faire mention, en tête de l'ajournement, de la non-conciliation ou de la non-comparution. Dans un exploit ordinaire, l'omission de cette formalité entraîne nullité ; mais, comme les affaires commerciales sont dispensées du préliminaire de conciliation, il est clair que cette formalité n'y est pas applicable.

D'après l'art. 72, le délai des ajournements, en matière ordinaire, est de huitaine ; la célérité des affaires en matière commerciale a dicté une exception, écrite dans l'art. 416 ; le délai est au moins d'un jour. Ce jour est franc (art. 1033).

644. D'après les art. 417 et 418, le délai d'un jour peut encore être abrégé, en ce sens qu'en matière commerciale, on peut, en certains cas et selon certaines formes, citer le jour pour le lendemain, ou le matin pour la journée et le soir ; *de jour à jour et d'heure à heure.* Mais cette faculté d'assigner à un délai si bref est subordonnée à certaines conditions.

« Art. 417. Dans les cas qui requerront célérité, le président du tribunal pourra permettre d'assigner, même de jour à jour et d'heure à heure, et de saisir les effets mobiliers ; il pourra, suivant l'exigence des cas, assujettir le demandeur à donner caution ou à justifier de solvabilité suffisante. Ses ordonnances seront exécutoires nonobstant opposition ou appel. »

Dans les cas qui requerront célérité, le président du tribunal pourra permettre d'assigner même DE JOUR A JOUR *et* D'HEURE A HEURE. Voilà une première exception dont l'application est abandonnée pleinement à la prudence du président du tribunal auquel l'abréviation est demandée. Ce cas répond, en matière de procédure commerciale, au paragraphe dernier de l'art. 72 en matière de procédure civile ordinaire ; seulement l'art. 417 va bien plus loin que l'art. 72. En matière commerciale, le président pourra, dans tous les cas qui requerront une célérité plus grande, permettre d'assigner de jour à jour et d'heure à heure.

Il pourra, de plus, permettre de saisir les effets mobiliers de la partie citée, de les saisir conservatoirement, exception remarquable aux règles ordinaires. En général, on ne peut pratiquer une saisie, même mobilière, qu'autant qu'on est porteur d'un titre authentique et exécutoire, art. 551 ; ce titre doit d'ailleurs être signifié quelque temps à l'avance, avec un commandement à la personne sur laquelle on veut saisir, art. 583 et 584. Ici, toutes ces formalités disparaissent ; le président du tribunal pourra permettre, non seulement d'assigner pour le lendemain ou pour le jour même, mais même de saisir, selon l'exigence des cas, le mobilier du défendeur de qui l'on craindrait une soustraction immédiate. On pourra donc, en vertu de cette ordonnance du président, saisir sans titre exécutoire. Du reste, le président pourra ne pas accorder purement et simplement cette permission ; il pourra astreindre le demandeur à donner caution, pour réparer le préjudice occasionné au défendeur, dans le cas où, en définitive, l'attaque serait jugée mal fondée.

* Mais il faut bien remarquer que cette saisie n'est pas une saisie-exécution, mais une saisie de précaution, qui met les meubles saisis sous la main de la justice, et les empêche de disparaître pendant le procès, mais ne permet pas de les faire vendre quant à présent. Ce n'est qu'après le jugement de condamnation, qui sera un titre exécutoire, que la vente pourra avoir lieu (V. n° 813).

Qui peut permettre cette saisie ? Le président du tribunal de commerce (1) ; l'art. 417 investit évidemment le même magistrat du droit d'autoriser l'assignation à bref délai et la saisie conservatoire. Or, on reconnaît unanimement que c'est au président du tribunal de commerce qu'il appartient de statuer sur l'abréviation du délai ; il faut donc critiquer la pratique qui, dans quelques juridictions, donne au président du tribunal civil le droit de permettre la saisie conservatoire. *

645. *Il pourra assujettir le demandeur à donner caution* ou a justifier de solvabilité suffisante. — Et, en effet, dans une matière d'une telle urgence, il pourrait être difficile de présenter la caution de manière à pouvoir profiter à l'instant de la permission de saisir ; on pourra donc, en justifiant de solvabilité suffisante, se dispenser de donner caution.

Mais, en permettant au demandeur d'assigner tout de suite et de saisir sans titre exécutoire, on ne peut l'astreindre à donner une preuve complète, frappante de sa solvabilité ; il faut entendre cela d'une preuve raisonnable, telle que la nature des affaires commerciales et la célérité de la matière permettent de la demander. Il est certain que le demandeur, astreint par le président à justifier de sa solvabilité, pour être autorisé à saisir immédiatement les effets mobiliers du défendeur, ferait une justification suffisante en produisant son dernier inventaire, dressé par lui, aux termes de l'art. 9 du Code de commerce. En principe, et sauf le cas d'un grave soupçon de fraude, cet inventaire, d'où il résulterait que son actif dépasse notablement son passif, serait considéré comme une preuve de solvabilité telle qu'il est possible de la donner, par exemple, en vingt-quatre heures.

(1) C. de Toulouse, 26 avril 1861 (Dall., 1861, 2, 175). — Paris, 17 août 1875 et 27 décembre 1875 (Dall., 1876, 2, 40).

Les ordonnances du président, rendues ainsi sur l'exposé, sur les allégations du demandeur, sans contradicteur légitime, sans que le défendeur ait été appelé pour établir qu'il n'y a pas urgence, les ordonnances du président sont susceptibles d'opposition (1) ou d'appel. Les derniers mots de l'art. 417 confirment, à cet égard, ce que nous avons enseigné dans le silence de la loi, sur un cas analogue, dans l'art. 72 (V. la note sur le n° 190).

Mais, si l'opposition formée ou l'appel interjeté contre ces ordonnances avaient l'effet suspensif accordé d'ordinaire à ces voies, le bénéfice de l'ordonnance s'évanouirait. Si, par exemple, quand le président, attendu l'urgence, attendu les craintes légitimes qu'inspirait la position du défendeur, a permis de saisir à l'instant même, si alors on pouvait, par une opposition, retarder cette saisie jusqu'à ce qu'il eût statué sur l'opposition, il est clair qu'on rendrait illusoire le bénéfice résultant de l'ordonnance du président. Aussi vous dit-on que les ordonnances du président, quoique susceptibles d'opposition ou d'appel, seront néanmoins exécutoires, nonobstant l'opposition ou l'appel.

De ce que le président peut permettre de saisir les effets mobiliers, de pratiquer la saisie conservatoire, analogue à la saisie foraine des art. 822 et suiv., concluons-en, à plus forte raison, qu'il peut permettre aussi au demandeur de pratiquer, sans titre, une saisie-arrêt dans les mains des débiteurs du défendeur ou des détenteurs de meubles appartenant au défendeur ; c'est ce qui se trouve établi par l'art. 558. En effet, dans les matières ordinaires, la saisie-arrêt peut être faite sans titre, par une permission du président, à plus forte raison, en matière commerciale, pourrait-on pratiquer une saisie-arrêt. * Mais comme l'art. 417 ne parle pas de cette saisie-arrêt, elle reste dans les attributions du président du tribunal civil. *

Du reste, les difficultés sur les saisies conservatoires, comme sur les saisies-arrêts, ne rentreront pas dans les attributions du tribunal de commerce : quand, plus tard, le jugement étant obtenu, on voudra donner suite aux poursuites opérées provisoirement d'après l'ordonnance du président, les contestations qui pourront s'élever seront du ressort des tribunaux civils, et non pas du ressort des tribunaux de commerce (V. art. 442).

646. Dans le texte de l'art. 417 il y a, vous le voyez, une abréviation de délai qui peut être obtenue dans tous les cas, quelle que soit la nature de l'affaire, et par cela seul qu'elle requiert célérité. Dans l'art. 418 on n'a pas besoin, pour assigner de jour à jour et même d'heure à heure, d'une permission du président ; la loi accorde cette permission à raison de la nature et des circonstances de l'affaire, nature et circonstances qu'elle prend soin de déterminer, sauf, bien entendu, au tribunal de commerce, devant lequel on aura cité ainsi à un délai plus bref que celui de l'art. 416, à vérifier si le demandeur était réellement dans les circonstances, dans les conditions déterminées par l'art. 418.

(1) * Cette opposition est d'une nature spéciale. Le défendeur n'ayant pas été appelé, n'est pas considéré comme défaillant. Il ne s'agit donc pas d'une opposition à un jugement par défaut. Mais le défendeur peut se pourvoir devant le président, dont la religion a pu être surprise, pour lui faire rétracter ou modifier son ordonnance. — C. d'Aix, 27 janvier et 3 mars 1871 (Dall., 1872, 2, 41 et 125).
L'appel est porté devant la Cour. *

Quelles sont les conditions pour être autorisé à assigner à un délai plus bref que celui de l'art. 416, sans permission du président?

Il faut d'abord qu'il soit question d'affaires maritimes; première condition hors de laquelle l'art. 418 n'est jamais applicable.

Secondement, il faut que, dans ces affaires, nécessairement maritimes, il y ait des parties non domiciliées, et dont le prompt départ puisse être aisément et justement redouté. Ou bien, toutes les parties étant même domiciliées dans le lieu où il s'agit de plaider, il faut que l'affaire maritime présente de plus un certain caractère d'urgence que la loi détermine.

« Art. 418. Dans les affaires maritimes où il existe des parties non domiciliées, et dans celles (*bien entendu encore dans les affaires maritimes*) où il s'agit d'agrès, victuailles, équipages et radoubs de vaisseaux prêts à mettre à la voile, et autres matières urgentes et provisoires, l'assignation de jour à jour ou d'heure à heure pourra être donnée sans ordonnance, et le défaut pourra être jugé sur-le-champ. »

Il faut : 1° qu'il s'agisse d'affaires maritimes; 2° qu'il y ait des parties non domiciliées, ou bien que la demande ait pour objet le payement d'agrès, etc., mais, sous ce dernier rapport, quant à cette seconde condition, l'article n'est pas limitatif; après l'indication de ces mots : *agrès, victuailles, équipages et radoubs de vaisseaux prêts à mettre à la voile*, il ajoute : *et autres matières urgentes et provisoires;* mais toujours dans les affaires maritimes. Par exemple, quand une contestation s'élève pour des gages d'équipages, pour se faire payer des avaries causées dans le port ou dans la rade par un abordage, etc.; dans ces diverses hypothèses, quand même il s'agirait de parties domiciliées, nous serions encore dans le cas de l'art. 418, et l'assignation à bref délai pourrait être donnée sans ordonnance.

647. « Art. 419. Toutes assignations données à bord à la personne assignée seront valables. »

Voilà encore un article dicté par un motif de célérité ; mais son texte est un peu équivoque.

En général, nous avons vu que les exploits et requêtes se signifient valablement, soit à la personne même, partout où on la rencontre, soit à son domicile, à l'une des personnes désignées dans l'art. 68. Ici, que veut dire la loi?

Notre article est tiré, au moins en principe, de l'ordonnance de 1681, livre 1er, titre XI, art. 1er. Cet article permettait d'assigner dans le vaisseau, pendant le voyage, les maîtres et les mariniers ; il disait : « Tous exploits donnés aux maîtres et mariniers dans le vaisseau, pendant le voyage, seront valables comme s'ils étaient faits *à leur domicile*. » Ces dernières expressions sont importantes à noter.

L'art. 419 a d'abord élargi d'une manière très notable le principe de l'ordonnance de 1681 ; la faculté d'assigner à bord s'applique non plus seulement aux maîtres et mariniers, aux personnes de l'équipage, mais même aux simples passagers, l'art. 419 est évidemment plus général. De même, ce n'est plus seulement pendant le voyage, par exemple, dans un port de relâche, c'est au lieu même de l'embarquement, au port de départ, qu'il est permis d'assigner à bord, tout aussi bien que pendant le voyage. La limite fixée par l'ordonnance à la faculté d'assigner à bord, soit relativement aux personnes, soit relativement au temps, a disparu dans le Code de procédure.

Mais qu'entend-on par ces assignations données à bord à la personne assignée? Veut-on dire que les assignations seront valables quand elles auront été remises à bord du navire, dans les mains mêmes de la personne assignée? veut-on dire qu'on pourra valablement assigner en sa personne le marin ou le passager qu'on trouvera à bord du navire?

Tel paraîtrait être en effet le sens, la lettre de l'art. 419; il paraît bien supposer que l'huissier porteur de l'assignation trouve à bord la personne à laquelle l'assignation s'adresse, et la lui remet directement. Il paraîtrait suivre de la lettre que, si l'on ne trouve point à bord la personne assignée, si, par accident, à ce jour, à cette heure, elle est à terre, on ne pourra pas valablement laisser à bord l'assignation qu'on apportait pour elle.

Mais si tel est, en effet, le sens de l'article, et c'est le sens que nombre d'auteurs lui donnent, c'est le sens que sa lettre paraît autoriser, l'article est absolument inutile, est absolument insignifiant. Si l'art. 419 n'a pour but que de déclarer valable l'assignation remise au défendeur trouvé à bord du vaisseau, l'art. 68 suffisait bien; nous savions déjà que, partout où l'on trouve la personne qu'on veut assigner, l'assignation peut lui être remise. Qu'importe qu'elle soit à bord, ou dans sa maison, ou dans celle d'un autre, ou dans la rue? On peut toujours assigner un défendeur en sa personne.

Pour trouver donc une utilité quelconque à cet article, il faut supposer valable l'assignation portée et remise à bord, non seulement à la personne assignée, ce qui va sans dire, mais même, en son absence, à d'autres personnes, qui la recevront pour elle, comme un parent, un domestique, un voisin, qui reçoivent valablement, dans les cas ordinaires de l'art. 68, l'assignation apportée pour le défendeur qui est absent de son domicile. En d'autres termes, pour trouver un sens utile à l'art. 419, il faut sortir un peu de sa lettre et supposer qu'il a voulu, comme l'article cité de l'ordonnance de 1681, que le bord, que le navire fût réputé transitoirement le domicile de la personne assignée, et qu'en conséquence on pût, en l'absence même de cette personne, l'assigner valablement à bord comme on l'assigne valablement à son domicile. Tel était le sens de l'ordonnance, quand elle disait que les exploits remis aux maîtres et mariniers, à bord, seraient absolument comme s'ils eussent été remis à leur domicile. Tel est le sens dans lequel il est plus sage d'entendre notre article; sinon, il est tout à fait insignifiant.

648. Je vous ai dit que la compétence générale, la compétence *ratione materiæ* des tribunaux de commerce, était déterminée par les art. 632 et suivants du Code de commerce. Quant à la compétence spéciale, relative, *ratione personæ*, la compétence qui consistera à savoir quel est, entre les tribunaux de commerce, celui devant lequel nous devons porter telle ou telle affaire, elle est déterminée par l'art. 420 du Code de procédure.

En général, les tribunaux de commerce ne peuvent guère se trouver saisis que d'actions purement personnelles. D'où il suit qu'en général, le tribunal de commerce compétent est celui du domicile du défendeur, conformément à la règle : *Actor sequitur forum rei.* Cette règle, écrite dans l'art. 59 pour les tribunaux civils, se trouve reproduite, pour la juridiction commerciale, dans les premiers mots de l'art. 420, mais avec des restrictions importantes ; on permet au demandeur d'assigner à son choix devant trois tribunaux désignés par l'art. 420.

« Art. 420. Le demandeur pourra assigner à son choix : devant le tribunal du domicile du défendeur ; devant celui dans l'arrondissement duquel la promesse a été faite, et la marchandise livrée ; devant celui dans l'arrondissement duquel le payement devait être effectué. »

Supposez, par exemple, un marchand domicilié à Paris, ayant vendu et livré des marchandises à Paris, à un acheteur de Rouen ; il pourra assigner à son choix, soit devant le tribunal de commerce de Rouen, aux termes du § 1er, soit devant le tribunal de la Seine, dans le ressort duquel la promesse, le marché a été fait et la marchandise livrée ; ces deux conditions doivent concourir (1). Quand une vente de marchandises est faite au domicile de l'acheteur, par un commis-voyageur, mandataire du vendeur, le lieu de la promesse est celui où la convention est intervenue (2). Quand le marché se traite par correspondance, la promesse est considérée comme faite au lieu de l'acceptation ; car c'est l'acceptation qui forme le contrat (3). Si on a, dans le contrat, désigné un lieu pour le paiement, le demandeur peut encore porter son action devant le tribunal de ce lieu (4).

Mais ici, c'est une compétence purement personnelle, et qui, lorsqu'elle est inobservée, doit donner lieu à une exception présentée de prime abord. Nous verrons cela sur l'art. 424, § 2.

* Il faut considérer comme des marchandises, dans le sens de notre article, les sommes d'argent fournies par un banquier à un commerçant, pour les besoins de son commerce ; aussi le tribunal de commerce du domicile de ce banquier est compétent pour connaître de l'action en remboursement, si c'est au lieu de ce domicile qu'elles ont été livrées et que la promesse de les fournir a été faite (5). *

⟫→ **649.** § 2. *De la procédure et de l'instruction* (art. 414 et 421 à 432).

« Art. 414. La procédure devant les tribunaux de commerce se fait sans le ministère d'avoués. »

« Art. 421. Les parties seront tenues de comparaître en personne, ou par le ministère d'un fondé de procuration spéciale. »

(1) C. de Cass., 21 décembre 1864 (Dall., 1864, 1, 281).
(2) C. de Lyon, 14 mars 1872 (Dall., 1874, 2, 15).
(3) V. toutefois C. de Cass., Rej., 1er décembre 1875 (Dall., 1876, 1, 450).
(4) Jugé que l'art. 420 s'applique entre Français et étrangers. C. de Cass., Rej., 9 mars 1863 (Dall., 1863, 1, 176 et note 1). Jugé également que la compétence spéciale de l'art. 420 ne cesse pas par cela seul que le défendeur conteste l'existence de la promesse, à moins que cette prétention du défendeur ne paraisse sérieuse (Civ., Rej., 29 janvier 1862 (Dall., 1862, 1, 71]. — Civ., Cass., 15 juillet 1862 (Dall., 1862, 1, 353). — Agen, 8 mars 1865 (Dall., 1865, 2, 165). — Civ., Rej. 12 mai 1867 (Dall., 1867, 1, 125). — Besançon, 13 avril 1870 (Dall., 1870, 2, 89).
(5) Req., Rej., 6 avril 1867 (Dall., 1868, 1, 35).

Nous retrouvons dans l'art. 627 du Code de commerce un texte qui confirme les art. 414 et 421 : « Le ministère des avoués est interdit dans les tribunaux de commerce, conformément à l'art. 414 du Code de procédure civile; nul ne pourra plaider pour une partie devant ces tribunaux, si la partie présente à l'audience ne l'autorise ou s'il n'est muni d'un pouvoir spécial. » Puis, dans les derniers mots de cet art. 627, on vous dit que le pouvoir dont le représentant doit être muni pourra être donné au bas de l'original ou de la copie de l'assignation.

Les parties qui ont à plaider devant un tribunal de commerce ne sont donc pas tenues, comme dans les matières civiles, de constituer et de désigner un représentant; elles peuvent comparaître seules, personnellement sans avoir personne pour les assister. La comparution personnelle, dans les matières commerciales, est même, en général, dans le vœu de la loi. Cependant cette comparution n'est pas prescrite impérativement ; de même qu'elles peuvent personnellement comparaître, de même les parties peuvent se faire représenter par un mandataire de leur choix.

Mais, d'abord, le choix de ce mandataire est-il absolument libre ? y a-t-il des limites, des distinctions, des obstacles ? pourrait-on, par exemple, prendre pour mandataire un avoué ? Oui ; quoique l'art. 627 du Code de commerce déclare interdit, devant ces tribunaux, le ministère des avoués, ce n'est, bien entendu, que le ministère des avoués en tant qu'avoués. On peut prendre, et on prend souvent pour représentant, devant un tribunal de commerce, un avoué qui comparaît comme particulier, mais comme un particulier à qui sa qualité d'officier ministériel, à qui ses habitudes judiciaires, sa connaissance des affaires, créent un titre spécial à la confiance des parties qui le désignent.

Dans quelques tribunaux de commerce, dans les grandes villes, dans les grandes places de commerce, on trouve ordinairement, près des tribunaux de commerce, un certain nombre de personnes qui reçoivent, en général, le mandat des parties pour les représenter; ces personnes sont qualifiées, d'après l'usage, par le nom d'*agréés*, parce qu'elles ont été signalées à la confiance des parties par l'agrément du tribunal. Cet agrément donné par le tribunal à telle ou telle personne, pour exercer d'habitude près de lui, n'est qu'une désignation qui n'a rien d'exclusif pour les personnes qui ne la reçoivent pas.

Les agréés devant les tribunaux de commerce diffèrent essentiellement des avoués devant les tribunaux civils, non seulement en ce qu'on peut plaider sans agréé, en comparaissant personnellement, mais aussi en ce qu'on peut, sans paraître personnellement, constituer pour mandataire toute autre personne qu'un agréé. Première différence.

Secondement, l'agréé, malgré la désignation que le tribunal a fait en sa faveur, n'est après tout qu'une personne privée; il n'est pas officier ministériel; il ne dépose pas de cautionnement, comme le font les huissiers, les avoués et autres personnes publiques.

L'avoué n'a pas besoin, pour se faire admettre par le tribunal, à représenter telle partie, de produire l'autorisation écrite et spéciale de la partie qu'il vient représenter ; porteur de l'original ou de la copie de l'assignation, par cela seul que cette pièce est dans ses mains, il est présumé l'avoir reçue légitimement, et l'avoir reçue pour plaider. Quant à l'agréé, rien de pareil; il est soumis à la règle générale de l'art. 421 ; un pouvoir exprès, un pouvoir spécial lui est absolument nécessaire. *Un pouvoir spécial*, c'est-à-dire non-seulement qu'il lui faut un pouvoir pour plaider, mais il paraît même qu'il faut entendre la règle en ce sens, qu'il lui faut un pouvoir pour plaider spécialement telle affaire, pour représenter telle partie dans tel procès, et non pour représenter une partie dans tous les procès qu'elle pourrait avoir devant un tribunal de commerce. Tel est du moins le sens du mot *mandat spécial* (art. 1987 du Code civil et art. 627 du Code de commerce).

Une autre différence, c'est que, suivant nous, l'agréé n'est pas sujet au désaveu : s'il a fait, pour la partie et sans un mandat de la partie, un des actes énumérés dans l'art. 352, cette partie n'a pas besoin, pour faire tomber l'effet de cet acte, de prendre la procédure de désaveu, telle qu'elle est tracée dans les art. 353 et suivants (V. n° 540).

* Ce n'est pas tout ; quand les parties ont pris pour mandataires des agréés, ces agréés ne jouent pas dans l'instance commerciale le même rôle que les avoués dans les instances civiles. Les agréés ne peuvent se signifier des actes. Si les parties ont des communications à se faire, elles emploieront le ministère des huissiers. *

De même, vous avez vu, dans l'art. 60, que la demande des officiers ministériels en payement de leurs frais était forcément portée devant le tribunal où les frais avaient été faits, disposition encore inapplicable à l'agréé ; son action contre son client, en payement de ses frais ou de ses honoraires, est une action ordinaire, qui sera portée, non par devant le tribunal de commerce où il a représenté la partie, mais devant le tribunal civil du domicile de la partie ; c'est une action civile personnelle, une action qui n'a rien de commercial, et à laquelle, d'ailleurs, l'art. 60 est inapplicable (1).

Tous ces principes se déduisent de cette idée fort simple, que l'agréé n'a pas la qualité de personne publique, d'officier ministériel. Cependant cette qualité d'agréé ou ce fait de l'existence des agréés est reconnu par une ordonnance du 10 mars 1825, qui, d'ailleurs, confirme ces principes ; elle confirme, notamment pour l'agréé, la nécessité du pouvoir spécial dont on s'était écarté dans certains tribunaux, et à l'exécution de laquelle l'ordonnance de 1825 rappelle les tribunaux de commerce.

650. Lorsqu'une partie a constitué un avoué dans une affaire civile ordinaire, cet avoué a qualité pour représenter la partie, non seulement à l'audience, mais même hors de l'audience, dans tout ce qui touche au procès ; cet avoué a qualité pour recevoir, dans l'intérêt de la partie, toutes les significations qui la concernent, et pour lesquelles la loi n'exige pas absolument la notification à la personne. En est-il de même de l'agréé, ou du mandataire quelconque désigné en vertu de l'art. 421 ? Reçoit-il de la partie, dont il a mandat spécial, cette généralité de pouvoirs qui le substitue pleinement à la partie, non seulement à l'audience, mais même hors de l'audience pour les significations qui peuvent être nécessaires ? Non ; l'art. 422 en est encore la preuve.

(1) Cass., 5 septembre 1814. — Bourges, 11 mai 1839 (Dall., *Rép.*, v° *Agréé*, n° 67). La jurisprudence du tribunal de commerce de la Seine est constante dans le sens opposé.

« Art. 422. Si les parties comparaissent (*c'est-à-dire comparaissent ou par elles-mêmes ou par un fondé de pouvoir ; car l'art.* 421 *autorise ces deux manières de comparaître*), et qu'à la première audience il n'intervienne pas jugement définitif, les parties non domiciliées dans le lieu où siège le tribunal seront tenues d'y faire l'élection d'un domicile. — L'élection de domicile doit être mentionnée sur le plumitif (*c'est-à-dire le procès-verbal*) de l'audience ; à défaut de cette élection, toute signification, même celle du jugement définitif sera faite valablement au greffe du tribunal. »

Quel est le motif de la disposition de cet article ? Le désir de la loi, dans les matières commerciales, est d'accélérer, autant que possible, la décision de la contestation ; pour arriver à ce but, il importe d'abréger les délais que peuvent entraîner les communications judiciaires ; et, comme ici on n'a pas d'avoués préposés légalement pour recevoir sur place ces communications, on se trouverait, sans l'art. 422, dans la nécessité de signifier, par exploit d'huissier, au domicile de son adversaire les notifications que peut nécessiter le cours de l'instance ; l'art. 452 y a pourvu. Les deux parties ont comparu, ou par elles-mêmes ou par mandataires spéciaux ; si le jugement peut être rendu tout de suite, à la première audience, il n'y a pas nécessité d'élection de domicile. Si, au contraire, le jugement n'est pas rendu tout de suite, s'il y a lieu de penser que des notifications seront nécessaires entre les parties, on les oblige à faire, à la première audience, élection de domicile dans le lieu où siège le tribunal. Cette élection de domicile sera faite presque toujours chez le mandataire qu'on a constitué ; mais la nécessité même de la faire expressément établit assez, qu'en principe, la constitution d'un mandataire ne renferme pas d'élection de domicile, comme le fait la constitution d'un avoué, dans le cas de l'art. 61, pour les tribunaux civils.

Ainsi, soit que les parties aient comparu personnellement, soient qu'elles aient comparu par des mandataires, elles doivent, si la cause n'est pas jugée le jour même, désigner un domicile, celui de leur mandataire, si elles le veulent, auquel seront faites valablement toutes les significations nécessitées par l'instance.

Ont-elles négligé ou refusé de faire cette élection de domicile, la loi, dans le § 2, la fait pour elles ; elle déclare que le domicile sera réputé élu, non pas chez le mandataire quand on en a constitué un, mais tout simplement au greffe du tribunal de commerce ; que toutes les significations nécessitées par l'instance, même la signification du jugement qui termine l'instance, seront faites valablement au greffe du tribunal ; c'est à la partie de s'imputer de n'avoir pas choisi d'autre domicile.

* Cette signification du jugement définitif permettra à celui qui la fait, de poursuivre l'exécution du jugement. Cette signification fera, je crois, courir également le délai d'appel (1). Ce dernier point est très controversé. Mais il me semble que, si la signification au domicile élu, conformément à l'art. 422,

(1) C. de Bourges, 18 novembre 1856 (Dall., 1857, 2, 105). — Cass., Rej. du pourvoi contre l'arrêt précédent, 21 décembre 1857 (Dall., 1858, 1, 59) ; et sur la note de ce dernier arrêt, voir les autorités en sens divers. — C. de Cass., Rej., 25 mars 1862 (Dall., 1862, 1, 176). — *Contrà*, C. de Rennes, 3 février 1860 (Dall., 1861, 2, 24). — Nancy 4 mars 1872 (Dall., 1874, 2, 41).

suffit pour l'exécution, elle doit suffire aussi pour produire un effet moins grave, pour faire courir le délai d'appel. *

⟱⟶ 651. Les art. 423, 424, 425 et 426 contiennent quelques dérogations aux principes posés pour les matières civiles dans le titre *des Exceptions* ; ces dérogations résultent de la nature particulière de la juridiction commerciale.

« Art. 423. Les étrangers demandeurs ne peuvent être obligés, en matière de commerce, à fournir une caution de payer les frais et dommages-intérêts auxquels ils pourront être condamnés, même lorsque la demande est portée devant un tribunal civil dans les lieux où il n'y a pas de tribunal de commerce. »

Cet article contient une règle qui vous est déjà connue, savoir : la dispense de la caution *judicatum solvi* à l'égard de l'étranger demandeur dans les matières commerciales ; l'art. 423 déclare inapplicable aux matières commerciales la disposition de l'art. 166 du Code de procédure. C'est, d'ailleurs, ce qui résultait déjà de l'art. 16 du Code civil dans lequel la caution n'est requise que hors des matières de commerce.

* Cette disposition a pour objet de faciliter les transactions entre les commerçants étrangers et les commerçants français, en supprimant toute entrave aux recouvrements que le créancier étranger réclame de son débiteur français. Cette dispense de la caution favorisera ainsi le commerce français. *

« Art. 424. Si le tribunal est incompétent à raison de la matière, il renverra les parties, encore que le déclinatoire n'ait pas été proposé. — Le déclinatoire pour toute autre cause ne pourra être proposé que préalablement à toute autre défense. »

Les art. 424 et 425 sont relatifs à l'exception d'incompétence, au déclinatoire ou renvoi qui est l'objet des art. 168 à 172 du Code de procédure.

L'art. 424 ne fait guère que reproduire une règle déjà posée par les art. 169 et 170, savoir : la distinction établie entre l'incompétence *ratione materiæ* et l'incompétence *ratione personæ*.

Dans le premier cas, le tribunal de commerce saisi, par exemple, d'une action civile, doit se déclarer d'office incompétent. L'incompétence doit être déclarée, soit à la demande des parties, en tout état de cause, soit même, dans le silence des parties, par le tribunal lui-même ; vous en savez le motif, cette disposition tient à l'ordre public, elle doit donc être appliquée d'office.

Au contraire, s'agit-il d'une incompétence *ratione personæ*, a-t-on porté, par exemple, une affaire commerciale, une des affaires désignées dans les art. 641 et suivants du Code de commerce, l'a-t-on portée devant un tribunal de commerce autre que ceux désignés par l'art. 429, alors il y a incompétence, mais incompétence de pur intérêt privé, incompétence qui ne bouleverse pas l'ordre, la distribution des pouvoirs et des juridictions ordinaires : aussi cette incompétence doit-elle, en matière commerciale, tout comme en matière civile, être proposée dès le début de l'instance, *in limine litis*. Telle est la seconde disposition de l'art. 424. « *Le déclinatoire pour toute autre cause* (c'est-à-dire pour toute autre cause que l'incompétence de la matière) *ne pourra être proposé que préalablement à toute autre défense.* » Ce n'est que la répétition de l'art. 169.

Cependant n'y a-t-il réellement dans l'art. 424 que la distinction entre l'incompétence *ratione personæ* et l'incompétence *ratione materiæ*, c'est-à-dire ne fait-il que reproduire, pour les tribunaux de commerce, une règle déjà posée pour les tribunaux ordinaires par les art. 169 et 170 ?

Vous vous rappelez qu'en traitant des renvois sous ces différents articles, nous avons dit qu'il y avait lieu à proposer le renvoi, non seulement dans les deux cas d'incompétence que nous avons définis, mais aussi dans les cas de litispendance et de connexité indiqués dans l'art. 171. Et, sur cet art. 171, nous nous sommes posé la question de savoir si l'exception de litispendance et celle de connexité devaient être proposées *in limine litis*, comme l'incompétence *ratione personæ*; ou si, au contraire, elles pouvaient l'être en tout état de cause comme l'incompétence *ratione materiæ*.

Nous avons dit que les exceptions de litispendance et de connexité, sans tenir à l'intérêt public d'aussi près que l'exception d'incompétence *ratione materiæ* pouvaient cependant être proposées dans le cours du débat : que le défendeur pouvait, même après avoir entamé le fond, opposer la connexité ou la litispendance, parce que le demandeur n'a pas d'intérêt légitime à faire juger deux fois la même affaire par deux tribunaux différents, et peut-être de deux manières contraires. Nous avons dit que, l'art. 171 ne répétant point la disposition de l'art. 169, il n'y avait pas lieu à déclarer déchue du droit d'opposer la connexité ou la litispendance la partie qui n'avait pas proposé ces moyens dès le début de la cause.

La question, ainsi tranchée par le silence du texte en matière civile, se présente maintenant sous l'art. 424, en matière commerciale, et elle s'y présente avec un texte qui paraît entraîner une solution différente. En effet, on nous dit dans l'art. 424 § 1er : « Si le tribunal est incompétent à raison de la matière, il renverra les parties, encore que le déclinatoire n'ait pas été proposé. » Le § 2 ajoute : « Le déclinatoire *pour toute autre cause* ne pourra être proposé que préalablement à toute autre défense. » Or, il serait bien singulier que la loi, dans le § 2, employât des expressions générales, qu'elle parlât de déclinatoire *pour toute autre cause*, si elle n'entendait parler que de l'incompétence *ratione personæ*. Ces expressions ne supposent-elles pas que la loi entend parler de plusieurs causes de déclinatoire? Et combien donc y a-t-il de causes de déclinatoire dans les matières commerciales, sinon le déclinatoire pour incompétence *ratione personæ*, et le déclinatoire pour litispendance et pour connexité ? On pourrait donc, je crois, conclure de ce paragraphe, non pas sans doute avec une pleine certitude, mais avec une assez grande probabilité, que, dans les matières commerciales, l'exception de litispendance et celle de connexité ne peuvent plus être proposées dès que le fond a été entamé ; que la loi, sacrifiant ici au grand but de la célérité des considérations cependant assez graves, craint que le défendeur, après l'affaire entamée, ne cherche à entraver l'instance par des déclinatoires proposés de mauvaise foi, et qu'elle écarte dans les matières commerciales ce que son silence paraît admettre dans les matières civiles, savoir, la faculté de proposer, même après la discussion du fond commencé, l'exception de litispendance et celle de connexité. Cette dernière raison, le désir d'éviter des chicanes de mauvaise foi, des prolongations calculées, prend surtout de la force, quand on voit, dans l'art. 425, la loi s'écarter formellement par un motif tout à fait pareil de la règle qu'elle a posée pour les matières civiles dans l'art. 172.

652. « Art. 425. Le même jugement pourra, en rejetant le déclinatoire, statuer sur le fond, mais par deux dispositions distinctes, l'une sur la compétence, l'autre sur le fond ; les dispositions sur la compétence pourront toujours être attaquées par la voie de l'appel. »

Cet article renferme une dérogation très péremptoire à la règle de l'art. 172 ; l'art. 172, fondé sur un motif très logique, défend aux tribunaux civils devant lesquels des déclinatoires sont opposés, de les réserver ou de les joindre au fond. Ainsi, quand vous êtes traduit devant un tribunal civil et que vous opposez son incompétence, soit *ratione materiæ*, soit *ratione personæ*, ce tribunal ne doit pas, quand vous avez plaidé sur l'incompétence, vous ordonner de plaider au fond, pour statuer en même temps sur l'exception et sur le fond.

Pourquoi ne le doit-il pas? Parce que, si en définitive il doit se déclarer incompétent, * ou si son incompétence doit être reconnue en appel par la cour, * il est fort inutile pour vous de perdre votre temps à plaider devant ce tribunal, et pour lui de perdre son temps à vous écouter ; il est fort inutile de discuter le fond d'une affaire devant un tribunal dont la compétence n'est pas reconnue par les parties, ou établie, en cas de contestation, par un jugement de ce tribunal. De là l'art. 172 qui n'est que la répétition d'une disposition de l'ordonnance de 1667.

Mais déjà, dans l'ancien droit, sous l'empire de l'ordonnance de 1667, ses commentateurs remarquaient que la défense faite au juge de joindre les exceptions au fond ne s'appliquait point aux matières commerciales ; que, dans les matières commerciales, ces considérations logiques, rationnelles, disparaissaient devant des idées d'une autre nature, le désir d'arriver promptement à la solution de l'affaire : et, en effet, l'ordonnance de 1673, sur le commerce, avait fait à celle de 1667 la même exception que vous trouvez écrite dans l'art. 425 à la règle de l'art. 172. Il est donc permis aux tribunaux de commerce, bien différents en cela des tribunaux civils, de surseoir à statuer sur la question du déclinatoire jusqu'à ce que le fond ait été plaidé devant eux.

Il suit de là que la déchéance encourue devant les tribunaux civils, par la partie qui plaide le fond en même temps qu'elle propose et plaide l'incompétence, n'est pas applicable dans les tribunaux de commerce. Comme il est interdit aux tribunaux civils de statuer sur le fond, ou même de faire plaider le fond avant d'avoir jugé la compétence contestée, il s'ensuit que la partie qui a nié la compétence, et qui, sans la faire juger, s'avise de plaider ou d'écrire sur le fond, il s'ensuit, dis-je, que cette partie a encouru la déchéance. Mais ici, au contraire, comme les tribunaux de commerce, devant lesquels on a plaidé l'incompétence, peuvent juger en même temps l'incompétence et le fond, la partie peut plaider, et a même intérêt à plaider le fond d'abord et l'incompétence ensuite, sans encourir à cet égard aucune espèce de déchéance. Telle est la conséquence de l'art. 425.

Cependant, tout en permettant aux tribunaux de commerce de statuer à la fois sur la compétence et sur le fond, la loi ajoute qu'ils devront le faire par deux dispositions distinctes, dans deux chefs séparés de leur sentence.

Pourquoi cela ? C'est qu'il est possible que le fond sur lequel on a plaidé, sur lequel ils ont à statuer, soit de nature à être jugé, à être tranché par eux en dernier ressort. Si, par exemple, vous avez porté devant un tribunal de commerce une affaire d'une valeur inférieure à 1,500 francs, alors, d'après l'art. 639 du Code de commerce, le tribunal en a connu en premier et en dernier ressort à la fois, il n'y a pas lieu à l'appel. Mais si, dans cette affaire de valeur inférieure à 1,500 francs, vous avez opposé l'exception d'incompétence, il y a lieu à l'appel, à raison de cette disposition de l'art. 425, et à raison de l'art. 454 du Code de procédure. Nous verrons bientôt le sens précis de cet article 454, et l'innovation qu'il a apportée au droit antérieur ; quant à l'art. 425, il n'en est que l'application.

Encore bien que l'affaire sur laquelle le tribunal de commerce a statué fût de nature à être jugée par lui en dernier ressort, il n'a pu cependant juger en dernier ressort la question de compétence, question d'un intérêt plus haut et plus général. L'art. 454 déclare, en effet, que tous les jugements rendus sur la compétence seront sujets à l'appel, encore bien que l'affaire dans laquelle ils sont intervenus fût d'un taux inférieur à celui qui, en général, autorise l'appel.

653. « Art. 426. Les veuves et héritiers des justiciables du tribunal de commerce y seront assignés en reprise, ou par action nouvelle, sauf, si les qualités sont contestées, à les renvoyer aux tribunaux ordinaires pour y être réglés, et ensuite être jugés sur le fond au tribunal de commerce. »

Les premiers mots de cet article ont été puisés dans l'ordonnance de 1667, où ils avaient leur utilité ; comme autrefois la compétence des tribunaux de commerce était plutôt personnelle que réelle, ainsi que je l'ai dit, comme ils connaissaient plutôt entre commerçants qu'à raison de la nature commerciale de l'affaire, il était bon de déclarer que, si un négociant venait à mourir dans le cours d'une instance entamée contre lui, sa veuve commune ou ses héritiers pourraient être assignés en reprise devant le tribunal de commerce; que, de même, s'il mourait avant l'action intentée, l'action pourrait être portée contre sa veuve ou ses héritiers, devant le tribunal de commerce. Aujourd'hui, cela a moins d'importance; la compétence est réglée, en général, sur la nature de la demande d'une manière indépendante de la qualité de la personne. De là il suit que, bien que la veuve ou les héritiers d'un commerçant ne soient pas commerçants, les actions rentrent dans la compétence des tribunaux de commerce, soit que vous agissiez par l'action nouvelle n'ayant pas attaqué le défunt, soit que vous agissiez en reprise.

Maintenant supposez que vous ayez assigné devant le tribunal de commerce la veuve prétendue commune ou l'héritier d'un commerçant décédé, cette veuve, cet héritier, nient leur qualité, l'une de femme commune en biens, l'autre d'héritier. Ou ils opposent l'art. 174, ils prétendent être dans les délais pour prendre qualité, et n'avoir pas pris encore qualité; vous soutenez, au contraire qu'ils ont pris qualité, et qu'en conséquence vous avez maintenu droit de les attaquer. Cette contestation est grave, elle est préjudicielle; du résultat de cette contestation peut dépendre le résultat de l'instance au principal. Mais ce débat sort tout à fait de la compétence exceptionnelle du tribunal de commerce devant lequel il s'élève; quand le défendeur dénie la qualité sur laquelle votre action se fonde, quand il prétend n'être pas héritier, n'avoir pas fait acte d'acceptation, les questions que cette défense soulève ne sont plus des questions commerciales : et, de là, nécessité pour le tribunal de commerce de renvoyer les parties même d'office, car c'est là une incompétence *ratione materiæ*, de renvoyer les parties, même quand elles ne le requièrent pas, devant les tribunaux civils auxquels appartient exclusivement la connaissance de cette affaire ; sauf, ensuite, à reprendre l'instance commerciale, quand la qualité sera réglée, c'est-à-dire quand il aura été reconnu que la femme était commune et a accepté la communauté, ou quand le défendeur sera jugé héritier pur et simple (1).

654. Même décision lorsque le défendeur, devant le tribunal de commerce méconnaît ou dénie l'écriture ou la signature du billet en vertu duquel vous l'attaquez, ou lorsqu'il déclare s'inscrire en faux contre le titre authentique que vous invoquez contre lui. La vérification d'écritures, l'inscription de faux, sont des incidents dont la procédure compliquée sont tout à fait de la compétence et des habitudes judiciaires des tribunaux de commerce ; de là encore l'art. 427.

« Art. 427. Si une pièce produite est méconnue, déniée ou arguée de faux, et que la partie persiste à s'en servir, le tribunal renverra devant les juges qui doivent en connaître, et il sera sursis au jugement de la demande principale. — Néanmoins si la pièce n'est relative qu'à un des chefs de la demande, il pourra être passé outre au jugement des autres chefs. »

Déjà nous avons comparé cet article à l'art. 14 ; nous en avons fait remarquer la différence. Lorsqu'il s'élève devant un juge de paix un incident de la nature de ceux indiqués dans l'art. 427, le juge de paix, qui est aussi juge d'exception, d'attribution, n'a pas le droit de statuer sur cet incident ; il renvoie donc au tribunal civil. Mais il paraît, d'après l'art. 14, que le juge de paix renvoie alors au tribunal civil, non seulement l'incident, mais la cause tout entière ; que le tribunal civil saisi de l'incident statuera en même temps sur le fond, qui, après cela, présente d'ordinaire, peu d'importance. Au contraire, quand il s'agit d'une matière commerciale, quand les incidents indiqués par l'art. 427 se présentent devant un tribunal de commerce, c'est seulement de l'incident et jamais du fond que le tribunal se dessaisit ; j'en ai indiqué les raisons en expliquant l'art. 14 (n° 618).

655. Les art. 426 et 427 sont-ils applicables, non seulement aux tribunaux de commerce proprement dits, mais aussi aux tribunaux civils jugeant commercialement une instance dans le cours de laquelle ces divers incidents viennent à s'élever ?

D'après l'art. 640 du Code de commerce, les affaires commerciales sont portées devant les tribunaux civils, dans les lieux où il n'existe point de tribunaux de commerce ; et, d'après l'art. 641, les tribunaux civils, jugeant alors commercialement, se conforment à toutes les règles du titre que nous expliquons maintenant. De là, la question de savoir si le tribunal civil saisi d'une action commerciale, et devant lequel le défendeur dénie, par exemple, sa qualité

(1) Rouen, 6 décembre 1877 (Dall., 1878, 2, 146).

d'héritier, ou bien méconnaît l'écriture, ou bien s'inscrit en faux, si ce tribunal doit prendre immédiatement connaissance de l'incident à son audience commerciale, ou s'il doit, au contraire, la renvoyer à son audience civile, pour conformer aux art. 426 et 427.

Au premier aspect, se conformer aux art. 426 et 427, c'est une formalité presque ridicule. En effet, pourquoi le tribunal civil, jugeant commercialement, se dessaisirait-il, en tant que tribunal de commerce, d'une affaire dont il ne peut connaître que comme tribunal civil? Ce sont, me direz-vous, les mêmes hommes, les mêmes juges, les mêmes pouvoirs, les mêmes habitudes, les mêmes connaissances judiciaires ; dès lors rien de plus simple que les juges civils, appelés à statuer sur un débat commercial, et devant lesquels s'élève un des incidents prévus par nos articles, prennent immédiatement, et sans renvoi, connaissance de l'incident. Surseoir même à l'affaire commerciale, lever l'audience pour se renvoyer à soi-même, en qualité de juges civils, l'incident élevé devant eux, n'est-ce pas une démarche inutile, une absurdité ?

Non : les art. 426 et 427 doivent être appliqués à la lettre ; d'abord les termes de l'art. 641 du Code de commerce l'exigent : « L'instruction, dans ce cas, aura lieu dans la même forme que devant les tribunaux de commerce, et les jugements produiront les mêmes effets. »

Mais ensuite il y a une raison frappante, qui tranche la question : le tribunal civil, jugeant comme tribunal de commerce, écoute les parties et les juges sans assistance d'avoués. Il faudra donc que le tribunal civil, à l'audience commerciale duquel s'élève un des incidents des art. 426 et 427, renvoie cet incident à l'audience civile, pour y être statué devant les juges civils statuant avec l'assistance, le ministère des avoués, comme dans toute affaire civile proprement dite (1).

656. « Art. 428. Le tribunal pourra, dans tous les cas, ordonner, même d'office, que les parties seront entendues, en personne, à l'audience ou dans la chambre, et, s'il y a empêchement légitime, commettre un des juges, ou même un juge de paix, pour les entendre, lequel dressera procès-verbal de leurs déclarations. »

On reproduit ici la disposition de l'art. 119, savoir : la faculté pour les juges d'ordonner la comparution personnelle des parties, soit à l'audience, soit en la chambre du conseil, non pas pour y plaider, mais pour y donner des éclaircissements qu'il peut être important de recevoir de leur bouche. C'est même, comme nous l'avons vu, devant la juridiction consulaire que ce mode d'instruction a d'abord été employé (Voy. n° 252).

---

(1) *Boitard ajoutait que le tribunal civil, faisant fonction de tribunal de commerce, jugeait sans l'assistance du ministère public ; en effet, cette doctrine était admise alors par tous les auteurs et s'appuyait sur un arrêt de la cour de Rennes du 23 décembre 1816. Mais depuis, une jurisprudence contraire a prévalu ; la Cour de cassation a annulé pour excès de pouvoir les décisions des tribunaux qui n'avaient pas admis le ministère public à leurs audiences commerciales. — C. de cass., 21 avril et 15 juillet 1846 (Dall., 1846, 1, 131 et 270). — 12 juillet et 24 novembre 1847 (Dall., 1847, 1, 255, et 4, 484). — 5 avril 1848 (Dall., 1848, 5, 361). — La Cour de cassation décide, en un mot, que le tribunal civil, jugeant commercialement, ne cesse pas de fonctionner comme tribunal civil dont le ministère public fait partie intégrante.

« Art. 429. S'il y a lieu à renvoyer les parties devant les arbitres pour examen de comptes, pièces et registres, il sera nommé un ou trois arbitres pour entendre les parties et les concilier, si faire se peut, sinon donner leur avis. — S'il y a lieu à visite ou estimation d'ouvrages ou marchandises, il sera nommé un ou trois experts. — Les arbitres et les experts seront nommés d'office par le tribunal, à moins que les parties n'en conviennent à l'audience. »

J'appelle votre attention sur le caractère, sur la qualité de ces arbitres. En général, on entend par arbitres des personnes choisies par des parties privées, et choisies volontairement, pour statuer sur une contestation que les parties leur auront soumise ; ces arbitres sont des juges privés, que les plaideurs ont substitués aux juges que la loi leur donnait (V. art. 1003 et suiv.). N'allez pas confondre ces arbitres avec les arbitres de l'art. 429 ; dans l'art. 429, ceux que la loi appelle des arbitres ne jugent pas, ne statuent pas, mais donnent simplement leur avis ; * ici, il s'agit, non pas d'arbitres juges, mais d'arbitres rapporteurs, * qui sont désignés, soit par les parties, soit par le tribunal, pour prendre connaissance des pièces, des registres, pour concilier les parties, s'ils le peuvent, sinon pour donner leur avis (1).

Cette disposition, qui peut être fort utile dans les affaires commerciales, cette tentative de rapprochement, dans le cours de l'instance, pourrait-elle être essayée devant les tribunaux civils ?

Quelques auteurs l'ont enseigné ; mais cette opinion est insoutenable. D'abord, nous sommes ici dans une matière tout exceptionnelle ; la disposition de l'art. 429, écrite expressément pour les tribunaux de commerce, ne doit pas s'étendre, par analogie, à la juridiction ordinaire.

Ajoutons que toute tentative de rapprochement que les tribunaux de commerce peuvent essayer dans le cours de l'instance, en vertu de l'art. 429, présente en matière commerciale, des chances de succès qu'elle ne présente guère en matière civile. Dans les matières civiles, l'essai de conciliation a précédé, et vainement précédé l'instance, puisqu'il y a instance ; dès lors, on avait encore moins de motif d'étendre l'art. 429 aux matières civiles.

Mais il y a une raison de fait encore plus décisive : dans le projet du Code de procédure, après le titre des *Exceptions*, on avait inséré, dans le titre X du second livre, un article qui était précisément, pour les tribunaux civils, ce qu'est l'art. 429 pour les tribunaux de commerce. Le projet proposait d'autoriser les tribunaux, dans le cours de l'instance, et, dans le cas qu'indique maintenant l'art. 429, à désigner des arbitres chargés de concilier les parties s'ils le pouvaient, sinon de donner leur avis. Le Tribunat s'éleva contre la conservation de cet article ; il opposa :

1° Que la tentative de conciliation, déjà vainement essayée, donnait peu de chances de succès à un nouvel essai de rapprochement ;

2° Que c'était là jeter des entraves dans les procédures civiles, déjà assez longues, assez coûteuses ;

3° Enfin que, quant à l'avis qu'on irait demander aux arbitres, il n'y avait pas de raison pour que les juges ne s'éclairassent pas eux-mêmes ; qu'il n'y

(1) Jugé que les contestations sur les honoraires de ces arbitres et experts doivent être portées, non devant le tribunal de commerce qui les a nommés, mais devant le tribunal civil. — Cass., 26 déc. 1859 (Dall., 1860, 1, 29).

avait pas de raison pour eux de se décharger sur des tiers d'une partie de la responsabilité qui devait peser tout entière sur leur tête.

Ces raisons étaient graves ; mais ce qui est plus grave, c'est qu'elles entraî-nèrent la radiation de l'article. Rien ne démontre mieux la fausseté de l'opi-nion de ceux qui voudraient étendre l'art. 429 à la procédure ordinaire de-vant les tribunaux civils.

Les art. 430 et 431 sont relatifs à la récusation des arbitres, aux experts et au dépôt de leur rapport ; ils ne demandent aucun détail.

L'art. 432 applique aux matières commerciales la forme prescrite par l'art. 411 pour les enquêtes sommaires.

⟫⟶ **657.** § 3. *Du jugement.*

« Art. 433. Seront observées, dans la rédaction et l'expédition des jugements, les formes prescrites dans les art. 141 et 146 pour les tribunaux de première instance. »

Cet article est de pur renvoi, et, par conséquent, les questions que nous avons examinées sous les art. 141 et 146 doivent être discutées et résolues de même ici.

L'art. 141 énumère les mentions, les déclarations, que doivent contenir les minutes des jugements des tribunaux civils ; sous ce rapport, le mot de *rédac-tion*, dans l'art. 433, se réfère à l'art. 141 ; au contraire, le mot d'*expédition*, dans l'art. 433, se réfère à l'art. 146, c'est-à-dire à l'obligation d'intituler et de terminer les jugements des tribunaux de commerce par la formule exécu-toire, prescrite, pour les jugements ordinaires, par l'art. 146.

Sous ce rapport de la formule exécutoire, les juges de commerce, bien que juges d'exception, juges électifs et temporaires, à la différence des juges ordi-naires et inamovibles, les juges de commerce n'en sont pas moins de véri-tables juges investis du droit d'imprimer à leur sentence la force exécutoire.

Quant à la rédaction de la minute et aux mentions qu'elle doit contenir, ces mentions sont pour les jugements des tribunaux de commerce celles qui sont prescrites par l'art. 141 pour les jugements des tribunaux civils.

Il est cependant entendu qu'il en faut retrancher, d'abord : les noms des avoués ; secondement, la présence du ministère public (V. la note de la p. 660); mentions inutiles ou plutôt impossibles dans un jugement d'un tribunal de commerce.

Il est surtout à remarquer que, bien que les mentions soient les mêmes, ce-pendant la procédure tracée par les art. 142 et suivants, pour arriver à la ré-daction des jugements des tribunaux civils, est inapplicable dans les jugements des tribunaux de commerce (1). En effet, nous avons vu que le greffier des tri-bunaux civils annexerait à la minute, rédigée par lui à l'audience, les noms, prénoms, professions et conclusions des parties, l'exposition sommaire des points de fait et de droit, mentions dont l'ensemble constitue ce que, dans la pratique, on appelle qualités ; nous avons vu que les jugements se compo-saient, outre la minute rédigée à l'audience, de ces qualités, ordinairement rédigées par l'avoué de la partie qui a obtenu gain de cause, et par lui signi-fiée à l'autre avoué, qui peut s'opposer à ces qualités. Ce système critiqué

(1) C. de Lyon, 20 août 1858 (Dall., 1859, 2, 64).

mais expressément établi pour les jugements des tribunaux civils, est inapplicable aux jugements des tribunaux de commerce ; les mentions sont les mêmes, mais elles ne sont pas insérées dans le jugement à la suite des qualités signifiées conformément aux art. 142 et 144 ; on n'a pas d'avoués, donc il est impossible de remplir l'obligation imposée par ces articles.

Qui donc mettra dans la minute les mentions de l'art. 141 ? Qui donc se chargera de rédiger le jugement conformément à cet article? Ce sera le greffier du tribunal de commerce qui prendra, dans l'original de l'exploit d'ajournement, les mentions nécessaires à la confection matérielle des qualités du jugement, ou plutôt qui recevra souvent ces qualités toutes préparées par l'agréé de la partie qui gagne le procès (nos 299 et 300).

Quant aux motifs et aux dispositifs, ils appartiennent au tribunal.

➤➤➤ **658.** « Art. 434. Si le demandeur ne se présente pas, le tribunal donnera défaut, et renverra le défendeur de la demande. — Si le défendeur ne comparaît pas, il sera donné défaut, et les conclusions du demandeur seront adjugées, si elles se trouvent justes et bien vérifiées. »

Cet article, qui ne fait guère que reproduire la règle établie, pour les tribunaux ordinaires, par les art. 149 et 150, d'une part, et 154, d'autre part, est relatif aux jugements par défaut, au cas de non-comparution.

Si le défendeur ne comparait pas, il sera donné défaut, et les conclusions du demandeur seront adjugées si elles se trouvent justes et bien vérifiées. Toutefois, bien que nous retrouvions ici des idées qui nous sont déjà connues, l'art. 434 nécessite pourtant quelques observations. Prenons d'abord le deuxième paragraphe, qui n'est guère que la répétition, pour les tribunaux de commerce, du principe des art. 149 et 150 pour les tribunaux civils. Il s'agit ici du défaut proprement dit, c'est-à-dire de la non-comparution du défendeur. La non-comparution du défendeur n'entraîne pas plus dans les tribunaux de commerce, que dans les tribunaux civils, nécessité de condamner ; dans l'un comme dans l'autre cas le profit du défaut, c'est-à-dire les conclusions du demandeur, ne doivent être adjugées que si ces conclusions ont été vérifiées, autant qu'il est possible de le faire quand le défendeur n'est pas là pour les contredire.

En ce qui touche le défaut du demandeur, l'art. 433 dit que, *si le demandeur ne se présente pas, le tribunal donnera défaut et renverra le défendeur de la demande.* Or, sur l'art. 154, nous occupant du défaut du demandeur en matière civile, nous avons remarqué que la loi n'exigeait pas, pour donner défaut contre le demandeur, qu'on vérifiât préalablement les conclusions du défendeur ; que la loi, si le demandeur ne comparaissait pas, appliquait purement et simplement l'ancienne règle : *Actore non probante reus absolvitur.* Ce n'est pas à moi, défendeur, de proposer des moyens de défense contre une attaque qui semble abandonnée par le seul fait du défaut, de la non-comparution du demandeur.

Mais quel sera, soit dans les tribunaux civils, soit dans les tribunaux de commerce, l'effet du défaut adjugé au défendeur, et du renvoi prononcé à son profit, en cas de non-comparution du demandeur? Nous nous sommes demandé, sur l'art. 154, si ce défaut, appelé d'ordinaire défaut-congé, renvoyait le défendeur du fond de la demande, des fins de l'assignation déclarée non existante, par exemple, de l'obligation prétendue en vertu de laquelle il était assigné; ou si, au contraire, le défaut-congé dispensait simplement le défendeur de répondre, quant à présent, à l'assignation donnée contre lui, sauf au demandeur à revenir plus tard à la charge. En un mot, le défaut-congé est-il pour le défendeur un renvoi du fond de la demande, une déclaration que la demande est mal fondée ? N'est-il, au contraire, qu'une affaire de procédure, qu'un renvoi, qu'un relaxe de l'assignation, qui laisse entier le droit du demandeur, s'il entend revenir à la charge par un exploit nouveau ?

Sur l'art. 154 nous avons adopté le dernier avis ; nous avons pensé que le défendeur était simplement relaxé de l'assignation, dispensé d'y répondre, sans que ce jugement préjugeât en rien, même par défaut, la légitimité de la prétention du demandeur (nº 318). En défendant au tribunal d'entrer dans l'examen de la cause, en lui ordonnant de renvoyer le défendeur, par cela seul que le demandeur n'est pas là, on annonce, ce semble, assez clairement, que ce renvoi n'est qu'un simple relaxe, qu'une affaire de procédure, qui ne tranche et ne touche en rien le fond. Si ce renvoi touchait au fond, on aurait dû sans doute obliger le tribunal à vérifier le fond, avant de prononcer le jugement.

Toutefois, on argumente, pour l'opinion contraire, de notre art. 434; les auteurs assez nombreux et les arrêts plus nombreux encore qui, dans l'art. 154, veulent voir un jugement qui tranche le fond, s'appuient sur l'art. 434. Or, d'après l'art. 434, le tribunal doit, en cas de défaut du demandeur, renvoyer le défendeur de la demande ; *de la demande*, dit-on ; donc on tranche le fond, donc on décide, au moins par défaut, que la demande est mal fondée; donc, pour faire tomber ce jugement, le demandeur doit venir l'attaquer par la voie de l'opposition et dans les délais de l'opposition (1).

Cet argument n'est pas bien tranchant ; d'abord, en le supposant fondé, il ne prouverait rien quant à l'art. 154; en supposant que, dans les tribunaux de commerce, la célérité toute spéciale de la matière et de la procédure eût porté le Code à ordonner le renvoi de la demande, quand le demandeur ne se présente pas, il ne s'ensuivrait pas nécessairement que, devant les tribunaux ordinaires, le renvoi portât également sur la demande et non sur la procédure ; mais, loin de chercher à établir et à justifier cette différence, je crois que, dans l'art. 134 comme dans l'art. 134, le jugement par défaut, rendu au profit du défendeur, n'est qu'une dispense de répondre aux fins de l'assignation, et ne déclare nullement que la demande soit mal fondée. En effet, puisque dans le § 1er de notre article, à la différence du second, il est interdit aux juges d'examiner le fond ; puisque le tribunal qui, au cas du défaut du demandeur, ne doit adjuger les conclusions du demandeur qu'après vérification, doit, au contraire, en cas de défaut du demandeur, prononcer le renvoi sans vérification, je ne comprends pas que ce renvoi puisse avoir quelque chose de définitif; qu'un tribunal puisse être tenu de donner tort au demandeur, quand il lui est interdit d'examiner si ce demandeur a tort, ou s'il a raison.

Ainsi, est-ce le défendeur qui fait défaut ? La règle est alors, pour les tri-

____

(1) V. les autorités, dans les deux sens, dans le *Répertoire* de Dalloz, vº *Jugement par défaut*, nºˢ 16 et suiv., vº *Appel*, nºˢ 240 et suiv.

bunaux de commerce, ce qu'elle est pour les tribunaux civils ; c'est-à-dire qu'on donnera le défaut, mais qu'on n'en adjugera le profit qu'après avoir vérifié le mieux possible les conclusions du demandeur qui s'est présenté seul. Au contraire, est-ce le demandeur qui fait défaut? Alors, sans débat, sans vérification, on devra renvoyer le défendeur. Mais, par cela même que ce renvoi ne suppose pas ou n'admet pas le débat, il faut reconnaître que ce renvoi ne tranche pas le fond et que le demandeur reste maître de réintégrer son action, même hors des délais et dans les formes de l'opposition.

659. « Art. 435. Aucun jugement par défaut ne pourra être signifié que par un huissier commis à cet effet par le tribunal : la signification contiendra, à peine de nullité, élection de domicile dans la commune où elle se fait, si le demandeur n'y est domicilié. — Le jugement sera exécutoire un jour après la signification et jusqu'à l'opposition. »

Aucun jugement ne pourra être signifié que par un huissier commis. Voilà donc une première précaution, commission spéciale donnée à un huissier pour signifier au défaillant le jugement rendu contre lui.

La signification contiendra, à peine de nullité, élection de domicile dans la commune où elle se fait, si le demandeur n'y est domicilié.

Le motif de cette seconde disposition se trouve dans la fin de l'article, et de plus dans les art. 436 et 437. D'après la dernière disposition de notre article en effet, vous voyez que le délai d'opposition qui, dans les matières civiles, est ordinairement suspensif, au moins pendant huitaine, n'a pas cet effet aussi pleinement dans les matières commerciales. Aussi, d'après l'art. 155, les jugements par défaut ne peuvent être exécutés pendant la huitaine qui court à partir de la signification. Au contraire, quand il s'agit d'un jugement en matière de commerce, l'exécution n'est pas suspendue pendant la huitaine, mais seulement pendant un jour à partir de la signification. Le motif de la différence s'explique de lui-même.

Mais, comme l'exécution, qui peut être commencée un jour après la signification, est forcément suspendue par l'effet de l'opposition, il devenait nécessaire de faciliter au défaillant le moyen de signifier sans délai son opposition. Vous avez obtenu contre moi, en matière commerciale, un jugement par défaut, il m'a été signifié par huissier commis, conformément à la loi ; dès le lendemain, vous pouvez mettre à exécution, d'après les derniers mots de l'art. 435 ; mais, si je forme opposition, l'effet de l'opposition sera d'arrêter l'exécution. Or, ce bénéfice pourrait être illusoire, si j'avais besoin de notifier mon opposition à des personnes souvent fort difficiles à trouver, ou à votre domicile peut-être fort éloigné du mien ; pendant le délai nécessaire pour vous faire parvenir mon opposition, l'exécution s'avancerait, de là le prescrit des derniers mots de l'art. 435 ; de là, la nécessité de faire, dans la signification, élection de domicile dans la commune où est faite cette signification, dans la commune du domicile du défaillant. Par ce moyen, le défendeur pourra faire parvenir immédiatement son opposition, et n'aura, par conséquent, rien à craindre des délais de distance dont je viens de parler.

660. Quel est le délai pendant lequel l'opposition est recevable ?

« Art. 436. L'opposition ne sera plus recevable après la huitaine du jour de la signification. »

Ainsi le délai fixé par le Code de procédure était de huitaine.

Mais, plus tard, une disposition législative est venue changer la règle établie par l'art. 436. Il s'agit des art. 642 et 643 du Code de commerce. « Art. 642. La forme de procéder devant les tribunaux de commerce sera suivie telle qu'elle a été réglée par le titre XXV du livre II de la 1re partie du Code de procédure civile. » Ainsi, en principe, le Code de commerce consacre la forme de procéder déjà établie par le Code de procédure pour les matières commerciales ; mais l'art. 643 vient ajouter une dérogation, ou, peut-être, une abrogation complète de la disposition de l'art. 435. En effet, il porte : « Néanmoins (ce qui indique bien qu'il entend s'écarter de la forme prescrite par le Code de procédure) les art. 156, 158 et 159 du même Code, relatifs aux jugements par défaut rendus par les tribunaux inférieurs, seront applicables aux jugements par défaut rendus par les tribunaux de commerce. »

* En présence de ces textes opposés, s'est élevée la question de savoir si l'article 643 (C. de com.) modifiait ou abrogeait entièrement l'art. 436 du Code de procédure. En d'autres termes, faut-il reconnaître, devant les tribunaux de commerce, comme devant les tribunaux civils, deux sortes de jugements par défaut du défendeur ? Dans une première opinion, on admet qu'il n'est rendu qu'un jugement par défaut faute de conclure contre la partie assignée devant le tribunal de commerce, et qui se présente à l'audience elle-même par un mandataire, qui y soulève, par exemple, une question de compétence ou toute autre exception, mais qui ensuite, sur le fond, ne pose pas de conclusions. Au contraire, dit-on, dans cette opinion, la partie qui, sur la première assignation, ne comparaît pas du tout, ni par elle-même, ni par un mandataire, est condamnée par un jugement par défaut faute de comparaître.

Dans ce système, l'art. 643 du Code de commerce a modifié, mais non abrogé l'art. 436 du Code de proc. Quand le défendeur n'a nullement comparu, le délai d'opposition est réglé, dans cette opinion, par l'art. 640 (C. de com.), qui renvoie aux art. 158 et 159 (C. de proc.) ; en d'autres termes, ce défaut sera assimilé au défaut faute de comparaître en matière civile. Mais, si le défendeur comparaît, mais ne conclut pas, on applique l'art. 446 (C. de proc), on ne donne au défaillant que huitaine pour former opposition, en assimilant ce défaut au défaut faute de conclure en matière civile.

Dans un second système, que je crois préférable, on ne reconnaît qu'une seule espèce de jugement par défaut en matière commerciale, en considérant comme défaillant celui qui ne conclut pas, sans examiner s'il a ou non comparu à une première audience. D'abord l'art. 435, qui soumet tout jugement par défaut à la nécessité d'une signification par huissier commis, ne paraît pas distinguer plusieurs sortes de défaut. L'art. 446 ne faisait pas non plus cette distinction ; et rien dans la discussion ni dans le texte de l'art. 643 (C. de com.) n'indique la pensée de reconnaître plusieurs sortes de défaut. Je crois donc que l'art. 643 (C. de com.) a abrogé complètement l'art. 436 (C. de proc.), qu'il n'y a qu'une seule espèce de jugement par défaut, contre lequel l'opposition sera admise jusqu'à la connaissance de l'exécution (art. 158 et 159, C. de procédure).

On objecte que celui qui comparaît, mais ne conclut pas, connaît le procès, comme celui qui, au civil, a constitué un avoué, et qu'il n'a pas besoin des mêmes garanties que celui qui est censé ignorer le procès. Je réponds que cette distinction se comprend devant le tribunal civil où celui qui fait défaut, faute de conclure, a un avoué, mandataire légal, ayant spécialement mission de l'éclairer sur les conséquences de son défaut et sur les moyens d'y remédier. Au contraire, le défaillant, en matière commerciale, n'a pas nécessairement un conseil pour l'éclairer et le guider quand il est défaillant, même après une première comparution ; il ne faut donc le priver d'aucune garantie.

Nous ne reconnaîtrons donc qu'un seul défaut, que l'art. 643 du Code de commerce assimile aux jugements par défaut faute de comparaître devant les tribunaux civils (1). *

661. « Art. 437. L'opposition contiendra les moyens de l'opposant, et assignation dans le délai de la loi, elle sera signifiée au domicile élu. »

« Art. 438. L'opposition faite à l'instant de l'exécution, par déclaration sur le procès-verbal de l'huissier, arrêtera l'exécution : à la charge, par l'opposant, de la réitérer dans les trois jours par exploit contenant assignation ; passé lequel délai, elle sera censée non avenue. »

Ces deux articles déterminent les formes de l'opposition. Dans le cas où elle est formée par déclaration sur les actes d'exécution, elle doit être réitérée dans les trois jours ; tandis qu'en matière civile, le délai est de huitaine (art. 162).

662. Le même art. 643 du Code de commerce déclare applicable aux jugements par défaut des tribunaux de commerce l'art. 156 du Code de procédure, article qui contient deux dispositions : d'abord la nécessité de commettre un huissier pour signifier les jugements par défaut contre partie ; cette disposition était déjà reproduite par les premiers mots de l'art. 435, auxquels l'art. 643 n'ajoute rien. Ensuite, l'art. 156 dans sa seconde partie, qui a beaucoup plus d'importance, déclare que les jugements par défaut contre partie seront réputés non-avenus, s'ils n'ont pas été exécutés dans les six mois de leur obtention : disposition fort remarquable, et sur le sens de laquelle s'élèvent des questions que j'ai examinées sous cet article. Cette disposition exceptionnelle, exorbitante, cette disposition de droit nouveau, introduite pour les jugements civils, par l'art. 156, n'avait pas paru applicable aux jugements des tribunaux de commerce ; le Code de commerce l'a déclarée applicable, et cette innovation nous aidera peut-être à résoudre une question sur laquelle les deux Codes sont muets.

En effet, au nombre des dispositions les plus remarquables relatives aux jugements par défaut, dans les matières civiles, nous avons signalé celle de

---

(1) V. les autorités en sens divers dans le *Rép.*, de Dalloz, v° *Jugem. par défaut*, n°ᵒˢ 324, 325, 326. — *Contrà*, C. de Grenoble, 21 avril 1863 (Dall., 1863, 2, 144 et note 1). — C. de Cass., Rej., 25 août 1865 (Dall., 1865, 1, 252). — C. de Paris, 28 novembre 1866 (Dall., 1866, 2, 205). — Nancy, 7 mars 1868 (Dall., 1868, 2, 114). — Civ., cass., 8 avril 1868 (Dall., 1868, 1, 297). — Civ., Rej., 11 août 1868 (Dall., 1868, 1, 448). — Req., rej., 19 février 1868 (Dall., 1869, 1, 236). — Décret du 15 décembre 1875 (Dall., 1877, 2, 226).

l'article 153, sur le défaut profit-joint. Vous avez vu que, dans les matières civiles, lorsque de plusieurs défendeurs assignés l'un comparaît et l'autre fait défaut, l'art. 153 ordonne au tribunal de donner défaut profit-joint, c'est-à-dire de surseoir à statuer, même contre le défaillant, jusqu'à ce qu'il ait été mis en demeure de se présenter par une nouvelle assignation, auquel cas les deux causes seront jointes, et le deuxième jugement, si le défaillant persiste à ne pas se présenter, ne sera pas susceptible d'opposition. Cet art. 153 est-il applicable à la procédure des tribunaux de commerce, en cas de non-comparution de l'un des défendeurs assignés ? Faut-il donner défaut profit-joint, et ordonner la réassignation ? Faut-il, après la réassignation ordonnée, statuer sur le tout par un même jugement, lequel ne sera plus susceptible d'opposition, encore bien qu'il ait été rendu par défaut ?

Oui, ont dit plusieurs auteurs, et même la Cour de cassation ; oui, l'art. 153 est applicable à la procédure commerciale, parce que, dans le titre XXV, sur la procédure des tribunaux de commerce, aucune disposition n'a exclu l'application de l'art. 153. La procédure commerciale, dit-on, telle qu'elle est tracée par le titre qui nous occupe, ne fait qu'indiquer, que désigner quelques points particuliers dans lesquels cette procédure ordinaire s'écarte de la règle ordinaire; pour que les articles de la procédure ordinaire s'appliquent à la procédure commerciale, il suffit qu'ils n'en soient pas formellement écartés ; de là suit, par le seul fait du silence de la loi, l'application aux matières commerciales de l'art. 153.

D'abord je ne sais trop comment on concilierait cette manière de raisonner avec l'opinion, très généralement admise, qui refuse d'appliquer l'art. 153 à la procédure devant les juges de paix. On pourrait dire également : La procédure des justices de paix est une procédure d'exception, mais, dans tous les cas où la loi n'interdit pas aux juges de paix d'appliquer tel ou tel article, la procédure générale, la règle ordinaire redevient applicable; or, l'art. 153, établi pour les tribunaux ordinaires, n'est déclaré nulle part applicable aux justices de paix ; donc, par le seul fait de ce silence, il doit y rester applicable. Cependant, personne n'admet ce résultat.

Ensuite une seconde objection s'élève, non pas contre cette solution, mais contre le raisonnement qui l'amène ; ce raisonnement est celui-ci : par cela seul que, dans l'art. 434, on n'a pas déclaré l'art. 153 inapplicable aux matières commerciales, cet art. 153 y est par cela même applicable. Nous pourrions dire tout aussi bien : Par cela seul que, dans le titre XXV, on n'a pas déclaré que la péremption de six mois, établie par l'art. 156, pour les jugements ordinaires, n'était pas applicable aux matières commerciales, par cela seul qu'on ne l'a pas dit, cette péremption y reste applicable. Eh bien, serait-il vrai de dire que, dans ce titre XXV, sous l'empire seul du Code de procédure, le silence de la loi rendit cette péremption applicable aux tribunaux de commerce? Évidemment non : car l'art. 643 du Code de commerce serait là pour y répondre ; l'art. 643 vient dire : Quoique je confirme, en général, des règles établies par le Code de procédure pour la procédure commerciale, cependant je veux, de plus, que l'art. 156 soit applicable à la matière, à la procédure commerciale. L'art. 643 prouve évidemment que, dans l'intervalle écoulé du Code de procédure au Code de commerce, l'art 156 a été inapplicable aux matières commerciales, et inapplicable par cela seul que la loi n'en disait rien. Le législateur, dans le Code de commerce, a reconnu très formellement qu'il fallait une disposition expresse, catégorique, pour autoriser, en matière commerciale, l'application de l'art. 156.

Que reste-t-il donc de vrai dans le raisonnement que j'ai fait tout à l'heure pour appliquer l'art. 153 ?

Il faut distinguer : certainement il peut arriver que, dans le silence de la loi, dans une procédure exceptionnelle, on puisse conclure de ce silence que les dispositions non formellement exclues peuvent se transporter, de la procédure ordinaire, à la procédure exceptionnelle. Mais cela n'est pas vrai quand les articles qu'on veut emprunter au droit commun sont des articles exorbitants, introduits dans la procédure ordinaire par des motifs nouveaux, et tout à fait spéciaux. Ainsi, pourquoi le législateur a-t-il supposé, en écrivant les art. 642 et 643 du Code de commerce, que l'art. 156, par le seul fait du silence de la loi, était inapplicable aux affaires commerciales ? Parce que la disposition finale de l'art. 156, qui déclare périmés après six mois les jugements par défaut non exécutés, parce que cette disposition est exorbitante du droit commun ; parce qu'à la place de la prescription des jugements, qui est ordinairement de trente ans, elle substitue une péremption nouvelle, spéciale, exorbitante, une péremption de six mois ; l'art. 156, étant de droit exorbitant, ne devait et ne pouvait s'appliquer que là où la loi l'avait écrit. Aussi a-t-on fait un article exprès pour appliquer cette disposition aux matières commerciales.

Ainsi l'art. 153 est-il ou n'est-il pas de droit exorbitant, de droit spécial ?

La réponse n'est pas douteuse. En principe, le défaut d'une partie est un fait qui lui est personnel, un fait qui ne peut profiter ni nuire à d'autres parties ; cependant, en matière ordinaire, on donne le défaut profit-joint, on surseoit à statuer jusqu'après une assignation nouvelle, première dérogation au droit commun. Secondement, si le défaillant réassigné ne comparaît pas, on le juge par défaut, et, quoique jugé par défaut, quoique ne s'étant pas défendu, il n'est pas recevable à former opposition ; or, interdire la voie de l'opposition à celui qui ne s'est pas défendu, c'est évidemment sortir des principes du droit commun, des principes établis par tout le titre *des Jugements par défaut*. L'art. 153 est donc, comme l'art. 156, un article exorbitant, tout le monde le reconnaît ; et puisque la loi, quand elle a voulu appliquer aux matières commerciales l'art. 156, l'a spécialement et expressément ordonné, concluons-en que son silence sur l'art. 153, soit dans le Code de procédure, soit dans le Code de commerce, est une exclusion implicite, mais une exclusion très positive de l'application de cet article, de son transport, des matières civiles, pour lesquelles il est fait, aux matières commerciales, pour lesquelles il n'est pas établi (1).

663. Dans ce qui nous reste, deux articles assez importants se présentent : ce sont les art. 439 et 442. Les art. 440 et 441 n'ont pas besoin de détails.

L'art. 439 décide, pour les tribunaux de commerce, la question déjà tranchée, pour les tribunaux civils, par l'art. 135. Voilà deux articles qui ont pour point de départ des exceptions à l'art. 457, au titre de l'*Appel*.

(1) C. de Bordeaux, 4 janvier 1858 (Dall., 1859, 2, 109). — *Contrà*, Cass., Rej., 29 juin 1819. — Colmar, 20 juin 1837 (Dall., *Rép.*, v° *Jugement par défaut*, n° 76). — Paris, 20 juin 1861 (Dall., 1861, 2, 193 et note 1). — Besançon, 8 août 1863 (Dall., 1868, 2, 187).

L'art. 457 contient une règle dont j'ai déjà eu occasion de vous parler; c'est que l'appel est suspensif, c'est que, quand un jugement est attaqué par la voie de l'appel, l'appel remettant tout en question, laissant tout indécis dans le mérite de ce jugement, l'exécution ne peut plus être poursuivie par l'intimé contre l'appelant, jusqu'à ce qu'il ait été statué sur l'appel interjeté. Voilà le sens de cette règle : *L'appel est suspensif.* Cependant cette règle souffre des exceptions, déjà nous en avons vu dans l'art. 135 : elle souffre exception dans les cas où l'exécution provisoire du jugement est, soit ordonnée par la loi, soit autorisée par les juges. Ainsi, vous avez vu, dans l'art. 135, que les tribunaux civils étaient, dans certains cas, obligés, dans certains cas, autorisés à prononcer l'exécution provisoire de leurs jugements malgré l'appel.

D'après l'art. 135, l'exécution provisoire de ces jugements n'a jamais lieu de plein droit, en vertu de leur seule qualité; mais elle peut avoir lieu par une disposition du jugement.

* Pour l'exécution des sentences du juge de paix, voyez les art. 11 et 12 de la loi du 25 mai 1838, qui ont été cités plus haut (n° 621) *.

Quel parti a pris la loi pour les matières commerciales ? Vous pouvez, je crois, le pressentir ; l'urgence, la célérité des intérêts sur lesquels statuent les tribunaux de commerce, doivent vous conduire à supposer que la règle de l'appel suspensif fléchira facilement dans les matières commerciales ; que l'exécution provisoire, malgré l'appel, aura lieu plus aisément, dans ces matières, que dans les affaires civiles.

Mais de quelle nature est cette exécution provisoire ? a-t-elle lieu de plein droit, sans distinction de valeur, par la nature seule du jugement ? faut-il, au contraire, qu'elle ait été prononcée, déclarée, ordonnée par le tribunal ?

C'est une question sur laquelle la première lecture de l'art. 439 pourrait vous laisser indécis, mais qu'un examen un peu attentif de cet article tranchera, je l'espère, bien nettement. Cet article est ainsi conçu :

« Art. 439. Les tribunaux de commerce pourront ordonner l'exécution provisoire de leurs jugements nonobstant l'appel, et sans caution, lorsqu'il y aura titre non attaqué, ou condamnation précédente dont il n'y aura pas d'appel : dans les autres cas, l'exécution provisoire n'aura lieu qu'à la charge de donner caution, ou de justifier de solvabilité suffisante. »

A la première lecture, en s'attachant surtout aux premiers mots de l'article, on serait porté à croire que l'exécution provisoire des jugements qui nous occupent ne peut avoir lieu, malgré l'appel, qu'autant qu'elle a été formellement prononcée par les juges : et, s'il en était ainsi, ce serait une dérogation notable aux principes antérieurs, à la règle posée par la loi du 24 août 1790. L'article du titre XII de cette loi s'exprimait ainsi : « Tous leurs jugements (en parlant des juges de commerce) seront exécutoires par provision, nonobstant l'appel, en donnant caution, à quelque somme ou valeur que les condamnations puissent monter. » Pour bien comprendre l'art. 439, il est bon d'avoir sous les yeux ces mots de l'art. 4, dont l'art. 436 n'est qu'une modification. Ainsi, sous la loi de 1790, tous les jugements des tribunaux de commerce étaient exécutoires, malgré l'appel, par leur seule nature. En d'autres termes, le principe de l'appel suspensif ne s'appliquait point à ces jugements ; seulement, l'intimé, celui contre qui l'appel est interjeté, faisant exécuter contre l'appelant, pendant l'appel, était tenu de donner à celui-ci caution de réparer le préjudice que l'exécution lui aurait causé, si en définitive le jugement se trouvait infirmé sur l'appel. Est-ce là la doctrine que l'art. 439 a reproduite? Il est clair qu'il ne l'a pas pleinement reproduite. Mais en quoi s'en est-il écarté? Est-ce pour rendre plus facile ou pour rendre plus difficile l'exécution provisoire malgré l'appel?

Au premier aspect, vous ai-je dit, on sera tenté de conclure, des premiers mots de l'art. 439, que l'exécution provisoire n'a lieu qu'autant que les juges l'auront ordonnée. *Les tribunaux de commerce* POURRONT *ordonner l'exécution provisoire de leurs jugements.* Ce serait mal entendre la loi, et les doutes que cette rédaction a excités quelque temps paraissent maintenant dissipés. La partie facultative de l'art. 437 n'est pas relative à l'ordre d'exécuter provisoirement, mais uniquement à la question de savoir, si, pour exécuter, on devra ou l'on ne devra pas donner caution. Ainsi, prenez d'abord pour plus de clarté, la seconde partie de l'article. *Dans les autres cas* (c'est-à-dire dans les cas ordinaires en général), *l'exécution provisoire n'aura lieu qu'à la charge de donner caution ou de justifier de solvabilité suffisante.* Donc, en général, l'exécution provisoire aura lieu à charge de donner caution ; donc, en général, la loi de 1790 est à cet égard maintenue par le Code. Les jugements des tribunaux de commerce s'exécutent, malgré l'appel, sans que l'exécution ait été formellement ordonnée ; seulement l'intimé, maintenant comme autrefois, est tenu de donner caution à l'appelant : voilà le cas ordinaire.

Que si, cependant, le jugement a été rendu sur le vu d'un titre, d'un écrit, d'un billet dont la sincérité n'a pas été contestée par l'adversaire, ou s'il l'a été en exécution d'un jugement précédent, qui n'aura pas été attaqué par appel, alors une immense présomption de vérité vient s'attacher au jugement ainsi rendu ; alors, non seulement l'exécution provisoire aura lieu de plein droit comme dans les cas précédents, mais le tribunal aura la faculté de dispenser l'intimé de donner caution à l'appelant.

En un mot, c'est uniquement sur la caution à donner, ce n'est pas sur la puissance exécutoire malgré l'appel, que doivent porter l'examen et la faculté laissés au tribunal.

L'art. 439, bien loin de réduire, d'atténuer la force donnée à ces jugements par la loi de 1790, l'a, au contraire, augmentée ; la loi de 1790 voulait que, dans tous les cas, l'exécution provisoire eût lieu de droit, mais elle voulait aussi que dans tous les cas, l'intimé donnât caution à l'appelant ; le Code de procédure veut que dans tous les cas l'exécution provisoire ait lieu de droit, mais il permet en certains cas, de dispenser l'intimé, de donner caution (1). L'article,

(1) Il n'est donc pas nécessaire que l'exécution provisoire soit ordonnée par le jugement (Req., Rej., 22 janvier 1867. — Dall., 1867, 1, 334) ; mais alors, lorsque l'exécution provisoire n'a pas été expressément ordonnée par le jugement, elle ne peut avoir lieu qu'avec caution. La dispense de caution ne saurait être implicite, elle est pour le juge une faculté ; et on présume que le juge n'en a pas usé, lorsqu'il ne s'est pas expliqué à cet égard. Par exception cependant, malgré le silence du juge, il n'y a pas lieu d'exiger caution lorsqu'il s'agit d'un jugement qui peut être exécuté sans que l'intérêt matériel des parties en soit compromis. Caen, 22 février 1869 (Dall., 1870, 2, 22).

bien examiné, n'est pas douteux ; en le lisant d'un bout à l'autre, vous verrez bien que c'est là son sens. L'art. 647 (C. de com.) vient encore fortifier cette solution (1).

On ne dit pas : dans les autres cas, l'exécution provisoire *ne sera pas or- donnée*, mais *n'aura lieu que...* ; donc, en donnant caution, l'exécution provisoire aura lieu.

J'ai déjà dit quel était le but, l'utilité de cette caution à donner, c'est de garantir l'appelant du préjudice éprouvé par les poursuites, si, en définitive, il fait réformer le jugement.

Dans quelle forme doit être présentée cette caution ; dans quelle forme sa solvabilité doit-elle être discutée, reconnue, si l'appelant se refuse à tenir pour bonne la caution qu'on lui offre ?

Les art. 440 et 441 répondent à cette question ; ils sont de pure procédure. *Il faut seulement remarquer que les art. 440 et 441 abrègent les formalités que la loi impose aux présentations de cautions en matière civile, dans les art. 518, 519 et 520 (V. n° 781).*

La règle de l'art. 439 relative à l'exécution provisoire des jugements des tribunaux de commerce concerne aussi bien les jugements interlocutoires que les autres (2).

664. « Art. 442. Les tribunaux de commerce ne connaîtront point de l'exécution de leurs jugements. »

Les tribunaux de commerce ne connaissent pas de l'exécution de leurs jugements. Pourquoi cela ?

Je l'ai déjà dit : c'est qu'ils sont tribunaux d'exception, tribunaux d'attribution ; c'est que les questions d'exécution de ces jugements ne sont pas des questions commerciales, et que la compétence des tribunaux de commerce n'existe que pour les questions commerciales.

Nous avons même remarqué, en parlant des juges de paix, que bien que la loi ne contienne pas, à l'égard des juges de paix, une disposition pareille à celle de l'art. 442, il est cependant bien certain qu'ils ne connaissent pas de l'exécution de leurs jugements (n° 612).

Mais il faut bien fixer l'étendue d'application du principe de l'art. 442, en ce qui concerne les tribunaux de commerce, comme en ce qui concerne les juges de paix.

D'abord, la règle qui refuse aux juges exceptionnels la connaissance des difficultés de l'exécution de leurs jugements ne doit s'entendre que des jugements préparatoires ou définitifs, que des jugements qui contiennent des condamnations proprement dites. A l'égard des jugements d'instruction, des jugements préparatoires ou interlocutoires, l'art. 442 est absolument inapplicable.

Ainsi, un tribunal de commerce a condamné un débiteur à payer ; les questions qui vont s'élever sur l'exécution de ce jugement, jugement définitif, n'auront rien de commercial et resteront étrangères à la compétence de ce tribu-

---

(1) C. de Nîmes, 30 août 1809. — Cass., Rej., 2 avril 1817 (Dall., *Rép.*, v° *Appel civil*, n° 1263).

(2) Req., Rej., 18 janvier 1878 (Dall., 1878, 1, 268).

nal. Mais un tribunal de commerce a ordonné une enquête, une expertise : voilà un jugement de pure instruction. A qui appartiendra la connaissance de l'exécution de ce jugement? Au tribunal de commerce qui l'a rendu ; c'est devant le tribunal de commerce qu'il sera procédé à l'enquête que ce jugement ordonne ; c'est par le tribunal de commerce que seront nommés, en cas de désaccord des parties, les experts chargés de procéder à l'opération ordonnée.

Ainsi, en général, l'art. 442 doit se borner aux jugements qui condamnent, et ne doit pas s'appliquer aux jugements préparatoires ou interlocutoires. Je dis, en général, parce que ce principe, comme tout autre, devra s'arrêter devant les exceptions expressément contenues dans la loi. Par exemple, s'élève-t-il devant le tribunal de commerce une question de vérification d'écritures, une question d'inscription de faux, l'art. 427 déclare le tribunal de commerce incompétent. Ici, quoiqu'il y ait une voie d'instruction, une vérification à opérer avant le jugement définitif, cette voie d'instruction sort, en vertu d'un texte formel, des dispositions et de la compétence du Code de commerce.

Mais, quand il s'agit d'un jugement définitif, il ne faut encore appliquer qu'avec réserve la règle qui refuse aux tribunaux de commerce la connaissance des difficultés d'exécution de leurs jugements. En effet, il y a certains cas où la loi attribue aux tribunaux de commerce, non pas la connaissance, mais une part indirecte, éloignée, dans l'exécution de leurs jugements. Par exemple, dans le cas de l'art. 439, le tribunal a prononcé une condamnation ; elle est exécutoire de droit, aux termes de cet article, mais à charge par l'intimé de donner caution à l'appelant. Devant quel tribunal sera présentée cette caution? Devant quel tribunal sera débattue, contestée, déclarée, la solvabilité de la caution présentée ? Ce sera devant le tribunal de commerce, aux termes des art. 440 et 441, renfermant à cet égard une exception légère, indirecte, éloignée, mais, enfin, une sorte d'exception au principe de l'art. 442. Quoique la solvabilité et l'admission de la caution touchent indirectement à l'exécution du jugement, c'est cependant devant le tribunal de commerce que la caution sera débattue, par exception aux art. 517 à 522 du Code de procédure.

Enfin, dans l'exécution d'un jugement commercial, peuvent s'élever des débats, des incidents, des difficultés ; ces débats resteront-ils toujours en dehors de la compétence du tribunal de commerce? Oui, si ces débats portent sur l'exécution proprement dite du jugement de ce tribunal ; mais non, si ces débats portent non pas véritablement sur l'exécution, mais sur le sens, sur l'application, sur l'interprétation des chefs contenus dans le jugement. Ainsi, s'agira-t-il d'expliquer, d'interpréter, d'appliquer une clause obscure ou débattue du jugement, les questions auxquelles ce point pourra donner lieu appartiendront au tribunal de commerce ; ce ne sera pas violer l'art. 442. Ce sont bien là sans doute des débats soulevés, des difficultés survenues dans le cours d'une exécution, mais ce ne sont pas, à proprement parler, des difficultés d'exécution (1).

(1) *Les tribunaux de commerce sont compétents pour connaître de l'opposition formée à leurs jugements par défaut. D'après la jurisprudence, ils peuvent également statuer, soit sur la demande en péremption formée par l'opposant pour inexécution dans le délai de six mois de l'art. 156, soit sur la non-recevabilité de l'opposition, parce qu'elle serait faite après l'un des actes d'exécution de l'art. 159. C. de Bourges, 31 janvier 1873

Où donc s'appliquera, avec ses limitations assez nombreuses, mais cependant nécessaires, le principe de l'art. 442 ?

Il s'appliquera à des cas fort nombreux et très fréquents.

Ainsi, un jugement a été rendu à mon profit par le tribunal de commerce; je me mets en mesure de l'exécuter contre mon adversaire. La signification de ce jugement a-t-elle eu lieu dans les formes voulues? Ai-je fait précéder la saisie du commandement voulu par la loi? Ai-je laissé écouler, entre le commandement et la saisie, l'intervalle plus ou moins long exigé selon les divers cas, les diverses natures de saisie? Ces commandements ont-ils été faits aux jours, aux heures, ou, au contraire, hors des jours, des heures et des lieux permis ou défendus par les art. 781 et 1037 du Code de procédure? L'ont-ils été par un huissier compétent pour instrumenter dans tel ou tel lieu? A-t-on observé, dans tous les actes de la saisie, les délais, la forme, voulus? N'a-t-on fait porter la saisie que sur les choses déclarées saisissables? Y a-t-on compris, au contraire, des objets insaisissables d'après l'art. 592 du Code de procédure?

Voilà des questions nombreuses, et ces exemples pourraient se multiplier; voilà des difficultés qui s'élèvent tous les jours dans le cours des actes d'exécution, et qui rentrent tout à fait dans la règle générale de l'art. 442. Dans ces divers cas, il s'agit de véritables difficultés d'exécution, et d'exécution de condamnations portées par un tribunal de commerce; mais ces débats, ces questions, n'ont rien de commercial, et sont étrangères aux connaissances, aux habitudes, à la compétence des tribunaux de commerce; elles appartiennent donc essentiellement aux tribunaux d'arrondissement, juges ordinaires de toutes les causes qui ne leur auront pas été formellement retirées.

Mais, puisque les difficultés soulevées dans l'exécution de ces jugements appartiennent aux tribunaux civils, à quel tribunal civil devront-elles être portées? Sera-ce au tribunal civil dans le ressort duquel est placé le tribunal de commerce dont on exécute la sentence? Cette idée paraît naturelle; elle serait conforme aux règles tracées généralement pour la compétence en matière d'exécution; vous verrez, cependant, dans l'art. 553, qu'une autre règle a été suivie, et nous en donnerons les motifs. Le tribunal compétent pour connaître de l'exécution des jugements des tribunaux de commerce, c'est le tribunal dans l'arrondissement duquel l'exécution se poursuit, et non pas le tribunal dans l'arrondissement duquel a été rendu le jugement qu'il s'agit d'exécuter (V. n° 807).

(Dall., 1874, 2, 69). Mais si une difficulté s'élève quant au caractère des actes d'exécution, le tribunal de commerce pourra-t-il en connaître? La Cour de cassation s'est prononcée pour l'affirmative. Req., rej., 4 mai 1869 (Dall., 1869, 1, 518). *

FIN DU PREMIER VOLUME.

TABLE DES MATIÈRES

DU TOME PREMIER

CODE DE PROCÉDURE. — PARTIE I.

LIVRE II.

FIN DE LA TABLE DES MATIÈRES DU TOME PREMIER.

TABLE ET RÉSUMÉ

D'APRÈS L'ORDRE DES MATIÈRES.

PRINCIPALES ABRÉVIATIONS.

Les renvois non précédés de la lettre V sont de simples renvois d'ordre, pour la facilité des recherches; ceux qui en sont précédés sont le complément du numéro où ils se trouvent placés.

⟫⟫➤ Ce signe indique une division, un nouvel ordre d'idées.

— Alinéa.

PREMIÈRE LEÇON. Page 1
INTRODUCTION.

1. Préjugés contre la procédure et leur réfutation.

PROLÉGOMÈNES.

2. La procédure a pour but de poser les règles de la compétence des tribun., de l'instruction des procès et de l'exéc. forcée des jug. — La question de compét. est double : 1° Quel ordre de trib. doit juger? 2° Lequel des trib. de cet ordre telle affaire ? — Le Code laisse en dehors les règles relat. à l'organ. judic., aux attrib. des officiers minist., à la nature des actions et à la compétence.

⟫⟫➤ **3** et s. Organ. judiciaire. Justices seigneuriales, divisées ordin. en trois classes : basse, moyenne et haute just. — Au-dessus, just. roy., comprenant les prévôtés, bailliages ou sénéchaussées, présidiaux, parlements, grand conseil ou conseil des parties.

4. *Anc. organ.* Just. seign. Réaction contre leurs abus. Philippe-Auguste établit le recours, pour déni de justice, de la cour du vassal à la cour du suzerain. Saint Louis,

en appuyant de son exemple l'abolition des combats judic., favorisa l'introd. des appels à la cour du roi.

5. Philippe le Bel déclara le conseil du roi ou parlement permanent, ce qui fit que les jurisc., *gens de robe longue*, finirent par remplacer les pairs du roi ou barons, qui ne siégeaient plus que dans certaines occasions solennelles.

6. Préémin. de ce parlement sur les autres, même ceux des grands fiefs réunis à la couronne, dont la juridict. émanait du roi. — Les parlements inférieurs devinrent aussi permanents vers la fin du xive siècle, et les seigneurs cédèrent la place aux légistes.

7 et s. Degrés de juridiction entre les parlem. et les just. seigneuriales.

8. Les bailliages remontent à Philippe-Aug. — Saint Louis leur attribua la connaissance des cas royaux par opposition aux cas seigneuriaux. — Les prévôtés avaient à peu près les mêmes attributs que les bailliages.

9. Henri II créa les présidiaux pour connaître de l'appel des prévôts et des baillis

10. De nombreuses plaintes s'étaient élevées contre cette organ. Outre la multiplicité des degrés de juridiction, elle pouvait encore présenter un nouv. degré dans la section du conseil du roi appelé *grand Conseil* ou *Conseil des parties*, et qui, en principe, ne devait être qu'une espèce de Cour de cassation. Il existait aussi une grande inégalité dans l'étendue, souvent démesurée, des ressorts.

11. Malgré la complicat. de ce système, il existait encore une foule de trib. extraord. ou trib. d'attribution, d'exception.

12. Le privilège de *committimus* consistait à pouvoir soumettre une cause à certains trib. de son choix, et à entraîner son advers. devant ces tribunaux.

13. Les offices de judicature devinrent vénaux, d'une manière constante, sous François Iᵉʳ, et héréd. sous Henri IV. — Les épices étaient un honoraire payé aux juges par les plaideurs.

14. La révol. de 1789 renversa l'anc. syst. que deux édits de 1788, édits pleins de sagesse, avaient inutilement tenté de corriger. L'un de ces édits, presque aussitôt révoqués que rendus, supprimait les bailliages et établissait au-dessus des présidiaux des trib. appelés grands bailliages devant juger en dernier ressort jusqu'à 20,000 livres. L'autre abolissait les tribunaux extraordinaires.

➤ **15.** et s. *Organ. actuelle.*

16. Elle a sa base dans la loi du 24 août 1790.

17. Abolition des privilèges et droits féodaux, suppression des justices seign., décret du 4 août 1789. — Le clergé ne forme plus dans l'État un ordre séparé, suppression des juridictions ecclésias. temporelles, maintien de la juridiction spirituelle. — Abol. du priv. de *committimus.* — Abol. de la vénal. et de l'hérédité des charges et des épices ou cadeaux que l'on était obligé de faire aux juges.

18. L'Assemblée constit. décide qu'il n'y aura pas de jury en matière civile. Admis plus tard, pour expropriat. pour utilité publiq. (L. du 3 mai 1841).

19. Elle veut qu'il n'y ait jamais plus de deux degrés de jurid. ; dans certains cas, il peut n'en exister qu'un seul.

20. Les jugements doivent être motivés, soit en fait, soit en droit.

21. Publicité des audiences, des rapports et des jugements.

22. Sépar. du pouvoir jud. d'avec les pouvoirs législ. et admin. Remède aux empiét. antér. du pouv. jud. ; abus contraire, emplét. du pouv. admin. Prohib. des arrêts de règlement.

23. Maintien de la jurid. ordin. et de la juridiction extraordinaire dont le cadre est resserré.

24. La jurid. extraord. ne comprend,

dans l'ordre judiciaire, que les justices de paix et les tribunaux de commerce.

25. En dehors de cet ordre jud. existe une juridic. extraor. adminis. ; elle est composée des conseils de préf. en prem. instance et du conseil d'État en appel.

26. Résumé.

DEUXIÈME LEÇON.

➤ **27.** et s. Détails d'application. — En 1790, la division de l'ordre jud. fut calquée sur celle de l'ordre administ. Cette division existe encore, il y a autant de tribunaux que d'arrondissements.

28. Sous le Directoire on modifia cette double divis., on supprima les administrations et les trib. de district, pour établir une admin. centrale et un trib. unique au chef-lieu de chaque départ. Ce tribunal, auquel étaient attachés des suppléants, était composé au minimum de vingt juges divisés en sections.

29. Le Consulat revint au système de 1790, autant de trib. que d'arrondissements, excepté pour le département de la Seine. — Mais, sur d'autres points, il s'éloigna de ce syst. Les juges cessèrent d'être élus par les justiciables, pour être nommés, sur une candidature insignif., par le premier Consul, qui, au bout de cinq ans d'exercice, pouvait leur accorder l'inamov. Cependant les juges de cassation durent être choisis par le sénat, et les juges de paix par les justiciables.

30. La Charte de 1814 laissa au roi la nom. de tous les juges, qui, excepté les juges de paix, devinrent inamovibles. Aujourd'hui le président de la République les nomme.

➤ **31.** et s. *Tribunaux d'arrond.* Détails. — Le nombre des juges de ces trib. varie de 3 à 12, et celui des suppléants de 3 à 6. Les tribun. de 7 à 10 ont 2 chambres ; ceux de 12 en ont 3. Une chambre ne peut avoir à l'audience moins de 3 juges, ni plus de 6. Lorsqu'il y a plusieurs chambres, l'une d'elles est affectée à la police correct. Il y a un président par tribunal, plus autant de vice-présidents que de chambres moins une ; par excep., le tribunal de la Seine a un président et autant de vice-présid. que de chambres. Au reste, ce trib. a une organ. à part ; il est composé de 74 juges, div. en 11 chamb., dont 4 pour la police correct. Il a 15 suppléants. Les présid. et les vice-présid. des trib. d'arrond. sont nommés à vie par le président de la République.

32. Pour être juge, il faut être licencié en droit, avoir fait 2 ans de stage, être âgé de 25 ans, et de 27 pour être président ou vice-président.

33. Il y a aussi des juges suppléants, sans traitement, et n'ayant que voix consultative, s'ils ne remplacent un titulaire.

34. Les trib. d'arrondiss. connaîtront en dernier ressort des actions personn. et mobil. jusqu'à la valeur de 1,500 fr. de principal, et des actions immob., jusqu'à 60 fr. de revenu : au-dessus, ils ne jugeront qu'en première inst., à moins que les parties n'aient consenti à être jugées sans appel.

35. L'expression du tribunal de première instance est inexacte, puisqu'ils jugent souvent en dernier ressort.

➤➤➤ **36 et s.** *Cours d'appel.* L'origine des cours d'appel ne remonte point à l'Assemblée const. qui, venant de renverser l'omnipotence des parlements, aurait craint de reconst. des tribunaux supérieurs.

37. Dans le syst. de cette Assemblée, les trib. de district étaient juges d'appel les uns à l'égard des autres. Si les parties étaient d'accord, l'appel était porté au tribunal de leur choix ; sinon, il l'était à l'un des sept trib. les plus voisins, chaque partie pouvant en récuser trois. Malgré ses vices, ce système fut maintenu en l'an III, mais, comme il n'y avait plus qu'un tribunal par départem., le nombre de 7 fut réduit à 3 avec deux récusations.

38. Il fut changé en l'an VIII et remplacé par un système analogue au nôtre. Aujourd., il y a 26 cours d'appel, chacune comprenant dans son ressort un certain nombre de départements.

39. Avant 1810, il existait un tribun. crim. dans chaque chef-lieu de départ. ; la loi du 20 avril 1810 réunit la justice crim. à la justice civile.

40. Cette loi rendit aux trib. d'appel le nom de *cours* et à leurs membres celui de *conseillers*, dont le nombre peut varier de 20 à 40, et pour la cour de Paris de 70 à 60 ; aujourd. cette dernière cour est composée de 72 conseillers y compris les présidents.

41. Les cours de 24 conseillers ont 3 chambres, une *civile*, une *de police correct.*, une *des mises en accus.* ; celles de 30 conseillers en ont 4, dont 2 *civiles* ; celles de 40 et plus en ont 5, dont 3 *civiles :* les chambres civiles ne peuvent juger à moins de 7 conseillers, et les autres de 5.

42. Détails sur la compét. Ajournés. Quelquefois les cours d'appel prononcent à la fois en premier et dernier ressort. — Certaines affaires sont portées aux audiences solennelles où 2 chambres sont réunies

43. La loi de 1810 règle les condit. de capac. et d'âge ; pour être conseiller, il faut avoir 27 ans, et 30 ans, pour être présid. Dans les cours d'appel, il existe un premier président et autant de présidents que de chambres ; ils sont nommés par le président de la République et à vie.

➤➤➤ **44** et s. *Trib. extraord.* (V. n. 23 à 26.)

➤➤➤ **45.** *Justices de paix*, instituées par la loi du 24 août 1790. Un juge de paix par canton. Trois ordres de fonctions : fonc-

tions de conciliateur, fonctions extrajudiciaires, et fonctions judiciaires.

46. Pour fixer sa compét., la loi de 1838 a pris en consid. la modicité de la contest., l'urgence de l'affaire, ou la nécess. d'une descente préal. sur lieux. Cette compét. a été étendue par d'autres lois, notam. aux contestations en matières de douanes, etc.

47. Dans le principe, le juge de paix était électif, la seule condit. exigée était l'âge de 30 ans. Cette condition existe encore; mais il est nommé par le prés. de la Rép., qui peut le révoquer.

48. Le juge de paix était d'abord assisté de 2 assesseurs ayant voix délibér. ; ils furent supprimés par la loi du 29 ventôse an IX et remplacé par des suppléants chargés seulement de suppléer le juge de paix empêché.

➤➤➤ **49.** et suiv. *Trib. de commerce* (n. 942). Leur origine est très-ancienne. Des juges consulaires et choisis parmi les commerçants et par eux ne connaissaient que des affaires commerciales terrestres : les aff. marit. appartenaient à des trib. choisis par les amirautés ; mais l'Assemblée const. supprima cette distinction. — Organ. et compét. des trib. de commerce (V art. 615 et s. C. comm.). L'étendue du ressort d'un trib. de commerce est ordin. la même que celle du tribunal civil dans l'arrondiss. duquel il se trouve. Là où il n'y a pas de tribunal de comm. le trib. civil en fait les fonctions. — Le nombre des juges varie de 3 à 9, celui des suppléants est illimité. — Ils sont élus par les notables commerc. — Les fonctions sont gratuites. — Sa compét. est déterminée par la nature de l'affaire, art. 631 à 638 C. comm., ou par la valeur du procès, nouvel art. 639, qui élève à 1,500 fr. le taux du dernier ressort. L'appel est porté aux cours d'appel.

50. *Prud'hommes.* Concilient, ou jugent les contestat. entre fabricants et ouvriers, Ils sont nommés par élection.

51. *Arbitrage.* Les parties peuvent choisir des particuliers pour juger leurs différends. On les nomme arbitres (V. n. 1177 et s.).

➤➤➤ **52.** *Trib. administratifs.* Ils diffèrent des trib. précédents sous beaucoup de points. Ainsi, entre autres différ., il n'y a pas lieu au pourvoi en cassation. Ils connaissent même de certaines contest. entre particuliers. Le législ. de 1790 voulut séparer les deux pouvoirs.

53. Il y a deux degrés de jurid. (n. 25) : le conseil de préfecture et le conseil État, Sous la Restaurat., des restrictions ont été apportées à la faculté d'élever des conflits. En 1831, nouvelles amélior. ; les audiences du conseil d'État deviennent publiques (V. aussi loi du 24 nov. 1872, qui crée le tribunal des conflits.

➤➤➤ **54.** *Cour des comptes.* Elle est

une branche du pouvoir administrat. ; elle vérifie les comptes des deniers publics, et peut frapper de certaines amendes les comptables.

➤ **55** et s. *Cour de cassation*. Son but est de défendre l'unité des lois contre la divergence des interprétations.

56. Son orig. est dans le *grand conseil* ou *Conseil des parties* (n° 10). Philippe le Bel ouvrit, en certains cas graves, le recours au Conseil *des parties* contre les arrêts, ordinairement en dernier ressort, du parlement. Philippe de Valois régla le mode de ce recours ; on adressait une requête au conseil du roi ; si elle était fondée, le roi se rendait au parlement, la question y était de nouveau débattue, et le parlement réformait sa décision. Le conseil du roi finit par devenir un nouveau degré de juridiction et même par évoquer les aff. L'ordonn. de 1667 limita le recours au cas de violations des ordon. Le conseil du roi n'offrait pas la garantie de l'inamov., et, comme il était la source du pouvoir législatif, ce recours avait l'inconvénient de faire intervenir le pouv. législ. dans le domaine judiciaire.

57. L'Assemblée const. remédia à cet état de choses. La Cour de cassat., trib. unique pour toute la France, est placée au-dessus des jurid. ord. extraord. de l'ordre judic. Elle ne forme pas un troisième degré de jurid ; sans entrer dans l'examen du fond de la décision qui lui est soumise, elle examine seulement si cette décision est ou non conforme à la loi : dans ce dernier cas, elle annule, la décision est comme non-avenue, et l'aff. est renvoyée dev. des juges de même degré que ceux dont la décision est cassée (V. 779).

58. La C. de cass. est composée de 49 conseillers y compris le 1er présid. et 3 présid. de chambres. Il y a la chambre des requêtes, la ch. civile, et la ch. criminelle. Chacune d'elles est composée de 15 conseillers et d'un président : le premier présid. siège dans la chambre qu'il choisit.

➤ **59** et s. *Ministère public et officiers ministériels*. Le min pub. est d'orig. ancienne. Il est maintenant dépouillé de l'inamov. dont il jouissait, en fait, autrefois, et de son influence politique.

60. Les officiers du ministère public sont attachés aux tribunaux d'arrondissement, aux cours d'appel et à la C. de cassat. Le trib. d'une chambre a un procureur de la Rép. et un substitut : celui de 2 ch., 2 subs. ; celui de 3 chamb. 4 subst. Le tribunal de la Seine a 26 substituts du procureur de la République.

61. Chaque cour d'appel a un proc. gén. et autant d'avoc. gén. que de chambres, moins une ; la cour d'appel de Paris en a 7. Les avocats gén. sont ordin. chargés du service de l'audience, et les subst. du procur. gén. de celui du parquet. Ces derniers sont à Paris au nombre de 11. — La surveillance du procur. gén. s'exerce sur tous les officiers du ministère public de son ressort. — La Cour de cassat. a un procureur gén. et six avocats généraux.

62. Il n'y a pas de ministère public près des trib. de commerce et des juges de paix, excepté lorsque ces derniers statuent en matière pénale.

63. Près des trib. de comm. il n'a pas été créé de ministère public, de peur qu'il n'y eût dissentiment constant entre les juges et le procur. de la Rép. à cause de leur origine et de leurs études différentes.

64. En matière crim., le min. public est nécessair. partie principale ; une partie civile peut seule intervenir. Au contraire, au civil, à part quelq. excep., comme en matière d'absence, de null. de mariage, etc., il n'est que partie jointe, et alors, suivant les cas, il est obligé (art. 83) de donner des concl., ou il peut s'en dispenser.

➤ **65.** *Officiers ministériels*. Ce sont des agents institués par la loi pour prêter aux magistrats et aux particuliers un minist. défini par les lois et qu'ils ne peuvent refuser quand ils sont légalement requis.

Le *greffier* est chargé de la garde des archives et minutes d'un trib. Il doit assister le juge dans tous les actes de son minist., écrire, conserver, expédier les actes du trib. ; transmettre au juge, dans certains cas, des communicat. qui l'intéressent personnell. (art. 385-507). Il est nommé par le président de la Rép. à l'âge de 25 ans, près les justices de paix et les trib. d'arrond. ; près les C. d'appel et la C. de cass., il doit avoir 27 ans et être licencié en droit. Il peut présenter à l'agrément du tribun. des commis greffiers, qui prêtent serment et peuvent, en général, faire des actes du ministère des greffiers.

➤ **66.** Un officier ministériel peut vendre sa charge, la céder, pourvu que celui qu'il désigne pour son successeur réunisse les conditions requises et soit agréé par le prés. de la République.

➤ **67.** Les *avoués*, instit. près des trib. d'arrond. et des C. d'appel, sont forcés de prêter leur ministère aux parties, qui ne peuvent agir en just. sans leur interv. Chargé seul. de postuler et de conclure, ils peuvent cependant plaider en certains cas (V. n° 254). L'Assemblée constituante avait changé le nom des *procureurs* en celui d'*avoués*, la constit. de 1793 les supprima complèt., mais ils furent rétablis, avec raison, par la loi du 21 ventôse an VII. — Pour être présentés à la nomination du prés. de la Rép., ils doivent avoir 25 ans, fournir un certif. de capac. et de moralité, délivré par la ch. des av., un certificat de capacité obtenu dans une école de droit, et enfin avoir 5 ans de cléricature ou 3 ans seulement, s'ils sont licenciés.

68. Les *huissiers* sont nommés par le prés. de la Rép. à l'âge de 25 ans, après 2 ans de stage dans une étude de notaire ou d'av., ou trois ans de travail dans un greffe de cour d'appel, ou de trib. d'arrond., et sur un certif. de capacité et de moralité délivré par la ch. des huissiers du ressort. — Ils assignent les parties, signif. et exéc. les jug., arrêts, mandats et ordonn. de justice, font entre particuliers les actes extrajud. pour la conserv. de leurs droits. — Le nombre des huiss. de chaque tribunal d'arrond. est fixé par le gouvern. sur la dem. du trib. Dans ce nombre sont choisis chaque année les huissiers audienciers chargés du service des audiences, ayant, outre les actes ord. de leur ministère, le droit exclusif de signifier les actes d'av. à av. Les huis. aud. des C. d'appel sont choisis parmi les huissiers de l'arrond.; ils ont aussi un droit exclusif. Il en est de même de ceux de la Cour de cass. Les just. de paix, les tribun. de comm. ont aussi des huiss. audienc. La compétence des huissiers ne s'étend pas au delà de leur arrond.; et, pour ceux établis à Paris, au delà des murs de Paris.

69. Les *notaires* n'ont pas de fonctions judic.; ils sont régis par la loi organiq. du 25 ventôse an XI.

70. Les *commissaires-priseurs* ont des fonctions extrajudiciaires relatives non pas à l'obtention des jug., mais à leur exécution Il y a 80 c.-pris. pour le dép. de la Seine. A Paris ils ont seuls le droit de faire les prisées et ventes publiques aux enchères d'effets mobil. — Il existe aussi des comm.-priseurs dans les chefs-lieux d'arrond., dans les villes où siègent les trib. d'arrond., dans les villes qui, n'ayant ni sous-préfec. ni trib., ont une popul. de 5,000 âmes et au-dessus. Dans les villes où ils sont établis, ils ont un privil., hors de là une simple concur. avec les notaires, huissiers et greffiers de just. du paix. — Les comm.-pris. sont nommés par le prés. de la Rép. à l'âge de 25 ans, ils peuvent être notaires, huissiers, greffiers de justice de paix, excepté à Paris. Les gardes du comm. (aujourd'hui supprimés) n'existaient qu'à Paris, au nombre de sept; ils étaient chargés de procéder à l'arrest. des débit. soumis à la contrainte par corps.

71. Les *avocats* ne sont pas offic. ministér., leur ministère n'est forcé ni pour les parties ni pour eux à moins de désign. d'offic. — C'est une différence entre eux et les avocats au conseil d'État et à la C. de cass., qui sont au nombre de 60, dont les fonctions se rapprochent beaucoup de celles des avoués, et qui ont aussi le droit de présentation.

72. Le licencié qui a prêté serment est avocat; mais, pour exercer, il faut être attaché à un barreau. La discipline intérieure de l'ordre des avocats est régie par des décrets,

règl., ordonn. L'ordon. du 18 septembre 1830 a accordé aux av. inscrits sur le tableau le droit d'élire le bâtonnier et le conseil de discipl., et celui de plaider sans autorisation de la chancel., devant toutes les cours et tous les trib.; mais elle n'a pu déroger à l'article 295 C. inst. crim. (V. décret 10 mars 1870).

TROISIÈME LEÇON. 39

73. Rédaction du Code de procéd. discuté comme le Code civ. — Sa division. — Il a été modifié par diverses lois et surtout par la loi du 2 juin 1841.

74. L'explication des justices de paix est renvoyée après les mat. sommaires n°⁸ 603 et s., parce que la procéd. devant les juges de paix est une procédure d'exception plus ou moins sommaire.

LIVRE II. — DES TRIB. INFÉRIEURS. 40
75. Division du livre II.

TITRE I. — DE LA CONCILIATION. 41
76. La conciliat. n'est pas une procédure préparatoire, puisqu'elle a pour but d'empêcher le procès.

77. Le système d'un trib. de paix ne date que de 1790, et il fut exagéré; car l'essai de concil. fut exigé même en appel où il n'avait aucune chance de succès; les personnes incap., les affaires non suscept. de transaction et celles qui requéraient célérité n'en étaient pas même dispensées.

78. Malgré les vœux contraires de la plupart des trib. d'appel, les rédacteurs du C. maintinrent le système de la conciliation, mais avec des exceptions.

79. L'art. 48 soumet à la conciliation toute affaire qui réunit ces 3 condit.: 1° introductive d'instance; 2° pouvant amener une conciliat.; 3° devant un trib. de 1re instance.

80. 1° *Introductive d'instance*; le mot *principale* était inutile, car toute affaire introduct. d'instance est principale.

81. Ainsi les demandes incidentes ne sont pas soumises au préliminaire de concil. — Exemples.

82. Mais il faut, pour que la demande du défendeur ait le caractère d'incidente, qu'elle soit connexe à la demande principale ou lui serve de défense.

83. La 2e condition pour la concil. est qu'il n'y ait pas impossibilité de transiger par incapacité des parties ou par la nature de la demande: car la conciliation est une transaction. Ce principe étant posé par l'art. 48, l'énumération du § 1er de l'art. 49 était inutile et dangereuse, parce qu'étant incomplète, elle peut donner lieu à des doutes.

84. Ainsi, c'est à tort qu'on dirait que la femme mariée, le prodigue, l'héritier bénéfic., n'étant pas compris dans l'énumér., sont soumis à la concil. — La femme séparée de biens, quant à son mobilier dont elle a la libre dispos., doit être soumise à la conciliation. — Quant à l'hérit. bénéfic., il ne peut transiger sans devenir héritier pur et simple.

85. Le mineur émancipé est dispensé de la conciliation même relative, aux actes de pure admin., pour lesquels il est capable; il est réputé incapable d'apprécier les difficultés qui peuvent naître de ces actes ; aussi la loi ne distingue pas (Divergence, v. la note p. 50).

86. Il faut que l'affaire par sa nature soit susceptible de transaction (V. art. 2045 C. C., 1003, 1004 et 83 C. Pr.).

87. 3ᵉ condition, devant un trib. de 1ʳᵉ instance. Ce qui exclut les affaires des justices de paix, des cours d'appel, et même des trib. de com. ; car ici trib. de 1ʳᵉ inst. veut dire trib. d'arrondiss.

88. L'art. 49 contient ou plutôt ne devrait contenir que les exceptions à la règle de l'art. 48. L'inutilité du 1° est manifeste ; ces demandes n'étaient pas comprises dans la règle. — Les demandes qui requièrent la célérité, §§ 2, 4, 5 de l'art. 48.

89. Le législ. dispense de la concil., par des express. gén., les dem. en interv. et en garantie, et pourtant il n'entend parler que de la gar. incid., car la gar. princ. est soumise à la conciliat., comme toute demande introductive.

90. Une autre cause analogue de dispense tient au nombre des parties. Lorsqu'elles sont plus de deux, il y a dispense de l'essai de conciliation, vu son peu de probabilité de succès.

91. Cette dispense est applic. lorsqu'on agit contre plus de deux associés civils, parce que la société n'est considérée comme une unité morale que dans les sociétés commerc., tandis que, dans les sociétés civ., chacun n'est tenu qu'en vertu de sa promesse personnelle. — La femme forme une personne distincte du mari, quand elle est assignée hors du régime de communauté.

➔ **92.** et s. Sont dispensées de la concil. : les dem. en vérific. d'écrit. soit incid., ce qui est le plus ordin., soit princip., lorsque, sans conclure au payement, on veut seul. faire reconnaître une écriture privée, pour éviter plus tard des diffic. et acquérir imméd. l'hypoth. jud., alors la demande requiert célérité ;

93. Les dem. de désaveu contre un officier minist., un avoué par ex., qui a excédé son pouvoir, quand même elle serait formée par action princ., parce qu'alors, comme il importe que le coupable soit puni, il y a lieu à communic. au ministère public ;

94. Les dem. en règlement de juges, dem. nécessair. incid., puisqu'il s'agit de faire déterminer, par une jurid. supér., lequel des deux tribunaux est compétent ;

95. Les dem. en renvoi, dem. incid., puisqu'elle tend à récuser tout un tribunal à cause de la parenté et de l'alliance entre quelques-uns de ses membres et l'adversaire ;

La dem. de prise à partie, bien que ce soit une dem. princ. ; mais, comme elle est dirigée contre un juge pour déni de just., dol ou faute grave, elle est d'ordre public, sujette à communic., et non susceptible de transaction.

➔ **96.** Sont encore dispensées de la conciliation, les demandes contre un tiers saisi, qui est plutôt témoin que partie dans un inst. déjà assez compliquée ;

97. Et, en gén., les saisies, parce que ces dem. requièrent ordin. céler., et qu'il ne faut pas laisser à un débiteur de mauvaise foi le pouvoir d'entraver les moyens de rigueur, qui tendent, en vertu d'un titre exéc., à convertir ses biens meubles et immeubles en argent ;

98. Les offres réelles, parce que le créancier ayant repoussé les offres qui lui ont été faites, ce refus ôte tout espoir à la conciliation ;

99. Les remises des titres, leur communic., par ex., dans le cas des articles 842 C. C. et 839 C. Pr., parce qu'il y a urgence ;

100. Les séparat. de biens, qui, ne pouvant être volontaires, ne sont pas susceptibles de transaction ; les dem. sur les tutelles et curatelles (V. nᵒˢ 80-82) ;

101. Et enfin toutes les causes exceptées par la loi, comme dans les art. 330, 345, 839, 856, 871, 878, 883.

102. Si le défendeur avait été assigné sans une cit. préal. en concil., on décidait, dans le principe, que les termes de la loi étant impérat., la conciliat. étant d'ordre publ. les juges auraient dû surseoir à l'examen de la demande, et qu'il y avait lieu de prononcer, en tout état de cause, même en cassation, la nullité de toute la procéd. Une jurisprud. contraire a depuis longtemps prévalu : on décide que cette nullité ne peut être appliquée d'office et qu'elle est couverte, en vertu de l'art. 173, lorsqu'elle n'a pas été invoquée dès le début de l'instance. Cependant, il est difficile de ne pas voir dans la concil. une mesure d'ordre public, à laquelle il ne peut être dérogé. Quant à l'art. 173, on ne peut l'invoquer, puisqu'il ne s'applique qu'à des null. d'actes de procéd. d'intérêt privé. Cette jurisprud. ne peut s'appuyer que sur cette considérat., que dans la pratique la conciliat. n'a pas tous les avantages de la théorie. En effet, les parties sont quelquefois représentées par des clercs d'avoués, qui déclarent avoir mission de ne pas se concilier, et la conciliation devient, le plus souvent, une vaine formalité, à l'inobserv. de laquelle il serait trop dur d'attacher la nullité de toute une procédure (V. la note p. 61).

➔ **103** et s. Règles de compétence

de la concil. — L'art. fait l'applic. de l'obligation de l'essai de concil. imposée par l'art. 48. L'art. 50 est inapplicable au cas où les parties voudraient comparaître volontairement et sans citation devant le juge de paix de leur choix.

104. Si les parties ne s'accordent pas, en général, le défendeur sera cité, en matière personn. et réelle, devant le juge de paix de son domic. — L'action personnelle est celle dans laquelle le demand. se prétend créancier du défendeur qu'il dit son débit. Au contr., l'act. réelle est celle dans laquelle le demand. n'allègue entre lui et le défendeur aucun rapport de créance et de dette, comme dans la revendication. — Au contraire, quand il s'agit de plaider au fond, l'ajournement, en matière réelle, est donné devant le tribunal de la situation qui, plus près des lieux, est plus à portée de bien décider. — S'il y a un domicile élu, la concil. aura lieu néanmoins dev. le juge de paix du domicile réel.

105. S'il y a deux défend. ayant des intérêts communs, ils ne seront pas cités séparément, mais pour donner plus de chances à la concil., devant le juge de l'un d'eux, au choix du demandeur.

106 et s. Exceptions à la règle du domicile. En mat. de société civile seul., car les mat. commerc. sont dispensées de la concil. (quoique les sociétés de commerce puissent avoir des procès civils). En mat. de société civile, composée de deux personnes (V. n° 99), tant qu'elle existe, la citation en conciliat. est donnée devant le juge du lieu où elle est établie. Mais ordinairement, ces sociét., assez rares, n'ont pas de siège d'établis., alors c'est comme s'il y avait deux défend. (n° 105). Une société civile aura un siège, par ex. si deux indiv. se réunissent pour élever des constructions, et établissent sur les lieux des bureaux de gestion.

107. En mat. de succession (V. art. 50, § 3), la citation sera donnée devant le juge de paix de l'ouverture, et non du domicile du défend. ou de l'un des deux défend., bien qu'il s'agisse d'action personn., parce que, tant que le partage n'a pas été fait, les héritiers sont souvent présents au lieu de l'ouvert., où se trouvent d'ailleurs tous les titres de la success. qui pourront les éclairer. Les mêmes raisons rendent le trib. de l'ouverture compétent pour connaître de ces dem. Elles peuvent être relatives à des mesures d'admin., à des comptes ou au partage.

108. Bien que l'art. 882 C. C. attribue la connaiss. des dem. en garantie et en rescis, du partage au trib. de l'ouvert., mieux placé pour bien juger, il faut décider que, relativ. à ces dem. formées par act. princip., la citat. sera donnée devant le j. de paix du domic. du défend. ou de l'un des deux défendeurs. parce que l'art. 50 ne rend compét. le trib. de l'ouverture que pour les dem. antér. au partage. L'opinion opposée est donc contraire au texte de la loi : elle l'est de plus à son esprit, car le motif qui existait pour les dem. antér. au partage n'existe plus pour les dem. postér., et le juge de paix de l'ouvert. n'a pas plus connais. des opér. du partage que celui du domicile, qui a eu au moins l'avantage de n'être pas étranger aux parties.

109. De même la citation sera donnée pour les dem. des créanc. de la succession contre les héritiers, tantôt devant le juge de paix de l'ouverture, tantôt devant celui du domicile, selon que les dem. seront antér. ou postér. au partage. — Même décision pour les dem. des légataires contre les héritiers selon qu'elles seront antér. ou postér. au jug. définitif, c'est-à-dire au jug. d'homolog. du partage.

QUATRIÈME LEÇON. 69

110 et s. Procéd.; rôle des parties et du juge, résultats de la tentative de conciliation. V. art. 51-52; et pour les formes de la citation, art. 1er.

111. V. l'art. 1030 C. Pr. pour les formalités dont l'omission entraîne ou n'entraîne pas nullité.

112 Les règles de la citation à l'effet de plaider dev. un j. de paix sont applic. à la citat. en concil., à part deux différences. — Ainsi le délai de comparution pour plaider n'est que d'un jour parce qu'il s'agit ordin. d'intérêts modiques et requérant célér.; au contr., il est de trois jours francs pour la conciliat., parce qu'elle peut s'appliquer à des intérêts importants ne requérant pas célérité. — Seconde différ., peut-être à regretter : la citation pour plaider doit énoncer sommair. l'objet et les moyens de la demande pour que le défendeur puisse préparer sa défense; au contraire, l'indic. des moyens est moins nécessaire lorsqu'il s'agit seul. d'essayer la conciliation, et elle n'est pas exigée, l'indication de l'objet de la dem. suffit. Au délai de trois jours il faut ajouter celui des distances (V. l'art. 1033).

113. La citation est donnée, non pas par un huissier quelconque de l'arrond., mais, pour plus d'écon., par un huissier du canton où est domicil. le défendeur. Le vœu de la loi est que les parties comparaissent en personne; cependant, par dérog. au droit antérieur, elles peuvent non seul. se faire représenter par un mandataire même homme de loi, sauf les huissiers (L. de 1838), mais encore lui donner mandat de ne pas transiger. — Un usage invétéré laisse aux parties la pleine liberté de se faire représenter sans aucune justification d'empêchement, ce qui paraît contraire à la lettre de l'art. 53.

114. s. Rôle des parties et du juge devant qui sont les parties, soit en personne, soit par un mandataire : dans l'usage on se contente d'une procur. privée enregistrée. Si le défend. refuse de se concilier, parce qu'il dénie la compétence du j. de paix, celui-ci, qui n'est que conciliateur, et n'exerce pas de fonctions judiciaires, ne peut statuer sur la compét. ; il dressera seul. procès-verb. de non-concil., et le demand. assignera le défend. dev. le trib. d'arrond. Si ce trib. déclare l'incompét., il annulera la citat., et renverra les parties devant le j. de paix comp.; s'il déclare la comp.. il reconnaît par là même que le défend. a été bien cité, qu'il a refusé de se concilier, et la demande suivra son cours.

115. Lorsque aucune quest. prélim. n'est soulevée par le défend., le demand. peut expliquer et même augmenter sa dem., par ex. réclamer les intérêts; mais il ne peut former de nouv. demandes sur lesquelles le défendeur n'aurait pas eu le temps de se préparer : le défendeur peut former celles qu'il voudra, pourvu qu'elles soient connexes à celles du demandeur, ou puissent au moins lui servir de défense.

116. Malgré l'opinion contraire, il faut décider que le j. de p., dans le procès-verbal de non-concil., doit se borner à la simple mention que les parties n'ont pu s'accorder sans aucune mention de leurs dires, aveux, dénég., et conventions, comme le voulait la loi du 24 août 1790, titre X, art. 3; cet art., quoique placé dans une loi d'organis. judiciaire, n'est qu'un art. de procéd. et par conséquent il a été abrogé d'une manière générale par l'art. 1041, et d'une manière implicite par l'art. 54, qui est conçu en des termes tout à fait différents, bien que les termes du projet fussent les mêmes que ceux de la L. de 1790 ; mais ils furent changés sur l'observation que cette mention pourrait devenir un moyen de circonvenir des hommes simples et sans connaiss. — Cette opinion est fortifiée par l'art. 40 du Tarif, qui ne parle que d'une mention sommaire.

117. S'il y a conciliation, le procès-verbal doit relater toutes les clauses de la transaction. — A la différ. des actes privés, qui ne sont que l'œuvre des parties, les actes authent., dressés par des officiers publics compétents, avec des solennités requises, font foi jusqu'à inscription de faux, ont force d'exécution s'ils sont revêtus de la formule exéc., et peuvent conférer l'hypoth., convent., lorsqu'ils sont rédigés à cet effet par des notaires.

118. Le procès-verb. du juge de paix est aussi un acte auth. qui fait foi jusqu'à inscrip. de faux ; mais la loi entend lui refuser la force exécut. et l'effet de conférer l'hypoth. C'est sous ce rapport qu'il n'a que force d'obligat. privée.

119. Si le serment déféré sur l'existence ou la non-existence de la dette est prêté, il y a là une transaction, tout est terminé, et le juge de paix n'a qu'à constater ce fait. Mais, s'il y a refus, le juge de paix se bornera à en faire mention, parce que, simple conciliateur, il n'a pas mission pour condamner; ce sera au tribunal dev.

qui sera portée la dem. à appliquer la conséq. de ce refus. Des auteurs soutiennent que cette conséq. doit être la condamn. de la partie (art. 1361 C. C.); que le but de cette mention est de mettre à même le trib. de condamner. On peut répondre que l'article 1361 est relatif au serment judic. déféré dans le cours d'une inst.; que devant le juge de paix le serm. n'est pas judic, puisqu'il n'y a pas d'instance ; que dans le serm. judic. le trib. examine si les parties sont capables de déférer et de prêter le serm. si la mat. en est susceptible : qu'enfin, le trib. rend un jugem. spécifiant les faits sur lesquels le serm. sera prêté ; que le juge de paix n'a qualité pour aucun de ces actes ; qu'enfin, le but de la mention du refus est de fournir aux juges compétents une présompt. plus ou moins forte, lorsque les présompt. sont admises.

120. Le trib. saisi de la dem. condamnera la partie qui n'aura pas comparu en concil., à une amende de 10 fr., jusqu'à l'acquittement de laquelle cette partie ne pourra poser de conclusions, et l'avoué de l'autre pourra demander jugement par défaut.

121. La citat. en concil. interrompt la prescription et fait courir les intérêts, pourvu que dans le mois elle soit suivie d'une dem. judic. — Ce n'est que sous le rapport de la prescription et des intérêts qu'une demande judiciaire doit suivre dans le mois, car sous d'autres rapports il n'y a aucun délai fatal dans lequel cette dem. doive suivre la citation.

122. La non-compar. de l'une des parties sera mentionnée sur le registre du greffe de la justice de paix et sur l'original ou copie de la citat., sans dresser procès-verbal.

CINQUIÈME LEÇON.

TITRE II. — DES AJOURNEMENTS.

123. Si la concil. a été inutil. tentée, ou s'il n'y avait pas lieu, le début de l'instance sera l'ajourn. On peut définir l'ajournem. un acte signifié par huissier, dans lequel le demandeur appelle le défendeur devant un tribunal désigné et à un délai déterminé. — Division.

124. La compétence varie suivant la nature de l'action, mais l'art. 59 n'a pas parlé des actions, de leur exercice, de leurs divisions : il faut combler cette lacune.

⟶ **125.** Celui qui veut agir, doit avoir : 1° droit ; 2° capacité ; 3° intérêt; 4° qualité. Les actions se divisent 1° en publiques pour l'application d'une peine, et civiles pour la réparation du dommage causé (renvoi au cours de Droit pénal).

126. 2° En actions personnelles, réelles ou mixtes; c'est la div. la plus importante, elle vient des Romains. — A Rome, les parties se présentaient devant le préteur qui donnait au demandeur une action ou formule dans laquelle il traçait la mission du *judex*, juge privé. Lorsque la formule, pour avoir un sens, devait nécessairement mentionner le nom du défendeur, comme quand un créancier agissait contre son débiteur, l'*intentio* (partie de la formule où se trouve la prétention du demand.) contenait le nom du défendeur, elle était rédigée *in personam*. Au contraire, lorsque la formule pouvait avoir un sens indépend. du nom du défendeur, comme quand on réclamait la propriété d'une chose, ou un droit réel l'*intentio* ne contenait pas le nom du défend., elle était rédigée *in rem*. — A part la procédure formulaire, qui n'existe plus, les mat. person. et les mat. réelles du droit romain sont aussi celles du droit français. L'action est person. toutes les fois que le demandeur allègue que le défendeur est obligé envers lui par un contrat, un quasi-contrat, un délit ou un quasi-délit. Au contraire, elle est réelle toutes les fois que le demand., n'alléguant aucune obligat. de la part du défendeur, revendique sa prop. ou réclame un droit réel. — Dans l'action person. le défend. est attaqué comme pers. obligé, et son obligation, à moins de perte par cas fortuit de l'objet dû, s'attache à sa personne et passe à ses hérit. Au contr., dans l'act. réelle, le défendeur n'est attaqué qu'à la chose qu'il détient, et, si elle passe en d'autres mains, le nouveau détenteur sera seul poursuivi.

127. 3ᵉ division. Actions, mobilière, *tendit ad quid mobile;* immobilière *ad quid immobile*. Il faut éviter de confondre cette divis. avec celle des *act. personn.* et des *act. réelles*. L'act. est pers. lorsqu'on agit en vertu d'une créance dont l'objet peut être mobilier ou immobilier. Elle est réelle lorsqu'on agit en vertu d'un droit de propr. ou d'un droit réel, qui peut s'appliquer à une chose mobilière ou immob. — 4ᵉ divis. Actions *pétitoires* et possessoires (V. nᵒ 626).

128. Explicat. de l'art. 59. Il traite de la compét. *ratione personæ*. — Règle générale : *actor sequitur forum rei*. — En matière personnelle, la règle s'applique. — Si le défend. n'a pas de domicile connu, il est assigné au trib. de sa résidence.

129. Si, dans le même procès, il y a plusieurs défend., ils seront assignés dev. le trib. du domicile de l'un d'eux au choix du demand. afin d'éviter la multiplicité des procès et des frais, et les chances de décisions opposées.

130. En matière réelle, le défendeur sera assigné devant le tribunal de la situation de l'*objet* litigieux. Mais ceci ne s'applique qu'aux immeubles, le mot *situation* le prouve.

131. Alors quel sera le trib. compét. pour les act. réelles, mobil. ? On rentrera dans la règle génér. : *actor sequitur forum rei*.

132. Il en sera de même pour les questions d'état, qui, en réalité, sont des actions réelles ; car elles ne soulèvent aucune question de créance, il s'agit de la propriété d'un nom, d'une qualité.

➤ 133 et s. Actions mixtes. En matière mixte l'assignation sera donnée devant le juge de la situation ou devant celui du domicile. L'expression *matières* ou *actions mixtes* a été puisée dans les Instit., titre *de Actionibus*, § 20, qui parle de trois act. mixtes : l'act. de partage entre cohéritiers, l'act. de part. entre communistes à titre non héréditaire, enfin l'action de bornage. Le but est le même, mais la nature de ces actions n'est pas identique dans le droit romain et dans le droit français.

134. Des controverses sont élevées sur le motif de cette dénomination d'*act. mixtes*. — Selon les uns, elles sont ainsi appelées parce que chaque partie y est à la fois demand. et défend. Cette interprétation controversable était inconnue aux rédact. du Code, car elle est toute nouv. — Une 2ᵉ interpr. vraie ou fausse, mais seule connue des rédacteurs du C., consiste à dire que ces actions sont mixtes parce qu'elles portent à la fois en elles le caractère de réalité et le caractère de personnalité, ce qui peut s'entendre en deux sens. — 1ᵉʳ sens : Ces actions sont réelles, en ce qu'elles renferment une sorte de revendication, puisqu'elles tendent à faire déterminer la propriété de chaque voisin ou la part divise de chaque copropr. ; elles ont un caractère princip. de réal. Elles sont en même temps person. en ce qu'elles sont accompagnées de conclusions person, pour restit. de fruits, d'impenses, pour indemnité, etc. Dans cette opinion on multiplie les actions mixtes : aux trois ci-dessus on ajoute, entre autres, la pétit. d'héréd. Cette explic. est inadmiss., parce que les conclus. person. ne sont que des actes qui ne peuvent altérer la réal. des conclus. princ. ; autr. il n'y aurait plus d'act. réelles, pas même dans la revendic. d'un immeuble, car il y aura toujours quelques conclusions person. access., et la règle que le trib. de la situat. est seul compétent pourrait toujours être éludée. — 2ᵉ sens, qui est celui de Pothier, guide ordin. des rédact. du C. ; ces act. sont réelles en ce que le demand. agit en qualité de propriét. ou de copropriét. contre le défend. en tant que propriét. voisin ou copropriét. ; elles sont aussi person., en ce que la loi impose à tous, voisin ou copropr., l'oblig. de subir le boruage ou la part. et même de contribuer aux frais, de sorte que, sous ce rapport, le demand. est créanc. et le défend. débit. Cette opinion, contestable pour le droit romain, est à peu près certaine pour le droit français. — Mais, en adoptant ce 2ᵉ sens, s'il n'y avait pas d'autres act. mixtes que les trois ci-dessus, l'altern. entre le trib. du dom. et celui de la situat. serait presque imposs. ; le § 4 de l'art. 59 serait d'une application fort rare, parce que, d'une part, l'action de partage entre cohérit. doit être portée au trib. de l'ouvert. ; parce que, d'autre part, l'act. de part. entre commun. non cohérit. doit être portée dev. le siège de la société, et que l'alternat. n'existe que lorsque la soc. n'a pas de siège d'établiss. ; parce que enfin, pour l'act. de bornage, il serait déraisonnable de ne pas porter au trib. de la situation. Il faut donc rechercher d'autres act. mixtes.

135. Dans l'anc. jurispr. on considérait aussi comme act. mixtes les act. en réméré, en résolut. d'une vente faute de payement, et en rescis. pour vilité du prix. En effet, lorsque dans le délai voulu (il ne peut dépasser 5 ans), on demande la restit. d'un imm., en offrant le rembours. du prix, lorsqu'on demande la résolution d'une vente ou sa rescision, on invoque contre le défendeur une obligat. naissant d'un contrat, ces act. sont pers. ; mais, d'un autre côté, leur résultat étant de faire considérer la propr. comme ayant toujours appartenu au vendeur, puisqu'il peut suivre l'immeuble même entre les mains des tiers acquéreurs, sous ce rapport, elles étaient considérées comme réelles. On pouvait dire, il est vrai, qu'elles n'étaient mixtes qu'à l'état de repos, et qu'en réalité il y avait là deux classes d'act., des act. personn. lorsque le vendeur agissait directement contre l'acheteur, act. devant être portées devant le tribunal du domicile, et ensuite des act. réelles, de vérit. revendic. devant être portées au trib. de la situat. lorsque le vendeur agissait contre les tiers détenteurs. Cette objection, assez raisonnabie, n'avait pas prévalu ; ces actions étaient traitées comme mixtes et elles doivent encore l'être dans l'esprit de la loi.

136. Il faut même aller plus loin et reconnaître aujourd'hui beaucoup d'autres act. mixtes, qui résultent de ce que, contrairement au droit romain et à l'ancien droit français, la translation de la propr. s'opère maint. avant le payement, sans tradit., par la seule existence de contrats ayant pour objet la transmiss. de corps certains. Ainsi, par ex., l'acheteur d'un imm. a non seulem., comme autrefois, l'action person. en délivrance naissant du contrat de vente, mais de plus une action réelle, une revendication naissant de la translation imméd. de la propr. ; et, s'il y a intérêt, il pourra réunir ces deux actions en une seule, pour la porter devant le tribun. du domicile ou devant celui de la situation.

137 et s. Exceptions aux règles de compétence précédemment posées. En mat. de société civ., l'assign. est donnée devant le juge du lieu où elle est établie, parce que dans ce lieu se trouvent les papiers de la société. C'est une exception tantôt au § 1er de l'art. 59, car l'act., quoique personn., n'est pas portée dev. le trib. du dom. de l'un des défend. ; tantôt au § 4, car

l'act. quoique mixte, ne jouit pas de l'altern. du trib. du dom. ou de celui de la situat. — Si la soc. n'a pas de siège d'établ. l'assignation est donnée devant le trib. du domic. de l'un des associés défend., et si un seul associé est poursuivi, il est assigné devant le tribun. de son dom. — La compét. est la même pour les act. des associés entre eux, non seul. tant que dure la société, mais après sa dissolut. pour certaines contestations, comme les deman. en partage, en garantie ou en rescis. de part. ; cela résulte de la combin. des art. 822 et 1872 C. C.

138. En mat. de success. (nos 107, 108) le trib. de l'ouvert., plus à même de bien juger, est compét. pour les act. entre héritiers, non seul. celles antér. au part., comme le dit le § 6 de l'art. 59, mais aussi d'après l'art. 822 C. C., pour les actions en garantie et en rescis. qui sont postér. au partage. Il ne paraît pas qu'on ait voulu déroger à l'art. 822.

139. Le même trib. de l'ouvert., et non celui du domicile de l'un des défend. cohérit. est compétent pour les act. personn. intentées avant le partage par les créanciers du défunt. — Si, au lieu d'un créancier, c'est un propr. qui agit en revendic., cette act. doit être portée dev. le trib. de la situation, car elle n'est pas comprise dans les termes du § 6. — De même, s'il n'y a pas lieu à partage, s'il n'y a qu'un seul héritier, le trib. de l'ouvert. n'est pas compétent, même pour les act. personn., c'est celui du dom. de l'hérit.

140. Le trib. de l'ouverture est aussi compétent pour les dem. relat. à l'exéc. des dispositions à cause de mort jusqu'au jug. d'homolog. du partage. S'il n'y a pas lieu à part., le trib. du dom. de l'héritier unique est seul compétent.

141. En matière de faillite l'assign. est donnée non pas dev. le trib. du dom. de l'un des syndics, mais devant celui du domicile du failli, vérit. défendeur représenté par les syndics. Cela ne s'applique qu'aux actions personn. intentées par les tiers contre la faillite ; quant aux actions personnel. les intentées par les syndics contre les tiers, elles sont portées au trib. du domicile de ces tiers. S'il s'agit d'act. réelles immob., de la revendic., le trib. compétent est celui de la situat. La faillite ne peut nuire aux tiers ni changer la compétence (V. la note de la p. 108).

142. En matière de garantie incid. par dérog. à la règle du domicile, le trib. compét. est celui où la dem. originaire sera pendante, parce qu'on a l'avantage de trancher deux procès par le même jugement. Si la dem. en garantie est princ., on suit la règle du domicile.

143. En cas d'élect. de domic. l'assignation est donnée devant le trib. du domicile élu ou devant celui du dom. réel, pourvu que l'élection n'ait pas été faite dans l'intérêt du défendeur.

144. Des exceptions à la règle : *Auctor sequitur forum rei*, les unes sont absolues, les autres facultatives.

145. Par une dérogation absolue à la compét. du trib. du dom., les dem. formées pour frais par les offic. ministér. seront portées au trib. où les frais ont été faits, parce qu'il importe que ces officiers ne soient pas distraits de l'exercice de leurs fonct. par des déplacem. et des pertes de temps, et aussi parce qu'il faut qu'ils n'échappent pas à la surveillance de leur trib., mieux placé pour bien apprécier ces dem. — Dans les dérogations précéd. le trib., autre que celui du dom., est toujours un trib. d'arrond. ; dans celle-ci, au contr., il peut arriver que ce ne soit pas un trib. d'arrond., mais une cour d'appel si les frais ont été faits devant elle, et alors, par except., il n'y aura qu'un seul degré de juridict. au lieu de deux. De même, si les frais ont été faits devant un juge de p., la dem. lui sera portée, bien que supérieure au maximum de sa compét. ord., elle ne sera pas portée au trib. d'arrond. Réciproq. la dem. sera portée au trib. d'arrond. où les frais ont été faits, bien que la valeur de la dem. rentre dans la compét. des juges de paix (V. la note de la p. 111).

146. Bien que les termes de l'art. 60 semblent ne comprendre que les frais judic., cependant on décide en général que cet art. s'appliq. égal. aux frais extrajud., d'abord parce que les motifs sont les mêmes, ensuite parce que la loi du 25 vent. an XI contient une disposition pareille pour les frais extrajudiciaires des notaires.

SIXIÈME LEÇON. 112

⟫→ **147** et s. Formes de l'ajourn. A l'inobserv. de ces formes est, en gén., attachée la nullité de l'ajourn., nullité qui peut entraîner parfois la déchéance du droit du demand. — L'ajourn. est un acte par lequel le demandeur appelle le défendeur dev. un trib. pour s'y entendre condamner à donner, à faire ou à ne pas faire. Ensemble de l'art. 61.

148. L'ajournem. contiendra la date des jours, mois et an. Cette date est nécess. pour savoir si la prescription a été interrompue ou si l'interrup. commencée par la citation en conciliat. a été consommée en temps utile; ensuite pour connaître soit le jour d'où les intérêts courront, soit celui d'où courra le délai pour compar., enfin parce que l'ajour. ne peut être donné un jour de fête légale. — La loi ne déterminant ni la place ni les termes de la date, l'ajourn. ne sera pas nul si une date certaine résulte des différentes parties de la signification.

149. L'ajourn. contiendra les nom, prénoms, profess. et dom. du demand., peu importe que les nom, prénoms, etc., du demandeur précèdent ou suivent le nom de son mandataire, sans qu'on puisse opposer la règle que *Nul ne plaide par procureur, hormis le roi*. Le sens de cette règle est que tout procès doit être suivi aux nom et qualités du demandeur, et non pas au nom de son fondé de pouvoir, qui ne peut paraître que comme mandataire et en justif. de cette qualité, tandis qu'autrefois le nom du Roi ne figurait jamais express. dans les procès qui l'intéressaient; les poursuites étaient dirigées activ. et passiv. par les délégués désignés par la loi, et il y avait alors exception à l'exigence de l'art. 61. Cette exigence fléchit égal. lorsque le demandeur est un fonctionnaire public agissant au nom de l'État ou d'une admin. ; il suffit qu'il soit désigné par sa seule qualité.

150. Le demand. devra aussi, dans l'ajourn., constituer un avoué, intermédiaire nécess. entre lui et le juge. — Il ne faut pas appliquer trop rigoureus. la sanction de cette formal., la null. Ainsi il serait difficile d'annuler un ajourn. qui aurait pour but d'interrompre une prescription sur le point de s'accomplir, si, par ex., l'avoué constitué à une grande dist. avait donné sa démission ou était mort depuis peu de jours ; c'est là un cas fortuit indépendant de la volonté du demandeur ; cependant le plus prudent est de constituer subsidiair. le plus ancien des avoués du tribunal.

151. La constit. d'av., nécessaire en général pour les particuliers, est facultative pour l'État, d'après d'anciennes lois, sans qu'on puisse opposer à cette décis. 1041, qui n'abroge que les lois, règlements et usages antér. de droit commun sur la procédure, et laisse subsister les lois spéciales. Le préfet pourra donc constituer ou non avoué sur les quest. relatives à la propriété du domaine de l'État, tandis que l'adversaire sera forcé d'avoir un avoué, à moins qu'il ne s'agisse des quest. d'enregis., de revenus domaniaux et autres questions pareilles, qui sont décidées sur simples mémoires, sans constit. d'avoué de part ni d'autre.

152. A moins d'une élection contr. par le même exploit, l'élect. de dom. aura lieu de droit chez l'avoué constitué, qui recevra toutes les communications dont la signification à personne ou domicile n'est pas exigée.

153. L'ajourn. contiendra en outre les noms, demeure et immatricule de l'huissier;

154. Les noms et demeure du défendeur (exiger ici les prénoms est une dispos. un peu sévère; mais la mention de la profession n'est pas nécessaire), la ment. de la personne à laquelle copie de l'exploit sera laissée (n°s 170 et s.) ;

155. L'objet de la demande, l'exposé somm. des moyens (peu importe qu'ils ne soient pas dans le corps même de l'exploit, pourvu qu'ils se trouvent dans la ment. de non-compar. ou dans le procès-verbal de non-concil. copiés en tête de l'ajournement);

156. L'indicat. du trib. qui doit connaître de la demande ;

157. Enfin, l'indication du délai pour

compar. — Si, au lieu d'indiquer le jour précis de la compar., ou de déclarer que l'ajournement est donné pour compar. à la huit. de la loi, on s'est borné à dire : *pour compar. au délai légal*, il semble que cette indic. vague ne satisfasse pas à l'exig. de la loi, qui veut que l'on fasse connaître le délai de compar. On aurait autant de raison de dire : pour compar. devant le trib. compét., ce que personne ne soutient. Cependant la jurisprudence a validé des ajournements ne contenant que l'indic. vague du délai (V. la note p. 122).

≫→ **158.** et s. Explic. des art. 62 à 68. — Il n'est payé qu'une journée au plus pour le transport d'un huiss. afin que la demand. ne choisisse pas, par malice et pour augmenter les frais, un huiss. dom. loin du défend., à une autre extrémité de l'arrondissement.

≫→ **159.** La loi prohibe la remise de tout exploit un jour de fête légale, si ce n'est en vertu de permiss. du président, parce qu'elle présume qu'en génér. l'exploit n'arrivera pas sûrement à sa dest. dans un pareil jour, et elle ôte tout pouvoir à l'huissier. L'inobserv. de cette prohib. entraînera la nullité de l'exploit, bien que cette nullité ne soit pas prononcée, car l'art. 1030, qui défend de suppléer les nullités, ne s'applique qu'aux omiss. de rédact. et non à la violat. des dispos. d'ordre public (V. la note n° 123).

160. Les prohib. de l'anc. jurisprud. n'ayant pas été reprod., l'ajournem. peut être signifié au défend., en quelque lieu et à quelque moment que ce soit. Il en est autrement de la contrainte par corps, qui, pouvant donner lieu à des tentat. de résist., ne peut être exercée dans les édifices consacrés au culte pendant les exercices relig. ou dans le siège des séances d'une autor. publique.

≫→ **161.** V. art. 64. On pourrait, pour la désignation d'une maison, se conformer au nouvel art. 675, c'est-à-dire mettre la rue et le n° de la maison.

≫→ **162.** V. art. 65, 1er partie, dont le but est d'assurer l'essai de conciliation et l'application de l'amende en cas de non-comparution.

≫→ **163.** V. art. 65, 2e partie. — S'il s'agit d'un legs, on donnera seul. copie des parties gén. auxquelles tient la valid. du testament, et ensuite de la dispos. particulière du legs.

164. La communicat. des originaux serait insuffisante, parce qu'elle ne pourrait être que de courte durée. Aussi la loi exige-t-elle que le demandeur donne copie des pièces ou de la partie des pièces qui servent de base à sa dem., afin que le défendeur puisse reconnaître la réalité ou la fausseté des prétent. de son adv. Si cette copie contient des choses inut., comme c'est la faute du demand., il sera réduit dans sa taxe,

bien qu'il ait triomphé. Si, au contr., la copie est insuffis., celles qui seront plus tard nécess. n'entreront pas en taxe. Par le même motif, malgré le silence du Code, on doit appliquer la disp. de l'ordonn. de 1667, qui mettait aussi à la charge du demand. les frais de réponse à des signific. tardives. Si de nouv. signif. de pièces ont été nécessitées par des incidents imprévus, elles entreront en taxe.

165. On ne peut faire usage en just. que de pièces enregistrées ; de sorte que les copies de pièces ne pourront être faites que sur les actes enregistrés, sous peine d'amende et non de nullité de l'ajournement.

≫→ **166.** Pour éviter toute possib. de falsific., un huiss. ne peut instrumenter, ni pour lui ni pour ses parents et alliés (V. art. 66) ; mais il peut instrumenter contr'eux.

≫→ **167.** V. art. 67, dont le but est d'empêcher les exactions et de déterminer d'une manière précise les frais que le demandeur pourra répéter contre le défendeur après sa condamnation.

≫→ **168.** D'après l'ordonn. de 1667, la remise d'un exploit devait être faite par un huissier assisté de deux recors (*recordari*) ou témoins ; mais, comme ils étaient ordinair. sous la dépendance de l'huissier, leur présence, source de frais, n'empêchait pas le soufflement des exploits. Ainsi un édit de 1669 remplaça cet. exig. par la formalité du contrôle, c'est-à-dire l'insertion, sur des registres publ. de la substance de l'exploit, ce qui ne pouvait attester que la présentat. de l'orig. et nullem. l'exist. et la remise de la copie ; c'était une mesure pur. fiscale. Aujourd'hui on a seul. changé le nom, et tout acte d'huissier doit, dans les quatre jours de sa date, être enregistré, à peine de nullité de l'exploit, sauf la responsab. de l'huissier envers la partie.

SEPTIÈME LEÇON.

≫→ **169.** et s. Remise de l'exploit d'ajournement. — Les précautions de l'art. 68 ont pour but d'assurer cette remise qui doit instruire le défendeur des poursuites dirigées contre lui. Il n'est pas nécessaire que l'exploit soit écrit de la main de l'huissier ; il suffit qu'il porte sa signature.

170. et s. A qui, en quel lieu et comment l'ajournement doit être signifié ? Il peut être signifié à la personne du défend. en quelque lieu qu'on le trouve ou à son domic., bien qu'il ne s'y rencontre pas. — Lorsqu'on remet l'ajourn. au dom. à un parent ou serviteur, la loi n'exige pas, à peine de nullité, que l'absence de la partie soit déclarée. Il en est autrement lorsqu'on la remet à un voisin. Il s'agit ici de parents demeurant avec la partie. Quant aux servitenrs, il faut étendre ce mot, et décider que l'ajourn. pourra être remis au concierge de la maison et toutes les personnes qui reçoivent un salaire de la partie et demeurent avec elle, comme un clerc, un bibliothécaire, etc. — La remise à un parent ou serviteur doit être faite au dom. même du défendeur, et non au dehors, pour diminuer les chances de perte. L'huissier doit mentionner sur l'orig. et la copie qu'il a laissé la copie au *domic.* à un parent ou serviteur dont il n'est pas tenu d'indiquer les noms. Ainsi l'exploit déclaré remis au dom. du défendeur à sa servante est valab., et celui simpl. déclaré remis à une serv. est nul.

171. Si l'huiss. ne trouve personne au domic., il en fait mention et remet la copie au voisin qui consent à signer l'original. — Si le voisin refuse de signer ou ne le peut, l'huiss. remet la copie au maire ou adjoint de la commune, qui vise l'orig. S'il y a un nouveau refus, l'huiss. s'adresse au procureur de la Répub., qui vise l'orig., reçoit la copie et se charge de la transmettre.

172. Comme la signat. de l'huissier vient attester, jusqu'à inscrip. de faux, l'accompliss. de toutes les formalités, y compris la remise, cette remise doit être faite par l'huissier en personne, à peine d'interdict., ou de destit. si c'est par néglig. qu'il s'est substitué un tiers ; si c'est par fraude, il y a faux en écriture pub., faux puni des travaux forcés à perpét.

173. Outre l'orig., il doit y avoir autant de copies que de défend. Le but de l'orig., qui reste dans les mains de l'huiss., est de prouver, en cas de non compar. du défend., qu'il a été régul. assigné. — Si la femme a un intérêt distinct de celui du mari, elle doit recevoir une copie séparée.

174. D'après l'article 1334 C. civ., en cas de non-conformité entre l'orig. et la copie, ordin. l'origin. seul fait foi, parce qu'il est connu de chaque partie. Ici, au contraire, la copie seule, abstract. faite de l'orig., ne peut faire foi contre le demand., parce que le défendeur ne connaît qu'elle, et qu'elle est pour lui un orig., de sorte que, si elle est irrégul., l'ajourn. ne produira aucun effet, et le défendeur ne sera pas tenu de compar. Bien plus, le défendeur peut, en invoquant l'art. 1334, demander la représentat. de l'original pour vérifier s'il offre des irrégularités, le faire annuler, s'il y a lieu, et faire tomber avec lui la copie dont il ne peut plus attester la remise.

175. Remise de l'ajourn. pour des cas tout à fait spéciaux (V. art. 69, §§ 1-3). L'État étant représenté activem. et passiv. ou par un préfet ou par le directeur des domaines et de l'enregistr., selon qu'il s'agit ou de la propriété ou des revenus des domaines de l'État, c'est à eux que la remise doit être faite. L'ajourn. doit désigner le fonctionn. par sa fonction, sans qu'il soit besoin d'indiquer ses noms ; elle est remis à sa personne ou à son dom. de fonctionn. et nom de simple particul., par ex., dans les

bureaux d'une préfect., où se trouve un employé chargé de recevoir les assignations et de les présenter au visa du préfet.

176. Pour le Trésor elle est faite à Paris, dans les bureaux du Trésor, à l'agent judiciaire chargé de diriger activ. et passiv. les intérêts du Trésor.

177. V. art. 69, § 3.

178. Le domaine de la couronne n'existe plus : la disposition de l'art. 69 qui s'y réfère est donc sans objet.

179. Pour une commune l'ajourn. doit être remis au maire, représentant activ. et passiv. la commune après l'obtention de certaines autorisations administr. qui ne sont pas nécess. pour la seule remise de l'ajournem. — Pour la ville de Paris l'ajournem. est remis au préfet de la Seine, et, pour la ville de Lyon, au préfet du Rhône. — L'adjoint n'est compétent pour recevoir l'ajourn. qu'en cas d'empêchement du maire. S'il y a procès entre plusieurs fractions de la même commune, ce qui peut arriver, parce que la réunion de deux communes en une seule n'entraîne pas la confusion de leurs biens, ces fractions seront représentées, en demand. et en défend., par des commissions syndicales désignées par le préfet (art. 56, 57, loi de 1837).

180. L'huiss. n'est pas obligé de requérir la signat. du simple particulier à qui il laisse la copie, si ce n'est du voisin ; sa déclar. seule fait foi. Il en est autrem. lorsque la remise est faite à un fonctionnaire public ; alors, pour prévenir tout conflit d'assert. contradict. entre un officier ministér. et un fonctionn., ce dernier doit viser l'orig. En cas d'absence ou de refus, le visa sera donné soit par le juge de paix, soit par le procureur de la Rép. à qui la copie sera laissée.

181. En vertu du § 6 de l'art. 69, on assigne les sociétés commerc., tant qu'elles existent, en leur maison soc., et, s'il n'y en a pas, en la personne ou au dom. de l'un des associés. Il en est ainsi parce que la loi considère ces sociét. comme des unités fictiv. cap. de s'obliger, des êtres de raison bien distincts des individus qui les composent. — La loi ne reconnaissant pas le même caractère aux sociétés purement civiles, où l'oblig. d'un associé est indépend. de celle des autres, on ne peut assigner en commun tous les associés civ., il faut remettre à chacun d'eux, à personne ou dom., une copie séparée.

182. Les sociétés commerc. se divisent en trois grandes classes : — 1° soc. en nom collectif, contractée entre deux personnes ou un plus grand nombre, sous une raison sociale, qui est le nom de la société, et qui est nécessair. et exclusiv. composée du nom d'un ou de plusieurs des associés, chaque partie est solidair. respons. de tous les engag. revêtus, par l'un des associés, de la signat. ; — 2° société en commandite, ordinair. combinée avec la 1re ; elle a lieu lorsque les commanditaires ou simples bail-

I.

leurs de fonds confient des capitaux à un ou plus. commerçants associés en nom collectif, pour courir des chances de gain ou de perte, mais seulement dans la proportion des capit. versés. Les commanditaires ne peuvent faire des actes d'administrat. ; — 3° soc. anonyme, qui n'a pas de raison sociale, qui n'est connue que par l'objet de son entreprise, et dont le capital, seule garantie des tiers, se compose d'actions transmissibles dans la forme déterm. — Le § C de l'art. 69 ne peut s'appliquer à ces sociétés qu'avec quelque distinct. — La soc. anon. ayant nécessair. une maison sociale, y sera assignée en la personne de son gérant, et non pas au domicile de l'un des associés qui sont moins des associés que de simples actionn. — Quant à la soc. en nom collectif, combinée avec la soc. en command., l'assign. sera donnée en la maison sociale, s'il en existe ; autr. au domic. de l'un des ass. solidaires: les commandit. n'ont pas qualité pour recevoir l'ajournem. ; tout acte d'admin. leur est interdit. Quant à la soc. purement en nom collectif, le § s'y applique entièrem., mais la loi suppose que c'est l'unité fictive désignée par son nom, qui est assignée en la maison soc. ou au domicile de l'un des associés ; elle n'entend pas, si l'on veut suivre une autre marche, que l'on puisse assigner chaque associé, en tant que personnellement et solidairem. obligé, ailleurs qu'à son propre domicile et en son nom propre.

183. En cas de faillite, l'ajourn. est remis à l'un des syndics.

➣ 184 et s. Remise de l'ajournem. lorsque le dom. est inconnu ou établi à l'étranger (V. art. 69, § 8). Point de diffic. s'il s'agit d'une act. réelle : elle est portée devant le tribunal de la situation; mais si l'action est personn., le domicile et la résid. étant inconnus, il paraît raisonnable de décid., comme autrefois, que le tribunal compétent sera celui dans le ressort duquel l'oblig. a été contractée.

185. V. art. 59, § 9, dont les expressions gén. embrassent, soit le Français, soit l'étranger, qui n'ont ni domic. ni résid. connus en France.

186. Le procureur de la Rép. peut recevoir l'ajournem., alors même qu'il serait partie jointe (art. 83) ou partie princ. (art. 184, 200, etc., C. civ.), parce qu'il n'est pas réputé avoir un intérêt personnel dans la cause, bien que l'ajourn. soit donné en son nom, lorsqu'il est partie principale.

➣ 187. V. art. 70. La partie respons. de son fait et de celui de l'huiss., sauf d'n recours contre ce dernier, ne l'est pas du fait du procureur de la Rép.

➣ 188. Malgré les termes facult. de l'art. 71, il faut décider, d'après l'article 1031, que les frais de l'acte déclaré nul et la procéd. annulée par la faute de l'huiss. resteront absolum. à sa charge. — Il faut

même aller plus loin, et dire qu'en principe, sans distinguer entre les fautes graves et les légères (divergence), il devra, comme tout mandataire salarié, et surtout en tant que mandataire privilégié, la réparat. entière du préjudice qu'il a causé. Cependant, en fait, le tribun. appréciera ; l'indemnité ne sera pas toujours l'équivalent de la dem. Ainsi, par ex., si la nullité a amené la déchéance du droit parce que la prescrip. n'a pas été interrompue, parce que les délais d'appel sont expirés, on examinera, pour évaluer les dommages-intérêts, si la dem. était plus ou moins fondée, si les chances de réform. étaient plus ou moins grandes.

➣ 189. Le délai ord. des ajourn, est de huitaine franche. Le défaut absolu d'indic. de délai est une cause de null. Il en est autr. de l'indicat. d'un délai trop long ou trop court, parce qu'ici la nullité n'étant pas prononcée, elle ne doit pas être suppléée ; seulem. le défend. pourra, si le délai est trop long, constituer avoué et signifier ses défenses dans le délai légal. Si le délai est trop court, il ne sera pas donné défaut contre le défendeur, et, s'il était donné par inadvertance, les frais de l'oppos. seraient à la charge du demandeur.

190. En cas d'urgence, le président pourra, par ordonn. rendue sur requête du demand., abréger le délai. La requête et l'ordon. seront signif. avec l'ajourn., et comme cette ordonnance n'est pas par défaut, le défend. ne pourra former oppos. à cette ordonn. Si le tribunal reconnaît qu'il n'y avait pas urg., le délai ordin. sera restitué au défend. — Le président n'a pas mission pour statuer sur la dispense de conciliation pour célérité; c'est le tribunal tout entier.

191. Au délai de huit. il faut joindre celui d'un jour par cinq myriam. de distance, entre le domicile du défendeur et le lieu où siège le tribunal.

192. Il y a des délais partic. pour les assignat. données hors de la France (V. art. 73 et 74), dont la disposit. ne peut être appliq., par analogie, aux personnes domic. en France, mais assignées à personne hors de leur domic. ; il faut leur laisser le délai des dist. pour qu'elles puissent se procurer leurs titres et moyens de défense.

HUITIÈME LEÇON.   157

TITRE III. — CONSTITUTION D'AVOUÉ ET DÉFENSES.

193. — Le demand. a constitué un avoué dans l'exploit d'ajourn. Le défend. doit à son tour constituer avoué et notifier sa constitution.

194. Comparaître, c'est, de la part du défend., constituer avoué dans les délais de l'ajourn. (ordin. huitaine) et notifier cette constit. au demandeur. — Si le défend. ne comparaît pas, il est condamné par défaut. Ce défaut s'appelle défaut faute de comparaître ou contre partie, ou enfin faute de constituer avoué. S'il comparait, la constit. est signifiée par acte de l'avoué constitué à la personne ou en l'étude de l'av. demand. La signif. est faite par un huiss. audiencier comme tous les actes d'avoué à avoué.

195. L'avoué révoqué et non remplacé reste encore le représentant légal, mais passif, du client, pouvant recevoir toute espèce de signific.; mais n'en pouvant faire aucune.

196. V. art. 76.

↛ **197** et s. Instruct. de la cause. Les affaires sommaires sont instruites par de simples plaidoiries (V. art. 404 et s.).

198. Les affaires compliquées donnent lieu à une instruction par écrit (n°s 229 à 239).

199. Les affaires ordinaires sont instruites par certaines écrit. qui précèdent et préparent les plaidoiries. La réponse du défendeur, par l'interméd. de son avoué, aux moyens du demand., est la première signific. d'écrit.; c'est ce qu'on appelle défenses ou exposé des moyens de fait et de droit et conclus. du défendeur. Elles doivent être signifiées dans la quinzaine de la constit. — Ces défenses sont appelées, dans l'usage et dans le tarif, requêtes, parce que, dans la plupart des tribunaux, elles sont rédigées en forme de requête, s'adressant direct. aux juges comme les véritables requêtes, bien que l'original ou la grosse reste dans le dossier du défendeur, et la copie dans celui du demandeur.

200. La rédact. des défenses est libre, sauf au juge taxateur à retrancher de la taxe ce qui serait inutile. De plus, la loi a pris quelques précaut. pour prévenir le retour d'anc. abus. Ainsi, pour que des écrit. non signifiées ne soient pas intercalées après coup dans les dossiers, chaque signif. doit mentionner, sur l'original et la copie, le nombre des rôles, à peine de rejet de la taxe. De même chaque page de l'original doit contenir au moins 25 lignes, et chaque ligne 12 syllabes. — Les copies doivent contenir au plus 30 lignes à la page et 30 syllabes à la ligne.

201. A la différ. de ce qui avait lieu sous l'ordonn. de 1667, où l'on pouvait prendre défaut contre le défend. qui n'avait pas fourni ses défenses, le défendeur peut se dispenser de signifier des défenses; il peut même, immédiat. après sa constit. d'av., poursuivre l'aud. sur simple acte d'av. à av. S'il a gardé le silence, le demandeur, après l'expirat. de la quinzaine, pourra pours. l'audience.

202. Si les défenses ont été signifiées, le demandeur a seulement huit jours pour y répondre, parce qu'il a eu tout le temps d'examiner sa dem. avant de le former; il peut aussi ne pas y répondre et poursuivre immédiatement l'aud. Après huit. le défendeur pourra aussi poursuivre l'audience.

203. Les délais de quinzaine et de huitaine n'ont rien de fatal, on peut signifier les défenses et y répondre tant qu'on n'a pas été mis en demeure.

204. L'acte d'av. à av., signifié par huissier audien., et par lequel on poursuit l'aud., c'est-à-dire on somme l'av. adverse de venir conclure et faire plaider, s'appelle *avenir* ou *sommation d'audience*. D'après l'usage, le *minimum* du délai de cet avenir est d'un jour franc.

↠ **205.** Les écrit. ci-dessus sont génér. regardées comme inutiles. En effet, leur but, qui est de simplifier la discussion d'audience, n'est jamais atteint. Les défenses et réponses n'étant pas ordinairement destinées aux juges, mais aux parties, on évite d'y insérer les moyens décisifs, parce qu'autrem. leur effet pourrait être détruit par des object. préparées à loisir et présentées à l'improviste dans la plaid. Ensuite elles sont le plus souvent rédigées par de simples clercs, n'ayant ni le temps ni l'expérience nécessaires pour traiter sérieusem. l'affaire (V. cepend. la note, p. 165).

206. Les écrit. postér. aux défenses et réponses n'entreront point en taxe, c'est-à-dire ne pourront être répétées par la partie gagnante, à moins qu'elles n'aient été nécessitées par des demandes incidentes et imprévues. — De même un seul avenir entrera en taxe, à moins d'incid. L'art. 82 parle d'un avenir *pour chaque partie*, mais ces mots se sont glissés par inadvertance dans cet article.

Titre IV. — De la communication au ministère public. 167

207. D'après l'ordre logique des idées, on aurait dû s'occuper, dans ce titre, de l'audience et des plaid., car le ministère public ne peut donner ses conclusions qu'après que les avocats ont été entendus, mais V. l'art. 83, règlem. du 30 mars 1808.

208. En mat. crim., le ministère public est toujours partie princ., mais en matière civile il n'est ordin. que partie jointe, et, lorsqu'il est partie princ., il doit se conformer aux règles générales, sauf la constitut. d'av. à laquelle il n'est pas tenu. — Comme partie jointe, il donnera des conclus. obligatoires dans les affaires communicab. (art. 83), facultatives dans les autres.

209 et s. Causes sujettes à communic. (V. art. 83, §§ 1 et 2).

210. Les déclinatoires sur incompét. (n°s 351 et suiv.). Ces déclin. ou except. par lesquelles le défend. décline la juridict. du tribun. devant lequel il est appelé sont de deux sortes : déclin. pour incompét. *ratione materiæ*, et décl. pour incompét. *ratione personæ*. — L'incompét. *rat. mat.*

est d'ordre public : elle consiste à saisir une
juridict. autre que celle qui a mission de
connaître de l'affaire, par ex., la juridic.
administrative, au lieu de la juridic. civ.
— L'incompét. *rat. personæ* est d'intérêt
privé : elle consiste à saisir un tribunal de
la même juridic. que le tribunal qui a mission de connaître de l'affaire, mais qui, à
raison du domicile de la partie ou de la situation de l'objet litigieux, n'est pas compétent.

211. L'incompét. *rat. mat.* doit être
prononcée ou sur la demande des parties,
ou sur les conclus. du ministère public, ou
même d'office par le tribunal. Au contraire,
l'incomp. *rat. pers.* ne peut être invoquée que par le défendeur, mais s'il l'invoque, il y aura lieu à communication, car
il résulte de la discussion de la loi, que,
sous le rapport de la communic., on n'a
pas voulu faire de distinct. dans la nature
de l'incompét. une fois qu'elle est proposée.

212. Sont aussi sujets à communic.
les règlements de juges (n° 94), les récus.
et renvois pour parenté ou alliance, les prises à partie (n° 95).

213. La femme autorisée de son mari
a pleine capac. pour plaider, et la sagesse
des juges est pour elle une garantie suffis.
Aussi, en princ., le minist. publ. n'inter-
vient-il dans les caus. intéress. les femmes
qu'à défaut d'autoris. marit. — Par exception il intervient même lorsque la femme
a l'autoris. de son mari, si, mariée sous le
régime dotal, elle plaide à raison de sa dot.
Il en est ainsi pour prévenir les aliénations
indirectes des immeubles dotaux déclarés
inaliénables, parce qu'il est d'intérêt public
que les femmes conservent leur dot.

214. L'interv. du minist. public n'est
pas nécess. quand il s'agit de biens paraphernaux, qui sont aliénés, ou même de
biens dotaux déclarés aliénab. par contrat de
mariage. Elle serait encore inutile, si, con-
trair. à la jurisp. actuelle, on décidait que
la dot mobilière est inaliénable.

215. Les causes des mineurs et des interdits sont aussi sujettes à communic.,
parce que la loi place les mineurs et les
interdits sous sa protection, et qu'il importe que les tuteurs ou curateurs, qui ne
peuvent, en génér., aliéner directement,
ne puissent le faire indir. Il en est de même
des causes soutenues par des curateurs,
comme le curateur à une succession vacante, le curateur au ventre, etc., parce
qu'ils sont incapables d'aliéner à l'amiable.

216. Il en est autrement des causes intéressant un prodigue, parce qu'avec l'assistance de son conseil judic. le prodigue est
complet. capable, et qu'il a d'ailleurs une
garantie dans la sagesse des juges.

217. Si un présumé absent est représenté en justice par le curateur que le tribunal a nommé au présumé absent ou bien
par le notaire qu'il a désigné pour le repré-

senter dans ses comptes, liquidations ou
partages, par un surcroit de garanties, la
cause devra être communiq. au ministère
public.

218. La loi ne parlant que des présumés absents, il n'y aura pas lieu, après la
déclaration d'absence, à communication,
bien qu'elle pût être utile, puisque les envoyés en possess. prov., qui ne peuvent ni
aliéner ni hypothéquer directement les
biens de l'absent, pourraient le faire indirectement : dans la pratique, cet inconvénient disparaîtra, parce que le ministère
public a toujours la faculté de prendre
communication. — L'art. 83 n'est pas limitatif.

219. La requête civile est la sanction de
l'oblig. de la communicat., lorsque le jugement a été rendu contre la partie en faveur de laquelle la communication était éxi-
gée (V. art. 480).

220. En cas d'absence ou d'empêchement, le ministère public est remplacé par
un juge ou un suppléant, ou un avocat ou
un avoué, selon l'ordre du tableau. — Il
n'est pas nécess. que le même membre du
parquet assiste à toutes les audiences de la
cause.

221. Lorsque la communication est
exigée, les av. doivent, trois jours au moins
avant l'audience, remettre les dossiers au
parquet ; mais, dans l'usage, cette remise
ne se fait qu'après les plaidoiries.

222. Il n'est pas permis de prendre la
parole après le ministère public, on peut
seulement, pour rectifier les erreurs où il
serait tombé, transmettre des notes écrites
au trib. Mais ces notes secrètes et non communiquées ont l'inconvénient de ne pas
permettre à l'adversaire de les discuter :
il eût mieux valu accorder la parole aux
parties pour rectifier un fait ou répondre à
un moyen nouveau. — Aujourd'hui admis
que le tribunal peut rouvrir le débat après
les conclusions du ministère public.

NEUVIÈME LEÇON. 177

Titre V. — Des audiences, de leur publ.
ET DE LEUR POLICE.

223. La plupart des articles de ce titre
sont réglementaires. Les règles relat. à la
distribution, au classement et à l'appel des
causes sont tracées dans un décret du 30
mars 1808. Notons les plus générales ; d'a-
bord l'un des avoués, ordinair. celui du demandeur, doit, un jour au moins avant celui indiqué pour l'assig., faire inscrire au
greffe, sur un registre, l'indic. de la cause
avec les noms des parties et de leurs av.
Ensuite, à la première aud. de la semaine
de la chambre où siège le président, un huissier appelle successiv. les causes récem. inscrites sur ce rôle gén. Si le défendeur n'a
pas constitué av., on donne défaut contre
lui ; si les deux parties ont leur av., le plus
diligent demande au présid. la distrib. de

la cause, c'est-à-dire la désign. de la chambre à laquelle l'affaire sera portée, à moins que la loi n'ait fait elle-même cette désign. Après cette distrib., la cause est portée sur le rôle particulier de la chambre désignée, avec l'indication de son numéro d'inscription sur le rôle gén. Par les soins du vice-prés. de cette chambre la cause est portée, selon son rang d'anc., sur les affiches d'aud., indiquant les causes à plaider prochain. Enfin l'avenir est donné pour plaider.

⇛→ **224.** V. art. 85. Pour que les parties puissent se défendre elles-mêmes, peu importe leur sexe, il suffit qu'elles soient majeures et capab. Si elles ne se défendent pas elles-mêmes, un avocat leur est indispensable, car les avocats ont, en gén., seuls le droit de plaider en matière civile ; en matière crimin., on peut obtenir la permission de se faire défendre par un parent ou ami. — Cepend., même en matière civile, les avoués peuvent plaider, en certains cas et sous certaines distinct. Ainsi, une loi du 22 ventôse an XII accordait le droit de plaider 1° et en règle aux avoc. ; 2° à tous les avoués licenciés, mais seul. dans les causes où ils occupaient. Un déc. du 2 juillet 1812, en conservant aux avoués reçus licenciés avant ce public. le droit que leur conférait la loi précédente, décida que désormais tous les avoués près les trib. d'arrond. siégeant dans les chefs-lieux de cours d'appel et de cours d'assises de départements ne pourraient plus plaider que les causes sommaires où ils occuperaient. Enfin, une ordonnance du 27 fév. 1822, reconnue obligat. comme régissant des mat. règlement., et respectant aussi le droit des anc. avoués licenciés, porte que dorénav. les avoués ne pourront plus plaider, dans les causes où ils occuperont, que les inc. de procéd. et les dem. incid. de nature à être jugées sommairement, à moins d'insuffis. constatée du nombre des avoc. inscrits au tableau ou stagiaires.

225. V. art. 86, dont la prohib. ne s'étend pas aux juges suppléants, qui ne rendent la justice qu'accidentellement.

⇛→ **226.** La loi consacre en princ. et sauf quelques exceptions la publicité des aud. (V. art. 87). — Le huis clos, obligatoire en mat. de divorce par l'art. 241 C. civ., ne doit pas s'étendre par analogie à la sépar. de corps, que l'art. 879 C. Pr. soumet à la procéd. ord. — Les jugements doivent toujours être prononcés publiquement parce que les motifs qui peuvent quelquefois commander le huis clos pour les plaidoiries ne peuvent s'appliquer aux jugements.

⇛→ **227.** Les art. 88 à 92 sont relat. à la police de l'aud. — L'art. 89 a été modifié par l'art. 504 C. d'inst. cr., et l'art. 91 remplacé par les art. 222 à 224. C. pén.

TITRE VI. — DES DÉLIBÉRÉS ET INSTRUCTIONS PAR ÉCRIT. 182

⇛→ **228.** Le C. Pr. réunit dans le même titre les délibérés et les instruc. par écrit. Deux sortes de délibérés, simples ou avec rapport : au premier cas, le trib., après les plaidoiries, renvoie la pronon. à une autre audience, afin de délibérer dans l'intervalle. Au deuxième cas, il commet, en outre, un juge pour faire à une autre audience un rapp. sur l'affaire. — Si le jugement qui ordonne la délib. est contrad., il n'est ni levé, ni signifié, ni suivi d'une sommation de déposer les pièces ; mais cette som. a lieu, si le jugement est par défaut. Les délibérés ont été placés dans ce titre, parce que le rapport qui peut les accomp. est soumis aux mêmes règles que le rapp. des instruc. par écrit.

⇛→ **229.** L'instruc. par écrit vient de l'ancienne procéd. des appointements, qu'on divisait en appoint. en droit, si l'affaire soulevait des questions de droit, et en appoint. à mettre, si l'examen des titres n'amenait que des appréciations de faits. Procéd. dispendieuse, mais souvent ordonnée, dans l'intérêt des juges et des procureurs.

⇛→ **230.** Div. du tit. § 1er. Quand y a-t-il lieu à instruc. par écrit ? (V. art. 95 Pr.) — Il faut un jug. pour l'ordonner, mais les juges n'y ont plus d'intérêt. Ce jugement peut être par défaut. — Cette instr. ne s'applique qu'aux affaires ord. des trib. d'arrond., mais non devant les justices de paix ni les trib. de commerce.

⇛→ **231.** § 2. Procéd. et communic. des pièces. — Dans l'ancien droit, on avait cru, mais en vain, diminuer les abus en limitant les délais pour produire, mais non les écritures. Le C. de Pr. a mieux atteint le but en limitant le nombre des écritures.

232. Tableau des écritures et des détails de cette procéd. *Première hypothèse*, — un seul demand. et un seul défend. Le demandeur signifie : 1° le jug. qui ordonne l'instruct.; 2° une requête; 3° produit ses pièces au greffe vingt-quatre heures après sa requête ; 4° signifie cette production dans le même délai. — Le défend. 1° prend communic. des pièces du demand. et signifie sa req. en réponse dans la quinzaine ; 2° rétablit les pièces du demand. et produit les siennes dans les vingt-quatre heures qui suivent sa req. ; 3° signif. et prod. dans le même dél. — Si le défend. a produit des pièces, le demand. peut y répondre dans la huitaine. — Chaque partie peut bien encore produire des pièces nouvelles, mais elle ne peut signifier de nouvelles écritures qu'à ses frais. Celui à qui on les signifie pent y répondre en six rôles au plus. — Si l'un ou l'autre ne produit pas, le trib. juge sur les seules pièces de l'autre partie.

233. *Deuxième hypothèse*, — plusieurs défendeurs. S'ils ont le même intérêt, même procéd., et l'avoué le plus ancien reçoit les communications. S'ils ont intérêts et avoués différents, chacun aura successiv. un délai de quinzaine, pour prendre communn.

des pièces du demand. et y répondre, et même un délai de huitaine, si des pièces nouv. sont produites. Ces délais expirés, on peut juger sur les seules pièces produites.

234. Dans tous les cas on peut produire jusqu'au jugement, même après l'expir. des délais, tant que les pièces ne sont pas remises au rapporteur.

235. Les av. doivent déclarer au bas de toutes les écritures le nombre de rôles.

236. § 3. Du rapport et du jugement. — Le rapporteur nommé peut, en cas d'empêch., être remplacé par ordonn. du présid. — Le rapport est fait à l'audience. La parole est interdite aux avocats après le rapport, de peur que les plaidoiries ne recommencent quand il ne s'agit plus que de juger.

237. Pas d'opposition contre le jug. qui termine l'instr. par écrit. Il est difficile que la partie qui n'a pas produit n'ait pas connu l'instance.

238. § 4. Responsabilité quant aux pièces produites. Ces pièces passent dans plusieurs mains, la loi en a assuré la conservation. Le greffier tient un registre des productions. Il est responsable de toute pièce qui y est mentionnée.

239. L'av., qui la prend en communicat., en est chargé par son récépissé. Il doit d'ailleurs rétablir cette pièce au greffe dans les vingt-quatre heures de sa réponse, sous certaines peines (V. art. 107) ; s'il y a plusieurs av., chacun prend la pièce à son tour, et la responsabil. passe successiv. du greffier à chaque avoué, et retombe à la charge du greffier, chaque fois que la pièce est rétablie au greffe. — Le juge rapporteur en répond égalem., quand elle lui est remise pour faire son rapport. Enfin le greffier est déchargé de toute responsab. par l'émargement que fait sur le registre des productions l'avoué de la partie qui avait produit. Après cinq ans de silence, prescription (V. art. 2276 C. civ.).

DIXIÈME LEÇON. 192

TITRE VII. — DES JUGEMENTS.

240. Une fois l'instruction terminée, il ne reste plus qu'à juger les parties. — Conclusions additionnelles, principales ou subsidiaires. — Le mot *Jugement*, dans son sens le plus gén., désigne toute décision d'un trib. ou d'un juge sur les affaires qui leur sont soumises ; ce qui comprend les jug., les arrêts, les ordon. — On appelle plus spécialement *jugements* les décisions des trib. infér. ; — *Arrêts*, les décis. des C. d'appel et de la C. de cass. ; — *Ordonnance*, la décis. d'un présid. ou d'un juge sur un point partic., et non sur le fond de l'affaire : telle est, par exemple, la permission d'assigner à bref délai. — Espèces princ. de jug. proprement dits : les jug. d'avant faire droit opposés aux jug. définitifs comprennent : 1° les jug. provisoires ; 2° les jug. préparatoires ; 3° les jugements interlocut. — On appelle jug. provisoires ceux qui décident, par provision, certaines quest. urg. et détachées du fond ; tel est celui qui accorde une pension alimentaire à la femme plaidant en séparation de corps. On appelle prépar., ceux qui ordonnent certaines mesures propres à accélérer la décision de l'affaire, sans la préjuger : tel est celui qui ordonne la remise d'une cause ou la communic. des titres. — On appelle interloc. ceux qui, sans décider le fond, le préjugent d'une manière hypothét. ; tel est celui qui, reconnaissant comme pertinents les faits allégués par le demandeur en séparation de corps, en autorise la preuve, et laisse supposer que la séparation sera accordée, si la preuve est réalisée. — La même affaire peut présenter ces trois espèces de jug. Ainsi, dans une revendication, est provisoire le jug. qui ordonne le séquestre ou garde de la chose par un tiers ; préparatoire, le jug. qui ordonne la communication des titres ; interlocutoire celui qui admet la preuve de la possess. pour prescrire. — Les jug. définitifs sont ceux qui dessaisissent un trib. — On les divise aussi en jugements en 1er ou en dernier ressort. — Une autre division est celle des jugements contrad., lorsque chaque partie a eu son avoué qui a conclu, et des jug. par défaut, lorsqu'une partie n'a pas constitué d'avoué, ou lorsque son avoué n'a pas conclu. Les jug. d'expédient sont des sortes de transactions.

241. L'instruction terminée, les plaid. finies, le tribunal va aux voix, en commençant par le dernier juge reçu, et alors plusieurs partis peuvent se présenter : — 1re hypothèse. Si la simplicité de la cause le permet, le trib. délib. séance tenante, recueille les voix, arrête le jug. et le prononce. — 2e hypoth. Le tribunal se retire momentan. dans la salle du conseil, et rentre en séance pour prononcer le jug. — 3e hypothèse. Si la cause demande un examen plus long, le trib. ordonne un simple délibéré, c'est-à-dire renvoie la cause à une des prochaines séances, pour avoir le temps de préparer le jug. Cette première décision est un jug. prépar., qui n'a pas besoin d'être levé. — 4e hypoth. Le trib. peut ordonner un délibéré sur rapport, c'est-à-dire confier à un des membres le soin d'examiner l'affaire et d'en faire un rapport en aud. pub. (V. articles 93, 94).

242. Il ne faut pas confondre la 4e hypothèse avec l'instr. écrite. Ordonner un délibéré, soit simple, soit sur rapport, c'est vouloir résumer, par une délibération ou par la bouche d'un rapporteur, les souvenirs de l'aud., et le rôle des parties est fini. Au contraire, dans l'instr. par écrit, le rôle des parties n'est pas fini : une nouv. instr. succède à la première.

243. De là la conséq. que dans le 1er cas on doit décider, malgré l'opinion contraire, que les concl. ne peuvent être modiflées tandis qu'elles peuvent l'être dans le 2°. La cause de la confusion est dans l'insertion des art. 93 et 94 dans le titre VI, auxquels ils sont étrangers.

≫→ 244. Comment se forment les jugements. — Tout jug. doit être rendu au minimum par trois juges pour les tribunaux d'arrond. et par cinq ou sept pour les cours d'appel, selon qu'il s'agit des chambres d'accus. et de police correct., ou des chamb. civ. — S'il y a empêch. de l'un des juges, on le remplace par un autre juge ou un juge suppléant, ou par un avocat ou par un avoué. — Il faut seulement que les magistrats soient en majorité. — Enfin, pour éviter tout soupçon de partialité, les remplacements se font selon l'ordre des nominations ou du tableau. — Toutes ces dispositions sont essentielles.

245. Si la cause n'a été entravée par aucun incident, il faut que les juges aient assisté à toutes les audiences de cette cause. Il en est autrement si le procès a été coupé en deux parties distinctes par un jugement interloc. ; alors il n'est pas nécessaire que les juges qui ont décidé la première question soient aussi ceux qui statuent sur la deuxième, c.-à-d. sur le fond du procès. Il n'en serait pas de même des jugem. préparat. (V. cependant la note p. 201.)

246. D'après une ordonn. de 1669, le père et le fils, le frère et le frère, l'oncle et le neveu, ne pouvaient siéger dans le même corps judic. Cette règle n'ayant pas été observée, on introduisit comme remède à sa violation le principe de la confus. des voix, c'est-à-dire que les voix de deux parents jugeant dans le même sens ne comptaient que pour une. Une loi du 11 septembre 1790 reproduisit les anc. prohibitions, les étendit aux cousins issus de germains, et aucune dispense ne pouvait être accordée. La constitution de l'an III renouvela ces prohibitions, jusqu'aux cousins germains, sans dispense. La loi d'organ. judiciaire du 27 ventôse an VIII ayant gardé le silence sur ce point, un avis du conseil d'État, du 23 avril 1807, fermant les yeux sur la législat. intermédiaire, décida que les anc. prohib. subsistaient, mais que le gouvern. pourrait accorder des dispenses, sauf le remède de la confusion des voix. La L. 20 avril 1810 confirma les anc. prohibitions jusqu'au degré d'oncle et de neveu, sauf les dispenses pour les trib. composés de huit juges au moins. Mais cette loi ne parlant pas de la confusion, la jurispr. a décidé, en se fondant sur l'avis du conseil d'État, que ce remède était implicit. maintenu. Il eût mieux valu reproduire, d'une manière absolue, les anc. prohib., car la confus. des voix facilite les partages. Il peut même arriver que, malgré l'unanimité du tribunal, il n'y ait pas de jugement à cause de la confusion qui vient de réduire le nombre des juges au-dessous du minimum légal.

Bien plus, la seule possibilité de la confusion suffit pour réduire ce nombre, puisque la composition d'un tribunal doit être fixe et certaine dès l'origine.

247. La majorité absolue, c'est-à-dire la moitié plus une, est nécessaire pour un jugement. — Répart. des voix : Lorsqu'il se forme seul. deux opinions, l'une d'elles a nécessair. la majorité absolue, si le trib. est impair; s'il est pair, il peut y avoir partage. Lorsqu'il se forme autant d'opin. que de juges, en nombre pair ou impair, il y a encore partage. S'il se forme plus de deux opin., et que l'une d'elles, étant en minor. relative, puisse avoir le choix entre deux major. relat., elle sera obligée, après une seconde collecte de voix, de se réunir à l'une des majorités, ce qui produira la majorité abs. ; si ce choix est impossible, il y a partage. Ainsi, il y a deux voix pour A, 2 pour B, 1 pour C. C doit se réunir à A ou à B. Si, au contraire, il y a deux voix pour A, 1 pour B, 1 pour C, 1 pour D, il y a partage. — Si de trois opin., deux ne diffèrent entre elles que sur des access. et s'accordent sur le fond, celle qui n'a aucun rapport avec les deux autres devra se réunir à l'une de ces dernières. Ainsi, une voix accorde 100 fr. de dommages-intérêts, une autre 200 fr., une troisième rien, cette dernière devra se réunir à l'un des deux autres avis.

248. Le partage ne doit être déclaré qu'autant qu'il est imposs. d'arriver à une major. abs., ce qui a lieu : 1° lorsque, dans un nombre pair, il se forme seulement deux opinions ; 2° toutes les fois que, dans un nombre pair ou impair, il se forme autant d'avis que de juges, ou bien qu'il n'y a pas une minorité relative qui ait le choix entre deux majorités relatives.

249. Variat. sur le remède employé contre le partage. Dans l'ancien droit, tantôt on renvoyait l'affaire à un autre trib. ou à une autre section, et toute l'instruct. était anéantie ; tantôt les juges partagés exposaient plus ou moins fidèl. l'affaire à un autre juge ou à un gradué dont l'avis devait les départager. Une L. 14 prairial an VI exigea qu'on appelât dans la section partagée d'un tribunal de départ. (n° 28) trois juges d'une autre section, et que l'affaire fût de nouveau plaidée. Cette adjonct. étant devenue imposs. après le rétabliss., par la L. 27 ventôse an VIII, des trib. de district (n° 29), composés ordin. de peu de juges, un avis du conseil d'État, 17 germinal an XI, décida qu'on appellerait pour départiteur, parmi les assistants (plus ou moins distraits), un juge suppléant, ou un homme de loi. Enfin le C. Procéd. veut qu'on appelle un juge du même tribunal ou un suppléant selon l'ordre des nominations, ou bien un avocat ou un avoué selon l'ordre du tableau, afin de prévenir tout soupçon de partialité et ce fait doit être constaté dans le jug. Les plaidoiries doivent être recommencées ; on ne s'en rapporte plus aux souvenirs fugitifs de l'audience.

⇛→ 250. Avant sa prononc. à l'aud. le jugement n'a pas d'existence légale, d'où il résulte : 1° que jusqu'à cette époque les juges peuvent changer d'avis ; 2° que la mort de l'un des juges avant la prononc. pourra anéantir le jug. et obliger à recommencer l'affaire, lorsque le tribunal se trouvera réduit au-dessous du nombre légal, ou même le nombre étant suffisant, lorsque la majorité aura perdu une voix nécessaire pour exister, et que le tribunal n'aura pas pu reconstituer cette majorité ; 3° que tous les juges doivent être présents à la prononciation, à moins que l'absence de l'un d'eux ne laisse le tribunal en nombre suffisant.

ONZIÈME LEÇON. 212

⇛→ 251. Que peut contenir le jugement? S'il est préparat. ou interlocutoire, des mesures d'instruct. — S'il est définitif, il prononce sur le fond ; s'il condamne un débit., il peut en outre adoucir ou aggraver les condamnat. — Il peut aussi statuer sur des accessoir., domm.-int., fruits, dépens.

⇛→ 252. Comparution personnelle. Un jug. peut ordonner ou la compar. person. des parties à l'aud. ou l'interrog. sur faits et articles, à la différence de l'ancien droit, qui ne permettait, en mat. civile, que l'inter. sur faits et art., réservant la compar. person. aux jurid. commerc. Le but de ces deux voies d'instruct. est le même, chercher à obtenir la vérité de la bouche des parties, mais leur marche est bien différente (V. n° 524).

⇛→ 253. Le serment décisoire est celui qu'une partie défère à l'autre pour en faire dépendre la décision du procès. Le serment supplétoire est celui qui est déféré d'office pour suppléer à l'insuffisance des preuves. — Le 1er, étant une sorte de transaction, produit tous ses effets entre parties capables de transiger et sur objets suscept. de transact. Au contraire, le 2e ne renferme aucune transact. ; il peut être déféré malgré les parties, ce qui est peut-être trop présumer de la moralité humaine.

254. Tout jug. qui ordonnera un serment énoncera les faits sur lesquels il sera reçu. Cette énonc. est ce qui constitue le dispositif du jug., elle est donc essent. à sa valid. — Cette dispos. s'applique sans difficulté au serment supplétoire. Elle s'applique au serment décisoire, lorsque la partie à laquelle il est déféré élève des contest., soutient que la cause n'est pas suscept. de transact., ou que son advers. est incap. de transiger. Mais s'il ne s'élève aucune difficulté, il est difficile de reconnaître au tribunal le droit de repousser la délation du serment, lorsqu'aucun obstacle légal ne s'y oppose, il devra se borner à donner acte de la délation de serment, de l'offre de la prê-

ter, et de sa protestation si elle est immédiate.

255. V. art. 121. — Il peut arriver que le serment soit déféré contre une partie qui n'a pas d'avoué ; cela aura lieu lorsque le défendeur, n'ayant pas constitué avoué, le tribunal, après vérification des conclusions du demandeur, subordonnera sa décision à la prestation de serment de la part du demandeur. — Formule du serment.

⇛→ 256. et s. Adoucissements ou rigueurs que les tribunaux peuvent apporter à l'exécution de leurs jugements. Les trib. d'après l'art. 122, ne peuvent accorder des délais, dans certains cas, que pour l'exécution de leurs jugements et à l'instant même où ils les rendent, en motivant cette dérogation au principe que les convent. font la loi des parties. Ils ne peuvent donc, en général, suspendre l'exécution d'un titre exécutoire, bien qu'on soutienne le contr., en disant que l'art. 1244 C. civ., qui permet d'accorder des délais, ne distingue pas entre la nature des titres, qu'il suppose même que l'exécution d'un titre exécut. peut être suspendue, puisqu'il permet de *surseoir à l'exécut. des poursuites*, exécut. qui ne peut avoir lieu qu'en vertu d'un titre exécut. On répond que la suspension de l'exécution d'un titre exéc. n'est permise par l'art. 2212 C. civ. que dans le cas spécial de saisie immobilière, lorsque le débiteur justifie que le revenu net d'une année de ses immeubles peut suffire à l'acquittement de la dette, et que cet article serait inutile si ce droit de suspension appartenait déjà au tribunal en vertu de l'art. 1244 ; que ce dernier article et l'art. 122 doivent se restreindre aux contestations sur un titre privé, ou authent., mais non exécut. ; et que les express., *surseoir à l'exécut. des pours.*, s'appliquent aux pours. qui peuvent se pratiquer sans titre exécutoire, par exemple, à la saisie-arrêt ; que les articles 1244 et 122 supposent un procès, et que, pour l'exécut. d'un titre exéc., il n'y a pas lieu à s'adresser à des juges, à qui il serait extraordin. d'attribuer le droit d'arrêter une injonction qui ne procède pas d'eux ; que l'art. 122 n'attribue un droit de suspension aux tribunaux que pour l'exécution de leurs propres jug., et seulement pendant qu'ils sont saisis, et que, s'ils peuvent ce droit pour leurs propres jugements, à plus forte raison ne doivent-ils pas l'avoir pour les actes auxquels ils ont toujours été étrangers. — Cepend. le créancier ayant titre exécut. peut agir pour obtenir un jugement qui lui donnera hypothèque judiciaire (art. 2128 C. civ.); alors le trib. peut accorder des délais.

257. Il y a nullité du délai lorsque le jugement n'en énonce pas les motifs, et le délai ne peut plus être accordé postérieurement au jugement.

258. Les tribunaux peuvent accorder des délais, en usant de ce droit avec une grande réserve, dans tous les cas où, sans profiter beaucoup au créancier, une exéc. imméd. ruinerait le débiteur qu'un délai peut mettre à même de s'acquitter plus aisément. Mais pour cela il faut qu'il ne s'agisse ni de titre exéc. (n° 256), ni des cas de l'art. 124 (n°s 260 et s.), ni du prêt de consomm. dont le terme de restitution a été express. convenu (art. 1900 C. civ.), ni du cas des art. 1656 et 1661 (C. civ.).

259. Le terme de droit est le délai résultant de la convention des parties. Au contraire, le terme de grâce est celui que les juges accordent par dérogation à cette convention. Aussi les règles de l'un ou de l'autre sont-elles différ. : 1° le terme de grâce, à la différ. du terme de droit, laisse courir les intérêts en vertu de la dem. ; 2° le terme de grâce ne met pas obstacle, comme l'autre, à la prise d'une inscription d'hypothèque ; 3° le terme de grâce n'empêche pas la compensation, comme le terme de droit, parce qu'une cause de compensation survenant, le débiteur ne se trouve plus dans la position qui lui fait accorder un délai.

260 et s. Circonstances où un délai ne peut être obtenu ou continué : 1° En cas de vente des biens du débiteur, parce que ces biens doivent être distribués entre tous les créanciers dont ils sont le gage commun.

261. 2° Par la même raison en cas de faillite. La faillite entraîne la déchéance du terme de droit, et, à plus forte raison, du terme de grâce. — Il doit en être de même de la déconfiture, qui est l'état d'insolvab. notoire d'un non-commerçant ; quoique la loi ne le dise pas express. et bien qu'il s'agisse d'une déchéance, cela résulte de ce que l'art. 1913 C. civ. déclare exigible le capital d'une rente perpétuelle lorsque le débiteur est tombé en déconfit. : s'il en est ainsi d'un capital, qui, sans cela, n'eût jamais été exigible, à *fortiori* doit-il en être de même d'une dette tôt ou tard exigible. D'ailleurs, le plus souvent à la déconfiture viendra se joindre la vente, et l'on tombera dans le § 1er.

262. 3° En cas de contumace, parce que tout motif de faveur disparaît contre un individu qui refuse de répondre à une accusation criminelle et ne présente plus à ses créanciers autant de garanties. — On appelle *contumax* non pas celui qui refuse de comparaître devant un tribunal de simple police correct., mais qui, malgré l'invitation solennelle de se présenter, refuse de compar. devant un tribunal criminel proprement dit.

263. 4° Si le débiteur est constitué prisonnier pour dettes (V. n° 1043).

264. 5° Quand le débiteur aura diminué les sûretés qu'il avait données au créancier.

265. Malgré le délai, le créancier peut faire des actes conservatoires.

266. Le délai de grâce court du jour de la prononciation du jug. et non de sa signification, à la différence des délais d'appel, parce que, bien que le débiteur puisse ignorer les détails du jugement, il est à présumer qu'il connaît la faveur du délai ; cela lui épargne aussi les frais de signification et d'expédition à moins que le jugement n'ait été levé pour prendre inscription hypoth. — S'il s'agit d'un jugement par défaut, comme il est inconnu au débiteur, le délai courra seulement de la signif. De ce que le délai peut résulter d'un jugement par défaut, il suit qu'il peut être accordé d'office, même lorsque le débiteur présent ne le demande pas, et sans qu'on puisse objecter qu'il est accordé plus qu'il n'a été demandé, parce qu'en réalité le tribunal n'a pas accordé au demandeur toutes ses conclusions.

267 et s. Contrainte par corps. On entend par contrainte par corps la faculté accordée au créancier de faire emprisonner son débiteur, pour mieux assurer l'acquittement de la dette. — L'ordonn. de Moulins autorisait la contr. par corps pour l'exécution d'une sentence, quatre mois après qu'elle avait été rendue et quelle que fût la nature de la dette. Cette ordonnance fut abrogée par celle de 1667, qui n'admettait la cont. par corps, en matière civile, que comme une exception. Un décret du 9 mars 1793 l'abolit entièrement en matière civile, si ce n'est à l'égard des comptables publ. Elle fut rétablie par la L. du 15 germinal an VI. Le titre Ier de cette loi, reproduisant à peu près les dispositions de l'ord. de 1667, était relatif aux cas où la cont. par corps pouvait être exercée en matière civile. Le titre II l'admettait en matière commerc., à peu près d'une manière absolue. Enfin, le titre III réglait le mode d'exécut. Le C. civ., liv. III, tit. XVI, vint remplacer le titre Ier de la loi précédente ; puis le C. de Pr., art. 780 et s., remplaça le titre III. Quant au titre II, il n'a été plein. abrogé que par la L. 17 avril 1832. L'exéc. de la contr. par corps fut suspendue par un décret du 9 mars 1848 ; mais la loi du 13 déc. 1848 la remit en viguenr et y apporta des adoucissements.

Aujourd'hui la contrainte par corps est supprimée (V. n. 1043), si ce n'est en matière pénale.

268. Motifs donnés pour la suppression et pour le maintien de la contr. par corps.

269. La loi du 22 juillet 1867, qui supprime la contr. par corps en mat. civile, abroge nos deux art. 126 et 127.

DOUZIÈME LEÇON. 229

270 et s. Condamn. access. que peuvent contenir les jug., dommages-intérêts, restitution de fruits, dépens.

271. Un jug. peut contenir une condamnation à des domm.-intérêts, dont le montant sera imméd. déterm. Si cette déterm. est impossible, la condamnation sera prononcée d'une manière générale, sauf à fixer ultér. le montant du préjudice. Cette dernière marche a l'inconvénient de faire deux procès au lieu d'un, mais elle a l'avantage de donner au créancier le moyen de conserver ses droits, en prenant, en vertu de ce jug., une inscription hypothécaire, dans laquelle il évaluera provisoirement les dommages-intérêts. Elle a aussi l'avantage d'éviter, au cas de rejet des domm.-intérêts, les frais nécessaires pour en fixer le chiffre.

➤ **272.** La condamn. à une restit. de fruits. par ex. de la part des envoyés en possess. lorsque l'absent revient, du possesseur de mauvaise foi évincé par le propriét., du cohér. ou de communiste qui a joui seul, cette condamn. entraîne deux opér. : 1° constat. à l'amiable ou par un débat jud., de la nature et de la quot. des fruits, déduction faite des dépenses ; 2° traduction en argent de la valeur des fruits ; l'art. 129 est uniq. relatif à cette deuxième opér. — Depuis le procès commencé, les fruits ont dû être conservés pour être rendus en nature, sous peine de les payer au plus haut prix de l'année, à moins qu'ils n'aient été vendus avec autorisation de justice, parce qu'ils périclitaient. — Ceux de la dernière année, c'est-à-dire de celle qui a précédé la demande, seront rendus en nature s'ils existent, autrement en argent au prix moyen de l'année. — Quant à ceux perçus antér. à la dernière année, ils seront rendus au prix moyen de chaque année. Ce prix sera déterminé par les mercuriales du marché le plus voisin, eu égard aux saisons et au prix commun de l'année, et, à défaut de mercur., à dire d'experts.

➤ **273** et s. Dépens. — On entend par dépens les frais du procès. — La condamnation à la restitution des dépens n'a aucun caractère de pénalité ; il n'y a là qu'un simple remboursement de la part du perdant au gagnant pour lui avoir occasionné des frais par une résistance injuste.

274. Les dépens comprennent : 1° les déboursés pour les actes de l'instance ; 2° les honoraires des officiers ministériels pour ces actes ; 3° des frais postérieurs au jugement, comme ceux de levée et de signific., quelquefois même des frais antérieurs. — L'enregistrement des actes s. s. privés est, en général, à la charge de celui qui y donne lieu.

275. Parmi les except. au princ. que toute partie qui succombe est condamnée aux dépens, il en existe une, appuyée sur un usage immémorial, en faveur du ministère public, qui n'est jamais soumis, pas plus en matière civile qu'en matière criminelle, à la restit. des dépens que ses poursuites mal fondées ont nécessités. Mais il

semblerait naturel que l'administration des domaines, qui supporte les frais du ministère public, remboursât ceux du gagnant.

276. Chacune des parties condamnées aux dépens ne peut l'être que pour sa part virile, même quand il y a solidarité pour le principal, parce que les dépens constituent une nouvelle dette, pour laquelle, comme toujours, la solidarité ne se présume pas. Une règle contraire existe en matière criminelle.

277. Des express. impérativ. de la loi : *Toute partie qui succombe sera condamnée aux dépens*, il ne faut pas conclure que les juges puissent prononcer cette condamn. d'office ; s'ils le faisaient, ils statueraient *ultrà petita*. Les doutes viennent de ce que l'ord. de 1667 exigeait cette condamn., sans exception, et, si elle n'était pas prononcée, elle était sous-entendue dans le jug., les frais non adjugés n'en devaient pas moins être taxés ; d'où l'on avait conclu, à tort, qu'ils pouvaient être adjugés sans avoir été demandés. Rien de pareil n'existe dans notre droit.

➤ **278** et s. Exception au principe que le perdant est condamné aux dépens. — Il y a compens., lorsque deux personnes sont respectiv. créanc. et débit. l'une de l'autre ; leurs dettes se trouvent éteintes ou en totalité, ou jusqu'à concurr. de la plus faible, selon qu'elles sont ou ne sont pas égales. Dans la 2e partie de l'art. 131, le mot *compensation* est pris dans le sens du droit civil. Chaque partie ayant obtenu gain de cause sur certains chefs, et perdu sur d'autres, les juges pourront compenser les dépens en tout ou en partie, et alors ou chaque plaideur supportera ses frais, ou l'un d'eux pourra en répéter une partie plus ou moins forte. Si le sens est ici le même que dans le droit civil, les règles diffèrent un peu. Ainsi, dans le droit civ., il faut que les dettes soient liquides, ici la compensation a lieu pour ne pas se jeter dans les embarras d'une liquidation trop difficile. Dans le droit civil, la compens. ne s'opère que jusqu'à concurrence de la dette la plus faible ; ici les juges peuvent prononcer la compensat. des dépens pour la totalité en bloc, sans chercher à établir une répartition minutieuse. Enfin, dans le droit civ., la compens. s'opère de plein droit : ici elle doit être prononcée. — Les juges peuvent aussi faire une masse des dépens et les mettre à la charge des parties par fractions égales ou non. — Dans la 1re partie de l'art. 131, le mot *compens.* est pris dans un sens inexact. En effet, si les juges, par des motifs d'humanité, de conciliation, etc., sont autorisés à refuser entre conjoints, ascendants et descend., frères et sœurs ou alliés au même degré, le rembours. total ou partiel des dépens à celui qui a obtenu un gain de cause complet, il n'y a là aucune compensation.

279. V. art. 132, qui contient une exception à la règle que les condamn. sont portées personn. contre le représenté et non contre le représentant. L'hypothèse de cet article n'est pas la même que celle de l'art. 1031, où il s'agit de la responsabilité d'un offic. minist. envers son client ; il est ici question du cas où le représentant est condamné non pas au profit du représenté, mais au profit de l'adversaire du représenté, — Le mot *destitution* ne peut s'appl. à l'hérit. bénéf. que l'on peut considérer comme héritier pur et simple, s'il a fait acte d'héritier, mais qui ne peut être déchu de la succession.

⇛➜ **280** et s. Distraction des dépens. — Si le trib. se bornait à adjuger les dépens au gagnant, celui-ci en aurait la répét., sauf à son avoué qui aurait fait l'avance des frais à former opposition au payement de ces dépens ; mais alors, agissant au nom de son débiteur, n'ayant pas plus de droits que tout autre créancier, il aurait à redouter non-seul. d'autres saisies-arrêts, mais les compensat. que le perdant pourrait opposer au gagnant. Pour prévenir cet inconvénient et encourager un avoué à faire l'avance des frais à une partie pauvre dont la cause est bonne, on lui permet de demander la distraction des dépens. et le tribunal, en l'accordant, opère à son profit le transport judic. et forcé de la créance des dépens. — Ce transport, étant forcé, n'a pas besoin, comme le transport volontaire et conventionn., d'être notifié au cédé, le perdant, et, comme il est judic., il doit être accordé par le jugement même qui statue sur la contest. ; une fois dessaisi, le tribunal n'aurait plus à cet égard aucun pouvoir.

281. L'opposit. et l'appel, étant suspensifs de l'exéc. du jug., suspendront aussi l'exéc. de la distraction qui ne fait qu'un avec ce jug. — Il en sera autr. du pourvoi en cass., qui n'est pas suspensif, et, si, en défin., le condamné aux dépens obtient gain de cause, il ne pourra exercer de répét. contre l'avoué, mais seulement contre son advers., pour le compte de qui il aura payé l'av. substitué à son client.

282. En général, la distraction est demandée par l'avoué du demandeur dans l'ajournement, et par celui du défendeur dans la requête de défense, mais elle peut l'être plus tard. — Elle doit être contenue dans les *concl.* posées sur le bureau du trib. — Elle doit être accordée dans le jugement même, lors de la prononciation, à charge par l'avoué, non pas de jurer, mais d'affirmer qu'il a fait la plus grande partie des avances.

283. La déleg. des dépens que le trib. fait à l'avoué n'empêche pas celui-ci de conserver son action contre son client. Sauf le cas où la négligence de l'avoué aurait laissé survenir l'insolvabilité du perdant.

284. La taxe des dépens peut être poursuivie ou par l'av. du gagnant contre le perdant, ou par un avoué contre son client. Dans le 1er cas l'av. du gagnant dépose au greffe le mémoire des frais. Le perdant peut y former opposition ; s'il ne le fait pas ou s'il succombe dans son opposition, une ord. en forme exéc. est délivrée au gagnant, ou, en cas de distraction, à son avoué pour poursuivre le remboursement des dépens. Dans le 2e cas, s'il y a débat entre l'avoué et son client, sur le règlement des frais et honoraires, l'affaire est portée par l'avoué à l'audience, sans conciliation.

⇛➜ **285** et s. Dem. provisoire, c'est celle qui est formée avant, avec ou depuis la dem. princ., afin de faire ordonner certaines mesures urg., telle serait, de la part de la femme demand. en séparat. de corps, la demande d'une pension alim. ; ou bien celle tendant à faire ordonner, dans une revendic., le séquestre d'un immeuble. — Cette demande peut être formée avant la dem. princ. par voie de référé (art. 806 et s.), ou par la voie de la procéd. somm. (nos 592 et s.), ou dans l'ajourn. pour y être statué avant le principal, ou enfin pendant l'inst. principale comme demande incidente (nos 526 et suiv.).

286. La dem. prov., étant somm. de sa nature et devant se décider sur simples plaidoiries, sera presque toujours en état avant le fond, lorsqu'elle aura été formée avant ou après la demande principale, et elle devra être vidée au préal. Si elle a été formée dans le cours du procès et que la cause soit en état sur le fond et le provisoire, il sera statué sur le tout par le même jugement.

287. Il y a intérêt à statuer sur le provisoire par une dispos. spéciale, même en jugeant le fond, car il est possible que le provisoire ne soit pas fondé, et alors les dépens pourront être compensés : comme si le demandeur, triomphant dans sa revendication, a eu tort de demander le séquestre. Ensuite l'appel, qui suspend l'exécution du jugement sur le fond, peut n'être pas suspensif lorsqu'il s'agit de provis., de séquestre ou de pension alimentaire.

⇛➜ **288** et s. Exécution provisoire. — Huitaine après la prononc. d'un jug., la signif. en étant faite, l'exéc. peut être pours., mais elle sera arrêtée par l'appel. En effet, à la différence des voies extraord. de recours telles que le pourvoi en cass., la voie ordin. de l'appel (interjeté et non éventuel) est suspensive de l'exéc. des jug. défin. ou interloc., excepté lorsque l'exécut. provisoire doit ou peut avoir lieu art. 457).

289. De la lettre de l'art. 447, § 1er, il semblerait résulter, d'abord que l'appel est toujours suspensif, à moins d'exéc. prov. expressément autor. par les juges ; ensuite que l'exéc. provisoire est toujours facult. Il en est autr. : 1° il y a des cas où, de droit, l'appel n'est pas suspensif (V, art. 89, 90, 263, 276, 312, 521, 809, 848 Pr.) 2° il est des cas où la loi ordonne impér. aux juges de prononcer l'exécution provisoire, et malgré l'appel (n° 290). Enfin, dans d'autres cas, cette exéc. est facult. (n° 291).

290. D'après le § 1 de l'art. 135, l'exéc. provisoire, sera ordonnée, s'il y a titre authent., promesse reconnue ou condamnation précéd. sans appel. Dans ces trois cas l'exécution provis. est impérat., parce qu'il y a, en faveur de celui qui exécute, une présomp. de vérité qui laisse peu de chances de succès à l'appel de son advers. — Il peut y avoir procès dans les deux premiers cas, si l'adv., tout en reconnaissant la véracité d'un titre auth. mais non exéc., ou celle d'un titre privé, demande un délai ou allègue un payement, une remise, une compens. Le tribunal, en repoussant cette demande ou ces moyens, doit ordonner l'exécution prov. — Il n'y a pas lieu à faire, comme quelques auteurs, des distinctions là où la loi n'en fait pas sur la nature des moyens de défense quand même il s'agirait d'une inscription de faux ou d'une discussion sur l'interprétation d'un acte authentique; si ces moyens sont rejetés, l'exécution provisoire doit être prononcée. — Il peut y avoir procès, dans le troisième cas, par exemple, sur l'interprétation de la condamnation précédente ou bien sur l'étendue qu'on peut lui donner. — Dans ces trois cas il eût mieux valu laisser aux juges une liberté d'appréciat., et leur permettre de refuser, selon les circonst., l'exéc. provisoire.

291. V. art. 135, II° partie, qui comprend les cas où l'exécution prov., avec ou sans caut., est facult. à cause de la simplicité ou de l'urgence de la contest. — Si dans ces cas, vu l'extrême urgence, on prend la voie du référé, l'exéc. provisoire est de droit. — Le mot *commissaire* est une réminisc. inut., car les commiss. de saisies réelles de l'anc. droit n'existent plus. — En vertu de l'art. 521, qui modifie l'art. 135, les réceptions de caution reçoivent de droit l'exéc. prov. Le certificateur est la caution d'une caution. — L'art. 135 est limitatif.

292. L'art. 135 n'est applic. qu'aux trib. d'arrond. V. les articles 11, 12, L. 25 mai 1838, pour les just. de paix. L'art. 439 s'applique au trib. de com. (n° 663). Quant aux C. d'appel, leurs arrêts ne peuvent être attaqués que par les voies extraordin. de recours qui ne sont pas suspensives.

293. Si l'exécution provisoire n'a pas été prononcée, et elle ne peut l'être d'office, car elle est d'intérêt purement privé, on peut la demander en appel avant le jugement du fond (art. 458).

294. Comme il n'y a pas urg., l'exéc.

prov. n'a pas lieu pour les dépens accordés au gagnant à titre de rembours, des frais, ou même au perdant à titre de dommages-intérêts contre le gagnant qui s'est rendu coupable d'injures, vexations, etc. ; alors il y a une exception au principe que le perdant est condamné aux dépens.

295. Un jug. peut encore contenir des offres, des aveux, l'ordre de donner caution, accueillir des procéd. frustratoires, supprimer des écrits, etc.

TREIZIÈME LEÇON.   260

⟶ **296.** Rédac. des jug. : précaut. pour leur conserv. — Lors de la prononc. d'un jug. le greffier doit mentionner, sur la feuille d'audience, la substance des motifs et surtout du dispos., c'est ce qu'on appelle *plumitif*. Dans les 24 heures, le président et le greffier doivent signer la minute du jug. ainsi que la mention, en marge de la feuille d'aud., des juges et du procur. de la Rép., qui auront assisté au jug. Si le président n'a pas signé, la cour d'appel autorisera un des juges ayant pris part au jugement à signer : si le greffier a été dans l'impossib. de signer, il suffira que le président en fasse mention et signe. — Tant que le jug. n'a pas été vérifié, signé par le présid., le greffier ne pourra en délivrer expédition, sous peine d'être poursuivi comme faussaire (V. art. 140). — La minute du jugement qui reste déposée au greffe, sur laquelle le greffier délivrera des expéditions aux parties, se compose donc: 1° du dispositif; 2° des motifs ; 3° de l'indication des noms des juges et du procureur de la Rép. — Tout jugement doit être motivé. L'origine de cette dispos. remonte à la L. 24 août 1790. La nullité est attachée à l'absence complète des motifs et non à leur inexact., car un jug. bien rendu au fond est valable; malgré la fausseté des motifs. D'autre part, il ne suffit pas qu'un jugement soit motivé en apparence ; il serait nul s'il ordonnait l'exécution d'un contrat, *attendu que le contrat est valable*, ou s'il rejetait une demande, *attendu qu'elle n'est pas fondée*. — Les actes judiciaires et les jugem. préparat. n'ont pas besoin d'être motivés.

297. L'expédition d'un jugement, et même un jugement proprement dit, doivent contenir d'autres mentions que celles de la feuille d'audience ; on devra y trouver, de plus, les noms des avoués, les noms, professions et demeures des parties, leurs conclusions, l'exposé sommaire des points de fait et de droit. On appelle *qualités*, dans un sens général, d'après l'art. 142, les nouvelles mentions que doit renfermer l'expédition d'un jug. Pris dans un sens plus étroit par l'art. 144, ce mot ne comprend plus que la désignation des parties, et peut-être leurs conclusions, par opposition aux points de fait et de droit (V. articles 142 à 145).

298. La rédaction des qual., au lieu d'appartenir, ce qui semblerait naturel, au tribunal ou au greffier, est abandonnée aux parties. Ainsi, en princ., le droit de lever un jug. et de faire signifier les qualités nécess. à sa rédaction, appartient à l'av. de la partie gagnante. Par except. ce droit est transporté à l'avoué adverse, lorsque le premier n'a pas signifié les qualités dans les trois jours de la sommat. à lui faite. L'original des qualités reste déposé dans la chambre des huiss. aud., et copie en est signifiée par l'un d'eux à l'avoué adverse. Si cet avoué ne forme pas opposition dans les 24 heures, les qualités restent attaq. Si opp. est formée, elle est déclarée sur l'orig., et les deux av. comparaissent devant le président ou le juge qui le remplace, qui examine si les qualités doivent être maintenues.

299. Indépend. de ce qu'il n'est pas logique de confier aux parties ou à leurs avoués la rédaction des qualités, alors qu'un jug. semblerait devoir être l'œuvre exclus. du trib., ce système a de graves inconvénients. — Ainsi, dans la désign. des parties, doit se trouver, outre leurs noms, profess. et demeures, mention précise du titre en vertu duquel elles ont agi, et il est possible qu'on ait donné au perdant une qualific. nuisible, par ex., celle d'héritier pur et simple au lieu d'héritier bénéf. — Ensuite la rédaction vicieuse des conclusions pourra donner lieu à faire rétracter par la requête civile le jug. bien rendu à l'audience, parce que l'harmonie se trouvant détruite entre les conclusions écrites et le dispositif, le jugement accordera plus ou moins qu'il n'aura été demandé. — Enfin, quant aux points de fait et de droit, la moindre variation dans l'exposé des faits pourra faire que l'application de la loi, bonne dans l'origine, se trouvera fausse en définitive, ou que la loi sera violée, et il y aura lieu à cass. Ensuite le dispositif est la réponse du tribunal aux questions des parties, aux points de fait et de droit, et il est bizarre que la réponse soit écrite avant la question. De plus, les avoués ne s'appliquent guère à séparer le point de fait et le point de droit : dans le point de droit les questions sont ordinairement complexes, ce qui ne répond pas au vœu de la loi (V. cepend. la note, p. 208).

300. De l'art. 142, qui ne parle que de jug. contrad., et de l'art. 88 du tarif, qui défend de signifier des qualités en cas de jugement par défaut, il faut conclure que, dans tout jugement par défaut, l'expédition sera délivrée par le greffier sur les qualités qui lui seront remises, sans signif. ni discussion préal., par l'avoué qui voudra lever le jug. Il en est ainsi pour le jug. par défaut contre partie, parce que le défaillant

n'a pas d'avoué, et pour le jug. par défaut contre avoué, parce que le défaillant a une voie plus large, l'opposition, pour attaquer le jug. devant tout le tribunal.

301. Des auteurs soutiennent que l'omission, dans l'expédition d'un jug., de l'une des ment. prescrites par l'art. 141 n'entraîne pas la null. du jug., parce que le Code n'a pas prononcé formell. cette nullité, comme la législ. antér. abrogée par l'art. 1041, parce que l'art. 1030 défend de suppléer les nullités et que la loi du 20 avril 1810 ne prononce la nullité que pour l'omiss. des motifs. La jurispr. répond, avec raison, que l'art. 1030 ne s'applique qu'aux actes de la procédure et non aux jug. ; que la loi de 1810 est postér. au Code, et qu'on n'en peut conclure que l'art. 141 ait été écrit sans une sanction au moins implicite. Il faut donc dire que le silence de la loi laisse à la sagesse des trib. de prononcer ou non la nullité, selon que l'omission altérera ou n'altérera pas la substance du jug. Mais la difficulté est de déterminer ce qui est de la subst. d'un jug. ; ce sera l'indic. des noms des juges pour qu'on sache s'ils avaient qualité et étaient en nombre suff. ; l'indic. du nom du procureur de la Rép. et de ses conclusions, s'il y avait lieu à communic. : si la communic. n'était pas ordonnée et que cette indic. eût été négligée, il serait difficile de prononcer la nullité ; l'indication des noms des avoués, intermédiaires nécessaires des parties, mais cela est un peu douteux. Quant aux noms, profess. et demeures des parties, une désignation claire, quoique incomplète, suffira. Les conclusions sont aussi essent. Quant à l'exposé sommaire des points de fait et de droit, il peut être suppléé par des motifs, qui sont essentiels, ainsi que le dispositif.

⟫⟶ **302.** Si la partie condamnée refuse d'exécuter volontair. le jug., il faudra pour l'y contraindre, soit sur sa personne, soit seul. sur ses biens, obtenir du greff. une expéd. du jug. revêtue de la formule exéc., en vertu de laquelle la force publique pourra être requise de prêter main-forte. — V. art. 146. Formule exécutoire.

303. On appelle *grosse* l'expédition d'un jug. ou d'un acte authentique avec la formule exéc. En général, il ne peut en être délivré qu'une seule à chaque partie intéressée. Ainsi le greffier n'en délivrera qu'une à la partie gagnante à moins de permission du président (V. art. 844) : mais il délivrera de simples expéditions à tout requérant, à la différence des notaires, dont les actes ne sont pas destinés à la publicité comme les jugements.

⟫⟶ **304.** et s. Signif. des jugements. Elle a deux objets distincts ; elle est le préambule néces. de l'exéc., c'est uniq. à cet objet que se rapportent les art. 147, 148 :

elle est aussi le point de départ des délais de recours contre les jug. Jusqu'à ce qu'elle ait lieu, le jugement n'est pas réputé suffisamment connu par une simple prononciation à l'audience.

305. Comme préliminaire de l'exéc., la simple signif. d'avoué à avoué est la règle génér.; la double signif. à l'avoué et à la partie n'est exigée que dans des cas partic. — Ainsi, avant de pouvoir exéc. un jug., quelle que soit sa nature, il faut le signifier à l'avoué de la partie condamnée, à moins qu'il ne s'agisse de quelques jug. prépar. dispensés de toute signif. à cause de leur simplic., tel est celui qui ordonne un délibéré, le dépôt des dossiers sur le bureau, ou qui remet une cause à une autre aud. Le jug. prépar., qui ordonne une instruct. par écrit, n'en est pas dispensé.

306. Au contr., les jug. qui prononc. des condamn., soit défin., soit provis., doivent être signifiés, non-seulement à l'avoué, mais à la partie avec mention de la signification faite préalablement à l'avoué, pour que cette partie puisse consulter son avoué et se mettre en mesure d'attaquer le jugement ou de l'exécuter.

307. S'il y a plus. parties en cause, chacune recevra une copie de la signific. — Les époux en recevront chacun une, s'ils ont des intérêts distincts.

308. La non-signif. à l'av. ou à la partie entraîne seul. la nullité des actes d'exéc., et non pas la nullité du jugement. — La signif. à la partie fait aussi courir le délai d'appel. La loi ne prescrit pas à peine de nullité la mention de la signif. à l'avoué, dans la signific. à la partie, et comme aucune nullité d'acte ne peut être suppléée, l'exécution sera valab. sauf l'amende et les dom.-intérêts contre l'avoué négligent.

309. Si la partie a été condamnée par défaut faute de constit. d'avoué, la signif. à av. est imposs. : mais la loi prend des précaut. pour que le défaillant soit averti (V. l'explic. de l'art. 156). Si l'av. constit. est mort ou a cessé ses fonct., la signif. à la partie avec mention de ce fait suffira.

310. On décide génér. que la signif. doit avoir lieu au domicile réel, et non au dom. élu, en vertu d'un contrat qui a fait naître des diffic., parce qu'on n'agit plus en vertu de ce contrat, mais du jugement qui a opéré une sorte de novation jud. On peut répondre que cette décision viole la conv. des parties, sous prétexte d'une prétendue novation judic., idée romaine que rien ne justifie dans notre droit.

311. Le présid. du trib. civ. peut ordonner l'exéc. de son ordonnance de référé sur minute et sans signification. Le même pouvoir est accordé aux juges de paix. — Mais je ne crois pas que ce pouvoir puisse être étendu aux trib. civ., leurs jugements ne pouv. être exécutés sans signification.

QUATORZIÈME LEÇON. 281

TITRE VIII. — DES JUG. PAR DÉFAUT ET OPPOSITIONS.

312 et s. Le jugement par défaut est celui qui constate qu'une partie n'a pas comparu ou que son avoué n'a pas conclu, et qui adjuge le profit du défaut. — Le défaut le plus fréquent, celui du défendeur, s'appelle simplement *défaut;* celui du demandeur s'appelle *congé* ou *défaut-congé.* — Le défaut du défendeur est de deux genres, selon qu'il n'a pas constitué avoué ou que l'av. qu'il a const. n'a pas conclu; le prem. s'appelle *déf. faute de constit. d'av.,* ou *déf. faute de compar.,* ou bien *déf. contre partie ;* le 2e s'appelle *déf. faute de comparution de l'av.,* ou *déf. contre av.,* ou bien *déf. faute de conclure.* Dans le premier la faculté de former opposition est plus étendue que dans le second (nos 325 et suiv.). Si dans les délais de l'ajournement le défend. ne comparaît pas, c'est-à-dire ne constitue pas av., ou bien si après la constitut. d'un avoué, cet avoué ne se présente pas pour conclure à l'aud. fixée par l'avenir, il sera donné défaut, c'est-à-dire que ce fait de non-constitut. ou de non-conclusion sera constaté. On prononce défaut si l'avoué, même présent, ne pose pas de conclusions ou ne pose que des conclus. préjudicielles. — Mais une fois les conclusions sur le fond posées, il n'y a plus lieu à défaut, la cause est en état, quand même elle serait remise à un autre jour pour les plaidoiries, et que ces plaidoiries n'auraient pas lieu.

313. A la différ. de ce qui avait lieu autrefois où le défaut était constaté par un certif. du greffier, sauf ensuite à s'en faire adjuger le profit à l'audience, le défaut est maintenant pron. à l'aud. sur l'appel de la cause, et, à la partie du jug. qui constate le défaut du défendeur, vient s'ajouter immédiatement une autre partie plus importante, celle qui adjuge, s'il y a lieu, au demandeur qui le requiert le profit du défaut, c'est-à-dire ses conclus., si elles sont trouvées justes. De ce que le tribunal peut vérifier les conclusions du demandeur, il résulte qu'il peut donner gain de cause au défendeur, malgré son défaut. Cette vérif. ne paraît pas pouvoir aller jusqu'à une enquête ou une vérification d'écrit. Le trib. n'a que le droit d'ordonner le dépôt des pièces sur le bureau, un simple délibéré, pour ensuite pron. le jug. à l'aud. suiv., autrem. il imposerait au défend. les frais de procédures auxquels il aurait pu ne pas conclure s'il avait comparu (V. cependant la note, p. 284). Ordinairement même cette simple vérific. n'a pas lieu dans les trib. d'arrond., il en est différem. dans les cours d'appel. Cependant cette vérification est indispensable dans les cas où l'aveu exprès ou tacite du défendeur ne suffit pas pour le faire condamner, par exemple dans les séparations de corps ou de biens.

314. V. art. 151, 152, qui ont un but d'économie et de simplification.

315. Si l'un des défendeurs ne comparaît pas, il semblerait naturel de juger contradictoirement le comparant et par défaut le défaillant; mais cette marche serait trop coûteuse; elle pourrait donner lieu à des décisions opposées, si le tribunal, mieux éclairé, décidait, sur l'opposition du défaillant, dans un sens autre que celui du jug. contrad. et définitif; ou bien il serait à craindre que, retenu par sa première décision, le trib. n'hésitât à reconn. qu'il s'était trompé. Pour éviter ces inconv., le règlement du 28 juin 1738 voulait que le jug. rendu après la plaidoirie du comparant fût considéré comme contradic. à l'égard du défaillant, dont les intérêts étaient réputés avoir été suffisamment défendus par le comparant. Aujourd'hui les intérêts du défaillant sont mieux garantis; le trib. doit joindre le profit du défaut, c'est-à-dire, tout en constatant le défaut, surseoir à en adjuger le profit. Il doit ensuite, pour bien s'assurer que les poursuites ne resteront pas ignorées, commettre un huissier pour signifier cette jonction au défaillant, avec assignations au jour où la cause sera appelée. Ce n'est qu'après ces précautions qu'il sera statué par un seul jug. non susceptible d'oppos., réputé contradict. soit à l'égard du défaillant qui persiste à ne pas comparaître, soit à l'égard de celui qui, ayant d'abord comparu, ferait maintenant défaut, parce qu'il ne peut prétexter l'ignor. Cette dernière décision est contestée, mais l'art. 153 ne distingue pas, et son motif est le même dans les deux cas.

➤ 316. Comme le demandeur a dû constituer avoué dans l'ajournement, il ne peut être question pour lui que du défaut contre avoué faute d'avoir conclu. — Le défend. peut, sans signifier de défense, donner avenir au demandeur et prendre défaut contre lui.

317. La loi ne disant pas que les conclusions du défend. sont vérif. comme elle le dit de celles du demand., on doit décider que, si le demand. à qui seul incombe le fardeau de la preuve fait défaut, ce ne sera pas au tribunal à rechercher cette preuve, et que le défend. devra être, sans vérific. aucune, renvoyé de la dem. Alors, en l'absence de toute vérif., il semble naturel de décider, comme on le faisait d'une man. uniforme avant l'ordonn. de 1667, qu'il n'y a là qu'un simple congé de l'ajournement et que le demand. pourra reprendre son action hors des délais et sans les formes de l'oppos. L'opinion contraire se fonde sur un texte équivoque de l'ordonn. de 1667, elle ne peut invoquer aucun texte précis. — Ceux qui considèrent le défaut-congé comme jugeant l'affaire, admettent l'opposition de l'appel contre ce jugement. — Il y a même des cas exceptionnels, où l'opposition est admise généralement.

➤ 318 et s. Conséq. qui découlent du principe : nul ne peut être condamné sans avoir été mis à même de se défendre; précautions relat. à l'exécution; péremption; voies de rétractation.

➤ 319. A part quelques exéc. de rigueur où est nécess. un intervalle plus ou moins long entre le commandement et l'exécution en principe, on peut exécuter, pratiquer une saisie, 24 heures seulement après la signification. du titre avec commandement. Un jug. définitif peut être exéc. après sa signification faite en dehors de la huitaine de sa prononc., ou bien après l'expirat. de cette huit., si c'est dans son cours qu'a eu lieu la signif. Au contraire, l'exécut. des jugements par défaut ne doit, en général, être poursuivie que lorsqu'on peut trouver un acquiesc. tacite à la condamn. dans le silence du défail. pendant huit. franche depuis la signif., soit à sa personne ou à son dom. par huissier-commis, s'il n'a pas constit. av., soit à av. s'il en avait constit., et alors la signific. à pers. est égal. nécess. pour l'exéc., mais sans qu'elle la doive précéder de huitaine. Le délai de l'opposition est donc par lui-même suspensif de l'exéc. indépend. de toute opposition formée, à la différence du délai d'appel. Mais ce délai ne met pas obstacle aux actes conserv., tels qu'appos. de scellés, inscript. d'ypothèque, etc.

320. Le princ. que le délai de l'opposition est suspensif peut recev. deux except. : 1re exception : le trib. a la *faculté* de permettre l'exéc. prov. malgré l'éventual. de l'opposit., dans tous les cas de l'art. 135 sans aucune distinct. et sous la seule condition d'urgence ; mais l'opposition survenant, l'exécution sera suspendue.

321. 2e exception bien plus large : le trib. pourra, dans tous les cas où la mauvaise foi du défaillant apparaîtra et où il y aura péril en la demeure, ordonner l'exéc. prov., avec ou sans caution malgré l'opposition.

322. V. art. 156, dont la deuxième partie est de droit *nouveau*, mais dont l'ensemble est uniquement relatif au déf. faute de constitution. — Pour prévenir une nouv. perte ou un nouv. soufflement d'exploit, la loi exige que la signif. du jug. par déf. faute de constit. ait lieu par un huissier-commis; si elle était faite par un huissier non commis elle serait nulle, sans qu'on pût opposer l'art. 1030.

➤➤ 323. L'ajournem. a interrompu la prescript. et l'on a 30 ans pour exécuter un jug. contrad. ou même par déf. contre av. Au cont., quand il s'agit d'un jug. par déf. contre partie, par dérogation à l'ancienne jurispr., et au principe de la prescr. trentenaire, ce jug. doit être exécuté dans les six mois de son obtent., sous peine d'être réputé non avenu. Le motif de cette espèce de péremption, d'après la plupart des auteurs, est que, si l'on donnait à un tel jugement une durée de 30 ans, un individu de mauvaise foi pourrait faire condamner une personne, à son insu, garder le jug. par-devers lui et l'exécuter longtemps après, lorsque son adversaire n'aurait plus aucun moyen de former opposition ou bien aurait perdu ses titres. Mais aujourd'hui l'opposition à un tel jugement n'est plus renfermée dans un délai déterminé, elle peut être formée, en vertu des art. 158, 519, tant que l'exécut. n'a pas eu lieu et même jusqu'à une époque assez avancée de l'exécution (nᵒˢ 327 et s.). Cette innovat. d'une péremption spéciale du jugem. est plus nuisible qu'utile au défaillant, car il n'aura aucun répit; on se hâtera d'exécuter pour éviter la péremption.

324. Cette péremp. spéciale diffère en plusieurs points de la péremp. ord. Ainsi elle s'accomplit par six mois, au lieu de 3 ans, et quelquefois plus; elle porte seul. sur le jug. et non sur toute la procéd., dont les actes conservent leurs effets, de sorte que l'ajournement, par ex., n'interrompt pas moins la prescript.; enfin comme elle a lieu de plein droit, elle ne peut être couverte par des actes postér. d'exéc.; mais comme c'est là une prescrip., moyen qui ne peut être suppléé d'office, la null. des actes d'exéc. ne devra être pron. que sur les concl. du défaillant. Renvoi de la quest. de savoir si un commenc. d'exéc. suffit pour empêcher cette péremption (nᵒ 332).

⟫⟫→ **325** et s. Opposition. L'oppos. est la voie ordin. ouverte au défaill. pour faire rétracter le jugem. rendu contre lui et être admis à plaider. Les règles de l'oppos. varient selon qu'il s'agit du défaut contre av. ou du défaut contre partie; pour celui-ci on prend plus de précaut., parce qu'on peut soupçonner que le défaill. qui n'a pas const. av. n'a pas connu les poursuites.

326. L'opp. au jug. par déf. contre avoué n'est recevable que *pendant* huitaine à compter de la significat. à avoué.

327. D'après l'art. 158, l'oppos. aux jug. par défaut contre partie, au lieu de n'être recev. que pendant huit., comme autrefois, le sera jusqu'à la connais. de l'exéc. du jugem., parce qu'on peut croire que la signif., même par huissier-commis, n'est pas arrivée à sa destination. Dans les cas ci-après de la 1ʳᵉ partie de l'art. 159, pour que l'oppos. au jug. par défaut contre partie cesse d'être recev., il n'est pas néces. que l'exéc. soit achevée., comme il ne suffit pas qu'elle soit commencée, il faut qu'elle soit arrivée à un point tel qu'on ait tout lieu de croire que le défaillant l'a connue. Ainsi le jugement lui a été signifié; un commandement lui a été fait; ses meubles ont été saisis; ce commencement d'exéc. ne met pas encore obst. à l'oppos., parce que, à la rigueur, il a pu

rester inaverti. Il en sera autrement si les meubles ont été vendus aux enchères publiq., après l'emploi des moyens de publicité exigés par la loi; même effet sera produit par la dénonc. de la saisie immob., sans attendre la vente comme pour la saisie mobil., parce que cette dénonciat. a été précédée d'une grande publicité. Le payement des frais, acquiesc. tacite, aura le même effet.

328. Il se présente une difficulté très-sérieuse, quand le jugement ordonne quelque chose à faire par un tiers; tel sera, par ex., le cas où un jug. par défaut contre partie accorderait main-levée d'une opposit. à un mariage, dépens compensés; alors aucune des cond. de l'art. 156 ne se présentant, l'opposit. ne sera arrêtée que par la célébration du mariage. Même décis. après la radiat. d'une inscrip. hypoth. ou après le versement, dans les mains du saisissant, des sommes provenant d'une saisie-arrêt (V. la note, p. 306).

329. L'exéc. achevée de l'art. 158 et l'exéc. commenc., mais arrivée au point de la prem. partie de l'art. 159, mettent obstacle à l'oppos., parce qu'il y a présompt. de la loi que le défaill. a été averti de cette exéc., bien qu'à la rigueur il soit possible qu'il ne l'ait pas été. La deux. partie de l'art. 159, bien interprétée, va plus loin encore; il suffit d'un simple commencement d'exéc., pourvu que la présomp. précéd. soit suppléée par la certitude que le défail. a été averti de ce commenc. d'exéc. sans avoir formé imméd. oppos. comme, par ex., s'il a signé le procès-verbal ou s'il est constitué gardien des meubles saisis sur lui-même, ou bien, enfin, lorsqu'il a const. avoué pour défendre à la dem. en valid. d'une saisie-arrêt pratiquée en vertu du jugem. par défaut. — Le mot *exécution*, dans la deux. partie de l'art. 159, n'a pas le même sens que dans la prem. partie et dans l'art. 158, s'il fallait que l'exéc. fût complète ou parvenue à l'un des points ci-dessus indiqués, il serait inut. de savoir si le défaillant a été ou n'a pas été averti.

330. Bien qu'en princ. l'attest. d'un officier minist. fasse foi jusqu'à inscrip. de faux, cependant la déclar. de l'huiss., qu'il a signifié à la personne du défail. un acte d'exéc. ne suffit pas pour établir la certitude que le défaillant a connu cet acte, il faut que la certit. soit manifeste, comme lorsqu'elle résulte de la signat. ou de l'aveu du défaill., etc. — Ce n'est pas la connais. de l'exist. du jug., mais celle de son exéc. qui met obst. à l'opposition, parce que, tant qu'il ne s'agit que du jugement, le défaillant peut espérer qu'on ne s'en prévaudra pas, dans la crainte d'une opposition bien fondée.

331. L'art. 159 n'est pas l'explic. de l'art. 156; si l'exéc. simplem. commencée ne suffit pas pour arrêter l'oppos. (nᵒ 327) au contr., un commencement quelconque d'exéc. suffit pour empêcher la péremp. du jug. par défaut (n°s 323, 324). En effet, le but de l'art. 159 est d'entourer d'une grande publicité l'exécution, pour empêcher que le jug. ne devienne définitif. Au contraire, le but de l'art. 156 est de punir la négligence de celui qui reste six mois sans tirer parti du jugement par défaut, et il n'y a rien à reprocher à celui qui a fait preuve de diligence en faisant un acte d'exécution, par ex., un command., une saisie. L'opinion contr. qui soumet l'exéc. relat. à la péremp. aux condit. de l'exéc. relat. à l'oppos. est donc sans fondem. ; elle est même contr. aux intérêts du défaill., que l'art. 159 veut protéger, puisqu'elle tend à aggraver la rigueur des poursuites. Ainsi, un procès-verbal de carence, constatant qu'il n'y a rien à saisir, suffit pour empêcher la péremp., parce qu'il était imposs. de faire plus ; mais il ne suffit pas pour arrêter l'opposition, puisqu'on ne se trouve ni dans les termes de l'art. 158, ni dans ceux de l'art. 159, à moins qu'il ne soit signé du débiteur ou fait en sa présence.

➤➤➤ **332** et suiv. Forme de l'opposition.

333 L'oppos. au jugem. par défaut contre av. est formée par acte d'avoué à avoué. Cet acte doit contenir les moyens de l'opposition, en termes exprès ou par renvoi aux moyens de défense, car il y a jug. par défaut, bien que les conclusions aient été prises dans les écritures, si elles n'ont pas été déposées à l'audience.

➤➤➤ **334**. Le délai de l'oppos., et, à plus forte raison, l'opposit. elle-même, sont ordin. suspensifs de l'exécution, à moins qu'il n'y ait lieu à l'exéc. provis. Pour que la suspension ait lieu, il faut qu'il s'agisse d'une oppos. régulière en la forme, mais peu importe qu'elle soit fondée ; l'oppos. irrég., comme l'appel irrégul., n'arrête pas l'exéc., en ce sens que les poursuites faites malgré l'opposition seront déclarées valab. L'opposition irrégul. sera rejetée sur simple acte, sans aucune instruction.

335. A l'instant où l'exéc. du jug. par défaut contre partie est connue ou réputée connue du défail., l'oppos. doit être formée, soit par un simple exploit notifié à la requête du défail. à la personne, au dom. ou à l'av. du poursuivant, soit même par une simple déclaration sur les actes d'exécution, à la charge de la réitérer, avec constit. d'av. par requête, dans la huit. ; ce délai passé, elle ne sera plus recev., l'exéc. sera continuée.

336. Si celui qui a obtenu le jug. a perdu son av., il doit notifier au défail. une nouv. constitution d'av., afin que la réitér. d'oppos. puisse avoir lieu.

➤➤➤ **337**. Les frais d'une deux. requête d'oppos. resteront à la charge du défaillant.

338. Le jug. par défaut peut ordonner

quelque chose à faire par un tiers. V. art. 163, 164, et n°s 804 et 805.

➤➤➤ **339**. Comme des dem. incid. peuvent s'élever pendant l'inst. princ., il peut y avoir plusieurs défauts, et partant plus oppos. ; mais on ne peut former une deuxième opposition au jugement par défaut contre avoué, intervenu sur une première opposition..

QUINZIÈME LEÇON.

➤➤➤ **340** et suiv. Division ; Procéd. incidente.

TITRE IX. — DES EXCEPTIONS   816

341. En droit rom. les except. constituaient une deuxième condition mise dans la formule et dans l'intérêt du défend., et à laquelle était subordonnée la *condemnatio* ; elles avaient pour but de tempérer, par des considér. d'équité, la rigueur du droit civil, tandis que chez nous la loi doit être appliquée à la lettre. Elles tenaient au système de la procéd. formulaire, qui n'existe pas dans notre droit, où le mot *exception* a cependant été transporté, mais avec une acception différ. Aussi ne faut-il appliquer aux excep. françaises, ni les règles, ni même, malgré quelques auteurs, les qualifications et les divis. des excep. rom. ; si quelques mots sont les mêmes, les idées diffèrent. Ainsi, à Rome, on divisait les except. en *dilatoires*, et en *péremptoires*, et nos anciens auteurs avaient subdivisé ces dernières en *pérempt. de la forme* et en *pérempt. du fond ;* cette divis. est inapplicable aujourd'hui, car si l'on trouve dans le C. Pr. les except. dilat., elles n'ont aucun rapport avec celles des Romains, et on ne les oppose pas aux except. péremptoires.

342. En droit franc. une except. est ce qui tend à suspendre l'examen d'une dem., à en critiquer la forme, sans s'occuper du fond. C'est donc dans un sens abusif que, dans les art. 1360 et 1361 du C. C., l'on prend le mot *except.* comme synon. de *défense :* une except. est bien un moyen de défense, mais toute défense n'est pas une exception.

343. § 1er. — DE LA CAUTION A FOURNIR PAR LES ÉTRANGERS.   320

Si le défend. le requiert, l'étranger, *demand.* principal ou intervenant, quel que soit son rang, doit fournir caut. de payer les frais et les dom.-intérêts du procès auxquels il pourra être condamné, parce que, sans cela, il lui serait trop facile de se soustraire aux poursuites de son advers. — L'étranger défend. n'y est pas soumis, même pour une dem. reconvent., qui est considérée comme un moyen de défense, sinon il pourrait être condamné sans avoir été entendu, faute d'avoir pu fournir caution.

344. Le défend. peut ne pas exiger caut. il est même présumé y avoir renoncé, s'il ne l'a pas demandée avant toute excep. dans une requête d'avoué à avoué ne pouvant contenir plus de deux 1ô es. — Mais la renonciation en 1re instance n'empêche pas de demand. la caution en appel.

345 Comme la loi ne paraît pas avoir eu l'intention d'accorder une faveur spéciale aux Français, qu'elle ne distingue pas, et que le motif est le même, la caution peut être demandée, contre le demand. étranger, par un défendeur également étranger, actionné en matière réelle, et même en matière personnelle, s'il ne propose pas l'incompét. des juges français. (V. cepend. la note, p. 323.)

346. Cette caut. n'est pas exigée en matière comm. (V. art. 423) ou lorsqu'il s'agit d'un demandeur étranger admis à résider en France et à y jouir des droits civils ou appartenant à une nation avec laquelle il existe des traités à cet égard (Suisse, Sardaigne).

347. La caution a lieu pour les frais et pour les dom.-intérêts, mais seulem. pour ceux qui résultent du procès, par ex., pour le tort causé par le procès même, ou s'il y a injures, vexations, calomnies.

348. Le jug. qui ordon. la caut. évalue la somme à fournir. Si le demand. consigne cette somme ou justifie qu'il a en France des immeubles suffis., il est dispensé de la caut. — Si l'estim. devient insuff. dans le cours du procès, il paraît difficile de pouvoir demander un supplément.

349. § 2. DES RENVOIS.   325

On appelle ici improprement *renvoi* le déclinatoire ou exception pour incompét., car le renvoi proprement dit, art. 368 et s., est la transmission d'un procès déjà e. tamé. d'un trib. à un autre, pour cause de parenté ou alliance entre un certain nombre de juges et l'une des parties. Entre le renvoi et le déclin. il existe plusieurs différ. : — Le déclin. pour incompét. n'est pas fondé, comme le renvoi, sur un soupçon de partialité. — Le déclin. se propose, par requête d'avoué à avoué, *in limine litis*, et le renvoi par une déclaration au greffe pouvant être faite tant que les conclusions n'ont pas été po-ées. — Dans le déclin. le tribunal, se borne à déclarer son incompét., laissant aux parties à se pourvoir dev. qui de droit; l'instance est considé ée comme non-avenue, sauf l'interrup. de la prescrip., un nouvel ajourn. est nécessaire pour saisir le tribunal compét. Au contraire, dans le renvoi, l'inst. est reprise, par le nouveau tribunal, au point où elle en était.

⇒ 350. La partie appelée dev. un trib. incompét. peut lui demander qu'il se déclare incompét., et l'époque à laquelle cette dem. doit être formée varie selon qu'il s'agit de l'une ou de l'autre des deux espè-

ces d'incompét. — Il y a incompét. absolue, ou *ratione materiæ*, lorsque, contrairem. aux lois d'organis., on porte un procès devant une jurid. qui n'a pas droit de connaître des affaires de cette nature. — Il y a incompét. relative, ou *ratione personæ*, lorsque, entre les trib. de la même jurid., on saisit celui qui, par des motifs d'intérêt privé, n'a pas spécialement mission de conn. de l'aff., mais qui connaît d'aff. semblables. — L'incompét. à raison de la mat. étant d'ordre public peut être invoq. en tout état de cause : elle doit aussi être pron. sur les concl. du ministère pub. ou même d'off.

351. Il n'y a pas incompét. *ratione materiæ*, mais *rat. pers.*, lorsqu'on assigne en mat. réelle devant un tribunal autre que celui de la situat., mais de même ordre que ce dern. — L'incomp. à raison de la personne doit être proposée avant toute except. et défense, autrem. on est censé y avoir renoncé.

352. Il y a plus. différ. de résultats entre ces deux sortes d'incomp. : ainsi la première peut être propos. en tout état de cause, la seconde seul. *in limine litis*; la prem. peut être invoq. même par le demand., la seconde seul. par le défend.; la prem. doit être pron. d'off., pour la seconde le trib. n'est pas tenu de se dessaisir, il a la liberté de rester saisi ou de se déclarer incompétent, à la différ. du juge de paix (V. n° 615).

353. Lorsqu'une aff. commerc., au lieu d'être portée dev. le trib. de comm. du lieu, est portée dev. le trib. civil, il y a incomp. *rat. mat.* Vainement, dans l'opin. cont., fait-on le raisonn. suiv. : « En principe, la jurid. tout entière appartient aux trib. civils, et si quelques aff. spéciales ont été confiées aux trib. de com. ce n'est que dans un intérêt privé; donc ici l'incomp. est pur. personnelle. » La conséq. est compl. fausse, car la jurid. civ. ne peut être pleine dès lors qu'on a retranché les aff. comm. pour les attribuer aux trib. de comm.; c'est ce qui résulte de la L. du 24 août 1790, conforme à l'anc. jurispr. où l'on voyait là une incomp. *ratione materiæ*.

⇒ 354. L'except. d'incompét. doit-elle être proposée avant celle de la caution? Renvoi au n° 367.

⇒ 355. et s. Except. de litispendance et de connexité.

356. Il y a litispend. lorsque la dem. formée dev. un trib. est déjà pend. dev. un autre; alors, pour éviter l'inconvénient de décis. oppos. qu'il serait imposs. d'exécuter simultanément, le défend peut opposer l'except. de litisp. et demander son renvoi devant le tribunal déjà saisi. — Très-souvent cette except. sera inutile parce que, le deux. trib. étant incomp., l'excep. d'incomp. suffira; cependant il y a beaucoup de cas où l'except. d'incomp. étant inapplic., celle de litisp. aura de l'intérêt : il en sera ainsi, par ex., dans le cas d'act. mixte si l'aff. a été portée success. aux deux trib. comp. ou bien lorsque deux défend. ont été, en mat. personn., assignés tous deux devant leurs trib. respectifs, ou bien l'incomp. pers. du prem. tribunal ayant été couverte par le défend., le deux. trib. est incomp., ou, enfin, quand l'incomp. du deux. tribunal a été couverte par la défense.

357. Il y a connexité lorsque deux dem. ont entre elles une intime liaison ; par ex., lorsque le vendeur, demandant la rescision au trib. du dom. de l'acheteur, celui-ci intente, à son tour, devant le tribunal du dom. du vendeur, une act. en remise de titres. Le tribunal saisi le second doit renvoyer l'affaire au prem., parce qu'autr. l'exéc. des deux décisions opposées se contrarierait.

358. Indépendam. de ces deux excep., une autre voie bien différ., le règlem. de juges, mène au même but ; elle consiste à se pourvoir devant un jug. sup. (V. art. 363), pour qu'il détermine lequel des deux tribunaux restera seul saisi.

359. Dans le silence de la loi, on doit décider que ces deux exceptions peuvent être présentées en tout état de cause. Cependant quelques auteurs veulent qu'elles soient propos. *in limine litis* que l'incompét. *ratione personæ*, mais l'assimil. n'est pas exacte. ces exceptions sont à quelques égards d'ordre public, et l'incompétence *rat. personæ* est seule d'intérêt privé. Ensuite il est possible que la litisp. ou la connexité ne se révèle que dans le cours de l'inst., lorsque les parties ou l'une d'elles étant décédées, les hérit. seront en inst. Enfin, si, pour l'incompét., le demand. a intérêt à se prévaloir du silence de son advers., afin d'être jugé plus prompt., il n'a pas ici le même intérêt, puisque la contrar. des décisions pourrait donner lieu à cassation.

360. Si des dem. identiques ou connexes sont ouvertes devant deux chambres du même tribunal, les avoués se présenteront devant le président qui statuera sur la jonction des demandes.

⟫→ 361. Toute demande en renvoi doit être jugée *sommairement* ; seulement, à la différence des mat. sommaires s'instruisant sans écritures de défense et de réponse, il y a lieu ici à ces écritures, art. 75 du tarif (V. n° 598).

362. Comme il importe que le tribunal se dessaisisse prompt. s'il y a lieu, la dem. en renvoi doit être vidée avant le fond, qui ne peut être décidé que huit. au plus tôt après ce jugement préal., parce qu'aucun jug. ne peut être exéc. avant d'avoir été signifié à avoué, et qu'un jug. sur une question de compét., sujet à l'appel, ne peut être exécuté dans la huitaine de sa prononc.

— Ce n'est que par exception que les tribunaux de commerce peuvent joindre le déclinatoire au fond.

363. § 3. — DES NULLITÉS. 338

Les juges ne peuvent se dispenser d'appliquer les nullités invoquées par une partie, mais elles ne peuvent être suppléées (V. art. 1029, 1030). Il s'agit ici des nullités d'exploits, d'actes d'instruct., et non des nul. résultant de l'inobserval. des règles du droit civil, même des règles de formes. Ainsi la nullité qui se trouve dans une donation peut être invoquée en tout état de cause.

364. La comparut. du défendeur, ne couvre pas les vices de l'ajourn., même ceux résultant du défaut d'indic. suffis. dans les prénoms, domic. ou profession du défendeur, bien qu'on puisse dire, comme on le faisait général. avant l'ordon. de 1667, que le but de ces indicat. est d'assurer la remise de l'exploit, et qu'il est bien certain qu'elle a eu lieu, puisque le défendeur a comparu ; mais la loi n'a pas fait de distinction, parce qu'elle a voulu empêcher que, par un silence calculé, le défendeur n'occasionnât des frais inutiles, en se laissant condamner par défaut, sauf, lors de l'exécution, à soutenir qu'il n'a rien reçu, de façon à forcer son adversaire à présenter un original vicieux, qui serait annulé avec tout ce qui l'aura suivi.

365. L'exploit annulé n'aura pas interrompu la prescription.

366. Les nullités d'exploits sont couvertes, on est censé y avoir renoncé tacit. ; si elles ne sont pas propos. *in limine litis*, avant toute excep. autre que celles de caut. et d'incompét. (n° 367). — Les nullités survenues pendant l'instance sont couvertes si elles ne sont pas propos. avant la reprise de la discussion sur le fond.

367. Quelques auteurs, se fondant sur l'art. 169, qui veut que l'incompét. soit proposée avant toute autre excep., sur l'art 173 d'après lequel l'excep. de null. ne peut être primée que par celle d'incomp., rejettent au 3e rang l'except. de caut. soulevée contre le demand. étranger. Mais, comme il est évident que l'art. 166, relatif à la caut., et l'art. 169, présentent une antinomie, puisque chacun d'eux veut que l'exception dont il parle soit prop. avant toute autre ; comme lors de la discuss. au conseil d'État, la propos. du Tribunal de placer l'excep. de caut. au 3e rang fut repoussée ; enfin comme le but de la loi d'assurer le remboursem. des frais serait manqué, si l'except. de caut, ne venait qu'en 3e ordre, puisque les deux autres pourraient occasionner de frais consid. dont rien ne garantirait le payem., il faut décider qu'en cas de concours des except. devront être propos. dans l'ordre de leur classific., et l'except. de caut. est la première.

SEIZIÈME LEÇON.

§ 4. — DES EXCEPTIONS DILATOIRES.   312

368. Les exceptions dilatoires sont celles où le défendeur conclut directement à l'obtention d'un délai, ce qui les distingue des autres, où le délai n'est qu'une conséquence indirecte.

➤➤ **369.** Renvoi de la question de savoir s'il n'y a que deux exceptions dilatoires (nos 406 à 411). — V. art. 174, qui est la reproduction des principes du droit civil, au lieu d'en être l'application à la procédure.

370. L'héritier légit. étant mis, tant qu'il n'a pas renoncé, aux lieu et place de son auteur aussitôt qu'il est décédé, les créanciers de la succession, afin d'interrompre la prescription ou de faire courir les intérêts, peuvent agir contre cet héritier, qui alors a droit de demander un délai pendant le temps qui lui est accordé pour faire inventaire et délibérer sur le parti qu'il doit prendre; accepter la dévolution de la loi purement et simplement, ou seul, sous bénéfice d'invent., ou s'en dépouiller par la renonciation.

371. Cette demande d'un délai, qui constitue une exeption dilatoire, n'infirme pas l'ajourn. Les résultats de cette exception varient selon les hypothèses. — 1re hyp. Dès que l'héritier a accepté purement et simplement, quand même on serait encore dans le délai des trois mois et quarante jours, l'exception dilatoire ne peut plus être proposée. — 2e hyp. Il en est de même lorsqu'il a accepté sous bénéfice d'inventaire; seulement les condamnations ne porteront ni sur sa personne ni sur ses biens, mais sur les biens de la succession. — 3e hyp. Si l'hérit. a renoncé, cette renonciation, le faisant considérer comme n'ayant jamais été héritier, met fin à toute poursuite contre lui, il n'a plus besoin d'exception dilatoire.

372. Cependant les actions dirigées contre lui, jusqu'à cette renonciation, produisent leurs effets ordinaires, parce que les créanciers n'ont pu trouver d'autres représentants de la succession que l'héritier saisi par la loi.

373. 4e hyp. Si dans les délais légaux ou judic. l'héritier n'a pas pris parti, il ne peut plus invoquer l'exception dilatoire, bien qu'il puisse encore faire sa triple option, jusqu'à ce qu'un jug. passé en force de chose jugée l'ait condamné comme héritier pur et simple. Les frais faits après les délais, jusqu'à la renonciation sont à la charge du renonçant. Le successible peut être condamné comme héritier pur et simple, soit avant, soit depuis l'expiration des délais, s'il a fait acte d'héritier; alors il est question de savoir si ce jug. peut être invoqué par quiconque y a intérêt. — Renvoi aux cours du Code civil.

374. Lorsque la communauté est dissoute, la femme, qui, alors même qu'elle accepte sans restriction, n'est jamais tenue au delà de son émolument, a, pour accepter ou renoncer, les mêmes délais que l'héritier et pendant ces délais elle peut invoquer l'exception dilatoire.

375. Lorsque la communauté est dissoute par la mort du mari, comme la femme se trouve en possession de fait de la communauté, elle est, comme l'héritier, présumée acceptante, tant qu'elle n'a pas renoncé, et elle a qualité pour recevoir les demandes au moins pour sa part. — Au contraire, lorsque la communauté est dissoute par la séparation de corps ou de biens, le mari restant en possession, la femme est présumée renonçante tant qu'elle n'a pas accepté sa part; il semble donc que, jusqu'à son acceptation, elle ne devrait pas avoir qualité pour recevoir les demandes; cependant l'art. 174 ne distingue pas. Mais après les trois mois et quarante jours, comme on n'est plus dans la lettre de l'art. 174, il paraît difficile que la femme puisse recevoir les assignations.

376. La femme même séparée de biens a droit d'accepter la communauté qui peut n'être pas encore entièrement ruinée.

➤➤ **377** et s. Exception de garantie. — La garantie est l'obligation légale ou conventionnelle d'indemniser quelqu'un de certains préjud. ou de le protéger contre certaines attaques. Elle a lieu, par ex., de la part des cohérit., en cas d'éviction des biens hérédit., ou de la part du vendeur en faveur de l'acheteur évincé.

378. Il y a un lien entre la garantie, matière de droit civil, et la procédure lorsque la garantie est formée incidemm. au lieu de l'être principalem. En la formant incidemment, on évite les lenteurs, les frais et la contrariété possible de deux jugements.

379. Quant au rapport de la garantie avec les exceptions dilatoires, il consiste en ce que celui qui a droit à la garantie peut obtenir un délai pour appeler son garant, et que le garant peut en obtenir un pour appeler un sous-garant.

➤➤ **380** et suiv. Division, délais, forme, compétence, résultats de la garantie incidente (V. art. 175).

381. V. art. 176.

382. L'héritier, qui est dans le délai des trois mois et quarante jours peut l'invoquer avant celui de la garantie.

383. V. art. 178. — Ces mots *ou autre cause privilégiée*, qui, dans l'ordonnance de 1667, se référaient aux églises, hospices, etc., jouissant anciennement d'une prolongation de délai, sont inutiles maintenant que rien de pareil n'existe.

384. Après les délais légaux, la garantie

peut encore être exercée, mais sans suspendre la demande originaire.

385 et s. Dans quelle forme et à quelle époque doit être proposée l'exception de garantie? Dans le délai de l'assignation primitive, le défendeur devra, par acte d'avoué à avoué, notifier au demand. qu'il va former sa dem. en gar., alors la dem. origin. sera suspendue jusqu'à ce que le garant ait pu être mis en cause.

386. La notification d'av. à av. n'est pas nécessaire lorsque l'assignat. en garantie est donnée à comparaître le même jour que l'assign. princip., ou bien lorsque cette dernière est donnée à plus de huitaine, parce que les deux échéances de comparution peuvent se confondre. Le délai de l'assignation en garantie peut même échoir avant celui de l'assignat. princip. si cette dernière est soumise à des délais de distance, qui ne s'appliquent pas à la dem. en garantie.

387. Lorsque le délai de l'assign. en garantie n'est pas échu à l'expiration du délai orig., il ne peut être requis défaut contre le défendeur.

388. Une simple déclar. de la dem. en gar. dans les délais de l'assign. orig. suffit aujourd'hui ; l'ordonnance de 1667 exigeait, dans ces délais, la preuve de la demande en garantie, chose impossible. Cette preuve n'est faite maintenant qu'après les délais de distance d'aller et de retour de l'exploit pour appeler garant ; si cette preuve n'est pas faite et que le défendeur ait fait une déclaration mensongère, il sera passible de dommages-intérêts pour le retard causé par son fait.

389. A la diff. des autres exceptions, celle de gar. est opposée par une simple déclaration : c'est au demandeur qui la conteste, en soutenant, par exemple, que le prétendu garant est un individu qui n'est pas soumis à la garantie, c'est au demandeur à présenter une requête pour repousser la garantie, et l'incident sera jugé sommairement.

390. Afin d'éviter une contrar. de jug., les garants, au lieu d'être appelés devant les juges de leur domicile, le sont, bon gré, mal gré, devant le tribunal saisi de la demande origin. ; mais pour cela il faut que ce tribunal soit seul. incompét. *ratione personæ.*

391. Mais s'il paraît que la demande orig. a été formée pour distraire les prétendus garants de leurs juges naturels, ils y seront renvoyés sur leur demande.

392 et s. Garantie formelle et garantie simple. La garantie formelle est celle qui est exercée par le défendeur orig. à une action réelle, comme lorsque, poursuivi en revendication, il demande à mettre en cause celui qui a vendu l'immeuble. — Le mot *hypothécaires,* dans l'art. 182, est

un pléonasme, puisqu'il était compris dans le mot *réelles.* La garantie simple est celle qui est exercée par le défendeur orig. à une action personnelle, comme lorsque la caution, poursuivie par le créanc., demande à mettre en cause le débiteur principal.

393. Celui qui a donné caution est, au point de vue de la procédure, le garanti, dans ses rapports avec le débiteur principal, qui est le garant. Au contraire, au point de vue du contrat, la caution, dans ses rapp. avec le créanc., est le garant, et le débiteur princ. le garanti. — La caution peut appeler en gar. le débiteur principal, mais ce dernier ne peut appeler la caution.

394. Dans la garantie simple, le défendeur originaire, personnellement obligé, ne peut se faire mettre hors de cause : au contraire, dans la garantie formelle, cela lui est permis, parce que, simple détenteur, il n'est pas personnellement obligé.

395. Dans la garantie simple, le garant débiteur principal peut seul. intervenir, sans prendre le fait et cause de la caut., alors l'avantage de la garantie est que le même jugement qui condamne la caution envers le créancier, condamne le débiteur envers la caution.

396. Dans la garantie formelle, le garant a toujours la faculté de prendre le fait et cause du garantie, parce que cela ne peut nuire au demandeur.

397. Lorsque le garant formel reste intervenant passif, il est condamné à indemniser le défendeur par le même jug. qui condamne celui-ci envers le demandeur.

398. Mais ce garant formel, qui en réalité est le vérit. intéressé, peut jouer un rôle actif en prenant, bon gré, mal gré, le fait et cause du garanti.

399. Le garanti formel peut être mis hors de cause, s'il le demande avant tout jugem. Il peut aussi rester dans la cause pour y défendre ses droits.

400. Résumé.

401. Le garanti formel, quoique mis hors de cause, a un intérêt à s'y faire représenter par un avoué, afin de pouvoir rentrer dans la cause par une simple déclaration, sans être obligé de faire admettre une requête d'intervention, et afin de pouvoir, au dernier moment de l'instance, réclamer des dommages-intérêts contre le garant.

402. Le demandeur qui a des droits directs à conserver contre le défend. primitif comme restit. de fruits, domm.-int. pour dégradations, peut demander qu'il reste en cause, et alors il aura aussi recours contre lui pour les dépens, en cas d'insolvabilité du garant. Le seul intérêt de la conservat. éventuelle des dépens ne justifierait pas cette prétention du demandeur, parce qu'autrement le garanti ne pourrait jamais se faire mettre hors de cause.

403. Lorsque les demandes orig. et en garantie sont simultanément en état, le même jug. les décide ; sinon, elles seront disjointes, et le tribunal fera droit à la demande orig., sauf à lui de prononcer plus tard sur la demande en garantie.

404. Pour que le jug. rendu contre le garant formel soit exécutoire relativement au fond contre le garanti, mis hors de cause ou pur. et simpl. ou avec assist., il suffit qu'il soit signifié à ce garanti. — Quant aux dépens et dommages-intérêts, ils ne peuvent être poursuivis que contre le garant défend. Cependant, si le garanti est resté en cause, il est tenu des dépens en cas d'insolvab. du garant. Il est même tenu direct., s'il est resté défend., sauf son recours. S'il a été mis hors de cause, il n'est tenu du jug. que pour le fond. Il est tenu, dans tous les cas des dommages-intérêts résultant de son fait.

➡➤ **405** et s. Quand et comment les exceptions dilatoires sont proposées. Les exceptions dilatoires doivent être proposées après celles des §§ 1, 2, 3, conjointement, afin qu'on ne s'en serve pas pour gagner du temps en les opposant successivement, et avant toutes défenses au fond, autrement on est censé y renoncer, puisqu'on n'invoque pas le délai qu'on aurait pu obtenir.

406. La règle est qu'elles doivent être proposées conjoint. Cependant, par exception, celle des trois mois et quarante jours peut l'être avant celle de gar.; or, le C. de Pr. ne fait mention que de ces deux excep., dès lors l'except. semble détruire la règle. Cela tient à ce que, dans l'ancien droit, on regardait comme except. dilat. plusieurs moyens de défense. Ainsi les allégations qu'une créance est conditionnelle ou à terme, qu'un demandeur est incapable, ne sont pas des excep. dilat., car ce ne sont pas des moyens empruntés à la procéd., mais au fond, ce sont de véritables défenses; la déchéance de l'art. 186 ne s'y applique pas. De sorte que celui qui commence par nier la créance, ce qui est la seule marche rationnelle, peut mainten. soutenir que le terme n'est pas arrivé. Si l'on a qualifié d'except. dilatoire de pareils moyens, c'est qu'on a mal à propos appliqué les idées rom. au droit français.

407. Le défend. qui a pu soutenir de bonne foi, et qui, d'après l'ordre logique des idées, a dû soutenir d'abord la non-existence de la créance, est encore recevable, une fois la créance reconnue, à alléguer l'incapacité d'agir du demandeur. Ce n'est pas là une except. dilat. à laquelle soit applicable la déchéance de l'art. 186, c'est un moyen tiré du fond du droit et non un moyen de forme ou du délai de procédure.

408. De même le bénéfice de discussion des biens du débit. princ., invoqué par la caution actionnée en justice, est une exception, mais n'est pas une excep. dilat., en sorte que la caut., après avoir inutil. nié la qualité de caut., peut ensuite demander la discussion, sans qu'on puisse lui opposer la déchéance de l'art. 186. Le but direct de cette exception est de n'être pas tenu à payer, le délai n'en est qu'une conséq. indirecte. Quelquefois la caution est poursuivie extrajudiciairement par le créancier porteur d'un titre exécut.; alors le bénéfice de discussion qu'elle oppose n'est pas une exception, puisqu'il n'y a pas d'action.

409. Par les mêmes raisons, le détent. d'un bien hypothéq., après avoir nié l'hypothèque, peut demander la discussion.

410. De même, enfin, le bénéfice de division, invoqué par l'une de plusieurs cautions attaquée pour le tout, n'est pas une except. dilat., mais un moyen du fond non soumis à la déchéance de l'art. 186.

411. Les art. 186, 187 sont inexplic., à moins de considérer comme except. dilat. le cas de l'art. 1225 C. civ., lorsque l'un de plusieurs débit. d'une chose indivisib. attaqué pour le tout, demande un délai pour mettre en cause ses codébiteurs : ou bien, ce qui est probable, à moins de regarder le mot *conjointement* de l'art. 186 et le pluriel de l'art. 187 comme insérés sans réflexion dans ces textes.

§ 5. — DE LA COMMUNIC. DES PIÈCES. 385

412. Chaque partie peut, par un simple acte, demander communic. des pièces dans les trois jours de leur emploi et obtenir une délai pour les vérifier. Dans les trois jours, la communic. est de droit; après ce délai, le trib. peut l'accorder ou la refuser, selon qu'il la juge utile ou qu'il y voit un prétexte pour gagner du temps.

413. Elle peut être accordée à l'amiable ou ordonnée par le trib. Elle peut avoir lieu par la remise des pièces dans les mains de l'av. adverse ou par la voie du greffe (V. art. 189, 190).

414. L'av. qui, dans le délai fixé, ne renvoie pas les pièces, y sera contraint même par corps; il sera soumis à des dommages-intérêts.

DIX-SEPTIÈME LEÇON.   387

➡➤ **415.** Seconde divis. de la procéd. incid. Procédure relative aux preuves. Aperçu général.

TITRE X — DE LA VÉRIFICATION DES ÉCRITURES.   388.

416. Les preuves littérales se divisent en deux grandes classes : écrit. auth., et écrit. privées. L'acte privé n'a ni force exéc., ni foi; c'est à celui qui l'invoque à prouver sa vérité par la vérif. d'écritures.

➡➤ **417.** La vérif. est incid. lorsqu'elle est demandée dans le cours d'un procès, c'est le cas le plus ord.; elle est princ. lorsqu'elle est demandée direct. Bien que le plus souvent la vérificat. soit incid., le titre X ne parle que de vérif. princ.; mais sauf de légères différences dans l'introduction de la demande, les règles de l'une s'appliquent à l'autre.

418. L'intérêt de la reconn., ou, en cas de dénég., de la vérif. princ., est de donner à l'acte privé la force d'un acte auth.; de prévenir ainsi les contest. de la part du débit., et surtout de ses hérit.; de dispenser de la concil.; de réduire à trois jours le délai de l'assign.; d'abréger les délais de l'instruct. et de pouvoir prendre plus promptement des inscript. hypothéc.

419. Division. — § 1. Procéd. afin d'obtenir le jug. qui ordonne la vérification. —En général, c'est sur la signature que porte la vérif. (V. cep. 1326, 1331 et 1332 C. civ.)

420. Le titre *des reconnaissances ou vérifications d'écritures* eût été plus exact; car le défendeur assigné peut reconnaître l'écriture sans vérificat.: alors le trib. donne act. de la reconnaissance qui se trouve acquise pour l'avenir.

421. Si le défend. reconnaît sa signature, il ne paye pas les frais de l'instance en reconnaissance. Quant à l'enregistr. de l'écrit reconnu, comparez notre art. 193 avec l'art. 2., L. 3 septembre 1807. — S'il dénie l'écriture, applicat. de l'art. 130 Pr.

422. 423. La preuve doit être faite par celui qui produit l'acte s. s. privé. En général, la preuve est à la charge de celui qui combat contre la probabilité résultant des faits. Or l'écrit, quand il est contesté, ne suffit pas pour mettre la probabilité en faveur de celui qui le produit. (V. art. 1315 C. civ.) Ces principes s'appliquent sans distinguer si l'écrit est produit par le créancier pour prouver l'obligat., ou par le débit., pour prouver la libération.

424. Cette demande n'est jamais soumise au prélim. de conciliation. L'assignation est donnée à 3 jours francs, par exploi si la dem. est principale; par acte d'avoué si elle est incidente.

425. 1° Si le défend. reconnaît l'écrit, le trib. donne acte de la reconnaissance, et il n'y a pas de procès.

426. 2° Si le défend. fait défaut, l'écrit est tenu pour reconnû, sans que le trib. ait à examiner la valeur de l'écrit. Le silence du défend. est considéré comme une reconnaissance tacite. — Quoique l'art. 194 n'applique cette décision qu'au défaut c. partie, il faut appliquer au défaut c. avoué par arg. *à fortiori.*

427. 3° Enfin il y a procès si le défend. dénie la signat. qui lui est attribuée ou ne reconnaît pas celle qui est attribuée à son auteur. Le trib. a le droit, en motivant sa décision, de tenir *de plano* l'écrit pour vrai ou pour faux. — Il peut aussi ordonner la vérific. par titres, c'est-à-dire par d'autres écrits non contestés, ou par experts ou par témoins.

428. V. art. 196.

429. § 2. Vérification proprement dite. Elle comprend 4 phases: 1° dépôt de la pièce. Il a lieu au greffe. La pièce est paraphée, *ne varietur*. Le défend. en prend communic. dans les 3 jours du dépôt, s'il y a assisté; sinon les trois jours partent de la signific. du procès-verbal de dépôt.

430. 2° Des pièces de comparaison. Les experts, et plus tard les juges comparent l'écrit contesté avec d'autres écrits non contestés et émanés de la partie à laquelle l'écrit contesté est attribué. La partie la plus diligente somme l'autre de comparaître devant le juge commiss. pour convenir des pièces de comparaison. (V. art. 199, les conséquences du défaut, sauf l'opposition.)

431. Si les parties conviennent à l'amiable d'admettre certaines pièces de comparaison, pas de difficulté. — Si elles ne sont pas d'accord, la loi admet comme telles les signatures mises par une personne sur des actes authentiques, même sur un procès-verbal de conciliation, et les pièces écrites par elle comme personne publique.

432. Quant aux actes s. s. privé, on n'admet comme pièces de comparaison que ceux qui n'ont jamais été déniés ou méconnus; c'est une application de l'art. 1351 C. civ.

433. Il faut décider de même à l'égard des actes authent. qui ont été l'objet d'une inscription de faux. Ils ne peuvent servir de pièces de comparaison, même après qu'un jug. aura reconnu leur sincérité.

434. Le mot *juge* seul (art. 200) doit s'entendre du trib., et non du juge-commissaire.

435. Le trib. peut faire apporter au greffe, par ceux qui en sont dépositaires, des actes s. s. privé, et même des minutes d'actes notariés pour servir de pièces de comparaison; si le déplacement n'est pas possible, la vérif. se fait au lieu où se trouve la pièce, le registre; et procès verbal des opérations est dressé.

436 La loi a pris des précautions pour que les intéressés puissent se procurer des copies des pièces déposées au greffe du trib. (V. art. 203, 205, 245 Pr., et 255 I. cr.)

437. En cas d'insuffisance des autres moyens, on dicte au défend. un corps d'écritures. Mais il y a à craindre qu'il ne déguise à dessein son écriture.

438. Malgré les erreurs célèbres des expertises en écritures, la loi a conservé ce moyen. — Renvoi au tit. des rapp. d'experts.

439. On peut aussi entendre des témoins, mais seulement sur la question de savoir s'ils ont vu écrire ou signer l'acte. — Renvoi au tit. des Enquêtes.

440. § 3, Du jug. qui statue sur la vérif. et ses effets. — S'il n'est pas prouvé que la pièce émane du défend., il gagne son procès. S'il est prouvé que la pièce émane du défend. à la vérif., le jug. le condamne aux dépens, à une amende de 150 fr., et emporte hypoth. judic.; seulement, ces peines s'appliquent que si le défend. a dénié sa propre signature ou écriture.

441. Ces effets du jug. d'après l'article 213, seront-ils produits par un jug. de vérification principale ? Oui, quant aux frais ; pour l'hypoth. judic., V. art. 1, loi du 3 sept. 1807.

442. *Quid* de l'amende ? L'art. ne distingue pas, et le jug. sur le fond pourra toujours la prononcer.

DIX-HUITIÈME LEÇON. 406

Tit. XI. — Du faux incident civil.

443. L'acte authent. fait pleine foi de ce qu'il renferme : c'est à celui qui le conteste à en prouver la fausseté par la procédure du faux incident civil, ordinairement appelée inscription de faux.

444. Le faux criminel est poursuivi devant un trib. crim. par le minist. public, contre le faussaire ; si le fauss. est inconnu, décédé ou protégé par la prescript., c'est la partie privée qui fait incidem. le procès à l'acte, devant un tribunal civil. Par suite d'un usage un peu inexat, on appelle le faux crim. *faux principal* et le faux civil *faux incident.*

445. L'ordonnance de 1737 traitait du faux criminel et du faux civil. le C. de Pr. lui a emprunté les règles du faux incident civil. — Ce faux ne peut se présenter qu'incidem. à une instance. — Pour permettre l'inscription de faux, on examine d'abord si la pièce arguée de faux doit influer sur la décision de l'aff. — L'expression *inscription de faux* vient de la procéd. crim. des Romains.

446. On s'inscrit d'abord en faux c. les actes authentiques. Mais il n'est nécessaire de prendre cette voie, même contre l'acte authentique, que si l'on attaque la véracité de l'officier public qui a dressé l'acte, et non s'l'on conteste la sincérité des déclarations faites par les parties. — On doit encore s'inscrire en faux c. l'acte revêtu d'une apparence authentique, même si l'on prétend qu'il a été fabriqué par un autre que l'offic. publ. dont il porte la signature. — Le prem. de ces faux est un faux intellectuel, le deux. un faux matériel.

447. L'inscription de faux est aussi admise c. un acte s. s. privé, même après sa vérific. — On a voulu donner à celui à qui l'acte est opposé le moyen de prendre l'offensive et de diriger la procéd. comme dem. en faux, tandis qu'il n'est que défend. dans la vérific. — C'est, d'ailleurs, un moyen de mettre la justice sur les traces du coupable.

448. Division. § 1. Procéd. aboutissant au jug. qui admet l'inscription. — Notre C. supprime la nécessité de consigner une amend. préalable qu'exigeait l'ordonn. de 1737.

449. La loi prend des précaut. pour que l'inscript. de faux soit réfléchie. (V. articles 215, 216, 217.) Le délai de 8 j., dans lequel le déf. doit faire sa décl., n'est pas un

délai de rigueur. Si le défend. garde le silence ou renonce à se servir de la pièce, elle est rejetée *par rapport au défendeur seulem.* — S'il déclare qu'il veut s'en servir, sa déclaration est précisément l'inscription du faux dans les formes de l'article 218, — Un jug. admet cette inscription.

450. § 2. Procéd. aboutissant au jug. qui admet la preuve. — Cette procéd. a 2 phases : l'une, qui a lieu au greffe, a pour but l'apport de la pièce et sa constatation ; l'autre, à l'audience, a pour objet la discus. de l'admissibilité de la preuve du faux. — Avant tout, il faut déposer la pièce au greffe, au moins s'il s'agit d'un faux matériel. — L'acte de dépôt est signifié dans les 3 j. — Si le défend. n'opère pas le dépôt, le dem. peut, ou faire rejeter la pièce, ou la faire lui-même remettre au greffe, lorsqu'elle est, par ex., entre les mains d'un notaire. — Le demand. alors avance les frais de ce dépôt et les recouvre c. le défend.

451. S'il y a minute de la pièce arguée de faux, l'apport de la minute au greffe peut être ordonné.

452. Le trib. peut ordonn. que la poursuite du faux continuera sans attendre la minute.

453. En général, quant à l'apport de la minute, le juge-commiss. fixe un délai au défend. pour avertir le dépositaire de l'apporter (l'avertissement se donne par une signific. de l'ordonn. du juge-commiss.), et un autre délai au dépositaire pour apporter la minute. — Si le défend. restait dans l'inaction pendant le prem. délai, la pièce pourrait être rejetée.

454. Le juge-commiss. dresse ensuite un procès-verbal de l'état de la pièce (articles 225, 226, 227).

455. Alors commence la deux. phase de cette procéd. qui autrefois était secrète ; aujourd'hui le demand. a communic. de la pièce au greffe. — Il peut se faire assister de conseil.

456. Le dem. signifie, dans les 8 j., ses moyens de faux, qui doivent être circonstanciés. Faute de cette signific., la déchéance de l'inscription de faux peut être prononcée. — Le défend., à la différ. de l'ancien droit, connaît les moyens de faux du demand., y répond par écrit, et le débat s'engage.

457. Le tribunal peut rejeter tous les moyens de faux, les admettre tous, ou admettre les uns et rejeter les autres. Si aucun moyen n'est admis, quelques-uns peuvent être renvoyés au procès principal. — A l'égard de ceux qu'il admet, il indique le mode de preuve qui leur sera appliqué. — Il est reconnu aujourd'hui que les experts peuvent d'ailleurs présenter toutes observations dépendantes de leur art.

458. § 3. Procéd. et jug. relatif à la preuve du faux. — La preuve se fait par enquête ou par experts. — Dans l'enquête, on peut entendre les témoins instrumentaires de l'acte. — Renvoi.

459. Le trib., qui déclare la pièce fausse peut la faire anéantir matériellement (suppression ou lacération), la faire rayer en tout ou en partie (radiation), lui ôter sa force en la laissant subsister matériellem. (réformation), enfin lui rendre son état primitif en y faisant remettre des mots ou phrases effacés (rétablissement). (V. art. 241 Pr.)

460. Le greffier exécute ces injonctions du trib. — Mais cette exécution n'a lieu que si le jug. n'est susceptible de recours ni par appel, ni par requête civile, ni par pourvoi en cassation. — Mais la tierce opposition et le désaveu ne suspendent pas l'exécution.

461. Le jug. détermine à qui et par quelles voies les pièces de conviction et de comparaison seront remises et renvoyées aux propriétaires ou dépositaires. — La loi punit le greffier qui n'obéit pas à ces dispositions (V. art. 244).

462. Le demand. qui succombe est condamné à une amende de 300 fr. — L'amende est encourue dès qu'il y a eu inscrip. de faux et que le demand. n'a pas fait rejeter la pièce. — Elle n'est pas due dans le cas contraire.

463. Le minist. public doit toujours être entendu en matière de faux, et être prêt, s'il y a lieu, à intenter l'action publiq. c. l'auteur du faux.

464. § 4. Dispositions particulières. — Une poursuite crimin. peut sortir du procès civil. Le présid. du trib., le proc. de la Rép., le demand., peuvent relever les traces du faux.

465. S'il y a poursuites criminelles, il est sursis au jugement civil.

466. Le demand. peut aussi se pourv. en faux principal. — Alors les juges apprécient s'il y a lieu à surseoir. V. aussi l'article 1319 C. civ.

467. Toute transaction sur le faux incident doit être homolog. en justice et communiquée au ministère public. afin que le coupable ne puisse se soustraire par la transaction à l'action publique.

468. Le greffier, pendant le procès, ne doit pas délivrer copie de la pièce attaquée, si ce n'est en vertu d'un jug.; quant aux pièces de comparaison (V. art. 245).

DIX-NEUVIEME LEÇON.   429

TITRE XII. — DES ENQUÊTES.

469. L'enquête est une procédure dont le but est de constater un fait par une audition de témoins. Dans l'origine, la preuve testim. avait plus d'autor. que la preuve littérale; ce fut ensuite le contraire, l'usage en fut restreint. Aujourd'hui elle n'est plus permise pour des valeurs sup. à 150 fr., à moins qu'il n'ait été impossible de se procurer une preuve écrite,

470. Division. — § 1. Quand et comment l'enquête est-elle demandée? — Le Code ne s'occupe que de l'enquête incid., d'où l'on peut conclure qu'il maintient la prohib. de l'ordonn. de 1667 sur les enq. à futur., qui avaient lieu par instance princ. et en présence de l'adversaire, sur un fait qui n'était pas encore l'objet d'un procès (V. cependant la note, p. 431).

471. La dem. d'enq. est formée, sans autre écrit, par acte d'avoué à av., articulant succinct. les faits. — Cet acte contient un avenir à compar., à l'aud., où il sera donné acte de l'articul. des faits, qui seront déniés ou reconnus dans les 3 jours par simple acte; sinon, ils pourront être tenus pour confessés ou avérés. En cas de dénég., le trib. ordonnera la preuve, s'il y a lieu.

472. Si l'advers. garde le silence, le trib. pourra, suivant les circonstances, ou ordonner l'enquête, ou ordonner un nouveau délai, ou tenir les faits pour confessés ou avérés. Cependant, il devra nécessairement ordonner l'enquête lorsque l'aveu, le consentement de la partie, ne suffisent pas pour la condamner, comme en matière de séparation de corps ou de biens. — Il en est de même dans les affaires qui intéressent les mineurs.

473. La simple dénég. ne suffit pas pour qu'il y ait lieu à l'enq.; il faut, de plus, que les faits soient admissibles, c.-à-d. pertinents, ayant un rapport précis avec l'objet de la dem., et concluants, entraînant la preuve du fondement de la dem., ensuite, que la preuve n'en soit pas défendue, comme, par exemple, celle de la paternité naturelle.

474. Malgré la prohib. de la preuv. testim. pour une oblig. supér. à 150 fr., on peut soutenir que cette prohib. n'est pas d'ordre pub., que la partie intéressée a droit d'y renoncer, et qu'alors l'enquête est possible.

475. L'enquête peut être ordonnée d'office.

476. et s. Règles de la procéd. d'enquête. Le jug. qui ordonne l'enquête doit : 1° à peine de nullité, spécifier les faits, afin qu'on ne s'en écarte pas, qu'on puisse en donner communic. aux témoins et que le juge d'appel puisse vérifier si l'on s'est conformé aux prescriptions de l'art. 253 (n° 373).

477. 2° Contenir la nomin. du juge-commissaire devant qui l'enq. sera faite. Si la nomination n'a pas été faite ou n'a pu l'être dans ce jugement, la partie intéressée pourra la demander postérieurement, de même qu'elle pourra faire remplacer le commiss. empêché, par une req. au président. Le tribunal désigne pour commissaire un de ses membres ayant ou non assisté aux débats.

478. Si les témoins sont éloignés, l'enquête peut avoir lieu devant un autre tribunal ; il pourrait même y avoir plusieurs enquêtes, si les témoins étaient disséminés. Le juge-commiss. sera nommé par le trib. délégué, ou par celui qui délègue.

479. La preuve contraire, ou contre-enquête, c-à-d. la négation directe ou l'atténuation des faits allégués, est de droit. — Lorsqu'il est possible de prouver par témoins une créance supér. à 150 fr., la preuve de son extinction n'est pas admissible, car elle n'est pas une preuve contraire.

480. Pour éviter la séduction des témoins, la loi veut que l'enquête soit faite dans le plus bref délai.

481. § 2. Délais pour commencer et finir l'enquête. — Audition des témoins. — Le délai, pour commencer l'enquête, est de huit., à partir de la signifie. à av. du jug. contradict. Le délai court même contre celui qui a fait la signific., malgré la maxime appliquée autrefois : *Nul ne se forclôt soi-même.*

482. Lorsqu'une des parties n'a pas d'avoué, le délai commence à partir de la signific. à personne ou domicile du jug. contradictoire.

483. L'appel suspend ce délai ; il en était autrem. sous l'ordon. de 1667. Il ne peut être interjeté dans la huitaine de la prononc. du jug. ; mais il peut l'être à dater de la significat. faite après cette huit. Comme on ne peut agir pendant cette même huitaine, le délai de l'enquête ne courra pas.

484. Il n'y a pas opposition entre les deux §§ de l'art. 257 ; le 2e s'applique aux jugements par défaut, et le 1er aux jug. contradict., car, bien qu'une partie n'ait pas d'avoué, cependant le jugement peut être contradictoire ou réputé tel : tel est le cas de mort de l'avoué survenue après les conclusions prises ou de jugement rendu sur défaut profit joint.

485. L'intent. du législat., qui n'a pas pensé à la dispos. de droit nouv. de l'article 158, est que le délai pour ouvrir l'enquête ne commence à courir qu'après huitaine de la signific., soit à avoué, s'il s'agit d'un défaut contre av., soit à personne ou domicile, par un huissier commis, s'il s'agit d'un défaut contre partie.

486. Si l'enquête doit se faire à une certaine distance, le jugement augmentera le délai.

487. Aujourd'hui l'enquête est censée commencée par l'ord. d'assignation des témoins. Cette ordonn. doit être demandée au juge-commissaire par l'avoué de chaque partie dans le délai légal, sous peine de déchéance de l'enq. et de la contre-enq.

488. et s. Formes de l'enquête. Comme la huit., dans laquelle l'enq. doit être terminée, court de l'audition du 1er témoin, il faut fixer le délai de l'assignation de manière que les témoins les plus éloignés puissent arriver.

489 et s. Formes de l'assignation aux témoins et à l'adversaire (V. art. 260, 261).

490. A la différence des ajour. ord., l'assignation pour paraître à l'enq., doit être donnée à la partie, non à son domicile, mais chez son av., trois jours avant l'audition des témoins, dont le nom doit être indiqué afin que l'on ait le temps de prendre des informations. Les parties qui doivent mutuellement s'appeler à l'enquête ont la faculté de n'y pas venir.

491. Mais les témoins y sont forcés sous diverses pénal., applicables aussi aux témoins qui refusent de répondre (V. art. 263 et 264). Les personnes qui, par état, sont dépositaires de secrets, comme les confesseurs, médecins, avocats, etc., ne doivent pas les divulguer. Détails divers (V. articles 265 et 266).

492. Formes des dispositions et de leur rédaction (V. art. 262-267-269-272 à 278). Pour éviter toute influence étrangère, le juge-commissaire ne peut interpeller le témoin qu'après la déposition dont le greffier rédige l'historique. Détails divers. (V. articles cités). Le témoin a droit à une indemnité qui est fixée par le juge (V. art. 167 du tarif.)

493. Bien que, dans les matières criminelles, les matières commerc., et même les matières civiles sommaires, le syst. de l'enquête publique ait prévalu, on applique le système de l'enquête à huis. clos aux matières civiles ordinaires. Les rédact. du Code, par réminiscence des anc. princ., et contr. au droit intermed., ont admis, par un moyen terme, l'enq. secrète pour les mat. civiles ord., et cela sous prétexte que l'enquête publique serait une source d'erreurs, d'inconvenances, de lenteurs. Ces reproches sont dénués de fondem., puisque tous les jours on pratique avec avantage le système contraire pour les matières civiles sommaires, les matières commerciales et les matières crim. — De plus, l'enquête secrète a de graves inconvénients, entre autres celui de ne pas offrir assez de garanties de la véracité des témoins dont, au reste, les dépositions décolorées n'arrivent aux juges qu'indirectement.

494. L'enq. sera terminée dans la huit., à partir du jour où a dû commencer l'audit. des témoins, à peine de nul. des dépositions reçues après ce délai.

495. Le tribunal peut accorder, soit à l'avance, dans le jugement qui ordonne l'enquête, soit après coup, un délai plus long (V. art. 280). — Si le juge-commissaire appartient à un autre tribunal, il mentionne la demande de prorogation sur le procès-verbal, et renvoie la partie à appeler son adversaire, par simple acte, devant le tribunal qui a ordonné l'enquête.

➡➡ 496. La partie qui aura fait entendre plus de 5 témoins sur un même fait, ne pourra répéter que les frais de 5 dépositions.

497. La partie la plus diligente signifie à l'avoué de son adversaire copie des procès-verbaux d'enquête, et même de contre-enquête (divergence), pour que le tribunal puisse appliquer, s'il y a lieu, l'art. 150, en prononçant le défaut. L'audience est poursuivie sur un simple acte.

498. § 3. Incapacités et reproches. — L'incapacité absolue ou indignité d'être témoin frappe les condamnés à certaines peines (art. 28. 34, § 5, 42, C. Pr.) — L'incapacité relative atteint les parents et alliés en ligne directe, et le conjoint d'une partie. — Il y a une exception en matière de séparation de corps (art. 251 C. civ.). — La parenté naturelle et adoptive produit aussi l'incapacité.

499. Les reproches sont les allégations d'une partie pour rendre suspect un témoin. Les causes de reproches sont fondées sur la crainte de partialité, de dépendance ou de subordination d'un témoin ou sur ses antécédents. Est reprochable jusqu'au 6e degré, au degré de cousin issu de germain, le témoin parent ou allié de l'une des parties, ou de son conjoint vivant ou ayant laissé des enfants. Si le conjoint est mort sans enfants, le reproche ne peut s'étendre, en ligne collatérale, au delà du 2e degré. C'est par inadvertance que l'art. 383 § 1 comprend dans la généralité de ses termes les parents ou alliés en ligne directe, qui sont plus que reprochables, puisqu'ils sont incapables.

500. Causes diverses de reproches (V. art. 283, § 2). Bien que consacré par la loi, le reproche de commensalité n'est pas fondé; car ce motif de séduction disparaît devant la sanction morale du serment et la sanction pénale du faux témoignage.

501. Le nombre des causes de reproc. de l'art. 283 est exagéré; il ne faut donc pas l'étendre. Ainsi c'est à tort qu'on a appliqué au témoin la disposition qui permet de récuser un juge débiteur ou créancier de l'une des parties; il n'y a pas identité; le juge a plus d'influence dans la cause que le témoin, et il peut être facilement remplacé. L'amitié ou l'inimitié ne doivent pas non plus être une cause de reproc. Ces faits ne sont que des considérations contre la déposition.

502. Les reproches seront propos. avant la dépos. — Le juge-commis. les constate, mais renvoie au trib. pour les juger. — Provisoirement, le témoin reproché est entendu.

503. Le témoignage d'un individu de moins de 15 ans ne doit être admis qu'avec réserve. Il est prudent de faire prêter serment à cet individu, auquel cependant on n'applique pas le nom de témoin; mais, en cas d'omission, on peut soutenir, par argument de l'article 79, Code instr. crimin., que le serment n'est pas nécessaire, et que la déposition n'est pas nulle.

504. Il est statué sur les reproc. sommairem., et sans écritures. — Si le fond de la cause est alors en état, le juge, statue aussi sur la demande.

505. Si les reproc., ne sont pas justifiés par écrit., il faudra, avant la déposit., en offrir la preuve et désigner les témoins. Le témoin injustement reproché pourra intervenir et demander des domm.-intérêts.

506. Si la preuve, sauf la preuve contraire, est admise, elle sera faite à l'aud., dans la forme des enquêtes somm. (V. art. 407 et s.); et alors on n'admettra plus que des repr., justifiés par écrit, afin de ne pas tomber dans d'interminables lenteurs.

507. La déposition du témoin reproché n'est pas lue. L'article 291 abroge le système bizarre des preuves légales, où l'on disait : *Testis unus, testis nullus*, mais où la déposition uniforme de deux témoins purs de tout reproc., de tout soupçon, était pour le juge une cause suffis, et même, selon quelques-uns, une cause nécessaire de crédibilité. Il fallait donc deux unités; or les témoins reprochés et les femmes ne comptaient que pour une fraction d'unité. Aujourd'hui, en mat. civile, comme en matière crimin., l'intime conviction dicte seule la sentence. Il y a un vestige de l'ancien système dans les derniers mots de l'art 285, il ne faut pas s'y arrêter; la conviction du juge pourrait être déterminée par la seule déposition d'un témoin de moins de 15 ans.

➡➡ 508. Si l'enq. est annulée par la faute du juge-com., elle est recommencée à ses frais; si c'est par la faute de l'avoué ou de l'huissier, elle n'est pas recomm., afin d'éviter toute collusion, pour sortir des délais de la loi, sauf le recours de la partie contre son mandataire. L.enq. peut n'être déclarée nulle que pour partie. Si l'enq. est recommencée, on peut faire entendre les mêmes témoins, mais non de nouveaux témoins.

VINGTIÈME LEÇON. 475

509. L'ordonn. de 1667 confondait, dans un même titre, les descentes sur lieux et les rapports d'expert. — Le C. les a divisés.

TITRE XIII. — DES DESCENTES SUR LIEUX. 476

510. La descente sur lieux peut-être ordonnée d'office ou sur la réquisition des parties. Seulement le trib. ne peut l'ordonner d'office si l'affaire comporte un rapport d'expert. — On a supprimé la nécessité d'une réquisition écrite et les peines prononcées par l'ordonnance de 1667, contre les juges qui l'ordonnaient.

511. Le trib. peut donner commission rogatoire à un autre trib. de visiter les lieux contentieux. l'art. 1035 ne s'y oppose pas, et il y aurait inconvénient à laisser en souffrance les affaires d'un trib. et à faire voyager au loin les juges pour l'instruction d'une seule affaire.

512. Les jour et heure de la descente doivent être connus des parties, afin que leurs explications puissent être contradictoires. — Le trib. tout entier ne pourrait même pas faire une visite de lieux sans avertissement préalable. — Le ministère public n'y assiste que s'il est partie principale. — Les déboursés du juge sont consignés d'avance pour qu'il n'éprouve pas de difficultés à cet égard.

TITRE XIV. — DES RAPPORTS D'EXPERTS. 479.

513. Il y a lieu a rapport d'experts quand les examens ou constatations à faire nécessitent des connaissances spéciales. — L'expertise peut se cumuler avec la descente sur lieux. Les experts diffèrent des témoins en ce qu'on fait appel, non à leurs souvenirs, mais à leur art. — Les trib. peuvent choisir pour experts qui ils veulent; il n'y a plus comme autrefois d'experts jurés.

514. Le trib. nomme 3 experts si l'expertise résulte d'une dispos. de loi; on admet qu'il peut n'en nommer qu'un s'il ordonne d'office une expertise; les parties peuvent convenir qu'un seul sera nommé. Cette disposition est générale et modifie au besoin l'art. 1678 C. civ., sauf les cas prévus aux art. 955 et 978 Pr. — Les parties doivent être capables et majeures pour convenir qu'il ne sera nommé qu'un expert. — Ils sont d'ailleurs toujours nommés en nombre impair, 3 ou 1, de peur qu'il n'y ait partage.

515. Les parties choisissent ou acceptent les experts; ils ne leur sont pas imposés (V. art. 384, 305 306). Les experts prêtent serment, à moins que les parties majeures ne les en dispensent.

516. Toute personne peut être choisie pour expert (Voir cepend. art. 28, 34, 42 C. pén.). — Une femme, un mineur, peuvent aussi être choisis pour expert; seulement, comme le procès-verbal des exp. a une certaine authenticité, la rédaction, dans ce cas, devrait en être confiée au greffier de la justice de paix, arg. d'analogie de l'art. 317.

517. Pour les causes de récusation, V. art. 283 et 310 Pr. — Les experts nommés d'office peuvent être récusés pour des causes antérieures à leur nomination; les experts choisis par les parties ne peuvent l'être que pour des causes postérieures. —

La nécessité de proposer la récusation dans les 3 jours de la nomination (art. 309), ne s'applique qu'aux motifs antérieurs à la nomination. — Le jug. sur la récusation est-il toujours susceptible d'appel? Il faut distinguer si l'affaire principale est ou non susceptible d'appel. — Si la récus. est admise, les nouveaux exp. ne sont pas moins récusables que les premiers. — L'expert récusé peut demand. des domm.-int., mais il ne peut rester expert.

518. L'expert n'est pas tenu d'accepter cette mission; mais dès qu'il l'a accepté, il est obligé de la remplir, sous peine de domm.-int.

519. L'art. 315 indique les moyens de mettre les parties en présence devant les exp. Il n'est plus nécessaire de rédiger le rapport sur les lieux contentieux. Le rapport est rédigé par l'un des exp.; si l'un d'eux ne sait pas écrire, par le greffier de la justice de paix.

520. Un seul rapport sera dressé. On indiquera s'il y a ou non unanimité, sans jamais faire connaître l'avis personnel de chaque exp. — Le rapport a date certaine et fait foi jusqu'à inscription de faux, pour les faits qu'il constate. — L'expert peut dem. ses honoraires pend. le procès à celui qui a requis ou poursuivi l'expertise; après le jug., à celui qui est condamné aux frais. — L'expert n'a d'action solidaire contre les 2 parties que s'il a été choisi par elles deux. — Pour la sanction du retard ou du refus des experts, V. art. 320. Les parties ne peuvent exiger, mais le trib. peut ordonn. une expertise nouvelle. Il nomme les mêmes experts ou d'autres. Les parties ne peuvent plus choisir.

521. Les juges ne sont pas astreints à suivre l'avis des experts. — Les formalités de ce tit. ne sont pas, en général, prescrites à peine de nullité.

TITRE XV. — DE L'INTEROGATOIRE SUR FAITS ET ARTICLES. 494.

522. Les parties capables peuvent demander respectiv. à se faire interroger sur faits et articles. Cet interrog. est sollicité par une requête, une demande adressée direct. au trib., sans signif. à l'advers.; mais l'ord. qui permet l'interrogat. et celle du juge-commiss. indiquant le jour et l'heure où il aura lieu seront signifiées à l'advers., avec les faits sur lesquels il doit être interrogé. Le juge-commissaire peut adresser des questions d'office.

523. Le pouvoir qu'une corpor. donne à un agent de répondre pour elle contient la réponse écrite aux questions, de sorte qu'il n'y a là d'interrog. que le nom. Cependant, le juge peut adresser à l'agent des questions sur les faits qui lui sont personnels; l'agent devient alors une espèce de témoin dont les réponses ne lient pas la corporation.

524. Comparaison entre la comparut. personnelle et l'interrog. sur faits et articles. — Le but de ces deux voies d'instruc. est le même, chercher à obtenir la vérité de la bouche des parties, mais leur marche est bien différente. — Ainsi, dans la compar. person., les parties sont en face du trib. et du public, en présence l'une de l'autre, elles doivent répondre à toutes les quest., non communiq. à l'avance, qui peuvent leur être adressées par chacun des juges ; les aveux, les contrad., les mensonges peuvent être imméd. relevés par l'advers. — Au contraire, dans l'interr. sur faits et articles, la partie interrogée est délivrée de la publicité de l'audience, de la présence du trib. et de son advers. ; elle a pu combiner des réponses mensongères à des questions notifiées au moins 24 heures avant l'interr., et qui lui sont répétées par un seul juge chargé de rédiger un procès-verb., qui ne pourra jamais remplacer les impressions de l'audience et dans lequel se trouveront inévitabl. omis beaucoup de nuances, de détails difficiles à décrire. Le maintien de cette procédure est le résultat de la tradition, et l'on doit lui préférer la compar. personn., à moins d'imposs., comme en cas d'extrême éloig. ou de maladie grave de la partie.

VINGT ET UNIÈME LEÇON. 495

Titre XVI. — Des incidents.

525. Un incident, dans le sens le plus génér., est ce qui vient entraver une instance. Dans ce titre, on entend par incident la demande formée par l'une des parties en instance, pour augmenter, restreindre, modifier ses conclus. ; ou bien la dem. d'un tiers pour intervenir dans une instance.

§ 1er. Des demandes incidentes. 496

526. Chaque partie peut former une demande incidente dans beaucoup de cas, le demandeur, par exemple, pour les intérêts auxquels il n'avait pas d'abord conclu, ou pour des loyers échus depuis le procès commencé. — Quant au défend., il forme des demandes reconventionnelles, qui, pour être admissibles, doivent être connexes à la demande principale, ou pouvoir lui être opposées comme défense.

527. Le défend. a un double intérêt à former une dem. reconventionnelle ; elle n'est pas soumise à la concil., et elle est portée devant le tribunal saisi de l'action princ., ordinairement celui de son domic. Cela a l'avantage de terminer deux procès par le même jugement.

⟫⟶ 528. A la différ. des dem. ord., qui se forment par assignat., ou, dans certains cas, par requête, la dem. incid. de l'une des parties est formée par simple acte, dont l'étendue et le tarif sont déterminés à l'avance ; il est seulement fait offre de communiq. les pièces. La réponse se fait égal. par simple acte. Si le défendeur à l'action principale n'avait pas constitué avoué, il faudrait une nouv. assignation.

529. Toutes demandes incidentes seront formées en même temps, sous peine de ne pouvoir répéter les frais de celles formées postér. Les dem. incid. seront jugées par préalable, si le fond n'est pas en état. Dans une instruction écrite, la dem. incidente est portée à l'audience pour être jugée au préal. ou être jointe au princ. et être comprise dans l'instruction écrite.

§ 2. De l'intervention. 500

530. L'interv. est la survenance d'un tiers dans un procès. — A cause de l'avantage de terminer deux litiges par un même jug., la dem. en interv. n'est pas soumise aux règles ordin. de la compét. — Elle est aussi dispensée de la conciliation, qui, n'ayant pas de chances de succès, pourrait être une cause de retard. Le tiers intéressé et non intervenant peut être assigné en déclaration de jug. commun.

⟫⟶ 531. Pour pouvoir interv., il faut y être recevable. Ne sont recev., en appel, que ceux qui pourraient former tierce opposition contre l'arrêt qui viendrait léser leurs droits et où ils n'auraient pas figuré. En 1re instance, cette condition n'est pas nécessaire ; non-seul., la simple éventualité de la tierce opposition suffit, mais encore un intérêt quelconque, tel que celui d'un cessionnaire garant, d'un créancier de l'une des parties, etc. — Le tiers injurié dans des plaidoiries peut intervenir pour demander des domm.-int.

⟫⟶ 532. Celui qui veut interven. doit constituer av. Cet avoué, en notifiant sa constitution aux avoués des parties, leur signifie, une requête d'une étendue indéterminée, contenant les moyens, les conclusions et les pièces justificatives. Si l'intervention, survenant dans une instruction écrite, n'est pas contestée, elle est jointe au fond ; autrement, après une requête en réponse de la partie qui la conteste, l'incident est porté à l'audience sur avenir.

⟫⟶ 533. L'interv. peut être formée lors même que le principal est en état ; mais, pour prévenir toute collusion, le jug. du princ. ne peut en être retardé. Le trib. peut même déclarer l'interv. non recevable, ou disjoindre les deux causes.

Titre XVII. — Des reprises d'inst. et constit. de nouvel avoué. 505

⟫⟶ 534. La reprise d'instance a lieu après l'interrup. légale de l'inst., interrupt. qui résulte seul. de la mort de l'une des parties ou de la mort, de la démission, de l'interd., de la destit. de son avoué. — Le changem. d'état et la cessat. de fonct. de l'une des parties ne sont plus des causes légales d'interruption. — Les causes lég. elles-mêmes n'ont plus d'effet lorsque la cause est en état, c'est-à-dire, dans une instruct. écrite, lorsque l'instruc. est complète, ou que les délais pour les produc. et les réponses sont expirés; et dans une cause ordin., lorsque les conclusions ont été contradictoir. prises à l'audience, bien que les avocats n'aient pas même commencé leurs plaid. Sous l'empire de l'ordonnance de 1667, il fallait que les plaidoiries fussent terminées, ce qui était préférable, parce que les juges ne décidaient qu'après que chaque partie avait eu le temps de présenter ses moyens.

535. L'instance est interrompue par la mort de l'une des parties, pourvu que l'avoué adverse en ait été informé par une notific., ainsi que par la mort de son avoué ou la cessation de ses fonct., sans notific., puisque c'est un fait connu au palais; l'instance est interrompue de droit, et tous les actes faits avant une nouvelle constitut. sont nuls.

536. L'avoué qui refuse de continuer à occuper ou qui est révoqué reste passiv. le représentant de son client, tant qu'une nouvelle constit. n'a pas été faite.

537. Le changement d'état et la cessation de fonctions d'une partie ne suspendent pas l'instance, parce qu'il n'y a pas impossibilité de se défendre. — Cependant, en cas de changement d'état ou de décès du demandeur, il faut assigner de nouveau et sans concil. le défendeur, qui n'a pas encore constitué avoué et qui peut croire qu'on renonce à le poursuivre. On ne pourrait pas prendre défaut contre lui avant cette réassign.; mais la première assign. fera pourtant courir les intérêts et interrompra la prescrip. — Le défendeur pourra même, avant la réassign., suivre immédi. l'instance, sauf à l'héritier à invoquer le délai pour faire inventaire et délibérer.

538. La reprise d'inst. est volontaire lorsque la partie dont l'av. est mort en constitue un nouv., qui notifie sa const. par acte d'av., ou bien lorsque l'héritier de la partie décédée, ne profitant pas du délai de la loi, assigne immédiatement en reprise. — Lorsque cet héritier garde le silence, après les délais, l'autre partie peut l'assigner en reprise, à personne ou domic. ou au dom. du défunt; alors la reprise est forcée. — Si la demande en repr. n'est pas contestée, il y est répondu par acte d'av., autrem. la contest. est jugée sommair. Si la partie assignée en reprise ne comparaît pas, un jug. prononcera la reprise de l'inst. au point où elle était restée. Ce jug. par défaut sera signifié par un huissier commis avec indicat. du nom de l'r pporteur, si l'affaire est en rapport. L'opposit. à ce jug. sera portée à l'audience.

VINGT-DEUXIÈME LEÇON. 514

TITRE XVIII. — DU DÉSAVEU.

539. Dans le mandat ordinaire la procéd.

spéciale du désaveu est inadmissible, puisqu'il suffit, pour n'être pas tenu des actes de son mandataire, de montrer que celui-ci ne s'est pas conformé à son mandat. Au contraire, dans le mandat judiciaire, comme le caractère public de l'avoué ou de l'huissier est une présompt. en sa faveur, et que, d'ailleurs, il importe, si l'officier ministériel est coupable, qu'il réponde devant son tribunal de ces actes, il y a lieu au désaveu. — Les greffiers et notaires n'étant pas des mandataires judiciaires, l'inscription de faux contre leurs fausses allégat. — L'avocat n'est qu'un mandat. ordin. — Quant aux agréés, il paraît difficile de les soumettre au désaveu. — Le désaveu est le démenti donné, dans les formes de la loi, par une partie à un avoué ou à un huissier, qui, par erreur ou collusion, a agi sans pouvoir ou a dépassé son pouvoir, démenti à l'effet de constater cet abus et d'en faire tomber les résultats.

540. L'avoué pourrait aussi être désavoué s'il avait occupé sans ordre, sans mandat du client. — Dans certains cas, l'acte fait par l'avoué, sans pouvoir, serait nul sans désaveu. (V. art. 216, 218, 309, 353, 370, 384, 511 Pr.)

541. La déclaration de désaveu se fait au greffe du tribunal compétent par un acte signé de la partie ou de son fondé de procur. spéciale et authent. — La forme de l'instance en désaveu varie suivant qu'il s'agit du désaveu incident, c'est-à-dire formé dans le cours d'une inst., ou du désaveu principal, c'est-à-dire formé en dehors de toute instance.

542. La déclar. de désaveu faite dans le cours d'une instance au greffe du trib. saisi, est notif. par le nouvel av. constit., soit au désavoué, soit aux av. des autres parties, parce que tous sont intéressés à ce que le désaveu soit rejeté. Pour le repousser, ils viendront, après les écritures d'usage, soutenir que l'acte désavoué a été valablement fait. Si le désaveu est admis, l'acte sera réputé non-avenu. — Si l'officier ministériel désavoué n'exerce plus ses fonctions, il sera mis en cause par une signification, à personne ou domicile, de la déclaration de désaveu. S'il est mort, la signif. sera faite à ses héritiers collectivement au domicile du défunt, avec assignation au trib. où l'instance est pendante. Le désaveu sera notifié aux autres parties par acte d'avoué.

543. Le désaveu survenu en appel relativ. à un acte de 1re instance, est formé par une déclaration au greffe du tribunal de 1re instance, qui est plus à même d'apprécier le désaveu. Cette déclaration est notifiée à l'officier ministériel et aux autres parties par assignat. à personn. ou domicile, puisque les parties n'ont plus d'avoué en 1re inst. Il est sursis à l'appel jusqu'au jugement de désaveu, qui doit être obtenu dans le temps fixé par le tribunal d'appel.

544. Malgré la général. de l'article 358, il faut décider par *à fortiori* de l'art. 356, que le désaveu principal n'est porté devant le trib. du défendeur qu'autant qu'il s'agit d'un acte extrajud. sur lequel il n'y a pas eu d'instance, et que, si l'acte de désaveu a lieu dans le cours d'une instance suivie d'un jugem. passé en force de chose jugée, le désaveu principal doit être porté devant le tribunal où l'acte a eu lieu.

➤➤➤ **545.** Toute demande en désaveu est dispensée de la conciliation et doit être communiquée au ministère public.

➤➤➤ **546.** Si le désaveu est admis, seront annulées, ou la procédure qui a suivi l'acte désavoué, ou les dispositions du jugement qui y sont relativ. Le désavoué sera condamné aux dommages-intérêts des parties qui auront éprouvé un préjudice, il pourra même être interdit ou poursuivi criminellement. — Si le désaveu est rejeté, le demandeur est condamné aux dommages-intérêts env. l'officier ministériel et les autres parties. Le jugement de rejet est inscrit en marge de la déclaration de désaveu.

➤➤➤ **547.** Le désaveu est ouvert tant que les voies ordin. de l'oppos. et de l'appel sont ouvertes, et même après, tant que huitaine ne s'est pas écoulée depuis l'accompl. des actes d'exécution de l'art. 159; jusque-là la partie a pu ignorer l'acte susceptible de désav. Le renvoi de l'art. 362 à l'art. 159 n'a trait qu'aux actes d'exécution, car ici il ne peut être question de jugement par défaut contre partie.

VINGT-TROISIÈME LEÇON. 528

TITRE XIX. — DES RÈGLEMENTS DE JUGES.

548. Il y a deux sortes de conflits ou luttes entre deux trib., le conflit d'attribution qui s'élève entre un trib., de l'ordre administr. et un trib. de l'ordre judic., et le conflit de juridiction entre 2 trib. de l'ordre judic. — Si les deux trib. se déclarent compétents, il y a un conflit positif; s'ils se déclarent incomp., il y a conflit négatif. — Ces conflits de juridiction donnent lieu au règlement de juges.

549. Le même différent porté simultanément devant 2 trib. peut être l'objet d'une exception de litispend. ou d'un règlement de juges, au choix des parties, quand ni l'un ni l'autre des 2 trib. n'a statué sur sa compétence. S'ils y ont statué tous deux en dernier ressort, la voie du règlem. de juges reste seule ouverte. Il y a encore lieu au règlem. de juges, quand aucun des trib. n'a statué et que l'autre est simplement saisi de l'affaire.

550. Le seul trib. saisi s'étant déclaré incompét. peut-on demander le règlement de juges sans qu'un nouveau trib. soit saisi ? Non, d'après l'art. 393. Cepend. la jurisp. se fondant sur le règlem. de 1737 permet, dans ce cas, de demander le règlement de

juges, devant la chambre des requêtes de la Cour de cassation.

551. Le règlem. de juges est porté au trib. supérieur commun et immédiat des 2 trib. saisis. — Entre 2 chamb. d'un même trib., le président statue sur la distribution ou la jonction des instances. — Le règlem. de juges ne peut avoir lieu entre un trib. français et un trib. étranger, car il n'y a pas de supérieur commun.

552. Le règlem. de juges n'a lieu qu'après une autorisat. du trib. auquel on doit le porter. — Le minist. public doit donner ses conclus. — Le trib. qui autorise le règlem. de juges peut ordonner le sursis des instances devant les trib. en conflit. Le demand. signifie le jug. d'autoris. avec assignation par acte d'avoué à avoué, ou par exploit, s'il n'y a pas d'avoué.

553. Les délais de l'art. 365 sont exigés à peine de déchéance, laquelle entraîne attribution de compétence au trib. saisi par le défend. au réglem. Mais cette attrib. de compét. n'est pas toujours possible, par exemple, si le défend. au réglem. a saisi les deux trib., alors la demande en règlement devra être recommencée·

554. La décision sur le règlem. variera suivant les circonstances.

TITRE XX. — DU RENVOI POUR PARENTÉ OU ALLIANCE. 535

555. Certaines relations de famille entre une partie et plusieurs juges font suspecter l'impartialité du trib. Ce renvoi, restreint dans certaines limites, ne produira pas les abus des anciennes évocations.

556. Quel nombre de parents donne lieu au renvoi ? (V. art. 368 Pr.) Les mots membres du trib. comprennent les juges suppléants et les memb. du parquet.

557. Le renvoi ne peut être demandé que par l'adversaire de celui qui a des parents dans le trib. Ce dernier ne le peut; l'inimitié n'aurait pas la même influence que l'affection.

558. Le garant appelé dans l'instance et l'intervenant peuvent demander le renvoi du chef d'une des parties de la demande originaire.

559. Le renvoi doit être demandé avant que les conclus. au fond soient posées, à moins que les causes de renvoi ne soient postérieures. — La demande en renvoi doit être signée par la partie ou par un fondé de pouvoir spécial. — Le trib. qu'on veut dessaisir juge le renvoi. — Les juges, à l'occasion desquels le renvoi est demandé, ne concourent pas au jugement.

560. Si les causes de renvoi sont avouées ou justifiées, il sera prononcé. L'art. 373 indique où le renvoi sera fait. — Le trib., ici, peut exceptionnellement déléguer sa propre compétence à un autre tribunal.

561. Le demand. en renvoi qui succombe est condamné à une amende, et peut l'être à des domm.-int. Le jug. de renvoi est suscep. d'appel. — L'instance renvoyée est reprise dev. le nouveau trib. au point où elle était dev. le trib. qui s'est dessaisi.

562. On admet encore d'autres causes de renvoi, celles de sûreté publique, de suspicion légitime. — L'insuffisance du nombre des juges pour cause de maladie, d'abstention, de récusation, donnerait plutôt lieu à une indication de juges, par le trib. supérieur.

Titre XXI. — De la récusation. 542

563. Par la récusation, la loi permet d'écarter un juge pour suspicion légale de partialité. — Les récus. péremptoires ne sont plus permises que contre les jurés en matière criminelle, ou même en matière d'expropriation pour utilité publique. — Mais les récusations motivées subsistent encore.

564. Division du titre. — Causes de récusation, 1° et 2° parenté ou alliance. — La loi établit même une sorte de quasi-alliance entre le juge et les alliés de sa femme — Le juge est récusable dans la cause de sa femme par arg. à fortiori.

565. 3° Si le juge a un procès semblable. 4° S'il a un procès dev. un tribunal où l'une des parties est juge. — S'il est créancier ou débiteur d'une partie. — 5° S'il y a eu, entre lui et une des parties ou ses parents ou alliés, un procès criminel ou correctionnel. S'il y a eu un procès civil depuis moins de six mois.

566 à 568. V. encore diverses causes de récusation, art. 378, 7° (le mot direction n'est plus exact) et art. 378, n° 8 et 9.

569. Le minist., public est récusable pour les mêmes motifs, mais seulement s'il est partie-jointe.

570. Si le juge connaît la cause de récusation, il doit d'avance s'abstenir. — S'il ne s'abstient pas, récusation. — Elle doit être proposée avant la plaidoirie, à moins que les causes de cette récus. ne soient postérieures.

571. Quel est le délai pour proposer la récusation? (V. art. 383 Pr.) Le n° 2 de cet article est-il applicable au jug. par défaut? Non, et comme il n'y a pas d'autre délai fixé, la récus., dans ce cas, peut être proposée tant que les opérations ne sont pas commencées. — Le délai de l'art. 383 est augmenté en raison des distances.

572. L'acte de récusation doit être signé de la partie ou d'un procureur spécial. Un jugement accorde ou refuse l'autorisation de poursuivre la demande. — Le juge dont la récusation est demandée ne peut concourir à ce 1er jugem., qui, en cas d'admission de la dem., est communiqué au juge récusé, ainsi qu'au ministère public. — (V. aussi art. 385 et pour les mentions et les effets de ce jug.) Si le juge reconnaît les faits, ou s'il les nie et qu'ils soient prouvés, la récusation est admise. — Comment se prouvent les faits en cas de dénéga-

tion? (V. l'art. 389.) — Aucun acte n'est signifié entre la partie et le juge : les communic. se font par l'intermédiaire du greffier. — Celui qui succombe dans sa dem. en récus. encourt une amende, et peut-être des domm.-intér. (V. art. 390).

573. Le jug. sur la récus. est toujours susceptible d'appel.

574. Peuvent interjeter appel le récusant, le juge et même l'adversaire du récusant. — Le délai d'appel n'est que de cinq jours à partir du jugement.

575. Pour les formes de l'appel, V. articles 393, 394, 395. — Le jugem. n'est même pas signifié au juge, qui le connaît par l'intermédiaire du greffier. — Mais le récusant signifie à son adversaire, dans le mois du jug. de 1re instance, ou l'arrêt qui rejette la récus., ou un certificat constatant que l'appel n'est pas jugé; sinon le juge récusé aurait valablement siégé, quand même plus tard la récusation serait admise en appel.

576. L'opposition n'est pas admise en matière de récus.; autrement le délai d'opposition, dont la loi n'a pas parlé, serait de huit. dandis que le délai d'appel serait de 5 jours, ce qui ne paraît pas raisonnable. D'ailleurs, le jugem. ne peut être considéré comme rendu par défaut ; le récusant, qui a fait sa récusat. au greffe, ne peut être considéré comme défaillant ; et le juge récusé la demande, et il ne serait pas digne de lui de s'oppos. pour gagner du temps.

VINGT-QUATRIÈME LEÇON.

Titre XXII. — De la péremption. 558

577. La péremp. est l'extinction d'une procédure par discontin. des poursuites pendant le temps déterminé par la loi (ce temps est ordin. de 3 ans). — Elle n'éteint que la procédure ; le droit subsiste encore à moins que la prescription, qui avait été interrompue par l'assignation, ne se soit accomplie pendant l'instance maintenant anéantie.

578. La péremption a été puisée dans une constit. de Justinien. Son but est de hâter la solution des procès, en obligeant le demandeur s'il a laissé 3 ans s'écouler sans poursuites, à recommencer son action et en mettant à sa charge tous les frais de l'instance périmée. Malgré nos anciennes ordonn., les règles de la péremption présentaient une si fâcheuse diversité, qu'au lieu de mettre un terme aux procès, la péremption les multipliait. Les textes nouveaux corrigent ces abus.

579. Toute instance, à quelque degré qu'elle soit portée, que son objet soit ou non prescriptib, peut tomber en péremption. La péremption ne s'applique qu'aux actes d'inst. Aussi, en général, un simple commandement ne se périme-t-il pas. Il en est de même d'une saisie mobilière ou immobilière non contestée. Cependant, en matière de contrainte par corps et de saisies, il y a des délais de rigueur pour les commandements, pour les actes ; mais c'est une pérempt. toute différente. — La péremption peut avoir lieu alors même que le défendeur n'a pas constitué d'avoué.

⋙→ 580. Elle n'a pas lieu de droit ; il faut la demander.

⋙→ 581. La mort de l'une des parties, la mort ou la cessation de fonctions de son avoué donnent lieu à une augmentation de six mois au délai ord. de trois ans.

⋙→ 582. La pérempt. court, comme la prescript., contre l'État et les établis. publics, sauf leur recours contre les administrateurs. Elle court même contre les mineurs, mais ils ne sont pas soumis à la prescription ; ils ont aussi leur recours contre leurs tuteurs.

⋙→ 583. La péremp., n'ayant plus lieu de plein droit, comme autrefois en quelques provinces, peut être couverte par un acte valable de l'une ou de l'autre des parties, signifié avant la demande en péremption, bien que cet acte ne soit pas susceptible d'entrer en taxe, comme, par exemple, une 2ᵉ requête. L'acte signifié par l'avoué du défend. couvrira la péremption, bien que le défendeur eût intérêt à l'invoquer, par exemple, pour profiter de la prescript. Mais l'avoué sera responsable.

⋙→ 584. La demande en pérempt. est formée par requête d'avoué à avoué, à moins que l'avoué demandeur ne soit mort ou n'ait cessé ses fonctions ; alors c'est par assign., à personne ou à domicile.

⋙→ 585. La péremp., n'éteignant que l'instance commencée par l'ajourn., laisse subsister la citat. en conciliation, qui ne fait pas partie de l'instance qu'elle avait pour but de prévenir. D'ailleurs, les formes pour couvrir la péremption sont inapplicables aux justices de paix où il n'y a pas d'av. Ainsi, pour signifier un nouvel ajourn., on ne sera pas obligé de le faire précéder d'une seconde citat. en concil. ; seulement, l'inst. étant anéantie, comme la citat. est censée n'avoir pas été suivie, dans le délai de l'art. 57, d'une demande judiciaire, elle n'aura ni interrompu la prescript. ni fait courir les intérêts (V. article 57).

⋙→ 586. On ne peut jamais, en renouvelant le procès, se servir des actes de procédure de l'instance périmée. Cependant on peut soutenir que l'aveu, le serment, constatés par le greffier, et qui ne sont pas des actes de procédure, peuvent être invoqués comme preuves authentiques en vertu des art. 1317 et 1356 du Code civ.

⋙→ 587. Le demand. supporte les frais de l'instance périmée, parce qu'il était le plus intéressé à accélérer le jugement.

TITRE XXIII. DU DÉSISTEMENT. 568

588. Le désistement est l'acte par lequel les parties consentent à ce que les choses soient remises, de part et d'autre, au même état qu'elles étaient avant la dem. — Il n'éteint donc que la procédure, et laisse subsister le droit, à moins de volonté contraire et d'accomplissement de la prescription.

⋙→ 589. C'est le demandeur qui se désiste ; le défendeur originaire peut se désister d'une demande incidente ou reconventionnelle. — La simple offre du demandeur ne suffit pas, il faut qu'elle soit acceptée ; le défendeur a intérêt à ce que l'instance soit terminée par la condamnation de son advers. Il en serait autrement si le trib. n'était pas encore saisi, si le quasi-contrat judiciaire n'était pas intervenu, comme lorsque le défendeur conteste la compét. ou la validité de l'acte introductif d'instance ; alors la simple offre du demandeur suffirait. — Le défendeur qui a proposé l'except. d'incompét. ou celle de nullité ne peut refuser le désistement qui est l'acquiescement à son exception.

⋙→ 590. Le désistement peut être fait et accepté par les actes d'avoué, portant la signature des parties ou de leurs mandat. — A défaut de cette signature, on pourrait désavouer l'acte ou invoquer sa nullité. Le désistement peut aussi être fait par une convention directe. La partie qui s'est désistée paye les frais, sur simple ordon. du président, exécutoire nonobstant opposition ou appel.

VINGT-CINQUIÈME LEÇON.

TITRE XXIV. — DES MATIÈRES SOMMAIRES. 573

591. Les mat. sommaires sont celles qui, à raison de la modicité de la cause, de la simplicité ou de son urgence, ont été dispensées d'une grande partie des formalités des matières ordin. — A la différence de l'ordonnance de 1667, qui procédait pour les matières sommaires, par énumération, le Code établit des catégories, afin d'éviter les omissions.

592. Sont matières sommaires, 1° les appels des juges de paix à cause de la modicité, de la simplicité ou de l'urgence de cause. Ces caractères peuvent être réunis ou séparés (V. nᵒˢ 606 à 610).

593. 2° Sont aussi matières sommaires, à cause de leur simplicité, et quelle que soit leur valeur, les demandes purement personnelles fondées sur un titre non contesté. La simple allégation de payement, remise, compensation, prescription, n'est pas une contestation du titre.

594. 3° Toute dem. personn., réelle ou mixte, même sans titre, ou fondée sur un titre contesté, si elle n'excède pas 1.500 fr. de capital ou 60 fr. de revenu, doit aussi être instruite sommairement, afin de n'être pas absorbée par les frais.

595. 4° Il en est de même des dem. requérant célérité, quelle que soit leur valeur, comme les dem. provis. On trouve d'autres exemples dans les cas des sept derniers §§ de l'art. 135 et dans les articles 177, 178, 418, 449 Code civ., etc. 5° Sont encore matières sommaires, les demandes en payement de loyers et fermages et arrérages de rentes.

➡➡➡ **596.** et s. Les dem. somm. suivent les règles ordin., lorsqu'elles n'en sont pas dispensées. Ainsi, elles sont soumises à l'essai de concil., sauf de nombreuses except., comme dans les cas des §§ 1, 4, 5, de l'art. 404 ; elles sont introduites par ajourn. au délai ordin. de huit. à moins de permission d'assigner à bref délai. La constitution d'avoué est aussi nécessaire.

597. Mais, après les délais de l'ajourn. et la constitution d'avoué du défendeur, l'audience est poursuivie, sur un simple avenir, sans écrit. de défense et de réponse. A part un droit pour le jugement, qui varie selon la nature de ce jugement, le nombre des parties et la valeur de la cause, la taxe se borne aux déboursés, art. 67, tarif (V. n° 798).

➡➡➡ **598.** Quand la loi déclare qu'une instance doit être jugée sommair. comme dans les art. 172, 348, etc., elle en fait une matière sommaire, aux termes de § 4 de l'art. 404 ; cependant elle autorise souvent certaines écritures pour lesquelles un droit est alloué.

➡➡➡ **599.** Dans les affaires somm. les dem. incid. et les interventions seront formées par requête d'avoué qui ne pourra contenir que des conclusions motivées.

➡➡➡ **600.** Au lieu d'être faite devant un juge-commiss., comme l'enquête ordinaire, l'enquête sommaire est faite à l'aud. Le jug. qui l'ordonne contient les faits, sans qu'il soit besoin de les articuler préalablement, et fixe les jour et heure de l'audition des témoins, qui sont assignés un jour seulement avant l'aud. (V. art. 409).

601. Si le jug. n'est pas suscept. d'appel. l'enq. sera faite sans procès-verbal. Le jug. énoncera seulem. les noms, âges, profess., demeures des témoins, leur serment, s'ils sont parents ou alliés, servit., ou domest. des parties, les reproches et le résultat de l'ensemble des déposit. Si le jug. est suscept. d'appel, il sera dressé pro ès-verb. qui contiendra, outre les mentions précéd., l'indication spéciale de chaque déposit. afin que le trib. d'appel puisse décider en connaissance de cause. L'enquête peut être renvoyée devant le trib. ou le juge de paix de la résidence des témoins empêché ou éloignés. Il en est dressé procès-verbal (V. art. 413).

VINGT-SIXIÉME LEÇON.

LIVRE I. — DE LA JUSTICE DE PAIX. 585

602. Rapprocher les juges de leurs justiciables, diminuer les frais, faciliter la visite des lieux contentieux, etc., tel est le but de cette instit. Elle remonte à la loi du 21 août 1790 (V. n°ˢ 45 et s.).

TITRE Iᵉʳ. — DES CITATIONS. 585

603. V. art. Iᵉʳ. Malgré la grande analogie des formes de la cit. avec celles de l'ajourn., il y a cependant quelques différ. Ainsi, dans la cit., il n'y a ni élection de domicile, ni constit. d'avoué, ni copie de pièces, la simple indicat. de l'immeuble en litige suffit, sans autre désignat. ; nonobs. l'art. 1030, il n'y a de nullité que pour l'omiss. des formal. sans lesquelles on ne conçoit pas de citat. de sorte que l'omission du prénom du demandeur, de sa profession n'entraîne pas la nullité de la citation, sauf au juge de paix à ordonner une nouvelle citat., aux frais du demandeur, si le défendeur, se trouvant dans le doute, a fait défaut ; mais la 1ʳᵉ citation interrompra la prescription et fera courir les intérêts. — D'après la loi du 2 mai 1855, le juge de paix doit faire venir les parties sur lettres, avant de permettre la citation.

➡➡➡ **604.** Le Code ne s'occupe pas de la compétence gén., de la comp. *ratione materiæ*, fondée sur la divis. des jurid., sur leurs attrib., mais de la compétence spéciale, de la compétence *ratione personæ* qui a pour but de désigner, parmi les trib., de telle jurid. déterminée, celui qui doit connaître de l'affaire. Il s'agit ici seulement de savoir quel est, entre les juges de paix, celui qui, selon les cas, doit être saisi, le Code s'en référait pour la compétence générale, pour leurs attributions, aux lois spéciales, et notamment aux art. 9 et 10, titre III, du décret de 1790.

605. Aujourd'hui cette matière est régie par la loi du 25 mai 1838 (art. 1 à 9). 4 classes d'affaires : 1° le juge de paix statue sur les actions person. ou mobilières en dernier ressort jusqu'à 100 fr., et à charge d'appel jusqu'à 200 (art. 1).

606. 2° Sur certaines affaires, sans appel, jusqu'à 100 fr., et à charge d'appel jusqu'à 1,500 (V. art. 2 et 4, L. de 1838).

607. 3° Sur d'autres, sans appel jusqu'à 100 fr. et à charge d'appel à quelque somme que la demande puisse s'élever (V. art. 3 et 5. L. de 1838).

608. Enfin, pour certaines affaires, quelle que soit la valeur de la demande, mais toujours à charge d'appel (V. art. 6, L. de 1838).

609. Pour l'influence du cumul de plusieurs demandes réunies par le même demandeur dans une seule instance, ou des demandes principales et reconventionnelles. V. art. 7, 8 et 9 de la même loi.

610. La loi de 1838 a enlevé aux juges de paix la connaissance des contestat. relat. aux brevets d'invention.

611. Il ne s'agit ici ni de la conciliation, ni de la juridiction officieuse, qui consiste à faire opposer et lever les scellés à présider les conseils de famille, etc. ; les juges de paix ne sont maintenant envisagés que comme juges en matière civile, il n'est pas question de leurs attributions comme juges de police. — Ils connaissent encore de certaines contest. en matière de douanes.

612. Les juges de paix étant des juges d'exception, leur jurid. ne doit pas être étendue. Aussi, bien qu'ils soient compétents pour les réparations locativ., dont sont tenus les locat. ou fermiers, il n'ont pas compét. pour les répar. d'entretien auxquelles sont assujettis les usufruitiers; ils ne peuvent non plus connaître de l'exécution de leurs jugements, les tribunaux civils sont seuls compétents.

⋙→ **613.** et s. Comp. spéciale, *ratione personæ*, art. 2, 3. Principe général en matière purement personnelle ou mobilière, le juge compétent est celui du domicile du défendeur, ce qui embrasse : 1° tous les cas de l'art. 1, L. 1838 ; 2° dans l'énumér. des art. suiv., toutes les causes pers. ou mobilières à l'égard desquelles l'art. 3 ne fait pas une except. formelle ; or, il ne fait except. que pour les dommages aux champs, les répar. locatives, les indemnités pour non-jouiss. et pour degrad.; et cela, dans un intérêt de célérité, d'économie et de meilleure appréciation.

⋙→ **614.** L'art. 4 simplifie les règles de l'art. 68 et adoucit la sévérité des prohibitions de l'art. 66. — L'art. 16 de la loi de 1838 a modifié l'art. 4 du Code, en permettant à tous les huissiers du canton de donner les citations. — L'art. 5, la différence de l'art. 72, qui donne huitaine, ne donne qu'un jour d'intervalle entre la citation et la compar., plus le délai des dist. D'après l'art. 6, ce délai peut être abrégé; on peut obtenir permission de citer de jour à jour, d'heure à heure.

615. L'article 7 contient 3 dérogations aux principes précédents : 1° dispense de cit. si les parties veulent comparaître volontairement ; 2° faculté de renoncer à l'appel ; 3° faculté de porter la cause devant un juge de paix incompét. *ratione personæ*. La déclar. des parties qui demanderont jugem. sera signée par elles, ou mention sera faite si elles ne peuvent signer. — Il est question de savoir si ces trois dérogat. peuvent s'appliquer dans la procédure des trib. de 1re inst. Puisque l'incompét. *rat. personæ* peut être couverte soit expressément dans le cas d'élection de domicile, soit tacit. pour les cas ordin., lorsque le défendeur ne l'oppose pas dès le principe, les parties peuvent y renoncer express. en saisissant un trib. incomp. La seule différence, c'est que ce trib. peut refuser cette attrib., tandis que le juge de paix ne le peut pas (divergence), à cause de la disposition spéciale de l'art. 7. La renon. à l'appel est possible. Quant à la dispense de l'ajourn., elle est imposs., car l'ajournement est le seul moyen de saisir un tribunal.

616. L'art. 7 s'occupe de la compét. *rat. personæ* et non pas de la compét. *rat. materiæ*, à laquelle les parties ne peuvent pas deroger. Ainsi elles ne pourraient saisir un juge de paix d'une act. pétitoire, d'une action en revendication. Cependant les parties pourront, le juge de paix y consentant, lui déférer, comme arbitre, une action pétit. On suivra alors la procédure des arbitrages, et la décision aura besoin de l'*exequatur* du trib. de 1re instance.

617. En raisonnant strictement, d'après les principes, on devrait décider qu'un juge de paix ne peut connaître que comme arbitre et non comme juge d'une action personn. et mobil. supér. à 200 fr. Décider autrement, ce serait étendre une juridiction except. et donner aux parties le moyen, en violant les art. 2127 et 2129 C C., de se procurer indirect. et sans le ministère d'un notaire une hypoth. judic. gén. Cependant cette opinion est aujourd'hui à peu près abandonnée par la doctrine et la pratique.

TITRE II. — DES AUD. DU J. DE PAIX ET DE LA COMPARUT. DES PARTIES. 603

618. Les art. 8 à 13 n'ont pas besoin d'explication (V. le texte). — Si une partie déclare vouloir poursuivre l'inscription de faux, sur la vérif. d'écrit., le juge de paix en donne acte, paraphe la pièce contestée et renvoie toute la cause au trib. civil. Il en est autrement d'un tribunal de commerce qui ne renvoie que l'incident, sauf à surseoir au fond ou seulement aux chefs relatifs à l'incident. La différence tient à ce que le trib. civil est incompétent pour les matières commerciales, si bien qu'il n'en sera pas saisi, même en appel. Au contraire, les mat. de la jurid. du juge de paix sont des mat. de la compét. du trib. civil en cas d'appel.

⋙→ **619.** La loi du 26 oct. 1790 avait établi une péremption spéciale pour toutes les inst. devant les juges de paix : le délai était, à partir de la cit., de 4 mois, après lesquels la péremption était encourue de droit et l'action éteinte. Au contraire, la péremption ordinaire est de 3 ans ; elle n'a pas lieu de droit et laisse subsister l'action. L'art. 15, à la différence de la loi de 1790, qui était générale, n'applique qu'au cas spécial d'un jugement interloc. la péremption de 4 mois qui courent de ce jugement. Alors la pérempt. est de droit comme sous la loi de 1790, à la diff. de la péremption ordinaire ; mais, contrairement à cette loi, elle laisse subsister l'action. Pour tous les autres cas, on applique la péremption ordinaire de trois ans. — Le jugement rendu malgré la péremption sera sujet à l'appel et annulé sur la réquisition de la partie intéressée. Cette péremption, à la différence de la péremption ordinaire, ne pourra pas être couverte par un acte du demandeur seul, il faut le consentement de l'autre partie. — Si la péremption arrive par la faute du juge de paix, il sera passible de la prise à partie et de dommages-intérêts.

⟩⟩⟩→ 620. L'appel ne sera recevable ni avant les 3 jours qui suivront celui de la prononc., à moins d'exéc. provisoire, ni après les 30 jours depuis la signif., plus, pour les personnes qui seront domiciliées hors du canton, le délai des distances des art. 73 et 1033 (V. l'art. 13, L. de 1838). — Voies de recours : 1° appel ; 2° opposit. La négligence à former opposition en temps utile n'est pas un obstacle à l'appel ; 3° tierce oppos. Il n'y a pas lieu à la requête civile ; 4° pourvoi en cassation pour excès de pouvoir seulement.

⟩⟩⟩→ 621. Le juge de paix doit, par une dispos. formelle de ses jug., en ordonner l'exéc. provisoire, sans caution et sans limitation de valeur, dans tous les cas où il y aura, titre authent., promesse reconnue, ou condamnation précédente sans appel. Si cette exéc. n'a pas été ordonnée, elle ne pourra avoir lieu qu'en vertu d'une autorisation obtenue sur l'appel. — Dans d'autres cas, pour pension alimentaire ou pour une somme n'exédant pas 300 fr., l'exécution provisoire, malgré l'appel et sans caution, est simplement facultative. — Lorsque la somme exède 300 fr., l'exécution provisoire peut être ordonnée même hors des hypothèses limitat. de l'art. 135, pour les trib. d'arrond., mais avec caution, condition qui n'est pas imposée aux trib. — Dans tous ces cas, s'il y a péril en la demeure, l'exéc. prov. pourra être ordonnée sur minute. — La caution est reçue par le jug. de paix à l'aud., elle n'est pas un acte d'exécution, mais une condition de cette exéc. L'oppos. suspend l'exéc. provisoire (V. art. 11 et 12. L. de 1838).

⟩⟩⟩→ 622. Les minutes des jug. sont portées par le greffier sur la feuille d'aud., et signées par le juge et par le greffier. La rédact. de ces jug. est a peu près libre dans ses formes, pourvu qu'on y trouve ce qui est de l'essence des jugements.

Titre III. — Des jugements par défaut et des oppositions a ces jug. 610

623. et s. Différences notables entre ces jug. par défaut et ceux des trib. d'arrond. — Il ne s'agit ici que du défaut contre partie, faute de s'être présentée, qui est soumis à des règles spéciales (V. art. 10 à 22), il n'y a pas lieu au défaut contre av., puisqu'il n'y a pas d'avoué devant les justices de paix. — Le trib. civil, en cas de non-comparut. du défend., est tenu de donner défaut, et s'il y a lieu, d'en adjuger le profit ; au contraire, ici, le juge de paix peut accorder un sursis et ordonner une réassign., dans tous les cas où l'inobservation des délais ou de quelque formalité peut expli-

quer la non-comparution. — Devant les tribunaux l'opposition est recevable pendant huit. ou même pendant l'exécution, selon qu'il s'agit du défaut contre avoué ou du défaut contre partie. Ici le délai n'est que de trois jours. Cette disposition peut paraltre rigoureuse, car le défendeur a pu ignorer le défaut comme la cit.; mais cette rigueur est corrigée par l'art. 21, qui donne au juge de paix une pleine latitude, non-seulement pour proroger le délai de l'oppos., mais pour relever de la déchéance, en cas de motif légitime ; Cette opposition est formée sans constitution d'avoué. Oppos. sur oppos. ne vaut (V. art. 165).

⟩⟩⟩→ 624. L'art. 153, étant de droit nouveau et except., est inapplicable aux justices de paix ; il n'y a pas lieu au défaut profit-joint ; on donne défaut contre le défaillant, et on juge contradictoirement la partie présente. — De même la péremption de 6 mois, à défaut d'exception, est inapplicable ici, parce que c'est une disposition nouvelle de droit exorbitant.

VINGT-SEPTIÈME LEÇON.

Titre IV. — Des jugements sur les actions possessoires. 612

625. Outre la connaissance d'actions mobilières et personnelles, le législateur attribue au juge de paix la connaissance d'actions réelles et immobilières ; ce sont : 1° toutes les actions possess. en vertu de l'art. 3 Code pr. et du 1° de l'art. 9, L. 1838.; 2° les nouvelles actions des 2° 3° du même art. 6, comme l'action en bornage. — L'action pétit. et l'action possess. tendent à l'obtention matérielle d'un objet, surtout d'un fonds. Mais, dans l'act. pétit., pour obtenir cette possess. matér., il faut prouver le droit de propriété ; au contraire, dans l'act. possess., pour être maintenu ou rétabli dans la possession matér. dans laquelle on est troublé ou dont on est dépouillé, il suffit de prouver le droit de possess., la possess. annale et légale des art. 23 C. pr. et 2229 C. civ. — Il y a deux grandes classes d'actions possess. : la réintégrande, par laquelle le possesseur spolié, avec ou sans violence, conclut contre le spoliateur à être réintégré dans sa possess.; et la complainte, par laquelle le possesseur troublé dans sa possession agit, pour la faire respecter, contre l'auteur du trouble.

626. et s. Nature, motif et but de la réintégr. et de la complainte. La réintégr., comme l'act. pétit., la revendication, a pour but la restit. de la chose, mais elle ne décide que la question de possess. et laisse entière celle de propriété que tranche au contraire l'action pétit. Aussi le défendeur au possess., après avoir succombé, peut-il agir et triompher au petit. Mais, sous un autre rapport, la réint. présente plus d'avantages que l'action pétitoire, parce que son succès est bien plus sûr, à cause de la facilité de prouver la possession comparée à la difficulté de prouver la propriété. Elle a de plus l'avantage d'être utile au possess. légal, non-seulement contre le nouveau détenteur qui n'est pas plus propriétaire que lui, mais contre le propriétaire qui s'est remis en possession par voies de fait, et à qui se trouvera imposé le rôle difficile de demandeur au pétit. Elle peut être également utile au propriétaire lui même qui veut s'éviter l'embarras de prouver sa propriété. — La complainte tend à se faire maintenir dans la possession de droit et de fait dans laquelle on est inquiété par un acte de propr. ou de possesseur légal. Un simple dégât ne donne pas ouverture à la complainte, mais à une action personnelle ou pénale. Le trouble peut être de fait ou de droit.

➤ 627. Division : 1° Objets à raison desquels on peut agir au possess. ; 2° conditions nécessaires pour pouvoir agir ; 3° règles de procédure. — Les act. possess. s'appliquent aux immeubles par leur nature ou par leur destinat. Pour les immeubles par l'objet auquel ils s'appliquent (article 526 C. civ.), il y a deux distinctions à faire. Quant aux meubles corporels, isolés, les act. possess. ne leur sont pas applicables, au moins en général, parce qu'en fait de meubles, possession vaut titre, même contre le propriétaire, excepté en cas de perte ou de vol, et encore, dans ce dernier cas, le possessoire et le pétitoire se confondent-ils ; seulement, les condit. sont moins rigoureuses que celles de l'art. 23 pour les immeubles, car il suffit, pour reprendre le meuble, de prouver qu'on le possédait à l'instant de la perte ou du vol. Ce n'est guère que pour une universalité de meubles que l'on peut soutenir qu'aujourd'hui comme autrefois, le possesseur peut agir au possess., lorsqu'il est troublé dans la possession de cette universalité pour le tout ou pour une partie aliquote, et non pas pour un objet isolé.

➤ 628. L'action possessoire doit être intentée dans l'année de la spoliation ou du trouble. Elle suppose deux conditions : l'une de fait, la spoliation ou le trouble ; l'autre de droit, la possession d'une année au moins avant la spoliation ou le trouble, possession paisible et à titre non précaire. La possession doit toujours être annale pour qu'il y ait une présomption suffisante de propriété (V. n° 634).

629. Il faut, de plus, que cette possession annale soit paisible activement et passivement. Activement, c'est-à-dire qu'une possession basée sur la violence, tant que dure cette violence, ne peut être invoquée par celui qui l'a pratiquée à l'égard de celui contre lequel il l'a pratiquée ; c'est un vice purement relatif. Passivement, c'est-à-dire qu'il ne faut pas que cette possession ait été troublée par des actes fréquents. Un

simple acte de violence, repoussé par la violence, ne constitue pas une interruption de la possession.

630. Enfin la possession doit être à titre non précaire, c'est-à-dire à titre de propriétaire. Pour avoir les act. possess., il faut posséder pour soi ; et le fermier, le locataire, le séquest., l'usufruitier à l'égard de la nu-propriété, possédant pour autrui n'y ont pas droit. Cependant l'usufruitier, possédant pour lui l'usufruit qui est un démembrement de la propriété, peut exercer les actions possessoires qui y sont relatives, même contre le nu propriétaire, — Au contraire, le fermier, le locat., n'ayant aucune part de propriété, n'ont pas les act. possess. Lorsque des tiers viennent les troubler, ils peuvent seulement agir en garantie devant les trib. ord. contre le bailleur, ou exercer directement une action contre l'auteur du trouble. Il n'y a pas lieu à la réintégr., l'action n'est pas possessoire ; elle n'est pas renfermée dans le délai d'une année, le juge de paix n'est pas compétent.

631. A notre possession nous pouvons joindre celle de notre auteur ou de ceux qui ont possédé pour nous.

632. Aux conditions de l'art. 22, il faut joindre celles de l'art. 2229 C. civ. Ainsi, la possession doit encore être publique ; si elle se composait d'actes clandestins, la présomption tirée du silence des parties n'existerait pas. Elle doit aussi être non équivoque, pour que la qualité de possesseur légal ne puisse pas être contestée. Enfin, elle doit être continue et non interrompue. La discontinuité de la possession tient à la négligence ou au calcul de celui qui ne fait que des actes successifs, isolés, ou bien à la nature de la chose, comme s'il s'agit de servitudes discontinues, dont l'exercice, nécessairement successif, n'est le plus souvent que le résultat d'une simple tolérance, et ne peut donner lieu à une action poss. La possession peut être interrompue ou naturellement, quand on cesse de posséder, ou civilement, par une citation ou autre acte interruptif (V. la note. p. 631).

633. Malgré beaucoup d'auteurs et la jurispr. de la cour de cassation, j'inclinerais à décider que la réintégr. exige, aussi bien que la complainte, la réunion des conditions ci-dessus, et notamment la possession annale, parce que la loi n'a pas fait de distinct. Il n'y a de différence que dans la contrainte par corps, qui a lieu, en vertu de l'art. 2060 C. C., dans le cas de réintégr. Le détenteur qui n'a pas la possession légale, et contre qui la violence aura été employée pour le dépouiller, aura seulement une action en indemnité, à raison de cette violence ; mais il ne pourra pas invoquer la maxime : *Spoliatus ante omnia restituendus*, qui suppose qu'on a été dépouillé d'un droit, et ce détenteur n'en avait pas.

634. Si la possession ou le trouble sont déniés, le juge de paix n'entendra les témoins, dans l'enquête ordonnée, que sur la question de savoir si, lors du trouble ou de la spoliation, le détenteur avait la possession légale ; il ne s'occupera pas de la question de propriété.

635. La question de possess. et celle de propriété ne seront jamais décidées ensemble : de sorte que, tant que l'action possessoire est pendante, soit en 1re instance, devant le juge de paix, soit en appel devant le tribunal d'arrondissement, il n'y a pas d'action pétitoire possible.

636. Celui qui s'est constitué demandeur au pétitoire, en intentant la revendication devant le tribunal d'arrond., ne sera plus recevable, soit à agir au possess. en réintégr. devant le juge de paix, soit à donner suite à l'action possess. déjà introd., il est présumé reconnaître n'avoir pas de droit à l'action possess.

637. Le défendeur au possessoire, l'auteur du trouble ou de la violence ne pourra se pourvoir au pétitoire qu'après l'instance sur le possessoire terminée. Si c'est lui qui a commencé à agir au pétit., il y sera sursis dans le cas où le possesseur légal agirait ensuite au possessoire pour obtenir avant tout sa réintégration, la restitution des fruits indûment perçus et la réparation de la violence.

638. En général, les condamnations auxquelles il n'a pas encore été satisfait ne font pas obstacle à l'exercice d'une autre action contre la même personne : *Spoliatus...* ; le défendeur au possessoire ne peut se pourvoir au pétit. qu'après avoir pleinement satisfait à toutes les condamnat. Cependant, si son adversaire était en retard de le faire liquider, le juge du pétitoire fixera un délai après lequel l'action pétitoire sera reçue.

639. Le défendeur qui a succombé dans la réintégr. peut être condamné, envers le possess. légal : 1° à la restit. du fonds ; 2° aux fruits perçus ; 3° à l'indemnité du préjudice de la dépossess. ; 4° enfin aux frais du procès. Les juges de paix ne connaissent des actions possessoires qu'à charge d'appel.

640. Renvoi aux dispositions des derniers titres de ce livre.

VINGT-HUITIÈME LEÇON.

LIVRE II. — TITRE XXV. — PROCÉDURE DEVANT LES TRIBUNAUX DE COMMERCE.   641

641. L'institution des tribunaux de comm. est ancienne. Ce qui la constitue aujourd'hui formait autrefois deux branches : les amirautés, d'institution royale, connaissant des affaires maritimes ; et les juridictions consulaires, électives, connaiss. des affaires commerc. terrestres. La loi du 24 août 1790 attribua aux tribunaux de commerce la connaissance de toutes les

aff. commerc. Les art. 615 et suiv. Code comm. traitent de la format., de l'organ. de ces tribunaux et du mode d'élection des juges (V. la note, p. 644). Les articles 631 et s. déterminent la compétence générale, *ratione materiæ*, et l'art. 420 C. pr. fixe la compétence spéciale, *ratione personæ*. Les tribunaux du comm. sont compétents pour toutes les affaires commerciales entre toutes personnes, commerçantes ou non ; ce n'est plus la qualité de la personne, mais la nature de l'affaire qui détermine la compétence (V. cependant la note, p. 645).

642. Lorsqu'à défaut d'un tribunal de comm., c'est un tribunal civil qui en remplit les fonctions, on doit suivre les règles commerc. Ainsi, la procédure s'y fait sans avoués ; leur intervention ne devient nécessaire que sur l'appel en cour d'appel.

643. Division. A part la const. d'avoué et la mention de l'essai de conciliat., qui sont impossibles ici, toute dem. commerc. doit être formée par un ajourn. dans les formes ordin. et soumise aux mêmes null. ; seul. le délai est d'un jour au moins, au lieu d'être de huitaine.

644. En cas d'urgence, le président (c'est je crois, le présid. du trib. de commerce), pourra permettre d'assigner de jour à jour et d'heure à heure. — Il peut même permettre de saisir conservatoirement les effets mob. du défend. sans qu'il soit besoin d'un tit. exéc. et d'un command. préal. (V. n° 813).

645. Mais il peut assujettir le demand. à donner caut. ou à justifier de solvab. suffisante, et la production du dernier inventaire peut former une preuve suffisante. — Les ordonnances du président sont susceptibles d'opposition ou d'appel, mais sans effet suspensif. — Le président, qui peut permettre la saisie-exécution contre le défendeur, peut aussi permettre la saisie-arrêt dans les mains des tiers. — Les contestations qui s'élèveront sur ces saisies seront de la compétence des tribun. civils.

646. On peut assigner de jour à jour, d'heure à heure, même sans ordonnance, 1° lorsqu'il s'agit d'affaires maritimes, quelle que soit leur valeur, s'il y a des parties non domiciliées ; 2° bien que les parties soient domiciliées ; s'il s'agit d'agrès, victuailles, équipages et radoubs de vaisseaux prêts à mettre à la voile, et autres mât. urg. et provis. Le défaut peut être jugé sur-le-champ.

647. Toute assign. donnée à bord est censée donnée au domic. de la personne, bien que l'assignation n'ait pas été remise directement à la personne (divergence), mais à quelqu'un du bord.

648. Le demandeur peut assigner, à son choix, devant le trib. du domicile du défendeur, devant celui dans l'arrondiss. duquel la promesse a été faite et la marchandise livrée, devant celui dans l'arrond. duquel le payement devait être fait.

➤ **649.** La comparution personn. est dans le vœu de la loi, cependant les parties peuvent se choisir des représentants, soit verbalement à l'audience, soit par une procuration spéciale qui peut être jointe à l'original ou à la copie de l'assign. Un avoué peut être choisi comme simple particulier et non comme avoué, car le ministère des avoués est interdit. — Dans les grandes places de commerce, les parties se font ordin. représenter par des agréés, simples partic. signalés à la confiance des justiciables par l'agrément du trib. L'agréé diffère de l'avoué en plusieurs points. Ainsi l'emploi de son ministère n'est pas forcé; comme il n'est pas officier ministériel, il n'est pas soumis à un cautionn.; il doit présenter un pouvoir spécial comme un simple mandataire, tandis qu'il suffit à l'avoué d'être porteur de l'assign. pour être présumé l'avoir reçue, pour plaider; il n'est pas sujet au désaveu (V. n. 813); il suffit à la partie d'établir qu'il a dépassé son mandat; son action en paiement des frais est portée devant le trib. civil du dom. de la partie, et non pas devant le trib. de commerce (V. cepend. la note, p. 653).

650. En mat. civile, la seule const. d'un avoué le rend apte à recevoir toutes les signif. pour lesquelles la notif. à la personne n'est pas exigée en mat. commerc., la constit. d'un mandataire ne produit pas le même effet, à moins qu'il n'ait été élu domicile chez ce mandataire. Ainsi, que les parties aient comparu en personne ou par un mandataire, s'il n'intervient pas de jug. définitif à la 1re aud. et qu'elles ne soient pas domiciliées dans le lieu où siège le tribunal, elles devront y faire élection d'un domicile auquel toutes les notif. seront faites. Cette élection sera mentionnée sur le procès-verbal d'aud. A défaut d'élection, toute signif., même celle du jug. définitif, sera faite valabl. au greff.; et elle fera courir le délai d'appel. (controversé).

➤ **651.** L'étranger demand. est dispensé de la caution *judicatum solvi.* — L'incompétence à raison de la matière doit être déclarée, soit à la dem. des parties, en tout état de cause, soit même d'off. — Quant à l'incompétence *ratione personæ*, elle ne peut être proposée qu'au début de l'instance. Si l'on peut soutenir qu'en matière civile les exceptions de litispendance et de connexité peuvent être proposées en tout état de cause, à l'inverse, on peut soutenir qu'en matières commerc., le § 2 de l'art. 424, dans un intérêt de célérité, ne permet de les opposer qu'au début de l'instance.

652. Le trib. de comm., dans un intérêt de célérité, peut examiner à la fois le déclinatoire et le fond, tandis que le trib. civil doit prononcer avant tout sur l'incompét. De là la conséq. que la partie qui s'occupe du fond n'encourt pas la déchéance sur l'incompétence, comme en matière civ. Cependant, comme il est possible que le fond puisse être décidé en dernier ressort, et qu'au contraire la décision sur l'incompétence est toujours sujette à l'appel, le jug. devra rejeter l'incompétence par une dispos. distincte.

653. Si les veuves et héritiers des justiciables du tribunal de commerce, y étant assignés en reprise ou par action nouvelle, contestent cette qualité, comme ce tribunal est incompétent *ratione materiæ* pour ces sortes de contestations, il renverra les parties aux tribunaux ordin., sauf, après qu'il aura été statué sur l'incident, à décider sur le fond, s'il y a lieu.

654. De même, si une pièce est méconnue, déniée ou arguée de faux, le trib. renverra devant les juges compét., et il sera sursis au fond. Si la pièce n'est relative qu'à un seul chef, il pourra être passé outre au jug. des autres chefs. En pareil cas, le juge de paix (n° 619) renvoie la cause entière au tribunal civil.

655. Le trib. civ., faisant les fonct. de trib. de comm., devant lequel s'élève un de ces incid., renverra l'incident à l'aud. civile pour y être statué d'après la procéd. ord., en présence du minist. public (V. la note, p. 660) et avec l'assist. des avoués, sauf ensuite à reprendre la procéd. commerc. sur le fond.

➤ **656.** Le trib., afin d'obtenir les éclairciss. nécessaires, peut ordonner la comparution personnelle des parties à l'audience ou dans la chambre du conseil, ou bien, en cas d'empêchement, commettre un juge ou un juge de paix, qui dressera procès-verbal des déclarations. — S'il y a lieu à examen de comptes, pièces, registres, les parties ou le trib. nommeront un ou trois arbitres rapporteurs pour entendre les parties, les concilier s'il est possible, sinon donner simpl. leur avis, car il ne décident pas comme les arbitres ordin., juges privés que les parties substituent à ceux que la loi leur donnait. Cette tentative de conciliat., dans le cours d'une instance, dev. la jurid. except. des trib. de comm., est inadmiss. dev. la jurid. ord. des trib. civ. où la conciliat. a été déjà inutil. tentée. Cela est certain, puisque l'art. du projet qui autorisait cette tentative a été supprimé. — S'il y a lieu à visite ou estimation d'ouvrages ou marchandises, il peut être nommé des experts. — Pour la récusation ou le rapport des experts (V. art. 430 et 431); enquêtes (V. art. 432).

➤ **657.** A part les différ. qui résultent de l'absence du minist. public et des avoués, les formes de la rédaction et de l'expédit. des jug. des trib. de comm. sont les mêmes que celles des art. 141 et 146, pour les trib. de 1re inst. (n. 296, 297, 303). C'est le greffier qui rédige les qualités qui, ici, ne peuvent être rédigées par un avoué (n°ˢ 299 et 300).

⋙→ 658. En mat. commerc. comme en mat. civile, si le défendeur ne comparaît pas, il sera donné défaut, et les conclusions du demandeur seront adjugées si elles se trouvent justes et bien vérifiées. Au contr., si c'est le demandeur qui fait défaut le trib. de comm., comme le trib. civil, sans aucune vérification, renverra le défend. Mais par cela même que le renvoi n'admet pas de débats, le demandeur peut réintenter son act. (divergence) dans les formes ordin. et hors des délais de l'opposition.

659. Le jug. par défaut sera signifié par huissier commis par le tribunal; la signification contiendra, à peine de nullité, élection de domicile dans la commune où elle se fait, afin que le défendeur puisse très-prompt. s'opposer à l'exécution, qui peut avoir lieu un jour seulem. après la signif. et jusqu'à l'opposition.

660. Quel est le délai de l'opposition? Dans une opinion qui reconnaît 2 jug. par défaut, on admet 2 délais comme en matière civile (V. art. 157, 158, 159). — Mais il n'en faut reconnaître qu'un, le jug. par déf. faute de compar.; l'opposition est recev., jusqu'à la connaiss. de l'exécution art. 643 C. com. qui abroge l'art. 436 C. Pr.).

661. Formes de l'oppos. (art. 437, 438).

662. D'après le même art. 643 C. com., l'art. 159 C. pr. est applic. aux jug. par défaut des trib. de com., ils doivent être signifiés par huissier commis; ils seront aussi réputés non-avenus s'ils ne sont pas exécutés dans les six mois de leur obtention. En cas de non-comparution de l'un des défendeurs, il n'y a pas lieu au profit-joint ni à ordonner la réassignation du défaillant par huissier commis, pour statuer ensuite sur le tout par un seul jugem. non susceptible d'oppos. En un mot, l'art. 153 est ici inapplicable (divergence), car, dans le silence de la loi, on ne peut transporter de la procéd. ordin. à une procédure except. que des dispositions de droit commun ; or, la disposition de l'article 153 est exorbitante.

⋙→ 663. Les jug. d'un trib. de com. sont exécutoires, malgré l'appel, sans même que l'exéc. provis. ait été ordonnée, à charge par l'intimé de donner caution à l'appelant. Le trib. pourra même dispenser de la caution, lorsqu'il y aura titre non attaqué ou condamnation précédente, dont il n'y aura pas appel. Forme de la présentation et de la discussion de la caut. (V. art. 440, 441).

664. Les trib. de comm., trib. d'exception, ne connaîtront pas de l'exécution de leurs jug., parce qu'ils ne sont compét. que pour les questions commerc., et les quest. d'exéc. ne sont pas commerc. — De même les juges de paix, étant aussi des juges d'except., sont uniq. compét. dans les cas déterminés par la loi, et dans ces cas ne se trouvent pas les quest. d'exéc. — La règle qui refuse aux juges d'except. la connaiss. de l'exéc. de leurs jug. est inapplic. aux jugem. d'instruction, aux jug. prépar. ou interloc. ; elle ne s'applique qu'aux jug. provis. ou définitifs qui contiennent des condamnations proprement dites. — Cependant, dans certains cas, la loi attribue aux trib. de comm. non pas la connaissance véritable de l'exéc. de leurs jug., mais une part indirecte dans cette exéc. Ainsi, un trib. de comm. interprétera son jug., recevra la caution, commettra un huissier pour la signif. du jugement par défaut. — Le trib. compét. pour l'exéc. des jug. d'un trib. de commerce n'est pas le tribunal civil dans le ressort duquel siège le tribunal de commerce, mais pour plus de célérité et d'économie, le tribunal civil dans l'arrond. duquel on exécute.

FIN DE LA TABLE DU TOME PREMIER.

6264-78. — CORBEIL. TYP. CRÉTÉ